Berajot DESDE qué hora en adelante podemos leer la Sh'm'a de la tarde "Desde el momento en que los sacerdotes entran a comer su Terumah hasta el final de la primera vigilia, dijo R. Eliezer. Pero los otros sabios dicen" Hasta la medianoche, "y Rabban Gamaliel dice" Hasta la aparición de la estrella de la mañana ". Sucedió que los hijos de Rabban Gamaliel vinieron [muy tarde en la noche] de un banquete y le dijeron a Rabban Gamaliel que aún no habían leído la Sh'm'a, después de lo cual les dijo: "Si la estrella de la mañana aún no ha aparecido, debéis leerla".

(Gemara) Veamos: ¿cuándo entran los sacerdotes para comerse el Terumah? ¿No es cuando aparecen las estrellas? Que entonces la Mishná diga: "¡Desde el momento en que aparecen las estrellas!" Al usar esta expresión, nos deja escuchar algo por cierto; a saber, que con la aparición de las estrellas, los sacerdotes pueden comer su Terumah, porque la ofrenda de perdón [que se traerá al día siguiente] no es un obstáculo, como se nos ha enseñado; "Y cuando se ponga el sol, quedará limpio. (Lev. 22, 7.) Es decir, la espera de la puesta del sol le impide comer el Terumah, pero no su ofrenda de perdón". (Ib. B) R. José dijo: "El crepúsculo dura tanto como un parpadeo; éste viene y otro se va, y es imposible determinar su hora exacta".

(Fol. 3a) "Hasta el final de la primera vigilia", dijo R. Eliezer. Veamos: ¿con quién está de acuerdo R. Eliezer? Si sostiene que la noche se divide en tres vigilias, entonces diga "hasta el final de la cuarta hora"; y si sostiene que la noche está dividida en cuatro vigilias, entonces diga: "¿Hasta el final de la tercera hora?" De hecho, sostiene que la noche tiene tres vigilias, pero tiene la intención de informarnos que así como existen las vigilias en el Cielo, también existen las vigilias aquí en la tierra; como se nos enseña que R. Eliezer dice: "Tres vigilias tiene la noche; y al comienzo de cada vigilia, ¡alabado sea el Santo! Se sienta y ruge como un león, como se dice (Jer. 25, 30)..) El Señor rugirá desde el cielo en lo alto y desde Su santa morada dará Su voz. En verdad, rugirá sobre su morada. Y las divisiones de la noche se reconocen por estos signos: En la primera vigilia, el asno rebuzna; en el segundo, el perro ladra; y en el tercero el bebé amamanta del pecho de su madre y la esposa conversa con su esposo. "¿Cómo llega R. Eliezer a estas conclusiones? ¿Aplica los signos al principio o al final de cada vigilia? Si aplica su señales al comienzo de cada guardia, entonces no es necesario tener una señal para la primera, ¡ya que el anochecer es una indicación suficiente para ello! Si, sin embargo, aplica sus signos al final de cada guardia, entonces la señal para la última es innecesario, porque entonces el amanecer es suficiente! Aplica sus signos al final de la primera vigilia, el comienzo de la última y la mitad de la segunda. Y si lo desea, puede decir que aplica sus signos al final de cada guardia. En respuesta a su pregunta sobre la necesidad de una señal para el último, digo: Es necesario para un hombre que duerme en un lugar oscuro y no sabe el momento para leer la Sh'm'a: tan pronto como Si escucha a la esposa conversar con su esposo y al bebé amamantando del pecho de su madre, puede comenzar a leer la Sh'm'a. R. Isaac b. Samuel en el nombre de Rab dijo: "Tres vigilias tiene la noche y al comienzo de cada vigilia, ¡alabado sea el Santo! Se sienta y ruge como un león y dice '¡Ay de los niños que por sus pecados he destruido! mi edificio, y quemó mi templo, y desterró a mis hijos entre los paganos '. " Y si lo desea, puede decir que aplica sus signos al final de cada guardia. En respuesta a su pregunta sobre la necesidad de una señal para el último, digo: Es necesario para un hombre que duerme en un lugar oscuro y no sabe el momento para leer la Sh'm'a: tan pronto como Si escucha a la esposa conversar con su esposo y al bebé amamantando del pecho de su madre, puede comenzar a leer la Sh'm'a. R. Isaac b. Samuel en el nombre de Rab dijo: "Tres vigilias tiene la noche y al comienzo de cada vigilia, ¡alabado sea el Santo! Se sienta y ruge como un león y dice '¡Ay de los niños que por sus pecados he destruido! mi edificio, y quemó mi templo, y desterró a mis hijos entre los paganos '. " Y si lo desea, puede decir que aplica sus signos al final de cada guardia. En respuesta a su pregunta sobre la necesidad de una señal para el último, digo: Es necesario para un hombre que duerme en un lugar oscuro y no sabe el momento para leer la Sh'm'a: tan pronto como Si escucha a la esposa conversar con su esposo y al bebé amamantando del pecho de su madre, puede comenzar a leer la Sh'm'a. R. Isaac b. Samuel en el nombre de Rab dijo: "Tres vigilias tiene la noche y al comienzo de cada vigilia, ¡alabado sea el Santo! Se sienta y ruge como un león y dice '¡Ay de los niños que por sus pecados he destruido! mi edificio, y quemó mi templo, y desterró a mis hijos entre los paganos '. " En respuesta a su pregunta sobre la necesidad de una señal para el último, digo: Es necesario para un hombre que duerme en un lugar oscuro y no sabe el momento para leer la Sh'm'a: tan pronto como Si escucha a la esposa conversar con su esposo y al bebé amamantando del pecho de su madre, puede comenzar a leer la Sh'm'a. R. Isaac b. Samuel en el nombre de Rab dijo: "Tres vigilias tiene la noche y al comienzo de cada vigilia, ¡alabado sea el Santo! Se sienta y ruge como un león y dice '¡Ay de los niños que por sus pecados he destruido! mi edificio, y quemó mi templo, y desterró a mis hijos entre los paganos '. " En respuesta a su pregunta sobre la necesidad de una señal para el último, digo: Es necesario para un hombre que duerme en un lugar oscuro y no sabe el momento para leer la Sh'm'a: tan pronto como Si escucha a la esposa conversar con su esposo y al bebé amamantando del pecho de su madre, puede comenzar a leer la Sh'm'a. R. Isaac b. Samuel en el nombre de Rab dijo: "Tres vigilias tiene la noche y al comienzo de cada vigilia, ¡alabado sea el Santo! Se sienta y ruge como un león y dice '¡Ay de los niños que por sus pecados he destruido! mi edificio, y quemó mi templo, y desterró a mis hijos entre los paganos '. " tan pronto como escuche a la esposa conversando con su esposo, y al bebé amamantando del pecho de su madre, puede comenzar a leer la Sh'm'a. R. Isaac b. Samuel en el nombre de Rab dijo: "Tres vigilias tiene la noche y al comienzo de cada vigilia, ¡alabado sea el Santo! Se sienta y ruge como un león y dice '¡Ay de los niños que por sus pecados he destruido! mi edificio, y quemó mi templo, y desterró a mis hijos entre los paganos '. " tan pronto como escuche a la esposa conversando con su esposo, y al bebé amamantando del pecho de su madre, puede comenzar a leer la Sh'm'a. R. Isaac b. Samuel en el nombre de Rab dijo: "Tres vigilias tiene la noche y al comienzo de cada vigilia, ¡alabado sea el Santo! Se sienta y ruge como un león y dice '¡Ay de los niños que por sus pecados he destruido! mi edificio, y quemó mi templo, y desterró a mis hijos entre los paganos '. " ¡Ay de los niños que a causa de sus pecados destruí mi edificio, quemé mi templo y desterré a mis hijos entre los paganos! ' " ¡Ay de los niños que a causa de sus pecados destruí mi edificio, quemé mi templo y desterré a mis hijos entre los paganos! ' "

Se nos enseña que R. José dice: "Érase una vez yo estaba caminando por un camino y entré a una de las ruinas de Jerusalén para orar. ¡Elías, bendito su recuerdo! Vino y me miró a la puerta hasta que terminé mi Cuando hube terminado, me dijo: "Shalom, (la paz sea contigo), mi maestro", a lo que respondí: "Shalom, mi maestro y mi guía". 'Hijo mío', dijo, '¿por qué entraste en esta ruina?' "Para rezar", le respondí. ¿Podrías haber rezado en el camino? " dijo: "Tenía miedo de que los viajeros me interrumpieran". Entonces debería haber hecho una oración corta. De esta conversación, concluí tres cosas: Primero: No es seguro entrar en una ruina. Segundo: Uno puede orar en el camino, y tercero: Un hombre en el camino [que no tiene lugar para orar] tiene el privilegio de decir una breve oración. Luego me dijo: '¿Qué voz escuchaste en esta ruina?' 'Oí', respondí, 'un Bath-Kol (voz celestial) que zumba como una paloma, diciendo:' ¡Ay de los niños que a causa de sus pecados he destruido mi edificio, quemado mi templo y exiliado a mis hijos entre los paganos. 'Hijo mío', dijo de nuevo, '[juro] por tu vida y la vida de tu cabeza, que esto ocurre no solo en ese momento en particular, sino tres veces al día; además, cada vez que los israelitas entran en las sinagogas o lugares de aprendizaje y responden, ¡sea alabado su gran nombre, el Santo, alabado sea! asiente con la cabeza y dice: `` Feliz es el rey así alabado en su propia casa, pero ¿de qué le sirve un padre que ha desterrado a sus hijos entre las naciones? ¡Ay de los niños que han sido desterrados de la mesa de su padre! ' "

Nuestros rabinos han enseñado: por tres razones nadie entrará en ruinas; por sospecha (de una intención inmoral); porque la ruina puede derrumbarse; ya causa de los demonios (que viven en ruinas).

(Ib. B) Nuestros rabinos han enseñado: "La noche tiene cuatro vigilias", dice el rabino. R. Nathan dice "Tres". ¿Cuál es la razón de R. Nathan? Está escrito (Jueces 6, 19.) Y Gidón, y los cien hombres que estaban con él, llegaron al borde del campamento al comienzo de la guardia de la mitad. Y se nos enseña que Tichon (en el medio) no se puede usar a menos que algo lo anteceda y algo lo siga. Pero el rabino discute esto y dice que "por el medio se entiende uno de los dos medios". R. Nathan dice: "¿Entonces está escrito en el medio? ¡Mirad! ¡Está escrito en el medio!" ¿Cuál es la razón del rabino? R. Zerika en el nombre de R. Ami, quien habla en el nombre de R. Joshua ben Levi, dijo: "Un pasaje dice (Sal. 119. 62.) A la medianoche me levanto constantemente para darte gracias, etc., y otro pasaje dice (Ib. Ib. 148.) Mis ojos están despiertos antes de las vigilias de la noche. ¿Cómo es esto posible? A la medianoche; porque la noche está dividida en cuatro vigilias, [la medianoche es, por lo tanto, después de dos vigilias] ". Pero R. Nathan lo explica con la declaración de R. Joshua; como se nos enseña que R. Joshua dice:" Es la costumbre de los reyes levantarse a la tercera hora del día. [es decir, seis horas de la noche y dos horas del día juntas hacen dos vigilias nocturnas de cuatro horas cada una]. R. Ashi dijo: "Un reloj y medio también se llaman relojes (plural)".

Otra cosa dijo R. Zerika, en nombre de R. Ami. que habla en nombre de R. Joshua b. Leví: "En presencia de los muertos no es apropiado hablar de otra cosa que no sea de los muertos". R. Abba b. Cahana dijo: "Esto se refiere sólo a los asuntos de la Torá, pero los asuntos mundanos no importan". Pero algunos dicen que R. Abba b. Cahana dijo: "Esto se refiere a los asuntos de la Torá y aún más positivamente a los asuntos mundanos".

Está escrito (Sal. 119, 62). A medianoche me levanto constantemente para darte gracias. ¿Se levantó David a medianoche? ¡Mirad! Se levantó al comienzo de la noche, porque se dice, (Ib. Ib. 147.) Vine ante ti en el crepúsculo de la noche. ¿Y cómo sabemos que el significado de Neshef es el comienzo de la noche? Porque está escrito (Pr. 7, 9.) En Neshef, al atardecer del día. R. Oshiya dijo: "Así [dijo David], 'Nunca pasé media noche durmiendo'". R. Zerika dijo: "Hasta la medianoche durmió como un caballo, luego se fortaleció [luchó contra el sueño] como un león. " R. Ashi dijo: "Hasta la medianoche se dedicó al estudio de la Torá; después de eso [pasó su tiempo] en canciones y alabanzas". ¿Y dices que Neshef significa el comienzo de la noche? ¿Por qué lo encontramos usado como el amanecer de la mañana? Porque está escrito (I. Sam. 30. 37.) Y David los derrotó desde el Neshef hasta la tarde del día siguiente. ¿No se entiende desde la mañana hasta la noche? "No, de tarde en noche." Si es así, ¡que se escriba Me-haneshef Ad Haneshef o en lugar de Me-ha'ereb Ad Ha'ereb! [¿Por qué se usan las dos palabras Neshef y Ereb para la misma idea?] "Pero", dice Raba, "Neshef significa originalmente, 'La transición de cualquier cosa', por lo tanto, la noche termina y llega el día, el día termina y la noche llega. " Pero, ¿cómo supo David la hora exacta a la medianoche? ¡Mirad! Si Moisés nuestro maestro no lo supiera, porque está escrito (Éxodo 11, 4.) Así ha dicho el Señor, alrededor de la medianoche, etc. ¿Por qué [viene a decir] alrededor de la medianoche? ¿Deberíamos decir que así se lo dijo el Santo, alabado sea Él? ¿Existe alguna posibilidad de que Dios esté en duda? Por lo tanto, debemos explicar que se le dijo a Moisés a la medianoche [como realmente sucedió]; pero Moisés [en su propio reconocimiento] dijo alrededor de la medianoche; en consecuencia inferimos que Moisés estaba en duda. ¿Y cómo lo supo David? David tenía una señal [que le indicaba la hora exacta a la medianoche], para R. Chana b. Bizna dijo en nombre de R. Simón el Piadoso que: un arpa colgaba sobre la cama de David y, tan pronto como llegó la medianoche, un viento del norte sopló sobre las cuerdas del arpa y la hizo sonar. Entonces, David se levantó y estudió la Torá hasta el amanecer. Al amanecer, los sabios de Israel visitaron a David y le dijeron: "¡Señor nuestro, oh Rey! Israel, ¡Tu pueblo necesita ganarse la vida! "" Vayan y sosténganse tratando unos con otros ", respondió David." Pero ", dijeron ellos," ¡un puñado no satisface al león ni un pozo puede llenarse con su propia tierra! [es decir, una comunidad no puede vivir de sus propios recursos] ". Entonces David les dijo:" Id y estiren sus manos como una banda [de guerreros]. Inmediatamente se reunieron en consejo con Achi'tophel y siguieron el consejo del Sanedrín y preguntaron al Urim y Tummim. R. Joseph dijo: "¿Cuál es el pasaje [que se refiere a esto]? Está escrito (una comunidad no puede vivir de sus propios recursos] ". Entonces David les dijo:" Id y estiren sus manos como una banda [de guerreros]. Inmediatamente se reunieron en consejo con Achi'tophel y siguieron el consejo del Sanedrín y preguntaron al Urim y Tummim. R. Joseph dijo: "¿Cuál es el pasaje [que se refiere a esto]? Está escrito (una comunidad no puede vivir de sus propios recursos] ". Entonces David les dijo:" Id y estiren sus manos como una banda [de guerreros]. Inmediatamente se reunieron en consejo con Achi'tophel y siguieron el consejo del Sanedrín y preguntaron al Urim y Tummim. R. Joseph dijo: "¿Cuál es el pasaje [que se refiere a esto]? Está escrito (I Crónicas 27, 34). Y después de Achi'tophel (vino) Joho'yada, el hijo. de Bena'yahu y Ebya'thar, y el capitán del ejército del rey era Joab, es decir, 'Achi'tophel' es el consejero; como se dice (II Sam. 16, 23.) Y el concilio de Achi'tophel, que él aconsejó en esos (Fol. 4a) días fue como si un hombre hubiera pedido consejo de la palabra de Dios: 'Joyada hijo de Bena'yahu,' se refiere al Sanedrín; 'Ebyathar' se refiere al Urim y Tummim; como dice el pasaje (Ib. 20, 23). Y Bena'yahu, el hijo de Jeho'yada, estaba sobre Kareithi y Peleithi. Pero, ¿por qué se llama al Sanedrín "Kareithi"? Porque cortan sus palabras claramente; y '¿Peleithi?' Porque sus actos fueron maravillosos [predestinados]. ¿Y por qué se les dio el nombre Urim a las piedras? Porque iluminaron sus palabras; ¿Tummim? Porque terminaron sus palabras '. Y después de esto, solicitaron a Joab, el capitán del rey ". R. Isaac b. Ada dijo:" ¿Qué pasaje bíblico se relaciona con esto? [Que el arpa colgaba sobre la cama de David.] ¡Despierto! mi espíritu, despierta! mi salterio y arpa; ¡Despertaré el amanecer de la mañana! (PD. 57, 9). "R. Zera dijo:" Moisés, nuestro maestro, sabía muy bien [la hora exacta a la medianoche] y también David; el arpa no se usó para decirle la hora a la medianoche, sino para despertarlo del sueño. La razón de la declaración de Moisés sobre la medianoche es que temía que los astrólogos de Faraón se equivocaran en el tiempo y luego dirían que Moisés mintió; como dijo el maestro: Usa tu lengua para decir: ¡No sé que no seas hallado equivocado y engañado! R. Ashi dijo: "El momento en que Moisés habló fue la medianoche (entre el día trece y el decimocuarto de Nisán) y así le dijo al Faraón: '¡El Santo, alabado sea! dijo: 'Mañana, a esta hora, saldré en medio de Egipto' ".

[Está escrito] (Sal. 66, 1.) Una oración de David, preserva mi alma, porque soy piadoso. R. Levi y R. Isaac explican este pasaje. Uno dijo: "Así dijo David ante el Santo, ¡alabado sea! 'Soberano del universo, ¿no soy piadoso? Mientras que todos los reyes del este y del oeste duermen hasta la tercera hora del día, yo me levanto a la medianoche para te alabo. '"Y el otro dijo:" Así dijo David ante el Santo, ¡alabado sea!' Soberano del universo, no soy piadoso, mientras que todos los reyes del este y del oeste se sientan en compañía en su gloria, mi las manos están manchadas de sangre, bolsa de membranas y postparto para decidir cuestiones relativas a la vida familiar; y además, en todo lo que hago, primero consulto a Mephi-bosheth, mi maestro, y le guardo: Meplu-bosheth, mi maestro, ¿He condenado debidamente? ¿He absuelto debidamente? ¿He declarado propiamente puro? ¿Me he declarado impuro correctamente? Y no me siento degradado [preguntando esto] '". R. Joshua, el hijo de Ide, dijo:" ¿Cuál es el pasaje bíblico [que se refiere a esto]? Está escrito (PD. 119, 46.) Y hablaré de tu testimonio delante de los reyes y no se avergonzará. "Se nos enseña que su nombre (el maestro de David) no era Mefi-boset, sino Is-boset. ¿Por qué se llamó Mefi-boset? insultó a David durante las discusiones halájicas, por lo tanto, [debido a que David aceptó humildemente estos reproches,] David fue recompensado y Kilab salió de él y R. Jochanan dijo: "Su nombre no era Kilab sino Daniel; ¿Por qué entonces se llamó Kilab? Porque él reprochó a Mefi-boset en asuntos de Halajá, y respecto a él (Kilab), Salomón dijo en su sabiduría (Pr.23, 15.) Hijo mío, si tu corazón es sabio, se alegrará mi corazón, incluso el mío. Y también se dice (Ib. 27, 11.) Hazte sabio, hijo mío, y haz que mi corazón se regocije para poder dar una respuesta al que me reprocha. "¿Por qué David se llamó a sí mismo piadoso? ¿No está escrito (Sal. 27, 13.) A menos que tuviera que ver la bondad del Señor en la tierra de la vida, y se nos enseña en el nombre de R. José, "¿Por qué la palabra Lulei (a menos que) esté punteada? David dijo ante el Santo, alabado sea ¡Él! 'Soberano del universo, de seguro confío en Ti, sabiendo que Tú recompensarás adecuadamente a los justos cuando llegue el momento [en el mundo futuro], pero dudo que pueda participar en ellos' [Por lo tanto, inferir que David no se consideraba a sí mismo un hombre piadoso.] "Tenía miedo a causa del pecado, como R. Jacob b. Ide dijo; para R. Jacob b. Ide planteó la siguiente pregunta contradictoria: "Está escrito (Gen.28, 15.) Y he aquí, yo

(Dios) estoy contigo, (Jacob), y te mantendré seco dondequiera que vayas. Y está escrito (Ib. 32, 8.) Y Jacob tuvo mucho miedo y se sintió angustiado. [¿Por qué tuvo miedo después de que el Señor prometió estar con él?] Jacob dijo: 'Quizás haya alguna causa de pecado que impida el cumplimiento de Su promesa;' como se nos ha enseñado: 'Se dice (Éxodo 15, 16. Hasta que pase tu pueblo, oh Señor, hasta que pase este pueblo que tú compraste. Hasta que tu pueblo pase, oh Jehová: se refiere a la primera entrada, [a la tierra de Israel]; Hasta que pase este pueblo que has comprado; se refiere a la segunda entrada [en los días de Esdras]. De esto, declararon los sabios, se puede inferir que Israel iba a ser traído [a la tierra de Israel] durante los días de Esdras por los mismos milagros a través de los cuales entraron por primera vez, en los días de Joshua ben Nun, pero los pecados de Israel impidieron el cumplimiento de esto ".

(Ib. B) Se nos enseña: Los sabios hicieron una cerca a sus palabras [para proteger sus ordenanzas], no sea que un hombre que venga del campo en la noche, diría: "Iré a casa, comeré un poco, beberé un poco, y duermo un rato y luego leeré la Sh'm'a y rezaré el servicio vespertino ". Mientras tanto, se quedará dormido y dormirá toda la noche sin haber leído la Sh'm'a ni rezado. Pero [para evitar esto, dicen:] "Un hombre que venga del campo por la tarde entrará en la sinagoga, y si está acostumbrado a leer la Escritura, que lo haga; o si puede estudiar la ley tradicional. , déjelo hacer eso. Después de esto, debe leer la Sh'm'a y orar; luego puede comer su comida y recitar la Bendición después de la comida. El que transgrede las palabras de los sabios, merece la pena de muerte ". ¿Por qué los Baraitha usan aquí la expresión de que "El que transgrede las palabras de los sabios es digno de la pena de muerte" y no la usan en ningún otro lugar? Si lo desea, puede decir, porque aquí la fuerza del sueño lo pone más allá de su propio control [y si no se le advierte fuertemente contra ello, puede transgredir la orden aunque realmente desee cumplirla]; y si le place, puede decir, porque es la intención [del Baraitha] revertir la opinión de aquellos que dicen que el servicio vespertino es solo opcional, nos dice, por lo tanto, [mediante su advertencia,] que es obligatorio . El maestro dijo [arriba]: "Él lee la Sh'm'a y reza (el servicio vespertino)" Esto es en apoyo de [la opinión de] R. Jochanan, quien estaba acostumbrado a decir: "¿Quién seguramente tendrá una participación en el mundo venidero? En cuanto al pasaje bíblico, difieren en la interpretación del pasaje. (Deu. 6, 7.) Y cuando te acuestes, y cuando te levantes, (referido a Sh'm'a). R. Jochanan sostiene: "Comparamos acostarse [por la tarde] con levantarse [por la mañana] por la razón de que así como la lectura de la Sh'm'a en la mañana viene antes de la oración, así, en la noche, la lectura de la Sh'm'a viene primero también, y luego la oración de las Dieciocho Bendiciones ". R. Joshua sostiene: "Comparamos la lectura de la Sh'm'a cuando está acostado con la lectura de la Sh'm'a cuando se levanta, por la razón de que al igual que en la mañana se lee la Sh'm'a cerca al levantarse, así se lee la Sh'm'a de la noche justo antes de acostarse ". La siguiente objeción fue planteada por Mar b. Rabina: "Hemos aprendido (en una Mishná) 'Por la noche, dice dos bendiciones antes de la Sh' m'a y dos después de la Sh'm'a '. Si las Dieciocho Bendiciones deben decirse inmediatamente después de Ge-ula, entonces las Bendiciones de Hash-ki-benu le impiden tener la Ge-ula, (la primera después de Sh'm'a) poco después de las Dieciocho Bendiciones. los rabinos ordenaron que se diga Hash-ki-benu [entre Ge-ula y las Dieciocho Bendiciones] entonces se considera como una bendición larga; porque si no lo decimos, entonces por la mañana ¿cómo podemos decir las Dieciocho? ¿Bendiciones inmediatamente después de la Ge-ula? ¿No ha dicho R. Jochanan: "Primero debe decir: Oh Señor, abre mis labios, y mi boca declarará tu alabanza (PD. 51, 17), y luego proceda con las Dieciocho Bendiciones; y al final debería decir. Que las palabras de mi boca y la meditación de mi corazón sean agradables delante de ti, oh Señor, mi roca y mi redentor, (Ib. 19, 15). "Pero como los rabinos ordenaron que el pasaje [Oh Señor, abre mi boca, etc.], se considera una oración larga (parte de las dieciocho bendiciones), por lo que también en este caso, ya que los rabinos ordenaron que el Hash-ki-benu se diga entre Ge-ula y las Dieciocho Bendiciones, se considera parte de Ge-ula

R. Elazar b. Abina dijo: "El que recite Te-hila l 'David (Sal. 145) tres veces al día puede estar seguro de una herencia en el mundo venidero". ¿Cuál es la razón? ¿Debo decir porque ese capítulo en particular está ordenado alfabéticamente? Entonces, ¿por qué no preferir el capítulo 119 Sal., Que tiene una disposición de ocho repeticiones de cada letra del alfabeto? ¿Es porque tiene el verso Tú abre tu mano y satisface las demandas de todas tus criaturas? [influye en los hombres para que sean benevolentes]? Si es así, ¿por qué no el Gran Hallel? en el cual también está escrito (Ib. 136, 25). Él da de comer a toda carne. Porque Tehila l 'David tiene las ventajas de ambos; [está ordenado alfabéticamente e influye en los hombres para que sean benevolentes].

R. Jochanan dijo: "¿Por qué falta la letra Nun en el [curso alfabético de] Ashrei? Porque la letra Nun se usa para las malas noticias. Se dice (Amós 5, 2). Ella ha caído (Nafla) y no resucita, la virgen de Israel. " En Palestina interpretan [esta profecía de Amós como buenas nuevas] así: ¡Ha caído y no volverá a caer! ¡Subir! virgen de Israel! R. Nachman b. Isaac dijo: "Aun así, David indica [la profecía de] la monja con el propósito de fortalecer a Israel, a través de una visión santa; porque él dice (Sal. 145, 14). El Señor sostiene a todos los que han caído (Noflim). "

R. Elazar b. Abina dijo además: "Se dice mucho más [con respecto a las acciones] de Miguel de lo que se dice de Gabriel; porque al describir a Miguel, está escrito (Isaías 6, 6). Luego voló hacia mí uno de los Serafines. Mientras que al describir Gabriel está escrito (Dan. 9, 21.) El hombre Gabriel a quien había visto en la visión al principio, vino volando rápidamente ". ¿Y de dónde sabemos que la palabra Echad (uno) [mencionada por Isaías] se refiere a Miguel? R. Jochanan dijo: "Lo derivamos de la palabra Echad que aparece en ambos pasajes; está escrito aquí (Is. 6, 6). Uno de los serafines y está escrito allí (Dan. 10, 13)..) Pero Michael, uno de los principales príncipes, vino a ayudarme. [Así como en el último caso] la palabra Echad (uno) se aplica a Michael, así también en el primer caso Echad (uno) se aplica a Michael]. "En un Baraitha se enseñó:" Michael [llega a su destino] con un [vuelo]; Gabriel con dos; Elías con cuatro y el ángel de la muerte con ocho; pero durante una epidemia, el ángel de la muerte llega [a su destino] con un [vuelo] ".

(Fol. 5a) R. Levi b. Chama, en nombre de Simon b. Lakish dijo: "Que el hombre incite en todo tiempo su inclinación al bien contra la inclinación al mal), porque se dice (Sal. 4, 5). Tiembla y no peques. Si la vence (la inclinación al mal), está bien. , pero si no lo hace, entonces debería estudiar la Torá; porque leemos, (Ib.) Comunícate con tu corazón. Si desaparece, entonces está bien, pero si no, entonces debería leer la Sh'm'a ; porque está dicho (Ib.) En tu cama. Si él la conquista, entonces está bien, pero si no, entonces debe recordarse a sí mismo el día de la muerte, porque está escrito. Y estar quieto Selah (al fin)." R. Isaac dijo: "Quien lee la Sh'm'a cuando está en su cama es considerado [protegido] como si tuviera una espada de dos filos en su mano, porque está escrito (Sal. 149, 6)..) Las exaltadas alabanzas (de Dios) están en sus bocas y la espada de dos filos en sus manos ". ¿Cómo infiere esto? Mar Zutra y según otros, R. Ashi, dijeron:" Desde el principio de ese pasaje (Ib. Ib. 5.) Que los piadosos se regocijen en la gloria; que canten en voz alta sobre sus camas; y está escrito después de esto La exaltada alabanza de Dios está en sus bocas y una espada de dos filos en sus manos. "Además, dijo R. Isaac: Quienquiera que lea la Sh'm'a en su cama [antes de dormir], causar la partida de todos los espíritus malignos; porque se dice (Job 5, 7.) Y los hijos del fuego emprenden su vuelo. Por Uf (vuelo) no se entiende nada más que la Torá, como se dice (Pr. 23 , 5.) Cuando dejas que tus ojos simplemente vuelen sobre él (es decir, si aprendes la Torá superficialmente), ya no existe. Y reshef (fuego) no significa nada más que espíritus malignos; como se dice (Deu. 32, 24). Devorado con un calor abrasador y con una enfermedad amarga y mortal ".

Además, dijo R. Levi b. Chama, en el nombre de Resh Lakish: "¿Qué significa el pasaje (Ex. 24, 12). Y te daré las tablas de piedra, con la ley y los mandamientos, que he escrito para enseñarles? , las tablas de piedra, se refiere a los diez mandamientos; la Torá, se refiere a la Biblia; los mandamientos, se refiere a la Mishná; que he escrito, se refiere a los Profetas y Hagiographa; para enseñarlos, se refiere a la Guemará; de donde inferimos que - todos fueron entregados a Moisés en el monte Sinaí ".

R. Simon b. Lakish dijo: "Cualquiera que estudie la Torá evitará que la aflicción le sobrevenga, porque se dice (Job 5, 7), y los hijos del fuego emprenden su vuelo. Por Uf (vuelo) no se entiende nada más que la Torá". , como se dice (Pr. 23, 5.) Cuando dejas que tu ojo simplemente vuele sobre ella (es decir, si estudias la Torá simplemente mirándola con tus ojos), ya no existe (fácilmente olvidarás Y Reshef (fuego) no significa nada más que aflicción, como se dice (Deu. 32, 24). Devorado con espíritus malignos ". "Sí." exclamó R. Jochanan, "¡incluso los niños de la escuela saben esto! porque se dice, (Ex. 15. 2.5.) Y él dijo, si escuchas con delicadeza la voz del Señor y haces lo que es correcto en Sus ojos, etc. Pero significa así: A quien es capaz de estudiar la Torá, pero no así el Santo, ¡alabado sea! le traerá un sufrimiento repugnante que lo perturbará grandemente; porque se dice (Sal. 39, 3). Me quedé mudo en profundo silencio, estaba bastante quieto incluso de hablar bien, pero mi dolor me turbaba mucho. Por tob (bueno) no se entiende nada más que la Torá, porque está dicho (Pr.4, 2.) Por buena doctrina doy, etc. "R. Zeira, y algunos dicen, R. Chanina b. Papa, dijo:" Ven y mira que la costumbre del Santo. ¡Alabado sea! no es como la costumbre de los mortales. La costumbre de los mortales es que si un hombre vende algo valioso a su prójimo, el vendedor se arrepiente y sólo el comprador está contento; pero la costumbre del Santo, ¡alabado sea! no es asi. Él otorgó la Torá a Israel y se regocijó, porque se dice (Ib. 4, 2). Por buena doctrina te doy ". Raba, y según otros R. Chisda, dijo:" Si un hombre ve que problemas vienen a él, que escudriñe sus obras, porque está dicho: (Lam.3, 40) Busquemos y examinemos nuestros caminos y volvamos al Señor. Si ha investigado y no ha encontrado nada malo, que lo atribuya a un descuido del estudio de la Torá. porque está dicho (Sal. 94, 12.) Bienaventurado el hombre a quien Tú amonestas, oh Señor, y que enseñan de Tu Torá. Pero si investigó y no encontró [negligencia en el estudio de la Torá], entonces se sabe que su aflicción es la causa del amor de Dios, porque se dice (Pr. 3, 12). Porque a quien ama el Señor, Él amonesta . "Raba, en el nombre de R. Sechorah, quien citó a R. Huna, dijo:" ¡Quien sea el Santo, alabado sea! ama. Aflige, porque se dice (Isaías 53, 10.) Pero el Señor se complació en aplastarlo a través de la enfermedad. Podríamos pensar eso, incluso si no acepta la aflicción con resignación. Por tanto, se dice (Ib.) Cuando su alma ha traído la ofrenda por la culpa, es decir, así como una ofrenda por la culpa debe venir con su reconocimiento, así también debe aceptarse con resignación. Y si lo acepta con amor, ¿cuál será su recompensa? Entonces verá (su) descendencia vivir muchos días, (Ib.) Y además su conocimiento perdurará con él, como se dice (Ib.) Y la voluntad del Señor prosperará en su mano. "En cuanto a la aflicción, allí Hay una diferencia de opinión entre R. Jacob b. Ide y R. Acha b. Chanina. Se sostiene que toda esa aflicción que no impide estudiar la Torá es de amor, porque se dice (Sal. 94, 12.) Feliz es el hombre a quien Tú amonestas, oh Señor, y enseña de Tu Torá; y el otro sostiene que la aflicción que no impide a uno orar es una que proviene del amor, porque se dice (Sal. 66, 20). Bendito el Dios que no ha quitado de mí mi oración ni su bondad. R. Abba, hijo de R. Chiya b. Abba, dijo: "Así dijo mi padre (R. Chiya) en el nombre de R. Jochanan: 'Ambas aflicciones son del tipo que proviene del amor, porque está escrito (Pr. 3, 12.) Porque a quien ama el Señor, amonesta; Pero, ¿qué aprendemos [del pasaje] Tú le enseñas la Torá? No lea Tlamdenu (que debería poder estudiar la Torá); pero léelo Tlamdainu (De Tu Torá, Tú nos enseñas) es decir, aprendemos de tu Torá [que aquel que es castigado por Dios debe ser feliz] a saber, a través de la regla a fortiori con respecto al diente y al ojo; que si la pérdida de un diente o un ojo [sacado por el amo] que afecta a un solo miembro del cuerpo humano, libera al esclavo, cuánto más entonces son las aflicciones, que afectan a todo el cuerpo humano, capaces de limpiar uno de los mal. "Y eso es lo que quiere decir R. Simon b. Lakish, porque dijo:" Se dice Convenant (Brith) en conexión con la palabra sal, y se dice Convenant (Brith) en conexión con la palabra aflicción.Lev. 2, 13.) ¡No tolerarás la sal del pacto (Brith)! Pacto por aflicción - como está escrito (Deu. 28, 49). Estas son las palabras del pacto. (Brith) Así como se hizo el pacto de la sal para endulzar la carne, así se hizo el pacto de la aflicción para limpiar al hombre de toda iniquidad ".

Se nos enseña que R. Simon b. Jochai dijo: "¡Tres preciosos dones el Santo, alabado sea! Otorgó a Israel, y ninguno de ellos fue otorgado sin aflicción. Los dones son, la Torá, Palestina y el mundo por venir. ¿Cómo aprendemos que la Torá fue ¿Dado con aflicción? Está escrito (Sal. 94, 12.) Feliz es el hombre a quien Tú amonestas, oh Señor, y de Tu Torá, Tú le enseñas. ¿De dónde aprendemos que Palestina fue entregada con aflicción? Está escrito (Deu. 8. 5.) Considera en tu corazón, que como el hombre castiga a su hijo, así el Señor, tu Dios, te castiga. Inmediatamente después están las palabras: Porque el Señor, tu Dios, te lleva a una buena tierra. , ¿De dónde aprendemos que el mundo venidero fue dado con aflicción? Está escrito (Pr. 6, 23.) Porque el mandamiento es una lámpara, y la Torá es una luz, y el camino de la vida es administrar la corrección ".

Un discípulo recitó ante R. Jochanan: "Quien se ocupe del estudio de la Torá y de la práctica de la bondad amorosa y (Ib. B.) Entierre a sus hijos [durante su vida] tendrá todos sus pecados perdonados". "Es correcto", le dijo R. Jochanan, "en los casos de la Torá y de la caridad; porque está escrito (Pr. 16, 6.) Mediante la bondad se expía la iniquidad. Chesed (Bondad) significa la práctica de la bondad amorosa como se dice (Ib. 21, 21.) El que persigue la justicia y la bondad (Chesed). Emeth (Verdad), significa la Torá, porque se dice (Ib. 23, 23.) Compra la verdad (emeth) y no la vendas) pero en cuanto al que entierra a sus hijos, ¿de dónde lo aprendemos? " El anciano caballero enseñó a R. Jochanan, en el nombre de R. Simon b. Jochai: "Inferimos esto [a través de la regla de la analogía] de la palabra, 'iniquidad' (Avon). Aquí está escrito: Mediante la bondad y la verdad se expía la iniquidad (Avon), y está escrito (Jer.32, 18.) Inflige las iniquidades (Avon) de los padres en el seno de sus hijos después de ellos. [Así como el primer Avon se refiere a expiación, también lo hace el segundo] ". R. Jochanan dijo:" La lepra y [enterrar] niños no deben [ser considerados entre] las aflicciones que provienen del amor [de Dios] ". ¿No es la lepra una aflicción que proviene del amor? ¿No se nos ha enseñado: "Quien padezca una de estas cuatro formas de lepra, no la considere más que un altar del perdón". "Sí", respondió R. Joachanan, " es cierto que es un altar del perdón, pero no es una aflicción que proviene del amor de Dios; y si lo desea, puede decir que una declaración se refiere a los que habitan en Babilonia, y la otra se refiere a los que habitan en Palestina; y si quieres ¿No es de la aflicción del amor? ¿Cómo interpretaremos este caso? Si diremos que tuvo hijos pero murieron, entonces mi objeción es que el mismo R. Jochanan dijo: "Este es el hueso de mi décimo hijo que he enterrado". [¿Debemos entonces creer que la aflicción de un hombre tan grande como R. Jochanan no fue una aflicción causada por el amor de Dios?] Pero la declaración de R. Jochanan se refiere al caso donde no nacieron niños, y este último trata con un caso donde nacieron, pero murieron durante la vida de los padres. ¿No es de la aflicción del amor? ¿Cómo interpretaremos este caso? Si diremos que tuvo hijos pero murieron, entonces mi objeción es que el mismo R. Jochanan dijo: "Este es el hueso de mi décimo hijo que he enterrado". [¿Debemos entonces creer que la aflicción de un hombre tan grande como R. Jochanan no fue una aflicción causada por el amor de Dios?] Pero la declaración de R. Jochanan se refiere al caso donde no nacieron niños, y este último trata con un caso donde nacieron, pero murieron durante la vida de los padres.

(Ib. B) R. Jochanan una vez se enfermó y R. Chanina fue a visitarlo. "¿Amas estas aflicciones?" R. Chanina le preguntó. "No los deseo ni a ellos ni a sus recompensas", respondió. R. Chanina luego dijo "Dame tu mano". Entonces R. Jochanan le dio la mano y él [R. Chanina] lo hizo bien. ¿Por qué R. Jochanan no se recuperó sin la ayuda de R. Chanina? [No sucedió eso] cuando R. Chiya b. Abba una vez se enfermó, recibió la visita de R. Jochanan, quien le preguntó: "¿Amas las aflicciones?", Y cuando llegó la respuesta, "[no los amo] ni a ellos ni a sus recompensas", R. Jochanan le pidió la mano. y lo sanó. [¿Por qué no pudo hacer lo mismo por sí mismo?] Te lo diré. Un prisionero no puede liberarse de su prisión. R. Elazar una vez se enfermó. R. Jochanan vino a visitarlo y vio que estaba durmiendo en una habitación oscura. Con lo cual R. Jochanan descubrió su propio brazo e inmediatamente la habitación se iluminó. R. Jochanan notó entonces que R. Elazar estaba llorando. "¿Por qué lloras?" preguntó R. Jochanan. "¿Es porque no has aprendido lo suficiente de la Torá? He aquí, se nos enseña (en una Mishná) 'No importa si uno [ofrece] mucho o poco, solo las intenciones de su corazón contarán por el bien del Cielo'. ¿Es porque estás necesitado y eres pobre? [¿Sabes que] no todo el mundo merece dos mesas (en este mundo y el mundo venidero). ¿Es por problemas de tus hijos? Aquí hay un hueso de mi décimo hijo [a quien he enterrado, por lo tanto, no eres el único que tiene tales problemas] ". "Lloro", le dijo R. Elazar, " ¡Alabado sea! de ejecutar juicio injustamente? "R. Huna entonces dijo:" Si has oído algo en mi contra [no lo ocultes] dímelo ". Entonces le dijeron:" Hemos oído que el amo no permite que su inquilino participe en los vinos [cuando se podan] "." Ave ", dijo R. Huna," ha robado todo el producto de mis viñedos y no me ha dejado nada ". "Hay una máxima". ellos respondieron, "que quien roba a un ladrón huele a hurto". "Si es así", dijo, "prometo darle su parte". Entonces, según algunos, el vinagre se convirtió de nuevo en vino, y según otros, el precio del vinagre subió al precio del vino. Entonces le dijeron: "Hemos oído que el amo no permite a su arrendatario participar en los vinos [cuando se podan]". "Ave", dijo R. Huna, "ha robado todo el producto de mis viñedos y no me ha dejado nada". "Hay una máxima", respondieron, "que quien roba a un ladrón huele a hurto". "Si es así", dijo, "prometo darle su parte". Entonces, según algunos, el vinagre se convirtió de nuevo en vino, y según otros, el precio del vinagre subió al precio del vino. Entonces le dijeron: "Hemos oído que el amo no permite a su arrendatario participar en los vinos [cuando se podan]". "Ave", dijo R. Huna, "ha robado todo el producto de mis viñedos y no me ha dejado nada". "Hay una máxima", respondieron, "que quien roba a un ladrón huele a hurto". "Si es así", dijo, "prometo darle su parte". Entonces, según algunos, el vinagre se convirtió de nuevo en vino, y según otros, el precio del vinagre subió al precio del vino.

Se enseña que Abba Benjamín dice: "Siempre me arrepentí de dos cosas, que mi oración fuera frente a mi cama, y mi cama se colocara entre el norte y el sur". Mi oración debería estar frente a mi cama. ¿Qué se entiende por "delante de mi cama"? ¿Debo decir que significa rezar cerca de la cama? ¿No ha dicho R. Juda en nombre de Rab, y según otros fue R. Joshua b. Levi quien dijo: "¿De dónde nos enteramos que el que ora no tendrá nada entre él y la pared? Se dice (Is. 38, 2.) Entonces Ezequías volvió su rostro hacia la pared y oró al Señor. "[Por tanto, vemos que un hombre no debe orar antes de su cama.] No diga 'Antes de la cama', sino diga 'Inmediatamente después creciente.' ¿Y qué quiere decir con 'Mi cama se colocará entre el norte y el sur'? Esto se refiere a lo que R. Chama el hijo de R. Chanina y según otros R. Isaac dijo: "El que coloca su cama entre el el sur y el norte tendrán hijos varones; como se dice (Sal. 17, 14). Y cuyo vientre llenes con tu tesoro escondido, se saciarán con hijos ". Rab. Najman b. Isaac dijo:" También evitará que su esposa tenga un aborto ; porque está escrito aquí. Llenas sus entrañas, y allí está escrito (Gen.25, 24.) Y cuando se cumplieron sus días para dar a luz. "Se enseñó que Abba Benjamín dice:" Dos entraron en la sinagoga para orar; uno de ellos terminó primero su oración y salió sin esperar a su amigo; ¿Será su oración hecha pedazos, como está dicho (Job 18, 4). Se desgarra en su ira: por ti será abandonada la tierra? Y además hace que [por su acción] la Shejiná se vaya de Israel, como se dice (Ib. Ib. Ib.) ¿Y el Tzur se apartará de Su lugar? Y la palabra Tzur, se refiere solo al Santo, ¡alabado sea! como se dice (Deu.32, 18.) De la Roca (Tzur) que te engendró, olvidaste. "Y si espera a su amigo, ¿cuál será su recompensa? (Fol. 6a) R. José el hijo de R. Chanina dijo:" Será digno de las siguientes bendiciones que se dicen (Is. 48, 18.) ¡Oh, si hubieras escuchado mis mandamientos! Entonces habría sido como un río tu pieza. y como las olas del mar, tu prosperidad ". Se nos enseña que Abba Benjamín dice:" Las oraciones de los hombres no son oídas [por Dios] sino sólo cuando vienen de la sinagoga, porque está escrito (I Kin. 8 , 28.) Para escuchar el cántico de tu alabanza y tu oración, es decir, en el lugar donde se dicen los cánticos de alabanza, debe haber un lugar de oración ". Rabin b. R. Ada dijo en el nombre de R. Isaac: " ¿De dónde nos enteramos de que Dios frecuenta la sinagoga? Se dice (PD. 82, 1.) Dios está en la Congregación de Dios; ¿De dónde aprendemos que cuando diez hombres oran juntos, la Sheehina descansa con ellos? Se dice (Ib.) Dios está en la congregación de Dios; ¿De dónde aprendemos que cuando tres están sentados y juzgando, la Sheehina descansa con ellos? Se dice (Ib.) En medio, Él juzga. Y de dónde aprendemos eso cuando dos están sentados juntos y estudian la Torá. la Sheehina está con ellos? Se dice (Malaquías 3, 16.) Entonces conversaban los que temían al Señor, unos con otros; y el Señor escuchó y oyó, y se escribió un libro de memorias delante de él para los que temen al Señor y para los que respetan su nombre. "¿Qué deben entenderse por las palabras. Y para los que respetan su nombre? R . Ashi dijo: "Incluso cuando uno tenía la intención de observar un mandamiento pero accidentalmente se le impidió hacerlo, se le atribuye como si realmente lo hubiera observado". Y de dónde aprendemos que incluso si uno se sienta y estudia la Torá, la Sheehina está con él? Se dice (Éxodo 20, 24.) En todo lugar donde permita que se mencione mi nombre, vendré a ti y te bendeciré. Ahora veamos, ya que sabemos que la Sheehina está pareja con uno, ¿por qué es necesario inferir que descansa con dos? Porque si dos estudian juntos, la Sheehina inscribe sus palabras en el libro de las memorias; para uno, sin embargo, no inscribe sus palabras en el libro de las memorias. Ya que sabemos que cuando dos estudian, la Sheehina está con ellos, ¿por qué necesitamos una inferencia para tres? Porque no debemos pensar que ejecutar el juicio es simplemente traer paz y nada más, y la Sheehina, por lo tanto, no está con ellos. Nos informa entonces que emitir juicio es tan importante como la Torá: y dado que sabemos que la Sheehina está con tres, ¿por qué necesitamos la inferencia con respecto a diez? Porque en el caso de diez personas,

R. Abin b. R. Ada, en el nombre de R. Isaac, dijo: "¿De dónde nos enteramos que el Santo, alabado sea, pone Tefilin? Se dice (Is. 62, 8). Juró el Señor por su diestra y por el brazo de su fuerza. Por su mano derecha, se entiende la Torá, porque está dicho (Deu. 33, 2.) De su mano derecha, les dio una ley de fuego; y por su fuerza, se entiende Tefilin; como se dice (Sal. 29, 11.) El Señor dará fuerza a Su pueblo. ¿Cómo sabemos que los Tefilin son una fuerza para Israel? Se dice (Deu. 28, 10)..) Y verán todas las naciones de la tierra que eres llamado por el nombre del Señor, y te temerán; y también se nos enseña que R. Eliezer, el Grande, dice 'Este (el versículo anterior) significa el Tefilin de la cabeza' '. R. Nachman b. Isaac le dijo a R. Chiya b. Abin: "¿Qué está escrito en el Tephilin del Soberano del universo?" "Escrito está", respondió, "¿Quién es como tu pueblo Israel, la única nación"? (I Crónicas 17, 21.) "¿Y el Santo, alabado sea! ¿Se alaba a sí mismo con la gloria de Israel?" "Sí, porque está escrito (Deu. 26, 17.) Hoy has reconocido al Señor, etc., y el Señor te ha reconocido hoy, es decir, el Santo, ¡alabado sea!", Dijo a Israel 'Deu. 6, 4) Oye, Israel, el Señor nuestro Dios, es un Dios; Por lo tanto, haré de ti el único objeto de amor en el mundo, como está escrito (I Crónicas 17, 21). Y quién es como tu pueblo, Israel, la única nación '"R. Acha, el hijo de Raba, dijo a R. Ashi: "Puede que tengas razón con respecto a una sección de la Tephilin, ¿qué pasa con las secciones restantes?" "En las secciones restantes", [dijo R. Ashi] "están. Porque, ¿qué gran nación hay? (Deu.4, 7); Y qué gran nación (Ib. Ib.); ¡Feliz eres tú, Israel! (Ib. 33, 29); ¿O ha ensayado un Dios, (Ib. 4, 34.) para que pueda ponerte, el más alto (Ib. 26, 19). "" Si es así, entonces hay más de cuatro secciones? "" Pero, "[dijo él], "O qué gran nación hay. Y qué gran nación, siendo ambos prácticamente [en significado] iguales, son una sección; Bienaventurado eres tú Israel, y por qué parte de una nación, hay otra sección; O ha ensayado un Dios, es la tercera sección; y para que Él te ponga en lo más alto, es la cuarta sección; y todos estos versículos están escritos y [reunidos en una sección que está] colocados también en el Tefilin de la mano.

Rabin b. R. Ada en el nombre de R. Isaac dijo: "Quien frecuenta la sinagoga [todos los días] y falta un día, el Santo, ¡alabado sea! Pregunta por él; porque está escrito (Is. 50, 10). ¿Hay entre vosotros el que teme al Señor, el que escucha la voz de su siervo? Aunque haya caminado en tinieblas y no haya tenido luz, confíe en el nombre del Señor, es decir, si fue a realizar una obra meritoria [y por tanto estuvo ausente de la sinagoga] habrá luz para él; pero si su ausencia se debe a asuntos personales, entonces no habrá luz para él, porque debería haber puesto su confianza en Dios ". R. Jochanan dijo: Cuando el Santo, ¡alabado sea! entra en la sinagoga y no encuentra a diez [hombres] presentes, Su ira se agita inmediatamente, como se dice (Is. 50, 2.) Por qué vine y no había ningún hombre allí, llamé sin que nadie respondiera ".

R. Chelbo dijo, en nombre de R. Huna: "El Dios de Abraham ayudará al que elija un lugar regular para sus oraciones y cuando muera, la gente dirá de él: '¡Ay, humilde! ¡Ay piadoso! de los verdaderos discípulos de nuestro padre Abraham! ' ¿Y de dónde sabemos que Abraham había designado cierto lugar [para sus oraciones]? Porque está escrito (Génesis 19, 27). Y Abraham se levantó temprano en la mañana al lugar donde había estado delante del Señor. la palabra Omad (de pie) se refiere a la oración, como se dice (Sal. 106, 30). Y Phineas se paró y oró ". R. Jochanan en nombre de R. Simon b. Jochai dijo: "El que designa cierto lugar para la oración, hará que todos sus enemigos caigan ante él. Porque se dice (II Sam. 7, 10.) He procurado un lugar para mi pueblo, Israel, y lo he plantado, para que habite en un lugar propio y no se turbe más; y que los hijos de la maldad no los afligirán más como antes ". R. Huna planteó la siguiente pregunta contradictoria:" Está escrito (en ellos), y está escrito (Crónicas 17, 9.) [del mismo cosa] Lechalotho (para destruirlos). Al principio, los malvados simplemente afligieron a Israel, pero luego trataron de destruir a Israel ".

R. Chelbo, en nombre de R. Huna, dijo: "El que salga de la sinagoga no debe darse prisa". "Esto", dice Abaye, "es sólo cuando se va, pero al ir a [la sinagoga] es meritorio apresurarse, como se dice (Oseas 6, 3)..) Háganos saber y apresuremos a servir al Señor ". R. Zeira dijo:" Al principio, cuando vi que los rabinos se apresuraban a ir a la sesión [de aprendizaje] en el día de reposo, pensé: 'Los rabinos profanan el día de reposo'. Pero después de escuchar lo que R. Tanchum dijo en nombre de R. Joshua b. Leví: 'Siempre correrá un hombre a estudiar, aunque sea en sábado, como se dice (Ib. 11, 10.) Ellos seguirán al Señor cuando, Él rugirá como un león', yo también comencé para correr ". R. Zeira dijo:" La recompensa [principal] por asistir a una conferencia radica en correr "[hacia ella, es decir, la ansiedad por escucharla]. Abaye dijo:" El mérito [principal] de asistir a la conferencia pública antes un día festivo [cuando se explican las leyes relativas a los días festivos] consiste en ser presionado [a causa de la multitud]. "Raba dijo:"

R. Chelbo en el nombre de R. Huna dijo: "Quien ora de espaldas a la sinagoga debe ser llamado impío, como se dice (Sal. 12, 9). De todos lados andan los impíos". Abaye dijo: "Esto se refiere solo a alguien que no vuelve su rostro hacia la sinagoga, pero si vuelve su rostro hacia la sinagoga, no importa incluso si está de espaldas a los adoradores". Había un hombre que oró de espaldas a la sinagoga; Elías pasó de largo. A Elías le pareció que el hombre oraba a la manera de un comerciante árabe, y le dijo: "¿Estás frente a tu Maestro como si hubiera dos dominios?" Entonces Elías sacó su espada y mató al hombre.

R. Jochanan y R. Elazar dijeron: "Cuando un hombre debe solicitar ayuda a sus semejantes, su rostro cambia como [el gusano llamado] Kerum; como se dice (Sal. 12, 9). Como un gusano , así es la bajeza de los hijos de los hombres ". ¿Qué es Kerum? Cuando vino R. Dimi, relató que entre los pueblos de la costa del mar hay cierto gusano, cuyo nombre es 'Kerum', y cuando el sol brilla sobre él, cambia a varios colores. R. Ami y R. Ashi dicen: "El [que tiene que solicitar la caridad] es como si se le hubieran dictado dos juicios: los de fuego y agua, como se dice (Sal. 66, 12). Hicimos que el hombre cabalgara sobre nuestras cabezas; entramos en el fuego y en el agua ".

R. Chelbo en el nombre de R. Huna dijo además: "Un hombre siempre debe ser estricto en la observancia del servicio Mincha, porque Elijah, el Profeta, fue respondido sólo en el servicio Mincha, como se dice (I Kin. 18, 36-37.) Y sucedió en (el momento de) la ofrenda del sacrificio vespertino perpetuo (Minjá) que Elías el Profeta se acercó y dijo: Respóndeme, oh Señor, respóndeme, es decir, responde mi oración para que un fuego descienda del cielo, y respóndeme que no dirán que fue un acto de magia ". R. Jochanan dijo: "En el servicio vespertino también [el hombre prestará atención], porque está dicho (Sal. 141, 2). Que mis oraciones sean valoradas como incienso delante de Ti; levantando mis manos como ofrenda vespertina . " R. Nachman b. Isaac dijo: "Al servicio matutino también [el hombre hará caso,.) Oh Señor, por la mañana oyes mi voz ".

Además dijo R. Chelbo en nombre de R. Huna: "El que no anima al novio, cuya fiesta de bodas ha disfrutado, transgrede contra las cinco voces (el pasaje donde la voz se menciona cinco veces) (Jer. 33, 11). .) La voz de alegría, la voz de alegría, la voz del esposo y la voz de la esposa, la voz de los que dicen alabad al Señor de los ejércitos ". Y si lo anima, ¿cuál será su recompensa? R. Simon b. Lakish dijo: "Él merecerá la Torá, que fue dada a cinco voces, como se dice (Ex.19, 16.) Y sucedió que al tercer día, cuando llegó la mañana, hubo truenos, y la voz de la corneta, etc. Y la voz de la corneta fue, etc., Y Dios le respondió con un fuerte voz ". R. Abuhu dijo: [" Alegrar al novio se considera meritorio] como si trajera una ofrenda de acción de gracias; porque se dice (Jer. 33, 11.) De aquellos que traen ofrendas de acción de gracias a la casa del Señor. "R. Nachman b. Isaac dijo:" Es como si hubiera reconstruido una de las ruinas de Jerusalén, porque se dice (Ib.) Porque haré volver su cautiverio, como al principio, dice el Señor. "

R. Chelbo en el nombre de R. Huna también dijo: "Quien tenga temor de Dios, sus palabras serán escuchadas"; como se dice (Eclesiastés 12, 13). El fin del asunto es, resumamos el todo; Teme a Dios y guarda sus mandamientos, porque este es todo el [deber del] hombre ". Lo que significa Para este es todo el deber del hombre. R. Elazar dijo:" ¡El Santo, alabado sea! dijo 'El mundo entero no habría sido creado si no fuera por él [que teme a Dios]' ". R. Abba b. Cahana dijo:" Este [temor de Dios] es igual en importancia al del mundo entero en su conjunto. "R. Simon b. Azai, y según algunos, R. Simon b. Zoma dijo:" El mundo entero no habría sido creado si no fuera con el propósito de ser anfitrión de él (que teme a Dios) ".

R. Chelbo en el nombre de R. Huna dijo además: "El que sabe que su amigo está acostumbrado a saludarlo, tratará de saludarlo primero, porque se dice (Sal. 34, 15). Busque la paz y sígala. y cuando uno no responde al saludo que recibe, se le llama ladrón, como se dice (Is. 3, 14). Pero vosotros que habéis devorado la viña, el despojo de los pobres está en vuestras casas. " [¿Qué tienen los pobres de los que fueron saqueados? Nada más que su saludo.]

(Fol. 7a) R. Jochanan dijo en nombre de R. Jose b. Zimra: "¿De dónde sabemos que el Santo, alabado sea, ora? Se dice (Is. 56, 7)..) Aun estos los traeré a mi santo monte, y los alegraré en mi casa de oración. No dice en su [casa de] oración, sino en mi [casa de] oración. Aprendemos de esto que el Santo, ¡alabado sea! reza. "¿Qué reza? R. Zutra b. Tubia, en el nombre de Rab, dijo:" [Así reza] 'Que sea mi voluntad que mi misericordia venza mi ira; y que mi compasión gobierne mis atributos [de Justicia] para que pueda tratar con mis hijos con atributos de bondad; y por consideración a ellos, pueda pasar por alto el Juicio ". "Se enseña que el rabino Ismael b. Eliseo dijo:" Una vez, cuando entré al Lugar Santísimo para quemar el incienso, vi al Señor de todos los ejércitos sentado en un trono alto y exaltado, y me dijo 'Ismael, hijo mío, ¡bendíceme! Le respondí: '¡Soberano del Universo! que sea tu voluntad que tu misericordia venza tu ira, y que tu compasión prevalezca sobre tus otros atributos; que tu conducta hacia tus hijos sea con el atributo de bondad amorosa y entre dentro de la línea de la justicia; y, por consideración a ellos, ¡puedes pasar por alto el Juicio! ' El Señor negó con la cabeza hacia mí "[como una señal que confirma mi oración]. Con esto R. Ismael quiere enseñarnos que la bendición de un hombre común no debe ser tenida en cuenta a la ligera. R. Elazar dijo en el nombre de R. Chanina : "Nunca se considerará insignificante a tus ojos la bendición de un hombre común; porque dos grandes hombres de su generación fueron bendecidos por hombres sencillos y sus bendiciones se cumplieron. Ellos son: David y Daniel - David fue bendecido por Aravnah, como está escrito (IE Sam. 24, 23.) Y Aravnah dijo al rey. Que el Señor tu Dios te reciba favorablemente. Daniel fue bendecido por el rey Darío; como está escritoDan. 6, 17.) Que tu Dios, a quien adoras continuamente, te libere verdaderamente ".

R. Jochanan en nombre de R. José dijo: "¿De dónde nos enteramos de que no debemos intentar apaciguar a un hombre en el momento de su excitación? Está escrito (Ex. 33, 14). Mi presencia caminará delante de ti. , y yo te haré descansar, es decir, el Santo, ¡alabado sea! dijo a Moisés: "Espérame hasta que mi excitación disminuya y entonces te haré descansar". "¿Habrá [que atribuirse] ira al Santo, alabado sea? ¡Sí! Como se enseña; y un Dios que se enoja todos los días (Sal. 7, 12).). ¿Y cuánto dura su ira? Por un momento. ¿Y cuánto dura un momento? Cincuenta y ocho mil ochocientos ochenta y ocho parte de una hora; y esto se entiende por la palabra Regga (momento); y ninguna criatura puede determinar ese momento exacto [cuando surge la ira] excepto Bilam el malvado, porque está escrito (Núm. 24, 16.) Y conoce el conocimiento del Altísimo. ¿Como es posible? Si no conocía ni siquiera el temperamento de su animal, ¿cómo podría adquirir un conocimiento del Altísimo? Por tanto, debemos decir que supo determinar la hora exacta en que el Santo, ¡alabado sea! está molesto. Y esto se refiere al profeta que le dijo a Israel (Micha 6, 5.) Oh pueblo mío, recuerden lo que Balac el rey de Moab resolvió para conocer los beneficios de la gracia del Señor. ¿Qué se entiende por Los beneficios de la gracia del Señor? R. Elazar dijo: "Así dijo el Santo, ¡alabado sea! A Israel. 'Recuerda cuántos beneficios de gracia te concedí, que me contuve de enojarme durante todos los días de Bilam, el malvado; porque mi ira podría haberles infligido una gran desgracia [en esa generación] ". Y esto es lo que quiere decir Bilam cuando dijo (Núm. 23, 8)..) ¿Cómo denunciaré a quien Dios no ha denunciado? ¿Y cómo voy a desafiar, cuando el Señor no ha desafiado? "¿Y cuánto tiempo aguanta Su ira? Un Regga (momento). ¿Cuánto dura un Regga? R. Abin y según algunos R. Abina dijo:" Un Regga dura todo el tiempo que sea necesario para pronunciarlo. "¿Y de dónde nos enteramos de que Dios está enojado? Se dice (Sal. 30, 6). Porque su enojo es momentáneo, (pero) la vida descansa en su favor. Y si lo deseas Digo de esto (Is. 26, 20.) Escóndete, pero por un momento, hasta que la ira se desvanezca. ¿Y cuándo está enojado? Abaye dijo: "Durante las primeras tres horas del día, cuando la cresta del gallo se vuelve blanca y se para sobre una pierna". ¿Pero el gallo permanece así todo el tiempo? En todo momento tiene franjas rojas [en la cresta blanca], pero en esa hora en particular no hay franjas rojas en absoluto. Cierto hereje estaba en la vecindad de R. Joshua b. Levi, y lo molestó enormemente, cuestionándolo sobre varios pasajes. Un día R. Joshua b. Levi tomó una polla, la ató a su cama y la miró, pensando que en cuanto notara la señal, maldeciría al hereje. Pero antes de que llegara el momento, el sueño se apoderó de él. Entonces dijo: "Aprendí de este [incidente] que no es apropiado hacer tal cosa: Y él es benéfico en toda Su obra, está escrito (PD. 145, 17.) Y también está escrito (Pr. 17, 26.) El castigo, incluso para los justos, no es bueno ". Se enseñó en nombre de R. Meier:" En el momento en que sale el sol y todos los reyes paganos de Oriente y Occidente, con sus coronas sobre la cabeza, se postran ante el sol, allí, sobre el Santo, ¡lo alaba! inmediatamente se enoja ".

Además dijo R. Jochanan en nombre de R. José: "Un castigo en el corazón del hombre (auto reproche) es mejor que muchos latigazos, como se dice (Oseas 2, 9). Y ella perseguirá a sus amantes, entonces dirá: 'Iré y volveré a mi primer marido; porque si fuera mejor conmigo entonces que ahora' ". Resh Lakish dijo:" Es mejor que cien azotes, como se dice (Pr. 17, 10. La reprensión penetra más profundamente en el sabio que cien azotes en el necio ".

Además, dijo R. Jochanan en nombre de R. José: "Tres cosas pidió Moisés al Santo, ¡alabado sea! Y todas le fueron concedidas. Él pidió que la Sheehina morara en Israel y se le concedió , como se dice (Ex.33, 16.) ¿No es en eso porque tú vas con nosotros? Pidió que la Sheehina no viviera con los paganos y se le concedió, como se dice (Ib.). Así seremos distinguidos, yo y tu pueblo. Pidió que el Santo, ¡alabado sea! dar a conocer sus caminos, y le fue concedido, como se dice (Ib, ib. 18.) Y él dijo, déjame ver, te suplico, tu gloria, es decir, dijo ante el Santo, alabado sea ¡Él! 'Soberano del universo, ¿por qué hay un justo que prospera mientras otro justo sufre? ¿Alguna persona malvada prospera mientras que otra persona malvada sufre? ' Él le respondió: '¡Moisés! el justo que prospera es justo él mismo, e hijo de justo; el justo que sufre "es justo él mismo, pero hijo de un inicuo [sufre por los pecados de sus padres]; el impío que prospera es impío él mismo, pero el hijo de un justo, y el impío que sufre es impío él mismo y el hijo de un impío '". El Maestro dijo anteriormente:" El justo que prospera es justo él mismo y el hijo de un justo; el justo que sufre es justo él mismo, pero el hijo de un inicuo. "¿Es esto así? ¡Mirad! Está escrito (Ex. 20, 5. Visitando las iniquidades de los padres sobre los hijos; y está escrito (Deu.24, 16.) Los padres no serán condenados a muerte por los hijos, y hemos hecho la pregunta en cuanto a la contradicción de estos dos pasajes, y hemos respondido; no hay ninguna dificultad. Un pasaje se refiere a aquellos que continúan las [malas] obras de sus padres, y el otro pasaje se refiere a aquellos que no continúan las [malas] obras de sus padres. [Por tanto, vemos que un hombre justo, aunque el hijo de un impío no sufra?] Pero debemos decir que Él le dijo así: "El justo que prospera, es el que es perfectamente justo; el justo quien sufre, no es perfectamente justo; el malvado que prospera, no es realmente malvado; el malvado que sufre, es tremendamente malvado ". Y este [dicho del rabino Jochanan] difiere del de R. Meier, porque R. Meier dijo: "Ex. 33, 19.) Y tendré misericordia de quien tenga misericordia de él, aunque no lo merezca; Y mostraré misericordia a quien muestre misericordia, aunque él no la merezca. "Y Él dijo: Tú, no puedes ver mi rostro. (Ib.) R. Joshua b. Karcha dijo:" Así dijo el Santo ¡Alabado sea! a Moisés: "Cuando yo quise [revelarme] tú no quisiste (escondiste tu rostro); ahora, cuando estás dispuesto [a verme], yo no estoy dispuesto [a revelarme] '. "Y esto difiere de la opinión de R. Samuel b. Nachmeini quien citó a R. Jonathan; porque R. Samuel b. Nachmeini dijo en nombre de Jonatán:" Por tres cosas, Moisés ganó el mérito de las siguientes tres cosas; es decir, porque Y Moisés escondió su rostro, (Ib. 3, 6.) se ganó el mérito de Un rostro resplandeciente; porque tuvo miedo (Ib.) se ganó el mérito de, Y tuvieron miedo de acercarse a él (Ib. 34, 30.); y para admirar a Dios (Ib. 3, 6.) se ganó el mérito de. Y la semejanza del Señor contempla (Num. 12, 8). "[Por lo tanto, muestra que fue recompensado por ocultar su rostro y diferir con R. Joshua B. Karcha]. Y luego quitaré mi mano, y verás mi espalda; pero mi rostro no será (Ex. 33, 23) R. Chama b. Bizua en el nombre de R. Simón el Piadoso dijo: "¡Esto significa que el Santo, alabado sea! le mostró a Moisés el nudo de las Tephilin (Filacterias) ".

(Ib. B) R. Jochauan a nombre de R. Simon b. Jochai dijo: "Desde el día en que el Santo, ¡alabado sea! Creó el mundo, no hubo hombre que llamara al Santo, ¡alabado sea! " Señor '(Adon) hasta que Abraham vino y lo llamó' Señor ', porque se dice (Génesis 15, 8). Y él dijo Señor Dios, ¿en qué conoceré que la heredaré? " Rab dijo: "Daniel tampoco habría sido respondido si no fuera por Abraham, porque se dice (Dan. 9, 17.) ¡Y ahora escucha, Dios nuestro! a la oración de tu siervo, por amor del Señor; - 'por ti' debería haber dicho [Daniel]? Pero [oró] por amor a Abraham, quien te llamó Señor. "De nuevo dijo R. Jochanan en el nombre de R. Simon b. Jochai:" Desde el día en que el Santo, ¡alabado sea! creado el mundo, no hubo hombre que agradeciera al Santo, ¡alabado sea! hasta que Leah vino y le dio las gracias, como está dicho (Génesis 29, 35). Esta cal le agradeceré al Señor. "¿Cuál es el significado de ser llamado Rubén? R. Elazar dijo:" Leah dijo: 'Mira la diferencia entre mi hijo y el hijo de mi suegro (Esaú); mientras que el hijo de mi suegro vendió su primogenitura a Jacob por su propia voluntad, como está escrito (Génesis 25, 33.) Y vendió su derecho de primer cuerno a Jacob, pero ¿qué sucedió? Como está escrito (Ib. 27, 41.) Y Esaú aborreció a Jacob, y también está escrito (Ib. Ib. 36.) Y él dijo: Por eso se le ha llamado Jacob, porque me ha suplantado estas dos veces; pero mi hijo, aunque fue en contra de su voluntad que José le quitó la primogenitura, como está escrito (I Crónicas 5, 1). Pero cuando profanó el lecho de su padre fue su primogenitura dada a los hijos de José; sin embargo, nunca le envidió, porque está escrito (Génesis 37, 21.) Y cuando Rubén lo escuchó, lo liberó de sus manos. "'¿Por qué se llamaba Rut? R. Jochanan dijo:" Porque mereció que de ella saliera David, quien satisfizo al Santo, ¡alabado sea! con cánticos y alabanzas. "¿Y de dónde derivamos que el nombre es la causa? R. Elazar dijo:" Se dice (Sal. 46, 9). Ven, mira las obras del Señor, que ha asolado la tierra. No lo leas Shamoth (desolación), pero lee Shemoth (nombres) ".

Además, dijo E. Jochanan en nombre de R. José: "Toda expresión que salió de la boca del Santo, ¡alabado sea Él! Para un buen propósito, incluso cuando bajo condición, nunca fue retractada". ¿De dónde obtenemos esto? De nuestro Maestro Moisés, como está dicho (Deuteronomio 9, 14). Déjame, y los destruiré, y borraré sus nombres de debajo de los cielos, y haré de ti una nación más poderosa y más numerosa que ellos; y aunque Moisés invocó misericordia con respecto a esto y logró anular ese decreto, sin embargo [la promesa. Y te haré una nación más poderosa y más numerosa] se cumplió a sus hijos, como se dice (I Crónicas 23, 15-16.) Los hijos de Moisés fueron Gersón y Eliezer, y los hijos de Eliezer fueron Rechabyah, el jefe, los hijos de Rechabyah llegaron a ser sumamente grandes en número, y R. Joseph enseñó que eran más de sesenta miríadas. Esto se infiere de las dos palabras similares, Rabu, Rabu: está escrito aquí. Eran extremadamente numerosos en número (Rabu), y está escrito allí (Ex. 1, 7). Fueron fructíferos y en gran número (Vayirbu).

(Ib. B) Dijo además R. Jochanan en el nombre de R. Simon b. Jochai: "Un niño degenerado en la casa de un hombre es peor que la guerra de Gog y Magog, porque se dice (Sal. 3, 1.) Una canción de David, cuando huyó de Abshalom, su hijo. Inmediatamente después de escribir esto. ¡Señor! ¡Cuán numerosos son mis asaltantes! ¿Cuántos se levantan contra mí, mientras de la guerra de Gog y Magog está escrito (Ib. 2, 1.) ¿Por qué las naciones se enfurecen y la gente medita en vanidades? Pero no se dice cuán numerosos son mis asaltantes [en relación con la guerra de Gog y Magog] ". Una canción de David, cuando huyó de Abshaalom su hijo (Ib.) Debería haberse dicho: ¿Una lamentación de David? R . Simon B. Jochai dijo: "¿A qué se puede comparar el incidente de David? A un hombre contra quien se trajo una gran nota para pagar; antes de pagarlo se sintió afligido y apesadumbrado, pero después de haberlo pagado, se regocijó. También David, desde el Santo. ¡Alabado sea! le dijo (II Sam.12, 11.) ¡Mirad! Levantaré contra ti el mal de tu casa; se sintió afligido, porque temía que fuera un esclavo o un bastardo el que no tendría piedad de él. Pero cuando vio que era Abshalom [su propio hijo], se alegró y compuso una canción ".

Además, dijo R. Jochanan en nombre de R. Simon b. Jojai: "Está permitido pelear con los impíos en este mundo, porque se dice (Pr. 28, 4). Los que abandonan la Torá alaban a los impíos, pero los que observan la Torá luchan con ellos". También tenemos un Baraitha con el mismo efecto. R. Dostai b. Mathun dice: "Está permitido pelear con los impíos en este mundo; como se dice (Pr. 28, 4). Los que abandonan la Torá alaban a los impíos, pero los que observan la Torá luchan con ellos; y si algunos uno debería susurrarle diciendo: '¡He aquí! está escrito (Sal. 37, 1.) ¡De David! No te preocupes por los malhechores. Dile que aquel cuyo corazón lo golpea [que no tiene la conciencia tranquila] lo dice, porque el verdadero significado del pasaje es: No compitas con los malhechores, es decir, para estar entre los malhechores; Y no tengas envidia de los que hacen iniquidad, para ser como ellos. Y también se dice (Pr. 23, 17.) No dejes que tu corazón tenga envidia de los pecadores, sino que en el temor del Señor (permanezca) en todo momento. "¿Es así? ¡He aquí! R. Isaac dijo:" Si Si ves a un hombre malvado a quien la fortuna sonríe, no pelees con él, porque está dicho (Sal. 10, 5)..) Prosperos son sus caminos en todo tiempo; y además, él siempre gana por ley, como se dice (Ib.) Lejos (queda) Tus castigos de él; y, además, ve [venganza] en sus enemigos, como se dice (Ib.) Todos sus asaltantes, los insufla. "No hay dificultad [en comprender esto]; uno se ocupa de los asuntos seculares y el otro se ocupa de . asuntos divinos, y, si lo desea, puede decir que ambos pasajes tratan de asuntos divinos y no hay ninguna dificultad; porque uno trata sobre un hombre malvado al que la fortuna sonríe, y el otro al malvado al que la fortuna no sonríe. ; y, si lo desea, puede decir que ambos tratan con un hombre malvado al que la fortuna sonríe; sin embargo, no hay dificultad, porque uno trata con un hombre perfectamente justo y el otro con uno que no es justo en todo momento; porque R. Huna dijo: "Habacuc 1, 13.) ¿Por qué mirarás a los que traicionan; callarás cuando el impío nos trague al que es más justo que él? ¿Cómo es posible que un impío se trague a un justo? ¡Mirad! Está escrito (Sal. 37, 33). El Señor no lo dejará en su mano, y está escrito (Pr. 12, 21). ¡Ningún mal puede pasar inadvertido a los justos! Por tanto, debemos decir: "Uno, más justo que él, el malvado destruye, pero no puede destruir al hombre perfectamente justo". Y, si lo desea, puede decir que cuando la fortuna le sonríe a un hombre, es diferente [e incluso uno perfectamente justo no debería preocuparse por él].

De nuevo dijo R. Jochanan en nombre de R. Simon b. Jochai: "La obediencia [a la ley] es más importante que el estudio; porque se dice (II Reyes 3, 11.) Aquí está Eliseo, el hijo de Safat, quien derramó agua sobre la mano de Elías. Derramada, se dice , no Estudiado; de esto inferimos que la obediencia [a la ley] es más importante que el estudio ". ...

R. Isaac le dijo a R. Nachman: "¿Por qué no vino el maestro a la sinagoga a orar?" "Porque no me sentía bien", respondió R. Nachman. "El maestro debería haber reunido a diez en su casa y luego haber orado", dijo R. Isaac. "Fue una tarea demasiado difícil para mí", dijo R. Nachman. "Si es así", comentó R. Isaac, "entonces ¿por qué el maestro no ordenó al Sexton que le informara cuando el público orara? [Para que él pudiera orar en ese momento?]" "¿Por qué eres tan particular al respecto?" preguntó R. Nachman, "Porque", dijo R. Isaac, "R. Jochanan en el nombre de R. Simon b. Jochai dijo: (Fol. 8a) '¿Qué significa el pasaje (Sal. 69, 14). Pero en cuanto a mí, dirijo mi oración a ti, oh Señor, en un tiempo de gracia. ¿Cuándo es un momento de favor? Es cuando la comunidad en general ora '". R. José, el hijo de Chanina dijo:" Lo inferimos de esto, (Es un. 49, 8.) Así ha dicho el Señor, en el tiempo del favor te he respondido ". R. Chanina dijo:" Lo derivamos de esto, (Job 36, 5). He aquí, Dios es poderoso y no desprecia a nadie , y está escrito (Sal. 55, 19). Él liberó mi alma en paz de la batalla contra mí; porque en multitudes están (conteniendo) conmigo ". También tenemos un Baraitha con el mismo efecto, R. Nathan dijo:" ¡De dónde sabemos que el Santo, alabado sea! ¿No desprecia las oraciones de una comunidad? Escrito está (Job 36, 5). He aquí Dios, a muchos no desprecia, y está escrito (Sal.55, 19.) Él libra mi alma en paz de la batalla contra mí; porque en multitudes, etc., es decir, el Santo, ¡alabado sea! dice: "Cuando alguien se ocupa del estudio de la Torá y la práctica de la bondad amorosa, lo considero como si me hubiera librado a mí y a mis hijos de las naciones". "

R. Levi dijo: "Cualquiera que tenga una sinagoga en su ciudad, y no vaya allí a orar, será llamado vecino malvado, como se dice (Jer. 12, 14). Así ha dicho el Señor contra todos mis vecinos impíos; además, con sus acciones se causa el destierro a sí mismo ya sus hijos, como está dicho (Ib.) Los arrancaré de su tierra, y la casa de Judá arrancaré de en medio de ellos ". Le dijeron a R. Jochanan. que hay ancianos en Babilonia, y comentó asombrado: "Escrito está (Deu. 11, 21.) Para que se multipliquen vuestros días, y los días de vuestros hijos en la tierra que el Señor juró a vuestros padres, pero no fuera de Palestina. la sinagoga, y dejarla tarde, luego dijo: "Sí, esto es lo que les ayuda, como R. Jochanan b. Levi dijo a sus hijos: 'Vengan temprano y permanezcan hasta tarde en la sinagoga, para que puedan vivir mucho tiempo' ". R. Acha, el hijo de R. Chanina, dijo:" ¿De qué pasaje bíblico [aprendemos esto]? Bienaventurado el hombre que me escucha, mirando día a día a mis puertas, esperando en los postes de mis puertas (Pr.8, 34), y después de escribir esto. Porque el que me encuentra, encuentra la vida ". R. Chisda dijo:" Un hombre siempre entrará por dos puertas en la sinagoga ". ¿Qué quiere decir con" dos puertas "? Quiere decir que un hombre debe esperar tanto tiempo como sea necesario. caminar a lo largo de dos puertas y luego comenzar a orar.

Por esto, todo piadoso te orará en el momento en que seas hallado (Sal. 32, 6). R. Chanina dijo: "L-eth Metzo, (En el momento en que te encuentren) alude [al momento en que uno está a punto de tomar una] esposa, como está escrito (Pr. 18, 22). encontró una esposa ha encontrado la felicidad ". En Palestina, cuando un hombre se casaba, se le pedía Matzá (encontrar) o Motzei (encontrar). Matzá, como está escrito (Pr. 18, 22). Quien ha encontrado (Matzá) esposa, ha encontrado felicidad; Motzei, como está escrito (Ec. 7, 26). Y encuentro (Motzei) a la mujer más amarga que la muerte. R. Nathan dijo: "L-eth Metzo, se refiere a la Torá, tal como está escrita (Pr. 8, 35.) Porque el que me encuentra (la Torá), encuentra la vida ". R. Nachman b. Isaac dijo:" L-eth Metzo, significa [el tiempo de] la muerte, como está escrito (Sal. 68, 21.) El escape de la muerte. "También tenemos un Baraitha con el mismo efecto: Hay novecientas tres clases de muertes en el mundo, como se dice (Ib.) El escape de la muerte (Totzaoth). El valor numérico de la palabra Totzaoth, asciende a novecientos tres; la más dura de todas las muertes es la grupa, y la más fácil de todas es el beso divino; la grupa es como una espina en un ovillo de lana, que [si se intenta arrancar] lacera hacia atrás (en la dirección opuesta de los nudos); otros dicen como el agua que brota en la entrada de un canal [cuando se levantan las compuertas]; el beso al que se hace referencia es como la extracción de un cabello de la leche. R. Jochanan dijo: "L-eth Metzo, se refiere a la tumba". R. Chanina dijo: "¿Dónde está el pasaje bíblico para probarlo? (Trabajo 3, 22.) ¿Quién se regocijaría, incluso hasta regocijarse, quién se alegraría si encontraran una tumba? "Rabba b. R. Shila dijo:" Así es como la gente dice: 'El hombre debe orar por la paz hasta el último terrón' '.

de tierra arrojada sobre su tumba. "Mar Zutra dijo:" L-eth Metzo, se refiere a la necesidad de vivir en un lugar donde hay condiciones sanitarias ". Los sabios de Palestina [al escuchar todas las opiniones al explicar el pasaje anterior] remarcaron que la opinión de Mar Zutra es la mejor de todo.

Raba le dijo a Rafram b. Papá: "Háblanos, Maestro, de esas cosas excelentes que dijiste en nombre de R. Chisda en referencia a la sinagoga". "Esto es lo que R. Chisda dijo", le dijo [Rafram]: "'¿Cuál es el significado del pasaje (Sal. 87, 2. El Señor ama las puertas de Sion más que todas las moradas de Jacob. El Señor ama las puertas que están marcadas con los signos de la Halajá (leyes) más que las sinagogas y las casas de estudio '. y esto concuerda con R. Chiya b. Ami quien dijo, en nombre de Ulla: 'Desde la destrucción del Templo, nada le ha quedado al Santo, ¡alabado sea! en Su mundo, pero cuatro codos de la Halajá [donde se estudia] '. "Abaye dijo:" Al principio estaba acostumbrado a estudiar en la casa y rezar en la sinagoga, pero desde que escuché lo que R. Cliiya b. Ami dijo en nombre de Ulla, que desde la destrucción del Templo, nada le ha quedado al Santo, ¡alabado sea! en su mundo, pero cuatro codos de la Halajá, nunca oré sino donde estudié '". K. Ami y R. Assi, aunque ambos tenían doce sinagogas en Tiberia, todavía no rezaban en otro lugar sino entre los pilares donde habían estudiado. R. Chiya b. Ami, en nombre de Ulla, dijo: "Un hombre siempre vivirá en el mismo lugar donde vive su maestro, mientras viviera Shimi b. Geira, Salomón no se casó con la hija del faraón". ¡He aquí, se nos enseña que un hombre no debe vivir en el mismo lugar con su maestro! Esto no es difícil de explicar, porque el primero trata con un discípulo que se inclina ante (obedece) a su maestro, y el segundo trata con un discípulo que no se inclina ante (obedece) a su maestro. Otra cosa dijo R. Chiya b. Ami, en el nombre de Ulla: "El que disfruta de la vida con el trabajo de su mano, es más grande que el que teme a Dios, porque acerca del hombre que teme a Dios, está escrito (Todavía no rezaba en otro lugar sino entre los pilares donde habían estudiado. R. Chiya b. Ami, en el nombre de Ulla dijo: "Un hombre siempre vivirá en el mismo lugar donde vive su maestro, mientras Shimi b. Geira vivió, salomón no se casó con la hija del faraón". ¡He aquí, se nos enseña que un hombre no debe vivir en el mismo lugar con su maestro! Esto no es difícil de explicar, porque el primero trata con un discípulo que se inclina ante (obedece) a su maestro, y el segundo trata con un discípulo que no se inclina ante (obedece) a su maestro. Otra cosa dijo R. Chiya b. Ami, en el nombre de Ulla: "El que disfruta de la vida con el trabajo de su mano, es más grande que el que teme a Dios, porque acerca del hombre que teme a Dios, está escrito (Todavía no rezaba en otro lugar sino entre los pilares donde habían estudiado. R. Chiya b. Ami, en el nombre de Ulla dijo: "Un hombre siempre vivirá en el mismo lugar donde vive su maestro, mientras Shimi b. Geira vivió, salomón no se casó con la hija del faraón". ¡He aquí, se nos enseña que un hombre no debe vivir en el mismo lugar con su maestro! Esto no es difícil de explicar, porque el primero trata con un discípulo que se inclina ante (obedece) a su maestro, y el segundo trata con un discípulo que no se inclina ante (obedece) a su maestro. Otra cosa dijo R. Chiya b. Ami, en el nombre de Ulla: "El que disfruta de la vida con el trabajo de su mano, es más grande que el que teme a Dios, porque acerca del hombre que teme a Dios, está escrito (Un hombre siempre vivirá en el mismo lugar donde vive su maestro, mientras Shimi b. Geira vivió, Salomón no se casó con la hija de Faraón. "¡He aquí, se nos enseña que un hombre no debe vivir en el mismo lugar con su maestro! Esto no es difícil de explicar, porque el primero trata con un discípulo que se inclina ante (obedece)". su maestro, y este último trata con un discípulo que no se inclina ante (obedecer) a su maestro. Otra cosa dijo R. Chiya b. Ami, en el nombre de Ulla: "El que disfruta de la vida a través del trabajo de su mano, es mayor que el que teme a Dios, porque del que teme a Dios está escrito (Un hombre siempre vivirá en el mismo lugar donde vive su maestro, mientras Shimi b. Geira vivió, Salomón no se casó con la hija de Faraón. "¡He aquí, se nos enseña que un hombre no debe vivir en el mismo lugar con su maestro! Esto no es difícil de explicar, porque el primero trata con un discípulo que se inclina ante (obedece)". su maestro, y este último trata con un discípulo que no se inclina ante (obedecer) a su maestro. Otra cosa dijo R. Chiya b. Ami, en el nombre de Ulla: "El que disfruta de la vida a través del trabajo de su mano, es mayor que el que teme a Dios, porque del que teme a Dios está escrito (Esto no es difícil de explicar, porque el primero trata con un discípulo que se inclina ante (obedece) a su maestro, y el segundo trata con un discípulo que no se inclina ante (obedece) a su maestro. Otra cosa dijo R. Chiya b. Ami, en el nombre de Ulla: "El que disfruta de la vida con el trabajo de su mano, es más grande que el que teme a Dios, porque acerca del hombre que teme a Dios, está escrito (Esto no es difícil de explicar, porque el primero trata con un discípulo que se inclina ante (obedece) a su maestro, y el segundo trata con un discípulo que no se inclina ante (obedece) a su maestro. Otra cosa dijo R. Chiya b. Ami, en el nombre de Ulla: "El que disfruta de la vida con el trabajo de su mano, es más grande que el que teme a Dios, porque acerca del hombre que teme a Dios, está escrito (PD. 112, 1.) Bienaventurado el hombre que teme al Señor; en cuanto al hombre que disfruta del trabajo de su mano, está escrito (Ib. 128, 2.) Cuando comas del trabajo de tus manos: (entonces) serás feliz, y te irá bien. - Serás feliz en este mundo. Y te irá bien en el mundo venidero; pero del que teme a Dios, no se dice: "Y te irá bien".

(Ib. B) Raba les dijo a sus hijos (a modo de consejo): "Cuando cortes carne, no la cortes en tu mano". - Algunos lo atribuyen al peligro de cortarse la mano y otros al deterioro de la carne. - "Y no debes sentarte en la cama de un armenio, y no pasar detrás de la sinagoga cuando la comunidad está rezando". Con respecto a la cama de un armenio, algunos dicen que está destinado a no irse a dormir sin la Sh'm'a que se asemeja a una cama armenia, y según otros, significa no casarse con un prosélito. Y, según otros, significa un armenio real y se refiere al incidente que le sucedió a R. Papa. R. Papa visitó a un armenio y ella le sacó una cama para invitarlo a sentarse en ella. R. Papa se negó y le dijo: "

Se nos enseña que R. Akiba dice: "Por tres cosas admiro a los medianos: cuando cortan la carne, lo hacen en la mesa; cuando se besan, lo hacen solo en la mano; y cuando siguen el consejo, hágalo sólo en el campo ". R. Ada b. Ahaba dijo: "¿Qué pasaje bíblico indica [que la consulta debe realizarse solo en el campo]? Y Jacob envió y llamó a Raquel y Lea a su rebaño (Génesis 31, 8)".

(Fol. 9a) R. Abba dijo: "Todos están de acuerdo en que la liberación de Israel de Egipto tuvo lugar al anochecer, como está dicho (Deu. 16, 1.) ¿Te sacó el Señor, Dios tuyo, de Egipto por la noche; y [también están de acuerdo] en que no salieron [de Egipto] antes de la mañana siguiente, como se dice (Núm. 33, 3). Al día siguiente después del sacrificio de la Pascua, los hijos de Israel salieron con mano alta, pero difieren en cuanto al significado de Chipazon (Apresuradamente, Ex.12 , 11). R. Elazar b. Azarías sostiene que Chipazón (De prisa), se refiere a los egipcios que [después de darse cuenta de la plaga del primogénito] apresuraron a los hijos de Israel para que se fueran; y R. Akiba sostiene Chipazon (De prisa), se refiere a los israelitas [que se apresuraban a irse]. "También tenemos un Baraitha con el mismo efecto: ¿Te sacó el Señor, Dios tuyo, de Egipto de noche? (Deu. 16, 1). "¿Realmente salían de noche? ¡Mirad! era por la mañana, porque está dicho (Núm. 33, 3). Al día siguiente del sacrificio de la Pascua, los hijos de Israel salieron con mano alta. Por tanto, debemos decir que el comienzo de la liberación fue al anochecer ".

Hablar. (Te lo ruego) en oídos del pueblo (Ex.11, 2). Se dijo en la escuela de R. Janai: "La palabra Nah, no significa más que petición; ¡el Santo, bendito sea! Dijo a Moisés. 'Te ruego que vayas y les digas (a Israel) que les pido pedirán a los egipcios vasos de plata y vasos de oro, no sea que el justo (Abraham) no diga: Sí, el decreto, (Ge. 13, 13.) Y los harán servir y los afligirán, fue en verdad cumplido para ellos, pero [la otra mitad del decreto] Y después saldrán con gran sustancia no se cumplió. ' [Cuando Moisés informó a Israel de esto] ellos le dijeron: 'Ojalá pudiéramos salir nosotros mismos' ". Esto puede compararse con un hombre detenido en la cárcel, que cuando el pueblo le dijo que sería puesto en libertad a la mañana siguiente. y recibiría una gran suma de dinero, les dijo: "Yo ruego por ustedes, sácame de inmediato; eso es todo lo que deseo. "Y ellos hicieron que les dieran lo que requerían (Ib.). R. Ami dijo: De esto inferimos, que les fue dado en contra de su voluntad". Algunos dicen en contra de la voluntad de los egipcios, y otros dicen en contra de la voluntad de los israelitas; aquellos que dicen en contra de la voluntad de los egipcios, infieren esto de (PD. 68, 13.) Sin embargo, la que se quedó en casa (Egipto que se quedó en casa), dividió el botín; y los que dicen en contra de la voluntad de los israelitas, por la carga de llevarlos; Y vaciaron Egipto. (lb.) R. Ami dijo: "Aprendemos de esto que la dejaron (Egipto) como una red sin grano", y Resh Lakish dijo: "La dejaron como una profundidad sin peces".

Seré el que seré (Éxodo 3, 14). ¡Alabado sea el Santo! dijo a Moisés: "Ve y dile a Israel que estuve contigo durante este sometimiento y que estaré contigo durante el próximo sometimiento". Entonces Moisés le dijo: "Soberano del Universo, ¿no es la aflicción suficientemente terrible cuando está realmente presente [sin contarlo de antemano]?" Con lo cual el Santo, ¡alabado sea! dijo a Moisés: "Entonces ve y di: 'Yo seré', me envió a ti". Respóndeme, oh Señor, respóndeme (I Reyes 18, 37). R. Abuhu dijo: "¿Por qué dijo Elías dos veces. Respóndeme? De esto inferimos que Elías dijo, ante el Santo, ¡alabado sea Él! 'Soberano del Universo, respóndeme que un fuego descenderá del cielo y consumirá todo lo que está sobre el altar; y respóndeme, para que no piensen que es el resultado de la hechicería, 'como se dice (Ib.) Has vuelto sus corazones de nuevo. ":

Veamos: El pasaje (Sal. 19, 15). Que las palabras de mi boca sean aceptables, se puedan explicar en tiempo pasado y se puedan explicar en tiempo futuro. Entonces, ¿por qué los rabinos decidieron decirlo después de las Dieciocho Bendiciones y no antes? R. Juda, hijo de R. Simon b. Pazi, dijo: "Debido a que David no dijo este versículo hasta después de haber dicho dieciocho capítulos, los rabinos decretaron [decirlo] después de las Dieciocho Bendiciones". ¿Es después de los dieciocho? ¡Mirad! son más de diecinueve? ¡Sí! los dos primeros capítulos, a saber, Feliz es el hombre, y Por qué se enfurecen los paganos, son solo un capítulo, para R. Juda, el hijo de R. Simon

b. Pazi, dijo: "Ciento tres capítulos fueron pronunciados por David, y no dijo Aleluya hasta haber contemplado la caída de los impíos;PD. 104, 35). Sean quitados los pecadores por completo de la tierra, y los impíos dejen de ser; Bendice al Señor, alma mía. ¡Aleluya! En lugar de ciento tres, deberíamos decir, ¿ciento cuatro? pero inferimos esto, que Bendito es el hombre, y Por qué se enfurecen los paganos, son solo un salmo. (Fol. 10a) Como R. Samuel b. Nachmeini en el nombre de R. Jonathan dijo: 'Cada capítulo que fue amado por David, comenzó y concluyó con la palabra, Feliz; Comenzó con Feliz el hombre (Sal. 1, 1), y terminó con Felices todos los que pusieron treir confianza en Él (Ib. 2, 10). [Esto prueba que los dos primeros capítulos son uno] ".

Había unos bandoleros en el barrio de R. Meier que lo irritaban tanto que una vez oró para que murieran; pero su esposa Baruriah le dijo: "¿Cómo justificas esto? [¿Tal oración?] ¿Es porque está escrito (Sal. 104, 35). Deja que el pecado sea consumido [que entiendes que significa que los malvados deben ser destruidos]; he aquí, ¿está entonces escrito Los pecadores? ¡Está escrito el pecado! Además, lee la última parte de este versículo Y los malvados no serán más. Ora, por tanto, [en su nombre], para que sean llevados al arrepentimiento y los malvados ya no existirán ". Él oró por ellos y luego fueron llevados al arrepentimiento. Un saduceo le preguntó una vez a R. Abuhu: "Está escrito (Sal. 3, 1.) Salmo de David cuando huyó de su hijo Abshalom, y está escrito (Ib. 57, 1.) Por David a Mictam, cuando huyó de Saúl. Veamos, ¿qué evento ocurrió primero? ¿No fue el incidente con Saúl? Entonces, ¿por qué está escrito al final? "Sí", le dijo R. Abuhu, "usted, que no reconoce la regla de los pasajes contiguos, lo encuentra difícil, pero para nosotros, que reconocemos la regla de los pasajes contiguos, no es nada difícil, porque R. Jochanan dijo : "¿Cuál es la prueba bíblica de la regla de pasaje contiguo? Se dice (Sal. 111, 8.) Están bien sustentados para siempre y eternamente están enmarcados en la verdad y la rectitud. ¿Por qué se coloca la historia de Abshalom cerca del capítulo de Gog y Magog? Si alguien te preguntara: "¿Es posible que un esclavo (Gog y Magog) se rebele contra su amo (Dios)?" respóndele: '¿Cómo es posible que un hijo se rebele contra su propio padre? Sin embargo, sucedió así (con Abshalom); así que esto también es posible '. "

R. Shimi b. Ukba, y algunos dicen que Mar Ukba, frecuentaba la casa de R. Simon b. Pazi., Quien estaba acostumbrado a organizar Agadah antes que R. Joshua b. Levi, y le preguntó a R. Simon b. Pazi: "¿Cuál es el significado del pasaje (Sal. 103, 1.) Alabado sea el Señor, oh alma mía, y todo lo que hay dentro de mí (alabanza) Su santo nombre". "Ven y mira", dijo R. Simon b. Pazi le dijo: "¡Cómo difiere la costumbre del Santo, alabado sea! De la costumbre del hombre frágil! La costumbre del hombre frágil es formar una forma en la pared pero no puede poner en ella ni aliento ni alma, ni entrañas ni entrañas, pero el Santo, ¡alabado sea! no es así. Él forma una forma dentro de una forma (crea un cuerpo dentro de un cuerpo) y le pone aliento, alma, entrañas e intestinos, y es esto que Hannah significa cuando ella dijo (I Sam. 2, 2.) No hay santo como el Señor; porque no hay nadie fuera de ti, y no hay roca como nuestro Señor. ¿Qué se entiende por Ein Tzur Keloheinu? Significa que no hay formador como nuestro Señor. "¿Y qué significa porque no hay nadie fuera de ti? R. Juda b. Menassya dijo:" No leas Ein Biltecha (ninguno fuera de ti), pero lee Ein Lebalathecha (nada podría agotarte), por la naturaleza del Santo,

¡alabado sea Él! no es como la naturaleza del hombre frágil. Las obras del hombre frágil agotan a su Hacedor, pero el Santo, ¡alabado sea! no es asi. Él desgasta su trabajo "." No entendiste mi pregunta ", dijo R. Shimi b. Ukba a R. Simon b. Pazi," lo que quería preguntar era esto: Cinco veces dijo David: Bendice al Señor, Oh alma mía; en referencia a lo que se dijo? "" Él lo dijo ", [respondió R. Simón b. Pazi] "en referencia al Santo, ¡alabado sea! Y en referencia al alma, porque así como el Santo, ¡alabado sea! Llena el mundo entero, así el alma llena todo el cuerpo; así como el Santo Uno, alabado sea, ve, pero no puede ser visto, así el alma ve, pero no puede ser visto; así como el Santo, alabado sea, alimenta al mundo entero, así el alma alimenta a todo el cuerpo; así como El Santo, ¡alabado sea! es puro, así es el alma pura; y así como el Santo, ¡alabado sea! habita en un lugar secreto de todos, así el alma habita en un lugar secreto; por lo tanto, que (el alma) que posee estos cinco atributos ven y alaba a Él, a quien pertenecen estos cinco atributos ". ¡Alabado sea! llena el mundo entero, así el alma llena todo el cuerpo; como el Santo, ¡alabado sea! ve, pero no puede ser visto, así el alma ve, pero no puede ser visto; como el Santo, ¡alabado sea! alimenta al mundo entero, así el alma alimenta a todo el cuerpo; como el Santo, ¡alabado sea! es pura, así es el alma pura; y como el Santo, ¡alabado sea! habita en un lugar secreto de todos, así el alma habita en un lugar secreto; por lo tanto, que (el alma) que posee estos cinco atributos venga y lo alabe, a quien pertenecen estos cinco atributos ". ¡Alabado sea! llena el mundo entero, así el alma llena todo el cuerpo; como el Santo, ¡alabado sea! ve, pero no puede ser visto, así el alma ve, pero no puede ser visto; como el Santo, ¡alabado sea! alimenta al mundo entero, así el alma alimenta a todo el cuerpo; como el Santo, ¡alabado sea! es pura, así es el alma pura; y como el Santo, ¡alabado sea! habita en un lugar secreto de todos, así el alma habita en un lugar secreto; por lo tanto, que (el alma) que posee estos cinco atributos venga y lo alabe, a quien pertenecen estos cinco atributos ". así el alma alimenta todo el cuerpo; como el Santo, ¡alabado sea! es pura, así es el alma pura; y como el Santo, ¡alabado sea! habita en un lugar secreto de todos, así el alma habita en un lugar secreto; por lo tanto, que (el alma) que posee estos cinco atributos venga y lo alabe, a quien pertenecen estos cinco atributos ". así el alma alimenta todo el cuerpo; como el Santo, ¡alabado sea! es pura, así es el alma pura; y como el Santo, ¡alabado sea! habita en un lugar secreto de todos, así el alma habita en un lugar secreto; por lo tanto, que (el alma) que posee estos cinco atributos venga y lo alabe, a quien pertenecen estos cinco atributos ".

R. Hamnuna dijo: "¿Qué significa el pasaje (Ec. 8, 1). ¿Quién es como el sabio? ¿Y quién conoce (también) la explicación de una cosa? Es decir, quién es como el Santo, ¡alabado sea!" ¿Quién sabe cómo llegar a un acuerdo entre dos hombres justos, entre (el rey) Ezequías e Isaías? Ezequías dijo: Isaías debería venir a mí porque encontramos que Elías fue a Acab, como se dice (I Reyes 18, 2). Elías fue a mostrarse a Acab, e Isaías dijo que Ezequías debería venir a mí (para hacerme una visita), así como encontramos que Joram, el hijo de Acab, fue a ver a Eliseo. ¡Qué hizo el Santo, alabado sea! Trajo aflicción a Ezequías, y luego le dijo a Isaías: 'Ve y visita a los enfermos', como está dicho (Isaías, 38, 1.) En aquellos días Ezequías cayó enfermo de muerte; y se le acercó Isaías, hijo de Amotz, el profeta, y le dijo: Así ha dicho Jehová. Da tu cargo a tu casa porque morirás y no vivirás. "¿Qué se quiere decir con Tú morirás y no vivirás? [Si él muere, seguramente no vivirá]. Morirás en este mundo, y no vivirás. vive en el mundo venidero. "¿Por qué un castigo tan severo?" preguntó Ezequías. "Porque", dijo Isaías, "no te has casado". que hijos malos saldrán de mí. "" ¿Qué tienes que ver con el secreto del Todopoderoso? Todo lo que se te mande hacer, debes cumplirlo, y todo lo que agrada al Santo, ¡alabado sea Él! déjelo hacer. "" Si es así, "' dijo Ezequías, "entonces dame tu hija, tal vez tus méritos combinados con los míos resulten efectivos para dar a luz buenos hijos". "Pero", dijo Isaías, "ya se ha decretado que debes morir". "Sí, hijo de Amotz", exclamó Ezequías, "cumple tu profecía y vete! Porque así tengo una tradición de la casa del padre de mi padre (David): 'Aunque la espada ya toque la garganta, un hombre no dejes de orar pidiendo misericordia. "Se ha enseñado que R. Jochanan y R. Elazar dicen:" Incluso si la espada ya toca la garganta, un hombre no debe abstenerse de orar por misericordia, como se dice (dijo Isaías, "ya se ha decretado que debes morir". "Sí, hijo de Amotz", exclamó Ezequías, "cumple tu profecía y vete! Porque así tengo una tradición de la casa del padre de mi padre (David): 'Aunque la espada ya toque la garganta, un hombre no dejes de orar pidiendo misericordia. "Se ha enseñado que R. Jochanan y R. Elazar dicen:" Incluso si la espada ya toca la garganta, un hombre no debe abstenerse de orar por misericordia, como se dice (dijo Isaías, "ya se ha decretado que debes morir". "Sí, hijo de Amotz", exclamó Ezequías, "cumple tu profecía y vete! Porque así tengo una tradición de la casa del padre de mi padre (David): 'Aunque la espada ya toque la garganta, un hombre no dejes de orar pidiendo misericordia. "Se ha enseñado que R. Jochanan y R. Elazar dicen:" Incluso si la espada ya toca la garganta, un hombre no debe abstenerse de orar por misericordia, como se dice (sin embargo, el hombre no debe abstenerse de orar pidiendo misericordia ". "Se ha enseñado que R. Jochanan y R. Elazar dicen:" Incluso si la espada ya toca la garganta, un hombre no debe abstenerse de orar por misericordia, como se dice (sin embargo, el hombre no debe abstenerse de orar pidiendo misericordia ". "Se ha enseñado que R. Jochanan y R. Elazar dicen:" Incluso si la espada ya toca la garganta, un hombre no debe abstenerse de orar por misericordia, como se dice (Job 13, 15.) He aquí, aunque él me mate, confiaré en Él (Ib. B). "Poco después de esto se dice. Entonces Ezequías cambió su tarifa hacia el Kir y oró al Señor (Is. 38 , 2). ¿Qué se entiende por Kir? R. Simon b. Lakish dijo: "Significa desde la cámara de su corazón, como se dice (Jer. 4, 19.) ¡Mis entrañas, mis entrañas! Estoy conmovido en las mismas cámaras (Kiroth), de mi corazón ". R. Levi dijo:" Significa concerniente a la cámara; él (Ezequías) dijo ante el Santo, ¡alabado sea! 'Soberano del Universo, si para la Sunamit que preparó solo una pequeña cámara [para Eliseo], has salvado la vida de su hijo, entonces cuánto más [deberías ayudarme], por el bien de mi padre (Salomón) ¿Quién cubrió todo el templo de plata y oro? "Recuerda ahora, que he caminado delante de ti en verdad y con un corazón indiviso y he hecho lo que es digno de tus ojos (Ib.). ¿Qué significa Y he hecho lo que es digno de tus ojos? R. Juda en el nombre de Rab dijo: "Siempre tuvo cuidado de decir las Dieciocho Bendiciones inmediatamente después de la bendición de Ge-ula". R. Levi dijo: "

R. Jochanan dijo en nombre de R. Jose b. Zimra: "El que depende [para la ayuda de Dios] de sus propios méritos [finalmente] será elevado a través de los méritos de los demás, pero el que depende de los méritos de los demás será [finalmente] ayudado por sus propios méritos. Moisés, quien dependía de los méritos de los demás, como se dice (Ex. 32, 13). Recuerda que Abraham, Isaac e Israel, Tus siervos, fueron criados por sus propios méritos, como se dice (Sal. 106, 23). por lo tanto, habló de destruirlos, si Moisés, su escogido, no hubiera estado en la brecha delante de Él. Ezequías dependía de sus propios méritos, como está escrito (Isaías 38, 3). Recuerda ahora que he caminado delante de Ti, pero fui [finalmente] planteada a través de los méritos de otros, como se dice (II Reyes 19, 34.) Y protegeré la ciudad para salvarla, por mi propio bien, y por el bien de David, mi siervo. "Y esta es [la interpretación] de R. Joshua b. Levi. Para R. Joshua b. Levi dijo: "¿Cuál es el significado del pasaje (Is. 38, 17). He aquí, porque en paz tuve gran amargura, es decir, incluso cuando el Santo, ¡alabado sea!" le envió paz, pero se sintió amargado [ya que se hizo por los méritos de otros] ".

Además, dijo R. José, el hijo de R. Chanina, a nombre de R. Eliezer b. Jacob: "Un hombre nunca debe pararse en un lugar elevado mientras ora, pero en un lugar bajo se parará y orará, como se dice (Sal. 130, 1)..) Desde lo profundo te he llamado. Oh, Señor. "También tenemos un Baraitha con el mismo efecto:" Un hombre nunca debe pararse en una silla o en un banco ni en un lugar elevado mientras ora, pero en un lugar bajo debe pararse y orar porque el orgullo no puede existir. delante del Señor, como está escrito (Ib.) Desde lo profundo te llamé, oh Señor, y también está escrito (Ib. 102, 1.) Oración del afligido, cuando está abrumado ". dijo R. José, el hijo de R. Chanina en el nombre de R. Eliezer b. Jacob: "El que ora debe mantener los pies rectos (uno cerca del otro), porque se dice (Ez 1, 8.) Su pies eran pies rectos. "Y R. José, el hijo de R. Chanina, en el nombre de R. Eliezer b. Jacob, dijo además:" ¿Qué significa el pasaje (Lev. 19, 26.) ¿No comeréis de la sangre? No comeréis antes de orar en nombre de vuestra sangre (vida) ". R. Isaac dijo en el nombre de R. Jochanan, quien habló en el nombre de R. Jose, el hijo de R. Chanina, quien a su vez, citó R. Eliezer b. Jacob: "Con respecto a uno que come y bebe, y luego ora, de él el pasaje dice: (I Kin. 14, 9.) Y a mí me has echado a tus espaldas. No leas Geivecha (tu espalda) sino léelo Geiyecha (tu orgullo), es decir, el Santo, ¡alabado sea! dijo: 'Sólo después de que éste se volvió altivo [al comer] tomó sobre sí el Reino de los Cielos' ".

(Fol. 12b) Rabba b. Chinena, el Mayor, en nombre de Rab, dijo además: "Quien sea capaz de orar pidiendo misericordia en nombre de su amigo y no ore, será llamado pecador; como se dice (I Sam. 12, 23). .) Además, en cuanto a mí, lejos de mí pecaré contra el Señor dejando de orar por ustedes ". Raba dijo: "Si el que está enfermo es un gran hombre, su amigo debe orar por él hasta que él mismo se agote". ¿Cuál es la razón? ¿Diremos porque está escrito (Ib. 22, 8.) Y no hay quien me enferme ni me informe? ¿Quizás esto se refiere solo a un Rey? Pero lo aprendemos de esto (Sal. 35, 13.) Pero en cuanto a mí, cuando estaban enfermos, mi ropa era cilicio. Además dijo Rabba b. Chinena, el Mayor, en nombre de Rab: "Aquel que después de cometer una transgresión se sienta avergonzado, será perdonado de todos sus pecados, como se dice (Ez. 16, 63). Para que lo recuerdes, y siéntete avergonzado y no abras más tu boca a causa de tu vergüenza. Cuando yo te perdone por todo lo que has hecho, dice el Señor Dios ". ¿Quizás una comunidad [a la que se refiere] es diferente? Pero aprendemos de esto (I Sam. 28. 15.) Y Samuel dijo a Saúl: ¿Por qué me has inquietado? Y Saúl respondió: Estoy muy angustiado porque los filisteos me hacen la guerra, y Dios se ha apartado de mí y ya no me ha respondido, ni por obra de los profetas ni por medio de sueños; por eso te he llamado, para que me hagas saber lo que haré. Y deja de mencionar el Urim y Tummim; se avergonzó de mencionarlos porque mató a todos los sacerdotes de Nob que realizaban ese rito. ¿Y de dónde nos enteramos de que sus pecados fueron perdonados por el cielo? Se dice (Ib.) Y

Samuel dijo a Saúl, mañana tú y tus hijos estarás conmigo, y R. Jochanan dijo: "Conmigo, significa en mi morada". Y los otros rabinos dicen de esto [se deriva que Dios perdonó su pecado], (II Sam. 21, 6.) Y los colgaremos al Señor en Gibas de Saúl, el escogido del Señor. es decir, A Bath Kol (voz celestial) se adelantó y dijo "Los elegidos del Señor".

Se enseñó que Ben Zoma dijo a los sabios: "¿Es realmente así que el Éxodo de Egipto será mencionado [como un incidente milagroso] después de que venga el Mesías? ¿No ha dicho el profeta hace mucho tiempo (Jer. 23, 7)?.) Por tanto, he aquí vienen días, dice Jehová, cuando ya no dirán: Vive Jehová, que sacó a los hijos de Israel de la tierra de Egipto; Pero vive Jehová, que crió y sacó a la descendencia de la casa de Israel de la tierra del norte y de todas las tierras adonde los había arrojado. "" Esto ", dijeron los sabios," pretende significar, no que el recuerdo de la redención de Egipto será quitado de su lugar (completamente extinguido), sino que la última redención será la consideración principal y la redención de Egipto la secundaria. Tal como está dicho (Génesis 35, 10.) No se llamará más tu nombre Jacob, sino Israel será tu nombre. (Fol. 13a.) No significa que el nombre Jacob caerá por completo en desuso, sino que Israel será el nombre principal y Jacob el secundario. Y esto se entiende por el pasaje (Is. 43, 18.) No recuerdes las cosas anteriores, y los eventos antiguos no miran más. No recuerdes las cosas pasadas, alude a la subyugación presente, y los eventos antiguos ya no se refieren a la redención de Egipto. "He aquí, haré una cosa nueva; ahora brotará (Ib. Ib. 10). R. José recitó un Baraitha que alude a la guerra de Gog y Magog. Se asemeja a un hombre que mientras caminaba por el camino se encontró con un lobo de quien escapó, y mientras se regocijaba por el milagro del lobo, se encontró con un lobo. león y también escapó de él. Se regocijó por su escape del león, olvidándose del milagro del escape del lobo. Luego se encontró con una serpiente y también escapó. Se olvidó de todos los escapes anteriores y se regocijó por el milagro de la serpiente. es con Israel; los problemas posteriores les hacen olvidar los anteriores.

Abram, el mismo es Abraham. (I Crónicas 1, 27.) Es decir, al principio él fue el padre (progenitor) de Aram, pero luego se convirtió en el padre (progenitor) del mundo entero. Y Sarai, la misma es Sarah (lb.), es decir, al principio era una princesa de su propia nación, pero luego se convirtió en una princesa del mundo entero. Bar Kappara recitó: "Cualquiera que lo llame Abram en lugar de Abraham transgrede un mandamiento positivo, porque está dicho (Gen. 17, 5.) Pero tu nombre será Abraham. "R. Eliezer dijo:" Él transgrede la ley prohibitiva que dice: (Ib. Ib. Ib.) Ni tu nombre se llamará más Abraham. "Pero de acuerdo con esto, si uno llama a Sarai en lugar de Sara, ¿dirías también [que él transgrede la ley positiva]? No: En este caso, el Santo, ¡alabado sea! Dijo solo a Abraham: En cuanto a Sarai, tu esposa, no la llamarás Sarai. . pero Sara será su nombre. Pero de acuerdo con esto, si uno llama a Jacob "Jacob" en lugar de Israel, ¿deberíamos decir también [que transgrede la ley positiva]? No: esta última es diferente porque la Escritura misma repite su nombre más tarde como Jacob, porque está escrito (Ib. 46, 2.) Y Dios dijo a Israel en la visión de la noche diciendo "Jacob, Jacob" R. José b. Abin y según otros R. José b.Zebida planteó la siguiente contradicción: Tú eres ciertamente el Señor, el Dios (verdadero), que elegiste a Abram (Neh. 9, 7). [Por eso llama; él Abram]? Allí, el profeta renovó las alabanzas del Señor refiriéndose al pasado [cuando el nombre de Abraham todavía era Abram].

Berakhot, Capítulo 2

R. Joshua b. Karcha dijo: "¿Por qué se recita la sección de Sh'm'a antes de la sección de V'haya im, Shamo'a? Porque primero uno debe tomar sobre sí mismo el yugo del Reino Celestial [Escucha, Israel, el Señor nuestro Dios , es un solo Dios], y entonces puede tomar sobre sí mismo el yugo de los mandamientos [mencionado en el segundo capítulo]. ¿Y por qué se recita V'haya im Shamo'a ante Vayomer? Porque V'haya trata de hechos meritorios que deben realizarse día y noche, y Vayomer trata de [Tzitzith] un acto religioso que debe observarse sólo durante el día ".

(Ib. B) Se nos ha enseñado que Sumchus dice: "Cualquiera que prolongue la pronunciación de la palabra Echad, tendrá sus días y años prolongados para él". R. Acha b. Jacob dijo: [Debe prolongar la expresión] del dálet [la D de Echad], R. Ashi dijo: "Pero no debe apresurar la expresión de la Cheth [la ch de Echad]". R. Jeremiah sentado ante R. Chiya b. Abba notó que lo prolongó (el Echad) considerablemente; entonces le dijo: "Si lo prolongas lo suficiente para reconocer Su Reino en el Cielo y en la tierra y en los cuatro rincones del mundo, es suficiente; no es necesario prolongarlo más que eso".

(Fol. 14a) Rab dijo: "Quien saluda a su amigo antes de haber orado es considerado como si hubiera construido un altar pagano, porque se dice (Is. 2, 22.) Apartaos del hombre cuyo aliento está en su nariz; porque ¿qué es él para ser estimado? No leas Bameh (para qué), pero lee Bamah (un altar pagano). "Samuel lo explica, ¿con qué derecho le diste atención a él [a quien saludaste] y no a Dios? R. Shesheth planteó la siguiente objeción: [Se nos ha enseñado en una Mishná] "Entre las secciones puede saludar a un hombre respetable y responder" [y el Sh'm'a está antes de las Dieciocho Bendiciones y, sin embargo, uno puede saludar a un hombre respetable]. R. Abba explicó que Rab trata con un hombre que visita a su vecino con el único propósito de saludarlo antes de que haya orado [por lo tanto, está mal, pero la Mishná se refiere a alguien que se encontró con su vecino]. R. Jonah en el nombre de R. Zeira dijo: "PD. 85, 14.) La justicia irá delante de él ". Dijo además R. Ide b. Abin, en el nombre de R. Isaac b. Assian:" Para el que ora primero y luego va a sus empresas, el Santo, alabado ¡Sea Él! cumplirá sus deseos, porque se dice (Ib.) La justicia irá delante de él, y (nivelará) el camino por sus pasos ".

R. Jonah en el nombre de R. Zeira dijo: "El que pasó siete noches [seguidas] sin soñar, será llamado impío, porque se dice (Pr. 19. 23). Y él (que lo tiene) quedará satisfecho: no será castigado con el mal. No leas Sabea (satisfecho), sino que lee Sabá (siete) ". R. Acha, el hijo de R. Chija y el nieto de R. Abba, le dijo: "Así había dicho R. Chiya en el nombre de R. Jochanan: 'El que se duerme después de haberse satisfecho con el las palabras de la Torá nunca serán receptoras de malas noticias, como se dice (Ib.) Y el [que la posea] permanecerá satisfecho, no será castigado con el mal ". "

(Ib. B) Ulla dijo: "Quien lee la Sh'm'a sin usar Tephilin, es como alguien que testifica falsamente contra sí mismo". R. Chiya b. Abba en el nombre de R. Jochanan dice: "Es como si hubiera ofrecido un holocausto sin la ofrenda de comida, o un sacrificio sin la ofrenda de vino que la acompaña". R. Jochanan dijo: "El que desee tomar sobre sí el yugo del Reino Celestial perfectamente

(Fol. 15a) debe primero relajarse, lavarse las manos, colocar Tefilin, leer la Sh'm'a y rezar [las Dieciocho Bendiciones]: este es el reconocimiento perfecto del Reino de los Cielos ". R. Chiya b. Abba dijo: "Quien se relaja, se lava las manos, pone Tefilin, lee la Sh'm'a y reza [las Dieciocho Bendiciones], se considera que ha construido un altar y ha ofrecido un sacrificio sobre él,.) Lavaré con pureza mis manos, y rodearé tu altar. Oh, Señor ". Raba le dijo (R. Chiya b. Abba):" ¿No considera el maestro el lavado de manos como si se bañara? Porque está escrito que me lavaré en purificación [lo que indica para todo el cuerpo], y no está escrito que me lavo las manos ".

Además dijo R. Chama, hijo de R. Chanina: (Fol. 16a) "¿Por qué se han colocado tiendas cerca de los arroyos? Como está escrito (Núm. 24. 6). Como arroyos se extienden, como jardines a la orilla del río. , como tiendas que el Señor plantó, etc. Para enseñarles que así como los arroyos hacen puro al hombre impuro, así las tiendas [donde se estudia la Torá] elevan al hombre de la escala de la culpa a la escala del mérito ".

Nuestros rabinos enseñaron: "Sólo tres se llaman Patriarcas (Abraham, Isaac y Jacob), y sólo cuatro se llaman madres (Sarah, Rebecca, Rachael y Leah)". ¿Por qué esto es tan? ¿Debo decir porque no sabemos [después de estos] si uno es descendiente de Rubén o de Simón; si es así, entonces en cuanto a las madres: tampoco sabemos si uno es descendiente de Lea o de Rachael? Pero, es porque estos son muy notables [y merecen ser llamados padres y madres], pero los que los suceden no son tan notables.

(Ib. B) R. Elazar dijo: "¿Qué significa el pasaje (Sal. 63, 4.) Así te bendeciré mientras viva; en tu nombre levantaré mis manos? es decir, así te bendeciré, se refiere a la Sh'm'a, en tu nombre levantaré mis manos, se refiere a la oración de las dieciocho bendiciones; y para el que lo hace, dice el pasaje (Ib. ib. 5.) Como con grasa y tuétano se saciará mi alma, y además heredará tanto este mundo como el futuro, como se dice (Ib.) Y con labios alegres te alabará mi boca ". R. Elazar, después de haber terminado sus oraciones [diarias], hizo la siguiente oración:" Sea tu voluntad, oh Señor, Dios nuestro, que hagas habitar en nuestra suerte (en medio), amor y hermandad, paz y amistad; y aumentarás nuestro territorio con eruditos; que nos harás darnos cuenta de un fin próspero y de esperanza; Dios nuestro, que no pecaremos más y no seremos avergonzados ni reprochados por nuestros padres ". Rab Chiya, después de terminar la oración [diaria] de Ins, solía decir la siguiente oración:" Que sea tu voluntad, oh Señor , Dios nuestro, que tu Torá sea nuestra ocupación y que no suframos con nuestro corazón ni se oscurezcan nuestros ojos ". Rab, cuando había terminado su oración [diaria], hacía la siguiente oración:" Que sea Tu voluntad, oh Señor, Dios nuestro y Dios de nuestros padres, que nos concedas larga vida, una vida de paz, de bien, de bendición, de sustento, de vigor corporal marcado por el temor al cielo y el pavor. del pecado; una vida libre de vergüenza y reproche, una vida de prosperidad y honor, una vida en la que morará en nosotros el amor de la Torá y el temor del cielo,

Rabí, cuando hubo terminado su oración [diaria], hizo la siguiente oración: "Sea tu voluntad, oh Señor, Dios mío", y el Dios de mis padres, librarme de los arrogantes y de la arrogancia; de un mal hombre, de cualquier percance, de un mal asociado, de una mala inclinación, y de un mal vecino, y del adversario que destruye; de un juicio severo y de un oponente severo, ya sea un hijo del pacto (judío) o un hijo que no es del pacto; "y aunque los alguaciles estaban a disposición del rabino [sin embargo, oró a Dios por ayuda]. R. Safra cuando hubo terminado su oración [diaria] hizo la siguiente oración: "Sea tu voluntad, oh Señor, Dios nuestro, hacer la paz (Fol. 17a) en la casa celestial (los ángeles) y en la casa aquí abajo en la tierra ; entre los eruditos que estudian Tu Torá por sí misma y aquellos que estudian, no por sí misma [sino con fines egoístas]; y con respecto a todos aquellos que no lo estudian por su propio bien, que sea Tu voluntad que comiencen a estudiarlo por el bien de la Torá ".

R. Alexandri cuando terminaba su oración [diaria] solía decir la siguiente oración: "Sea tu voluntad, oh Señor, Dios nuestro, que nos coloques en el rincón de la luz [posición honorable] y no nos coloques en el rincón de la oscuridad y nuestro corazón no sufrirá ni nuestros ojos se oscurecerán ". Algunos dicen que esta fue la oración de R. Hamnuna, y R. Alexandri cuando terminó su oración [diaria] dijo lo siguiente: "¡Soberano de todo el universo! Es revelado y bien conocido por Ti que nuestro deseo es hacer Tu voluntad. ¿Qué lo impide sino la levadura de la masa (inclinación al mal) y la subyugación del destierro? Que sea tu voluntad, oh Señor, Dios nuestro, librarnos de sus manos, y volveremos para cumplir los decretos de tu voluntad. con un corazón perfecto ". Mar, el hijo de R. Huna, cuando hubo terminado su oración [diaria], ¡Oh Dios mío! Guarda mi lengua del mal y mis labios de hablar engaños. A los que me maldicen, enmudezca mi alma; sí, sea mi alma para todos como el polvo. Abre mi corazón a tu Torá y deja que mi alma siga tus mandamientos. Líbrame de cualquier percance, de la mala inclinación, de una mala esposa y de los males que irrumpen y visitan el mundo. Si alguno planea el mal contra mí, rápidamente invalide su consejo y frustra sus designios. Hazlo por tu nombre; hazlo por tu diestra; hazlo por Tu santidad, hazlo por Tu Torá; para que Tus amados sean liberados; Sálvame con tu diestra y respóndeme; Que las palabras de mi boca y la meditación de mi corazón sean agradables delante de ti, oh Señor, mi Roca y mi Redentor ". ¡Oh Dios mío! Guarda mi lengua del mal y mis labios de hablar engaños. A los que me maldicen, enmudezca mi alma; sí, sea mi alma para todos como el polvo. Abre mi corazón a tu Torá y deja que mi alma siga tus mandamientos. Líbrame de cualquier percance, de la mala inclinación, de una mala esposa y de los males que irrumpen y visitan el mundo. Si alguno planea el mal contra mí, rápidamente invalide su consejo y frustra sus designios. Hazlo por tu nombre; hazlo por tu diestra; hazlo por Tu santidad, hazlo por Tu Torá; para que Tus amados sean liberados; Sálvame con tu diestra y respóndeme; Que las palabras de mi boca y la meditación de mi corazón sean agradables delante de ti, oh Señor, mi Roca y mi Redentor ". Guarda mi lengua del mal y mis labios de hablar engaños. A los que me maldicen, enmudezca mi alma; sí, sea mi alma para todos como el polvo. Abre mi corazón a tu Torá y deja que mi alma siga tus mandamientos. Líbrame de cualquier percance, de la mala inclinación, de una mala esposa y de los males que irrumpen y visitan el mundo. Si alguno planea el mal contra mí, rápidamente invalide su consejo y frustra sus designios. Hazlo por tu nombre; hazlo por tu diestra; hazlo por Tu santidad, hazlo por Tu Torá; para que Tus amados sean liberados; Sálvame con tu diestra y respóndeme; Que las palabras de mi boca y la meditación de mi corazón sean agradables delante de ti, oh Señor, mi Roca y mi Redentor ". Guarda mi lengua del mal y mis labios de hablar engaños. A los que me maldicen, enmudezca mi alma; sí, sea mi alma para todos como el polvo. Abre mi corazón a tu Torá y deja que mi alma siga tus mandamientos. Líbrame de cualquier percance, de la mala inclinación, de una mala esposa y de los males que irrumpen y visitan el mundo. Si alguno planea el mal contra mí, rápidamente invalide su consejo y frustra sus designios. Hazlo por tu nombre; hazlo por tu diestra; hazlo por Tu santidad, hazlo por Tu Torá; para que Tus amados sean liberados; Sálvame con tu diestra y respóndeme; Que las palabras de mi boca y la meditación de mi corazón sean agradables delante de ti, oh Señor, mi Roca y mi Redentor ". sea mi alma para todos como el polvo. Abre mi corazón a tu Torá y deja que mi alma siga tus mandamientos. Líbrame de cualquier percance, de la mala inclinación, de una mala esposa y de los males que irrumpen y visitan el mundo. Si alguno planea el mal contra mí, rápidamente invalide su consejo y frustra sus designios. Hazlo por tu nombre; hazlo por tu diestra; hazlo por Tu santidad, hazlo por Tu Torá; para que Tus amados sean liberados; Sálvame con tu diestra y respóndeme; Que las palabras de mi boca y la meditación de mi corazón sean agradables delante de ti, oh Señor, mi Roca y mi Redentor ". sea mi alma para todos como el polvo. Abre mi corazón a tu Torá y deja que mi alma siga tus mandamientos. Líbrame de cualquier percance, de la mala inclinación, de una mala esposa y de los males que irrumpen y visitan el mundo. Si alguno planea el mal contra mí, rápidamente invalide su consejo y frustra sus designios. Hazlo por tu nombre; hazlo por tu diestra; hazlo por Tu santidad, hazlo por Tu Torá; para que Tus amados sean liberados; Sálvame con tu diestra y respóndeme; Que las palabras de mi boca y la meditación de mi corazón sean agradables delante de ti, oh Señor, mi Roca y mi Redentor ". de una mala esposa y de los males que brotan y visitan el mundo. Si alguno planea el mal contra mí, rápidamente invalide su consejo y frustra sus designios. Hazlo por tu nombre; hazlo por tu diestra; hazlo por Tu santidad, hazlo por Tu Torá; para que Tus amados sean liberados; Sálvame con tu diestra y respóndeme; Que las palabras de mi boca y la meditación de mi corazón sean agradables delante de ti, oh Señor, mi Roca y mi Redentor ". de una mala esposa y de los males que brotan y visitan el mundo. Si alguno planea el mal contra mí, rápidamente invalide su consejo y frustra sus designios. Hazlo por tu nombre; hazlo por tu diestra; hazlo por Tu santidad, hazlo por Tu Torá; para que Tus amados sean liberados; Sálvame con tu diestra y respóndeme; Que las palabras de mi boca y la meditación de mi corazón sean agradables delante de ti, oh Señor, mi Roca y mi Redentor ". para que Tus amados sean liberados; Sálvame con tu diestra y respóndeme; Que las palabras de mi boca y la meditación de mi corazón sean agradables delante de ti, oh Señor, mi Roca y mi Redentor ". para que Tus amados sean liberados; Sálvame con tu diestra y respóndeme; Que las palabras de mi boca y la meditación de mi corazón sean agradables delante de ti, oh Señor, mi Roca y mi Redentor ".

Raba cuando hubo terminado su oración hizo la siguiente oración: "Oh Dios mío, antes de ser formado, no valía nada; ahora que he sido formado, soy pero como si no hubiera sido formado. Polvo soy yo en mi Vida, ¡cuánto más en mi muerte! He aquí, soy ante Ti como un vaso lleno de vergüenza y confusión. O sea tu voluntad, oh Señor, Dios mío, y Dios de mi padre, que no peque más; en cuanto a los pecados que he cometido, límpialos con abundante misericordia, pero no mediante aflicción y dolorosa enfermedad ". Esta fue la confesión (Vidui) de R. Hamnuna Zuta en el Día de la Expiación.

Cuando R. Shesheth ayunaba después de haber terminado su oración habitual, decía la siguiente oración: "Soberano del universo, Tú sabes que durante el tiempo en que existió el Templo Sagrado, si un hombre pecaba, debía traer ofrenda de la cual solo se ofreció su grasa y sangre sobre el altar, pero su pecado fue expiado; y ahora he estado sentado en ayuno, causando así una disminución de mi grasa y sangre; por lo tanto, sea tu voluntad que la cantidad de Mi sebo y mi sangre así disminuidos serán considerados como una ofrenda a Ti sobre el altar y aceptable como tal ".

R. Jochanan, cuando terminó el libro de Job, diría: "El fin del hombre es morir; el fin de un animal debe ser sacrificado; todos están destinados a morir; feliz es el que ha sido educado para estudiar la Torá y puso su energía en la Torá; y es una fuente de placer para su Creador; crecerá con un buen nombre y se marchará del mundo con un buen nombre ". Se trata de un hombre así que Salomón dijo en su sabiduría (Ec. 7, 1.) Un buen nombre es mejor que un ungüento precioso. R. Meier solía decir: "Aprende con todo tu corazón y alma a conocer mis caminos (los de la Torá) y a vigilar las puertas de mi Torá; guarda mi conocimiento en tu corazón y deja que mi miedo esté ante tus ojos; guarda tu boca de todo pecado, límpiate y purifícate de toda culpa e iniquidad, y entonces estaré contigo en todo lugar ". Los rabinos de Jabnai solían decir: "Yo soy un ser humano; también mi vecino es un ser humano. Mi trabajo está en la ciudad y su trabajo en el campo; yo me levanto temprano a mi trabajo y él se levanta temprano a su casa. trabajo; como él no puede sobresalir en mi trabajo, tampoco puedo interferir en el suyo. ¿Debo decir que estoy avanzando en la causa del aprendizaje más que él? Ya sea que uno [ofrezca] mucho o poco, sólo la intención de su corazón será por el bien del Cielo '. "Abaye solía decir:" El hombre debe "ser siempre deliberado por el temor de Dios (considerar de qué manera puede servirle mejor); responder en voz baja; tratar de apaciguar la ira y hablar pacíficamente con sus hermanos, con sus parientes y con todo hombre, incluso con las naciones, para que sea amado en el cielo y abajo (en la tierra) y aceptable por los hombres ". Estaba relacionado con R. Jochanan b. Zakai que nunca, fue recibido primero por nadie, ni siquiera por un pagano; porque siempre saludaba a la gente primero. Raba solía decir: "El fin de la sabiduría es el arrepentimiento y las buenas obras, no sea que un hombre lea, estudie y hable con desprecio contra su padre, madre o maestro, o contra los superiores a él en sabiduría o en gran número.PD. 111, 10.) El principio de la sabiduría es el temor de Dios; buen entendimiento tienen todos los que obedecen los mandamientos de Dios. No dice Quienes estudian los mandamientos de Dios, sino Quienes cumplen los mandamientos de Dios, es decir, a quienes lo hacen por amor de Dios, pero no a quienes lo hacen por sí mismos. Y en cuanto al hombre que [estudia la Torá] no por sí misma, habría sido más satisfactorio si no hubiera sido creado ". Rab solía decir:" El mundo futuro no será como este mundo. En el mundo futuro no habrá ni comida ni bebida ni multiplicación ni negocios ni envidia ni odio ni competencia; solo los justos se sentarán con sus coronas sobre sus cabezas y disfrutarán de la Gloria Divina, como está escrito (Ex.24, 11.) Y vieron a Dios y comieron y bebieron ". Nuestros rabinos enseñaron:" ¡La promesa que el Santo, alabado sea! hecho a las mujeres es mucho mayor que el que hizo a los hombres. porque se dice (Is.32, 9.) Levantaos, mujeres que estáis tranquilas, escuchad mi voz; Hijas descuidadas, escuchen mi discurso ". Rab dijo a E. Chiya:" ¿Con qué merecen la gracia divina las mujeres [que no estudian la Torá]? "" Porque ", respondió él," traen a sus hijos a la escuela para aprender y enviar a sus maridos a la casa de estudio, y esperar su regreso ". Cuando los rabinos partieron de la academia de R. Ami, y según otros de la academia de R. Chanina, solían decir:" Mayest ves (disfrutas) tu existencia durante tu vida, y tu futuro [la recompensa esté reservada] para la vida del mundo venidero, y tu única esperanza será [durar] por las generaciones eternas. Que tu corazón razone con entendimiento, que tu boca pronuncie sabiduría, y tus párpados te orienten hacia adelante en las leyes, y tus ojos se iluminan con la iluminación de la Torá; que tu rostro brille como el cielo resplandeciente; tus labios pronuncian conocimiento y tus riñones se regocijan en la rectitud, y tus pies corren para escuchar las palabras del Anciano en Días. "Cuando los rabinos partieron de la academia de R. Chisda y según algunos de la academia de R. Samuel b . Nachmeini, tenían la costumbre de decir: Que nuestros bueyes sean fuertes para trabajar (PD. 144, 14). Rab y Samuel, y algunos dicen R. Jochanan y R. Elazar, [explique el pasaje anterior]. Uno dijo: "Alupheinu (nuestros bueyes), alude a la Torá y Messubalim (fuerte para trabajar), alude a hechos meritorios"; y el otro dijo "Alupheinu alude tanto a la Torá como a los hechos meritorios, y Messubalim alude a las aflicciones". (Ib. B) Que no haya incumplimiento, (Ib.) Es decir, que nuestros seguidores no sean como los de la compañía de Saúl, de los cuales Do'ag el Adomita era uno. Ni reclamo de tierras (Ib.), Ni nuestros seguidores serán como los de Eliseo, de quien Guejazi fue uno. En nuestras calles (Ib.), Es decir, que no tengamos un hijo o un alumno que deshonre su educación en público. Oídme, valientes de corazón, que estáis lejos de la justicia (Isaías 46, 12). Rab y Samuel, y según otros R. Jochanan y R. Elazar, explican el significado de este pasaje. Uno dijo que esto significa que el mundo entero es sostenido solo por la justicia del Señor, y los mencionados por Isaías son sostenidos por sus propios méritos; [por eso Isaías se dirigió a los justos]; y los otros sostuvieron que el mundo entero se sostiene según sus propios méritos; y aquellos [mencionados por Isaías] ni siquiera por sus propios méritos pueden ser sostenidos, como dijo R. Juda en el nombre de Rab; porque R. Juda dijo en el nombre de Rab: "Todos los días un Bath Kol (voz celestial) sale del monte Horeb y dice: 'El mundo entero se sostiene en virtud de Janina mi hijo y en cuanto a Janina mi hijo mismo, uno Kab de judías Karob es suficiente para su mantenimiento, de un viernes a otro viernes '". Y esto no está de acuerdo con R. Juda, porque R. Juda dijo: "¿A quién se le puede llamar de corazón valiente [al que se refiere Isaías]? Los habitantes de Gabaya, los tontos". Y R. Joseph dijo: "Puede ser probado por el hecho de que ninguno de ellos se convirtió al judaísmo". R. Ashi dijo: "A esos hijos de Matha Mechasia también se les puede llamar de corazón valiente, porque observan la alabanza de la Torá dos veces al año, pero ninguno de ellos se convirtió al judaísmo".

Berakhot, Capítulo 3

(Fol. 18a) Se nos enseña que, "Un hombre no debe caminar en un cementerio con tefilina (filacterias) en la cabeza, o llevar un pergamino en el brazo y leerlo: si lo hace, transgrede lo que está escrito (Pr. 17, 5.) El que se burla del pobre, blasfema contra su Hacedor ".

Rachaba dijo en nombre de R. Juda, quien habló en nombre de Rab: "El que ve la [procesión de los] muertos y no toma parte en ella, transgrede lo que está escrito (Ib.) Quien se burla de los pobres, blasfema su Hacedor ". Si participa, ¿cuál será su recompensa? R. Ashi dijo: "De tal hombre, se dice (Ib. 19, 17.) El que se compadece de los pobres, presta al Señor; y también (Ib.

14, 31.) Pero el que se apiada de el necesitado le honra "(Fol. 19a) E. Joshua b. Leví dijo: "El que susurra [con intenciones vergonzosas] detrás de los ataúdes de los eruditos, caerá en el Gehena, como está escrito (Sal. 125, 5)..) Pero a los que se desvían por sus caminos tortuosos, el Señor los sacará con los hacedores de maldad; pero la paz será sobre Israel, es decir, aun cuando la paz sea sobre Israel, sin embargo, el Señor los conducirá con los hacedores de maldad ". Además, dijo R. Joshua b. Levi:" En veinticuatro casos el tribunal -El tribunal excomulgó [a un hombre] por no haber respetado debidamente a los señores de la ley [al transgredir sus ordenanzas], y todos estos casos se mencionan en nuestra Mishná ". R. Elazar le preguntó:" ¿Dónde se han mencionado? ? "" Ve y encuentra ", fue la respuesta. Entonces R. Elazar salió y buscó y encontró a tres." El que susurra detrás de los ataúdes de los sabios; el que ignora el lavarse las manos [antes de las comidas], y el que se comporta con altivez hacia el cielo ". "El que susurra detrás de los ataúdes de los sabios". ¿Qué significa esto? Es lo que se nos enseña (en una Mishná): "Él (Akabia b. Mehallalel) también dijo que a una prosélita y a una sirvienta liberada no se les da el agua amarga y los sabios dicen que sí. él, "¿No le sucedió esto una vez a cierto Karkmith, una esclava liberada en Jerusalén, a quien Shmaya y Abtalion hicieron beber?" Él les respondió: "Fue para mostrar que la hicieron beber". Entonces los sabios lo proscribieron, y cuando murió, la corte apedreó su ataúd ". ¿Dónde encontramos la referencia a alguien que ignora el lavado de manos [antes de las comidas]? Se nos enseña que R. Juda dijo: "Dios no permita [pensar] que Akabia b. Mahallalel, quien entre todos los israelitas, cuando las puertas del patio del templo estaban cerradas, era inigualable en erudición, pureza y piedad, debería haber sido excomulgado. Pero, ¿a quién se le hizo entonces? Fue R. Elazar b. Chanoch que fue excomulgado por impugnar la regla de lavarse las manos [antes de las comidas], y cuando murió, la corte envió una piedra para que se pusiera en su ataúd; de donde nos enteramos de que el ataúd del que muera mientras está bajo proscripción debe ser apedreado. "¿Y qué es el que se comporta con altivez hacia el cielo? Se nos enseñó que Simón b. Shetaeh envió [palabra] a Honi el Me'agel:" Si si no eras Honi, deberías ser excomulgado, pero ¿qué haré contigo? ¿Ya que eres petulante con Dios y, sin embargo, Él te perdona y se complace como un niño mimado que es petulante con su padre y, sin embargo, es perdonado y complacido? A ti se te puede aplicar el pasaje (debería haber sido excomulgado. Pero, ¿a quién se le hizo entonces? Fue R. Elazar b. Chanoch que fue excomulgado por impugnar la regla de lavarse las manos [antes de las comidas], y cuando murió, la corte envió una piedra para que se pusiera en su ataúd; de donde nos enteramos de que el ataúd del que muera mientras está bajo proscripción debe ser apedreado. "¿Y qué es el que se comporta con altivez hacia el cielo? Se nos enseñó que Simón b. Shetaeh envió [palabra] a Honi el Me'agel:" Si si no eras Honi, deberías ser excomulgado, pero ¿qué haré contigo? ¿Ya que eres petulante con Dios y, sin embargo, Él te perdona y se complace como un niño mimado que es petulante con su padre y, sin embargo, es perdonado y complacido? A ti se te puede aplicar el pasaje (debería haber sido excomulgado. Pero, ¿a quién se le hizo entonces? Fue R. Elazar b. Chanoch que fue excomulgado por impugnar la regla de lavarse las manos [antes de las comidas], y cuando murió, la corte envió una piedra para que se pusiera en su ataúd; de donde nos enteramos de que el ataúd del que muera mientras está bajo proscripción debe ser apedreado. "¿Y qué es el que se comporta con altivez hacia el cielo? Se nos enseñó que Simón b. Shetaeh envió [palabra] a Honi el Me'agel:" Si si no eras Honi, deberías ser excomulgado, pero ¿qué haré contigo? ¿Ya que eres petulante con Dios y, sin embargo, Él te perdona y se complace como un niño mimado que es petulante con su padre y, sin embargo, es perdonado y complacido? A ti se te puede aplicar el pasaje (Chanoch que fue excomulgado por impugnar la regla de lavarse las manos [antes de las comidas], y cuando murió, la corte envió una piedra para que se pusiera en su ataúd; de donde nos enteramos de que el ataúd del que muera mientras está bajo proscripción debe ser apedreado. "¿Y qué es el que se comporta con altivez hacia el cielo? Se nos enseñó que Simón b. Shetaeh envió [palabra] a Honi el Me'agel:" Si si no eras Honi, deberías ser excomulgado, pero ¿qué haré contigo? ¿Ya que eres petulante con Dios y, sin embargo, Él te perdona y se complace como un niño mimado que es petulante con su padre y, sin embargo, es perdonado y complacido? A ti se te puede aplicar el pasaje (Chanoch que fue excomulgado por impugnar la regla de lavarse las manos [antes de las comidas], y cuando murió, la corte envió una piedra para que se pusiera en su ataúd; de donde nos enteramos de que el ataúd del que muera mientras está bajo proscripción debe ser apedreado. "¿Y qué es el que se comporta con altivez hacia el cielo? Se nos enseñó que Simón b. Shetaeh envió [palabra] a Honi el Me'agel:" Si si no eras Honi, deberías ser excomulgado, pero ¿qué haré contigo? ¿Ya que eres petulante con Dios y, sin embargo, Él te perdona y se complace como un niño mimado que es petulante con su padre y, sin embargo, es perdonado y complacido? A ti se te puede aplicar el pasaje (de donde nos enteramos de que el ataúd del que muera mientras está bajo proscripción debe ser apedreado. "¿Y qué es el que se comporta con altivez hacia el cielo? Se nos enseñó que Simón b. Shetaeh envió [palabra] a Honi el Me'agel:" Si si no eras Honi, deberías ser excomulgado, pero ¿qué haré contigo? ¿Ya que eres petulante con Dios y, sin embargo, Él te perdona y se complace como un niño mimado que es petulante con su padre y, sin embargo, es perdonado y complacido? A ti se te puede aplicar el pasaje (de donde nos enteramos de que el ataúd del que muera mientras está bajo proscripción debe ser apedreado. "¿Y qué es el que se comporta con altivez hacia el cielo? Se nos enseñó que Simón b. Shetaeh envió [palabra] a Honi el Me'agel:" Si si no eras Honi, deberías ser excomulgado, pero ¿qué haré contigo? ¿Ya que eres petulante con Dios y, sin embargo, Él te perdona y se complace como un niño mimado que es petulante con su padre y, sin embargo, es perdonado y complacido? A ti se te puede aplicar el pasaje (pero ¿qué haré contigo? ¿Ya que eres petulante con Dios y, sin embargo, Él te perdona y se complace como un niño mimado que es petulante con su padre y, sin embargo, es perdonado y complacido? A ti se te puede aplicar el pasaje (pero ¿qué haré contigo? ¿Ya que eres petulante con Dios y, sin embargo, Él te perdona y se complace como un niño mimado que es petulante con su padre y, sin embargo, es perdonado y complacido? A ti se te puede aplicar el pasaje (Pr. 23, 25). Se regocijen (entonces.) Tu padre y tu madre, y se regocije la que te ha nacido ".

(Fol. 20a) R. Papa preguntó a Abaye: "¿Por qué sucedieron milagros en la generación anterior y no nos suceden milagros a nosotros? ¿Es porque estudiaron más? He aquí, durante los años de R. Juda, todos estudiaron solo el orden de Nezikin (procedimiento civil, o daños) mientras estudiamos los seis órdenes. Y cuando R. Juda alcanzó en el Tratado Uktzin (Tallos), [tratando con la ley de] 'La mujer que prensó verduras en una olla', o , como algunos dicen [al Mishnab de], 'Las aceitunas cuando se presionan con sus hojas son [ritualmente] puras', dijo: 'Noto aquí el argumento de Rab y Samuel [que están más allá de mi mente]'. Si bien estamos versados en el tratado de Uktzin de trece formas diferentes, sin embargo [en lo que respecta a la oración] tan pronto como R. Juda se quitó uno de sus zapatos, la lluvia apareció de inmediato, y aunque nos afligimos, y sigue llorando [por la ayuda de Dios] pero nadie se preocupa por nosotros. "" ¿Sabes por qué? Abaye le dijo a R. Papa, "porque, las generaciones anteriores estaban dispuestas a sacrificar sus vidas para santificar Su nombre, pero nosotros no estamos dispuestos a sacrificar nuestras vidas para santificar Su nombre, como le sucedió una vez a R. Ada b. Ahaba, quien vio Una mujer gentil que vestía un tocado rojo mientras caminaba por la plaza del mercado. Creyéndola que era judía, y con impaciencia le arrancó el sombrero rojo. Se descubrió que ella era gentil, y él fue multado con cuatrocientos zouzim, el valor de el vestido. Le preguntó a la mujer cómo se llamaba. 'Mi nombre es Mathan', le respondió. 'Mathun, Mathun', respondió, 'vale cuatrocientos zouzim' ". porque, las generaciones anteriores estaban dispuestas a sacrificar sus vidas para santificar Su nombre, pero nosotros no estamos dispuestos a sacrificar nuestras vidas para santificar Su nombre, como le sucedió una vez a R. Ada b. Ahaba, quien vio a una mujer gentil con un tocado rojo mientras caminaba por la plaza del mercado. Creyéndola judía, con impaciencia le arrancó el sombrero rojo. Se descubrió que ella era gentil y él fue multado con cuatrocientos zouzim, el valor del vestido. Le preguntó a la mujer cómo se llamaba. —Me llamo Mathan —le respondió ella. 'Mathun, Mathun', replicó, 'vale cuatrocientos zouzim' ". porque, las generaciones anteriores estaban dispuestas a sacrificar sus vidas para santificar Su nombre, pero nosotros no estamos dispuestos a sacrificar nuestras vidas para santificar Su nombre, como le sucedió una vez a R. Ada b. Ahaba, quien vio a una mujer gentil con un tocado rojo mientras caminaba por la plaza del mercado. Creyéndola judía, con impaciencia le arrancó el sombrero rojo. Se descubrió que ella era gentil y él fue multado con cuatrocientos zouzim, el valor del vestido. Le preguntó a la mujer cómo se llamaba. —Me llamo Mathan —le respondió ella. 'Mathun, Mathun', replicó, 'vale cuatrocientos zouzim' ". que vio a una mujer gentil con un tocado rojo mientras caminaba por la plaza del mercado. Creyéndola judía, con impaciencia le arrancó el sombrero rojo. Se descubrió que ella era gentil y él fue multado con cuatrocientos zouzim, el valor del vestido. Le preguntó a la mujer cómo se llamaba. —Me llamo Mathan —le respondió ella. 'Mathun, Mathun', replicó, 'vale cuatrocientos zouzim' ". que vio a una mujer gentil con un tocado rojo mientras caminaba por la plaza del mercado. Creyéndola judía, con impaciencia le arrancó el sombrero rojo. Se descubrió que ella era gentil y él fue multado con cuatrocientos zouzim, el valor del vestido. Le preguntó a la mujer cómo se llamaba. —Me llamo Mathan —le respondió ella. 'Mathun, Mathun', replicó, 'vale cuatrocientos zouzim' ".

(Ib. B) R. Avira expuso, a veces hablando en nombre de R. Ami, y otras veces hablando en nombre de R. Assi: Los ángeles ministradores dijeron ante el Santo: ¡Alabado sea! "Soberano del universo, está escrito en tu Torá (Deu. 10, 17). Quien no muestra favor a las personas ni acepta sobornos. He aquí, muestras favores a Israel, porque está escrito (Núm. 6, 26) .) El Señor te mostrará su favor ". "¿Por qué no favoreceré a Israel?" Él respondió, "porque escribí en mi Torá que les di (Deu. 8, 10.) Y cuando hayas comido y estés satisfecho, entonces bendecirás. Pero son tan particulares y cuidadosos que incluso si solo comen tanto como del tamaño de una aceituna o un huevo, también recitan la gracia de después de las comidas ".

(Fol. 21a) E. Juda dijo: "¿De dónde aprendemos que la gracia después de comer es una ley bíblica? Está escrito (Ib.) Y cuando hayas comido y estés satisfecho, entonces bendecirás al Señor, tu Dios. ¿De dónde aprendemos [que decir] la bendición antes de comenzar el estudio de la Torá es una ley bíblica? Se dice (Deu. 32, 3.) Cuando invoco el nombre del Señor, atribuye grandeza a nuestro Dios."

(Ib. B) R. Ada b. Ahaba dijo: "¿De dónde aprendemos que un solo hombre no debe decir la Kedusha? Se dice (Lev. 22, 32). Para que yo sea santificado entre los hijos de Israel; es decir, todo lo santo no debe ser dicho por menos de diez (hombres) ". ¿Cómo prueba esto? Rabanai, el hermano de R. Chiya b. Abba lo explicó: "Lo deducimos [primero] de las palabras Toch, Toch: está escrito aquí, Para que yo sea santificado Betoch (entre) los hijos de Israel, y está escrito allí (Núm. 16, 21)..) Sepárense Mitoch (de en medio de) la congregación (Eda); [como en el último caso la palabra Toch en conexión con Eda se refiere a diez, así en el primer caso, la palabra Toch, aunque sola, también se refiere a diez]. Nuevamente deducimos [que el último pasaje donde se menciona a Toch en conexión con Eda se refiere a diez], de las palabras, Eda, Eda: está escrito (Ib. 14, 27). Eda malvada (congregación). como ese pasaje [donde se menciona a Eda solamente] se refiere a diez (los espías, que eran doce, excluyendo a Josué y Kaleb), así en el pasaje donde se menciona a Eda en relación con Toch, también se refiere a diez ".

(Fol. 24b) R. Abba trató de evitar la vista de R. Juda porque quería ir a Palestina y R. Juda siempre decía: "Quien sube de Babilonia a Palestina transgrede la ley positiva que dice (Jer. 27, 22. A Babilonia serán llevados, y allí permanecerán hasta el día en que yo piense en ellos, dice el Señor ". Un día R. Abba dijo que iré a escuchar algo de él y luego me iré. Así que fue y encontró un Tana recitando ante R. Juda con respecto a la limpieza, mientras oraba. (Ver texto.) R. Abba dijo entonces: "Si fuera sólo por esa única cosa que vine a escuchar, sería suficiente".

Tenemos un Baraitha que coincide con la opinión de R. Chisda: "Si uno está caminando por callejones sucios, no debería leer la Sh'm'a; además, incluso si estuviera en medio de su lectura y se encontrase en una calle sucia, debería detenerse ". Si no se detiene, ¿entonces qué? R. Meyasha el nieto de R. Joshua b. Levi dijo: Es de él que el pasaje dice (Ezequiel 20, 25). "Por lo cual les di también estatutos que no eran buenos, y ordenanzas por las cuales no podían vivir. R. Assi dijo de esto (Is. 5, 18. ¡Ay de los que atraen iniquidad con el cordón de la vanidad! R. Ada b. Ahaba dijo de esto (Núm. 15, 31). Porque él ha despreciado la palabra del Señor. recompensa sea? R. Abuhu dijo: "Deu. 32, 47). Y por esto prolongaréis vuestros días ".

Berakhot, Capítulo 4

(Fol. 26b) Se nos enseña (en una Memera) 'que R. José el hijo de R. Chanina dijo: "Los servicios diarios fueron ordenados por los Patriarcas (Abraham, Isaac y Jacob)". R. Joshua b. Levi dijo: "Los servicios diarios fueron ordenados para corresponder con las [dos] ofrendas diarias perpetuas". Tenemos un Baraitha que coincide con la opinión de R. Jose, el hijo de R. Chanina, y también tenemos un Baraitha que coincide con la opinión de R. Joshua b. Levi. En cuanto al apoyo de R. José, se nos enseña: "Abraham ordenó el servicio matutino, como se dice (Génesis 19, 27). Y Abraham se levantó temprano en la mañana al lugar donde había estado delante del Señor. Omad (parado) no se refiere a nada más que a la oración; porque se dice (Sal. 106, 30.) Luego se puso de pie (Vaya'amod) Finees y ofreció una oración. Isaac ordenó el servicio de la tarde (Minjá), porque se dice (Génesis 24, 63). E Isaac salió 'Lasuaj' en el campo hacia la tarde. La palabra Lasuaj significa oración, porque se dice (Sal. 102, 1). Una oración del afligido cuando está abrumado y derrama ante el Señor su queja (Sicho). Jacob ordenó el servicio vespertino (Ma'arib), porque se dice (Génesis 28, 11.) Vayifg'a en cierto lugar, y se quedó allí toda la noche; con la palabra Vayifg'a, se quiere decir oración, porque se dice (Jer.7, 16.) Pero tú - no ores en nombre de este pueblo, ni levantes súplicas u oraciones en su favor, ni hagas intercesión por mí (Tifga). "Se nos enseña, coincidiendo con la opinión de R. Joshua b. Levi: "¿Por qué [los rabinos] dijeron que la hora del servicio matutino es hasta el mediodía? Porque la ofrenda-perpetua-diaria-matutina también tenía su tiempo limitado al mediodía. R. Juda dice: Hasta la cuarta hora del día ".

(Fol. 27b) Se nos enseña que R. Eliezer dice: "El que reza detrás de su maestro, el que saluda a su maestro [sin llamarlo rabino], el que se opone a la escuela de su maestro [organizando una academia separada], y quien hace declaraciones [en nombre de su maestro] que no escuchó de su maestro, provoca la salida de la Shejiná de Israel ". Nuestros rabinos enseñaron: Que una vez un discípulo se apareció ante R. Joshua y le dijo: "Rabino, ¿el servicio vespertino es opcional u obligatorio?" "Opcional", respondió R. Joshua. Luego se presentó ante Rabban Gamaliel y le hizo la misma pregunta: "¿El servicio vespertino es opcional u obligatorio?" "Obligatorio", fue la respuesta de Rabban Gamaliel. "¡Mirad! ¡R. Joshua me dijo que es opcional!" comentó el discípulo. A lo que Rabban Gamaliel respondió: " Espere hasta que los escuderos (grandes eruditos) entren en la casa del saber ". Tan pronto como los escuderos entraron en la casa del saber, el investigador se levantó y preguntó:" ¿Es el servicio vespertino opcional u obligatorio? "" Obligatorio ", respondió Rabban. Gamaliel. "¿Hay alguien aquí que difiera conmigo sobre este tema?", Preguntó Rabban Gamaliel a los eruditos. "No", fue la respuesta de R. Joshua. "He aquí", interrumpió Rabban Gamaliel, "se dice en su nombre que el servicio es solo opcional. ¡Levántate Josué! ¡Y deja que el testigo testifique contra ti! "R. Joshua se puso de pie y dijo:" Si yo estuviera vivo y él (el testigo) muerto, habría podido negarlo, pero ahora, cuando yo estoy vivo y él está vivo, ¿Cómo puede un ser vivo negar a otro ser vivo? " Así que Rabban Gamaliel continuó su conferencia mientras R. Josliua permaneció de pie, hasta que toda la gente se emocionó y le dijo a Chutzephith el Meturgeman: "¡Detente!" y se detuvo. "¿Hasta cuándo", dijeron, "permitiremos que R. Joshua sea afligido y reprochado? El año nuevo pasado Rabban Gamaliel lo afligió y lo reprochó. En Bechoroth, en el incidente de R. Zadok, Rabban Gamaliel lo molestó y ahora volvió a Lo reprochamos y lo afligimos; ¿permitiremos que continúe tal molestia? Tomemos medidas para privarlo de su dignidad (de ser el Exilareh). Pero, ¿quién será su sucesor? ¿Vamos a poner a R. Joshua? oponente [y le causaría demasiada agravación]. ¿Le damos a R. Akiba? Él no tiene méritos ancestrales, y puede estar dispuesto al castigo celestial [a través de oraciones]. Por tanto, elijamos R. Elazar b. Azaria porque es sabio, rico y décimo descendiente de Esdras. Es sabio y, por lo tanto, podrá responder cuando se le pregunte; es rico y, por lo tanto, si se le ordena asistir a la corte del Emperador [de Roma], podrá hacerlo tan bien como Rabban

Gamaliel; él es el décimo descendiente de Esdras y, por lo tanto, tiene méritos ancestrales, y él (Rabban Gamaliel) no podrá imponerle un castigo celestial. "Entonces vinieron [a R. Elazar b. Azarlia] y le dijeron:" ¿Es ¿El maestro está dispuesto a convertirse en el director de la Academia? "(Fol. 28a.) R. Elazar respondió:" Iré a consultar a mi casa ". Él fue y consultó a su esposa." Quizás ", le dijo ella, "También te destituirán [y serás deshonrado]". "Hay una máxima", respondió él ". Usa tu precioso cuenco mientras lo tienes. aunque se rompa al día siguiente. '"' Pero ", dijo ella," no tienes canas [y no te respetarán]. sus cabellos de repente se volvieron grises. Y esto R. Elazar b. Azaria quiso decir cuando dijo: "¡Mirad! Soy como un hombre de setenta años "pero no de setenta. Se nos enseña que ese día el portero fue retirado de la puerta [de la academia], y se concedió la admisión a todos los estudiantes, pues, durante la administración de Rabban Gamaliel, se hizo el anuncio: "Todo erudito cuyo interior no sea como su exterior (que no sea piadoso), no entrará a la academia". Ese día se agregaron muchos bancos en la academia. R. Jochanan dijo: " Hay una diferencia de opinión entre Abba Joseph b. Dustoi y los rabinos; según uno, se agregaron cuatrocientos bancos y según el otro, setecientos bancos [se agregaron] ". Cuando Rabban Gamaliel notó el tremendo aumento, se desanimó y se dijo:" Dios no lo quiera, tal vez he impedido que tantos estudiando la Torá ". En un sueño se le mostró" cántaros de barro blanco llenos de ceniza ". Pero esto se le mostró sólo para calmarlo. Se nos enseña:" En ese día se estudió el tratado de Edioth en el academia y dondequiera que encontremos 'En ese día', significa el día en que R. Elazar b. Azaria se convirtió en la directora de la academia. No hubo ninguna Halajá previamente indecisa en la academia que no se haya decidido ese día. Incluso el propio Rabban Gamaliel, aunque depuesto, no se abstuvo de asistir a la academia, como se muestra en lo que se nos enseña (en una Mishná): 'Ese día, Judá el Ammouite, un prosélito, apareció en la academia y preguntó:' ¿Puedo entrar en la congregación [para casarme con un Judía]?' Rabban Gamaliel le dijo: "No tienes la libertad de hacerlo", pero R. Joshua dijo: "Tienes la libertad de hacerlo". Rabban Gamaliel luego le dijo a R. Joshua: 'He aquí, se dice (Deu. 23, 4.) ¡Un amonita 'o moabita no entrará en la congregación del Señor! "A esto R. Joshua replicó y dijo:' ¿Están estas naciones todavía en sus lugares de origen? Como se dice (Is. 10, 13.) He quitado los límites de los pueblos, y sus tesoros guardados he saqueado, etc., por lo tanto, sin saberlo, vamos según la mayoría [y la mayoría no son amonitas] '. "Pero", respondió Rabban Gamaliel, "he aquí, se dice (Jer. 49, 6). Y después traeré de nuevo el cautiverio de los hijos de Ammón, por lo que ya deben haber regresado". A lo que R. Joshua respondió: "He aquí también se dice (Amos 9, 14.) Y traeré de nuevo el cautiverio de mi pueblo Israel, y estos aún no han regresado. ' Entonces se le permitió al prosélito entrar inmediatamente en la congregación ". Entonces Rabban Gamaliel se dijo a sí mismo:" Ya que es así [que se llevó a cabo la decisión de R. Joshua], ahora iré y haré una reconciliación con R. Joshua ". Cuando llegó a la casa de R. Joshua, notó que las paredes de la casa estaban negras. "Por la apariencia de las paredes de tu casa", dijo Rabban Gamaliel, "es evidente que eres un herrero". Josué respondió: "¡Ay de la época de la cual eres líder! ¡porque no conoces los cuidados con los que se ocupan los eruditos y de dónde obtienen su sustento! "" Te he reprochado, perdóname ", suplicó Rabban Gamaliel, pero R. Joshua lo ignoró. "Hazlo", suplicó de nuevo, "por el honor de la casa de mi padre". R. Joshua luego aceptó su disculpa. "Ahora", dijeron, "¿quién irá a informar a los rabinos?" [que se habían reconciliado]. "Yo iré", dijo cierto lavandero que estaba allí. Así que R. Joshua envió el siguiente mensaje [a través de él]: "El que vestía la vestidura, se vestirá con ella otra vez, y el que no la haya llevado le dirá al que la usó: 'Quítate tu ropa sacerdotal, y me lo pondré '". Tan pronto como R. Akiba fue informado de la situación, dijo a los rabinos:" Que todas las puertas [que conducen a la academia] se cierren para que ninguno de los subordinados de Rabban Gamaliel venga y aflija los rabinos " [en un espíritu de venganza por su posición contra Rabban Gamaliel]. Mientras tanto, R. Joshua se dijo a sí mismo: "Será mucho mejor que yo mismo vaya a informarles". En consecuencia, fue y [al llegar a la academia] llamó a la puerta diciendo: "Que rocíe el que es un rociador, el hijo de un rociador (un erudito, el hijo de un erudito); el que no es él mismo un rociador, ni el hijo de un aspersor dirá al que es un aspersor y el hijo de un aspersor: Tu agua es agua pura de cueva y tus cenizas, cenizas simples de una caña quemada ". el hijo de un erudito); el que no es aspersor, ni hijo de aspersor, dirá al que es aspersor e hijo de aspersor: Tu agua es agua pura de cueva y tus cenizas, cenizas simples de caña quemada ". el hijo de un erudito); el que no es aspersor, ni hijo de aspersor, dirá al que es aspersor e hijo de aspersor: Tu agua es agua pura de cueva y tus cenizas, cenizas simples de caña quemada ".

"¿Has sido apaciguado, R. Joshua? Le dijo R. Akiba." Lo que hemos hecho fue solo por tu bien. Si es así, mañana tú y yo estaremos en su puerta (Rabban Gamaliers) temprano ". [Y aunque todo estaba arreglado] R. Elazar b. Azaria no fue depuesto, pero a partir de ese momento Rabban Gamaliel iba a dar una conferencia (Sábados mientras R. Elazar b. Azaria dio una conferencia un sábado, y así se entiende, cuando el maestro dijo: "¿De quién fue este sábado? El de R. Elazar b, Azaria". El discípulo [que preguntó si el servicio de la noche es opcional u obligatorio] fue R. Simon b. Jochai.

(Ib. B) (Mishná) R. Nechunia b. Hakana, al entrar y salir de la academia solía hacer una breve oración. Los rabinos le preguntaron qué tipo de oración era. Él respondió: "Cuando entro, oro para que no ocurra ningún tropiezo a causa de mí; y al irme, alabo por mi parte".

(Guemará) Nuestros rabinos enseñaron: "Al entrar en la casa del saber, ¿qué debe orar un hombre?" Que sea tu voluntad, oh Señor, Dios mío, que no haya tropiezo en mí y que no tropiecemos con ningún asunto. de Halajá, y que mis asociados se regocijarán en mí, de que no juzgaré como levíticamente inmundo lo que es levíticamente limpio; ni como limpio lo que es inmundo; ni mis compañeros tropezarán con un asunto de Halajá y yo encuentra regocijo en ellos. ' Al salir, ¿qué dirá el hombre? 'Te doy gracias, oh Señor, Dios mío, porque has puesto mi parte entre los que asistieron a la academia, y no entre los que asisten a la calle, se levantan temprano. y yo me levanto temprano [pero hay una diferencia]. Ellos se levantan temprano para hablar inútilmente, mientras que yo me levanto temprano para las palabras de la Torá. Yo trabajo y ellos se afanan; Me esfuerzo y espero recibir una compensación eterna, pero ellos están trabajando y no recibirán una compensación eterna. Yo corro y ellos corren; Corro hacia la eternidad en el mundo venidero, mientras ellos corren al pozo de una cueva '. "

Nuestros rabinos enseñaron: Cuando R. Eliezer se enfermó, sus discípulos fueron a visitarlo. "Rabino", dijeron, "enséñanos el camino de la vida para que podamos merecer heredar la eternidad en el mundo venidero". Les dijo:

"Cuídense de honrar a sus camaradas; sepa a quién reza; refrena a sus hijos de pensamientos frívolos y colóquelos entre las rodillas de los sabios; por estos medios merecerán la eternidad en el mundo venidero". Cuando R. Jochanan b. Zakai se enfermó y sus discípulos lo visitaron; tan pronto como los vio, se echó a llorar. "Rabino." le dijeron: "¡Luz de Israel! ¡La columna derecha! ¿Por qué lloras?" Él respondió así: "Si me llevaran ante un rey mortal, que está aquí hoy, pero mañana en la tumba, que puede enojarse conmigo, pero cuya ira no es eterna; quien puede encarcelarme, pero cuyo encarcelamiento no es para siempre; quien puede matarme, pero matar solo por este mundo; ya quien pudiera sobornar, aun entonces temería; pero ahora, cuando soy conducido a comparecer ante el Rey de reyes, el Santo, ¡alabado sea! que vive por toda la eternidad; si se enoja, es eterno; si me encarcela, es encarcelamiento para siempre; si Él mata, uno muere para siempre; y no puedo apaciguarlo con palabras ni sobornarlo con dinero; además, hay dos caminos delante de mí, uno que conduce al Gehena y el otro al Paraíso, y no sé por dónde me llevaré. ¿No debería llorar? '"Entonces le dijeron:" Rabí, bendícenos ". Él les dijo:" Que sea Su voluntad que vuestro temor de Dios sea tan grande como el temor del hombre "." Rabí, "preguntaron," ¿eso es todo? "Entonces él respondió: "¡Oh, eso! Porque cuando un hombre comete un crimen [lo hace en secreto] diciendo 'ningún hombre debería verme'. Aunque Dios lo ve en todas partes ". Cuando estaba a punto de morir, les dijo: "Limpien la casa de todos los vasos a causa de la impureza levítica, y preparen una silla para Ezequías, el rey de Judá, que vino [para participar en mi procesión]".

Nuestros rabinos enseñaron que "Simon Happekuli ha dispuesto las Dieciocho Bendiciones ante Rabban Gamaliel en Jamnia, de acuerdo con su disposición actual. Rabban Gamaliel dijo a los sabios: '¿No hay nadie que sepa cómo componer una oración sobre los saduceos?' Entonces, Samuel el menor, bajó y lo compuso. Al año siguiente él (Samuel el menor) lo olvidó (Fol. 29a) y durante dos o tres horas trató de recordar [pero no tuvo éxito]; aún así la congregación no quitó él [desde el lugar del lector] ". ¿Por qué no? ¿No ha dicho R Juda en nombre de Rab: "Si uno yerra en alguna parte de las Dieciocho Bendiciones, no debe ser removido, pero si se equivoca en la sección que se refiere a los herejes, debe ser removido, en el temor de que es un hereje." Samuel el joven es diferente, ya que él mismo la compuso [por lo tanto, no muestra ningún motivo de sospecha]. Pero, ¿por qué no aprehender que tal vez lo reconsiderara? Abaye dijo: "Tenemos la tradición de que una persona justa nunca se vuelve malvada". ¿Es esto así? He aquí, está escritoEz. 18, 24.) Pero cuando el justo se aparta de su justicia. Esto se dice de un hombre que era malvado al principio, pero si uno es justo desde el principio, no sucede así. ¿Es esto así? ¿No se nos enseña: "No confíes en ti mismo [que eres justo] incluso hasta el último día de tu muerte; porque R. Jochanan, el Sumo Sacerdote, sirvió en el Sumo Sacerdocio durante ochenta años y finalmente se convirtió en Saduceo". Abaye dijo: "Janai (el Rey) y Jochanan son la misma persona" [por lo que fue malvado en sus primeros años]. Raba dijo: "Janai y Jochanan son dos personas diferentes; Janai fue malvado desde el principio, y Jochanan justo desde el principio". Es bastante correcto según la opinión de Abaye, pero según la opinión de Raba [quien dijo que Jochanan era justo desde el principio], ¿Cómo se debe responder la pregunta? Raba puede explicar que una persona justa desde el principio también [no se debe confiar en] para que no se vuelva inicua. Y si es así, ¿por qué los rabinos no eliminaron a Samuel el menor? Con Samuel el joven es diferente; porque comenzó a decirlo, y se equivocó en medio de él. Para R. Juda en el nombre de Rab, y según algunos en el nombre de R. Joshua b. Levi, dijo: "La cita anterior [de Rab con respecto a la sospecha] se refiere solo a él que ni siquiera ha comenzado a decirlo, pero si comenzó la bendición y se equivocó en medio de ella, se le puede permitir terminarla [sin cualquier sospecha] ". entonces, ¿por qué los rabinos no eliminaron a Samuel el menor? Con Samuel el joven es diferente; porque comenzó a decirlo, y se equivocó en medio de él. Para R. Juda en el nombre de Rab, y según algunos en el nombre de R. Joshua b. Levi, dijo: "La cita anterior [de Rab con respecto a la sospecha] se refiere solo a él que ni siquiera ha comenzado a decirlo, pero si comenzó la bendición y se equivocó en medio de ella, se le puede permitir terminarla [sin cualquier sospecha] ". entonces, ¿por qué los rabinos no eliminaron a Samuel el menor? Con Samuel el joven es diferente; porque comenzó a decirlo, y se equivocó en medio de él. Para R. Juda en el nombre de Rab, y según algunos en el nombre de R. Joshua b. Levi, dijo: "La cita anterior [de Rab con respecto a la sospecha] se refiere solo a él que ni siquiera ha comenzado a decirlo, pero si comenzó la bendición y se equivocó en medio de ella, se le puede permitir terminarla [sin cualquier sospecha] ".

(Ib. b) Elijah, el hermano de R. Sala Chasida, le dijo a R. Juda: "No te enojes y no pecarás. No te emborraches y no pecarás. Y cuando estés a punto de continuar tu De modo, consulta primero con tu Poseedor y luego sal. ¿Qué significa "Consulta primero con tu Poseedor y luego sal"? R. Jacob dijo en nombre de R. Chisda: "Esto se refiere a la oración del camino que un hombre debe decir antes de seguir su camino". (Fol. 30a) ¿Y cómo hará esta oración? R. Chisda dijo estar de pie, y R. Shesheth dijo, incluso mientras caminaba. R. Chisda y R. Shesheth caminaban una vez por la carretera. [De repente] R. Chisda se detuvo y comenzó a orar. "¿Qué está haciendo R. Chisda?" preguntó H. Shesheth a su asistente. "Se detuvo y dijo una oración", fue la respuesta de su asistente. Entonces R.

Nuestros rabinos enseñaron: "Un ciego o uno que no puede determinar la dirección, que dirija su corazón hacia su Padre Celestial, porque se dice (I Reyes 8, 44.) Orarán al Señor. Si está fuera de Palestina, que dirija su corazón hacia Palestina, porque se dice (Ib. 48). Te orarán en dirección a su tierra. Si está en Palestina, que dirija su corazón hacia Jerusalén, porque se dice (Ib. Ib. 44). Orarán al Señor en la dirección de la ciudad que has elegido. Si está en Jerusalén, entonces que dirija su corazón hacia el Templo, porque se dice (Ib. Ib. 33). Y orarán y alabarán a esta casa. Si está en el Templo, entonces déjelo que dirija su corazón hacia el Lugar Santísimo; porque está dicho (Ib. ib. 30.) Y orarán hacia este lugar. Si está en el Lugar Santísimo, déjele que dirija su corazón hacia el Kaporeth. Si está detrás de la cubierta del arca, que lo considere como si estuviera de pie frente al Kaporeth. Por lo tanto, si uno está en el este, debe mirar hacia el oeste; en el oeste, debe mirar hacia el este; en el sur, debe mirar hacia el norte; en el norte, debe mirar hacia el sur. Se encuentra así que todo Israel dirige su corazón hacia un lugar [hacia el Lugar Santísimo]. "¿Dónde está el pasaje bíblico [para referirse a esto]? Tu cuello es como la torre de David construida sobre terrazas (¿Dónde está el pasaje bíblico [para referirse a esto]? Tu cuello es como la torre de David construida sobre terrazas (¿Dónde está el pasaje bíblico [para referirse a esto]? Tu cuello es como la torre de David construida sobre terrazas (Canciones 4, 4), es decir, un montículo hacia el que todos giran ".

Abaye estaba sentado ante Rabba; este último notó que Abaye estaba muy alegre. Rabá le dijo: "¿No está el maestro de acuerdo con el pasaje (Sal. 2, 11). Se regocija con la tala de árboles?" A lo que respondió: "Tengo el Tephilin puesto". R. Jeremiah estaba sentado ante R. Zeira; el segundo, viendo que el primero estaba muy alegre, le comentó: "Escrito está (Sal. 14, 23). En todo trabajo penoso hay provecho". "Tengo Tephilin", respondió R. Jeremiah.

Mar, el hijo de Rabina, hizo un banquete de bodas para su hijo; cuando observó que los rabinos estaban en el colmo de su alegría, trajo una copa muy costosa que valía cuatrocientos zouzim y la partió delante de ellos; y se entristecieron. R. Ashi hizo un banquete de bodas para su hijo y cuando notó que los rabinos estaban en el punto álgido de su alegría (Fol. 31a), trajo una costosa copa hecha de vidrio blanco y la rompió delante de ellos; y se entristecieron. En la boda de Mar, el hijo de Rabina, los rabinos le dijeron a R. Hammma Zuti: "Cántanos maestro". Cantó: "¡Ay, porque tenemos que morir! ¡Ay, porque tenemos que morir!" "¿Y qué le responderemos?" preguntaron ellos. "Cantad", respondió él, "¡Ay! ¿Dónde está la Torá [hemos estudiado] y dónde están las obras meritorias [que hemos realizado] para protegernos?" R. Jochanan en nombre de R. Simon b. Jochai dijo: "No está permitido que un hombre se llene la boca de risa en este mundo, porque se dice (PD. 126, 2.) Entonces nuestra boca se llenará de risa, y nuestra lengua de cánticos, ¿cuándo será esto? En el momento en que - dirán entre las naciones 'grandes cosas ha hecho el Señor por éstos' ". Se relata de Resh Lakish que nunca se rió desde el momento en que escuchó esto de R. Jochanan, su maestro.

Nuestros rabinos enseñaron: "No es apropiado comenzar a orar en un estado de tristeza, ni en un estado de inactividad, ni en un estado de risa, ni en un modo de hablar en voz baja, ni en un humor de broma, ni en un estado de ánimo. un estado de ánimo de charla ociosa; pero sólo en un estado de ánimo de alegría causado por la realización de una acción meritoria. Así también uno no se despide de su amigo ni en el estado de ánimo de hablar en voz baja, ni de risa, ni de bromear, ni de ociosos hablar; pero inmediatamente después del estudio de la Halajá (ley tradicional); porque así encontramos con nuestros primeros profetas; ellos también terminaron sus profecías con asuntos de alabanza y consuelo ". Y también R. Mari, nieto de R. Huna. el hijo de R. Jeremiah, recitó [una tradición]: "Un hombre no se apartará de su amigo sólo inmediatamente después de recitar una Halajá; porque por medio de esto su amigo siempre lo recordará.Jer. 2, 6.) A través de una tierra por la que ningún hombre había pasado y donde ningún hombre había habitado. Dado que ningún hombre ha pasado por él, ¿cómo es posible que un hombre haya habitado en él? Significa enseñarnos que cualquier tierra que Adán, el primer hombre, decretó que debía ser habitada, de hecho se hizo habitada; pero cualquier tierra que Adán, el primer hombre, decretó que no será habitada, quedó deshabitada '".

Nuestros rabinos enseñaron: El que ora dirigirá su corazón al cielo. Abba Saul dice: "Encontramos una pista para esto (Sal. 10, 17.) Fortalecerás sus corazones. Harás que tu oído escuche". Se nos enseña que R. Juda dice: "Esta era la costumbre de R . Akiba cuando oraba con la comunidad, solía acortar su oración para mantenerse al día con la asamblea, para no molestar a la asamblea [esperarlo]. Pero cuando oraba en privado, si uno lo dejaba [rezando] en una esquina cuando comenzaba, se encontraba [al completar su oración] en la siguiente esquina, debido a que se inclinaba y arrodillaba [durante su oración] ". R. Hamnuna dijo: "¿Cuántas leyes importantes podemos aprender del incidente de Ana? Ahora, en cuanto a Ana, ella habló en su corazón (I Sam. 1, 13).). De esto inferimos que quien reza debe concentrar su atención. Sólo sus labios se movieron (Ib.); inferimos de esto que el que reza debe hablar con los labios [no basta con pensar]. Pero su voz no se pudo escuchar (Ib.); inferimos de esto que el que reza no debe levantar la voz en voz alta. Por lo que Eli la consideró como una. mujer borracha (Ib.); inferimos de esto que es ilegal que un borracho ore. "Y Elí le dijo: ¿Hasta cuándo vas a beber?" (Ib.) "De esto inferimos, dijo R. Elazar," que si uno nota (Ib. B.) Algo impropio en un amigo, es el deber de reprenderlo ". Ana respondió y dijo: "No, mi Señor". (Ib.) Ulla. y según algunos R. José, el hijo de R. Chanina, dijo que Ana le comentó a Elí: " Tú no eres Juez en este asunto ni el Espíritu Santo descansa sobre ti, si sospechas de mí de tal cosa ". Otros dicen que Ana le habló así a Elí:" Tú no eres un Juez en este asunto. ¿No hay entonces la Shejiná y el Espíritu Santo contigo, para que me juzgues como culpable y no inocente? "¿No sabes que soy una mujer de espíritu triste, pero no he bebido vino ni licor? (Ib.) "De esto inferimos", dijo R. Elazar, "que si un hombre es acusado injustamente de algo, debe informar a su acusador de ello". No consideres a tu sierva como una mujer sin valor (Ib.) R. Elazar dijo: "De esto inferimos que un borracho que reza, es como si estuviera adorando ídolos; aquí está escrito Beliya'al (sin valor) - como una mujer sin valor; y también está escrito allí (si sospechas de mí de tal cosa ". Otros dicen que Ana le habló así a Elí:" Tú no eres un juez en este asunto. ¿No hay entonces la Shejiná y el Espíritu Santo contigo, para que me juzgues como culpable y no inocente? "¿No sabes que soy una mujer de espíritu triste, pero no he bebido vino ni licor? (Ib.) "De esto inferimos", dijo R. Elazar, "que si un hombre es acusado injustamente de algo, debe informar a su acusador de ello". No consideres a tu sierva como una mujer sin valor (Ib.) R. Elazar dijo: "De esto inferimos que un borracho que reza, es como si estuviera adorando ídolos; aquí está escrito Beliya'al (sin valor) - como una mujer sin valor; y también está escrito allí (si sospechas de mí de tal cosa ". Otros dicen que Ana le habló así a Elí:" Tú no eres un juez en este asunto. ¿No hay entonces la Shejiná y el Espíritu Santo contigo, para que me juzgues como culpable y no inocente? "¿No sabes que soy una mujer de espíritu triste, pero no he bebido vino ni licor? (Ib.) "De esto inferimos", dijo R. Elazar, "que si un hombre es acusado injustamente de algo, debe informar a su acusador de ello". No consideres a tu sierva como una mujer sin valor (Ib.) R. Elazar dijo: "De esto inferimos que un borracho que reza, es como si estuviera adorando ídolos; aquí está escrito Beliya'al (sin valor) - como una mujer sin valor; y también está escrito allí (No eres un juez en este asunto. ¿No hay entonces la Shejiná y el Espíritu Santo contigo, para que me juzgues como culpable y no inocente? "¿No sabes que soy una mujer de espíritu triste, pero no he bebido vino ni licor? (Ib.) "De esto inferimos", dijo R. Elazar, "que si un hombre es acusado injustamente de algo, debe informar a su acusador de ello". No consideres a tu sierva como una mujer sin valor (Ib.) R. Elazar dijo: "De esto inferimos que un borracho que reza, es como si estuviera adorando ídolos; aquí está escrito Beliya'al (sin valor) - como una mujer sin valor; y también está escrito allí (No eres un juez en este asunto. ¿No hay entonces la Shejiná y el Espíritu Santo contigo, para que me juzgues como culpable y no inocente? "¿No sabes que soy una mujer de espíritu triste, pero no he bebido vino ni licor? (Ib.) "De esto inferimos", dijo R. Elazar, "que si un hombre es acusado injustamente de algo, debe informar a su acusador de ello". No consideres a tu sierva como una mujer sin valor (Ib.) R. Elazar dijo: "De esto inferimos que un borracho que reza, es como si estuviera adorando ídolos; aquí está escrito Beliya'al (sin valor) - como una mujer sin valor; y también está escrito allí (¿No sabes que soy mujer de espíritu afligido, pero no he bebido vino ni licor? (Ib.) "De esto inferimos", dijo R. Elazar, "que si un hombre es acusado injustamente de algo, debe informar a su acusador de ello". No consideres a tu sierva como una mujer sin valor (Ib.) R. Elazar dijo: "De esto inferimos que un borracho que ora es como si estuviera adorando ídolos; aquí está escrito Beliya'al (sin valor) - como una mujer sin valor ; y también está escrito allí (¿No sabes que soy mujer de espíritu afligido, pero no he bebido vino ni licor? (Ib.) "De esto inferimos", dijo R. Elazar, "que si un hombre es acusado injustamente de algo, debe informar a su acusador de ello". No consideres a tu sierva como una mujer sin valor (Ib.) R. Elazar dijo: "De esto inferimos que un borracho que ora es como si estuviera adorando ídolos; aquí está escrito Beliya'al (sin valor) - como una mujer sin valor ; y también está escrito allí (aquí está escrito Beliya'al (sin valor) - como una mujer sin valor; y también está escrito allí (aquí está escrito Beliya'al (sin valor) - como una mujer sin valor; y también está escrito allí (Deu. 13, 14.) Han salido hombres, hijos de inútiles (Beliya'al), así como en el caso posterior se refiere a la idolatría, así también se refiere a la idolatría aquí ". Entonces Elí respondió y dijo: 'Entra paz.' (Ib.) Inferimos de esto ", dijo R. Elazar," que el que acusa injustamente a su amigo debe apaciguarlo y además debe bendecirlo, como se dice (Ib. Ib.) Y que el Dios de Israel conceda a tu solicitud."

(Fol. 32a) Y el Señor le dijo a Moisés: ¡Ve, desciende! (Éxodo 32, 7.) ¿Qué se quiere decir con desanimarte? R. Elazar dijo: "¡Alabado sea el Santo! Dijo a Moisés: 'Baja, desciende de tu grandeza, porque ¿entonces te habría sido dada la grandeza si no fuera por Israel? Y ahora que Israel ha pecado, hay ninguna grandeza para ti. Al escuchar estas palabras, Moisés instantáneamente se debilitó tanto que le faltaron las fuerzas para hablar, pero cuando Moisés escuchó las nuevas palabras de Dios (Deu. 9, 14)..) Déjame solo y los destruiré, 'O' se dijo a sí mismo, 'parece que esto depende de mí'. Entonces, inmediatamente comenzó a orar, pidiendo misericordia para Israel. "Es similar a la parábola del rey que golpeaba a su hijo: el amigo del rey estaba sentado y observándolo, temiendo mediar y rescatar al hijo: pero tan pronto cuando escuchó el comentario del rey: "Si no fuera por mi amigo que está sentado aquí, te mataría", se dijo a sí mismo, "esto depende de mí", y de inmediato se levantó y rescató al hijo.

R. Simlai expuso: "Un hombre siempre debe organizar las alabanzas del Santo, ¡alabado sea! Y luego orar por lo que necesita. ¿De dónde sacamos esto? De Moisés, porque está escrito (Deu.3, 23 .) Y supliqué al Señor en ese momento. Y también está escrito (Ib.) Has comenzado a mostrar a Tu siervo tu grandeza, y Tu mano poderosa; porque lo que Dios hay en los cielos o en la tierra que puede hacer correctamente como Tus obras, y como Tus maravillas? Y después de esto está escrito Déjame pasar, te ruego, para que pueda ver la buena tierra, etc. "

(Ib. B) R. Elazar dijo: "Grande es la oración, incluso más que las buenas obras; porque no hay nadie más grande en la realización de buenas obras que nuestro maestro Moisés, sin embargo, fue respondido solo a través de oraciones; como se dice (Ib. Ib. 26.) Deja que te baste; no sigas hablándome más de este asunto; Inmediatamente después se dice: Sube al petimetre de Pisgah ". R. Elazar también dijo: "La oración es aún más eficaz que el sacrificio", porque está dicho (Is. 1,11). ¿Para qué me sirve la multitud de vuestro sacrificio? Dice el Señor, y está escrito además: Y cuando extiendas tus manos, apartaré mis ojos de ti ". R. Elazar también dijo:" Desde el día de la destrucción del Templo, las puertas de la oración fueron cerradas con llave. , como se dice (Lam.3, 8.) También cuando clamo en voz alta y suplico, Él cierra mi oración; y aunque las torres de oración estaban cerradas, las torres de lágrimas no lo están, como está dicho (Sal. 39, 13). Escucha mi oración, oh Señor, y escucha mi clamor; ante mis lágrimas seguramente no estarás en silencio ". Además, R. Elazar dijo:" Desde el día de la destrucción del Templo, un muro de hierro separa a Israel y al Padre Celestial, como se dice (Ezequiel 4, 3). Además, toma para ti una sartén de hierro y colócala como un muro entre ti y la ciudad ". R. Channin en el nombre de R. Chanina dijo:" El que se prolonga en la oración no volverá vacío (sus oraciones incumplidas). ¿De dónde inferimos esto? De nuestro maestro Moisés, porque se dice (Deu.9, 18.) Y me arrojé delante del Señor; y está escrito además Y el Señor me escuchó también en ese momento. "¿Es esto así? He aquí R. Chiya b. Abba en el nombre de R. Jochanan dijo:" Quien se prolongue en la oración y especule sobre ella (esperando su cumplimiento como recompensa por haberlo hecho anhelante), al final, llegará a una enfermedad del corazón; porque se dice (Pr. 13, 12.) La expectativa largamente postergada enferma el corazón. Cual es su remedio? Que estudie la Torá, porque cerca de ella se dice. Pero un árbol de la vida es un deseo que se cumple; Por árbol de la vida se entiende nada más que la Torá, porque se dice (Ib. 3, 18.) "Un árbol de la vida es ella (la Torá) para quienes se aferran a ella". Esto no es difícil de explicar. ; el segundo trata de permanecer mucho tiempo en oración y especular sobre ello, y el primero trata de alguien que permanece mucho tiempo en oración pero no especula sobre ello. R. Chama b. Chanina dijo: "Aunque un hombre ve que sus oraciones no son respondió, que continúe orando; porque está dicho (Sal. 27, 14.) Espera en el Señor; esfuérzate y sea valiente tu corazón; espera, digo, en el Señor ". Nuestros rabinos enseñaron:" Cuatro cosas requieren fortaleza en su observancia: la Torá, las buenas obras, la oración y los deberes sociales ". La Torá y las buenas obras, ¿de dónde las conocemos? (Jos. 1, 7.) Sé fuerte y firme para que puedas cumplir con toda la Torá; sé fuerte, se refiere a la Torá, y firme, se refiere a las buenas obras. ¿De dónde inferimos que la oración necesita fortaleza? dijo (Sal.27, 14.) Espera en el Señor, esfuérzate y Él fortalecerá tu corazón; espera, digo, en el Señor. ¿De dónde sabemos que los deberes sociales exigen fortaleza? Se dice (II. Sam 10, 12.) Sé fuerte y fortalezcámonos por nuestro pueblo y por las ciudades de nuestro Dios. R. Elazar dijo: "El ayuno es aún más meritorio que la caridad, porque el primero se realiza con el cuerpo y el segundo solo con dinero". Raba nunca ordenó un ayuno en un día nublado; porque está dicho (Lam. 3, 44). Te has cubierto con una nube por la que ninguna oración puede pasar.

Y Sion dijo: El Señor me ha desamparado y olvidado. (Isaías 49, 14.) ¿No es abandonado y olvidado lo mismo? Resh Lakish dijo: "La Congregación de Israel suplicó ante el Santo, ¡alabado sea Él! Diciendo: '¡Soberano del universo! Incluso un hombre que se casa con una segunda esposa todavía tiene en su mente los méritos de la primera, pero Tú, Señor, ¡olvidado de mí!' 'Hija mía', respondió el Santo, ¡bendito sea! He creado doce estaciones en los cielos, y para cada estación he creado treinta legiones [de estrellas], cada legión contiene treinta rutas, cada ruta treinta cohortes, cada cohorte tiene treinta campamentos y en cada campamento se han suspendido trescientas sesenta y cinco mil miríadas de estrellas, igual a la cantidad de días en el año; todos estos los he creado por tu bien, y sin embargo dices que estás desamparado y olvidado. ' ¿Puede la mujer olvidar al niño de pecho para no compadecerse del hijo de su vientre? (Ib. Ib.) ¡El Santo, alabado sea! dijo: "¿Podré, pues, olvidar el holocausto de los carneros y del primogénito que me ofreciste mientras estabas en el desierto?" Entonces nuevamente [la congregación de Israel] suplicó ante el Santo: ¡Alabado sea Él! '¡Soberano del universo! Dado que no hay olvido ante el trono de Tu Divina Majestad, ¿no puedes también olvidar el incidente del becerro de oro? El Señor dijo: 'Esto también se puede olvidar'. (Ib.) Nuevamente suplicó diciendo: '¡Soberano del universo! Puesto que hay olvido ante tu exaltado trono, ¿puedes olvidar también el asunto del Sinaí? 'Sin embargo, no quiero olvidarme de ti', (Ib.) Respondió el Señor ".

Nuestros rabinos enseñaron: Una vez, un hombre piadoso, mientras oraba en el camino, se encontró con un príncipe que lo saludó y le dijo: "¡Paz a ti!" Pero el piadoso no respondió. El príncipe esperó hasta el final de su oración. Después de que hubo terminado su oración, el príncipe le dijo: "¡Bueno para nada! ¡Mirad! Está escrito en tu Torá (Deu. 4, 9)..) Sólo ten cuidado de ti mismo y guarda tu alma con diligencia. También está escrito (Ib. Ib. 15.) Por tanto, mirad bien a vuestras almas. Cuando te saludé, ¿por qué no me respondiste? Si te hubiera cortado la cabeza con una espada, ¿quién podría exigir tu sangre de mi mano? "" Espera ", le dijo el piadoso," hasta que te apaciguare con unas pocas palabras. Si hubieras estado de pie ante un rey mortal y alguien te hubiera saludado (Fol. 33a), ¿le habrías respondido? "" No ", respondió el príncipe." Y si lo hubieras hecho. ¿Qué te hubiera hecho [el rey]? "" Él ciertamente ordenará que me corten la cabeza con una espada ", respondió el príncipe. El hombre piadoso entonces le dijo:" ¡He aquí ahora! Si esto es lo que habrías hecho si te hubieras presentado ante un rey mortal, Quien está con nosotros hoy aquí y puede estar en su tumba mañana, ¡cuánto más necesito entonces tener cuidado al estar ante el Rey supremo de reyes, el Santo, alabado sea! ¡quien vive y permanece para siempre por toda la eternidad! "El príncipe se apaciguó y el hombre piadoso se fue pacíficamente a casa.

Nuestros rabinos enseñaron: Una vez en cierto lugar, un asno salvaje solía herir a la gente; entonces vinieron e informaron a R. Chanina b. Dosa. "Muéstrame la cueva donde está escondido el animal", les dijo. Entonces fueron y se lo mostraron. Luego colocó la planta de su pie en el agujero, y cuando el animal salió, lo golpeó y el animal cayó muerto. R. Chanina lo tomó en su hombro y lo llevó a la academia, diciéndoles: "Hijos míos, miren, no es el asno salvaje el que mata, sino el pecado mata". Entonces todos exclamaron: "¡Ay del hombre que se encuentra con un asno salvaje, pero ay del asno salvaje cuando se encuentra con R. Chanina b. Dosa", dijo R. Ami, "Grande es el conocimiento, porque es el primero bendición en la oración del día de la semana ". Además dijo R. Ami, "Grande es el conocimiento porque se coloca entre dos nombres Divinos,.) Un Dios de conocimiento es el Señor. La misericordia se le debe negar al que no tiene conocimiento; porque se dice (

Is. 27, 11.) Son un pueblo sin entendimiento, por lo tanto, el que los hace no tendrá misericordia de ellos ". R. Elazar dijo:" Grande es el Templo porque está colocado entre dos Divinos nombres, como está escrito (Ex. 15, 17.) iHas trabajado para ti para habitar, oh Señor, el santuario, oh Señor! "R. Elazar también dijo:" Todo hombre que posee conocimiento es considerado digno de causar el Templo que se construirá en sus días, porque el conocimiento se coloca entre dos nombres Divinos, y el Templo se coloca entre dos nombres Divinos ". Fue interrogado por R. Acha de Karchina:" Según su opinión, la represalia también debe ser de de gran valor, porque está escrito (Sal. 94, 1iOh Dios de la venganza, Señor! "" Sí ", respondió," cuando es necesario, por supuesto, es de gran valor ", y así se refiere al dicho de Ulla:" ¿Por qué se repite la palabra venganza? Oh Dios de la venganza. iSeñor! iOh Dios de la venganza! Uno para un buen propósito y otro para un mal propósito; para bien, como está escrito (Deu. 33, 2.) Él brilló desde el monte Parán; para mal, como está escrito (Sal. 94, 1). iOh Dios de la venganza, Señor! iOh Dios de la venganza, resplandece! "

(Ib. B) Cierto discípulo oró en presencia de R. Chanina, diciendo: "Oh Dios, que eres Grande, Poderoso, Formidable, Magnífico, Fuerte, Terrible, Valiente, Poderoso, Real y Honrado". R. Chanina esperó hasta que terminó y luego le dijo: "¿Has terminado realmente todas las alabanzas de tu Maestro? ¿Por qué enumeras tantas? iMira! Estos tres nombres (Grande, Poderoso y Formidable, que usamos en los Dieciocho) Bendiciones), no nos atreveríamos a pronunciar, si Moisés, nuestro maestro, no las hubiera pronunciado en la Torá (Deu.10, 17.), y los hombres de las Grandes Sinagogas no habían ordenado [la mención de estos nombres atributivos] en la oración, y tú has pronunciado tantas palabras de alabanza y parece que todavía estás dispuesto a seguir adelante; es como quien felicita a un rey por tener un millón de denarim de plata, cuando en realidad posee un millón de denarim de oro. ¿No sería tal alabanza una desgracia más que un honor? "

R. Chanina dijo: "Todo está en las manos del Cielo (bajo el control de Dios) excepto el temor del Cielo, como está escrito (Deu. 10., 12) Y ahora, Israel, ¿qué pide el Señor, Dios tuyo, de ti? sino temer al Señor, tu Dios ". ¿Es el temor de Dios un asunto menor? iMirad! R. Chanina en nombre de R. Simon b. Jochai dijo: "No hay nada en el alfolí de Dios excepto el tesoro del temor del cielo, como está dicho (Ib.) Y ahora, Israel, ¿qué pide el Señor, tu Dios, de ti, sino que temas al Señor, tu Dios? . " Sí, para alguien como Moisés fue de hecho un asunto pequeño, como dijo R. Chanina: "Es similar a un hombre al que se le pide una vasija grande. Si la tiene, le parece pequeña, pero si la tiene ni siquiera uno pequeño le parecería grande ".

(Fol. 34a) Nuestros rabinos enseñaron: "Hay tres cosas que son malas si se usan en grandes cantidades; sin embargo, si se usan en pequeñas cantidades, son muy buenas. Estas son: levadura, sal y resistencia". Nuestros rabinos enseñaron: Una vez, un discípulo descendió ante el arca en presencia de R. Eliezer y prolongó su oración. "Mira", dijeron los otros discípulos a R. Eliezer, "icuánto tiempo ora!" "Bueno", les dijo el rabino, "¿está orando más que nuestro maestro Moisés, como está escrito (Deu. 9, 25). Los cuarenta días y las cuarenta noches en que caí". Nuevamente sucedió que otro discípulo descendió ante el arca en presencia de R. Eliezer e hizo breve su oración; los otros discípulos le dijeron a R. Eliezer: "iMira qué breve es!" "¿Es entonces más brusco que Moisés, nuestro maestro,Num. 12. 13.) Oh Dios, cúrala, te lo suplico ".

R. Jacob dijo en el nombre de R. Chisda: "Quien ora por su amigo no necesita mencionar el nombre del amigo, como se dice (Ib.) ¡Oh Dios! ¡Cúrala, te lo suplico, y no mencionó El nombre de Miriam ". ...

Nuestros rabinos enseñaron: "Estas son las bendiciones [de las Dieciocho Bendiciones] durante el recital de las cuales un hombre debe inclinarse; la bendición de los Antepasados (el primero, o Aboth), al principio y al final; la bendición del Reconocimiento , (uno antes del último, o Modim), al principio y al final; si uno desea inclinarse al final y al principio de todas y cada una de las bendiciones, se le debe enseñar a no hacerlo ".

(Ib. B) (Mishná) Se relacionó con R. Chanina b. Dosa que solía orar por los enfermos y predecir: "Este vivirá, éste morirá". Entonces los rabinos le preguntaron una vez: "¿Cómo lo sabes?" "Me doy cuenta", respondió, "cuando oro; si la oración fluye fácilmente de mi lengua, sé que es aceptada; pero si no, sé que está rota". '

(Guemará) ¿De dónde aprendemos esto? R. Joshua b. Levi dijo: "El texto dice (Is. 57, 19.) Creando fruto de labios, paz, paz al que está lejos y al que está cerca, dice el Señor; y yo lo sanaré.

R. Chiya b. Abba en el nombre de R. Jochanan dijo: "Todo lo que los profetas profetizaron [acerca de la gloria futura] fue solo para un pecador arrepentido, pero en cuanto a los perfectamente justos, la gloria será ¡Nadie ha visto, oh Dios, fuera de ti! (Is. 6-1, 3) ". Y esto está en contradicción con lo que dijo R. Abuhu: "Donde están los pecadores arrepentidos, no se permite que los perfectamente justos estén de pie, porque se dice (Ib. 57, 19.) Paz, paz para el que está lejos, y al que está cerca. Primero al que está lejos (arrepentido) y luego al que está cerca (justo desde el principio) ". Pero R. Jochanan dijo: "¿Qué se quiere decir con Lejos? El que estaba lejos del 'principio mismo' de una transgresión; y Cerca de él, significa el que estaba 'cerca de una transgresión' pero se apartó de ella". Además, dijo R. Chiya b. Abba en el nombre de R. Jochanan: "La profecía de todos los profetas se refirió sólo al período del Mesías, pero en cuanto al mundo futuro, Ningún ojo ha sido testigo. ¡Oh Dios, fuera de Ti!" Y esto no está de acuerdo con Samuel; porque Samuel dijo: "No habrá diferencia entre este mundo y el futuro excepto en la subyugación del Exilio, como se dice (Deu. 15, 11.) Porque los necesitados no cesarán de tu tierra. "Además, R. Chiya b. Abba dijo en el nombre de R. Jochanan:" El futuro glorioso del cual todos los profetas profetizaron es solo para el que casa a su hija con un Talmid Chacham (Erudito), y para él que hace negocios con un Talmid Chacham, y para quien otorga de su riqueza a un Talmid Chacham; pero en cuanto a los eruditos mismos, ¡ningún ojo ha testificado, oh Dios, fuera de ti! feliz es el que la espera (pacientemente) ". ¿Qué significa Ningún ojo ha presenciado? R. Joshuah b. Levi dijo:" Esto se refiere al vino conservado en sus uvas desde los seis días de la creación ". R. Samuel b. Nachmeini dijo: "Esto se refiere al Edén que ningún ojo vio jamás. Y si preguntas: '¿Dónde vivió Adán, el primer hombre?' Fue solo en el huerto [del

Edén]. Y si dices eso 'Génesis 2, 10.) Y un río salía del Edén para regar el jardín [lo que muestra que] 'Jardín' y 'Edén' son dos lugares distintos ".

Nuestros rabinos enseñaron: Sucedió una vez, que el hijo de Rabban Gamaliel se enfermó. Este último envió a dos sabios a R. Chanina b. Dosa pidiéndole que suplicara [al Señor] que tuviera misericordia de él. Tan pronto como R. Chanina los vio venir, subió al aposento alto y suplicó [al Señor] que tuviera misericordia de los enfermos. Bajando les dijo a los dos sabios: "Pueden irse a casa, porque la fiebre ya lo ha dejado". "¿Eres profeta?" le preguntaron "." Ni profeta, ni hijo de profeta ", les respondió," pero tengo esta tradición. Si mi oración fluye fácilmente de mi lengua, sé que ha sido aceptada, pero si no, sé que ha sido rechazada ". Así que anotaron la hora exacta en que les dijo [que el enfermo había sido entregado], y cuando llegaron a Rabban Gamaliel, les dijo: " Te juro que no pasó ni antes ni después de la hora, sino exactamente a la hora que te dijeron que mi hijo se sintió aliviado; en ese momento [el enfermo] nos pidió un trago de agua. "En otra ocasión sucedió que cuando R. Chanina b. Dosa fue a R. Jochanan b. Zackai para estudiar la Torá el hijo de R. Jochanan b. Zackai Este último dijo entonces: "Chanina, hijo mío, suplica [al Señor] que tenga misericordia de mi hijo para que viva". Puso la cabeza entre las rodillas y suplicó [a Dios] que tuviera misericordia de su hijo. Con lo cual se recuperó. Entonces R. Jochanan b. Zackai dijo: "Si b. Zackai había mantenido la cabeza entre las rodillas durante todo el día, no habría tenido ningún efecto. "" ¿Por qué ", preguntó su esposa," es él más grande que tú? "" No ", respondió R. Jochanan," pero se le asemeja a un siervo antes que a un rey [que puede entrar en la cámara del rey cuando lo desee]; mientras yo soy como un príncipe ante el rey [que sólo puede entrar en determinados momentos o por invitación] ".

R. Chiya b. Abba dijo en el nombre de R. Jochanan: "Un hombre no orará en una casa donde no hay ventanas, porque se dice (Dan. 6, 10-11). Donde tenía ventanas abiertas en su aposento alto, él se arrodilló en dirección a Jerusalén y rezó tres veces al día ". R. Cabana dijo: "Considero insolente al que reza en un valle [por donde pasa la gente]". Además, R. Cahana dijo: "Considero insolente al que menciona sus iniquidades [mientras se arrepiente], porque se dice (Sal. 32, 1). Bienaventurado aquel cuya transgresión es perdonada, cuyo pecado está cubierto".

Berakhot, Capítulo 6

(Fol. 35a) ¿Cómo se dirá la Bendición sobre la fruta, etc.? ¿De dónde obtenemos [que las bendiciones se digan antes de comer]? Nuestros rabinos enseñaron: Todo su fruto sea santo para alabanzas al Señor (Levítico 19, 24). "Inferimos que una bendición se debe decir antes y una bendición después [de comer]". "De esto, dijo R. Akiba," deducimos que está prohibido a un hombre probar cualquier cosa antes de decir una bendición ".

Nuestros rabinos enseñaron: "Está prohibido disfrutar de cualquier cosa de este mundo sin salvar una bendición, y el que disfruta [de la menor cosa] en este mundo sin salvar una bendición defrauda [al Señor]. ¿Cuál será su remedio? Déjalo ir". a un hombre erudito ". ¿Qué puede hacer un sabio por él cuando ya ha transgredido la prohibición? "Pero", dijo Raba, "que vaya primero a un hombre sabio; estudie las leyes de las bendiciones para que pueda evitar el sacrilegio". R. Juda dijo en nombre de Samuel: "El que disfruta [de lo más mínimo] en este mundo sin haber dicho una bendición es considerado como si hubiera disfrutado de algo de las cosas dedicadas al Cielo, porque se dice (Sal. 24 , 1.) Al Señor pertenece la tierra y todo lo que la llena ". R. Levi señaló la siguiente contradicción:" Está escrito (Ib. Ib.) Al Señor pertenece la tierra y todo lo que la llena, y también es escrito (Ib. 115, 16.) Los Cielos son los Cielos del Señor; pero la tierra la ha dado a los hijos del hombre. No es difícil reconciliar [estos dos versículos]. El primero se refiere al tiempo antes de que pronunciara la bendición [todavía pertenece al cielo], (Ib. B.) Y el segundo se refiere al tiempo después de que pronunció la bendición [entonces pertenece al hombre] ". R. Chanina b Papá dijo: "El que disfruta [de cualquier cosa] en este mundo sin decir una bendición es considerado como si le hubiera robado al Santo, ¡alabado sea!" y la Congregación de Israel, porque se dice (Pr.28, 24.) El que roba a su padre oa su madre y dice que no es transgresión, es compañero de destructor. Su padre, se refiere al Santo, ¡alabado sea! como está dicho (Deu. 32, 6). ¿No es él tu padre que te compró? O su madre, no se refiere a otra cosa que a la Congregación de Israel., Como se dice (Pr. 1, 8). Escucha, hijo mío, las instrucciones de tu padre y no deseches las enseñanzas de tu madre. ¿Quiere decir que es un compañero de un destructor? R. Chanina B. Papa dijo: "Es un compañero de Jeroboam, el hijo de Nabat, que ha corrompido a Israel en su relación con su Padre Celestial".

(Ib. B) R. Chanina b. Papá señaló la siguiente contradicción: "Está escrito (Oseas 2, 11.) Y quitaré mi trigo a su tiempo. También está escrito (Deu. 11, 14). tu vino y tu aceite. No es difícil reconciliar [estos dos versículos]. El último se refiere al tiempo en que Israel está haciendo la voluntad de Dios, y el primero se refiere al tiempo cuando Israel no está haciendo la voluntad de Dios. " Nuestros rabinos enseñaron: Para que recojas tu trigo. (Ib.) ¿Por qué es necesario este mandamiento? [¿No lo haría la gente como algo normal?] Porque, está escrito (Josué, 1, 8.) Este libro de la Torá no se apartará de tu boca. Tal vez se pueda decir que esas palabras se entienden literalmente [que un hombre nunca debe dejar de estudiar], por lo tanto, está escrito Recogerás en la temporada, tu trigo, tu vino y tu aceite, comportaos con respecto a ellos como es la costumbre. del mundo. "Esto es de acuerdo con R. Ismael; pero R. Simon b. Jochai dice:" ¿Cómo es posible, si un hombre ara en la temporada de arado, siembra en la temporada de siembra, cosecha en la temporada de cosecha, trilla en la época de la trilla, y aventar cuando hay viento? ¿Qué será de la Torá? [Porque no quedará tiempo para estudiar]. "Pero dijo R. Simon b. Jochai," cuando Israel está haciendo la voluntad de Dios, entonces su trabajo se hace a través de otros, como se dice (Is. 61, 5)..) Y extraños se pondrán en pie y alimentarán tus rebaños. Pero cuando Israel no está cumpliendo la voluntad de Dios, entonces su trabajo debe ser hecho por ellos mismos, como está dicho (Deu. 11, 14). Y recogerás tu trigo a su tiempo; además, el trabajo de otras personas lo hace Israel, como se dice (Deu.28, 48.) Thou shall serve thine enemies." Abaye said: "Many who conducted themselves according to the opinion of R. Ishmael succeeded, but many who conducted themselves according to the opinion of R. Simon b. Jochai were not successful." Raba [being the head of an academy] was in the habit of saying to the disciples: "I beg of you, do not come before me [to the academy] during the days of Nisan (in Spring) nor during the days of Tishrei (in Fall), in order that you may not have any trouble in supporting yourselves during the entire year." Rabba b. b. Chana in the name of R. Jochanan quotes R. Juda b. Elai:

"Come and see the great difference between the former generations and the later ones; the former generations made the study of the Torah their regular engagement and their vocation a temporary profession, and both endured with them. But the later generations made the study of the Torah their temporary engagement and their vocation a regular profession and neither endured with them."

(Fol. 40a) R. Juda dijo en el nombre de Rab: "Una persona no debe comer antes de alimentar a su ganado, como está escrito (Ib. 11, 15.) Y daré pasto en tu campo para tu ganado , y continúa Y comerás y te saciarás ".

Raba, el hijo de Samuel, dijo en nombre de R. Chiya: "Después de cada comida, come sal, y después de cada bebida, bebe agua, y entonces no sufrirás ningún daño". También se nos enseña que "Después de cada comida come sal, y después de cada bebida bebe agua, y entonces no sufrirás daño". Otro [Baraitha] enseña: "Si comiera todo tipo de comida menos sal, si bebiera todo tipo de bebida menos agua, durante el día se preocuparía por un mal olor de su mes y por la noche se preocuparía por el crup. . " Nuestros rabinos enseñaron: "Aquel que [beba tanta agua como para] hacer nadar su comida, nunca estará dispuesto a padecer enfermedades estomacales". ¿Cuánto beberá uno? R. Chisda dijo: "Un kiton por cada barra de pan". R. Mari en nombre de R. Jochanan dijo: " El que está acostumbrado a comer lentejas una vez cada treinta días evitará las enfermedades, pero no se deben comer todos los días porque causan mal olor ". Además, R. Mari dijo en el nombre de R. Jochanan:" Mostaza ingerida una vez en treinta días elimina la enfermedad, pero si se come todos los días puede afectar el corazón ". R. Chiya, el hijo de R. Ashi. dijo en nombre de Rab:" El que está acostumbrado a los peces pequeños nunca será predispuesto a las náuseas; además, los peces pequeños fortalecen todo el cuerpo del hombre ". R. Chamba b. Chanina dijo:" El que está acostumbrado al comino negro no estará dispuesto a sufrir problemas cardíacos ". Se planteó la siguiente objeción: Rabban Simon b. Gamaliel dijo: "El comino negro es una sexagésima parte de una droga mortal, y el que duerme en el lado este de su era, tiene sangre en la cabeza.

(Fol. 43b) Una cosa más dijo R. Zutra b. Tubia en nombre de Rab; otros dicen R. Chanan b. Bizna lo dijo en nombre de R. Simon; otros dicen que R. Jochanan lo dijo en nombre de R. Simon b. Jochai: "Es mejor que un hombre sea arrojado a un horno de fuego que ser el medio de avergonzar a otro en público. Inferimos esto de Tamar, como está escrito (Génesis 38, 25)..) Ella envió a su suegro diciendo: 'Por el dueño de estos, estoy encinta'. y ella dijo. Reconozca, le ruego, la propiedad de estos, el sello, la bufanda y el bastón. Y Judá lo reconoció y dijo: 'Ella ha sido más justa que yo' "[Tamar, por lo tanto, prefirió ser quemada en lugar de revelar el nombre de Judá por temor a causar vergüenza pública sobre él.] Nuestros rabinos enseñaron:" Seis cosas son un vergüenza para el sabio: No saldrá perfumado; no usará zapatos remendados; no caminará solo de noche; no hablará con una mujer en la calle; no se sentará a la mesa con hombres ignorantes; no entrará tarde en la sinagoga. "Algunos añaden a esto:" No dará pasos largos al caminar, ni caminará con un andar orgulloso e inflexible ". No saldrá perfumado. R. Abba, hijo de R. Chiya b. Abba, en el nombre de R. Jochanan dijo: "Esto se refiere a lugares donde prevalece la inmoralidad". R. Shesheth dijo que se refiere solo a su ropa, pero no a su cuerpo, ya que es saludable. Con respecto al cabello [en cuanto al perfume], R. Papa dice que está en la misma clase que la ropa; otros sostienen que es parte del cuerpo. No usará zapatos remendados. Esto apoyará la opinión de R. Chiya b. Abba quien dijo que es una vergüenza para un erudito salir con los zapatos remendados. ¿Es realmente así? ¡Mirad! R. Chiya b. El mismo Abba solía salir con los zapatos remendados. Mar Zutra, hijo de R. Nachman, dijo: "Esto está prohibido solo cuando hay un parche en un parche, luego solo en el cuero, no en la suela, y solo durante el verano y en la calle; pero, durante el invierno o en la casa no importa. No caminará solo de noche. Por sospecha. No hablará con una mujer en la calle. R. Chisda dijo: "Esto se refiere incluso a su propia esposa". También tenemos un Baraitha en el mismo sentido: "Incluso a su propia esposa, a su propia hija o a su propia hermana; porque no todos conocen a su familia". No entrará tarde en la sinagoga; porque se le puede llamar perezoso; No se sentará a la mesa con hombres ignorantes, porque puede adoptar sus malos modales. No andará rápido, porque el maestro dijo: "Los grandes pasos quitan una quincena de la luz del ojo de un hombre" [y si sus ojos sufren] ¿cuál será el remedio? Déjelo beber la copa de Habdala y se pondrá bien. No caminará con paso orgulloso e inflexible., Porque el maestro dijo: "Es. 6, 3). Toda la tierra está llena de su gloria ".

(Fol. 44a) Cuando R. Dimi llegó, contó la historia de una ciudad que pertenecía al rey Janai, situada sobre el montículo real. De esa ciudad salían cada semana seiscientas mil latas llenas de pescado, para los trabajadores que estaban ocupados recogiendo los árboles allí. Cuando llegó Rabin, dijo: "El rey Janai tiene un solo árbol en el montículo real de donde una vez al mes recolectaban cuarenta mares de pichones de tres razas diferentes". Cuando R. Isaac llegó, habló de un pueblo llamado Gufnith en Palestina donde había ochenta parejas de hermanos sacerdotes que se casaron con ochenta parejas de hermanas sacerdotisas y cuando los rabinos buscaron en ese vecindario entre Sura y Nehardea, no pudieron encontrar maridos para las hijas de R. Chisda. Estas hijas finalmente se vieron obligadas a casarse con Rami y Ukba, los hijos de Chama, aunque no eran sacerdotes.

(Ib. H) R. Janai en el nombre de Rab dijo: "El huevo es mejor que cualquier cosa que iguale el tamaño de un huevo". Cuando llegó Rabin, dijo: "Un huevo pasado por agua es mejor que seis onzas de harina fina". Cuando vino R. Dimi, diga: "Un huevo frito es mejor que seis onzas de harina, uno frito [es mejor] que cuatro onzas [de harina], uno blando o duro, si es del tamaño de un huevo, este último es mejor, pero no así con la carne ". Nuestros rabinos enseñaron: "Una lecha es buena para los dientes pero no para el estómago; la arveja es mala para los dientes pero es buena para el estómago: todas las verduras crudas hacen que el rostro se ponga verde, y todas las cosas inmaduras afectan a los hombres; todo ser vivo, si se come vivo, fortalece la vida: cada parte que está cerca de la [fuente de] vida (como cerca de la garganta) también fortalece la vida; el repollo es un alimento nutritivo, la remolacha es buena para uso medicinal. ¡Ay de la casa por donde entra el nabo! "

Berakhot, Capítulo 7

(Fol. 45a) Cuando tres hombres [mayores de trece años] cenan juntos [en alimentos que requieren el lavado de manos previo al mismo], están obligados a decir la gracia después de la comida en Mezuman (en compañía), etc. (Guemará) ¿de dónde inferimos esto? R. Assi dijo: "La Escritura dice (Sal. 34, 4). Oh, magnificas al Señor conmigo, y exaltemos su nombre a una". R. Abuhu dijo: "De esto inferimos. (Deu. 32, 3). Cuando proclame el nombre del Señor, atribuid grandeza a nuestro Dios". R. Chanan b. Abba dijo: "¿De dónde inferimos que un hombre no responderá Amén más fuerte que el que dice las bendiciones? Se dice (Sal. 34, 4)..) Oh, engrandece al Señor conmigo, y exaltemos juntos Su nombre. "R. Simon b. Pazi dijo:" ¿De dónde inferimos que el Methurgeman (Intérprete) no alzará su voz más fuerte que el lector? Se dice (Éxodo 19, 19). Moisés habló y Dios le respondió a gran voz; no era necesario decir en voz alta, ¿y qué se insinúa al decir en voz alta? Tan fuerte como la voz de Moisés ". También tenemos un Baraitha con el mismo efecto:" El Methurgeman no alzará su voz más fuerte que el lector. Si el Methurgeman no puede levantar su voz igual que la del lector, entonces el lector debe bajar la voz [para que el Methurgeman sea escuchado] ".

(Fol. 47b) Se nos enseña: ¿Quién [debe ser considerado] un Am-Ha'aretz? "El que no observa la ley de limpieza levítica en su comida", dice R. Meier. Los Acheirim dicen: "El que no diezma su fruto de acuerdo con la ley"; Los samaritanos practican esto último correctamente; porque es una ley bíblica; y el maestro dijo: "Cualquiera que sea el mandato que los samaritanos se han comprometido a observar, lo cumplen con mayor precisión que los israelitas".

Nuestros rabinos enseñaron: "¿Quién [debe ser considerado] un hombre común? El que no lee la Sh'm'a (Escucha, Israel, etc.), tanto por la mañana como por la noche", dice R. Eliezer. R. Joshua dice: "El que no se pone tefilina (filacterias)". Ben Azai dice: "El que no usa Tzitzis (flecos)". R. Nathan dice: "El que no tiene mezuzá en el poste de su puerta". R. Jonathan b. José dice: "El que tiene hijos y no los cría en el estudio de la Torá". Los Acheirim dicen: "Incluso si alguien ha estudiado la Biblia y la Mishná, pero no ha asistido a los eruditos (como discípulo), también se le considera un Am Ha'aretz". Además, dijo R. Joshua b. Levi: "Un hombre siempre debe llegar temprano a la sinagoga para que tenga la oportunidad de ser contado entre los primeros diez.

(Fol. 48a) R. Nachman dijo: "Un niño que entiende a quién se ofrece la bendición es persona grata, para ser contado entre los tres que apelan a los participantes de una comida para dar las gracias después de la comida (Mezuman)". Abaye y Rabba, cuando eran pequeños, estaban sentados frente a Rabba. "¿A quién rezas?" Rabba les preguntó. "A Dios", respondieron ambos. "Pero, ¿dónde está Dios?", Les preguntó. Raba levantó la mano y señaló hacia el techo, y Abaye salió y señaló hacia el cielo. "Los dos", comentó Rabba, " se convertirán en rabinos. Es como dice la gente: 'Cuando la calabaza aún es pequeña, por sus flores se puede saber cómo resultará' ". El rey Janai y su reina estaban comiendo juntos, y como Janai había matado a todos los rabinos, no tenían ninguna persona instruida que les recitara la gracia después de comer cuando hubieran terminado de comer. "¿Quién nos puede dar un hombre para recitarnos la gracia de después de la comida?" preguntó el rey a su esposa. A lo que ella respondió: "Júrame que si te traigo un hombre, no le harás daño". Le juró y ella le trajo a Simon b. Shetach, su hermano. El rey le dio un asiento entre él y su reina, diciendo: "Mira, cuánto te honro". Con lo cual R. Simon b. Shetaj respondió: "Tú no, pero la Torá me honra; como está escrito (y ella le trajo a Simón b. Shetach, su hermano. El rey le dio un asiento entre él y su reina, diciendo: "Mira, cuánto te honro". Con lo cual R. Simon b. Shetaj respondió: "Tú no, pero la Torá me honra; como está escrito (y ella le trajo a Simón b. Shetach, su hermano. El rey le dio un asiento entre él y su reina, diciendo: "Mira, cuánto te honro". Con lo cual R. Simon b. Shetaj respondió: "Tú no, pero la Torá me honra; como está escrito (Pr. 4, 8.) Exaltala y ella te promoverá; ella te traerá a la honra, cuando la abraces. "El rey Janai dijo entonces a la reina:" Mira cómo ellos (los fariseos) no reconocen la autoridad (real). "Finalmente le dio a R. Simon una copa [de vino] con el cual recitar la gracia. Entonces R. Simon b. Shetach dijo: "¿Cómo puedo decir la gracia? ¿Debo decir: Bendito es Él, porque Janai y sus asociados han comido de Su (comida)? "Entonces bebió el contenido de la copa; luego le dieron otro, con el cual dijo la gracia. R. Abba, el hijo de R. Chiya, dijo en nombre de R. Jochanan, que Simon b. Shetach [quien dijo la gracia después de la comida en una copa de vino] lo hizo según su propia opinión solamente; porque así lo ha hecho R. Chiya b. Abba dijo en nombre de R. Jochanan: "

la gracia de Hatob Vehameitib fue ordenada en Jabne; Hatob (que ha hecho el bien), porque los muertos no huelen mal; Vehameitib (quien causó bondad), que se les permitió ser enterrados ".

Nuestros rabinos enseñaron: "¿De dónde aprendemos que la gracia después de las comidas es una ley bíblica? Está escrito (Deuteronomio 8, 10). Cuando hayas comido y estés satisfecho, entonces bendecirás al Señor, tu Dios. ¿Aprendemos que debemos decir una gracia antes de comer? Está escrito (Ib. ib.) Lo que él te ha dado, es decir, tan pronto como te da, debes decir la gracia ".

R. Meier dijo: "¿De dónde sacamos que así como un hombre bendice a Dios por las buenas nuevas, así bendecirá a Dios por las malas nuevas? Está escrito (Deu. 8, 11). Dios, es decir, Él es tu juez cualquiera que sea la sentencia que te dicte, ya sea una buena o mala dispensación ".

(Fol. 51a) R. Jochanan dijo: "Aquel que tenga cuidado de recitar una gracia sobre una copa llena de vino, se le dará una herencia ilimitada; como está dicho (Deu. 33, 23). Y lleno con la bendición de el Señor toma posesión del Oeste y del Sur ". R. José, el hijo de R. Chanina, dijo: "Su recompensa será heredar ambos mundos, este mundo y el mundo por venir".

Berakhot, Capítulo 9

(Fol. 54a) Nuestros rabinos enseñaron: "El que ve los pasajes por donde Israel cruzó el mar, el Jordán, el paso del arroyo de Arnón, las piedras del declive de Beth Charan, la piedra que Og intentó arrojar sobre Israel , la piedra sobre la que estaba sentado Moisés cuando Josué peleó contra Amalec, la esposa de Lot que se convirtió en columna de sal, y los muros de Jericó que se hundieron en sus cimientos, deben dar alabanza y acción de gracias a Dios ". (Ib. B) La piedra que Og, rey de Basán, trató de arrojar sobre Israel se entrega por tradición de la siguiente manera: "El campamento de Israel [ya veo]", dijo, "se extiende tres millas. Por lo tanto, iré y arranca una montaña de tres millas de extensión, tírala sobre ellos y mátalos ". Fue y arrancó una montaña de tres millas de extensión y la levantó por encima de su cabeza. Pero el Santo ¡Alabado sea! envió una gran cantidad de hormigas a la montaña y le hicieron un agujero haciendo que cayera sobre su cabeza y descansara sobre sus zarcillos. Trató de tirarlo con frecuencia, pero sus dientes sobresalían uno dentro del otro, lo habían clavado sobre él y no pudo deshacerse de él. Así se entiende el pasaje (PD. 3, 8. Rompiste los dientes de los impíos; y como R. Simon ben Lakish lo explicó, para R. Simon b. Lakish dijo: "No lo leas Shibarta (Tú has roto), sino léelo Shirbabta (que se ramificó), es decir, Tú has hecho que se ramifique". ¿Cuál era la altura de Moisés? Diez codos; tomó un hacha de diez codos de largo, saltó diez codos y golpeó el tobillo de Og con un fuerte golpe que lo mató. R. Juda en nombre de Rab dijo: "Cuatro clases de personas están obligadas a dar gracias a Dios. Los que han regresado de un viaje por mar; los que han viajado por el desierto; los que se han recuperado de un grave enfermedad y los que son liberados de la prisión ". ¿De dónde aprendemos esto acerca de aquellos que han regresado de un viaje por mar? Está escrito (Sal. 107, 23-31.) Los que bajan al mar en barcos, etc. Estos han visto las maravillas del Señor. Porque él habló y levantó el viento tempestuoso. Subirían al cielo, bajarían a las profundidades. Se tambaleaban de un lado a otro, etc. Y se regocijaban porque guardaban silencio. Por tanto, darán gracias al Señor. ¿De dónde inferimos esto respecto a los que han viajado por los desiertos? Está escrito (Ib. Ib. 4-8.) Vagaban por el desierto, hambrientos y sedientos. Entonces clamaron al Señor, y él los condujo por el camino correcto. Por tanto, darán gracias al Señor. ¿De dónde inferimos esto respecto a quienes se han recuperado de una enfermedad grave? Está escrito (Ib. Ib. 17-2.) Necios, a causa de su transgresión. Todo alimento aborrece su alma. Pero cuando claman al Señor. Él envía su palabra y los sana. Por tanto, darán gracias al Señor. ¿De dónde sabemos esto acerca de los que han sido liberados de la prisión? está escrito (Ib. ib. 10-20.) Los que se sientan en tinieblas y en la sombra de la muerte. Porque se han rebelado contra las palabras de Dios. Y humilló sus corazones con angustia, pero cuando claman al Señor, los saca de las tinieblas. Ellos, por tanto, darán gracias al Señor. ¿Cómo dirán la gracia? R. Juda dijo: "Bendito eres tú que concedes bondad". Abaye dijo: "Debe decirse en presencia de diez personas, como está escrito (Ib. Ib. 32) Y deben exaltarlo en la congregación del pueblo". Mar Zutra dijo: "Y dos de los diez serán eruditos, como está escrito (Ib. Ib.

R. Juda dijo además: "Tres cosas pueden acortar los días y años de un hombre: negarse a leer la Torá cuando se le ofrece; negarse a recitar la gracia [habitual] sobre una copa [de vino] y llevar una vida dominante . Negarse a leer la Torá, como está escrito (Deu. 30, 20.) Porque él (la Torá) es tu vida y la duración de tus días. Negarse a recitar la bendición sobre una copa de vino, como está escrito (Génesis 12, 3.) Y bendeciré a los que te bendecirán. Y al que lleva una vida dominante, como R. Chama b. Chanina dijo: "José murió antes que sus hermanos porque los dominó".

(Fol. 55a) R. Jochanan dijo: "Tres cosas que Dios mismo proclama: Hambre, abundancia y un buen jefe de la comunidad. Hambre, como está escrito (II Reyes 8, 7). 'El Señor ha llamado al hambre ; Mucho, como está escrito (Ezequiel 36, 29.) Y pediré trigo y lo multiplicaré; Un buen jefe de la comunidad, como está escrito (Ex. 31, 2.) He aquí, he llamado por nombre,

Bezalel ". R. Isaac dijo: "No se debe nombrar un jefe de comunidad a menos que se consulte primero a la comunidad; como está escrito (Ex. 35, 30)..) Y Moisés dijo a los hijos de Israel: He aquí, Dios ha llamado por nombre Bezalel. es decir, el Santo, ¡alabado sea! dijo así a Moisés: '¡Moisés! ¿Es Bezalel lo suficientemente digno para ti? 'Soberano del universo', respondió Moisés, 'si él es digno a tus ojos, entonces ciertamente es lo suficientemente digno para mí'. Entonces Dios le dijo: 'Consulta, pues, a los hijos de Israel'. Entonces Moisés fue y dijo así a los hijos de Israel: "¿Es Bezalel digno de ustedes?" Dijeron: 'Si es digno del Santo, ¡alabado sea! y para ti, entonces seguramente él es lo suficientemente digno para nosotros. ' "R. Samuel b. Nachmeini en el nombre de R. Jonathan dijo:" El nombre Bezalel le fue dado por su sabiduría; porque cuando el Santo, ¡alabado sea! dijo a Moisés: 'Ve, dile a Bezalel que me levante un Mishkán, arca y vasos. Moisés fue y se lo contó en el orden inverso: haz un arca, vasijas y un Mishkán. [Al escuchar la orden] Bezalel dijo: 'Moisés, nuestro maestro, la costumbre del mundo es que un hombre primero construye una casa y luego mete en ella vasos, y tú me dices que primero debería hacer el arca, y luego el Mishkan; ¿Dónde pondré las vasijas si las hago primero? ¡Quizás el Santo, alabado sea! dijo primero Mishkan y luego el arca y los vasos? ' Entonces Moisés le dijo: 'Quizás a la sombra de Dios has estado a quien tú conoces' ". [Así Bezalel significa - Bezal (en la sombra), El (de Dios)]. R. Juda dijo en el nombre de Rab : "Bezalel supo ordenar las letras con las que se crearon el cielo y la tierra, pues aquí está escrito (Moisés fue y se lo contó en el orden inverso: haz un arca, vasijas y un Mishkán. [Al escuchar la orden] Bezalel dijo: 'Moisés, nuestro maestro, la costumbre del mundo es que un hombre primero construye una casa y luego mete en ella vasos, y tú me dices que primero debería hacer el arca, y luego el Mishkan; ¿Dónde pondré las vasijas si las hago primero? ¡Quizás el Santo, alabado sea! dijo primero Mishkan y luego el arca y los vasos? ' Entonces Moisés le dijo: 'Quizás a la sombra de Dios has estado a quien tú conoces' ". [Así Bezalel significa - Bezal (en la sombra), El (de Dios)]. R. Juda dijo en el nombre de Rab : "Bezalel supo ordenar las letras con las que se crearon el cielo y la tierra, pues aquí está escrito (Moisés fue y se lo contó en el orden inverso: haz un arca, vasijas y un Mishkán. [Al escuchar la orden] Bezalel dijo: 'Moisés, nuestro maestro, la costumbre del mundo es que un hombre primero construye una casa y luego mete en ella vasos, y tú me dices que primero debería hacer el arca, y luego el Mishkan; ¿Dónde pondré las vasijas si las hago primero? ¡Quizás el Santo, alabado sea! dijo primero Mishkan y luego el arca y los vasos? ' Entonces Moisés le dijo: 'Quizás a la sombra de Dios has estado a quien tú conoces' ". [Así Bezalel significa - Bezal (en la sombra), El (de Dios)]. R. Juda dijo en el nombre de Rab : "Bezalel supo ordenar las letras con las que se crearon el cielo y la tierra, pues aquí está escrito (Maestro nuestro, la costumbre del mundo es que un hombre primero construye una casa y luego mete en ella vasijas, y tú me dices que primero debería hacer el arca, y luego el Mishkán; ¿Dónde pondré las vasijas si las hago primero? ¡Quizás el Santo, alabado sea! dijo primero Mishkan y luego el arca y los vasos? ' Entonces Moisés le dijo: 'Quizás a la sombra de Dios has estado a quien tú conoces' ". [Así Bezalel significa - Bezal (en la sombra), El (de Dios)]. R. Juda dijo en el nombre de Rab : "Bezalel supo ordenar las letras con las que se crearon el cielo y la tierra, pues aquí está escrito (Maestro nuestro, la costumbre del mundo es que un hombre primero construye una casa y luego mete en ella vasijas, y tú me dices que primero debería hacer el arca, y luego el Mishkán; ¿Dónde pondré las vasijas si las hago primero? ¡Quizás el Santo, alabado sea! dijo primero Mishkan y luego el arca y los vasos? ' Entonces Moisés le dijo:

'Quizás a la sombra de Dios has estado a quien tú conoces' ". [Así Bezalel significa - Bezal (en la sombra), El (de Dios)]. R. Juda dijo en el nombre de Rab : "Bezalel supo ordenar las letras con las que se crearon el cielo y la tierra, pues aquí está escrito (¿Dónde pondré las vasijas si las hago primero? ¡Quizás el Santo, alabado sea! dijo primero Mishkan y luego el arca y los vasos? ' Entonces Moisés le dijo: 'Quizás a la sombra de Dios has estado a quien tú conoces' ". [Así Bezalel significa - Bezal (en la sombra), El (de Dios)]. R. Juda dijo en el nombre de Rab : "Bezalel supo ordenar las letras con las que se crearon el cielo y la tierra, pues aquí está escrito (¿Dónde pondré las vasijas si las hago primero? ¡Quizás el Santo, alabado sea! dijo primero Mishkan y luego el arca y los vasos? ' Entonces Moisés le dijo: 'Quizás a la sombra de Dios has estado a quien tú conoces' ". [Así Bezalel significa - Bezal (en la sombra), El (de Dios)]. R. Juda dijo en el nombre de Rab : "Bezalel supo ordenar las letras con las que se crearon el cielo y la tierra, pues aquí está escrito (Ex. 35, 31.) Y lo llenó del espíritu de Dios, en sabiduría (Chachma) en comprensión (Bithbuna) y en conocimiento, y está escrito (Pr. 3, 19). El Señor fundó la tierra mediante sabiduría (Chachma); Él estableció los cielos mediante el entendimiento (Tebuna). Y además está escrito por Su conocimiento donde las profundidades se abrieron ". R. Jochanan dijo:" ¡El Santo, alabado sea! no da sabiduría a un hombre a menos que la posea; como se dice (Dan. 2, 21.) Quien da sabiduría a los sabios y conocimiento a los que poseen entendimiento. "Cuando R. Tachalifa del oeste (Palesine) escuchó esto, fue y se lo contó a R. Abuhu: a lo que este último respondió: "Lo que infieres de ese pasaje, lo derivamos de otro; está escrito (Ex.31,.) Y en el corazón de todos los sabios de corazón he puesto la sabiduría ".

R. Chisda dijo: "Todo sueño es bueno excepto el del ayuno". Además, R. Chisda dijo: "De un mal sueño, la preocupación es suficiente [para disiparlo], y de uno bueno, la alegría es suficiente [para disiparlo]". R. Joseph dijo: "Incluso para mí [aunque ciego] el humor de un buen sueño hace que se disipe". Además R. Chisda dijo: "Un mal sueño es mucho mejor que uno bueno [porque puede resultar en arrepentimiento]". Además, R. Chisda dijo: "Ni un buen sueño ni uno malo se cumplen plenamente". De nuevo R. Chisda dijo: "Un sueño no interrumpido es como una carta que no se lee". Además dijo R. Chisda: "Un mal sueño es más severo que ser azotado, porque se dice (Ec. 3, 14.) Y Dios ha hecho que los hombres le tengan miedo, y Rabba bb Chana dijo en el nombre de R. Jochanan: "Esto se refiere a un mal sueño". "El profeta que tuvo un sueño, que cuente su sueño; y el que haya recibido mi palabra, que hable mi palabra de verdad. ¿Qué tiene que ver la paja con el trigo? Dice el Señor (Jer. 23, 28).). ¿Qué relación tienen el maíz y la paja con un sueño? R. Jochanan en nombre de R. Simon b. Jochai dijo: "Así como es imposible que el maíz esté sin paja, así es imposible que un sueño esté sin absurdos ".

R. Berachia dijo: "Puede haber un sueño cuyo pensamiento se haya cumplido en parte, pero es imposible que se cumpla por completo. Podemos derivarlo de José, porque está escrito (Génesis 37, 9). El sol y la luna y las once comienzan. - ¿De veras vamos a venir, yo y tu madre, y tus hermanos (Ib. b). Y en ese momento su madre estaba muerta. " R. Levi dijo: "Un hombre debe esperar la realización de un buen sueño incluso durante veintidós años; como está escrito (Gen.37, 2.) Estas son las generaciones de Jacob, José tenía diecisiete años [cuando tuvo los sueños], y también está escrito (Ib. 41, 46). Y José tenía treinta años cuando se presentó ante Faraón. De diecisiete a treinta son trece años, a los que sumando los siete años de abundancia y los dos años de hambruna, sumarán veintidós años ". R. Huna dijo:" A un hombre bueno se le muestran malos sueños, y a un hombre malo, buenos sueños ". También tenemos un Baraitha en el mismo sentido:" Durante todos los años de David nunca soñó un buen sueño, y durante todos los años de Achitophel nunca soñó un mal sueño ". R. Bizna b. Zabda, en nombre de R. Akiba, quien habló en nombre de R. Panda, quien, a su vez, habló en nombre de R. Nachum, quien citó a R. Birim, dijo: "Un hombre venerable por el nombre de R. Bana ' Le había dicho que había veinticuatro lugares en Jerusalén para la interpretación de sueños; que una vez tuvo un sueño y fue a cada uno de estos lugares; cada uno dio una interpretación diferente y cada uno se cumplió ". Esto establece lo que está escrito:" Cada sueño está de acuerdo con su interpretación ". ¿Es esto un pasaje? Sí, como dijo R. Elazar, porque R. Elazar dijo:" ¿De dónde ¿Aprendemos que todo sueño se realiza según su interpretación? Está escrito (¿De dónde aprendemos que todo sueño se realiza según su interpretación? Está escrito (¿De dónde aprendemos que todo sueño se realiza según su interpretación? Está escrito (Gen. 41, 13.) Y tal como él lo interpretó, así fue ".

R. Jochanan dijo: "Tres sueños están destinados a realizarse: el que se sueña por la mañana, el que sueña el vecino y un sueño que se interpreta dentro de un sueño". Algunos agregan a esto "Un sueño que es soñado por la misma persona dos veces": como está escrito (Génesis 41, 32). Y por eso el sueño fue duplicado para Faraón.

(Fol. 57b) Tres cosas restauran la mente de un hombre: melodía, paisaje y olor dulce. Tres cosas desarrollan la mente de un hombre: una casa hermosa, una esposa hermosa y muebles elegantes. Cinco cosas contienen una sexagésima parte de las otras cinco cosas: fuego, miel, sábado, sueño y sueños. El fuego [tiene] un sexagésimo de Gehena; la miel [tiene] un sexagésimo de maná; el sábado [tiene] la sexagésima parte del mundo por venir; el sueño [tiene] un sexagésimo de muerte, y los sueños [tienen] un sexagésimo de profecía.

(Fol. 58a) Nuestros rabinos enseñaron: "El que vea tropas o bandas judías dirá la siguiente gracia: 'Alabado sea el que comprende sus secretos (la mente de los hombres)'; porque sus conocimientos no son iguales a los de los demás, así como sus rasgos no son como los de los demás '". Ben Zoma vio tropas en la elevación del montículo del Templo. Dijo: "Bienaventurado el que comprende sus secretos, y bendito el que los creó a todos para servirme". Él (b. Zoma) dijo: "He aquí, ¿cuánto trabajo tuvo Adán, el primer hombre, hasta que consiguió pan para comer; arado, sembrado, segado, amontonado en gavillas, trillado aventado, limpiado, molido, tamizado, amasado y horneado; solo después de todo esto pudo comer; pero yo me levanto por la mañana y encuentro todo esto hecho y preparado para mí. ¿Y cuánto trabajo hizo Adán, el primer hombre, tener antes de encontrar una prenda con la que vestirse; esquila la oveja, blanquea la lana, la dispersa, la hila, teje, tiñe y cose; sólo después de [hacer] todo esto encontró vestiduras para vestirse; pero me levanto por la mañana y encuentro que todo está hecho por mí. Todas las naciones están ansiosas por llegar a la puerta de mi casa, y yo me levanto y encuentro todo [preparado] para mí ". Ben Zoma también solía decir:" ¿Qué dice un buen huésped? El dueño de la casa se preocupó tanto por mí; me trajo tanto vino; me trajo tanta carne y tantos panecillos; y todo este problema fue solo por mi cuenta. Pero, ¿qué dice un mal invitado? '¿Qué problemas se le metió al dueño de la casa? Qué poco vino trajo, qué poca carne trajo, qué panecillos trajo, y todo este problema fue por el bien de su propia esposa e hijos solamente [no por mí] '. En cuanto al buen huésped, el pasaje dice (Job 36, 24.) Reflexiona que debes magnificar su obra, pero con respecto al mal huésped dice (Ib. 37, 24). Por eso los hombres le temen. "Y el hombre más viejo en los días de Saúl (I Sam. 17, 12.) Raba, y según algunos R. Zebid, y según otros, R. Oshiya, dijeron: "Este es Jesse, el padre de David, que solía salir con tropas y entrar con tropas, y sermoneaba ante una multitud". Ulla dijo: "Tenemos la tradición de que Babilonia no tiene tropas". En un Baraitha se nos enseña: No se les llama "tropas" si pierden más de sesenta miríadas. Nuestros rabinos enseñaron: "El que vea a los reyes de Israel dirá: 'Bendito sea el que compartió su honor con los que le temen'; y si ve reyes de otras naciones, dirá: 'Bendito sea el que compartió su honor con [uno que es] de carne y hueso '. Al ver a los sabios de Israel, dirá: 'Bendito sea el que compartió su sabiduría con los que le temen'; y si ve a los sabios de otras naciones, dirá: ' Bendito sea el que dio de su sabiduría a [uno que es] de carne y hueso '". R. Jochanan dijo:" Un hombre siempre debe hacer todo lo posible para salir al encuentro de los reyes de Israel, y no solo para encontrarse con los reyes de Israel [insistieron los rabinos], sino también para encontrarse con reyes de otras naciones, porque si tiene mérito [para ver al Rey Mesías] entonces notará la distinción entre los reyes de Israel y los reyes de otras naciones ". R. Shesheth era ciego, sin embargo, cuando toda la comunidad salió una vez al encuentro del rey, él salió con ellos y se encontró con un hereje que se rió de él y le dijo: "Todos los cántaros de barro en verdad van al arroyo [sacar agua]; ¿Adónde van los vasos rotos? "" ¡Ven! "R. Shesheth le dijo:" Te mostraré que yo sé más que tú ". Cuando pasó la primera compañía de tropas haciendo un gran ruido, el hereje preguntó: "¿Ha pasado el rey?" "No." respondió R. Shesheth. Cuando pasó un segundo grupo de tropas, el hereje volvió a preguntar si el rey había pasado. Una vez más R. Shesheth respondió "No". Una tercera compañía pasó de manera muy silenciosa. El hereje preguntó: "¿Viene ahora el rey?" A lo que R. Shesheth respondió: "Sí". El hereje le preguntó cómo sabía esto. R. Shesheth respondió: "El reino de la tierra es como el reino de los cielos, porque está escrito (Una tercera compañía pasó de manera muy silenciosa. El hereje preguntó: "¿Viene ahora el rey?" A lo que R. Shesheth respondió: "Sí". El hereje le preguntó cómo sabía esto. R. Shesheth respondió: "El reino de la tierra es como el reino de los cielos, porque está escrito (Una tercera compañía pasó de manera muy silenciosa. El hereje preguntó: "¿Viene ahora el rey?" A lo que R. Shesheth respondió: "Sí". El hereje le preguntó cómo sabía esto. R. Shesheth respondió: "El reino de la tierra es como el reino de los cielos, porque está escrito (I Reyes 19, 12.) Después del terremoto hubo un incendio, pero el Señor no estaba en el fuego; después del fuego allí, se escuchó el sonido de un suave susurro. "Cuando el rey se acercó. R. Shesheth comenzó a decir:" Alabado sea Él, etc .; ante lo cual el hereje lo interrumpió diciendo: "Ya que no ves, ¿cómo puedes bendecir?" ¿Qué pasó con ese hereje? Algunos dicen que sus asociados le perforaron los ojos; según otros, el mismo R. Shesheth lo miró y entonces se convirtió en un montón de huesos.

R. Shila azotó a cierto hombre por haber cometido adulterio. El hombre se acercó al Gobierno [del Imperio Romano] y les informó que había un hombre entre Israel que ejecutaba juicio sin el permiso del rey. El rey envió a un representante que, cuando llegó, le preguntó a R. Shila: "¿Por qué azotaste a ese hombre?" "Porque", respondió R. Shila, "cometió adulterio". "¿Tiene algún testigo que lo haya visto?" preguntó el representante. "Sí", respondió. Entonces Elías vino en la imagen de un hombre y testificó. "Si es así", dijo el representante, "debería ser asesinado". "Bueno", respondió R. Shila, "desde el día en que fuimos exiliados de nuestra tierra, no hemos tenido autoridad para aplicar la pena capital; puedes hacer lo que quieras con él". Mientras estaban decidiendo qué hacer con ese hombre, R. Shila comenzó a alabar a Dios, diciendo que tuyo, oh Señor, es la grandeza y el poder y la gloria, y la victoria y la majestad, sí, todo lo que hay en los cielos y en la tierra; Tuyo, oh Señor, es el reino, y tú eres exaltado como la cabeza sobre todo (Yo Chr. 29, 11). "¿Qué estás diciendo?" le preguntaron. "Así dije", respondió, "Alabado sea el todo misericordioso que da el reino en la tierra como el reino de los cielos, y que te otorgó el poder sobre ti, que amas la justicia". reino tan alto que este hombre, por lo tanto, sea el juez que presidirá todos los asuntos judiciales ". Entonces le dio a R. Shila un bastón [como señal de un juez] diciendo:" Ejecuta juicio ". Cuando terminó, dijo: "Ya que ese pasaje fue la causa de tal milagro, lo explicaría." Entonces fue a la academia y expuso: Tuya, oh Señor, es la grandeza, se refiere al acto de la creación, como está escrito (Job 9, 10,) Quien hace grandes cosas que son completamente inescrutables; Y el poder, se refiere a la redención de Egipto, y así dice el pasaje (Ex. 14, 31) E Israel vio ese gran poder que el Señor ha mostrado; Y la gloria, se refiere al incidente del sol y la luna que Josué detuvo en su curso; como se dice (Jos. 10, 13). Y el sol se detuvo y la luna se detuvo; Y la victoria, se refiere a la caída de Babilonia, y así dice el pasaje (Is. 63, 3). Y su sangre fue rociada sobre mis vestidos; Y la majestad, esto se refiere a la batalla de Arnón, como se dice (Núm.21, 14.) Por eso se hace mención en los libros de guerras del Señor de Voheb en Suph, etc .; Sí, todo lo que hay en el cielo y en la tierra, esto se refiere a la guerra de Sisra y así dice el pasaje (Jueces 5, 20.) Desde el cielo pelearon; y tuyo, oh Señor, es el reino, se refiere a la guerra de Amalec, como se dice (Ex. 17. 16.) Y él dijo. Porque el Señor ha jurado en su trono; Y tú eres exaltado, esto se refiere a la guerra de Gog y Magog, y así dice el pasaje (Ez. 38, 3.) He aquí, yo estaré contra ti, oh Dios, príncipe de Besh, Mesec y Thubal; Como jefe sobre todo, R. Chana b. Abba dijo: "Esto significa que incluso un superintendente sobre el pozo [que se hace para regar los campos] también está designado en el Cielo". En un Baraitha se nos enseña en el nombre de R. Akiba: Tuya, oh Señor, es la grandeza, se refiere al milagro de dividir el Mar Rojo; El poder, se refiere a la plaga del primogénito (en Egipto); La gloria, se refiere a la entrega de la Torá; Y la victoria, se refiere a Jerusalén; La majestad, se refiere a la reconstrucción del Templo, que sea Su voluntad que se construya dentro de nuestros días.

(Ib. B) Ulla y R. Chisda viajaban juntos una vez, cuando llegaron a la puerta de la casa de R. Chana b. Chanilai; R. Chisda lo miró, se desmayó y suspiró: "¿Por qué suspiras?", Preguntó Ulla; "ya que, como dijo Rab, el suspiro rompe la mitad de un cuerpo, porque está escrito (Ezequiel 21, 11.) Suspira, por tanto, oh hijo de hombre, con la rotura de tus lomos, etc .; y R. Jochanan dijo: 'Un suspiro quebranta todo el cuerpo, porque se dice (Ib. ib. 12.) Y será cuando te digan: "¿Por qué suspiras? , porque viene, y todo el corazón se derretirá '", etc. A esto R. Chisda respondió:" ¿Cómo puedo evitar suspirar por esta casa, donde solía trabajar sesenta panaderos durante el día, y sesenta durante la noche, a hornear pan para los pobres y los necesitados; y R. Chana siempre tenía la mano en el bolso, porque pensaba que vendría un pobre respetable, y mientras él metía la mano en el bolso [para sacar una moneda] podía causar vergüenza al pobre [por verse obligado a solicitar caridad], además, mantenía abiertas cuatro puertas, una en cada dirección, y el que entraba hambriento, quedaba satisfecho. Además, en tiempo de hambre, esparcía trigo y cebada afuera, para que los que se avergonzaban de recibir ayuda abiertamente durante el día pudieran venir y tomarla de noche; y ahora su casa está en ruinas. ¿No debería suspirar? "Entonces Ulla le dijo:" Así R. Jochanan dijo: 'Desde la destrucción del Templo se decretó que las casas de los justos se convertirán en ruinas, porque está escrito (Es. 5, 9.) Verdaderamente muchas casas quedarán desiertas. ¡Sí, grandes y hermosos sin un habitante! ' 'Aún así', agregó el rabino Jochanan, '¡el Santo, alabado sea! volverá a poblarlo, porque está escrito (Sal. 125, 1). Los que confían en el Señor son como el monte Sión. ¡Así como el Santo, alabado sea! está listo para reconstruir el monte Sion, así también lo hará el Santo, ¡alabado sea! reconstruir las casas de los justos '". Ulla notó que R. Chisda todavía no estaba consolado. Por lo tanto, le dijo:" Es suficiente que el esclavo tenga tanto como su amo [pero no más] ".

Rab dijo: "La memoria de un muerto no se borra del corazón [de sus parientes] antes de que hayan transcurrido doce meses, porque está escrito (Sal. 31, 13). Soy olvidado como un muerto del corazón , Soy como una vasija perdida ".

(Fol. 60a) Nuestros rabinos enseñaron: "Una vez sucedió que cuando Hillel el Viejo venía por el camino y escuchó un grito de tristeza, dijo: 'Estoy seguro de que no está en mi casa'. Y acerca de tales hombres, dice el pasaje (Sal.112, 7.) De mala fama no temerá; su corazón es firme, confiando en el Señor ". Raba dijo:" Podemos inferir este pasaje de cualquier manera que queramos, ya sea desde el principio hasta el final, o desde el final hasta el principio; desde el principio hasta el fin: De mala fama no temerá, [porque] su corazón está firme confiando en el Señor, o desde el fin hasta el principio: [Teniendo] su corazón firme confiando en el Señor, no tengas miedo de una mala noticia ". Cierto discípulo siguió a R. Ismael, el hijo de R. José, en el mercado de Sion, ante lo cual éste notó que el discípulo estaba asustado y le dijo:" ¿Has pecado? porque está escrito (Isaías 33, 14). En Sion los pecadores tienen miedo ". El discípulo le preguntó:" ¿No está escrito? (Pr. 28, 13)..) Feliz es el hombre que siempre teme. "'Esto se refiere a la Torá'" [fue la respuesta de R. Ismael]. Judá b. Nathan estaba siguiendo a R. Hamnuna y notó que gimió; Judá b. Natán dijo: "Ese hombre está provocando aflicciones sobre sí mismo, porque está escrito (Job 3, 25). Porque lo que más temía, ha venido sobre mí, y lo que temía, ha venido a mí". ¿No ha sido escrito también (Pr. 28, 14.) ¿Feliz el hombre que siempre teme? El último se refiere a la Torá.

(Fol.60b) R. Huna dijo en nombre de Rab, que habló en nombre de R. Meier, y así se enseña también en un Baraitha en nombre de R. Akiba: Un hombre siempre estará acostumbrado a decir , "Todo lo que Dios hace bien, está hecho"; como le sucedió una vez a R. Akiba que viajaba por el país y llevaba consigo un asno, un gallo y una lámpara. Al anochecer llegó a un pueblo donde buscó alojamiento para pasar la noche, y le fue negado. "Todo lo que Dios hace bien está hecho", dijo. Se dirigió hacia el bosque donde resolvió pasar la noche. Un león vino y se comió su asno; vino un gato y devoró al gallo, y el viento apagó la lámpara. "Todo lo que Dios hace está bien", dijo. Esa misma noche vino un ejército devastador y capturó la aldea, y luego R. Akiba dijo con alegría: " ¿No es verdad lo que dije? Todo lo que hace el Cielo está bien hecho '"[porque el enemigo pasó por el bosque donde R. Akiba durmió esa noche, y si el asno hubiera rebuznado, si el gallo hubiera cantado o si los soldados hubieran visto la luz, seguramente ha encontrado su muerte] ". (Fol.61b) Y amarás a tu Señor tu Dios con todo tu corazón, y con toda tu alma y con todas tus fuerzas (Deu. 6, 4). Se nos enseña que R. Eliezer el grande dice: "Ya que se dice Con toda tu alma, ¿por qué entonces es necesario decir Con todas tus fuerzas, y si se dice Con todas tus fuerzas, por qué entonces es necesario decir? Con toda tu alma. Enseñar que si hay un hombre a quien el alma se le considera más querida que el dinero, se le dice Con toda el alma; mientras que al que valora el dinero más que su vida, se le dice Y con todo. tu poder. " Pero R. Akiba dijo. Con todos los medios de tu alma. "Incluso cuando tu vida te sea quitada". Nuestros rabinos enseñaron que el gobierno [romano] una vez emitió un decreto que prohibía a Israel estudiar la Torá. ¿Qué hizo R. Akiba? Instaló muchas congregaciones en lugares públicos y se sentó y les dio una conferencia. Con lo cual Papus b. Judá lo encontró y le dijo: "¡Akiba! ¿No tienes miedo de esta nación?" R. Akiba respondió: "¿Eres tú Papus, llamado el sabio? Escucha, y te relataré una parábola. Un zorro, que caminaba por la orilla del río, notó que los peces nadaban de un lado a otro. Entonces les dijo: '¿Por qué estás corriendo?' "Porque tememos las redes que nos colocan", respondieron. "Venid a la orilla", les dijo el zorro, "y vivid con nosotros como mis antepasados vivieron con los vuestros antepasados". Los peces exclamaron: "¿Eres llamado el más sabio de las bestias? No eres sabio, sino muy tonto. Si estamos en peligro en el elemento en el que vivimos (en el agua), ¿cuánto mayor peligro correríamos en el elemento en el que morimos (en la costa) '. Así es con nosotros; si en ese momento estudiamos la Torá, de la cual está escrita (y te contaré una parábola. Un zorro, que caminaba por la orilla del río, notó que los peces nadaban de un lado a otro, así que les dijo: "¿Por qué están corriendo?" "Porque tememos las redes que nos colocan", respondieron. "Venid a la orilla entonces", les dijo el zorro, "y vivid con nosotros como mis antepasados vivieron con los vuestros antepasados". Los peces exclamaron: '¿Eres llamada la más sabia de las bestias? No eres sabio, sino muy necio. Si estamos en peligro en el elemento en el que vivimos (en el agua), cuánto mayor estaríamos en peligro en el elemento en el que morimos (en la orilla) '. Así es con nosotros; si en ese momento estudiamos la Torá, de la cual está escrito (y te contaré una parábola. Un zorro, que caminaba por la orilla del río, notó que los peces nadaban de un lado a otro, así que les dijo: "¿Por qué están corriendo?" "Porque tememos las redes que nos colocan", respondieron. "Venid a la orilla entonces", les dijo el zorro, "y vivid con nosotros como mis antepasados vivieron con los vuestros antepasados". Los peces exclamaron: '¿Eres llamada la más sabia de las bestias? No eres sabio, sino muy necio. Si estamos en peligro en el elemento en el que vivimos (en el agua), cuánto mayor estaríamos en peligro en el elemento en el que morimos (en la orilla) '. Así es con nosotros; si en ese momento estudiamos la Torá, de la cual está escrito (Porque tememos las redes que nos colocan ", respondieron. "Venid a la orilla entonces", les dijo el zorro, "y vivid con nosotros como mis antepasados vivieron con los vuestros antepasados". Los peces exclamaron: '¿Eres llamada la más sabia de las bestias? No eres sabio, sino muy necio. Si estamos en peligro en el elemento en el que vivimos (en el agua), cuánto mayor estaríamos en peligro en el elemento en el que morimos (en la orilla) '. Así es con nosotros; si en ese momento estudiamos la Torá, de la cual está escrito (Porque tememos las redes que nos colocan ", respondieron. "Venid a la orilla entonces", les dijo el zorro, "y vivid con nosotros como mis antepasados vivieron con los vuestros antepasados". Los peces exclamaron: '¿Eres llamada la más sabia de las bestias? No eres sabio, sino muy necio. Si estamos en peligro en el elemento en el que vivimos (en el agua), cuánto mayor estaríamos en peligro en el elemento en el que morimos (en la orilla) '. Así es con nosotros; si en ese momento estudiamos la Torá, de la cual está escrito (Si estamos en peligro en el elemento en el que vivimos (en el agua), cuánto mayor estaríamos en peligro en el elemento en el que morimos (en la orilla) '. Así es con nosotros; si en ese momento estudiamos la Torá, de la cual está escrito (Si estamos en peligro en el elemento en el que vivimos (en el agua), cuánto mayor estaríamos en peligro en el elemento en el que morimos (en la orilla) '. Así es con nosotros; si en ese momento estudiamos la Torá, de la cual está escrito (Deu. 30, 20.) Es tu vida y la prolongación de tus días, tenemos tanto miedo al peligro, ¿cuánto mayor sería el peligro si dejamos de estudiar la Torá? "Se relata que no pasaron muchos días cuando R. Akiba fue arrestado y encarcelado; Papus también fue arrestado y puesto en la misma prisión. "Papus, ¿qué te trajo aquí?", preguntó R. Akiba; Papus respondió: "¡Feliz eres R. Akiba, que te arrestan por estudiar la Torá! ¡Ay de mí, Papus, que me arrestaron por vanidad! "Cuando R. Akiba fue llevado a la ejecución, fue justo a la hora de la mañana Sh'm'a. Mientras le desgarraban la carne con peines de hierro para curry , estaba tomando devotamente sobre sí el yugo del Reino de los Cielos con amor. Sus discípulos le preguntaron: "Rabí, ¿hasta cuándo [continuarás tus oraciones]?" "Oh", respondió él, "Toda mi vida me preocupé de cómo podría cumplir la ordenanza. [Ama a tu Dios] con toda tu alma, lo que significa 'incluso si tu alma te es arrebatada'; me pregunté cuándo llegaría tal oportunidad que ¿Podría cumplirlo? Y ahora, cuando finalmente llegó a la mano, ¿no lo cumpliré? " Con una voz larga estaba diciendo la palabra Echad (Uno) [de Oye, Israel, el Señor nuestro Dios es Uno]. cuando su alma partió. Una voz celestial salió y dijo: "Feliz deberías ser, R. Akiba, que tu alma partiera con la palabra Echad". Los ángeles ministrantes entonces suplicaron ante el Santo: ¡Alabado sea Él! diciendo: "Soberano del universo, ¿es esta la recompensa de la Torá? ¿No se dice (incluso si tu alma te fuera quitada '; Me pregunté ¿cuándo llegaría a la mano tal oportunidad para poder cumplirla? Y ahora, cuando finalmente haya llegado a la mano, ¿no lo cumpliré? "Con una voz larga estaba diciendo la palabra Echad (Uno) [de Oye, Israel, el Señor nuestro Dios es Uno]. Cuando su alma partió. Una voz celestial salió y dijo: "Feliz deberías ser, R. Akiba, que tu alma partiera con la palabra Echad". Los ángeles ministradores suplicaron entonces ante el Santo, ¡alabado sea Él! Diciendo: "Soberano del universo, es ¿Esta es la recompensa de la Torá? ¿No está dicho incluso si tu alma te fuera quitada '; Me pregunté ¿cuándo llegaría a la mano tal oportunidad para poder cumplirla? Y ahora, cuando finalmente haya llegado a la mano, ¿no lo cumpliré? "Con una voz larga estaba diciendo la palabra Echad (Uno) [de Oye, Israel, el Señor nuestro Dios es Uno]. Cuando su alma partió. Una voz celestial salió y dijo: "Feliz deberías ser, R. Akiba, que tu alma partiera con la palabra Echad". Los ángeles ministradores suplicaron entonces ante el Santo, ¡alabado sea Él! Diciendo: "Soberano del universo, es ¿Esta es la recompensa de la Torá? ¿No está dicho Con una voz larga estaba diciendo la palabra Echad (Uno) [de Oye, Israel, el Señor nuestro Dios es Uno]. cuando su alma partió. Una voz celestial salió y dijo: "Feliz deberías ser, R. Akiba, que tu alma partiera con la palabra Echad". Los ángeles ministrantes entonces suplicaron ante el Santo: ¡Alabado sea Él! diciendo: "Soberano del universo, ¿es esta la recompensa de la Torá? ¿No se dice (Con una voz larga estaba diciendo la palabra Echad (Uno) [de Oye, Israel, el Señor nuestro Dios es Uno]. cuando su alma partió. Una voz celestial salió y dijo: "Feliz deberías ser,

R. Akiba, que tu alma partiera con la palabra Echad". Los ángeles ministrantes entonces suplicaron ante el Santo: ¡Alabado sea Él! diciendo: "Soberano del universo, ¿es esta la recompensa de la Torá? ¿No se dice (PD. 17, 14.) Déjame morir por Tu propia mano (una muerte natural) Oh Señor, de los que mueren de edad "." Su parte será en la vida ", fue la respuesta de Dios. Entonces, una voz celestial salió y dijo: "Feliz eres, Akiba, de haber sido elegido para la dicha del futuro".

(Fol. 6'2b) Si el Señor te ha instigado contra mí (I Sam. 26, 19). R. Elazar dijo: "Así habló el Santo, ¡alabado sea! A David: '¿Me estás llamando instigador? Te haré tropezar incluso con lo que saben los escolares'; porque está escrito (Ex. 30). , 12.) Cuando tomes la suma de los hijos de Israel de los que han de ser contados, entonces cada uno pagará un rescate por su alma [lo que significa que Israel no debe ser contado a menos que se dé un rescate por ese acto] . Inmediatamente después de esto sucedió (I Crónicas 21, 1.) Y Satanás se movió contra Israel y sedujo a David. También está escrito (II Sam. 24, 1.) Él instigó a David contra ellos para que dijera: 'Ve, contad a Israel y Judá', y como los contó sin tomar rescate de ellos, está escrito inmediatamente después: Y el Señor envió una pestilencia a Israel desde la mañana hasta el tiempo señalado. ¿Qué se entiende por Desde la mañana hasta la hora señalada? Samuel, el mayor y yerno de R. Chanina. dijo en el nombre de R. Chanina: "Desde el momento de la matanza de la ofrenda perpetua de la mañana hasta la aspersión de su sangre". Y R. Jochanan dijo: "Hasta el mediodía", y le dijo al ángel, que destruyó entre el pueblo grande (Ib. Ib. 16). ¿Qué se entiende por grande? R. Elazar dijo: "Así dijo el Santo, ¡alabado sea! 'Tómame al más grande de ellos en quien hay [mérito suficiente] con el cual pagar sus deudas (pecados). En ese momento Abisai b. Zeruyah. quien era igual a la mayoría del Sanedrín, murió. Pero mientras estaba destruyendo, el Señor miró y pensó en Sí mismo (Yo Chr. 21, 15). ¿Qué es lo que vio? Rab dijo: "Vio a nuestro padre Jacob", porque está escrito (Génesis 32, 3). Y cuando Jacob los vio (Ra'ah) dijo, etc. Samuel dijo: "Vio las cenizas de Isaac, porque se dice (Ib. 22. 8.) Dios nos mostrará el cordero para ellos ". R. Isaac Napbcha dijo: "Vio el dinero de la expiación [que fue donado para la construcción del Tabernáculo], porque está dicho (Ex. 31, 16). Y tomarás el dinero de la expiación"; y R. Jochanan dijo: "Vio el templo, porque está escrito (Gen. 22, 14.) En el monte del Señor lo verá. "Sobre el mismo punto R. Jacob b. Ide y R. Samuel b. Nachmeini difieren. Uno dijo:" Vio el dinero de la expiación ", y el otro dijo" Él vio el Templo ". Las siguientes declaraciones probarán la exactitud de la opinión de quien dijo que" Él vio el Templo "; porque se dice (Ib. Ib.) Como se dice hasta el día de hoy. monte del Señor lo verá.

(Fol. 63a) Se enseñó que Hillel el Viejo dijo: "Cuando la gente ingiera (aprendizaje), difúndalo; cuando rechacen (aprendizaje), recójalo. Si ves que la Torá es amada por la generación, entonces, difúndelo [enséñalo aunque haya otros que les enseñen]; porque se dice (Pr. 11, 24). Hay un hombre que esparce regalos y, sin embargo, su riqueza aumenta, pero si ves que la Torá no es amado de generación en generación, luego recójalo (no lo enseñes), porque está dicho (Sal.119, 126.) Es hora de actuar para el Señor; han quebrantado tu ley ". R. Kapara predicó una vez:" Si algo es barato, date prisa y cómpralo [porque seguramente subirá]. Donde no hay un hombre (líder), trate de ser un hombre usted mismo ". Abaye dijo:" De estas palabras inferimos que en cualquier reunión donde haya suficientes hombres uno no debe tratar de hacerse prominente ". ¡Seguramente! Esto es más que ¡Claro! Lo necesita en el caso del extraño que viene y encuentra a un hombre solo su igual [el extraño no debe intentar hacer nada sin el consentimiento del nativo]. R. Kapara expuso: "¿Qué pequeña sección contiene las partes esenciales de la Torá? Reconócelo en todos tus caminos y él enderezará tu camino (Pr. 3, 6). "Raba dijo:" Incluso en asuntos de iniquidad ". R. Kapara predicó:" Un hombre siempre debe enseñarle a su hijo una ocupación que sea limpia y fácil ". ¿Qué es eso? R. Chisda dijo:" Trabajo con agujas ".

Se nos enseña que el rabino dice: "Nunca un hombre tratará de tener demasiados amigos dentro de su casa, porque se dice (Pr. 18, 24.) Los muchos compañeros de un hombre le hacen daño ". Se nos enseña que el rabino dice:" Un hombre debe evitar nombrar a un supervisor sobre su casa porque si Potifar no hubiera designado a José como supervisor de su casa, el problema [que tenía] no habría ". Se nos enseña que el rabino dice:" ¿Por qué la sección que se refiere al nazareo se ha dispuesto cerca de la sección de Sota? Para decirnos que si uno ve a una Sota en su estado corrupto, él se opondrá al vino ". Ezequías, el hijo de R. Parnach, dijo en nombre de R. Jochanan:" ¿Por qué la sección que se refiere a la Sota se ha arreglado cerca? a la sección de Terumah y diezmos? "Para decirnos que quien tenga Terumah y diezmos y no se los dé al sacerdote será finalmente obligado [a ir] al Sacerdote a causa de su esposa,.) Y las cosas sagradas de cada hombre serán suyas, e inmediatamente después de esto está escrito: Si la esposa de algún hombre va a decir; y después de esto está escrito: Entonces el hombre traerá a su esposa, etc. Y además la pobreza finalmente lo alcanzará y se convertirá en un recipiente de lo mismo que se negó a dar, como está dicho. Y las cosas sagradas de cada hombre serán sea suyo [es decir. Y las cosas sagradas de todo hombre, - si no se las da al sacerdote, - él las suyas propias, - para sus propias necesidades] ". R. Nachman b. Isaac dijo:" Si, por otro lado, él da [deliberadamente los diezmos al sacerdote], se hará rico, como se dice (Ib.) Todo lo que cualquier hombre dé al sacerdote le pertenecerá, es decir, tendrá muchas riquezas ". R. Huna b. Brachia en el nombre de R. Elazar Hakapar dijo: "Job 22, 25.) Sí, el Todopoderoso será tu defensa, y tendrás plata en abundancia ". R. Samuel b. Nachmeini dijo:" Su manutención llegará tan pronto como vuela un pájaro; porque está dicho (Ib.) Y tendrás plata en abundancia ". R. Tubia dijo en el nombre de R. Joshiya:" Aquel que se descuide en el estudio de la Torá, no tendrá fuerzas para resistir un día de adversidad; como se dice (Pr. 24, 10.) Si te desmayas en el día de la adversidad, tus fuerzas son pequeñas ". R. Ami b. Mathun en el nombre de Samuel dijo:" Incluso [si se debilita] de una acto meritorio; porque se dice que si desmayas, es decir, de cualquier debilitamiento; quizás."

R. Saffra dijo que R. Abuhu relató Cuando Chanania, el hijo del hermano de R. Joshua, se exilió, cumplió años bisiestos y fijó días para la luna nueva fuera de Palestina. Los rabinos enviaron a dos discípulos tras él, R. Jose b. Kippar y el nieto de R. Zechariah b. Kebutal [para advertirle contra tal acto]. Tan pronto como R. Chanania los vio, dijo: "¿Para qué habéis venido aquí?" "Para aprender la Torá de ustedes hemos venido", respondieron. Luego los presentó [ante el público]: "Son los hombres prominentes de esta generación cuyos padres sirvieron en el templo como se nos ha enseñado (en una Mishná). Zacarías b. Kebutal dice: 'Muchas veces he leído antes él en el libro de Daniel

'". Comenzó a enseñarles y de todo lo que decía levíticamente inmundo ellos decían limpio; prohibido, dijeron permitido; de modo que comenzó a denunciarlos, diciendo: "Estos hombres son falsos y de naturaleza perversa". "Es demasiado tarde", le dijeron. "Lo que ya construiste, no podrás destruirlo; lo que ya reparaste, no podrás romper". Entonces les preguntó: "¿Por qué habéis dicho limpio de cosas que declaré inmundas, y permitido cosas que declaré prohibidas?" A lo que ellos le respondieron: "Porque has hecho años bisiestos y has fijado días para la luna nueva fuera de Palestina". Él les dijo: "¿No había R. Akiba b. Joseph había hecho años bisiestos y días fijos para la luna nueva fuera de Palestina?" "R. Akiba era diferente", le contestaron, "porque nadie más grande que él quedó en Palestina". "¿He dejado a alguien más grande que yo en Palestina?" " Los cabritos (jóvenes eruditos) han crecido hasta convertirse en humeantes (grandes eruditos) de cuernos [que son capaces de medir contigo su fuerza intelectual], y nos enviaron a ti diciendo esto. 'Ve y dile en nuestro nombre: si escucha, está bien, pero si no lo deja bajo proscripción (Fol.63b) y advierte a nuestros hermanos exiliados que si escuchan está bien, pero si no, que asciendan al montaña (para hacer un altar pagano), Achiya será el constructor [de tal altar] y Chanania (de arriba) tocará el violín y dejará que todos nieguen la Eternidad y digan que no tenemos más participación en el Dios de Israel '. "Inmediatamente después de que terminaron este mensaje, la gente comenzó a llorar fuerte y dijo:" Dios no permita tal cosa. [Nuestro más sincero deseo es] seguir participando en el Dios de Israel ". ¿Y por qué los rabinos fueron tan severos en su advertencia? Porque se dice (Es. 2, 3.) De Sion saldrán la Torá y las palabras del Señor de Jerusalén. Se podría entender muy bien si los dos discípulos hubieran declarado inmundo todo lo que Chanania declaró limpio, ya que esto habría sido permitido, pero ¿cómo fue que lo que él declaró inmundo lo declararon limpio? ¿No hemos enseñado: "Si un sabio declaró una cosa [levíticamente] inmunda, otro no tiene derecho a declararla limpia; si uno prohibió una cosa, al otro no se le permite declararla permitida". Lo hicieron porque la gente no debería dejarse guiar por él.

Nuestros rabinos enseñaron: Cuando nuestros rabinos entraron en la academia de Jabne, encontraron a R. Juda, R. Jose, R. Nechemia. y R. Elazar, hijo de R. José el Galileo, allí. Todos comenzaron a exponer en honor a la hospitalidad del extraño. R. Juda, el orador principal en todos los lugares, comenzó en honor a la Torá y predicó. "Escrito está (Ex. 33, 7.) And Moses took his tent, and pitched it outside the camp. Can we not conclude this from the rule of a fortiori: that if the Lord's ark which was at a distance of only twelve miles, the Torah says (Ib. ib.) And it came to pass that every one who sought [instruction of] the Lord went out unto the Tabernacle of the congregation, surely, then scholars who travel from one town to another and from one land to another, should be called those who sought the Lord." And the Lord spoke unto Moses face to face. (Ib.) R. Isaac said: "Thus saith the Holy One. praised be He! unto Moses 'Moses, let us cheer each other up in the Halacha by discussion.'" And some say: "Thus said the Holy One. praised be He! unto Moses: 'Moses, just as I have been kind enough to thee, so be thou kind (forbearing) to Israel and return the tent unto its former place.' " And then he returned unto the camp, etc. (Ib.) R. Abuhu said: "Thus said the Holy One. praised be He! unto Moses: 'Now the people will say. The teacher (God) be angry and the scholar (Moses) be angry, what will become of Israel? If thou wilt return the tent unto its place, it will be well, if not Joshua b. Nun, thy disciple, will serve instead of thee;' and thus is understood what is written [immediately after this]. And he (Moses) returned unto the camp." Raba said: "Nevertheless, the words were not uttered for no purpose; for it is said And his servant, Joshua b. Nun, a young man, departed not out of the tent. (Ib.)" [Showing that he remained there since] .

R. Juda abrió de nuevo en honor de la Torá y expuso Esté atento y escucha, oh Israel, este día te has convertido en un pueblo. (Deuteronomio 27, 9). "¿Fue entonces entregada la Torá a Israel en ese día? ¡He aquí! Ya habían transcurrido cuarenta años. Pero esto se afirma con el propósito de inferir de ello que la Torá siempre será tan querida y amada por sus estudiantes, como si ese mismo día se había dado en el monte Sinaí ". R. Tanchum, hijo de R. Chiya, el hombre de la aldea de Achu, dijo: "Puedes inferirlo de lo siguiente. Un hombre que está acostumbrado a leer la Sh'm'a, la lee todos los días, por la mañana y por la noche. por la noche; y si se pierde una sola noche, le parece como si nunca hubiera leído la Sh'm'a ". Esté atento, es decir, organícese en una empresa con el propósito de estudiar la Torá, porque la Torá sólo se puede adquirir si se estudia en compañía; porque R. José, el hijo de R. Chanina, dijo: "¿Qué significa el pasaje (Jer. 50, 36.) La espada está contra los adivinos mentirosos y se volverán necios, es decir, la espada está contra los eruditos que se sientan solos y estudian la Torá en privado. Además, se vuelven necios; porque está escrito aquí Veno'alu (y se volverán locos), y está escrito allí (Núm. 12, 11.) No'alnu (donde hemos actuado neciamente). Además, cometerán pecados; porque se dice (Ib.) Y en lo que hemos pecado (No'alnu), y si lo desea [concluyo] de esto (Is. 19, 13.) El príncipe de Tzo-an se ha vuelto tonto (No'alu). "Podemos explicarlo de otra manera: estén atentos y escuchen, expongan a enamorarse del estudio de la Torá, como dijo Resh Lakish:" ¿De dónde inferimos que la Torá se conservará con él solo quien esté dispuesto a morir por ella? Se dice (Num. 19, 14.) Esta es la Torá, cuando un hombre muere en una tienda. "Podemos explicarlo de otra manera: Esté atento y escuche, oh Israel; Cállese, escuche, y luego explíquelo, como dijo Raba" Un hombre Primero estudiaré y luego pensaré cómo explicarlo ". Se dijo en la academia de R. Janai," ¿Qué se entiende por el pasaje (Pr. 30, 33). Porque la presión de la leche saca mantequilla, y la presión de la nariz saca sangre, ¿así la presión de la ira produce contienda? Es decir, ¿en quién puedes encontrar la mantequilla (lo mejor) de la Torá? quien ha vomitado la leche del pecho de su madre a causa de ella (la Torá). Y la presión de la nariz hace brotar sangre, es decir, todo discípulo que guarde silencio cuando la provocación de su maestro le sobreviene por primera vez, será recompensado con el conocimiento de poder distinguir entre sangre purificada ritualmente y sangre no purificada. De modo que la presión de la ira produce contienda, es decir, todo discípulo que calla una y otra vez ante la provocación de su maestro será recompensado con el conocimiento de poder distinguir entre leyes civiles y penales; porque se nos enseña (en una Mishná) que R. Ismael dice: "El que quiera volverse sabio estudiará las leyes civiles porque no hay reserva (de sabiduría) en toda la Torá más rica que esta (ley civil), que es como un pozo que fluye". R. Samuel b. Nachmeini dijo: "¿Qué significa el pasaje (Pr. 30, 32). Si te has degradado por levantarte o, si has inventado el mal, pon tu mano en tu boca, es decir, el que se rebaja (expone su ignorancia) por el bien de aprender la Torá. finalmente se levantará; si se pone un bozal (se avergüenza de preguntarle a su maestro) tendrá que llevarse la mano a la boca [cuando él a su vez sea interrogado] ".

R. Nechemiah abrió en honor al que ejerció hospitalidad [hacia los extraños] y predicó: Y Saúl dijo al ceneo: 'Ve. Vete, desciende de en medio de Amalec, no sea que yo te destruya con ellos, mientras que actuasteis con bondad con los hijos de Israel cuando subieron de Egipto (I Sam. 15, 6). "He aquí, ¿no se puede concluir esto a través del gobierno de a fortiori? Si Jetro, que no se acercó a Moisés por nada más que por su propio honor, fue recompensado de esta manera, ¿cuánto más debería recompensar a un hombre a quien él recompensa, que toma a hombres sabios en su casa, les da de comer, les da de beber y les permite disfrutar de su riqueza? R. José abrió en honor del hospitalario y predicador: No aborrecerás al edomita, porque es tu hermano; no aborrecerás al egipcio,Deu. 23, 8). "¿No se puede concluir esto mediante la regla de a fortiori? Si los egipcios que se acercaron a Israel solo para su propio beneficio, como se dice (Génesis 47, 6). Y si sabes que hay entre ellos hombres de actividad , entonces nombrarlos gobernantes sobre mi ganado, estaban tan protegidos; ¿cuánto más, entonces, debe ser protegido el que recibe a un hombre sabio y le da de comer y beber y le permite disfrutar de sus riquezas? " R. Elazar, hijo de R. José, el galileo abrió en honor a aquel que es hospitalario con el extranjero: Y el Señor bendijo a ObedEdom. y toda su casa, (II Sam. 6, 11). "He aquí, podemos inferir esto a través de la regla de a fortiori; si mantener la casa limpia, en honor del Arca Sagrada con la Tabla, que no come ni bebe, fue bendecida, cuánto más será bendecido quien guarda un erudito hombre y le da de comer y beber y le permite disfrutar de su riqueza? " ¿En qué consistió la bendición (de Obed-Edom)? R. Juda b. Zabida dijo: "Fue que Chamoth y sus ocho nueras dieron a luz cada una a seis a la vez, como se dice (I Crónicas 26, 5). Pe'ulthai el octavo porque Dios lo bendijo, etc. , sesenta y dos eran todo lo que tenía Obed-Edom ".

Así que Rabba se convirtió en la cabeza y después de reinar veintidós años, R. Joseph se convirtió en la cabeza durante doce años y medio. Durante todos los años en los que Rabba estuvo a la cabeza, R. Joseph [nunca se condujo en forma alguna de dominación]. Ni siquiera a un barbero llamó a su casa. De nuevo dijo R. Abin el levita: "¿Qué se entiende por lo que está escrito (PD. 20, 2) Que el Señor te responda en el día de la angustia. Él debería fortalecerte, Dios de Jacob; ¿El Dios de Jacob y no el Dios de Abraham e Isaac? De esto inferimos que el dueño de la viga debe agarrar la parte más gruesa de ella [si desea quitarla con éxito] ". Dijo además R. Abin el levita:" El que disfruta de una comida en la que un hombre instruido es presente se considera como si estuviera disfrutando de la Gloria Divina, porque se dice (Ex.18, 12.) Y vino Aarón, con todos los ancianos de Israel, a comer pan con el suegro de Moisés, delante de Dios. . ¿Estaban entonces comiendo delante de Dios? ¿He aquí, fue antes de Moisés que comieron? Pero aprendemos de esto que quien participa de una comida en la que está presente un hombre erudito, se considera que disfruta de la Gloria Divina ".

Y dijo además R. Abin el Levita: "El que deja a su amigo [después de escoltarlo una distancia] no debe decir 'Vete en paz' sino Vete en paz". porque Jetro le dijo a Moisés (Ex. 4, 18.) Ve con paz. Él fue y tuvo éxito, pero David le dijo a Abshalom (II Sam. 15, 9.) Ve en paz. Él fue y se ahorcó ". Además R. Abin el Levita dijo: "El que se despide del cadáver [después del entierro] no debe decir 'Ve con paz' sino 'Ve en paz', porque se dice (Génesis 15, 15). vendrás a tus padres en paz ". R. Levi b. Chiya dijo: "Aquel que salga de la sinagoga [después de la oración] y entre en la casa de instrucción y estudie la Torá, podrá esperar en la Presencia Divina, porque se dice (Sal. 84,.) Van de fuerza en fuerza; cada uno de ellos se presentará ante Dios en Sion ". R. Elazar en el nombre de R. Chanina dijo:" Los eruditos promueven la paz en el mundo, como se dice (Is. 54, 13). Y todos tus hijos serán enseñados por el Señor y grande será la paz de tus hijos. No leas Banaich (Tus hijos), sino léelo Bonaich (tus constructores) "; Gran paz tienen los que aman tu Torá y no hay tropiezo para ellos (Sal. 119, 115). La paz sea dentro de tu muralla, la prosperidad dentro de tu palacios (Ib. 122, 7). Por amor a mis hermanos y asociados, quisiera hablar paz acerca de Ti (Ib.). Por amor a la casa del Señor nuestro Dios. Buscaría tu bien. El Señor dará fortaleza para su pueblo; el Señor bendecirá a su pueblo con paz.

EL FIN DE BERACHOTH.

Shabat, Capítulo 1

Shabat (Fol. 3b) "Hijo de nobles", dijo R. Chiya a Rab, "¿no te dije que cuando Rabbi esté ocupado con este tratado, no le preguntes sobre un tema tratado en otro tratado, porque puede que no haya el tema en su mente. Si Rabbi no fuera un gran hombre, podrías causarle vergüenza, porque te daría una respuesta que podría no ser la correcta. En este caso, sin embargo, te dio la respuesta correcta ".

(Fol. 10a) Raba b. R. Huna solía ponerse polainas finas para la oración, diciendo: Está escrito (Amós 4, 12.) Prepárate para encontrarte con tu Dios, oh Israel. Raba estaba acostumbrado a quitarse el manto y cruzar las manos cuando oraba, diciendo: "Como un sirviente ante su amo [si un hombre está de pie]". R. Ashi dijo: "He notado que R. Cahana, en tiempos de problemas, estaba acostumbrado a quitarse el manto y cruzar las manos mientras oraba, diciendo: 'Como un sirviente ante su amo [si un hombre se pone de pie]', y en tiempo de paz se vistió, se cubrió y se envolvió y luego oró, diciendo: 'Prepárate para encontrarte con tu Dios, oh Israel' ". (Ib.) Raba observando que R. Hamnuna estaba prolongando su oración, dijo:" Se van vida eterna (Torá) y se ocupan de la vida pasajera (oración) ". Pero R. Hamnuna sostiene que se proporciona un tiempo separado para la oración y un tiempo separado para el estudio. R. Jeremiah estaba sentado ante R.Pr. 28, 9). Cuando uno aparta su oído para no escuchar la Torá, incluso su oración se convierte en abominación.

R. Ami y R. Assi estaban acostumbrados a sentarse entre los pilares [de la academia] y de vez en cuando golpear [el cerrojo de la puerta] y decir: "¿Hay alguien que requiera un ajuste de una disputa? Déjelo Adelante." _ _ „R. Chisda y Rabba b. R. "Huna estuvo en la corte todo el día y se estaba debilitando. R. Chiya b. Raba de Difty les recitó el pasaje: Y el pueblo estuvo de pie alrededor de Moisés desde la mañana hasta la tarde" (Ex. 18, 8). ¿Cómo podemos imaginar que Moisés estuvo en la corte todo el día? ¿Cuándo estudió? Por lo tanto, debemos decir que un Juez que, aunque sea por una hora, juzga según su verdadera equidad, es acreditado por las Escrituras como si se hubiera convertido en un socio de Dios en la creación del mundo, porque aquí está escrito (Éxodo 18, 13.) Desde la mañana hasta la tarde, y está escrito: Y fue la mañana y la tarde del primer día. [Por tanto, no es necesario acudir a la corte todo el día.] ¿Hasta cuándo debe continuar la obra de la justicia? R. Shesheth dijo: "Hasta la hora de comer". Rami b. Chama dijo: "¿Cuál es el pasaje bíblico para ello? ¡Ay de ti, oh tierra! Cuando tu rey es humilde, y cuando tus príncipes comen por la mañana. ¡Feliz eres tú, oh tierra, cuando tu rey es de espíritu noble! y tus príncipes comen a tiempo para fortalecerse y no para gula (Ec. 10, 16.) es decir, para fortalecer la Torá y no para la glotonería del vino ". Nuestros rabinos enseñaron:" La primera hora [del día] es el momento en que los lidios comen; durante la segunda hora comen los ladrones; durante la tercera hora comen los herederos (ricos); durante la cuarta hora comen los trabajadores; durante la quinta hora la gente en general come. "¿Es así? ¿No ha dicho R. Papa que durante la cuarta hora la gente en general come? Por lo tanto, debemos decir que" Durante la cuarta hora la gente en general come; durante la quinta hora los obreros comen; durante la sexta hora los eruditos comen; a partir de esta hora, comer es como arrojar una piedra en una botella de piel (no tiene ningún efecto) ". Abaye dijo:" Esto se aplica sólo a un caso en el que no se probó nada por la mañana; pero si algo se probó por la mañana, poco importa [qué tan tarde coma] ".

(Ib. B) Esto apoyará a R. Hamnuna quien dijo en nombre de Ulla: "Un hombre tiene prohibido saludar a su amigo con Shalom (paz) mientras está en la casa de baños, porque se dice (Jue. 6, 24). .) Y lo llamó 'Dios es paz' ". Según su conclusión, la palabra Hemnutha (fe) tampoco debe pronunciarse en un retrete, porque está escrita (Deu. 7, 9.) El Dios fiel. Y si dices que esta es realmente la ley, ¡mira! Raba b. Mechasia a nombre de R. Chama b. Guria, que citó a Rab, dijo: "Se permite que Hemnutha (fe) se pronuncie en un retrete". En el último caso es diferente porque la palabra (fe) no se usa sustantivamente sino de manera calificada, porque la explicamos, El Dios fiel, mientras que en el primer caso se usa sustantivamente,

Raba b. Mechasia a nombre de R. Chama b. Guria, que habló en nombre de Rab, dijo: "El que concede un regalo a su amigo debe hacérselo saber; porque está dicho (Ex. 31, 13)..) Para que sepáis que yo soy el Señor que os santifico. "También tenemos un Baraitha para el mismo efecto: para que sepáis que yo soy el Señor que os santifico, es decir. El Santo, alabado sea ! dijo a Moisés: "Tengo un buen regalo en mi tesoro; su nombre es sábado; esto deseo otorgar a Israel; ve y anunciárselo. "" Entonces aprendemos de esto ", dijo Rabban Simón b. Gamaliel," que si uno le da un pedazo de pan a un niño, debe dárselo saber a la madre del niño ". ¿Qué hacer [para informar a la madre]? Abaye dijo: "Debería poner un poco de aceite alrededor del ojo del niño o teñirlo con un tinte" [para que su madre le pregunte al respecto, y luego él le dirá que él también le dio pan]. Hoy en día, sin embargo, cuando tal es la aprensión de realizar un acto de brujería, que debe hacer uno? R. Papá dijo: "Debería poner algo de esto mismo que le dio al niño alrededor de los ojos". ¿Es tan? [que primero se debe hablar de un regalo]; no tiene R. Chama b. Chanina dijo: "El que concede un regalo a su amigo no debe hacérselo saber, porque se dice (Ex. 34, 29). Y Moisés no sabía que la piel de su rostro brillaba, porque había hablado con él. "Esto no es difícil de explicar. El último caso habla de algo que puede llegar a ser conocido por sí mismo, pero el primero habla de algo que no puede llegar a ser conocido por sí mismo. ¿No es el sábado algo que debía ser conocido [y, sin embargo, Dios informó a Israel de ello]? Pero la recompensa [por observarlo] no puede ser conocida.

R. Chisda sostuvo en su mano dos obsequios sacerdotales de la carne de un buey y dijo: "Se los daré al hombre que me dirá una nueva ley en el nombre de Rab". Con lo cual Raba b. Mecasia le dijo: "Así, ha dicho Rab, 'El que da un regalo a su amigo debe informarle de ello, porque está dicho (Ex. 31, 13). Para que sepas que yo soy el Señor que hace santificarte '". Entonces R. Chisda le dio los regalos. "¿Te gustan tanto las enseñanzas de Rab?" preguntó Raba b. Mechasia. "Sí", respondió. Con lo cual Raba b. Mechasia dijo: "Esto es lo que dijo Rab, 'Las prendas son preciosas para quienes están investidas con ellas, [porque conocen su valor]'". "¿De verdad Rab lo dijo?" preguntó R. Chisda. "Seguro que lo último es mejor que lo primero,

Además dijo Raba b. Mechasia a nombre de R. Chama b. Guria, quien habló en nombre de Rab: "Nunca un hombre debe mostrar preferencia por un hijo sobre sus otros hijos, porque por el valor de dos selaim de seda que Jacob otorgó a José en preferencia a sus otros hijos, los hermanos se pusieron celosos de él y provocó la migración de nuestros antepasados a Egipto ". Además dijo Raba b. Mechasia a nombre de R. Chama b. Guria quien habló en nombre de Rab: "Un hombre siempre debe tratar de hacer su residencia en una ciudad de asentamiento reciente; por ser un asentamiento nuevo tiene pocos pecados; como se dice (Gen. 19, 20)..) He aquí ahora, esta ciudad está cerca para huir a ella, y es pequeña. ¿Qué se quiere decir con Ella está cerca? ¿Debo decir que significa que está cerca en distancia y pequeño en asentamiento? Todo el mundo ve eso. Pero significa que su asentamiento está cerca (reciente) y por lo tanto sus pecados no son muchos ". R. Abin dijo:" ¿Cuál es el pasaje bíblico para apoyar esto? Está escrito (Ib.) O Permíteme, te ruego, escapar allí, es decir, la palabra Nah (te ruego) se suma por sus letras cincuenta y uno, y Sedom tenía cincuenta y dos años de existencia; (Fol. 11a) veintiséis de los cuales estaban tranquilos, como está escrito (Ib. 14, 4.) Doce años habían servido a Kedarlaomer, pero trece años se rebelaron. Y en el año catorce vino Kedarlaomer, "etc.

Además dijo Raba b. Mechasia a nombre de R. Chama b. Guria que habló en nombre de Rab: "Mejor estar bajo un ismaelita que bajo un idólatra; mejor bajo un idólatra que bajo un encantador; mejor bajo un encantador que bajo un erudito; mejor bajo un erudito que bajo un huérfano o un Vdo."

Rabá b. Mechasia a nombre de R. Chama b. Guria, que habló en nombre de Rab, dijo además: "Más bien cualquier enfermedad que la enfermedad de los intestinos; más bien cualquier dolor que el dolor del corazón; más bien cualquier trastorno que el trastorno de la cabeza; más bien cualquier mal que una mala esposa".

Además dijo Raba b. Mechasia a nombre de R. Chama b. Guria, quien dijo en nombre de Rab: "Si todos los mares fueran tinta; todas las cañas produjeran plumas; la extensión si el cielo fueran hojas de pergamino y todos los hijos de los hombres fueran escribas, sin embargo, no sería suficiente escribir el dispositivos de gobierno político ". ¿Cuál es el pasaje bíblico [que se refiere a esto]? R. Mesharshia dijo (Pr. 25, 3.) Como la altura de los cielos y la profundidad de la tierra, así es inescrutable el corazón de los reyes.

R. Joshua, el hijo de R. Ide, visitó una vez la casa de R. Ashi. Le prepararon un ternero, el tercero a su madre, y le dijeron: "Que el amo pruebe algo". A lo que respondió: "Estoy ayunando". Le preguntaron: "¿No se sostiene el maestro con R. Juda que dijo: 'Un hombre puede prestar su (día) de ayuno y devolverlo más tarde'"? "Este", respondió, "es un ayuno a causa de un (mal) sueño, y Raba b. Mechasia en el nombre de R. Chama b. Guria citó a Rab, y dijo: 'El ayuno es tan bueno para evitar un mal sueño como el fuego para consumir lino', y R. Chisda dijo: 'Es debe ser [guardado] el mismo día ', a lo que R. Joseph agregó,' que si ocurre un mal sueño, debe guardarse incluso en sábado ".

(Fol. 12a) Se enseñó en la academia de R. Ishmael: "Un hombre puede salir con Tephilin el viernes cuando es casi de noche". ¿Por qué? Para Rabba b. Huna dijo: "Concluimos que un hombre debe sentir su Tephilin de vez en cuando, por la regla de a fortiori (de menor a mayor), con respecto al Tzitz; si con respecto al Tzitz en el que el nombre de Dios se menciona una sola vez, dice la Torá (Éxodo 28, 38.) Y estará sobre su frente siempre para que no escape de su atención; ¿Cuánto más debería sentir un hombre la Tefilina en la que se menciona muchas veces el nombre de Dios? Por lo tanto [al sentirlo] se recordará a sí mismo el momento en que debe quitárselo ". Se enseña que R. Chanania dijo:" Un hombre debe examinar los bolsillos de su ropa el viernes por la noche cuando está oscureciendo ". R. Joseph dijo: "Esta es una de las leyes tradicionales más importantes relativas al sábado".

Nuestros rabinos enseñaron: "El que venga a visitar a un enfermo en sábado dirá: 'Es sábado y no podemos llorar, pero pronto llegará el alivio'; R. Meier dijo que debería decir: 'El sábado [si se respeta] puede traer misericordia. ' (Fol. 12b) R. Juda dijo [uno debería decir]: 'Que el Omnipotente tenga misericordia de ti y de los enfermos de Israel'; R. José dijo [uno debería decir]: 'Que el Omnipotente tenga misericordia de ti entre los enfermos de Israel. "Shebnah, de Jerusalén, al entrar dijo: Shalom, y al salir decía:" Es sábado y no se nos permite llorar, pero pronto llegará el alivio, porque Sus misericordias son grandes, descansa [mientras tanto] en paz. " De acuerdo con quién R. Chanina dice que el que tiene una persona enferma en su casa debería incluirlo [mientras ora por su salud] entre los enfermos de Israel? Está de acuerdo con R. Jose. Además, R. Chanina dijo: "Es con desgana que ellos (los sabios) permitieron la visita de condolencia a los dolientes y la visita a los enfermos en el día de reposo [porque perturba el gozo del día de reposo]". Rabba bb Chana dijo: "Cuando acompañé a R. Eliezer mientras visitaba a los enfermos, a veces lo escuché decir [en hebreo]. Hamakom Yiph-Kedach Leshalom. Ya veces dijo [en arameo] Rachmanah Yedachrinach Lishlam". ¿Cómo pudo hacer esto? ¿No dijo R. Juda: "Nunca un hombre debería pedir [a Dios] sus necesidades en el idioma arameo", y R. Jochanan dijo: " El que pide sus necesidades en lengua aramea no será atendido por los ángeles ministradores porque los ángeles ministradores no entienden el arameo. "El caso de una persona enferma es diferente porque la Shejiná está con él; porque R. Anan dijo en el nombre de Rab: "¿De dónde aprendemos que la Shejiná fortalece a los enfermos? Se dice (PD. 41, 4.) El Señor lo sostendrá en el lecho de la enfermedad dolorosa ". También tenemos un Baraitha con el mismo efecto:" El que visita al enfermo no se sentará en la cama [del enfermo] ni en una silla, pero se envolverá y se sentará frente a los enfermos porque la Divina Presencia descansa sobre el costado de la cabeza de los enfermos; como se dice (Ib.) El Señor lo sostendrá sobre el lecho de la dolorosa enfermedad ".

(Fol. 13a) En la academia de Elías se enseñó: "Una vez sucedió que un erudito que leyó (las Escrituras) en gran medida y estudió una gran parte (del Talmud) y dedicó gran parte de su tiempo a asistir a los eruditos, murieron muy jóvenes, y su esposa tomó su Tefilin y fue con ellos a cada lugar de culto y estudio diciendo a la audiencia: 'He aquí, está escrito en la Torá (Deu.30, 20.) Porque él es tu vida, y la duración de tus días. Mi esposo estudió y leyó mucho y (Fol. 13b) dedicó mucho de su tiempo a atender a los eruditos; ¿Por qué murió tan joven? Y no había nadie que pudiera darle una respuesta. Una vez me detuve en su casa y me contó todo lo que le había pasado. Le dije: 'Hija mía, ¿cómo se comportó él durante los días en que tú eras Niddah?' Ella respondió: '¡Dios no lo quiera! Se abstuvo incluso de tocar mi dedo meñique. "Y durante los días en que eras un Lebuna, ¿cómo fue su conducta hacia ti?" Le pregunté de nuevo. A lo que ella respondió: "Él comió conmigo, bebió conmigo y no se abstuvo de tocarme". Entonces le dije: 'Alabado sea el Santo, que no lo perdonó por el bien de la erudición,. Y una mujer en la separación de su inmundicia no te acercarás. ' "Cuando llegó K. Dimi, dijo:" Estaban juntos en una cama [mientras estaba en su Lebuna "]. En Palestina se dijo, en nombre de R. Isaac b. Joseph, que ella usaba un taparrabos [mientras estaba con él en una cama].

Nuestros rabinos enseñaron: "¿Quién escribió el rollo de Taanith?" Dijeron: "Chananiah b. Ezekiah y sus asociados, quienes atesoraban los recuerdos de problemas pasados [debido a la redención milagrosa], escribieron los pergaminos de Taanith". Rabban Simon b. Gamaliel dijo: "También apreciamos el problema [a causa de su milagrosa redención], pero ¿qué haremos? Si tuviéramos que registrar todos los problemas, nunca estaríamos en condiciones de terminar. También se puede decir que un tonto nunca siente problemas, o la carne muerta no siente el dolor del cuchillo "(es decir, nos hemos vuelto indiferentes a través de la frecuencia de las persecuciones). ¿Es tan? ¡Mirad! R. Isaac dijo: "Los gusanos son tan dolorosos para el cadáver como el dolor cuando se clava una aguja en la carne sana, porque está escrito (Job. 14, 22)..) Pero su cuerpo sobre él siente dolor. "[Por eso entendemos que un cadáver siente dolor]". Rabban Simon b. Gamaliel debe haber querido decir esto: "La carne muerta en un cuerpo vivo no siente el dolor del cuchillo". R. Juda en el nombre de Rab dijo: "Sin embargo, debemos recordar para siempre la memoria de Chananiah b. Ezekiah. Si no hubiera sido por él, el libro de Ezekiel habría sido suprimido debido a las contradicciones que ofrece a las palabras de la Torá. ¿Qué hizo? Se le llevaron trescientos garabs de aceite [para comida y luz] en una cámara superior y permaneció allí hasta que logró reconciliar todas las contradicciones ".

(Fol. 14b) R. Juda en el nombre de Samuel dijo: "Cuando (el rey) Salomón ordenó la regla para lavarse las manos [antes de cada comida], una voz celestial salió y dijo (Pr. 23, 15). Hijo mío, si tu corazón es sabio, mi corazón se regocijará, una y otra vez (Ib. 27, 11.) Hijo mío, alegra mi corazón para poder responder al que se me acerque ".

(Fol. 15a) R. Cahana dijo: Cuando R. Ishmael el hijo de R. Jose se enfermó, los rabinos le enviaron diciendo: "Rabí, dinos las dos o tres cosas que dijiste en nombre de tu padre". Les envió un mensaje: "Así dijo mi padre: 'Ciento cuarenta años antes de la destrucción del Templo, el imperio idólatra (romano) comenzó la invasión de Israel; ochenta años antes de la destrucción del Templo, se promulgó un decreto. emitido por los rabinos en el sentido de que todo el territorio y la cristalería paganos debían ser considerados [levíticamente] inmundos: cuarenta años antes de la destrucción del Templo, el Sanedrín fue exiliado y tomó su asiento en chanuyoth. "'¿Para qué propósito práctico fue el última declaración hecha [ya que el Sanedrín no existía desde la destrucción del Templo]? R. Isaac b. Abdimi dijo: "

(Fol. 19a) Se nos enseña: Así era la costumbre de la casa de Rabban Gamaliel regalar ropa blanca a la lavandería tres días antes del sábado, pero las prendas teñidas regalaban incluso los viernes. Y de esto inferimos que las prendas blancas son más difíciles de lavar que las de colores. Abaye una vez regaló ropa teñida a la lavandería y preguntó cuánto le cobrarían por ella. "Tanto como para el blanco", respondió el lavandero, por lo que Abaye le dijo: "Los rabinos lo decidieron hace mucho tiempo".

Shabat, Capítulo 2

(Fol. 21a) Rami b. Chama recitó que aquellas mechas y aceites con los que los sabios dijeron que la lámpara del sábado no debería encenderse, también están prohibidos en el Templo; porque está escrito (Ex. 27, 20.) Hacer que una luz arda siempre. Después de aprenderlo, explicó su razón: "La llama arderá por sí misma y no por ninguna otra causa". Se planteó una objeción de la siguiente Mishná: "Se hicieron mechas con las ropas viejas de los sacerdotes y con sus cinturones para la lámpara del templo"; [y estos estaban hechos de lana que no se permite usar para las velas del sábado]. "El regocijo de Succa es diferente". [fue la explicación].

y la interpretación de la casa de Hilel es para los días que pasan [que aumentan cada día] '; y el otro dijo: 'La razón de la escuela de Shammai es que así como las ofrendas de lo mejor de los Tabernáculos [disminuyeron diariamente], también lo son las velas de Janucá, y la razón de la casa de Hilel es que podemos promover [una persona o cosa] a un grado más alto de santidad, pero no debemos degradar. "'Rabba bb Chana en el nombre de R. Jochanan dijo:" Había dos ancianos viviendo en Zidon; uno actuó de acuerdo con la opinión de la escuela de Shammai y el otro actuó de acuerdo con la opinión de la escuela de Hillel; uno dio como su razón de que las lámparas de Janucá se encendieran de la misma manera en que se ofrecían los sacrificios de la fiesta de Sucot [en forma decreciente];

¿Cuál es el origen de la fiesta de Janucá? Nuestros rabinos enseñaron: "En el vigésimo quinto día de Kislev, comienzan los ocho días de Janucá. Durante este período no se debe hacer ningún discurso funderal, ni se deben realizar ayunos. Cuando los paganos (griegos) entraron en el Templo, profanaron todo el aceite sagrado que encontraron en él, pero cuando los Hashmonaim (Macabeos) prevalecieron y conquistaron a los paganos, buscaron y encontraron una jarra de aceite que quedaba, estampada con el sello del

Sumo Sacerdote [que prueba que no había sido contaminada]. Aunque el aceite contenido en la jarra hubiera sido suficiente para un solo día, ocurrió un milagro y duró ocho días [durante los cuales se preparó más aceite]. En el aniversario de esta ocasión se instituyó una fiesta con la recitación del Hallel y otros elogios ".

(Fol. 22a) R. Cahana dijo que R. Nathan b Minyumi expuso en el nombre de R. Tanchum: "¿Qué significa el pasaje (Gen. 37, 24). Y el pozo estaba vacío; no había agua en Ya que el texto dice: El pozo estaba vacío, ¿no sé que no había agua en él? ¿Y qué se insinúa al salvar No había agua? De hecho no había agua, pero había serpientes y escorpiones en él ".

(Fol. 23b) R. Huna dijo: "El que está acostumbrado a encender muchas lámparas (en sábado, festividad y Janucá) tendrá hijos eruditos; el que sea estricto en la observancia de la mezuzá será digno de tener una multa morada; el que es estricto en la observancia del Kidush [en el día de reposo y las fiestas] será digno de tener jarras llenas de vino ". R. Huna solía pasar por la puerta de R. Abin, el carpintero; notando que R. Abin estaba acostumbrado a encender muchas lámparas [en la víspera del sábado], dijo: "Grandes hombres saldrán de esta casa", y así fue. De esa casa salió R. Ide b. Abin y R. Chiya b. Una papelera. R. Chisda solía pasar por la puerta del padre de R. Sizbi; notando que [R. El padre de Sizbi] estaba acostumbrado a encender muchas lámparas (en la víspera del sábado), dijo: " Un gran hombre saldrá de aquí ". Y, en consecuencia, R. Sizbi salió de allí. La esposa de R. Joseph estaba acostumbrada a encender las lámparas tarde, así que R. Joseph le dijo:" Hemos estudiado en una Mishnah : 'No quitó la columna de nube de día, ni la columna de fuego de noche. (Ex. 13, 22.) De esto inferimos que la columna de nube estaba terminada con la columna de fuego [que vino antes de tiempo], y la columna de fuego estaba terminando con la columna de nube [que también venía antes de tiempo] '". Entonces decidió encender las lámparas muy temprano. Un anciano le dijo:" Se nos enseña en una Mishná' Nadie debe hacer nada [lo que sea que se deba hacer] ni antes ni después de el tiempo fijado para ello '". Raba dijo:" El que ama a los eruditos tendrá hijos que sean eruditos; el que respeta a los eruditos tendrá yernos que sean eruditos; el que teme a los eruditos, él mismo será un hombre erudito; y si no pertenece a esa clase [porque no estudió], entonces sus palabras serán respetadas como las de los eruditos ".

(Fol 25 b) R. Juda dijo en nombre de Rab: "Por eso, R. Juda b. Elaya tenía la costumbre de que le trajeran un recipiente con agua tibia todos los viernes por la tarde. Se lavaba la cara, las manos, y pies y luego se envolvía en una prenda de lino en la que se colocaban Tzitzis, se sentaba como un ángel del Señor de los Ejércitos ".

Está escrito (Lamentaciones 3, 17.) Y has quitado mi alma de la paz. R. Abuhu dijo: "Esto se refiere al encendido de la lámpara del sábado", y me olvidé de la felicidad, (Ib.) "Esto", dijo R. Jeremiah, "se refiere a una casa de baños". R. Jochanan dijo: "Esto se refiere al lavado; de sus manos y pies en agua tibia". R. Isaac dijo: "Esto se refiere a una cama bien fijada con ropa de cama cómoda". R. Abba dijo: "Esto se refiere a muebles elegantes y una esposa elegantemente vestida. Nuestros rabinos enseñaron:" ¿Quién debe ser considerado rico? "Todo el mundo", dice R. Meier, "que disfruta de sus riquezas [ya sean grandes o pequeñas]". R. Tarphon dice: "Todo el que tiene cien viñedos y cien campos con cien esclavos para trabajar en ellos". R. Akiba dijo: "El que tiene una esposa que se convierte en todos sus actos". R. Jose dijo:

(Fol. 26a) R. Tarphon dijo: "Las lámparas del sábado deben encenderse únicamente con aceite de oliva". Entonces R. Jochanan b. Nuristood se levantó y dijo: "¿Qué harán los babilonios que no tienen nada más que aceite de semilla de amapola? ¿Y qué harán los medianos que no tienen nada más que aceite de nueces? ¿Y qué harán los alejandrinos que no tienen nada más que aceite de rábano?" ¿Qué hará el Kapadocio que no tiene ninguno de estos aceites sino nafta? Por lo tanto, no tenemos más remedio que aceptar las palabras de los sabios que señalaron aquellos aceites con los que no está permitido encender la lámpara del sábado [y afirmaron que los otros eran adecuado para ese propósito] ".

(Fol. 28b) ¿Qué queda de la discusión sobre el llamado tejón (Tachash) que existía en los días de Moisés? R. Elaya en nombre de R. Simon b. Lakish dijo: "R. Meier solía decir que 'El tejón que existía en los días de Moisés era una creación de su propia especie, y los sabios no podían decidir si pertenecía a la especie doméstica oa la especie animal salvaje ; tenía un solo cuerno en su frente; fue asignado en ese momento a Moisés, quien hizo la cubierta para el Tabernáculo de su piel; después de eso desapareció. ' Dado que él dice que tenía un cuerno en la frente, inferimos que era una especie levíticamente limpia, porque R. Juda dijo: "El buey que Adán, el primer hombre sacrificó, tenía un solo cuerno en la frente, ya que es escrito (Sal. 69, 32.) Y esto agradará al Señor más que un buey o un becerro con cuernos y pezuñas hendidas. "¡He aquí! ¡La palabra usada es Makrin (cuernos)! R. Nachaman b. Isaac dijo: Aunque leemos Makrin, (cuernos) la palabra realmente escrita es Makren, (cuerno, el singular) [Por lo tanto, aprendemos que el bestia es de la especie limpia]. ¿Decidimos también de la misma fuente que el tejón era de la especie de ganado? [Pues dice. Un buey o un toro que tiene un cuerno]. Ya que existe el Keresh (antílope) que es de la especie animal y tiene un solo cuerno, así que puedo decir que el Tachash era el mismo animal llamado Keresh.

(Fol. 30a) La siguiente pregunta se le hizo a R. Tanchum de Noy: "¿Está permitido apagar la luz en sábado por causa de una persona enferma?" Comenzó su respuesta diciendo: "¡Oh, rey Salomón! ¿Dónde está tu sabiduría y dónde está tu entendimiento? No solo las palabras contradicen las palabras de tu padre, sino que [están en desacuerdo con] tus propias palabras también. Tu padre David dijo (Sal.116, 17.) No los muertos pueden alabar al Señor, y tú dices (Ec. 4, 2.) Entonces alabo a los muertos que ya están muertos, y de nuevo dices (Ib. 9., 4.) Porque a un perro vivo le va mejor que a un león muerto. Pero esto no es difícil de explicar. Cuando David dijo. No los muertos pueden alabar al Señor, quiso decir así: 'Un hombre siempre debe ocuparse del estudio de la Torá y las obras meritorias antes de morir; pues, tan pronto como muere, se libera de la obligación de [estudiar] la Torá y [cumplir] las obras meritorias y el Santo, ¡alabado sea Él! no acepta alabanzas de él. Esto es lo que dijo R. Jochanan: '¿Qué significa el pasaje (Sal. 88, 61). Libre entre los muertos, es decir, tan pronto como un hombre muere, queda libre de la obligación de [estudiar] la Torá y [cumpliendo] hechos meritorios, Y cuando Salomón dice (Ec. 4, 2.) Entonces alabo a los muertos que ya están muertos, se refiere al tiempo en que Israel pecó en los desiertos. Moisés se puso de pie ante el Santo, ¡alabado sea! y le ofreció muchas oraciones y súplicas, pero no obtuvo respuesta. Sin embargo, apenas dijo (Ex 32, 13.) Acuérdate de Abraham, Isaac e Israel, Tus siervos, fue respondido de inmediato. Ahora bien, ¿no dijo Salomón correctamente? Entonces alabo a los muertos que ya están muertos ". También se puede explicar de otra manera. El uso del mundo es que si un príncipe mortal emite un decreto, es dudoso que se cumpla con o no; incluso si se cumple mientras el príncipe viva, puede que no se cumpla cuando esté muerto. Pero Moisés, nuestro maestro, ha emitido muchos decretos y establecido muchas ordenanzas y duran por los siglos de los siglos. decir correctamente (Ec. 4, 2.) ¡Entonces alabo los muertos que ya están muertos! El pasaje, Entonces alabo a los muertos, etc., también puede explicarse de otra manera, como dijo R. Juda en nombre de Rab; porque R. Juda en el nombre de Rab dijo: "¿Qué significa el pasaje (Sal. 86, 17.) Muéstrame una señal de bien para que los que me odian puedan verla. Así dijo David ante el Santo, ¡alabado sea! "Soberano del universo, perdóname este pecado [de Betsabé]". Eres perdonado '. respondió el Señor. Entonces David le dijo al Señor: 'Muéstrame una señal mientras viva'. A lo que respondió: "Durante tu vida no lo daré a conocer, pero durante la vida de Salomón, tu hijo, lo daré a conocer". Cuando Salomón construyó el templo, quiso colocar el arca en el lugar santísimo, pero las puertas se habían unido entre sí [y no se podían abrir]. Luego, Salomón ofreció veinticuatro canciones de oración, pero no recibió respuesta. Luego comenzó la oración (Sal.24, 7.) Levantad, oh puertas, vuestras cabezas, y alzaos vosotros, puertas eternas, y dejad que entre el Rey de gloria. Entonces las puertas corrieron tras él y abrieron la boca y quisieron tragarlo, diciendo: ¿Quién es el Rey de la gloria? (Ib.) Salomón respondió. El Señor, fuerte y poderoso (Ib.). Luego repitió Levantad, oh puertas, vuestras cabezas, y alzaos, puertas eternas, y dejad entrar al Rey de gloria. Quien es el Rey de gloria, el Señor de los ejércitos, Él es el Rey de gloria, Selah (Ib.). Sin embargo, no recibió respuesta; pero tan pronto como él dijo: Oh Señor Dios, no apartes el rostro de tu ungido, acuérdate de las obras piadosas de David tu siervo (II Crónicas 6, 12).), fue respondido de inmediato. En ese momento los rostros de los enemigos de David se tornaron negros como el fondo de una olla y entonces todos supieron que el Santo, ¡alabado sea! había perdonado a David ese pecado. Por lo tanto, ¿no dijo Salomón correctamente? Entonces, alabo a los muertos, etc. Esto se entiende por el pasaje (I Reyes 8, 66.) Al octavo día despidió al pueblo; bendijeron al rey y se fueron a sus tiendas, gozosos de corazón, por todo el bien que el Señor había hecho por David su siervo y por Israel su pueblo, es decir. Y fueron a sus tiendas, lo que significa que encontraron a sus esposas levíticamente puras. Gozoso, por haber gozado de la Gloria Divina; alegre de corazón, la esposa de cada hombre había quedado embarazada de un hijo varón; por todo el bien que Dios había hecho a David su siervo, que le perdonó ese pecado; e Israel su pueblo, porque se les perdonó su negligencia en la observancia del día de la Expiación. Y cuando Salomón dijo (Eclesiastés 9, 4.) Porque a un perro vivo le va mejor que a un león muerto, quiso decir lo que R. Juda dijo en nombre de Rab; para R. Juda en el nombre de Rab, dijo: "¿Qué significa el pasaje (Sal. 39, 5.) Hazme saber, oh Señor, mi fin, y cuál es la medida de mis días, quiero saber cuándo dejaré de ser, es decir, así dijo David ante el Santo, ¡alabado sea! 'Soberano del universo, hazme saber mi final'. A lo que el Señor le respondió: 'He decretado por mí que no se conocerá el tiempo de la muerte del hombre mortal; Y las medidas de mis días qué son (Ib.), Volvió a preguntar David. "Está decretado por mí, respondió el Señor, que no se conocerá la medida de los días del hombre". Nuevamente David preguntó: 'Deseo saber cuándo dejaré de ser'. Entonces el Señor le dijo: 'Morirás en sábado'. 'Mejor déjame morir el primer día de la semana', suplicó David. El primer día de la semana es el día en que tu hijo Salomón reinará, y un reino no debe invadir al otro ni siquiera por un pelo ". 'Entonces déjame morir en la víspera del sábado', suplicó David. Entonces el Señor dijo: Mucho mejor es un día en tus atrios que mil (PD. 84, 11), es decir, 'Me gusta un día en el que estudies la Torá más que mil holocaustos que Salomón, tu hijo, sacrificará ante mí sobre el altar'. (Ib. B) Cada día de reposo se sentaba y estudiaba. Ese sábado, cuando iba a morir, el ángel de la muerte se acercó y se paró ante él, pero no pudo hacer nada porque David nunca dejó de estudiar. [Se dijo el ángel] ¿Qué haré? Había un huerto en la parte trasera de la casa de David; el ángel de la muerte fue allí y sacudió los árboles. David [al oír el ruido] salió para ver [la causa del ruido]; mientras subía la escalera, el ángel hizo que se rompiera. David se cayó y, en consecuencia, dejó de estudiar; con lo cual el ángel de la muerte se quitó la vida. Dio la casualidad de que Solomon envió a hacer las siguientes preguntas en la academia: ' Mi padre murió y yace al sol; ¿Qué debo hacer? [¿Puedo apartarlo del sol?] Y los perros de la casa de mi padre tienen hambre, ¿qué haré? ' Le respondieron: 'Corta una carroña y coloca los pedazos delante de los perros. En cuanto a tu padre, coloca una hogaza de pan o un niño sobre su cuerpo y luego puedes llevarlo lejos del sol. ' Por tanto, ¿no dijo Salomón correctamente? Porque a un perro vivo le va mejor que a un león muerto. Y en cuanto a la pregunta que me han hecho en tu presencia, digo esto: una lámpara se llama Ner y el alma se llama Ner; es mejor que una luz humana (lámpara) se apague que que la luz de Dios (vida) se apague ". Corta una carroña y coloca los trozos delante de los perros. En cuanto a tu padre, coloca una hogaza de pan o un niño sobre su cuerpo y luego puedes llevarlo lejos del sol. ' Por tanto, ¿no dijo Salomón correctamente? Porque a un perro vivo le va mejor que a un león muerto. Y en cuanto a la pregunta que me han hecho en tu presencia, digo esto: una lámpara se llama Ner y el alma se llama Ner; es mejor que una luz humana (lámpara) se apague que que la luz de Dios (vida) se apague ". Corta una carroña y coloca los trozos delante de los perros. En cuanto a tu padre, coloca una hogaza de pan o un niño sobre su cuerpo y luego puedes llevarlo lejos del sol. ' Por tanto, ¿no dijo Salomón correctamente? Porque a un perro vivo le va mejor que a un león muerto. Y en cuanto a la pregunta que me han hecho en tu presencia, digo esto: una lámpara se llama Ner y el alma se llama Ner; es mejor que una luz humana (lámpara) se apague que que la luz de Dios (vida) se apague ". una lámpara se llama Ner y el alma se llama Ner; es mejor que una luz humana (lámpara) se apague que que la luz de Dios (vida) se apague ". una lámpara se llama Ner y el alma se llama Ner; es mejor que una luz humana (lámpara) se apague que que la luz de Dios (vida) se apague ".

R. Juda el hijo de R. Samuel b. Shilath en el nombre de Rab dijo: "Los sabios querían suprimir (declarar no canónico) el libro de Eclesiastés porque sus palabras son contradictorias; pero ¿por qué no lo suprimieron? Porque comienza y termina con palabras relacionadas con la Torá. Comienza con las palabras concernientes a la Torá, porque está escrito (Ec. 1, 3.) ¿De qué le sirve al hombre todo su trabajo que trabaja bajo el sol? Con lo cual la escuela de Janai dijo, de una cosa que [fue creada] bajo el sol no tiene beneficio, pero de una cosa que está más allá del sol (antes de la creación) obtendrá beneficio.

Termina con palabras concernientes a la Torá, porque está escrito (Ib. 12, 13.) El fin del asunto es, escuchemos el todo; teme a Dios y guarda sus mandamientos; porque este es el (deber) total del hombre. ¿Qué se quiere decir con, este es el hombre completo? R. Eliezer dijo: "Significa que el mundo entero fue creado por causa de él (que teme a Dios)". R. Abba b. Cahana dijo: "Este [temor de Dios] es igual en importancia para todo el mundo en su conjunto". Simón b. Azai y, según otros, Simon b. Zoma, dijo: "Ecc. 7, 3.) Mejor es la irritación que la risa; y de nuevo está escrito (Ib. 2, 2.) De la risa dije, hace a uno digno de alabanza; y también está escrito (Ib. 8, 15.) Por eso alabo el gozo: y otra vez (Ib. 2, 2.) Y del gozo, ¿qué hace esto? No hay contradicción; Mejor es la aflicción que la risa, significa que, ¡la aflicción que el Santo, alabado sea! hace a los justos en este mundo es mejor que la sonrisa que el Santo, alabado sea! causa a los impíos en este mundo; De la risa dije, hace digno de alabanza, habla de la sonrisa con que el Santo, ¡alabado sea! alegrará a los justos en el mundo venidero. Por eso alabo el gozo, se refiere al gozo que es causado por un acto meritorio; ¿Y de alegría qué hace esto? alude al regocijo que no es causa de un acto meritorio. De esto inferimos que la Shejiná no se basa en un estado de ánimo de indolencia, ni en un estado de tristeza, ni en un estado de ánimo de risa, ni en un estado de ánimo de ligereza, ni en un estado de ánimo de bromear, ni en un estado de ánimo de charla ociosa, sino en un estado de ánimo de humor. regocijo causado por la realización de un acto meritorio; como se diceII Reyes 3, 15.) Pero ahora tráeme un músico, etc., R. Juda dijo: "Lo mismo debería aplicarse al estudio de la Halajá (Leyes)". Raba dijo: "Lo mismo se aplica a un buen sueño". ¿Es tan? [que la Halajá debe ir precedida de algo alegre]. He aquí, R. Gidel en nombre de Rab dijo: "Cualquier discípulo que se siente ante su maestro sin dejar caer la amargura de sus labios [por respeto] será quemado, porque se dice (Cantares 5, 13)..) Sus labios como lirios, goteando con mirra fluida. No leas Mor (mirra fluida), sino que lo leas Mar (amargura. No leas Shoshanim (lirios) sino que lo leas Sheshonin (que estudian); [de ahí que vemos que un discípulo debe actuar con profundo respeto, y no de manera frívola Esto no es difícil de explicar: el primero se refiere al maestro y el segundo al discípulo; y si lo deseas puedes decir que ambos se refieren al maestro; y aun así no hay contradicción, pues el primero se refiere a el tiempo antes de comenzar [la conferencia] y este último se refiere al tiempo después de que la conferencia ha comenzado. Tal como lo hizo Rabba antes de comenzar [su conferencia] ante los rabinos. Dijo algo gracioso que hizo que los rabinos se alegraran, y luego se sentó con profundo respeto para exponer la Halajá.

Los sabios también querían suprimir (declarar no canónico) el Libro de Proverbios, debido a sus contradicciones. ¿Por qué no lo suprimieron entonces? Dijeron: "¿No hemos escudriñado el Libro de Eclesiastés y encontrado explicaciones de las contradicciones? Busquemos también el Libro de Proverbios, hasta que encontremos explicaciones". ¿Cuáles son sus palabras contradictorias? Está escrito (Pr.26, 4.) No respondas al necio según su necedad, y también está escrito (Ib.) Responde al necio según su necedad. [Después de un estudio llegaron a la conclusión de que] no hay contradicción; el último se refiere a asuntos de la Torá y el primero se refiere a asuntos seculares. ¿En qué sentido se puede explicar el tema de la Torá? De la siguiente manera: Rabban Gamaliel estaba una vez sentado y dando una conferencia: "En el futuro, las mujeres darán a luz hijos todos los días, como está escrito (Jer. 31, 7). La mujer embarazada y la que da a luz juntas". Cierto discípulo se burló de él y dijo: No hay nada nuevo bajo el sol (Ec. 1, 9). Entonces Rabban Gamaliel le dijo: "Ven, te mostraré algo parecido en este mundo". Él fue y le mostró una gallina. De nuevo Rabban Gamaliel dio una conferencia: "En el futuro los árboles darán fruto todos los días, porque se dice (Ezequiel 17, 23). Y producirá ramas y dará fruto, es decir, así como se producen ramas todos los días, así también se producirá fruto todos los días. "'De nuevo ese discípulo se burló de él y dijo: No hay nada nuevo bajo el sol (Ec. 1, 9). "Ven", le dijo Rabban Gamaliel, "te mostraré algo parecido en este mundo". Entonces él fue y le mostró una alcaparra. en otra ocasión, Rabban Gamaliel estaba sentado y dando una conferencia: "PD. 72, 16.) Habrá abundancia de maíz en la tierra. "El discípulo volvió a burlarse de él y dijo: No hay nada nuevo bajo el sol." Ven ", dijo Rabban Gamaliel," te mostraré algo parecido a él. en este mundo ". Luego de lo cual R. Gamaliel lo tomó y le mostró hongos y en cuanto a [algo correspondiente a] prendas de vestir, como decía (Sal. 72, 16). Habrá retoño de palma [que está cubierto en forma de prenda].

Nuestros rabinos enseñaron: Un hombre siempre debe ser tan paciente como Hillel y no tan excitable como Shammai. Una vez sucedió que dos hombres hicieron una apuesta el uno con el otro (Fol. 31a) que el que lograra enfurecer a Hillel recibiría cuatrocientos zouzim: "Iré y lo enojaré". dijo uno. Era viernes por la tarde, y Hillel se estaba lavando, cuando el hombre pasó por la puerta de su casa gritando: "¿Hillel vive aquí? ¿Hillel vive aquí?" Hillel lo envolvió con su manto y salió a recibirlo. "Hijo mío", le dijo, "¿qué deseas?" "Tengo una pregunta que hacer", fue la respuesta. "Pregunte, hijo mío, pregunte", dijo Hillel. "¿Por qué son redondas las cabezas de los babilonios?" preguntó el hombre. "Una gran pregunta has hecho, hijo mío. Porque no tienen parteras capacitadas ". El hombre se fue y, al cabo de un rato, regresó gritando:" ¿Hillel vive aquí? ¿Hillel vive aquí? Hillel volvió a envolverse en su manto y salió a recibirlo. "Hijo mío", dijo, "¿qué deseas?". "Tengo una gran pregunta que hacerte", dijo. , hijo mío, pregunta ", dijo Hillel." ¿Por qué la gente de Tarmod (Palmyra) tiene los ojos débiles? ", preguntó. Hillel dijo:" Has hecho una gran pregunta. Porque viven en un país arenoso ". El hombre se fue y, después de esperar un rato, regresó gritando:" ¿Hillel vive aquí? ¿Vive aquí Hillel? Hillel lo envolvió con su manto y salió a recibirlo. "Hijo mío", dijo, "¿qué deseas?" "Tengo una pregunta que hacer", dijo el hombre. Pedir. hijo mío, pregunta ", dijo Hillel." ¿Por qué son tan anchos los pies de los africanos? "" ¡Has hecho una gran pregunta! ". Porque viven en tierras pantanosas. "" Tengo muchas más preguntas que hacer ", dijo el hombre," pero tengo miedo de hacerte enojar ". Hillel, envolviéndolo con su manto, se sentó ante el hombre, diciendo a él: "Todas las preguntas que tienes que hacer, por favor hazlas." "¿Eres tú Hillel", dijo él. "¿Quién se llama Príncipe de Israel?" "Sí", respondió Hillel. "Si tú eres el indicado, entonces Ruego que no haya muchos más en Israel como tú. "" ¿Por qué, hijo mío? ", Preguntó Hillel." Porque ", dijo el hombre," he perdido cuatrocientos zouzim a través de ti ". temperamento ", dijo Hillel." Mejor es que pierdas cuatrocientos zouzim y cuatrocientos zouzim más, pero que Hilel no se excite ". Nuestros rabinos enseñaron que una vez un pagano llegó antes que Shammai y dijo:" ¿Cuántas Torás tienes? "Shammai respondió: "Tenemos dos; la Torá escrita y la Torá oral ". Entonces los paganos le dijeron:" En la Torá escrita te creo, pero en la Torá oral no te creo. Hazme, por tanto, prosélito con la condición de que me enseñes sólo la Torá escrita. Shamai lo reprendió duramente y lo despidió enojado. Los paganos se presentaron ante Hillel, y éste lo convirtió en prosélito. El primer día, Hillel le enseñó el Aleph, Beth, Gimel, Daleth. Al día siguiente, Hillel invirtió el orden de estas letras (comenzando con la última letra) ". No me enseñaste eso ayer ", le dijo el prosélito." Es cierto ", dijo Hillel." ¿No confías en mí? ¿Por qué entonces no confías en mí con la Torá oral? "En otra ocasión sucedió que un pagano se apareció ante Shammai y dijo:" Conviérteme al judaísmo, pero con la condición de que me enseñes toda la Torá, mientras yo estoy de pie sobre una pierna. "Shamai lo echó con el codo (medida) de constructor que tenía en la mano. Entonces los paganos aparecieron ante Hillel, y él lo hizo prosélito, y le dijo:" Lo que es aborrecible para ti no hagas para tu prójimo, esto es toda la Torá, y el resto es simplemente su comentario. "Nuevamente sucedió que mientras un pagano pasaba por la parte trasera de una sinagoga, escuchó la voz de un escriba que decía: Y estos son los vestidos que harán; un pectoral, un efod y un manto. (Ex. 28, 4). "¿Para quiénes son estos?" preguntaron los paganos. "Para el Sumo Sacerdote", respondió el escriba. "Entonces los paganos se dijeron a sí mismos:" Iré y me convertiré en prosélito con la condición de que sea nombrado Sumo Sacerdote ". un prosélito con la condición de que me hagas Sumo Sacerdote ". Shamai lo echó con el codo de constructor que tenía en la mano. Los paganos vinieron entonces ante Hillel; este último lo hizo prosélito y le dijo: ¿Es posible que alguien sea nombrado rey a menos que conozca los ceremoniales de la corte? Ve, estudia primero las ceremonias de la corte ". Entonces el prosélito fue y aprendió la Torá. Cuando llegó al pasaje (Núm. 3, 10)..) Y el extraño que se acerque morirá, preguntó: "¿A quién se refiere ese pasaje?" "Incluso para David, el rey de Israel", respondió Hilel. Entonces el prosélito llegó a la siguiente conclusión: "Si por los israelitas, que son llamados hijos de Dios y que por el amor de Dios que se les mostró, fueron llamados (Ex. 4, 22).), Hijo mío, mi primogénito, Israel, está escrita una advertencia, y el extraño que se acerque morirá, ¿cuánto más se aplica esto al mero prosélito que vino con su bastón y su valija de viaje? " Fue a Shammai y le dijo: "¿Entonces soy elegible para ser un Sumo Sacerdote? ¡Mirad! Está escrito en la Torá, Y el extraño que se acerque será condenado a muerte ". Luego fue a Hillel y le dijo:" Oh tú, Hillel tolerante, que las bendiciones descansen sobre tu cabeza, porque me has puesto bajo el alas de la Shejiná ". Más tarde, los tres prosélitos se encontraron en un solo lugar y dijeron:" ¡Oh, la impaciencia de Shammai podría expulsarnos de este mundo, pero la paciencia de Hillel nos puso bajo las alas de la Shejiná! "

Resh Lakish dijo: "¿Qué significa el pasaje (Is. 33, 6.) Y la estabilidad de tus tiempos y la fuerza de tu felicidad serán la sabiduría y el conocimiento; el temor del Señor es su tesoro, es decir, La estabilidad, alude a la Orden de Zerain. De tu época, se refiere a la Orden de Moed; La fuerza, se refiere a la Orden de Nashim; De tu felicidad, alude a la Orden de Nezikin; Será sabiduría, se refiere a la Orden de Kadshim; Y conocimiento, alude a la Orden de Taharoth. Y después de todo esto, el temor del Señor [será] su tesoro ". Rabba dijo:" Cuando un hombre es llevado al Juicio [después de morir] se le pregunta: '¿Has tratado honestamente? ¿Has tenido tiempo regular para el estudio de la Torá? ¿Te has casado? ¿Has esperado la salvación (Mesías)? ¿Has buscado la sabiduría? ¿Has [cultivado tu mente para] concluir (sacar una cosa de otra)? ' Y después de todo esto, si el temor del Señor es su tesoro, cuenta (Su Torá); si no, no cuenta. Se asemeja al hombre que le dijo a su mensajero: "Sube al piso superior un Kur de trigo". El mensajero fue y cuando lo subió, el hombre le preguntó: "¿Has mezclado un Kab de la Arena de Chumta en él?" "No", respondió el mensajero. A lo que el maestro dijo: "Sería mejor que no lo hubieras sacado del todo". "En la academia de R. Ishmael se enseñó que un hombre tiene derecho a mezclar un Kab Chumtin en cada Kur de cultivo y que no debe preocuparse [por miedo a hacer algo malo, porque la arena conserva el cultivo]. Rabba b. R. Huna dijo: "Quien posea conocimiento de la Torá sin tener (Ib. b) el temor del Señor se asemeja a un tesorero a quien se le han confiado las llaves internas [del tesoro] pero a quien se le han negado las llaves externas ". R. Janai anunció:" Oh, para el que no tiene patio, pero hace ¡una puerta de entrada a su corte! "R. Juda dijo:" ¡El mundo no habría sido creado por el Santo, alabado sea! si no fuera con el propósito de que la gente le tema, porque se dice (Ecc. 3, 14.) Y Dios ha hecho que el hombre le tenga miedo. "R. Simon y R. Elazar estaban sentados; notaron que R. Jacob b. Acha caminaba y pasaba junto a ellos". "Levántese ante un hombre que teme los pecados". Dijo uno, a lo que el otro respondió: "Levántese ante un hombre que es un gran erudito". Entonces el primero le dijo al segundo: "Te digo que te levantes antes hombre que teme los pecados y tú me dices que me levante ante un hombre que es un gran erudito ". Se puede deducir [de lo siguiente] que el que dijo" Para un hombre que teme los pecados ", fue R. Elazar, porque R. Jochanan en el nombre de R. Elazar dijo: "¡El Santo, alabado sea!" no tiene nada [mejor] en su mundo que el temor al cielo, como está escrito (Deu.10, 12. Y ahora, Israel, ¿qué te pide el Señor tu Dios, sino que temas al Señor tu Dios? También está escrito (Job 21, 28). Y le dijo al hombre. He aquí el temor del Señor, eso es sabiduría. Y en griego Hen significa uno. La deducción es correcta.

R. Ulla expuso: "¿Qué significa el pasaje (Ec. 7, 17). No seas demasiado malvado? Un hombre no debería ser demasiado malvado, pero puede ser un poco malvado? [Significa más bien que] si uno ha comido ajo causándole mal olor, ¿volverá a comer y dejará que venga más mal olor? " Raba b. R. Ulla expuso: "¿Qué significa el pasaje (Sal. 73, 4.) Porque no hay cadenas mortales para ellos; pero su fuerza es firme? es decir, el Santo. ¡Alabado sea! dijo: "No es suficiente que los malvados no teman [el castigo futuro] ni sientan dolores en cuanto al día de la muerte, sino que su corazón dentro de ellos se está volviendo tan fuerte como el vestíbulo"; y eso también se entiende por Rabba, porque Rabba dijo: ¿Qué significa el pasaje (Ib. 49, 14.) Este es su camino, su locura, es decir, los malvados saben que su (malvado) camino los lleva a la muerte, y su los riñones se están volviendo gordos [sin preocuparse por eso]. Quizás dirás que esta es la causa de que lo olviden; por eso dice (Ib.) Y guardan el futuro con placer en su boca, Selah '".

(Mishná) Por tres pecados, las mujeres mueren al dar a luz: porque no tienen cuidado [en observar las leyes] relativas a Niddah, Challa y al encender las velas [del sábado].

(Gemara) ¿Cuál es la razón de tal castigo para Niddah? R. Isaac dijo: "Debido a que ella cometió corrupción en la parte interna de su útero, por lo tanto, debe ser golpeada en la parte interna de su útero". Esto puede ser cierto con respecto a Niddah, pero ¿cuál es el motivo de Challa y el encendido de las velas? Es como lo expuso un galileo ante R. Chisda: ¡Así dijo el Santo, alabado sea! "Una cuarta parte de un Log de sangre puse en tu cuerpo; con respecto a la sangre (menstruación) te he advertido. (Fol. 32a) Te he llamado el primer producto y te he cobrado por el primero de tu masa; el alma que he puesto en ustedes se llama Ner (luz) y les he encomendado con respecto a Ner (la luz del sábado); si observan estas cosas, entonces está bien, pero si no, tomaré sus almas ". ¿Y por qué justo en el momento del parto? Rabba dijo: "Cuando el buey ya se haya caído, afila el cuchillo para él". Abaye dijo: "Deja que la doncella continúe su rebelión, pasará bajo una vara". R. Chisda dijo: "Deja el intoxicante en paz, se caerá solo". Mar Ukba dijo: "El pastor está cojo y las cabras están huyendo rápidamente. [Cuando aparecen] en la puerta del redil, hay palabras (regateo), pero en los establos (donde se entregan las ovejas), cuenta estricta se toma." R. Pappa dijo: "A la puerta de los negocios [tienes] muchos amigos, pero a la puerta de la desgracia, ningún amigo". ¿Y cuándo se investigan los pecados de los hombres? Resh Lakish dijo: "Cuando pasan por un puente". ¿Un puente y nada más? Pero tenía la intención de decir todos los lugares peligrosos como un puente. Rab no se embarcaría en un ferry donde hubiera paganos; él dijo: "Su tiempo para ser castigado puede llegar a ser debido [mientras está en el barco] y puede que me arresten con él". Samuel [por el contrario] no se embarcaría en un ferry a menos que también hubiera un pagano en el exterior, porque dijo: "Satanás no tiene poder sobre dos personas de diferentes nacionalidades". R. Janai siempre examinaba primero el ferry y luego se embarcaba en él. Porque R. Janai siguió su propio principio, y dijo: "Un hombre nunca debe exponerse al peligro esperando que se realice un milagro para él; porque puede ser que tal milagro no se realice, e incluso si un milagro se forjará para él, se deducirá de las recompensas que le correspondan por sus méritos ". R. Chanin dijo: "¿Cuál es el pasaje bíblico para esto? No soy digno de toda la bondad, y de toda la veracidad que has hecho a tu siervo. (Génesis 32, 11). "R. Zeira nunca caminó bajo los árboles de dátiles en un día en que soplaba el viento de Shutha. Nuestros rabinos enseñaron:" Por tres pecados las mujeres mueren de parto ". R. Elazar dice:" Las mujeres mueren prematuramente "[en lugar de dar a luz R. Acha dijo: "Por el pecado de lavar la suciedad de sus hijos en sábado", y otros dicen: "Porque llaman al arca santa. El cofre. "Somos" enseñado que R. Ishmael b. Elazar dice: "Por dos pecados la gente común muere; porque llaman al arca, El cofre, y porque llaman a la sinagoga La casa del pueblo". Nos enseñan que R. José dice: "Se crearon tres brechas por las que entra la muerte. para una mujer. Otros dicen que se crearon tres causas de muerte prematura para la mujer: Niddah, Challa y encender las lámparas ". Uno está de acuerdo con la opinión de R.

R. Isaac, el hijo de R. Juda, dijo: "Un hombre siempre debe orar (pidiendo misericordia) para que no se enferme; porque cuando uno se enferma se le dice 'Trae evidencia a tu favor y entonces serás absuelto [de la enfermedad] ' 'Mar Ukba dijo:'. ¿Cuál es el pasaje de la Biblia [para probar esto] que si el golpe caído desde allí (? Deu 22, 8.), es decir, de sí mismo debe venir evidencia [que se su derecho a resucitar de su enfermedad] ". En la academia de R. Ishmael se enseñó: "Que el caído cayó de allí, es decir, Este estaba destinado a caer desde la creación; he aquí, aún no ha caído y el pasaje lo llama [ya] Nofel (uno que ha caído). Esto enseña que el bien se produce mediante la intervención de personas buenas, y el mal se produce mediante la intervención de personas inicuas ".

Nuestros rabinos enseñaron: "Al que se enferma y está a punto de morir, se le debe decir que confiese, porque todos los que estaban a punto de morir tenían que confesar. Cuando un hombre va a la plaza del mercado, que se considere entregado". bajo la custodia de los oficiales [para ser llevado ante el tribunal]. Si tiene dolor de cabeza, que se considere atado con una cadena alrededor del cuello. Si está confinado en su cama, que se considere que lo han subido al cadalso [para ser castigado]; porque cuando uno sube al cadalso [para ser castigado], si tiene intercesores prominentes, es perdonado, pero si no, no es perdonado, y estos son los intercesores del hombre [ante el Juicio divino]: el arrepentimiento y las obras meritorias. Aunque novecientos noventa y nueve intervengan contra él y sólo uno a su favor, se salva, como está escrito (Job 23, 23.) Si ahora hay alrededor de él un solo ángel, como un defensor entre mil para declarar su rectitud ante cualquier hombre, entonces Él tiene misericordia de él y dice: 'Líbralo de descender a su foso' ". Rab Eliezer , el hijo de R. José el Galiliano, dijo: "Incluso si novecientos noventa y nueve partes en ese ángel están en contra de él, y solo una para él, todavía se salva, porque está escrito Mailitz Echad (una defensa) de un millar ".

Se nos enseña que R. Simon b. Gamaliel dice: "Las leyes relativas a las ofrendas sagradas, Teruma y los diezmos son las partes principales de la Torá y, sin embargo, su observancia se confió a la gente común".

(Ib. B) Se nos enseña que R. Nathan dice: "Como castigo por no cumplir los votos, la esposa del hombre muere, como se dice (Pr. 22, 27). Si no tienes nada que pagar, ¿por qué? ¿Debería quitar tu lecho de debajo de ti? " El rabino dice: "Por los pecados de los votos [incumplidos], los niños mueren cuando aún son pequeños, como se dice (Ec. 5, 5)..) No permitas que tu boca haga pecar tu cuerpo, etc. ¿Por qué Dios se enojará a causa de tu voz y destruirá la obra de tu mano? Debemos decir que esto se refiere a los hijos e hijas del hombre ". Hay una diferencia de opinión entre R. Chiya b. Abba y R. Jose; uno dijo:" El pecado de no tener Mezuzoth es la causa de la muerte de los niños. , "y el otro dijo:" El pecado de ser negligente en el estudio de la Torá es la causa de la muerte de los niños ". El que atribuyó la aflicción al pecado de Mezuzoth, sostiene que un pasaje puede estar conectado con otro anterior y así explicado, pero no con un pasaje que precede al anterior; y el que atribuía la aflicción al pecado de ser negligente en el estudio de la Torá, sostiene que el pasaje se puede conectar incluso con uno que viene antes de un pasaje anterior, y así explicado. También hay una diferencia de opinión entre R. Meier y R. Juda. Uno dijo: "(La muerte de los niños) se debe al pecado de Mezuzoth", mientras que el otro dijo: "Se debe al pecado de Tzitzith". Es correcto según el que dijo que se debe al pecado de Mezuzoth, porque está escrito (Deu. 11, 20.) Y las escribirás en los postes de la puerta de tu casa, y lo que sigue está escrito para que tus días y los de tus hijos se multipliquen; pero según el que dijo que se debe al pecado de Tzitzith, ¿cuál es su razón? R. Cahana, y según otros, Shila Mari, dijo: "Porque está escrito (Jer. 2, 34). También al final de tus faldas se encuentra la sangre de las almas de los inocentes necesitados". R. Nachman b. Isaac dijo: "El que dice que fue debido al pecado de Mezuzoth, deriva su opinión de esto (Ib.) No al irrumpir (en tu casa) los encontraste, es decir, haciendo las puertas como un allanamiento (sin una mezuzá) ".

Resh Lakish dijo: "Quien observe cuidadosamente los preceptos concernientes a Tzitzit tendrá, como recompensa, dos mil ochocientos sirvientes para atenderlo; porque se dice (Zac. 8, 23.) Así dijo el Señor de los Ejércitos: 'En aquellos días sucederá que diez hombres de todas las lenguas de las naciones se apoderarán; sí, se apoderarán de las faldas del judío, diciendo. Vayamos contigo, porque hemos oído que Dios está contigo. ' Nos enseñan que R. Nechemia dice: "Como castigo por el odio gratuito, la pena es la contienda en la casa de ese hombre; y su esposa tendrá abortos espontáneos; y los hijos e hijas de ese hombre morirán prematuramente ". R. Elazar, el hijo de R. Juda, dijo:" El castigo por el pecado de descuidar la separación de Jalá es una recolección de cosecha sin bendición; se enviará una maldición sobre los precios de los alimentos; y sembrarán, pero extraños se los comerán, como está dicho (Lev.26, 16.) Entonces yo también os haré esto; Te infligiré terror, tisis y fiebre que consumirán los ojos y causarán dolor al corazón; y en vano sembrarás tu semilla, porque tus enemigos se la comerán. No lea Behala (terror) sino B'chala (a causa de Jalá), y si se observa la separación de Jalá, entonces, seguirán bendiciones, como se dice (Ezequiel 44, 30). darás masa al sacerdote, para hacer que una bendición descanse sobre tu casa. "El castigo por el pecado de descuidar las leyes relativas a Terumah y los diezmos, es que el cielo retendrá la lluvia y el rocío; los altos precios [en alimentos] prevalecerán ; no habrá ganancias, y los hombres correrán para ganarse la vida y no tendrán éxito; como se dice (Job 24, 19.) La sequía y el calor consumen rápidamente las aguas nevadas; así será el sepulcro de los que pecaron. ¿Qué prueba eso? En la academia de R. Ishmael se enseñó que significa: "Debido a que no cumpliste con los deberes que te ordené que realizaras durante el verano, te robarán durante el invierno nevado". Pero si dan [Terumah y diezmos] serán bendecidos, como se dice (Malaquías 3, 10.) Traed todos los diezmos al alfolí para que haya provisión en mi casa, y pruébame, pero con esto, dice el Señor de los Ejércitos, si no os abro las ventanas de los cielos y derramo sobre vosotros una bendición. Aad b'li duy? ¿Qué se entiende por Aad b'li duy? Rami b. Chama en el nombre de Rab dijo: "Hasta que tus labios se cansen de decir que es suficiente"; El castigo por el pecado de robo es una invasión de langostas; prevalece el hambre, y la gente se alimentará de la carne de sus propios hijos e hijas; como se dice (Amós 4, 1.) Oíd esta palabra, vacas de Basán, que estáis en el monte de Samaria, que oprime al pobre, que aplasta al menesteroso. (Fol. 33a) Raba dijo: "Por ejemplo, aquellas mujeres de Mechuza que comen pero no hacen nada [obligan a sus maridos a actuar deshonestamente y a robar]; y también está escrito (Ib. Ib. 9.) Yo había herido a ti con voladuras y mildiu, etc., y tus viñas, tus higueras y tus olivos devoró la oruga. También está escrito (Joel 1, 4). El gusano de la garganta ha quedado comido los grillos; y también está escrito (Isaías 9, 19.) Y arrebata la mano derecha y (todavía) tiene hambre; y come de la mano izquierda, y (todavía) no está satisfecho; cada uno comerá la carne de su propio brazo. No lea Zero'o (su brazo) sino lea Zaro (sus hijos). "Como castigo por el pecado de retrasar la sentencia, pervertir la sentencia, corromper la sentencia y descuidar el estudio de la Torá, la espada [de un enemigo], con vendrá su terrible sistema de presa, la pestilencia y el hambre. La gente comerá, pero nunca se saciará; comerán su pan al peso, como está escrito (Lev. 26, 25)..) Y traeré sobre ti la espada, para vengar la disputa de mi pacto. Y también está escrito (Ib. Ib. 26.) Cuando os parta la vara del pan; y diez mujeres cocerán su pan en un horno, y entregarán su pan por peso, y comerán y no se saciarán, es decir, la palabra Brith (pacto) se refiere a la Torá, porque está escrito (Jer. 33 , 25.) Si mi pacto (Brith) no fuera de día y de noche, etc., y está escrito (Lev. 26, 43). Porque hasta ellos despreciaron mis ordenanzas. Como castigo por el pecado de jurar en vano, jurar en falso, difamar el nombre de Dios y profanar el sábado, las fieras se multiplican, el ganado se destruye, la gente disminuye y los caminos se vuelven desolados, como se dice (Lev. .25, 23.) Y si a pesar de estas cosas, no seréis reformados por mí. No leas B'aile (estas cosas), pero léelo B'ala (juramento), y está escrito (Ib. Ib. 22.) Y enviaré contra ti las bestias del campo, etc. sepa que el castigo anterior es por jurar en falso]. Está escrito acerca de jurar en falso (Ib. 19.) Y no jurarás en falso por mi nombre y no profanarás así el nombre de Dios (Chilalta); acerca de la difamación del nombre de Dios está escrito (Ib.22, 12.) Para que no profanen mi santo nombre (T'chalalu), y acerca de la profanación del sábado, está escrito (Ex.31 , 14)..) Todo el que la profanare (Mechalaleha) seguramente será condenado a muerte. Inferimos de la palabra Chillul (profanación) que aparece en los tres lugares [que el castigo por difamar el nombre de Dios y profanar el sábado es la multiplicación de fieras, como en el caso de jurar en falso]. Como castigo por el pecado de derramar sangre, el Templo es destruido y la Shejiná sale de Israel, como está escrito (Núm.35, 33.) Y no contaminaréis, etc., y no contaminaréis la tierra que habitáis, en medio de la cual yo habito, es decir, pero si contamináis la tierra que habitáis, tampoco habitaréis. ni yo viviré en medio de ti. Como castigo por el pecado de adulterio, la idolatría y el descuido de las leyes relativas a la tierra en los años sabáticos y los años del Jubileo, viene el exilio, y otras naciones vienen y ocupan los lugares de los exiliados; como está escrito (Lev.18, 2.) Porque todas estas abominaciones han hecho los hombres de la tierra, etc., y otra vez (Ib.) Y la tierra se contaminó, etc. Por tanto, he visitado su iniquidad sobre ella, etc. También está escrito (Ib. Ib. 28.) Para que la tierra no os someta cuando la profanéis. Concerniente a la advertencia contra la idolatría, está escrito (Ib. 26, 30). Y arrojaré vuestros cadáveres, etc. También está escrito además Y asolaré vuestro santuario, etc. Y seréis esparcidos entre las naciones. En cuanto a la advertencia en los asuntos del año sabático y el año de jubileo, está escrito (Ib. Ib. 34.) Entonces la tierra satisfará su sábado, todos los días de su desolación, cuando estéis en la tierra del enemigos, etc. Descansará todos los días de su supuesta desolación.

Como castigo por el pecado de hablar lascivamente, se renuevan muchas opresiones y severos decretos, y muere la juventud de Israel, y los huérfanos y las viudas lloran y no reciben respuesta, como se dice (Is. 9, 16).. Por tanto, el Señor no se alegrará de sus jóvenes, ni de sus huérfanos, ni de sus viudas, ni tendrá misericordia de ellos; porque todos son hipócritas y malhechores, y toda boca habla palabras escandalosas. Porque toda esta ira no se apaga, pero su mano aún permanece extendida. ¿Qué se quiere decir con Y su mano aún permanece extendida? R. Chanan b. Raba dijo: "Todo el mundo sabe por qué una novia entra en la cámara nupcial, sin embargo, quien habla de ello con lenguaje profano, incluso si un decreto divino que concede setenta años de felicidad fuera sellado para él. Ese decreto se cambiaría por el mal contra él". Raba b. Shila en el nombre de R. Chisda dijo: "Cualquiera que profanara su boca (con palabras lascivas) ha hecho el Gehena más profundo para él; porque se dice (Pr. 22, 14.) Un pozo profundo para la boca de las palabras extrañas (charla inmoral). "R. Nachman b. Isaac dijo:" Incluso el que escucha tal charla y permanece en silencio tendrá el mismo castigo infligido sobre él; porque se dice (Ib.) Y el que es aborrecido por el Señor caerá en él ". R. Oshia dijo:" El que se libera [de todos los demás pensamientos] dedicándose por completo al pecado, tendrá magulladuras y heridas extendidas sobre él, como se dice (Ib. 20, 30). Las magulladuras de una herida son un medio de limpieza del mal. Además, será castigado con hidropesía, porque inmediatamente después se dice Y las rayas (llegarán) a la cámara interior del cuerpo. R. Nachman b. Isaac dijo: "La señal de un acto de maldad es la hidropesía".

Nuestros rabinos enseñaron: "Hay tres tipos de hidropesía: hinchazón espesa de la carne, resultado del pecado; redonda y suave [llena de agua] debido al hambre; e hinchazón [con una apariencia débil del cuerpo] debido a la brujería". Samuel el menor sufrió [de hidropesía]; dijo: "¡Soberano del universo! ¿Quién puede determinar su causa? [Y puedo ser juzgado erróneamente]". Con lo cual se recuperó. Abaye estaba afligido con él, por lo que Raba le dijo: "Sé perfectamente bien que Nachmeini no come lo suficiente [y el hambre es su causa]". El mismo Raba [también] sufrió con él. ¿No ha dicho Raba: "Son más numerosos los muertos por la olla (por demora en la descarga) que los muertos por inanición". [Por lo tanto, muestra que con Raba no fue causado ni por el hambre ni por la olla, porque seguramente él debió haber tomado una advertencia contra esto.] Es diferente con Raba porque se vio obligado a retrasar la relajación cuando estaba dando una conferencia y no pudo irse. Nuestros rabinos enseñaron: "Hay cuatro signos [que revelan secretos]: Dropsy es un signo de pecado; la ictericia es un signo de odio gratuito; la pobreza es un signo de orgullo y el crup es un signo de calumnia". Nuestros rabinos enseñaron: "El grupo viene sobre el mundo como castigo (Ib. B.) Por el pecado de no dar diezmos". R. Elazar el hijo de R. José dice: "Viene como castigo por la calumnia". Raba, y según otros, R. Joshua b. Levi, dijo: "¿Cuál es el pasaje bíblico [que prueba esto]? Pero el rey se regocijará en Dios: todo el que jura por él, será detenido ("Hay cuatro signos [que revelan secretos]: Dropsy es un signo de pecado; la ictericia es un signo de odio gratuito; la pobreza es un signo de orgullo y Croup es un signo de calumnia". Nuestros rabinos enseñaron: "El grupo viene sobre el mundo como castigo (Ib. B.) Por el pecado de no dar diezmos". R. Elazar el hijo de R. José dice: "Viene como castigo por la calumnia". Raba, y según otros, R. Joshua b. Levi, dijo: "¿Cuál es el pasaje bíblico [que prueba esto]? Pero el rey se regocijará en Dios: todo el que jura por él, será detenido ("Hay cuatro signos [que revelan secretos]: Dropsy es un signo de pecado; la ictericia es un signo de odio gratuito; la pobreza es un signo de orgullo y Croup es un signo de calumnia". Nuestros rabinos enseñaron: "El grupo viene sobre el mundo como castigo (Ib. B.) Por el pecado de no dar diezmos". R. Elazar el hijo de R. José dice: "Viene como castigo por la calumnia". Raba, y según otros, R. Joshua b. Levi, dijo: "¿Cuál es el pasaje bíblico [que prueba esto]? Pero el rey se regocijará en Dios: todo el que jura por él, será detenido ( ) por el pecado de no dar diezmos. "R. Elazar el hijo de R. José dice:" Viene como castigo por la calumnia ". Raba, y según otros, R. Joshua b. Levi, dijo:" ¿Cuál es el ¿Pasaje bíblico [que prueba esto]? Pero el rey se regocijará en Dios: todo el que jura por él, será detenido ( ) por el pecado de no dar diezmos. "R. Elazar el hijo de R. José dice:" Viene como castigo por la calumnia ". Raba, y según otros, R. Joshua b. Levi, dijo:" ¿Cuál es el ¿Pasaje bíblico [que prueba esto]? Pero el rey se regocijará en Dios: todo el que jura por él, será detenido (PD. 63, 12). Los eruditos hicieron la siguiente pregunta: "¿R. Elazar, hijo de R. José, tiene la intención de decir Sólo por calumnia? [Difiriendo con su contemporáneo en todo el tema] o simplemente agrega calumnias a la anterior?" Ven y escucha lo siguiente: Cuando nuestro Rabino ingresó a la academia de Jabnai, encontraron a R. Juda, R. Elazar el hijo de R. Jose y R. Simon allí. Se hizo la siguiente pregunta en su presencia: "¿Por qué esta enfermedad (crup) comienza en los intestinos y termina en la boca?" Con lo cual R. Juda, el hijo de Elaye, el orador principal en todos los casos, respondió y dijo: "Aunque los riñones son el asiento de la deliberación y el corazón comprende y la lengua forma la oración, sin embargo, la boca termina (la hace irrevocable)". R. Elazar, el hijo de R. José respondió, y dijo: " Los niños que asisten a la escuela [y no tienen tiempo para interrumpir a sus padres] que murieron de crup demostrarán lo contrario a su opinión. "" Tales casos ", respondió R. Simon," son como dijo R. Gurion; para R. Gurion, y según otros, R. Joseph b. Shemaye, dijo: 'Mientras haya personas justas en una generación, serán apresados por [el pecado de] su generación; pero si no hay gente justa, entonces los niños son apresados por [el pecado de] su generación. '"R. Isaac b. Zeira, y según otros, R. Simon b. Nezira, dijo:" ¿Cuál es el pasaje bíblico [eso lo explica]? "Si no lo sabes, oh la más hermosa de las mujeres, sigue los pasos del rebaño y apacienta a tus cabritos alrededor de las moradas del pastor (Simon, "son como R. Gurion dijo; para R. Gurion, y según otros, R. Joseph b. Shemaye, dijo: 'Mientras haya personas justas en una generación, son apresadas por [el pecado de] su generación, pero si no hay gente justa, entonces los niños son apresados por [el pecado de] su generación. '"R. Isaac b. Zeira, y según otros, R. Simon b. Nezira, dijo: "¿Cuál es el pasaje bíblico [que lo explica]?" Si no lo sabes, oh la más hermosa de las mujeres, sigue los pasos del rebaño y alimenta a tus cabritos alrededor de las moradas de los pastores (Simon, "son como R. Gurion dijo; para R. Gurion, y según otros, R. Joseph b. Shemaye, dijo: 'Mientras haya personas justas en una generación, son apresadas por [el pecado de] su generación, pero si no hay gente justa, entonces los niños son apresados por [el pecado de] su generación. '"R. Isaac b. Zeira, y según otros, R. Simon b. Nezira, dijo: "¿Cuál es el pasaje bíblico [que lo explica]?" Si no lo sabes, oh la más hermosa de las mujeres, sigue los pasos del rebaño y alimenta a tus cabritos alrededor de las moradas de los pastores (Canciones 1, 8.) Y se nos dice que se refiere a los niños que son empeñados por los pecados de los pastores. "De esto concluimos que R. Elazar simplemente agregó calumnias. Se concluye. ¿Por qué fue llamado el orador principal en todo lugar? R. Juda, R. Jose y R. Simon estaban sentados juntos una vez, y Juda b. Gerim estaba sentado cerca de ellos. R. Juda abrió la conversación diciendo: "¡Cuán hermosas son las obras de esta nación! (los romanos). Han establecido calles y mercados, han construido puentes sobre los ríos y establecido baños ". R. José escuchó estas declaraciones, pero guardó silencio. R. Simon b. Jochai, sin embargo, respondió diciendo:" Todo lo que han establecido es para sus beneficio propio. Han abierto los mercados para colocar rameras allí; han establecido baños para su propio refrigerio, y puentes [se construyeron para permitirles] subir los peajes. "Juda b. Gerim entonces fue y reveló su conversación, y llegó a oídos del gobierno. Después de lo cual se emitió un edicto [en el sentido de] que R. Juda, quien había alabado [las obras de los romanos] debían ser promovidas; [en consecuencia, se convirtió en el principal orador en todos los lugares]; que R. José, que había permanecido en silencio, debería exiliarse a Sephoris; y que R. Simon, que había censurado [su obras] deben ser ejecutadas. Entonces R. Simon y su hijo se escondieron en una casa de estudio. Todos los días su esposa les traía pan y un vaso de agua, con el que se mantenían. Entonces el decreto se hizo más severo [para descubrir el condenado]. R. Simon dijo a su hijo: "¡He aquí! Las mujeres son de mente tranquila; los romanos pueden causarle dolor y luego revelará nuestro escondite ". Así que se fueron [de la academia, sin decírselo ni siquiera a su esposa] y se escondieron en una cueva. Allí ocurrió un milagro y se les creó un algarrobo y una fuente de agua. Se quitaron la ropa y, absortos en el estudio, se sentaron en la arena hasta el cuello todo el día. En el momento del servicio se vestían, pero una vez que terminaban con el servicio, volvían a quitarse la ropa para que no se desgastaran. Después de haber estado sentados así durante doce años en la cueva, vino Elías, se detuvo en la puerta de la cueva y dijo: "¿Quién informará al hijo de Jochai que el rey ha muerto y su decreto ha sido anulado?" Al escuchar esto, abandonaron la cueva. Cuando notaron que algunas personas estaban arando y sembrando, uno de ellos exclamó: "He aquí, ¡estas personas están descuidando la vida eterna y se ocupan de la vida pasajera! "Sobre cualquier cosa que fijaran sus ojos, vino un fuego y lo devoró instantáneamente, hasta que un Bath-Kol (voz celestial) salió y les dijo:" ¡Qué! ¿Habéis venido a destruir mi mundo? Vuelve a tu cueva ". En consecuencia, regresaron a su cueva y se sentaron allí doce meses más. Luego suplicaron, diciendo:" Incluso el juicio de los impíos en Gehena no dura más de doce meses [y por lo tanto también debería ser suficiente para nuestro crimen]. "Sobre lo cual un Bath-Kol se adelantó y dijo:" Salid de vuestra cueva ". Finalmente salieron. Todo lo que R. Elazar golpeó [con su mirada] fue curado por R. Simon [también con su mirada], hasta que R. Simon le dijo a su hijo: "Hijo mío, es suficiente para el mundo que tú y yo estemos aprendiendo la Torá ". Un viernes por la tarde vieron a un anciano que se apresuraba con dos manojos de mirto en la mano." ¿Por qué necesitas estos? ", le dijeron al hombre". [Disfrutar el olor] en honor al sábado ", fue su respuesta." ¿No sería suficiente un manojo ", comentaron," para el propósito? "" No ", respondió el anciano," uno es en honor a Zachor (recuerde) y uno en honor de Shamor (guarde) ". Entonces R. Simon le comentó a su hijo:" ¡He aquí! Cuán caros son los mandamientos para Israel. "Al oír [que habían salido de la cueva], R. Phinias b. Yair, el yerno de R. Simon, salió a recibirlo; lo llevó a un baño -casa, lavó todo su cuerpo y trató de ablandar su carne [que se había endurecido al estar tanto tiempo en la arena]. Mientras limpiaba el cuerpo de R. Simon, notó que su piel estaba ampollada y agrietada; R. Phinias comenzó a llorar, y las lágrimas que cayeron sobre el cuerpo herido de R. Simon le causaron un dolor tan severo que también lloró. "Ay de mí", dijo R. Phinias, "por verte en tal condición". "Bienaventurado eres", le dijo R. Simon, "de que me veas en tal condición, porque si no me hubieras visto así, no habría sido lo que soy". Antes de este incidente, cuando R. Simon b. Jochai hizo una pregunta a R. Phinias b. Yair, este último respondería de doce formas diferentes; pero después de este incidente, cuando R. Phinias b. Yair hizo cualquier pregunta, R. Simon b. Jochai respondió de veinticuatro formas diferentes. R. Simon dijo entonces: "Dado que me sucedió un milagro, mejoraré algo". Porque [así aprendemos de Jacob, como] está escrito (Génesis 33, 18.) Y Jacob llegó sano y salvo, a lo que Rab dijo: "Seguro con el cuerpo, seguro con su riqueza y seguro con su Torá"; Y acampó delante de la ciudad. (Ib.) Rab dijo: "Él inventó una moneda para ellos", y Samuel dijo: "Él estableció calles para ellos". R. Jochanan dijo: "Él estableció baños para ellos". "¿Tienes algo que carezca de mejora [religiosa]?" R. Simon preguntó. "Sí", respondieron, "hay un lugar que se considera dudoso [e] inmundo, (Fol. 34a) y molesta a los sacerdotes porque tienen que recorrer ese lugar". Les preguntó: "¿Hay alguien que sepa si ese lugar alguna vez tuvo el estatus de limpieza levítica?" Un anciano respondió: "Aquí, lo recuerdo, b. Zakai arrancó altramuces de Terumah". Entonces R. Simon hizo lo mismo. Dondequiera que el suelo era duro [mostrando que no estaba cavado] lo declaraba purificado, y alrededor de los puntos blandos hacía marcas [para que los sacerdotes tuvieran cuidado de no cruzarlos]. Cuando terminó, escuchó al anciano comentar: "Ben Jochai purificó los cementerios". "Si no estuvieras con nosotros", dijo R. Simon, "o incluso si hubieras estado con nosotros pero no estuvieras de acuerdo, entonces podrías decirlo con justicia, pero ahora, siendo uno de nosotros y estando de acuerdo, la gente dirá: 'Oh ya que las rameras se pintan unas a otras [para verse bien], cuánto más deberían los eruditos [ser respetuosos del honor de los demás] '". Entonces R. Simon fijó sus ojos en el anciano y este murió instantáneamente. Cuando R. Simon salió a la calle, notó a Juda b. Gerim (el chismoso). "Oh", dijo él, "

Un hombre debe decir tres cosas en su casa el viernes cuando oscurece: "¿Has apartado los diezmos?" "¿Has colocado el Erub?" y "Enciende las velas [del sábado]". ¿De dónde aprendemos esto? R. Joshua b. Levi dijo: "El pasaje dice (Job 5, 24). Y sabrás que hay paz en tu tienda, y mirarás tu habitación y no te perderás nada".

Rabá b. R. Huna dijo: "Aunque los rabinos dijeron que un hombre debe decir tres cosas en su casa el viernes, etc., debe decirlas de manera suave para que su familia las acepte de buena fe". R. Ashi dijo: "Aunque nunca escuché lo que Rabba b. R. Huna había dicho, siempre lo he hecho por una cuestión de sentido común".

(Ib. B) ¿A qué hora del día se llama Crepúsculo? Desde el momento en que se pone el sol [y] mientras el horizonte oriental sea rojo [forma el reflejo]; cuando el horizonte inferior es pálido, pero el horizonte superior no, todavía es Crepúsculo. Cuando el horizonte superior es tan oscuro como el inferior, la noche se ha puesto. Esto es según R. Juda. R. Nechemia dice: "[La duración del crepúsculo] es tan larga como le toma a un hombre caminar media milla desde el momento en que se pone el sol". R. Jose dice: "El crepúsculo dura tanto como un parpadeo: este viene y el otro se va, y es imposible determinar su hora exacta".

(Fol. 35a) R. Chiya dijo: "Quien desee ver el pozo de Miriam, que suba a la cima del Monte Carmelo y, mirando hacia abajo, verá en el mar una piedra en forma de colador, y este es el pozo de Miriam ". Rab dijo: "Un pozo móvil está limpio (no sujeto a impurezas levíticas). Esto concierne solo al pozo de Miriam".

Shabat, Capítulo 3

(Fol. 41a) R. Zeira trató de evitar la vista de R. Juda porque quería subir a Palestina y R. Juda había dicho: "Quien sube de Babilonia a Palestina transgrede la ley positiva que dice (Jer. 27 , 2.) A Babilonia serán llevados, y allí permanecerán hasta el día en que yo piense en ellos, dice el Señor ".

Se nos enseña: "Si come pero no bebe, su comida se convertirá en sangre y este es el comienzo de los problemas estomacales. Si come y no camina cuatro codos, su comida se pudrirá y este es el comienzo de la causa". del mal olor [de su boca]. El que debe descansar y comer antes de hacerlo, es como una estufa que se calienta sobre sus cenizas; esto es lo primero que causa un mal olor [del cuerpo]. agua y no beber nada, es como calentar una estufa por fuera y no por dentro. Lavarse con agua tibia pero sin haber brotado con agua fría, es como una plancha que se puso al fuego pero que no se puso en el agua después [para endurecerla]. Lavarse sin aceitarse es como echar agua en un barril ".

...

(Fol. 49a) R. Janai dijo: "La tefilina requiere un cuerpo tan limpio como el de Eliseo, el hombre de alas". ¿Qué significa eso? Abaye dijo: "Significa que debe tener cuidado de usarlo en un cuerpo limpio". Y Raba dijo que significa "No debe dormir mientras usa el Tephilin". ¿Y por qué fue llamado el hombre de alas? Porque el gobierno de Edom había decretado una vez contra Israel, que a cualquiera que usara Tefilin en la cabeza se le aplastaría el cerebro. Eliseo se puso su Tephilin y salió a la calle. Un inquisidor lo vio y R. Eliseo huyó ante él, siendo perseguido por el inquisidor. Cuando lo atraparon, R. Elisha se quitó los tefilin de la cabeza y los mantuvo en la mano. "¿Qué tienes en tu mano?" preguntó el inquisidor. "Alas de paloma", respondió Eliseo. El inquisidor extendió la mano para investigar y descubrió que eran alas de paloma; por eso él, Eliseo, fue llamado Eliseo, el hombre de las alas de paloma. "¿Por qué dijo alas de paloma [y no de cualquier otra ave]? Porque Israel es semejante a una paloma; porque dice (PD. 68, 14.) Las alas de la paloma cubiertas de plata y sus piñones relucientes con oro llameante, es decir, así como la paloma se defiende con sus alas [no con su pico], así Israel se defendió con su Torá.

...

(Fol. 53b) Nuestros rabinos enseñaron: Sucedió una vez que la esposa de un hombre murió y le dejó un hijo lactante. El hombre era tan pobre que no podía pagar por amamantar al bebé. Ocurrió un milagro, y el pecho del hombre se abrió como el de una mujer y amamantó a su hijo. R. Joseph dijo: "¡He aquí! Cuán grande debe haber sido ese hombre para que se obtuviera tal milagro". Abaye le dijo: "Al contrario, mira cuán malvado debe haber sido ese hombre que el orden de la Creación (naturaleza) fue cambiado para él [que no tenía el mérito suficiente para ganar lo suficiente para pagar la enfermería]". R. Juda dijo: "Mirad cuán difícil es el apoyo [providencial] para el hombre de que el orden de la Creación tuvo que ser cambiado para él". R. Nachman dijo: " Se pudo probar que en muchos casos ocurren milagros y no se crea apoyo [para nadie sin buscarlo] ". Nuestros rabinos enseñaron: Una vez sucedió que un hombre se casó con una mujer de una mano y no descubrió ese hecho. hasta que murió. El rabino dijo: "Mira lo modesta que debe haber sido esa mujer, que ni siquiera su esposo descubrió el defecto en ella hasta que ella murió". R. Chiya le dijo: "Eso no es nada. Es natural que una mujer [esconda tales cosas] pero vea cuán modesto debe haber sido ese hombre, si no lo descubrió hasta su muerte ". Mire cuán modesta debe haber sido esa mujer que ni siquiera su esposo descubrió el defecto en ella hasta que murió ". R. Chiya le dijo:" Eso no es nada. Es natural que una mujer [esconda tales cosas] pero vea cuán modesto debe haber sido ese hombre, si no lo descubrió hasta su muerte ". Mire cuán modesta debe haber sido esa mujer que ni siquiera su esposo descubrió el defecto en ella hasta que murió ". R. Chiya le dijo:" Eso no es nada. Es natural que una mujer [esconda tales cosas] pero vea cuán modesto debe haber sido ese hombre, si no lo descubrió hasta su muerte ".

(Fol. 54b) (Mishná) Una vaca perteneciente a R. Elazar b. Azarías salía el sábado con una cuerda alrededor de sus cuernos, sin el consentimiento de los sabios.

(Gemara) ¿Tenía solo una vaca? He aquí, Rab, y según algunos, R. Juda en el nombre de Rab dijo que "Doce mil becerros eran los diezmos anuales de R.

Elazar b. ¿Los rebaños de Azarías?" Se nos enseña que "La vaca [mencionada en la Mishná] no era suya, sino de su vecino, y como no protestó contra tal acto, se le atribuyó". Rab y R. Chanina, R. Jochanan y R. Chabiba, estudiaron juntos, en toda la Orden de Mo'ed (Festivales). Dondequiera que aparezca esta combinación de autoridades, algunos eliminan a R. Jochanan e insertan a R. Jonathan. [Dijeron:] "El que tiene el poder de protestar [contra el mal] en su casa y no lo hace, será apresado por [el pecado de] todos en su casa. En la ciudad [donde prevalecería su protesta] será apresado por el pecado de todos en su ciudad. En el mundo entero [si su protesta es atendida y él no protesta] será apresado por el pecado del mundo entero "." Y los príncipes del exilio ", dijo R. Papa," serán apresados por el pecado de todo Israel, tal como R. Chanina dijo: ¿Qué significa el pasaje (Es. 3, 14.) El Señor entrará en juicio con los ancianos de su pueblo y sus príncipes. Si los príncipes pecaron (Fol. 55a), ¿qué culpa tienen los ancianos en ello? Porque los ancianos no protestaron contra los príncipes. '"R. Juda estaba sentado delante de Samuel cuando una mujer entró, quejándose; Samuel no le prestó atención. R. Juda le dijo:" ¿Es el maestro inconsciente del pasaje? (Pr. 21, 13.) Quien se tapona los oídos para no escuchar el clamor de los pobres, él también llorará, pero no responderá ". Entonces Samuel le dijo:" Sagaz erudito, tu jefe (yo) ¡Ser castigado con agua fría! pero el jefe de tu jefe (el príncipe del destierro) con agua hirviendo. He aquí, Mar Ukba, el jefe de los jueces se sienta aquí [y es su deber asistir], porque está escrito (Jer. 21, 12.) Oh casa de David, así ha dicho Jehová. 'Ejercita justicia cada mañana y líbralo, etc.' [sólo a los que tienen poder para hacer justicia] ". R. Zeira le dijo a R. Simon:" Que el amo reprenda a esos príncipes del exilio ". A lo que R. Simon respondió : "Ellos no prestarían atención". "Incluso si no prestan atención, el maestro debería reprenderlos", dijo R. Zeira, "porque R. Acha, el hijo de R. Chanina, dijo: 'Nunca el ¡Santo, alabado sea! emitir un decreto benévolo y reconsiderarlo y sustituirlo por uno malo, excepto en el caso escrito (Ez.9, 4.) Y el Señor le dijo. Pase por el medio de la ciudad, por el medio de Jerusalén, y grabe una marca en la frente de los hombres que gimen y se quejan por todas las abominaciones que se hacen en medio de ella, es decir, el Santo, alabado. ¡Sea Él! dijo a Gabriel: 'Ve y pon la señal Tov. con tinta en la frente de los justos, para que los ángeles destructores no tengan poder sobre ellos '. Con lo cual el atributo de la justicia invocado ante el Santo, ¡alabado sea! diciendo así: "Soberano del universo, ¿cuál es la diferencia entre estos y los demás?" 'Estos', dijo el Señor, 'son personas perfectamente justas y los demás son personas extremadamente inicuas'. Una vez más, el atributo de la justicia suplicó 'Soberano del universo, era su deber advertirles [contra las malas acciones] y no lo hicieron '. A lo que Dios respondió: 'Me es revelado y sé que si les hubieran advertido, no les habrían escuchado'. Nuevamente la Justicia suplicó: 'Soberano del universo, esto te fue conocido, pero ¿les fue conocido a ellos?' Por tanto, está escrito [inmediatamente después] Mataréis y destruiréis a los ancianos, a los jóvenes, a los niños y a las mujeres, pero no os acerquéis a ningún hombre en quien encontréis la marca, y desde mi santuario comenzaréis. Y está escrito (Ib.) Luego comenzaron con los ancianos que estaban delante de la casa. '"R. Joseph recitó [a Baraitha]" No leas Mikdashi (mi santuario) sino Mimkudashai (los que son santos), es decir, son los hombres que cumplieron toda la Torá desde la Aleph (la primera letra) hasta la Tov (la última letra); pronto [después de que esto esté escrito (Ib.) ¡Y he aquí! seis hombres vinieron del norte, y cada uno con su arma de destrucción en la mano; y un hombre en medio de ellos estaba vestido de lino, con la parafernalia de un escritor a su lado, y se colocó junto al altar de cobre.

¿Existía entonces el altar de cobre en ese momento? ¡El Santo, alabado sea! les dijo: "Empiecen por el lugar donde solían cantar delante de mí [con instrumentos de cobre], es decir, de los levitas". ¿Y quiénes son los seis hombres [mencionados en el pasaje anterior]? R. Chisda dijo que son Ira, Ira, Rabia, Destrucción, Devastación y Ruina. ¿Por qué se usó la letra Tor? Rab dijo: "La letra Tov puede explicarse [como la inicial] para ambos, para vivir, y morir ". Y Samuel dijo:" [El Tov significa] Tama (el fin), es decir, ha terminado [el privilegio de confiar en] los méritos de nuestros antepasados (Abraham, Isaac y Jacob) ". Resh Lakish dijo el Tov en la última letra sobre el sello del Santo, ¡alabado sea! porque R. Chanina dijo: La inscripción en el sello del Santo, ¡alabado sea! es Emeth (Verdad) ". R. Samuel b. Nachmeini dijo: "La Tov se refiere a los hombres que cumplieron toda la Torá desde la Aleph (la primera letra) hasta la Tov (la última letra)". ¿Desde cuándo terminó [el privilegio de confiar en] los méritos de nuestros antepasados? Rab dijo: "Desde los días de Oseas b. Be'eri (el profeta); como se dice (Isaac y Jacob). "Resh Lakish dijo el Tov en la última carta sobre el sello del Santo, ¡alabado sea! Porque R. Chanina dijo: La inscripción en el sello del Santo, ¡alabado sea! Es Emeth (Verdad)." R. Samuel b. Nachmeini dijo: "La Tov se refiere a los hombres que cumplieron toda la Torá desde la Aleph (la primera letra) hasta la Tov (la última letra)". ¿Desde cuándo terminó [el privilegio de confiar en] los méritos de nuestros antepasados? Rab dijo: "Desde los días de Oseas b. Be'eri (el profeta); como se dice (Isaac y Jacob). "Resh Lakish dijo el Tov en la última carta sobre el sello del Santo, ¡alabado sea! Porque R. Chanina dijo: La inscripción en el sello del Santo, ¡alabado sea! Es Emeth (Verdad)." R. Samuel b. Nachmeini dijo: "La Tov se refiere a los hombres que cumplieron toda la Torá desde la Aleph (la primera letra) hasta la Tov (la última letra)". ¿Desde cuándo terminó [el privilegio de confiar en] los méritos de nuestros antepasados? Rab dijo: "Desde los días de Oseas b. Be'eri (el profeta); como se dice (La Tov se refiere a los hombres que cumplieron toda la Torá desde la Aleph (la primera letra) hasta la Tov (la última letra). "¿Desde cuándo terminó [el privilegio de confiar en] los méritos de nuestros antepasados? Rab dijo:" Desde los días de Oseas b. Be'eri (el profeta); como se dice La Tov se refiere a los hombres que cumplieron toda la Torá desde la Aleph (la primera letra) hasta la Tov (la última letra). "¿Desde cuándo terminó [el privilegio de confiar en] los méritos de nuestros antepasados? Rab dijo:" Desde los días de Oseas b. Be'eri (el profeta); como se diceHos. 2, 12.) Dejaré al descubierto su deshonra ante los ojos de sus amantes, y ningún hombre la librará de mis manos. "Samuel dijo:" Desde los días de Chazel, como se dice (II Reyes 13, 22 .) Pero el rey Chazel de Siria oprimió a Israel todos los días de Joacaz; y está escrito más. Y el Señor tuvo misericordia de ellos, y tuvo misericordia de ellos y volvió Su mirada hacia ellos debido a Su pacto con Abraham, Isaac y Jacob, y no los destruyó ni los arrojó de Su presencia ni siquiera hasta ahora ". . Joshua b. Levi dijo: "Desde los días de Elías, como está dicho (I Reyes 18, 36.) Y sucedió que en (el tiempo de) la ofrenda perpetua de la tarde, que Elías, el profeta, se acercó y dijo: 'Oh Señor, Dios de Abraham, de Isaac y de Israel, hoy ser conocido, etc. '"R. Jochanan dijo:" Desde los días de Ezequías, como se dice (Isaías 9, 6). Para el aumento del gobierno y para la paz sin fin, sobre el trono de David y sobre su reino, para establecerlo y sostenerlo mediante la justicia y la rectitud, desde ahora y para la eternidad, el celo del Señor de los ejércitos hará esto ".

R. Ami dijo: "La muerte no viene sino por el pecado, y las aflicciones no vienen sino por la iniquidad; la muerte no viene sino por el pecado, como está escrito

(Ez. 18, 20). El alma que peca, ella sola morirá; las aflicciones no vienen sino por la iniquidad, como está escrito (Sal.89, 33.) Entonces castigaré sus rebeliones con vara, y sus iniquidades con plagas. (Ib. B.) Se planteó la siguiente objeción: "Los ángeles ministradores dijeron ante el Santo, ¡alabado sea! 'Soberano del universo, ¿por qué has decretado la muerte a Adán, el primer hombre?' 'Porque', les dijo el Señor, 'le di un mandamiento ligero y lo transgredió'. Entonces le dijeron: '¿No murieron Moisés y Aarón aunque cumplieron toda la Torá?' A lo que el Señor respondió: 'Sólo hay una oportunidad para los justos y los malvados; para los buenos, etc. (Eclesiastés 9, 2). [Esto es contrario a la opinión de R. Ami.] R. Ami dijo como el Tana del siguiente Baraitha; porque se nos enseña que R. Simon b. Elazar dijo: "Num. 20, 12.) Porque no tenías confianza en mí, etc. Pero si hubieran tenido confianza, entonces su tiempo de partir del mundo no habría llegado ". Otra objeción surgió de lo siguiente: [Se enseña en un Baraitha.] "Cuatro murieron como consecuencia de la instigación de la serpiente, es decir, Benjamín, el hijo de Jacob; Amram, padre de Moisés; Isaí, padre de David, y Chilab, hijo de David. Sabemos de todos por tradición excepto la de Isaí, el padre de David, que la Escritura explica, porque está escrito (II Sam..) Y Abshalom puso a Amassa en lugar de Joab como capitán del ejército; y Amassa era hijo de un hombre, cuyo nombre era Itra, el israelita, que había entrado en Abigail, la hija de Najash, la hermana de Zeruyah, la madre de Joab. ¿Era entonces Abigal la hija de Najash? He aquí "ella era la hija de Isaí, como está escrito (I. Crónicas 2, 16. Y sus hermanas (los hijos de Isaí) eran Zeruyah y Abigail. Por lo tanto, debemos decir que significa 'la hija del que murió [por el pecado cometido] por instigación de la serpiente. "Ahora, ¿según la opinión de quién se ha enseñado esto? ¿Diremos que está de acuerdo con los sabios de los ángeles ministradores [mencionados anteriormente]? He aquí, [según ese], Moisés y Aarón también murieron como consecuencia de la instigación de la serpiente [¿por qué entonces sino Isaí]? Debemos asumir entonces que está de acuerdo con la opinión de R. Simon b. Elazar, quien, aunque dice que Moisés y Aarón murieron a causa de sus pecados, sostiene que la muerte es posible sin pecado. Por tanto, deducimos el hecho de que hay muerte sin pecado y aflicción sin iniquidades. De ahí que se refute la teoría de R. Ami. Esta refutación se sostiene.

R Samuel b. Nachmeini dijo en el nombre de R. Jonathan: "Cualquiera que diga que Rubén (el hijo de Jacob) pecó, yerra, porque se dice (Génesis 35, 22). Ahora los hijos de Jacob eran doce. Tiene la intención de informar que todos eran iguales [en justicia]. ¿Cómo, entonces, explicaremos la primera parte del pasaje mencionado anteriormente? Tiene la intención de enseñar que él (Rubén) trastornó la cama de su padre, y las Escrituras lo acusan como si hubiera estado acostado con Bilhah ". Se nos enseña que R. Simon h. Elazar dijo: "Ese justo (Rubén) está exento de ese crimen, que tal suceso nunca le sucedió, porque ¿cómo podría ser posible que un hombre cuyos descendientes debían pararse en el monte Ebal y proclamar (Deu. 29, 20.) Maldito el que se acuesta con la esposa de su padre, cometería tal pecado. Pero, entonces, ¿cómo se explica el pasaje (Gén. 35, 22) Y se acostó con Bilha, la concubina de su padre? Tiene la intención de informarnos que exigió reparación por la humillación infligida a su madre diciendo: "Cuando la hermana de mi madre vivió y le resultó una molestia, fue soportable; ¡Pero que el sirviente de la hermana de mi madre sea una molestia para mi madre es insoportable! Entonces fue y trastornó el lecho de Bilhah. "Otros dicen que trastornó dos lechos, el de Schechina y el de su padre, y esto explica lo que está escrito (

Gn. 48, 4)..) Inestable como el agua, no tendrás la excelencia, porque subiste a la cama de tu padre; Entonces profanaste la Shejiná de mi lecho. No lea Yetzu'ey (mi cama), pero lea Yetzuay (las camas).

R. Samuel b. Nachmeini en el nombre de R. Jonathan, dijo: "Cualquiera que diga que los hijos de Eli pecaron yerra, porque dijo (I Sam. 1, 3). Y en ese lugar estaban los dos hijos de Eli, Chaphni y Phineas, sacerdotes del Señor. Él está de acuerdo con Rab que dijo que Phineas no pecó. [Y dado que las Escrituras ponen a Phineas y Chaphni en pie de igualdad, entendemos por esto que] así como Phineas no cometió ningún pecado, también Chaphni no cometió ningún pecado. Pero, ¿qué dice el pasaje (I. Sam. 2, 22) significan? Debido a que prolongaron el trabajo de las ofrendas de confinamiento, las Escrituras los censuran de esta manera. Ésta es la sustancia del texto. Rab dijo: "Phineas no pecó, porque se dice (Ib. 14, 3.) Y Achiyah, el hijo de Achitub, el hermano de Echabod, el hijo de Phineas, el hijo de Eli, el sacerdote del Señor. etc. ¿Es posible que las Escrituras describan minuciosamente la genealogía de un hombre que cometió un pecado? He aquí, se dice (Mal. 2, 12.) El Señor cortará al hombre que hace esto, hijos y nietos, de las tiendas de Jacob, y al que acerque una ofrenda al Señor de los Ejércitos [que así se explicó]: 'Si es un israelita , no tendrá quien quiera ser maestro entre los sabios, ni un erudito entre los discípulos; y si es sacerdote, no tendrá hijo que acerque una ofrenda ". "¿No se puede concluir de esto que Phineas no pecó? Pero he aquí, está escrito (I Sam. 2, 22.) Cómo se acostaron con las mujeres. Yish Kaban (él yacía) está escrito (refiriéndose a uno). Pero, ¿no está escrito (Ib. B.) No, hijo mío, porque no es un buen informe lo que tengo? R. Nachman b. Isaac dijo: "Benni (mi hijo) está escrito". ¿No está escrito: Hacéis transgredir al pueblo del Señor? R. Huna el hijo de R. Joshua dijo: Maabiram (haces transgredir al pueblo) está escrito. Pero, ¿no está escrito (Ib.) Ahora bien, los hijos de Elí eran hijos de Belial? Porque Phineas debería haber protestado contra la acción de Chaphni, y no lo hizo. La Escritura lo considera como cometido por él mismo (Fol. 56a).

Además, dijo R. Samuel b. Nachmeini en el nombre de R. Jonathan: "Cualquiera que diga que los hijos de Samuel (el profeta) han pecado, yerra, porque está dicho (I Sam. 8, 1.) Y sucedió que cuando Samuel era viejo, etc. Pero sus hijos no anduvieron en sus caminos. Es cierto que no anduvieron en sus caminos, sin embargo, no pecaron. Pero ahora el pasaje (Ib. Ib. Ib.) ¿Y ellos se inclinaron, en pos de su propia ventaja, a ser explicado? Significa que no actuaron como lo hizo su padre; porque Samuel, el justo, viajó por todas partes de Israel y celebró un tribunal en cada ciudad; como se dice (Ib ib.) Y fue de año en año y viajó en circuito a Bet-el, y Gil-gal, y Mizpa, y juzgó a Israel, mientras que sus hijos no lo hicieron, sino que habitaban en su respectivas ciudades, con el fin de aumentar los salarios de su superintendente y escribas [por representarlos]. Hay una diferencia de opinión entre los sabios. Está escrito (Ib. 8, 3.) Y se inclinaron por su propio beneficio. R. Meier dice: "

R. Samuel b. Nachmeini en el nombre de R. Jonathan dijo de nuevo: "Cualquiera que diga que David cometió un pecado, yerra, porque se dice (I Sam. 18, 14). Y David tuvo éxito en todos sus caminos; y el Señor estaba con él. ¿Es posible que haya cometido un crimen, y Schechina debería descansar con él? Pero, ¿cómo debería el pasaje (II Sam. 12, 9.) ¿Por qué has despreciado las palabras del Señor para hacer lo que es malo a sus ojos ser explicado? Él quiso, pero no lo hizo ". Bab dijo:" Rabí, que es un descendiente de David, se esfuerza por interpretar el pasaje a favor de David: ¿Por qué has despreciado las palabras del Señor para hacer lo malo en Su ojos. El rabino dice: 'Este mal es diferente [en ortografía y significado] de todos los demás males mencionados en las Escrituras. En todos los demás casos dice Vaya'as (y lo ha hecho), mientras que aquí dice La'asoth (hacer). Esto implica que solo quiso, pero no lo hizo '. "Urías el hitita. Has herido con la espada, (Ib.) Es decir, deberías haberlo juzgado por el Sanedrín, lo cual no hiciste; y te has tomado su esposa, (Ib.) Es decir, tuviste una derecho a ella; para R. Samuel b. Nachmeini,Yo Sam. 17, 18.) Y estos diez quesos llevarás al capitán de los mil, y preguntarás a tus hermanos cómo les va, y les quitarás la prenda. ¿Qué se quiere decir con Y quitarles la prenda? R. Joseph explicó: Significa que sus votos matrimoniales el uno al otro [te quitarás - mediante un divorcio] '. "Y a él (Urías) lo mataste con la espada de Amón, es decir, así como tú no serás castigado a causa de Amón, así tampoco serás castigado por la muerte de Urías. ¿Por qué? Porque era un rebelde, porque dijo (Ib.) Y mi Señor Joab, y los siervos de mi señor, acamparon a la intemperie. Rab dijo: "Después de examinar cuidadosamente la conducta de David, no encontrarás falta en su conducta excepto la de Urías, como está escrito (I Reyes 15, 5.) Salvo sólo en el asunto de Urías el hitita. Abaye, el mayor, ofreció la siguiente contradicción: "¿De verdad Rab dijo esto? He aquí que Rab dijo que 'David escuchó las calumnias'. "La contradicción se sostiene. Esta es la esencia de lo que se menciona arriba: Rab dijo: "David prestó oído a la calumnia, porque está escrito (II Sam. 9, 4.) Y el Rey le dijo: ¿Dónde está? Y Siba dijo al rey: He aquí, él está en la casa de Maquir. el hijo de Ammi'el, de Lo-debar, e inmediatamente después de esto, está escrito Y el rey David envió y lo hizo sacar de esta casa de Maquir, el hijo de Ammi'el, de Lo-debar. Entonces, cuando David descubrió que Siba estaba mintiendo, con respecto a su declaración, ¿por qué entonces David prestó atención a la segunda acusación de Siba? Porque está escrito (Ib. 16, 3.) Y el Rey dijo (a Siba) ¿Y dónde está el hijo de tu señor? Y Siba dijo al rey: He aquí, él se quedó en Jerusalén, etc. ¿Y de dónde sabemos que David prestó oído a esta calumnia? De este pasaje (Ib.) Entonces el rey dijo a Siba: He aquí, tuyo será todo lo que pertenece a Mefiboset. Y Siba dijo: Me postro; déjame encontrar gracia en tus ojos, mi Señor, oh Rey. "Pero Samuel dijo:" David no prestó oído a la calumnia. Él mismo notó eso acerca de la conducta de Mephiboseth que corroboró y afirmó la acusación de Ziba; como está escrito (Ib. 19, 25.) Y Mefi-boset, nieto de Saúl, bajó al encuentro del Rey, y no se había arreglado los pies, ni se había recortado la barba, ni lavado la ropa, etc., y más en el mismo capítulo está escrito: Y sucedió que cuando llegó a Jerusalén para encontrarse con el Rey, el Rey le dijo: ¿Por qué no fuiste conmigo, Mefiboset? Y él respondió: Mi Señor, oh Rey, mi siervo me engaña, porque tu siervo dijo: 'Yo ensillaré para mí el asno. para que yo pueda cabalgar sobre él, yo con el Rey; porque tu siervo es cojo. (Ib. B) Y calumnió a tu siervo ante mi Señor, el Rey, pero mi señor, el Rey es como un ángel de Dios; haz, pues, lo que bien te parezca, etc. Y el Rey le dijo: ¿Con qué propósito hablas aún tus palabras? He dicho que tú y Siba dividiréis el campo. Y Mefiboset dijo al Rey: Sí, que tome todo, ya que mi Señor, el Rey, ha vuelto en paz a su casa. Él (Mefiboset) le dijo así: He esperado con ansiedad tu llegada a casa a salvo, y como actúas conmigo de una manera tan (extraña), no tengo nada de qué quejarme contigo, sino de Aquel que te trajo sano y salvo. . "Y así corresponde a lo que está escrito (ha vuelto en paz a su propia casa. Él (Mefiboset) le dijo así: He esperado con ansiedad tu llegada a casa a salvo, y como actúas conmigo de una manera tan (extraña), no tengo nada de qué quejarme contigo, sino de Aquel que te trajo sano y salvo. . "Y así corresponde a lo que está escrito (ha vuelto en paz a su propia casa. Él (Mefiboset) le dijo así: He esperado con ansiedad tu llegada a casa a salvo, y como actúas conmigo de una manera tan (extraña), no tengo nada de qué quejarme contigo, sino de Aquel que te trajo sano y salvo. . "Y así corresponde a lo que está escrito (Yo Chr. 8, 34). Y el hijo de Jonatán fue Merib-baal. ¿Era entonces su nombre Merib-ba'al? He aquí, ¿era Mefi-boset? Pero tiene la intención de significar que solo porque tuvo una disputa con su maestro (David), un Bath-Kol (voz celestial) salió diciendo: "Tú, peleador, hijo de un peleador. 'Peleador' como mencionamos anteriormente, 'Hijo de un pendenciero', como está escrito (I Sam 15, 5. Y llegó Saúl a la ciudad de Amalec, y peleó en el valle; R. Mani explica que esto significa que tuvo una disputa sobre el valle. R. Juda, en el nombre de Rab, dijo: "En el momento en que David dijo a Mefiboset: Tú y Siba dividirás el campo, un Bat-Kol salió diciendo: Rechaban y Jerobom dividirán tu reino". R. Juda en el nombre de Rab dijo: "Si David no hubiera escuchado las calumnias, el Reino de la casa de David nunca se habría dividido, ni Israel habría practicado la idolatría, ni nosotros hubiéramos sido exiliados de nuestra tierra".

Además, dijo R. Samuel b. Nachmeini en el nombre de R. Jonathan: "El que dice que Salomón pecó, yerra, porque está escrito (I Reyes 11, 4.) Y su corazón no estaba indiviso con el Señor, su Dios, como el corazón de David, su padre. Es cierto que su corazón no estaba tan indiviso de Dios como el de su padre, sin embargo, no pecó. Pero, ¿cómo explicaremos el pasaje (Ib. 11, 1.) Y sucedió que, en el tiempo en que Salomón era anciano, sus esposas apartaron su corazón? Esto, explicó R. Nathan, porque R. Nathan planteó la cuestión de la contradicción. Está escrito Y sucedió que en el tiempo en que Salomón era anciano, que sus esposas desviaron su corazón (al pecado). He aquí, está escrito en el mismo capítulo: Su corazón no era como el de David, su padre, sin embargo, no pecó. [Por tanto, debemos decir que] Sus esposas trataron de 'desviar' su corazón hacia la idolatría, pero él no lo practicó. Pero está escrito (Ib.11, 7.) Entonces Salomón construyó un lugar alto para Kemosh, la abominación de Moab. Esto también significa que solo quería, pero no construyó. Pero de acuerdo con esto, ¿el pasaje (Josh. 8, 30.) Entonces Josué construyó un altar al Señor, ¿también quiere decir que quiso pero no construyó? Seguramente debemos decir que en este caso, ¡significa que sí construyó! Entonces, ¿por qué no lo mismo en el caso anterior? Pero [el incidente de Salomón] significa, como dice (en el Baraitha) R. Jossi dice: Y los lugares altos que estaban antes de Jerusalén, que debían estar a la derecha del monte de Mishcha que Salomón, el Rey de Israel tenía construido para Ashtarta, la abominación de los sidonios, etc. "¿Es posible que ni el rey Assa ni Josafat los hubieran limpiado hasta que Joshiyahu vino y los limpió? ¿No limpiaron Assa y Josafat la tierra de Israel de todos los ídolos? Pero [está pensado más bien] con el propósito de comparar el primero (Salomón) con el segundo (Joshiyahu); al igual que en el caso del último, se le asigna aunque no los destruyó [simplemente por haber abolido los que se establecieron después de la muerte de Assa y Josafat]. La misma regla debe seguirse en el caso del primero (Salomón); aunque no construyó, pero como no refrenó [cuando lo hicieron sus esposas], se le atribuye la culpa. "Pero está escrito (1 Reyes 11, 6.) E hizo Salomón lo que es malo ante los ojos del Señor. Debido a que Salomón debería haber restringido a sus esposas y no lo hizo, las Escrituras le atribuyen haber cometido el hecho él mismo. R. Juda en el nombre de Samuel dijo: "Hubiera sido mejor para ese hombre piadoso

(Salomón) si hubiera sido esclavo en un templo idólatra, solo para que no se escribiera sobre él. E hizo lo malo en los ojos del Señor ". R. Juda dijo en el nombre de Samuel: "Cuando Salomón se casó con la hija de Faraón, ella le trajo alrededor de mil instrumentos musicales diferentes. Cada uno de estos fue usado en la adoración de los ídolos separados, que ella le nombró, y sin embargo, no se opuso a ello ". R. Juda dijo además en el nombre de Samuel: "Cuando Salomón se casó con la hija del faraón Gabriel, descendió y clavó una caña en el mar,

R. Samuel b. Nachmeini en el nombre de R. Jonathan dijo: "El que dice que Joshiyahu pecó, yerra; porque se dice (II Reyes 22, 2) E hizo lo recto ante los ojos del Señor, y anduvo en todos los caminos de su padre David. Pero, ¿cómo explicaremos el pasaje (Ib. 23, 25). Y como él, no hubo un Rey antes que él, que regresara? etc. [lo que significa que se arrepintió después de haber pecado]. Todas las cantidades pagadas a través de su juicio real desde el momento en que tenía ocho años [cuando se convirtió en rey], Josías las reembolsó a los propietarios. ¿Dirás que le quitó a éste [a quien antes se lo había dado] y se lo devolvió al otro [a quien antes había multado injustamente]? Por lo tanto, dice (Ib. Ib. Ib.) Con toda su riqueza, es decir, devolvió el dinero de sus fondos privados [Así se entiende por la Escritura que regresó]. "Y la opinión de R. Jonathan difiere de Rab, porque Rab dijo:" Ninguno es más grande entre los arrepentidos que Joshiyahu en su generación, y solo uno en nuestra generación. ¿Quién es él? Abba, el padre de R. Jeremiah b. Abba. Y otra relación se refiere a Acha, el hermano de Abba, el padre de R. Jeremiah b. Abba, porque el maestro dijo: 'R. Abba y Acha eran hermanos. '"R. Joseph dijo:" Hay uno más en nuestra generación ". ¿Quién es? Ukban b. Nechemia, el Príncipe del Exilio. Y es el mismo que se llama Nathan Tzutzitha." Una vez. mientras estudiaba ", dijo R. Joseph," me quedé dormido y vi en mi sueño a un ángel que extendía las manos y aceptaba [el arrepentimiento de Ukban] ".

Shabat, Capítulo 6

(Fol. 59a) Ni con ciudad dorada. ¿Qué significa una ciudad dorada? Rabba bb Chana, en nombre de R. Jochanan dijo: "Un adorno de oro en el que se grabó la ciudad de Jerusalén, como el que R. Akiba hizo para su esposa".

(Fol. 60a) ¿Cuál es la razón de la prohibición de usar sandalias remachadas con hierro [en sábado]? Samuel dijo: "Era el final del período de persecución; una compañía [tratando de escapar de la destrucción, sin dejar de ser fieles a la fe judía] se escondió en cuevas, y dijeron que quien quisiera entrar [en la cueva] podía entrar," pero nadie debería irse [para que sus perseguidores no descubran su escondite y los maten]. Sucedió que uno de ellos llevaba las sandalias al revés [y sus huellas daban la impresión de que alguien había salido de la cueva]. uno había salido, temían que sus enemigos pudieran descubrir su escondite e invadirlos y matarlos. Presa del pánico, comenzaron a empujarse unos a otros [para llegar a la salida]. Se suicidaron en mayor número de lo que sus enemigos podían haber hecho. R. Elai, el hijo de R. Elazar, dijo: "La causa del pánico fue que escucharon una voz desde fuera de la cueva, y pensando que sus enemigos venían, comenzaron a empujarse unos a otros; así murieron más de los que sus enemigos podrían haber matado ".

Rami b. Ezequiel dijo:" Mientras estaban sentados en un lugar de estudio, oyeron una voz desde la parte trasera de la casa ", y pensando que sus enemigos estaban llegando, comenzaron a empujarse y pisotearse unos a otros con sus sandalias remachadas de hierro, de modo que se mataron más de lo que sus enemigos podrían haber matado ". En esa hora se decretó que un hombre no debería salir [en sábado] con una sandalia remachada con hierro. Si es así, ¿por qué no prohibir [el uso de sandalias con remaches de hierro] también durante la semana? Porque el desastre ocurrió en sábado. el hijo de R. Elazar, dijo: "La causa del pánico fue que escucharon una voz desde fuera de la cueva, y pensando que sus enemigos venían, comenzaron a empujarse unos a otros; así murieron más de los que sus enemigos podrían haber hecho". delicado." Rami b. Ezequiel dijo: "Mientras estaban sentados en un lugar de estudio, oyeron una voz desde la parte de atrás de la casa", y pensando que sus enemigos se acercaban, comenzaron a empujarse y pisotearse unos a otros con sus sandalias con remaches de hierro, para que se mataran a sí mismos más de lo que sus enemigos podrían haber matado. "En esa hora se decretó que un hombre no debería salir [en sábado] con una sandalia remachada con hierro. Si es así, ¿por qué no prohibir [el uso de sandalias con remaches de hierro] en los días de semana también? Porque el desastre ocurrió en sábado. el hijo de R. Elazar, dijo: "La causa del pánico fue que escucharon una voz desde fuera de la cueva, y pensando que sus enemigos venían, comenzaron a empujarse unos a otros; así murieron más de los que sus enemigos podrían haber hecho". delicado." Rami b. Ezequiel dijo: "Mientras estaban sentados en un lugar de estudio, oyeron una voz desde la parte de atrás de la casa", y pensando que sus enemigos se acercaban, comenzaron a empujarse y pisotearse unos a otros con sus sandalias con remaches de hierro, para que se mataran a sí mismos más de lo que sus enemigos podrían haber matado. "En esa hora se decretó que un hombre no debería salir [en sábado] con una sandalia remachada con hierro. Si es así, ¿por qué no prohibir [el uso de sandalias con remaches de hierro] en los días de semana también? Porque el desastre ocurrió en sábado. La causa del pánico fue que escucharon una voz desde fuera de la cueva, y pensando que se acercaban sus enemigos, comenzaron a empujarse unos a otros; así murieron más de los que sus enemigos podrían haber matado ". Rami b. Ezequiel dijo:" Mientras estaban sentados en un lugar de estudio, oyeron una voz desde la parte trasera de la casa ", y pensando que sus enemigos estaban llegando, comenzaron a empujarse y pisotearse unos a otros con sus sandalias remachadas de hierro, de modo que se mataron más de lo que sus enemigos podrían haber matado ". En esa hora se decretó que un hombre no debería salir [en sábado] con una sandalia remachada con hierro. Si es así, ¿por qué no prohibir [el uso de sandalias con remaches de hierro] también durante la semana? Porque el desastre ocurrió en sábado. La causa del pánico fue que escucharon una voz desde fuera de la cueva, y pensando que se acercaban sus enemigos, comenzaron a empujarse unos a otros; así murieron más de los que sus enemigos podrían haber matado ". Rami b. Ezequiel dijo:" Mientras estaban sentados en un lugar de estudio, oyeron una voz desde la parte trasera de la casa ", y pensando que sus enemigos estaban llegando, comenzaron a empujarse y pisotearse unos a otros con sus sandalias remachadas de hierro, de modo que se mataron más de lo que sus enemigos podrían haber matado ". En esa hora se decretó que un hombre no debería salir [en sábado] con una sandalia remachada con hierro. Si es así, ¿por qué no prohibir [el uso de sandalias con remaches de hierro] también durante la semana? Porque el desastre ocurrió en sábado. y pensando que venían sus enemigos, empezaron a empujarse unos a otros; así murieron más de los que sus enemigos podrían haber matado ". Rami b. Ezequiel dijo:" Mientras estaban sentados en un lugar de estudio, oyeron una voz desde la parte trasera de la casa ", y pensando que sus enemigos estaban llegando, comenzaron a empujarse y pisotearse unos a otros con sus sandalias remachadas de hierro, de modo que se mataron más de lo que sus enemigos podrían haber matado ". En esa hora se decretó que un hombre no debería salir [en sábado] con una sandalia remachada con hierro. Si es así, ¿por qué no prohibir [el uso de sandalias con remaches de hierro] también durante la semana? Porque el desastre ocurrió en sábado. y pensando que venían sus enemigos, empezaron a empujarse unos a otros; así murieron más de los que sus enemigos podrían haber matado ". Rami b. Ezequiel dijo:" Mientras estaban sentados en un lugar de estudio, oyeron una voz desde la parte trasera de la casa ", y pensando que sus enemigos estaban llegando, comenzaron a empujarse y pisotearse unos a otros con sus sandalias remachadas de hierro, de modo que se mataron más de lo que sus enemigos podrían haber matado ". En esa hora se decretó que un hombre no debería salir [en sábado] con una sandalia remachada con hierro. Si es así, ¿por qué no prohibir [el uso de sandalias con remaches de hierro] también durante la semana? Porque el desastre ocurrió en sábado. En esa hora se decretó que un hombre no debería salir [en sábado] con una sandalia remachada con hierro. Si es así, ¿por qué no prohibir [el uso de sandalias con remaches de hierro] también durante la semana? Porque el desastre ocurrió en sábado. En esa hora se decretó que un hombre no debería salir [en sábado] con una sandalia remachada con hierro. Si es así, ¿por qué no prohibir [el uso de sandalias con remaches de hierro] también durante la semana? Porque el desastre ocurrió en sábado.

(Fol. 6la) Nuestros rabinos han enseñado: "Cuando uno se pone los zapatos, primero debe ponerse el zapato derecho y luego el izquierdo; cuando se los quita, primero debe quitarse el zapato izquierdo y luego el derecho. . Cuando uno se lava, primero debe lavarse la mano derecha y luego la izquierda; cuando se unge, primero debe ungir el lado derecho y luego el izquierdo. El que unge todo el cuerpo, primero debe ungir su cabeza, porque el la cabeza es el rey de todos los órganos del cuerpo ".

(Fol. 63a) R. Cahana dijo: "Cuando tenía unos dieciocho años, estaba bien versado en todo el Talmud, y hasta ahora no sabía que un pasaje (bíblico) no se puede sacar de su sentido literal". ¿Qué pretende informarnos con esta declaración? Que un hombre debe primero estudiar toda la Torá y luego razonar sobre ella. Jeremías en el nombre de R. Elazar dijo: "¡El Santo, alabado sea! Hará prosperar a dos eruditos que [argumentan la ley para] agudizar la mente del otro en la ley, como se dice (Sal. 45, 45.) Y tu majestad. No lo leas Vehadarcha (majestad) sino léelo Vechadadcha (tu agudeza). Además, se elevarán a la distinción, porque se dice además (Ib. Ib.) Sea próspero viaje largo. Se podría decir que este sería el caso incluso si uno estudia la Torá, no por sí misma; por lo tanto, el pasaje dice más (Ib. ib. 5) Por la causa de la verdad. Se podría decir que esto incluiría incluso a aquellos que se vuelven arrogantes y orgullosos. Dice además (Ib. Ib. Ib.) Y mansedumbre y rectitud. Y si lo hacen, tendrán el privilegio de [el claro conocimiento de] la Torá. que fue dado con la diestra [de Dios], como está dicho (Ib. ib. ib.) Y cosas espantosas enseñará tu diestra. R. Nachman b. Dijo

Isaac. "Tendrán el privilegio de las cosas que se dijo [que estaban en posesión de] la mano derecha de la Torá; para Raba b. Shila, y según algunos, R. Joseph b. Chama en el nombre de R. Shesheth dijo: "¿Qué se entiende por lo que está escrito (Pr. 3, 16.) Largos días está en su mano derecha; a su izquierda están las riquezas y el honor. ¿Es posible que en su diestra haya solo días y no riquezas y honra? Pero se pretende así: para aquellos que estudian la Torá de la manera correcta (por su bien) hay longevidad y, por supuesto, riquezas y honor, pero para aquellos que estudian la Torá de la manera incorrecta (por su propio bien) se les puede dar riquezas y honor, pero no longevidad '". R. Jeremiah en el nombre de R. Simon b. Lakish dijo:" El Santo, alabado sea, escucha a dos eruditos que en voz baja discuten una Halajá (Ley) entre ellos, como se dice (Mal. 3, 10.) Luego conversaron (nidbcru) los que temían al Señor, uno con el otro, etc., y Dibbur se aplica a una conversación modesta, porque se dice (Sal. (47, 4.) Él guiará (Yadber) a la gente bajo nosotros. "¿Qué significa Y para aquellos que pensaron en Su nombre (Mal. 3, 10)? R. Ami dijo:" Cuando uno solo tenía la intención de cumplir un mandamiento, pero accidentalmente se le impidió y no pudo cumplirlo, la Escritura le acredita como si realmente lo hubiera observado ". R. Chanina b. Ide dijo:" Quien ejecute un mandato divino como ha sido ordenado, no será el destinatario de malas noticias, porque se dice (Ec. 8, 5)..) Quien guarda los mandamientos no experimentará ninguna maldad. "R. Assi, o, como algunos dicen, R. Chanina, dijo:" ¡Incluso si el Santo, alabado sea! ya ha decretado una dispensa maligna [contra tal hombre], la anulará; como se dice (Ib. ib. 4.) Porque las palabras de un rey son poderosas, y ¿quién puede decirle "¿Qué haces?" Y después sigue: Quien guarda el mandamiento no experimentará maldad. "R. Abba en el nombre de R. Simon b. Lakish dijo:" ¡El Santo, alabado sea! escucha las voces de dos eruditos que se escuchan pacientemente en las discusiones de la Halajá (Ley), como se dice (Canciones 8, 13.) Tú que moras en los jardines, tus compañeros escuchan tu voz; Oh, déjame escucharlo. Pero si no lo hacen, harán que la Shejiná se vaya de Israel, como se dice (Ib. Ib. 14.) Huye, amigo mío. "Etc. R. Abba en nombre de R. Simon b. Lakish dijo: "Dos eruditos que discutan la Halajá (Ley) con modestia merecerán el amor del Santo, ¡alabado sea Él! como se dice (Ib. 2, 4.) Y Su estandarte de amor ondea sobre mí ", dijo Raba: Esto implica solo cuando poseen algún conocimiento de la ley y también cuando no hay maestro en el pueblo de quien aprender.'"

Además, dijo R. Abba en nombre de R. Simon b. Lakish: "Dar a crédito [a los necesitados] es más digno que dar caridad; e invertir dinero [en sociedad con los pobres] es la mayor filantropía]". R. Abba en nombre de R. Simon b. Lakish dijo también: "Si ves a un erudito que es vengativo y enojado como una serpiente, átalo alrededor de tus lomos (no le temas). Pero si un hombre ignorante parece ser piadoso, no vivas cerca de él, [porque él no sabe cómo ser piadoso y por lo tanto te causará una mala impresión] ".

R. Cahana, a nombre de R. Simon b. Lakish, o, como dicen algunos, R. Assi en nombre de R. Simon b. Lakish y. en opinión de otros, R. Abba en nombre de R. Simon b. Lakish dijo: "Cualquiera que críe un perro feroz en su casa, niega la bondad de su casa, porque se dice (Job 6, 14)..) Como si yo fuera alguien que rechaza (Lamas) la bondad hacia su amigo. (Ib. B). Porque en griego, llaman a un perro Lamas. R. Nachman b. Isaac dijo: "Incluso abandona el temor del Señor, porque se dice inmediatamente después de esto. Y abandona el temor del Todopoderoso". Una vez, una mujer entró en una casa para hornear; un perro le ladró, lo que provocó que su feto se aflojara. "No le temas", le dijo el dueño, "porque ha sido privado de sus dientes y garras". Pero la mujer respondió: "Toma tu consejo de buen corazón y tíralo por el seto (llega demasiado tarde); el embrión ya está suelto [y el aborto debe seguir]".

R. Akiba ofreció una vez un banquete en honor de su hijo y en cada copa de vino que traía decía: "Vino y salud a la boca de nuestros maestros; salud y vino a la boca de nuestros maestros y sus discípulos".

Shabat, Capítulo 7

(Fol. 69b) R. Huna dijo: "Si uno está viajando por un desierto y no sabe qué día es el sábado, debe contar seis días [desde el día en que se dio cuenta de que estaba perdido] y observar el séptimo. " Chiya b. Rab dice: "Primero debe observar un día como sábado y luego contar seis días". ¿Cuál es la base de su diferencia? El primero opina que debería estar de acuerdo con la creación del mundo [en el que los días de la semana comenzaron primero]; este último, sin embargo, opina que debería estar de acuerdo con la creación de Adán, el primer hombre [que fue creado el viernes y observó el sábado primero].

(Fol. 75a) R. Zutra b. Tubia en el nombre de Rab dijo: "El que tira del hilo de una costura en el día de reposo [acercando ambos extremos y evitando que se parta] está obligado a traer una ofrenda por el pecado [por su acto]; el que aprende una cosa [incluso una cuestión de derecho] de un Amgusha merece ser castigada con la muerte; y quien comprende la ciencia de la astronomía y no la utiliza, no merece que se hable de ella ". ¿Qué es Amgusha? Rab y Samuel difieren: uno declara que significa un hechicero, el otro sostiene que significa un blasfemo. Se puede comprobar que Rab es el que dijo un blasfemo; para R. Zutra b. Tubia dijo en nombre de Rab: "El que aprende una cosa [incluso una cuestión de derecho] de un Amgusha merece ser castigado con la muerte", y si asumimos que Rab dijo un hechicero, entonces, ¿por qué debería merecer la muerte un hombre que aprende de él? He aquí, está escritoDeu. 18, 19.) No aprenderás a hacer, pero puedes aprender a entender y a juzgar. [Por lo tanto, debemos decir que Rab declaró que significaba un blasfemo.] La afirmación se sostiene.

R. Simon b. Pazi en nombre de R. Joshua b. Levi, quien habló en nombre de b. Kappara, dijo: "Respecto al que comprende la ciencia de la astronomía y no la practica, el pasaje dice (Isaías 5, 12). Pero las obras del Señor no hacen caso, y la obra de sus manos no ven . " R. Samuel b. Nachmeini en el nombre de R. Jonathan dijo: "¿De dónde aprendemos que a un hombre se le ordena estudiar la ciencia de la astronomía? Dice (Deu. 4, 6). Por lo tanto, guárdalos y hazlos ; porque esta es tu sabiduría y tu entendimiento ante los ojos de las naciones. ¿Qué clase de sabiduría y entendimiento se reconoce a los ojos de las naciones? Es la sabiduría de la astronomía ".

Shabat, Capítulo 8

(Fol. 77b) R. Juda en el nombre de Rab dijo: "¡El Santo, alabado sea! No creó ni una sola cosa en vano. Creó el caracol como remedio para la sarna (del camello); Él creó la mosca por la picadura de una avispa, el mosquito por la picadura de una serpiente, la serpiente misma por curar las llagas de la cabeza, y la ichneumon-mosca por la picadura de un escorpión ". ¿Cómo se debe aplicar este remedio? Deje que uno traiga uno negro y uno blanco de los insectos, hierva y coloque donde se requiera. Nuestros rabinos enseñaron: "Hay cinco tipos de miedo: el miedo del fuerte por el débil; el miedo del león por el mosquito; el miedo del elefante por el mosquito; el miedo del escorpión por la mosca icneumón; el miedo del águila por el cazador de moscas, y el miedo del leviatán por el espinoso ". R. Juda en nombre de Rab dijo: " ¿Dónde está el pasaje bíblico para probarlo? (Amós 5, 9.) Que hace que el desgaste prevalezca contra el fuerte (Amós 5, 9). "R. Zeira encontró una vez a R. Juda de pie a la puerta de la casa del suegro de este último de muy buen humor, y dispuesto a responder, si se le preguntaba, sobre todos los procesos secretos de la naturaleza. R. Zeira le preguntó: "¿Por qué las cabras llevan el liderazgo [del rebaño]?" "Porque", respondió R. Juda, "está de acuerdo con la creación; al principio la oscuridad, luego la luz. "R. Zeira le preguntó de nuevo:" ¿Por qué las cabras no tienen cola como las ovejas? "" Los que nos cubren son ellos mismos cubiertos y los que no nos cubren no están cubiertos. "¿Por qué el camello tiene una cola corta?", "Porque se alimenta entre espinas". "¿Por qué el buey tiene una cola larga?", "Porque pasta en las llanuras y debe protegerse de los jejenes". ¿Por qué los palpadores de la langosta son flexibles? "" Porque la langosta pulula en los campos: si los palpadores fueran inflexibles, la langosta se cegaría al perderlos al golpear contra los árboles, porque Samuel dijo: 'Todo lo que se necesita para cegar una langosta es para rasgarle las antenas. '"' ¿Por qué los párpados del pollo se cierran hacia arriba? '"' Porque asciende de noche sobre cosas elevadas y si los párpados se cerraran hacia abajo, el menor humo que venga de abajo cegaría los ojos del pollo ". Nuestros rabinos enseñaron: "Tres seres vivos se fortalecen a medida que envejecen. Son el pez, la serpiente y el cerdo ". Todo lo que se necesita para cegar a una langosta es rasgar sus antenas. """ ¿Por qué los párpados del pollo se cierran hacia arriba? "" Porque asciende de noche sobre cosas elevadas y si los párpados se cierran hacia abajo, el menor humo que sale. desde abajo cegaría los ojos del pollo ". Nuestros rabinos enseñaron:" Tres seres vivos se hacen más fuertes a medida que envejecen. Son el pez, la serpiente y el cerdo ". Todo lo que se necesita para cegar a una langosta es rasgar sus antenas. """ ¿Por qué los párpados del pollo se cierran hacia arriba? "" Porque asciende de noche sobre cosas elevadas y si los párpados se cierran hacia abajo, el menor humo que sale. desde abajo cegaría los ojos del pollo ". Nuestros rabinos enseñaron:" Tres seres vivos se hacen más fuertes a medida que envejecen. Son el pez, la serpiente y el cerdo ".

Shabat, Capítulo 9

(Fol. 82a) (Mishnah) R. Akiba dijo: "¿De dónde aprendemos que si uno lleva un ídolo, es tan impuro como un Niddah? Se dice (Is 30, 22.) Los desecharás como a Niddah, vete de aquí, le dirás, es decir, así como un Niddah contamina al que la lleva, así un ídolo contamina al que lo lleva ".

(Ib. B.) (Gemara) Rabba dijo: "El pasaje, Tú los desecharás como un Niddah, significa, Quítalos de ti como una cosa extraña (repugnante). Vete, le dirás, pero Ven en no le dirás. "

(Fol.83b) Se nos enseña: E hicieron de Baal-b'rith un dios para ellos mismos (Jueces 8, 33). Esto se refiere a Zebub, el ídolo de Ekron. De esto aprendemos que todos y cada uno hicieron una imagen de su ídolo [en miniatura] y la guardaron en su bolsillo; cada vez que se lo recordaba, lo sacaba del bolsillo, lo abrazó y lo besó. Chanina b. Akabia dijo: "¿Por qué dijeron los rabinos que un barco del Jordán está sujeto al estatuto de impureza levítica? Porque generalmente se carga en la orilla y se lleva al agua debido a su pequeño tamaño". R. Juda, en el nombre de Rab, dijo: "Nunca un hombre se ausentará de la casa de instrucción, ni siquiera por un tiempo; porque la Mishná anterior (con respecto a un barco del Jordán) se había enseñado en la casa de estudio para muchos años, y nadie sabía la razón, hasta que R. Chanina b. Akabia vino y lo explicó ". R. Jonathan dijo: " Nunca un hombre se ausentará de la casa de la erudición y de las palabras eruditas, aunque esté al borde de la muerte; porque está dichoNum. 19, 14.) Esta es la Torá, cuando un hombre muere en una tienda, es decir, incluso en el momento de la muerte, un hombre estudiará la Torá ". Resh Lakish dijo:" Las palabras de la Torá no durarán excepto con él. que está dispuesto a morir por ello; como está escrito. Esta es la ley, cuando un hombre muere en una tienda ".

(Fol. 85a) R. Chiya b. Abba dijo: "¿Qué significa el pasaje? (Deut. 19, 14). No traspasarás el lindero de tu prójimo, que el pueblo de antaño puso, es decir, no irás más allá de lo limitado por los de antaño". ¿Qué han limitado los de antaño? R. Samuel b. Nachmeini, en el nombre de R. Jochanan, dijo: "Es WTitten (Gen. 36, 20.) Estos son los hijos de Seir el Chorite, que habitaba la tierra. ¿El resto de la humanidad habitó el cielo? Pero [significa que] eran expertos en agricultura. 'Esta medida [de tierra]', decían, 'es suficiente para [la plantación de] olivos; esta medida de tierra para los vinos, y esta medida para los dátiles. '"¿Qué significa V'chori? Esto significa que solían oler la tierra. ¿Y qué significa Ve'chiri? R. Papa dijo:" Probaron la tierra [para saber lo que sería adecuado] como lo hace una serpiente ". R. Acha b. Jacob dijo:" Chori significa que se liberaron de su riqueza [porque la perdieron] ".

(Fol. 86a) R. Ada b. Ahaba dijo: "Moisés ascendió [el monte Sinaí] temprano en la mañana y descendió temprano a la mañana [siguiente]. Ascendió temprano en la mañana, como está escrito (Ex. 34, 4)..) Y Moisés se levantó muy de mañana y subió al monte Sinaí; Descendió por la mañana temprano, como está escrito (Ib. 19, 24). Ve, desciende, y luego subirás tú, y Aarón contigo. Comparamos el Yerida (descenso) con el Aliya (ascenso); así como el ascenso se hizo temprano en la mañana, así también se hizo el descenso temprano en la mañana ". (Ib. b) Nuestros rabinos enseñaron:" En el sexto día del mes [Siván] se dieron los diez mandamientos a Israel . R. José dijo: 'El séptimo día del mes' "." Todos están de acuerdo ", dijo Raba," que el primer día del mes los israelitas llegaron al desierto del Sinaí, porque está escrito (Ex. 19 , 1.) En este día llegaron al desierto de Sinaí; y allí está escrito (Ib. 12, 2.) Este mes (Nisán) os será el jefe de los meses. [Sacamos una analogía de la palabra Haze (esto) usada en ambos lugares]; así como en el último caso la palabra Haze (esto) se refiere al primero del mes [como dice claramente], así también en el primer caso se refiere al primero del mes; y además todos están de acuerdo en que la Torá fue entregada a Israel en sábado, porque está escrito aquí (Ex.20, 8.) Acuérdate del día de reposo para santificarlo. y está escrito allí (Ib. 13, 3.) Y Moisés dijo al pueblo que recuerden este día, etc. [Derivamos al hacer una analogía de las palabras zachor (recordar) usadas en ambos lugares]; así como en el último caso, zachor (recordar) alude al mismo día de su salida de Egipto, así también alude en el primer caso al mismo día del sábado. Sin embargo, los rabinos y R. Jose difieren en cuanto a qué día fue el primero de ese mes. R. José opina que el primer día de ese mes se fijó el primer día de la semana, y que ese día no se dieron mandamientos porque los israelitas estaban cansados de su largo viaje. El segundo día de la semana el Señor les dijo (Ib. 19, 6.) Y seréis para mí un reino de sacerdotes. (Fol. 87a) El tercer día [de la semana] les advirtió que se mantuvieran alejados del monte; el cuarto, apartarse de las mujeres [tres días, hasta el sábado]. Pero los rabinos opinan que el primero de ese mes se fijó en el segundo día de la semana; que en este día no se les dio ningún mandamiento porque los israelitas estaban cansados de su viaje. Al tercer día [de la semana] el Señor les dijo (Ib. Ib. Ib.) Y seréis para mí un reino de sacerdotes. En el cuarto, les advirtió que se mantuvieran alejados del monte. El quinto, para apartarse de sus esposas [dos días, hasta el sábado] ". Se planteó la siguiente objeción: Y santifícalos hoy y mañana (Ib. Ib.). Esto contradice la opinión de R. José [quien dice que se reservaron tres días para la santificación] R. José podría explicar que Moisés agregó un día sobre su propio reconocimiento, como se enseña: "Tres cosas hizo Moisés por su propia autoridad, y el Santo, ¡alabado sea! Él las sancionó: Moisés agregó un día [de separación] por su propia autoridad; se separó de su esposa y rompió las Tablas ". Añadió un día bajo su propia autoridad; ¿Qué versículo interpretó [para inducirlo a agregar un día]? Hoy y mañana, estaban en el mandamiento del Señor. Hoy debe ser igual (en duración) que mañana; así como mañana incluye el día y la noche, así también hoy debe incluir el día y la noche; la noche, sin embargo, ya ha pasado, por lo que se debe agregar otro día (un tercero) para compensar la noche perdida. ¿De dónde aprendemos que el Santo, alabado sea! estuvo de acuerdo con él? Debido a que la Shejiná no apareció [en el monte. Sinaí] hasta el sábado por la mañana. Y se separó de su esposa, ¿qué versículo interpretó [para guiarlo en su acción]? Aplicó la orden dada a Israel [de separarse de sus esposas] a sí mismo, a través de la medida de la regla trazada de menor a mayor, diciendo así: "Si Israel con quien la Shejiná no conversó sino una vez en cierto momento, es ordenado por la Torá separarse de sus esposas, yo, con quien la Shejiná conversa constantemente sin tener una hora fijada, ciertamente debería separarme de mi esposa ". ¡Y de dónde aprendemos que el Santo, alabó! estuvo de acuerdo con él? Está escrito (¿Qué versículo interpretó [para guiarlo en su acción]? Aplicó la orden dada a Israel [de separarse de sus esposas] a sí mismo, a través de la medida de la regla trazada de menor a mayor, diciendo así: "Si Israel con quien la Shejiná no conversó sino una vez en cierto momento, es ordenado por la Torá separarse de sus esposas, yo, con quien la Shejiná conversa constantemente sin tener una hora fijada, ciertamente debería separarme de mi esposa ". ¡Y de dónde aprendemos que el Santo, alabó! estuvo de acuerdo con él? Está escrito (¿Qué versículo interpretó [para guiarlo en su acción]? Aplicó la orden dada a Israel [de separarse de sus esposas] a sí mismo, a través de la medida de la regla trazada de menor a mayor, diciendo así: "Si Israel con quien la Shejiná no conversó sino una vez en cierto momento, es ordenado por la Torá separarse de sus esposas, yo, con quien la Shejiná conversa constantemente sin tener una hora fijada, ciertamente debería separarme de mi esposa ". ¡Y de dónde aprendemos que el Santo, alabó! estuvo de acuerdo con él? Está escrito (Deu. 5, 27). Id, diles: volved a vuestras tiendas, e inmediatamente después está escrito: Pero tú, quédate aquí conmigo. Según otros, la sanción de Dios se deriva de (Núm. 12, 8). Boca a boca hablo con él. Rompió las Tabletas. ¿Qué versículo interpretó [para guiarlo en su acción]? Se dijo a sí mismo: "Si con respecto al sacrificio de la Pascua, que es sólo uno de los seiscientos trece mandamientos, se dice en la Torá (Ex. 12, 43¿No contradice esto la opinión de los rabinos? Los rabinos podrían decir que este Baraitha está de acuerdo con la opinión de R. Jose.

Se nos enseña: Y Moisés devolvió las palabras del pueblo al Señor (Ex.19, 8.). También está escrito (Ib. Ib. Ib.) Y Moisés comunicó las palabras del pueblo al Señor. "¿Qué dijo el Santo, ¡Alabado sea!" A Moisés? ¿Qué le dijo Moisés a Israel? ¿Qué respondió Israel a Moisés? ¿Y qué respuesta dio Moisés a Dios? la gente (qué tan lejos se puede acercar al monte Sinaí) '. Esto es de acuerdo con la opinión de R. Jose b. Juda; pero Rabbi dice: 'Dios al principio explicó el castigo [para aquellos que transgreden la Torá], como está escrito (Ib. Ib. Ib.) Y Moisés regresó, etc., es decir, palabras que castigan la mente del hombre [amenazas de castigo]. Y finalmente explicó sus recompensas; como está escrito (Ib. ib. ib.) Y Moisés regresó, etc., es decir, palabras que atraen (atraer) el corazón del hombre como una conferencia '. Algunos dicen: ' Al principio les explicó sus recompensas, porque está escrito. Y volvió Moisés; Yashab (regresó) alude a palabras que pueden aquietar la mente del hombre; luego les explicó su castigo, porque está escrito (Vayaged) Y Moisés dijo, es decir, palabras (de advertencia contra el castigo) que son tan duras (desagradables) para el hombre como la madera de gusano. "'¡Ven y aprende! siguiendo a Baraitha: "El sexto, en el sexto día del mes y en el sexto día de la semana". Esto está en contradicción con la opinión de los rabinos [que dicen que fue el séptimo día del mes]. Baraitha también está de acuerdo con la opinión de R. José [los rabinos, sin embargo, no están de acuerdo con ella]. ¿Qué se entiende por El sexto? Raba dijo: "El sexto de su campamento", y R. Acha b. Jacob dijo: (Ib. B) "El sexto día de su viaje". Y difieren con respecto al sábado para el cual se ordenó a Israel en Mara; porque está escritoDeu. 5, 12.) Guarda el día de reposo para santificarlo, como el Señor, tu Dios, te lo ha mandado. Y R. Juda en el nombre de Rab dijo: Como te lo ordenó en Marah. R. Acha opina que en Marah los israelitas fueron instruidos sobre las principales leyes del sábado, pero no sobre los límites de la marcha sabática; pero Raba es de la opinión de que Israel también fue instruido con respecto a los límites sabáticos de caminar ".

¡Ven y aprende! De la siguiente Baraitha: "En el día catorce del mes de Nisán, durante el cual (mes) los israelitas salieron de Egipto, mataron el sacrificio de la Pascua, y en el día quince salieron. En esta víspera el primogénito (de los egipcios) fueron asesinados ". ¿Cómo puedes pensar que la plaga de los primogénitos tuvo lugar la noche siguiente al éxodo de Israel? Por tanto, debemos decir que se refiere a la noche anterior [siguiente a la catorceava]. "Ese día (el quince) fue el quinto de la semana". Dado que el quince de Nisán fue el quinto día de la semana, ciertamente debemos decir que el primer día de Iyar (el mes siguiente) cayó en sábado; y el primero de Sivan (el mes siguiente) cayó el primer día de la semana: esto entonces está en contradicción con la opinión de los rabinos [que sostienen que el primer día de Siván de ese año ocurrió el segundo día de la semana]. Los rabinos podrían explicar esto que el mes de Iyar era un mes intercallar [haciendo así que el primero de Siván se declarara el segundo día de la semana]. ¡Ven y aprende! Y sucedió que en el primer mes del mismo año, el primero del mes, se levantó el Tabernáculo (Ex. 40. 17). Se nos enseña: "Ese día fue coronado diez veces; fue el primer día de la creación; el primero de los días en que el primer príncipe presentó sus ofrendas sobre el altar [en la dedicación del Tabernáculo]; el primero de los días en el cual los sacerdotes (Aarón y sus hijos) hacían su trabajo en el Tabernáculo; el primer día en que la ofrenda [de los sacrificios congregacionales] tuvo lugar en el Tabernáculo; el primer día en que el fuego celestial descendió sobre el altar [devorando las ofrendas]; el primer día en que se permitió a los sacerdotes comer los sacrificios en el tabernáculo; el primer día en que apareció la Shejiná en el santuario; el primer día en que el sumo sacerdote bendijo a los hijos de Israel en el tabernáculo; el primer día en que se prohibieron los sacrificios en lugares elevados; y el primer día del primero del mes ". Ahora, si el primer día de Nisan de ese año fue el primer día de la semana, debemos concluir que el primer Nisan del año anterior cayó en el cuarto día del semana porque así se nos ha enseñado: "Los acherim dicen que no puede haber más de cuatro días de diferencia entre la Fiesta de las Semanas de un año y la Fiesta de las Semanas de otro año; entre un día de Año Nuevo y otro; y si interviene un año bisiesto, entonces puede haber una diferencia de cinco días ". De acuerdo con esto, debemos concluir que el primer día del mes de lyar cayó en el sexto día de la semana, y el primer día de la El mes de Siván cayó en sábado, por lo que esto contradice tanto a los rabinos como a R. José. Sí, según R. José, había siete meses cortos [de veintinueve días] (Fol.

¡Ven y aprende! Se nos enseña en Sedar Olam: "En el día catorce del mes de Nisan, durante el cual Israel salió de Egipto, mataron el sacrificio de Pascua; el día quince salieron. Y ese día era viernes". Ahora. Dado que el primer día del mes de Nisán de ese año cayó en viernes, debemos concluir que el primer día del mes de lyar (el siguiente) cayó en el primer día de la semana y el primero del mes siguiente, Sivan, cayó el segundo día de la semana; y esto es contrario a la opinión de R. Jose. R. José podría explicar que el Sedar Olam está de acuerdo con la opinión de los rabinos [él, sin embargo, no está de acuerdo con ellos]. Ven y aprende, del siguiente R. José dice: "En el segundo día (de la semana) Moisés ascendió [al Monte Sinaí] y regresó, y al tercer día, subió y regresó, pero al cuarto día bajó pero no subió. "Puesto que no subió, ¿de dónde bajó? Por lo tanto, debemos concluir que significa así:" Al cuarto día, subió y bajó [y luego no subió más]; en el quinto día construyó el altar sobre el cual ofreció sacrificios, en el sexto día no tuvo tiempo. "¿Asumiremos que no tuvo tiempo porque en ese día la Torá fue entregada a Israel? [Si es así, entonces será contradecir la opinión de Raba, quien dijo que, según todas las opiniones, la Torá se entregaba en sábado.] No, no tenía tiempo, porque estaba ocupado con [los preparativos para el sábado]. Cierto galileo dio una conferencia en presencia de R. Chisda: "Alabado sea el Dios misericordioso que dio una Torá triple (Pentateuco,Ex. 19, 17.) "Aprendemos de este pasaje", dijo R. Dimi b. Chassa. "que el Santo, ¡alabado sea! arqueó la montaña sobre ellos como un tanque y les dijo: 'Si aceptan la Torá, entonces está bien, pero si no, allí estarán sus tumbas'". R. Acha b . Jacob dijo: "Esta es una gran protesta contra [la influencia forzosa] con respecto a la aceptación de la Torá". "Sin embargo", dijo Raba, "en la época de Asuero (rey de Persia), Israel lo aceptó voluntariamente, porque está escrito (Est. 9, 27). Los judíos lo confirmaron como un deber y se encargaron de sí mismos, es decir, confirmaron (la Torá) lo que habían tomado hace mucho tiempo ".

Ezequías dijo: "¿Qué significa el pasaje (Sal. 76, 9). Desde el cielo has hecho que se escuche (Tu) sentencia; la tierra temió y se calló. [¿Cómo es posible que ambas cosas sucedan simultáneamente? ?] Si temía, entonces temblaba y no se callaba? O si estaba callado, entonces no temía ni temblaba? Debemos concluir que temió al principio pero al final se quedó en silencio ". ¿Qué causó el miedo? Como dijo Resh Lakish: ¿Qué significa el pasaje (Gen.1, 31) Y fue la tarde y la mañana del sexto día. El heno (el artículo) de la palabra Hashishi (el sexto) es innecesario. "De esto inferimos que el Santo, ¡alabado sea! Hizo una condición con la creación y le dijo: 'Si Israel acepta la Torá, tú aguantarán, pero si no lo hacen, los devolveré a todos al vacío y al vacío. "

R. Simai expuso: "En el momento en que Israel en su entusiasmo dijo por primera vez: Haremos y escucharemos, descendieron sesenta miríadas de ángeles ministradores y coronaron a todos y cada uno de los israelitas con dos coronas, una porque haremos, y uno porque oiremos. Pero cuando más tarde Israel pecó, descendieron ciento veinte miríadas de ángeles de destrucción, y les quitaron las coronas de la cabeza, como está dicho (Ex. 33, 6)..) Y los hijos de Israel se despojaron de sus ornamentos en el monte Horeb ". R. Chama b. Chanina dijo:" En el monte Horeb coronaron (los ángeles se pusieron coronas en la cabeza), y en el monte Horeb se descoronaron (los ángeles se quitaron las coronas). En el monte Horeb fueron coronados como arriba; en el monte Horeb se quitaron las coronas., - como está escrito (Ib. ib. ib.) Y los hijos de Israel se desnudaron. "R. Jochanan dijo:" Todas estas coronas Moisés mereció y las tomó, como está escrito inmediatamente después de esto: Y Moisés plantó su tienda. "Resh Lakish dijo:" ¡El Santo, alabado sea! Sin embargo, en el futuro, nos los devolverá, porque se dice (Is. 35, 10.) Los redimidos del Señor regresarán y vendrán a unirse con cánticos y gozo eterno sobre sus cabezas, es decir, el gozo que tenían sobre sus cabezas en los días de antaño. "R. Elazar dijo" En el momento en que Israel en su El entusiasmo prefirió decir Haremos y luego escucharemos, una voz celestial salió y dijo: 'Quien reveló a mis hijos este misterio que solo los ángeles ministradores están practicando', como está escrito (Sal. 103, 20). Bendecid al Señor, vosotros, sus ángeles, valientes en fuerza, que ejecutan su palabra, escuchando la voz de su palabra, es decir, primero para ejecutar, luego para escuchar ".

R. Chama b. Chanina dijo: "¿Qué significa el pasaje (Canciones 2, 3) como un manzano entre los árboles de los bosques? Etc. ¿Por qué se ha comparado a Israel con un manzano? Porque como un manzano produce primero sus capullos, y luego sus hojas, aun así Israel dijo primero Haremos y luego escucharemos ". Cierto saduceo se dio cuenta una vez de que Raba estaba estudiando con tanta atención que se llevó el dedo entre las rodillas y se lo frotó con tanta fuerza que le salió sangre a chorros. Le dijo a Raba: "¡Gente impetuosa! Cuyas bocas precedieron a tus oídos. Aún persistes en tu impetuosidad. Sería mejor que hubieras escuchado primero para saber si podrías o no aceptarlo". Raba respondió entonces: "Nosotros, los rectos, confiamos en Él, como está escrito (Pr. 11, 3.) La integridad del recto lo guía; sólo a los que andan por caminos perversos, la otra mitad del pasaje: pero la astucia de los traidores los destruye, se puede aplicar ".

(Ib. B) R. Samuel b. Nachmeini dijo: "¿Qué significa el pasaje? (Canciones 4, 9.) Has violado mi corazón, oh hermana mía, has violado mi corazón con uno de tus ojos, es decir, al principio [cuando has recibido la Torá] fue [considerado pero] con uno de tus ojos; pero cuando lo obedeciste, se hizo con ambos ojos ". Ulla dijo: "Impudente es la novia que comete un acto de prostitución inmediatamente después de su boda". R. Mari, el hijo de la hija de Samuel, dijo: "¿Dónde está el pasaje bíblico para probarlo? (Ib. 1, 12.) Mientras el rey se sentaba a su mesa, mi Valeriano envía su olor" Rab dijo: "Sin embargo , habla con cortesía de nosotros (Israel), porque está escrito: Envía [en un lenguaje delicado] y no dice hedor ".

Nuestros rabinos enseñaron: "Aquellos que son humillados por otros, pero no humillan a otros; que escuchan sus reproches sin siquiera responderlos; que cumplen con sus deberes por amor a su deber, y se regocijan a pesar de todos sus dolores [porque de los reproches], acerca de ellos, dice la Escritura, pero los que le aman, sean como la salida del sol en su fuerza (Jueces 5, 31) ".

R. Jochanan dijo: "¿Qué significa el pasaje (Sal. 68, 12). El Señor dio (felices) nuevas; fueron publicadas por los mensajeros, una multitud numerosa? Esto quiere decir que cada una de las declaraciones que se emitieron de la boca del Todopoderoso fue anunciado en setenta idiomas ". Se enseñó, en la academia de R. Ishmael: "Como un martillo que quebranta la roca en pedazos (Jer. 23, 29), es decir, así como el martillo golpea la piedra en multitud de pedazos, así fue toda expresión que procedió". de la boca del Santo, ¡alabado sea! anunciado en setenta idiomas ". R. Chananel b. Papá dijo: "¿Qué significa el pasaje (Pr. 8, 6.) ¡Escuchar! Porque de cosas nobles hablaré. ¿Por qué se comparan las palabras de la Torá con las de un noble? Así como un noble tiene el poder de deshacerse de la vida o muerte de uno, así también las palabras de la Torá tienen ese poder ". Eso también lo quiere decir Raba, quien dijo:" Para aquellos que estudian la Torá de la manera correcta , resultará ser un elixir de vida, pero para aquellos que lo estudien de la manera izquierda (incorrecta) resultará ser un veneno mortal. "La palabra Negidim (noble) también se puede explicar de otra manera, que cada una sola palabra que salió de la boca del Santo, ¡alabado sea! Tenía dos coronas ". R. Joshua b. Levi dijo: "¿Qué significa el pasaje (Canciones 1, 13.) Mi tío es como un manojo de mirra que reposa sobre mi pecho, para mí, es decir, dijo la Congregación de Israel ante el Santo, ¡Alabado sea! 'Soberano del universo, aunque mi tío (Dios) me aflige y me amarga, aún descansa en mi seno. Un kopher-cluster es mi tío para mí en los (Keremyards) de En-gedi, es decir, Él, que posee todo en el mundo, me perdonará el pecado del cabrito (becerro de oro) que amontoné (almacené) para mí (para el castigo futuro) ". ¿Qué evidencia hay de que la palabra Kerem significa apilar? Mar Zutra, el hijo de R. Nachman, dijo:" Porque se nos enseña (en una Mishná), 'La gran tabla sobre la que El lavandero apila (Shekormin) toda la ropa (para plancharla) '". R. Joshua b. Levi dijo además:" ¿Qué significa el pasaje (Ib. 5, 13.) Sus mejillas son como un lecho de especias, i . e., toda expresión que salió de la boca del Santo, ¡alabado sea! llenó el globo entero con un olor aromático de especias. Dado que el mundo estaba lleno del olor aromático de especias que surge de la primera expresión, ¿adónde podría ir el olor aromático de especias que surge de la segunda expresión? ¡El Santo, alabado sea! envió el viento de Sus almacenes que alejaba los olores aromáticos, uno por uno, como está escrito (Ib. ib. ib.) Sus labios como lirios, goteando con mirra fluida. No lea Shoshanim (lirios), pero léalo Sheshonim (que estaban enseñando) ". R. Joshua b. Levi dijo además:" ¡Toda palabra que salió de la boca del Santo, alabado sea! causó el fracaso del alma (muerte) de Israel, como se dice (Ib. ib. 6). Mi alma me falló cuando Él estaba hablando. Y dado que sus almas les fallaron en la primera palabra, ¿cómo podrían escuchar la segunda palabra? El Señor envió el rocío, con el cual está destinado a revivir a los muertos en el futuro, y los revivió, como está escrito (PD. 68, 10.) Lluvia de beneficencia derramaste, oh Dios, por medio de la cual verdaderamente fortaleciste tu herencia cuando estaba cansada ". R. Joshua b. Levi dijo también:" A cada una de las palabras que salían de la boca de el Santo, alabado sea! Israel retrocedió doce millas, pero los ángeles ministradores los condujeron suavemente de regreso; porque está dicho: Los ángeles de los ejércitos se movían suavemente. No lean Yidodun (se movieron) sino Yedadun (se mantuvieron moviéndose) ".

R. Joshua b. Levi dijo también: "Cuando Moisés ascendió al cielo, los ángeles ministradores dijeron al Santo: ¡Alabado sea! " Soberano del universo, ¿qué puede hacer entre nosotros el nacido de mujer? ' "Ha venido a recibir la Torá", fue la respuesta divina. le dijeron: '¿Estás a punto de otorgar a un hombre frágil ese tesoro preciado que ha estado contigo durante novecientas setenta y cuatro generaciones antes de que el mundo fuera creado? de la tierra para que así lo visites? Oh Dios, Señor nuestro, ¿no está ya suficientemente exaltado tu nombre en la tierra? ¡Concede tu gloria sobre los cielos! (Sal. 8, 2-5). ' ¡El Santo, alabado sea! luego pidió a Moisés que refutara su objeción. Ante lo cual Moisés suplicó: "Soberano del universo, temo que me consuman con el aliento de fuego de sus bocas". Entonces Dios le dijo a Moisés que se apoderara del trono de Su Divina Majestad: como está dicho (Job 26, 9). Él toma el rostro de Su trono y extiende Su nube sobre él. Con respecto a esto, R. Nachum dijo: 'Esto tiene la intención de informarnos que el Todopoderoso extendió el resplandor de la Shejiná y nubló a Moisés con ánimo'. Entonces Moisés le dijo: 'Soberano del universo, lo que está escrito en la Torá que estás a punto de darme'. 'Yo soy el Señor, tu Dios, que te saqué de Egipto' (Éxodo 20, 2), fue la respuesta. Entonces Moisés les dijo a los ángeles: "¿Fueron a Egipto y sirvieron a Faraón? ¿De qué les puede servir la Torá? Además, ¿qué más está escrito en ella? No tendrán otros Dioses delante de mí (Ib. Ib. 3).). ¿Vives entre naciones que adoran ídolos [que necesitas esto]? Además, ¿qué más está escrito en él? Recuerda el sábado y santifícalo (Ib. Ib. 8). ¿Estás haciendo algún trabajo que necesites? ¿Descansar? ¿Otra vez lo que está escrito allí? Honra a tu padre y a tu madre (Ib. ib. 12). ¿Tienes padre y madre? Y además, ¿qué está escrito en él? No matarás, no cometerás adulterio, Tú, no robarás (Ib. ib. 13). ¿Hay celos entre ustedes? ¿Existe un impulso maligno entre ustedes? ' Los ángeles confesaron de inmediato que el Santo, ¡alabado sea! Tenía razón, porque está escrito (Pr.8,.) Oh Señor, cuán glorioso es tu nombre en toda la tierra, y ya no está escrito conferir tu gloria sobre los cielos. Poco después de esto, cada uno de ellos se hizo tan amigo de Moisés, que cada uno de ellos le reveló algunos secretos útiles, porque se dice (Ib. 68, 19.) Has ascendido al cielo; capturaste el botín; has recibido dones porque te han llamado hombre con desprecio, es decir, porque te han llamado hombre, has recibido presentes como recompensa. E incluso el Ángel de la Muerte le reveló algo, porque está escrito (Núm.17, 13) Y él (Aarón) puso incienso e hizo expiación por el pueblo, y se dice (Ib.) Y se puso entre los muertos y los vivos. Si el Ángel de la Muerte no le reveló este secreto a Moisés, ¿cómo lo supo [para poder decirle a Aarón que tal cosa detendría la plaga]? "

(Fol 89a) R. Joshua b. Levi dijo además: "Cuando Moisés ascendió ante el Santo, ¡alabado sea Él! Satanás se apareció ante Él y dijo: 'Soberano del universo, ¿dónde está tu Torá?' "Yo la he dado a la tierra", respondió Él. Entonces Satanás fue a la tierra y le dijo: "¿Dónde está la Torá?" "Sólo Dios", respondió la tierra, "entiende su camino". (Trabajo 28, 8.) Entonces Satanás fue al mar y le dijeron: 'Ella no está conmigo'. Él fue al abismo y se le dijo: 'Ella no está en mí', porque se dice (Ib. Ib. 14.) El abismo dice, no en mí está, y el mar dice: no está conmigo. (Ib. Ib. 24.) La destrucción y la muerte decían "Escuchamos un rumor con nuestros oídos". Entonces Satanás regresó y dijo al Santo: ¡Alabado sea! 'Soberano del universo, he buscado la Torá por toda la tierra pero no pude encontrarla'. Entonces el Señor le dijo: "Ve al hijo de Amram (Moisés)". Satanás fue a Moisés y le dijo: '¿Dónde está la Torá que el Santo, alabado sea? te dio? "¿Quién soy yo para que el Santo me dé la Torá?" respondió Moisés en un tono de sorpresa. Entonces el Señor le dijo a Moisés: "Moisés, ¿eres un mentiroso?" ¡Soberano del universo! Moisés suplicó ante Él, 'un tesoro tan reservado que tienes y con el que te deleitas todos los días, ¿reclamaré el mérito [de obtenerlo] para mí mismo?' Con lo cual el Santo, ¡alabado sea! dijo a Moisés: 'Porque te has menospreciado a ti mismo, haré que la Torá sea llamada junto con tu nombre', como está dicho (Malaquías 3, 22.) Acuérdate de la Torá de Moisés, mi siervo ". Además, R. Joshua b. Levi dijo:" En el momento en que Moisés ascendió al cielo, descubrió que el Santo, ¡alabado sea! estaba proporcionando ciertas letras con coronas. 'Moisés, ¿no hay paz en tu ciudad?' le dijo el Señor. "¿Entonces es apropiado que un sirviente salude a su amo?" Moisés respondió. Deberías haberme deseado lo mejor. Inmediatamente Moisés le dijo Y ahora te ruego que el poder de los Señores sea grande como Tú lo has dicho (Núm. 14, 17) ".

R. Joshua b. Levi dijo también: "¿Qué significa el pasaje (Ex. 32, 1.) ¿Y el pueblo vio que Moisés se retrasó? No deberíamos leer Boshesh (retrasado) sino Ba-shesh (vinieron seis), es decir, cuando Moisés ascendió al cielo, le dijo a Israel: 'Al final de los cuarenta días, al comienzo de la sexta hora [del día] Yo vendre.' Al final del cuadragésimo día, Satanás vino [a los israelitas] y trajo confusión al mundo [de modo que oscureció y pareció ser tarde] y luego dijo a Israel '¿Dónde está tu maestro, Moisés?' Subió al cielo. ellos respondieron. 'Pero', dijo Satanás, 'la hora sexta, a la que Moisés prometió que regresarías, ya ha llegado'. No le prestaron atención. 'Él murió.' Satanás dijo, y aún así no le prestaron atención. Finalmente les mostró la imagen de su féretro; así se entiende lo que Israel le dijo a Aarón:

Uno de los rabinos le preguntó una vez a R. Cahana: "¿Escuchaste algo sobre el significado del nombre del Monte Sinaí?" "El monte sobre el cual le sucedieron milagros a Israel", respondió R. Cahana. "Entonces debería haber sido llamado Monte Nisai (de los milagros)". A lo que R. Cahana respondió: "Una montaña en la que se realizó un buen augurio para Israel". "Entonces debería haber sido llamado Monte Simnai", objetó el rabino. Finalmente, ese rabino le dijo a R. Cahana: "¿Por qué no vienes con frecuencia ante R. Pappa y R. Huna, el hijo de R. Joshua, quienes estudian la Aggada con atención, para R. Chisda y Rabba, el hijo de R . Huna ambos afirman: "¿Por qué se llama Sinaí? El monte donde el odio bajó a los paganos, y así lo pretende R. José b. Chanina, quien dijo: 'Cinco nombres tenía el monte Sinaí: Desierto de Tzin, porque en él, a los israelitas se les ordenó observar la Torá; Desierto de Kodesh, porque, en él, los israelitas fueron consagrados para recibir la Torá;

Desierto de Kedemoth, porque allí se dio preferencia a Israel sobre todas las demás naciones; Desierto de Parán, porque Israel se hizo fecundo y se multiplicó alrededor de este monte; (Ib. B.) Desierto del Sinaí, porque la enemistad hacia los paganos de allí descendió '". Esto difiere de la opinión de R. Abuhu, ya que R. Abuhu dijo:" El verdadero nombre es Monte Sinaí y por qué se llama ¿Monte Horeb? Porque de ella vino la destrucción de los paganos ". Desierto de Parán, porque Israel se hizo fecundo y se multiplicó alrededor de este monte; (Ib. B.) Desierto del Sinaí, porque la enemistad hacia los paganos de allí descendió '". Esto difiere de la opinión de R. Abuhu, ya que R. Abuhu dijo:" El verdadero nombre es Monte Sinaí y por qué se llama ¿Monte Horeb? Porque de ella vino la destrucción de los paganos ". Desierto de Parán, porque Israel se hizo fecundo y se multiplicó alrededor de este monte; (Ib. B.) Desierto del Sinaí, porque la enemistad hacia los paganos de allí descendió '". Esto difiere de la opinión de R. Abuhu, ya que R. Abuhu dijo:" El verdadero nombre es Monte Sinaí y por qué se llama ¿Monte Horeb? Porque de ella vino la destrucción de los paganos ".

(Mishná) ¿De dónde nos enteramos de que se debe atar un hilo de lana carmesí a la cabeza del macho cabrío que iba a ser enviado en el Día de la Expiación? Se dice (Isaías 1, 18.) Aunque tus pecados deberían ser carmesí, etc.

(Guemará) ¿Por qué Kashanim (como carmesí)? Debería ser Kashani (como un carmesí) R. Isaac dijo: "Así dijo el Santo, ¡alabado sea! A Israel, 'Si tus pecados fueran tantos como los años que han sido arreglados y han bajado de los seis días de la Creación hasta ahora, sin embargo se volverán blancos como la nieve. Raba explicó: "¿Qué significa el pasaje (Ib. ib. ib.) Ve ahora, y razonemos juntos, dirá el Señor, etc. ahora; debería ser ¿Ven ahora? Pues, dirá el Señor; debería ser, dice el Señor? Esto significa que en el futuro, el Santo, ¡alabado sea! dirá a Israel: "Ve a tus antepasados, ellos te reprenderán". E Israel dirá: 'Soberano del universo, ¿a quién iremos? ¿Iremos a Abraham a quien le dijiste? (Génesis 15, 13.) ¿Sabes con certeza que tu simiente será extraña, etc., y no oró por nosotros? ¿Iremos a Isaac, quien cuando bendijo a Esaú dijo: (Ib. 27, 40). Y sucederá que cuando tú tengas el dominio, etc., él tampoco oró por nosotros? ¿Iremos a Jacob, a quien Tú dijiste (Ib. 46, 4.) Yo descenderé contigo a Egipto, y ni siquiera él oró por nosotros? Diga, pues, el Señor: ¿A quién iremos ahora? Entonces será el Santo, ¡alabado sea! diles: 'Porque os habéis unido a mí, por tanto, si vuestros pecados son tan carmesí, se volverán blancos como la nieve' ". R. Samuel b. Nachmeini dijo:" ¿Qué significa el pasaje (Is. 63, 16.) Porque Tú eres nuestro padre; porque Abraham no sabe nada de nosotros, e Israel no nos reconoce; ¡Tú, oh Señor, eres nuestro Padre, nuestro Redentor, etc., es decir, en el futuro, el Santo, alabado sea! dirá a Abraham: "Tus hijos han pecado ante mí", y Abraham responderá: "Soberano del universo, sean borrados por amor a tu santo nombre". "Le diré esto a Jacob, que tuvo problemas para criar a sus propios hijos", dijo el Señor, "tal vez orará pidiendo misericordia de ellos". Entonces el Señor le dijo a Jacob: "Tus hijos han pecado"; a lo que Jacob también respondió: '¡Soberano del universo! Que sean borrados por amor a tu santo nombre. Entonces dijo el Señor: "No se puede hallar sentido común en los ancianos, ni consejo sabio en los jóvenes". Entonces el Señor le dijo a Isaac: ' Tus hijos han pecado. Entonces Isaac le dijo: 'Soberano del universo', ¿son hijos míos y no tuyos? Cuando te hayan respondido, haremos y escucharemos.

Los llamaste (Ex. 4, 22.) Mi primogénito, ¿y ahora son míos y no tuyos? Además, ¿cuánto tiempo han pecado ante ti? Dejanos ver; la duración de la vida de un hombre es de unos setenta años. Quita veinte años que no castigas y te quedarán cincuenta años. Quítate las noches y solo quedarán veinticinco. Deduzca doce años y medio dedicados a orar, comer y realizar otras necesidades y sólo quedarán doce años y medio. Ahora bien, si quieres llevar toda la carga, está bien, pero si no, déjame llevar la mitad [de la carga] y tú la otra mitad. Y si dices que debo soportarlo todo, ¡mira! ¡Estaba dispuesto a sacrificarme por ti! Inmediatamente los hijos de Israel comenzarán a decir [a Isaac]: "Porque solo tú eres nuestro padre". Isaac les dirá entonces: En lugar de alabarme, alabad al Santo, ¡alabado sea! ' Ante lo cual alzarán los ojos al Santo, ¡alabado sea! y dirá: 'Tú, Señor, eres nuestro Padre, nuestro Redentor (Es. 63, 16). "R. Chiya b. Abba, en el nombre de R. Jochanan, dijo:" Jacob (nuestro padre) estaba destinado a descender a Egipto en cadenas de hierro, pero sus méritos lo salvaron [de tal destino], como está escrito (Hosh. 11, 4.) Con cuerdas humanas los atrajo siempre hacia adelante, con cuerdas guiadoras de amor: y yo era para ellos como los que quitan el yugo de sus mandíbulas, y les ofrezco comida. ellos."

Shabat, Capítulo 11

(Fol. 96b) Nuestros rabinos enseñaron: "El recolector de leña era Zelaphehad, y así se dice (Núm. 15, 32.) Y mientras los hijos de Israel estaban en el desierto, y encontraron a un hombre que recogía leña en sábado, y se dice además (Ib. 27, 3.) Nuestro padre murió en el desierto. [Deducimos esto de la palabra similar Midbar (desierto) que se encuentra en ambos lugares.] Así como más adelante [Nuestro padre murió en el desierto (Bamidbar)] se refiere a Zelaphehad, así el recolector de madera [que murió como consecuencia de ello] también era Zelaphehad ". Esto es lo que dijo R. Akiba. R. Juda b. Bethyra le dijo entonces:" ¡Akiba! Ya sea que su opinión sea verdadera o falsa, tendrá que dar cuenta de ella [en el momento del Juicio Divino]; porque si tus palabras son verdaderas, revelaste el nombre de un hombre a quien la Torá protegió; y si tu opinión no es correcta, has calumniado a una persona íntegra. "(Fol. 97a.) ¡He aquí! R. Akiba lo infirió por la regla de la analogía. Tal analogía no fue recibida por la tradición [a R. Juda b. Bethyra]. Un caso similar ocurrió en el siguiente incidente: Se dice (Ib. 12, 9.) Y la ira del Señor se encendió contra ellos y Él se fue. "Aprendemos de esto", dijo R. Akiba, "que Aaron también se volvió leproso". R. Juda b. Bethyra entonces le dijo: "¡Akiba! Ya sea que tu opinión sea verdadera o falsa, tendrás que dar cuenta de ello en el momento del Juicio Divino. Porque si tus palabras son verdaderas, revelaste el nombre de un hombre a quien la Torá deseaba proteger. y si tus palabras son falsas, entonces has calumniado a un hombre recto ". Pero está escrito: Y la ira del Señor se encendió contra ellos [incluido Aarón]. Esto significa que Aarón simplemente fue reprendido. Se nos enseña que Aarón también se volvió leproso, porque está escrito (Ib. Ib. 10. Entonces Aarón se volvió hacia Miriam y vio que estaba leprosa. Se explica que esto implica que Aarón se limpió a sí mismo de su lepra ".

Resh Lakish dijo: "El que sospeche de un hombre inocente recibirá un castigo corporal, porque está escrito (Ex. 4, 1). Pero he aquí, no me creerán. Lo sabía el Santo, ¡alabado sea!" que Israel le creería y le dijo a Moisés: 'Son creyentes, hijos de creyentes, pero sé que finalmente no creerás'. Son creyentes, como está escrito (Ib. Ib. 31.) Y el pueblo creyó. Los hijos de creyentes, como está escrito (Gen. 16, 6.) Y creyeron en el Señor. Finalmente no creerás. , como está dicho (Núm. 20. 12.) Porque no habéis tenido confianza en Mí. ¿De dónde nos enteramos de que fue castigado? Está escrito (Ex. 4, 6).. Y el Señor le dijo además: "Pon tu mano sobre tu seno". etc. "Raba. y según otros. R. José, el hijo de R. Chanina, dijo:" La medida de la Bondad Divina llega más rápidamente que la de la dispensación del mal; porque en el caso de mala dispensación, está escrito (Ib.) Y cuando lo sacó, he aquí, su mano estaba leprosa, blanca como la nieve. En cuanto a la Bondad Divina, está escrito (Ib.) Y cuando la apartó de su seno, he aquí, si se ha vuelto como su otra carne, es decir, tan pronto como la apartó de su seno, se había vuelto otra vez como su otra carne. "Y la vara de Aarón se tragó sus varas (Ib. 7, 12). R. Elazar dijo:" Esto fue un milagro dentro de un milagro ".

Shabat, Capítulo 12

(Fol. 103b) Se nos enseña que R. Juda b. Bethyra dijo: "Se dice en el segundo día de la ofrenda de la sucá (Núm.29 , 19.) Venis-keihem (y su libación); en la ofrenda del sexto día, se dice (Ib. Ib. 31.) Un-sache-ha (y sus libaciones); en el séptimo día, se dice (Ib. Ib. 34.) Kamish'patam (después de su rito prescrito). En primer lugar, la última letra Mem es superflua ; en el segundo, la letra Yud es superflua; y en el tercer caso, hay otra Mem superflua; estas letras superfluas sirven para insinuar que la tradición de usar agua en los sacrificios de los Tabernáculos era una ley bíblica [para las tres letras, es decir, Mem, Yud, Mem, comprenden la palabra Mayim (agua)] ".

Shabat, Capítulo 13

(Fol. 105b) Se nos enseña: "¿Por qué mueren los hijos e hijas de un hombre cuando son jóvenes? Porque debería poder derramar lágrimas y llorar cuando muere un hombre recto". ¿Cómo es posible hacer una promesa por un pecado que un hombre cometerá más tarde? Sin embargo, pretende decir así: "Porque no derramó lágrimas ni lamentó la muerte de un hombre recto"; porque cualquiera que derrame lágrimas y se lamenta por la muerte de un hombre íntegro, recibirá el perdón de sus pecados a cambio del honor que dio a los muertos. Se nos enseña que R. Simon b. Elazar dijo en nombre de Chilpha b. Agra, quien habló en nombre de R. Jochanan b. Nuri: "El que rasga sus vestiduras mientras está en ira, o el que rompe sus vasos mientras está en ira, o el que tira su dinero mientras está enojado, será considerado en tus ojos como alguien que adora ídolos, porque tal es el hábito traicionero de la inclinación al mal: hoy le dice a uno 'Hazlo' y mañana 'Haz otra cosa' hasta que le dice a uno que vaya a adorar ídolos y el hombre obedece y adora ". R. Abin dijo: "¿Cuál es el pasaje bíblico para probar esto? No habrá dentro de ti un dios extraño; ni te inclinarás ante ningún dios extraño (PD. 81, 10). ¿Qué es el dios extraño dentro del cuerpo de un hombre? Es la inclinación al mal ". Pero si uno [no lo hace porque realmente esté furioso, sino que] desea inspirar miedo en su casa [para obligar a obedecer sus órdenes], entonces se le permite hacer estas cosas; como, cuando R . Juda quería mostrar su desaprobación por los actos de su familia, una vez sacó los pasantes [de su prenda]; R. Acha b. Jacob solía tomar vasijas rotas y romperlas. R. Shesheth solía arrojar salmuera de pescado sobre la cabeza de su esclavo [para inculcarle la necesidad de obedecer sus órdenes] y R. Abba rompió la tapa de un cántaro.

R. Simon b. Pazi dijo en nombre de R. Joshua b. Levi, quien habló en nombre de bar Kappara: "Quien derrame lágrimas por la muerte de una persona recta, el Santo, ¡alabado sea!", Lo contará y guardará en Su tesoro, como se dice (Sal. 56, 9). .) Bien has contado mi andar errante; pon mis lágrimas en tu botella; he aquí, están contados por ti. " R. Juda en el nombre de Rab dijo: "Quien sea lento para llorar la muerte de un Chacham (erudito) está destinado a ser enterrado vivo, como se dice (Jos. 24, 30)..) Y lo sepultaron en el límite de su heredad en Timnat Seraj, que está en el monte de Efraín, en el lado norte del monte Gaas. es decir, Ga'ash (tormenta). Inferimos de esto que la montaña los atacó (Israel) y deseaba destruirlos [porque no lloraron la muerte de Josué]. R. Chiya b. Abba en el nombre de R. Jochanan dijo: "Quien sea lento para llorar la muerte de un erudito no vivirá mucho. Esto es una represalia, como se dice (Is. 27, 8)..) En medida, al expulsarlo, luchas con él ". La siguiente objeción fue planteada a R. Jochanan por R. Chiya b. Abba:" Y el pueblo sirvió al Señor todos los días de Josué, y todos los días de los ancianos que vivieron muchos días después de Josué (Jueces; 2, 7.) [Por lo tanto, no fueron castigados.] "" ¡Tú, babilónico! ", le dijo R. Jochanan," dice muchos días pero no muchos años ". a esta interpretación, el pasaje (Deuteronomio 11, 21.) Para que tus días se multipliquen, y los días de tus hijos, significarán también días y no años. Cuando alude a una bendición, es diferente. R. Chiva b. Abba en el nombre de R. Jochanan dijo también: "Si un hermano muere, todos los hermanos restantes deberían sentirse ansiosos [examinar sus hechos]. Si un miembro de una sociedad muriera, que toda la sociedad se ponga ansiosa. Según algunos, esto es así sólo cuando el más importante entre ellos deba morir, y según otros, sólo cuando el menos importante deba morir ".

Shabat, Capítulo 15

(Fol.113a) Y honre (el sábado) al no realizar sus actividades habituales, al no seguir sus propios asuntos y al hablar (vanas) palabras (Is. 58, 13).). Honrar significa que tu ropa del sábado no será la misma que la de los días de la semana. R. Jochanan llamó a sus prendas "mis honores". No hacer tus actividades habituales significa que tu caminar en sábado no será como tu caminar los días de semana; No seguir tu propio negocio significa que no se puede seguir tu propio negocio, pero se permiten los negocios celestiales (caridad, etc.); Y hablar palabras (vanas), es decir, el modo de hablar en sábado no será así en los días de semana; hablar está prohibido, pero pensar está permitido. Todo esto es claro, pero "que tu caminar en sábado no sea como" tu caminar en el día de la semana ", ¿qué significa esto? Significa lo mismo que la pregunta que el rabino le hizo a R. Ismael, el hijo de R. José: "¿Se pueden hacer grandes avances en sábado?" R. Ishmael respondió: " ¿Se puede hacerlo incluso de lunes a viernes? Porque digo que un gran paso priva a uno de una quincena de la luz de los ojos. Un remedio para esto es beber el vino en el que se ha realizado la bendición de Habdala en la noche del sábado ". [Por lo tanto, hay una caminata diferente en el día de reposo.] (Ib. B.) R. Ami dijo:" Quien coma de la tierra de Babilonia se considera como si estuviera comiendo la carne de sus antepasados; según algunos, es como si comiera cosas abominables y reptiles, porque está escrito (Cualquiera que coma de la tierra de Babilonia es considerado como si estuviera comiendo la carne de sus antepasados; según algunos, es como si comiera cosas abominables y reptiles, porque está escrito (Cualquiera que coma de la tierra de Babilonia es considerado como si estuviera comiendo la carne de sus antepasados; según algunos, es como si comiera cosas abominables y reptiles, porque está escrito (Génesis 7, 23) Y borró toda sustancia viviente, etc. "Resh Lakish dijo:" ¿Por qué se llamaba Sinar? Porque todos los muertos del diluvio fueron enterrados allí ". R. Jochanan dijo:" ¿Y por qué se llamaba Metzula? Porque todos los muertos del mundo se ahogaron allí ".

Da instrucciones al sabio y se volverá aún más sabio (Pr. 9, 9). "Esto se refiere", dijo R. Elazar, "a Rut, el moabita, y a Samuel de Ramat. En cuanto a Rut, aunque Noemí le dijo: (Rut 3, 3). Por tanto, báñate, ungete y pon tu ropa sobre ti, aún así Rut hizo lo contrario, como está escrito (Ib. ib. 6.) Y ella bajó a la era, y luego dice: E hizo de acuerdo con todo lo que su suegra le ordenó. En cuanto a Samuel, aunque Elí le dijo (I Sam. 3, 9.) Ve, acuéstate, y si Él te llama, dirás: Habla Señor, porque tu siervo oye, Samuel hizo lo contrario, según está escrito (Ib. Ib. 10.) Y el Señor vino , y se colocó y llamó como en las ocasiones anteriores, Samuel, Samuel. Y Samuel dijo: Habla, porque tu siervo oye, y él no dijo: Habla Señor [no sea que no sea la Sheehina por la cual no se puede mencionar el nombre de Dios]. Y ella fue, y vino y espigó en el campo después los segadores (Ib. 2, 3) R. Elazar dijo: "Ella iba y venía, de un lado a otro. hasta que encontró a los hombres que eran adecuados para ella. "Y Bo'az dijo, etc., ¿De quién es esta doncella? (Ib.) ¿Era apropiado que Boaz preguntara de quién era doncella? R. Elazar dijo: "Él notó un acto de sabiduría cometido por ella, a saber, dos mazorcas de maíz que recogió, pero tres no lo hizo. "En un Baraitha se nos enseña:" Él notó que ella era muy modesta, las gavillas en pie que recogía mientras estaba de pie y las gavillas que estaban en el suelo, las recogía mientras estaba sentada ". en estrecha compañía con mis propias doncellas. (Ib.) ¿Era apropiado que Bo'az estuviera apegado a las mujeres? R. Elazar dijo: "Tan pronto como Bo'az vio a Orfa besó a su suegra, pero Rut se aferró a ella. ella (Ib. 1, 14), pensó que era apropiado estar apegado a ella '". Y Boaz le dijo, a la hora de comer:' Acércate acá '. (Ib.) R. Elazar dijo: "Con la palabra Halom (acá) le insinuó que de ella estaba destinado a salir el reino de David, quien también usó la expresión, Halom (acá), como se dice (Él notó que ella era muy modesta, las gavillas que recogía mientras estaba de pie y las gavillas que estaban en el suelo, las recogía mientras estaba sentada. "Y estar en estrecha compañía con mis propias doncellas. (Ib.) ¿Era apropiado para ¿Boaz debe estar apegado a las mujeres? R. Elazar dijo: "Tan pronto como Boaz vio a Orfa besar a su suegra, pero Rut se aferró a ella (Ib. 1, 14), pensó que era apropiado apegado a ella '". Y Boaz le dijo, a la hora de comer:" Acércate acá ". (Ib.) R. Elazar dijo: "Con la palabra Halom (acá) le insinuó que de ella estaba destinado a salir el reino de David, quien también usó la expresión, Halom (acá), como se dice (Él notó que ella era muy modesta, las gavillas que recogía mientras estaba de pie y las gavillas que estaban en el suelo, las recogía mientras estaba sentada. "Y estar en estrecha compañía con mis propias doncellas. (Ib.) ¿Era apropiado para ¿Boaz debe estar apegado a las mujeres? R. Elazar dijo: "Tan pronto como Boaz vio a Orfa besar a su suegra, pero Rut se aferró a ella (Ib. 1, 14), pensó que era apropiado apegado a ella '". Y Boaz le dijo, a la hora de comer:" Acércate acá ". (Ib.) R. Elazar dijo: "Con la palabra Halom (acá) le insinuó que de ella estaba destinado a salir el reino de David, quien también usó la expresión, Halom (acá), como se dice (Y estar en estrecha compañía con mis propias doncellas. (Ib.) ¿Era apropiado que Bo'az estuviera apegado a las mujeres? R. Elazar dijo: "Tan pronto como Bo'az vio a Orfa besar a su suegra, pero Rut se aferró a ella (Ib. 1, 14), pensó que era apropiado estar apegado a ella". Y Bo ' le dijo az, a la hora de comer. Acércate aquí. (Ib.) R. Elazar dijo: "Con la palabra Halom (acá) le insinuó que de ella estaba destinado a salir el reino de David, quien también usó la expresión, Halom (acá), como se dice (Y estar en estrecha compañía con mis propias doncellas. (Ib.) ¿Era apropiado que Bo'az estuviera apegado a las mujeres? R. Elazar dijo: "Tan pronto como Bo'az vio a Orfa besar a su suegra, pero Rut se aferró a ella (Ib. 1, 14), pensó que era apropiado estar apegado a ella". Y Bo ' le dijo az, a la hora de comer. Acércate aquí. (Ib.) R. Elazar dijo: "Con la palabra Halom (acá) le insinuó que de ella estaba destinado a salir el reino de David, quien también usó la expresión, Halom (acá), como se dice (Acércate aquí. (Ib.) R. Elazar dijo: "Con la palabra Halom (acá) le insinuó que de ella estaba destinado a salir el reino de David, quien también usó la expresión, Halom (acá), como se dice (Acércate aquí. (Ib.) R. Elazar dijo: "Con la palabra Halom (acá) le insinuó que de ella estaba destinado a salir el reino de David, quien también usó la expresión, Halom (acá), como se dice (II Sam. 7, 18.) Entonces entró el rey David, se sentó delante del Señor y dijo. ¿Quién soy yo, Señor Eterno? ¿Y cuál es mi casa que me has traído allí (halom)? "Y moja tu bocado en el vinagre (Rut 2, 14). "De esto inferimos", dijo R. Elazar, "que el vinagre es bueno para [aliviar] el calor". Pero R. Samuel b. Nachmeini dijo: "Esto también fue una insinuación para ella, es decir, está destinado a que un un hijo saldrá de ti cuyas obras serán tan amargas como el vinagre (actos malvados) y esto se refiere, al rey Menashe ". Y ella se sentó junto a los segadores. (Ib.) R. Elazar dijo:" Ella tomó asiento junto a los segadores, y no entre ellos; esto también fue una insinuación para ella, es decir, el reino de David está destinado a ser dividido. "Y él alcanzó su maíz tostado, y ella comió, etc., (Ib.) R. Elazar dijo:" Ella comió, se refiere a los días de David [cuando Israel ya había disfrutado del descanso]; Estaba satisfecho, se refiere a los tiempos de Salomón; Y le quedaba algo; se refiere a los días de Ezequías ". Otros dicen:" Y ella comió, se refiere a los días de David y Salomón; Y estaba satisfecho, se refiere a los días del rey Ezequías; Y le quedaba algo, se refiere a los días de Rabí; porque el maestro dijo que el oficial de los establos del rabino era más rico que el rey Shabur (el persa Shah). "Se nos enseña:" Y ella comió; se refiere a este mundo; Y estaba satisfecho, se refiere al mundo venidero; Y le quedaba algo, se refiere al tiempo del Mesías ".

Y debajo de Su gloria, se encenderá un ardor como ardor de fuego (Is. 10, 16). R. Jochanan dijo: "Bajo Su gloria, pero no Su gloria misma [refiriéndose a Sus vestiduras]". R. Jochanan está de acuerdo con su propia opinión, porque llamó a su vestido "mis honores". Pero R. Elazar dijo: "Bajo Su gloria, significa Su gloria misma". R. Samuel b. Nachmemi dijo: "Bajo Su gloria, tiene el mismo significado que el de la quema de los hijos de Aarón; como en el caso de la quema de los hijos de Aarón, sus almas fueron quemadas pero sus cuerpos permanecieron ilesos, por lo que la quema a la que se hace referencia en el pasaje anterior también significa la quema del alma, y no del cuerpo ". (Fol 114a) R. Acha b. Abba en el nombre de R. Jochanan dijo: " ¿De dónde aprendemos que cambiarse de ropa [para ocasiones especiales] es bíblico? Se dice (Lev. 6, 4.) Y se quitará la ropa y se pondrá otras prendas, y en la escuela de R. Ismael se explicó que 'La Torá enseña [incidentalmente] una lección de buenos modales, es decir, que el Las prendas que se usan al cocinar para un maestro no deben usarse cuando se sirve al maestro con una copa de vino en su mesa. ' "R. Chiya b. Abba en el nombre de R, Jochanan dijo:" Es una vergüenza para un erudito caminar con zapatos remendados ". R. Chiya b. Abba en el nombre de R. Jochanan dijo también:" A el erudito en cuyas vestiduras se encuentra una mancha de grasa, merece ser castigado con la muerte; como se dice (Pr.8, 36.) Todos los que me odian aman la muerte. "No lean Mesanai (los que me odian) sino que lo lean Masniai (cosas que hacen que otros me odien). Rabina dijo que Rebad se leyó [en lo anterior, en lugar de Rabab (mancha de grasa)] y no difieren salvo que el primero se refiere a la prenda superior [en la que incluso una mancha de grasa es vergonzosa] pero el segundo se refiere a la prenda. Además, dijo R. Chiya b. Abba en el nombre de R. Jochanan: "¿Qué significa el pasaje (Is. 20, 3.) Así como mi siervo Isaías anduvo desnudo y descalzo, es decir, desnudo, con vestidos gastados; y "descalzo, con zapatos remendados". R. Jochanan dijo también: "A los eruditos se les llama 'Constructores' porque están comprometidos en [el estudio de] la preservación del mundo [mental y moral]". R. Jochanan también dijo: "¿Quién puede ser llamado un erudito suficientemente digno de confianza para que un artículo perdido le sea restituido en su identificación a partir de una descripción general [sin describir marcas particulares del artículo]? Un erudito que es tan particular que, si si se pone el camisón por el revés, se tomará la molestia de quitárselo y ajustárselo correctamente ". Además R. Jochanan dijo: "¿Quién es el erudito digno de ser nombrado jefe de una congregación? cuando se le pregunta acerca de una ley relacionada con cualquier tema, sabe exactamente qué responder, incluso una ley como la contenida en el tratado de Kalah ". R. Jochanan dijo también:" ¿Quién debe ser llamado un erudito que merece que su trabajo sea realizado por la gente de su pueblo? El que descuida sus propios asuntos para atender asuntos religiosos. "Esto se refiere, sin embargo, sólo a la molestia de mantenerlo a él y a su familia [que descuida debido a sus deberes congregacionales]. R. Jochanan también dijo:" ¿Quién puede llamarse erudito? Alguien que puede dar una interpretación de cualquier ley en cualquier capítulo que se le muestre. "¿Con respecto a qué diferencia práctica se afirma? Con respecto a esto: si un hombre está familiarizado sólo con las leyes de un tratado, puede ser competente para ser el jefe de una sola comunidad; pero si los comprende a todos,

Shabat, Capítulo 16

(Fol. 115a) (Mishná) Todas las escrituras sagradas pueden salvarse del fuego [en el día de reposo]; si se trata de un pasaje de las Escrituras que uno puede leer o no leer [en el día de reposo]. Y aunque está escrito en cualquier otro idioma [que no sea hebreo], y debe guardarse [en un lugar seguro]. ¿Por qué no se nos permite leer algunas partes de las Escrituras [en sábado]? Porque [si estuviera permitido leer todo] conduciría a descuidar el deber de asistir a la casa de aprendizaje [escuchar el sermón].

(Gemara) R. Jose dijo: "Una vez sucedió que mi padre, Chalafta, fue a visitar a Rabban Gamaliel, el Grande, en Tiberio, y lo encontró sentado a la mesa de R. Jochanan, el Nazuf, sosteniendo el libro de Job. escrito en arameo y leyéndolo. Mi padre, Chalafta, le dijo: 'Recuerdo que en ese momento conocí a tu abuelo, Rabban Gamaliel, de pie en los escalones del montículo del templo cuando le llevaron el libro de Job en arameo y le dijo al constructor que tomara el libro y lo pusiera debajo del montículo '. Entonces, Rabban Gamaliel ordenó que se escondiera también su libro ".

(Ib. B) Nuestros rabinos enseñaron: "Las bendiciones y los amuletos, aunque contienen letras del Santo nombre y muchos pasajes de la Torá, ¿no deberían ser salvados de un fuego [en sábado] sino quemados en su lugar? , junto con tales cartas y pasajes. De esto inferimos que alguien que escribe bendiciones es considerado [bajo la misma luz] como alguien que está quemando la Torá ". R. Ishmael fue informado de un hombre en Zidon que solía escribir bendiciones y fue a investigar el caso. Cuando R. Ishmael estaba subiendo por la escalera, el hombre descubrió quién era e inmediatamente tomó un montón de bendiciones escritas y las arrojó a un recipiente con agua. R. Ismael le dijo estas palabras: "Tu castigo por tu último acto será mayor que el del primero".

Nuestros rabinos enseñaron: "Y sucedió que cuando el arca se puso en marcha, Moisés dijo: Levántate, Señor, etc. (Núm. 10, 35). Al principio de este capítulo y al final, el Santo, ¡Alabado sea Él! Hizo señales para significar (Fol. ll6a) que este no es el lugar apropiado para los dos pasajes. Rabí dice: 'Esta no es la razón, pero significa que estos dos pasajes forman libros separados dentro de sí mismos. ' "De acuerdo con la enseñanza de quién es la que R. Samuel b. Nachmeini habló en nombre de R. Jochanan "Ella ha labrado sus siete pilares (Pr. 9, 1), es decir, estos son los siete libros de los que se compone la Torá [y no cinco como contamos] "? Esto está de acuerdo con la opinión del rabino [quien dice que los dos pasajes anteriores de dos libros en sí mismos]. ¿Es el Tana (sabio) que difiere del Rabino? Es Rabban Simón b. Gamaliel, porque se nos enseña que Rabán Simón b. Gamaliel dice: "El capítulo de estos dos pasajes será eliminado en el futuro y puesto en el "¿Por qué entonces, se insertó aquí? Para hacer una separación entre la primera retribución y la segunda retribución. ¿Cuál fue la segunda retribución? Y sucedió que cuando la gente se quejó, etc. (Núm. 11, 1). ¿Y cuál fue la primera retribución? Y partieron del monte del Señor, etc. (Ib. 10, 33). Y R. Chama b. Chanina [al explicarlo] dijo: "Esto significa 'que se apartaron de los caminos del Señor'". ¿Dónde está el lugar apropiado para los dos pasajes? R. Ashi dijo: "En el capítulo de las Normas (Núm. 10. 11-20)".

Se nos enseña: "El pergamino en blanco y también los libros saduceos no deben salvarse del fuego [en el día de reposo]. R. José dijo: 'En los días de la semana, los Santos Nombres deben sacarse y conservarse y el resto debe ser quemado. R. Tarphon dijo: '¿Puedo quemar a mis hijos, si no quemo esos libros junto con los santos nombres que contienen, si obtengo posesión de ellos? Porque incluso cuando un hombre es perseguido por un asesino que intenta matarlo, o seguido de una serpiente con el objetivo de morderlo, debería buscar refugio en un templo de ídolos que entrar en la casa de un saduceo; porque estos [los paganos] sirven a sus ídolos, sin darse cuenta de Dios, mientras que los saduceos, sin embargo, saben Dios, pero niégalo; y acerca de ellos, dice la Escritura (Is.47, 8.) Y detrás de la puerta y el poste de la puerta has colocado tu (marca de) recuerdo R. Ishmael le dijo a R. Tarphon: 'Podemos aprender esto de la inferencia extraída de la menor a la mayor; Si, con el fin de lograr la paz entre un hombre y su esposa, la Torá dice que el Santo Nombre que fue inscrito con la santificación puede ser borrado con el agua (amarga), ¿cuánto más se permitirá entonces que estos libros de Los saduceos que causan discordia y enemistad entre Israel y su Padre Celestial,

¿serán erradicados o destruidos? Acerca de ellos, David dijo (Sal.139, 21.) He aquí, a los que te odian, yo siempre los odio, etc., con el mayor odio, etc. Y así como no deben ser salvados del fuego, tampoco deben ser salvados ni de un montón de ruinas, ni del agua. , o de cualquier otra cosa que pueda destruirlos. ' "

El siguiente problema fue presentado a R. Abuhu por Joseph b. Chanin: "¿Pueden los libros, escritos por herejes, salvarse de un incendio, o no?" "Sí, y no" (R. Abuhu respondió a veces afirmativamente ya veces negativamente), porque realmente no podía decirlo. Rab nunca fue a un be-Abedan (la casa donde los herejes solían leer sus libros y discutir sobre ellos) y evitó particularmente los lugares de cierta idolatría llamada Nitzraphi. Samuel, sin embargo, no fue a la casa de Nitzraphi, sino que fue al be-Abedan. Se le preguntó a Raba por qué no fue al be-Abedan. Él respondió: "Porque hay una gran palmera en el camino y causa una dificultad para pasarla". "Bueno", dijeron, "lo arrancaremos". "No." respondió Raba, " una hija no puede heredar? "El juez respondió:" Desde que tú, Israel, fuiste desterrado de tu tierra, la Ley que Moisés te dio ha sido revocada y en su lugar te han dado nuevas leyes; en estas nuevas leyes, se establece que las hijas pueden heredar por igual que los hijos ". Al día siguiente vino R. Gamaliel y le trajo un asno libio como regalo [y le dijo que no deseaba que su hermana heredara]. El juez respondió así: "Después de que tu hermana se fue, consulté nuestra ley un poco más y descubrí que dice 'No vine para abolir o agregar a la ley mosaica'". Entonces Ema Shalom [reapareció y] suplicó ante el juez diciendo : "Que Dios haga que tu luz sea tan brillante como una lámpara [insinuando su soborno]". Entonces R. Gamaliel le comentó [en presencia del juez]: "Un asno se acercó y pateó la vela,

(Fol. 117b) R. Chisda dijo: "Un hombre siempre se levantará temprano [el viernes] para preparar lo necesario para el sábado; como se dice (Ex. 16, 5)..) Y sucederá en el sexto día, cuando preparen lo que hayan traído, es decir, tan pronto como lo traigan [temprano en la mañana] debe estar preparado [temprano] ". R. Abba dijo: "Un hombre debe pronunciar la bendición de antes de la comida en el día de reposo sobre dos hogazas de pan, porque está dicho. Pan doble (Ib.) ". R. Ashi dijo:" Me di cuenta de la manera en que R. Cahana solía hacer esto. Sostenía ambos panes, pero cortaba solo uno, dando como su razón de que solo en la recolección [del Maná] está escrito Doble, pero no al comer. R. Zeira, al pronunciar la bendición, solía cortar un trozo suficiente para toda la comida ". Rabina le dijo a R. Ashi:" ¿No parece glotón cortar un trozo tan grande, de una vez? " no era su costumbre hacerlo los días de semana,

Nuestros rabinos enseñaron: ¿Cuántas comidas debe comer un hombre en sábado? "Tres." Pero R. Chidka dice "Cuatro". R. Jochanan dijo: "Tanto los rabinos como R. Chidka interpretan el mismo pasaje (Ex. 16, 25)..) Y Moisés dijo. Cómelo hoy; porque un día de reposo es hoy para el Señor; hoy no lo encontraréis en el campo. R. Chidka opina que el uso de la palabra Hayom (día) [mencionado en el pasaje anterior] tres veces indica tres comidas durante el día excluyendo la cena; junto con la cena del viernes son cuatro; pero los rabinos opinan que las tres comidas incluyen la del viernes por la noche, por lo tanto, solo hay tres en total. "(Fol. 118a) R. Simon b. Pazi en el nombre de R. Joshua b. Levi, quien habló en el nombre de bar Kappara, decía: "El que cumpla con la observancia de las tres comidas en el día de reposo, será liberado de tres dispensaciones malas, a saber, de los dolores del Mesías, del juicio de Gehena y de la guerra de Gog y Magog. De los dolores del Mesías, porque está escrito aquí (Ex. 16, 25.) Yom (día); y también está escrito (Malaquías 3, 23). He aquí. Te enviaré a Elías, el profeta, antes de la llegada del día (Yom) del Señor, etc .; del juicio del infierno, aquí está escrito Yom (día) y (Sofonin 1, 15.) Un día de ira es ese día (Yom); de la guerra de Gog ana Magog, aquí está escrito (Yom) (día) y está escrito (Ex. 38, 19.) En el día (Yom) de la venida de Gog ".

El rabino Jochanan en el nombre de R. José dijo: "Al que observa el sábado, con gozos, se le dará una herencia ilimitada, como está escrito (Is. 58, 14). Entonces hallarás deleite en el Señor, etc. ., Y te haré disfrutar de la herencia de Jacob, tu padre. No la herencia que le fue prometida a Abraham, (Génesis 13. 14) Levántate y camina por la tierra a lo largo y ancho, y no como estaba. prometido a Isaac (Ib.26, 3.) Te daré todo lo que esta tierra contiene, pero como se le prometió a Jacob (Ib.28, 14.) , al norte y al sur ". R. Nachman b. Isaac dijo: "Se salvará de la subyugación del exilio, porque está escrito (Is. 58, 14.) Y te haré hollar sobre las alturas de la tierra; también está escrito allí (Deu. 33, 39.) Y pisarás sus lugares altos ". R. Juda dijo en el nombre de Rab:" Al que observa el sábado, con gozo, se le concederán los deseos de su corazón , porque está dicho (Sal. 37, 4). Y deléitate en el Señor, y Él te concederá los deseos de tu corazón. La palabra deleite no se entiende en su verdadero significado. Ya que dice (Is. 58, 13). Y si llamas al sábado delicia; entonces supimos que significa el deleite del sábado. R. Chiya b. Abba en el nombre de R. Jochanan dijo: "El que observe el sábado correctamente, de acuerdo con su mandamiento, incluso si adora ídolos, como lo hizo la generación de Enós, será perdonado,Es. 56, 2) Feliz es el hombre que siempre hace así, etc., al no violarlo. No lo lea, M'chalelo (violándolo), pero léalo Machul-lo (lo perdonó) ". R. Juda, en el nombre de Rab, dijo:" Si Israel hubiera observado estrictamente el primer sábado, ninguna nación o la raza hubiera podido dominarlos, porque se dice (Ex. 16, 27). Y sucedió que en el séptimo día, algunos del pueblo salieron a recoger (el maná) pero no lo hicieron. Encuéntralos. Inmediatamente después está escrito: Luego vino Amalek. "R. Jochanan en el nombre de R. Simon b. Jochai. Dijo:" Si Israel observara dos sábados, solamente, de acuerdo con los estrictos requisitos de la ley, serían inmediatamente redimido, porque está escrito (Is. 56, 4.) Así dice el Señor a los eunucos que guardan mis sábados, y lo que sigue está escrito: Yo los llevaré a mi santo monte.

R. José dijo: "Oh, que mi suerte caiga entre los que comen tres comidas en sábado". De nuevo R. José dijo: "Oh, que mi suerte fracasa entre los que terminan Hallel todos los días". ¿Es tan? ¿No ha dicho el maestro que el que terminaba Hallel todos los días es un burlador y un blasfemo? Queremos decir que uno debe decirlo solo como recitando los Salmos. De nuevo R. José dijo: "Oh, que mi suerte caiga entre los que rezan al amanecer y al atardecer". R. Chiya b. Abba dijo en nombre de R. Jochanan: "Es un acto meritorio orar al amanecer y [al atardecer] al atardecer". R. Zeira dijo: "¿Cuál es el pasaje para esto? Se dice (Sal. 72, 5"R. Papá dijo:" Una vez fui sospechoso sin motivo ". De nuevo R. José dijo:" Nunca dije una palabra [sobre un prójimo] que repudié [cuando me enfrenté a él "]. De nuevo R. José dijo: "Nunca actué en contra de las palabras de mis compañeros. Aunque sé que no soy sacerdote, aun así, cuando mis compañeros me habían pedido que subiera a la plataforma, lo hice". De nuevo R. José dijo: "Nunca dije una cosa que después me arrepiento de haberla dicho". R. Nachman dijo: "Que se me acredite que cumplí con la obligación de tres comidas en sábado". Y R. Juda dijo: "Que sea un crédito para mí haber cumplido [el deber de] la devoción en mis oraciones". R. Huna, el hijo de R. Joshua, dijo: "Que se me acredite que nunca caminé cuatro codos con la cabeza descubierta". R. Shesheth dijo: "Que se me acredite que cumplí el mandamiento de Tephilin". Y R. Nachman dijo: "Que se me acredite que cumplí el mandamiento de Tzitzith". R. Joseph le preguntó a R. Joseph, el hijo de Rabba, "¿Qué mandamiento observó tu padre más estrictamente?" "El mandamiento de Tzitzith", fue su respuesta; "porque, un día cuando mi padre estaba subiendo la escalera, se arrancó un hilo de su Tzitzith, y no abandonó el lugar hasta que el hilo fue reemplazado". Abaye dijo: "Que se me acredite que cada vez que noté que un joven erudito había terminado un tratado del Talmud (Fol. 119a) ese día, di un banquete para los rabinos". Raba dijo: "Que se me acredite que siempre respeté a un hombre culto; cada vez que se presentaba ante mí con un caso, Nunca descansé antes de examinar todas las posibles defensas ". Mar B. R. Ashi dijo:" Siento que no soy apto para juzgar a un hombre erudito porque lo amo tanto como a mí mismo; y ningún hombre. por supuesto, puede verse a sí mismo injusto ". R. Chanina estaba acostumbrado a abrigarse la víspera del sábado y al levantarse decía:" Ven conmigo y salgamos al encuentro de la reina Sabbath ".

R. Janai estaba acostumbrado a vestirse bien en la víspera del sábado y decir: "Ven novia, ven novia". Rabá b. R. Huna vino una vez como invitado a la casa de Rabba b. Nachman. Le pusieron delante tres sh'a de harina convertidos en tortas gordas. "¿Sabías que venía [que preparaste esto]?" preguntó R. Huna a su anfitrión. A lo que el anfitrión respondió: "¿Entonces tú eres mejor que el sábado acerca del cual está escrito? (Is. 58, 13R. Papa, él mismo, preparó las mechas [para la lámpara de aceite]. R. Chisda. él mismo, madera cortada. Los mismos Rabba y R. Joseph solían partir pequeños trozos de madera [para hacer leña]. El mismo R. Zeira encendió la leña. R. Nachman b. Isaac estaba acostumbrado a poner la ropa del sábado y otras cosas sobre su hombro y llevarlas adentro. Las cosas que no eran necesarias para el sábado las colocó sobre su hombro y las llevó a cabo, diciendo: "Si R. Ami o R. Assi llegaran para visitarme, ¿no llevaría esas cosas para ellos en mi hombro? " Algunos dicen que R. Ami y Assi, ellos mismos, colocaron cosas sobre sus hombros y las llevaron adentro y afuera diciendo: "Si R. Jochanan llegara a visitarnos, ¿no llevaríamos las cosas para él de esta manera?" Los mismos Rabba y R. Joseph solían partir pequeños trozos de madera [para hacer leña]. El mismo R. Zeira encendió la leña. R. Nachman b. Isaac estaba acostumbrado a poner la ropa del sábado y otras cosas sobre su hombro y llevarlas adentro. Las cosas que no eran necesarias para el sábado las colocó sobre su hombro y las llevó a cabo, diciendo: "Si R. Ami o R. Assi llegaran para visitarme, ¿no llevaría esas cosas para ellos en mi hombro? " Algunos dicen que R. Ami y Assi, ellos mismos, colocaron cosas sobre sus hombros y las llevaron adentro y afuera diciendo: "Si R. Jochanan llegara a visitarnos, ¿no llevaríamos las cosas para él de esta manera?" Los mismos Rabba y R. Joseph solían partir pequeños trozos de madera [para hacer leña]. El mismo R. Zeira encendió la leña. R. Nachman b. Isaac estaba acostumbrado a poner la ropa del sábado y otras cosas sobre su hombro y llevarlas adentro. Las cosas que no eran necesarias para el sábado las colocó sobre su hombro y las llevó a cabo, diciendo: "Si R. Ami o R. Assi llegaran para visitarme, ¿no llevaría esas cosas para ellos en mi hombro? " Algunos dicen que R. Ami y Assi, ellos mismos, colocaron cosas sobre sus hombros y las llevaron adentro y afuera diciendo: "Si R. Jochanan llegara a visitarnos, ¿no llevaríamos las cosas para él de esta manera?" Isaac estaba acostumbrado a poner la ropa del sábado y otras cosas sobre su hombro y llevarlas adentro. Las cosas que no eran necesarias para el sábado las colocó sobre su hombro y las llevó a cabo, diciendo: "Si R. Ami o R. Assi llegaran para visitarme, ¿no llevaría esas cosas para ellos en mi hombro? " Algunos dicen que R. Ami y Assi, ellos mismos, colocaron cosas sobre sus hombros y las llevaron adentro y afuera diciendo: "Si R. Jochanan llegara a visitarnos, ¿no llevaríamos las cosas para él de esta manera?" Isaac estaba acostumbrado a poner la ropa del sábado y otras cosas sobre su hombro y llevarlas adentro. Las cosas que no eran necesarias para el sábado las colocó sobre su hombro y las llevó a cabo, diciendo: "Si R. Ami o R. Assi llegaran para visitarme, ¿no llevaría esas cosas para ellos en mi hombro? " Algunos dicen que R. Ami y Assi, ellos mismos, colocaron cosas sobre sus hombros y las llevaron adentro y afuera diciendo: "Si R. Jochanan llegara a visitarnos, ¿no llevaríamos las cosas para él de esta manera?"

José, que honraba el sábado, tenía un vecino muy rico. Los caldeos (adivinos) le dijeron a este vecino que José acabaría devorando toda su riqueza. El vecino, por tanto, vendió su propiedad y con las ganancias compró un gran diamante, que fijó en su turbante. Un día, mientras cruzaba un puente, una ráfaga de viento arrojó su turbante al agua y un pez se lo tragó. Este pescado [capturado] fue traído [al mercado] un viernes. "¿Quién quiere comprar pescado hoy?" preguntaron. Se les dijo que fueran a ver a José, quien honra el sábado y usualmente compra pescado ese día. Entonces le llevaron el pescado y él lo compró. Cuando se cortó el pescado, se encontró la joya y José la vendió por trece bolsas de denarim de oro. Cuando ese anciano lo encontró, le dijo a José: "Él,Deu. 14, 22.) Diezmarás el diezmo, es decir, darás diezmos, para que te hagas rico. "¿Qué merecían los ricos de Babilonia [donde la gente está exenta de diezmos]?" "Porque", dijo R. Ishmael, "ellos honran la Torá". "¿Y qué merecían los ricos de otros países que los hizo tan ricos?" "Porque", dijo él, "ellos honraron el sábado; para R. Chiya b. Abba dijo: 'Una vez viví con un hombre rico en Ludki. y vi que le traían una mesa de oro llevada por dieciséis hombres, y de ella pendían dieciséis eslabones de plata; en estos eslabones había cuencos, tazas, cántaros y platos fijos, todos llenos de diversos tipos de víveres y todo tipo de frutas y especias raras. Al poner la mesa, dijeron:). Y cuando quitaron la mesa, dijeron: Los cielos son los cielos del Señor; pero la tierra la ha dado a los hijos de los hombres (Ib. 115, 16). Le dije: 'Hijo mío, ¿en qué has merecido esta prosperidad?' Me dijo: "Antes era carnicero, y siempre elegía el mejor ganado para sacrificarlo para el sábado". Entonces le dije: 'Feliz eres por ser tan merecido y bendito sea el Señor que te ha recompensado con todo esto'. "

El emperador [romano] una vez le preguntó a R. Joshua b. Chanina: "¿Por qué las comidas del sábado tienen un sabor especial?" "Hay", respondió, "cierto sabor en nuestra posesión, llamado sábado, que le echamos y esto le da su sabor". "Dénoslo", le rogó a R. Joshua, ante lo cual R. Joshua dijo: "Sólo el que guarda el sábado, ayuda, pero no ayuda al que no guarda el sábado".

El Resh Galutha "dijo a R. Hamnuna:" ¿Qué significa el pasaje (Is. 58, 13.) Honroso día santo del Señor. ¿Qué significa la palabra honorable? "R. Hamnuna le dijo:" Esto se refiere al Día de la Expiación, en el que no se come ni se bebe, por eso la Torá dice que lo honrarás con ropa limpia ". honrarlo (Ib.). Rab dijo: "Esto tiene la intención de significar eso en la víspera del sábado. la hora de la comida será más temprana que en los días de la semana ". Sin embargo, Samuel dijo:" Por el contrario, tiene la intención de significar que la hora de la comida debe ser más tarde de lo habitual ". Los hijos de R. Papa b. Abba le preguntaron: "¿Cómo pueden las personas como nosotros, que comemos carne y vino todos los días de la semana, distinguir el día de reposo?" R. Papa respondió: "Si estás acostumbrado [a cenar] temprano [en los días de la semana], come más tarde [el sábado] y si toma tarde sus comidas habituales,

(Ib. B) R. Hamnuna dijo: "El que reza en la víspera del sábado y recita la oración Vayechulu (Génesis 2, 1-3) Las Escrituras aumentan su crédito como si hubiera sido un colaborador del Santo, elogió ¡ Sea Él! en la creación del mundo; porque se dice (Génesis 2, 1). Así fueron terminados, etc. No lean Vayechulu (terminaron) sino que lo lean Vayechalu (ellos lo terminaron) ". R. Elazar dijo: "¿De dónde aprendemos que hablar es equivalente a hacer? Se dice (Sal. 33, 6). Por las palabras de Dios, fueron hechos los cielos".

R. Chisda dijo en el nombre de Mar Ukba: "El que reza en la víspera del sábado y dice Vayechulu, será escoltado por dos ángeles ministradores que pondrán sus manos sobre su cabeza y le dirán: Y tu iniquidad se ha ido, y Tu pecado es perdonado (Isaías 6, 7). "Se nos enseña que R. José, el hijo de R. Juda, dice:" Dos ángeles ministradores escoltan a cada hombre en la víspera del sábado a su casa. Uno de ellos es un ángel del bien y el otro un ángel del mal. Cuando el hombre llega a casa y encuentra las lámparas encendidas, la mesa puesta y la cama en orden, el ángel del bien dice: 'Que el próximo sábado sea como el presente', a lo que el ángel del mal se ve obligado a decir amén de mala gana. ! Pero si todo está en desorden, entonces el ángel del mal dice: '¡Que el próximo sábado sea como el presente', a lo que el ángel del bien de mala gana se ve obligado a decir Amén! "

R. Elazar dijo: "Un hombre siempre debe arreglar su mesa para la víspera del sábado, aunque no tenga hambre y no coma más que [un bocado] del tamaño de una aceituna". R. Chanina dijo: "Un hombre siempre debe arreglar su mesa para la víspera del sábado, aunque no necesite más que [un bocado] del tamaño de una aceituna". Beber agua tibia y lavarse la noche siguiente al sábado es saludable. El pan caliente en la noche siguiente al sábado es saludable. R. Abuhu solía haberle preparado un ternero gordo, del cual comía los riñones (la noche siguiente al sábado). Cuando su hijo Abimi creció, le dijo a su padre: "¿Por qué desperdicias un ternero entero por el bien de los riñones? Dejemos los riñones del ternero que estamos preparando, para la víspera del sábado". Así lo hicieron

R. Joshua b. Levi dijo: "El que responda a Amen Yehei Shemei Rabba Mebarach con todo su fervor hará que cualquier dispensación maligna que se le haya pasado, sea desgarrada (anulada); porque se dice (Jueces 5, 2). Cuando se establecieron los castigos decretados Aparte en Israel, el pueblo se ofreció de buena gana: Alabad al Señor. ¿Por qué se anularon los castigos decretados? Porque alabad al Señor. R. Chiya b. Abba, en el nombre de R. Jochanan, dijo: "Incluso si hay algo de idolatría en él, también será perdonado;

porque está escrito (Ib.) Cuando los castigos decretados fueron anulados (Pra'oth), y También está escrito (Ex. 32, 25). Que se había vuelto rebelde (Parua) ". Resh Lakish dijo: "El que responda Amén con todo su fervor, se le abrirán las puertas del Edén,.) Abrid las puertas para que entre la nación justa, que guarda la verdad. No lea Shomer Emunim (que guarda la verdad), pero léalo Seomrim Amen (que dice Amén) ". ¿Cuál es el significado de Amén? R. Chanina dijo:" La abreviatura de 'Dios, rey fiel' ".

R. Juda, el hijo de R. Samuel, en el nombre de Rab, dijo: "La conflagración no es frecuente excepto sólo donde se encuentra la violación del sábado; porque se dice (Jer. 17, 27). Pero si queréis No me escuches para santificar el día de reposo, y para no llevar una carga, y para entrar por las puertas de Jerusalén en el día de reposo, entonces encenderé un fuego en sus puertas, y consumirá los palacios de Jerusalén y no se apagará ". ¿Qué se quiere decir con Y no se apagará? R. Nachman b. Isaac dijo: "Significa 'En un momento en que los hombres para apagarlo no será accesible'. "Abaye dijo:" Jerusalén no habría sido destruida, si no fuera por el pecado de violar el sábado, porque se dice (Ez. 22, 26)..) Y de mis sábados apartan sus ojos para que yo sea profanado entre ellos ". R. Abuhu dijo:" Jerusalén no habría sido destruida si no hubiera sido por el pecado que dejaron de leer el Sh'm ' a todas las mañanas y tardes, porque se dice (Isaías 5, 11.) ¡Ay de los que se levantan de madrugada para correr tras la sidra, etc., y hay arpa y salterio, pandero, flauta y vino y sus banquetes de bebida, pero las obras del Señor, no hacen caso. Por tanto, mi pueblo es llevado al exilio, por falta de conocimiento ". R. Hamnuna dijo:" Jerusalén no habría sido destruida si no hubiera sido por el pecado que dejaron de enseñar a los niños pequeños, porque se dice (Jer. 6, 11)..) Derramarlo sobre el niño en la calle. ¿Por qué derramarlo? Porque el niño está en la calle [y no en la escuela] ".

R. Ulla dijo: "Jerusalén no habría sido destruida si no hubiera sido por el pecado de estar libre de vergüenza, como se dice (Jer. 6, 15). Deberían haber estado avergonzados, porque habían cometido una abominación; pero ni sintió la menor vergüenza ", etc. R. Isaac dijo:" Jerusalén no habría sido destruida si no fuera por el pecado de no hacer distinción entre grandes y pequeños, como se dice (Is. 24, 2). Y será con el pueblo como con el sacerdote, etc; inmediatamente después de lo cual está escrito: Vacía, vaciada será la tierra ". R. Amram, hijo de R. Simon b. Abba, a nombre de R. Simon b. Abba, quien habló en nombre de R. Chanina, dijo: "Jerusalén no habría sido destruida si no fuera por su pecado al no amonestarse unos a otros, como está escrito (Lam. 1, 6)..) Sus príncipes se han vuelto como ciervos que no han encontrado pasto, es decir, como ciervos que andan en manada, con la cabeza entre las nalgas del otro, así Israel de esa generación apretó el rostro en la tierra y no se atrevió a amonestarse unos a otros. . "R. Juda dijo:" Jerusalén no habría sido destruida si no hubiera sido por el pecado de despreciar a los eruditos, como está escrito (II Crónicas 36, 16). Pero se habían burlado de los mensajeros de Dios y despreciado sus palabras, y despreció a sus profetas, hasta que la furia del Señor se levantó contra su pueblo, hasta que no hubo remedio ". ¿Qué significa Hasta que no hubo remedio? R. Juda, en el nombre de Rab, dijo:" Significa esto: 'Quien desprecie a un erudito no encontrará remedio para su aflicción.' "R. Juda, en el nombre de Rab, dijo:"¿Qué significa el pasaje (Sal. 105, 15.) No toquéis a mis ungidos, y no hagáis mal a mis profetas, es decir, no toquéis a mis ungidos, se refiere a los escolares, "y no hagáis mal a mis profetas, se refiere a los eruditos". Resh Lakish en el nombre de R. Juda el Nasi dijo: "El mundo no se sostendría si no fuera por el aliento [de alabanza de] los niños de la escuela". "¿Qué pasa con el mío y el tuyo?" dijo R. Papa a Abaye. A lo que Abaye respondió: "El aliento [de alabanza] que sale de alguien que podría haber pecado no es como el aliento [de alabanza] que pronuncia alguien que es incapaz de cometer pecado". Resh Lakish en nombre de R. Juda el Nasi dijo además: "Los escolares no deben ser excluidos de la escuela ni siquiera por la construcción del Templo". Resh Lakish le dijo a R. Juda, el Nasi: "Jer. 5, 1.) Vaga por las calles de Jerusalén y mira ahora, y fíjate, y escudriña en sus espacios amplios: y si puedes encontrar a un hombre, si hay uno que hace justicia, que busca la verdad, entonces yo perdónelo. "¿Es así? ¿No ha dicho R. Ketina:" Incluso en el período de la caída de Jerusalén (de su decadencia moral) los hombres de fe no le fallaron, como se dice (Is..) Cuando un hombre pretenda a su hermano en la casa de su padre [diciendo] que tienes una linda vestimenta, serás nuestro gobernante, (Fol. 120a) es decir, cosas que hacen que la gente se esconda bajo cubierta, como una prenda , parece estar bien en tu mano (eres un erudito). Y deja que este tropiezo sea bajo tu mano, (Ib.) Es decir, cosas de las cuales un hombre nunca llega al verdadero sentido a menos que primero se tropiece con él (la Torá) deja que esto esté bajo tu mano; (Yisa) Él levantará su mano en este día, diciendo que no seré un jefe. etc., (Ib.) es decir, las palabras, Él levantará su mano, no se aplicará a nada más que a jurar y así dice (Ex.20, 7.) No levantarás tu mano para jurar en el nombre de Dios. Seré un jefe, (Ib.) Es decir, no estaré confinado en la casa de estudio. Y en mi casa no hay ni pan ni ropa, es decir, no domino las Escrituras, ni la Mishná ni la Guemará ". [De ahí que demuestre que eran veraces]. Quizás en ese caso, es diferente, porque si él dijera 'Sí aprendí , 'la gente podría preguntarle,' Cuéntenos lo que sabe '. [Por lo tanto, está obligado a decir la verdad]. Pero podría decir que lo aprendió y lo olvidó. [Por lo tanto, nadie podrá contradecirlo]. ¿Por qué dice que nunca supo nada? [Por lo tanto, debemos: dicen que realmente eran dignos de confianza.] Esto no es difícil de explicar: Rab trata con hombres dignos de confianza en los negocios y R. Ketina trata con hombres fieles en asuntos de aprendizaje.

(Fol. 121a) Nuestros rabinos enseñaron que una vez estalló un incendio en la corte de José b. Simai, en Beth-he'an, y el campamento militar de Seforis enviaron hombres para extinguirlo porque él era el tesorero del administrador real. Pero José no les permitió hacerlo debido al sábado. De milagro empezó a llover y el fuego se apagó. Aquella noche, José envió a cada uno [que vino a ayudarlo] dos Selaim. Cuando los sabios se enteraron de esto, dijeron: "No era en absoluto necesario impedir que lo hicieran, porque se nos enseña (en una Mishná), 'Cuando un no judío viene a apagar el fuego, el dueño no necesita dígale que apague o que no extinga, porque no hay mandamiento que obligue a un no judío a guardar el sábado ".

Shabat, Capítulo 18

(Fol. 127a) R. Jochanan dijo: "Grande es la hospitalidad incluso más que la asistencia temprana al lugar de aprendizaje, porque la Mishná nos enseña: 'Para la hospitalidad y para la asistencia a la casa de estudio', poniendo los dos en un par." Los Nehardaen y R. Dimi dijeron que la hospitalidad es una virtud mayor incluso que visitar un lugar de estudio, ya que la Mishná menciona primero "Hospitalidad" y luego "asistencia al lugar de estudio". R. Juda, en el nombre de Rab, dijo: "La hospitalidad es una virtud mayor que recibir la Shejiná, porque está escrito (Gen.18, 3.) Y él dijo. Mi Señor, si ahora he hallado gracia ante tus ojos, no te mueras, te lo ruego ". R. Elazar dijo:" Ven y mira, que la naturaleza del Santo, ¡alabada sea Él! es diferente a la del hombre frágil! La naturaleza de un hombre frágil es que una persona insignificante no se atrevería a decirle a un gran hombre: "Quédate aquí hasta que yo vuelva", mientras que al Santo, ¡alabado sea! Abraham dijo: Mi Señor, si ahora he hallado gracia ante tus ojos, no mueras ". R. Juda b. Shila, en el nombre de R. Assi, quien habló en el nombre de R. Jochanan, dijo:" El interés en seis cosas de las que disfruta el hombre en este mundo, mientras que en el mundo venidero le queda el principal, a saber, la hospitalidad, la visita a los enfermos, el cálculo de los esfuerzos de la oración [esperando la concesión de sus demandas], la asistencia temprana a la lugar de aprendizaje, criar hijos para el estudio de la Torá, y juzgar a su asociado [en actos dudosos] con una inclinación a su favor. "¿Es esto realmente así? ¿No se nos enseña [en una Mishná]:" Estas son las cosas de las cuales un hombre disfruta el interés por su recompensa en este mundo, mientras que el principal le queda para el mundo venidero? es decir, honrar al padre y a la madre, la práctica de la bondad amorosa, hacer las paces entre un hombre y su socio y, sobre todo, el estudio de la Torá ". ¿No son estas las únicas cosas? No, las seis cosas mencionadas anteriormente son incluido con los enumerados posteriormente. (Ib. b) Nuestros rabinos enseñaron: "El que juzga a sus asociados [en actos cuestionables] con una inclinación a su favor, será juzgado con favor [desde arriba]. Una vez sucedió que un hombre que venía del Alto Galili se contrató a un maestro en la parte sur, por un período de tres años. La víspera del Día de la Expiación, cuando expiraba su mandato, el trabajador le dijo a su amo: "Dame mi salario para que pueda regresar a casa y mantener a mi esposa e hijos". El maestro respondió: "No tengo dinero en este momento". —Entonces dame el valor de mi dinero en grano —dijo el hombre. El maestro respondió: 'No tengo ninguno'. De nuevo el jornalero le suplicó: "Dame, pues, el valor de mi dinero en tierra". "No tengo ninguno", respondió el maestro. Entonces, dame la cantidad en ganado. dijo, pero el maestro se negó de nuevo diciendo: "No tengo ninguno". —Dame lo que vale mi dinero en muebles —suplicó el hombre. "No tengo ninguno", fue la respuesta. Luego, el hombre se puso el bulto en la espalda y se fue con tristeza. Después de las vacaciones, el patrón tomó el salario del jornalero y además, tres asnos, uno cargado con víveres, el segundo con licores y el tercero con especias y se dirigió a la casa del jornalero en Galili. Después de que comieron y bebieron juntos, el maestro le pagó su salario y le preguntó: "Cuando te dije que no tenía dinero para pagar tu salario, ¿de qué sospechaste de mí?" El hombre dijo: "Pensé que tal vez te habías encontrado con un trato y habías pagado todo tu dinero disponible". "Y cuando me pediste que te diera el valor de tu dinero en ganado y te respondí que no tenía ganado, ¿de qué sospechaste entonces de mí?" "Pensé que tal vez lo habías alquilado a otros y no podrías tocarlo". ' Y cuando te dije que no tengo fruto, ¿entonces de qué sospechaste de mí? Pensé que tal vez aún no habías pagado los diezmos. "Y cuando te dije que no tengo muebles, ¿de qué sospechaste entonces de mí?" "Pensé que tal vez habías dedicado todas tus posesiones al cielo", dijo entonces el maestro: "Te juro que tal fue realmente el caso; Hice un voto de entregar todas mis posesiones porque mi hijo Hurkanius no quería estudiar la Torá. Posteriormente, cuando llegué a mis asociados en el sur, me liberaron de mi voto. Y así como me juzgaste con gracia, así Dios te juzgue favorablemente ". ¿De qué sospechabas entonces de mí? "Pensé que tal vez habías dedicado todas tus posesiones al cielo", dijo entonces el maestro: "Te juro que tal fue realmente el caso; Hice un voto de entregar todas mis posesiones porque mi hijo Hurkanius no quería estudiar la Torá. Posteriormente, cuando llegué a mis asociados en el sur, me liberaron de mi voto. Y así como me juzgaste con gracia, así Dios te juzgue favorablemente ". ¿De qué sospechabas entonces de mí? "Pensé que tal vez habías dedicado todas tus posesiones al cielo", dijo entonces el maestro: "Te juro que tal fue realmente el caso; Hice un voto de entregar todas mis posesiones porque mi hijo Hurkanius no quería estudiar la Torá. Posteriormente, cuando llegué a mis asociados en el sur, me liberaron de mi voto. Y así como me juzgaste con gracia, así Dios te juzgue favorablemente ".

(Fol. 129b) R. Nachman b. Isaac en el nombre de Rabba b. Abuhu, que habla en nombre de Rab, dijo: "Todo lo que se menciona 'en el capítulo de reprensión se puede hacer por una mujer confinada en sábado, como se dice (Ez. 16, 4)..) Y en cuanto a tu nacimiento, el día que naciste, no te cortaron el ombligo ni te lavaron con agua para ser limpiada, ni te untaron con sal, ni te envolvieron en pañales, es decir, y en cuanto a tu nacimiento, el día en que naciste, de esto podemos inferir que uno puede ayudar en el nacimiento de un niño en sábado; Tu ombligo no fue cortado, inferimos que el ombligo puede cortarse en sábado. Tampoco te lavaste con agua, inferimos de esto que un niño recién nacido puede ser lavado en sábado. Y no fuiste untado con sal, de esto inferimos que un niño recién nacido puede ser untado con sal en el día de reposo. Ni envuelto en pañales, inferimos que un niño recién nacido puede ser envuelto en ropa en sábado.

Shabat, Capítulo 19

(Fol. 134a) Se nos enseña que Rabban Simon b. Gamaliel dice: "Todo mandamiento que Israel tomó sobre sí con gozo, como por ejemplo la circuncisión, acerca del cual está escrito (Sal. 119, 162). Me regocijo por tu promesa, todavía se observa con gozo; pero todos los mandamientos que fueron recibidos con discordia, como por ejemplo, la ley del incesto, acerca de la cual está escrito (Núm. 11, 10.) Y Moisés oyó al pueblo llorar según sus familias, es decir, a causa de los establecimientos familiares (matrimonios mixtos), todavía se observa a regañadientes, porque no hay contrato matrimonial en el que las partes no se peleen ".

Se nos enseña que R. Simon b. Elazar dijo: "Todos los mandamientos por los cuales Israel estaba dispuesto a morir [cuando se promulgó un decreto prohibitivo para su observancia] como, por ejemplo, el decreto de idolatría y la milá (circuncisión) todavía se observan puntualmente; pero todos aquellos mandamientos por los cuales Israel no estaba listos para morir, como por ejemplo Tephilin, se observan débilmente hoy en día, porque R. Janai dijo: 'Tephilin requiere un cuerpo limpio como Eliseo, el hombre de alas, poseído' ". ¿Qué se entiende por cuerpo limpio? Abaye dijo: "Significa literalmente un cuerpo limpio". Pero Raba dijo: "No adormecerse mientras usa el Tephilin". ¿Y por qué fue llamado el hombre de alas? El gobierno de Edom había decretado una vez contra Israel, que cualquiera que usara Tefilin en la cabeza, sería castigado con una perforación en su médula. Eliseo se puso su Tephilin y salió a la calle. Un Cuestodor lo vio [vistiendo el Tefilin] y Eliseo huyó ante él. El oficial lo persiguió. Cuando fue capturado, R. Elisha se los quitó de la cabeza y mantuvo el Tephilin en su mano. "¿Qué tienes en tu mano?" fue la pregunta del Cuestodor? "Alas de paloma", respondió Eliseo. El Cuestodor extendió la mano para investigar y descubrió que eran alas de paloma; por eso fue llamado 'Eliseo, el hombre de las alas de paloma'. ¿Por qué eligió decir alas de paloma? Porque Israel es comparado con una paloma, como se dice (¿Qué tienes en tu mano? ", Fue la pregunta del Cuestodor?" Alas de paloma ", respondió Eliseo. El Cuestodor extendió su mano para investigar y descubrió que eran alas de paloma; por eso se le llamó 'Eliseo, el hombre de alas de paloma. ¿Por qué eligió decir alas de paloma? Porque Israel es comparado con una paloma, como se dice (¿Qué tienes en tu mano? ", Fue la pregunta del Cuestodor?" Alas de paloma ", respondió Eliseo. El Cuestodor extendió su mano para investigar y descubrió que eran alas de paloma; por eso se le llamó 'Eliseo, el hombre de alas de paloma. ¿Por qué eligió decir alas de paloma? Porque Israel es comparado con una paloma, como se dice (PD. 68, 14.) Las alas de la paloma cubiertas de plata y sus piñones brillando con oro llameante, es decir, así como la paloma se defiende con sus alas [no con su bcak], así Israel se defiende por su Torá.

(Fol. 133b) Se nos enseña: Él es mi Dios y Yo lo embelleceré (Ex. 15, 2), es decir, te embelleceré delante de Él con mandamientos; Haga una hermosa sucá, una hermosa Lulab (palmera en los tabernáculos), una hermosa Sophar (kornet), una hermosa Tzitzit y una hermosa Torá, y escriba la Torá con buena tinta, con una buena pluma, con un escriba artístico y envuélvala. alrededor con hermosas cintas. Abba Saul dijo: "Lo embelleceré, es decir, así como Él es misericordioso y misericordioso, tú serás misericordioso y misericordioso".

El niño recibió mi nombre de 'Natán, el babilónico'. En otra ocasión, llegué al país de Capadocia y apareció ante mí una mujer cuyo primer y segundo hijo habían muerto a consecuencia de la circuncisión. Y el tercero me trajo. Al notar que tenía una apariencia verdosa, lo miré y le dije que no tenía sangre [suficiente] para la circuncisión, así que le dije que esperara hasta que el niño tuviera suficiente sangre. Ella lo hizo, y el niño fue circuncidado y vivió. Ella le puso mi nombre y llamó al niño 'Natán, el babilónico' " Al notar que tenía una apariencia verdosa, lo miré y le dije que no tenía sangre [suficiente] para la circuncisión, así que le dije que esperara hasta que el niño tuviera suficiente sangre. Ella lo hizo, y el niño fue circuncidado y vivió. Ella le puso mi nombre y llamó al niño 'Natán, el babilónico' " Al notar que tenía una apariencia verdosa, lo miré y le dije que no tenía sangre [suficiente] para la circuncisión, así que le dije que esperara hasta que el niño tuviera suficiente sangre. Ella lo hizo, y el niño fue circuncidado y vivió. Ella le puso mi nombre y llamó al niño 'Natán, el babilónico' "

Shabat, Capítulo 20

(Fol. 138b) Rab dijo: "Habrá un tiempo en el futuro cuando la Torá será olvidada por Israel, como está dicho (Deu. 28, 59). Entonces el Señor hará maravillosas tus plagas. Yo no sé lo que significa la palabra Hafla'ah (maravilloso). Pero cuando se dice (Isaías 29, 14). Por lo tanto, he aquí, haré aún más un trabajo maravilloso con la gente que hace maravilla sobre maravilla (Ilaflei Vafele); así que la sabiduría de sus sabios se perderá y la inteligencia de sus hombres prudentes se ocultará. Entiendo que Hafla'ah se refiere a la Torá ". Nuestros rabinos enseñaron: Cuando nuestros rabinos entraron en el Kerem (colegio) de Jamnia, dijo: 'Habrá un tiempo en que Israel olvidará la Torá, como se dice (Amós 8. 11.) He aquí, vienen días, dice el Señor Dios, en que enviaré hambre a la tierra; no hambre de pan, ni sed de agua, sino de oír las palabras del Señor. Y andarán errantes de mar a mar, y desde el norte hasta el este, andarán errantes en busca de la palabra del Señor; pero no lo encontrarán. Las palabras del Señor, aluden a la Halajá (leyes); Las palabras del Señor, se refieren al fin del exilio (Mesías); por palabra del Señor, se quiere decir Profecía ".

Se nos enseña que R. Simon b. Jochai dijo: "Dios no permita que Israel olvide la Torá, porque está dicho (Deuteronomio 31, 21). Porque no será olvidada de la boca de su simiente. ¿Cómo puede entonces el pasaje anterior, Ellos deambularán? están a punto de buscar la palabra del Señor, pero no la encontrarán; ¿ser sostenidos? Significa que no encontrarán una Halajá perfecta e incontestable; ni una MishDah más allá de la refutación por más tiempo en un solo lugar ".

(Fol. 139a) Se nos enseña que R. José b. Eliseo dijo: "Si ves una generación en la que vienen muchos problemas, ve e investiga a los jueces de Israel, porque está dicho (Miqueas 3, 9.) Oíd esto, os ruego, oh cabezas de Jacob, y vosotros, príncipes de la casa de Israel, que aborreces la justicia y torcido todo lo recto. Y además está escrito; Edificaron Sion con culpa de sangre, y Jerusalén con maldad. Sus jefes juzgan por sobornos, y sus sacerdotes enseñan por recompensa, y sus profetas adivinan por dinero, y sin embargo se apoyarán en el Señor, etc. Todos son malvados, pero todos se apoyan en Aquel que creó el mundo con su mandato. Por eso el Santo, ¡alabado sea! traer sobre ellos tres desgracias por los tres pecados de los que son culpables; como se dice (Ib. ib. 12.). Por tanto, por vosotros, arará Sion como un campo, y Jerusalén se convertirá en montones de ruinas, y el monte de la casa en lugares altos cubiertos de bosques. ¡Y el Santo, alabado sea!Es. 1, 25.) Y volveré mi mano contra ti, y limpiaré como con lejía tu escoria, etc. Y restauraré a tus jueces como al principio, y a tus consejeros como al principio ". Ulla dijo:" Jerusalén no será redimida sino por la justicia, como se dice (Ib. ib. 27.) Sion será redimida por la justicia, y sus convertidos por la justicia. "R. Papa dijo:" Cuando los altivos dejarán de existir, entonces el los magos (saduceos) cesarán; cuando cesen los jueces corruptos, también dejarán de existir los oficiales sobornados. Cuando cese la altivez, entonces los magos dejarán de existir, como se dice (Ib. Ib. 25.) Y yo me purgaré, como con lejía tu escoria, etc. Cuando los jueces corruptos dejarán de existir, entonces también cesarán los oficiales sobornados, porque está escrito (Sof..) El Señor ha quitado tu castigo, ha eliminado a tu enemigo. "R. Malai, en el nombre de R. Eliezer, el hijo de R. Simon, dijo:" ¿Qué significa el pasaje (Is. 14, 5. BroJcen, ¿tiene el Señor la vara de los impíos, el cetro de los gobernantes? La vara de los malvados, se refiere a los jueces que se hacen vara (de apoyo) a sus sacristán; El cetro de los gobernantes, se refiere a los sabios que están en las familias de los jueces malvados ". Mar Zutra dijo:" Esto se refiere a los maestros que dan instrucción en leyes comunales a discípulos ignorantes, quienes luego se convierten en jueces [incapaces de juzgar con justicia]. . "R. Elazar b. Malai, en el nombre de Resh Lakish, dijo:" ¿Qué significa el pasaje (Is. 59, 3.) Porque vuestras manos están contaminadas de sangre y vuestros dedos de iniquidad; ¿Tus labios hablaron mentira, y tu lengua profirió engaño? Porque vuestras manos están manchadas de sangre, se refiere a los jueces. Y tus dedos con iniquidades, se refiere a los escribas de los jueces [que escriben documentos falsos] Tus labios han hablado falsedad. se refiere a los abogados [que enseñan a la gente a alegar en falso "]. Y tu lengua profiere engaño, se refiere a los propios litigantes".

R. Malai. en el nombre de R. Isaac, dijo además: "Desde el día en que José se apartó de sus hermanos, no probó vino, como está escrito (Génesis 47, 26). Y en la corona de la cabeza del que estaba separado de su hermano ". R. José b. Chanina dijo: "Los hermanos de José tampoco probaron vino, porque se dice (Ib. 43, 34). Y bebieron y se regocijaron con él. Deducimos que sin él no bebían". Pero el primero (R. Malai) sostiene que esto se refiere a estar borracho pero no a saborear. R Malai dijo además: "Como recompensa [debida a Aarón] porque, y cuando te vea, se alegrará en su corazón (Ex. 4, 14), se le dio el Choshen Hamishpat en su corazón".

Shabat, Capítulo 22

(Fol. 145b) R. Chiya b. Abba y R. Assi estaban una vez sentados ante R. Jochanan, mientras R. Jochanan tomaba una siesta. R. Chiya b. Abba preguntó a R. Assi: "¿Por qué estaban tan gordas las aves de Babilonia?" R. Assi le respondió: "¿Por qué? Ve al desierto de Aza (en Palestina) donde te mostraré los que aún están más gordos". Nuevamente preguntó R. Chiya b. Abba: "¿Por qué los babilonios están tan felices durante las fiestas?" "Porque", respondió, "son pobres". "¿Por qué los discípulos de Babilonia están tan bien vestidos?" preguntó R. Chiya b. Abba de nuevo; "Porque", dijo R. Assi, "no están tan versados en la Torá como los eruditos palestinos [y, por lo tanto, están bien vestidos para inspirar respeto]". "¿Por qué los babilonios parecen estar sucios?" "Porque", respondió R. Assi, " comen cosas abominables y reptantes ". En ese momento R. Jochanan se despertó y les dijo:" ¡Jóvenes! ¿No te he advertido [que recuerdes el pasaje] (Pr. 7, 4.) Di a la sabiduría que eres mi hermana, lo que significa que si algo te es tan cierto como el hecho de que no puedes casarte con tu propia hermana, dilo; de lo contrario, no lo dirás. "" Que el maestro nos explique algunos de los asuntos anteriores ", dijeron. Ante lo cual R. Jochanan dijo:" La razón por la que las aves de Babilonia son tan gordas es que nunca fueron expulsados de sus hogares, como se dice (Jer.48, 11.) Moab nunca se sintió cómodo desde su juventud, y estaba descansando sobre sus lías, y no fue vaciado de vasija en vasija, y no había ido al exilio. ¿Y de dónde sabemos que las aves de Palestina fueron expulsadas de sus hogares? Se nos enseña que R. Juda dijo: 'Durante cincuenta y dos años estuvo aislada la tierra de Judea, de modo que ningún hombre pasó por ella; como está dicho (Ib. 9, 9.) Por los montes levantaré llanto y lamento, etc., pero las aves de los cielos y de la tierra huyeron; se han ido, es decir, el valor numérico de la palabra Behema (bestia) es cincuenta y dos ". R. Jacob, en el nombre de Jochanan dijo: 'Todos estos regresaron [a sus hogares] excepto sólo los Calias (atún,' porque Rab dijo que los lugares de Babilonia suministraban el agua para En-Eitam [por tuberías subterráneas y todos los peces regresaban por estas tuberías] pero el atún, debido a su columna vertebral blanda, no podía nadar cuesta arriba ". La razón por la que los babilonios están tan gozosos durante las fiestas es porque no fueron incluidos en la maldición que pronunció Oseas (Oseas 2, 13.) Y haré cesar toda su alegría, sus fiestas, sus lunas nuevas y su sábado. y todas sus fiestas señaladas. Y está escrito (sus lunas nuevas y su sábado y todas sus fiestas señaladas. Y está escrito (sus lunas nuevas y su sábado y todas sus fiestas señaladas. Y está escrito (Es. 1, 14.) Tus lunas nuevas y tus fiestas señaladas aborrece mi alma. ¡Se han convertido en una carga para mí! "¿Qué se quiere decir con Ellos se han convertido en una carga para mí? R. Elazar dijo:" ¡Así dijo el Santo, alabado sea! 'No es suficiente que Israel peque tanto contra mí, que me molesten para decirles qué castigo duro debo infligirles' ". R. Isaac dijo:" No hay una sola fiesta en Palestina en la que las tropas de reconocimiento no venía a Sephoras [y por lo tanto era difícil disfrutarlo] ". R. Chanina dijo:" No hay un solo festival en Palestina en el que un general con su suite y su bandolera [de los romanos] no haya venido a Tiberia ". la razón por la que los eruditos babilónicos están bien vestidos es porque todos son extraños. Esto es lo que dice la gente, ' En casa mi nombre [me dará mi puesto]; en el extranjero, mi vestido '".

(Fol. 146a) En el futuro, Jacob aún echará raíces; Israel reverdecerá y florecerá (Isaías 27, 6). R. Joseph recitó un Baraitha que se refiere a los eruditos babilónicos, que modelan capullos y flores para la Torá (revivir el aprendizaje).

(Fol. 147b) R. Chelbo dijo: "El vino de la tierra de Perugitha y los baños del lago de Dimsith arruinaron a las diez tribus de Israel". R. Elazar b. Arach una vez estuvo allí, y se entregó a esos lujos hasta tal punto que olvidó su aprendizaje y, a su regreso, quiso leer el versículo (Éxodo 12, 2)..) Hachodesh Haze Lachem (este mes será para ti), en lugar de lo cual, leyó Hacharash Haya Libam (sordos eran sus corazones). Los rabinos oraron por su regreso a la Torá, y así fue. Esto se refiere a cuando se nos enseña que R. Nehorai dijo: "Ve al exilio solo en un lugar de la Torá; no digas que la Torá te seguirá, o que tus colegas la preservarán para ti. Y no dependas de tu propia voluntad". conocimientos adquiridos." Se enseña que su verdadero nombre no era R. Nehorai sino R. Nechemia, y según otros, R. Elazar b. Arach, y la razón por la que fue llamado Nehorai es porque iluminó los ojos de los sabios con [sus métodos para explicar] la Halajá.

Shabat, Capítulo 23

(Fol. 149 b) R. Jacob, el hijo de la hija de R. Jacob, dijo: "El que causa que su amigo sea castigado por su causa, ¿no se le permitirá entrar en la morada del Santo, alabado sea Él? ! " ¿De dónde aprende esto? Supongamos que es de ese pasaje (1 Rey 22, 20.) Y el Señor dijo: ¿Quién persuadirá a Ajab para que suba y caiga en Ramot de Galaad? Y uno dijo, de esta manera, y otro dijo, de esa manera. Y salió un espíritu, se puso delante del Señor y dijo. Lo persuadiré, etc. Y él (el espíritu) dijo: Saldré, y seré espíritu de mentira en la boca de todos sus profetas. Y él dijo. Lo persuadirás y también prevalecerás; ve y hazlo. Se preguntó quién era el espíritu. y R. Jochanan respondió: "Era el espíritu de Nabot, el Yizre'elite. Y lo que se quiere decir con salir [lo que el Señor le dijo al espíritu] es decir, salir de mi morada [debido al castigo causado a Ajab]. ¿No es posible que la razón para expulsar el espíritu fuera porque era un espíritu falso, como está escrito (Sal. 191, 7.) El que habla falsedad no triunfará ante mis ojos. Por lo tanto, debemos decir que la opinión se deriva de este pasaje (Pr. 17, 26), Castigar [a través de él] incluso al justo [que es sólo la causa] no es bueno. Lo que no es bueno es ciertamente malo, por eso está escrito (Sal. 5, 5). Porque tú no eres un Dios que se complace en la maldad; el mal no puede permanecer contigo, es decir, ya que Tú, Dios, tienes razón, el mal no puede permanecer en Tu morada.

(Fol. 150a) ¿Está entonces prohibido hablar de cosas [que no sean negocios] en sábado? He aquí, E. Chisda y R. Hamnuna dicen que se nos permite hablar de desembolsos de caridad en sábado; R. Elazar dijo, en nombre de R. Jochanan: "Está permitido decidir la cantidad de caridad que se distribuirá entre los pobres". R. Jacob b. Ida, en el nombre de R. Jochanan, dijo: "A uno se le permite remover escombros en sábado para salvar una vida, o para el beneficio de una comunidad, y podemos reunirnos el sábado en las sinagogas para velar por los asuntos públicos ". Y R. Samuel b. Nachmeini, en el nombre de R. Jochanan, dijo: "Uno puede visitar los teatros y circos e intercambios en sábado si es para proteger el bienestar de la comunidad". En la escuela de R. Menashe, se enseñó: "Es. 58, 13.) Al no seguir tus propios asuntos y hablar (vanas) palabras, es decir, tus propios asuntos que no puedes discutir en el día de reposo, pero los asuntos sancionados por el Cielo pueden ser discutidos.

(Ib. B) Nuestros rabinos enseñaron que sucedió una vez que se rompió la cerca de un campo que pertenecía a un hombre piadoso, y cuando estaba a punto de arreglarlo, recordó que era en sábado; así que lo dejó [sin enmendar]. Ocurrió un milagro y un arbusto de alcaparras brotó en el campo del que el hombre piadoso y su familia obtenían su sustento.

(Fol. 151b) Se enseñó en un Baraitha que R. Simon b. Elazar dijo: "¡Siempre que tengas con quién practicar la caridad; mientras tengas la oportunidad y mientras esté en tu poder, hazlo! Porque Salomón en su sabiduría lo dijo (Eclesiastés 12, 1). Pero recuerda también a tu Creador en los días de tu vigor juvenil, cuando aún no han llegado los días malos. Esto se refiere a la vejez; Y se acercarán esos años de los que dirás: No me complazco en ellos, se refiere a la días del Mesías en los que no habrá recompensa ni castigo ". Esto difiere de la opinión de Samuel, quien dijo que no hay diferencia entre el mundo actual y el del tiempo del Mesías, excepto la subyugación del exilio que entonces no existirá. "porque está dicho (Deu. 15, 11.) Porque no cesarán los necesitados de la tierra.

Se nos enseña que Rabban Gamaliel, el Grande, dijo: "¿Qué significa el pasaje (Deuteronomio 13, 18) y Él te concederá misericordia, y tendrá misericordia de ti? Significa dar a entender que quien tenga misericordia de criaturas, se le concederá la misericordia del cielo, pero quien no tenga misericordia de las criaturas, no se le concederá la misericordia del cielo ".

Se nos enseña que Rabban Simon b. Gamaliel dijo: "Para un bebé, de un día de vida, si todavía tiene vida, se le permite violar el sábado si es necesario, porque la Torá dice: 'Puedes profanar un sábado en su nombre, para que pueda ser preservado' '. para guardar muchos sábados '. Sin embargo, a nadie se le permite profanar el sábado por causa de David, el Rey de Israel, si está muerto; porque tan pronto como un hombre muere, queda libre de los mandamientos ". Esto está de acuerdo con el dicho de R. Jochanan: "Está escrito (Sal. 88, 6) Libre entre los muertos, es decir, tan pronto como un hombre muere, está libre de todos los mandamientos ". Nuevamente se enseñó que R. Simon b. Elazar dijo:" Un bebé vivo, aunque tenga un día, no necesita ser observado por temor a un ataque de un gato o un ratón; pero Og, el rey de Basán [aunque el hombre más grande del mundo] si está muerto, debe ser vigilado por temor a un ataque de un gato o un ratón, porque se dice (Génesis 9, 2). Y el temor de tú y tu pavor. será, es decir, mientras un hombre (sea) su temor será arrojado sobre las bestias, pero cuando muera, el temor de él cesa ". R. Papa dijo:" Tenemos una tradición de que un león no ataca dos hombres ". Pero vemos que lo hace? Rami b. Chama dijo:" Una bestia no puede tener éxito en destruir a un hombre a menos que el hombre parezca una bestia,.) Sin embargo, el hombre en (su) esplendor no soporta; él es como las bestias (que) perecen ".

(Fol. 152a) El rabino le dijo a R. Simon b. Chalafta: "¿Por qué no se nos permitió verte en el día de la fiesta, ya que mis antepasados estaban acostumbrados a recibir a tus antepasados?" A lo que respondió: "Los montículos se volvieron montañosos. Aquellos que eran íntimos y amistosos, se han distanciado, dos se han convertido en tres. "Y cuando las puertas de las calles se cierren, mientras el sonido del molino se vuelve sordo, y el hombre se levanta a la voz del pájaro, y todo las hijas del canto son humilladas (Ec.12, 4). Y cuando se cierren las puertas de las calles, se refiere a los órganos de las extremidades; Mientras el sonido del molino se vuelve sordo, es decir, cuando el estómago deja de moler; Y el hombre se levanta a la voz del pájaro, es decir, cuando el hombre se debilita tanto que incluso el sonido de la voz del pájaro perturba su sueño; Y todas las hijas del canto se rebajan, es decir, cuando hasta las voces fuertes de los cantantes y los acentos del canto le parecen un susurro. Barzilai, el giladita, también dijo lo mismo a David (II Sam. 19, 36.) Hoy tengo ochenta años: ¿puedo discernir entre el bien y el mal? De esto, aprendemos que la mente de un anciano cambia [y no puede distinguir]. ¿O puede tu siervo probar lo que como o lo que bebo? (Ib.) De esto, aprendemos que los labios de los viejos se vuelven laxos (al gusto). ¿O puedo escuchar todavía la voz de los cantantes y cantantes? De esto, aprendemos que un oído anciano apenas puede oír. Rab dijo: "Barzilai, el giladita, era un mentiroso; porque había un sirviente en la casa de Rabbi, que tenía noventa y dos años, y probaba todos los platos [preparados para la casa]". Raba dijo: "Barzilai, el giladita, era excesivamente derrochador, y quien sea excesivamente derrochador envejece rápidamente".

Se enseñó que R. Ishmael, el hijo de R. José, dijo: "Cuanto más viejos crecen los discípulos de los sabios, más sabiduría adquieren; porque está escrito (Job 12, 11.) Así es con los antiguos, sabiduría; y con la extensión de los días entendimiento. En cuanto a los ignorantes, cuanto más envejecen, más necios se vuelven; porque se dice (Job 12, 20) Él quita el habla de los oradores confiables, y quita la inteligencia de los Envejecido."

También cuando los hombres tengan miedo de toda elevación (Ec. 12, 5), es decir, incluso un montículo les parece a los ancianos la cima de una montaña; Y están aterrorizados en todos los sentidos (Ib.). Cuando (los viejos) andan por el camino, sus corazones se llenan de miedo; Y el almendro florecerá (Ib.). Se refiere al cóccix que cede por la edad; Y la langosta se arrastrará lentamente, se refiere a la grupa de los ancianos [que se siente pesada]; Y el deseo se opondrá a la complacencia, se refiere a la lujuria que desaparece en los ancianos. R. Cahana estaba arreglando colecciones de pasajes antes que Rab y cuando R. Cahana alcanzó el pasaje anterior, Rab soltó un suspiro de sufrimiento. R. Cahana comentó: "Por esto entendemos que Rab había perdido el sentimiento de juventud" (y al llegar a este pasaje, sintió todo lo que le correspondía y, por lo tanto, gimió). R. Cahana dijo: "¿Qué significa el pasaje (Sal. 33,.) Porque Él habló, y se hizo realidad. Esto se refiere a una esposa; Él ordenó, y se mantuvo firme, se refiere a los niños. "También cuando los hombres tengan miedo de toda elevación (Ec. 12, 5).), es decir, incluso un montículo le parece (al anciano) la montaña más alta. Y están aterrorizados en todos los sentidos (Ib.); cuando camina por el camino, (el camino) se vuelve para él lleno de terrores. Porque el hombre va a su hogar eterno. (Ib.) R. Isaac dijo: "Esto nos enseña que a cada persona justa se le dará una vivienda de acuerdo con sus méritos en el mundo venidero; esto puede compararse con un rey mortal que entra en una ciudad con sus siervos. Cuando entran, todos están obligados a pasar por la misma puerta, pero cuando llega la noche, a cada uno se le da un puesto de acuerdo con su rango ". R. Isaac dijo además: "El gusano es tan doloroso para el cadáver como una aguja en carne sana, como se dice (Job 14, 22)..) Pero su cuerpo sobre él, siente dolor. "R. Chisda pagó:" El alma de un hombre llora por él los primeros siete días después de su muerte, como se dice (Ib.) Y su alma llorará por él; y está escrito (Génesis 50, 10). E hizo por su padre un duelo de siete días ".

R. Juda dijo: "Si un hombre muere y no deja que nadie llore su muerte, diez hombres irán a su lugar [donde murió] y se sentarán allí [siete días]". Una vez sucedió que un hombre, en el barrio de R. Juda, murió y no dejó a nadie que llorara su muerte; así que R. Juda iba allí todos los días con diez hombres y se sentaba en el lugar donde murió. Después de siete días [el espíritu del difunto] se apareció a R. Juda en un sueño y le dijo: "Que seas tan consolado como me consolaste a mí". (Ib. B) R. Abuhu dijo: "Todo lo que se diga en presencia de un cadáver, él lo sabe hasta el cierre de la tumba". Con respecto a esto, hay una diferencia de opinión entre R. Chiya y R. Simon, el hijo del rabino. Uno dijo que el muerto sabe "hasta el cierre del sepulcro" y el otro dijo, "hasta que su cuerpo sea consumido".Job 14, 22). Pero su cuerpo sobre él siente dolor [lo que prueba que mientras el cuerpo existe, siente]. El otro que dijo, hasta el cierre del sepulcro, lo deriva del siguiente pasaje (Ec. 12, 7). Cuando el polvo volverá a la tierra como estaba [mostrando que tan pronto como sea enterrado, cesa el conocimiento] . Nuestros rabinos enseñaron: "Y el espíritu volverá a Dios, quien lo dio (Ec. 12, 7), es decir, devuélvele [el alma] a Él tal como Él te la dio. Él te lo dio, purificado; devuélvelo purificado. Esto puede compararse con el rey mortal que distribuyó ropa a cada uno de sus sirvientes. Los sabios entre ellos los doblaron y los metieron en una caja. Los insensatos entre ellos se los pusieron y realizaron su trabajo diario en ellos. Cierto día, el rey exigió la devolución de estas ropas. Los sabios devolvieron sus ropas limpias y planchadas, pero los necios las devolvieron sucias y gastadas. El rey estaba complacido con la acción de los sabios, pero estaba lleno de ira contra los necios. Entonces ordenó que se guardaran las ropas de los sabios y que ellos mismos partieran en paz, pero que las ropas de los necios se lavarían y ellos mismos serían enviados a prisión. Así también el Santo. ¡Alabado sea! Acerca de los cuerpos de los justos. Él diceEs. 57, 2.) Vendrá (a su Padre) en paz; reposarán en su lugar de descanso; y acerca de sus almas dice (I Sam. 25, 29). Sin embargo, el alma de mi Señor estará atada en el vínculo de la vida con el Señor, tu Dios. Acerca de los cuerpos de los impíos, dice (Is. 48,

22). No hay paz, dice el Señor, para los impíos y para sus almas. Él dice (I Sam. 25, 29.) Y las almas de tus enemigos herirá, como con la honda. "Se nos enseña que R. Eliezer dijo:" Las almas de los justos están reservadas debajo del trono de la Divina Majestad, como está escrito (Ib.) Sin embargo, el alma de mi Señor estará atada en el vínculo de la vida, mientras que las almas de los impíos se engrasan cada vez más, como se dice (Ib.) Y el alma de tus enemigos arrojará, como fuera de la honda ". Rabba preguntó a R. Nachman:" ¿Cómo es el alma de las personas promedio? "R. Nachman respondió:" Podría haber muerto sin decirte esto. Así dijo Samuel: 'Las almas de ambos, el promedio y el malvado, son entregadas al ángel Dumah; el primero, sin embargo, descansará, mientras que el segundo no descansará en absoluto '".

R. Mari dijo: "En el futuro, los cuerpos de los justos se convertirán en polvo, porque está escrito (Ib.) Donde el polvo volverá a la tierra como antes". Hubo sepultureros que cavaron en la tierra perteneciente a R. Nachman y fueron reprendidos por R. Achai b. Yashia [cuya tumba molestaron los excavadores]. Vinieron y le dijeron a R. Nachman: "Fuimos reprendidos por un hombre". R. Nachman fue allí y le preguntó: "¿Quién eres, maestro?" Él respondió: "Soy Achai b. Yashia". "¿No ha dicho R. Mari que," En el futuro, los cuerpos de los justos volverán al polvo? ", Dijo R. Nachman [y por qué, por lo tanto, se conserva su cuerpo]." ¿Quién es Mari? "No lo conozco", dijo el muerto. "Pero", dijo nuevamente R. Nachman, "este es el pasaje, Cuando el polvo volverá a la tierra como antes". Los muertos respondieron: "El que leyó contigo Eclesiastés no leyó contigo Proverbios, donde está escrito (14, 30). Pero los celos son la podredumbre de los huesos, lo que significa que [sólo] el que tiene celos en su corazón, sus huesos se pudrirán después de la muerte ". Entonces R. Nachman trató de sentir [la sustancia del cadáver] y descubrió que era una sustancia real. R. Nachman le dijo entonces: "Que el maestro se levante y se vaya a su casa". Los muertos respondieron, diciendo: "Tú muestras que ni siquiera has leído a los Profetas, porque está escrito (Entonces R. Nachman trató de sentir [la sustancia del cadáver] y descubrió que era una sustancia real. R. Nachman le dijo entonces: "Que el maestro se levante y se vaya a su casa". Los muertos respondieron, diciendo: "Tú muestras que ni siquiera has leído a los Profetas, porque está escrito (Entonces R. Nachman trató de sentir [la sustancia del cadáver] y descubrió que era una sustancia real. R. Nachman le dijo entonces: "Que el maestro se levante y se vaya a su casa". Los muertos respondieron, diciendo: "Tú muestras que ni siquiera has leído a los Profetas, porque está escrito (Ez. 37, 13.) Y sabréis que yo soy el Señor, cuando abra sus tumbas, y cuando les haga salir de sus tumbas, oh pueblo mío "," Pero ", dijo R. Nachman," está escrito (Génesis 3, 19). Porque polvo eres, y al polvo volverás ". Entonces los muertos le explicaron, diciendo:" Esto se refiere a una hora antes de la llegada de la resurrección final de los muertos [que todos los muertos volverán al barro] ".

(Fol. 143a) Allí (en la Mishná) se nos enseña que R. Eliezer dijo: "Arrepentíos un día antes de tu muerte". Sus discípulos le preguntaron a R. Eliezer: "¿Sabe un hombre en qué día morirá (para arrepentirse antes de ese día)?" Con lo cual R. Eliezer les dijo: "Tanto más que se arrepienta hoy, no sea que muera mañana; al hacerlo, se encontrará que se arrepentirá todos los días de su vida". Así también dijo Salomón en su sabiduría, (Eclesiastés 9, 8.) En todo tiempo, sean tus vestidos blancos, y no dejes que el aceite falte en tu cabeza. R. Jochanan b. Zakai dijo: "Esto puede compararse con el rey que invitó a sus asistentes a un banquete, pero no fijó una hora exacta. Los sabios entre ellos se vistieron y se pararon frente al palacio, porque dijeron: 'En un casa, no falta nada, [puede que nos llamen en cualquier momento] '. Los necios, sin embargo, se dedicaron a sus asuntos diciendo: "¿Se puede dar un banquete sin preparación?" De repente, el rey llamó a sus sirvientes. Los prudentes entraron vestidos de manera apropiada, pero los necios entraron con sus ropas de trabajo. El rey, complacido con los sabios y enojado con los necios, dijo: 'Los que están vestidos apropiadamente para el el banquete se sentará a la mesa, y comerá y beberá; pero los que no estén debidamente vestidos, se pararán y mirarán. '"El yerno de R. Meier, en nombre de R. Meier, dijo que si estaban esperando a los que estaban en la mesa [allí no sería una vergüenza]. "Pero", dijo, "ambas partes se sentarán a la mesa, y mientras uno comerá, el otro tendrá hambre; mientras uno bebe, el otro tendrá sed, como se dice (Es. 65, 13.) Así ha dicho el Señor Eterno: 'He aquí, mis siervos comerán, pero vosotros tendréis sed; he aquí, mis siervos se regocijarán, pero vosotros seréis avergonzados. '"El pasaje se puede explicar de otra manera: que en todo momento tus vestidos sean blancos, se refiere a Tzitzith, y que no falte aceite en tu cabeza, se refiere a Tefilina.

Shabat, Capítulo 24

(Fol. 155b) R. Jonás expuso frente a la casa del Príncipe del Exilio: "¿Qué significa el pasaje (Pr. 29, 7). El justo considera la causa del indigente, es decir, el Santo ¡Alabado sea Él! Sabe que un perro no tiene suficiente comida y, por lo tanto, ordenó que la comida permanezca en su estómago (sin digerir) durante tres días ".

(Fol. 156a) Fue escrito en el memorando de R. Joshua b. Levi: "El que nació el primer día de la semana, será un hombre en quien no se encontrará nada". ¿Qué significa "no se hallará ni una sola cosa"? ¿Debo decir [que eso significa] que no poseerá nada bueno? ¿No ha dicho R. Ashi: "Nací el primer día de la semana" [y seguramente poseía muchas cosas buenas]. ¿Debo decir, en cambio, que no se encontrará nada malo en él? He aquí, R. Ashi dijo: "¡Yo y Dimi b. Kakuzita nacimos el primer día de la semana, pero yo soy un jefe [de una Academia] mientras que él es un jefe de ladrones!" Por lo tanto, debemos decir [que quiere decir esto]: será completamente bueno o muy malo, porque la luz y las tinieblas fueron creadas [en el primer día de la creación]. El que nació el segundo día de la semana, será un hombre pendenciero, porque en el segundo día de la semana se llevó a cabo la división del agua [lo que muestra desacuerdo]. El que nació el tercer día de la semana será rico y de disposición voluptuosa, porque toda la hierba brotó en el tercer día de la creación [que es abundante en número pero sin distinción]. El que nació el cuarto día de la semana, será un erudito y un hombre brillante, porque en este día las luminarias fueron colgadas en el cielo. El que nació el quinto día de la semana, será un hombre caritativo, porque en este día fueron creados los peces y las aves [que no trabajan para su sustento, sino que son provistos por Dios]. El que nació en la víspera del sábado será un hombre celoso y R. Nachman b. Isaac dijo: " Será celoso en la ejecución de los deberes religiosos "[porque en la víspera del día de reposo todos trabajan en honor del día de reposo]. El que nació en el día de reposo morirá en el día de reposo, porque el día de reposo fue violado en su cuenta cuando fue Raba b. Shila dijo: "Será llamado el hombre grande y piadoso". R. Chanina dijo [a sus discípulos que recitaron esto antes que él]: "Vayan y díganle al hijo de Levi que no el planeta del día [ha influencia] sino la constelación de la hora [del nacimiento]. El que nació durante la hora en que sirve el sol, será un hombre brillante; comerá y beberá de los suyos [como el sol que no invade a nadie]; no podrá ocultar sus secretos, ni tendrá éxito en robar. El que nació durante la hora en que sirve el planeta Venus, Será rico y de disposición voluptuosa, porque a ese planeta se le adhirió el fuego [y este hombre también será de mal genio]. El que nació durante la hora en que sirve el planeta Mercurio, será un hombre inteligente y sabio, porque ese planeta es el secretario del Sol. El que nació durante la hora en que sirve la Luna, estará agobiado por la enfermedad; él edificará y destruirá, destruirá y reconstruirá; no comerá de lo suyo ni beberá de lo suyo [como la Luna que no tiene luz propia] y podrá ocultar sus secretos. También tendrá éxito en robar. El que nació durante la hora en que sirve el planeta Saturno, se encontrará con la decepción en todas sus expectativas y, según algunos, cualquier cosa que otros planeen contra él, se convertirá en nada. Aquel que nació durante la hora en que sirve el planeta Júpiter, será una persona justa. Y R. Nachman agrega: 'Será justo en los deberes religiosos'. El que nació durante la hora en que el planeta Marte sirve, será un hombre cuya ocupación es derramar sangre ". R. Ashi dijo: [Él será]" O un sargento o un ladrón, o un carnicero o un Mohel . "Rabba dijo:" Nací durante la hora en que el planeta Marte sirve ". Abaye le dijo:" El maestro en verdad es como uno de ellos, porque castiga a los que violan tus órdenes ". R. Chanina dijo: "Según los destinos es la sabiduría de un hombre y según los destinos son sus riquezas e Israel no depende de la natividad". R. Jochanan dijo que Israel no está bajo el destino o la influencia de las estrellas, y R. Jochanan dijo: " ¿De dónde inferimos que Israel no depende de la influencia planetaria? Se dice (Jer. 10, 2.) Así ha dicho el Señor: 'No te habitúes al camino de las naciones, y no desmayes a las señales de los cielos'; aunque las naciones deben estar consternados por ellos. es decir, otras naciones deberían estar consternados por ellos, pero no por Israel ". Rab también sostiene que Israel no está bajo el control de las estrellas porque R. Juda dijo en el nombre de Rab:" ¿De dónde aprendemos que Israel no depende de las estrellas planetarias? ¿influencia? Se dice (Génesis 15, 5.) Y lo sacó fuera, es decir, Abraham dijo ante el Santo, ¡Alabado sea! 'Soberano del universo. ¡Uno nacido en mi casa será mi heredero! (Ib. Ib. 3.) A lo que el Señor respondió: "Este no será tu heredero, sino el que ha de salir de tus entrañas". (Ib.) De nuevo suplicó: 'Soberano del universo, he buscado en mi constelación y he descubierto que soy incapaz de tener un hijo'. 'Cesa tus especulaciones astrológicas', le dijo el Señor, 'porque Israel no está bajo la influencia planetaria. ¿Por qué piensas eso? ¿No es porque el planeta Júpiter está en Occidente (es decir, tu planeta está a punto de declinar)? Haré que vuelva a Oriente. Y así se entiende por el pasaje (Is.41, 2Hoy teníamos entre nosotros a un hombre que, [yo sabía], no tenía pan, y al ver que lo pondrían en una situación embarazosa, le dije a la empresa: 'Haré la recolección hoy'. Cuando llegué a ese [pobre] hice parecer que le quitaba una parte [pero en realidad di mi parte] y así evité que el pobre se avergonzara "." Has cumplido una obra meritoria de caridad ", fue el comentario de Samuel. Entonces Samuel salió y explicó:" Pero la justicia librará de la muerte (Pr. 11, 4). No sólo se librará de una muerte no natural, sino también de una natural ". Y de Akiba, también aprendemos que los israelitas no están sujetos al destino, porque R. Akiba tenía una hija de quien los caldeos predijeron que el día en que entraría al jardín, una serpiente la mordía y ella moriría por el efecto. Esta predicción causó mucha preocupación a R. Akiba. Un día su hija se quitó el tocado en el jardín y mientras le clavaba el lado afilado contra la cerca, le atravesó los ojos a una serpiente que estaba en ese momento en la cerca, y la mataron.A la mañana siguiente, cuando tomó su tocado, la serpiente muerta la seguía arrastrando, por lo que su padre le preguntó: "¿Qué acción meritoria has realizado hoy que te salvó de la serpiente?" Ella le dijo: "Un día al final de la tarde, un hombre pobre apareció en la puerta. Toda la familia estaba ocupada en su comida y nadie lo escuchó excepto yo; al escucharlo, tomé la porción que me fue dada y se la di al pobre. "" Has realizado un acto de caridad meritorio ", comentó R. Akiba. Entonces R. Akiba salió y expuso:" La caridad entregó desde la muerte (Pr. 11, 4), y no sólo libera de una muerte no natural, sino también de una natural ". Y de R. Nachman aprendemos también que los israelitas no están sujetos al destino, porque la madre de R. Nachman tenía una predicción de los caldeos de que su hijo (R. Nachman) sería un ladrón. Así que ella siempre lo observaba para que no se quedara con la cabeza descubierta, diciéndole: "Siempre mantén tu cabeza cubierta para que puedas tener el temor del Señor, y ora a Él por misericordia. Él nunca entendió a qué se refería. Un día estaba sentado y estudiando debajo de un árbol de dátiles, cuando sucedió que se le cayó el sombrero de la cabeza. Levantó los ojos y vio la fruta en el árbol. Su inclinación lo abrumó y trepó al árbol y cortó una rama de fruta con los dientes. [Por lo tanto, muestra que mientras anhelaba la misericordia de Dios,un hombre puede escapar de todos los destinos].

EL FIN DEL SÁBADO

Eiruvin, Capítulo 1

Eruvin (Fol. 2a) Encontramos que el Templo a veces se llama Mishkan y que el Tabernáculo se llama Mikdash. Es muy correcto que el Templo a veces se llame Mishkan, porque está escrito (Lev. 26, 11.) Y pondré mi Mishkan (Tabernáculo) entre ustedes. Pero, ¿de dónde inferimos que el Tabernáculo se llama Mikdash? ¿Lo asumiremos de este pasaje (Núm. 10, 21). Y luego presentaremos a los kehatitas, los portadores del Mikdash (Templo); y los demás levantaron el Mishkan (Tabernáculo) hasta que llegaron. Esto se refería solo al arca [y no al templo]. Pero aprendemos de esto (Ex. 25, 8). Y me harán un Mikdash y habitaré en medio de ellos, [refiriéndose al Tabernáculo].

(Fol. 3a) La gente dice: "Una olla que pertenece a los socios no es ni fría ni caliente".

(Fol. 13b) R. Acha, el hijo de R. Chahina, dijo: "Le es revelado y conocido a Aquel que habló y creó el mundo, que no hubo nadie como R. Meier en su generación [en sabiduría y conocimiento] ¿Por qué entonces no determinaron la Halajá (Ley) de acuerdo con sus opiniones? Porque sus asociados no pudieron comprender su conclusión final; porque él podía decir de una cosa levíticamente inmunda, que estaba limpia y dar razones que la hicieran parecer tan impura. ; y de una cosa limpia, diría que era inmunda y daría razones que la hicieran parecer así ". Se nos enseña que "Su nombre no era R. Meier sino R. Nehorai. ¿Por qué se llamaba R. Meier? Porque hizo que los ojos de los sabios se iluminaran con sus palabras". El rabino dijo: "La razón por la que soy más agudo [en sabiduría] que mis compañeros de estudios es porque he visto a R. Meier en la parte de atrás, [cuando estaba dando una conferencia]. Si lo hubiera visto cara a cara, habría sido aún más agudo; porque está escritoEs. 30, 20.) Pero tus ojos verán a tu maestro ". R. Abuhu dijo en nombre de R. Jochanan:" R. Meier tenía un discípulo llamado Sumchus, que solía asignar a cada cosa inmunda por levitación cuarenta y ocho razones por las que era inmunda; ya cada cosa limpia cuarenta y ocho razones por las que está limpia. "Se nos enseña que una vez hubo un discípulo piadoso en Jamnia que pudo probar que un reptil estaba limpio por ciento cincuenta razones [falsas].

R. Abba, en nombre de Samuel, dijo: "Las escuelas de Shammai y Hillel estuvieron en desacuerdo durante tres años: una de las partes afirmaba que 'la Halajá está de acuerdo con nuestros puntos de vista', y la otra parte también lo hace ". la Halajá está de acuerdo con nuestros puntos de vista ”. Luego vino un Bath-Kol (una voz celestial) y dijo 'Ambas, estas y esas son palabras del Dios viviente, pero la Halajá es según la escuela de Hillel' ". Dios vivo, ¿cuál era el mérito de la escuela de Hillel para que la Halajá se fijara según sus opiniones? La razón fue que sus discípulos eran gentiles y sumisos [porque mientras descansaban en su propia decisión], también estudiaron las opiniones mantenidas por la escuela de Shammai; y además, incluso mencionaron las palabras de la escuela de Shammai antes de mencionar sus propias palabras. Como se nos enseña (en una Mishná): "Cuando uno se sienta con la cabeza y la mayor parte de su cuerpo dentro de la sucá pero tiene su mesa dentro de su casa, la escuela de Shammai dice 'Está mal'; la escuela de Hillel dice 'Es correcto'. La escuela de Hillel le dijo a la escuela de Shammai: '¿No sucedió una vez que los ancianos de la escuela de Shammai y los ancianos de la escuela de Hillel visitaron a R. Jochanan b. Hachoranith y lo encontraron sentado con la cabeza y ¿La mayor parte de su cuerpo dentro de la sucá, pero su mesa en la casa? Por lo tanto, tenemos el precedente que lo hace apropiado. A lo que la escuela de Shammai respondió: No puedes usar este incidente como evidencia porque le dijeron: Si siempre has estado acostumbrado a hacerlo, entonces nunca has cumplido el mandamiento de Succah. '"[Durante esta conversación, los hilelitas mencionaron el nombre de Shammai antes de mencionar sus propias palabras]. Esto nos enseña que quien se humilla, el Santo Uno, alabado sea, se levantará; y cualquiera que se ensalce a sí mismo, el Santo, alabado sea, humillará. Quien persigue la grandeza, la grandeza huirá de él; y quien huye de la grandeza, la grandeza le perseguirá. , será, a cambio, forzado por el tiempo; pero para el que cede el paso al tiempo (cediendo pacientemente a las circunstancias), el tiempo cederá. Nuestros rabinos enseñaron: "Durante dos años y medio la escuela de Shammai disputó con el escuela de Hillel. Un lado afirmó que habría sido mucho mejor si el hombre no hubiera sido creado, y la otra parte afirmó que "es mucho mejor que el hombre haya sido creado que si no hubiera sido creado". Al final de ese período, contaron el número de opiniones; se encontró que la mayoría sostuvo que habría sido mucho mejor si el hombre no hubiera sido creado, pero que, dado que había sido creado, le correspondía examinar sus acciones y, según otros, tener cuidado con sus acciones ".

(Fol. 14a) Nuestros rabinos enseñaron que: "El mar que hizo Salomón era tan grande como ciento cincuenta Mikvaoth". Ahora, veamos cuál es el tamaño de una Mikva. Cuarenta Seali, como nos enseñan. Luego bañará todo su cuerpo en agua (Lev. 15, 16), es decir, en agua de una Mikva; Todo su cuerpo (Ib.), Es decir, se usará tanta agua que cubrirá todo el cuerpo. ¿Cuánto requiere eso? Un cuadrado cúbico por tres cúbicos de altura. Y los rabinos han estimado que la cantidad de agua en una Mikva es de cuarenta Seah.

Eiruvin, Capítulo 2

(Fol, 18b) R. Jeremiah b. Elazar dijo: "Sólo una parte de la alabanza de un hombre debe decirse en su presencia, pero toda la alabanza en su ausencia". Sólo una parte de la alabanza [debida a él debe decirse] en su presencia, como está escrito (Génesis 7, 1). Para ti he visto justo delante de mí en esta generación; y toda la alabanza en su ausencia, como está escrito (Ib. 6, 9.) Un hombre justo y perfecto en su generación. R. Jeremías b. Elazar dijo además: "¿Cuál es el significado del pasaje (Génesis 8, 11.) ¡Y he aquí! ¿Tenía una hoja de olivo arrancada en la boca? La paloma dijo al Santo: ¡Alabado sea! 'Soberano del universo, que mi comida sea tan amarga como la hoja de olivo, pero directamente de tu mano, y no de la mano de un hombre mortal, aunque sea tan dulce como la miel' ". ¿Cómo sabemos eso? ¿La palabra Teref (arrancado) indica comida? Porque aquí está escrito, Teref (arrancado) en su boca, y allí está escrito (Pr. 30, 8.) Hatrifeni (déjame comer) el pan que se me asignó.

R. Jeremías b. Elazar dijo además: "Una casa, donde las palabras de la Torá se escuchan incluso de noche, nunca será destruida, se dice (Job 35, 10). Pero el hombre que llena la noche con cánticos, no dice: '¿Dónde está Dios, mi Hacedor '". R. Jeremiah b. Elazar dijo además: "Desde la destrucción del Templo, es suficiente que [los hombres del] mundo usen sólo dos letras [del Santo Nombre, en lugar de cuatro], como se dice (Sal.150, 6 .) Todo lo que respira alabe al Señor, Aleluya ". R. Jeremías b. Elazar dijo además: "Cuando Babilonia fue maldecida, también fue una maldición para sus vecinos; pero cuando Samaria fue maldecida, los vecinos fueron bendecidos a causa de ella. Cuando Babilonia fue maldecida, fue una maldición también para sus vecinos, como está escrito (Es. 14,.) También la convertiré en posesión del erizo y en charcos de agua; mientras que cuando Samaria fue maldecida, sus vecinos fueron bendecidos, como está escrito (Micha 1, 6). Por tanto, convertiré Samaria en montones de piedras en el campo, en plantaciones de viñedos [que se puedan utilizar] ".

(Fol. 19a) R. Jeremías b. Elazar dijo además: "El Gehena tiene tres entradas: una en el desierto, otra en el mar y otra en Jerusalén. En el desierto, como está escrito, (Núm. 16, 33) Y descendieron, ellos, y todos lo que les pertenecía, vivo en el pozo. En el mar, como está escrito (Jonás 2, 3.) Desde lo profundo del Seol clamé, y tú has oído mi voz. En Jerusalén, como está escrito (Is. 31, 9.) ¿Quién tiene fuego en Sion, y horno en Jerusalén? "En la academia de Ismael se enseñó que un fuego en Sion se refiere a Gehena. ¿Y no hay más entradas a Gehena? ¿No ha R. Muryun, en el nombre de R. Joshua b. Levi, dijo, y según otros, Rabba b. Muryun enseñó, en la escuela de R. Jochanan b. Zakai: "Hay dos palmeras en el valle de Ben Hinnom de las cuales un humo surge y esto se quiso decir cuando se nos enseña que 'Las palmeras del monte Barzel se usan apropiadamente [para el Lulab en la fiesta del Tabernáculo], y en este lugar está la puerta de Gehena'. [Por lo tanto, hay otra puerta además de las tres mencionadas anteriormente.] "Debe ser la misma que se mencionó como la puerta de Jerusalén".

R. Joshua b. Levi dijo: "Gehena tiene siete nombres; Tumba, Lugar de Destrucción, Mazmorra. Hoyo Horrible, Arcilla Miry, Sombra de Muerte y Tierra Subterránea. Tumba, como está escrito (Jonás 2, 3). sepulcro he clamado. Lugar de destrucción, como está escrito (Sal.88, 12.) ¿Se contará tu bondad en el Seol, y tu justicia en el lugar de la perdición? Mazmorra, como está escrito (Ib. 16, 10.) Porque no abandonarás mi alma a la tumba; No permitirás que tu piadoso vea mazmorra. Y Horrible Pit, y Miry Clay, como está escrito (Ib. 40, 3.) Y me sacó del horrible pozo y del barro fangoso. Sombra de la muerte, como está escrito (Ib. 107, 10.) Los que se sientan en la oscuridad y en la sombra de la muerte; y es conocido por la tradición con el nombre de Tierra Subterránea. "'¿No hay otro nombre [para Gehena]? He aquí, también existe Gei Hinom? Esto significa solo un valle que es tan profundo como Gehena y al que la gente va a practicar la lascivia. Aún queda el nombre, Tofet, tal como está escrito (Is. 30, 33.) Porque ya desde antiguo está preparado Tofet. Esto significa que quien sea persuadido por su impulso maligno, caerá allí. Sobre la localidad del Paraíso. Resh Lakish dijo: 'Si está en Palestina, su puerta debe estar en la ciudad de Beth Shean, [ya que da los mejores frutos]; Si Paradise está situado en Arabia, entonces su puerta está en la ciudad de Beth Gerem [el lugar más productivo]. Y si está entre los ríos, debe estar en Damaskanun ". En Babilonia, Abaye alabaría la fruta que crecía al otro lado del Éufrates y Rabba alabaría la fruta de la ciudad de Harphania.

(Fol. 21a) R. Chisda dijo que Mari b. Mar expuso: "¿Qué significa el pasaje (Jer. 24, 1.) El Señor me hizo ver, y he aquí, había dos cestas de higos, como los higos que maduran primero; (Ib. B) y la otra canasta tenía higos muy malos, que no se podían comer, eran tan malos, es decir, los higos buenos representan a los verdaderamente justos y los higos malos representan a los terriblemente malvados. volver a Dios] se ha ido y su perspectiva está frustrada, por eso se dice (Canciones 7, 14.) Las mandrágoras emiten su olor, es decir, estas y aquellas están destinadas a emitir un buen olor ". Rabba expuso:" ¿Cuál es el significado del pasaje (Ib. Ib. Ib.) Las mandrágoras emiten (su) ¿oler? Esto se refiere a la juventud de Israel que no ha pecado; Y a nuestras puertas hay toda clase de frutos preciosos, (Ib.) Se refiere a las vírgenes de Israel que informan a sus maridos cuando se acercan al período de su menstruación, o que son muy modestas y viven respetablemente antes de su matrimonio; Nuevo y también viejo; Oh amigo mío, esto te he guardado (Ib.), Es decir, la Congregación de Israel dijo ante el Santo, ¡Alabado sea! "Soberano del universo, me impuse muchas restricciones más allá de las que Tú me has impuesto, y las he observado cuidadosamente". R. Chisda le dijo a uno de sus discípulos que revisó ante él el Agada de acuerdo con sus órdenes: "¿No has oído lo que significa el pasaje (Ib. 7, 14.) Nuevo y también viejo; Oh amigo mío, estos he puesto para ti ". El discípulo respondió: "Se refiere a los dos tipos de mandamientos, los fáciles y los difíciles de observar". ¿Debemos asumir que la Torá fue dada en secciones, en diferentes períodos [que se refiere a lo nuevo y lo viejo]? "Pero", dijo el discípulo, "una se refiere a las ordenanzas bíblicas y la otra a las ordenanzas sofáricas (rabínicas)". Rabba expuso: "¿Cuál es el significado del pasaje (estos he guardado para ti ". El discípulo respondió:" Se refiere a ambos tipos de mandamientos; aquellos que son fáciles y aquellos que son difíciles de observar. "¿Debemos suponer que la Torá fue dada en secciones, en diferentes períodos [que se refiere a nuevos y viejos]?" Pero ", dijo el discípulo," uno se refiere a a las ordenanzas bíblicas y la otra se refiere a las ordenanzas sofáricas (rabínicas) ". Rabba explicó:" ¿Cuál es el significado del pasaje (estos he guardado para ti ". El discípulo respondió:" Se refiere a ambos tipos de mandamientos; aquellos que son fáciles y aquellos que son difíciles de observar. "¿Debemos suponer que la Torá fue dada en secciones, en diferentes períodos [que se refiere a nuevos y viejos]?" Pero ", dijo el discípulo," uno se refiere a a las ordenanzas bíblicas y la otra se refiere a las ordenanzas sofáricas (rabínicas) ". Rabba explicó:" ¿Cuál es el significado del pasaje (Ecc. 12, 12.) Pero más que todo esto, hijo mío, ten en cuenta que la producción de muchos libros no tendría fin. Esto significa: Hijo mío, ten más cuidado en la observancia de las ordenanzas sofáricas que de las bíblicas; porque mientras que los mandamientos bíblicos son meramente leyes positivas y prohibitivas [sin ningún castigo especial por su transgresión], los mandamientos sofáricos, si se descuidan, implican la pena capital. Quizás se podría decir que si es cierto que son tan importantes, ¿por qué no se pusieron por escrito? Por lo tanto, el pasaje dice [en respuesta] (Ib.) La realización de muchos libros no tendría fin ".

Nuestros rabinos enseñaron: "Una vez sucedió que R. Akiba estaba confinado en una prisión y R. Joshua Hagarsi era su asistente. Todos los días traían agua con una medida. Un día, el guardián de la prisión, al encontrar mucha agua, le dijo a R Josué: "¿Cuánta agua has traído hoy? ¿La necesitas para empapar los muros de la prisión?" Derramó la mitad y dejó la otra mitad. Cuando R. Joshua llegó a R. Akiba, este le dijo: "Joshua, ¿no sabes que soy viejo y que mi propia vida depende de tu vida?" R. Joshua luego relató lo que había sucedido. 'Dame agua para lavarme las manos', dijo R. Akiba. 'Pues', respondió R. Joshua, 'apenas hay agua suficiente para beber, y mucho menos para lavarme las manos. . Entonces R. Akiba le dijo: ' ¿Qué voy a hacer? El que se niega a lavarse las manos es culpable de un pecado que implica la pena capital del Cielo. Es mejor para mí morir por mi propia acción [de hambre] que actuar en contra de la opinión de mis asociados. Se cuenta que no probó nada hasta que le trajeron agua y se lavó las manos. Cuando los sabios se enteraron de este incidente, dijeron: 'Si fue tan estricto en su vejez, ¿qué tan estricto debe haber sido cuando era joven? y si era tan estricto en la prisión [donde era difícil de conseguir], ¿cuánto más estricto debe haber sido en su propia casa? '"R. Juda dijo en el nombre de Samuel:" Cuando Salomón ordenó la ley concerniente a Erubin y que de lavarse las manos antes de las comidas, un Bath-Kol (voz celestial) se adelantó y dijo Hijo mío, si tu corazón es sabio, mi corazón se regocijará, incluso el mío. (Es mejor para mí morir por mi propia acción [de hambre] que actuar en contra de la opinión de mis asociados. Se cuenta que no probó nada hasta que le trajeron agua y se lavó las manos. Cuando los sabios se enteraron de este incidente, dijeron: 'Si fue tan estricto en su vejez, ¿qué tan estricto debe haber sido cuando era joven? y si era tan estricto en la prisión [donde era difícil de conseguir], ¿cuánto más estricto debe haber sido en su propia casa? '"R. Juda dijo en el nombre de Samuel:" Cuando Salomón ordenó la ley concerniente a Erubin y que de lavarse las manos antes de las comidas, un Bath-Kol (voz celestial) se adelantó y dijo Hijo mío, si tu corazón es sabio, mi corazón se regocijará, incluso el mío. (Es mejor para mí morir por mi propia acción [de hambre] que actuar en contra de la opinión de mis asociados. Se cuenta que no probó nada hasta que le trajeron agua y se lavó las manos. Cuando los sabios se enteraron de este incidente, dijeron: 'Si fue tan estricto en su vejez, ¿qué tan estricto debe haber sido cuando era joven? y si era tan estricto en la prisión [donde era difícil de conseguir], ¿cuánto más estricto debe haber sido en su propia casa? '"R. Juda dijo en el nombre de Samuel:" Cuando Salomón ordenó la ley concerniente a Erubin y que de lavarse las manos antes de las comidas, un Bath-Kol (voz celestial) se adelantó y dijo Hijo mío, si tu corazón es sabio, mi corazón se regocijará, incluso el mío. (Se cuenta que no probó nada hasta que le trajeron agua y se lavó las manos. Cuando los sabios se enteraron de este incidente, dijeron: 'Si fue tan estricto en su vejez, ¿qué tan estricto debe haber sido cuando era joven? y si era tan estricto en la prisión [donde era difícil de conseguir], ¿cuánto más estricto debe haber sido en su propia casa? '"R. Juda dijo en el nombre de Samuel:" Cuando Salomón ordenó la ley concerniente a Erubin y que de lavarse las manos antes de las comidas, un Bath-Kol (voz celestial) se adelantó y dijo Hijo mío, si tu corazón es sabio, mi corazón se regocijará, incluso el mío. (Se cuenta que no probó nada hasta que le trajeron agua y se lavó las manos. Cuando los sabios se enteraron de este incidente, dijeron: 'Si fue tan estricto en su vejez, ¿qué tan estricto debe haber sido cuando era joven? y si era tan estricto en la prisión [donde era difícil de conseguir], ¿cuánto más estricto debe haber sido en su propia casa? '"R. Juda dijo en el nombre de Samuel:" Cuando Salomón ordenó la ley concerniente a Erubin y que de lavarse las manos antes de las comidas, un Bath-Kol (voz celestial) se adelantó y dijo Hijo mío, si tu corazón es sabio, mi corazón se regocijará, incluso el mío. (¿Cuánto más estricto debe haber sido en su propia casa? '"R. Juda dijo en el nombre de Samuel:" Cuando Salomón ordenó la ley concerniente a Erubin y la de lavarse las manos antes de las comidas, un Bath-Kol (voz celestial) se adelantó y dijo Hijo mío, si tu corazón es sabio, se alegrará mi corazón, aun el mío. (¿Cuánto más estricto debe haber sido en su propia casa? '"R. Juda dijo en el nombre de Samuel:" Cuando Salomón ordenó la ley concerniente a Erubin y la de lavarse las manos antes de las comidas, un Bath-Kol (voz celestial) se adelantó y dijo Hijo mío, si tu corazón es sabio, se alegrará mi corazón, aun el mío. (Pr. 23, 15). Hazte sabio hijo mío, y alegra mi corazón, para que pueda dar respuesta al que me afrenta (Ib. 27, 11) ".

Raba expuso: "¿Qué significa el pasaje (Canciones 7, 14.) Ven, amigo mío, salgamos al campo, etc? Así dijo la Congregación de Israel ante el Santo. ¡Alabado sea! 'Soberano del universo, no me juzgues, como los habitantes de las grandes ciudades que practican entre ellos la rapiña, el libertinaje, el juramento en vano y el juramento falso. Pero sal al campo y te mostraremos muchos eruditos que estudian la Torá aunque se encuentren en muy malas circunstancias "; pasemos la noche en las aldeas; (Ib.) No lees Bakfarim (en las aldeas), pero léelo Bakofrim (quienes no creen en Ti). Esto significa 'Ven con nosotros y te mostraremos a los hijos de Esaú sobre quienes has derramado tus bendiciones y que aún no creen en ti'. Levantémonos temprano a los viñedos, (Ib.) Se refiere a las casas de oración y las casas de estudio; Veamos si la vid ha florecido, (Ib.) Se refiere a los que leen la Sagrada Escritura; Si las uvas tiernas se han abierto, se refiere a aquellos que estudian la Mishná; Si las granadas han brotado, se refiere a aquellos que estudian el Talmud; Allí te daré mi amor; es decir, allí te mostraré mi honor y el mérito de la alabanza de mis hijos e hijas [que se adhieren a tu religión] ".

R. Hamnuna dijo: "¿Cuál es el significado del pasaje? (I Reyes 5, 18.) Y habló tres mil proverbios y sus canciones fueron mil cinco. Tiene la intención de enseñar que Salomón pronunció tres mil proverbios para cada uno y cada palabra de la Torá; y para cada palabra del Sopharim (Rabínico), él asignó mil cinco razones ". Rabá expuso: "¿Cuál es el significado del pasaje (Ec. 12, 9.) Y además del hecho de que Kohelet era sabio, también impartía continuamente conocimientos a la gente, es decir, suplía la Sagrada Escritura con prueba masorítica y explicaba las diferentes formas mediante ejemplos y proverbios; Sí, prestó buena atención, buscó y puso en orden muchos proverbios. Ulla, en nombre de R. Elazar, lo explicó: "Antes de la época de Salomón, la Escritura era como una canasta sin asas, que no se puede agarrar; y cuando llegó Salomón, colocó las asas necesarias". Sus cabellos son como follaje ondulante (Hijo, 5, 13.). R. Chisda, en nombre de Mar Ukba, dijo: "De esto inferimos que de cada trazo de la letra [contenida en la Torá] se puede derivar una masa de leyes y ordenanzas; Negro como un cuervo, es decir, con quién ¿Encuentras la belleza de la Torá? (Fol. que quería ir a la casa de estudio para aprender; y cuando su esposa le preguntó: "¿Qué haré con los pequeños?" él respondió: "¿Se han acabado todas las plantas acuáticas de las marismas [con las que podían mantenerse]". que quería ir a la casa de estudio para aprender; y cuando su esposa le preguntó: "¿Qué haré con los pequeños?" él respondió: "¿Se han acabado todas las plantas acuáticas de las marismas [con las que podían mantenerse]".

Y paga a los que lo aborrecen, en su cara, para destruirlo, (Deu.7, 10). R. Joshua b. Levi dijo: "Si no fuera por el pasaje, sería imposible hacer tal afirmación; porque esto es como si el Señor fuera como un mortal que lleva una pesada carga y quiere tirarla [para librarse de ella] ". No demorará, al que lo odia (Ib.), R. Ela dijo: "A sus enemigos no demora el castigo, sino que demora la recompensa a los estrictamente justos, y esto es lo que pretende R. Joshua b . Levi, quien dijo: ¿Cuál es el significado del pasaje (Ib. Ib. 11) que te ordeno este día que lo hagas. Es decir, hoy se cumplirá, pero mañana no podría ser cumplido; hoy se cumplirá, pero la recompensa se pagará mañana [en el mundo futuro] '. "R. Haggai, y según otros. R. Samuel b. Nachmeini dijo: ".) Lento para enojar (en plural). Debería haber sido lento para la ira, es decir, lento para enojar a los impíos y lento [para pagar la recompensa] a los justos ".

Eiruvin, Capítulo 3

(Fol. 41a) Se enseña que después de la muerte de Rabban Gamaliel, R. Joshua vino y trató de anular los decretos del primero. R. Jochanan b. Nuri entonces se levantó y dijo: "Vemos que el cuerpo siempre sigue a la cabeza; mientras Rabban Gamaliel vivió, seguimos sus decisiones, ahora que está muerto, quieres derogar sus palabras. ¡Joshua! No te escucharemos". ! La Halajá ha sido fijada hace mucho tiempo según la opinión de Rabban Gamaliel [y así debe permanecer] ". Y no había nadie que lo contradijera. [De ahí vemos que se aceptó el decreto de Rabban Gamaliel y no el de R. Joshua.] En la generación de Rabban Gamaliel, se siguió su opinión, pero en la generación de R. Joshua prevaleció la opinión de R. Joshua.

Eiruvin, Capítulo 4

(Fol. 41b) Nuestros rabinos enseñaron: "Tres cosas hacen que un hombre ignore su propio sentido y la voluntad de su Creador, a saber, la idolatría, un espíritu maligno y el estrés de la pobreza". ¿Con qué propósito nos dicen esto los rabinos? Para que oremos a Dios para que nos libere de tales males. Tres clases de personas nunca verán el Gehena: a saber, los que sufren el estrés de la pobreza; los que sufren problemas de estómago y los que sufren de acreedores. Según algunos, también hay otro grupo, incluido él que tiene una mala esposa. Pero la primera Tana sostiene que una mala esposa podría divorciarse. El segundo Tana, sin embargo, sostiene que el último puede suceder a pesar de su deseo de divorciarse, ya sea porque se le exige la devolución de la dote y no puede pagarla, o por sus hijos [a quienes no desea que se les deshonre]. ¿Con qué propósito nos dicen esto los rabinos? Para que uno acepte estos problemas con resignación. Es probable que tres clases de personas mueran repentinamente; es decir, el que tiene enfermedad del estómago; una mujer en prisión, y el que sufre de hidropesía. ¿Con qué propósito nos informan los rabinos de eso? Para que podamos preparar las vestiduras mortuorias para los enfermos.

(Fol. 43b) Se nos enseña que Rabban Gamaliel tenía un tubo, a través del cual, cuando miraba, podía distinguir objetos a una distancia de dos mil codos, tanto en tierra como en el mar. Quien deseaba averiguar la profundidad exacta de un valle, miraba a través de su tubo y determinaba su profundidad exacta. Del mismo modo, si uno quisiera determinar la altura de una palmera, usaría este tubo, midiendo su sombra y comparándola con la sombra proyectada por un hombre, cuya altura se conoce.

(Fol. 45a) R. Juda, en el nombre de Rab, dijo: "Si los paganos sitiaban una ciudad habitada por Israel, a estos últimos no se les permitía encontrarlos con implementos de guerra en el día de reposo". También tenemos un Baraitha con el mismo efecto: "Si los idólatras asedian", etc. ¿En qué caso se aplican estas palabras? Cuando vino el enemigo por cuestiones monetarias; pero si su llegada involucra vidas humanas, deberían ser recibidos [incluso en sábado] con implementos de guerra. Si el enemigo invadió ciudades cercanas a la frontera [de Palestina], deberían encontrarse con implementos de guerra [en sábado] incluso si la invasión no implica peligro de vida, sino el robo de un artículo tan común como la paja ". R. Joseph b. Minyumi dijo en nombre de R. Nachman: "Yo Sam. 23, 1.) Entonces le dijeron a David, diciendo. "He aquí, los filisteos están peleando contra Keila y están saqueando las eras"? Se nos enseña que Keilah era una ciudad situada cerca del límite y que los invasores vinieron únicamente con el propósito de apoderarse de paja y heno, como está escrito: Están saqueando las eras; también está escrito (Ib. ib. 2). Entonces David pidió consejo al Señor, diciendo: "¿Iré y heriré a estos filisteos?" Y el Señor dijo a David: "Ve y golpea entre los filisteos y libra a Keila". Ahora, ¿qué le pidió David al Señor? ¿Asumiremos que preguntó si se le permitió salir contra los filisteos o no? Esto debería haberse pedido al tribunal de la corte, en ese momento sentado en Ramathi y del cual Samuel [el profeta] era la cabeza. Por lo tanto, debemos concluir que le preguntó al Señor si tendría éxito o no. Esta conclusión también puede ser probada por [la respuesta que se les dio] que está escrita allí: Id y golpead a los filisteos y librad a Keila. [Esto indica que el Señor tenía la intención de asegurar el éxito de David.] Por lo tanto, se acepta la conclusión.

Eiruvin, Capítulo 5

(Fol. 53a) Rab y Samuel dan diferentes explicaciones para la cueva de Macpelah. Uno dijo: "Se llamó así porque se construyó como dos casas, una dentro de la otra"; el otro dijo: "Está construida como una casa y un piso superior". Es muy correcto según el que dijo que fue construido como una casa y un piso superior, que debería llamarse Macpelah [que significa doble] pero en cuanto al otro que dice que fue construido de una, casa dentro de una casa , ¿por qué entonces habría de llamar a Macpelah? Porque nuestras parejas yacen ahí, es decir, Adán y Eva; Abraham y Sara; Isaac y Rebecca; Jacob y Leah. [Por eso se llama Macpela ']. A Mamrei, la ciudad de Arba (Génesis 25, 29). R. Isaac dijo: "La ciudad de cuatro parejas".

R. Jochanan dijo: "Durante dieciocho días viví con R. Oshiya, el grande y no aprendí nada de él excepto una cosa acerca de esta Mishná, a saber: la Mishná debe leerse Keitzad Me'abrin (¿cómo serán los límites de una ciudad? extendido), con un Alef ". ¿Es esto así? ¿No dijo R. Jochanan: "Doce discípulos tuvieron a R. Oshiya, el grande, y durante los dieciocho días que viví con ellos, me familiaricé completamente con los corazones de todos y cada uno de ellos, y también con la sabiduría de todos? . " [De ahí que aprendió más de una cosa]. Si lo desea, puede decir que aprendió el corazón y la sabiduría de todos y cada uno, pero no aprendió nada en el Talmud; y si lo desea, puede decir que de los discípulos aprendió muchas cosas, pero de R. Oshiya, solo aprendió una cosa mencionada. Si lo desea, también, se puede decir que quiere decir que aprendió una sola cosa con respecto a la Mishná, pero aparte de eso, aprendió muchas otras cosas. R. Jochanan dijo además: "Cuando estábamos estudiando la Torá con R. Oshiya, el grande, nos sentamos cuatro en número, de cuatro a un codo". . El rabino dijo: "Cuando estudiábamos Torá con R. Elazar b. Shamua, solíamos sentarnos seis en número, de seis a un codo". R. Jochanan dijo además: "R. Oshiya, el grande, fue tan grande en su generación como lo fue R. Meier en su generación. Así como los asociados de la generación de R. Meier no pudieron predecir su decisión final [con respecto a cualquier Halajá] así también los asociados de R. Oshiya, el grande, no pudieron predecir su decisión final ". R. Jochanan dijo también: "Los corazones de los primeros sabios eran tan amplios como la puerta del Ulam; y la de los últimos sabios era tan ancha como la puerta del Heichal; pero nuestros corazones son tan estrechos como el ojo de una aguja muy fina. "¿Quiénes se llaman los primeros? R. Akiba [y todos los que son como él]; y los últimos sabios? R. Elazar b. Shamua [y todos los que son como él"]. Otros dicen: "Los primeros sabios son [como] R. Elazar b. Shamua y los últimos sabios [como] R. Oshiya, el grande; y somos tan estrechos como el ojo de una aguja muy fina ". Abaye dijo:" Es como clavar una clavija en una pared dura; así somos, en lo que respecta al conocimiento del Talmud ". Raba dijo:" Somos como un dedo metido en una torta de cera en lo que respecta al razonamiento ". R. Ashi dijo:" Y es tan fácil para que olvidemos lo que aprendemos, ya que es meter un dedo en la abertura de una cueva ". pero nuestros corazones son tan estrechos como el ojo de una aguja muy fina. "¿Quiénes se llaman los primeros? R. Akiba [y todos los que son como él]; y los últimos sabios? R. Elazar b. Shamua [y todos los que son como él"]. Otros dicen: "Los primeros sabios son [como] R. Elazar b. Shamua y los últimos sabios [como] R. Oshiya, el grande; y somos tan estrechos como el ojo de una aguja muy fina ". Abaye dijo:" Es como clavar una clavija en una pared dura; así somos, en lo que respecta al conocimiento del Talmud ". Raba dijo:" Somos como un dedo metido en una torta de cera en lo que respecta al razonamiento ". R. Ashi dijo:" Y es tan fácil para que olvidemos lo que aprendemos, ya que es meter un dedo en la abertura de una cueva ". pero nuestros corazones son tan estrechos como el ojo de una aguja muy fina. "¿Quiénes se llaman los primeros? R. Akiba [y todos los que son como él]; y los últimos sabios? R.

Elazar b. Shamua [y todos los que son como él"]. Otros dicen: "Los primeros sabios son [como] R. Elazar b. Shamua y los últimos sabios [como] R. Oshiya, el grande; y somos tan estrechos como el ojo de una aguja muy fina ". Abaye dijo:" Es como clavar una clavija en una pared dura; así somos, en lo que respecta al conocimiento del Talmud ". Raba dijo:" Somos como un dedo metido en una torta de cera en lo que respecta al razonamiento ". R. Ashi dijo:" Y es tan fácil para que olvidemos lo que aprendemos, ya que es meter un dedo en la abertura de una cueva ". Shamua [y todos los que son como él]. Otros dicen: "Los primeros sabios son [como] R. Elazar b. Shamua, y los últimos sabios [como] R. Oshiya, el grande; y somos tan estrechos como el ojo de una aguja muy fina". Abaye dijo: "Es como clavar una estaca en una pared dura; así somos nosotros, en lo que respecta al conocimiento del Talmud". Raba dijo: "Somos como un dedo metido en una torta de cera en lo que respecta al razonamiento". R. Ashi dijo: "Y es tan fácil para nosotros olvidar lo que aprendemos como poner un dedo en la abertura de una cueva". Shamua [y todos los que son como él]. Otros dicen: "Los primeros sabios son [como] R. Elazar b. Shamua, y los últimos sabios [como] R. Oshiya, el grande; y somos tan estrechos como el ojo de una aguja muy fina". Abaye dijo: "Es como clavar una estaca en una pared dura; así somos nosotros, en lo que respecta al conocimiento del Talmud". Raba dijo: "Somos como un dedo metido en una torta de cera en lo que respecta al razonamiento". R. Ashi dijo: "Y es tan fácil para nosotros olvidar lo que aprendemos como poner un dedo en la abertura de una cueva".

R. Juda, en nombre de Rab, dijo: "La Torá perduró con los judíos. Que prestaron estricta atención al idioma exacto que recibieron de su maestro; pero con los galileos, que no prestaron atención al idioma exacto que recibieron. de su maestro, la Torá no perduró ". ¿Depende esto de prestar estricta atención al idioma exacto? Significa que debido a que los judíos citaron las palabras exactas de sus maestros, pudieron hacer señales y marcas en cada ley y así preservarla. Sin embargo, los galileos, que no citaron el idioma exacto de sus maestros, no pudieron colocar signos en las leyes y, en consecuencia, las olvidaron. Si le place, puede decir que los judíos estudiaron con un maestro y, por lo tanto, recordaron lo que aprendieron; pero los galileos tenían muchos maestros y, en consecuencia, no retuvieron nada. Rabina dijo: "Los judíos estudiaron el tratado [con otros, después de que lo conocieron ellos mismos], y por lo tanto lo conservaron. Pero los galileos no estudiaron el tratado con otros, y en consecuencia, lo olvidaron; David [el Rey] estudió con otros, pero Saúl no estudió con otros. De David, que estudió con otros, está escrito (PD. 119, 74). Los que te temen me verán y se regocijarán. Pero de Saúl, que no enseñó a otros, está escrito (I Sam. 14, 47). Y dondequiera que se volviera, causaba terror ". (Ib. B) R. Jochanan dijo además:" ¿De dónde sabemos que el Santo, alabado sea! ¿Perdonó a Saúl [por el pecado de matar a los sacerdotes de Nob]? Se dice (I Sam. 28, 19.) Y mañana tú y tus hijos estaréis conmigo, es decir, conmigo en la misma morada ".

R. Joshua b. Chananjah dijo: "Durante mi vida me sentí frustrado una vez por una mujer, una vez por un niño y una vez por una niña. ¿Cuál fue el caso de la mujer? En un momento viví en la casa de una mujer. En la mesa ella Puse delante de mí un plato de frijoles; la primera vez, me comí toda la porción, sin dejar nada [en el plato]. La segunda vez, también me lo comí todo y no dejé nada. La tercera vez, lo hizo demasiado salado y después de probarlo, me detuve y lo dejé intacto. Entonces la mujer me dijo: "Rabí, ¿por qué no comes?" Le respondí: 'Ya he comido durante el día'. 'Deberías haber comido menos pan', me comentó, y continuó: 'Rabí, ¿quizás porque no dejaste ninguna Pe'ah la primera vez? Porque ¿no han dicho los sabios que Pe' ah no se debe dejar en la olla [con el cocinero] pero se debe dejar en el plato cuando se sirva el lío? [Por lo tanto, lo dejó ahora para incluir las tres ocasiones.] "¿Cuál fue el incidente con la niña? Una vez estaba caminando por un camino cerca de un campo y al ver un camino pisado que cruzaba el campo, tomé ese camino. A La niña que estaba cerca me dijo: "Rabí, ¿no estás caminando por un prado?" A lo que respondí: '¿No es este un camino trillado?' Sí, exclamó ella, "ladrones como tú lo han convertido en camino trillado". ¿Cuál fue el incidente con el niño? Una vez que caminaba por la carretera y me di cuenta de que había un niño sentado cerca del cruce, le pregunté: '¿Qué camino conduce a la ciudad?'. Y el niño respondió: 'Este camino es largo, pero corto; pero ese es un camino corto, y al mismo tiempo, uno largo.' Tomé el camino corto, que al mismo tiempo era largo. Cuando me acerqué a la ciudad, la encontré tan rodeada, en su entrada, de jardines y parques, que tuve que volver al lugar de donde había comenzado. Le dije al niño: "Hijo mío, ¿no has dicho que este camino es el corto?" A lo cual me respondió: "Rabí, ¿no te dije yo también que era, al mismo tiempo, largo? ' Luego lo besé en la cabeza y le dije: "Feliz eres, Israel, porque todos tus hijos son sabios, grandes y pequeños". R. José, el galileo, caminaba por el camino cuando se encontró con Beruriah (la esposa de R. Meier), y le preguntó: "¿Qué camino debo tomar para la ciudad de Lud?" Ella respondió: "¡Necio galileo! ¿No dijeron nuestros sabios 'No deberías conversar mucho con una mujer'? ? Deberías haber preguntado '¿Cuál es el camino a Lud?' "

Beruriah encontró una vez a cierto discípulo que estudiaba en silencio (Fol. 54a). Con desdén, dijo: "¿No está así escrito (II Sam. 23, 5). Poner en orden con todos y preservar, es decir, si se pone en orden con todos, los doscientos cuarenta y ocho miembros del cuerpo - se conservará en el corazón ". Se nos enseña que R. Eliezer b. Jacob tenía un discípulo que estudiaba en silencio, pero que después de tres años se olvidó de todo lo que había aprendido. Se nos enseña que R. Eliezer b. Jacob tenía un discípulo que fue juzgado por Dios como merecedor de ser quemado, pero el sabio dijo: "Déjalo vivir, ya que fue asistente de un gran hombre". Samuel le dijo a R. Juda: "Sabio erudito, abre tu boca cuando leas, abre tu boca cuando estudies, para que tengas una larga vida y la Torá permanezca contigo;Pr. 4, 22.) Porque son vida para aquellos que los encuentran, y para todo el cuerpo, una curación; no leas Lemotza'eihem (que los encuentra) sino que lo lees Lemotzi'eihem (quien los pronuncia) con la boca ". Samuel le dijo a R. Juda:" Sabio erudito, arrebata y come, arrebata y bebe por el mundo que somos irse es como un banquete de bodas [que pasa rápidamente] ". Rab le dijo a R. Hamnuna:" Hijo mío, si tienes medios, entonces vive de acuerdo con ellos, porque no hay disfrute en la tumba; y la muerte no se demora, [puede llegar de repente]. Si dices 'Dejaré los medios para mis hijos'. ¿Quién te lo dirá en la tumba? Los hijos del hombre son como la hierba del prado; algunos están floreciendo y otros se están desvaneciendo ".

R. Joshua b. Levi dijo: "El que camina por un camino y no tiene compañero, estudiará la Torá, porque se dice (Pr. 1, 9.) Por una corona de gracia son ellos; si un hombre tiene dolor de cabeza, que estudie la Torá, porque se dice (Ib. ib. ib.) Están en tu cabeza; si un hombre tiene dolor de garganta, que estudie la Torá, porque está dicho (Ib. ib. ib.) Y collares para el cuello; Si un hombre tiene malestar estomacal, estudiará la Torá, porque se dice (Ib. 3, 8.) Será saludable para su cuerpo, si un hombre está enfermo de reumatismo, estudiará la Torá, porque es dijo (Ib. ib. ib.) Y tuétano a tus huesos; si un hombre está enfermo en todo o en alguna parte de su cuerpo, estudiará la Torá, porque está dicho (Ib. 4, 23). Y para todo el cuerpo una curación ". R. Juda, el hijo de R. Chiya, dijo: "Ven y mira cómo la naturaleza del Santo, ¡alabado sea Él! difiere de la del hombre mortal. La naturaleza del hombre mortal es que si un hombre prescribe un remedio, puede beneficiar a uno y dañar a otro; pero el Santo, ¡alabado sea! dio la Torá a todo Israel, como un remedio para todos, y para todo el cuerpo, como se dice (Ib. ib. ib.) Y para todo el cuerpo una curación ". R. Ami dijo:" ¿Qué se entiende por el pasaje (Ib. 22, 18.) Porque es algo agradable si los guardas en tu seno, si están firmemente asentados en tus labios, es decir, ¿cuándo son las palabras de la Torá algo agradable? Si los guardas en tu seno. ¿Y cuándo podrás guardarlos en tu seno? Si están firmemente asentados en tus labios ". R. Zeira dijo:" Sabemos por lo siguiente: (Ib. 15, 23). Un hombre tiene gozo por la respuesta de su boca; ¡Y qué buena es una palabra dicha a su debido tiempo! es decir, ¿cuándo tiene un hombre alegría? Si su boca es capaz de responder [una pregunta] ". R. Isaac dijo:" Deducimos lo anterior de lo siguiente (¡Alabado sea! dio la Torá a todo Israel, como un remedio para todos, y para todo el cuerpo, como se dice (Ib. ib. ib.) Y para todo el cuerpo una curación ". R. Ami dijo:" ¿Qué se entiende por el pasaje (Ib. 22, 18.) Porque es algo agradable si los guardas en tu seno, si están firmemente asentados en tus labios, es decir, ¿cuándo son las palabras de la Torá algo agradable? Si los guardas en tu seno. ¿Y cuándo podrás guardarlos en tu seno? Si están firmemente asentados en tus labios ". R. Zeira dijo:" Sabemos por lo siguiente: (Ib. 15, 23). Un hombre tiene gozo por la respuesta de su boca; ¡Y qué buena es una palabra dicha a su debido tiempo! es decir, ¿cuándo tiene un hombre alegría? Si su boca es capaz de responder [una pregunta] ". R. Isaac dijo:" Deducimos lo anterior de lo siguiente (¡Alabado sea! dio la Torá a todo Israel, como un remedio para todos, y para todo el cuerpo, como se dice (Ib. ib. ib.) Y para todo el cuerpo una curación ". R. Ami dijo:" ¿Qué se entiende por el pasaje (Ib. 22, 18.) Porque es algo agradable si los guardas en tu seno, si están firmemente asentados en tus labios, es decir, ¿cuándo son las palabras de la Torá algo agradable? Si los guardas en tu seno. ¿Y cuándo podrás guardarlos en tu seno? Si están firmemente asentados en tus labios ". R. Zeira dijo:" Sabemos por lo siguiente: (Ib. 15, 23). Un hombre tiene gozo por la respuesta de su boca; ¡Y qué buena es una palabra dicha a su debido tiempo! es decir, ¿cuándo tiene un hombre alegría? Si su boca es capaz de responder [una pregunta] ". R. Isaac dijo:" Deducimos lo anterior de lo siguiente (como un remedio para todos, y para todo el cuerpo, como se dice (Ib. ib. ib.) Y para todo el cuerpo una curación ". R. Ami dijo:" ¿Qué se entiende por el pasaje (Ib. 22, 18.) Porque es una cosa agradable si las guardas dentro de tu pecho, si están firmemente asentadas en tus labios, es decir, ¿cuándo son las palabras de la Torá algo placentero? Si los guardas en tu seno. ¿Y cuándo podrás guardarlos en tu seno? Si están firmemente asentados en tus labios ". R. Zeira dijo:" Sabemos por lo siguiente: (Ib. 15, 23). Un hombre tiene gozo por la respuesta de su boca; ¡Y qué buena es una palabra dicha a su debido tiempo! es decir, ¿cuándo tiene un hombre alegría? Si su boca es capaz de responder [una pregunta] ". R. Isaac dijo:" Deducimos lo anterior de lo siguiente (como un remedio para todos, y para todo el cuerpo, como se dice (Ib. ib. ib.) Y para todo el cuerpo una curación ". R. Ami dijo:" ¿Qué se entiende por el pasaje (Ib. 22, 18.) Porque es una cosa agradable si las guardas dentro de tu pecho, si están firmemente asentadas en tus labios, es decir, ¿cuándo son las palabras de la Torá algo placentero? Si los guardas en tu seno. ¿Y cuándo podrás guardarlos en tu seno? Si están firmemente asentados en tus labios ". R. Zeira dijo:" Sabemos por lo siguiente: (Ib. 15, 23). Un hombre tiene gozo por la respuesta de su boca; ¡Y qué buena es una palabra dicha a su debido tiempo! es decir, ¿cuándo tiene un hombre alegría? Si su boca es capaz de responder [una pregunta] ". R. Isaac dijo:" Deducimos lo anterior de lo siguiente ( ) Y para todo el cuerpo una curación ". R. Ami dijo:" ¿Qué significa el pasaje (Ib. 22, 18.) Porque es algo agradable si los guardas en tu pecho, si están firmemente asentados en tus labios, es decir, ¿cuándo son las palabras de la Torá algo agradable? Si los guardas en tu seno. ¿Y cuándo podrás guardarlos en tu seno? Si están firmemente asentados en tus labios ". R. Zeira dijo:" Sabemos por lo siguiente: (Ib. 15, 23). Un hombre tiene gozo por la respuesta de su boca; ¡Y qué buena es una palabra dicha a su debido tiempo! es decir, ¿cuándo tiene un hombre alegría? Si su boca es capaz de responder [una pregunta] ". R. Isaac dijo:" Deducimos lo anterior de lo siguiente ( ) Y para todo el cuerpo una curación ". R. Ami dijo:" ¿Qué significa el pasaje (Ib. 22, 18.) Porque es algo agradable si los guardas en tu pecho, si están firmemente asentados en tus labios, es decir, ¿cuándo son las palabras de la Torá algo agradable? Si los guardas en tu seno. ¿Y cuándo podrás guardarlos en tu seno? Si están firmemente asentados en tus labios ". R. Zeira dijo:" Sabemos por lo siguiente: (Ib. 15, 23). Un hombre tiene gozo por la respuesta de su boca; ¡Y qué buena es una palabra dicha a su debido tiempo! es decir, ¿cuándo tiene un hombre alegría? Si su boca es capaz de responder [una pregunta] ". R. Isaac dijo:" Deducimos lo anterior de lo siguiente (si están firmemente asentadas en tus labios, es decir, ¿cuándo son las palabras de la Torá algo placentero? Si los guardas en tu seno. ¿Y cuándo podrás guardarlos en tu seno? Si están firmemente asentados en tus labios ". R. Zeira dijo:" Sabemos por lo siguiente: (Ib. 15, 23). Un hombre tiene gozo por la respuesta de su boca; ¡Y qué buena es una palabra dicha a su debido tiempo! es decir, ¿cuándo tiene un hombre alegría? Si su boca es capaz de responder [una pregunta] ". R. Isaac dijo:" Deducimos lo anterior de lo siguiente (si están firmemente asentadas en tus labios, es decir, ¿cuándo son las palabras de la Torá algo placentero? Si los guardas en tu seno. ¿Y cuándo podrás guardarlos en tu seno? Si están firmemente asentados en tus labios ". R. Zeira dijo:" Sabemos por lo siguiente: (Ib. 15, 23). Un hombre tiene gozo por la respuesta de su boca; ¡Y qué buena es una palabra dicha a su debido tiempo! es decir, ¿cuándo tiene un hombre alegría? Si su boca es capaz de responder [una pregunta] ". R. Isaac dijo:" Deducimos lo anterior de lo siguiente (¡Y qué buena es una palabra dicha a su debido tiempo! es decir, ¿cuándo tiene un hombre alegría? Si su boca es capaz de responder [una pregunta] ". R. Isaac dijo:" Deducimos lo anterior de lo siguiente (¡Y qué buena es una palabra dicha a su debido tiempo! es decir, ¿cuándo tiene un hombre alegría? Si su boca es capaz de responder [una pregunta] ". R. Isaac dijo:" Deducimos lo anterior de lo siguiente (Deu. 30, 14.) Pero muy cerca de ti está la palabra, en tu boca y en tu corazón, para que la cumplas; es decir, ¿cuándo está cerca de ti la palabra? Si está en tu boca y en tu corazón hacerlo ". Raba dijo:" Deducimos lo anterior de lo siguiente (Sal. 21, 3)..) Le has dado el anhelo de su corazón y no has retenido la petición de sus labios, Selah, es decir, ¿cuándo le has dado la petición de su corazón? Si la petición no fue retenida por sus labios, Selah ". Raba planteó la siguiente pregunta contradictoria:" Está escrito (Ib. Ib. Ib.) El anhelo de su corazón le has dado; [incluso sin rezar]; e inmediatamente después, Y no detuviste la petición de sus labios, Selah. Y él respondió así: Si el hombre lo ha merecido, se le da el anhelo de su corazón sin pedirlo; pero si no lo ha merecido, primero debe solicitarlo antes de que se le conceda. "En la escuela de R. Eliezer b. Jacob se enseñó:" Dondequiera que encontremos Netzach, Selah, Va'ed, formando la conclusión de un pasaje, significa que será para siempre, sin interrupción.Es. 57, 16.) Porque no contenderé por la eternidad, ni me enojaré (Lanetzath) para siempre. En cuanto a Selah, está escrito (Sal. 48, 9). Como hemos oído, así hemos visto en la ciudad de Jehová de los ejércitos, en la ciudad de nuestro Dios; Dios lo afirmará para siempre, Selah; en cuanto a Va'ed, está escrito (Ex. 15, 18.) El Señor reinará por los siglos de los siglos (Va'ed). R. Elazar dijo: "¿Cuál es el significado del pasaje (Pr. 1, 9). Y collar alrededor de tu cuello, es decir, así como un collar está suelto alrededor del cuello y no se ve, todo el tiempo [como cuando el el que lo lleva se inclina, lo mismo sucede con un hombre. Si no se le ve constantemente en las calles o en los mercados, sino que se sienta en casa y estudia], conservará su aprendizaje; pero si no, no conservará su aprendizaje ".

R. Elazar dijo: "¿Qué se entiende por el pasaje (Canciones 5, 13.) Sus cheques son como un lecho de especias, es decir, si un hombre se hace a sí mismo como un lecho de jardín sobre el que todo el mundo pisa [extremadamente modesto], y así como las especias dan gozo a los demás [así enseña a otros], entonces su conocimiento perdurará con él; pero si de otra manera, su conocimiento no perdurará con él ". R. Elazar dijo también: "¿Qué significa el pasaje (Ex. 31, 18.) Tablas de piedra, es decir, si un hombre hace que sus mandíbulas sean tan [incansables en la repetición de lecciones como] una piedra que no puede ser desfigurada cuando se la pisa, su aprendizaje perdurará con él; de lo contrario, su conocimiento no perdurará con él ". R. Elazar dijo además:" ¿Cuál es el significado del pasaje (Ib. 32, 16.) La escritura de Dios, grabada en las tablas, es decir, si las primeras tablas tenían si no hubiera sido quebrantada, Israel no habría olvidado la Torá ". R. Acha b. Jacob dijo:" Ninguna nación en la tierra podría haber tenido poder sobre él; porque se dice "grabado en las tablas". No lea Charuth (grabado), pero léalo Cheiruth (libertad ").

R. Mathna dijo: "¿Qué significa el pasaje (Núm. 21, 18.) Y del desierto de Mathanah, es decir, si un hombre se hace a sí mismo como un desierto, sobre el cual todo el mundo pisa, su conocimiento perdurará con él; de lo contrario, su conocimiento no perdurará con él ". Raba, el hijo de R. Joseph b. Chama no estaba en buenos términos con R. Joseph. Al acercarse el Día de la Expiación, Raba dijo:" Iré y lo apaciguaré . "Así que fue a R. Joseph, y encontró al asistente de R. Joseph preparando una copa de vino para su maestro." Dámelo y yo lo prepararé ", dijo Raba al asistente. Este último le dio la copa a Raba. quien preparó el vino. Tan pronto como R. Joseph lo probó, dijo: "Este vino preparado sabe como si lo hubiera preparado Raba, el hijo de R. Joseph b. Chama "." Fui yo quien lo preparó ", explicó Raba. R. Joseph luego le dijo a Raba:" No te permitiré que te sientes a menos que me expliques el significado de los siguientes pasajes (Ib. Ib. Ib.) Y desde el desierto hasta Mathanah, y enfrente Mathanah hasta Nachaliel; y de Nachaliel a Bamoth. Y desde Bamoth hasta el valle. Raba le dijo: "[Esto significa que] si un hombre se hace a sí mismo como el desierto que todos pisa, la Torá le será entregada como un regalo. Dado que la Torá le fue entregada como un regalo, la Torá permanecerá con él como herencia, como se dice, y de Mathanah a Nachaliel. Dado que la Torá permanecerá con él como herencia, se elevará a la distinción, como se dice, y de Nachaliel a Bamoth. Pero si se exalta [con su conocimiento] el Santo, alabado sea, lo bajará, como está dicho, y desde Bamoth hasta el valle; y si reconsidera su conducta, ¡alabado sea el Santo! lo resucitará de nuevo, como se dice (Es. 40, 4). Todo valle se levantará ".

R. Huna dijo: "¿Cuál es el significado del pasaje (Sal. 68, 11.) Tu asamblea habitó allí; ¡Lo preparaste con tu bondad para el pueblo afligido, oh Dios! Si un hombre se hace a sí mismo como una bestia salvaje, que devora a su presa inmediatamente después de matar, así también el erudito repetirá su enseñanza inmediatamente después de escucharla de su maestro hasta que lo sepa; o como otros lo explican, como una fiera que come incluso cuando está en el barro, así se humillará el erudito por estudiar; así retendrá su conocimiento, de lo contrario no lo retendrá. Sin embargo, si lo hace, el Santo, ¡alabado sea! Él mismo preparará una comida para él como se dice inmediatamente después, Tú la preparaste con bondad para Tus afligidos, oh Dios. "R. Chiya b. Abba, en el nombre de R. Jochanan dijo:" ¿Cuál es el significado de la pasaje (Pr. 27, 18.) Quien guarda la higuera, comerá de su fruto. ¿Por qué se comparan las palabras de la Torá con una higuera? (Ib. B) Así como una higuera da sus frutos tan a menudo como uno la busca, así la Torá produce nuevos razonamientos tan a menudo como un hombre la pronuncia ".

R. Samuel b. Nachmeini dijo: "¿Cuál es el significado del pasaje (Ib. 5, 19.) Deja que su pecho te satisfaga abundantemente en todo momento. ¿Por qué se compara la Torá con un pecho? Así como el pecho suministra leche con tanta frecuencia como el pecho toca así es con la Torá; tan a menudo como un hombre la pronuncia, encuentra gusto [un nuevo razonamiento] ". Con su amor seas violado continuamente (Ib.). Esto se refiere a R. Elazar b. Pedath; porque se dice de R. Elazar b. Pedath que cuando estaba estudiando la Torá en el mercado inferior de Seforis, su ropa de lino estaba tirada en el mercado superior [y ni siquiera se la perdió porque estaba tan preocupado con su estudio]. R. Isaac b. Eliezer dijo: "Una vez un hombre intentó robar [la ropa de R. Elazar b. Pedath] pero encontró una serpiente encima de ellos". En la escuela de R. Anan se enseñó: " ¿Cuál es el significado del pasaje (Jueces 5, 10.) El que cabalga sobre asnos blancos, etc. Esto se refiere a los eruditos que viajan de un pueblo a otro y de un país a otro para enseñar la Torá y explicar hasta que esté tan claro como el mediodía. Los que se sientan en el Juicio, (Ib. Ib. Ib.) Se refiere a aquellos que se sientan y dan veredictos que son realmente justos; Y vosotros los que habláis, (Ib. Ib. Ib.) Se refiere a los que están versados en la Biblia; En el camino, (Ib.) Se refiere a aquellos que están versados en la Mishná; La alabanza absoluta, (Ib.) Se refiere a aquellos que están versados en el estudio del Talmud y cuya conversación completa está dedicada a la Torá ". y de un país a otro para enseñar la Torá y explicarla hasta que sea tan claro como el mediodía. Los que se sientan en el Juicio, (Ib. Ib. Ib.) Se refiere a aquellos que se sientan y dan veredictos que son realmente justos; Y vosotros los que habláis, (Ib. Ib. Ib.) Se refiere a los que están versados en la Biblia; En el camino, (Ib.) Se refiere a aquellos que están versados en la Mishná; La alabanza absoluta, (Ib.) Se refiere a aquellos que están versados en el estudio del Talmud y cuya conversación completa está dedicada a la Torá ". y de un país a otro para enseñar la Torá y explicarla hasta que sea tan claro como el mediodía. Los que se sientan en el Juicio, (Ib. Ib. Ib.) Se refiere a aquellos que se sientan y dan veredictos que son realmente justos; Y vosotros los que habláis, (Ib. Ib. Ib.) Se refiere a los que están versados en la Biblia; En el camino, (Ib.) Se refiere a aquellos que están versados en la Mishná; La alabanza absoluta, (Ib.) Se refiere a aquellos que están versados en el estudio del Talmud y cuya conversación completa está dedicada a la Torá ".

R. Shizbi dijo en el nombre de R. Elazar, b, Azaria: "¿Qué significa el pasaje (Pr. 12, 27). El indolente no asa lo que ha atrapado en la caza. No vivirá ni durará mucho , el astuto indolente [que se esfuerza por estudiar superficialmente sin repetir su aprendizaje] ". R. Shesheth dijo: "Al contrario, el astuto indolente vivirá y durará". Cuando llegó R. Dimi, dijo: "Esto puede compararse con un hombre indolente que atrapa pájaros; si pincha las alas de cada ave [inmediatamente después de haberla capturado], las retendrá, de lo contrario no las retendrá . " Raba, en nombre de R. Sechora, quien citó a R. Huna, dijo: "¿Qué significa el pasaje (Pr. 13, 2.) Se disminuirá la riqueza obtenida con obras vanas; pero el que ha recogido con trabajo minucioso, la aumentará. Si un hombre estudia en masa (demasiadas materias a la vez), su aprendizaje disminuirá; pero si lo recopila lentamente (tema por tema), su aprendizaje aumentará. "" Esto ", dijo Raba," los rabinos lo han estudiado [y lo saben] y, sin embargo, lo transgreden ". R. Nachman b. Isaac, sin embargo, dijo: "Actué en consecuencia y conservé mi aprendizaje".

Nuestros rabinos enseñaron: "¿Cuál era el método para aprender la Torá tradicional en los días de Moisés? Moisés la aprendió de la boca de Dios, luego Aarón entró y Moisés le enseñó el capítulo; cuando Aarón terminó, dejó el asiento de estudio. , tomando asiento a la izquierda de Moisés, y luego entraron sus hijos. Moisés les enseñó el capítulo. Cuando terminaron, se fueron, Elazar tomó asiento a la izquierda de Moisés e Itamar a la derecha de Aarón. R. Juda dice: "Aarón siempre estuvo a la derecha de Moisés". Entonces entró el anciano y Moisés les enseñó el mismo capítulo. Cuando los ancianos terminaron, se fueron y el pueblo entró y Moisés les enseñó el capítulo. Así se encuentra que Aarón estudia el capítulo cuatro veces, sus hijos, tres veces, el ancianos dos veces y la gente una vez. Entonces Moisés se fue y Aarón estudió el mismo capítulo con todos ellos. Cuando Aarón terminó, se fue, y sus hijos estudiaron el capítulo con ellos; cuando los hijos terminaron, se fueron y los ancianos estudiaron el capítulo con la gente. Se constata así que todos repitieron el capítulo cuatro veces. 'De esto.' dice R. Eliezer, "aprendemos que es el deber de un hombre repetir una lección con su discípulo cuatro veces". Porque si Aarón, quien lo aprendió de Moisés y si Moisés, quien lo aprendió de Dios mismo, tuvo que repetir el capítulo cuatro veces, entonces, seguramente, un hombre común que aprende de otro hombre común, debería repetirlo con mucha más frecuencia ". . Akiba dijo: "¿De dónde inferimos que un hombre debe aprender la lección con su discípulo hasta que su discípulo la sepa? Se dice (se fue, y sus hijos estudiaron el capítulo con ellos; cuando los hijos terminaron, se fueron y los ancianos estudiaron el capítulo con la gente. Se constata así que todos repitieron el capítulo cuatro veces. 'De esto.' dice R. Eliezer, "aprendemos que es el deber de un hombre repetir una lección con su discípulo cuatro veces". Porque si Aarón, quien lo aprendió de Moisés y si

Moisés, quien lo aprendió de Dios mismo, tuvo que repetir el capítulo cuatro veces, entonces, seguramente, un hombre común que aprende de otro hombre común, debería repetirlo con mucha más frecuencia ". . Akiba dijo: "¿De dónde inferimos que un hombre debe aprender la lección con su discípulo hasta que su discípulo la sepa? Se dice (se fue, y sus hijos estudiaron el capítulo con ellos; cuando los hijos terminaron, se fueron y los ancianos estudiaron el capítulo con la gente. Se constata así que todos repitieron el capítulo cuatro veces. 'De esto.' dice R. Eliezer, "aprendemos que es el deber de un hombre repetir una lección con su discípulo cuatro veces". Porque si Aarón, quien lo aprendió de Moisés y si Moisés, quien lo aprendió de Dios mismo, tuvo que repetir el capítulo cuatro veces, entonces, seguramente, un hombre común que aprende de otro hombre común, debería repetirlo con mucha más frecuencia ". . Akiba dijo: "¿De dónde inferimos que un hombre debe aprender la lección con su discípulo hasta que su discípulo la sepa? Se dice (Se constata así que todos repitieron el capítulo cuatro veces. 'De esto.' dice R. Eliezer, "aprendemos que es el deber de un hombre repetir una lección con su discípulo cuatro veces". Porque si Aarón, quien lo aprendió de Moisés y si Moisés, quien lo aprendió de Dios mismo, tuvo que repetir el capítulo cuatro veces, entonces, seguramente, un hombre común que aprende de otro hombre común, debería repetirlo con mucha más frecuencia ". . Akiba dijo: "¿De dónde inferimos que un hombre debe aprender la lección con su discípulo hasta que su discípulo la sepa? Se dice (Se constata así que todos repitieron el capítulo cuatro veces. 'De esto.' dice R. Eliezer, "aprendemos que es el deber de un hombre repetir una lección con su discípulo cuatro veces". Porque si Aarón, quien lo aprendió de Moisés y si Moisés, quien lo aprendió de Dios mismo, tuvo que repetir el capítulo cuatro veces, entonces, seguramente, un hombre común que aprende de otro hombre común, debería repetirlo con mucha más frecuencia ". . Akiba dijo: "¿De dónde inferimos que un hombre debe aprender la lección con su discípulo hasta que su discípulo la sepa? Se dice (tuvo que repetir el capítulo cuatro veces, entonces, seguramente, un hombre común que aprende de otro hombre común, debería repetirlo con mucha más frecuencia ". R. Akiba dijo:" ¿De dónde inferimos que un hombre debe aprender la lección con su discípulo? hasta que su discípulo lo sepa? Se dice (tuvo que repetir el capítulo cuatro veces, entonces, seguramente, un hombre común que aprende de otro hombre común, debería repetirlo con mucha más frecuencia ". R. Akiba dijo:" ¿De dónde inferimos que un hombre debe aprender la lección con su discípulo? hasta que su discípulo lo sepa? Se dice (Deu. 31, 19.) Y enséñelo a los hijos de Israel. ¿De dónde sabemos que debe enseñarle hasta que lo sepa? Se dice (Ib. Ib. Ib.) Ponlo en sus bocas. ¿De dónde inferimos que el debe mostrarle las razones de toda ley? Se dice (Ex.21, 1Judá [quien dice que Aarón estaba sentado a la derecha de Moisés]? Podemos decir que está de acuerdo incluso con la opinión de los rabinos, sin embargo, Aarón ocupó su asiento a la derecha de Moisés para evitarle problemas [como ocupó el asiento a la derecha de Moisés al principio, por lo que permaneció] .

B. ¿Preida tenía un alumno al que tenía que repetir una lección cuatrocientas veces? antes de que lo comprendiera. Un día, el rabino fue llamado a realizar una acción meritoria y repitió su lección como de costumbre, pero esta vez, el alumno no la aprendió. "¿Por qué es diferente hoy de cualquier otro momento?" le preguntó a su alumno. "Porque", respondió el alumno, "desde el momento en que el maestro fue convocado para cumplir con otro deber, desviaba mi atención y de vez en cuando me decía a mí mismo, pronto el maestro se levantará, pronto el maestro se levantará [y No pude aprender] ". "Bueno, entonces", dijo el rabino a su alumno, "presta atención y te lo enseñaré de nuevo". Luego repitió la lección una segunda vez cuatrocientas veces y el alumno lo supo. Entonces apareció un Bath-Kol y le dijo a R. Preida: " ¿Qué recompensa quieres? Puedes agregar cuatrocientos años a tu vida o tú y tu generación pueden ser merecidos para el mundo futuro. "" Deseo que yo y mi generación seamos merecidos para el mundo futuro ", respondió R. Preida. Ante lo cual el Santo, ¡Alabado sea! dijo: "Dadle ambas recompensas".

R. Chisda dijo: "El conocimiento de la Torá sólo se puede adquirir por medio de signos; porque está dicho (Deu. 31, 19). Ponlo en su boca. No lo leas Sima (ponlo) sino léelo Simana (sus signos) ". Cuando R. Tachlipha escuchó esto en Occidente (Palestina), se lo contó a R. Abuhu, quien dijo: "Tú lo derivas de ese pasaje, pero nosotros lo derivamos del siguiente (Jer. 31, 20). marcas de camino, es decir, establecer marcas de camino a la Torá ". ¿De dónde sabemos que la palabra Tziyun significa marcas? Porque está escrito (Ez. 39, 15). Entonces, cuando alguien vea un hueso humano, colocará un 'Tziyun' alrededor de él ". R. Elazar dijo:" [Lo sabemos] por lo siguiente, (Pr. 7, 4.) Y llama comprensión a tu pariente, es decir, haz un pariente-mujer de la Torá ". Raba dijo: [Esto significa]" Establece un tiempo fijo fijo (Fol. 55a) para el estudio de la Torá ". por R. Abdimi b. Dosa, quien habló así: "¿Qué significa el pasaje (Deu. 30, 12.) No está en el cielo, ni más allá del mar. No está en el cielo significa que incluso si estuviera en el cielo, habría que ascender para alcanzarlo; ni está más allá del mar, es decir, incluso si estuviera más allá del mar, uno tendría que cruzar el mar para llegar a él ". Raba dijo:" No está en el cielo, significa que el conocimiento no se puede encontrar en el que se exalta a sí mismo [en sabiduría] hasta los cielos; Ni está más allá del mar, significa que tampoco está con el que considera su opinión tan amplia como el mar ". R. Jachanan dijo:" No está en el cielo, significa que no se puede encontrar entre hombres presuntuosos; Tampoco está más allá del mar, lo que significa que no se puede encontrar entre los comerciantes y comerciantes ambulantes ".

(Fol. 56a) R. Juda, en nombre de Rab, dijo: "En una ciudad, que es montañosa y tiene laderas y valles, tanto los hombres como el ganado morirán jóvenes". ¿Morirá? ¿Cómo puedes creer eso? Pero digamos que envejecerán prematuramente. R. Huna, el hijo de R. Joshua, dijo: "Esas colinas entre las ciudades de be-Biri y be-Nari me hicieron viejo prematuramente".

Eiruvin, Capítulo 6

(Fol. 63a) Rabina, sentada ante R. Ashi, observó a un hombre atando un asno a un árbol en sábado. Rabina amonestó al hombre, pero este último no le prestó atención, por lo que Rabina dijo: "Estás prohibido por esto". Rabina luego le dijo a R. Ashi: "¿Se puede considerar vergonzosa esta acción mía?" [Porque lo he hecho en presencia de ti, mi maestro.] R. Ashi respondió: "No hay sabiduría, ni entendimiento ni consejo contra el Señor (Pr. 21, 30).), es decir, cuando se amenaza con profanar el nombre del Señor, no se debe prestar atención a un maestro ". Raba dijo:" En presencia de su maestro, está prohibido [que un discípulo decida una cuestión legal] e implica la pena capital; pero en ausencia de su maestro [si un discípulo lo hace] está, por supuesto, prohibido, pero no se aplica la pena capital. "Y en ausencia de su maestro, dices, no implica la pena capital. ¡He aquí! Se enseña que R. Elazar dice: "Los hijos de Aarón no murieron por ningún otro pecado que el que decidieron cuestiones de la ley en presencia de su maestro, Moisés. ¿Qué versículo interpretaron? [sin preguntarle a Moisés, su maestro:] Y los hijos del sacerdote Aarón le prenderán fuego (Lev. 1, 7). Así se decían a sí mismos: 'Aunque el fuego debe descender del cielo [sobre el altar], sin embargo, es un acto virtuoso traer fuego común' ". Hubo un discípulo de R. Elazar que resolvió cuestiones legales en presencia Entonces R. Elazar dijo a Ema Salmon, su esposa: "Me pregunto si este discípulo vivirá este año". Y el discípulo murió ese mismo año. Así que su esposa le dijo a R. Elazar: "¿Eres un ¿Profeta? "" Ni un profeta ni el hijo de un profeta ", fue su respuesta," pero tengo una tradición de que quien decide una cuestión legal en presencia de su maestro es culpable de la pena capital ". Y Rabba B. Chana dijo que este discípulo era Juda B. Guriah y que estaba a tres millas de su maestro, R. Elazar. [Por lo tanto, muestra que incluso en ausencia de su maestro, decidir cuestiones legales implica la pena capital. '] Fue en presencia de su maestro. ¡Pero R. Jachanan dijo que estaba a tres millas de su maestro! Y según su propia opinión [¿no hay objeción que plantear]? ¿Por qué fue necesario indicar el nombre del discípulo y el nombre de su padre? Debemos decir (que se dan estos nombres) que no debemos interpretar la historia anterior como una mera parábola. [Por lo tanto, declaró todos los hechos y efectivamente se decidió en presencia de R. Elazar.] R. Chiya b. Abba, en nombre de R. Jochanan, dijo: "Quien decida una cuestión legal en presencia de su maestro, merece ser mordido por una serpiente, porque se dice (¡Pero R. Jachanan dijo que estaba a tres millas de su maestro! Y según su propia opinión [¿no hay objeción que plantear]? ¿Por qué fue necesario indicar el nombre del discípulo y el nombre de su padre? Debemos decir (que se dan estos nombres) que no debemos interpretar la historia anterior como una mera parábola. [Por lo tanto, declaró todos los hechos y efectivamente se decidió en presencia de R. Elazar.] R. Chiya b. Abba, en nombre de R. Jochanan, dijo: "Quien decida una cuestión legal en presencia de su maestro, merece ser mordido por una serpiente, porque se dice (¡Pero R. Jachanan dijo que estaba a tres millas de su maestro! Y según su propia opinión [¿no hay objeción que plantear]? ¿Por qué fue necesario indicar el nombre del discípulo y el nombre de su padre? Debemos decir (que se dan estos nombres) que no debemos interpretar la historia anterior como una mera parábola. [Por lo tanto, declaró todos los hechos y efectivamente se decidió en presencia de R. Elazar.] R. Chiya b. Abba, en nombre de R. Jochanan, dijo: "Quien decida una cuestión legal en presencia de su maestro, merece ser mordido por una serpiente, porque se dice (¿nombre de? Debemos decir (que se dan estos nombres) que no debemos interpretar la historia anterior como una mera parábola. [Por lo tanto, declaró todos los hechos y efectivamente se decidió en presencia de R. Elazar.] R. Chiya b. Abba, en nombre de R. Jochanan, dijo: "Quien decida una cuestión legal en presencia de su maestro, merece ser mordido por una serpiente, porque se dice (¿nombre de? Debemos decir (que se dan estos nombres) que no debemos interpretar la historia anterior como una mera parábola. [Por lo tanto, declaró todos los hechos y efectivamente se decidió en presencia de R. Elazar.] R. Chiya b. Abba, en nombre de R. Jochanan, dijo: "Quien decida una cuestión legal en presencia de su maestro, merece ser mordido por una serpiente, porque se dice (Job 32, 6.) Y Eliú, hijo de Barachel, el buzita, comenzó y dijo: 'Joven soy de días, y vosotros muy viejo; por lo tanto, dudé y temí mostrarles lo que no sabía. Está escrito aquí vachalei (temí). y está escrito allí (Deu. 32. 24.) Con el poder de serpientes (Zochalei) que se arrastran por el polvo ". R. Zera dijo en nombre de R. Chanina:" Debe ser llamado pecador, ya que se dice (Sal.119, 11.) En mi corazón he atesorado tu dicho, para no pecar contra ti ". R. Humnuna planteó el siguiente punto contradictorio:" Está escrito (Ib.) En mi corazón, he atesorado tu dicho , y está escrito (Ib. 40, 10.) Yo anuncio tu justicia en la gran asamblea "; y él mismo lo explicó:" Lo primero fue dicho cuando Ira, el yairita [su maestro], vivía, [por lo tanto, David no enseñó a otros]; y el último se refiere al tiempo en que Ira, el yairita, estaba muerto ". R. Abba b. Zabda dijo:" El que envíe sus dones [sacerdotales] a un sacerdote traerá hambre al mundo, porque se dice (II Samuel 20, 26.) e Ira, el yairita, fue sacerdote para David, etc. ¿Fue sacerdote solo para David? ¡He aquí, también era sacerdote para todo Israel! Por lo tanto, debemos decir que significa 'Todos los dones sacerdotales le fueron entregados por David, e inmediatamente después de esto está escrito (Ib. 21, 1.) Y hubo hambre durante tres años en los días de David ". Elazar dijo: "El [que decida una cuestión legal en presencia de su maestro] será depuesto de su honorable cargo, como se dice (Núm. 31, 21)..) Y Elazar, el sacerdote, dijo a los hombres del ejército, "etc. Y aunque dijo que la ley fue enseñada a su tío y no a él, aún así fue depuesto de su honorable posición, como está escrito (Ib.27, 28.) Y ante Elazar, el sacerdote, se pondrá (Josué) y le preguntará después del Juicio del Urim ante el Señor, etc. Sin embargo, no encontramos un caso en el que Josué alguna vez se sirvió de la ayuda de Elazar ".

R. Levi dijo: "Quien decida una cuestión legal en presencia de su maestro, morirá sin hijos, porque está escrito (Núm. 11, 28). Y Joshua ben Nun, el siervo de Moisés desde su juventud, respondió y dijo : 'Mi Señor Moisés, prohibímelos' (Ib. B) y está escrito (I. Crónicas 6, 27.) Nun, su hijo, Josué, su hijo [mostrando que Josué no tenía hijos] ". Esto contradice la opinión de R. Abba b. Papa, por R. Abba b. Papá dijo: "Josué no habría sido castigado si no hubiera sido por el pecado que descuidó sus deberes familiares por una noche, como se dice (Jos. 5, 13)..) Y sucedió, cuando Josué estaba en Jericó, etc., y está escrito (Ib. Ib. 14.) Y él dijo. No; porque yo soy un capitán del ejército del Señor; ahora he venido, es decir, el ángel le dijo: "Ayer te olvidaste de traer la ofrenda perpetua de la tarde y ahora estás descuidando el estudio de la Torá". Entonces Josué le preguntó al ángel. ¿Con respecto a cuál viniste? Entonces el ángel dijo: 'Ahora he venido' [es decir, por el descuido de este momento]. Inmediatamente después, Josué pasó la noche entre el pueblo (Ib. 8, 9); y también está escrito (Ib. ib. 13.) Y Josué fue esa noche al medio del valle; y R. Jochanan dijo: 'inferimos [de la expresión' del valle '] que Josué se alojó dentro de la profundidad de la ley [estudió durante la noche]. Y tenemos la tradición de que siempre que el arca sagrada y la Shejiná descansen sin el lugar que les corresponde, a los israelitas se les prohíbe vivir juntos con sus familias. [De ahí el pecado de descuidar los deberes familiares.] R. Samuel b. Avia, en el nombre de Rab, dijo: "Estudiar la Torá es una virtud mayor que la ofrenda de los sacrificios perpetuos, porque se dice Ahora he venido [mostrando que vino a causa del pecado de este último, que fue el descuido de estudiando la Torá] ".

(Fol. 64a) R. Juda, en nombre de Samuel, dijo: "El que beba un cuarto de Lug de vino no debe decidir ninguna cuestión legal". "Esta tradición no es buena", dijo R. Nachman, "porque sé que a menos que beba un cuarto de Lug de vino, siento que mi cabeza no está clara". "¿Por qué", le dijo Raba, "debería el maestro expresarse así? ¿No ha dicho R. Acha, el hijo de R. Chanina, '¿Qué significa el pasaje? (Pr. 29, 3.) Pero el que guarda compañía con rameras perderá (su) riqueza. ' Esto significa que quien diga una Halajá (Ley) es hermosa y que la otra Halajá no es hermosa perderá la riqueza de la Torá (la olvidará) "." La retiro ", le dijo R. Nachman. Rabba b. R. Huna dijo: "Quien está borracho no debe orar; pero si ora, su oración será aceptable. Si uno está intoxicado, no debe orar; y si reza, su oración será considerada una abominación. "¿Cuándo se puede llamar a uno borracho y cuando está intoxicado? Esto lo aprendemos del incidente de R. Abba b. Shumni, y R. Menashia, el hijo de R. Jeremiah de Diphti, que se estaban despidiendo cuando estaban en el barco que cruzaba el río de Yuphthi. Acordaron que cada uno dijera una Halajá que debería ser nueva para el oyente; para R. Mari, el nieto de R. Huna b. Abba, dijo: "Un hombre no debe dejar a su asociado de otra manera que no sea con una palabra de Halajá, mediante la cual pueda recordarlo". Así que uno comenzaba así: "¿Cuándo se puede llamar a uno borracho y cuando está ebrio? Si uno tiene suficiente sentido común para hablar con un rey, simplemente está borracho; pero uno que no tiene suficiente sentido común para conversar con un rey se llama ebrio. " El otro respondió y dijo: ¿Qué hará [con la riqueza] el que toma posesión de la propiedad de un prosélito [que no tiene herederos políticos] para que perdure con él? Que el poseedor compre una Torá (un rollo) ". por lo que él puede recordarlo ". Entonces uno comenzaba así:" ¿Cuándo se puede llamar a uno borracho y cuando está intoxicado? Si uno tiene el suficiente sentido común para hablar con un rey, simplemente está borracho; pero el que no tiene suficiente sentido común para conversar con un rey es llamado ebrio. "El otro respondió y dijo: ¿Qué hará el que toma posesión de la propiedad de un prosélito [que no tiene herederos políticos] [con el riqueza] para que pueda perdurar con él? Que el poseedor compre una Torá (un rollo) ". por lo que él puede recordarlo ". Entonces uno comenzaba así:" ¿Cuándo se puede llamar a uno borracho y cuando está intoxicado? Si uno tiene el suficiente sentido común para hablar con un rey, simplemente está borracho; pero el que no tiene suficiente sentido común para conversar con un rey es llamado ebrio. "El otro respondió y dijo: ¿Qué hará el que toma posesión de la propiedad de un prosélito [que no tiene herederos políticos] [con el riqueza] para que pueda perdurar con él? Que el poseedor compre una Torá (un rollo) ". ¿Qué hará [con la riqueza] el que se apodere de la propiedad de un prosélito [que no tenga herederos políticos] para que perdure con él? Que el poseedor compre una Torá (un rollo) ". ¿Qué hará [con la riqueza] el que se apodere de la propiedad de un prosélito [que no tenga herederos políticos] para que perdure con él? Que el poseedor compre una Torá (un rollo) ".

(Ib. B) Se nos enseña: Una vez sucedió que mientras Rabban Gamaliel viajaba entre Achu y Chezib, montado en un asno, y R. Ilai caminaba detrás de él, el primero vio unos panes acostados sobre el, camino, y dijo: Ilai, recoge estos panes del camino. Después de encontrarse con un gentil, Rabban Gamaliel le dijo: 'Mabagai, quítale los panes a Ilai'. Cuando R. Ilai se familiarizó con el gentil, le preguntó: "¿De dónde eres?" El gentil respondió: "Soy de las ciudades de Burganin". "¿Y cuál es tu nombre?" "Mabagai, es mi nombre." "¿R. Gamaliel te conoce?" "No", respondió el gentil. De esto entendemos que Rabban Gamaliel conocía el nombre del gentil por Visión Divina, y que se pueden inferir tres cosas, primero, que el pan no debe pasarse por alto; en segundo lugar, que nos guiamos por el estatus legal de la mayoría de los viajeros; y en tercer lugar, el pan leudado que pertenece a un gentil, incluso si se quedó durante la Pascua, puede ser utilizado por los israelitas después de la Pascua. A su llegada a Chezib, un hombre se acercó a Rabban Gamaliel y le pidió que anulara un voto. Con lo cual R. Gamaliel dijo a sus compañeros: "¿Hemos bebido un cuarto de lagrima de vino italiano?" Y ellos respondieron: "Sí, lo hicimos". "Si es así", dijo R. Gamaliel, "entonces que nos siga, hasta que el efecto del vino haya desaparecido". Y el hombre los siguió durante tres minutos hasta que llegaron a una gran montaña. Tan pronto como llegaron a esta montaña, Rabban Gamaliel desmontó del asno, se envolvió, se sentó y anuló el voto del hombre. De estas acciones aprendemos muchas cosas, a saber: una cuarta parte de un trago de vino italiano embriaga a un hombre; que cuando un hombre está intoxicado, no debe decidir ninguna cuestión legal; que caminar por el camino hace desaparecer el efecto del vino; y que no se puede anular un voto mientras se conduce, se camina o se está de pie, sino sólo sentado.

R. Shesheth dijo, en el nombre de R. Elazar b. Azaria: (Fol. 65a) "Puedo (por mi súplica) liberar al mundo entero (de Israel) del Juicio Divino, desde la destrucción del Templo hasta el día de hoy, porque se dice (Is. 51, 21. Por tanto, oye ahora esto, afligido y borracho, pero no de vino. [Por lo tanto, si todos están borrachos, entonces no son responsables.] Se hizo una objeción de lo siguiente: 'La compra de un borracho es una compra válida; su venta es una venta válida; si ha cometido un delito que implique la pena capital, debe ser ejecutado; si ha cometido un delito que implique castigo con correas, debe recibir latigazos; como regla general, se le considera, en todos los aspectos, un hombre sobrio, con la excepción de que debe estar libre de oración ". [Esto contradice la opinión de R. Shesheth, quien dijo en nombre de R. Elazar b. Azaria, que un borracho no puede ser juzgado] R. Shesheth dirá que su declaración, 'Puedo eximir al mundo del Juicio Divino', también significa 'Juicio causado por la oración'.

R. Chiya b. Ashi, en el nombre de Rab, dijo: "Quien no tenga la mente completamente tranquila, no debe orar, porque está dicho: En su aflicción no juzgará". Un día en que estaba de mal humor, R. Chanina no oraba, diciendo: "Está escrito: En su aflicción no juzgará". Mar Ukba no se iría a su sala judicial en un día en que soplaba un viento cálido del sur. R. Nachman b. Isaac dijo: "Para decidir cuestiones legales, se necesita una mente tan clara como el día en que sopla el viento del norte". Abaye dijo: "Cuando mi madre me pidió que le trajera solo un cierto lío, me confundía todo el día [y me impedía estudiar]". Raba dijo: "Incluso si una huida me mordiera, no podría aprender más". La madre de Mar, el hijo de Rabina, le hizo a su hijo siete trajes, uno para cada día. R. Judá dijo: "La noche fue creada, sólo para dormir". Pero Resh Lakish dijo: "La noche fue creada solo para estudiar la Torá". Los rabinos elogiaron a R. Zeira porque sus enseñanzas poseían un brillo especial, y él respondió: "Es porque todas fueron estudiadas durante el día". Las hijas de R. Chisda le dijeron a su padre: "¿Por qué el maestro no toma una siesta un rato?" Y R. Chi *** (página 246) respondió: "Llegarán días muy largos en los que serán cortos para estudiar, pero anhelos para dormir". R. Nachman b. Isaac dijo: "Todos somos jornaleros". R. Acha b. Jacob tomaba prestado [horas del día] y las reembolsaba [por la noche]. Los rabinos elogiaron a R. Zeira porque sus enseñanzas poseían un brillo especial, y él respondió: "Es porque todas fueron estudiadas durante el día". Las hijas de R. Chisda le dijeron a su padre: "¿Por qué el maestro no toma una siesta un rato?" Y R. Chi *** (página 246) respondió: "Llegarán días muy largos en los que serán cortos para estudiar, pero anhelos para dormir". R. Nachman b. Isaac dijo: "Todos somos jornaleros". R. Acha b. Jacob tomaba prestado [horas del día] y las reembolsaba [por la noche]. Los rabinos elogiaron a R. Zeira porque sus enseñanzas poseían un brillo especial, y él respondió: "Es porque todas fueron estudiadas durante el día". Las hijas de R. Chisda le dijeron a su padre: "¿Por qué el maestro no toma una siesta un rato?" Y R. Chi *** (página 246) respondió: "Llegarán días muy largos en los que serán cortos para estudiar, pero anhelos para dormir". R. Nachman b. Isaac dijo: "Todos somos jornaleros". R. Acha b. Jacob tomaba prestado [horas del día] y las reembolsaba [por la noche].

R. Elazar dijo: "Quien viene del camino, no debe orar durante tres días porque se dice (Esdras 8, 15). Y los reuní en el río que desemboca en el Ahava y acampamos allí tres días; y Miré entre la gente. [Sólo después de tres días, pudo mirar entre la gente] ". El padre de Samuel al regresar de un viaje no oraría durante tres días [porque su mente no estaba lo suficientemente clara]. El mismo Samuel, no rezaría dentro de una casa donde había cerveza, [porque el olor de ella confundiría su mente]. R. Papá no rezaría dentro de una casa donde había un desorden hecho de cierto pescado [que desprende un olor líquido]. R. Chanina dijo: "Un hombre que se apacigua cuando está bajo la influencia del vino, posee las cualidades de su Creador, porque se dice (Génesis 8, 21.) Y el Señor olió el dulce sabor ", etc. R. Chiya dijo:" Quien permanece lúcido al beber, posee las cualidades de los setenta sabios ". La palabra Yayin (vino) agrega la número de setenta y Sod (secreto) agrega también el número setenta, es decir, tan pronto como entra el vino, los secretos escapan. R. Chanan dijo: "El vino fue creado en este mundo con el único propósito de consolar a los mounrners, y con lo cual para pagar a los impíos su recompensa por las buenas obras que hayan hecho, como se dice (Pr. 31, 6). Dad bebida fuerte al que está a punto de perecer, y vino a los que tienen el alma amargada ". . Chanina b. Papa dijo: "Cualquier casa donde el vino no se vierte como agua, no puede clasificarse entre las llamadas casas benditas,porque está dichoEx. 23, 25.) Y bendecirá tu pan y tu agua. El pan y el agua se colocan a la par; Así como el pan mencionado aquí se puede comprar con dinero que pertenece a los Diezmos, así también el agua debe ser del mismo tipo que se puede comprar con dinero que pertenece a los Diezmos. Por tanto, debe referirse al vino; [porque el agua no se puede comprar] sin embargo, el pasaje la llama agua (Ib. b) para insinuar que, si fluye en su casa como el agua, entonces puede llamarse una casa bendita, de lo contrario no se puede llamar así ". R. Ilayi dijo: "En tres ocasiones se puede reconocer el carácter de un hombre; por su copa de vino (cuando bebe); por su bolso (trato honesto); y por su ira (rara vez se emociona), y según otros, también por su risa ".

(Fol. 85b) Buneis, el hijo de Buneis, una vez visitó al Rabino. "Abran paso a uno que vale cien manehs", exclamó el rabino. En ese momento entró otro visitante y el rabino dijo: (Fol. 86a) "Abran paso para uno que vale doscientos manehs". Así que R. Ishmael le suplicó diciendo: "¡Rabí, el padre del primero en llegar, es dueño de mil barcos en el mar y mil ciudades en tierra!" "Bueno", respondió el rabino, "cuando veas a su padre, dile que no envíe a su hijo la próxima vez con ropa tan pobre". El rabino honró a los ricos y también R. Akiba honró a los ricos. Como Raba b. Mari una vez predicó: "Que permanezca para siempre delante de Dios; ordene que la bondad y la verdad lo guarden (Sal. 61, 8). ¿Cuándo podrá permanecer para siempre delante de Dios? En el momento en que la bondad y la verdad los guarden".

Pesajim, Capítulo 1

Pesajim (Fol. 3) R. Joshua b. Levi dijo: "Un hombre nunca debe sacar de su boca una palabra inadecuada, porque la Escritura usa un circunloquio de ocho letras [extra] para evitar una palabra desagradable; porque se dice (Génesis 4, 2) bestias limpias y de las bestias que no son limpias ". R. Papa dijo: "Un circunloquio de nueve letras se encuentra en la Escritura; porque se dice (Deu. 23, 11) Si hay entre ustedes algún hombre que no esté limpio". Rabina dijo: "Diez letras [es el circunloquio]; porque en el mismo texto también hay una letra extra, Vav". R. Acha b. Jacob dijo: "Se usan dieciséis letras adicionales [para evitar una palabra inadecuada], como se dice (I Sam. 20, 26) Porque pensó que algo le había sucedido, no está limpio, porque aún no se ha purificado a sí mismo [para evitar la palabra impuro] ". En la academia de R. Ishmael, se enseñó que un hombre siempre debe hablar en lenguaje limpio, ya que el asiento de un zab masculino el pasaje llama (Lev. 15, 9) silla, y el asiento de un zab femenino el pasaje llama (Ib.) lugar para sentarse. Este principio también es apoyado por el siguiente pasaje (Job 15, 5) Para que elijas el lenguaje de los prudentes. También por otro pasaje (Ib. 33, 3) Y mis labios expresan conocimiento claramente. ¿Por qué cita todos estos pasajes [no es suficiente el primero]? Quizás diga que esto se aplica solo a los asuntos bíblicos, pero para los asuntos rabínicos se puede usar cualquier idioma. Ven, escucha; se dice: Para que elijas la lengua de los prudentes. Y si dices que esto se aplica solo a los asuntos rabínicos, pero a los asuntos seculares, se puede usar cualquier idioma. Ven, escucha este pasaje; Y mis labios expresan conocimiento con claridad.

(Ib. B.) Había dos discípulos sentados ante Hillel, de los cuales uno era R. Jochanan b. Zakai. Según otros, estos discípulos estaban sentados ante el rabino, y uno de ellos era R. Jochanan. Uno dijo [mientras estudiaba una Mishná]: "¿Por qué las uvas deben cortarse de acuerdo con las reglas de limpieza levítica, mientras que las aceitunas pueden recolectarse incluso de acuerdo con las reglas de contaminación levítica?" El otro alumno dijo: "¿Por qué las uvas deben cortarse bajo las reglas de limpieza levítica, mientras que la recolección de aceitunas no necesita hacerse bajo las reglas de limpieza levítica?" "Estoy seguro", comentó su maestro, "que este [que solía convertirse en palabras] se convertirá en juez en Israel". Se dice que antes de que transcurrieran muchos días se convirtió en juez en Israel. Había tres sacerdotes [discutiendo las porciones de sus dones sacerdotales]; uno dijo: "El mío era tan grande como un frijol". A esto, el otro respondió: "La mía era tan grande como una aceituna". El tercero decía: "La mía era tan grande como la cola de un lagarto". Como consecuencia de esa expresión inadecuada, se examinó al último en cuanto a su aptitud para servir en el altar, y encontraron en él una mancha de ascendencia. ¿No se nos ha enseñado [en una Mishná]: "No se registran registros familiares más allá del altar"? [porque ciertamente fue examinado antes de comenzar a servir en él; por tanto, ¿cómo fue posible este examen?] No digas "defecto de descendencia", sino di [encontraron en él] "obscenidades que lo hicieron indigno del sacerdocio". Y si lo desea, puede decir que esta instancia es diferente,

Había un cierto pagano que [bajo la apariencia de un israelita] venía a Jerusalén cada Pascua y participaba del cordero pascual. Una vez se presentó ante R. Juda b. Bathyra y le dijo: "Está escrito en tu Torá (Ex. 12, 43) Ningún extraño comerá de él, una y otra vez (Ib. Ib. 48) Pero ningún incircunciso comerá de él; sin embargo, puedo comer de lo mejor. "" ¿Te han dado un trozo de la grasa de la cola? ", comentó R. Juda b. Bathyra." No ", respondieron los paganos. Entonces R. Juda le dijo : "La próxima vez que vayas, pídeles que te den un pedazo de la grasa de la cola". Al año siguiente, cuando llegó a Jerusalén, les dijo: "Dame un pedazo de la grasa de la cola. cola. "" ¡Qué! ", exclamaron ellos," ¿no se sacrifica la grasa de la cola en el altar? ¿Alguien te aconsejó que pidieras esto? "Le preguntaron. Y los paganos respondieron:" R. Judá b. Bathyra me ha aconsejado así. "" ¿Qué significa esto? "Se dijeron a sí mismos. Entonces hicieron una investigación y, al descubrir que el hombre era un gentil, lo castigó. Luego enviaron un mensaje a R. Juda b. Batyra, diciendo: "Paz a ti, R. Juda b. Batyra, que está sentado en Netzibin, pero cuya red está echada en Jerusalén".

Cuando R. Cahana se enfermó, los rabinos enviaron a R. Joshua, el hijo de R. Ide, con instrucciones para visitarlo y averiguar cuál era su condición. Cuando llegó, encontró a R. Cahana muerto. Se rasgó la ropa, luego se la volvió hacia la espalda y regresó llorando. "¿Está muerto?" le preguntaron. "Tú lo dices, yo no lo digo", fue su respuesta, agregando también (Pr. 10, 18) Y el que difunde una mala fama es un necio.

(Fol. 4) Cuando Rab, el hijo del hermano y la hermana de R. Chiya, llegó a Palestina, R. Chiya le preguntó a Rab: "¿Está vivo el padre?" "¿Está viva la madre?" fue su respuesta. Entonces R. Chiya le preguntó: "¿Está viva la madre?" Rab respondió de nuevo: "¿Está vivo el padre?"

(Ib. B) R. Elazar dijo: "Aquellos que van en una misión religiosa, no se encontrarán con el mal ni yendo hacia o desde su deber". R. Elazar estaba de acuerdo con la opinión del Tanna, Issi b. Judá, quien enseñó: "Como dice la Torá (Ex. 34, 24) Sin embargo, nadie deseará tu tierra, se debe dar a entender que la vaca se alimentará en el pasto y ninguna bestia la dañará, el pollo cavará en la basura y ninguna comadreja la dañará. "Ahora, ¿no puede ser esto? inferido a fortiori? Si, con respecto a las cosas que están expuestas a la lesión, se promete que no ocurrirá ningún daño, cuánto más si se trata de las cosas que normalmente no están expuestas a la lesión? A esta conclusión sólo podría llegar con referencia a la protección mientras está en camino a realizar [un acto meritorio]. ¿De dónde, sin embargo, inferimos que incluso en el regreso, no ocurrirá ningún daño? Se dice (Deu. 16, 7).) Y por la mañana te volverás y volverás a tus tiendas. De este pasaje podemos aprender que Tú irás y encontrarás tus tiendas en paz. Ya que incluso al regreso [no encontrará ningún mal], ¿por qué es necesario mencionar [la protección] en el camino para cumplir con el deber religioso? Por lo tanto, debemos decir que esta declaración es necesaria para la referencia a lo que dijo R. Ami: "Todo hombre que tiene tierra tiene el deber de visitar Jerusalén durante las fiestas, pero un hombre que no tiene tierra no necesita visitar Jerusalén durante las fiestas. " R. Abin b. R. Adda dijo en nombre de R. Isaac: "¿Por qué no había fruta de Gennesar en la tierra de Israel? No sea que los que visitan Jerusalén durante las fiestas digan: '¿Habíamos venido aquí simplemente para disfrutar de la fruta de Gennesar? , hubiera sido suficiente. Por lo tanto, su visita no sería una cuestión de deber ". El mismo dijo R. Dastoe b. Janai:" ¿Por qué no se encuentran las aguas termales de Tiberíades en Jerusalén? Por la sencilla razón de que aquellos que visitan Jerusalén durante las fiestas, no deberían decir: "Si no fuera por otra cosa que para bañarnos en las aguas termales de Tiberíades que visitamos Jerusalén, habría sido suficiente". Por lo tanto, su visita a Jerusalén resultaría no ser una cuestión de deber ".

Pesajim, Capítulo 2

(Fol. 22b) Se nos enseña que Simón de Amsuni, y otros dicen, Nehemías de Amsuni, estaba acostumbrado a interpretar cada palabra Eth. Cuando alcanzó el Eth de (Deu. 10, 20) Temerás al Señor, tu Dios, se contuvo (no lo interpretó). "¿Por qué, Rabí", le dijeron sus discípulos, "qué será de esos" Eth's que interpretaste? "A lo que él respondió:" Así como seré recompensado por hacer esas interpretaciones, así seré recompensado por abstenerme de en este caso ". Pero cuando llegó R. Akiba, interpretó:" El Eth [de Temerás al Señor, tu Dios] incluye a los eruditos ".

(Fol. 25) R. Jacob dijo en nombre de R. Jochanan: "Por todos los medios, uno puede curarse a sí mismo excepto por medio del árbol dedicado a la idolatría". ¿A qué caso se refiere? Si asumimos que se refiere a un caso en el que hay miedo al peligro, ¿por qué no curar mediante el árbol dedicado a la idolatría? Pero si se refiere a un caso en el que no hay miedo al peligro, entonces se prohíbe curar a uno por medio de cualquier artículo prohibido. En efecto, sí se refiere a un caso en el que existe temor al peligro, sin embargo está prohibido [curarse] mediante un árbol dedicado a la idolatría. Como se nos enseña en un Baraitha, R. Eliezer dice: "Ya que se dice (Deu. 6, 5) [Amarás a tu Dios] con toda tu alma, por eso se añade. Con toda tu riqueza? Y puesto que se dice: Con todas tus riquezas, ¿para qué se añade también: Con toda tu alma? Esto es para enseñarnos que en caso de que haya un hombre que se ame a sí mismo más que a su riqueza, por él se dice. Con toda tu alma. Y si hay un hombre que ama su riqueza más que a sí mismo, por él se dice. Con toda tu riqueza. Cuando Rabbi vino [de la tierra de Israel] dijo, citando a R. Jochanan: "Uno puede curarse a sí mismo por todos los medios excepto por medio de la idolatría, el adulterio o el asesinato". Con respecto a la idolatría hemos hablado anteriormente, y en cuanto al adulterio y el asesinato, como se nos enseña en el siguiente Baraitha, el Rabino dice: (Deu.22 , 26) Porque como cuando un hombre se levanta contra su prójimo y lo hiere, así es el asunto [de la doncella]. ¿Qué relación tiene el incidente de un asesino con el de la doncella prometida? He aquí, este caso viene [como maestro y resulta ser un aprendiz]. Comparamos la doncella prometida con un asesino, y el asesino con una doncella prometida; es decir, así como a una doncella prometida se le da permiso para matar [a su agresor] en defensa propia, así también se le da permiso para matar a un asesino en defensa propia; y en lo que respecta al asesinato, se dice que si a un hombre se le dice que transgreda la ley o sea asesinado, [mata a otro o de lo contrario serás asesinado], debe aceptar ser asesinado y no transgredir, por lo que también se trata de un prometido. damisela; debería dejarse matar antes que ser violada por un hombre. ¿Y de dónde aprendemos esto acerca del asesinato? Esto es de sentido común, como lo demuestra el incidente del hombre que apareció ante Raba y le dijo: "El gobernador de mi ciudad me ha dicho: '¡Ve y mata a ese hombre, de lo contrario te mataré!'". Raba le dijo: "Deja que te maten, pero tú no debes matar a otros; porque quién te dice que tu sangre es más roja que la suya, tal vez su sangre sea más roja que la tuya".

Pesajim, Capítulo 3

(Fol. 49) Se nos enseña que R. Simon dijo: "A un erudito no se le permite participar de ninguna fiesta que no se sirva como consecuencia de algún deber religioso". ¿A qué tipo de fiesta se refiere esto? R. Jochanan dijo: "Se refiere a una comida que se da en la boda de la hija de un sacerdote que está casada con un israelita, o la hija de un erudito que está casada con un hombre ignorante", porque R. Jochanan dijo: "La alianza de la hija de un sacerdote con un israelita no prosperará ". ¿En qué sentido no prosperará? R. Chisda dijo: "La esposa se convertirá en viuda, en una mujer divorciada o no tendrá hijos". En un Baraitha, se enseñó que o ella o su esposo morirán [antes de la hora habitual], o eso lo afligirá por la pobreza. ¿Es esto así? ¿No ha dicho R. Jochanan: " El que desee hacerse rico, se aliará con los descendientes de Aarón, tanto más la unión de la Torá y el sacerdocio lo hará rico ". Esto no es difícil de explicar. El último caso se trata de un erudito que se alía él mismo con un sacerdote, mientras que el primero trata con un hombre ignorante [que no es la compañía adecuada para un sacerdote]. R. Joshua se casó con una sacerdotisa y se enfermó. Dijo: "¿Es que Aaronita no se contenta con haberme asegurado como un hijo? -in-law y que debería estar relacionado con sus descendientes? "R. Ide b. Abin se casó con una hija de un sacerdote y de ellos surgieron dos hijos que fueron ordenados como rabinos. Eran R. Shesheth, el hijo de R. Ide, y R. Joshua, el hijo de R. Ide. R. Papa dijo: "Si no me hubiera casado con una sacerdotisa, no lo haría. Pero R. Cahana dijo: "

R. Isaac dijo: "Quien participe de una fiesta que no sea servida con ningún propósito religioso, al final, incurrirá en él mismo [el castigo del] exilio; porque se dice (Amós 6, 4).),. . y comerán corderos del rebaño, y becerros de en medio del establo, y lo que sigue inmediatamente. Por tanto, ahora irán al destierro a la cabeza de los desterrados. Nuestros rabinos enseñaron: "Un erudito que se entrega a demasiadas fiestas en cualquier lugar, al final, causará la destrucción de su hogar, hará que su esposa sea como una viuda y sus hijos como huérfanos; olvidará su aprendizaje. , se verá envuelto en varias contiendas, sus palabras serán ignoradas, difamará el nombre del Señor, así como el nombre de su padre y el nombre de su maestro, y causará mala reputación a sí mismo y a sus hijos y nietos por generaciones sin fin ". ¿Qué reputación puede estar implícita? Abaye dijo: "La gente llamará a su hijo, 'el hijo del calentador de la estufa'". R. Huna dijo: "

A nuestros rabinos se les enseñó: "Un hombre siempre venderá todo lo que posee para casarse con la hija de un erudito. Porque incluso si muere o es exiliado, puede estar seguro de que sus hijos también serán eruditos; pero no tome en matrimonio a la hija de un Am Ha'aretz; porque si él muere o es exiliado, sus hijos también serán Amai Ha'aretz ". A nuestros rabinos se les enseñó: "Un hombre siempre venderá todo lo que posee para casarse con la hija de un erudito; y también tratará de casar a su hija con un hombre erudito. Este último acto se compara con racimos de uvas combinados con bayas de una espina, cuya combinación es impropia (Ib. b) e impropia ". A nuestros rabinos se les enseñó: "Un hombre siempre venderá todo lo que posee para casarse con la hija de un sabio. Si no puede encontrar a la hija de un sabio, que se case con la hija de uno de los hombres prominentes de su época. Si no puede encontrar a la hija de un hombre prominente de su época, que se case con la hija de uno de los jefes de la congregación. Si no puede encontrar a la hija de uno de los jefes de la congregación, que se case con la hija de un director de una organización benéfica. Si no puede encontrar a la hija de un gerente de una organización de caridad, entonces déjelo casarse con la hija de un maestro de escuela (maestro); pero no se casará con la hija de au Am Ha'aretz, porque son abominables y sus mujeres, reptiles. Con respecto a sus hijas, el pasaje dice (Si no puede encontrar a la hija de uno de los jefes de la congregación, que se case con la hija de un director de una organización benéfica. Si no puede encontrar a la hija de un gerente de una organización de caridad, entonces déjelo casarse con la hija de un maestro de escuela (maestro); pero no se casará con la hija de au Am Ha'aretz, porque son abominables y sus mujeres, reptiles. Con respecto a sus hijas, el pasaje dice (Si no puede encontrar a la hija de uno de los jefes de la congregación, que se case con la hija de un director de una organización benéfica. Si no puede encontrar a la hija de un gerente de una organización de caridad, entonces déjelo casarse con la hija de un maestro de escuela (maestro); pero no se casará con la hija de au Am Ha'aretz, porque son abominables y sus mujeres, reptiles. Con respecto a sus hijas, el pasaje dice (Deu. 27, 21) Maldito el que se acuesta con cualquier animal. A nuestros rabinos se les enseñó: "Seis cosas se dicen con respecto al Am Ha'aretz: no se le debe confiar ningún testimonio; no se debe aceptar ningún testimonio de él; no se le debe revelar ningún secreto; no se le debe nombrar". administrador sobre la Kuppah; y no será utilizado como escolta en un viaje. Algunos dicen también que no se dará aviso público de su propiedad perdida ". Pero el ex rabino sostiene que puede suceder que tenga buenos hijos, a quienes se aplicaría el pasaje (Job 26, 17). Puede prepararse, pero el justo se vestirá [con ellos].

(Fol. 50) Y sucederá en aquel día que no habrá luz, sino densas nubes y densas tinieblas. (Zacarías 14,6) ¿Qué se entiende por nubes densas y oscuridad espesa? R. Elazar dijo: "Esto significa que la luz, que es de peso (rara) en este mundo, será poco estimada en el mundo venidero". R. Jochanan dice: "Esto se refiere a la parte de Negaim y Ahaloth que son difíciles [de entender y enseñar] en este mundo, pero serán muy fáciles de comprender en el mundo venidero". R. Joshua b. Levi dijo: "Esto se refiere a aquellos hombres que son importantes [importantes simplemente por su riqueza] en este mundo, pero que serán poco estimados en el mundo venidero", como sucedió con R. Joseph, el hijo de R. Joshua B. Levi, quien una vez se enfermó y cayó en trance, y al despertar, su padre le preguntó qué había visto [mientras estaba aparentemente sin vida]: y él respondió: "Vi un mundo al revés; el superior, el de abajo, y los de abajo, los de arriba. "" Hijo mío, "dijo su padre," ¡has visto un mundo bien conducido! Pero, ¿cómo aparecemos allí los eruditos? "" Así como se nos estima aquí, así se nos estima allí ", fue la respuesta de R. Joshua. aprendiendo con él ', y además, escuché decir:' Felices son esos mártires que han sido asesinados por el gobierno [romano]; ninguna criatura puede entrar en su morada. "¿Quiénes son [los mártires]? ¿Debo decir R. Akiba y sus asociados? ¿Se les concedió entonces ese lugar simplemente porque eran mártires y no por otros méritos? No, debemos decir que esto se refiere a los mártires de Lud. Pero, ¿cómo aparecemos allí los eruditos? "" Así como se nos estima aquí, así se nos estima allí ", fue la respuesta de R. Joshua. aprendiendo con él ', y además, escuché decir:' Felices son esos mártires que han sido asesinados por el gobierno [romano]; ninguna criatura puede entrar en su morada. "¿Quiénes son [los mártires]? ¿Debo decir R. Akiba y sus asociados? ¿Se les concedió entonces ese lugar simplemente porque eran mártires y no por otros méritos? No, debemos decir que esto se refiere a los mártires de Lud. Pero, ¿cómo aparecemos allí los eruditos? "" Así como se nos estima aquí, así se nos estima allí ", fue la respuesta de R. Joshua. aprendiendo con él ', y además, escuché decir:' Felices son esos mártires que han sido asesinados por el gobierno [romano]; ninguna criatura puede entrar en su morada. "¿Quiénes son [los mártires]? ¿Debo decir R. Akiba y sus asociados? ¿Se les concedió entonces ese lugar simplemente porque eran mártires y no por otros méritos? No, debemos decir que esto se refiere a los mártires de Lud. 'y además, escuché decir:' Felices son esos mártires que han sido asesinados por el gobierno [romano]; ninguna criatura puede entrar en su morada. "¿Quiénes son [los mártires]? ¿Debo decir R. Akiba y sus asociados? ¿Se les concedió entonces ese lugar simplemente porque eran mártires y no por otros méritos? No, debemos decir que esto se refiere a los mártires de Lud. 'y además, escuché decir:' Felices son esos mártires que han sido asesinados por el gobierno [romano]; ninguna criatura puede entrar en su morada. "¿Quiénes son [los mártires]? ¿Debo decir R. Akiba y sus asociados? ¿Se les concedió entonces ese lugar simplemente porque eran mártires y no por otros méritos? No, debemos decir que esto se refiere a los mártires de Lud.

(Zacarías 14, 9) Y el Señor será rey sobre toda la tierra; en ese día el Señor será (reconocido) Uno, y Su nombre será Uno. ¿No es, pues, Uno hoy? R. Acha b. Janinah dijo: "Este mundo no es como el mundo venidero; en este mundo, cuando se reciben buenas nuevas, un hombre dice: Bendito sea el que es bueno y benéfico y sobre la información de las malas nuevas, dice: Bendito sea Él. , el verdadero Juez. Pero en el mundo venidero, sólo se pronunciará la primera bendición [porque no habrá más malas noticias] ". Su nombre será Uno. ¿Qué significa este pasaje? Entonces, ¿no es Su nombre uno incluso hoy? R. Nachman b. Isaac dijo: "No como este mundo es el mundo venidero; en este mundo Su nombre se escribe Yud, Hay, y se pronuncia Alef, Daleth, mientras que en el mundo venidero se pronunciará como está escrito, con Yud, Hay . " Raba quería dar una conferencia [sobre la explicación del nombre de Dios] desde el púlpito; así que un erudito de alto nivel le advirtió que no lo hiciera, diciendo: "Está escrito (Ex. 3, 14) [Este es mi nombre] Le'olam [por lo tanto, no debes discutirlo abiertamente] ". R. Abina planteó la siguiente contradicción:" Está escrito, Este es mi nombre, Le'olam (to de hidden) , y luego está escrito: Este es mi memorial por todas las generaciones [mostrando que debe leerse sin ocultarlo]; "es decir," así dijo el Santo, ¡bendito sea! No se pronunciará como está escrito Mi nombre: está escrito Yud, Hay, pero se pronuncia Alef Daleth ".

Pesajim, Capítulo 4

(Ib. B) "Quien realiza un trabajo después del tiempo establecido para la oración Minjá el día anterior al sábado, o una fiesta, o antes de la noche siguiente al sábado, o fiesta, o el Día de la Expiación, o en cualquier momento en que haya puede ser la más leve sugerencia de una transgresión, incluso un día de ayuno público, nunca verá una señal de bendición (trabajará sin éxito) ".

Raba señaló los siguientes pasajes contradictorios: "Está escrito (Sal. 108, 5) Porque grande sobre los cielos es Tu bondad, y está escrito (Ib. 57, 11) Porque grande para los Cielos es Tu bondad. ¿Cómo puede ¿Ambas declaraciones son posibles? El primero se refiere a aquellos que cumplen [su deber religioso] por su propio bien, pero el segundo se refiere a aquellos que cumplen [su deber] no por su propio bien, como R. Juda, en el nombre de Rab , dijo; porque R. Juda, en el nombre de Rab, dijo: "Por supuesto que un hombre se ocupe en el estudio de la Torá y en hechos meritorios, aunque no sea por su propio bien; porque a través del trabajo de un propósito egoísta, eventualmente llegará [a observarlo] por sí mismo ".

A nuestros rabinos se les enseñó: "Quien dependa de las ganancias de su esposa o del producto de un molino manual, nunca percibirá la señal de bendición". Las ganancias de su esposa, se refiere a un caso en el que ella anda con un par de balanzas para alquilar su uso, y en cuanto al molino de mano, solo se entiende si lo alquila a otros; pero si él mismo se dedica al uso del molino manual, o si su esposa realmente se dedica a los negocios, puede que incluso se sienta orgulloso de ella; porque se dice (Prov.31, 24) Túnicas finas las hace y vende. A nuestros rabinos se les enseñó: "Quien se dedique al producto de las cañas o cántaros [de barro], nunca percibirá una señal de bendición porque ese negocio ocupa mucho espacio [que produce pequeñas ganancias]". A nuestros rabinos se les enseñó: "Los comerciantes del mercado y los que crían pequeñas existencias de ganado y los que cortan árboles frutales [para obtener madera]; también los que [al dividir algo con otros] buscan la mejor parte, nunca percibirán un signo de bendición, porque la gente los mira con mala voluntad ". A nuestros rabinos se les enseñó: "Cuatro tipos de dinero nunca gozan de un signo de bendición: el salario de los escribas; el salario de Methurgemanin; el dinero de los huérfanos [invertido a la mitad de las ganancias entre el albacea y los huérfanos] y las ganancias del tráfico transoceánico. " Se entiende muy bien en el caso de las ganancias de un Methurgeman, porque parece cobrar un salario por el trabajo del sábado; también es claro con respecto al dinero que se obtiene de los huérfanos, porque no pueden perdonar si alguien les hace daño; y también en el caso de las ganancias del tráfico transoceánico, porque los milagros no ocurren todos los días [para cruzar el mar con seguridad]. Pero en cuanto al salario de los escribas, ¿cuál es la razón? R. Joshua b. Levi dijo: "Los hombres de la Gran Sinagoga observaron veinticuatro ayunos para que los escribas de los pergaminos, Tefilin y Mezuzoth no se hicieran ricos, no fuera que, si se hicieran ricos, tuvieran la tentación de no escribir más. . " A nuestros rabinos se les enseñó: "Los escribas que escriben pergaminos, Tephillin y Mezuzoth, ya sean los que comercian con ellos o los que los venden al pueblo,

Los habitantes de Baishan, por regla general, no viajaban de Tiro a Sidón en la víspera del sábado. Sus descendientes vinieron a R. Jochanan y dijeron: "Nuestros padres podían permitirse el lujo de evitar los mercados y pudieron existir sin ellos, pero nosotros no podemos. ¿Vamos entonces la víspera del sábado?" "Vuestros antepasados", respondió R. Jochanan, "se habían comprometido durante mucho tiempo a no hacer esto. No podéis hacer de otra manera, porque está dicho (Pr. 1, 8) Escucha, hijo mío, la instrucción de tu padre".

(Fol. 53) Se nos enseña que Rabban Simon b. Gamaliel dice: "La presencia de quejigos indica tierra montañosa; la presencia de palmeras indica valles; la presencia de juncos indica ríos, y la presencia de sicomoros indica tierras bajas", y aunque no hay pruebas [bíblicas] directas para esta teoría, hay una alusión sugerida a ella, porque se dice (I Reyes 10, 27) Y el rey transformó la plata en Jerusalén como piedras, y los cedros como sicómoros que abundan en las tierras bajas. "La presencia de quejigos, indica tierra montañosa, y las palmeras indican valles. Prácticamente, la distinción se relaciona para traer Bikurim, porque se nos enseña [en una Mishná] que Bikurim debe traerse solo de los siete tipos de cultivos o frutas, pero no de las palmeras que crecen en la tierra montañosa ni de la fruta que crece en el valles. La presencia de juncos indica ríos. Esta distinción puede tener relación con el Nachal Eithan. La presencia de sicomoros indica tierras bajas. Esta distinción puede tener una relación práctica en las transacciones comerciales. Ya que hemos encontrado la última razón,también podemos decir que todas las indicaciones anteriores tendrán una influencia distintiva en las transacciones comerciales.

(Ib. B) R. José dijo: "Tudus de Roma instituyó la costumbre entre los habitantes romanos [judíos] de comer un G'di M'Kullas en la noche de Pascua. Así que los sabios le enviaron el siguiente mensaje: Tudus, te habrían puesto bajo proscripción porque hiciste que Israel comiera carne consagrada fuera de Jerusalén. "'¿Cómo pueden decir carne consagrada? Más bien diga, "similar a la carne consagrada". La siguiente pregunta fue presentada por los miembros de la academia: "¿Era Tudus de Roma realmente un gran hombre o era simplemente un hombre de influencia [y por esa razón los sabios tenían miedo de ponerlo bajo una proscripción]?" ¡Ven, escucha! Se nos enseña: Y nuevamente, Tudus el Romano expuso: "Lo que justificó a Jananyah, Misha'el y Azar ' yah en sufrir ellos mismos para ser arrojados al horno de fuego? [Ya que está escrito en la Torá, y él vivirá por ella, (la Torá), y no morirá por ella.] Ellos sacaron su Justificación ", dijo él," a través de a fortiori ". Si con respecto a las ranas, que fueron de ninguna manera obligado de igual manera a santificar el nombre de Dios, está escrito (Ex. 7, 28Subirán y entrarán en tu casa, en tu dormitorio, en tu cama, en la casa de tu siervo, en medio de tu pueblo, en tus hornos y en tu masa de amasar; (¿Cuándo se encuentra la masa para amasar en los hornos? ¡Seguramente cuando esté caliente!) Y dado que las ranas no se preocuparon por sus vidas sino que entraron en hornos calientes, ¿cuánto más nosotros (Chanauyah, Misha'el y Azar'yah) que están sujetos al deber y se les ordena santificar el nombre de Dios, ¡hagan tal cosa! "[De ahí inferimos que Tudus de Roma era realmente un gran hombre.] R. José dijo:" La razón por la que los sabios respetaban a Tudus era que él arrojó las ganancias de las mercancías en el bolsillo de los eruditos [para que pudieran ganarse la vida por sí mismos]; porque R. Jochanan dijo: 'Ecc. 7, 12) Porque bajo la sombra de la sabiduría está el que está bajo la sombra del dinero '. "

Ulla iba montado en un burro y estaba acompañado por R. Abba caminando a su derecha y Rabba bb Chana a su izquierda. Dijo R. Abba a Ulla: "¿Es realmente cierto que dijiste en nombre de R. Jochanan, que 'No se pronunciará ninguna bendición sobre el fuego en ningún momento, excepto sólo en la noche siguiente al sábado, por la razón de que el fuego fue luego primero creado? ' "Ulla se dio la vuelta y miró a Rabba bb Chana con disgusto. Este último le dijo a R. Abba: "No lo dije en relación con lo anterior, sino en relación con lo siguiente: Un discípulo enseñó en presencia de R. Jochanan que R. Simon b. Elazar dice: 'Cuando el día de la Expiación cae en sábado [dicen la bendición] incluso en aquellos lugares donde, por regla general, no encienden velas en Yom Kippur;Pr. 20, 5) (Fol. 54) Como agua profunda es el consejo en el corazón del hombre; pero el hombre de entendimiento lo extraerá: es decir, "como agua profunda es un consejo en el corazón del hombre, se refiere a Ulla [quien, aunque sabía que estaba mal, no dijo nada, sino que simplemente miró a Rabba bb Chana]; pero el hombre de entendimiento lo sacará, se refiere a Rabba bb Chana [quien inmediatamente entendió la mirada de Ulla y corrigió la tradición]. Pero Ulla y Rabba, quienes parecen estar en desacuerdo con R. Abahu [con respecto a la bendición pronunciada sobre el fuego], están de acuerdo con R. Benjamin, quien declaró en nombre de R. Jochanan, que la bendición sobre el fuego debería recitarse al final del día de reposo y del Día de la Expiación, y esta es la costumbre predominante.

Entonces, ¿fue creada la luz durante la noche siguiente al sábado? ¿No nos han enseñado ?: Diez cosas fueron creadas en el crepúsculo de la víspera del primer sábado. Ellos son: El pozo [que acompañó a Israel en el desierto], el maná, el arco iris, las letras del alfabeto, el estilo, las Tablas [de la Ley], la tumba de Moisés, la cueva en la que estaban Moisés y Elías. , la abertura de la boca del asno de Balaam, la abertura de la tierra que tragó a los malvados. R. Nehemia dice en la autoridad de su padre, "También el fuego y la mula [de Balaam] [fueron creados]". R. Yashia, o la autoridad de su padre, dice: "También el carnero que Abraham ofreció en lugar de Isaac, y el Shamier [fueron creados]". R. Juda dice: "También se crearon un par de tenazas". El mismo dijo: " Las tenazas se hicieron con la ayuda de otras tenazas. Pero, ¿quién hizo el primer par? ¿No fue una creación divina? ". Entonces los sabios le dijeron:" Es posible formar un par de tenazas en un molde sin la ayuda de otro. Por lo tanto, podría haber sido hecho por el hombre ". Sin embargo, se menciona aquí que R. Nehemia dice que" el fuego también "[estaba entre las cosas que fueron creadas antes del primer sábado; por lo tanto, contradice la Mishná que dice que fue creado sólo en la noche siguiente al sábado]. Esto no es difícil de explicar: uno trata del fuego ordinario mientras que el otro trata del fuego del Gehena. El fuego ordinario se creó de hecho sólo en la noche siguiente al sábado, pero el fuego de Gehena se creó durante el crepúsculo de la víspera del sábado. Pero, ¿quién hizo el primer par? ¿No fue una creación divina? ". Entonces los sabios le dijeron:" Es posible formar un par de tenazas en un molde sin la ayuda de otro. Por lo tanto, podría haber sido hecho por el hombre ". Sin embargo, se menciona aquí que R. Nehemia dice que" el fuego también "[estaba entre las cosas que fueron creadas antes del primer sábado; por lo tanto, contradice la Mishná que dice que fue creado sólo en la noche siguiente al sábado]. Esto no es difícil de explicar: uno trata del fuego ordinario mientras que el otro trata del fuego del Gehena. El fuego ordinario se creó de hecho sólo en la noche siguiente al sábado, pero el fuego de Gehena se creó durante el crepúsculo de la víspera del sábado. Pero, ¿quién hizo el primer par? ¿No fue una creación divina? ". Entonces los sabios le dijeron:" Es posible formar un par de tenazas en un molde sin la ayuda de otro. Por lo tanto, podría haber sido hecho por el hombre ". Sin embargo, se menciona aquí que R. Nehemia dice que" el fuego también "[estaba entre las cosas que fueron creadas antes del primer sábado; por lo tanto, contradice la Mishná que dice que fue creado sólo en la noche siguiente al sábado]. Esto no es difícil de explicar: uno trata del fuego ordinario mientras que el otro trata del fuego del Gehena. El fuego ordinario se creó de hecho sólo en la noche siguiente al sábado, pero el fuego de Gehena se creó durante el crepúsculo de la víspera del sábado. Es posible formar un par de pinzas en un molde sin la ayuda de otro. Por lo tanto, podría haber sido hecho por el hombre ". Sin embargo, se menciona aquí que R. Nehemia dice que" el fuego también "[estaba entre las cosas que fueron creadas antes del primer sábado; por lo tanto, contradice la Mishná que dice que fue creado sólo en la noche siguiente al sábado]. Esto no es difícil de explicar: uno trata del fuego ordinario mientras que el otro trata del fuego del Gehena. El fuego ordinario se creó de hecho sólo en la noche siguiente al sábado, pero el fuego de Gehena se creó durante el crepúsculo de la víspera del sábado. Es posible formar un par de pinzas en un molde sin la ayuda de otro. Por lo tanto, podría haber sido hecho por el hombre ". Sin embargo, se menciona aquí que R. Nehemia dice que" el fuego también "[estaba entre las cosas que fueron creadas antes del primer sábado; por lo tanto, contradice la Mishná que dice que fue creado sólo en la noche siguiente al sábado]. Esto no es difícil de explicar: uno trata del fuego ordinario mientras que el otro trata del fuego del Gehena. El fuego ordinario se creó de hecho sólo en la noche siguiente al sábado, pero el fuego de Gehena se creó durante el crepúsculo de la víspera del sábado. contradice la Mishná que dice que fue creado sólo en la noche siguiente al sábado]. Esto no es difícil de explicar: uno trata del fuego ordinario mientras que el otro trata del fuego del Gehena. De hecho, el fuego ordinario se creó solo en la noche siguiente al sábado, pero el fuego del Gehena se creó durante el crepúsculo de la víspera del sábado. contradice la Mishná que dice que fue creado sólo en la noche siguiente al sábado]. Esto no es difícil de explicar: uno trata del fuego ordinario mientras que el otro trata del fuego del Gehena. De hecho, el fuego ordinario se creó solo en la noche siguiente al sábado, pero el fuego del Gehena se creó durante el crepúsculo de la víspera del sábado.

Entonces, ¿se creó realmente el fuego del Gehena en la víspera del sábado? ¿No se nos ha enseñado en un Baraitha: "Siete cosas precedieron a la creación del mundo; son: la Torá, el Arrepentimiento, el Paraíso, la Gehena, el Trono de la Divina Majestad, el Templo, el nombre del Mesías. Que la Torá [fue creado antes de la creación] [inferimos] del siguiente pasaje: (Pr. 8, 22) El Señor me hizo el principio de Su camino. En cuanto al Arrepentimiento, está escrito (Sal. 90, 2) Antes aún, las montañas eran engendrado, etc., y después de que está escrito "Vuelves al hombre a la contrición, y dices:" Vuélvanse hijos de los hombres ". En cuanto al Paraíso, está escrito (Génesis 2, 8) Y el Señor Dios plantó un jardín en Edén (Mikedem) hacia el este. En cuanto al Gehena, está escrito (Is.30, 33) Porque ya desde hace mucho tiempo Tapeth está listo. En cuanto al Trono de la Divina Majestad y el Templo, está escrito (Jer. 17, 12) Un Trono de gloria, exaltado desde el principio de los tiempos, es el lugar de nuestro Santuario. Y en cuanto al nombre del Mesías, está escrito (Pr. 72, 17) En la presencia del sol, su nombre florecerá ". nuestro primer Baraitha que fue creado en la víspera del sábado] Te diré: No hay contradicción, la formación de su interior fue creada antes de la creación del mundo, pero su fuego fue creado en la víspera del sábado.

Entonces nuevamente [preguntemos], ¿fue entonces creado su fuego en la víspera del sábado? He aquí, se nos enseña que R. José dice: "El fuego que el Santo, ¡alabado sea! Creado en el segundo día de la creación, nunca se apagará, porque está dicho (Is. 66, 24). adelante, y mira los cadáveres de los hombres que se han rebelado contra mí; porque su gusano no morirá ni su fuego se apagará. Y R. Bana'ah, el hijo de R. Ulla. dijo: "¿Por qué no fue Dijo Ki tob (que era bueno) para el segundo día de la creación? Porque en el segundo día de la creación se creó el fuego de Gehena al que no se puede aplicar el término 'bueno'; "y R. El'azar dijo:" Aunque 'Ki tob' no se dijo en el segundo día de la creación, todavía Dios lo incluyó en el sexto día de la creación;) Y Dios vio todo lo que había hecho, y he aquí que era muy bueno. [De ahí vemos que el fuego del Gehena fue creado el segundo día y no la víspera del sábado, como se dijo antes]. Por lo tanto, debemos decir así: La formación de su interior fue creada antes de la creación del mundo, pero su fuego fue creado el segundo día de la creación; Dios pensó por primera vez en el fuego ordinario [como una necesidad para el mundo] en la víspera del sábado, pero no fue creado hasta la noche siguiente al sábado. Como se nos ha enseñado en un Baraitha, R. José dice: "Había dos cosas que Dios pensó primero en crear en la víspera del sábado, pero que no fueron creadas hasta la noche siguiente al sábado, cuando el Santo, alabó ¡Sea Él! Inspiró a Adán, el primer hombre, con una sabiduría que se le asemejaba a Él arriba, y él [Adán] trajo dos piedras y las golpeó una contra la otra, produciendo así fuego; y la segunda cosa [pensó en crear] fue la mula ".

A nuestros rabinos se les enseñó: Diez cosas fueron creadas durante el crepúsculo de la víspera del [primer] sábado. Y eran: el pozo [que siguió a Israel en el desierto], el maná, el arco iris, las letras del alfabeto, el estilete, las tablas del pacto, la tumba de Moisés, la cueva en la que estaban Moisés y Elías, la apertura de la boca del asno [de Balaam], la apertura de la tierra para tragar a los malvados (Coré y su camarilla). Algunos dicen también la vara de Aarón con sus capullos y flores. Y, según otros, también demonios; otros añaden (Ib. b), las vestiduras de Adán.

A nuestros rabinos se les enseñó: Siete cosas están ocultas a los hombres: el día de la muerte; el día de la consolación; la profundidad del juicio Divino; [un hombre no debe saber] de qué ocupación puede ganarse la vida y qué hay en el corazón de su prójimo; cuando el reino de David sea restaurado a su lugar; y cuando caiga el reino de Persia.

A nuestros rabinos se les enseñó: Tres cosas que Dios pensó en crear por primera vez, seguramente vendrían más tarde, incluso si no hubiera pensado en ellas al principio: Los muertos deberían desprender un hedor; los muertos deben ser olvidados; y los productos deberían descomponerse. Otros dicen también la moneda como medio monetario.

(Fol. 56) A nuestros rabinos se les enseñó: Ezequías, el rey, hizo seis cosas; en tres los sabios estaban de acuerdo con él, y en los otros tres los sabios no. Arrastró los huesos de su padre (Acaz) sobre una litera de cuerdas, y los sabios estuvieron de acuerdo con él. Aplastó a la serpiente de bronce y los sabios estuvieron de acuerdo con él. Escondió el libro de medicina y los sabios estuvieron de acuerdo con él. Despojó las puertas del templo y envió el oro del mismo al rey de Asiria, y los sabios no estuvieron de acuerdo con él. Detuvo la salida superior del río Gichon, y los sabios no estaban de acuerdo con él. Intercalaba el mes de Nisan [cometiendo un error al explicar su ley] y los sabios no estaban de acuerdo con él.

A nuestros rabinos se les enseñó: ¿Cómo recitaba la gente de Jericó la Sh'm'a? Ellos recitaron, Oye, Israel, el Señor tu Dios es un solo Dios (Dt. 6, 4) pero no se detuvieron (al final del versículo). Esta es la opinión de R. Meier. R. Juda dice: "Hicieron una pausa [entre los dos versículos], pero no insertaron [entre Sh'm'a (Escucha, oh Israel) y el siguiente versículo] la bendición. Bendito sea Su nombre, cuyo glorioso reino es por los siglos de los siglos ". ¿Y por qué agregamos esto a la Sh'm'a? Como R. Simon b. Lakish lo explicó, para R. Simon b. Lakish dijo: "Está escrito (Génesis 49, 1) Y Jacob llamó a sus hijos y dijo, etc .; es decir, Jacob quiso revelar todo lo que les sucedería en los últimos días, pero la Shejiná se apartó de él y comenzó a temer, diciendo: 'Quizás, Dios no lo quiera, mis hijos tienen un defecto como fue el caso de mi abuelo, Abraham, de quien salió Ismael, y como Isaac, mi padre, de quien salió Esaú. Entonces sus hijos le dijeron. Oye, Israel, el Señor nuestro Dios es un solo Dios, es decir, "Padre, así como en tu corazón hay un solo Dios, así en nuestros corazones hay un solo Dios". Entonces Jacob, nuestro padre, pronunció: Bendito sea su nombre, cuyo reino glorioso es por los siglos de los siglos. "Entonces los rabinos argumentaron, ¿cuál debería ser la forma hoy en día? Decir el segundo versículo, nos pondría en desacuerdo con Moisés, nuestro maestro, que no lo dijo; por no decir que sería ignorar a Jacob, quien dijo el versículo. Por lo tanto, ordenaron que lo dijéramos como lo hizo Jacob, pero de manera inaudible [por respeto a Moisés]. R. Abahu dijo: "En Usha se ordenó que el verso anterior se dijera en voz alta para que los saduceos no se quejen de que decimos una oración separada; pero en Nehardea, donde no había saduceos, incluso hasta este día el versículo anterior se dice inaudiblemente ".

(Fol. 57) Se enseña que Abba Saúl dice: "Había sicómoros en Jericó que los sacerdotes se apropiaron a la fuerza para su propio uso, por lo que los propietarios los consagraron para el uso del Templo". Con respecto a tales sacerdotes, Abba Saul b. Batnith, en el nombre de Abba Joseph b. Khanin, dijo: "(¡Ay, por la casa de Baythus! ¡Ay, por sus garrotes! ¡Ay, por la casa de Khanin! ¡Ay, por sus susurros! ¡Ay, por la casa de Kathrus! ¡Ay, por sus plumas! para la casa de Ismael b. Phiabi! ¡Ay, para sus primeros! Porque todos eran sumos sacerdotes, sus hijos eran los tesoreros, sus yernos eran los chambelanes, y sus sirvientes golpeaban al pueblo con bastones ".

A nuestros rabinos se les enseñó: Cuatro gritos [depresivos] pronunció el patio del templo: Primero, "Salid de aquí, hijos de Elí, que habéis profanado el templo de Dios". El segundo grito que pronunció el tribunal del templo: "Sal de aquí Isacar, el hombre de la aldea de Barkai, que se honra a sí mismo pero profanó la santidad de Dios". ¿Qué hizo él? Solía envolver sus manos con seda y realizar el Servicio Divino. Nuevamente, el atrio del templo gritó: "Levantad la cabeza, oh puertas, y dejad que Ismael b. Piachi, discípulo de Phineas, entre y sirva como sumo sacerdote". Otro grito que pronunció el atrio del templo: "Levantad la cabeza, oh puertas, y dejad entrar a Jochanan, el hijo de Narbai, el discípulo de Phinkai, y que llene su estómago con la comida sacerdotal de Dios". Se relata de Jochanan, hijo de Narbai, que consumiría trescientos becerros en su comida, bebería trescientos tinajas de vino y devoraría cuarenta Se'ahs de pichones como postre para su comida. Se relató que nunca durante la vida de Jochanan, el hijo de Narbai, quedó parte alguna [de la carne sacerdotal]. ¿Cuál fue el final de Isacar, el de la aldea de Barkai? Se cuenta que en un momento el rey y la reina tuvieron una disputa sobre qué carne era mejor; el rey dijo que la carne de un cabrito es mejor y la reina dijo que la carne de una oveja. Así que se sugirió que el Sumo Sacerdote debería tomar una decisión, quien debería saberlo debido a los sacrificios [de todo tipo] que se hacen todos los días. Entonces apareció ante ellos. "Si un cabrito fuera el mejor", dijo, agitando la mano, "se usaría para los sacrificios diarios, [y no para los corderos que se usarán]. "Entonces el rey dijo:" Porque no mostró respeto por el trono [al agitar su mano con tanta libertad], su mano derecha será cortada. "Isaachar, habiendo sobornado al verdugo, le quitaron la mano izquierda, en cambio. Cuando el rey se dio cuenta de esto, ordenó que se cortara también la mano derecha [así Isacar perdió ambas manos]. "Bendito sea el Señor", comentó R. Joseph, "quien hizo que Isacar, el hombre de la aldea de Barkai, recibiera su debida recompensa en este mundo ". R. Ashi dijo:" Isacar, el de la aldea de Barkai, nunca aprendió nuestra Mishná, porque se nos enseña que R. Simon dice: 'Los sacrificios de corderos son siempre preferibles a otros sacrificios de niños'. Se podría decir porque la carne de cordero es mejor; por lo tanto, después de que se menciona la ofrenda del cabrito, se agrega (Porque no mostró respeto por el trono [al agitar su mano con tanta libertad] su mano derecha será cortada. "Isaachar, habiendo sobornado al verdugo, en su lugar le fue quitada la mano izquierda. Cuando el rey se dio cuenta de esto, él ordenó que se cortara también la mano derecha [por lo que Isacar perdió ambas manos]. "Bendito sea el Señor", comentó R. Joseph, "quien hizo que Isacar, el hombre de la aldea de Barkai, recibiera su debida recompensa en este mundo. "R. Ashi dijo:" Isacar, el de la aldea de Barkai, nunca aprendió nuestra Mishná, porque nos enseñan que R. Simon dice: 'Los sacrificios de corderos son siempre preferibles a otros sacrificios de niños'. Se podría decir porque la carne de cordero es mejor; por lo tanto, después de que se menciona la ofrenda del cabrito, se agrega (Porque no mostró respeto por el trono [al agitar su mano con tanta libertad] su mano derecha será cortada. "Isaachar, habiendo sobornado al verdugo, en su lugar le fue quitada la mano izquierda. Cuando el rey se dio cuenta de esto, él ordenó que se cortara también la mano derecha [por lo que Isacar perdió ambas manos]. "Bendito sea el Señor", comentó R. Joseph, "quien hizo que Isacar, el hombre de la aldea de Barkai, recibiera su debida recompensa en este mundo. "R. Ashi dijo:" Isacar, el de la aldea de Barkai, nunca aprendió nuestra Mishná, porque nos enseñan que R. Simon dice: 'Los sacrificios de corderos son siempre preferibles a otros sacrificios de niños'. Se podría decir porque la carne de cordero es mejor; por lo tanto, después de que se menciona la ofrenda del cabrito, se agrega ("A Isacar, habiendo sobornado al verdugo, le quitaron la mano izquierda. Cuando el rey se dio cuenta de esto, ordenó que se cortara también la mano derecha [así Isacar perdió ambas manos]." Bendito sea el Señor ". comentó R. Joseph, "quien hizo que Isacar, el hombre de la aldea de Barkai, recibiera su debida recompensa en este mundo". R. Ashi dijo: "Isacar, el de la aldea de Barkai, nunca aprendió nuestra Mishná, porque se nos enseña que R. Simon dice: "Los sacrificios de corderos son siempre preferibles a otros sacrificios de niños". Se podría decir porque la carne de cordero es mejor; por lo tanto, después de que se menciona la ofrenda del cabrito, se agrega ("A Isacar, habiendo sobornado al verdugo, le quitaron la mano izquierda. Cuando el rey se dio cuenta de esto, ordenó que se cortara también la mano derecha [así Isacar perdió ambas manos]." Bendito sea el Señor ". comentó R. Joseph, "quien hizo que Isacar, el hombre de la aldea de Barkai, recibiera su debida recompensa en este mundo". R. Ashi dijo: "Isacar, el de la aldea de Barkai, nunca aprendió nuestra Mishná, porque se nos enseña que R. Simon dice: "Los sacrificios de corderos son siempre preferibles a otros sacrificios de niños". Se podría decir porque la carne de cordero es mejor; por lo tanto, después de que se menciona la ofrenda del cabrito, se agrega (ordenó que también se cortara la mano derecha [así Isacar perdió ambas manos]. "Bendito sea el Señor", comentó R. Joseph, "que hizo que Isacar, el hombre de la aldea de Barkai, recibiera su debida recompensa en este mundo". R. Ashi dijo: "Isacar, el de la aldea de Barkai, nunca aprendió nuestra Mishná, porque nos enseñan que R. Simon dice: 'Los sacrificios de corderos son siempre preferibles a otros sacrificios de niños'. Se podría decir porque la carne de cordero es mejor; por lo tanto, después de que se menciona la ofrenda de cabrito, se agrega (ordenó que también se cortara la mano derecha [así Isacar perdió ambas manos]. "Bendito sea el Señor", comentó R. Joseph, "que hizo que Isacar, el hombre de la aldea de Barkai, recibiera su debida recompensa en este mundo". R. Ashi dijo: "Isacar, el de la aldea de Barkai, nunca aprendió nuestra Mishná, porque nos enseñan que R. Simon dice: 'Los sacrificios de corderos son siempre preferibles a otros sacrificios de niños'. Se podría decir porque la carne de cordero es mejor; por lo tanto, después de que se menciona la ofrenda de cabrito, se agrega (Los sacrificios de corderos son siempre preferibles a otros sacrificios de niños ". Se podría decir porque la carne de cordero es mejor; por lo tanto, después de que se menciona la ofrenda del cabrito, se agrega (Los sacrificios de corderos son siempre preferibles a otros sacrificios de niños ". Se podría decir porque la carne de cordero es mejor; por lo tanto, después de que se menciona la ofrenda del cabrito, se agrega (Lev. 4, 33) Y si un cordero, etc. De esto inferimos que son iguales en sabor. "Rabina dijo:" Ni siquiera leyó la Escritura, donde está escrito (Ib. 3, 2) Si una oveja o un cabrito es su ofrenda, es decir, si quiere traer un cordero, puede hacerlo; y si quiere traer un niño, puede hacerlo ".

Pesajim, Capítulo 5

(Fol. 62 b) R. Simlai se presentó ante R. Jochanan y le dijo: "Enséñame el Libro de los Registros (Crónicas)". "¿De dónde eres?" preguntó R. Jochanan. "De Lydia", respondió. "¿Y dónde resides?" Resido en Nechardea ". Entonces R. Jochanan le dijo:" Está prohibido enseñar a los habitantes de Lydia o Nehardea el contenido del Libro de las Crónicas, y mucho más a ti que es nativo de Lydia y reside en Nehardea ". R. Simlai, sin embargo, obligó a R. Jochanan a darle la instrucción." Deseo que el maestro me enseñe todos los contenidos en tres meses ", dijo R. Simlai A lo que R. Jochanan respondió: "¡Mirad! Si Beruria, la esposa de R. Meier, la hija de R. Chanan b. Teradion, que pudo aprender trescientas tradiciones (de la ley) en un día de invierno de trescientos grandes hombres, fue incapaz de dominar el contenido del Libro de Crónicas después de haberlo estudiado durante tres años, ¿cómo podrías pedirme que se lo enseñe todo a te en tres meses? "R. Jochanan luego tomó un terrón de tierra y se lo arrojó. Mientras R. Simlai huía, dijo:" Rabí, ¿puede explicarme cuál es la diferencia entre el que mata al cordero pascual para su propósito real? , y el que lo mata no por su propósito real [sobre el cual la Mishná declara que este último acto es inválido]; ¿y entre el que sacrifica el cordero pascual por los que participarán de él y el que lo sacrifica por los que no pueden participar de él [ambos de los cuales la Mishná declara que son válidos]? "" ¡Entonces! Entonces eres un joven erudito ", comentó R. Jochanan. "Ven y te enseñaré." Rami b. Abin, en el nombre de Rab, dijo: "Desde el día en que el Libro de la Genealogía fue olvidado, el poder de los sabios disminuyó y la luz de sus ojos se volvió tenue; porque el maestro dijo entre los pasajes (Yo Chr. 8, 38) Desde un Azel hasta el otro Azel, los sabios tenían cuatrocientos camellos llenos de investigaciones críticas ".

(Fol.64) Mishná: El sacrificio de la Pascua fue sacrificado por tres divisiones sucesivas de hombres, como se dice (Ex.12, 6) Y entonces toda la asamblea de la congregación de Israel lo masacrará hacia la tarde. Asamblea, Congregación e Israel, [cada uno representa una división]. La primera división entró y llenó el atrio del templo, se cerraron las puertas [del atrio del templo] y se hicieron sonar [los toques del Shofar] Tequías, Terua y Tequías. Luego, los sacerdotes se alinearon, cada sacerdote sosteniendo en su mano un cuenco de plata [en el que recibir la sangre del sacrificio] o un cuenco de oro. La línea que contenía cuencos de plata solo tenía plata y la línea que contenía cuencos de oro solo tenía oro; no se les permitió mezclarse. Estos tazones no tenían soportes en el fondo, no sea que [los sacerdotes] los coloquen [mientras estén llenos de sangre] y la sangre se congele. Un israelita realizó la matanza, el sacerdote recibió la sangre y se la dio a su colega [el sacerdote], quien a su vez se la pasó a su colega, recibiendo cada uno el cuenco lleno y devolviendo el vacío [cuyo contenido ya había sido rociado]. El sacerdote más cercano al altar hizo un rociado continuo [frente a la base del altar]. La primera división se fue y entró la segunda; cuando salió la segunda división, entró la tercera; de la misma manera que la primera división, también lo hicieron la segunda y la tercera. Se recitó el Hallel [mientras se realizaban los sacrificios]; si habían terminado [el Hallel antes de que se completara la ceremonia], comenzaban a recitarlo de nuevo. Incluso podrían decirlo por tercera vez. Sin embargo, nunca sucedió [que la obra debería durar] por la duración de tres recitaciones. R. Juda dijo: "PD. 116), porque la tercera sección tenía pocos en número [y la realizaron tranquilamente] ".

(Ib. B) A nuestros rabinos se les enseñó: Nunca sucedió que un hombre fuera aplastado en el patio del templo, excepto en una Pascua, en los días de Hillel, cuando un anciano fue aplastado hasta la muerte. La gente lo llamó Pesaj Me'ucha (la Pascua de los Trituradores). A nuestros rabinos se les enseñó: Una vez el rey Agripa, ansioso por determinar el número de la población masculina de Israel, instruyó al sumo sacerdote para que pusiera un ojo vigilante sobre los corderos pascuales y tomara nota con precisión. Así que tomó un riñón de todos y cada uno, y se encontró que había sesenta miríadas de parejas [lo que indica] el doble de los que salieron de Egipto, sin contar los que eran inmundos por levitación y los que estaban viajando. ; y no hubo ni un solo cordero pascual o. cuando se contaron menos de diez [de modo que el número representó más de seiscientas miríadas de hombres]. Y fue llamado por la gente Pesaj Meubin (la Pascua concurrida) debido a su gran población.

Pesajim, Capítulo 6

(Fol. 66) A nuestros rabinos se les enseñó: La siguiente Halajá (ley) se escapó de la memoria de los hijos de Bathyra. Una vez sucedió que el catorce [de Nisan] cayó en sábado y no sabían si el sacrificio de la Pascua reemplaza al sábado o no. Apelaron a los sabios, diciendo: "¿Hay algún hombre que conozca [la ley], si el sacrificio de la Pascua reemplaza al sábado o no?" Y se les dijo que había un hombre que había llegado recientemente de Babilonia cuyo nombre era Hilel, el babilónico, que había servido (en la academia de) los dos hombres más importantes de esa generación, a saber, Shemaya y Abitalión, y que debería saber si el sacrificio de la Pascua reemplaza al sábado o no. Entonces lo llamaron y le preguntaron: "¿Tienes algún conocimiento de si la ofrenda de la Pascua reemplaza al sábado o no?" Él respondió: "¿Tenemos, pues, un solo sacrificio pascual durante el año que reemplaza al sábado? ¡He aquí, hay más de doscientos sacrificios pascuales que reemplazan al sábado!" Entonces le preguntaron: "¿De dónde infieres esto?" Entonces les dijo: "Se dice (Num. 9, 3) B'mo'ado (en su tiempo señalado) en la ofrenda de la Pascua, y se dice '(Ib. 28, 2) B'mo'ado en la ofrenda perpetua diaria; es decir, así como el B'mo'ado que se dice en la ofrenda diaria perpetua pretende significar que reemplaza al sábado, así también el B'mo'ado de la ofrenda pascual tiene la intención de significar que reemplaza al sábado. Aparte de esto, esa decisión también puede derivarse de la regla a fortiori; Si la ofrenda diaria perpetua, por cuya negligencia no hay castigo de Karath, reemplaza al sábado, ¿cuánto más entonces el sacrificio de Pascua, por cuya negligencia existe el castigo de Karath, reemplazará al sábado? él como su cabeza (jefe), después de lo cual se sentó y dio una conferencia durante todo el día sobre las Halajás relativas a la Pascua. Posteriormente comenzó a reprocharles (a los hijos de Batyra) con palabras, diciéndoles: "¿Qué razón tienes para hacerme, que vengo de Babilonia, tu Nasi (príncipe)? Sólo tu ociosidad en no aprovechar para servir a los dos ¡Grandes hombres de tu generación, Sh'maya y Abitalyon! " Luego le hicieron otra pregunta, a saber: "¿Cuál es la ley si un hombre se ha olvidado de traer el cuchillo de matar el viernes, puede traerlo el sábado?" Hilel les dijo: "He oído esta Halajá, pero la he olvidado. Dejad esto, sin embargo, a los propios israelitas, porque aunque no son profetas, son descendientes de profetas [y evidentemente sabrán qué hacer]. " Al día siguiente, cualquiera que trajera sus ovejas para la ofrenda pascual, tenía el cuchillo clavado en la lana, y el que tenía un cabrito como ofrenda pascual, metía el cuchillo entre los cuernos. Tan pronto como Hillel notó esto, recordó la Halajá y dijo: "Esa es la tradición que tengo de la boca de Sh'maya y Abitalyon".

(Ib. B) R. Juda dijo, en el nombre de Rab: "Cualquiera que sea arrogante, si es un sabio, su sabiduría se apartará de él; y si es un profeta, su profecía se apartará de él. la sabiduría se apartará de él, si es un sabio, se puede inferir del caso de Hillel, porque el maestro dijo [arriba], 'comenzó a reprocharles', e inmediatamente después, cuando le pidieron una ley, dijo , 'Escuché, pero lo he olvidado.' Si es profeta, su profecía se apartará de él; esto puede deducirse del caso de Débora [la profetisa], porque está escrito (Jueces 5, 7) Desoladas fueron las ciudades abiertas en Israel; estaban desolados, hasta que me levanté, Débora, así me levanté como madre en Israel; y está escrito (Ib. ib. 12) Despierta, despierta, Deborah, despierta, despierta, canta una canción, [lo que significa que la profecía la dejó y ella tuvo que despertar ella misma] ". R. Simon b. Lakish dijo: "Un hombre que se excita, si es un sabio, perderá su sabiduría; y si es profeta, su profecía se apartará de él. Que su sabiduría se apartará de él, si es un sabio, lo inferimos de Moisés, de quien está escrito (Núm.31, 41) Y Moisés se enojó contra los oficiales del ejército; y [después de esto] está escrito, Y Elazar el sacerdote dijo, etc. De esto se puede inferir que la ley escapó de la memoria de Moisés y por lo tanto Elazar tuvo que decirlo. Que su profecía se apartará de él, si es profeta, inferimos de Eliseo, de quien está escrito (II Reyes 3, 14) Si no fuera por la presencia de Josafat, rey de Judá, no miraría hacia ti ni te vería; y [después de esto] está escrito. Pero ahora tráeme un músico; y sucedió, cuando el músico tocó, y la inspiración del

Señor vino sobre él, [lo que muestra que tenía que buscar la inspiración] ". R. Mani b. Patish dijo:" Un hombre que se excita será alejado de la grandeza incluso si hubiera sido predestinada para él por el Cielo. ¿De dónde deducimos esto? De Eli'ab acerca de quien está escrito (I Sam. 17, 28) Y la ira de Elías se incitó contra David, y él dijo, etc .; y cuando Samuel fue a ungir a un rey, de entre los hijos de Isaí, acerca de todos los demás [que fueron rechazados], está escrito (Ib. 17, 8-10). A éste no lo escogió el Señor [en tiempo pasado]. Pero acerca de Eli'ab, está escrito (Ib. Ib., 7) Pero el Señor le dijo a Samuel: 'No mires su apariencia, ni la altura de su estatura, porque lo he desechado' [en tiempo presente] . De lo cual se puede inferir que lo rechacé ahora aunque tenía la intención de elegirlo ".

(Fol.68) ¿Cuál es el significado del pasaje (Is.5, 17) Entonces, ¿alimentarán las ovejas según su costumbre, y las ruinas de las gordas comerán los forasteros? R. Menasha b. Jeremías, en el nombre de Rab, dijo Kedabram (según su costumbre), significa Kimdubar Bam (como se habló de ellos). ¿Qué se habló de ellos? Abaye dijo: "Se refiere al final del versículo, Y las ruinas de los gordos comerán los extranjeros, lo cual fue explicado por R. Joseph, 'La riqueza de los impíos será heredada por los justos'. Entonces Raba le dijo: "Esta interpretación habría sido correcta si se hubiera escrito Kharboth [de manera coordinada], pero ahora que está escrito V'charboth [como un compuesto], debe tener un significado diferente. Por lo tanto, Raba dijo que el pasaje tiene la intención de significar lo que R. Chananel, en el nombre de Rab, dijo, porque R. Chananel, en el nombre de Rab, dijo: "en el futuro, los justos tendrán el poder de revivir a los muertos; porque aquí está escrito: Entonces las ovejas apacentarán según su costumbre, y allí está escrito (Micha 7, 14) Que pacen en Basán y Giggal, como en los días de antaño; es decir, Basán se refiere a Eliseo, el hombre de Basán, como está escrito (I Crónicas 5, 12) Yanai y Safat en Basán, y también está escrito (II Reyes 3, 11) Eliseo, el hijo de Safat, quien derramó agua sobre las manos de Elías; Galaad se refiere a Elías, como se dice (I Reyes 17, 1) Y dijo Eliseo, el tisbita, que era de los habitantes de Galaad ".

R. Samuel b. Nachmeni, en el nombre de R. Jonathan, dijo: "En el futuro, los justos tendrán el poder de revivir a los muertos, porque está escrito (Zac. 8, 4) Así ha dicho el Señor de los Ejércitos: Otra vez habrá se sientan ancianos y mujeres en las calles de Jerusalén, y cada uno con su cayado en la mano debido a la multitud de años. Y está escrito (II Reyes 4, 29) Pon mi cayado sobre el rostro del muchacho. como en el último lugar el bastón revivió a un niño muerto, así también en el primer caso el bastón será para resucitar al muerto] ".

R. Chisda planteó la siguiente pregunta contradictoria: "Está escrito (Ib 24, 23) Y la luna se ruborizará, y el sol se avergonzará: y está escrito (Ib. 30, 26) Y la luz de la luna será como la luz del sol y la luz del sol será siete veces mayor, como la luz de los siete días [por tanto, no disminuirá] ". Esto no es difícil de explicar; el primero habla del mundo venidero y el segundo del período mesiánico. Pero, según Samuel, no habrá diferencia entre este mundo y el mundo venidero, excepto en la libertad del yugo del gobierno. ¿Qué dices a esto? Ambos pasajes se refieren al mundo venidero, sin embargo no es difícil explicarlos. Uno habla del Campamento de Sheehinah y el otro del Campamento de los Justos. Raba planteó la siguiente contradicción:Deu. 32,

29) Solo yo mato, y doy vida; y además está escrito: Yo hiero y yo curo. Dado que es capaz de dar vida, ¿cuánto más puede sanar? Pero así dijo el Santo, ¡alabado sea! 'Así como cuando hiero, me curo, así cuando mato, daré vida'. "A nuestros rabinos se les enseñó [que, según el pasaje] yo solo mato y doy vida, podríamos pensar que a uno mata y da vida a otro. realizado en un hombre, también la muerte y la vida se aplican a un hombre. En esto se puede basar la respuesta a aquellos que afirman que la resurrección de los muertos no está insinuada en la Torá (Biblia). De otra manera, los pasajes anteriores pueden explicarse : Primero daré vida a lo que maté y luego curaré lo que herí.

(Ib. B) Se nos enseña: R. Eliezer dice: "Un hombre no hará otra cosa en un día santo, sino comer y beber o sentarse y estudiar". R. Joshua dice: "Un hombre debe dividir el día santo, la mitad para comer y beber, y la otra mitad [para aprender] en la casa de estudio". "Ambos", dijo R. Jochanan, "hacen sus deducciones de los mismos pasajes. Un pasaje dice (Deu. 16, 8) Una asamblea solemne al Señor, tu Dios, y otro pasaje dice (Núm. 29, 35).) 'Tenéis' una asamblea solemne. [¿Cómo se pueden reconciliar estos dos pasajes? Si ha de ser solemne para 'el Señor', entonces ¿por qué decir '¿tenéis'?] R. Eliezer, por lo tanto, opina que esto pretende sugerir una celebración para Dios o para usted mismo; "pero R. Joshua opina que significa dividir el día, la mitad para Dios y la otra mitad para usted ". R. Eliezer dijo: "Todos están de acuerdo en que en el festival de Shebouth, una parte también debe dedicarse a usted mismo, porque es el día en que se entregó la Torá [por lo tanto, debemos regocijarnos en esa ocasión]". Rabá dijo: "Todos están de acuerdo en que el sábado también debe dedicarse a usted mismo. La razón de esto es (Is. 58, 13) Y llamarás al sábado regocijo ". R. Joseph dijo:" Todos están de acuerdo en que Purim también debe ser consagrado para ti; La explicación se encuentra en (Ester 9, 22) días de fiestas y regocijo. "Mar, el hijo de Rabina, solía ayunar todo el año excepto en Sebuot (Fiesta de las Semanas), Purim (Fiesta de Ester) y el día anterior Yom Kippur (Día de la Expiación); en Shebuoth, que es el día en que Israel recibió la Torá; Purim, respecto del cual está escrito (Est. 9, 22) ... días de fiesta y regocijo; el día anterior a Yom Kipur, porque R. Chiya b. Rab, de Difthi, recitó: (Lev. 23, 32) Y os afligiréis a vosotros mismos el noveno día del mes. ¿Ayunamos el noveno día? ¡He aquí, es sólo el décimo que ayunamos! Pero esto significa enseñarnos que quien come y bebe el día nueve. Las Escrituras relatan su crédito, como si hubiera ayunado tanto el noveno como el décimo día.

Pesajim, Capítulo 7

(Fol. 77) Se nos enseña: El plato de oro [del Sumo Sacerdote], ya sea que lo lleve en la frente o no, efectúa el perdón (hace que el sacrificio sea aceptable). Esto es de acuerdo con la opinión de R. Simon, pero R. Juda dice: "Cuando aún está en su frente, efectúa el perdón, pero cuando ya no está en su frente, no efectúa el perdón". R. Simon le dijo: "El servicio del Sumo Sacerdote en el Día de la Expiación apoyará mi opinión, porque entonces él no tiene el plato en su frente y aún así efectúa el perdón". A lo que R. Juda le respondió: "No consideres las [reglas del] Día de la Expiación [que involucran a toda la comunidad]; porque la ley concerniente a la impureza levítica es inoperante cuando se aplica a toda una comunidad".

(Fol. 86b) R. Huna, el hijo de R. Nathan, una vez visitó la casa de R. Nachman b. Isaac. "¿Cuál es su nombre?" se le preguntó al visitante. "Rab Huna", respondió. "Que el maestro se siente en el diván", le dijeron. Él se sentó. Le ofrecieron una copa de vino, que él aceptó de inmediato [sin que se lo pidieran por segunda vez], y lo apuró a dos tragos sin apartar la cara [para evitar la mirada de los demás cuando bebiera]. "¿Por qué te llamaste 'Rab Huna'? (Usando el título), le preguntaron." Porque ", dijo," yo estaba acostumbrado desde mi juventud "." Cuando te pedimos que te sentaras en el sofá ". , ¿por qué lo aceptó inmediatamente? "" Porque, "respondió él," esa es la regla. Todo lo que diga el anfitrión, el invitado debe cumplir "". Cuando le ofrecimos una taza, ¿por qué la aceptó en la primera invitación? "" Porque, "dijo él," es correcto rechazar una invitación cuando la hace una persona inferior, pero no cuando la hace una persona superior, pero no cuando lo hace un superior, ¿perdón? "" Porque ", dijo él," se nos ha enseñado: el que bebe de su copa de un trago es un glotón; en dos borradores es la forma correcta; en tres, se le considera entre los presuntuosos. "" ¿Por qué no apartaste tu rostro mientras bebías? "" Porque ", dijo él," sólo una novia debe apartar su rostro, es la ley que se nos enseña en la Mishná. "R. Ishmael, el hijo de R. Jose, una vez visitó la casa de R. Simon, el hijo de R. Jose b. Lekunia. Le ofrecieron una copa de vino, que él inmediatamente [sin que se lo pidieran por segunda vez] aceptó, y lo vació de un solo trago. Le dijeron: "¿No sabe el maestro que el que bebe de una copa de un trago es un glotón?" "Oh", les dijo, "esto no fue dicho por tu copa pequeña, y tu vino dulce, y por mi amplio estómago".

Pesajim, Capítulo 8

(Fol.87) Entonces yo era a sus ojos como el que halló alabanza (Canciones 8, 10). R. Jochanan dijo: "Como una novia que encuentra todo perfecto en la casa de su suegro y está ansiosa por ir a informar a sus padres de ese hecho". (Hash. 2, 8) Y será en ese día, dice el Señor, que me llamarás Ishi (mi esposo) y nunca más Me llamarás Ba'ali (mi Señor). R. Jochanan dijo: "Estos pasajes significan [que en el futuro Israel será] como una novia en la casa de su suegro [continuamente con su marido], pero no como una novia en la casa de sus padres [a veces con su marido y a veces sin él] ". (Canciones) Tenemos una hermana pequeña y aún no tiene senos. R. Jochanan dijo: "Esto se refiere a la provincia de Elam, que estaba destinada a estudiar pero no a enseñar a otros". (Ib. 9) Soy un muro y mis pechos como torres. R. Jochanan dijo: "Soy un muro, se refiere a la Torá; y mis pechos son como torres, se refiere a los eruditos ". Pero Raba dijo:" Soy un muro, se refiere a la Congregación de Israel; y mis pechos son como torres, se refiere a las sinagogas y casas de estudio ".

R. Zutra dijo en nombre de Rab: "¿Cuál es el significado del pasaje (Sal. 144, 12), para que nuestros hijos sean como plantas, crecidos en su juventud? Esto se refiere a la juventud de Israel que nunca ha experimentado el sabor del pecado; (Ib. ib.) Nuestras hijas, como pilares de las esquinas, se refiere a las vírgenes de Israel que prohíben la intimidad con su prometido [de acuerdo con estrictas ordenanzas religiosas] y lo mismo se entiende por el pasaje (Zac. 9, 15) Y se llenarán como las vasijas, como las esquinas del altar. Y si quieres, puedes decir que esto se infiere de (Sal. 144, 13) Que nuestros graneros estén llenos, amueblando todo tipo de almacén; nuestras ovejas dan a luz miles y decenas de miles en nuestros pastos abiertos. (Ib. Ib., 12) Esculpido en el modelo de un Hechal (Templo); es decir, tanto estos como aquellos (el joven y la virgen) son dignos de que se edifique el Templo en sus días ".

(Ib. B.) R. Jochanan dijo: "¡Ay de la autoridad (real), porque entierra a sus poseedores, ya que no hay un solo profeta que no haya sobrevivido a cuatro reyes, como se dice (Is. 1, 1) Visión de Isaías, hijo de Amoz, que vio acerca de Judá y Jerusalén en los días de Uziyahu, Jotam, Acaz y Ezequías, reyes de Judá ".

R. Jochanan dijo: "¿Por qué mérito fue Jeroboam, hijo de Joás, rey de Israel, contado entre los reyes de Judá? Porque no escuchó las calumnias dirigidas contra el profeta Amós". ¿Dónde encontramos que fue contado entre los reyes de Judá? Está escrito (Oseas 1, 1) Palabra de Jehová que vino a Oseas, hijo de Be'eri, en los días de Uzziyahu, Jotam, Ajaz y Ezequías, reyes de Judá, y en los días de Jerobo '. soy, hijo de Joás, rey de Israel. ¿Y de dónde inferimos que no escucharía ninguna calumnia? Está escrito (Amós 7, 10Entonces envió Amasías, el sacerdote de Bet-el, a Jeroboam, el rey de Israel, diciendo 'Amós ha conspirado contra ti en medio de la casa de Israel, la tierra no puede oír todas sus palabras. Porque así ha dicho Amós. A espada morirá Jeroboam, e Israel ciertamente será llevado al destierro de su propia tierra. A lo que Jerobo'am respondió: "¡Dios no permita que ese hombre justo lo haya dicho; pero si lo dijo, qué puedo hacer yo, seguramente fue instruido por la Shejiná!"

R. Elazar dijo: "Incluso cuando el Santo, ¡alabado sea! Se enoja con Israel, está imbuido de misericordia, como se dice (Os. 1, 6).) Porque no tendré más misericordia de la casa de Israel [incluso en una desgracia menciona el atributo de la misericordia] ". R. José b. Chanina dijo:" Esto lo inferimos del final del pasaje. Porque les daré toda su recompensa ". R. Elazar dijo además:" ¡El Santo, alabado sea! exilió a Israel entre los paganos sólo con el propósito de adquirir más prosélitos, como se dice (Ib. 2, 25) Y la sembraré para mí en la tierra; es decir, ¿con qué propósito un hombre siembra un Seah [grano]? ¿No es para volver a cosechar muchos Kurim? "Pero R. Jochanan dijo:" Inferimos lo anterior de la otra parte del pasaje, Y tendré misericordia de Lo Ruchama (ella a quien no se le había otorgado misericordia). "

R. Jochanan, a nombre de R. Simon b. Jochai, dijo: "¿Cuál es el significado del pasaje (Pr. 30, 19) No calumnies a un siervo ante su amo, no sea que te maldiga y incurra en culpa. Y [inmediatamente después] está escrito: Hay una generación que maldice a su padre, y no bendice a su madre. ¿Es porque maldice a su padre y no bendice a su madre por lo que no debes calumniar? Por lo tanto, debemos explicarlo de la siguiente manera: Incluso en una generación que maldice a su padre y no bendice su madre, un hombre no debe calumniar a un siervo ante su amo. ¿De dónde aprendemos esto? De Oseas.

A R. Chiya se le enseñó: "¿Cuál es el significado del pasaje (Job 28, 23) Solo Dios entiende su camino, y conoce su lugar; es decir, el Santo, ¡alabado sea! sabe que Israel no pudo soportar el mandato tiránico de los sirios e ismaelitas, y por esa razón los exilió a Babilonia ". R. Elazar dijo:" ¡Alabado sea el Santo! no habría exiliado a Israel a Babilonia si no fuera por la razón de que Babilonia es tan baja como el sepulcro; como se dice (Hosh. 13, 14) Del poder del sepulcro los rescataría, de la muerte los redimiría ". R. Chaninah dijo:" [Fueron exiliados a Babilonia] porque el lenguaje allí es similar a la de la Torá ". R. Jochanan dijo:" Porque los envió a su país natal ". Esto puede compararse con un hombre que se enojó con su esposa. ¿A dónde la envía? a la casa de su madre; y esto es pretendía significar, como R. Alejandro dijo que tres cosas volvieron a su origen, a saber, Israel, la riqueza de los egipcios y la Escritura de las Tablas. 'Israel', como se dijo anteriormente; con respecto a la riqueza de 'los egipcios', como está escrito (I Reyes 14, 25) Y sucedió que en el quinto año del rey Roboam, subió Sisac, rey de Egipto, contra Jerusalén, y se llevó los tesoros de la casa del Señor y los tesoros de la casa del rey. casa, etc .; concerniente a las Tablas, como está escrito (Deu.9, 17) Y los rompí ante tus ojos. Se enseñó: Las Tablas se rompieron y las letras inscritas en ellas volaron. Ulla dijo: "[La razón por la que Israel fue exiliado a Babilonia es] que podrían comer (Fol. 88) dátiles [comprados a bajo precio] y así estudiar fácilmente la Torá". Una vez, Ulla llegó a Pumpaditha y le trajeron una canasta llena de dátiles. "¿Cuántas canastas de este tipo se pueden comprar por un Zuz?" Tres ", le respondieron. A lo que Ulla dijo:" Una canasta grande de miel para un Zuz, y aún así los babilonios no estudian la Torá [lo suficiente] "Por la noche, [después de haber comido demasiados dátiles], resultó perjudicial para él. Entonces dijo: "¡Toda una canasta llena de veneno para un Zuz, y aún así los babilonios estudian la Torá!"

R. Elazar dijo: "¿Cuál es el significado del pasaje (Micha 4, 2) Y vendrán muchas naciones y dirán: Venid, y subamos al monte del Señor ya la casa del Dios de Dios. Jacob. El Dios de Abraham e Isaac, no se menciona aquí, sino el de Jacob; es decir, ni como el de Abraham, quien lo describió como una montaña, como se dice (Ex.22, 14) En el monte del Señor se verá; ni como el de Isaac, que lo describió como un campo, como se dice (Ib. 24, 63). Y Isaac salió a mediar en el campo; pero como la de Jacob, quien la describió como una casa, como se dice (Ib. 35, 7) Y llamó el nombre de ese lugar Beth-El (la casa de Dios) ". R. Jochanan dijo:" La el día en que ocurrirá la reunión de los exiliados, será tan grande como el día en que se crearon el cielo y la tierra; porque está dicho (Oseas 2, 2) Entonces se juntarán los hijos de Judá y los hijos de Israel, y se nombrarán un jefe, y subirán de la tierra; porque grande será el (Yom) día de Yisre-el. He aquí, está escrito (Génesis 1, 5) Y fue la mañana y la tarde un día (Yom) ".

Pesajim, Capítulo 9

(Fol. 93b) Desde el amanecer hasta la aparición del sol, se necesita el tiempo necesario para que un hombre camine cinco millas. ¿De dónde obtenemos esto? De Lot; porque está escrito (Génesis 19, 15) Y al amanecer, los ángeles urgieron a Lot, etc. Y además está escrito: El sol salió sobre la tierra cuando Lot entró en Zoar. Y R. Chanina dijo: "Yo mismo he visto ese lugar y la distancia es de cinco millas".

(Fol. 94) Raba dijo: "Seis mil millas es la longitud del mundo y el espesor de los cielos es mil millas". Conoce a uno de estos dos por tradición y al otro por conclusión lógica. Se planteó una objeción de la siguiente Tosephta: "El tamaño de Egipto es de cuatrocientas millas cuadradas; Egipto es una sexagésima parte de Etiopía; Etiopía es una sexagésima parte del mundo; el mundo es una sexagésima parte del jardín del Edén, y el jardín en sí mismo es sólo un sexagésimo del Edén mismo; y el Edén es sólo un sexagésimo de Gehena; por lo tanto, el mundo en proporción a Gehena es como la tapa de una olla ". [Por tanto, el mundo es mucho más grande]. La objeción finalmente se sostiene. ¡Ven, escucha! En la escuela de Elías se enseñó que R. Nathan dice: "Toda la tierra está situada bajo una estrella, y se podría dar prueba de que si un hombre mirara una estrella, no importa si va hacia el Este o hacia cualquier otra parte del mundo, la estrella siempre aparecerá frente a él. Esto es evidencia de que el mundo entero está situado bajo el espacio de una estrella [por lo tanto, el cielo debe tener necesariamente más de mil millas] ". Esta refutación finalmente se sostiene. Ven, escucha lo siguiente: La [constelación] Tauro está en el norte y Escorpión, en el sur, y la habitación del mundo entero está situada entre Tauro y Escorpión, y la habitación del mundo entero [no tiene más espacio] del que necesita el sol, en una hora de viaje, para recorrer su curso diario. Como prueba de ello se puede dar lo siguiente: que en la quinta hora [del día] el sol está hacia el Este y en la séptima hora está hacia el Oeste. Durante media hora después del sexto y media hora antes del séptimo, el sol permanece erguido sobre la cabeza de cada hombre. [Por lo tanto, la habitación del mundo cubre más de seis mil millas.] La refutación [una vez más] se sostiene.

(Ib. B) A nuestros rabinos se les enseñó: Los sabios de Israel afirman que el círculo (rueda) del Zodíaco está estacionario, y los planetas hacen el circuito; pero los otros sabios dicen que el círculo (rueda) gira constantemente y los planetas están estacionarios. Así que el rabino dijo: "El siguiente hecho es un argumento en contra de la afirmación de esos otros sabios. Nunca hemos encontrado a Tauro en el Sur ni a Escorpión en el Norte [por lo tanto, la posición de las constelaciones no cambia porque el círculo es estacionario y no cambia". moverse]." R. Acha b. Jacob planteó la siguiente pregunta: "Quizás la rueda esté situada como el agujero (casquillo) en la piedra de molino inferior [que el hierro simplemente gira], o como la puerta en su casquillo [que gira alrededor de su eje, así también lo hace el Zodíaco". moverse pero no el círculo en sí] ".

Los sabios de Israel dijeron: "Durante el día el sol se mueve por debajo del cielo y por la noche se aleja más allá del cielo", mientras que los otros sabios decían: "Durante el día el sol se mueve más allá del cielo y por la noche se aleja bajo el cielo". . " "La afirmación de los otros sabios", dijo el rabino, "parece ser más razonable, porque durante el día los manantiales son todos fríos, mientras que por la noche todos son cálidos". Se nos enseña que R. Nathan dice: "En el verano, el sol está en el cenit del cielo y, por lo tanto, toda la tierra es cálida y los manantiales son frescos; pero en el invierno, el sol se mueve en el fondo de los cielos, y por lo tanto toda la tierra está fría y los manantiales son cálidos ".

A nuestros rabinos se les enseñó: "El sol viaja en cuatro senderos. Durante [los meses de] Nisan, lyar y Sivan (primavera), su circuito es entre las montañas, para disolver la nieve; durante [los meses de] Tamuz, Ab y Ellul (verano), su circuito es sobre las partes habitadas de la tierra, con el fin de madurar los frutos; durante [los meses de] Tishrei, Jeshvan y Kislev (otoño), su circuito es sobre los mares, para hacer el las aguas se evaporan; durante [los meses de]

Tebeth, Shebat y Adar (invierno), su circuito es sobre los desiertos, para evitar que la semilla sembrada se queme ".

Pesajim, Capítulo 10

(Fol. 104a) R. Jochanan dijo: "El hijo de ascendencia santa dijo que sólo un tema [debería mencionarse en el Habdalah]. Pero la gente está acostumbrada a mencionar tres". ¿Quién es este "hijo de ascendencia santa"? Es R. Menachem b. Simai. ¿Y por qué fue llamado "el hijo de la santa ascendencia"? Porque nunca vio la apariencia de una moneda.

(Fol.109) A nuestros rabinos se les enseñó: Es deber de todo hombre hacer que su casa y sus hijos se regocijen en una fiesta: como se dice (Deu.17, 14) Y te regocijarás en tu fiesta. ¿Con qué se regocijará el hombre [alegrará a su casa]? Con vino. R. Juda dijo: "Los hombres según su manera y las mujeres según su manera". Para los hombres, lo correcto, por supuesto, es el vino; pero ¿qué es lo mejor con lo que le gusta regocijarse a esa mujer? A R. Joseph se le enseñó: "En Babilonia, vestidos teñidos (costosos) y en Judea, prendas de lino planchado". Se enseñó: R. Juda b. Bathyra dijo: "Cuando existía el Templo, no había nada mejor para regocijarse que la comida, como se dice (Ib. 27, 7). Y matarás las ofrendas de paz y las comerás allí, y regocíjate delante del Señor, tu Dios; pero ahora, cuando no hay templo, el vino es lo único con lo que regocijarse, como se dice (Sal. 104, 15).) Y el vino alegrará el corazón del hombre ".

(Fol. 112) A nuestros rabinos se les enseñó: R. Akiba ordenó a su hijo R. Joshua que observara los siguientes siete preceptos: "Mientras estudias, no tomes asiento en la parte más poblada de la ciudad. No habites en ciudad donde sus jefes son eruditos. No entres de repente, ni siquiera en tu propia casa, menos aún en la de tu vecino. No retengas los zapatos de tus pies. Levántate temprano en el verano y come antes que llegue el calor, y en el invierno antes de que el frío te alcance. Haz tus [comidas] del sábado tan sencillas como en un día de la semana, no sea que dependas del apoyo de otros. Trata de ponerte en contacto con el hombre en quien la fortuna sonríe [porque también puedes convertirte en afortunado]." R. Papa dijo: "Esto no se refiere a comprarle o venderle a él (el hombre afortunado), sino a asociarse con él". Pero la explicación R. Samuel b. Isaac hace es: "El pasaje (Job 1, 10) La obra de sus manos has bendecido, es decir, el que toma una Pruta (moneda pequeña) de Job fue bendecido ", se refiere incluso a la venta y la compra.

(Ib. B) Cuatro preceptos que Rabí, el Santo, instó a sus hijos a observar. No vivas en Shechantzib, porque la gente allí es burlona y podría influir en ti para que te burles. No se siente en la cama de una siria. Algunos dicen que con esto quiso decir no irse a la cama sin recitar el Sh'ma. Otros dicen que no tenía la intención de casarse con un prosélito, y otros vuelven a decir que quiso decir exactamente lo que dijo, a causa de lo que le sucedió a R. Papa. No elude los pagos de impuestos especiales o aranceles, porque si lo descubren, todos sus bienes serán confiscados. No se enfrente a un buey cuando salga del estanque, porque Satanás juega entre sus cuernos. Samuel comentó que esto se refiere solo a un buey negro, y en el mes de Nisán. R. Ishmael, el hijo de R.

José, prescribió tres preceptos al rabino; es decir, no te manches. ¿A qué se refiere con esto? Quiere decir que nunca debe entablar una demanda contra tres en una sola acción, porque ellos harán que uno, el demandante, y los otros dos, sean testigos. No examine una compra cuando no tenga dinero para comprar. Vive una vida familiar estricta. (Fol. 113) R. Joshua b. Leví transmitió tres dichos en nombre del pueblo de Jerusalén: No te acostumbres a hacer tu trabajo en el techo, por un incidente que sucedió una vez de esa manera; cuando tu hija llegue a la pubertad, [incluso] libera a tu esclavo y dáselo [como marido]; tenga cuidado con su esposa en lo que respecta a su primer yerno. ¿Cuál es la razón? R. Chisda dijo: Debido a una relación demasiado cercana ". Y R. Cahana dijo:" Porque ella gasta toda la riqueza de su esposo en él ". Y ambas cosas realmente ocurren. porque harán a uno, el demandante, ya los otros dos, testigos. No examine una compra cuando no tenga dinero para comprar. Vive una vida familiar estricta. (Fol. 113) R. Joshua b. Leví transmitió tres dichos en nombre del pueblo de Jerusalén: No te acostumbres a hacer tu trabajo en el techo, por un incidente que sucedió una vez de esa manera; cuando tu hija llegue a la pubertad, [incluso] libera a tu esclavo y dáselo [como marido]; tenga cuidado con su esposa en lo que respecta a su primer yerno. ¿Cuál es la razón? R. Chisda dijo: Debido a una relación demasiado cercana ". Y R. Cahana dijo:" Porque ella gasta toda la riqueza de su esposo en él ". Y ambas cosas realmente ocurren. porque harán a uno, el demandante, ya los otros dos, testigos. No examine una compra cuando no tenga dinero para comprar. Vive una vida familiar estricta. (Fol. 113) R. Joshua b. Leví transmitió tres dichos en nombre del pueblo de Jerusalén: No te acostumbres a hacer tu trabajo en el techo, por un incidente que sucedió una vez de esa manera; cuando tu hija llegue a la pubertad, [incluso] libera a tu esclavo y dáselo [como marido]; tenga cuidado con su esposa en lo que respecta a su primer yerno. ¿Cuál es la razón? R. Chisda dijo: Debido a una relación demasiado cercana ". Y R. Cahana dijo:" Porque ella gasta toda la riqueza de su esposo en él ". Y ambas cosas realmente ocurren. No examine una compra cuando no tenga dinero para comprar. Vive una vida familiar estricta. (Fol. 113) R. Joshua b. Leví transmitió tres dichos en nombre del pueblo de Jerusalén: No te acostumbres a hacer tu trabajo en el techo, por un incidente que sucedió una vez de esa manera; cuando tu hija llegue a la pubertad, [incluso] libera a tu esclavo y dáselo [como marido]; tenga cuidado con su esposa en lo que respecta a su primer yerno. ¿Cuál es la razón? R. Chisda dijo: Debido a una relación demasiado cercana ". Y R. Cahana dijo:" Porque ella gasta toda la riqueza de su esposo en él ". Y ambas cosas realmente ocurren. No examine una compra cuando no tenga dinero para comprar. Vive una vida familiar estricta. (Fol. 113) R. Joshua b. Leví transmitió tres dichos en nombre del pueblo de Jerusalén: No te acostumbres a hacer tu trabajo en el techo, por un incidente que sucedió una vez de esa manera; cuando tu hija llegue a la pubertad, [incluso] libera a tu esclavo y dáselo [como marido]; tenga cuidado con su esposa en lo que respecta a su primer yerno. ¿Cuál es la razón? R. Chisda dijo: Debido a una relación demasiado cercana ". Y R. Cahana dijo:" Porque ella gasta toda la riqueza de su esposo en él ". Y ambas cosas realmente ocurren. debido a un incidente que sucedió una vez de esa manera; cuando tu hija llegue a la pubertad, [incluso] libera a tu esclavo y dáselo [como marido]; tenga cuidado con su esposa en lo que respecta a su primer yerno. ¿Cuál es la razón? R. Chisda dijo: Debido a una relación demasiado cercana ". Y R. Cahana dijo:" Porque ella gasta toda la riqueza de su esposo en él ". Y ambas cosas realmente ocurren. debido a un incidente que sucedió una vez de esa manera; cuando tu hija llegue a la pubertad, [incluso] libera a tu esclavo y dáselo [como marido]; tenga cuidado con su esposa en lo que respecta a su primer yerno. ¿Cuál es la razón? R. Chisda dijo: Debido a una relación demasiado cercana ". Y R. Cahana dijo:" Porque ella gasta toda la riqueza de su esposo en él ". Y ambas cosas realmente ocurren.

R. Jochanan dijo: "Tres personas heredarán el mundo venidero. Ellos son: El que habita en la tierra de Israel; el que cría a sus hijos en el estudio de la Torá, y el que recita el Habdalah sobre una copa de vino en la tarde siguiente al sábado ". ¿Qué quiere decir con el último? Se refiere a alguien que es económico con su vino todo el sábado para tenerlo para Habdalah. R. Jochanan dijo: "Hay tres personas por cuya causa el Santo, ¡alabado sea! Envía el pregonero todos los días [para anunciar su alabanza]; un soltero que vive en una gran ciudad y no peca; un hombre pobre que restituye a su dueño un objeto perdido que ha encontrado; y un hombre rico que da en secreto los diezmos de su cosecha ". R. Saphra era soltero y vivía en una gran ciudad. (Ib. b) Un discípulo una vez enseñó acerca de los méritos de tal hombre en presencia de Raba y R. Saphra, con lo cual el rostro de R. Saphra se iluminó de alegría. Entonces Raba le dijo: "Esto no se refiere a un soltero como el maestro, sino a alguien como R. Chanina y R. Oshia. Eran hombres solteros, que ocupaban el oficio de zapatero y vivían en Palestina en una calle. ocupados en su mayoría por rameras, para quienes hacían zapatos; pero cuando se los calzaban, nunca levantaban la vista para mirar sus rostros. Eran tan estimados que cuando las rameras juraban, juraban por la vida de los santos rabinos del tierra de Israel ". Los siguientes tres, el Santo, ¡alabado sea! gusta: El que nunca se emociona; el que nunca se emborracha; y el que no insiste en represalias. Saphra se iluminó de alegría. Entonces Raba le dijo: "Esto no se refiere a un soltero como el maestro, sino a alguien como R. Chanina y R. Oshia. Eran hombres solteros, que ocupaban el oficio de zapatero y vivían en Palestina en una calle. ocupados en su mayoría por rameras, para quienes hacían zapatos; pero cuando se los calzaban, nunca levantaban la vista para mirar sus rostros. Eran tan estimados que cuando las rameras juraban, juraban por la vida de los santos rabinos del tierra de Israel ". Los siguientes tres, el Santo, ¡alabado sea! gusta: El que nunca se emociona; el que nunca se emborracha; y el que no insiste en represalias. Saphra se iluminó de alegría. Entonces Raba le dijo: "Esto no se refiere a un soltero como el maestro, sino a alguien como R. Chanina y R. Oshia. Eran hombres solteros, que ocupaban el oficio de zapatero y vivían en Palestina en una calle. ocupados en su mayoría por rameras, para quienes hacían zapatos; pero cuando se los calzaban, nunca levantaban la vista para mirar sus rostros. Eran tan estimados que cuando las rameras juraban, juraban por la vida de los santos rabinos del tierra de Israel ". Los siguientes tres, el Santo, ¡alabado sea! gusta: El que nunca se emociona; el que nunca se emborracha; y el que no insiste en represalias. que ocupaban el oficio de zapatero y habitaban en Palestina en una calle mayoritariamente ocupada por rameras, para quienes confeccionaban zapatos; pero cuando se los calzaron, nunca alzaron los ojos para mirarlos a la cara. Fueron tan estimados que cuando las rameras juraron, juraron por la vida de los santos rabinos de la tierra de Israel. "Los siguientes tres, ¡alabado sea el Santo, como Él !: El que nunca se emociona; el que nunca se emborracha. y el que no insiste en represalias. que ocupaban el oficio de zapatero y habitaban en Palestina en una calle mayoritariamente ocupada por rameras, para quienes confeccionaban zapatos; pero cuando se los calzaron, nunca alzaron los ojos para mirarlos a la cara. Fueron tan estimados que cuando las rameras juraron, juraron por la vida de los santos rabinos de la tierra de Israel. "Los siguientes tres, ¡alabado sea el Santo, como Él !: El que nunca se emociona; el que nunca se emborracha. y el que no insiste en represalias. el que nunca se emborracha; y el que no insiste en represalias. el que nunca se emborracha; y el que no insiste en represalias.

A nuestros rabinos se les enseñó: ¡Tres clases de hombres hace el Santo, alabado sea! odio, y son: El que habla de una manera con la boca, pero piensa de otra manera en su corazón; el que conoce el testimonio [a favor de su prójimo] pero no testifica; y el que, habiendo visto a su vecino actuar indecentemente, aparece como el único testigo en su contra. Como el incidente que le sucedió a un tal Tubia, que había pecado, y Zigud apareció como único testigo y testificó en su contra ante R. Papa. R. Papa [ordenó que] se le dieran rayas a Zigud. "¿Qué," exclamó, "Tubia ha pecado, y Zigud debe ser azotado?" "Sí", respondió R. Papa, "ya que usted aparece como el único testigo en su contra, es simplemente con la intención de crear una mala reputación para él; porque está escrito (Deu. 19, 15).) Un solo testigo no se levantará contra un hombre. "R. Nachman b. Isaac dijo: 'Sin embargo, es meritorio odiar a tal hombre, como se dice (Pr. 8, 13) El temor del Señor es odiar el mal ". A nuestros rabinos se les enseñó: Hay tres personas cuyas vidas no son vidas: los comprensivos, los irascibles y los delicados. "Y todo se podía encontrar en mí", comentó R. Joseph. A nuestros Rabinos se les enseñó: Tres, amen a sus semejantes, y ellos son: Prosélitos, esclavos y cuervos. Tres tipos de criaturas se odian entre sí: perros, gallos y hechiceros. Algunos dicen también rameras, y algunos agregan también, los eruditos babilónicos.

Hay cuatro cosas que la mente [del hombre] no puede soportar, y son: un pobre que es orgulloso; un rico que adula; un anciano lascivo; y un líder que se enseñorea de la comunidad sin ningún propósito. Algunos añaden también el que se divorció de su esposa una y dos veces y se volvió a casar con ella.

Siete son considerados como excomulgados por el Cielo, y son: Un judío que no tiene esposa; el que no tiene hijos y se niega a divorciarse de su esposa; el que tiene hijos pero no los cría para estudiar la Torá; el que no lleva todos los días Tefilin en la frente y en el brazo y Tzitzis en la ropa, y no tiene mezuzá en el dintel de la puerta; y el que no calza. Algunos dicen también el que se niega a cenar en una fiesta religiosa [como una boda o una Brith Milah].

(Fol. 117) R. Juda, en el nombre de Samuel, dijo: "El cántico bíblico (Éxodo 15) fue pronunciado por Moisés e Israel cuando ascendieron del Mar Rojo. Pero, ¿quién recitó el Hallel? Los profetas entre ellos ordenó que Israel lo diga en cada ocasión trascendental; y cada vez que los sobrevenga un problema y sean librados [por Dios] de él, deben decirlo [como alabanza] por su liberación ". Se nos enseña que R. Meier ha dicho: "Todos los cánticos y alabanzas que se pronuncian en el Libro de los Salmos fueron pronunciados por David, como se dice (Sal. 72, 20).) Aquí terminan las oraciones de David, el hijo de Isaí. No lea Kalu (aquí termina), pero léalo Kal elu (todos estos son). ¿Y quién dijo Hallel? R. José dice: "Mi hijo, Elazar, sostiene que Moisés e Israel las pronunciaron cuando estaban subiendo al Mar Rojo. Pero sus asociados difieren de él y dicen que David las pronunció. Y a mí me parece que la opinión de mi hijo es más correcto que el de sus asociados; porque ¿cómo es posible que Israel pudiera matar la ofrenda pascual y tomar las ramas de palma (en Sucot) y no alabar a Dios? "

A nuestros rabinos se les enseñó que R. Eliezer dice: "Todos los cánticos y alabanzas que pronunció David en el Libro de los Salmos se referían a él mismo". Pero R. Joshua dice: "David los pronunció en referencia a la comunidad en general", mientras que los sabios sostienen que hay algunos que pronunció en referencia a sí mismo ya otros que pronunció en referencia a la comunidad en general; es decir, los que pronunció "en singular son en referencia a él mismo y los que fueron pronunciados en plural fueron en referencia a la comunidad en general. Los Salmos que contienen el término Nitzuach o Nigun estaban destinados al mundo futuro. El término Maskil significa para indicar que fue dicho a través de un Methurgeman (intérprete) A David una canción, significa que la Shejiná precedió a la canción y lo hizo cantar. Una canción a David significa que la canción precedió a la Shejiná y la hizo descansar sobre David. Esto es para enseñarle que la Shejiná no descansa sobre una persona en un estado de inactividad, ni en un estado de tristeza, ni en un estado de risa, ni en un estado de ánimo de frivolidad, ni en un estado de ánimo de broma, ni en un estado de ánimo. un estado de ánimo de charla ociosa, pero en un estado de regocijo causado por la realización de un acto meritorio, como se dice (II Reyes 3, 15) Pero ahora tráeme un músico, y sucedió, cuando el músico tocaba, que la inspiración del Señor vino sobre él, R. Juda, en el nombre de Rab, dijo: "El mismo debería ser aplicado a un buen sueño ". ¿Es tan? ¿No ha dicho R. Gidel en nombre de Rab: "Cualquier alumno que se siente ante su maestro sin dejar caer la amargura de sus labios por respeto será quemado, porque se dice (Canciones 5, 13) Sus labios como lirios, goteando con un fluido de mirra. No leas Shoshanim (lirios), pero léelo Sheshonim (que estudian); y no lea Mor Ober (con mirra fluida), sino Mar Ober (amargura). [Por lo tanto, vemos que para la Halajá un hombre debe poseer amargura]. Esto no es difícil de entender. El primero se refiere al maestro y el segundo al erudito. Y si lo desea, puede decir que ambos se refieren al maestro, y aún así no hay dificultad para explicarlo; el primero se aplica al momento anterior al comienzo de la conferencia y el segundo se aplica al momento en que la conferencia ya ha comenzado. Así como Rabba, antes de comenzar su conferencia, introducía sus comentarios con algo gracioso, haciendo que los eruditos se sintieran bien, y luego procedía con santidad en su curso OL Halajá.

A nuestros rabinos se les enseñó: ¿Quién es el creador de Hallel (el himno de alabanza)? R. Eliezer dice: "Moisés e Israel lo dijeron cuando estaban junto al mar. Ellos (Israel) dijeron (Sal. 115) No por nosotros, oh Señor, no por nosotros, sino por tu nombre da gloria, y el Espíritu Santo respondió (Is. 48, 11) Por mi propio bien, por mi propio bien, lo haré ", etc. R. Juda dice: "Josué e Israel lo dijeron mientras daban batalla a los reyes de los cananeos. Israel dijo, No por nosotros, etc., y el Espíritu Santo dijo, Por mi propio bien, etc. R. Eliezer, de Modai, dice: "Deborah y Barak lo dijeron cuando Sissera les hizo la guerra. Dijeron: "No por nosotros", y el Espíritu Santo respondió: "Por mí mismo", etc. R. Elazar b. Azarías dice: "El rey Ezequías y sus colegas lo dijeron cuando Senaquerib les hizo la guerra. Dijeron: "No por nosotros, etc., y el Espíritu Santo respondió:" Por mí ", etc. R. Akiba dice:" Chananiah, Misael y Azarías lo dijeron cuando Nabucodonosor estaba a punto de arrojarlos al horno de fuego. Dijeron: No por nosotros, etc., y el Espíritu Santo respondió: Por mí, etc. R. José, el galileo, dice: "Mardoqueo y Ester lo dijeron cuando Amán el impío se levantó contra ellos. Dijeron: No por nosotros, etc., y el Espíritu Santo respondió. Por mi bien ", etc. Los sabios, sin embargo, dicen:" Los profetas de Israel dispusieron que lo recitaran en cada ocasión trascendental, y cada vez que se les ocurriese un problema y fueran liberados [por Dios] de ello, deberían decirlo ". [como alabanza] por su liberación. "¿Cuánto del Hallel se debe recitar? El colegio de Shammai dijo: Till (Mardoqueo y Ester lo dijeron cuando Amán el impío se levantó contra ellos. Dijeron: No por nosotros, etc., y el Espíritu Santo respondió. Por mi bien ", etc. Los sabios, sin embargo, dicen:" Los profetas de Israel dispusieron que lo recitaran en cada ocasión trascendental, y cada vez que se les ocurriese un problema y fueran liberados [por Dios] de ello, deberían decirlo ". [como alabanza] por su liberación. "¿Cuánto del Hallel se debe recitar? El colegio de Shammai dijo: Till (Mardoqueo y Ester lo dijeron cuando Amán el impío se levantó contra ellos. Dijeron: No por nosotros, etc., y el Espíritu Santo respondió. Por mi bien ", etc. Los sabios, sin embargo, dicen:" Los profetas de Israel dispusieron que lo recitaran en cada ocasión trascendental, y cada vez que se les ocurriese un problema y fueran liberados [por Dios] de ello, deberían decirlo ". [como alabanza] por su liberación. "¿Cuánto del Hallel se debe recitar? El colegio de Shammai dijo: Till (PD. 113, 9) Las alegres madres de niños, etc., pero la escuela de Hillel dijo: Hasta (Ib. 114, 5) La roca en un estanque de agua.

(Ib. B) Y te he hecho un gran nombre, como el nombre del grande, etc. (II Sam. 7, 9). A R. Joseph se le enseñó: "Esto se refiere a lo que decimos [al concluir una parte de la Haftorah, 'El escudo de David'" (Génesis 12, 2). Y haré de ti una gran nación. Resh Lakish dijo: "Esto se refiere al término 'Dios de Abraham' [usado en la primera sección de las Dieciocho Bendiciones]". (Ib.) Y te bendeciré, se refiere al término, 'El Dios de Isaac', Y engrandeceré tu nombre, se refiere al término, 'El Dios de Jacob. ¿Podría suponer que la conclusión [de la sección anterior] debería abarcar los tres términos? Por eso dice (Ib.) Y serás bendición; es decir, con usted debe formar la conclusión de la sección, pero no con ellos.

(Fol. 118) A nuestros rabinos se les enseñó: Antes de beber la cuarta copa [en la noche de la Pascua] se debe terminar el Hallel y después también se debe recitar el gran Hallel. Esto es de acuerdo con la opinión de R. Tarphon. Otros, sin embargo, dicen: El Salmo (23)El Señor es mi Pastor, etc., debería decirse entonces. ¿De dónde comienza el gran Hallel? R. Juda dijo: "Desde (Ib. 136) Dad gracias, etc., hasta (Ib. 137), Junto a los ríos de Babilonia". ¿Y por qué se llama esto gran Hallel? R. Jochanan dijo: "Porque [en él se menciona que] el Santo, ¡alabado sea! Se sienta en las alturas más elevadas del mundo y desde allí reparte alimento para todas sus criaturas". R. Joshua b. Levi dijo: "¿A quién se refieren las veintiséis veces, porque su bondad perdura para siempre [mencionado en el gran Hallel]? Se refiere a las veintiséis generaciones que existían antes de que se diera la Torá y que fueron mantenidas por Su propia gracia. . " De nuevo R. Joshua b. Levi dijo: "¿Cuál es el significado del pasaje (Ib. 136) Oh, den gracias al Señor, porque Él es bueno; es decir, alabanza a Dios, quien cobra la deuda del hombre con el bien que le ha sido otorgado. El rico es castigado con la pérdida de su buey, un pobre con la pérdida de su oveja, un huérfano con la pérdida de su huevo y una viuda con la pérdida de su gallina ".

R. Jochanan dijo: "El apoyo providencial del hombre es dos veces más difícil (maravilloso) que las maravillas de los dolores de parto, porque en cuanto a los dolores de parto está escrito (Génesis 3, 16) Con dolor (singular) darás a luz (hijos, en cuanto a dolores de parto). apoyo está escrito (Ib. ib., 17) Con dolor (plural) comerás ". R. Jochanan dijo de nuevo:" El apoyo providencial del hombre es mucho más difícil que la redención; porque en la redención, está escrito (Gen.48, 16) El ángel que me redimió de todo mal, bendiga a los muchachos, etc., es decir, aquí solo se menciona un ángel, pero con respecto al apoyo providencial del hombre, se dice (Ib.) El Dios ante quien mi Caminaron los padres Abraham e Isaac, el Dios que me alimentó desde mi primer ser hasta el día de hoy ".

R. Joshua b. Levi dijo: "En el momento en que el Santo, ¡alabado sea! Dijo a Adán (Génesis 3, 18), y espinos y cardos producirá (la tierra), lágrimas brotaron de sus ojos. Dijo: '¡Soberano del Universo!' ¿Comeré mi culo y yo del mismo pesebre? Pero tan pronto como escuchó que Dios dijo (Ib. Ib., 19) Con el sudor de tu frente comerás pan, inmediatamente se sintió aliviado ". "Tenemos suerte", comentó Resh Lakish, "de que no sufrimos nuestra condena original". Abaye dijo: "Sin embargo, todavía no hemos escapado de la primera [condenación], porque hay una serie de hierbas que todavía comemos [crudas, tal como las comen los animales]". R. Shizbi, a nombre de R. Elazar b. Azaria, dijo: "El apoyo providencial del hombre es tan difícil como la división del Mar Rojo,) El exiliado pronto será puesto en libertad, y no morirá en el calabozo, y su pan no faltará; y cerca está escrito. Porque yo soy el Señor, tu Dios, que agito el mar y braman sus olas ".

R. Shesheth, a nombre de R. Elazar b. Azaria, dijo: "El que hace caso omiso de las fiestas [tratándolas como días de la semana] es como si estuviera sirviendo a la idolatría; porque se dice (Ex. 34, 17) No te harás dioses de fundición, y lo que sigue inmediatamente esto está escrito: La fiesta de Matzoth guardarás ". R. Shesheth, a nombre de R. Elazar b. Azaria, dijo además: "Cualquiera que profiera calumnias o acepte al asesino, y quien testifique falso testimonio contra su asociado, merece ser arrojado delante de los perros; porque se dice (Ex. 22, 30) Al perro lo arrojarás, e inmediatamente después de esto está escrito: No recibirás informe falso ".

Y dado que se recita el gran Hallel, [que es el más importante], ¿por qué debemos [en ocasiones felices] recitar también el Hallel [ordinario]? Porque contiene las siguientes cinco cosas: El éxodo de Egipto, la división del Mar Rojo, la entrega de la Torá a Israel, la resurrección de los muertos y los sufrimientos del período mesiánico. Contiene el éxodo de Egipto, como está escrito (Sal.114, 1) Cuando Israel salió de Egipto; la división del Mar Rojo, como está escrito (Ib. ib., 3) El mar lo vio y huyó; la entrega de la Torá, como está escrito (Ib. ib., 6) ¡Montañas, que salten como humeantes! ¡Collados como corderos! la resurrección de los muertos, como está escrito (Ib. 116, 9) Caminaré delante del Señor en la tierra de la vida; y el sufrimiento durante el período mesiánico, como está escrito (Ib. 115, 1) No por nosotros, oh Señor, no por nosotros, etc. Sobre lo cual R. Jochanan dijo: "Esto se refiere a la subyugación en el exilio, "y, según otros, R. Jochanan dijo que esto se refiere a la época de la guerra de Gog y Magog. R. Nachman b. Isaac dijo: "Porque contiene la salvación de las almas justas del Gehena [se recita en un día festivo], como se dice (Ib. 116, 4) te suplico, oh Señor, había echado a

Abraham, nuestro patriarca, en el horno de fuego, Gabriel dijo al Santo: ¡Alabado sea! "Soberano del Universo, déjame, te ruego, bajar y enfriar el horno, y librar al justo de ese horno de fuego". Entonces el Santo, ¡alabado sea! le dijo: "Yo soy uno en mi mundo, y él es uno en el suyo. Conviene que el que es uno libere al que es uno". Pero como el Santo, ¡alabado sea! no priva a ninguna criatura de recompensa, le dijo a Gabriel: "Por esto, tu buena intención, tendrás el privilegio de rescatar a tres de sus nietos"; como R. Simon, de Shiloh, expuso: "En el tiempo cuando Nabucodonosor, el impío, arrojó a Chenaniah, Misael y Azariah en el horno de fuego, Yurkami, el jefe del granizo, dijo al Santo, ¡Alabado sea!" Soberano del Universo, te ruego que me dejes bajar y enfriar el horno de fuego y rescatar a estos hombres justos. Ante lo cual Gabriel intervino y dijo: '¡La grandeza del Santo, alabado sea! no se demostrará de tal manera, porque tú eres el jefe del granizo, y todos saben que el agua apaga el fuego; pero yo, el jefe del fuego, bajaré y enfriaré las llamas por dentro (Ib. b) y las intensificaré por fuera [para consumir a los verdugos], y así realizaré un milagro dentro de un milagro ". Entonces el Santo, ¡alabado sea! le dijo: 'Baja'. Sobre lo cual Gabriel dijo: 'En verdad, la verdad del Señor permanece para siempre' ". R. Nathan dijo: El verso, Verdaderamente, la verdad del Señor permanece para siempre, fue dicho por los peces en el mar, como dijo R. Huna: "PD. 106, 7) Pero se rebelaron en el mar, incluso en el Mar Rojo; sin embargo, los ayudó por amor de Su nombre. Tiene la intención de enseñarnos que [en el momento en que Dios dividió el Mar Rojo e Israel lo atravesó y los egipcios se ahogaron] los israelitas se rebelaron y dijeron: 'Así como ascendemos de este lado, los egipcios ascienden desde el otro lado. ' Con lo cual el Santo, ¡alabado sea! dijo al ángel del mar: 'Escúpelos en tierra firme'. 'Soberano del Universo', suplicó el ángel del mar ante Él, '¿se puede encontrar un sirviente a quien su amo le dio un regalo y que luego se lo devolvería?' "En lugar de esto, te daré una y media", le dijo el Señor. El ángel del mar continuó: '¡Soberano del Universo! ¿Es posible que un sirviente convoque a su amo ante un tribunal de justicia? "El río Cisón lo garantizará", fue la respuesta del Señor. Inmediatamente todos ellos fueron escupidos y arrojados a tierra firme. Cuando Israel llegó al lugar, los vieron a todos muertos y así el pasaje se aclara (Ex. 14, 30) E Israel vio a los egipcios muertos a la orilla del mar. ¿Y cómo fue que el mar recibió una y media a cambio? En relación con el incidente de Faraón está escrito (Génesis 14, 6) Seiscientos carros escogidos, con el de Sissera, está escrito (Jue. 40) Novecientos carros de hierro. Y cuando Sissera vino sobre los israelitas con carros de hierro, ¡alabado sea el Santo! enviaron sobre ellos las estrellas en sus caminos, como está escrito (Ib. 5) Desde el cielo pelearon las estrellas en sus caminos, etc. Tan pronto como las estrellas descendieron sobre ellos, los carros de hierro se calentaron y se dirigieron al río Kishon para refrescarse [donde, en consecuencia, se ahogaron]. Entonces dijo el Santo, ¡alabado sea! al río Cisón, "Ve y paga la garantía que has asegurado al mar". Instantáneamente fueron arrastrados por el río Cisón y arrojados al mar, como se dice (Jueces 5, 21) La corriente de Cisón los arrastró, esa antigua corriente. ¿Qué se entiende por ese antiguo arroyo? La corriente que se convirtió en fianza desde tiempos antiguos. En ese momento, el pez rompió y dijo: "Ciertamente, la verdad del Señor permanece para siempre". "

(Ib. B) Raba explicó: "¿Cuál es el significado del pasaje (Sal. 116, 1) Es hermoso para mí que el Señor oiga mi voz, mi súplica. La congregación de Israel dijo ante el Santo, alabado sea ¡Él! '¡Soberano del Universo! ¿Cuándo me siento amado por Ti?' En el momento en que oyes mi voz, mi súplica; (Ib. Ib.,

5) Yo estaba en la miseria, y Él me ayudó; es decir, la congregación de Israel dijo ante el Santo, ¡alabado sea Él! 'Soberano del Universo ! aunque soy pobre en hechos religiosos y meritorios, todavía estoy para Ti y soy digno de ser ayudado. ' "

R. Cahana dijo: "Cuando R. Ishmael, el hijo de R. José, se enfermó, el rabino le envió la siguiente solicitud: 'Díganos las dos o tres cosas de las que habló en nombre de su padre. Entonces R Ismael le respondió: 'Así dijo mi padre: ¿Cuál es el significado del pasaje? (Sal. 117, 1) Alabad al Señor, naciones todas. ¿Cómo llegan los paganos a alabar a Dios? Esto quiere decir: Todas las naciones lo alabarán por el poder y los milagros que les ha hecho; ¡Cuánto más debemos alabarle nosotros, Israel, si poderosa es su bondad para con nosotros! R. Ishmael también le envió lo siguiente: "En el futuro, Egipto enviará regalos al Mesías, quien dudará en aceptarlos o no". ¡Pero el Santo, alabado sea! le dirá al Mesías: 'Acéptalo de ellos porque Egipto era un lugar de hospitalidad para mis hijos'. (Sal. 68, 32) Pronto los nobles saldrán de Egipto. Entonces Etiopía concluirá a fortiori, diciendo: 'Si ellos (los egipcios) que los trataron como esclavos, les va así, yo (Etiopía) que no los esclavicé, seguramente [se me permitirá ofrecer un regalo al Mesías]'. Con lo cual el Santo, ¡alabado sea! dirá al Mesías: 'Acepta también a ellos', y pronto (Ib.) Etiopía extenderá ansiosamente sus manos hacia Dios. Entonces los aramitas concluirán a fortiori, diciendo: "Si [se permitió la aceptación de obsequios] de estos (etíopes) que no tenían relaciones familiares con Israel, ¡cuánto más debería ser aceptable un obsequio de nosotros, que somos sus hermanos!" Con lo cual el Santo, ¡alabado sea! dirá a Gabriel (Ib.) Reprime a las fieras que se esconden entre los juncos; es decir, reprende a los paganos y crea una comunidad para ti mismo ". El pasaje anterior se puede explicar de otra manera, [rechazar con] reprender a la bestia salvaje que vive entre los juncos, como está escrito (Ib. 80, 14) El oso del bosque lo roe, y lo que se mueve el campo se alimenta de ella. R. Chiya b. Abba dijo en nombre de R. Jochanan: "El pasaje anterior significa lo siguiente, [rechazar con]" reprende a la bestia (Roma), cuyos actos están registrados con la misma pluma [de tiranía]. (Ib. 68, 31) La multitud de toros, con los becerros de los pueblos, se refiere a [las naciones] que han matado lo mejor [de Israel] como toros gordos; todos se sometieron con piezas de plata; es decir, extienden sus manos para aceptar la plata [como sobornos], y luego se niegan a cumplir el deseo de los dadores; Él esparce naciones que anhelan acercarse; es decir, ¿Por qué se esparció Israel entre las naciones? Debido a su afán de volverse [casi] muy amigo de las naciones ". También le envió al rabino lo siguiente:" Hay una gran ciudad en el Imperio Romano que contiene trescientas sesenta y cinco calles, y en cada calle hay tres ciento sesenta y cinco castillos, y alrededor de cada castillo hay trescientos sesenta y cinco escalones, y en cada escalón había suficiente riqueza para alimentar al mundo entero ". Entonces R. Simon, el hijo de Rabbi, le dijo: y según otros, fue R. Ishmael, el hijo de R. José, quien dijo al rabino: "¿A quién pertenecerá todo esto?" "A ti y a tus asociados y a los amigos de tus asociados", fue la respuesta, como se diceEs. 23, 18) Y su ganancia y su salario serán consagrados al Señor; no será atesorado ni guardado, pero para los que habitan delante del Señor será su ganancia. "¿Cuál es el significado de No será atesorado ni guardado? R. Joseph explicó que No será atesorado, se refiere a su almacén [para el grano]; Ni guardado, se refiere a la casa del tesoro [para el oro] ". Pero para los que habitan delante del Señor, su ganancia será comer hasta saciarse y vestir ropa majestuosa. ¿Cuál es el significado de Pero para aquellos que moran delante del Señor? R. Elazar dijo:

"Se refiere a quien reconoce el lugar de su colega en la casa de estudio [porque el primero la frecuenta]. Según otros (Fol. 119), se refiere a quien saluda a su colega en la casa de estudio. ¿Qué se entiende por ropa señorial? Esto se refiere a alguien que cubre (oculta) cosas que los de la antigüedad deseaban no revelar; esto es Sisrei Torá. Según otros, esto se refiere a quien descubre lo que ocultaban los de la antigüedad, y ¿qué es? Las razones [de varias leyes] de la Torá.

R. Cahana, en nombre de R. Ishmael, el hijo de R. José, dijo: "¿Cuál es el significado del pasaje (Sal. 19, 1) Para el músico principal, un Salmo de David; es decir, la palabra Lamnatze'ach significa: Cántale a quien sea feliz, incluso cuando vence sobre Él. Ven y mira cómo la naturaleza del Santo, ¡alabado sea! difiere de la naturaleza del hombre frágil. La naturaleza del hombre frágil es lamentarse si alguien es derrotado, pero si el Santo, ¡alabado sea! está derrotado. Él es feliz y se regocija, como se dice (Ib. 106, 23) Por lo tanto, habló de destruirlos, si no hubiera sido Moisés sus elegidos, etc. [Por eso llamó a Moisés sus elegidos, aunque apaciguó la ira del Señor] ". .Cahana también dijo, en nombre de R. Ishmael, el hijo de R. Jose, y, según los rabinos, lo dijo en nombre de R. Simon b. Lakish, quien citó a R. Juda, el Nasi: "¿Cuál es el significado del pasaje (Ez. 1, 8) Y manos de hombre [eran visibles] desde debajo de sus alas. Está escrito Yado (su mano, en singular). Esto alude a la mano del Santo, ¡alabado sea! que se extiende bajo las alas del Chayoth para aceptar a aquellos que se arrepienten y son rechazados por el atributo divino de la justicia ".

R. Juda, en el nombre de Samuel, dijo: "Toda la plata y el oro del mundo que José acumuló y llevó a Egipto, como se dice (Génesis 47, 17) Y José recogió toda la plata que se encontró en la tierra de Egipto. De esto inferimos que él acumuló solo la de la tierra de Egipto; ¿de dónde inferimos que reunió la plata y el oro de Canaán y también de todos los demás países? Por lo tanto, se dice (Ib. 57, 41) Y todos los países entraron en Egipto, y cuando Israel salió de Egipto se llevaron todas estas riquezas, como está dicho (Ex. 12, 36).) Y vaciaron Egipto. "R. Simon b. Lakish dijo que la dejaron como una red sin gramo. Toda esta riqueza estuvo en posesión de Israel hasta los días de Roboam, el hijo de Salomón, cuando Sisac, rey de Egipto, invadió Jerusalén y se los llevó a Roboam, como se dice (I Reyes 14, 25) Y sucedió que en el año cincuenta del rey Roboam, Sisac, rey de Egipto, subió contra Jerusalén. Y se llevó los tesoros de la casa del Señor y los tesoros de la casa del rey, sí, se lo llevó todo. Y quitó todos los escudos de oro que había hecho Salomón. Entonces Zara, rey de Etiopía, invadió Egipto y se lo arrebató a Sisac, rey de Egipto; más tarde Assa, rey de Israel, se lo quitó a Zara, rey de Etiopía, y lo envió a Hadrimon b. Tabrimon; y cuando los amonitas invadieron Siria, se la quitaron a Hadrimon b. Tabrimon. De nuevo vino Joshafat y lo tomó de los amonitas, donde permaneció hasta los días del rey Acaz, cuando vino Sanquerib y se lo llevó a Acaz. Cuando Ezequías peleó contra Senaquerib, se lo quitó, y permaneció con el primero hasta los días de Sedequías, cuando los caldeos invadieron Judea y se la quitaron a Sedequías. Más tarde, los persas se lo quitaron a los caldeos y Grecia se lo quitó a Persia. Finalmente llegaron los romanos y se lo llevaron de Grecia, y todavía está escondido en Roma ".

R. Chama, el hijo de R. Chanina, dijo: "José escondió tres tesoros en Egipto. Uno fue revelado a Coré, y el otro a Antinones, el hijo de Asurio, y el tercero será preservado para los justos en el futuro [cuando el Mesías vendrá] ". Resh Lakish dijo: (Ec. 5, 12) "Las riquezas reservadas para su dueño para su propio daño, se refiere a las riquezas de Coré". (Deu. 11, 6) Y toda la existencia que les siguió. R. Elazar dijo: "Esto se refiere a la riqueza de un hombre que pone al hombre de pie". R. Levi dijo: "Se necesitaban trescientas mulas blancas para llevar las llaves del tesoro de Coré, y todas las llaves y cerraduras estaban hechas de cuero blanco [para que fueran de peso ligero]".

R. Samuel b. Nachmeini, en nombre de R. Jonathan, dijo: (Sal.118, 21) Te agradeceré, porque me has respondido, dijo David. El siguiente pasaje. La piedra que desecharon los constructores se ha convertido en la principal piedra angular, dijo Isaí [cuando David comenzó a reinar]. El pasaje, De parte del Señor, esto ha sucedido, fue dicho por los hermanos de David, y el siguiente pasaje. Este es el día que hizo el Señor, dijo Samuel. (Ib.) ¡Te suplicamos, oh Señor! Sálvanos ahora, dijeron los hermanos de David. (Ib.) ¡Te suplicamos, oh Señor! Envíanos ahora prosperidad, dijo el mismo David. (Ib.) Bendito el que viene en el nombre del Señor, dijo Isaí, y (Ib.) Te bendecimos fuera de la casa del Señor, dijo Samuel. (Ib.) Dios es el Señor y Él nos ilumina, fue dicho por todos. (Ib.) Ata los sacrificios festivos con cuerdas, dijo Samuel. (Ib.) Tú eres mi Dios y te agradeceré,

(Ib. B) R. Avira expuso a veces en el nombre de R. Ami, y otras veces, en el nombre de R. Assi: "¿Cuál es el significado del pasaje (Gen. 21, 8) Y el niño creció y fue destetado; es decir, en el futuro, el Santo, ¡alabado sea! Hará un banquete para los justos el día en que muestre bondad a los hijos de Isaac. Después de que hayan comido y bebido, se le dará a Abraham una copa de vino para que recite la Gracia, y le dirán: "Di la Gracia". La respuesta de Abraham será: "No recitaré la Gracia, porque Ismael salió de mí". Le darán [el honor de recitar la gracia] a Isaac, y él dirá: "No soy titulado para recitar la gracia, porque Esaú salió de mí". Luego se lo darán a Jacob, quien se negará, diciendo: 'No soy apto para recitar la Gracia, porque me casé con dos hermanas a la vez, y esto la Torá estaba destinada a prohibir'. Luego se dirigirán a Moisés, diciendo: ' Tómalo y recita la Gracia ', pero Moisés dirá:' No recitaré la Gracia porque no merecí entrar en la tierra de Israel ni vivo ni muerto '. Entonces le dirán a Josué: 'Tómalo y recita la Gracia', pero él también se negará, diciéndoles: 'No recitaré la Gracia, porque no merecí tener un hijo', como está escrito. (Yo Chr. 7, 27) Nun, su hijo, y Joshua, su hijo. Entonces se volverán a David y le dirán: "Tómalo y recita la gracia". Entonces él dirá: 'Sí, recitaré la gracia y me conviene hacerlo', como está dicho (Sal. 11, 13). Levantaré la copa de la salvación y en el nombre del Señor llama.'"

FIN DE PESACHIM

Yoma, Capítulo 1

YOMA (Fol.2) Mishnah: Siete días antes del Día de la Expiación, el Sumo Sacerdote fue trasladado de su casa a la cámara de Pahedrin (consejeros), y se nombró a otro Sumo Sacerdote para sustituirlo en caso de que se reuniera con tal accidente [que lo incapacitaría para el servicio de ese día]. R. Juda dice: "También se le nombró otra esposa para que no muriera su propia esposa, mientras que se dice (Lev. 17, 11) Y él hará expiación por sí mismo y por su casa; su casa, alude a su esposa." "Si esto es así", comentaron los sabios, "entonces el asunto no tendrá fin [la otra esposa también puede morir]".

(Fol. 3b) Se nos enseña en un Baraitha: "Tomate, significa 'de lo tuyo'; hazte, de lo tuyo. (Ex.27, 20) Que te traigan aceite de oliva puro, significa de la congregación . " Esta es la opinión de R. Jashe. R. Jonathan, sin embargo, dice: "Ambos, te lleven, y que te traigan, se refiere a la Congregación. ¿Por qué, entonces, la Torá dice que te lleven? El Señor expresó el deseo de que Él le diera la bienvenida a la ofrenda de Moisés. él mismo más que eso de toda la Congregación ". Abba Khanan dijo en nombre de R. Elazar: "Un versículo dice (Deu. 10, 1) Y hazte (Moisés) un arca de madera, y otro dice (Ex. 25, 10).) Y ellos (tu Congregación) harán un arca de madera de Sittim. ¿Cómo conciliar ambos pasajes? Este último se refiere al tiempo en que Israel cumple la voluntad de Dios; el primero, hasta el momento en que Israel no cumpla la voluntad de Dios ".

(Fol.4) Se nos enseña (en un Baraitha): Moisés ascendió en la nube, fue cubierto por la nube y fue santificado en la nube, a fin de recibir la Torá para Israel en un estado de santificación, como se dice (Ex.24, 16) Y la gloria del Señor reposó sobre el monte Sinaí. Esto ocurrió el día después de que se dieron los diez mandamientos, que fue el primero de los cuarenta días siguientes. Esta es la opinión de R. José, el galileo. R. Akiba, sin embargo, dice: Y la gloria del Señor moraba en el Monte Sinaí, ocurrió el primer día (Ib. B) del mes [Siván]; La nube cubrió la montaña [no Moisés]; Y llamó a Moisés, ocurrió en el séptimo día [de Siván]: Y aunque Moisés y todo Israel estaban parados allí, tiene la intención de honrar a Moisés [mencionando específicamente su nombre] ". R. Nathan dice:" Las provisiones y se tomaron precauciones [en el] versículo anterior para que pudiera ser limpiado de toda la comida y bebida de sus entrañas, de modo que fuera puro como los ángeles ministradores ". R. Mathiah b. Kheresh, sin embargo, dice:"PD. 2, 11), Servir al Señor con temor y regocijarse con temblor. "¿Qué se entiende por Regocijarse con temblor? R. Adda b. Mathna dijo en el nombre de Rab:" Donde hay regocijo, debe haber temblor ". R José, sin embargo, dice: "En el séptimo". Según el que dice que la Torá fue entregada el sexto día, [parece que] la Torá fue entregada el sexto y Moisés ascendió el séptimo; como es escrito (Ex.24, 16) Y llamó a Moisés al séptimo día; pero según el que dice el séptimo, [parece que] la Torá fue dada en el séptimo día y Moisés ascendió el séptimo. R. José, el galileo, está de acuerdo con el Tana, quien sostiene que la Torá fue entregada a Israel el seis del mes; y por lo tanto, dice: La gloria del Señor reposó sobre el monte Sinaí, después del día en que se habían dado los mandamientos. Las nubes cubrieron a Moisés seis días, y el séptimo lo llamó de entre las nubes para recibir toda la Torá. Pero R. Akiba está de acuerdo con la opinión de R. José, que la Torá fue entregada a Israel el séptimo día del mes. Según R. Akiba, la tradición se comprende claramente que las tablas se rompieron en el decimoséptimo día de Tamuz; ya que quedan veinticuatro días de Siván y dieciséis de Tamuz, para hacer un total de cuarenta días durante los cuales Moisés permaneció en el monte. Descendió el decimoséptimo de Tamuz cuando rompió las tablas. Pero en cuanto a R. José, el galileo, que afirma que los seis días los pasó en reclusión, añádales los cuarenta días que pasó Moisés en el monte, y parecerá que las tablas no se rompieron hasta el veintitrés de ¡Tamuz! R. José, el galileo, explicaría que los seis días de reclusión estaban incluidos en los cuarenta días que pasó Moisés en el monte. ¡y parecerá que las tablas no se rompieron hasta el veintitrés de Tamuz! R. José, el galileo, explicaría que los seis días de reclusión estaban incluidos en los cuarenta días que pasó Moisés en el monte. ¡y parecerá que las tablas no se rompieron hasta el veintitrés de Tamuz! R. José, el galileo, explicaría que los seis días de reclusión estaban incluidos en los cuarenta días que pasó Moisés en el monte.

(Lev. 1, 1) Y el Señor llamó a Moisés y le habló. ¿Por qué era necesario llamar primero y luego hablar? La Torá enseña la conducta apropiada; que uno no debe comunicar nada a otro antes de decirle que desea hablar con él. Esto es en apoyo de R. Chanina, ya que R. Chanina dijo que uno no debe impartir nada a otro antes de decirle que desea hablar con él. (Ib.) Decir; R. Menasseh, el grande, dijo: "¿De dónde inferimos que cuando una persona imparte información a otra, la persona informada no tiene derecho a revelarla a nadie sin permiso? Del texto (Ib.) Y Él le habló del tabernáculo de reunión (Lomar), diciendo ".

(Fol. 8) Rabba bb Ghana, en nombre de R. Jochanan, dijo: "¿Cuál es el significado del pasaje (Pr. 10, 27) ¿El temor del Señor aumenta los días del hombre, pero los años de los impíos se acortan? El temor del Señor aumenta los días, alude al primer Templo, durante cuya existencia de cuatrocientos diez años sólo hubo dieciocho sumos sacerdotes. Y los años de los impíos se acortarán, alude al segundo templo, que existió cuatrocientos veinte años, pero más de trescientos sumos sacerdotes se sucedieron durante ese período. Deducir los cuarenta años durante los cuales ministró Simeón el Justo, los ochenta del ministerio de Jochanan, el Sumo Sacerdote, y los diez años de Ismael b. Favi, y según otros, también los once años de R. Eliezer b. Charsum y computación, verás que posteriormente ni un Sumo Sacerdote completó su año. R. Jochanan b. Turtha dijo: " ¿Por qué pasó todo esto? Porque fueron nombrados para el sacerdocio mediante soborno [y no por sus méritos], porque R. Assi dijo: 'Un tarkabful de denarim hizo Martha b. Boethus trajo al rey Jannai, hasta que ella logró que él nombrara a Josué b. Gamla [su esposo], como sumo sacerdote '". R. Jochanan b. Turtha dijo además:" ¿Por qué fue destruida Shiloh? Porque allí se cometieron dos pecados: el adulterio y el trato vergonzoso de los sacrificios; como está escrito ¿Por qué fue destruida Shiloh? Porque allí se cometieron dos pecados: el adulterio y el trato vergonzoso de los sacrificios; como está escrito ¿Por qué fue destruida Shiloh? Porque allí se cometieron dos pecados: el adulterio y el trato vergonzoso de los sacrificios; como está escritoYo Sam. 2, 33) Elí era muy viejo y oyó que sus hijos tenían la costumbre de hacer a todo Israel, etc .; y aunque Samuel b. Nachmemi, en el nombre de R. Jochanan, dijo: "Quien diga que los hijos de Eli pecaron, se equivoca, porque (Ib. B) solo prolongaron los sacrificios de aves de confinamiento; sin embargo, dado que la Escritura los censura de esta manera [acusándoles con el pecado], entendemos que prevaleció el adulterio. Maltrato de los sacrificios, como está escrito (Ib. ib., 15) antes de que se consumiera la grasa ... Y si el hombre le decía: 'Que la grasa ... porque los hombres despreciaron la ofrenda del Señor."

¿Por qué fue destruido el primer templo? Porque había tres [malas] condiciones: idolatría, adulterio y derramamiento de sangre. Idolatría, como está escrito (Is. 28, 20) Porque la cama será demasiado corta para que un hombre se pueda tumbar en ella; y la manta demasiado estrecha para envolverse en ella. ¿Qué se entiende por La cama será demasiado corta para estirarse en ella? R. Samuel b. Nachmeini, en nombre de R. Jonathan, dijo: "Este lecho es demasiado estrecho para que dos amantes [Dios y el ídolo] puedan estirarse". Y la cubierta era demasiado estrecha para envolverse él mismo, R. Samuel dijo en el nombre de R. Jonathan. Cuando R. Jochanan llegó a este versículo, gritaría diciendo: "Aquel de quien está escrito (Sal. 33, 7) ¡Él reúne como montones las aguas del mar, pero debería tener muy poco espacio [a causa de un ídolo]! "[El templo fue destruido por] adulterio, como está escrito (Is. 3, 16). como las hijas de Sion son fraudulentas y caminan con el cuello extendido, echando alrededor de los ojos, caminando y pellizcando a su paso, y haciendo tintineo con los pies, etc. [El templo fue destruido por] derramamiento de sangre, como está escrito (II Reyes 21, 16) Además, Menasés derramó mucha sangre inocente, hasta que llenó Jerusalén de un extremo a otro, etc. "Aunque todos son impíos, porque han puesto su confianza en el Santo, ¡alabado sea!" se refiere a la gente del primer templo, como está escrito (Mican 3, 11) Sus jefes juzgan por sobornos, sus sacerdotes enseñan por recompensa, y sus profetas adivinan por dinero, y sin embargo, se apoyarán en el Señor y dirán. ¿No está el Señor entre nosotros? El mal no puede invadirnos. Por esto, el Santo, ¡alabado sea! trajo sobre ellos tres retribuciones, por los tres pecados de los que son culpables, como se dice (Ib. ib., 14) Por tanto, por amor a vosotros, Sión será arada como un campo, y Jerusalén se convertirá en montones de ruinas, y el monte de la casa, lugares altos cubiertos de bosque.

Y en el primer Templo, ¿dices que no hubo odio gratuito? ¡Mirad! Está escrito (Ez.21, 17)... Reunidos a espada están con mi pueblo; por tanto, golpea [tu mano] sobre tu muslo. Y R. Elazar dijo: "Esto alude a aquellas personas que comían y bebían juntas, pero que se perforaban unos a otros con la espada de sus lenguas". [Por lo tanto, el odio gratuito prevaleció también en el primer Templo.] Este [odio] se refiere sólo a los príncipes de Israel, como se dice (Ib.) Clama y aúlla, oh hijo de hombre, porque viene contra mi pueblo, etc. Y nos enseñaron sobre esto que uno podría pensar. Gritar en voz alta y gemir, se refiere a toda la nación, por eso se dice. Viene contra todos los príncipes de Israel, reunidos a espada están con mi pueblo; por tanto, golpea [tu mano] sobre tu muslo. R. Jochanan y R. Elazar dijeron: "Los pecados del profeta del primer Templo eran públicos (no los ocultaron), por tanto, el fin [de su cautiverio] también ha sido revelado [mediante profecía]; pero los pecados de la gente del segundo Templo no fueron públicos, por lo tanto, el final [de su cautiverio] tampoco fue revelado ".

R. Jochanan volvió a decir: "El clavo de los que vivieron durante el tiempo del primer templo era preferible al vientre (cuerpo entero) de los que vivieron durante el tiempo del segundo templo". "Al contrario", le comentó Resh Lakish, "estos últimos estaban mejor, porque aunque estaban sujetos a un gobierno extranjero, sin embargo, estudiaron y observaron la Ley". "La prueba está en el templo mismo", replicó R. Jochanan, "el primero de los cuales fue restaurado, mientras que el segundo no lo fue". A R. Elazar se le preguntó: "¿Quiénes eran más grandes, la gente del primer templo o la del segundo?" Él respondió: "Toma el Templo como prueba". Según otros, les ayuda: "Su evidencia indica el [segundo] Templo [que fue reconstruido]".

Resh Lakish se estaba bañando en el Jordán cuando Rabba bb Ghana se le acercó y le estrechó la mano. "Dios los detesta, babilonios", le dijo Resh Lakish, porque está escrito (Cant. 8, 9) Si es una muralla, edificaremos sobre ella un palacio de plata; y si es una puerta, la cerraremos con tablas de cedro. Esto significa: si fueras todo fuerte como un muro y fueras con Esdras, habrías sido como la plata, que nunca se pudre; pero como no lo hiciste, eras como un Erez (un cedro) que está sujeto a descomposición. ¿Qué tipo de cedro es sobre el que la descomposición tiene poder? Ulla dijo: Sasmagur [un gusano aserrador al que un cedro está sujeto a descomposición]. ¿Y por qué comparamos el período del segundo templo con un Sasmagur? R. Abba dijo, esto se refiere a un Bath Kol, como se nos enseña en el siguiente Baraitha: Con la muerte de los últimos profetas, Hagi, Zacarías y Malaquías, el espíritu profético fue retirado de Israel, pero participaron de [actuaron bajo] la santa inspiración (Bath Kol). (¿Es posible que Resh Lakish hablara con Rabba bb Chana? Si Resh Lakish no hablaba con R. Elazar, quien era el hombre principal en Palestina, porque era una regla que a quienquiera que Resh Lakish hablara en la calle, cualquier negocio podría ser confiado sin testigos, si Resh Lakish, entonces, hubiera hablado. con Rabba bb Chana [un hombre inferior]? R. Papa dijo: "Sustituye a otra persona. O eran Resh Lakish y Ze'ri, o Rabba bb Ghana y R. Elazar"). Cuando Resh Lakish se acercó a R. Jochanan y le contó cómo había explicado el pasaje, R. Jochanan le dijo: "Esta no es la razón [explicación]. Si todos hubieran venido con Esdras, incluso entonces la Shejiná no habría permanecido en el segundo Templo, ya que está escrito (cualquier negocio podría confiarse sin testigos, ¿debería Resh Lakish, entonces, haber hablado con Rabba bb Chana [un hombre inferior]? R. Papa dijo: "Sustituye a otra persona. O eran Resh Lakish y Ze'ri, o Rabba bb Ghana y R. Elazar"). Cuando Resh Lakish se acercó a R. Jochanan y le contó cómo había explicado el pasaje, R. Jochanan le dijo: "Esta no es la razón [explicación]. Si todos hubieran venido con Esdras, incluso entonces la Shejiná no habría permanecido en el segundo Templo, ya que está escrito (cualquier negocio podría confiarse sin testigos, ¿debería Resh Lakish, entonces, haber hablado con Rabba bb Chana [un hombre inferior]? R. Papa dijo: "Sustituye a otra persona. O eran Resh Lakish y Ze'ri, o Rabba bb Ghana y R. Elazar"). Cuando Resh Lakish se acercó a R. Jochanan y le contó cómo había explicado el pasaje, R. Jochanan le dijo: "Esta no es la razón [explicación]. Si todos hubieran venido con Esdras, incluso entonces la Shejiná no habría permanecido en el segundo Templo, ya que está escrito (Gen. 9, 27) Que Dios ensanche los límites de Jafet, y que more en las tiendas de Sem (Fol. 10); lo que significa que, aunque Dios amplía los límites de Jafet, su Shejiná solo puede morar en las tiendas de Sem. ¿Y cómo se sabe que los persas son descendientes de Jafet? Porque está escrito (Génesis 10, 2) Los hijos de Jafet: Gomer, Magog, Madai, Jaban, Tubal, Meshej y Thirass; ya R. Joseph se le ha enseñado que Thirass es Persia.

R. Joshua b. Leví, en nombre del rabino, dijo: "Llegará un tiempo en que los que hayan destruido el segundo templo caerán en manos de los persas, como se dice (Jer. 49, 20). Por tanto, escucha el consejo de los Señor, que ha resuelto contra Edom, y sus propósitos, que ha ideado contra los habitantes de Theman. Ciertamente, el más pequeño de los rebaños los arrastrará; seguramente devastará su habitación ". Raba b. Sin embargo, Ulla planteó la siguiente objeción: "¿Cómo sabemos que el menor de los rebaños se refiere a Persia? Supongamos que se basa en el pasaje (Dan. 8, 20).) ¿El carnero que has visto, el de los dos cuernos, representa a los reyes de Media y Persia? ¿Por qué no decir que se refiere a Grecia, acerca de la cual está escrito (Ib. Lb., 21) Y el macho cabrío rudo es el rey de Grecia ". Cuando R. Abba llegó a Palestina, contó la objeción de Raba b . Ulla a uno de los rabinos allí, tras lo cual este último comentó: "Sólo quien no pueda explicar el significado de los versículos podría atreverse a presentar tal objeción en oposición al rabino". ¿Qué se entiende por El más pequeño del rebaño? El más joven de los hermanos (es decir, Thirass); como ha dicho R. Joseph, Thirass es Persia.

Pero, en cuanto al segundo Templo, del cual estamos seguros que sí estudiaron la Torá, cumplieron con los deberes religiosos y la bondad amorosa, ¿por qué fue destruido? Porque entre ellos prevalecía el odio gratuito. De esto podemos inferir que el odio gratuito equivale a los tres pecados juntos: idolatría, adulterio y derramamiento de sangre.

Rabba bb Chana, en nombre de R. Jochanan, citando a R. Juda b. Ilai, dijo: "Llegará un tiempo en que los romanos caerán en manos de Persia. Podemos inferir esto a través del gobierno de a fortiori; si los caldeos cayeran en manos de los persas, porque destruyeron el primer templo, que fue construido sólo por los hijos de Sem, ¡cuánto más debería aplicarse al segundo templo, construido por los mismos persas, que los destructores cayeran en manos de los persas! " Rab, sin embargo, dijo: "Al contrario, llegará el momento en que Persia caerá en manos de los romanos". Entonces R. Cahana y R. Assi dijeron (sorprendidos) a Rab: "¿Los constructores [del templo] deben caer bajo el dominio de aquellos que lo han destruido?" "Sí", respondió él, "tal es el decreto del rey". Otros dicen que él respondió: "Los persas también son culpables de haber destruido un lugar de culto". También tenemos un Baraitha en el mismo sentido: Llegará un tiempo en que Persia caerá en manos de los romanos, primero porque el primero destruyó un lugar de culto, y segundo, porque tal es el decreto del rey: que los constructores [del Templo] debe caer bajo el dominio de aquellos que lo han destruido, porque R. Juda, en el nombre de Rab, dijo: "El Mesías, el hijo de David, no llegará hasta que Roma haya tenido dominio sobre todo el mundo nueve meses, como se diceMiqueas 5, 2) Por tanto, los entregará hasta el tiempo en que dé a luz la que da a luz; entonces volverá el resto de sus hermanos con los hijos de Israel ".

(Fol. 11) R. Juda dijo: "Una vez sucedió que un inquisidor sorprendió a un Artibun en el acto de examinar a Mezuzath en el mercado superior de Séforis y lo multó con mil zuzim". ¿No ha dicho R. Elazar: "Los que van a una misión religiosa no se encontrarán con el mal?" En los casos en que el peligro es cierto, es diferente, como está escrito (I Sam. 16, 2). Y Samuel dijo: ¿Cómo iré? Si Saúl lo oyera, me mataría; y el Señor dijo, "etc.

(Fol. 18) MISHNAH: Se asignó a los miembros superiores de Beth Din a leer ante él [el Sumo Sacerdote] acerca de las ceremonias del Día [de la Expiación]. y le decían: Señor mío, sumo sacerdote, dilo en voz alta, tal vez lo hayas olvidado o no lo hayas estudiado. La mañana anterior al Día de la Expiación, lo colocaron en la puerta oriental, por donde pasaban ante él toros, carneros y ovejas para que pudiera distinguirlos y adquirir experiencia para el servicio. Durante los siete días estuvo libre para comer y beber, pero la víspera del Día de la Expiación, al anochecer, no se le permitió comer mucho, porque comer mucho provoca somnolencia.

GEMARA: Está bien que le digan: "Quizás te hayas olvidado". "Pero para que le dijeran:" Quizás no hayas estudiado ", ¿cómo puede un hombre ignorante convertirse en sumo sacerdote? ¿No hemos aprendido en un Baraitha: (Lev. 21, 10) Y el sacerdote que es el más alto de sus hermanos; es decir, debe ser más alto entre sus hermanos en belleza personal, fuerza física, riqueza y sabiduría. Otros dicen: "¿De dónde sabemos que si no es rico, sus hermanos, los sacerdotes, deben hacerlo rico? Lee el texto, Eso es lo más alto de sus hermanos; es decir, sus hermanos deben contribuir a hacerlo más alto". [¿Por lo tanto, debería ser un gran erudito?] "Esto no es difícil de explicar", respondió R. Joseph, "porque el último caso se refiere al tiempo del primer Templo, y el primer caso se refiere al tiempo del segundo Templo"; como dijo R. Assis: "Un Tarkabful de dinarim dio Marta, la hija de Baituth, al rey Jannai, hasta que logró obtener el nombramiento de Joshua b. Gamla [su esposo] como sumo sacerdote".

"Y toros, carneros y ovejas pasaban delante de él". Se nos enseña en un Baraitha: Los machos cabríos también pasaron delante de él. Pero, ¿por qué nuestra Tana no lo menciona? Porque [según la Mishná], los machos cabríos eran sólo para expiación del pecado; [por lo tanto, no fueron pasados delante de él para que no] "se sintiera desanimado. Si es así, entonces ¿por qué pasaron los bueyes, ya que también eran para [la expiación de] pecados y él podría sentirse desanimado? Porque los toros fueron para expiar su pecados, así como por los pecados de sus hermanos, los sacerdotes. No se sentiría desanimado ya que, si hubieran pecado, se lo habrían dicho y los habría inducido a arrepentirse. Pero los machos cabríos debían expiar los pecados de todo Israel, por lo que no podría saber quién había pecado. "Esto", dijo Rabina, "es lo que la gente dice, 'Si tu. hermana'

(Ib. B) MISHNAH: Los miembros mayores del Beth Din lo dejaron atendido por los miembros mayores del sacerdocio, quienes lo llevaron a la casa de Abtinas, donde fue obligado a jurar; luego se despidió y se fue. Le dijeron: "Mi señor, sumo sacerdote, somos delegados de la Beth Din (corte), y tú eres tanto nuestro delegado como el delegado de Beth Din; que no alteres nada de lo que hemos hablado. para ti ". Se despidió llorando y se separaron llorando. Si él mismo era un erudito, daba una conferencia; de lo contrario, los eruditos le leían. Si tenía práctica en la lectura, leía; si no, le leen. ¿De qué libro le leyeron? De Job, Esdras y Crónicas. Zacarías b. Kabutal dijo: "Muchas veces le leí de Daniel".

(Fol. 19b) Él lloró y ellos lloraron. Lloró porque se sospechaba que era un saduceo, y lloraron porque Resh Lakish dijo: "El que sospeche de un hombre inocente recibirá un castigo odioso". ¿Y por qué llegaron a tal punto? Porque se temía que preparara el incienso en el incensario fuera del Lugar Santísimo, y luego entrara con el incensario, como hacían los saduceos. A nuestros rabinos se les enseñó: que sucedió con un saduceo, que preparó [el incienso] afuera y entró al Lugar Santísimo con él, que cuando salió, se regocijó mucho. Cuando su padre lo recibió, le dijo: "Hijo mío, aunque somos saduceos, debemos temer a los fariseos". A lo que respondió: "Todos mis años estuve ansioso por cumplir el versículo (Lev. 16, 2) Porque en la nube apareceré sobre el Kaporeth, y me dije a mí mismo: "¿Cuándo llegará el día en que pueda hacerlo?" Y hoy, cuando tuve la oportunidad, ¿no debería haberlo hecho? "Se dijo que no pasó mucho tiempo antes de que muriera, y se tumbara en medio de la basura, y los gusanos se deslizaran por sus fosas nasales. Y según otros , fue herido allí mismo, mientras salía del Templo.

MISHNAH: Si él comenzaba a dormir, los sacerdotes jóvenes chasqueaban con los dedos a Tz'reda, dirigiéndose a él: "Mi Señor, Sumo Sacerdote, levántate y refréscate una vez en el piso [de mármol]". Y lo entretuvieron [para mantenerlo despierto] hasta el momento apropiado para degollar la ofrenda diaria.

Se nos enseña en un Baraitha: "No lo entretenían con música de violín o arpa, sino con la boca, y le leían del Sal. 127, 1 , A menos que el Señor edificara la casa, en vano trabajo que lo construyen. Los hombres respetables de Jerusalén se abstuvieron de dormir en toda la noche, para que el Sumo Sacerdote pudiera oír su ruido resonante y no se durmiera ".

Se nos enseña en un Baraitha: Abba Saul dijo: "También en las ciudades fronterizas [de Jerusalén] lo hicieron [se abstuvieron de dormir] en reminiscencia de los usos del Templo, pero resultó ser una causa de pecado". Abaye, y según otros, R. Nachman b. Isaac, dijo: "Las declaraciones de Abba Saul se refieren a los nehardeanos". Elijah [una vez] le dijo a R. Juda, el hermano de R. Sala, el piadoso: "¿Te preguntas por qué no viene el Mesías? Hoy, aunque es el Día de la Expiación, no obstante se han cometido muchos actos adúlteros en la ciudad de Nehardea ". "¿Y qué," preguntó R. Juda, "el Santo, alabado sea, dice a eso?" "Él dice (Génesis 8, 7) El pecado yace a la puerta. "Fol. 20)" ¿Y qué dice Satanás a esto? ", Preguntó R. Juda nuevamente." En el Día de la Expiación no tiene derecho a acusar. "¿De dónde sabemos esto? Como Rami b. Chama dijo: "Hasatan por Gimatria es trescientos sesenta y cuatro, por lo tanto, sólo en ese número de días tiene permiso para acusar; pero en el Día de la Expiación (es decir, el trescientos sesenta y cinco), no podrá acusar ".

(Ib. B) Se nos enseña en un Baraitha, de acuerdo con la opinión de Rab: "¿Cuál fue el mensaje de Gabini, el heraldo? 'Levántate, sacerdote, a tu servicio; Levitas, a tu canto; e Israel, a tu posición. Y su voz se escuchó a una distancia de tres parsaoth. Una vez sucedió que el rey Agripa, estando en el camino, escuchó la voz de Gabini a una distancia de tres parsaoth. Cuando regresó a casa, le envió muchos regalos ". Sin embargo, la voz del Sumo Sacerdote superó en fuerza a la de Gabini, el heraldo. Porque, dijo el maestro, una vez sucedió que el sumo sacerdote dijo: Te ruego, oh Señor, y su voz se escuchó en Jericó; y Rabba bb Chana, en el nombre de R. Jochanan, dijo que entre Jericó y Jerusalén la distancia es de diez parsaoth, y esto, a pesar del hecho de que en el Día de la Expiación, el Sumo Sacerdote estaba débil por el ayuno, y que era durante el día [que recitaba las oraciones], mientras que el heraldo solía hacer anuncios solo por la noche [cuando una voz es más audible]. Porque R. Levi dijo: "¿Por qué la voz de un ser humano no es audible tanto de día como de noche?" Porque el sol esférico atraviesa el cielo como un carpintero corta cedros, y las motas solares se llaman La. En referencia a esto, Nabucodonosor dijo (Dan. 4, 32) Y todos los habitantes de la tierra están regulados como nada (K'la.) ". A nuestros rabinos se les enseñó:" Si no fuera por el ruido causado por el sol globular, se habría escuchado la voz de la multitud de Roma; y si no fuera por la voz de la multitud de Roma, se habría escuchado el ruido causado por el sol globular ". A nuestros rabinos se les enseñó:" Se pueden escuchar tres voces de un extremo al otro del mundo: el sonido emitido del sol esférico; el zumbido y el estruendo de la ciudad de Roma, y la voz de angustia pronunciada por el alma cuando abandona el cuerpo (Fol. 21). "Otros añaden, la voz de una mujer en el encierro; otros, la voz del ángel Ridia ". Los rabinos oraron para que la voz del alma al salir del cuerpo se librara [de esta tortura], y lograron que se suspendiera.

R. Juda, en el nombre de Samuel, dijo: "Cuando Israel subió a Jerusalén para asistir a las fiestas, tuvieron que pararse en el Templo muy apiñados; sin embargo, cuando estaban postrados, había un amplio espacio entre cada uno de ellos. . Se extendieron, postrados, once codos detrás del Kapareth ". También tenemos un Baraitha con el mismo efecto; cuando Israel fue, etc., y este fue uno de los diez milagros que ocurrieron en el Templo, porque se nos enseña en una Mishná: Diez milagros se obraron en el Templo: Ningún nacimiento prematuro fue causado por el olor de la carne santa. ; la carne santa nunca se pudrió; nunca se vio mosca en los mataderos; ningún accidente que causara impureza jamás le sucedió al Sumo Sacerdote en el Día de la Expiación; nunca se encontró ningún defecto ni en el Omer, ni en los dos panes mecidos, ni en el pan de exhibición; aunque la gente estaba muy apretada, encontraron un amplio espacio para postrarse; ninguna serpiente o escorpión hirió jamás a una persona en Jerusalén; ni nadie le dijo jamás a su prójimo: El lugar es demasiado recto para pasar la noche en Jerusalén. ¿Cómo es que la Mishná comenzó con el relato del Templo y terminó con las cosas que sucedieron en Jerusalén? Hay otros dos milagros que ocurrieron en el Templo, como se nos enseña en un Baraitha: La lluvia nunca apagó el fuego de la pila de leña en el altar, y la columna de humo [que surgió de allí] no pudo ser desviada de su curso incluso por los vientos más fuertes del mundo. El lugar es demasiado recto para pasar la noche en Jerusalén. ¿Cómo es que la Mishná comenzó con el relato del Templo y terminó con las cosas que sucedieron en Jerusalén? Hay otros dos milagros que ocurrieron en el Templo, como se nos enseña en un Baraitha: La lluvia nunca apagó el fuego de la pila de leña en el altar, y la columna de humo [que surgió de allí] no pudo ser desviada de su curso incluso por los vientos más fuertes del mundo. El lugar es demasiado recto para pasar la noche en Jerusalén. ¿Cómo es que la Mishná comenzó con el relato del Templo y terminó con las cosas que sucedieron en Jerusalén? Hay otros dos milagros que ocurrieron en el Templo, como se nos enseña en un Baraitha: La lluvia nunca apagó el fuego de la pila de leña en el altar, y la columna de humo [que surgió de allí] no pudo ser desviada de su curso incluso por los vientos más fuertes del mundo.

(Ib. B) R. Oshia dijo: "En el momento en que Salomón construyó el Templo, plantó allí toda clase de árboles frutales dorados, y daban fruto en el momento apropiado; y siempre que soplaba el viento sobre ellos, caían maduros , como se dice (Sal. 72, 16) Sus frutos temblarán como los árboles del Líbano. Y cuando los paganos entraron en el Templo, los árboles frutales se secaron, como se dice (Nahum 1, 4) Las flores del Líbano se marchitarán. En el futuro, el Santo, ¡alabado sea! Los restaurará, como está dicho (Isaías 35, 2). entregado a él.

El Maestro dijo arriba: "El humo salió de la pila de leña en el altar". ¿Había, pues, humo en el altar? He aquí, se nos ha enseñado en un Baraitha: "Se han dicho cinco cosas acerca del fuego en el altar: tenía la forma de un león, era claro como el sol, era palpable, consumía las cosas húmedas como las secas". y nunca emitió humo. " El humo era el del fuego encendido por los hombres, como se nos enseña en un Baraitha: (Lev.1 , 7) Y los hijos del sacerdote Aarón pondrán fuego sobre el altar, es decir, aunque el fuego descendió del cielo, era meritorio traer también fuego de fuera del santuario. "Tenía la forma de un león". He aquí, se nos enseña en un Baraitha, R. Chanina, el Segan (Jefe) de los sacerdotes, dijo: "Lo he visto, y tenía la forma de un perro". No se presenta ninguna dificultad; durante el tiempo del primer templo era como un león, durante el segundo, como un perro. ¿Hubo entonces algún incendio en el segundo templo? ¿No tiene R. Samuel b. Inia dijo en nombre de R. Acha: "¿Cuál es el significado del pasaje (Hag. 1, 8) Sube al monte, trae leña y edifica la casa; para que me complazca y sea glorificado; está escrito V'ekabed (y seré glorificado) aunque lo leemos V'ekabdah. ¿Por qué falta la letra Hay? Esto sugiere que cinco cosas [el valor numérico de Hay] faltaban en el segundo Templo. Ellos son: el arca, el Kaporeth, los querubines, el fuego divino, la Shejiná, el Espíritu Santo y el Urim y Tumim. [Por lo tanto, vemos que no había fuego celestial en el segundo Templo en absoluto.] Te diré: estaba allí, solo que no ayudó a consumir.

A nuestros rabinos se les enseñó: "Hay seis tipos de fuego: fuego que come pero no bebe; que bebe pero no come; que come y bebe; que quema tanto lo húmedo como lo seco; fuego que contrarresta otros incendios; fuego". que reemplaza al fuego; es decir, que come pero no bebe, se refiere a un fuego común; que bebe pero no come, se refiere a fiebre; que come y bebe, se refiere al de Elías; como está escrito (I Reyes 18, 38) Y lamió el agua que estaba en la zanja; que quema lo húmedo así como lo seco, se refiere al fuego en el altar; fuego que contrarresta otro fuego, se refiere a Gabriel; fuego que reemplaza al fuego, se refiere al Shejiná, porque el Maestro dijo que Dios, extendió Su dedo entre los ángeles y los consumió ".

Y la columna de humo que se levantó sobre el altar no pudo ser desviada de su curso ni siquiera por los vientos más fuertes del mundo. ¿Es eso cierto? ¿No R. Isaac b. Abdimi dice: "Al finalizar la Fiesta de los Tabernáculos, todos miraban el humo que se elevaba de la masa ardiente en el Templo; cuando se inclinaba hacia el norte, los pobres se regocijaban y los ricos se sentían desanimados, porque mostraba habría demasiada lluvia y la fruta se pudriría [evitando así la especulación]; pero cuando se inclinaba hacia el sur, los pobres se sentían desanimados, mientras que los ricos se regocijaban, porque esto era una señal de que habría poca lluvia, y la fruta permanecería bien conservada [para especular con]. Cuando se inclinó hacia el este, todos se regocijaron, y hacia el oeste, todos se sentían abatidos [de ahí que vemos que el humo se mecía con el viento]. línea recta,

El maestro dijo anteriormente que cuando se inclinó hacia el este, todos se sintieron felices; pero [cuando se inclinó] hacia el oeste, todos sintieron pena. Y planteé una contradicción del siguiente Baraitha: "El viento del este [que sopla hacia el oeste], siempre es bueno; el del oeste, [que sopla hacia el este] siempre es dañino; el viento del norte es bueno para el trigo, después de un tercio de la cosecha ya había crecido, pero es dañino para las aceitunas cuando aún están en flor; el viento del sur es bueno para las aceitunas, pero dañino para el trigo; y R. Joseph, - según otros. Mar Zutra, - dijo: "Pueden hacer estas identificaciones de la siguiente manera: la mesa [en el Templo, que significa riqueza], estaba en el norte; y el candelabro [que significa sabiduría] estaba en el sur ". Tanto el viento del norte como el del sur sirven para algo; uno es bueno para una plantación,

Yoma, Capítulo 2

(Fol. 22b) R. Isaac dijo: "Israel no debe ser contado, ni siquiera con fines religiosos, porque se dice (I Sam. 11, 8) Y los contó en Bezek". R. Ashi planteó la siguiente objeción: "Quizás Bezek es simplemente el nombre de una ciudad donde fueron contados, como está escrito (Jue. 1, 5) y encontraron Adoni-beztk en Bcztk. Por lo tanto, debemos decir que la interferencia es de aquí: (I Sam. 15, 4) Y Saúl ordenó al pueblo que se reuniera, y los contó por medio de corderos ". R. Elazar dijo: "Quien cuenta a Israel, viola una ley prohibitiva, que se dice (Oseas 2, 1) Sin embargo, el número de los hijos de Israel será como la arena del mar, que no puede contarse ". R. Nachman dijo:" Viola dos leyes prohibitivas, porque se dice (Ib.) Que no se puede medir ni "R. Samuel b. Nachmani dijo que R. Jonachan planteó la siguiente contradicción:" Está escrito, sin embargo, el número de los hijos de Israel será como la arena del mar [un número definido], y entonces es escrito, que no se puede medir ni numerar. Esto no es difícil de explicar; porque el último pasaje trata de Israel cuando no está haciendo la voluntad de Dios; pero el primero se refiere a una época en la que hacen la voluntad de Dios ". R. Assi dice:" No hay contradicción en ello. Los hombres seguramente no pueden contar la arena, pero en el cielo sí pueden contarla. "R. Chanina b. Ide, en el nombre de Samuel. Dijo:"

(I Sam. 15, 5) Y él (Saúl) se peleó en el valle, etc. R. Mani explicó que esto significaba que él (Saúl) tenía una pelea con respecto al valle; es decir, cuando el Santo, ¡alabado sea! dijo a Saúl (Ib. ib., 3) Ve y golpea a Amaiek, Saúl [comenzó a discutir y] dijo: "Si por el bien de un alma [que es asesinada] la Torá ordenó que se trajera una novilla a un campo salvaje valle donde debería romperse el cuello [como expiación por el asesinato], ¿cuánto más tendré que sufrir por tantas almas [si las mato]? Y de nuevo, si el hombre pecó, ¿por qué tienen la culpa las bestias [que yo ¿Debería destruirlos también]? Y de nuevo, si los adultos pecaron, ¿por qué tienen que culpar a los pequeños [que yo también los destruya]? " Inmediatamente después, un Bath-Kol salió y le dijo (Ec. 7, 16) No seas justo en mucho. Más tarde, cuando Saúl le dio la orden a Doeg (I Sam. 22, 18): Vuélvete, ataca al sacerdote y mata tanto a hombres como a mujeres; otro BathKol salió y le dijo (Ec. 7, 17) "No seas malvado en mucho".

R. Huna dijo: "Cuán poco necesita afligirse o preocuparse el Señor a quien el Señor apoya. Saúl cometió un solo pecado y fue liberado de la realeza. David cometió dos pecados y, sin embargo, lo retuvo". "Saulo cometió un solo pecado". ¿Qué era? El de Agag. Pero, ¿no cometió otro pecado cuando masacró a los sacerdotes de Nob? Sin embargo, sólo en el incidente de Agag está escrito (I Sam. 15, 11). Lamento haber puesto a Saúl como rey. "David cometió dos pecados". ¿Qué son? El de Urías y su enumeración de Israel. ¿Pero hay un tercero? ¿El de Bath Sheba? Por Bath Sheba fue castigado, como está escrito (II Sam. 12, 6) Por la oveja pagará cuatro veces más. ¿Cuáles fueron los cuatro castigos? La muerte del primer hijo de Betsabé, la muerte de Amnón, la desgracia de Tamar y de Absalón. Si es así, entonces, ¿fue castigado también por enumerar a Israel? Como está escrito (II Sam. 24, 15Y Jehová envió pestilencia en Israel desde la mañana hasta el tiempo señalado. En ese caso, él mismo no fue castigado, pero en los casos que mencionamos, fue castigado personalmente, como dijo R. Juda en nombre de Rab: "Durante seis meses David quedó leproso, y el Sanedrín se separó de él, y el Shejiná se apartó de él, como está dicho (Ts.119, 79). Que vuelvan a mí los que te temen, y los que conocieron tus testimonios, y de nuevo está escrito (Ib. 51, 14). Tu salvación ". ¿Pero no ha dicho Rab que David escuchó calumnias? [¿Por lo tanto cometió más pecados?] La declaración anterior está de acuerdo con la opinión de Samuel, quien sostiene que David no escuchó las calumnias. Y Rab, quien sostiene que David escuchó, explica que David también había sido castigado por ello; para R.II Sam. 19, 30), Tú y Siba dividirán el campo, un Bath-Kol salió y dijo: 'Rejabam y Jeroboam dividirán tu Reino'. "

(I Sam. 12, 1) Saulo tenía un año durante su reinado. R. Huna dijo: "Como un niño de un año, así era inocente de pecado". R. Juda, en el nombre de Samuel, dijo: "¿Por qué no duró mucho la dinastía de Saúl? Porque no había mancha en toda su familia; porque R. Jochanan en el nombre de R. Simon b. Yehozada, dijo: 'El No se debe nombrar jefe de congregación a menos que un montón de reptiles cuelguen de su espalda [a cuya ascendencia se adjunta alguna imperfección] de modo que, cuando se vuelva dominante, podamos decirle: "Vuélvete detrás de ti". "R. Juda, en nombre de Rab, dijo:" ¿Por qué fue castigado Saúl? Porque se permitió renunciar a los honores que le correspondían, como se dice (Ib. 10, 27). Pero los hombres inútiles dijeron, ¿en qué puede ¿Quién nos ayuda? Y lo despreciaron, y no le trajeron regalos, etc. Y poco después está escrito esto.

R. Jochanan, a nombre de R. Simon b. Jochai, dijo: "Un erudito que no toma venganza o no guarda rencor (Fol. 23) como una serpiente, no puede ser llamado Talmid Hacham (un erudito)". He aquí, está escrito (Levítico 19, 18) No te vengarás ni guardarás rencor. Esto está escrito con respecto a asuntos monetarios, como se nos enseña en el siguiente Baraitha: ¿Qué se llama venganza y qué se llama rencor? Venganza: Cuando uno se acerca al otro y le dice: "Préstame tu pala", y él dice: "No". Al día siguiente, el segundo viene al primero y le pide que le preste su hacha. Él responde: "No deseo prestarte, ya que tú no me has prestado a mí". A esto se le llama venganza. ¿Qué es guardar rencor? Cuando uno viene a otro y le dice: "Préstame tu hoz", y él dice: "No". Al día siguiente, el segundo viene al primero y quiere pedir prestada su pala. Él responde: "Te lo presto, porque no soy como tú, que ayer no me quisiste prestar". A esto se le llama guardar rencor. Y en casos de dolor corporal, ¿No ha prohibido la Torá la venganza? ¿No se nos ha enseñado en el siguiente Baraitha: Aquellos que son insultados y no insultan a otros; se escuchan vilipendiados y no responden; cumplen sus deberes por amor y aceptan con gozo las aflicciones que les conciernen, dice la Escritura (Jud. 5, 31) Los que lo aman son como el sol naciente en su fuerza. Con lo anterior se quiere decir que uno puede guardar rencor en su corazón. Pero, ¿no ha dicho Raba: "El que pasa por alto sus represalias (quien se abstiene de tomar represalias), todas sus transgresiones serán perdonadas". Este último se refiere a un caso en el que el infractor solicita ser indultado y cumple con la solicitud del infractor.

(Fol. 26) Se nos enseña en un Baraitha: "Nunca sucedió que un hombre haya ofrecido incienso repetidamente". ¿Cuál es la razón? R. Chanina dijo: "Porque la ofrenda del incienso enriquece". "¿De dónde deducimos esto?" preguntó R. Papa de Abaye. "¿Asumiremos esto, porque está escrito (Deu. 33, 10) Pondrán incienso delante de Ti, e inmediatamente después de esto. Bendice, oh Señor, su sustancia? Entonces no se debe solo al incienso, ya que también es escrito, y que quemó sacrifi sobre tu altar ". Él le respondió: "El holocausto es frecuente, pero el incienso no es frecuente".

Raba dijo: "No encontrarás a un joven erudito que decida cuestiones de derecho, pero que no sea de la tribu de Levi o Isaachar". Leví, acerca de quien está escrito (Ib.) Ellos (la tribu de Leví) enseñarán tus ordenanzas a Jacob; e Isacar, de quien está escrito (I Crónicas 12, 32) y de los hijos de Isacar, los que entendieron los tiempos. Pero, ¿por qué no también la tribu de Judá, de quien está escrito (Sal. 60, 9) Judá es mi legislador? Nos referimos a un erudito cuya decisión final debe estar de acuerdo con la práctica adoptada [esto pertenece solo a los descendientes de Levi e Isacar].

Yoma, Capítulo 3

(Fol. 28b) R. Chama b. Chanina dijo: "Desde los primeros días de nuestros antepasados, nunca dejaron de asistir a la casa de estudio. Cuando estaban en Egipto, tenían casas de estudio, como se dice (Ex. 3, 16). Ve y reúne a los ancianos de Israel. Cuando estaban en el desierto, tenían con ellos casas de estudio, como está dicho (Núm. 11, 16) Reúneme setenta hombres de los ancianos de Israel. Abraham nuestro padre era un erudito y asistía a la casa de estudio, como se dice (Génesis 24, 1) Y Abraham era viejo. Nuestro padre, Isaac, era un erudito y asistía a la casa de instrucción, como se dice (Ib. 27, 1). Y sucedió cuando Isaac envejeció. Nuestro padre, Jacob, era un erudito y asistía a la casa de estudio, como se dice (Ib. 48, 10). Ahora, los ojos de Israel estaban nublados por la edad. Eliezer, el siervo de Abraham, era un erudito y asistía a la casa de los eruditos, como se dice (Ib.24, 2) Y Abraham dijo a su siervo, el mayor de su casa, que era dueño de todo lo que tenía: sobre lo cual R. Elazar dijo: "Esto significa que dominó el aprendizaje de su maestro". (Ib. 26, 5) Eliezer de Damasco fue, es decir, dibujó y dio a otros a beber de las enseñanzas de su maestro ". Rab dijo:" Abraham, nuestro padre, observó toda la Torá, como se dice (Ib. 26, 5) Porque Abraham obedeció mi voz. "R. Shimi b. Chiya le dijo a Rab: "¿Quizás esto se refiere solo a las siete leyes y no más?" ¿Y la circuncisión? ¿Quizás esto se refiere entonces a la circuncisión y las siete leyes? "A lo que Rab respondió:" Si es así, entonces, ¿cuál es el significado de mis mandamientos y mis leyes? "Raba, y según otros," R. Assi, dijo: "Abraham , nuestro padre, observó incluso las regulaciones de Erub Tabshilin, porque se dice, Mis aprendizajes [en plural], es decir, las leyes rabínicas y bíblicas ".

La fiebre es mucho peor en invierno que en verano. Un caso similar es: En un horno frío se necesita mucha leña para calentarlo [de ahí que si uno tiene una temperatura alta en el invierno, la fiebre debe ser grande]. Estudiar temas antiguos es mucho más difícil que un tema completamente nuevo. Un caso similar: el cemento hecho de cemento [es más difícil de fabricar que de arena] ".

R. Assi dijo: "¿Por qué se compara a Ester con el amanecer? Para informarles que así como el amanecer es al final de la noche, así también Ester al final de todos los milagros". ¿Pero está Hanukah (Fiesta de los Mecabees) que ocurrió más tarde? Hablamos de milagros como se narra en una Meguilá especial. Quien sostiene la opinión de que se permite escribir los rollos de Ester (la Meguilá), tiene toda la razón. Pero, ¿cómo explicará este pasaje el que tiene la opinión de que no está permitido escribirlo? Explicará el pasaje como R. Benjamin b. Jafeth, a nombre de R. Elazar; para R. Benjiman b. Jaffeth en el nombre de R. Elazar, dijo: "¿Por qué las oraciones de los justos se comparan con una cierva? Así como los cuernos de la cierva divergen mientras crecen, así también lo son las oraciones de los justos; cuanto más ofrecelo,

(Fol. 33) Abaye dispuso el orden del servicio diario en el Templo, según la tradición, de acuerdo con la opinión de Abba Saul. Los [primeros] grandes arreglos de [madera] precedieron al segundo arreglo del incienso; y el segundo orden de incienso precedió a la colocación de las dos piezas de madera [sobre el altar]; y el alineamiento de los dos pedazos de madera precedió a la remoción de las cenizas del altar interior; y la remoción de las cenizas del altar interior precedió a la preparación de las cinco lámparas [del candelero]; y el aderezo de las cinco lámparas, precedió a la aspersión de la sangre de la ofrenda regular [matutina]; y la aspersión de la sangre de la ofrenda regular [matutina] precedió a la preparación de las dos lámparas; y la preparación de dos lámparas precedió a la quema del incienso; y el incienso precedió a la ofrenda de los miembros (porciones) de los sacrificios; y la ofrenda de los miembros (porciones) precedió a la ofrenda de comida; y la ofrenda de harina precedió a la ofrenda de harina horneada; y la ofrenda horneada precedió a las libaciones; y las ofrendas de bebida precedieron a las ofrendas adicionales (Musaff); y las ofrendas adicionales precedieron a las [dos] cucharadas de incienso puro; y las cucharas de incienso puro precedieron a la ofrenda regular de la noche; como se dice y las cucharas de incienso puro precedieron a la ofrenda regular de la noche; como se dice y las cucharas de incienso puro precedieron a la ofrenda regular de la noche; como se diceLev. 6, 5) Y pondrá el holocausto en orden sobre él, y quemará sobre él la grasa de la ofrenda de paz (Hashlamim) y con ella terminará todas las ofrendas del día.

(Fol. 35b) A nuestros rabinos se les enseñó: Cuando el pobre, el rico o el impío comparezcan ante el Juicio Divino, se le preguntará al pobre: "¿Por qué no has estudiado la Ley?" Si responde: "Era pobre y tenía que ganarse la manutención [y, por lo tanto, no tenía tiempo para estudiar], se le responderá:" ¿Entonces eras más pobre que Hillel el Viejo? ". Respecto a Hillel el Viejo, se decía que todos los días se fue a trabajar y se ganó un Tarpeik, del cual la mitad se lo regaló al portero del colegio [para la admisión], y de la otra mitad vivió él y su familia. Una vez sucedió que no ganaba nada, y el portero no quiso dejarlo, subió al tejado y se dirigió a una abertura donde se sentó para escuchar las palabras del Dios vivo, de boca de Shemaia y Abtalian. Se agregó que esto sucedió el viernes, durante la temporada de Tebeth (invierno) y fue besado. Cuando amaneció, Shemaia le dijo a Abtalian: "Hermano, ¿por qué es que todos los días la luz es visible en la academia a esta hora, y ahora todavía está oscuro? ¿Es un día tan nublado?" Levantaron los ojos y vieron la figura de un hombre sobre la ventana. Cuando subieron, encontraron sobre él una capa de nieve de tres codos de espesor. Después de quitarle la nieve, lo bajaron, lo lavaron, lo untaron con aceite, lo colocaron frente al fuego y le dijeron: "Un hombre así merece que incluso el sábado sea violado por su causa". Cuando se le pregunta al rico: "¿Por qué no has estudiado la ley?" si responde: "Porque era un hombre rico con muchas propiedades y no tenía tiempo para estudiar", le responderán: "¿Entonces eras más rico que R. Elazar b. ¿Charsum? "De R. Elazar b. Charsum se decía que su padre le había legado mil pueblos de laud, y mil barcos en el mar, y él mismo solía poner un bulto [que contenía sus necesidades] sobre su hombro y viajar de pueblo en pueblo y de tierra en tierra para estudiar la Ley. Una vez que sus propios sirvientes lo encontraron y lo sometieron a trabajos forzados. Él les dijo: "Les ruego que me dejen ir a estudiar la Torá". Ellos respondieron: "Lo juramos, por R. Elazar b. La vida de Charsum es que no te dejaremos ir antes de que trabajes ". Él fue y les pagó una gran suma de dinero para que lo dejaran estudiar, porque nunca vio a sus sirvientes, sino que estudió la Torá de día y de noche. Cuando se le pregunta al malvado: "¿Por qué no has estudiado la Ley?", Si responde que era guapo, y estaba turbado por sus inclinaciones, ellos le responderán y preguntarán si sus inclinaciones le turban más que José el Justo. Se decía de José, el Justo, que todos los días la esposa de Potifar intentaba seducirlo con su discurso. La ropa que solía ponerse por la mañana [para llamar su atención] no se ponía por la noche, y viceversa. "Escúchame, haz lo que te pido", le suplicó ella, a lo que él respondió: "¡No!" "Te encarcelaré", lo amenazó, y él respondió (La ropa que solía ponerse por la mañana [para llamar su atención] no se ponía por la noche, y viceversa. "Escúchame, haz lo que te pido", le suplicó ella, a lo que él respondió: "¡No!" "Te encarcelaré", lo amenazó, y él respondió (La ropa que solía ponerse por la mañana [para llamar su atención] no se ponía por la noche, y viceversa. "Escúchame, haz lo que te pido", le suplicó ella, a lo que él respondió: "¡No!" "Te encarcelaré", lo amenazó, y él respondió (PD. 146, 7), "El Señor desata a los presos". "Doblaré tu altivez", le advirtió, su respuesta fue (Ib.) "El Señor levanta a los que están abatidos". Ella le dijo: "Te cegaré". Él respondió (Ib. 8) "El Señor hace que los ciegos vean". Ella le dio mil talentos de plata, pero él la rechazó. En consecuencia, Hillel provocará la condena de los pobres; R. Eliezer b. Charsum, la convicción de los ricos, y José, la convicción del malvado.

(Fol. 36b) A nuestros rabinos se les enseñó: ¿Cómo confesó el Sumo Sacerdote? "He cometido iniquidades, transgredí y pequé"; y así dice la Escritura con respecto al chivo expiatorio (Lev. 16, 21) Y confiesa sobre él todas las iniquidades de los hijos de Israel, y todas sus transgresiones y todos sus pecados. Y este arreglo también es usado por Moisés (Ex. 34, 7) Perdonar la iniquidad y la transgresión y el pecado; eso dice R. Meir. Los sabios, sin embargo, dicen. Iniquidades (Avonoth) se refiere a transgresiones intencionales; y así dice la Escritura (Núm. 15, 31) Esa persona será cortada, su iniquidad (Avono) está sobre él; transgresiones (P'sha'im) se refiere a la rebelión, y así dice la Escritura (II Reyes 3, 7) El rey de Moab se ha rebelado (Pasha) contra mí. También hay otro pasaje (Ib. 8, 22). Entonces Libna se rebeló en ese tiempo; pecado (Jata'oth) se refiere al mal no intencional (hecho en ignorancia), y así dice la Escritura (Lev. 4, 2) Si alguna persona peca por ignorancia (Yekheta). Pero, según los sabios, ¿cómo es posible que después de haber confesado los pecados intencionales y rebeldes, confiese los no intencionales? Por tanto, debemos decir que las dijo en este orden: Pequé, cometí iniquidades y transgredí. Y así dice David (Sal. 106, 6). Hemos pecado junto con nuestros padres, hemos cometido iniquidad, hemos hecho maldad. Y así también dice Salomón (I Reyes 8, 47 ; II Crónicas 6) Hemos pecado, hemos cometido iniquidad, hemos actuado con maldad. Así también dice Daniel (Dan. 9, 5) Hemos pecado, hemos cometido iniquidad, hemos hecho maldad y nos hemos rebelado. Si es así, entonces, ¿por qué dijo Moisés (Éxodo 34, 6) Perdonar la iniquidad, la transgresión y el pecado? Moisés dijo así al Santo: ¡Alabado sea! "Soberano del Universo, cuando los hijos de Israel pequen ante ti y luego se arrepientan, considera sus pecados conscientes como meros actos inadvertidos".

(Fol. 37) Se nos enseña en un Baraitha, Rabí dijo: (Deu. 32, 3) Cuando invoco el nombre del Señor, atribuyan grandeza a nuestro Dios. Así dijo Moisés a Israel: "Cuando yo mencione el nombre del Santo, ¡alabado sea! Añadiréis grandeza a nuestro Dios". Chananiah, el hijo del hermano de R. Joshua, dijo: "De lo siguiente (Prov. 10, 7), La memoria de los justos es bendita. Moisés dijo así a Israel: 'Cuando menciono la memoria del justo [gobernante] de los Mundos, daos bendiciones '. "

MISHNAH: El rey Munbaz hizo todos los mangos de los vasos que se usaron en el Día de la Expiación, de Oro. Helen, su madre, hizo un candelabro de oro sobre la puerta del templo. Asimismo, hizo una mesa de oro, en la que estaba inscrito el capítulo relativo a la Sotá (Núm. 5, 12-31). Ocurrieron milagros en las puertas que trajo Nicanor. Todos se mencionan en señal de elogio.

(Ib. B) Se nos enseña en un Baraitha: cuando salió el sol, de él (la mesa dorada) procedían rayos brillantes y todos sabían que era hora de leer la Sh'ma. Se planteó la siguiente objeción: "Quienquiera que lea la Sh'ma matutina junto con las divisiones de sacerdotes, o con la división de israelitas, [ayudando a los sacerdotes de turno], no ha cumplido con su deber, porque el primero leyó la Sh'ma demasiado temprano, y este último lo leyó demasiado tarde, [por lo tanto, la señal no es necesaria para ninguno de los dos]. "La señal era necesaria", dijo Abaye, "para todas las demás personas de Jerusalén".

y con respecto a este milagro dijo Salomón (Hijo 1, 17) Las vigas de nuestra casa son claras, y nuestro revestimiento de cipreses. No lo lea Broihim (cipreses), pero léalo Brith Yam (el pacto del mar). Por lo tanto, todas las puertas del Templo eran doradas, excepto la de Nicanor, porque les habían sucedido milagros y, por lo tanto, las dejaron como estaban. Otros dicen, porque su bronce era brillante [como el oro]. R. Eliezer b. Jacob dijo: "Era de bronce corintio, que brillaba como el oro". porque su bronce era brillante [como el oro]. R. Eliezer b. Jacob dijo: "Era de bronce corintio, que brillaba como el oro". porque su bronce era brillante [como el oro]. R. Eliezer b. Jacob dijo: "Era de bronce corintio, que brillaba como el oro".

MISHNAH: Y los siguientes fueron mencionados para su desgracia; los de la casa de Garmu, que no estaban dispuestos a enseñar el arte de hacer el pan de exhibición; los de la casa de Abtinas, que no quisieron enseñar el arte de preparar el incienso; Hugras b. Levi, que conocía un capítulo de la música en el que no estaba dispuesto a instruir a otros; Ben Kamtzar no quería enseñar el arte de escribir. Del primero [que dio excusas] se dice (Prov. 10, 10 , 7) La memoria de los justos es bendita; pero del resto se dice (Ib.) Pero el nombre de los impíos se pudrirá.

GEMARA: A nuestros rabinos se les enseñó: La casa de Garmu era experta en hacer el pan de la demostración, pero no quería enseñárselo a otros. Los sabios enviaron a buscar panaderos profesionales de Alejandría, que también podían hornear, pero no podían sacarlo del horno [sin romper]. Calentaron el horno desde afuera y lo hornearon afuera, mientras la casa Garmu lo calentaba por dentro y lo horneaba por dentro; el pan de exhibición de los primeros panaderos se enmoheció, mientras que el de los segundos nunca se enmoheció. Cuando los sabios oyeron esto, dijeron: "Todo lo que el Señor ha creado. Lo creó sólo para Su gloria, como está dicho (Is. 43, 7).) Todos los que son llamados por mi nombre, los he creado para mi gloria. Por eso la casa de Garmu tuvo que ser invitada nuevamente a retomar su cargo. Los sabios enviaron a buscarlos, pero no vinieron; así que los sabios doblaron su salario con lo que vinieron. Antes de su regreso, su salario ascendía a mil doscientos dinarim al día, y de ahora en adelante recibían dos mil cuatrocientos dinarim; esta afirmación es de acuerdo con R. Meir. R. Juda, sin embargo, dice: "Su salario anterior era de dos mil cuatrocientos dinarim, y desde entonces, cuatro mil ochocientos dinarim". Entonces los sabios les preguntaron: "¿Por qué no estás dispuesto a instruir a otros?" Ellos respondieron: "Nuestra familia sabe por tradición que este Templo está destinado a ser destruido y tal vez una persona indigna lo aprenderá [a hacer el pan de la proposición] e irá y servirá a los ídolos de ese modo". Por lo siguiente, se elogió su memoria; nunca se vio que sus hijos usaran harina pura, por temor a que se sospechara que la tomaban del pan de exhibición. Lo hicieron para cumplir con el pasaje (Num. 32, 22) Y seréis así inocentes ante el Señor y ante Israel.

A nuestros rabinos se les ha enseñado: La casa de Abtinas era experta en preparar incienso, pero no estaba dispuesta a enseñarlo. Los sabios enviaron a buscar hombres profesionales desde Alejandría de Egipto. Estos podían mezclar el incienso, pero no podían hacer que el humo no se doblara, mientras que el humo del incienso preparado por los primeros se elevaba derecho, como una vara; el humo del incienso preparado por este último se dividió y se inclinó de un lado a otro. Cuando los sabios se enteraron de esto, dijeron: '¡Todo el que sea el Santo, alabado sea Él! ha creado, ha creado sólo para su gloria, como se dice (Pr. 16, 4) Todo lo ha hecho el Señor para su fin destinado. ' Por tanto, hubo que invitar a la casa de Abtinas a retomar su puesto. Los sabios enviaron a buscarlos, pero no vinieron; así que los sabios doblaron su salario con lo cual vinieron. Antes de su regreso, su salario ascendía a mil doscientos dinarim al día, desde entonces recibían veinticuatro dinarim imndred; esto es según R. Meir. R. Juda, sin embargo, dice que su salario anterior era de dos mil cuatrocientos dinarim y, a partir de entonces, de cuarenta y ochocientos dinarim. Entonces los sabios les preguntaron: "¿Por qué no estás dispuesto a instruir a otros?" A lo que respondieron: "Nuestra familia sabe por tradición que este templo está destinado a ser destruido, y tal vez una persona indigna lo aprenda y vaya a servir a los ídolos". Por lo siguiente recibieron mención digna de elogio: Nunca una novia salió de su casa perfumada, y aun cuando uno de su casa se casaba con una mujer de otra familia, era con la condición de que ella no fuera perfumada, para que la gente no diga que usaba el incienso con el que se perfumaban. [Esta posición que tomaron] para cumplir con el pasaje (Num. 33, 22) Y seréis así inocentes ante el Señor y ante Israel ".

Se nos enseña en un Baraitha: R. Ishmael dijo: "Una vez conocí a uno de sus nietos. Le dije: 'Tus antepasados deseaban aumentar su propia gloria y disminuir la del Señor; ahora la gloria del Señor persiste, pero en cambio . Disminuyó su gloria '". R. Akiba dijo:" R. Ishmael b. Luga me relató la siguiente anécdota:' Una vez, uno de sus nietos y yo salimos al campo a recoger hierba. Lloré y me regocijé. Le pregunté: "¿Por qué lloras?" Él respondió: "Recordé el honor que alguna vez disfrutaron mis antepasados, y por lo tanto lloré". "¿Y por qué te regocijaste?" "Porque estoy seguro de que el Santo, ¡alabado sea! Nos lo devolverá". Le pregunté: "¿Por qué te lo han recordado ahora mismo?" Porque ', dijo él,' Veo ante mí la hierba llamada Ma'ale Ashan, que solíamos mezclar [con el incienso] para enderezar el humo ". Le pedí que me lo señalara. Él respondió: 'Estamos bajo juramento de no mostrárselo a nadie' ". R. Jochanan b. Nuri dijo:" Una vez conocí a un anciano, que tenía un pergamino en el que había una lista de las especias que componen el incienso. Le pregunté: '¿De dónde eres?' Él respondió: 'Soy descendiente de la casa de Abtinas'. '¿Y qué tienes en tu mano?' "Los rollos [que contienen la lista] de las especias", respondió. "Muéstramelo", le supliqué. Él dijo: 'Mientras nuestra familia estuvo entre los vivos, no se lo han mostrado a ningún hombre. Pero ahora [cuando todos hayan muerto y el templo ya no exista], puedo dártelo, pero ten cuidado con él. Cuando vine y le relaté todo esto a R. Akiba, él dijo: 'De ahora en adelante, uno no necesita culparlos más' "." Aprendemos de esto ", dijo Ben Azai," que por tu propio nombre serás llamado y que la gente finalmente te sentará en el lugar que mereces, (Ib. b) y el tuyo siempre recibirás; porque es una regla que un hombre no puede tocar lo que está designado para otro, y un mandato no afecta a su sucesor ni siquiera por un pelo ".

"Se nos enseña en un Baraitha: cuando él [Hugras b. Levi] tuvo que hacer que su voz fuera melodiosa, se llevó el pulgar a la boca y el índice en la línea divisoria entre las dos partes de su bigote. sus compañeros sacerdotes oyeron su voz, se postraron en tierra [en éxtasis] ".

A nuestros rabinos se les ha enseñado: Ben Kamtzar no quería enseñar el arte de escribir. Se decía de él que tomaba cuatro plumas entre sus (cinco) dedos, y cuando tenía que escribir una palabra de cuatro letras, la escribía de una vez. Cuando le preguntaron: "¿Por qué no lo enseñas a otros?" aunque todo lo anterior le dio una excusa, no encontró excusa alguna. Por tanto, del primero se dice: Bendita es la memoria de los justos; pero de Ben Kamtzar y sus asociados, se dice: El nombre de los impíos se pudrirá. ¿Qué se quiere decir con el nombre de impíos se pudrirá [cómo se pudrirá un nombre?]? R. Elazar dijo: "La podredumbre entrará en su nombre, porque nadie nombrará a sus hijos como ellos".

R. Elazar dijo: "El justo es bendecido por sus propias obras, como está escrito (Pr. 10, 7) La memoria de los justos será bendita, pero el nombre de los impíos es maldito; aun por sus asociados, como está escrito (Ib.) Y el nombre de los malvados se pudrirá. R. Hamnuna dijo a uno de los eruditos que prepararon el Agada para él: "¿De dónde aprendemos el dicho de los rabinos: 'El nombre del justo ¿Es bendito? '". Él respondió:" ¿Por qué este es el pasaje? (Pr. 10, 7) La memoria de los justos es bendita "." ¿De dónde aprendemos lo mismo del Pentateuco? (Génesis 18, 17) Y el Señor dijo. ¿Ocultaré a Abraham lo que voy a hacer? Y el siguiente verso dice: Abraham ciertamente se convertirá en una gran nación. "" ¿Y dónde está el pasaje en el Pentateuco de donde aprendemos que el nombre de los impíos se pudrirá? "" Está escrito ", dijo él," (Ib. 13, 12) Y [Lot] plantó sus tiendas cerca de Sodoma. E inmediatamente después de esto está escrito. Los hombres de Sodoma eran impíos y pecadores ". R. Elazar dijo además:" De las bendiciones otorgadas a los justos, uno puede inferir qué maldiciones se otorgan a los impíos; y de las maldiciones dadas a los impíos, se pueden inferir tus bendiciones reservadas para los justos. De las bendiciones otorgadas a los justos, se puede inferir qué maldiciones se otorgan a los malvados; como está escrito (Ib. 18, 19) Porque yo le conozco, que mandará, etc. Y el Señor dijo: Porque el clamor contra Sodoma y Gamorra es grande. Y de las maldiciones dadas a los impíos se pueden inferir las bendiciones reservadas para los justos, como está escrito (Ib. 13, 13) Los hombres de Sodoma eran impíos y pecadores, etc. Y el Señor le dijo a Abram, después de que Lot fue separado de él, etc. "

R. Elazar dijo: El justo, aunque viva con dos personas malvadas, no adquiera sus malos modales; pero el inicuo, aun cuando vive con dos justos, no adquiere de sus obras. "El justo, vivo", se refiere a Abdías, "y el inicuo, vivo", etc., se refiere a Esaú.

R. Elazar volvió a decir: "Incluso por un solo hombre justo fue creado el mundo entero, como está escrito (Génesis 1, 4) Y Dios vio la luz, que era bueno. Y bueno se refiere sólo a un justo hombre, como se dice (Is. 3, 10) Di al justo que es bueno ". R. Elazar volvió a decir: "El que perdona algunos de sus estudios, causa el destierro de sus hijos, como se dice (Oseas 4, 6). Como tú te olvidaste de la ley de tu Dios, así también yo me olvidaré de tus hijos. " R. Abaha dijo: "Él será removido de su alta posición, como se dice (Ib.) Porque has rechazado el conocimiento, así también yo te rechazaré de oficiar ante mí".

R. Chiya b. Abba, en el nombre de R. Jochanan, dijo: "Un justo no se aparta del mundo, hasta que haya nacido otro justo como él, como se dice (Ec. 1, 5). El sol sale, el sol desciende, es decir, antes de que se extinguiera la suma de Elí, ya brillaba el sol de Samuel de Ramá ". Nuevamente dijo R. Chiya b. Abba, en el nombre de R. Jochanan: "¡Alabado sea el Santo! Al ver que los justos eran pocos, los plantó en cada generación, como está dicho (I Sam. 2, 8). son las columnas de la tierra, sobre las cuales Él puso el mundo ". Nuevamente dijo R. Chiya b. Abba, en el nombre de R. Jochanan: "Incluso a través de los méritos de un solo hombre justo, el mundo puede existir, como se dice (Prov. 10, 25) El justo es la base del mundo ". R. Chiya b. Abba dijo con su propia autoridad:" Lo inferimos del siguiente pasaje (I Sam. 2, 9). Él siempre guarda los pies de Su piadoso ". ¿Pero se habla de los Khasidav (los piadosos) en plural? " R. Nachman comentó: "Sin embargo, se escribe en singular". R. Chiya b. Abba dijo además, en el nombre de R. Jochanan: "Cuando un hombre ha vivido la mayor parte de su vida sin haber pecado, no pecará más, porque se dice (Ib.) Él siempre guarda los pies [el fin] de Sus piadosos ". En la escuela de R. Shila se dijo: "Cuando un hombre ha tenido ocasión de cometer un pecado una y dos veces, y escapa de cometerlo, se le protegerá a partir de entonces de pecar, como se dice (Ib.

Resh Lakish dijo: "¿Cuál es el significado del pasaje (Prov. 3, 34) Si [se trata de] los burladores, se burlará, pero a los modestos les dará gracia; es decir, si uno desea contaminarse [con el pecado?] la puerta simplemente se le abre; pero si uno viene a purificarse, es asistido ". En la casa de aprendizaje de R. Ishmael se enseñó: "Esta declaración puede compararse con la historia de un comerciante que vende nafta y perfumes (Fol.39); cuando uno llega a comprar nafta, le dice: ' Mídete tú mismo la cantidad que necesitas '; pero si uno llega a comprar perfumes, dice:' Espera, los dos lo mediremos, para que yo también inhale el olor '". Los mismos discípulos enseñaron:" El pecado embota el corazón de un hombre, como se dice (Lev. 11, 43) Y no os contagiaréis con ellos, para que él se contamine por ellos. No leáis V'nitmethem (seréis contaminados), sino Untamatam (os volveréis insensibles). "A nuestros rabinos se les enseñó: El pasaje, Y no os contagiaréis con ellos, para que seáis contaminados, implica que , cuando un hombre se contamina, un poco, se contamina mucho; [cuando uno se contamina a sí mismo] aquí abajo, será contaminado desde arriba; y cuando [se contamina a sí mismo] en este mundo, será contaminado en el mundo para ven. A nuestros rabinos se les ha enseñado: os santificaréis a vosotros mismos; y seréis santos. Cuando un hombre se santifique un poco aquí abajo, será sanstificado mucho más arriba; y cuando se santifique en este mundo, será santificado en el mundo. venir.

Yoma, Capítulo 4

A nuestros rabinos se les ha enseñado: Los cuarenta años durante los cuales Simeón el Justo fue Sumo Sacerdote, la suerte [para el Señor] siempre llegó a la mano derecha del Sumo Sacerdote, pero después a veces llegaba a su derecha ya veces a su izquierda; la lana de color carmesí [durante la época de Simeón el Justo] siempre se volvió blanca, pero a partir de entonces a veces se volvió blanca y otras permaneció roja; la luz más occidental [del candelabro del templo] siempre ardía, pero a partir de entonces, a veces ardía y otras se apagaba; el fuego del altar [durante el tiempo de Simeón el Justo] creció en fuerza, por lo que los sacerdotes nunca necesitaron más leña en el altar además de las dos piezas, que estaban allí solo para cumplir el mandato de tener leña (con el sacrificio), pero a partir de entonces. el fuego se debilitó de modo que a veces se hizo más fuerte y otras no, y los sacerdotes no se abstuvieron de agregar leña en todo el día. Durante su vida se envió una bendición al Omar, a las dos hogazas de pan y al pan de la proposición, y un sacerdote que obtenía una parte incluso tan pequeña como una aceituna, a veces se sentía satisfecho, y a veces incluso sucedía que algunos fue sobrante; pero desde entonces se envió una maldición al Omar, a las dos hogazas de pan y al pan de la proposición, de modo que cada sacerdote obtuvo sólo el tamaño de una judía, de la cual los sacerdotes concienzudos se retiraron por completo; pero los glotones lo aceptaron y se lo comieron. Una vez sucedió que un sacerdote tomó su parte y la de sus compañeros; fue apodado Ben Khamtzan (agarrador) (Ib. b) hasta su muerte. Rabá b. R. Shila dijo:PD. 71, 4) ¡Oh! Dios mío, líbrame de la mano del impío, del alcance del injusto y violento (Jametz). Raba dijo desde aquí (Is. 1, 17) Aprenda a hacerlo bien; busca la justicia, alivia a los oprimidos. A nuestros rabinos se les enseñó: El año en que murió Simón el Justo, les dijo [a sus compañeros sacerdotes] que iba a morir ese año. Le preguntaron: "¿Cómo lo sabes?" Él respondió: "En el Día de la Expiación conocí a un anciano, vestido de blanco y cubierto de blanco, con quien entré y salí [del Lugar Santísimo]; pero este año conocí a un anciano vestido de negro y turbante negro, y entró conmigo pero no salió conmigo ". Después del festival, estuvo enfermo durante siete días y murió. A partir de entonces, los sacerdotes dejaron de bendecir a Israel con el Tetragrammaton, pero lo usaron en la forma simplificada.

A nuestros rabinos se les ha enseñado: Cuarenta años antes de la destrucción del Templo, la suerte nunca apareció en la mano derecha, la lengua de lana carmesí no se volvió blanca, la luz más occidental [del candelero en el Templo] no ardió, y las puertas del templo se abrieron solas, hasta que R. Jochanan b. Zakkai pronunció una reprimenda, diciendo: "¡Templo! ¡Templo! ¿Por qué serás tú el dador de alarma [prediciendo tu propia destrucción]? Sabemos que estás destinado a ser destruido, porque, en cuanto a ti, Zacarías b. Ide ha profetizado (Zac. 11, 1) Abre tus puertas, Líbano, y el fuego comerá tus cedros ".

R. Isaac b. Tubia dijo en nombre de Rab: "¿Por qué el Templo se llama Líbano? Porque limpia el pecado de Israel". R. Zutra dijo: "¿Por qué el Templo se llama Ya'ar (bosque), como está escrito (I Reyes 10, 17) ... y el Rey puso el en la casa del bosque del Líbano? Así como el bosque produce brotes , así el Templo produce brotes; porque R. Oshiya dijo (Ib. b.): 'En el momento en que Salomón construyó el Templo, plantó allí toda clase de árboles frutales dorados, y dieron fruto en el momento apropiado; y cada vez que soplaba el viento sobre ellos, caían maduros, como se dice (Sal. 72, 16) Sus frutos temblarán como los árboles del Líbano. Y esto sirvió de apoyo a los sacerdotes, pero cuando los paganos habían entrado en el Temple, los árboles frutales se marchitaron, como se dice (Nahum 1, 4) Las flores del Líbano se marchitan. ¡En el futuro el Santo, alabado sea! los restaurará, como está dicho (Is. 35, 2) Florecerá abundantemente y se regocijará; sí, con gozo y canto, la gloria del Líbano le será dada. ' "

Yoma, Capítulo 5

(Fol. 47) A nuestros rabinos se les ha enseñado: Siete hijos tenían Kamchith, y todos oficiaban como sumos sacerdotes. Cuando los sabios le preguntaron: "¿Qué has observado que merezca tal distinción?" Ella respondió: "Las paredes de mi casa nunca vieron mi cabello". Ante lo cual los sabios comentaron: "Muchas mujeres lo hicieron y no tuvieron éxito [en ninguna distinción]".

(Fol. 51b) MISHNAH: Caminó por el pasillo hasta que llegó al lugar entre las dos cortinas que separaban el santuario del Lugar Santísimo por el ancho de un codo. R. José dijo: "Había una sola cortina, como se dice (Ex.27, 33) Y la cortina se dividirá ", etc., (Fol. 52b) El exterior se dobló hacia el [muro] sur y el interior hacia el norte. Caminó entre ellos, hasta llegar al [muro] norte; habiendo llegado Allí, volvió su rostro hacia el sur; caminó de regreso con la mano izquierda a la cortina hasta llegar al arca; llegando al arca, colocó el censor entre las dos varas y amontonó el incienso sobre las brasas, así que toda la casa se llenó de humo. Partió de la misma manera en que había venido [de cara al Lugar Santísimo y caminando hacia atrás], y ofreció una breve oración en el santuario exterior; pero no permaneció mucho tiempo en oración en orden no alarmar a Israel [con una gran demora].

GEMARA: ¿De qué templo se habla? ¿Asumiremos del primer templo? luego solo había un tabique [delante del arca, y no una cortina]. Y si asumimos que se refiere al segundo templo, entonces, nuevamente, no había arca en él. Porque se nos enseñó: Cuando se quitó el Arca Santa, desapareció con ella, la botella de maná; la botella de aceite de la unción; La vara de Aarón con sus adornos de almendras y capullos, y el cofre que los filisteos habían enviado como regalo al Dios de Israel junto con los vasos de oro; como está dicho (I Sam. 6, 8) Y toma el arca del Señor y colócala en el carro; y los objetos de oro que le devolvéis como ofrenda por la culpa, tendréis que ponerlos en un cofre junto a él, etc. ¿Y quién los quitó? Joshia, rey de Judá. ¿Cuál fue su razón para hacerlo? Encontró un pasaje (Deut. 28, 36) El Señor te arrojará a ti y al rey que tú hayas puesto sobre ti; así que él fue y lo quitó, como está dicho (II Crónicas 35, 3) Y dijo a los levitas que instruían a todo Israel, que eran hombres santos para Jehová: Poned el arca santa en la casa que edificó Salomón, hijo de David, rey de Israel; no tendréis que cargarlo más sobre vuestros hombros. Servid ahora al Señor tu Dios y a su pueblo Israel. Y R. Eliezer dijo: "Inferimos por regla de analogía de las tres palabras similares Shama (allí), Doroth (generaciones) y Mishmereth (preservaciones) [para probar que el arca estaba escondida entonces". Por tanto, no había arca en el segundo templo]. Seguramente [la Mishná] se refiere al segundo Templo. ¿Qué se entiende por "hasta que llegó al Arca Sagrada", es decir, el lugar donde se encontraba el Arca durante el primer Templo? Pero se dice que colocó el censor entre las dos duelas. Léelo. donde debería haber estado las dos duelas.

(Fol. 53) Partió de la misma manera en que había venido. ¿De dónde deducimos esto? R. Samuel b. Nachmeni dijo, en el nombre de R. Jonathan: "El pasaje dice (II Crónicas 1, 13Luego vino Salomón al lugar alto que estaba en Gabaón en Jerusalén. ¿Cómo es que Gabaón está en Jerusalén? Por lo tanto, debemos decir que el pasaje significa comparar su salida de Gabaón en el camino a Jerusalén con su entrada a Gabaón en el camino de Jerusalén. Así como cuando entró en Gabaón en el camino de Jerusalén, su rostro estaba vuelto hacia el Bama, así también cuando se fue, su rostro todavía estaba vuelto hacia el Bama. Lo mismo se aplica a los sacerdotes después de su servicio, a los levitas después de sus cánticos, y a los israelitas, quienes, después de estar de pie en su guardia, no desviaron sus intenciones o se alejaron, sino que caminaron de lado. Así también un discípulo, al dejar a su maestro, no debe volverse el rostro al partir, sino que debe caminar de lado; como hizo R. Elazar, cuando solía separarse de R. Jochanan. Cuando R. Jochanan quiso irse primero, se inclinó donde estaba hasta que R. Jochanan se perdió de vista; cuando R. Elazar debía irse primero, caminó hacia atrás hasta que ya no pudo ver a R. Jochanan. Raba, dejando a R. Joseph [que era ciego], solía caminar hacia atrás hasta que sus pies golpeaban el umbral de R. Joseph, haciéndolos sangrar. (Ib. B) Cuando esto se relató a R. Joseph, le dijo a Raba: "Que sea la voluntad de Dios levantar tu cabeza por encima de toda la ciudad".

"Ofreció una breve oración en el santuario exterior". ¿Cuál fue la oración? Raba y Rabbin, los hijos de R. Adda, dijeron ambos en el nombre de Rab: "Sea tu voluntad, oh Señor, Dios nuestro, que este año sea caliente, humedecido con rocío". ¿Es entonces un año caluroso bendecido? Por lo tanto, debemos decir que oró así: Si este año es uno en el que la tierra forma nubes [a causa del calor], entonces también debe humedecerse con rocío. R. Acha b. Raba, en el nombre de R. Juda, concluyó la oración de la siguiente manera: "Que ningún gobernante cese de la casa de Judá, ni ningún gobernante cese de la casa de Judá, y que Tu pueblo, Israel, no dependa de cada uno para su sustento. otro; y no puedas prevenir la lluvia] ". R. Chanina b. Dosa estaba de gira. Cuando empezó a llover, dijo: "¡Soberano del Universo! el mundo entero se regocija [a causa de la lluvia], pero Chanina está sufriendo ". Entonces dejó de llover. Cuando llegó a casa, dijo:" ¡Soberano del Universo! el mundo entero está ansioso [porque dejó de llover], sólo Chanina está contenta [no tener campos "]". Entonces empezó a llover de nuevo. R. Joseph comentó: "¿De qué sirvió la oración del Sumo Sacerdote contra la oración de R. Chanina b. Dosa?"

A nuestros rabinos se les ha enseñado: Sucedió con un Sumo Sacerdote que prolongó su oración para que los sacerdotes decidieran entrar [al Templo] después de él. Cuando estaban a punto de entrar en el templo, salió. "¿Por qué has prolongado tanto tu oración?" le preguntaron. Él dijo: "¿Es esta tarea demasiado difícil para ti, cuando le rogué al Señor por tu bien que el Templo no fuera destruido?" Le dijeron: "No establezcas tal costumbre, como nos enseñaron, 'No debe prolongar su oración, no sea que alarme a Israel'. "

MISHNAH: Desde que desapareció el Arca en los días de los primeros profetas, había una piedra en su lugar llamada Shethia (piedra fuente). Tenía tres dedos por encima del suelo, sobre los que [el sacerdote] colocó el censor.

GEMARA: La Mishná dice: Cuando se quitó el arca, no cuando desapareció. Esta Mishná, por lo tanto, está de acuerdo con la opinión que sostiene que el Arca Santa fue trasladada a Babilonia; porque se nos enseñó que R. Eliezer dice: "El Arca Santa fue llevada al destierro a Babilonia, como se dice (II Crónicas 36, 10). Y con la expiración del año envió el rey Nabucodonosor, y lo hizo llevar a Babilonia, con los vasos preciosos de la casa del Señor (precioso se refiere al arca) ". R. Simon b. Jochai dice: "Aprendemos del siguiente pasaje que el Arca Santa fue llevada al exilio a Babilonia (II Reyes, 20, 6) No quedará nada, dice el Señor. Esto se refiere a los diez mandamientos". R. Juda b. Ila, sin embargo, dijo: "El Arca Sagrada desapareció en su lugar (Templo),I Reyes 8, 8) Y habían hecho las varas tan largas, que los extremos de las varas se veían en el lugar santo en el frente del Debir, pero no se veían afuera; y han permanecido allí hasta el día de hoy. "Y el que dice que R. Simon b. Jochai opina que el arca fue llevada al exilio, difiere de Ulla, porque Ulla dijo que R. Mathia b. Cheresh había dicho a R. Simon b. Jochai en Roma: "Dado que R. Eliezer infiere de dos versículos que el arca fue exiliada a Babilonia. (Un versículo, como se cita arriba, dice: Si lo hubieran llevado a Babilonia, con los vasos preciosos de la casa del Señor; el otro es (Lamentaciones 1, 6).) De la hija de Sion ha salido todo su esplendor (Fol. 54); y ¿cuál es el significado de Hadara (su esplendor)? Leer Chadara (la cosa oculta); es decir, el Arca Santa. ¿Qué tienes que decirle? "Él respondió:" Yo digo que el arca estaba escondida en el lugar, como se dice. E hicieron las varas, ... y han permanecido allí hasta el día de hoy ".

R. Nachman dijo: "Se nos ha enseñado que los sabios sostienen que el Arca Hooly estaba escondida en el compartimiento para la escasez de madera". R. Nachman b. Isaac dijo: "También hemos aprendido una Mishná con el mismo efecto. Un sacerdote, que estaba ocupado en el templo, una vez se dio cuenta de que uno de los adoquines en cierto lugar parecía diferente del resto. Salió a contar otros de él; pero aún no había terminado de hablar, cuando murió. Desde allí se supo con certeza que el arca del pacto estaba escondida allí ". Por tanto, esta cuestión está determinada. ¿En qué estaba él [el sacerdote entonces] involucrado? R. Chelbo dijo: "Estaba ocupado jugando con su hacha". En el colegio de R. Ishmael se enseñó: "Había dos sacerdotes con imperfecciones que estaban ocupados escogiendo la madera que no estaba mohosa. El hacha de uno cayó en el lugar debajo del cual estaba escondida el Arca Sagrada; un fuego salió y lo consumió. "

(Ib b) "Una piedra, Shethia". Se nos enseña: Se llama Shethia (piedra fundamental) porque a partir de ella se creó el mundo. Esta afirmación está de acuerdo con quien dice que la creación del mundo comenzó con Sion, porque se nos enseña en un Baraitha: R. Eliezer dice: "El mundo ha sido creado comenzando con el centro, como se dice (Job 38 , 38) Cuando el polvo se derrama como metal fundido, y los terrones se pegan entre sí [primero se creó la pieza central, luego las otras partes se adhirieron a ella] ". R. Joshua dijo:" El mundo ha sido creado desde el principio con las extremidades, como se dice (Ib. 37, 6) Porque a la nieve le dice. Sé tú tierra. Como lluvias de su fuerza ". R. Isaac dijo:" ¡El sabio de la lluvia torrencial, del Santo que derrama, sea alabado! arrojó una piedra al mar, en un lugar de donde fue creado el mundo, como se dice (Ib. 38, 6). ¿Sobre qué se apoyan los pilares de sus cimientos? ¿O quién arrojó su piedra angular? "Los sabios, sin embargo, dijeron:" El mundo fue creado comenzando con Sion, como se dice (Sal. 50, 1-2) Un salmo de Assaph, el Dios de dioses. el Señor habla y llama a la tierra, desde que sale el sol hasta que se pone. De Sion, perfección de hermosura, Dios deslumbra; es decir, desde Sion comenzó a difundirse la belleza por todo el mundo. "Se nos ha enseñado: R. Eliezer dice:" (Génesis 2, 4) Estas son las generaciones de los cielos y la tierra cuando fueron creados, el día que el Señor Dios hizo la tierra y el cielo; es decir, las estrellas luminosas, etc., fueron creadas de los cielos, y todas las cosas terrenales de la tierra ". Pero los sabios dicen:" Estos y aquellos [ambos] fueron creados de Sion, como se dice (Sal. 50, 1) Un Salmo de Assaph, el Dios de Dioses, etc., y nuevamente (Ib.) De Sion la perfección de la belleza; es decir, de ella (Sion) fue creada la belleza del mundo (entero).

Yoma, Capítulo 6

(Fol. 66) Lo entregaron (el chivo expiatorio) al hombre que iba a realizarlo. Todos eran elegibles para realizarlo, solo que los sacerdotes establecieron un uso y no permitieron que los israelitas lo hicieran. R. José dijo: "Una vez pasó a ser dirigido por Arsala, que era un israelita". Se había construido un paseo elevado para él (que conducía al chivo expiatorio), a causa de los babilonios, que solían tirar (al conductor) del cabello, diciendo: "Toma [nuestros pecados] y vete, toma y vete".

R. Juda, en el nombre de Samuel, dijo: "La tribu de Levi no adoró ídolos [el becerro de oro], como se dice (Ex. 32, 26) Y Moisés se colocó a la puerta del campamento, y dijo: Cualquiera que esté del lado del Señor, que venga a mí. Y allí se reunieron a él, todos los hijos de Leví ". Rabina estaba sentada y repitiendo esta tradición, con lo cual los hijos de R. Papa b. Abba planteó la siguiente objeción: (Deut.33, 9) [La tribu de Leví] que dijo [en el incidente del becerro de oro] de su padre y su madre no he visto Mm, [por lo tanto, algunos de la tribu de Leví adoraron al ídolo]. Rabina explicó: "Padre, se refiere al abuelo materno, que era de Israel; hermano, se refiere al medio hermano de la madre; e hijos, a los hijos de la hija, cuyo padre era israelita".

Tómalo [el chivo expiatorio] y vete. Se nos enseña que la gente diría: "¿Por qué se demora el chivo expiatorio cuando los pecados de la generación son tantos?"

(Fol. 67) A nuestros rabinos se les ha enseñado: Anteriormente, la lengua de lana carmesí solía atarse fuera de la puerta del Salón del Templo. Cuando se puso blanco, todos se regocijaron; cuando fracasó, todos se sintieron afligidos y avergonzados. Por lo tanto, se ha ordenado que se amarre en el interior de la puerta del Salón del Templo. Sin embargo, solían echarle un vistazo incluso entonces, y cuando se volvía blanco, se regocijaban; cuando fracasó, todos se sintieron afligidos y avergonzados. Luego se ordenó que la mitad se atara a la roca y la otra mitad a los cuernos del chivo expiatorio.

(Ib. B) A nuestros rabinos se les enseñó: (Lev. 18, 4) Mis ordenanzas haréis. Esto significa las ordenanzas que, aunque no estuvieran escritas, deberían observarse como si estuvieran escritas; son idolatría, adulterio, derramamiento de sangre, robo y blasfemia. (Ib.) Y mis estatutos guardaréis, se refiere a cosas contra las cuales Satanás y otros discuten; como, por ejemplo, abstenerse de comer carne de cerdo, de llevar telas mezcladas de lana y lino, Chalitza, la purificación de un leproso, el envío del chivo expiatorio y el Para Aduma. Quizás dirás que son actos de vanidad; Por tanto, se dice (Ib.) Yo soy el Señor, su Dios; es decir, yo soy el Señor que lo he mandado; no debes criticar.

Yoma, Capítulo 7

(Fol. 69) Las vestimentas sacerdotales no están permitidas en el campo en general, pero pueden usarse en el Templo, ya sea durante el servicio o no, porque se permite obtener beneficios de las vestimentas sacerdotales. ¿Y en el país en general, dices, su uso está prohibido? He aquí, se nos enseña en Baraitha: El vigésimo quinto de Tebet se llama el día del monte Gerizim, en el que no se permite ningún elogio, porque en ese día los samaritanos le pidieron a Alejandro de Macedonia que destruyera nuestro templo, y él les permitió para hacerlo. ¿Qué hizo [el sumo sacerdote] Simón el Justo cuando se le informó de ello? Se vistió y se envolvió con las ropas sacerdotales y, acompañado de los respetables hombres de Jerusalén, con antorchas en la mano, siguieron caminando, una parte hacia y la otra alejándose de Jerusalén, hasta el amanecer. En la madrugada, Alejandro de Macedonia percibió a los judíos. Preguntó: "¿Quiénes son estos hombres?" Y los samaritanos le dijeron: "Son los judíos, que se han rebelado contra ti". Cuando llegaron a la ciudad de Antipatris, el sol había salido y se enfrentaron. Tan pronto como Alejandro vio a R. Simón el Justo, bajó de su carro y se inclinó ante Simón el Justo. Le dijeron: "¿Un rey tan grande como tú te inclinas ante ese judío?" "Su imagen", respondió, "la vi resplandecer ante mí, cada vez que obtenía una victoria". Preguntó a los judíos: "¿Por qué vinieron?" Ellos respondieron: "¿Es posible que el templo en el que oramos por ti y por tu imperio no sea destruido, a través de peticiones engañosas, sea permitido que sea destruido por estos idólatras?" "¿Quiénes son esos idólatras?" preguntó el rey. Ellos respondieron: "Estos samaritanos que están cerca de ti". "Los entrego en tus manos", fue su respuesta; "Trátalos como quieras". Pronto fueron arrastrados hasta el monte Gerizzim, cuando este último [monte] fue destruido de la misma manera en que habían tenido la intención de destruir nuestro templo. Este día se convirtió en fiesta. Por eso vemos que Simeón el Justo salió del santuario con sus vestiduras sacerdotales. Si lo desea, diría que no se referían a las verdaderas vestimentas sacerdotales, sino que eran adecuadas para ser vestimentas sacerdotales; y si lo desea, debo decir, esto fue en un caso de urgencia, como está escrito (Pronto fueron arrastrados hasta el monte Gerizzim, cuando este último [monte] fue destruido de la misma manera en que habían tenido la intención de destruir nuestro templo. Este día se convirtió en fiesta. Por eso vemos que Simeón el Justo salió del santuario con sus vestiduras sacerdotales. Si lo desea, diría que no se referían a las verdaderas vestimentas sacerdotales, sino que eran adecuadas para ser vestimentas sacerdotales; y si lo desea, debo decir, esto fue en un caso de urgencia, como está escrito (Pronto fueron arrastrados hasta el monte Gerizzim, cuando este último [monte] fue destruido de la misma manera en que habían tenido la intención de destruir nuestro templo. Este día se convirtió en fiesta. Por eso vemos que Simeón el Justo salió del santuario con sus vestiduras sacerdotales. Si lo desea, diría que no se referían a las verdaderas vestimentas sacerdotales, sino que eran adecuadas para ser vestimentas sacerdotales; y si lo desea, debo decir, esto fue en un caso de urgencia, como está escrito (PD. 119, 126) Es hora de actuar para el Señor; han violado Tu Ley, es decir, cuando llegue el momento de actuar por el Señor, la Torá puede [por el momento] ser violada [por Su causa].

(Ib. B) ¿Dónde estaba el Sumo Sacerdote durante la lectura de los rollos? En el patio del templo. Pero R. Eliezer b. Jacob dice en el monte del templo, como está dicho (Nech.8, 3) Y leyó en él en el lugar abierto, que está delante de la puerta de las Aguas, desde la luz del día hasta el mediodía, delante de los hombres y las mujeres, y aquellos que pudieron entender; y los oídos de todo el pueblo estaban dirigidos al libro de la ley. Con lo cual R. Hisda dijo: "Él estaba entonces en el tribunal de mujeres [donde todos podían sentarse]". (Nech. 8, 6) Y Esdras bendijo a Jehová, el Dios grande, y todo el pueblo respondió: "Amén, amén", levantando sus manos; e inclinaron la cabeza y se postraron ante el Señor con el rostro en tierra. ¿Qué se entiende por Hagadol (el grande)? R. Assi dijo: "Luego lo magnificó al pronunciar el Tetragrammaton". R. Gidel dijo:Yo Chron. 16, 36) Bendito sea el Señor, Dios de Israel, desde la eternidad hasta la eternidad ". Abaye le dijo a R. Dimi:" ¿Por qué no decir porque fue exaltado mediante la expresión del Tetragrammaton? "" Porque ", respondió R . Dimi, "el Tetragrammaton no debe ser pronunciado fuera del Templo [y por lo tanto no se usó]". ¿Es así? ¿No está escrito (Neh. 8, 4) ¿Esdras el expositor se paró sobre un soporte elevado de madera? Con lo cual R. Gidel dijo, [Elevado implica que] luego lo exaltó al pronunciar el Tetragrammaton. Fue solo en esa ocasión especial y no más. (Ib. 9, 4) Allí estaban Josué, Buni, Kadmiel, Shebaniya, Boni y Kanami, en las escaleras de los levitas, y clamaron a gran voz al Señor. ¿Que dijeron? R. Juda, y según otros R. Jochanan, dijeron que gritaron: 'Ay, ay, es esta (la inclinación al mal) la que destruyó el Templo, quemó el Hechal, mató a todos los hombres justos y exilió a Israel de su tierra ¡Y todavía baila entre nosotros! ¿Por qué nos lo diste? ¿No es para darnos una mayor recompensa por superarlo? No deseamos ni esto ni las grandes recompensas ". Entonces cayó del cielo una tabla en la que estaba escrito Emeth (Verdad). " Inferimos de esto ", dijo R. Chanina," que el sello del Santo, ¡alabado sea Él! es la Verdad. "Ayunaron tres días y tres noches, y luego él (la inclinación al mal) fue entregado en sus manos. El resultado fue que una llama con la forma de un cachorro de león salió del Lugar Santísimo". es decir, la mala inclinación de la idolatría ", llamó el profeta a Israel, como se dice (Zech. 5, 8) Esta es la maldad. Mientras lo atrapaban, le arrancaron un cabello de la melena; emitió un grito que se escuchó a una distancia de cuatrocientas parsas. Dijeron: "Si llora tan fuerte", ¿qué podemos hacer con él? Para que no se compadezca de él en el cielo, ¿qué haremos para que no se escuche su voz? Luego, el Profeta les aconsejó que lo arrojaran a una caldera de plomo, ya que el plomo absorbe (amortigua) el sonido. Lo metieron en una caldera de plomo, que cubrieron con una tapa de plomo, como se dice (Ib.) Y él dijo, esta es la maldad. Y lo echó en medio del efa, y echó la pesada cubierta de plomo sobre su boca. Luego dijeron: "Ya que es un momento tan favorable (al Cielo), recemos contra el deseo sensual". Entonces oraron y les fue entregado. El profeta les dijo: "Tengan cuidado. Si matas a este espíritu, el mundo entero será destruido. "Lo mantuvieron preso tres días. En toda Palestina buscaron para un enfermo un huevo puesto ese día, pero no pudieron encontrarlo. Dijeron entre ellos:" ¿Qué haremos? Si lo matamos. el mundo será destruido. ¿Oraremos por una parte [que el deseo sensual exista solo en casos legales]? Tenemos una tradición de que las cosas no se dan a medias desde el cielo ". Entonces lo dejaron ciego de ambos ojos y lo dejaron. El buen resultado fue que desde entonces no excita el deseo hacia los familiares. el mundo será destruido. ¿Oraremos por una parte [que el deseo sensual exista solo en casos legales]? Tenemos una tradición de que las cosas no se dan a medias desde el cielo ". Entonces lo dejaron ciego de ambos ojos y lo dejaron. El buen resultado fue que desde entonces no excita el deseo hacia los familiares. el mundo será destruido. ¿Oraremos por una parte [que el deseo sensual exista solo en casos legales]? Tenemos una tradición de que las cosas no se dan a medias desde el cielo ". Entonces lo dejaron ciego de ambos ojos y lo dejaron. El buen resultado fue que desde entonces no excita el deseo hacia los familiares.

En Palestina esto es lo que aprendieron: R. Gidel dijo en nombre de Rab: "Grande implica que él (Ezra) usó el Tetragrammaton". R. Mathna dijo: "Significa que dijo, Dios nuestro, el grande, el poderoso y el terrible", y la declaración de R. Mathna está de acuerdo con R. Joshua b. Leví, quien dijo: "¿Por qué fueron llamados los hombres de la Gran Asamblea? Porque restauraron la antigua corona a su influencia original. ¿A qué se refiere esto? Moisés había dicho (Deut. 10, 17).) Dios, el grande, el poderoso y el terrible. Luego vino Jeremías y dijo: 'Los idólatras bailan en Su Templo. ¿Dónde está Su terrible maldad? Así que omitió terrible. Luego vino Daniel, quien dijo: 'Los idólatras esclavizaron a sus hijos. ¿Dónde está su poder? Así que omitió a los poderosos. Entonces vinieron los hombres de la Gran Asamblea, y dijeron: 'Al contrario, este es Su poder, y este Su espanto: Su poder debido a su paciencia para con los impíos; y esto es Su terrible, porque si los hombres no hubieran sentido Su terror, ¿cómo podría un pueblo tan pequeño [como Israel] haber sido mantenido vivo entre tantos pueblos adoradores de ídolos? ' "[Por tanto, introdujeron de nuevo la frase, el Dios, el grande, el terrible y el poderoso. '] Pero los rabinos (Jeremías y Daniel), ¿Cómo podían confiar en su propia autoridad para abolir lo que Moisés había establecido? "Porque", dijo R. Elazar, "conocieron al Santo, ¡alabado sea! Ama la Verdad. Por eso no quisieron mentirle para decirle lo que no pensaban".

(Fol. 71) Caminaré delante del Señor en la tierra de los vivientes (Sal. 116, 9). R, Juda dijo: "Esto se refiere a los mercados [donde se compra la comida]". (Proverbios 3, 2) Por largos días, años de vida y paz, te añadirán. ¿Hay entonces años de vida y años no de vida? R. Elazar dijo: "Estos se refieren a los años del hombre cuando sus circunstancias cambian de malas a buenas". (Ib. 8, 4 :) A ustedes, oh hombres, los llamo. R. Brachiya dijo: "Esto se refiere a los eruditos, que son débiles como las mujeres que se sientan con humildad y realizan hazañas como los hombres". R. Brachiya también dijo: "Aquel que desee [ser acreditado como si fuera a] traer una libación en el altar, debe dejar que los eruditos beban [de su] vino". R. Brachiya dijo también: "Cuando un hombre observa que cesa el aprendizaje de sus hijos, debe casarse con la hija de un erudito, porque se dice (Job 14, 8-9) Si incluso su raíz (Ib. B) se envejece en la tierra, y su estirpe muere en el polvo, sin embargo, a través del olor del agua, florecerá de nuevo y producirá ramas como si fuera recién plantada ".

Él solía hacer una fiesta para sus amigos, etc. A nuestros rabinos se les ha enseñado: Le sucedió a un Sumo Sacerdote, que al salir del Templo había sido acompañado por toda la población, que la gente, al percibir a Shemaia y Abtalion, abandonó el Sumo sacerdote solo y los acompañó (Shemaia y Abtalion). Más tarde, Shemaia y Abtalion vinieron a despedirse de él. Él les respondió: "Que los hijos de los paganos se vayan en paz". Ellos respondieron: "Los hijos de los paganos pueden ir en paz, porque hacen lo que hizo el sumo sacerdote Aarón [amar la paz]; pero los hijos de Aarón pueden no tener paz, porque no quieren hacer lo que hizo Aarón. "

(Fol. 72b) R. Jochanan dijo: "Había tres coronas: la del altar, la de la mesa y la del arca. La del altar (Sacerdocio) fue merecida y recibida por Aarón; la de la mesa (Realeza), fue merecida y recibida por David; la del arca (Educación), aún está por entregarse, y quien quiera obtenerla puede hacerlo, se podría decir que esta es la más barata, por eso se dice (Prov. 8, 15) Por mí reinan reyes ". R. Jochanan planteó la siguiente contradicción: "Está escrito Zar (extraño), y lo leemos Zeir (corona); es decir, si uno es digno, la Torá será como una corona para él; si no, se alejará de él." R. Jochanan planteó el siguiente pasaje contradictorio: "Está escrito (Deut. 10, 1) Y harás un arca de madera;Ex. 25, 10) Y deberían hacer un arca de madera de acacia. Esto es para enseñarnos que un erudito debe ser apoyado por la gente del pueblo ". Por dentro y por fuera la cubrirás (el arca). Raba dijo:" Un erudito cuyo interior no armoniza con su exterior (que no es sincero) no es erudito ". Abaye y, según otros, Raba b. Ulla, dijeron:" No sólo no es un erudito, sino que incluso se le podría llamar corrupto, porque se dice (Job 15, 16). el hombre que bebe haciendo mal como agua. "

R. Samuel b. Najman, en el nombre de R. Jonathan dijo: "¿Cuál es el significado del pasaje (Prov. 17, 16) Por tanto, el dinero de la compra está en la mano de un necio para adquirir sabiduría, ya que no tiene corazón; es decir, ¡Ay de los eruditos que estudian la Ley y no temen al Cielo! " R. Janai proclamó: "¡Ay de aquel que no tiene tribunal, pero le abre una puerta (que posee erudición pero no teme al Señor)". Raba dijo a sus discípulos: "Os ruego que no heredes una Gehena doble". R. Joshua b. Levi dijo: "¿Cuál es el significado del pasaje (Deut. 4, 44) Esta es la ley que estableció Moisés; es decir, si es digno, actúa sobre él como una medicina de vida; si no, actúa sobre él como una droga mortal ". Y esto es lo mismo que ha dicho Raba:" Para el que lo merece es una medicina de vida; para los que no lo merecen se convierte en una droga mortal ". R. Samuel b. Nachmani dijo que R. Jonathan, señaló las siguientes contradicciones:" Está escrito (Sal. 19, 9) Los preceptos del Señor son rectos, alegran el corazón, y (Ib. 18, 31) La palabra del Señor es probada (la prueba y el gozo no son armoniosos); es decir, si es digno, se alegra; si no, está fundido hasta la muerte ". Resh Lakish dijo:" Esto podemos inferir de los mismos pasajes: si se lo merece bien, está preparado para la vida; si no, es fundido hasta la muerte ". (Ib. 19, 10) El temor del Señor es puro, duradero para siempre. R. Nechunia dijo:" Esto se refiere a un hombre que estudia la Ley en pureza ". ¿Por pureza? Cuando se casa por primera vez, y luego estudia. (Ib. 8) El testimonio del Señor es seguro, haciendo sabio al simple. R. Chiya dijo: "La Torá misma es un testigo confiable para testificar en nombre de sus estudiantes en cuanto a quién practica lo que estudia y quién no ".

(Ib. B) MISHNAH: El sumo sacerdote ministra con un traje de ocho piezas, un sacerdote ordinario con un traje de cuatro piezas: una túnica y calzones, una mitra y una faja. Al Sumo Sacerdote se le añaden el pectoral, el efod, la túnica y el tzizt. Se preguntó al Urim ya Tunim sólo cuando estuvo completamente vestido; incluso entonces no se hicieron averiguaciones por un comandante, sino por el rey, el jefe de la corte, o por una persona que el público necesita.

(Fol. 73) A nuestros rabinos se les enseñó: ¿Cómo se consultó a Urim y Tumim? El investigador tenía su rostro dirigido hacia él (el sacerdote) que fue consultado, y el consultado (el sacerdote) se dirigió a sí mismo a la Shejiná. El investigador pregunta [como se menciona (I Sam. 30, 8)] "¿Perseguiré a esta tropa? ¿Tendré éxito?" Y el sacerdote le responde: "¡Sigue! Así ha dicho el Señor. Ve y tendrás éxito". R. Juda, sin embargo, dijo: "No es necesario que diga:" Así ha dicho Dios ". Solo tiene que decir: 'Ve y tendrás éxito'. "No se debe pedir en voz alta, como está dicho (Núm. 27, 21) Y le pedirá a él (solo). Tampoco debería tener la pregunta simplemente en su mente, porque está dicho. Le preguntará delante del Señor.) Now as for Hannah, she spoke in her heart. Two inquiries at a time should not be made, and if one makes two inquiries at a time, only one is answered; the first one, as it is said (Ib. 23, 11-12) Will the men of Ke'ilah surrender me into his hand? Will Saul come down? etc. And the Lord said: He will came down. But you have said only the first question is answered? David asked (Ib. b) them not in the proper order, but he was answered in the proper order. Then, when David realized that he had not asked in the proper order, he repeated the second question: Will the men of Ke'ilah deliver me and my men into the hand of Saul? And he was answered: They will deliver. When, however, two questions must be asked at once [without delay], then the two questions are both answered, as it is said (Ib. 30, 8) Shall I pursue after this troop? Shall I overtake them? And the reply was: Pursue, for thou wilt surely overtake them, and certainly recover. And although the decision of a prophet can be revoked, the decision of the Urim and Tummim cannot be changed, as it is said (Num. 27, 21) El juicio del Urim. ¿Y por qué se llamaron Urim y Tumim? Urim, porque iluminan sus palabras;

Tumim, porque dan una respuesta completa. Uno podría preguntarse: Si es así, ¿por qué no dio una respuesta completa a Israel en Gibath Benjamin? Porque la gente no pensó en preguntar si saldrían victoriosos o si serían derrotados. Se les respondió: Id, y fueron golpeados; pero luego, cuando entendieron cómo indagar, recibieron una respuesta completa, como se dice (Jue.20, 28) Y Phineas. el hijo de Elazar, hijo de Aarón, se presentó ante ella en aquellos días, diciendo: ¿Seguiré saliendo a la batalla con los hijos de Benjamín, mi hermano, o me abstendré? Y el Señor dijo: Sube, que mañana lo entregaré en tus manos. ¿Cómo recibió el sacerdote la respuesta? R. Jochanan dijo: "Las letras [que constituyen la respuesta] sobresalieron". Resh Lakish dijo: "Las letras [que componen las palabras] se acercaron". Pero la carta Tsade no estaba allí. R. Samuel, hijo de R. Isaac, dijo: "Los nombres de Abraham, Yitzshak y Jacob también estaban escritos allí". ¿Pero no faltaba la letra Teth? Las palabras Shibtei Jeshurun (las tribus de Israel) también estaban allí. "No se hacen consultas excepto por un rey", etc. ¿De dónde deducimos esto? R. Abahu dijo: ") Delante de Elazar, el sacerdote estará parado, y le preguntará después del juicio del Urim ante el Señor... él y todos los hijos de Israel con él. Él, se refiere al rey; y todo Israel con él, se refiere al sacerdote ungido como capellán del ejército; y toda la congregación, se refiere al Sanedrín.

Yoma, Capítulo 8

(Fol.74b) Está escrito (Deu.8, 16Que te sustentó en el desierto con maná; y también está escrito (Ib. ib. 3) Y te afligió y te hizo pasar hambre. R. Ami y R. Asi explicaron [en qué consistía tal aflicción]. Uno dijo que no se puede comparar a una persona que tiene pan en su canasta con una que no tiene (es decir, el anhelo de quien no tiene la oportunidad de satisfacer su hambre es mucho más intenso que el de quien tiene la oportunidad). El otro dijo que no se puede comparar a quien ve lo que come con quien no ve lo que come. "Esto sugiere", dijo R. Joseph, "que los ciegos nunca están satisfechos". "Por lo tanto", dijo Abaye, "el que debe comer, debe comer sólo de día y no de noche". R. Zera dijo: "¿Dónde está el pasaje bíblico para probarlo? (Ecc.Pr. 23, 31) Cuando mira dentro de la taza, la bebe suavemente. R. Ami y R. Assi explicaron este pasaje. Uno lo explicó: (Fol. 75) "Quien mira dentro de la taza, le parece común el mundo entero (desconoce los derechos ajenos)"; y el otro dijo: "Quien mira dentro de la taza, para él todas las conexiones prohibidas le parecen comunes (a las que todos tienen acceso)". (Ib. 12, 26) Si hay preocupación en el corazón de un hombre, la reprimirá. R. Ami y R. Assi explicaron esto. Uno dijo: "Esto significa que debe descartarlo de su mente". El otro dijo: "Debería decírselo a los demás". (Is. 65, 25) La serpiente, el polvo será su alimento. R. Ami y A. Assi explicaron esto. Uno dijo que esto significa: "Incluso si come las mejores cosas del mundo, prueba el sabor de la tierra"; y el otro dijo: "Incluso después de comer las mejores cosas del mundo, no encuentra satisfacción hasta que come tierra". Se nos enseña en un Baraitha: R. José dijo: "Ven y mira cómo la costumbre del Santo, ¡Alabado sea!" Se diferencia de la del hombre frágil. Cuando un hombre frágil provoca a otro, este último intenta amargar su vida; pero el Santo, alabado sea, no es así. La serpiente es maldecida por Él, sin embargo, sube al techo y encuentra su alimento, luego desciende al suelo y encuentra su alimento allí. Canaán fue maldito. come lo que come su amo, bebe lo que bebe su amo. La mujer fue maldita, pero todos corren tras ella.

Se nos enseña en un Baraitha: R. José dice: "Así como el profeta reveló a Israel todo lo que ocurrió en los mismos rincones y fisuras de sus moradas, así también el maná reveló todos los secretos que estaban escondidos en los mismos rincones y fisuras ". ¿De qué manera? Por ejemplo, cuando dos [litigantes] acudieron a Moisés y el demandante dijo: "Me ha robado mi esclavo", mientras que el acusado dijo: "Me lo vendiste", Moisés diría: "Por la mañana lo decidiremos . " Al día siguiente, si la medida de maná para el esclavo se encontraba en la casa de su primer amo, se supo que el esclavo había sido robado; pero si la medida del maná se encontraba en la casa del otro, era evidente que lo había comprado. Y así también si uno vino y acusó a su esposa por adulterio, y ella lo acusó de ese crimen; luego Moisés volvió a decir: "Por la mañana lo decidiremos". Si su medida de maná se encontraba en la casa de su esposo, era evidente que había pecado; si la medida de maná se encontraba en la casa de su padre, era evidente que ella había pecado. "Está escrito (Num. 15, 9) Cuando el rocío cayó sobre el campamento de noche, el maná cayó sobre él; y está escrito (Ex. 16, 4) El pueblo saldrá y recogerá; y de nuevo está escrito (Núm. 11, 8) El pueblo anduvo y lo recogió. ¿Cómo se reconciliarán los tres versículos? En cuanto a los justos, el maná descendió a la puerta de sus tiendas; el hombre medio tenía que salir a buscarlo; los malvados tuvieron que pulular y recogerlo. "Está escrito (Ex. 16, 8) pan del cielo; y (Núm. 11, 4) ... hicieron tortas de él; y (ib.) lo molieron. ¿Cómo estos Para los justos, era pan listo; para el hombre promedio, eran tortas (sin hornear); y los malvados tenían que molerlo en un molino. (Num. 11, 8) Su sabor era como de tortas mezcladas con aceite. R. Abahu dijo: "Así como el pecho, en el que el pecho, cada vez que lo toca, encuentra un sabor diferente [según lo que su madre había comido], así también el maná, cada vez que los israelitas lo comían, contienen todos los sabores ".

(Éxodo 16, 8) Y Moisés dijo: "Cuando el Señor os dé a la tarde carne para comer, y pan por la mañana hasta hartarse". Fue enseñado en el nombre de R. Joshua b. Karcha: (Ib. B) Pan [se les dio] porque habían sido razonables al exigirlo [solo cuando tenían hambre], lo obtuvieron razonablemente [justo en la mañana]; pero en cuanto a la carne, porque no habían sido razonables al pedirla, [habiendo tenido muchos rebaños], también se les dio con la misma irracionalidad [a altas horas de la noche para que no tuvieran tiempo suficiente para prepararla]. Con esto, la Torá enseña una lección de modales; verbigracia,. que la carne sólo se come de noche. Pero, ¿no dijo Abaye una vez: "El que tiene que comer, debe comerlo sólo de día"? Quería decir mientras aún hay luz. R. Acha b. Jacob dijo: "Al principio Israel era como gallinas,

Está escrito [el maná tenía sabor a] "pan, aceite, miel". ¿Qué significa esto? es decir, para los jóvenes tenía sabor a pan; para los ancianos, el sabor del aceite, y para los niños, el sabor de la miel.

A nuestros rabinos se les ha enseñado: (Sal. 78, 25) El hombre comió el pan de Abirim. R. Akiba dijo: "Eso significa, el pan que comen los ángeles". Cuando se le dijo esto a R. Ishmael, él les dijo: "Vayan y díganle a R. Akiba: Te has equivocado. ¿Entonces los ángeles comen pan? He aquí, está escrito (Deut. 9, 9) comí, y agua no bebí? " Pero, ¿cómo se explica el pasaje del pan de Abirim? No lean a Abirim (ángeles), sino a Ebrim (miembros); es decir, fue absorbido por los doscientos cuarenta y ocho miembros (no quedó basura).

(Fol. 76) Los discípulos de R. Simon b. Jochai le preguntó: "¿Por qué no descendió el maná para Israel de una sola vez durante todo el año?" Él respondió: "Te lo explicaré por medio de una parábola. ¿A qué se puede comparar eso? A un rey frágil que ordenó que las raciones de su hijo se suministraran una vez al año; el hijo, entonces, vino a ver a su hijo. padre sólo una vez al año. El rey se enojó y volvió a ordenar que las raciones se suministraran diariamente. ¿Podría su hijo hacer otra cosa que visitar a su padre todos los días? Así también sucedió con Israel. El que tuviera cuatro hijos o cinco, preocupado, y dijo: 'Quizás mañana no descenderá maná, y todos mis hijos morirán de hambre'. Por consiguiente, todo Israel dirigió su corazón [diariamente] hacia su Padre Celestial ". Según otros, el propósito era que Israel lo tuviera fresco todos los días; y otros, que no deberían tener que llevarlo en el camino.

Fue después de que R. Tarphon y los ancianos estuvieron ocupados durante mucho tiempo discutiendo la sección relativa al maná que R. Elazar de Modein, que estaba entre ellos, respondió diciendo: "El maná que descendió a Israel en el desierto fue sesenta codos de altura ". Entonces R. Tarphon le dijo: "¡Modite! ¿Hasta cuándo juntarás las palabras y las traerás contra nosotros (qué autoridad tienes para tus afirmaciones)?" "Rabino", respondió, "tomo mi teoría de los siguientes pasajes (Génesis 7, 20) Quince codos hacia arriba prevalecieron las guerras y se cubrieron las montañas. ¿Significa esto que el agua estaba a quince codos sobre el valle o quince codos sobre las montañas? ¿Entonces el agua se mantuvo como paredes [para que pudiera medirse]? Y además, ¿cómo podría el arca subir a las montañas? Por lo tanto, [debemos explicarlo de la siguiente manera], en primer lugar aplique el pasaje anterior (Ib. 11),... fueron rotas todas las fuentes del gran abismo, hasta que quedaron al nivel de las montañas; y luego aplicar el pasaje, quince codos hacia arriba prevalecía el agua, etc. Veamos qué medida es mayor, ¿la de la bondad divina o la de la mala dispensación? Sin duda, la medida de la bondad divina es mayor que la de la mala dispensación. Ahora, con respecto a la medida de la dispensación del mal, se dice (Ib. Ib. 11) y se abrieron las ventanas de los cielos;PD. 78, 23) Y abrió las puertas del cielo; e hizo llover sobre ti maná; y nos han enseñado cuántos espacios de ventana contiene un espacio de puerta; es decir, cuatro ventanas en cada espacio de la puerta. Por lo tanto, hay ocho espacios de ventana, [y dado que en la dispensación maligna cuando el agua provenía de dos ventanas, comprendía quince codos sobre la tierra], por lo tanto, el maná [que provenía de ocho ventanas] debe haber tenido sesenta codos de alto, [cuatro veces la cantidad]. "Se nos enseña en un Baraitha: Issi b. Juda dice:" El maná que ascendió por Israel fue aumentado por sí mismo en altura hasta que todos los reyes de Oriente y Occidente lo vieron, como se dice (Ib . 23, 15) Me preparas una mesa en presencia de mis asaltantes "." De esto inferimos ", dijo Abaye," que la copa [de vino] del rey David en el mundo futuro tendrá doscientos veintiún litros, como se dice (Ib. ib. b) Mi copa rebosa. La palabra taza (Kossi) equivale en valor numérico al número anterior. Pero, ¿cómo puede el rabino Elazar el Modite comparar ambas cosas, ya que el diluvio duró cuarenta días y el maná duró poco tiempo? de nuevo, el diluvio hizo el trabajo, para el mundo entero, mientras que el maná fue solo para Israel. Por tanto, la medida debería ser mucho mayor. Por lo tanto, debemos decir que R. Elazar el Modite hace la inferencia por analogía de P'thicha, p'thicha, mencionado en ambos lugares. ya que la inundación duró cuarenta días y el maná duró poco tiempo; de nuevo, el diluvio hizo el trabajo, para el mundo entero, mientras que el maná fue solo para Israel. Por tanto, la medida debería ser mucho mayor. Por lo tanto, debemos decir que R. Elazar el Modite hace la inferencia por analogía de P'thicha, p'thicha, mencionado en ambos lugares. ya que la inundación duró cuarenta días y el maná duró poco tiempo; de nuevo, el diluvio hizo el trabajo, para el mundo entero, mientras que el maná fue solo para Israel. Por tanto, la medida debería ser mucho mayor. Por lo tanto, debemos decir que R. Elazar el Modite hace la inferencia por analogía de P'thicha, p'thicha, mencionado en ambos lugares.

(Fol. 77) (Jer. 2, 25) Evita que tu pie esté descalzo, y que tu garganta tenga sed; es decir, evita tu pecado, para que tu pie no esté descalzo, y evita que tu lengua hable vanidad, para que tu garganta no tenga sed.

(Fol. 83b) Ocurrió una vez que R. Meir, R. Juda y R. Jose viajaban por la carretera. R. Meir prestó atención a los nombres de sus posaderos, pero los otros dos no le prestaron atención. Cuando llegaron a una posada, le preguntaron al anfitrión: "¿Cómo te llamas?" "Kidor", respondió. "De su nombre infiero que es un hombre inicuo", dijo R. Meir, "porque está escrito (Deut. 32, 20)."¿Por qué no prestaste atención a los nombres?" "¿Por qué el Maestro no nos lo ha dicho?" respondieron ellos. Dijo: "Sólo digo que hay que sospechar de tales hombres, pero no puedo decirlo con certeza". Al darse cuenta de que él [Kidor] tenía lentejas en el bigote, lo llevaron a una tienda y lo intoxicaron con vino. Mientras tanto, fueron a ver a su esposa y le dijeron que su esposo le había dado instrucciones de que les diera su dinero; y para probar su afirmación le dijeron que ese mismo día comían lentejas. Ella les devolvió sus carteras y se fueron. Él (Kidor) luego fue y asesinó a su esposa. Y esto se refiere a la declaración de la Mishná: "El no lavarse las manos antes de la comida hizo que un hombre comiera cerdo [porque era una muestra de que era un gentil]; y agua , despues de comer,Ezek. 23, 43) Y Bala es un adúltero.

A nuestros rabinos se les enseñó: Se han dicho cinco cosas con respecto a un perro rabioso: su boca se abre de par en par, deja caer saliva, sus orejas cuelgan, su cola está enrollada entre sus muslos y se desliza a lo largo del camino. Y otros dicen que ladra espasmódicamente. ¿Qué causa que un perro se enoje? Rab dijo: "Es causado por las brujas que se divierten con él". Sin embargo, Samuel dijo: "Es la causa de un espíritu maligno que reposa sobre él". ¿En qué se diferencian? Matarlo con un proyectil [para no tocarlo]. (Fol. 84) Se nos enseña de acuerdo con la opinión de Samuel: Se debe matar (un perro rabioso) con una flecha u otro proyectil, porque quien lo toca se enferma peligrosamente, y quien es mordido por él muere. ¿Cuáles son los remedios? Aquel cuya ropa haya sido tocada por el perro debe deshacerse de ella y huir, como sucedió con R. Huna, el hijo de R. Joshua, que fue frotado por un perro rabioso; se desnudó y se escapó diciendo: "He cumplido en mi persona el versículo (Ecl, 7) La sabiduría da vida al que la posee ".

(Fol. 85b) MISHNAH: El que dice: "Pecaré, me arrepentiré, pecaré de nuevo y me arrepentiré de nuevo", no tendrá oportunidad de arrepentirse. Si alguien dice: "Pecaré, y el Día de la Expiación expiará mis pecados", el Día de la Expiación no traerá expiación por él. [Sólo] los pecados que afectan la relación del hombre con Dios, el Día de la Expiación expía: pero los pecados que afectan la relación del hombre con su prójimo no se expían en el Día de la Expiación hasta que apacigua a su prójimo. Este R. Elazar expuso (Lev.16, 30)

De todos vuestros pecados delante del Señor seréis limpios; es decir. "Los pecados que afectan la relación del hombre con Dios, el Día de la Expiación expía; pero los pecados que afectan la relación del hombre con su prójimo, el Día de la Expiación no puede expiar hasta que su prójimo haya sido apaciguado". , OIsrael ", comentó R. Akiba:" ¿Ante quién os limpiáis y quién os limpia? ¡Tu Padre, que está en los cielos! porque está dicho (Ez. 36, 25) Allí os esparciré agua limpia, y seréis limpios; y también hay otro pasaje (Jer. 17, 13) La esperanza (Mikvah) de Israel es el Señor; es decir, así como un baño ritual de purificación (Mikve) purifica lo inmundo, así también lo hace el Santo, ¡alabado sea Él! limpia a Israel ".

(Fol. 86) R. Mathia b. Cheresh le preguntó a R. Elazar b. Azarías de Roma: "¿Has oído hablar de los cuatro tipos de expiación, acerca de los cuales expuso R. Ismael?" "Sólo hay tres", respondió, "porque la penitencia, el cuarto, se combina con cada uno de ellos. Cuando uno ha transgredido un mandamiento positivo y se arrepiente antes de dejar el lugar [de la transgresión] es perdonado, ya que (Jer. 3, 22) Regresen Oh hijos rebeldes, sanaré sus rebeliones. Si él ha transgredido un mandamiento prohibitivo y ofrece arrepentimiento, su arrepentimiento causa la suspensión de la sentencia, y la penitencia en el Día de la Expiación perdona, como se dice (Lev.16, 30) Porque en ese día Él hará expiación por ti, para limpiarte de todos tus pecados. Si ha cometido pecados por los cuales la pena es Karoth, o la muerte por Beth Din, entonces la Penitencia junto con el Día de la Expiación suspende [la sentencia en el Cielo] y las aflicciones terminan la expiación, como se dice (Sal. 89, 33). Entonces castigaré con vara sus rebeliones, y con plaga su iniquidad. Pero el que tiene en su conciencia la difamación del nombre del Señor, la penitencia no puede suspender, ni el Día de la Expiación puede expiar, ni la aflicción acabará con su castigo; pero los tres juntos sólo suspenden la sentencia, y la muerte completa la expiación; como se dice (Is. 22, 14) Y fue revelado a mis oídos por el Señor de los ejércitos: Ciertamente esta iniquidad no os será perdonada hasta que muráis ".

¿Cómo se llama difamar el nombre del Señor? "Por ejemplo", dijo Rab, "si tomo carne de un carnicero y no la pago inmediatamente". (Podría decir que un hombre grande y religioso comete un robo.) Dijo Abaye: "Esto se aplica sólo cuando la costumbre es que el carnicero no venga a recolectar, pero no donde el carnicero viene a recolectar". Rabina dijo: "Matha Mechasia es un lugar donde los carniceros vienen a recolectar". Siempre que Abaye compraba carne a un carnicero que tenía pareja, pagaba a ambos y luego los juntaba para arreglar la cuenta. R. Jochanan dijo: "Si caminara cuatro codos sin Tefilin, o sin estudiar Torá, profanaría el Nombre del Señor". R. Isaac b. Abdini dijo: "Cuando los compañeros de un hombre se avergüenzan de su reputación [se difama el nombre].Deut. 6, 5) Amarás al Señor tu Dios. Esto implica que el nombre Divino puede ser amado a través de ti; que un hombre debería leer y estudiar la Torá y esperar a los eruditos; que debería hablar suavemente a la gente; que sus compras y regalos sean adecuados y que sus transacciones comerciales sean honestas. ¿Qué dirá entonces la gente de él? Feliz el que estudió la Torá; feliz es su padre, que le enseñó la Torá; feliz es su maestro, que lo ha instruido en la Torá; y ¡ay de aquellas personas que no han estudiado la Torá! He aquí, el que ha aprendido Torá, ¡qué hermosos son sus caminos! ¡Cuán perfectas son sus obras! De él se lee el pasaje (Is.49, 3) Y me dijo. Mi siervo eres tú, Israel, en quien seré glorificado. Pero alguien que incluso ha leído la Biblia, estudiado la Mishná y ha servido a los eruditos, pero no habla con gentileza a la gente, o cuyas compras y regalos no son adecuados, o que trata deshonestamente, ¿qué dice la gente de él? Ay de aquel que ha leído la Biblia y estudiado la Mishná; Ay de su padre, que le ha enseñado la Torá; ¡Ay de su maestro, que lo ha instruido en la Torá! ¡Feliz el que no estudió la Torá! ¡Mira al que ha aprendido la Torá! ¡Cuán malas son sus obras! ¡Cuán malos son sus caminos! De él dice el pasaje (Ezequiel 36, 20). Profanan mi santo nombre, porque han dicho de ellos: este es el pueblo del Señor, y de su tierra han salido ".

R. Chama b. Chanina dijo: "La penitencia es grande; porque trae curación al mundo, como se dice (Oseas 14, 5). Sanaré su rebelión, los amaré libremente". R. Chama b. Chanina planteó la siguiente contradicción: Está escrito (Jer. 3, 14) Regresen, oh hijos rebeldes; que parece aplicarse incluso a aquellos que anteriormente habían sido reincidentes; y está escrito (Ib.) Sanaré tu rebeldía, lo que parece implicar simplemente por el momento. Aquí no se presenta ninguna dificultad. El primer caso se refiere a alguien que se arrepiente por amor a Dios, pero el segundo se refiere a alguien que se arrepiente simplemente por miedo. R. Ami planteó la siguiente contradicción: Está escrito. Niños reincidentes y en otros lugares (Jer.3, 14) Porque me he convertido en su amo y los tomaré como esclavos. Aquí no se presenta ninguna dificultad. El primer caso se aplica al arrepentimiento por amor o por miedo [son sus hijos]. Pero esto último se aplica sólo cuando lo hacen a través del sufrimiento [cuando se les considera simplemente como esclavos].

R. Levi dijo: "Grande es la penitencia. Llega al trono de la Divina Majestad, como está dicho (Os. 14, 2). Vuelve, oh Israel, al Señor tu Dios". R. Jochanan dijo: "La penitencia es tan grande que reemplaza un mandamiento negativo en la Torá, como se dice (Jer. 3, 3). Se podría decir. He aquí, si un hombre despide a su esposa, y ella se aparta de él" y se convierte en otro hombre, ¿podrá volver a ella otra vez? ¿No estaría esa tierra muy contaminada? Y te has prostituido con muchos compañeros, y aún volverás a mí, dice el Señor.

R. Jochan dijo: "La penitencia es grande porque traerá la redención, como está dicho. Y un redentor vendrá a Sion ya los que se aparten de la transgresión en Jacob; es decir, ¿por qué vendrá un redentor a Sion? Por los que se apartan de la transgresión ".

(Ib.) Resh Lakish dijo: "La penitencia es grande, ya que mitiga los delitos intencionales al estado de actos involuntarios. Como está escrito (Oseas 14, 2) Porque has tropezado en tu iniquidad. La iniquidad es intencional y sin embargo, se llama tropiezo ". ¿Es esto así? ¿No dijo el mismo Resh Lakish: "La penitencia es tan grande, que los pecados intencionales le son contados [que se arrepiente] como si fueran méritos, como se dice (Ezequiel 33, 19)? Y cuando el impío se vuelve de su maldad, y practica el derecho y la justicia, de cierto vivirá por ellos ". Esto no presenta ninguna dificultad. El segundo se refiere al que se arrepiente por amor, y el primero al que se arrepiente por miedo.

R. Jonathan dijo: "La penitencia es tan grande que hace que el hombre viva mucho tiempo (para prolongar los años y días del hombre), como se dice (Ib.

Ib.). Seguramente vivirá". R. Isaac dijo que en la tierra de Israel, dicen en el nombre de Raba b. Mari como sigue: "Ven y mira cómo la costumbre del Santo, ¡Alabado sea!" Difiere de la costumbre del hombre frágil. La costumbre del hombre frágil es que cuando es provocado por su amigo, es dudoso que lo haga. o no aceptará una disculpa; y si uno está seguro de aceptar una disculpa, es dudoso que se apacigüe con meras palabras (sin una multa). Pero el Santo, ¡alabado sea! si un hombre comete un pecado en secreto, como se dice (Oseas 14, 3) Lleve consigo las palabras y vuélvase al Señor. Y no solo esto, sino que incluso le da crédito [por sus pecados], como se dice (Ib. Ib.) Acepta el bien; y no solo esto, sino que el pasaje lo considera [el pecador arrepentido] igual a quien ha sacrificado becerros, como se dice aquí. Paguemos a los novillos con nuestros labios. Se podría decir que serán considerados como novillos que suplican el pecado. Por lo tanto, se dice (Ib. 5): Yo sanaré su rebelión, los amaré voluntariamente [es decir, como una ofrenda voluntaria] ".

R. Zutra b. Tubia dijo en nombre de Rab: "El arrepentimiento es tan grande, que incluso cuando un individuo se arrepiente, el mundo entero es perdonado junto con él, como se dice: Yo sanaré su rebelión, los amaré libremente; porque mi ira es se apartó de nosotros. No dice de ellos, sino de nosotros, de todos nosotros ". ¿Cómo llamas a un pecador arrepentido? Cuando tuvo la oportunidad de cometer un pecado una y dos veces, pero se abstiene de cometerlo. R. Juda, señalando con el dedo, dijo: "Esto se refiere sólo a cuando [el arrepentimiento] sucedió en el mismo lugar, con la misma persona y al mismo tiempo". R. Juda dijo: "Rab planteó la siguiente contradicción: Está escrito (Pr. 28, 13) El que encubre sus transgresiones no prosperará, y (Sal. 31, 1) Bienaventurado aquel cuya transgresión es perdonada; cuyo pecado está cubierto. No presenta ninguna dificultad. Uno se refiere a un pecado conocido públicamente [debe confesar y arrepentirse]; pero el otro se refiere a un pecado aún no conocido [debe arrepentirse antes de que se conozca] ". R. Zutra b. Tubia dijo:" El primero trata de los pecados cometidos hacia un hombre; y el otro trata de los pecados cometidos para con Dios ".

Nos enseñan en un Baraitha: R. Jose b. R. Juda dijo: "Cuando un hombre peca la primera vez es perdonado; la segunda vez es perdonado; la tercera vez es perdonado, como está dicho (Amós 2, 6): Así ha dicho el Señor: "Por tres pecados de Israel, y por cuatro, no revocaré su castigo". Y se dice (Job 33, 29) He aquí todas esas cosas que Dios hace dos o tres veces con el hombre ". ¿Qué necesidad tiene el segundo pasaje? Desde el principio podríamos pensar que solo se hace referencia a una congregación, pero no a un individuo. Ven, escucha: He aquí todas estas cosas Dios dos o tres veces con el hombre.

A nuestros rabinos se les enseñó: "Los pecados por los cuales uno ha confesado en un Día de Expiación, no necesitan ser confesados nuevamente en el próximo Día de Expiación. Este es el caso si no ha repetido el pecado; pero en caso de que el pecado se repita. Si, sin embargo, sin haber vuelto a pecar, volvió a confesar, entonces le aplica el versículo (Prov. 26, 11) Como un perro vuelve a su vómito, así repite el necio su necedad. " Pero R. Elazar b. R. Juda dice: "Tanto más sea alabado, como se dice (Sal. 51, 5) Porque de mis transgresiones tengo pleno conocimiento, y mi pecado está continuamente delante de mí. Pero, ¿cómo debería ser el pasaje? Como un perro vuelve a su vómito, ¿se explicará? Esto se refiere a lo que dijo R. Huna (porque R. Huna dijo): "Cuando un hombre comete un pecado y lo repite, se le permite". ¿Cómo puedes pensar eso? Debemos decir que quiso decir: le parece permisible.

Se nos enseña que R. Juda b. Baba dice: "Uno debe especificar su pecado [cuando confiesa], como se dice (Ex. 32, 31) Este pueblo ha cometido un gran pecado, y se ha hecho un dios de oro". R. Akiba, sin embargo, dice que no es necesario especificar su pecado, como se dice (Sal. 33, 1). Feliz es aquel cuya transgresión es perdonada, cuyo pecado está cubierto. Pero, ¿cómo será el pasaje? Y se han hecho un dios de oro, ¿se explica? Esto lo explica R. Janai, porque R. Janai dijo: Moisés suplicó así ante el Santo, ¡alabado sea! "¡Soberano del Universo! La plata y el oro que derramaste sobre ellos, hasta que dijeron basta, fueron la razón por la que hicieron el becerro de oro".

Han surgido dos buenos líderes para Israel, Moisés y David. Moisés dijo: "Que se inscriba mi pecado", como está dicho (Deut. 32, 51) Porque habéis rebelado contra mí en medio de los hijos de Israel en las aguas de Meribat-Cades, en el desierto de Zin; porque no me santificasteis en medio de los hijos de Israel. Y David dijo: "No se inscriban mis pecados"; como se dice (Sal. 33, 1) Bienaventurado aquel cuya transgresión es perdonada, cuyo pecado está cubierto. La ilustración de Moisés y David puede compararse con dos mujeres castigadas en la corte: una, porque había cometido un pecado vergonzoso; y el otro, porque había comido dátiles verdes del año sabático. "Te ruego", suplicó el segundo, "proclames la causa de mi castigo, para que no se diga que soy castigado por el mismo pecado que la otra mujer". Cumpliendo con su pedido, tomaron la fruta y la colgaron de su cuello y proclamaron: "Que se sepa que ha sido castigada por esto".

Las malas acciones de los hipócritas deben hacerse públicas, para evitar la profanación del nombre del Señor; como está dicho (Ezequiel 3, 20) Cuando un justo se aparta de su justicia y hace lo malo, yo pondré delante de él una piedra de tropiezo para que muera. El arrepentimiento del pecador confirmado provoca la demora de una calamidad y la dispensación no se ejecuta, incluso después de que el decreto ha sido sellado. La prosperidad de los malvados termina en una trampa (los lleva al pecado); y el alto cargo entierra a su ocupante (causa muerte prematura). Uno entra al mundo desnudo y desnudo lo deja. ¡Oh, si estuviera tan limpio al salir como al entrar!

Siempre que Rab iba a la corte, decía: "Por su propia voluntad, él [refiriéndose a sí mismo] va al encuentro de la muerte (castigo divino por un juicio equivocado), pero el deseo de su familia no lo hace (descuida sus propios asuntos).); con las manos vacías vuelve a su casa. Desnudo, entré al mundo, y desnudo lo dejaré. ¡Oh! ¡Estaba tan limpio cuando salgo como cuando entré! " (Fol.87) Cuando notaba que una multitud lo escoltaba, decía (Job 20, 6-7) Aunque su exaltación se elevara hasta los cielos y su cabeza llegara hasta las nubes, sin embargo, cuando se volviera desaparezca para siempre; los que lo han visto dirán: '¿Dónde está?' "Cuando la gente el primer sábado de la temporada cargaba a Mar Zutra, el piadoso, en una silla sobre sus hombros, él decía (Pr. 29,) "Porque la fuerza no es para siempre".

(Pr. 18, 5) No es bueno favorecer al inicuo. [Este pasaje significa que] no es bueno para los malvados que se les muestre indulgencia (en este mundo por el

Señor). No fue bueno para Achab que el Santo le mostrara indulgencia en este mundo, ¡alabado sea! como está dicho (I Reyes 21, 29) ¿Has visto cómo Ajab se ha humillado ante mí? (Pr. 18, 5) para torcer [la causa de los] justos en el juicio. [Este pasaje significa que] es bueno para los justos que el Santo no les muestre indulgencia, ¡alabado sea! en este mundo. Felices son Moisés y Aarón, porque el Santo no les mostró indulgencia en este mundo, ¡alabado sea! como se dice (Núm.20, 12) Porque no me habéis confiado, etc. Pero si hubieses confiado en mí, tu tiempo de partir de este mundo aún no habría llegado. Bienaventurados los justos; pues, no solo obtienen la gracia divina para sí mismos, sino que también la transfieren a sus hijos y a los hijos de sus hijos, hasta generaciones sin fin. Más hijos de Aarón estaban destinados a ser quemados como Nadab y Abiú, como se dice (Lev.10, 12) Que quedaron. Pero la gracia divina de sus padres los preservó. Ay de los malvados; porque no solo se sienten culpables a sí mismos, sino que también hacen que la culpa se adhiera a sus hijos ya los hijos de sus hijos por generaciones sin fin. Muchos hijos pertenecían a Canaán y eran dignos de confianza, como Tabi, el sirviente de Rabban Gamaliel; pero la culpa de su padre les impidió llegar a serlo.

Cualquiera que haga que una comunidad haga el bien, ningún pecado vendrá a través de él; y al que induzca al público a pecar, no se le dará tiempo ni oportunidad para que se arrepienta. Quien haga que una comunidad haga el bien nunca será causa de pecado. ¿Porque? Porque no debería estar en Gehena, mientras que sus seguidores estarán en el Paraíso; como está dicho (Sal. 16, 10) Porque no abandonarás mi alma en el sepulcro. No permitirás que tus piadosos vean corrupción; y al que inspira al público a pecar, no se le dará tiempo ni oportunidad de arrepentirse, para que no esté en el Paraíso mientras sus seguidores estén en el Gehena; como está dicho (Prov. 28, 17) Un hombre oprimido por el peso de haber derramado sangre humana, huirá hasta el pozo: no lo sostendrán.

"Pecaré, el Día de la Expiación expiará". ¿Asumiremos que nuestra Mishná no está de acuerdo con Rabbi? Porque se nos enseña en un Baraitha que Rabí dijo: Por todos los pecados mencionados en la Biblia, [ya sea que uno se haya arrepentido o no], el Día de la Expiación expía. La Mishná puede estar de acuerdo con la opinión del rabino, pero si una persona peca, confiando [en el Día de la Expiación para expiarlo], es diferente. R. Joseph b. Chabu señaló la siguiente contradicción a R. Abahu: Se nos enseña que el Día de la Expiación no expía los pecados contra los hombres hasta que los apacigua, porque está escrito (Lev. 16, 30).) De todos vuestros pecados delante del Señor seréis limpios. He aquí que está escrito (Sam. 2, 25) Si un hombre peca contra otro, Dios lo perdonará cuando ore. La palabra Elohim (Dios) se refiere aquí al juez. Si es así, entonces, ¿cómo explicará la última parte del pasaje: Si un hombre peca contra el Señor, ¿quién lo juzgará? [¿No puede Dios mismo juzgarlo?] Por lo tanto, debemos decir que significa esto: si uno peca contra un hombre y lo apacigua, Dios lo perdona; pero si peca contra Dios, ¿quién podrá orar por él? Solo arrepentimiento y buenas obras.

R. Isaac dijo: "El que ha provocado a su prójimo, incluso con palabras, debe apaciguarlo como se dice (Prov. 6, 1) Hijo mío, si te has hecho fiador de tu amigo, etc., ve a él apresuradamente e insiste a tu amigo, es decir, si tienes su dinero, abre la palma de tu mano y devuélvemelo; si no, pide a algunas personas que le pidan que te perdone ". R. Chisda dijo: "Debe tratar de apaciguarlo tres veces, y entre tres círculos de personas. Luego debe reunir a los hombres alrededor y decir, como en (Job 33, 27) He pecado y pervertido lo que era correcto. y no me aprovechó ".

R. José b. Janina dijo: "Cuando uno trata de apaciguar a otro, no necesita intentarlo más de tres veces, como se dice (Génesis 1, 17). Oh, te ruego, perdona, te ruego, la transgresión de tus hermanos, y su pecado, por lo malo que te han hecho, y ahora te rogamos que perdones ". Y si la persona ofendida está muerta, debe llevar diez personas a la tumba y decir: "He pecado contra Dios y contra el que está aquí, porque he herido sus sentimientos".

R. Jeremiah no había tenido una relación muy íntima con R. Abba: fue a apaciguarlo. Se sentó en el umbral. La sirvienta salió a vaciar el agua sucia y salpicó a R. Jeremiah. Dijo: Fui hecho semejante al barro, y aplicó a sí mismo el pasaje (Sal. 113, 7) Del muladar levanta al necesitado. Abandonó la esperanza y comenzó a alejarse. Cuando R. Abba se enteró de esto, salió y lo siguió. Mientras tanto R. Jeremiah, notando que R. Abba lo perseguía, regresó con el deseo de acercarse y apaciguar a R. Abba, cuando R. Abba le dijo: "Ahora, tengo que pedirte perdón, como está escrito (Pr .6, 3) Ve, humíllate, y exhorta a tu prójimo. "Cuando R. Zera estaba en malos términos con cualquier persona, pasaba a su lado repetidas veces, para que el otro lo recordara y [tratara de] apaciguarlo.

Rab una vez tuvo una pelea con un carnicero. Cuando llegó la víspera del Día de la Expiación, el carnicero no vino a pedirle perdón. "Si no viene a mí", dijo Rab, "entonces iré a pedirle perdón". En el camino, R. Huna se encontró con él y le preguntó: "¿Adónde va el Maestro?" "Voy a apaciguar a ese hombre", dijo. "Abba (es decir, Rab) está en camino de matar a un hombre", comentó R. Huna. Cuando Rab llegó a la puerta del carnicero, que estaba partiendo una cabeza de ganado, levantando los ojos y percibiendo a Rab, él [el carnicero] dijo: "Abba, ¿eres tú? Vete, no quiero tener tratos contigo ". Cuando reanudó la hendidura de la cabeza, el hacha se deslizó de su empuñadura y le golpeó la cabeza, provocando así su muerte.

Rab leyó ante Rabí una sección de los Profetas (Ib. B). Mientras tanto, entró R. Chiya. Rab volvió a leer desde el principio. Luego entró en Bar Kapara. Volvió a empezar desde el principio. Más tarde vino R. Simon, el hijo de Rabbi. Volvió a leer desde el principio. Luego vino R. Chanina b. Chama. Dijo: "¿Volveré a empezar desde el principio, después de tantas veces?" y no lo hizo. R. Chanina entonces se sintió ofendido. Entonces Rab fue a verlo trece veces en la víspera del Día de la Expiación, y sin embargo ese hombre [R. Chanina] no se permitió ser apaciguado. ¿Por qué no lo hizo? ¿No R. Jose b. Chanina dice: "¿Más de tres veces uno no necesita intentarlo?" Rab es diferente. Él mismo se trató con más vigor. ¿Por qué R. Chanina actuó de esta manera? R. Chanina vio en un sueño que Rab estaba colgado de un árbol, y hay una tradición: Si uno sueña con que un hombre sea colgado, él [ese hombre] se convertirá en un líder. Entonces pensó para sí mismo: "Lo despediré. Si no me dejo apaciguar, él irá a Babilonia y se convertirá en un líder allí; en consecuencia, no seré rechazado, [porque entonces podría convertirme en el líder". aquí]."

Fin del Tracto Yomah

Sucá, Capítulo 1

SUCCAH (Fol. 5) Se nos ha enseñado en un Baraitha: R. José dice: "Nunca la Shejiná descendió abajo [en la tierra], y Moisés y Elías nunca subieron al cielo; porque está escrito (Sal. 115, 16. Los cielos son los cielos del Señor, pero la tierra la ha dado a los hijos del hombre ". Entonces, ¿la Shejiná, sostiene usted, nunca bajó? He aquí, está escrito (Ex. 19, 20) Y el Señor descendió sobre el monte Sinaí. Esto estaba a diez palmos sobre el suelo. Pero está escrito (Zac. 14, 4) Y sus pies estarán en ese día sobre el monte de Zeithim (Olivos). Esto estaba a diez palmos sobre el suelo. Nuevamente, [permítanme preguntar], ¿es de hecho un hecho que ni Moisés ni Elías ascendieron al cielo? He aquí, está escrito (Ex.19, 3) ¿Y Moisés subió a Dios? Esto significa menos de diez vanos. Pero está escrito (II Reyes 2, 11) Y Elías subió al cielo en una tormenta de viento. Esto también significa menos de diez vanos. Pero está escrito (Job 26, 9). Él se asienta sobre el rostro de Su trono y extiende Su nube sobre él; y R. Tanchtum dijo: "Esto significa enseñarnos que el Todopoderoso extendió el brillo de la Shejiná y envolvió a Moisés con ánimo". Esto también se refiere a debajo de estos diez tramos. Sin embargo, está escrito, él (Moisés) se asió del rostro de Su trono [por lo tanto, ambos estaban juntos]. Derribó Su trono cerca de diez vanos, donde Moisés se apoderó de él.

(Fol. 14) R. Elazar dijo: "¿Por qué la oración de los justos está simbolizada por una pala? Como la pala mueve el grano de un lugar a otro, así la oración de los justos convierte la dispensación del Señor de la ira en misericordia . "

Sucá, Capítulo 2

(Fol. 21b) R. Acha b. Adda, en el nombre de R. Hamnuna, quien citó a Rab, dijo: "¿De dónde aprendemos que incluso la charla ordinaria de los eruditos debe ser estudiada? Está escrito (Sal. 1, 3) Y la hoja no se seca; [es decir, incluso una cosa insignificante como una hoja no carece de valor] ".

(Fol. 23) ¿La opinión de quién representa nuestra Mishná? Representa la opinión de R. Akiba, como nos han enseñado en un Baraitha: Una sucá hecha en la parte superior de un barco, Rabban Gamaliel consideró inválida; pero R. Akiba lo consideró válido. Una vez sucedió que tanto Rabban Gamaliel como R. Akiba estaban en un barco, y R. Akiba construyó una sucá en la parte superior del barco. Al día siguiente, un viento lo sopló y Rabban Gamaliel le comentó: "¡Akiba! ¿Dónde está tu sucá?"

(Fol. 26b) Rab dijo: "No se debe dormir de día más de lo que duerme un caballo". ¿Cuánto tiempo dura eso? Para permitir sesenta respiraciones.

(Fol. 27b) A nuestros rabinos se les enseñó: Una vez sucedió que R. La'yi fue a un festival a Lud para presentar sus respetos a su maestro R. Eliezer. "La'yi, ¿no eres tú de los que descansan en el festival?" R. Eliezer le preguntó; porque R. Eliezer solía decir: "Alabo a los holgazanes, que no salen de sus casas en una fiesta, porque está dicho (Deut. 16, 14) Y te regocijarás en tu fiesta, etc." ¿Es esto así? ¿No dijo R. Isaac: "¿De dónde nos enteramos que un hombre debe presentar sus respetos a su maestro en la fiesta al visitarlo? Está escrito (II Reyes 4, 23) ¿Por qué vas a verlo hoy? ¿No es ni luna nueva ni sábado? De esto inferimos que en luna nueva y sábado es deber de cada uno visitar a su maestro. "Esto no es difícil de explicar: este último trata de un caso en el que uno puede ir y regresar el mismo día [cuando el el maestro vive en la misma ciudad], y el primero se ocupa de un caso en el que no se puede regresar el mismo día [se debe preferir el reencuentro con su familia].

A nuestros rabinos se les enseñó: Una vez sucedió que R. Eliezer pasó su festival en la alta Galilea y estaba sentado en la sucá de R. Jochanan b. La'yi en la ciudad de Cesarea, o según otros, en Cesárea. Cuando el sol llegó a la sucá, el anfitrión preguntó a R. Eliezer: "¿Debo extender una sábana sobre ella para protegerte del sol?" Y él respondió: "No había una sola tribu de Israel que no tuviera un juez". El sol, mientras tanto, llegó a la mitad de la sucá, y el anfitrión volvió a preguntar: "¿Qué tal si extiendes una sábana sobre ella?" Y de nuevo respondió: "No hubo una sola tribu de Israel que no produjera profetas, y las tribus de Judá y Benjamín produjeron reyes por mandato de los profetas". Finalmente, el sol llegó a la parte inferior del sofá [donde estaba sentado R. Eliezer]. R. Jochanan b. La' yi luego tomó una sábana y la extendió sobre la sucá; ante lo cual R. Eliezer se arregló la capa, se la echó sobre el cuerpo y se fue. Estas [respuestas evasivas de R. Eliezer] se hicieron no porque deseara distraer sus mentes con palabras, sino porque nunca dijo nada que no hubiera escuchado de su maestro.

(Fol. 28) A nuestros rabinos se les enseñó: Una vez, cuando R. Eliezer pasó el sábado en la Alta Galilea, se le hicieron treinta preguntas [halájicas] con respecto a la sucá. A las doce respondió: "Así me han informado". Y a los dieciocho respondió: "No fui informado de ellos". R. José b. R. Juda dice: Al contrario, a los dieciocho les respondió: "He oído", ya los doce, "No he oído nada acerca de ellos". "Rabí", le dijo el interrogador, "¿son todas sus decisiones sólo por lo que ha oído?" Luego de lo cual comentó: "Ahora, me obligas a decirte una cosa que no he escuchado de mis maestros; es decir, nunca en mi vida un hombre vino antes que yo a la casa del saber; nunca dormí en la casa. de aprendizaje - ni un sueño largo ni corto; Nunca dejé a un hombre en la casa del saber cuando me fui; Nunca pronuncié palabras soeces y nunca decidí nada que no hubiera escuchado de mi maestro ".

Se dijo de R. Jochanan b. Zakai: Nunca en su vida habló en lenguaje profano; nunca caminó cuatro codos sin estudiar derecho y sin usar tefilina; nunca durmió en la casa del saber, ni un sueño largo ni corto; nunca fue precedido por nadie en la casa del saber; no dejó a un hombre en la casa de instrucción cuando se fue; nunca pensó en asuntos de la Torá mientras pasaba por callejones inmundos; y nunca se le encontró sentado en silencio, pero siempre estaba estudiando la Torá; nadie más, excepto él, abrió la puerta para que entraran sus discípulos: nunca dijo nada que no hubiera escuchado de su maestro, y nunca dijo que era hora de salir de la casa de aprendizaje excepto en las vísperas de la Pascua y el Día de la Expiación. Y así se condujo su discípulo R. Eliezer tras él.

A nuestros rabinos se les enseñó: Ochenta discípulos tenía Hillel; Treinta de ellos eran dignos de que la Shejiná descansara sobre ellos, como lo hizo sobre Moisés, nuestro maestro; treinta de ellos eran dignos de que se les tapara el sol, como hizo antes de Josué; y veinte eran normales. El superior entre ellos fue Jonathan b. Uziel, el inferior entre ellos era R. Jochanan b. Zakai. Estaba relacionado con R. Jochanan b. Zakai que no dejó [sin estudiar] la Biblia, la Mishná, la Guemará, las Halajoth (leyes), las Agadoth (leyendas), los puntos sutiles en la interpretación de las leyes bíblicas, los puntos especiales en las leyes rabínicas, las restricciones y reglas no restrictivas, reglas de analogía, astronomía, geometría, el susurro de los ángeles, el susurro de los espíritus malignos, y el susurro de palmeras, zorros, fábulas, arandelas-fábulas, asuntos mayores y asuntos menores. Asuntos mayores [se refiere a] asuntos esotéricos y menores las discusiones de Abayi y Raba; todo esto para confirmar el pasajeProv. 8, 21) Para hacer heredar una posesión duradera a los que me aman, y llenaré sus tesoros. Y dado que el más inferior de todos era tan grande, ¿cuánto más era el más superior de todos? Se dijo de Jonathan b. Uziel, que cuando estudió la Ley, todos los pájaros que volaban sobre sus cabezas se consumían instantáneamente.

(Fol. 29) Nuestros rabinos han enseñado: Un eclipse de sol ocurre por las siguientes cuatro razones: Por no haber lamentado suficientemente la muerte de un juez superior; por no haber ayudado a una virgen prometida cuando llamó a la ciudad para pedir ayuda [para salvarla de los malos tratos]; por cometer adulterio y por matar a dos hermanos el mismo día. Debido a las siguientes cuatro razones, tanto el sol como la luna están eclipsados: Por cometer falsificación; por falso testimonio; para criar ovejas y cabras en la tierra de Israel, y para cortar árboles frutales. Debido a cuatro cosas, la propiedad de los jefes de familia merece ser transferida (confiscada) al gobierno: por mantener notas pagadas; por usura; (Ib. B) por no prevenir ciertos males aun teniendo poder para hacerlo; y por caridad prometida al pueblo, pero no dada.

Rab dijo: "Por cuatro razones la propiedad de los dueños de casa queda aniquilada: por no pagar los salarios de los trabajadores a tiempo; por no pagar [suficientemente] a los trabajadores; por robar; por deshacerse de las obligaciones de uno mismo y ponerlas sobre otros; y para la arrogancia. La arrogancia es la peor de todas, pero acerca de los modestos, está escrito (Sal. 37, 11) Pero los humildes heredarán la tierra y se deleitarán por la abundancia de la paz ".

Sucá, Capítulo 3

(Fol. 30) R. Jochanan, a nombre de R. Simon b. Jochai, dijo: "¿Cuál es el significado del pasaje (Is. 19, 8) Porque yo, el Señor, amo la justicia; Odio el robo con holocausto. ¿A qué se puede comparar esto? A un rey frágil, que pasó por la aduana y dijo a sus sirvientes: "Pagad el deber a los oficiales"; y los sirvientes le dijeron: 'Oh Rey, nuestro señor, ¿por qué pagaremos deberes? ¿No son todos los deberes tuyos? Con lo cual el rey dijo: "Todos los viajeros aprenderán una lección de mí y no intentarán pasar de contrabando a su deber". Así dijo también el Santo, ¡alabado sea la mentira! Yo, el Señor, aborrezco el robo con holocausto; es decir, de Mí aprenderán mis hijos, y evitarán el robo ". También se nos enseña que R. Ami dijo:" Un lulab seco no es válido porque no se puede llamar hermoso [según lo prescrito por la ley], y un lulab adquirido por robo es inválido,

(Fol. 41) ¿De dónde inferimos que se supone que debemos hacer algo para conmemorar los usos del Templo? R. Jochanan dijo: "Del pasaje (Jer. 30, 17) Porque te restauraré la salud, y te sanaré de tus heridas, dice el Señor; porque te han llamado un Desterrado. 'Esto es Sion. Allí no hay quien la busque, es decir, no hay quien la busque, infiere de esto que se supone que debemos buscarla ".

(Ib. B) Le sucedió a Rabban Gamaliel, R. Joshua, R. Elazar b. Azariah y R. Akiba, cuando estaban a bordo de un barco, que tenían un solo Lulab, perteneciente a Rabban Gamaliel, que lo había comprado por mil Zuz. R. Gamaliel realizó la ceremonia de tomar el lulab, y luego se lo regaló a R. Joshua; R. Joshua hizo lo mismo, y se lo dio a R. Elazar, quien hizo lo mismo, y se lo dio como regalo a R. Akiba; y R. Akiba, después de haber cumplido con su deber, se lo devolvió a Rabban Gamaliel. ¿Por qué nos dicen que R. Akiba se lo devolvió a Rabban Gamaliel? Algunas cosas nos las deja saber de paso; que un regalo hecho [incluso] con la condición de que debe ser devuelto, es [legalmente] un regalo. Como dijo Raba: "Si alguien dice: 'Te presento este Ethrog (cidra) para realizar la ceremonia de" tomar " un Ethrog con la condición de que me lo devuelvas después. Si el hombre lo devuelve, cumple con su deber; pero si no lo devuelve, no cumple con su deber. "¿Y por qué nos dicen que lo compró por mil zuz? Para informarnos cuán queridos eran los deberes religiosos para ellos.

(Fol. 42) "Un menor que sabe temblar". Nuestros rabinos enseñaron: Un menor que sabe cómo sacudir el Lulab está obligado a cumplir con este deber. Si sabe cómo envolverse en una capa, está obligado a cumplir el mandamiento de usar Tzitzith; si puede cuidar de Tephilin, [no ir a lugares inmundos], su padre puede comprar Tephilin para él. Tan pronto como pueda hablar, su padre le enseñará la Torá y la S'hma. ¿Qué se entiende por Torá? R. Hamnuna dijo: El versículo de Deuteronomio (33, 4) La ley que nos ordenó Moisés es la herencia de la congregación de Jacob. ¿Qué se entiende por S'hma? El primer versículo [Oye, Israel, el Señor, Dios nuestro, es un solo Dios].

Sucá, Capítulo 4

(Fol. 44) Se enseñó: R. Jochanan y R. Joshua b. Levi difiere. Se dice que la base de [la combinación con] el sauce es una tradición de los profetas, y se dice que es solo una costumbre de los profetas. De lo siguiente inferimos que R. Jochanan es quien dijo que la base es una tradición de los profetas, porque R. Abahu dijo en nombre de R. Juchanan que el sauce es una tradición de los profetas. La inferencia se sostiene.

(Fol. 45b) Dijo Ezequías, en nombre de R. Jeremiah, quien citó a R. Simon b. Jochai: "Podría eximir al mundo entero del juicio desde el momento en que nací hasta ahora (durante mi vida); y si Eliezer, mi hijo, estuviera conmigo, podría hacerlo por todos los hombres desde el momento en que el mundo fue creado hasta ahora. Y si el rey Jotam ben Uzías estuviera con nosotros, podríamos hacerlo por todos los hombres desde el tiempo de la creación hasta el fin del mundo ". Ezequías dijo de nuevo, en el nombre de R. Jeremiah, quien citó a R. Simon b. Jochai: "Veo que los hombres más grandes del mundo son muy pocos. Si son mil, mi hijo y yo somos de ellos; si son cien, mi hijo y yo somos de ellos; y si solo son dos , son mi hijo y yo " ¿Es esto así? ¿No ha dicho el maestro que dieciocho mil millas se extiende la primera línea de los que vienen a saludar al Santo, alabado sea, como se dice (Ezek. 45, 35) A su alrededor habrá dieciocho varas. Esto no es difícil de explicar; el primero se refiere a aquellos que contemplan [Deidad] a través de un espéculo lúcido, pero el segundo se refiere a aquellos que contemplan [Deidad] a través de un espéculo tenue. ¿Son realmente los que contemplan [Deidad] un número tan pequeño? ¿No ha dicho Abaye: "Hay no menos de treinta y seis hombres rectos en el mundo que saludan a la Divina Presencia todos los días, como se dice (Is.30, 18) Felices son todos los que esperan en Él; y Él se expresa con la palabra Lo, cuyo valor numérico es treinta y seis, esto no es difícil de explicar, este último se refiere a los que ingresan solo cuando está permitido, pero el primero se refiere a los que ingresan incluso sin permiso.

(Fol. 46) R. Zera, y según otros, R. Chanina b. Chalafta, dijo: "¡Ven, mira cómo la costumbre del Santo, alabado sea! Se diferencia de la costumbre del hombre frágil! La costumbre del hombre frágil es que un vaso vacío sea receptivo, que uno lleno no sea receptivo [de más]. Pero la costumbre del Santo, Uno, ¡alabado sea! es que un vaso lleno es receptivo y un vaso vacío no es receptivo, como está escrito (Deut.28, 1). ; es decir, si no lo escuchó una vez, no podrá escuchar nada ". Otra interpretación de este versículo es: Si ha prestado atención a lo que ha aprendido antes, puede aprender cosas nuevas de él; pero si ha apartado su corazón de las viejas enseñanzas, no podrá aprender nada nuevo.

(Folio 48) MISHNAH: ¿Cómo se realizó la libación de agua? Una jarra de oro que contenía tres troncos se llenó con agua del arroyo Siloah. Cuando llegaron con él a la puerta de agua del templo, sonaron una nota sencilla, un trémolo y de nuevo una nota sencilla. Luego, el sacerdote subió la escalera [del altar] y se volvió a su izquierda. Allí había dos cuencos de plata. R. Juda dice: "Eran de yeso, y se vuelven negros sólo por el vino". Cada uno estaba perforado [en la parte inferior] (Ib. B) con un pequeño orificio, como una fosa nasal, el uno [para el vino] algo más ancho, el otro [para el agua] más estrecho para que ambos pudieran vaciarse rápidamente. La occidental [cuenca] se utilizó para el agua; el oriental, para el vino. Pero si el agua se vertía en la tina de vino, o el vino en la tina de agua, se consideraba legal. R. Juda dice: " Derramaron un tronco en cada uno de los ocho días. Y dijeron al que ofrecía la libación [del agua]: "Levanta la mano"; por una vez sucedió que un sacerdote derramó la libación sobre sus pies, y todo el pueblo lo arrojó con su Ethrogin ".

(Fol. 49) GEMARA: R. Jochanan dijo: "Los Shittin han existido desde los seis días de la creación, como se dice (Canciones 7, 2). Los redondeos de tus muslos son como los eslabones de una cadena, obra de las manos de un hábil obrero. [Esto implica que] el redondeo de tus muslos, se refiere al Shittin; como los eslabones de una cadena que, perforando, llega hasta la profundidad; obra de las manos del artífice; es decir, que son la mano de obra diestra del Santo, ¡alabado sea! " En el colegio de R. Ishmael se enseñó (Gen.1, 1) Breshith (Al principio). No leas a Breshith, sino a Bra-Sith. (Él creó a los Sith) ". Se nos enseña que R. José dice:" Los Shittin se extienden hasta el fondo, y sobre ellos David comenzó a cavar [los pozos del Templo] dieciséis mil codos de profundidad, ya que Se dice (Is. 5, 1) Cantaré ahora para mi amado, etc. Y lo cercó, lo limpió de piedras, lo plantó con las vides más selectas, y construyó una torre en medio de ella, y también un lagar en el lagar; es decir, lo plantó con la más selecta de las vides, se refiere al templo; y construyó una torre en medio de ella, se refiere al altar; y también un lagar que cortó en él, se refiere al Shittin ".

(Fol. 49b) Raba explicó: "¿Cuál es el significado del pasaje (Cantos 6, 2) Qué hermosos son tus pasos en sandalias. Significa, Qué hermosos eran los pasos de Israel, cuando hicieron una peregrinación para celebrar la fiesta . La hija del príncipe, hija de Abraham, nuestro padre, que era llamado príncipe, como está dicho (Sal. 47, 10) Se han reunido los príncipes del pueblo, el pueblo del Dios de Abraham. el Dios de Abraham [mencionado], y "¿no el Dios de Isaac o Jacob? El Dios de Abraham [se menciona, porque Abraham] fue el primer prosélito ". R. Aman dio una conferencia: (Canciones 7, 2) Los redondeos de tus muslos son como los eslabones de una cadena. "¿Por qué se asemejan las palabras de la ley a muslos? Así como los muslos están en un lugar escondido, así también las palabras de la ley deben estar escondidas". Esto también fue interpretado por R. Elazar quien dijo: "¿Cuál es el significado del pasaje (Miqueas 6, 8)? Él te ha dicho, oh hombre, lo que es bueno, y lo que el Señor exige de ti: nada más que hacer justicia, y amar la bondad, y caminar humildemente con tu Dios; es decir, hacer justicia, se refiere al juicio; amar la bondad, se refiere a la bondad amorosa; y caminar humildemente con tu Dios, se refiere a dote de la novia y escoltar a los muertos. a la tumba." ¿No se ha probado esta conclusión a fortiori? Si las cosas que generalmente se hacen públicamente se deben hacer con decoro, tanto más deben hacerse las cosas en privado.

R. Elazar dijo: "Grande es la caridad, más aún que los sacrificios; como se dice (Prov. 21, 3). El ejercicio de la justicia y la justicia es más agradable al Señor que el sacrificio". R. Elazar volvió a decir: "La bondad amorosa vale más que la limosna; como se dice (Oseas 10, 12). Siembren, pues, para ustedes mismos justicia, para que puedan cosechar el fruto de la bondad. Si un hombre siembra, es dudoso si comerá o no de su siembra; pero si un hombre cosecha, seguro que comerá de ello ". R. Elazar volvió a decir: "La caridad sólo se recompensa de acuerdo con la bondad con que se hace; como se dice, Siembren justicia para que cosechen bondad".

A nuestros rabinos se les enseñó: "En tres aspectos la bondad amorosa es mayor que la caridad: la caridad se hace con el mero sacrificio de dinero, mientras que la bondad amorosa se realiza tanto con el dinero de uno como con la persona de uno; la caridad es solo para los pobres, mientras que la bondad amorosa es tanto para los vivos como para los muertos ". R. Elazar dijo: "El que hace la caridad y la justicia es como si llenara de bondad al mundo entero; como se dice (Sal. 33, 50).) Ama la justicia y el derecho; la tierra está llena de la bondad del Señor. Entonces se podría decir que todo el que desee [hacer caridad] tiene la oportunidad [de hacer caridad real]; por eso se dice (Ib. 36, 8) ¡Cuán preciosa es tu bondad, oh Señor! Uno puede pensar que incluso un hombre que teme a Dios tiene [la oportunidad]. Por tanto, se dice (Ib. 103, 17) Pero la bondad del Señor es eternamente para siempre sobre los que le temen. De nuevo dijo R. Elazar: "¿Cuál es el significado del pasaje (Prov. 31, 26) ¿Abre su boca con sabiduría, y la ley de la bondad está en su lengua? ¿Existen entonces dos conjuntos de leyes, una de bondad y otra de crueldad? Pero esto significa que, si uno estudia la ley por sí misma, se convierte en una ley de bondad; pero si uno estudia la ley por su propio interés, se convierte en una ley de crueldad ". Según otros:" Si estudia la ley para enseñar a otros, se convierte en una ley de bondad; pero si lo estudia por sí mismo, se convierte en una ley de crueldad ".

(Fol. 50) Se nos ha enseñado en un Baraitha: "Incluso si el agua fue filtrada, la ley sobre el agua descubierta todavía se aplica a ella". R. Nechemiah, sin embargo, dijo: "Esto se aplica sólo cuando la vasija inferior estaba descubierta; pero cuando la vasija inferior estaba cubierta, aunque la superior estaba descubierta, la ley del agua descubierta no se aplica a ella, porque el veneno de la serpiente aumenta. , como una esponja, que flota en su lugar ".

Sucá, Capítulo 5

(Fol. 51) MISHNAH: He who has not witnessed the rejoicing at the ceremony of the drawing of water, has never seen rejoicing in his life. (Ib. b) GEMARA: Our Rabbis were taught: "He who has not seen the joyous procession to and from the well, has not seen a real rejoicing in his life. He who has not seen Jerusalem in its glory, has never in his life seen a great beautiful city; whoever has not seen the Temple in its finished state has not seen a handsome building in his life." To which Temple does this refer? Abaye, and according to others, R. Chisda, said: It refers to the building of Herod (the second Temple). Of what materials was it built? Rabba said: "Of black and white marble;" and, according to others, of various colors. He made one tier of stones projecting outward, and one tier remaining inside. He intended to cover them with gold, but the sages said to him: "Leave it so, because it is more beautiful, having an appearance like the waves of the sea."

y todo el pueblo dijo Amén. Y no se sentaron promiscuamente, sino por separado; los orfebres estaban separados, los plateros separados, los herreros separados. Los tejedores artísticos se sentaron aparte de los simples tejedores comunes; y cuando entraba un extraño o un pobre, inmediatamente reconocía quiénes eran sus compañeros de trabajo y se dirigía a ellos [para que consiguiera trabajo] para mantenerse a sí mismo y a su familia ". Abaye dijo:" Todos estos fueron asesinados por Alexander el macedonio. "¿Por qué fueron tan castigados? Porque habían transgredido el pasaje (Ex. 14, 13) No los veréis (a los egipcios) para siempre, sin embargo, volvieron y residieron en Egipto. Cuando llegó Alejandro, los encontró leyendo el pasaje (Deut.28, 49) El Señor traerá contra ti una nación lejana, etc., y dijo: Tenía que ir diez días a bordo del barco, y soplaron los vientos. y me trajo aquí en cinco días [ciertamente debe haber sido mi intención]. Entonces él cayó sobre ellos y los mató.

MISHNAH: La noche siguiente a la primera parte del festival de Sucot, la población descendió al compartimiento de mujeres del Patio del Templo, donde se había introducido una gran mejora. Allí se colocaron candelabres de oro, con cuatro palanganas de oro en la parte superior de cada uno; y en cada candelabro se colocaron cuatro escalas, sobre las cuales estaban cuatro jóvenes sacerdotes que sostenían tinajas de aceite que contenían ciento veinte leños, con los que rellenaban cada palangana. Los pantalones y cinturones gastados de los sacerdotes se rasgaban en mechas [y se ponían en el aceite] con que se encendían las candelebras. No había un patio en Jerusalén que no estuviera iluminado por las luces utilizadas en la ceremonia de la libación de agua. Los piadosos y santos bailaban ante la gente con antorchas encendidas en sus manos, y cantaban himnos y alabanzas delante de ellos; y los levitas los acompañaban con arpas, salterios, címbalos e innumerables instrumentos musicales. En los quince escalones que conducían del compartimento de los hombres al compartimento de las mujeres, correspondientes a las quince canciones de los Grados, estaban los levitas, con sus instrumentos musicales, y cantaban.

GEMARA: ¿Cuáles fueron las grandes mejoras? R. Elazar dijo que [eran] similares a los que hemos aprendido en el siguiente Baraitha: "El compartimiento de las mujeres antes no tenía balcón, pero lo rodearon con un balcón y ordenaron que las mujeres se sentaran arriba y los hombres abajo . " A nuestros rabinos se les enseñó: Anteriormente, las mujeres estaban sentadas dentro del patio del templo y los hombres afuera; pero entonces resultó cierta frivolidad, y se ordenó que las mujeres se sentaran fuera del Atrio del Templo y los hombres dentro; pero aun así surgió la ligereza, y se ordenó que las mujeres se sentaran arriba (en un balcón) y los hombres abajo. ¿Cómo pudieron hacerlo? ¿No dice el pasaje (I Crónicas 28, 19) Todo fue puesto por escrito de la mano del Señor, quien me instruyó acerca de todas las obras del modelo. R. Joseph dijo: "Encontraron otro pasaje (Fol. 5'2) y lo interpretaron. (Zac. 12, 12) Y la tierra hará duelo, cada familia aparte por sí misma, la familia de la casa de David aparte, y sus esposas aparte. Y dijeron: '¿No se puede deducir esto a través de un cuarto, a saber: Si en el futuro mesiánico, cuando Israel estará ocupado en duelo, durante el cual la inclinación al mal es impotente para la indulgencia, es, sin embargo, dijo que las mujeres y los hombres deberían estar separados; cuánto más [deberían estar] en el Templo, donde la gente está ocupada en regocijarse, donde la inclinación al mal posee el poder de la indulgencia '".

¿Cuál es la causa del duelo mencionado anteriormente? R. Dosa y los rabinos difieren: uno da la razón de que [el duelo] es por el Mesías, el hijo de José, que va a ser asesinado; y el otro da la razón de que es por la inclinación al mal, a la que hay que matar. Es bastante comprensible según quien sostiene que será para el Mesías, el hijo de José, como se dice (Zac. 12, 10) Y mirarán hacia mí [a todo aquel] en quien hayan confiado, y se lamentarán por él, como se lamenta por un hijo único, y llorarán amargamente por él, como llora amargamente por el primogénito; pero al que sostiene que será por la muerte de la inclinación al mal, ¿por qué llorar? Al contrario, ¡debería ser motivo de regocijo! Esto podría ser interpretado por la conferencia de R. Juda b. Layi, quien dijo: "En el futuro, el Santo, ¡alabado sea! Traerá al ángel maligno y lo matará en presencia tanto de los rectos como de los impíos. Para los primeros aparecerá como una montaña alta, y para los últimos aparecerá como un cabello fino. Ambos, sin embargo, llorarán. Los rectos llorarán, diciendo: "¿Cómo pudimos haber vencido una montaña tan alta?" y los impíos clamarán, diciendo: ' ¿Cómo no pudimos someter un cabello tan fino? ¡Y el Santo, alabado sea! también se unirá a ellos en preguntarse, como se dice (Zech. 8, 6

) Así ha dicho Jehová de los ejércitos: Si fuera maravilloso a los ojos del remanente de este pueblo en aquellos días, también debería ser maravilloso a Mis ojos ". R. Assis dijo:" En el principio, la inclinación al mal parece insignificante y delgada como una telaraña, y finalmente se vuelve tan gruesa como la cuerda de un carro, como se dice (Isaías 5, 18). cuerda de carro, pecaminosidad ".

R. Avira, y según otros, R. Joshua b. Levi, expuso: "Hay siete nombres para la inclinación al mal. El Santo, alabado sea, lo llama malvado, como se dice (Génesis 8, 21). La imaginación del corazón del hombre es mala desde su juventud; Moisés llama Su obstinación, como se dice (Deut. 10, 17) Quita la obstinación de vuestro corazón; y cuando diga un corazón limpio, debe ser inmundo. Salomón lo llama enemigo, como se dice (Prov. 25, 21) Si tu enemigo tiene hambre, dale de comer pan, y si tiene sed, dale de beber agua; porque aunque juntes carbones encendidos sobre su cabeza, el Señor te lo pagará. No leas Yeshalem L'cha (te recompensa), pero léelo Yashlimenu L'cha (él lo hará pacífico contigo). Isaías lo llama piedra de tropiezo, como está dicho (Is. 57, 14) Y él dirá. Echad arriba, echad arriba, apartaos del camino, levantad todo tropiezo del camino de mi pueblo. Ezequiel lo llama piedra, como está dicho (Ex. 36, 26). Quitaré el corazón de piedra de tu cuerpo. Joel lo llama Z'phoni, como se dice (Joel 2, 20) Y el ejército del (Z'phoni) norte lo quitaré.

A nuestros rabinos se les enseñó: Y el ejército del norte te quitaré (Ib.), Se refiere a la inclinación al mal que se esconde en el corazón de un hombre; y la arrojaré a una tierra árida y desolada (Ib.); es decir, [a un lugar] donde los hombres no viven, para que no los tiente; Con su avance hacia el mar del este (Ib.) [Implica que] puso sus ojos en el primer Templo, lo destruyó y mató a los eruditos que estaban allí; Y su retaguardia hacia el mar occidental (Ib.), [Implica que] puso sus ojos en el segundo templo, lo destruyó y mató a los eruditos que estaban allí. (Ib.) Y su hedor ascenderá, y su mal olor subirá, porque ha hecho grandes cosas [implica que] deja fuera a las otras naciones y viene a tentar sólo a los israelitas, (Ib.) Ha hecho grandes cosas cosas, [implica, según] Abayi,

R. Isaac dijo: "La inclinación [al mal] renueva su lucha contra el hombre todos los días, como se dice (Génesis 6, 5) y que toda imaginación del pensamiento de su corazón era sólo maldad durante todo el día". (Ib. B) R. Simon b. Lakish dijo: "La mala inclinación del hombre renueva su lucha sobre el hombre y desea matarlo, como se dice (Sal. 37, 23).) El impío busca al justo, y busca matarlo; y si no fuera por la ayuda del Santo, ¡alabado sea! el hombre no lo resistiría, como se dice además: El Señor no lo dejará en su mano, y no lo condenará cuando sea juzgado ". En el colegio de R. Ismael se enseñó:" Hijo mío, si eso El feo (el tentador) te encuentra, arrástralo a la casa de la enseñanza (vencelo a través del polvo; y si es de hierro, se partirá en polvo, y si es de hierro, se partirá en pedazos. será molido, como está escrito (Job 14, 19) El agua desgasta las piedras; y por agua se entiende la Torá, como está dicho (Isaías 55, 1). agua. Y si es hierro, se partirá en pedazos, como se dice (Jer. 23, 29) ¿No es mi palabra como fuego? dice el Señor, ¿y como un martillo que quebranta la roca en pedazos? "R. Samuel b. Nachmeni dijo, en el nombre de Jonatán:" La inclinación al mal tienta al hombre en este mundo, y da testimonio contra él en el mundo venidero. , como está dicho (Prov. 29, 21

) El que cría delicadamente a su siervo desde su juventud, se volverá al fin (Manun) violento. Y en el Atbach- de R. Chiya, Sahada (testigo) encuentra un sustituto en Manun ". R. Huna señaló la siguiente contradicción:" Está escrito (Os. 4, 12) Porque el espíritu de lascivia está en su seno. ; es decir, primero hace errar, y luego permanece en el seno ". Rab dijo: Al principio se le llama viajero, luego huésped, y luego hombre, como se dice (II Sam. 12,) Y vino un viajero a un hombre rico; y sentía remordimiento por tomar de sus propios rebaños y de sus propias cabezas para vestirse para el huésped que le llegaba; y además está escrito: Y lo vistió para el hombre que había venido a él.

(Miqueas 5, 4) Y de esta [manera] habrá paz: Si Asur entrara en nuestra tierra; y si pisase en nuestros lugares, levantaremos contra él siete pastores y ocho ungidos. ¿Quiénes son los siete pastores? David en el centro; Adán, Sheth, Matushela a su derecha; Abraham, Jacob y Moisés a su izquierda. ¿Y quiénes son los ocho hombres ungidos? Isaí, Saúl, Samuel, Amós, Sofonías, Ezequías, Elías y el Mesías.

(Fol. 53) A nuestros rabinos se les ha enseñado: Había entre ellos [los visitantes de la ceremonia de la libación] personas que decían: "Feliz es nuestra juventud, que no deshonra a nuestra época". Eran los piadosos y los santos. Y había entre ellos gente que decía: "Feliz es nuestra época que ha expiado nuestra juventud". Eran los pecadores arrepentidos. Ambos decían: "Bienaventurados los que no han pecado en absoluto, pero el que ha pecado se arrepentirá y será perdonado".

Se nos enseña en un Baraitha: Se dijo de Hillel, el mayor (el Príncipe): Cuando se regocijaba en la ceremonia de Libación, solía decir: "Si yo estoy aquí, todos están aquí; pero si yo no estoy aquí , ¿Quién está aquí?" También solía decir: "A los lugares que me gustan, mis pies me llevan; y así también dice el Santo, ¡alabado sea!" Si visitas mi casa, visitaré tu casa; pero si no visitarás mi casa, yo no visitaré la tuya ', como está dicho (Ex. 20, 21) En todo lugar donde permita que se mencione mi nombre, vendré a ti y te bendeciré. "

R. Jochanan dijo: "Los pies del hombre son seguridad para él; que donde sea necesario, allí lo llevarán". Dos etíopes llamados Elihoreph y Aehiyah, los hijos de Shisha, estaban al servicio del rey Salomón como escribas. Un día Salomón vio que el ángel de la muerte estaba triste y le preguntó la razón; y él dijo: "Porque los dos hombres son requeridos por mí". Salomón tomó a los dos hombres y los entregó a los demonios con instrucciones de que se los llevaran a la ciudad de Luz. Cuando llegaron a las puertas de Luz, los dos hombres murieron. Al día siguiente, vio al Ángel de la Muerte muy alegre; y cuando le preguntó la razón, el ángel respondió: "Al lugar donde se me ordenó que tomara la vida de estos dos hombres, los enviaste". Luego comentó Salomón: "Los pies del hombre son su seguridad; donde se le necesita,

Se nos enseña en un Baraitha: Se dijo que Rabban Simon b. Gamaliel, cuando se regocijaba en la ceremonia de Libación, tomaba ocho flambeaux en sus manos, los lanzaba al aire y los atrapaba, sin que uno tocara a otro. Cuando solía postrarse, presionaba ambos pulgares contra el suelo, se inclinaba, besaba el pavimento y luego se levantaba, [una hazaña] que ninguna criatura puede hacer. Y esto es lo que se llama Kida (caer de bruces). Levi, en presencia del rabino, mostró el camino [para realizar] Kida y quedó cojo. Levi también lucía en presencia de Rabbi con ocho cuchillos. Samuel trató de hacerlo en presencia del rey Sha'bur con ocho copas llenas de vino; y Abaye, en presencia de Rabba, con ocho huevos; y según otros con cuatro huevos.

Se nos enseña en un Baraitha: R. Joshua b. Chanania dijo: "Cuando estábamos ocupados en regocijarnos en la procesión de Libation (hacia y desde el pozo), nuestros ojos no vieron sueño. ¿Cómo es eso? La primera hora se dedicó al sacrificio diario de la mañana; luego a la oración, y de ahí al adicional. sacrificio; luego [se recitó] la oración adicional; luego fuimos a la casa de aprendizaje; de allí fuimos a comer y beber en casa, y luego [a recitar] la oración Mincha; y de la oración Mincha pasamos a la sacrificios diarios de la tarde, y desde ese momento nos regocijamos en la procesión de Libación (hacia y desde el pozo) hasta la mañana ". es posible? ¿No dijo R. Jochanan: "Si uno dice: 'Juro que no dormiré tres días', recibirá azotes por un juramento falso, y se irá a dormir inmediatamente"? [porque ningún hombre puede vivir sin dormir]? Por lo tanto, debemos decir que quiso decir: "No probamos el sueño real", porque dormían sobre los hombros del otro.

R. Chisda le dijo a uno de los rabinos que arregló el Agada (leyendas) ante él: "¿Has escuchado con referencia a las quince canciones de los pasos (Sal. 120-135)), to what purpose did David compose them?" "Thus, said R. Jochanan," he answered: "When David was digging the foundation for the Temple, the waters of the deep came on top and threatened to overflow the world; there he composed the fifteen songs of degress wherewith he checked it [the overflow]." "If so, then instead of steps, it should have been called leading down?" R. Chisda then said: "Since you have mentioned it, I reminded myself that it was explained thus: When David was digging the Shittin (foundation) of the altar [to reach the watery depth of the earth], the waters of the deep came up and threatened to flood the world; whereupon David asked: 'Is there anyone who knows if it is permitted to inscribe the Holy name upon a piece of broken clay and drop it into the water?' No one responded. He exclaimed: 'Whoever amongst ye knows and abstains from answering, shall be choked.' Then Achithophel concluded a fortiori thus: 'If for the sake of bringing peace between husband and wife, the Lord has allowed His name [which is written in all sacredness] to be erased by water, so much the more so when the peace of the entire world is concerned.' Accordingly, he decided that it is permitted; David then (following this decision) dropped into the water a bit of clay upon which the holy name was written and the water went down sixteen thousand cubits. When David noticed that it went down so deep he said: 'The higher the water of the deep rises, the more is vegetation moistened.' He thereupon uttered the fifteen songs of the steps, wherewith he caused the deep to rise fifteen thousand cubits, leaving it one thousand cubits deep." "We infer from this," said Ulla, "that the thickness of the earth [down to the deep] is one thousand cubits." But we see that with very little digging water comes up. R. Mesharshia said: "This comes from the upper part (the source) of the Euphrates."

MISHNAH: En la puerta superior que conduce desde el atrio de los israelitas al atrio de las mujeres, estaban dos sacerdotes con trompetas en la mano. Cuando el gallo cantó por primera vez, soltaron un pitido directo, una nota larga y otro pitido directo. Esto lo repitieron cuando llegaron al décimo escalón, y nuevamente [la tercera vez], cuando entraron al patio del templo. Continuaron tocando sus trompetas a medida que avanzaban, hasta que llegaron a la puerta oriental del templo. Cuando llegaron a esa puerta se volvieron hacia el oeste, con el rostro hacia el templo, y dijeron: "Nuestros antepasados, que estaban en este lugar, dieron la espalda al templo del Señor y sus rostros hacia el este, porque adoraban al sol. hacia el oriente, pero alzamos nuestros ojos a Dios ". R. Juda dice: Repitieron una y otra vez: "Pertenecemos a Dios,

(Fol. 55) Se nos enseña: ¿Qué canciones cantaban los levitas en los días intermedios (Chol Hamoed)? Los cánticos eran los siguientes: El primer día dijeron (Sal. 29) Atribuid al Señor, hijos de los valientes; sobre el segundo, (Sal. 50); sobre el tercero, (Sal. 94); en el cuarto, (Ib. 8); el quinto día, (Ib. 81); en el sexto día dijeron (Sal. 82) Se mueven todos los cimientos de la tierra. Si el sábado cae en uno de estos días, la canción, todos los cimientos de la tierra se mueven, [el último] debe ser reemplazado.

(Ib. B) E. Elazar dijo: Estos setenta bueyes, ¿con qué propósito fueron ofrecidos? Por el bien de las setenta naciones [que existían entonces]. ¿Y para qué se ofreció el becerro (Núm. 29, 36)? Por el bien de la nación única [Israel]. Esto puede compararse con un rey frágil, que dijo a sus sirvientes: "Prepárenme una pequeña comida para que yo me beneficie sólo de ustedes". "¡Ay de las naciones", comentó R. Jochanan, "porque han sufrido una pérdida, y ni siquiera saben lo que han perdido! Cuando existía el Templo, el altar expiaba sus pecados [como arriba], pero ahora, ¿quién expiará sus pecados? "

(Fol. 56b) A nuestros rabinos se les enseñó: Una vez sucedió que Miriam, la hija de Bilga, se hizo apóstata y se casó con un oficial del gobierno griego. Cuando los griegos entraron en el templo, ella se quitó el zapato y golpeó el altar, diciendo: "Lucio, Lucus, lobo hambriento, ¿hasta cuándo destruirás el dinero de Israel y no estarás junto a ellos para ayudarlos en sus problemas? ? " Cuando los sabios oyeron esto, se abrocharon el anillo [en el que hicieron su servicio] y bloquearon la ventana; y, según otros, fue porque la división de Bilgah siempre llegaba tarde, y la orden de Jeshebab, su hermano, sustituyó a Bilgah; y aunque los vecinos de los malvados no siempre se benefician, la división formada por los vecinos de Bilga se ha beneficiado, debido a que la división Bilgah siempre distribuía [sus partes del pan de la proposición] en la parte sur de los atrios del templo, y las de Jeshebab, sus hermanos siempre estaban en la parte norte. Esto es bastante correcto según los que dicen que toda la división se retrasó; por tanto, toda la división también fue castigada; pero según los que dicen que fue porque Miriam, la hija de Bilga, se hizo apóstata, ¿por qué deberíamos castigar a toda la división por el pecado de la hija? "Sí", dijo Abaya, "porque la gente dice, lo que un niño habla en la calle lo ha escuchado de su padre o de su madre". Pero, ¿por qué toda la división debería ser castigada por el pecado de su padre y su madre? Con lo cual Abaye comentó: "¡Ay del impío y ay de su vecino; feliz sea el justo, y feliz sea su vecino,Es. 3, 10) Decid al justo que ha hecho bien, que comerán del fruto de sus obras ".

Fin del tratado Succah.

Beitzah, Capítulo 1

Betza(Fol.4) El hijo del propietario de R. Papa, y, según otros, un extraño, se presentó ante R. Papa con huevos que habían puesto el sábado anterior a una fiesta, y le preguntó a R. Papa si se podían comer el día de reposo. el mañana (festival). R. Papá le respondió: "Vete ahora y ven mañana", porque Rab no usó un intérprete desde [después de la cena de] el primer día de un festival hasta el día siguiente, por estar sobrio [y no apto tomar decisiones]. Cuando él [el investigador] llegó al día siguiente, R. Papá le dijo (Ib. B): "Si hubiera decidido la cuestión de inmediato, cuando estuviera un poco sobrio, me habría equivocado, porque lo habría decidido de acuerdo con la regla general de que dondequiera que Rab y R. Jochanan difieran, la Halajá siempre prevalece según la opinión de R. Jochanan, que sin embargo, en este caso particular,

Beitzah, Capítulo 2

(Fol. 15b) A nuestros rabinos se les ha enseñado: Una vez sucedió que R. Eliezer estaba sentado todo el día en un festival y daba una conferencia sobre las leyes de las festividades. Cuando la primera división de su audiencia se levantó y salió, R. Eliezer dijo: "Estas personas están contando su vino por barriles, [y tienen prisa por beberlos]". Cuando salió la segunda división, dijo: "Esta gente está contando su vino por cántaros". De la tercera parte comentó: "Esta gente está contando su vino por cántaros". El cuarto, dijo: "Esta gente está contando su vino por odres". Cuando se levantó el quinto, dijo: "Esta gente está contando su vino en copas". Cuando el sexto comenzó a partir, dijo: "Estos son los pobres que no pueden permitirse el disfrute social ni espiritual". Luego volvió su atención hacia sus discípulos y notó que el color de sus rostros comenzaba a cambiar. "Hijos míos, no me refería a ustedes", les dijo. "Hablé sólo de aquellas personas que dejan la vida eterna por asuntos temporales". Cuando sus discípulos empezaron a ir, él les dijo (Nehem. 8, 10): Id, comed manjares, bebed bebidas dulces y enviad raciones a aquel para quien no hay nada preparado; porque este día es únicamente para nuestro Señor: y no os entristezcáis vosotros mismos; pero el gozo del Señor sea tu fortaleza. coma cosas gordas, beba bebidas dulces y envíe porciones a aquel para quien no hay nada preparado; porque este día es únicamente para nuestro Señor: y no os entristezcáis vosotros mismos; pero el gozo del Señor sea tu fortaleza. coma cosas gordas, beba bebidas dulces y envíe porciones a aquel para quien no hay nada preparado; porque este día es únicamente para nuestro Señor: y no os entristezcáis vosotros mismos; pero el gozo del Señor sea tu fortaleza.

El Maestro dijo anteriormente: "Dejan la vida eterna por asuntos temporales". ¿No es un deber meritorio disfrutar de la fiesta? Esto es de acuerdo con la opinión del propio R. Eliezer, quien dice que disfrutar de un festival es solo opcional, porque se nos enseña en un Baraitha: R. Eliezer dice: "Un hombre no tiene nada que hacer en un festival sino comer y beber todo el día, o sentarse y estudiar "; pero R. Joshua dice: "Debe dividir el día en la mitad para propósitos religiosos y la otra mitad para comer y beber". R. Jochanan dijo: "Ambos sabios anteriores formaron sus opiniones del mismo pasaje bíblico: Un pasaje dice (Deut. 17, 8) En el séptimo día habrá una asamblea solemne al Señor tu Dios. Otro pasaje dice (Núm. 29, 35) Una asamblea será para ustedes. ¿Cómo pueden explicarse tanto a Dios como a ustedes? R. Eliezer lo explica así: "Todo el día será para ti o para el Señor"; pero R. Joshua lo explica así: "Divide el día, la mitad para el Señor y la otra mitad para ti". ¿A quién se refiere en el pasaje anterior, Enviar porciones a aquel para quien nada está preparado? R. Chisda dijo: Se refiere a aquellos hombres que no han proporcionado Erub Tabshilin. Otros dicen: Esto se refiere solo a alguien que no tenía la comida con la que proporcionar a Erub Tabshilin, pero no a alguien que, por negligencia, no proporcionó a Eruh Tabshilin. ¿Qué se quiere decir con Que el gozo del Señor sea tu fortaleza? R. Jochanan dijo en nombre de R. Elazar b. Simón: "¡Alabado sea el Santo! Dijo a Israel: 'Hijos míos, pidan prestado por mí y celebren la santidad del día, y confía en mí, lo pagaré. "

R. Tachlipha, hermano de Rabanai Huzanah, enseñó (Fol. 16): "Todas las necesidades de un hombre le son asignadas definitivamente por el Cielo durante los diez días entre el Año Nuevo y el Día de la Expiación, excepto los gastos del sábado, las fiestas y para educar a sus hijos; para estos fines, al que gasta poco se le asigna poco; pero al que gasta mucho, se le asigna una gran asignación ". R. Abahu dijo: "¿Dónde está el pasaje para probar esto? (Sal. 81, 4) Toque el cuerno en la luna nueva mientras (la luna) está escondida en el día de nuestra fiesta. ¿Qué fiesta es aquella en la que se esconde la luna nueva (vista solo por unos pocos)? Este es el año nuevo. Inmediatamente después de lo anterior está el pasaje. Porque esto es chok (estatuto) para Israel, una ordenanza del Dios de Jacob. ¿Cómo sabemos que la palabra chok se refiere al mantenimiento? Está escrito (Génesis 47, 22) Y comieron su porción (chok) que Faraón les dio. Mar Zutra dijo: De aquí lo aprendemos (Pr.30, 8) Déjame comer el pan Chuki (designado para mí). Se nos enseña en un Baraitha: Se dice acerca de Shammai, el mayor, que todos los días de la semana comía en honor del sábado. Cuando encontraba un buen animal, decía: "Esto será para el día de reposo". Y cuando encontró uno mejor, comió el primero y dejó el mejor para el día de reposo; pero Hillel, el anciano, tenía otro hábito: porque todas sus obras eran por amor al cielo, como está dicho (Sal. 68, 20) ¡Bendito sea el Señor! día a día. También se nos enseña así en el siguiente Baraitha: Beth Shammai dice: "Prepárate desde todos los días para el sábado", pero Beth Hillel dice: "Alabado sea el Señor día tras día".

R. Chama b. Chanina dijo: "El que concede un regalo a su amigo no necesita informarle al respecto, como se dice (Ex. 34, 29) Y Moisés no conocía la piel de su rostro".

Se planteó una objeción del siguiente Baraitha (Ib. 31, 13) Para que sepáis que yo soy el Señor que os santifico; es decir, el Santo, ¡alabado sea! dijo a Moisés: "Tengo una buena ofrenda en mi tesoro; su nombre es sábado; esto lo quiero conceder a Israel; ve y anunciárselo". "De esto se puede inferir", dijo Rabban Simon b. Gamaliel: "Que si uno le da un pedazo de pan a un niño, debe dárselo saber a la madre del niño". De ahí que sea un deber informar sobre un regalo. Esto no es difícil de explicar, la primera instancia habla de un presente que puede llegar a conocerse por sí mismo, pero la segunda habla de un presente que puede no llegar a conocerse por sí mismo. ¿No es el sábado una cosa que se iba a conocer [y, sin embargo, Dios le pidió a Moisés que se lo informara a Israel]? Sí,

R. Jochanan, a nombre de R. Simon b. Jochai, dijo: ¡Todo mandamiento que el Santo sea alabado! dado a Israel, fue dado públicamente con la excepción del sábado, que les fue dado en la intimidad como se dice (Ib. ib., 17). Es una señal entre los hijos de Israel y Mí para siempre. Si es así, ¿por qué debería castigarse a un no judío por no observarlo? El sábado mismo de hecho lo dio a conocer, solo el alma adicional dejó desconocida, porque Resh Lakish dijo: "¡Un alma adicional es dada por el Santo, alabado sea! A un hombre en cada víspera del sábado, y el sábado por la noche Él se lo quita, como se dice (Ib. ib., ib.), Dejó de trabajar y descansó; es decir, Vayinafash (y descansó) significa Vy-nefesh (ay del alma) ".

(Ib. B) Había un ciego que había clasificado la Mishnayoth antes que Mar Samuel; Mar Samuel notó que una vez estuvo abatido. Y le preguntó: "¿Por qué estás triste?" "Porque no he proporcionado Erub Tabshilin", fue la respuesta. "Puedes confiar en el mío", le dijo Mar Samuel. Al año siguiente lo volvió a ver triste, y al recibir la respuesta de que se olvidó de darle a Erub Tabshilin, Mar Samuel dijo: "¿Es ese el caso? Entonces eres un transgresor (lo hiciste intencionalmente); por lo tanto, aunque todos pueden confíe en mi Erub Tabshilin, no puede ".

(Fol. 21) R. Iviah, el mayor, preguntó a R. Huna: "¿Cuál es la ley en referencia al sacrificio en un festival de un animal, la mitad del cual pertenece a un gentil y la otra mitad a un israelita?" "Puede ser sacrificado", fue su respuesta. "¿Y cuál es la diferencia entre esto y las ofrendas voluntarias o de voto [que están prohibidas en un festival]?" Con lo cual R. Huna dijo: "Pasó un cuervo". Cuando R. Iviah se fue, Rabba, su hijo, le dijo: "¿No era este R. Iviah, el erudito, a quien me elogiaste como un gran hombre?" "¿Qué pude haber hecho con él?" respondió R. Huna. " Hoy estoy débil, a causa de mi conferencia, y necesito [como dice Salomón] (Cantares 2, 5) [algo para] fortalecerme con jarras de vino, refrescarme con manzanas;

Una vez le sucedió a Simón de Temán que estuvo ausente un festival de la casa de la enseñanza. Al día siguiente R. Juda. B. Baba le preguntó: "¿Por qué no estuviste ayer en la casa del saber?" A lo que respondió: "Las tropas de reconocimiento invadieron ayer nuestro pueblo y estaban listas para apoderarse de toda la ciudad; de modo que sacrificamos terneros para ellos, les dimos de comer y los enviamos en paz". "Me pregunto", respondió R. Juda b. Baba, "si tu ganancia no fue compensada por tu pérdida, porque la Torá dice: Para ti, puedes trabajar, pero no para extraños".

(Fol. 23) Supongamos que R. Elazar b. ¿Azarías tenía una sola vaca? He aquí, Rab, y según otros, R. Juda, en el nombre de Rub, dijo: "Trece mil becerros eran el diezmo anual de R. Elazar b. ¿Los rebaños de Azariali?" Se nos enseña que "la vaca mencionada en nuestra Mishná no era suya, sino la de su vecino, y debido a que él [R. Elazar b. Azariah] no protestó contra tal acto [de profanar el sábado], fue, por lo tanto , acreditado a él ".

Beitzah, Capítulo 3

(Fol. 24b) Rab dijo: "Un hombre nunca debe ausentarse de la casa de estudio, ni siquiera por una hora, porque Levi y yo" estábamos en el colegio cuando

Rabí declaró esta Halajá (Ley). Sin embargo, por la noche dijo: "Incluso se les permite comer"; mientras que a la mañana siguiente dijo: 'Solo se permite recibirlos'. Yo, que estaba en el colegio por la mañana y escuché su segunda decisión, abandoné la primera; pero Levi, que no lo era, no lo hizo ".

(Fol. 25b) Se nos enseña en un Baraitha: "Un hombre no conmencerá a comer ajo o cebollas, de las raíces, sino de las hojas; pero si lo hizo, se le considera voraz. Del mismo modo, un hombre no debe vaciar su copa de un trago: pero si lo hace, se le considera un borracho ".

Se ha enseñado en el nombre de R. Meir: "¿Por qué fue dada la Ley a Israel? Porque ellos (Israel) son impetuosos (difíciles de ser vencidos), como se dice (Deut. 33, 2) De Su mano derecha Les dio una ley de fuego; y en la escuela de R. Ismael se explicó así: De su mano derecha les dio una ley de fuego; es decir, "Los israelitas, por ser impetuosos, merecían que una ley de fuego les sea dado. "Según otros:" Las costumbres y hábitos de este pueblo son como el fuego; si tal ley no les hubiera sido dada, ninguna criatura podría resistirlos ". Y esto es como R. Simeon b. Lakish dijo:" La nación más valiente de todas las naciones es Israel ".

"MISHNAH: Uno puede decirle a su amigo en el festival:" Lléname este recipiente con algunos comestibles; pero el vaso para medir no debe ser apropiado. "R. Juda dice:" Si se usa una medida, no debe estar completamente llena ". Abba Saul b. Batnith solía llenar sus medidas el día anterior a la fiesta, y para entregarlos a sus clientes en el festival. El mismo Saúl dijo: "Uno debe hacerlo incluso en el Chol-hamoed para permitir que la espuma se asiente en la medida". Los sabios, sin embargo, dicen: "Uno debe hacerlo también en días de semana para [dar] una medida exacta, para permitir que los líquidos se asienten ". GEMARA: Se nos enseña: Uno debe hacerlo incluso en Chol-hamoed para evitar interrupciones casa de estudio. A nuestros rabinos se les enseñó: "Él, Abba Saul, recogieron casi trescientos garabs de vino de la espuma de las medidas; y su colega cobró la misma cantidad de lo que quedaba en las medidas después de vaciarlas para los clientes. Ambos llevaron este vino a los tesoreros de la propiedad sagrada de Jerusalén. Los tesoreros les dijeron: "No es necesario que ustedes lo hagan, porque es suyo". Ellos respondieron: "Pero no" deseamos usarlo "." Ya que son tan estrictos con ustedes mismos ", les comentaron los tesoreros," vayan y dispongan de él de una manera que sea de beneficio para la comunidad en general. , porque se nos enseña en un Baraitha: 'Si alguien cometió un robo y no sabe a quién robó, debe ir y deshacerse de él de una manera que sea beneficiosa para la comunidad en general' ". ¿Cuáles son [estos beuefits]? Dijo R. Chisda: "La construcción de pozos de agua potable".

Beitzah, Capítulo 4

(Fol. 32b) R. Nathan b. Abba dijo en nombre de Rab: "Cualquiera que dependa de la mesa de su prójimo, para él el mundo es oscuro; como está dicho (Job 15, 23). Vaga por el pan, [diciendo]: ¿Dónde está?" sabe que está preparado a su mano el día de las tinieblas ". R. Chisda dijo: "Su misma vida no es vida en absoluto. A nuestros rabinos se les enseñó: Hay tres hombres cuyas vidas no valen la pena ser vividas:" El que depende de la mesa de su vecino; aquel cuya esposa lo domina; y el que tiene sufrimiento corporal ".

Fin del tratado Betzah.

Rosh Hashaná, Capítulo 1

ROSH HASHANÁ (Fol. 2b) "Cuando murió Aarón, Sichón aún vivía (Fol. 3), como está escrito (Núm. 21, 1).) Y el cananeo, rey de Arad, oyó. ¿Qué escuchó? Escuchó que Aarón había muerto y que las "nubes" de gloria se habían ido; y pensó que esto era una señal del cielo de que se le permitía luchar contra Israel. Así el pasaje se aclara. (Ib. 20, 29) Y cuando toda la congregación vio que Aarón había muerto. Con respecto a este pasaje R. Abahu comentó: "No lo lean Vayir'u (y cuando todos lo vieron), pero léanlo Vayira'u (y se asustaron); como dijo Resh Lakish; porque Resh Lakish dijo: 'La obra Ki tiene cuatro significados: si, quizás (no sea), pero, porque '". Pero, ¿cómo podemos hacer tal comparación, ya que en un lugar se habla de los cananeos y en el otro de Sichón? Se nos enseña en un Baraitha que Sichon, Arad y los cananeos son idénticos; se llamó Sichon porque era indómito, como un potrillo en el desierto; fue nombrado Canaán por su reino; pero su verdadero nombre era Arad. Otros, sin embargo, dicen: "Se llamaba Arad porque era como un asno salvaje en el desierto; se llamaba Canaán por su reino; pero su verdadero nombre era Sichón".

(Fol. 3b) R. Abahu dijo: "Ciro era un rey digno, y por lo tanto sus años reales fueron contados de acuerdo con los de los reyes de Israel [comenzando con Nissan]". R. Joseph planteó la siguiente pregunta: Si esto fuera así, los pasajes se contradecirían entre sí, porque está escrito (Esdras 6, 15) Y esta casa fue terminada el tercer día del mes de Adar, que fue en el sexto año del reinado del rey Darío, etc. Esto no es difícil de explicar; un pasaje se refiere al tiempo antes de que él se volviera malvado, y el otro se refiere al tiempo después de que él se había vuelto malvado. R. Cahana planteó la siguiente objeción: '¿Cómo podemos suponer que Ciro se volvió inicuo? He aquí (Fol. 4), está escrito (Ib. Ib., 9), Y lo que necesitan de novillos, carneros y corderos, para holocaustos al Dios del cielo, trigo, sal, vino y aceite, de acuerdo con la palabra de los sacerdotes que están en Jerusalén, que se les dé día tras día sin falta. "Entonces R. Isaac le dijo:" Rabí, tomaré prestado de tu propio argumento; [es decir, probaré lo contrario, a partir del mismo pasaje en el que basa su inferencia]. ¿Con qué propósito ordenó que se construyera de esta manera? es decir, con madera? ¿No fue con el propósito de que entretuvo el pensamiento: En caso de que Israel se rebele contra mí, incendiaré el Templo? Pero, ¿no lo ha hecho también Salomón? He aquí, está escritoI Reyes 6, 36) ¡De tres hileras de piedra labrada y una hilera de vigas de cedro! Salomón insertó la madera en la parte superior, donde no pudo ser afectada; pero Cyrus lo puso en la parte inferior, que podía prender fuego; Salomón también lo insertó dentro, mientras que Cyrus lo insertó fuera de la pared. Y si le place, digo que Salomón cubrió la madera con cemento, por lo que se volvió inofensiva; pero Cyrus no lo cubrió con cemento.

(Fol. 10b) Se nos ha enseñado que R. Eliezer dice: "En el mes de Tishri fue creado el mundo; en el mes de Tishri nacieron los Patriarcas [Abraham y

Jacob], y en Tishri murieron; Isaac fue nació en la Pascua; el día de Año Nuevo Sara, Raquel y Ana fueron visitadas [con la bendición de los niños]; el día de Año Nuevo José fue liberado de la cárcel; (Fol. 11) el día de Año Nuevo la servidumbre de nuestros padres en Egipto cesó; en Nissan, sin embargo, fueron redimidos [de Egipto], y en Tishri seremos nuevamente redimidos ". R. Joshua dice: "El mundo fue creado en Nissan; en el mismo mes nacieron los patriarcas y en Nissan murieron; Isaac nació en la Pascua; el día de Año Nuevo, Sara, Raquel y Ana fueron visitadas con niños. El día de Año Nuevo, José fue liberado de la cárcel, y la servidumbre de nuestros padres en Egipto cesó el día de Año Nuevo. En Nissan, nuestros antepasados fueron redimidos de Egipto, y en el mismo mes seremos nuevamente redimidos ". Se nos enseña en un Baraitha que R. Eliezer dice:" ¿De dónde nos enteramos de que el mundo fue creado en el mes de Tishri? Se dice (Génesis 1, 11) Y Dios dijo. Produzca la tierra hierba verde, hierba que dé semilla, árbol frutal, etc. ¿En qué mes la tierra producirá hierba y los árboles al mismo tiempo estarán llenos de frutos? Debemos decir que fue en el mes de Tishri; y [nuevamente parece que] fue en la época del otoño, cuando descendió la lluvia y florecieron los frutos, como se dice (Ib. 2, 6) Pero se levantó una neblina de la tierra, "etc. R. Joshua dice: "¿De dónde nos enteramos de que el mundo fue creado en el mes de Nissan? Se dice (Ib. 1, 12) Y la tierra produjo hierba, y hierbas que dan semilla, árboles que dan fruto, etc. ¿En qué mes la tierra produce hierba [y, al mismo tiempo, en qué] los árboles dan fruto? Hay que decir que fue en el mes de Nissan, momento en el que se aparean los animales, domésticos y salvajes, así como los pájaros;PD. 65, 14) Los prados se visten de rebaños ", etc. Pero, ¿cómo van a explicar los otros rabinos, que hacen otras inferencias, el siguiente pasaje (Gn.1, 12)) ¿Y hierbas que dan semilla, etc. [que se refiere a Nissan]? Esto está escrito simplemente como una bendición para las generaciones venideras. Y, ¿cómo están los que sostienen que el mundo fue creado en Nissan para explicar el pasaje (Ib. Ib.) Y un árbol de fruto [que prueba que fue en el mes de Tishri]? Esto se refiere a lo que R. Joshua b. Levi dijo; para R. Joshua b. Levi dijo: "Todas las obras de la creación llegaron a ser en estatura madura, por su consentimiento, por su propia elección en cuanto a su forma, como se dice (Ib. 2, 1). Así fueron terminados los cielos y el la tierra y todo su anfitrión. No leas Tzeba'am (su anfitrión), pero léelo Tzib'yonam (su gusto). " R. Eliezer dijo además: "¿De dónde sabemos que los patriarcas nacieron en el mes de Tishri? Se dice (I Reyes 8, 2) Y todos los hombres de Israel se reunieron ante el rey Salomón en la fiesta, en el mes Ethanim (fuerte; es decir, el mes en que (Ethanim), los fuertes de la tierra (los patriarcas), nacieron ". ¿Sabemos que la expresión etán significa fuerte? Está escrito (Núm.24, 21) Fuerte (Etán) es tu morada; y también está escrito (Miqueas 6, 2) Oíd, montes, la controversia del Señor, y vosotros cimientos fuertes, (v'ha'ethanim), etc. Y también se dice (Canciones 2, 8), Saltando sobre las montañas, saltando sobre las colinas [implicando que estaban] saltando sobre las montañas por causa de los patriarcas, saltando las colinas por el bien de nuestras madres [Sara, Rebeca, Raquel y Lea].

R. Joshua, sin embargo, dice: "¿De dónde sabemos que los Patriarcas nacieron en el mes de Nissan? Se dice (I Reyes 6, 1) En el cuarto año, en el mes Ziv (gloria), que es el segundo mes, etc .; es decir, en ese mes en que nacieron los gloriosos de la tierra (los patriarcas). Pero, ¿cómo se explica el pasaje de Ethanim? Esto significa que ellos (los israelitas) estaban fuertemente protegidos por hechos meritorios. Pero, ¿cómo explicará el que sostiene que los patriarcas nacieron en Tishri la referencia al mes de Ziv? Él lo explicará literalmente: En el mes en que los árboles están floreciendo, como dijo R. Juda: "Quien pasee en el mes de Nissan y observe cómo brotan los árboles, debe decir: 'Bendito eres tú, que has hecho tu mundo que no carece de nada, sino que ha producido en él buenas criaturas y buenos árboles con que deleitar a los hijos de los hombres '". Según quien sostiene que los patriarcas nacieron en Nissan, también murieron en Nissan; y, según quien sostiene que nacieron en Tishri, también murieron en Tishri; porque está dichoDeut. 31, 2) Moisés dijo: Hoy tengo ciento veinte años. No necesita decir hoy [si no tiene un significado especial]. Por tanto, inferimos que hoy implica que precisamente ese mismo día se han cumplido sus días y años. Esto es para enseñar que el Santo, ¡alabado sea! concede a los justos el cumplimiento de los años de su vida hasta el mismo mes y día; como está dicho (Ex. 23, 26) Cumpliré el número de tus días.

Isaac nació en Pascua. ¿De dónde inferimos esto? Está escrito (Génesis 18, 14) En la próxima fiesta volveré a ti y Sara tendrá un hijo. ¿Qué festival fue cuando dijo esto? ¿Debo asumir que fue Pascua, que se refirió a Pentecostés? ¿Es posible tener hijos después de los cincuenta días de gestación? Si asumo que fue Pentecostés, que se refirió a Tishri, entonces nuevamente la pregunta es: ¿Quién da a luz hijos después de cinco meses de gestación? Debo suponer que fue Tabernáculos, y que se refirió a la Pascua, se puede hacer la misma objeción: ¿Es posible tener hijos después de: seis meses de gestación? Se nos ha enseñado en un Baraitha [en respuesta a la última objeción]; ese año en particular fue un año bisiesto [y, por lo tanto, hace siete meses]. Pero, en todo caso, la objeción permanece, porque debemos deducir los días de la menstruación; por tanto, quedarán menos de siete meses. Mar Zutra [en respuesta a esto] dijo que aunque un niño nacido después de nueve meses de gestación nunca nace antes de que se complete el noveno mes, no obstante, un niño de siete meses puede nacer antes de que se complete el séptimo mes; como se diceYo Sam. 1, 20) Y sucedió, Li't'kufoth Hayamim (cuando llegó el momento); el mínimo de T'kufoth es dos y el mínimo de yamim es también dos (es decir, después de seis meses y dos días de gestación, es posible dar a luz).

¿De dónde sabemos que Sarah, Rachel y Hannah fueron visitadas el día de Año Nuevo? R. Elazar dijo: Inferimos comparando la expresión, Zechiro, Zechiro (recuerda) y Pekidah Pekidah (visita) que aparecen en ambos lugares. Con respecto a la expresión Zechira Zechira (recuerda), está escrito de Raquel (Gen. 30, 32) Y Dios se acordó (Voyizkor) de Raquel; y de Ana, está escrito (I Sam. 1, 19) Y Dios se acordó de ella (Voyizkor); esto instituye una analogía entre la palabra recordar (Zechira) usada en estos pasajes y Zechiro, usada en conexión con el día de Año Nuevo, que está escrito (Lev. 23, 24) Un recuerdo (Zichrow) del soplo de cornetas. Nuevamente, hacemos una inferencia a partir de la analogía de Pekido Pekido (visita); está escrito acerca de Sara (Gen.21, 1) Y el Señor visitó (Pakad) a Sarah como Él dijo. De nuevo, está escrito acerca de Ana (1 Samuel 2, 21) Y verdaderamente el Señor visitó (Pokad) Ana. Por la regla de la analogía, todos estos eventos tuvieron lugar el mismo día [de Año Nuevo]. ¿De dónde sabemos que José fue puesto en libertad el día de Año Nuevo? Está escrito (Sal. 81, 4-5) Soplar en la luna nueva la corneta a la hora señalada en el día de nuestra fiesta; porque este es un estatuto para Israel. Y de nuevo (Ib.) Como testimonio en José lo ordenó, cuando salió sobre la tierra de Egipto. (Ib. B) El día de Año Nuevo cesó la servidumbre de nuestros padres en Egipto. ¿De dónde sabemos esto? Lo inferimos por regla de analogía de la palabra Sebila mencionada en dos lugares. Escrito está (Ex.6, 6) Te sacaré de debajo de las cargas (Sibloth) de los egipcios; y está escrito (Sal. 81, 6) Quité su hombro de la carga (Seibel); es decir, de la carga de Egipto en el día mencionado en el Salmo. En Nissan se redimieron, como se probó anteriormente. En Tisari seremos redimidos nuevamente. Esto lo deduce por analogía de la palabra Shofor (corneta), que se encuentra en los siguientes pasajes. Está escrito (Ib.) Soplar la corneta en la luna nueva (es decir, en el día de Año Nuevo); y está escrito allí (Isa.27, 13) Y ese día se tocará la gran corneta (B'shofor) [así como en el primer caso significa el día de Año Nuevo, así también en el segundo]. R. Joshua dice: "En Nissan [nuestros antepasados] fueron redimidos, y en Nissan seremos redimidos en el futuro". ¿De dónde inferimos esto? Del siguiente pasaje (Ex. 12, 42),... esta misma noche es una noche de velar al Señor; es decir, una noche especialmente designada desde los primeros días de la creación para la redención final de Israel. (Ib.)... Por todos los hijos de Israel por sus generaciones; es decir, una noche esperada para la futura redención.

(Fol. 16) MISHNAH: En cuatro períodos de cada año el mundo es juzgado; en la Pascua, con respecto al crecimiento del grano; en Pentecostés, con respecto al fruto de los árboles; en el día de Año Nuevo todos los seres humanos pasan ante Él (el Señor) como ovejas ante un pastor; como se dice (Sal. 30, 9El que ha formado todo su corazón, comprende todas sus obras; sobre los Tabernáculos, el juicio se hace con respecto al agua (lluvia). GEMARA: ¿Qué etapa del cultivo del grano [afecta el juicio Divino sobre la Pascua]? ¿Afecta a los cultivos en pie que están a punto de ser cosechados? ¿Qué juicio podría afectarlos, ya que existen a pesar de todos los accidentes predeterminados que las cosechas en pie tuvieron que sufrir [antes de la Pascua]? La Mishná no se refiere a cosechas en pie listas para ser cosechadas, sino a aquellas que se acaban de sembrar. ¿Diremos entonces que sólo se dicta un juicio sobre el grano [para el período desde la siembra hasta la cosecha]? ¿No se nos ha enseñado en un Baraitha? Si un incidente o daño le ocurre al grano antes de la Pascua, fue el resultado de un decreto pronunciado en la Pascua antes de la temporada de siembra; pero si tal incidente sucedió después de la Pascua, entonces fue el resultado de un decreto que se había aprobado en la Pascua inmediatamente [antes de la temporada de siembra]; si un hombre sufre un accidente o desgracia antes del Día de la Expiación, es el resultado de un decreto aprobado el Día de la Expiación antes del accidente; pero si tal accidente sucedió después del Día de la Expiación, entonces fue la causa de un decreto aprobado el Día de la Expiación inmediatamente anterior al accidente. Por lo tanto, se han aprobado varios decretos. Raba dijo: "Deduzca de esto que el juicio se dicta dos veces al año, en la siembra y antes de la cosecha". "Por lo tanto", dijo Abaye, "cuando un hombre ve que el grano que madura lentamente está prosperando, debe, tan pronto como sea posible,

¿Con qué opinión está de acuerdo nuestra Mishná? Ni con el de R. Maier, ni con el de R. Juda, ni con el de R. Jose, ni con el de R. Nathan; porque en un Baraitha se nos enseña que R. Maier dice: "Todos son llamados a rendir cuentas en el día de Año Nuevo, y en el Día de la Expiación se fija su sentencia". R. Joshua dice: "Todos son llamados a rendir cuentas en el día de Año Nuevo, pero cada oración se dicta en su momento especial: en la Pascua con respecto al grano; en Pentecostés con respecto al fruto de los árboles; en los Tabernáculos con respecto al grano. a llover; y el hombre es llamado a rendir cuentas en el día de Año Nuevo, y su sentencia se dicta en el Día de la Expiación ". R. José dice: "Todos los días se juzga a los hombres, como se dice (Job 7, 1) Te acuerdas de él todas las mañanas. "R. Nathan sostiene que los hombres son juzgados en todo momento, como se dice (Ib.) Tú lo pruebas en todo momento. [Por lo tanto, nuestra Mishná está de acuerdo con ninguna autoridad]. Y si debieras decir que la Mishná de hecho está de acuerdo con la opinión de R. Juda, y nuestra Mishná se refiere a la emisión del juicio, aun así, todavía quedarían dificultades sobre [el juicio de] los hombres [porque R. Juda dice que es en el Día de la Expiación, mientras que nuestra Mishnah dice el día de Año Nuevo]. Dijo Raba: "La Tana de nuestra Mishnah está de acuerdo con la academia de R. Ishmael; porque fue enseñado en la academia de R. Ishmael: En cuatro períodos es juzgado el mundo: en la Pascua, con respecto al grano; en Pentecostés, en lo que respecta al fruto de los árboles; en los Tabernáculos, en cuanto a la lluvia; pero el hombre es juzgado en año nuevo ' s Day y la sentencia final se le dicta el Día de la Expiación. Pero nuestra Mishná solo habla de la apertura del juicio. Dijo R. Chisda: "¿Cuál es el motivo de la opinión de R. José?" ¿No dio R. José como razón el pasaje (Job 7, 18) ¿Te acuerdas de él en todo momento? Por lo tanto, debemos decir que R. Chisda preguntó lo siguiente: "¿Por qué R. José, en apoyo de su opinión, no cita el mismo pasaje que R. Nathan? Porque intentar no es juzgar, sino simplemente investigar". Si es así, recordar tampoco es juzgar, sino simplemente investigar el caso]. Por tanto, dijo R. Chisda, la opinión de R. José se basa en el siguiente pasaje (I Reyes 8, 59) Que Dios pueda mantener la causa de Su siervo y la causa de Su pueblo Israel todos los días. Otra cosa dijo R. Chisda: "Cuando un rey y el pueblo se presentan ante la justicia, el rey debe ser considerado primero; como está escrito (Ib.) Para mantener la causa de su siervo (David, el rey); y después de esto dice, y la causa de su pueblo ". ¿Porque? Si lo desea, puede decir porque no sería una buena ética que el rey se sentara fuera de la corte durante el juicio del pueblo; y si lo desea, puede decir que [el rey] debe ser juzgado antes de que la corte se excite de ira. Dijo R. Joseph: "¿Según quién rezamos hoy por los enfermos y los débiles [eruditos]? Es según la opinión de R. Jose [quien sostiene que el hombre es juzgado todos los días].

Se nos enseña en un Baraitha: R. Juda enseñó en el nombre de R. Akiba: "¿Por qué manda la Torá (Lev. 23, 10) ¿una gavilla de las primicias que se traerán en la Pascua? Porque la Pascua es la temporada en que se juzga con respecto al grano, y el Santo, ¡alabado sea! dijo: 'Ofrezcan delante de mí la primera gavilla de grano en la Pascua, para que el grano de los campos sea bendecido para ustedes'. ¿Y por qué se ofrecen los dos panes en Pentecostés? Porque Pentecostés es la temporada en que se juzga el fruto de los árboles, y el Santo, ¡alabado sea! dijo: 'Traed ante mí dos panes en el Pentecostés, para que pueda bendecir los frutos del árbol'. ¿Por qué se realizó la ceremonia de la oferta de libación en la fiesta de los tabernáculos? Así dijo el Santo, ¡alabado sea! "Realiza ante Mí la ceremonia de Libación para que las lluvias caigan a su debido tiempo". ¡El Santo, alabado sea! dijo además: ' Recita ante Mí [el día de Año Nuevo] Malchioth, en el que se alude al divino homenaje; Zichronoth, [versículos en los que se alude al recuerdo divino]; y Shofroth [versos que tratan del Shofar]: Malquiot, que me proclames rey; Zichronot, para que venga ante mí tu recuerdo para bien. ¿Y cómo [se hará esto]? Por el sonido de la corneta. "R. Abahu dijo:" ¿Por qué la corneta está hecha de cuerno de carnero? ¡El Santo, alabado sea! dijo: Tocad ante mí una corneta hecha de cuerno de carnero, para que me acuerde, por vosotros, de la ofrenda de Isaac, hijo de Abraham. para que venga ante Mí tu recuerdo para bien. ¿Y cómo [se hará esto]? Por el sonido de la corneta. "R. Abahu dijo:" ¿Por qué la corneta está hecha de cuerno de carnero? ¡El Santo, alabado sea! dijo: Tocad ante mí una corneta hecha de cuerno de carnero, para que me acuerde, por vosotros, de la ofrenda de Isaac, hijo de Abraham. para que venga ante Mí tu recuerdo para bien. ¿Y cómo [se hará esto]? Por el sonido de la corneta. "R. Abahu dijo:" ¿Por qué la corneta está hecha de cuerno de carnero? ¡El Santo, alabado sea! dijo: Tocad ante mí una corneta hecha de cuerno de carnero, para que me acuerde, por vosotros, de la ofrenda de Isaac, hijo de Abraham.

R. Isaac dijo: "Un año que es pobre (Israel parece humilde) al principio, será rico al final (la petición de Israel será concedida). ¿Cuál es la razón? Porque está escrito (Deut. 11, 12) Desde el principio del año hasta el final del año, es decir, hay dos partes en un año, el principio y el final ". (Ib. B) K. Isaac dijo de nuevo: "Un hombre es juzgado sólo de acuerdo con sus hechos en el momento de la sentencia; como se dice (Gn. 21, 17).) Dios escuchó la voz del muchacho, como entonces. "Otra cosa dijo R. Isaac:" Tres cosas hacen que el registro de pecados de un hombre sea recordado. Tres ocasiones hacen recordar los pecados del hombre: un muro amenazante, calculador durante la oración, y uno que apela al Señor para que juzgue a su prójimo; porque R. Chanin dijo: 'Quien apela al Señor para que juzgue a su prójimo, primero es castigado; como encontramos en el caso de Sara, quien dijo (Génesis 16, 5) Sufro mal por ti, que el Señor juzgue entre tú y yo. Y poco después de esto leemos (Ib. 23, 2) Y Abraham vino a llorar a Sara y a llorar por ella '". Otra cosa dijo R. Isaac:" Cuatro cosas hacen que un decreto maligno que se transmite al hombre sea desgarrado (anulado). Son caridad, oración, cambio de nombre y cambio de conducta: Caridad, como está escrito (Prov. 10, 2) La caridad libera de la muerte; oración, como está escrito (Sal. 97, 19) Claman al Señor cuando están en angustia, y Él los salva de sus aflicciones; cambio de nombre, como está escrito (Génesis 17, 15) En cuanto a Sarai, tu esposa, no la llamarás Sarai, sino que Sara será su nombre: y el texto continúa diciendo: Entonces la bendeciré, y también te daré un hijo, por su cambio de conducta; como está escrito (Jonás 3, 10) Y vio Dios sus obras que se habían apartado de sus malos caminos; e inmediatamente después: Y Dios pensó en el mal que había dicho que les haría, y no lo hizo ". Algunos añaden también el cambio de ubicación, como está dicho (Génesis 12, 1-2). dijo a Abraham: Sal de tu tierra [y después] haré de ti una gran nación. Pero la primera autoridad afirma que la última fue por los méritos de la tierra de Israel.

R. Kruspedai dijo en nombre de R. Jochanan: "Tres libros se abren el día de Año Nuevo: uno para los extremadamente malvados, uno para los perfectamente justos y otro para la clase intermedia de personas. El veredicto de los perfectamente justos es prontamente escrito y sellado de por vida; el veredicto de los extremadamente malvados se escribe prontamente y se sella para la muerte; el veredicto de la clase intermedia se suspende desde el día de Año Nuevo hasta el Día de la Expiación; si demuestran ser dignos, se inscriben para vida, si no, se inscriben para la muerte ". Dijo R. Abahu: "¿De dónde inferimos esto? Del pasaje (Sal. 69, 29) Que sean borrados del libro de los vivos, y no se anotarán con los justos. Que sean borrados, se refiere a los libros de los perversos; del libro de los vivos, se refiere a los perfectamente justos; y no se anotarán con los justos, se refiere a la clase intermedia ".

Se nos enseña en un Baraitha: La escuela de Shammai dice: "Tres clases de personas aparecen en el día del Juicio: los perfectamente justos, los extremadamente malvados y la clase intermedia. La sentencia de la vida eterna se escribe y sella de inmediato para el perfectamente justo; la sentencia del Gehena está prontamente escrita y sellada para los extremadamente inicuos; como está dicho (Dan. 12, 2) Y muchos de los que duermen en el polvo despertarán, algunos para vida eterna, y otros para vergüenza y desprecio eterno. La clase intermedia desciende al Gehena (Fol. 17), pero lloran y vuelven a subir, como se dice (Zac. 13, 9).) Y pasaré la tercera parte por el fuego, y los refinaré como se refina la plata, y los probaré como se refina el oro; e invocará mi nombre, y yo le responderé. Con respecto a esta última clase de hombres, Ana dijo (1 Samuel 2, 6) El Señor hace morir y da vida. Él baja a la tumba y vuelve a levantar ". Pero la escuela de Hillel dice:" Y el que abunda en bondad se inclina [la balanza de la justicia] hacia el lado de la bondad. Acerca de esta tercera clase de hombres, David dijo (Sal.116, 1) Me encanta que el Señor oiga mi voz; de hecho, David les aplica todo el capítulo, incluido Tú has librado mi alma de la muerte (Ib. 8). "Judíos que pecan con sus cuerpos, así como no judíos que pecan con sus cuerpos, descienden al Gehena, y sus El castigo será estar en el Gehena por un período de doce meses; después de ese tiempo sus cuerpos son destruidos y sus almas quemadas, y los vientos esparcen y vuelven sus cenizas bajo las plantas de los pies de los justos, como leemos (Mal. 3223).) Y pisotearéis a los malvados, porque serán como ceniza bajo las plantas de vuestros pies; pero en cuanto a herejes, delatores, epicúreos (incrédulos) que niegan la Torá o la resurrección, o que se apartan de la congregación, o de aquellos (gobernantes) que tiranizan la tierra de los vivientes, o que pecan y hacen pecar a otros, al igual que Jeroboam, hijo de Nabat, y sus asociados, todos descienden al Gehena y allí son juzgados de generación en generación; como se diceEs. 66, 24) Y saldrán y verán los cadáveres de los hombres que se rebelaron contra mí; porque su gusano no morirá, ni su fuego se apagará. Incluso cuando el Gehena sea destruido, no se consumirán, como se dice (Sal. 49, 15). Y sus formas se consumirán en el otro mundo. Pero, ¿por qué en esa medida? Porque pusieron sus manos sobre el templo; como se dice: "Desde su propia morada. Mi-zbul; y la palabra z'bul se refiere al Templo, como se dice (I Reyes 8, 3) De hecho, he construido una morada (z'bitl) para Ti. Se dijo anteriormente: Concerniente a ellos dijo Ana, El Señor hace morir y da vida. "R. Isaac b. Abin dijo:" Sus rostros son negros como los lados de un caldero ", mientras que Raba comentó:" Los que ahora son los más hermosos de la gente de Mechuzza serán llamados hijos de Gehena ".

Raba explicó lo que significa el pasaje (Sal. 116, 1). Me encanta que el Señor oiga mi voz. Así dijo la congregación de Israel al Santo: ¡Alabado sea! "Soberano del Universo, ¿cuándo soy amado por Ti? Cuando escuchas mi voz de oración. (Ib. Ib., 6) Soy pobre, pero Él me ayuda; es decir, aunque soy pobre en obras meritorias, sin embargo es justo que me ayudes ".

¿A quiénes se refieren los judíos (que son pecadores) con su cuerpo? Rab dijo: "El Karkaphtha (la cabeza de él) que no se pone T'fillin". ¿Y a quiénes se refieren los no judíos que transgreden con el cuerpo? Rab dijo: "Los culpables del pecado [de adulterio]". ¿A quiénes se refieren los [gobernantes] que tiranizan la tierra de los vivientes? R. Chisda dijo: "Esto se refiere a un gobernante que impone un temor extraordinario sobre la comunidad, no por

Dios". R. Juda dijo en nombre de Rab: "Un líder que impone un temor extraordinario a la comunidad no por amor a Dios, nunca tendrá un hijo erudito; como se dice (Job 37, 24). Por eso, los hombres le temen, no respeta a los sabios de corazón ".

Se ha dicho anteriormente que la escuela de Hillel dijo: "El que abunda en bondad se inclina [la balanza de la justicia] hacia el lado de la bondad". ¿Cómo lo hace? R. Eliezer dijo: "Presiona [el lado que contiene las virtudes], como se dice (Miqueas 7, 19) Se volverá a dar la vuelta. Él tendrá compasión de nosotros, suprimirá nuestras iniquidades ". R. José b. Chanina dice:" Él levanta la escala de los pecados, como se dice (Ib. 18) Él levanta la iniquidad y perdona la transgresión ". Se enseñó en la escuela de R. Ishmael que perdona un pecado tras otro antes de que sean puestos en la balanza; y esta es la costumbre divina ". "Sin embargo", comentó Raba, "el pecado en sí no se borra, de modo que si uno se encuentra con más pecados, este se agrega a los demás". El que pasa por alto la venganza [no insiste en la venganza], todas sus transgresiones serán perdonadas; como se dice (Miqueas 7, 18) Él perdona la iniquidad y perdona la transgresión. ¿De quién quita la iniquidad? Del que perdona la transgresión [cometida contra él por su prójimo]. "R. Huna, el hijo de R. Joshua, se enfermó, y R. Papa fue a visitarlo. Observando que el paciente estaba en estado crítico, dijo a los presentes:" Preparen sus provisiones (mortajas) ". Finalmente se recuperó, y R. Papa se avergonzó de verlo. "¿Por qué lo consideraste tan enfermo?", Dijo la familia. "Él estaba tan, en verdad", respondió R. Papa, "pero el Santo, alabado sea Él. ! Dijo que, como nunca insistió en represalias, será perdonado ", como está dicho:" Perdona la iniquidad y perdona la transgresión ". ¿De quién quita la transgresión del amigo? R. Acha b. Canina dijo: "

(Ib. B) (Éxodo 34, 6), Y el Señor pasó delante de él y proclamó. R. Jochanan dijo: "Si este pasaje no hubiera sido escrito, habría sido imposible pensar en él, porque nos enseña que el Santo, ¡alabado sea!", Se envolvió, como lo hace un diputado de la congregación, mientras señala a Moisés el orden regular de la oración, y le dijo: 'Siempre que Israel peque, que lo haga [orenme], de esta manera, y yo perdonaré sus pecados.' "(Ib.) El Señor, el Señor; es decir, soy el mismo Dios antes de que un hombre peque como lo soy después de que él peca y se arrepiente; un Dios misericordioso y misericordioso. R. Juda dijo: "Esto significa que se dio una solemne seguridad de que la invocación de los trece atributos divinos nunca dejará de tener efecto, como se dice (Ib. 10). He aquí, hago un pacto". Ilpha señaló una contradicción similar: ") abundante en bondad; y además está escrito y es verdad. ¿Cómo pueden ambos armonizar? Al principio [Su atributo] es la verdad, pero al final es la bondad ". R. Elazar señala una contradicción adicional:" Escrito está (Sal. 62, 18) A ti, oh Señor, es la misericordia; y otra vez. Pagas a cada uno según su obra; es decir, al principio recompensa a cada hombre según sus obras, pero al final es misericordioso ". R. Huna señala una contradicción: está escrito (Ib. 145, 17) El Señor es justo en todos sus caminos; y también está escrito (Ib.) y bondadoso en todas sus obras; es decir, al principio sólo es justo, pero al final es bondadoso ".

R. Jochanan dijo: "El arrepentimiento es una gran cosa, porque rompe (cancela) el decreto [malo] contra el hombre, como está dicho (Isa. 6, 10).) Obdura seguirá siendo el corazón de este pueblo, ... ni oirá con sus oídos, ni entenderá con su corazón, para que se arrepientan y sean sanados ". R. Papa preguntó a Abayi:" Quizás estas últimas palabras se refieran sólo al tiempo anterior. ¿Se ha pronunciado el decreto [maligno]? "" Está escrito ", respondió este último," para que se arrepientan y sean curados. ¿Cuál [es el estado de una] cosa [que] requiere curación? Solo puedo decir que aquellos sobre los que ya se había pronunciado el juicio ". Se planteó una objeción del siguiente Baraitha: Aquel que se arrepienta durante el intervalo [entre el Día de Año Nuevo y el Día de la Expiación] es perdonado, pero si no se arrepiente , aunque ofreció todos los carneros de Nebayoth (los mejores), no será perdonado. [Por lo tanto, ningún juicio se cancela después de haber sido decretado.] Esto no es difícil de explicar; el último caso se refiere a [los pecados] de un individuo, y el primero se refiere a [los de] una comunidad. Se planteó una objeción del siguiente Baraitha: (Deut. 11, 12) Los ojos del Señor tu Dios están siempre sobre ella, desde el principio, etc. En algunos casos el propósito es bueno, y otras veces es dañino. ¿Cómo se puede explicar esto? Por ejemplo, si se determinaba que Israel en el Año Nuevo [cuando se dicta el juicio] era extremadamente inicuo, se decretó como castigo que cayera muy poca lluvia para ellos; sin embargo, luego se arrepintieron. ¿Qué se podría hacer en tal caso? La cantidad de lluvia no se puede aumentar porque el decreto ya había sido emitido por el Santo, ¡alabado sea! por lo tanto, hace que la lluvia caiga a su debido tiempo, siempre que sea necesario para el único beneficio de la tierra. En cuanto al propósito de hacer daño. Supongamos que se descubre que Israel es perfectamente justo en el Año Nuevo; entonces se les decretó lluvia suficiente; pero si al final pecaron, ¿Qué se podría hacer en tal caso? La lluvia no puede ser disminuida, ya que previamente se había decretado lluvia abundante. ¡El Santo, alabado sea! sin embargo, hace que la lluvia no venga en la estación apropiada, o en la tierra donde la lluvia no es necesaria. Ahora, [según su opinión de que para una comunidad se puede cambiar un decreto], ¿por qué no anular el anterior decreto y aumentar la cantidad de lluvia a la cantidad necesaria? Este caso aquí es diferente, porque es posible llevarse bien con un poco de lluvia. Ven, escucha, de lo siguiente (entonces, ¿por qué no anular el decreto anterior y aumentar la cantidad de lluvia a la cantidad necesaria? Este caso aquí es diferente, porque es posible llevarse bien con un poco de lluvia. Ven, escucha, de lo siguiente (entonces, ¿por qué no anular el decreto anterior y aumentar la cantidad de lluvia a la cantidad necesaria? Este caso aquí es diferente, porque es posible llevarse bien con un poco de lluvia. Ven, escucha, de lo siguiente (PD. 107, 23-28) Los que descienden al mar en barcos, que hacen negocios en grandes aguas, estos vieron las obras del Señor ... porque Él mandó, y levantó el viento tempestuoso, ... se tambalearon de un lado a otro, y se tambalearon como un borracho,... entonces claman al Señor en su angustia, y Él los sacó de sus angustias; oh, que los hombres alaben al Señor por su bondad, etc. ¡Alabado sea el Santo! aquí se insertaron palabras [para las limitaciones íntimas] como Achin o Rakin para indicar que si lloraban [por misericordia] antes de que se pronunciara el decreto, solo entonces serían respondidas; pero si después [del decreto], no se les responde. [¿Por lo tanto, esta afirmación contradice la primera?] No, porque los que están en un barco también se consideran individuos. Ven, escucha. El prosélito Beluria le preguntó a Rabban Gamaliel: "Está escrito en tu Torá (Deut. 17) El Señor, que no perdona a nadie ni acepta soborno; y también está escrito (Núm.6, 26) Que el Señor te perdone ". R. José, el sacerdote, la atendió (Beluria) y le dijo:" Te contaré una parábola. ¿A qué se puede comparar esta [su pregunta]? A uno [un prestatario] que prestó dinero de su vecino, fijó un tiempo para su reembolso en presencia del rey, y juró por la vida del rey [devolverlo a tiempo]. Llegó el momento, pero no pagó; y vino a apaciguar al rey. El rey le dijo: 'Solo puedo perdonarte la ofensa contra mí, pero no puedo perdonarte la ofensa contra tu prójimo; ve y pídele que te perdone. Así que también aquí; en un lugar se refiere a los pecados cometidos por un hombre contra su asociado, pero en el otro se refiere a los pecados cometidos por un hombre contra el Señor. "Pero cuando R. Akiba llegó, explicó (Fol. 18) que un pasaje se refiere hasta el momento antes de que se dicte sentencia, y el otro al tiempo siguiente. [Por tanto, una vez dictado el juicio, no queda posibilidad de revocar la sentencia]. Aquí también se refiere a un juicio individual. Sin embargo, en cuanto a la sentencia pronunciada contra un individuo, los Tanaim difieren; porque se nos enseña en un Baraitha: "R. Meir solía decir, de dos hombres que se enferman de la misma enfermedad, o dos que entran en un tribunal [para juicio] por cargos similares, uno puede recuperarse, el otro no; uno puede ser absuelto, el otro puede ser condenado. ¿Por qué uno debe recuperarse y el otro no; y por qué uno debe ser absuelto y el otro condenado? Porque uno oró y fue respondido, y el otro oró pero no fue respondido. ¿Se contesta uno mientras que el otro no? Pero R. Eliezer dijo: "Porque uno rezó antes de que se pronunciara el decreto y el otro después de que se pronunciara el decreto". R. Isaac dijo: "La oración es útil para el hombre después, así como antes, que se haya pronunciado el decreto". ¿Y un mal decreto pronunciado contra una congregación, dices, está sujeto a cancelación [a través de la oración]? He aquí, está escritoJer. 4, 14) Oh Jerusalén, lava tu corazón de la maldad, etc .; y también está escrito (Ib 2, 22) Porque aunque te laves con salitre y tomes mucho jabón, la mancha de tu iniquidad permanecerá delante de mí. ¿No diremos en un caso que significa antes y en el otro después de que se haya pronunciado la sentencia? No, ambos se refieren [al tiempo] posterior a la emisión del decreto. No hay contradicción, pues en el último caso se refiere a una sentencia pronunciada con juramento, y en el primer caso se refiere a una sentencia pronunciada sin juramento. Como R. Samuel b. Ami, y según otros R. Samuel b. Nachmen, dijo en nombre de R. Jochanan: "¿De dónde sabemos que una sentencia, pronunciada con juramento, no puede ser anulada? De lo siguiente (I Sam. 3, 14) Por tanto, juré a la casa de Elí, que la iniquidad de la casa de Elí no será expiada con sacrificio ni ofrenda para siempre. "Raba, sin embargo, dijo:" Esto significa que a través de sacrificios meramente su pecado no puede ser expiado, sino por [el estudio de] la Ley puede ser "; y Abayi dijo: Con sacrificio y ofrenda no puede ser expiado, pero mediante [el estudio de] la Ley, y con obras de bondad amorosa, sí puede"; porque él y Rabba [su maestro] eran ambos descendientes de la casa de Elí [quienes fueron sentenciados, como se mencionó anteriormente; sin embargo] Rabba, que sólo estudió la Ley, vivió cuarenta años, pero Abayi, que estudió la Torá y realizó actos de benevolencia, vivió sesenta años. A nuestros rabinos se les enseñó que había cierta familia en Jerusalén cuyos miembros murieron a los dieciocho años. Vinieron e informaron a R. Jochanan b. Zakkai de sus problemas. "Quizás", dijo, "sois descendientes de Elí, de quien se dice (Yo Sam. 2, 33) ¿Todo el aumento de tu casa morirá en la flor de su edad? Id, pues, a estudiar la Ley y vivir. Fueron y estudiaron, y vivieron; y fueron llamados por su nombre, la familia de Jochanan.

R. Samuel b. Inya dijo en nombre de Rab: "¿De dónde sabemos que un decreto contra una comunidad no está confirmado". ¿Es eso cierto? He aquí, está escrito (Jer. 2, 22) La mancha de tu pecado permanece delante de mí. Pero esto es lo que quiso decir: ¿De dónde sabemos que un decreto emitido contra una comunidad, incluso si se confirma, puede, no obstante, ser anulado? Del pasaje (Deut. 4, 7) Como el Señor, nuestro Dios, en todas las cosas que le pedimos. Pero también está escrito (Isaías 55, 6) Busquen al Señor mientras puede ser encontrado. Por tanto, ¿hay alguna diferencia? El último pasaje se refiere a un individuo, el primero a una comunidad. ¿Cuándo es el momento adecuado para que una persona [se arrepienta]? R. Nachman, en nombre de Rabba b. Abahu, dijo: "Los diez días de arrepentimiento, entre el Día de Año Nuevo y el Día de la Expiación". (I Sam. 25, 38) Y sucedió, como diez días después de eso, que el Señor hirió a Nabal. ¿Cuál es el motivo de la espera de diez días? R. Juda, en nombre de Rab, dijo: "Corresponde a las diez comidas que Nabal dio a los siervos de David". Y R. Nachman, en nombre de Rab, dijo: "Esto se refiere a los diez días de penitencia [dados a Nabal para que se arrepienta]".

El día de Año Nuevo todos los habitantes del mundo pasan ante Él, Kibne Maron. Cuál es el Significado de Kibne Maron. Aquí (en Babilonia) lo tradujeron "como ovejas". Pero Resh Lakish dijo: "El significado es, como los escalones del Templo (es decir, estrechos, de modo que la gente los ascendió uno por uno)". R. Juda, sin embargo, en el nombre de Samuel, lo explicó: "Como los ejércitos de la casa de David [que fueron contados uno por uno]". "Sin embargo", dijo Rabba bb Ghana, en nombre de R. Jochanan, "todos se revisan de un vistazo". R. Nachman b. Isaac dijo: "Nuestra Mishná también nos lo enseña, ya que hace la inferencia del pasaje (Sal. 33, 15) El que modeló todos sus corazones por igual. ¿Qué significa eso? ¿Asumiremos que significa que Él creó todos los corazones por igual en inclinación? Vemos que no es así. Por tanto, debemos decir que significa. El Creador ve todos sus corazones [de un vistazo] y [de una vez] comprende todas sus obras ".

MISHNAH: Para la proclamación de seis días de Luna Nueva, se envían mensajeros: para Nissan, a causa de la Pascua; para Ab, a causa del ayuno (noveno de Ab); para Elul, con motivo de Año Nuevo; para Tishri, con el fin de organizar las fechas de los festivales [restantes]; para Kislev, a causa de Janucá (la Fiesta de los Macabeos); para Adar, a causa de la Fiesta de Purim (la Fiesta de Ester).

GEMARA: ¿Por qué no fueron enviados también a Tamuz y Tebheth [para los ayunos]? (Ib. B) ¿No R. Ghana b. Bizna dice, en nombre de R. Simon, el piadoso: "¿Cuál es el significado del pasaje?" (Zac. 8, 19) Así ha dicho Jehová de los ejércitos; el ayuno del cuarto, y el ayuno del quinto, y el ayuno del séptimo, y el ayuno del décimo, serán en la casa de Judá gozo y alegría, etc .; es decir, se les llama ayunos, ¡y también días de gozo y alegría! Por lo tanto, debemos decir que en tiempos de paz serán de gozo y alegría, pero, cuando no haya paz, serán ayunos ". [Por eso siempre se observaron]" Este es el significado ", dijo R. Papa," cuando hay paz, estos días deben ser de gozo y alegría; en el tiempo de persecución serán ayunos; en momentos en los que no hay persecuciones ni paz, la gente puede o no ayunar, como mejor le parezca. "Si es así, ¿por qué entonces [deberían haber sido enviados mensajeros] a causa del ayuno de Ab (durante tiempos de paz)? ? " El ayuno [noveno día] de Ab es diferente ", explicó R. Papa," ya que muchas desgracias ocurrieron ese día; como dijo el maestro: "El día nueve de Ab, el primer y segundo templo fueron destruidos, Bether fue capturada y la ciudad de Jerusalén fue arrasada". "

Se nos enseña en un Baraitha, R. Simeon b. Jochai dijo: "Hay cuatro asuntos que R. Akiba expuso, pero que yo interpreto de manera diferente. El ayuno del cuarto, significa el diecisiete de Tamuz, en el cual la ciudad fue asaltada; como se dice (Jer. 52, 6)., 7) En el cuarto mes, en el noveno, cuando el hambre fue severa, y además está escrito: La ciudad fue destruida. ¿Y por qué se llama el cuarto? Porque es el cuarto mes. El ayuno del quinto, significa el noveno de Ab, en el que se quemó el templo de nuestro Señor. ¿Y por qué se llama el quinto? Porque es el quinto mes. El ayuno del día en que fue asesinado Gedalías, hijo de Achicam. ¿Quién lo mató? Ismael ben Nethania lo asesinó. Esto es para enseñar que la muerte de los justos es igual a la pérdida de la casa de nuestro Señor. ¿Y por qué se llama el séptimo? Porque sucedió en la séptima boca. El ayuno del diez, significa el diez de Tebet, el día en que el rey de Babilonia se puso contra Jerusalén. Como se dice (Ezequiel 24, 1, 2) Y vino a mí palabra de Jehová en el noveno año, en el décimo mes, a los diez días del mes, diciendo: Hijo de hombre, escríbete el nombre del día, sí, de este mismo. día. Este mismo día el rey de Babilonia se opuso a Jerusalén. ¿Y por qué se llama décimo? Porque ocurrió en el décimo mes. En realidad, este último evento debería haberse colocado en primer lugar [desde que ocurrió primero]; pero ¿por qué se coloca en último lugar? Para mencionar los meses en su orden habitual. [Esta es la opinión de R. Akiba.] Yo, sin embargo, no lo creo; pero que el ayuno del décimo se refiere al quinto de Tebet, día en el que llegó a los exiliados la noticia de que la ciudad había sido golpeada; como se dice (Ezequiel 33, 21) Y sucedió que en el año duodécimo de nuestro cautiverio, en el décimo (mes), en el quinto día del mes, vino a mí uno que había escapado de Jerusalén, diciendo: 'La ciudad está herida.' Consideraron el día en que recibieron la noticia igual al día [en que el Templo] fue quemado. Y prefiero mi opinión, porque explico lo primero, lo primero y lo último, lo último; mientras explica el último, el primero y el primero, el último. Nuevamente, si bien los menciono de acuerdo con ambos, el orden de las ocurrencias, así como el orden de los meses, él los menciona solo de acuerdo con el orden de los meses ".

(Fol.19) El día veintiocho de Adar, los judíos recibieron la buena noticia de que ya no necesitaban abstenerse de estudiar la Ley, porque el rey [de Siria había emitido anteriormente] un decreto que les permitía no estudiar la Ley, ni circuncidar a sus hijos, y obligarlos a profanar el sábado. ¿Qué hizo Juda b. ¿Shamua y sus amigos lo hacen? Fueron a consultar a cierta matrona, cuya casa frecuentaba la gente célebre de la ciudad. Ella les dijo: "Vayan a llorar en voz alta por la noche". Hicieron lo que ella les aconsejó y gritaron en voz alta: "¡Oh, cielos! ¿No somos todos hermanos? ¿No somos todos hijos de un Padre? ¿No somos todos hijos de una madre? ¿Por qué deberíamos ser tratados de manera diferente a todas las demás naciones? , y de todos los demás pueblos que hablan otro idioma, en la medida en que emitís edictos tan crueles contra nosotros? "

(Fol. 21b) Está escrito (Sal. 12, 7) Las palabras del Señor son palabras puras, como plata refinada en el crisol de la tierra, purificada siete veces. Rab y Samuel lo explican. Uno dice: Cincuenta puertas de la sabiduría fueron creadas en el mundo y todas menos una le fueron entregadas a Moisés en el monte Sinaí; como se dice (Ib. 8, 6) Sin embargo, le has hecho un poco menos que ángeles. Kohelet (Salomón) deseaba parecerse a Moisés, como se dice (Eclesiastés 12, 10). Kohelet buscó encontrar palabras aceptables. Acto seguido, un Bath Kol (voz celestial) se adelantó y le dijo (Ib.) "Y lo que estaba escrito con rectitud, palabras de verdad; refiriéndose a (Deut. 34, 10) Y desde entonces no surgió un profeta en Israel, como Moisés. "Y el otro explica que tiene este significado: Entre los profetas, en verdad, ninguno se levantó; pero entre los reyes, como Salomón, [profetas como Moisés] lo hizo. ¿Pero cómo explicará este último el pasaje anterior? Kohelet buscó encontrar palabras aceptables. Esto significa que Kohelet buscó hacer cumplir los decretos sin la ayuda de testigos o advertencias. Después de lo cual se escuchó una voz celestial que decía (Eclesiastés 12, 10).) Y lo que fue escrito con rectitud, incluso palabras de verdad, es decir, [donde está escrito] (Deut. 17, 6) Sobre la evidencia de dos testigos, etc., debe establecerse un caso.

Rosh Hashaná, Capítulo 2

(Fol. 23) R. Jochanan dijo: "Todo árbol de acacia que las naciones hayan tomado de Jerusalén, el Señor hará que le sea restaurado; como está dicho (Is. 41, 19).) Pondré en el desierto el cedro, la acacia y el mirto, y el árbol del aceite, etc. Desierto se refiere a Jerusalén; como se dice (Ib. 64, 9) Sion se ha convertido en un desierto, Jerusalén, un lugar desolado ". Otra cosa dijo R. Jochanan:" Quien estudia la Torá pero no la enseña a otros, es comparado con un mirto en el desierto, del cual nadie disfruta de ningún beneficio ". Otros sostienen que R. Jochanan dijo:" Quien estudia la Torá y la enseña en un lugar donde no hay otro erudito, es comparado con un mirto en el desierto, que es muy precioso. "Otra cosa dijo R. Jochanan:" ¡Ay de los romanos, para quienes no habrá remedio; como está dicho (Ib. 60, 17) En lugar del cobre traeré oro, y en lugar del hierro traeré plata, y en lugar de madera, hierro. Pero, ¿qué pueden aportar a R. Akiba y sus asociados, que fueron ejecutados por los romanos? Sobre ellos se dice (Joel 4, 21). Yo vengaré, [pero por] su sangre no vengaré, porque el Señor habita en Sion ".

(Fol. 25) MISHNAH: Una vez sucedió que dos testigos vinieron y dijeron: "Vimos la luna en la parte oriental del horizonte en la mañana, y en la tarde, en la parte occidental del horizonte". R. Jochanan b. Nuri los declaró falsos testigos; pero cuando llegaron a Yamnia, Rabban Gamaliel aceptó su testimonio como válido. En otra ocasión, otros dos testigos vinieron y dijeron: "Vimos la luna en su día apropiado, pero no pudimos verla en la noche siguiente del día intercalado". R. Gamaliel aceptó su testimonio, pero R. Dosa b. Harkinas dijo: "Son testigos falsos; porque ¿cómo pueden testificar de una mujer que dio a luz, cuando al día siguiente parece estar embarazada?" "Apruebo su opinión", comentó R. Joshua. Sobre esto, R. Gamaliel envió un mensaje a R. Joshua, diciendo: "Lev. 23, 4) Estas son las fiestas del Señor, santas convocaciones que proclamaréis, etc .; es decir, ya sea en su momento adecuado o no, sus convocaciones se considerarán festivales sagrados ". R. Joshua luego fue a R. Dosa b. Harkinas." Si vamos a volver a investigar las decisiones de Beth Din de R. Gamaliel ". R. Doso b. Hankinas le dijo," ¡entonces también debemos volver a investigar las decisiones de todos los tribunales de justicia que han existido desde la época de Moisés hasta el día de hoy! Pero se dice (Ex.24, 9) "Moisés, Nada, Abiú y setenta ancianos subieron [al monte]. ¿Por qué no se especificaron también los nombres de los ancianos? Para enseñarnos que cada tres hombres que son nombrados en Israel para formar un Beth Din (tribunal judicial), son iguales a los Beth Din de Moisés ". E. Joshua luego tomó su cayado y dinero en su mano, y fue a Yamnia, a

Rabban Gamaliel, el mismo día en que el Día de la Expiación habría sido según su cálculo. Entonces Rabban Gamaliel se levantó y lo besó en la frente, diciendo: "¡Entra en paz, mi maestro y mi discípulo! Mi maestro en conocimiento, mi discípulo - ya que cumpliste mis palabras".

A nuestros rabinos se les enseñó [acerca del pasaje]: Y setenta de los ancianos de Israel. ¿Cuál es la razón por la que no se mencionan los nombres de esos ancianos? Porque uno no debería decir: "¿Es fulano de tal como Moisés y Aarón? ¿Es fulano de tal como Nadab y Abiú? ¿Es fulano de tal como Eldad y Medad?" Y también se dice (Sam. 12, 6) Y Samuel dijo al pueblo el Señor que nombró a Moisés ya Aarón; en la misma conexión se dice (Ib. 11) Y el Señor envió a Jerubaal, Bedan, Jefté y Samuel; es decir, Jerubaal es Gedeón. ¿Y por qué se llama Jerubaal? Porque incitó a una pelea contra Baal. B'dan es Sampson. ¿Y por qué se llama B'dan? Porque vino de Dan. Jefté, en su sentido habitual. (Ib. B) Y también se dice (Sal.99, 6) Moisés y Aarón entre sus sacerdotes, y Samuel entre los que invocaban Su nombre. Las Escrituras consideran que los tres [líderes] más pequeños en la historia de Israel son iguales a los tres más grandes; para enseñarnos que Jerubaal estaba en su propia generación como Moisés en la suya; B'dan estaba en su propia generación como Aaron en la suya; Jefté estaba en su propia generación, como Samuel en la suya. Deduzca de esto que incluso el más despreciable de los hombres inútiles, si una vez es nombrado líder, debe ser respetado como el más alto de la nobleza. Y también se dice (Deut. 17, 9) Y vendrás a los sacerdotes, a los levitas ya los jueces que haya en aquellos días. ¿Te imaginas que se pueda acudir a un juez que no vivió en sus días? Esto significa que un hombre debe prestar atención al juez de su propia generación. Y además se dice (Ecc. 7, 10) No digas tú: '¡Cómo fue que los días pasados fueron mejores que estos!'

Tomó su bastón, etc. A nuestros rabinos se les enseñó: Tan pronto como Rabban Gamaliel vio a R. Joshua, se levantó de su silla y lo besó [R. Joshua] en su frente, diciéndole: "¡Paz a ti mi maestro y mi discípulo! Mi maestro, porque me enseñaste la Torá en presencia de todos, y mi discípulo porque emití un decreto y lo cumpliste como un discípulo. . " ¡Feliz la generación en la que los líderes escuchan a sus seguidores! Debido a este ejemplo, los discípulos lo consideran mucho más su deber [prestar atención a las enseñanzas de los líderes].

Rosh Hashaná, Capítulo 3

(Fol. 29) MISHNAH: (Ex. 17, 11) Y sucedió que cuando Moisés levantó la mano, Israel prevaleció, etc. ¿Entonces las manos de Moisés hacen que la guerra se haga o cese? Pero el pasaje significa enseñar esta lección: VEntonces los israelitas miraron hacia arriba y prometieron su corazón a su Padre que está en los cielos, prevalecieron; pero cuando dejaron de hacerlo, fracasaron. Encontramos un caso similar también en (Núm. 21, 8) Hazte una serpiente ardiente y colócala sobre un asta, y todo el que sea mordido, cuando la mire, vivirá. ¿Podría, entonces, la serpiente matar o dar vida? Pero el pasaje significa enseñar esta lección: Cuando los israelitas miraron hacia arriba en busca de ayuda y prometieron su corazón a su Padre celestial, fueron sanados; pero cuando no lo hicieron, perecieron.

Fol. 31) Se nos enseña en un Baraitha: R. Juda dijo, en el nombre de R. Akiba: "¿Qué [canción] cantaron [los levitas] el primer día de la semana? (Sal. 24) La tierra es del Señor y su plenitud, porque Él [el Señor, al establecer el mundo] tomó posesión y dio a [Sus criaturas] posesión (las investió de vida), y [llegó a ser] el Soberano del mundo. ¿Qué cantaron el segundo día? (Ib. 48) Grande es el Señor y muy digno de ser alabado, porque [en ese día] dividió sus obras [los cielos de la tierra] y reinó sobre ellos. Al tercer día cantaron (Ib. 82) Dios está en la congregación de los poderosos, porque [en ese día] Él, en Su sabiduría, hizo que la tierra se revelara y el mundo se preparara para sus ocupantes. En el cuarto día cantaron (Ib. 94) Oh Señor, a quien pertenece la retribución, porque [en ese día] Él creó el sol y la luna, y en el futuro castigará a quienes los adoren. Al quinto día cantaron (Ib. 81) Canten en voz alta a Dios, nuestra fuerza, porque [en ese día] Él creó las aves y los peces [que traen] alabanza a Su nombre. En el sexto día cantaron, (Ib. 93) El Señor reina. Está vestido de majestad, porque [en ese día] terminó Sus obras y se hizo soberano sobre ellas. En el séptimo día cantaron (Ib. 92) un salmo, una canción para el día de reposo; es decir, para el día que es un descanso perfecto ". R. Nechemia dijo:" ¿Qué razón tenía R. Akiba para hacer distinciones entre estas secciones, [porque la última se refiere a un evento futuro, mientras que todas las demás se refieren al pasado] ? Por lo tanto, debemos decir que cantaron ese salmo en el día de reposo, porque Él descansó ". Esto es contrario a la opinión de R. K'tina, porque R. K'tina dijo:" El mundo durará seis mil años, y mil años será un desperdicio; como se dice nuestra fuerza, porque [en ese día] Él creó las aves y los peces [que traen] alabanza a su nombre. En el sexto día cantaron, (Ib. 93) El Señor reina. Está vestido de majestad, porque [en ese día] terminó Sus obras y se hizo soberano sobre ellas. En el séptimo día cantaron (Ib. 92) un salmo, una canción para el día de reposo; es decir, para el día que es un descanso perfecto ". R. Nechemia dijo:" ¿Qué razón tenía R. Akiba para hacer distinciones entre estas secciones, [porque la última se refiere a un evento futuro, mientras que todas las demás se refieren al pasado] ? Por lo tanto, debemos decir que cantaron ese salmo en el día de reposo, porque Él descansó ". Esto es contrario a la opinión de R. K'tina, porque R. K'tina dijo:" El mundo durará seis mil años, y mil años será un desperdicio; como se dice nuestra fuerza, porque [en ese día] Él creó las aves y los peces [que traen] alabanza a su nombre. En el sexto día cantaron, (Ib. 93) El Señor reina. Está vestido de majestad, porque [en ese día] terminó Sus obras y se hizo soberano sobre ellas. En el séptimo día cantaron (Ib. 92) un salmo, una canción para el día de reposo; es decir, para el día que es un descanso perfecto ". R. Nechemia dijo:" ¿Qué razón tenía R. Akiba para hacer distinciones entre estas secciones, [porque la última se refiere a un evento futuro, mientras que todas las demás se refieren al pasado] ? Por lo tanto, debemos decir que cantaron ese salmo en el día de reposo, porque Él descansó ". Esto es contrario a la opinión de R. K'tina, porque R. K'tina dijo:" El mundo durará seis mil años, y mil años será un desperdicio; como se dice porque [en ese día] Él creó las aves y los peces [que traen] alabanza a su nombre. En el sexto día cantaron, (Ib. 93) El Señor reina. Está vestido de majestad, porque [en ese día] terminó Sus obras y se hizo soberano sobre ellas. En el séptimo día cantaron (Ib. 92) un salmo, una canción para el día de reposo; es decir, para el día que es un descanso perfecto ". R. Nechemia dijo:" ¿Qué razón tenía R. Akiba para hacer distinciones entre estas secciones, [porque la última se refiere a un evento futuro, mientras que todas las demás se refieren al pasado] ? Por lo tanto, debemos decir que cantaron ese salmo en el día de reposo, porque Él descansó ". Esto es contrario a la opinión de R. K'tina, porque R. K'tina dijo:" El mundo durará seis mil años, y mil años será un desperdicio; como se dice porque [en ese día] Él creó las aves y los peces [que traen] alabanza a su nombre. En el sexto día cantaron, (Ib. 93) El Señor reina. Está vestido de majestad, porque [en ese día] terminó Sus obras y se hizo soberano sobre ellas. En el séptimo día cantaron (Ib. 92) un salmo, una canción para el día de reposo; es decir, para el día que es un descanso perfecto ". R. Nechemia dijo:" ¿Qué razón tenía R. Akiba para hacer distinciones entre estas secciones, [porque la última se refiere a un evento futuro, mientras que todas las demás se refieren al pasado] ? Por lo tanto, debemos decir que cantaron ese salmo en el día de reposo, porque Él descansó ". Esto es contrario a la opinión de R. K'tina, porque R. K'tina dijo:" El mundo durará seis mil años, y mil años será un desperdicio; como se dice En el sexto día cantaron, (Ib. 93) El Señor reina. Está vestido de majestad, porque [en ese día] terminó Sus obras y se hizo soberano sobre ellas. En el séptimo día cantaron (Ib. 92) un salmo, una canción para el día de reposo; es decir, para el día que es un descanso perfecto ". R. Nechemia dijo:" ¿Qué razón tenía R. Akiba para hacer distinciones entre estas secciones, [porque la última se refiere a un evento futuro, mientras que todas las demás se refieren al pasado] ? Por lo tanto, debemos decir que cantaron ese salmo en el día de reposo, porque Él descansó ". Esto es contrario a la opinión de R. K'tina, porque R. K'tina dijo:" El mundo durará seis mil años, y mil años será un desperdicio; como se dice En el sexto día cantaron, (Ib. 93) El Señor reina. Está vestido de majestad, porque [en ese día] terminó Sus obras y se hizo soberano sobre ellas. En el séptimo día cantaron (Ib. 92) un salmo, una canción para el día de reposo; es decir, para el día que es un descanso perfecto ". R. Nechemia dijo:" ¿Qué razón tenía R. Akiba para hacer distinciones entre estas secciones, [porque la última se refiere a un evento futuro, mientras que todas las demás se refieren al pasado] ? Por lo tanto, debemos decir que cantaron ese salmo en el día de reposo, porque Él descansó ". Esto es contrario a la opinión de R. K'tina, porque R. K'tina dijo:" El mundo durará seis mil años, y mil años será un desperdicio; como se dice porque [en ese día] terminó sus obras y se hizo soberano sobre ellas. En el séptimo día cantaron (Ib. 92) un salmo, una canción para el día de reposo; es decir, para el día que es un descanso perfecto ". R. Nechemia dijo:" ¿Qué razón tenía R. Akiba para hacer distinciones entre estas secciones, [porque la última se refiere a un evento futuro, mientras que todas las demás se refieren al pasado] ? Por lo tanto, debemos decir que cantaron ese salmo en el día de reposo, porque Él descansó ". Esto es contrario a la opinión de R. K'tina, porque R. K'tina dijo:" El mundo durará seis mil años, y mil años será un desperdicio; como se dice porque [en ese día] terminó sus obras y se hizo soberano sobre ellas. En el séptimo día cantaron (Ib. 92) un salmo, una canción para el día de reposo; es decir, para el día que es un descanso perfecto ". R. Nechemia dijo:" ¿Qué razón tenía R. Akiba para hacer distinciones entre estas secciones, [porque la última se refiere a un evento futuro, mientras que todas las demás se refieren al pasado] ? Por lo tanto, debemos decir que cantaron ese salmo en el día de reposo, porque Él descansó ". Esto es contrario a la opinión de R. K'tina, porque R. K'tina dijo:" El mundo durará seis mil años, y mil años será un desperdicio; como se dice Akiba para hacer distinciones entre estas secciones, [porque la última se refiere a un evento futuro, mientras que todas las demás se refieren al pasado]? Por lo tanto, debemos decir que cantaron ese salmo en el día de reposo, porque Él descansó ". Esto es contrario a la opinión de R.

K'tina, porque R. K'tina dijo:" El mundo durará seis mil años, y mil años será un desperdicio; como se dice Akiba para hacer distinciones entre estas secciones, [porque la última se refiere a un evento futuro, mientras que todas las demás se refieren al pasado]? Por lo tanto, debemos decir que cantaron ese salmo en el día de reposo, porque Él descansó ". Esto es contrario a la opinión de R. K'tina, porque R. K'tina dijo:" El mundo durará seis mil años, y mil años será un desperdicio; como se diceEs. 2, 11) Y ensalzado será el Señor solo en ese día "Abaye, sin embargo, dijo:" Dos mil años será desperdiciado; como se dice (Oseas 6, 2) Él nos revivirá después de dos días ".

R. Juda b. Idi dijo, en nombre de R. Jochanan: "Diez viajes hizo la Shejiná [antes de su desaparición]. Esto lo inferimos de los pasajes bíblicos, y el número correspondiente de veces fue exiliado el Sanedrín. Esto lo sabemos por tradición. Diez viajes que hizo la Shejiná son los siguientes: Desde el Kapporeth (cubierta del Arca Sagrada) hasta el Querubín; desde el Querubín hasta el umbral del Templo; desde el umbral del Templo hasta el patio del Templo; desde el Templo- patio hasta el altar; desde el altar hasta el techo (del templo); desde el techo hasta el muro de la fortificación; desde el muro de la fortificación hasta la ciudad de Jerusalén; desde la ciudad de Jerusalén hasta el montículo del Templo; desde el montículo del Templo hasta desierto, y de allí finalmente ascendió al cielo y ocupó su lugar; como se dice (Has.5,Ex. 25, 22) Y me encontraré con ellos allí, y hablaré contigo desde arriba del Kaporeth; y también está escrito (Ez. 9, 3) Y la gloria del Dios de Israel ascendió desde el Querubín, por lo que estaba hasta el umbral de la Casa. "Desde el umbral hasta el patio del templo", como está escrito (Ib. 10, 4) Entonces la gloria del Señor se elevó desde el Querubín hacia el umbral de la Casa, y la Casa se llenó de nubes, y el atrio estaba lleno del resplandor de la gloria del Señor. "Desde el patio del templo hasta el altar", como está escrito (Amós 9, 1) Vi al Señor de pie sobre el altar. "Del altar al tejado", como está escrito (Pr. 25, 24) Es mejor vivir en la esquina de un techo. "Desde el techo hasta el montículo del templo", como está escrito (Amós 7, 7) Y he aquí, el Señor estaba de pie sobre un muro. "Desde el montículo del templo hasta la ciudad de Jerusalén", como está escrito (Micha 6, 9) La voz del Señor llama a la ciudad. "De la ciudad al montículo del templo", como está escrito (Ez. 11, 23) Y la gloria del Señor subió de en medio de la ciudad y se detuvo sobre el monte. "Desde el montículo del templo hasta el desierto", como está escrito (Pr. 21, 19) Es mejor habitar en una tierra desértica, etc .; y finalmente ascendió al cielo y ocupó su lugar; como se dice (Oseas 5, 15) Iré (de aquí) y regresaré a mi lugar, hasta que reconozcan su culpa ".

R. Jochanan dijo: "La Shejiná se retrasó seis meses en los desiertos, por amor a Israel, para que pudieran arrepentirse; pero no lo hicieron. La Shejiná dijo entonces:" Que venga la desesperación sobre ellos, como se dice (Job 11, 20) Pero los ojos de los impíos desfallecerán, y los medios de escape se desvanecerán de ellos, y su (única) esperanza se desvanecerá de su alma ".

Que el Sanedrín fue exiliado un número similar de veces, lo sabemos por tradición. Los lugares eran los siguientes: desde la celda de Gazith [en el Templo] hasta la plaza del mercado, desde la plaza del mercado hasta Jerusalén, desde Jerusalén hasta Yamnia, desde Yamnia a Usha, desde Usha [hack de nuevo] a Yamnia, (Ib. B) de Yamnia [de regreso] a Usha, de Usha a

Shapram, de Shapram a Beth Shearim, de Beth Shearim a Séforis, de Séforis a Tiberias (y Tiberias era el más triste de todos; como se dice (Is .29) Y serás humillado, y hablarás desde la tierra). R. Elazar dice que fueron exiliados solo seis veces, como se dice (Is.26, 5) Porque derriba a los que moran en las alturas; humilla la ciudad sublime; lo pone a ras del suelo; lo lleva hasta el polvo. "De allí", comentó R. Jochanan, "serán redimidos en el futuro, como se dice (Is. 52, 2). Sacúdete del polvo; levántate y siéntate, etc."

(Fol. 32) A nuestros rabinos se les enseñó: "¿De dónde aprendemos que debemos recitar [en las Dieciocho Bendiciones], la sección de Aboth (los Patriarcas)? Se dice (Sal. 29, 5) Atribuir al Señor Oh, hijos del Poderoso. ¿Y de dónde aprendemos que tenemos que recitar la sección de Geburoth (el poder de Dios)? Se dice (Ib.) Atribuir al Señor gloria y fuerza. Y de dónde aprendemos que ¿Debemos recitar la sección de la santificación de Su nombre? Se dice (Ib.) Atribuye al Señor la gloria de Su nombre. ¿Y de dónde aprendemos que debemos recitar el Malchioth, Zichronoth y Shophroth? Dijo R. Eliezer: Del siguiente pasaje (Levítico 23, 24) en el que está escrito: Tendrás un sábado, un memorial (Zichron) de cornetas que soplan, una santa convocación. La palabra Sabbathon se refiere a la consagración del día; un memorial, se refiere al Zichronoth; soplo de cornetas, se refiere al Shophroth; una santa convocación, significa la santificación del día para prohibir el trabajo servil. ¿Y de dónde inferimos que tenemos que recitar Molchiyoth? Se nos enseña en un Baraitha: Rabí dice (Ib.) Yo soy el Señor tu Dios, e inmediatamente sigue (Ib. B) En el séptimo mes, etc.

¿Cuál es la razón por la que no se recita ningún Hallel en Año Nuevo? R. Abahu dijo: "Los ángeles ministradores dijeron al Santo: ¡Alabado sea Él! '¡Soberano del Universo! ¿Por qué Israel no recita Shira ante Ti en el Año Nuevo y el Día de la Expiación?' A lo que Dios les respondió: '¿Es posible, cuando el Rey se sienta en el trono del juicio divino, y los libros donde están inscritos la vida y la muerte están abiertos, cómo puede Israel cantar una canción?'

Fin del tratado Rosh Hashaná

Taanit, Capítulo 1

TAANITH (Fol. 2) R. Jochanan dijo: "Tres llaves (fuentes de ayuda) están en manos del Santo, ¡alabado sea! Que no están confiadas a ningún agente. Son: [La llave] para [ayuda en] confinamientos, para la lluvia y para la resurrección de los muertos. La llave para la ayuda en los confinamientos, como está escrito (Génesis 30, 22) Y Dios escuchó (Ib. b) a ella (Raquel) y abrió su vientre ; que para la lluvia, como está escrito (Deut.28, 12), el Señor te abrirá su buen tesoro, el cielo, para dar la lluvia de tu tierra en su tiempo; y que para la resurrección de los muertos, como está escrito (Ez.37, 13) Y sabréis que yo soy el Señor, cuando abra vuestros sepulcros y cuando os haga salir de vuestros sepulcros, oh pueblo mío. En Occidente (la tierra de Israel) se dijo: "También la llave del apoyo de un hombre está en las manos de Dios mismo, como está escrito (Sal. 145, 16) Tú abres tu mano. Etc. ¿Por qué no R. Jochanan también menciona esto, porque R. Jochanan puede explicar que la lluvia incluye los medios de mantenimiento.

(Fol. 3) Se nos enseña en un Baraitha: Los sabios no obligaron al hombre a mencionar el rocío y el viento en la oración; pero si uno desea hacerlo, puede hacerlo. ¿Cuál es la razón? "Porque", dijo R. Chanina, "el rocío y el viento nunca se detienen". ¿De dónde sabemos que el rocío nunca se retiene? Está escrito (I Reyes 17, 1) Entonces dijo Elías, el tisbita, que era de los habitantes de Galaad, a Acab, 'Vive el Señor el Dios de Israel, delante de quien he estado, no habrá en estos años rocío ni lluvia, etc .; y además, está escrito (Ib. 18, 1) Ve y muéstrate a Ajab; y daré lluvia sobre la faz de la tierra. Pero en el último pasaje no se menciona el rocío porque (Ib. B) nunca se retuvo. Si es así, entonces ¿por qué Elías juró que [el rocío] no caería? Les dijo así: "Tampoco caerá rocío fructífero". Entonces, ¿por qué él [Elías] no provocó el regreso del rocío fructífero? Porque no hay distinción [entre fructificar y no fructificar, por lo que no se sintió su retorno]. ¿Y de dónde sabemos que el viento no se detiene? Dijo R. Joshua h. Leví: "Porque se dice (Zac. 2, 10) Porque así como los cuatro vientos del cielo os he esparcido. ¡Qué dice el Santo, alabado sea! ¿Quiere decir con eso? ¿Debo decir que esto significa: 'Te esparcí por los cuatro rincones del globo'? Si es así, ¿por qué dice, como los cuatro? Debería decir, sobre los cuatro. ¿Debemos asumir que Él quiso decir que Él los reunirá desde los cuatro rincones del mundo? Si es así, entonces debería decirlo desde las cuatro esquinas. Por lo tanto, debemos decir que esto significa: así como el mundo no puede existir sin viento, tampoco puede existir el mundo sin Israel ".

R. Juda dijo: "El viento que viene después de una lluvia hace tanto bien como la lluvia misma; la nube después de una lluvia es tan buena como la lluvia; el sol que viene después de la lluvia hace el doble de bueno que la lluvia". Entonces, ¿qué excluye? El resplandor después del atardecer y el sol que aparece entre las nubes en el cielo.

Raba dijo: "La nieve en las montañas es tan buena como cinco aguaceros de lluvia sobre la tierra; como se dice (Job 37, 6) porque a la nieve le dice: 'Sé tú en la tierra'; de la misma manera a la lluvia torrencial ya las lluvias torrenciales de su fuerza ".

Raba dijo de nuevo: "La nieve en las montañas es tan buena como la lluvia vehemente para los árboles. Una lluvia que cae suavemente es buena para los frutos en ciernes (Fol. 4), y la llovizna es buena incluso para las semillas bajo una nube dura. . "

Raba dijo de nuevo: "Un joven erudito es como una semilla que yace debajo de un terrón duro que, una vez que ha brotado, se vuelve gordo". Raba también dijo: "Si un joven erudito se enoja, es el [celo por la] Torá lo que lo excita, porque está dicho (Jer. 23, 29) ¿No es así mi palabra como el fuego, dice el Señor?" R. Ashi dijo: "Un erudito que no es tan firme como el hierro no puede ser considerado un erudito; porque el final de ese pasaje dice: Y como un martillo que hace temblar la roca. Lo que se deriva de ese pasaje". comentó R. Abba a R. Ashi, "inferimos del pasaje aquí: Está escrito (Deut. 8, 9) Una tierra cuyas piedras son de hierro. No lo leas, Ab'neha (sus piedras), sino léelo, Boneha (sus constructores) "." Aun así ", remarcó Rabina," un hombre debe entrenarse para hablar con calma y sin ira, como se dice (Ecc . 15, 10) Y aparta la ira de tu corazón ".

R. Samuel b. Nachmeni, en nombre de R. Jonathan, dijo: Tres hombres hicieron una demanda irrazonable (haciendo que sus acciones dependieran del azar); dos de ellos fueron respondidos deseablemente (la Providencia favoreció sus caminos), pero uno fue respondido de acuerdo [a su irracionalidad]. Ellos son: Eliezer, el siervo de Abraham; Saúl, hijo de Cis; y Jefté, de Galaad. Concerniente a Eliezer está escrito (Génesis 24, 13) ... y las hijas de los hombres de esta ciudad salen a sacar agua, etc. Ahora, tal doncella podría haber sido ciega o mutilada, sin embargo, recibió una respuesta deseable cuando Rebeca llegó. [providencialmente] a él. Acerca de Saúl, hijo de Cis, está escrito (I Sam. 17, 25) Y sucederá, que el hombre que lo mata, el rey lo enriquecerá con grandes riquezas, y le dará su hija, etc. Podría haber sucedido que un esclavo, o un hijo ilegítimo, pudiera lograr la hazaña, sin embargo él fue respondida deseablemente; y David vino a él [providencialmente]. Acerca de Jefté está escrito (Jueces 11, 31) Entonces será que todo lo que salga por las puertas de mi casa... lo ofreceré en holocausto. Podría haber salido un animal inmundo [lo que no sería un sacrificio adecuado]. Por lo tanto, recibió una respuesta indeseable, porque su propia hija vino [providencialmente] a recibirlo. Esto se entiende por las palabras del profeta (Jeremías 8, 22) ¿No hay un mero bálsamo en Galaad? ¿O no hay médico allí? Y además, está escrito (Ib. 19, 5) que no había mandado ni hablado, y que no había venido a mi mente; es decir, lo que no había mandado se refiere al hijo de Mesa, el rey de Moab, como se dice (II Reyes, 3, 27) Luego tomó a su hijo mayor que debería haber reinado en su puesto, y lo ofreció por un holocausto en la pared. Y vino gran ira sobre Israel; y se apartaron de él y regresaron a su propia tierra; ni hablado, se refiere a la hija de Jefté, la gilodita; y que no había venido a mi mente, se refiere a Isaac, hijo de Abraham ". R. Berachia dijo:" La congregación de Israel también hizo una demanda irrazonable, pero el Santo, ¡alabado sea! respondió de una manera deseable, como está escrito (Oseas 6, 3) Y háganoslo saber, esfuércense ansiosamente por conocer al Señor; Su salida es segura como la mañana; y vendrá a nosotros como la lluvia, como la lluvia tardía que riega la tierra. ¡El Santo, alabado sea! Dijo: 'Hija mía, preguntas algo que a veces es deseoso y a veces superfluo, sin embargo, seré para ti como algo que se necesita todo el tiempo; como está dicho (Ib. 14, 6) Seré como rocío para Israel. En otra ocasión, la congregación de Israel hizo una demanda irrazonable, diciendo: '¡Soberano del universo! (Canciones 8, 6Ponme como un sello en tu corazón, como un sello en tu brazo. ' Entonces el Señor dijo: 'Tú me pides que haga algo que a veces se puede observar y otras no; pero te pondré como sello en un lugar tal que siempre serás observado "; como está dicho (Is. 49, 16) He aquí, en las palmas de mis manos te he grabado ".

(Fol. 5) MISHNAH: ¿Hasta qué hora se debe recitar la petición de lluvia [en la novena bendición]? R. Juda dice: "Hasta después de la Pascua". R. José dice: "Hasta que termine el mes de Nissan; porque se dice (Joel 2, 23) Y él ha hecho descender para ti la lluvia, la primera y la tardía el primer mes".

GEMARA: R. Nachman le dijo a R. Isaac: "¿La primera lluvia desciende luego en el mes de Nissan? Mira, desciende en Mar-Jeshvan, porque nos han enseñado en un Baraitha: 'Las primeras lluvias caen en Mar- Jeshván y este último llueve en Nissan '". A lo que R. Isaac respondió, así dijo R. Jochanan: El pasaje anterior se refiere solo al tiempo Joel, hijo de Petuel, donde está escrito (Joel 1, 4) Lo que tiene el gusano de la palma, lo comió la langosta; y lo que dejó la langosta, lo comió el pulgón. En ese año ya había pasado el mes de Adar y la primera lluvia descendió en el mes de Nissan. Cuando el profeta dijo a Israel: Ve y siembra tu semilla, y ellos respondieron: "¿Debería comer y vivir el que tiene una o dos semillas de cebada o trigo, o debe sembrarla y morir? maduro]?" Y les dijo: "No obstante, mirad que sembráis todo lo que podáis". Entonces ocurrió un milagro, que se descubrió el grano que había estado escondido en las paredes y en las grietas, así como en los aleros escondidos por las hormigas. Luego fueron y sembraron su grano en el segundo, tercer y cuarto día de Nissan. En el quinto de Nissan cayó la segunda lluvia, y el dieciséis de ese mes ya ofrecieron el Omar, que había madurado. Se encontró así que el grano que debería haber tardado seis meses en madurar maduraba en once días; y el Omar de grano, por lo general de seis bocas en crecimiento, fue entonces traído de aquellos que habían estado solo once días en crecimiento; con respecto a esta generación, la Escritura dice (PD. 126, 5) Los que siembran con lágrimas, con cántico de alegría segarán.

Otra cosa que R. Nachman le preguntó a R. Isaac: "¿Cuál es el significado del pasaje (II Reyes 8, 1) Porque el Señor ha pedido hambre, y también vendrá sobre la tierra durante siete años. ¿Qué comió la gente durante estos siete años? "A lo que R. Isaac respondió, así dijo R. Jochanan:" En el primer año comieron de lo que habían almacenado en sus casas; en el segundo año comieron de lo que habían almacenado en los campos y viñedos; en el tercer año comieron carne de animales [ritualmente] limpios; en el cuarto, la carne de animales inmundos [ritualmente]; en el quinto año se comieron los reptiles; en el sexto año la hambruna fue tan severa que la gente tuvo que comerse a sus propios hijos; y en el séptimo llegó a una etapa en la que algunos tenían que comer la carne de sus propios brazos, y entonces se cumplió el pasaje (Is. 9, 19) Cada uno comerá la carne de su propio brazo ".

Otra cosa que R. Nachman le preguntó a R. Isaac: ¿Cuál es el significado del pasaje (Oseas 11, 9) El Santo en medio de ti, y no entraré en la ciudad. ¿Es posible que porque el Santo estaba en medio de ellos y, sin embargo, no deseaba entrar? "Así, dijo R. Jochanan", respondió R. Isaac: '¡El Santo, alabado sea! dijo que no entraría en Jerusalén en lo alto, hasta que pudiera entrar en la Jerusalén de abajo; (es decir, hasta que este último sea reconstruido). '"¿Hay, pues, una Jerusalén en las alturas?" Preguntó R. Nachman. "Sí", fue la respuesta, "porque está escrito (Sal. 122, 3) ¡Jerusalén! Que se construye como una ciudad en la que todos se asocian; [es decir, Jerusalén se construye como la Jerusalén que está conectada (asociada) con ella De ahí que haya otro].

R. Nachman volvió a preguntarle a R. Isaac: "¿Cuál es el significado del pasaje (Jer. 10, 8) Pero enseguida se mostrará brutal y necio: es una doctrina de vanidades, se trata sólo de madera". Y él respondió: "Así dijo R. Jochanan: 'Una cosa hará que los hombres ardan en el Gehena, y eso es la idolatría; porque aquí el pasaje dice, una doctrina de vanidades, se refiere sólo a la madera; y además, el pasaje dice (Ib. 15) Son vanidad, obra de engaño; en el tiempo de su castigo desaparecerán '".

R. Nachman preguntó de nuevo a R. Isaac: "¿Cuál es el significado del pasaje (Jer. 2, 13) Porque dos males ha cometido mi pueblo. ¿Solo hay dos? ¿Qué hay de los veintidós restantes [que se enumeran posteriormente, en el mismo capítulo], entonces fueron perdonados? "A lo que R. Isaac respondió:" Así dijo R. Jochanan: 'Un mal (Ib. B) se considera como dos ; es decir, idolatría, como se escribe inmediatamente después. Me han abandonado, fuente de aguas vivas, para cavarse cisternas, cisternas rotas; y allí también está escrito: Pasad a las islas de Kittites y veréis; y envía a Cedar, y considera bien; y ver si ha sucedido algo como esto. ¿Ha cambiado una nación sus dioses, que todavía no son dioses? Y aún mi pueblo ha cambiado su gloria por lo que no aprovecha. "En un Baraitha se nos enseña:"

Otra cosa preguntó R. Nachman de R. Isaac: ¿Cuál es el significado del pasaje (I Sam. 8, 1) Y sucedió, cuando Samuel era viejo. ¿De verdad se hizo viejo? He aquí, él tenía entonces sólo cincuenta y dos años; porque el maestro dijo en otra parte: "Cualquiera que muera a la edad de cincuenta y dos años, es como Samuel de Ramathi (el profeta)". "Así fue explicado por R. Jochanan", respondió R. Isaac: "Él (Samuel) envejeció antes de su tiempo, como está escrito (Ib. 15, 11). Me arrepintió de haber puesto a Saúl para ser rey. . Samuel dijo ante Él: 'Soberano del Universo, me has considerado igual en importancia a Moisés y Aarón, como está escrito (Sal. 99, 6) Moisés y Aarón entre sus sacerdotes, y Samuel entre los que invocan su nombre. Así como la obra de Moisés y Aarón no fue destruida durante su propia vida, también deseo que mi obra no sea destruida durante mi vida. ' Con lo cual el Santo, ¡alabado sea! discutió consigo mismo, diciendo: '¿Qué debo hacer? ¿Causaré la muerte de Saúl? Samuel no me lo permitió. ¿Causaré la muerte de Samuel? Como es tan joven, la gente murmurará que no era justo. ¿No morirán ni Saúl ni Samuel? Esto es imposible; porque el reino de David ya llegó a su tiempo señalado, y un reinado no puede tocarse al otro ni por un pelo ". "¡Alabado sea el Santo! Entonces decidió hacer que Samuel envejeciera antes de tiempo. Así el pasaje se aclara (I Sam. 22, 6).) Ahora Saúl estaba sentado en Guibeá, debajo del tamarisco en Ramá, ¿Qué relación tiene Guibeá con Ramá? La relación pretende informar: ¿Qué causó que Saúl se sentara en Guibeá dos años y medio? La oración de Samuel, el Ramatita. ¿Un hombre es desplazado por el bien de otro? Sí, para R. Samuel b. Nachmaini dijo, en el nombre de R. Jochanan: "¿Cuál es el significado del pasaje (Oseas 6, 5) Por tanto, los he cortado por los profetas, los he matado con las palabras de mi boca. No dice por sus actos, pero dice por las palabras de mi boca; esto, por lo tanto, significa que un hombre es desplazado por el bien de otro ".

R. Nachman y R. Isaac estaban cenando juntos, y R. Nachman le dijo a R. Isaac: "Que el maestro diga algo". Así dijo R. Jochanan, "respondió este último:" Mientras se come, no se debe conversar, no sea que la comida entre en la tráquea (tráquea) frente a la garganta y cause peligro ". "Después de que terminaron de comer, dijo:" Así dijo R. Jochanan: 'Jacob, nuestro padre, nunca murió' "." ¿Fue en vano ", replicó R. Nachman," que los dolientes lo lloraron, los embalsamadores embalsamaron él, y el enterrador lo enterró? " "Hago esta afirmación del siguiente pasaje, fue la respuesta de R. Isaac; porque se dice (Jer. 30, 10). Por tanto, no temas, siervo mío Jacob, dice Jehová. No desmayes, Israel; porque he aquí, te salvaré de lejos, ya tu descendencia de la tierra de su cautiverio; y Jacob volverá otra vez, y estará tranquilo y relajado, y nadie lo atemorizará; es decir, Jacob se identifica con sus hijos; así como sus hijos todavía viven, él también está vivo ". Cuando estaban a punto de partir, R. Nachman le dijo a R. Isaac:" Bendíceme ". Y él respondió:" Te contaré una parábola. A lo cual se puede comparar este [incidente de su solicitud], con [el de] un hombre que una vez fue al desierto; y cuando tuvo hambre, sed y cansancio, encontró un árbol que daba frutos deliciosos y brindaba mucha sombra, con un manantial de agua corriendo por debajo. Comió de la fruta, bebió el agua y descansó bajo la sombra. Cuando estaba a punto de irse, se volvió hacia el árbol y dijo: 'iÁrbol! iÁrbol! ¿Con qué te bendeciré? Para que tu fruto sea dulce? Estos los tienes. Para que haya un manantial cerca de ti? Incluso estos los tienes. Que tengas mucha sombra, - también que la tienes. Lo único que me queda y que puedo desear para ti es que todos los árboles plantados de tu semilla sean tan fructíferos como tú. (Fol. 6) Así es contigo. ¿Te bendeciré con conocimiento? Esto lo tienes. ¿Te bendeciré con dignidad? Esto también lo tienes. ¿Te bendeciré con honor? Eso también lo tienes. ¿Te bendeciré con riquezas? Eso también lo tienes. ¿Te bendeciré con hijos? Ni siquiera los niños te faltan. Por lo tanto, todo lo que puedo decirles es esto: 'Que sea Su voluntad que tus hijos sean tan prósperos como tú'. " se volvió hacia el árbol y dijo: 'iÁrbol! iÁrbol! ¿Con qué te bendeciré? Para que tu fruto sea dulce? Estos los tienes. Para que haya un manantial cerca de ti? Incluso estos los tienes. Que tengas mucha sombra, - también que la tienes. Lo único que me queda y que puedo desear para ti es que todos los árboles plantados de tu semilla sean tan fructíferos como tú. (Fol. 6) Así es contigo. ¿Te bendeciré con conocimiento? Esto lo tienes. ¿Te bendeciré con dignidad? Esto también lo tienes. ¿Te bendeciré con honor? Eso también lo tienes. ¿Te bendeciré con riquezas? Eso también lo tienes. ¿Te bendeciré con hijos? Ni siquiera los niños te faltan. Por lo tanto, todo lo que puedo decirles es esto: 'Que sea Su voluntad que tus hijos sean tan prósperos como tú'. " se volvió hacia el árbol y dijo: 'iÁrbol! iÁrbol! ¿Con qué te bendeciré? Para que tu fruto sea dulce? Estos los tienes. Para que haya un manantial cerca de ti? Incluso estos los tienes. Que tengas mucha sombra, - también que la tienes. Lo único que me queda y que puedo desear para ti es que todos los árboles plantados de tu semilla sean tan fructíferos como tú. (Fol. 6) Así es contigo. ¿Te bendeciré con conocimiento? Esto lo tienes. ¿Te bendeciré con dignidad? Esto también lo tienes. ¿Te bendeciré con honor? Eso también lo tienes. ¿Te bendeciré con riquezas? Eso también lo tienes. ¿Te bendeciré con hijos? Ni siquiera los niños te faltan. Por lo tanto, todo lo que puedo decirles es esto: 'Que sea Su voluntad que tus hijos sean tan prósperos como tú'. " ¿Con qué te bendeciré? Para que tu fruto sea dulce? Estos los tienes. Para que haya un manantial cerca de ti? Incluso estos los tienes. Que tengas mucha sombra, - también que la tienes. Lo único que me queda y que puedo desear para ti es que todos los árboles plantados de tu semilla sean tan fructíferos como tú. (Fol. 6) Así es contigo. ¿Te bendeciré con conocimiento? Esto lo tienes. ¿Te bendeciré con dignidad? Esto también lo tienes. ¿Te bendeciré con honor? Eso también lo tienes. ¿Te bendeciré con riquezas? Eso también lo tienes. ¿Te bendeciré con hijos? Ni siquiera los niños te faltan. Por lo tanto, todo lo que puedo decirles es esto: 'Que sea Su voluntad que tus hijos sean tan prósperos como tú'. " ¿Con qué te bendeciré? Para que tu fruto sea dulce? Estos los tienes. Para que haya un manantial cerca de ti? Incluso estos los tienes. Que tengas mucha sombra, - también que la tienes. Lo único que me queda y que puedo desear para ti es que todos los árboles plantados de tu semilla sean tan fructíferos como tú. (Fol. 6) Así es contigo. ¿Te bendeciré con conocimiento? Esto lo tienes. ¿Te bendeciré con dignidad? Esto también lo tienes. ¿Te bendeciré con honor? Eso también lo tienes. ¿Te bendeciré con riquezas? Eso también lo tienes. ¿Te bendeciré con hijos? Ni siquiera los niños te faltan. Por lo tanto, todo lo que puedo decirles es esto:

'Que sea Su voluntad que tus hijos sean tan prósperos como tú'. " Que tengas mucha sombra, - también que la tienes. Lo único que me queda y que puedo desear para ti es que todos los árboles plantados de tu semilla sean tan fructíferos como tú. (Fol. 6) Así es contigo. ¿Te bendeciré con conocimiento? Esto lo tienes. ¿Te bendeciré con dignidad? Esto también lo tienes. ¿Te bendeciré con honor? Eso también lo tienes. ¿Te bendeciré con riquezas? Eso también lo tienes. ¿Te bendeciré con hijos? Ni siquiera los niños te faltan. Por lo tanto, todo lo que puedo decirles es esto: 'Que sea Su voluntad que tus hijos sean tan prósperos como tú'. " Que tengas mucha sombra, - también que la tienes. Lo único que me queda y que puedo desear para ti es que todos los árboles plantados de tu semilla sean tan fructíferos como tú. (Fol. 6) Así es contigo. ¿Te bendeciré con conocimiento? Esto lo tienes. ¿Te bendeciré con dignidad? Esto también lo tienes. ¿Te bendeciré con honor? Eso también lo tienes. ¿Te bendeciré con riquezas? Eso también lo tienes. ¿Te bendeciré con hijos? Ni siquiera los niños te faltan. Por lo tanto, todo lo que puedo decirles es esto: 'Que sea Su voluntad que tus hijos sean tan prósperos como tú'. " ¿Te bendeciré con dignidad? Esto también lo tienes. ¿Te bendeciré con honor? Eso también lo tienes. ¿Te bendeciré con riquezas? Eso también lo tienes. ¿Te bendeciré con hijos? Ni siquiera los niños te faltan. Por lo tanto, todo lo que puedo decirles es esto: 'Que sea Su voluntad que tus hijos sean tan prósperos como tú'. " ¿Te bendeciré con dignidad? Esto también lo tienes. ¿Te bendeciré con honor? Eso también lo tienes. ¿Te bendeciré con riquezas? Eso también lo tienes. ¿Te bendeciré con hijos? Ni siquiera los niños te faltan. Por lo tanto, todo lo que puedo decirles es esto: 'Que sea Su voluntad que tus hijos sean tan prósperos como tú'. "

(Fol. 7) R. Abahu dijo: "El día de la lluvia es de gran importancia, incluso más que el día de la resurrección; porque el día de la resurrección es solo para los justos, mientras que la lluvia cae para todos por igual, para los justos así como para los malvados ". Esto es diferente del argumento de R. Joseph; porque R. Joseph dijo: "El acto de la lluvia es tan importante como el día de la resurrección; por lo tanto, se insertó en la bendición para la resurrección de los muertos [la segunda sección de la Amida]". R. Juda dijo: "El día de lluvia es tan grande como el día en que se entregó la Torá; porque está dicho (Deut. 32, 2) Mi doctrina caerá como la lluvia; la doctrina se refiere a la Torá; porque se dice (Prov.4, 2) Por buena doctrina os doy; mi ley no debéis abandonar ". Rab dijo:" El día de lluvia es aún mayor que el día en que fue dada la ley; porque está dicho (Deut. 32, 2) Mi doctrina caerá como la lluvia. Ahora bien, ¿cuál depende de cuál? ¡¿Seguramente lo más pequeño [la doctrina] depende de lo más grande [la lluvia]? "Raba señaló la siguiente contradicción: Está escrito (Deut. 22, 2) Mi doctrina caerá como la lluvia, [que no siempre es buena]; y además está escrito: Mi palabra goteará como el rocío, [que siempre es bueno]; es decir, si el erudito es digno, considérelo como el rocío; pero, si no lo es, vuélvale el cuello [como hacemos para llover] ".

Se nos enseña que R. Bannah dice: "El que estudia la Torá por sí misma hace de su conocimiento una medicina de vida; como se dice (Prov. 3, 18). Un árbol de la vida es ella para los que se aferran a ella. ella; y también se dice (Ib.8) será curativo para tu cuerpo; y además, se dice (Ib.8, 35) Porque el que me encuentra, encuentra la vida; pero, quien estudia la Torá, no por sí mismo [pero para su propio beneficio], su conocimiento se convertirá para él en una droga mortal, porque está dicho: Mi doctrina caerá (Yaaroph) como la lluvia, y esta palabra [Yaaroph] también se usa para la muerte; como está dicho (Deut. 21, 4) Y allí partirán el cuello (V'arphu) de la novilla en el valle ".

R. Zera le dijo a R. Jeremiah: "Que venga el maestro y nos enseñe". "Mi corazón es débil y no puedo", respondió R. Jeremiah. "Entonces deja que el maestro cuente algunas cosas de la Hagada", suplicó R. Zera. Con lo cual R. Jeremiah dijo: "Así dijo R. Jochanan: '¿Cuál es el significado del pasaje (Deut. 20, 10) El hombre es un árbol del campo. ¿Es, pues, el hombre árbol del campo? Por lo tanto, debemos decir que significa comparar al hombre con el árbol, tal como dice el pasaje acerca de los árboles: porque puedes comer de ellos, pero no los cortarás; y además, dice (Ib. 20) Sólo los árboles [de los cuales sabes que no son árboles para comer], entonces puedes destruirlos y talarlos. ¿En qué sentido puede compararse un hombre a un árbol? Si el erudito es digno, entonces puedes comer [aprender] de él y no lo cortarás; pero si no es digno, entonces debes evitarlo y cortar tu relación con él ".

R. Chama b. Chanina dijo: "¿Cuál es el significado del pasaje (Pr. 27, 17) El hierro se afila con hierro? Significa que así como el hierro afila a otro hierro, así también cuando dos eruditos estudian juntos, uno agudiza [el intelecto de] el otro . " Rabá bb Chana dijo: "¿Por qué se comparan las palabras de la Torá con el fuego? Como está escrito (Jer. 23, 29) ¿No es esta mi palabra como el fuego? Dice el Señor. Deben enseñar que así como el fuego no puede arder por sí mismo [sin tener un objeto], por lo que las palabras de la Torá tampoco pueden quedarse con alguien que está solo ". Y esto también significa R. José b. Chanina; para R. Jose b. Chanina dijo: "¿Cuál es el significado del pasaje (Jer. 50, 36) La espada está contra los adivinos mentirosos y deben volverse necios. Significa que la espada está en contra de los eruditos que se sientan solos y estudian la Torá en privado. Además, se vuelven necios; como se dice (No'alu) y se volverán necios; es más, cometerán pecados; porque está escrito aquí (V'noalu) y se volverán necios, y está escrito allí (Núm. 12, 11) En lo que hemos obrado neciamente (No'alnu) y en lo que hemos pecado; y si lo desea, concluiría aquí por (Is. 19, 13) que la princesa de Tzo'an se está volviendo tonta (No'alu) ".

R. Nachman b. Isaac dijo: "¿Por qué se comparan las palabras de la Torá con un árbol? Como se dice (Pr. 3, 19) Un árbol de la vida es ella para los que se aferran a ella. Un pequeño trozo de madera enciende uno más grande, por lo que un erudito menor ilumina el ingenio del mayor a través de sus preguntas. Esto es lo que quiso decir R. Chanina cuando dijo: 'He aprendido mucho de mis maestros, más aún de mi colegas, y sobre todo de mis discípulos '. "

R. Chanina b. Papá planteó una objeción contradictoria: "Escrito está (Is. 21, 14) Para el que tiene sed, trae agua; y además está escrito (Ib. 51, 1) Todo el que tiene sed, venid al agua; esto implica que si uno es un erudito digno, el pasaje se aplica: al que tiene sed, tráigale agua [el maestro debería incluso ir a él]; pero si no es un erudito digno, entonces se aplica el pasaje: cada uno de ustedes que sed, venid al agua, [sólo si viene al maestro debe ser enseñado.] "R. Chanina b. Chama señaló otra contradicción: "Está" escrito (Prov. 5, 16) Que tus manantiales se desborden; y además está escrito (Ib. 17). Serán tuyos solamente; lo que implica que si uno es un erudito digno, [sus enseñanzas deben poder] difundirse en el extranjero; pero si no, deben seguir siendo suyos solamente ". R. Chanina b. Idi dijo:" ¿Por qué se comparan las palabras de la Torá con el agua? Está escrito (Is. 21, 14) Hacia el que tiene sed, traed agua. Esto enseña que así como el agua corre de un lugar más alto a uno más bajo, las palabras de la Torá solo pueden ser retenidas por alguien que posee una mente humilde [piensa en sus defectos] ". R. Oshiya dijo:" ¿Por qué son las palabras de la Torá comparadas con los tres líquidos: ¿agua, vino y leche? Está escrito (Ib.) Al que tiene sed, tráele agua; y está escrito (Is. Iv. 1) Sí, ven, compra sin dinero y sin precio vino y leche. Esto es para enseñarte que, así como esos tres líquidos se pueden guardar mejor en utensilios comunes, como vasijas de madera o de barro, la Torá solo puede ser restringida por aquellos que poseen una mente humilde ". Y esto es lo que la hija de César dijo una vez a R. Joshua B. Chanania: "¡Oh, qué impropio de ese feo vaso con gloriosa sabiduría!" Entonces él le dijo: "Hija mía, ¿en qué guarda el rey, tu padre, su mejor vino?" "En vasos de barro", fue su respuesta. Y él respondió: "La gente común lo guarda en vasijas de barro, y tu padre también en vasijas de barro, ¿cómo es eso?" ¿En qué, entonces, se guardará? ", Preguntó ella inocentemente." Tú, que eres rico, "R. Joshua comentó:" ¡Debe guardarlo en vasijas de plata y oro! ". Entonces ella le dijo a su padre, y él ordenó que su vino se guardara en vasijas de plata y oro. En consecuencia, se volvió amargo. Cuando César fue informado de Esto, le preguntó a su hija: "¿Quién te dijo que lo hicieras?" "R. Joshua b. Chanania ", respondió ella. Entonces el rey envió a buscar a R. Joshua b. Chanania." ¿Por qué le has avisado así? ", Le preguntaron. Y él respondió: "Esto fue sólo una respuesta a la pregunta de la princesa". "¿Pero no hay hombres que son guapos y al mismo tiempo muy eruditos?" Preguntó César. (Ib. B) "Créame", dijo el rabino, "si hubieran sido feos, habrían sido aún más eruditos". Se puede dar otra explicación [por qué las palabras de la Torá se comparan con el agua, el vino y la leche]. Así como estos tres líquidos, [a diferencia de la miel o el aceite, que, debido a su espesor, pueden separarse fácilmente si algo cae dentro de ellos], son propensos a estropearse por distracción de la atención [si algo cayera en ellos], así también ¿Se olvida la Torá al desviar la atención de ella (es decir, por descuidar el estudio)? Se puede dar otra explicación [por qué las palabras de la Torá se comparan con el agua, el vino y la leche]. Así como estos tres líquidos, [a diferencia de la miel o el aceite, que, debido a su espesor, pueden separarse fácilmente si algo cae dentro de ellos], son propensos a estropearse por distracción de la atención [si algo cayera en ellos], así también ¿Se olvida la Torá al desviar la atención de ella (es decir, por descuidar el estudio)? Se puede dar otra explicación [por qué las palabras de la Torá se comparan con el agua, el vino y la leche]. Así como estos tres líquidos, [a diferencia de la miel o el aceite, que, debido a su espesor, pueden separarse fácilmente si algo cae dentro de ellos], son propensos a estropearse por distracción de la atención [si algo cayera en ellos], así también ¿Se olvida la Torá al desviar la atención de ella (es decir, por descuidar el estudio)?

R. Chama b. Chanina dijo: "El día de la lluvia es de igual importancia que el día en que se crearon el cielo y la tierra; como está dicho (Is. 46, 8). Bajad, cielos, desde arriba y dejad que los cielos destilen bendición; ábrete la tierra, y sean todos fructíferos de prosperidad, y brote la justicia. Así también yo, el Señor, la he creado, es decir, no se dice que los creé [el cielo y la tierra], sino que los creé [refiriéndose a la lluvia]. " R. Oshiya dijo: "El día de lluvia es tan grande que incluso la prosperidad aumenta debido a él; como está escrito (Ib.) Que se abra la tierra y que todos sean fructíferos en prosperidad". R. Tanchun b. Chanilai dijo: "La lluvia no desciende a menos que los pecados de Israel sean perdonados; como se dice (Sal. 83, 2) Tú has sido favorable, oh Señor, a tu tierra [con lluvia, sólo después]; has traído la cautividad de Jacob. Has perdonado la iniquidad de tu pueblo; has cubierto todo su pecado. Selah ". Zeiri de Dehobath le dijo a Rabina:" Esto lo aprendes del pasaje anterior. Nosotros, sin embargo, lo inferimos de lo siguiente: (I Reyes 8, 34) Entonces oye desde el cielo y perdona el pecado, etc. "

R. Chisda dijo: "Las lluvias no se detienen excepto por el pecado de descuidar el deber de [dar] T'rumath y los diezmos; como se dice (Job 24, 19) La corriente y el calor rápidamente consumen las aguas de la nieve". ¿Qué prueba eso? En el colegio de R. Ishmael se enseñó que esto significa: A causa [de su incumplimiento de los deberes] que le ordené que realizara durante el verano, durante el invierno se le robará el agua de la nieve ...

R. Simon b. Pazi dijo: "Las lluvias no se detienen excepto por un pecado como la calumnia; como se dice (Pr. 25, 23) El viento del norte trae lluvia; y una lengua mordaz sobre rostros airados". R. Sala dijo, en nombre de R. Hamnuna: "Las lluvias se retienen sólo por el pecado de insolencia; como se dice (Jer. 3, 3) Por lo tanto, las lluvias se han detenido y no ha habido lluvias posteriores. pero tuviste frente de ramera, no quisiste avergonzarte ".

R. Sala dijo de nuevo, en nombre de R. Hamnuna: "El hombre que es insolente finalmente tropezará en la idolatría; como se dice (Ib.) Sin embargo, tenías frente de ramera". Y R. Nachman b. Isaac dijo: "Un hombre insolente debe ser considerado como si ya hubiera tropezado con la idolatría; porque el pasaje dice: Tú tuviste, y no tendrás". Rabá b. Huna dijo: "Un hombre insolente puede ser clasificado entre los malvados; como se dice (Pr. 21, 29) Un hombre malvado muestra insolencia en su rostro". Y R. Nachman b. Isaac dijo: "Incluso está permitido odiarlo; como se dice (Eclesiastés 8, 1) Aiid la osadía de su rostro Yeshuna (ha cambiado). No leas Yeshuna, pero Yisanei (puede ser odiado)". R. Joseph dijo: ") Sin embargo, los hombres no ven la luz que brilla en los cielos. Pero el viento pasa y los limpia; es decir, la luz se refiere a la Torá; como está dicho (Prov. 6, 23) Porque el mandamiento es una lámpara, y la Torá es luz; Que es brillante en los cielos, se explicó en el colegio de R. Ishmael: "Incluso cuando el cielo está lleno de nubes y rocío, el viento las despejará". "

R. Ami dijo: "Las lluvias se retienen únicamente por el pecado de robo; como se dice (Job 36, 32) Él cubre sus manos con el relámpago. Sus manos, se refiere al robo; como se dice (Jonah 3, 8) Y de la violencia que está en sus manos; y la luz, se refiere a la lluvia; como está dicho (Job 37, 11) Él extiende la nube de Su relámpago. ¿Cuál es su remedio? se dice (Ib.36, 32) Y le da un cargo B'mafgiah; y Mafgia se refiere a la oración; como está dicho (Jer.7, 16) Por lo tanto, no ores por este pueblo, etc., ni por Tifga, (me harás intercesión) ".

R. Ami dijo de nuevo: "¿Cuál es el significado del pasaje (Ec. 10, 10) Si el hierro está desafilado, y el hombre no afila el filo, entonces debe poner más fuerza; pero la sabiduría es provechosa para dirigir". Esto significa que cuando veas que el cielo está tan oscuro como el cielo y sin embargo no emite rocío ni lluvia, debes saber que se debe a la persistente maldad de la generación;

como se dice, y al hombre que no afiló el borde. [de la justicia]. ¿Cuál es el remedio para tal mal? Hacer fuertes llamados a la misericordia; como se dice: Entonces debe poner más fuerza. Pero la sabiduría es provechosa para dirigir, significa tanto cuanto más se les conceda. piedad si al principio sus obras fueron sabias ".

Resh Lakish dijo (Fol. 8) "Cuando ves a un erudito para quien su lección es tan dura como el hierro, es porque su estudio no está debidamente sistematizado en su mente; como se dice, el hombre no afila el borde [de sistema]. El remedio para él es que debe dedicar más tiempo al estudio sistemático en la casa de estudio, como se dice. Entonces debe poner más fuerza. Pero el pasaje sabiduría es provechoso para dirigir, implica que es tan mucho mejor si uno organiza su estudio sistemáticamente desde el principio ", como Resh Lakish organizaba sus estudios cuarenta veces para corresponder con los cuarenta días que le tomó a Moisés recibir la Torá, y luego entraría en presencia de R. Jochanan. R. Ada b. Ahaba organizaba sus estudios veinticuatro veces antes de entrar en presencia de Raba,

Raba dijo: "Cuando ves a un erudito para quien su lección es tan dura como el hierro, es porque su maestro no le explica suficientemente el aprendizaje; como se dice. Y él (el maestro) no afiló el borde. El remedio para el suyo es pedir a sus amigos que intercedan por él, [con el maestro para mayor explicación]. Pero la sabiduría es provechosa para dirigir, tanto más si el comportamiento de los discípulos desde el principio es adecuado hacia los maestros ".

R. Ami dijo de nuevo: "¿Cuál es el significado del pasaje (Ib) Si la serpiente muerde antes de ser encantada, entonces el encantador no tiene ninguna ventaja. Esto implica que si ves una generación sobre la cual los cielos son del color del óxido como cobre, para no dejar caer ni rocío ni lluvia, es porque a esa generación le faltan hombres que entreguen oraciones silenciosas para que llueva. ¿Cuál es el remedio? Que vaya la gente y busque uno que pueda ofrecer oraciones en silencio y que ofrécelo [y quita la maldición], como está escrito (Job 36, 33) Deje que sus amigos pronuncien una oración silenciosa. Entonces el encantador no tiene ninguna ventaja, implica que, si alguien que puede orar, pero no quiere, ¿qué beneficio obtendrá de ello? Sin embargo, si oró pero no recibió respuesta, ¿qué hará entonces la generación? Que vayan al hombre más piadoso de esa generación y que aumente sus oraciones; como se dice (Ib) Y manda a Mafgia para él. La palabra Mafgia se refiere a la oración; como está dicho (Jer. 7, 17) Por tanto, no ores por este pueblo, ni levantes en su favor ruegos ni plegarias, ni (Tifga) intercedas por mí. Si, después de que la persona piadosa hubo orado y recibió respuesta, se volvió demasiado orgulloso, provocará que la ira caiga sobre el mundo; como se dice (Job 36, 33) La causa de la tormenta es la tempestad que se levanta ".

Resh Lakish dijo: "¿Cuál es el significado del pasaje (Ecl. 10, 11) Si la serpiente muerde antes de ser encantada, entonces el hombre que puede usar su lengua (con encanto) tiene alguna preferencia. Esto implica que en el futuro todos las fieras se reunirán alrededor de la serpiente y le preguntarán: 'Un león ataca y come, el lobo desgarra y come [porque cada uno anhela carne] pero tú, ¿qué beneficio obtienes de matar criaturas?' Y su respuesta será: '¿Entonces, las malas lenguas obtienen algún beneficio?' "

R. Ami dijo: "La oración de un hombre no es respondida a menos que ponga toda su alma en ella; como está dicho (Lam. 3, 41) Alcemos nuestro corazón con nuestras manos a Dios en el cielo". R. Samuel b. Nachmeni luego nombró a un Amora (intérprete) que expuso lo siguiente (Sal.78, 36) Porque con la boca le oraban sin sinceridad, y con la lengua le mentían. Porque su corazón no era firme con él, y con su lengua le mintieron. Sin embargo, dice (Ib. 38) Aún así, siendo misericordioso, perdonó la iniquidad. ¿No se contradicen estos dos pasajes? Aquí no se presenta ninguna dificultad. Se trata de una oración pronunciada por un solo hombre, [cuando debe poner toda su alma en ella]; pero el otro trata de una congregación en oración, [cuando se escucha al individuo aunque no ore con devoción] ".

R Ami dijo de nuevo: "La lluvia cae sólo por causa de los que tienen fe en Dios; como está dicho (Sal. 85, 12) La verdad brota de la tierra y la justicia ha mirado desde el cielo". R. Jochanan dijo: "El que se hace a sí mismo justo (lucha por la justicia) [aquí] abajo, es juzgado justamente (estrictamente) arriba; como está dicho:" La verdad brota de la tierra y la justicia ha mirado desde los cielos ". R. Chiya b. Abin, en nombre de R. Huna, hizo la misma inferencia a partir de lo siguiente (Sal.90, 11) Que es como el miedo a ti. Resh Lakish hizo la inferencia de lo siguiente (Is 64, 4). Aceptas al que obró con alegría la justicia, a los que se acordaron de Ti en Tus caminos; he aquí, te enojaste, y pecamos contra ellos, ¿nos hemos quedado desde la antigüedad para ser salvos?

En los días de R. Samuel b. Najmeni el mundo fue visitado por el hambre y la pestilencia, y los sabios dijeron: "¿Por qué oraremos? ¿Oraremos ambos para que cesen? ¡Esto es imposible! la hambruna ". Con lo cual R. Samuel b. Nachmeni les dijo: "No, oremos por alivio del hambre; porque si el Misericordioso da pan, ciertamente lo dará a los vivos; como está escrito (Sal. 14, 16). y satisface el deseo de todo ser viviente [en consecuencia, la pestilencia tendrá que cesar] ". ¿De dónde sabemos que no es correcto orar por dos cosas a la vez? Del siguiente pasaje (Esdras 8, 23) Así que ayunamos y suplicamos a nuestro Dios por esto, porque esto implica que debe haber habido alguna otra imposición, [sin embargo, solo se oró por una cosa]. En los días de R. Zera, el gobierno emitió un edicto [en detrimento de los intereses de los judíos]. Se aprobó otro edicto de que no se deben guardar los días de ayuno. R. Zera dijo entonces a la gente: "Tomemos ahora un día de ayuno sobre nosotros, y cuando el gobierno haya rescindido su decreto, entonces ayunaremos". Y le preguntaron: "¿De dónde infieres que esto sería igual de bueno?" "Lo sé", respondió él, "del siguiente pasaje (Dan. 10, 12) Y me dijo: Daniel, no temas, porque desde el primer día que pusiste tu corazón en obtener entendimiento y en ayunar antes. tu Dios. Fueron oídas tus palabras. "

R. Isaac dijo: "Incluso en un año de sequía, como lo fueron los años de Elías, si la lluvia cae en la víspera del sábado, sólo puede considerarse como una señal de calamidad". Este significado [también lo atribuye] Rabba b. Shila, quien dijo: "Un día lluvioso es duro como el día del juicio [porque impide que las personas sigan sus vocaciones]", Amemar dijo: "Si no hubiera sido por su necesidad para el mundo, rezaría Su misericordia para abolir eso." Además, R. Isaac dijo: "La luz del sol en el día de reposo es una generosidad para los pobres; como se dice (Malaquías 3, 20) Pero, se levantará para vosotros que teméis mi nombre, el sol de justicia con curación en sus alas. " De nuevo R. Isaac dijo: "Grande es el día de lluvia, porque entonces hasta la moneda en el bolsillo de uno es bendecida;) Para dar la lluvia de tu tierra a su tiempo, y para bendecir toda la obra de tu mano. "R. Isaac dijo de nuevo:" La bendición celestial no ocurre sino en cosas que están ocultas a la vista [la cantidad exacta de la cual no es conocido]; como se dice (Deut.28, 8) El Señor te mandará la bendición en tus almacenes [donde se desconoce la cantidad exacta] ". En el colegio de R. Ishmael se enseñó:" Las bendiciones celestiales no serán frecuentes excepto en cosas que ningún ojo puede ver. "A nuestros rabinos se les enseñó:" El que está a punto de medir el grano en su granero, debe decir: 'Sea tu voluntad, oh Señor, Dios nuestro, que envíes bendición al trabajo de nuestras manos'. Cuando comience a medir, debería decir: "Alabado sea el que envía bendiciones sobre este montón". Sin embargo, si oró después de medir, su oración es en vano, porque la bendición [celestial] no es frecuente sobre cosas que se pesan, miden o cuentan, sino sobre cosas que están ocultas a la vista; como se dice:

(Fol. 9) R. Jochanan dijo: "La lluvia no se detiene excepto para aquellos hombres que prometen públicamente dar caridad y luego no cumplen su promesa; como se dice (Prov. 25, 14) Como nubes y viento sin lluvia , así es el que se jacta de una dádiva falsa ". R. Jochanan dijo de nuevo: "¿Cuál es el significado del pasaje (Deut. 14, 22) Verdaderamente diezmarás. [Significa que] darás diezmos para que puedas hacerte rico ". R. Jochanan conoció a un hijo de Resh Lakish." Dime tu versículo [que estudiaste hoy] ", le dijo al niño." Asser T'Asser "(verdaderamente diezmarás) fue la respuesta del niño." Pero, ¿qué quiere decir Asser T'asser? Entonces el niño le preguntó a R. Jochanan. "Significa", dijo R. Jochanan, "dar diezmos para que puedas hacerte rico". Entonces el niño preguntó: "¿De dónde sabes esto?" Y él respondió: "Ve y pruébalo, [y mira si no es así]". "¿Pero entonces está permitido probar a Dios", replicó el niño? "He aquí que está escrito (Deut. 6, 16) No tentarás al Señor tu Dios". Con lo cual R. Jochanan dijo: "Así dijo R. Oseas: 'En todas las demás cosas [no está permitido tentar a Dios] excepto en los diezmos; porque está dichoMal. 3, 10) Traed todos los diezmos al alfolí, para que haya provisión en mi casa, y probadme, pero con esto, dice el Señor de los ejércitos, si no os abro las ventanas de los cielos y derramo por para ti una bendición, hasta que sea más que suficiente '"." Si hubiera llegado a ese versículo, [en mis estudios "], comentó el niño," no te habría necesitado a ti, ni a R. Oseas, tu rabino ".

Una vez más, R. Jochanan se encontró con el hijo de Resh Lakish, mientras estaba sentado y leyendo el pasaje (Proverbios 19, 3) La locura del hombre pervierte su camino y contra el Señor se enfurecerá su corazón. R. Jochanan se sentó y se preguntó, diciendo: "¿Hay entonces algo escrito en el Hagiographa, de lo cual no hay ni una pista en el Pentateuco?" ¿No hay un indicio de esto en el Pentateuco? ", Le comentó el niño." He aquí, está escrito (Gn. 42, 28).) Y les fallaba el corazón y tenían miedo, y se decían unos a otros: ¿Qué es esto que Dios nos ha hecho? [¿y no fue su propia locura al vender a su hermano, lo que llevó a los hijos de Jacob a su triste situación?] "R. Jochanan levantó los ojos en un deseo de mirar [con admiración] al niño, cuando la madre del El niño se lo llevó inmediatamente, y dijo: "Apártate de él, o puede que te haga lo que le hizo a tu padre".

R. Jochanan dijo de nuevo: "La lluvia puede descender incluso por el bien de un hombre meritorio; como está escrito (Deut. 28, 12) El Señor te abrirá su buen tesoro, el cielo, para dar lluvia, etc. ., pero la prosperidad general viene solo por el bien del público en general; como está escrito (Ex.16, 4) "Te haré llover pan del cielo". Se planteó una objeción: R. José, el hijo de R. Juda, dijo: "Tres buenos líderes fueron dados a Israel, y son Moisés, Aarón y Miriam: y tres buenos regalos fueron dados a través de ellos, a saber: el pozo de agua, la columna y el maná: el pozo de agua [que Israel tenía con ellos en el desierto] les fue dado por amor a María, la nube de gloria [que los guió de día les fue dada] por amor de Aarón, y el maná [les fue dado] por causa de Moisés. Cuando Miriam murió, el pozo se desvaneció, como está dicho (Núm. 21, 1).) Miriam murió allí y fue enterrada allí; e inmediatamente después está escrito: Y no había agua para la Congregación. Entonces el pozo fue restaurado a Israel a través de las oraciones de Moisés y Aarón. "Cuando Aarón murió, la columna (nube) de gloria se fue; (como se explica arriba en la página 141); el pozo y la columna (nube) de gloria fueron restaurados a ellos por amor a Moisés; pero cuando Moisés murió, todo desapareció, como está dicho (Zac.) Y saqué a los tres pastores en un mes. "¿Entonces Moisés, Aarón y Miriam murieron en el mismo mes? He aquí, Moisés murió en Adar, Aarón en Ab y Miriam en Nissan. De ese pasaje inferimos que los tres dones que fueron entregados a Israel desaparecieron en el mismo mes en que murió Moisés. ¿Por lo tanto, podemos probar que el apoyo se da por el bien de un solo hombre? No, con Moisés es diferente: porque sus méritos eran tan grandes que igualaba a toda la congregación. . "

R. Huna b. Manoach, R. Samuel b. Idi y R. Chiya de Vastania fueron discípulos de Raba. Después de la muerte de Raba, llegaron a R. Papa. Cuando R. Papa decía algo que no les agradaba del todo, se saludaban con la cabeza; y se desanimó (Ib. b). En una ocasión, en un sueño, se le leyó el pasaje citado anteriormente: Y saqué a los tres pastores en un mes. Al día siguiente, cuando se fueron de él, les dijo: "Que los rabinos se vayan en paz". R. Shimi b. Ashi era solo un visitante en el colegio de R. Papa, y le hacía tantas preguntas que a veces sucedía que R. Papa no podía responderlas. Un día R. Shimi notó a R. Papa, quien escondió su rostro [mientras recitaba la oración Takhnun] y lo escuchó rezar: "Que el Misericordioso me salve de la desgracia que sufro a manos de ese Shimi".

Se nos enseña en un Baraitha: R. Eliezer dijo: "El mundo entero bebe del agua del océano [que viene de abajo]; como se dice (Génesis 2, 6) Pero se levantó una niebla de la tierra y regado toda la faz de la tierra ". "¿Como puede ser?" R. Joshua le dijo. "¿No son saladas las aguas del océano?" A lo que respondió: "Se vuelven dulces en las nubes". R. Joshua, sin embargo, dice: "El mundo entero bebe del agua que viene de arriba, como se dice (Deut. 11, 11) De la lluvia del cielo bebe agua. Pero, ¿cómo es el pasaje: T ' ¿Entonces subió una neblina de la tierra para ser arrebatada? Significa que las nubes se elevan hacia el cielo, donde abren la boca como bolsas y beben en el agua; como se dice (Job 36, 27) Porque él quita las gotas de agua, que se purifican en lluvia en la niebla; y la niebla es porosa como un cedazo, a través del cual la lluvia desciende a la tierra; como se dice (II Sam. 22, 12) Pesadas masas de agua, espesas nubes de los cielos, y el espacio de una gota a otra es sólo el ancho de un cabello. De esto se puede inferir que el día de lluvia es tan grande como el día de la creación del cielo y la tierra; como está dicho (Job 9, 10) que hace grandes cosas que son completamente inescrutables; y también está escrito (Ib. 5, 10) que hace llover sobre la faz de la tierra; y también está escrito (Is. 40, 28) ¿No lo sabes? ¿No has oído? El Dios eterno es el Señor, etc., inescrutable es su entendimiento; y de nuevo está escritoPD. 65, 7) Que asienta firmemente los montes, etc.

(Fol. 10) A nuestros rabinos se les enseñó: "La tierra de Israel fue creada primero que todo y el resto del mundo después; como se dice (Prov. 8, 26) Aunque todavía no había hecho la tierra y abierto los campos." A nuestros rabinos se les enseñó: "Primero se riega la tierra de Israel, y el resto del mundo se riega con el residuo dentro de las nubes. Esto puede compararse con un hombre que hace queso; usa lo que es comestible y deja el rechazar. "La tierra de Israel es regada por el Señor mismo, mientras que el resto del mundo es regado por un mensajero; como se dice (Job 5, 10) Quien hace llover sobre la superficie la superficie de los campos. "R. Joshua b. Leví, sin embargo, dijo que el mundo entero es de la tierra, y envía aguas regadas por el desagües del Edén; como se dice (Gén.) Y un río salió del Edén para regar el jardín y de allí se dividió y se convirtió en cuatro arroyos principales. En un Baraitha se nos ha enseñado: "La savia de un campo de la capacidad de un Kur de semilla es suficiente para regar un campo de la capacidad de un Tarkab (una sexagésima parte)".

A nuestros rabinos se les enseñó: Egipto mide cuatrocientos Parsah cuadrados, y eso es una sexagésima parte del tamaño de Mesopotamia; Mesopotamia es la sexagésima parte del mundo entero; la tierra es una sexagésima parte del jardín del Edén; el jardín es un sexagésimo del Edén y el Edén es a su vez sólo un sexagésimo del Gehena. Por lo tanto, se sigue que el mundo entero es como la tapa de una olla en comparación con la Gehena, y la Gehena misma es inconmensurable. Otros, sin embargo, sostienen que el Edén es inconmensurable.

(Ib. B.) (Gen. 42, 1) Y Jacob dijo a sus hijos. ¿Por qué os miráis unos a otros? Así dijo Jacob a sus hijos: "No hagáis parecer a Esaú ni a Ismael que estáis saciados, no sea que os envidien". Ib. 45, 24) Procura no caer en el camino. R. Elazar dijo: "Así dijo José a sus hermanos: 'No se involucren en discusiones halajik [mientras están en el camino], porque pueden caer'". ¿Es así? ¿No dijo R. Ilai, el hijo de R. Berachia, que cuando dos eruditos viajan juntos por el camino y no se discute una palabra de la Torá entre ellos, merecen ser quemados? como se dice (II Reyes 2, 11) Y sucedió que mientras ellos iban, hablando mientras iban, he aquí vino un carro de fuego y los partió a los dos. Esto es así solo porque sí hablaron, pero si no hubieran hablado habrían sido quemados [¡Por lo tanto, en el camino uno debería estudiar la Torá!]. Esto no es difícil de explicar; el último caso se refiere a la narración de tradiciones y el primero a la deliberación. En un Baraitha se explicó que las instrucciones de José tenían el siguiente significado: No debes marchar apresuradamente y traer el sol a la ciudad (entrar antes de la puesta del sol); es decir, no debes marchar apresuradamente, porque el maestro dijo: "Los pasos apresurados quitan una quincena de la vista de un hombre;" y llevan el sol a la ciudad "se refiere al dicho de R. Juda; porque R. Juda dijo: " Un hombre siempre debe salir y entrar en una ciudad mientras aún hay luz; como se diceGen. 44, 3) Tan pronto como amaneció, los hombres fueron despedidos ".

(Fol. 11) A nuestros rabinos se les enseñó: "Cuando la comunidad de Israel está en problemas y uno se aparta de ellos [negándose a compartir su dolor], dos ángeles ministradores que acompañan a cada hombre imponen sus manos sobre su cabeza y dicen: ' El Baraitha se nos enseña: "Cuando la comunidad, cuando está en peligro, no vivirá para ver el alivio de la comunidad". "En otro Baraitha se nos enseña que cuando la comunidad está en apuros no se debe decir: 'Iré a mi casa, comeré, beberé y me pondré cómodo'; porque sobre él dice el pasaje (Is. 22, 13).) Y he aquí (hay) gozo y alegría en detener bueyes y matar ovejas, comer carne y beber vino; 'Comamos y bebamos; para mañana) debemos morir '; e inmediatamente sigue: Verdaderamente, esta iniquidad no será borrada de ustedes hasta que mueran. Pero un hombre debe sufrir (negarse a sí mismo el goce), cuando la comunidad sufre: porque así encontramos que Moisés se afligió a sí mismo cuando la comunidad sufrió; como se dice (Ex.17, 12) Pero cuando las manos de Moisés se pusieron pesadas, tomaron una piedra, la pusieron debajo de él y él se sentó sobre ella. ¿No poseía Moisés una almohada o un cojín sobre el cual se podría haber sentado? Sí; pero Moisés dijo así: "Dado que Israel vive en problemas, debo compartir sus aflicciones". Y quien se aflige a sí mismo en simpatía por la comunidad, vivirá para ver el alivio de la comunidad. Quizás se podría decir: '¿Quién testificará que no compartí el sufrimiento de la comunidad?' Debe saber que las piedras y las vigas de su misma casa darán testimonio de este hecho; como se dice (Hab. 2, 11) Porque la piedra clamará desde la pared, y la viga de la madera le responderá. "En el colegio de R. Shila se dijo que los dos ángeles que acompañan a un el hombre testificará contra él; como se dice (PD. 91, 11) Porque sus ángeles encargará acerca de ti. R. Chidka dice: "El alma del hombre testificará contra él; como está dicho (Miqueas 7, 4) Guarda las puertas de tu boca de la que yace en tu seno". Otros dicen que los miembros del cuerpo de un hombre testificarán contra él; como está dicho (Is. 43, 10) Vosotros sois mis testigos, dice el Señor.

Samuel dijo: "Al hombre que ayuna se le llama pecador"; porque está dicho (Núm.6, 11) Y hará expiación por él, por lo que pecó con su alma. ¿En qué pecó con su alma? Debemos decir que se refiere al pecado de abstenerse de vino. Tiene la misma opinión que se nos enseña en un Baraitha del Tana, R. Elazar Hakapar el Grande, quien dice: "¿No es esto un razonamiento a fortiori? Si uno se abstiene de beber vino, se le llama pecador; cuánto más ¿Debería uno ser llamado pecador si se abstiene de todo (es decir, ayuna)? " R. Elazar, sin embargo, dice: "Al contrario, se le llama santo; como está dicho (Ib. 5). Será santo, dejará crecer los mechones de los cabellos de su cabeza. ¿No está probado esto? ¿a fortiori? Si alguien que simplemente se opone al vino es calificado de santo, ¿cuánto más debe calificarse de santo al que se abstiene de todo (es decir, ayunos)? " Pero, ¿cómo explicará Samuel el pasaje que llama santo a tal hombre? Esto se refiere solo a quien deja crecer su cabello. Pero, ¿cómo explicará R. Elazar el pasaje que llama pecador a tal hombre? Esto se aplica solo a quien se contamina a sí mismo. ¿Dijo R. Elazar que el ayuno es un pecado? He aquí, R. Elazar dijo: "Un hombre siempre pensará en sí mismo (Ib. B.) Como si la santidad descansara dentro de sus entrañas; porque se dice (Hos. 11, 9) El Santo está dentro de ti ". Esto no es difícil de explicar. Este último se refiere a un caso en el que uno puede soportar los dolores de la abstinencia, pero el primero se refiere a un caso en el que no pudo soportar el sufrimiento. Resh Lakish dijo: "Un hombre así [que no ayuna] debe llamarse jasid (piadoso); como se dice (Pr. 11, 17) El que cuida su alma es un hombre piadoso ". R. Jeremiah b. Abba dijo en el nombre de Resh Lakish:" No es lícito para un erudito ayunar, porque a través [de la maldad del] ayuno disminuye el trabajo celestial ". R. Shesheth dijo:" Si un joven erudito se sienta y ayuna, un perro puede incluso comer su comida "[porque permanece sin salud para estudiar la Torá]

(Deuteronomio 32, 4) El Dios de verdad y sin iniquidad. Dios de verdad, es decir, así como los impíos serán castigados en el mundo de ahora en adelante, incluso por la más mínima ofensa que puedan cometer aquí en la tierra, así también los justos deben rendir cuentas en este mundo incluso por la más mínima transgresión cometida; Y sin iniquidad; es decir, así como los justos serán recompensados en el mundo futuro incluso por el acto menos meritorio, así también los malvados serán recompensados en este mundo incluso por el acto menos meritorio. (Ib.) Justo y recto en Él. Ellos [nuestros rabinos] dicen que cuando un hombre muere y viene al mundo del más allá, todos sus hechos se exponen ante él en detalle, y se le dice: "Esto y lo que hiciste en ese lugar y en ese día". A lo que responde: "Sí", y se le dice que firme su nombre, que firma,) Lo sella en la mano de cada hombre. Y no solo esto, sino que también reconoce la justicia del veredicto y dice: "Me has juzgado con justicia", para justificar el pasaje (Sal. 51, 6). Para que tú seas justo cuando hables, sea justificado cuando tú juzgas.

(Fol. 14b) R. Elazar dijo: "Un hombre prominente no debe vestirse de cilicio [cuando esté angustiado], a menos que sepa con certeza que sus oraciones serán respondidas, como lo fue la comodidad con el rey Joram, el hijo de Ajab , acerca de quien se dice (II Reyes 6, 30) Y sucedió que cuando el rey oyó las palabras de la mujer, rasgó sus vestidos - ahora pasaba por el muro y la gente miraba, y he aquí, él tenía cilicio por dentro sobre su carne. " R. Elazar dijo además: "No todo el mundo tiene derecho a caer sobre su rostro ni todo el mundo tiene derecho a rasgarse la ropa, [como señal de dolor]; sólo para aquellos como Moisés y Aarón es necesario caer sobre sus rostros". ; pero a hombres como Josué y Caleb les conviene rasgar sus vestiduras ". Moisés y Aarón cayeron sobre sus rostros,Num. 14, 5) Y cayeron Moisés y Aarón, etc .; Josué y Caleb rasgaron sus vestidos, b. Nachmeni, sin embargo, objetó y dijo: y Kaleb el hijo de Jephune de los que habían espiado la tierra, rasgó sus vestidos. R. Zera, y según otros R. Samuel b Nachmeni, sin embargo objetaron y dijeron: "Si se dijera. Josué y Caleb rasgaron sus vestiduras, la declaración de R. Elazar sería correcta; pero como dice, Y Josué y Caleb rasgó, etc., [en un término coordinado] significa que ambos [cayeron sobre sus rostros y rasgaron sus vestidos] ".

(Fol. 15) R. Elazar dijo de nuevo: "No a todo el mundo le está permitido alabar a Dios levantándose o inclinándose. Los reyes pueden hacerlo levantándose y los príncipes inclinándose. Los reyes pueden hacerlo levantándose, como se dice (Is. 49, 1) Así ha dicho el Señor, Redentor de Israel, su Santo, al menospreciado de los hombres, al aborrecido de las naciones, al siervo de los gobernantes, reyes verán y se levantarán. Los príncipes pueden hacerlo postrándose, como se dice (Ib.) Príncipes, y se postrarán ". R. Zera, y según otros Samuel b. Nachmeni, contradijo esto: "Si el versículo se lee, y los príncipes se postrarán, sería correcto; pero como dice príncipes, y ellos se postrarán, etc., implica que pueden hacer ambas cosas".

R. Nachman b. Isaac dijo: "También señalaré que no todo el mundo es digno de obtener la luz [de la Torá], y no todo el mundo es digno de tener gozo como resultado de obras meritorias. Los justos merecen la luz y los rectos del gozo, como es dijo (Sal. 97, 11) Luz se siembra para el justo, y alegría para los rectos de corazón ".

Taanit, Capítulo 2

(Fol. 15) MISHNAH: El mayor de ellos se dirige a ellos en términos conmovedores, de la siguiente manera: "¡Hermanos míos! ¡He aquí! No se dice acerca del [arrepentimiento de los] ninivitas, que Dios consideró que se envolvían en cilicio, y consideró sus días de ayuno, pero que (Jon. 3, 10) Dios vio sus buenas obras, que se habían apartado de su mal camino, y así dice la tradición (Joel 11, 13) Desgarra tu corazón en lugar de tus vestiduras y vuelve a Dios ".

(Fol. 16) GEMARA: A nuestros rabinos se les enseñó: Si hay un anciano entre ellos, debe dirigirse a la congregación; si no es así, un erudito debería abordarlos. Y si no hay ninguno, entonces un hombre prominente entre los suyos debería dirigirse a ellos ". ¿El venerable hombre mencionado anteriormente se refiere incluso a alguien que no es un erudito? Dijo Abaye:" Significa que si el mayor entre ellos también fuera un erudito , debería dirigirse a ellos; de lo contrario, un erudito, aunque sea más joven, debería dirigirse a ellos; y si no hubiera ningún erudito entre ellos, entonces un hombre prominente debería dirigirse a ellos diciendo: '¡Hermanos! Porque ni el cilicio ni el ayuno causan [perdón], sino el arrepentimiento y las obras meritorias; pues así encontramos en el caso de los ninivitas. No está escrito que Dios consideró que se habían envuelto en cilicio y consideró sus días de ayuno, pero que Dios vio sus obras, que se habían apartado de su mal camino. '"(Ib.) Y el hombre y la bestia fueron cubiertos con cilicio. ¿Qué hicieron los ninivitas? Separaron los animales lactantes de sus madres y dijeron:" Soberano ¡del universo! Si quieres tener misericordia de nosotros, entonces nosotros tendremos misericordia de ellos; pero si tu no quieres tener misericordia de nosotros, no tendremos misericordia de ellos. "(Ib.) Y ellos llamaron a Dios con poder. ¿Qué significa con poder? R. Samuel sostiene que dijeron:" Soberano del Universo ! Si uno es sumiso y el otro no; si uno es capaz de aguantar y el otro no; un justo y un malvado; que debería ceder? (Ib.) Y cada uno se apartó de su mal camino, y de la violencia que estaba en sus manos. ¿Qué significa de la violencia que estaba en sus manos? Samuel dijo:

(Fol. 18) Se nos enseña en un Baraitha: El día veintiocho de Adar, a los judíos les llegó la buena noticia de que ya no se les prohibía estudiar la Ley, porque el rey [de Siria había emitido antes] un decreto , prohibiéndoles estudiar la Ley y circuncidar a sus hijos, pero obligándolos a profanar el sábado. ¿Qué hizo Joshua b. ¿Shamua y sus amigos lo hacen? Recto tomaron consejo con cierta matrona, cuya casa frecuentaba la gente célebre de la ciudad. Ella les dijo: "Vayan a llorar en voz alta por la noche". Hicieron lo que ella les aconsejó y gritaron en voz alta: "¡Oh, cielos! ¿No somos todos hermanos? ¿No somos todos hijos de un Padre? ¿No somos todos hijos de una madre [tierra]? ¿Por qué deberíamos ser tratados de manera diferente a cualquier otra nación, y de todos los demás pueblos que hablan otros idiomas,

(Ib. B) ¿Quién es Torainos? Se relató: Cuando Torainos estaba a punto de matar a Lolaninos y a su hermano Pappus en Ludkia (Lydda), les dijo: "Si es verdad que ustedes son de la misma nación que Hananías, Misael y Azarías, entonces dejen que su Venga Dios y te salve de mis manos como lo hizo de la mano de Nabucodonosor ". Ellos respondieron: "Hananías, Misael y Azarías eran hombres perfectamente justos, dignos de que les sucediera un milagro; y Nabucodonosor era un rey justo, digno de que se obtuviera un milagro a través de él; pero hemos incurrido en la pena de muerte ante el cielo en cualquier evento, y si no nos matas, Dios tiene otros agentes como osos, leones y leopardos que pueden matarnos ¡La razón por la cual el Santo, alabado sea!

Taanit, Capítulo 3

(Fol. 19b) A nuestros rabinos se les enseñó: Una vez sucedió que los israelitas vinieron a Jerusalén para las fiestas y no había suficiente agua para beber. Así que Nakdimon ben Gurion fue a ver a un general y le dijo: "Préstame doce pozos de agua para los peregrinos, y te prometo que devolverás los doce pozos de agua o, en su lugar, doce talentos de plata, en un tiempo determinado. . " Tan pronto como llegó el último día de la hora indicada, el general envió un mensaje temprano en la mañana a Nakdimon ben Gurion: "Envíame o los [pozos de] agua o el dinero". Nakdimon respondió: "Todavía tengo tiempo para todo el día". Al mediodía se hizo la misma demanda y se dio la misma respuesta. A última hora de la tarde, el general envió a Nakdimon exigiendo los pozos de agua o la plata, y recibió la misma respuesta: " Hay tiempo; el día aún no ha terminado. "El general se rió de la idea, y comentó:" Todo el año había transcurrido sin lluvia (Fol. 20), ¡y ahora lloverá! "Lleno de confianza se fue a su baño regocijado [sobre la perspectiva de poseer pronto el dinero que se le debía] Al mismo tiempo que entraba en su baño, Nakdimon, afligido, entró en el Templo, se envolvió en su capa y comenzó a orar, diciendo: "¡Soberano del Universo! Es sabido y revelado a ti, que ni por mi propia gloria ni por la casa de mi padre he hecho esto, sino por la gloria de tu nombre, para que los peregrinos en Jerusalén tengan agua. "Inmediatamente sobre esto el cielo se nubló, la lluvia comenzó a caer y los doce pozos se llenaron hasta desbordar. Cuando el general salió de su casa de baños, Nakdimon salió del templo y ambos se encontraron. Nakdimon le dijo: "Devuélveme la cantidad del agua en exceso de la que te pedí prestada". El general respondió: "Sé bien que tu Dios causó la tormenta en el mundo sólo por tu bien, pero aún puedo exigir la cantidad que me corresponde, porque el sol ya se ha puesto y la lluvia ha caído después de que expiró el tiempo señalado". Entonces Nakdimon volvió a entrar en el Templo, se envolvió de nuevo en su capa y comenzó a orar diciendo: "¡Soberano del Universo! ¡Anuncia al mundo que tienes favoritos aquí en la tierra! Y así como has obrado un milagro para mí. en primera instancia, hágalo solo esta vez ". Entonces las nubes se dispersaron inmediatamente y el sol volvió a brillar. El general, al encontrarse con Nakdimon después, comentó: "

A nuestros rabinos se les enseñó: "Por el bien de cada uno de los siguientes tres hombres, el sol se abrió paso (reapareció): Moisés, Josué y Nakdimon ben Gurion". Respecto a Nakdimon ben Gurion tenemos lo anterior. En el caso de Josué está escrito (Jos. 10, 13) Y el sol se detuvo en medio de los cielos. Pero, ¿de dónde aducimos que el sol reapareció por causa de Moisés? R. Elazar dijo: "Esto se puede inferir a través de la regla de la analogía, comparando las palabras Acheil. Está escrito (Deut. 2, 25) Este día comenzaré (Acheil) a poner el temor de ti, y (Jos. 3, 7) Este día comenzaré (Acheil) para hacerte grande. R, Samuel b. Nachmeni, en el nombre de R. Jonathan, dijo: "Lo inferimos a través de la palabra Teith. Escrito está (Deut.2, 25) ¿Comenzaré a poner (Teith) el temor de ti, y está escrito (Jos. 10, 12) En el día en que el Señor entregó (Teith) a los emoritas ". R. Jochanan dijo:" Se puede aducir del pasaje mismo (Deut. 2, 25) Quien quiera oír de ti, temblará y temblará a causa de ti. ¿Cuándo temblaron y temblaron? En el momento en que el sol se quedó quieto por amor a Moisés ".

A nuestros rabinos se les enseñó: Un hombre debe ceder en todo momento como una caña y no ser inflexible como un cedro. Una vez sucedió que R. Elazar b. R. Simon salió de la torre de G'dor, donde vivía su maestro, y mientras cabalgaba tranquilamente sobre un asno por las orillas del río, se regocijó mucho y se sintió muy orgulloso por el gran conocimiento que había aprendido [de su maestro]. (Ib. B) En el camino se encontró con un hombre horriblemente feo. "Paz a ti, mi maestro", dijo este último a R. Elazar, a lo que R. Elazar no respondió, sino que simplemente se unió: "Bueno para nada, ¿es toda la gente de tu pueblo tan hogareña como tú? ¡Qué terriblemente feo eres! ¿Todos tus habitantes son tan feos como tú? "Eso no lo sé", respondió el hombre; " pero sería bueno que acudieras al Arquitecto que me formó y le dijeras: ¡Qué feo es este vaso que has hecho! '"Dándose cuenta de que había pecado contra el hombre, R Elazar desmontó y se postró ante él, diciendo : "He pecado contra ti, ¡perdóname, te ruego!" Pero el hombre se negó, diciendo: "No, no te perdonaré hasta que vayas al arquitecto que me formó y le digas: '¡Qué feo es! este vaso que has hecho! "R. Elazar, sin embargo, no quiso dejar al hombre y lo siguió a pie hasta llegar a la ciudad donde vivía R. Elazar. Los habitantes de la ciudad [siendo informados de la llegada de R. Elazar] salieron a saludarlo, diciendo a él: "¡La paz sea contigo, nuestro Rabí, nuestro Rabí! ¡Nuestro maestro, nuestro maestro! "El hombre feo que precedió a R. Elizar les preguntó a quién se dirigían con "Rabí" y "Maestro". "El hombre que te sigue", respondieron. Luego les dijo: "Si es rabino, que no haya muchos como él en Israel". "¿Por qué no?" ellos preguntaron. "Porque", respondió, "así me hizo". "Aún así, perdónalo", suplicó la comunidad a ese hombre, porque es un gran hombre en el estudio de la Torá. "Y él dijo:" Solo por tu bien lo perdonaré, pero con una condición: que no haz lo mismo otra vez ". Inmediatamente después de esto, R. Elazar salió y predicó:" Un hombre debe ser flexible como una caña y no inflexible como el cedro ". El hombre que te sigue ", respondieron. Él les dijo:" Si es un rabino, que no haya muchos como él en Israel "." ¿Por qué no? ", Preguntaron." Porque ", respondió. , "esto y aquello me hizo". "Aún así, perdónalo", suplicó la comunidad a ese hombre, porque es un gran hombre en el estudio de la Torá ". Y él dijo: "Sólo por ustedes lo perdonaré, pero con una condición: que no vuelva a hacer lo mismo". Inmediatamente después de esto, R. Elazar salió y predicó: "Un hombre debe ser flexible como una caña y no inflexible como el cedro". El hombre que te sigue ", respondieron. Él les dijo:" Si es un rabino, que no haya muchos como él en Israel "." ¿Por qué no? ", Preguntaron." Porque ", respondió. , "esto y aquello me hizo". "Aún así, perdónalo", suplicó la comunidad a ese hombre, porque es un gran hombre en el estudio de la Torá ". Y él dijo: "Sólo por ustedes lo perdonaré, pero con una condición: que no vuelva a hacer lo mismo". Inmediatamente después de esto, R. Elazar salió y predicó: "Un hombre debe ser flexible como una caña y no inflexible como el cedro". así y aquello me hizo "." Aún así, perdónalo ", suplicó la comunidad a ese hombre, porque es un gran hombre en el estudio de la Torá". Y él dijo: "Sólo por ustedes lo perdonaré, pero con una condición: que no vuelva a hacer lo mismo". Inmediatamente después de esto, R. Elazar salió y predicó: "Un hombre debe ser flexible como una caña y no inflexible como el cedro". así y aquello me hizo "." Aún así, perdónalo ", suplicó la comunidad a ese hombre, porque es un gran hombre en el estudio de la Torá". Y él dijo: "Sólo por ustedes lo perdonaré, pero con una condición: que no vuelva a hacer lo mismo". Inmediatamente después de esto, R. Elazar salió y predicó: "Un hombre debe ser flexible como una caña y no inflexible como el cedro".

Había un muro en Nehardea que descansaba sobre unos cimientos débiles, y aunque [era lo suficientemente sólido como para] había estado así durante trece años y no había caído, sin embargo, Rab y Samuel nunca pasarían por debajo de él. Un día R. Ada b. Ahaba llegó a Nehardea, [y mientras pasaba ese muro] Samuel le dijo a Rab: "Deja que el maestro me acompañe por todas partes para evitar el muro". Pero Rab respondió: "Hoy esto no es necesario, porque R. Ada está con nosotros, y sus virtudes son tales que no temo por nada".

R. Huna bebió vino en una habitación que se encontraba en condiciones inseguras y cuyas paredes se esperaba que cayeran momentáneamente. Quería quitarse el vino, [pero tenía miedo de entrar en la habitación]. Entonces consiguió R. Ada b. Ahaba para entrar a la habitación con él y lo involucró allí en una discusión sobre una Halajá, hasta que sus hombres le quitaron el vino. Después de que se fueron, las paredes de la habitación se derrumbaron. Cuando R. Ada se dio cuenta de cómo lo habían usado, se enojó, porque estaba de acuerdo con R. Janai, quien dijo: "Un hombre nunca debe exponerse al peligro esperando que se efectuará un milagro para él; porque puede ser que tal milagro no se realice, e incluso si se realiza un milagro para él, se deducirá de las recompensas que se le deben por sus méritos ". R. Chanin dijo: "¿Cuál es el pasaje bíblico para esto? (Gen.23, 11) No soy digno de toda la bondad, etc. "¿En qué radica la grandeza de Ada b. Ahaba? Como se nos enseña: Los discípulos de R. Ada b. Ahaba le preguntaron:" ¿Por qué has vivido tanto tiempo? " respondió: "Nunca estuve enojado en mi casa; Nunca reemplacé a un superior; Nunca pensé en súbditos divinos en callejones inmundos; Nunca caminé cuatro codos sin estudiar la Torá o sin Filacterias; Nunca dormí en la casa de estudio, ni habitualmente ni dormí la siesta; Nunca me regocijé cuando mi vecino estaba en desgracia, y nunca llamé a mi prójimo por un apodo ".

Raba le preguntó a Raphram b. Papá: "Que el maestro nos cuente algunas de esas cinco cosas que hizo R. Huna". Y él respondió: "No recuerdo nada de su juventud; pero cuando era mayor de edad, sé que siempre que había un día nublado y tormentoso se hacía sacar él mismo en un carruaje dorado para inspeccionar la ciudad, y ordenaba Cada muro amenazante sería derribado. Si el propietario [de ese muro] podía permitírselo, entonces lo reconstruía; pero cuando el propietario no podía permitirse la reconstrucción, R. Huna lo reconstruía por su cuenta. Cada víspera del sábado, enviaba a sus sirvientes a los mercados con instrucciones de comprar todas las verduras que sobraban con los jardineros sin vender y arrojarlas al arroyo, [para que no se volvieran a poner a la venta la semana siguiente, en una condición malsana] ". ¿Que más bien los distribuya entre los pobres? Pensó que los pobres podrían confiar en él y no comprarían nada. Entonces, ¿dejar que los use como alimento para los animales? Porque sostuvo que los artículos que un hombre puede usar como alimento no deben comprarse como forraje para el ganado. Entonces, ¿por qué debería haberlo comprado por completo? Porque esto les causaría molestias al público [al no traer sus verduras] la próxima vez. "Siempre que obtenía un medicamento, lo llenaba en un frasco y lo colocaba a la entrada de su puerta diciendo: 'El que lo desee, puede venir y participar de él'. Cuando se sentaba a comer, abría las puertas de par en par y gritaba: "¡Quien quiera comer, que entre y lo haga!". "Todo lo anterior pude lograr", dijo Raba, "con la excepción de abrir mis puertas e invitar a todos a comer;

Ilpha y R. Jochanan estudiaron la Torá juntos. Se encontraban en muy malas circunstancias e incluso con falta de comida. Entonces dijeron: "Levantémonos y vayamos a los negocios, manteniendo así lo que está escrito (Deut. 15, 4).) De hecho, no debería haber ningún hombre necesitado entre ustedes. "Se retiraron y se sentaron debajo de una pared insegura y comieron su comida. Pronto aparecieron dos ángeles, y R. Jochanan escuchó a uno de ellos decir al otro:" Vamos a echar derriba el muro sobre ellos y los mata, porque están a punto de descuidar la vida eterna (estudio), y ocuparse de la vida temporal (negocio) ". Pero el otro ángel respondió:" Déjalos; porque hay uno de ellos a quien el tiempo socorrerá y que pronto se volverá grande ". R. Jochanan escuchó esto, pero Ilpha no lo hizo, y el primero preguntó:" ¿Oyó algo el maestro? "" No, no escuché nada, "respondió Ilpha. Entonces R. Jochanan pensó:" Porque lo escuché y Ilpha no, con toda probabilidad soy yo a quien el tiempo socorrerá ". Y le dijo a Ilpha:"

Se decía de Nachum, el hombre de GamZu, que era ciego de ambos ojos, lisiado de ambas manos, ambas piernas aplastadas y todo el cuerpo cubierto de llagas, y que estaba acostado en una cama en una casa tambaleante. de las cuales reposaba en baldes de agua para evitar que las lombrices llegaran a su cuerpo, que cuando sus discípulos quisieron quitarle primero la cama y luego los muebles, les dijo: "¡Hijos míos! Primero saquen todo lo que hay en esta casa. y luego quita mi cama, porque puedes estar seguro de que mientras esté en esta casa no se caerá ". Así lo hicieron, y después de quitarle la cama, la casa se derrumbó. Sus discípulos le dijeron: "Rabí, ya que eres un hombre tan perfectamente justo, ¿por qué, entonces, estás tan terriblemente afligido?" "¡Mis hijos!" respondió: "Yo mismo soy la causa de esto. En un momento iba camino de la casa de mi suegro y llevaba conmigo tres asnos, uno cargado de comida, otro de bebida y el tercero de manjares. En el transcurso de mi viaje, un hombre pobre se me acercó y me dijo: 'Rabí, dame algo de comida', y yo le respondí: 'Espera hasta que pueda descargar mis traseros'. Pero antes de que yo lo hubiera hecho, el pobre falleció. Entonces me postré sobre su rostro y dije: '¡Mis ojos, que no tenían consideración por los tuyos, que se vuelvan ciegos! ¡Que mis manos, que no tuvieran misericordia de las tuyas, queden lisiadas! ¡Que sean aplastados mis pies, que no tuvieron piedad de los tuyos! Y no pude encontrar ninguna satisfacción hasta que dije: 'Que todo mi cuerpo se cubra de llagas' ". Le dijeron sus discípulos:" ¡Ay de nosotros que tengamos que verte en tal condición! "Y él respondió: "

¿Por qué se llamó Nachum, el hombre de Gam-Zu? Porque siempre que le pasaba algo decía: Gam Zu LeTobah (esto también es para bien). Una vez sucedió que los israelitas deseaban enviar un regalo a una casa imperial. Se discutió la cuestión de quién debería ir y finalmente se seleccionó a Nachum Ish Gam-zu, ya que estaba acostumbrado a los milagros. Enviaron a través de él un cofre lleno de piedras preciosas y perlas. Cuando llegó a su alojamiento para pasar la noche, los ladrones se dieron cuenta de su tesoro, sacaron los objetos de valor contenidos en el ataúd y volvieron a llenar el ataúd con tierra seca. Cuando Nachum descubrió el incidente por la mañana, dijo: "Esto también es para siempre". Al llegar al palacio imperial, se abrió el ataúd y se lo encontró lleno de tierra, el emperador [enfureciéndose mucho] decidió destruir a todos los judíos, porque dijo: "Los judíos simplemente se habían burlado de él". Elías apareció, disfrazado de uno de los consejeros, y dijo: "Quizás esta tierra sea de la misma tierra que Abraham su padre tenía dentro de su dominio, y que poseía el mérito de que cuando se arrojó [sobre el enemigo] se convirtió en espadas, y la paja se convirtió en flechas, como está escrito (Es. 41, 2) Su espada los hace como polvo. Su arco como rastrojo conducido. "Había una tierra que no pudieron conquistar, así que probaron esta (la tierra) contra esa tierra y la conquistaron". Acto seguido, la tierra fue depositada en el tesoro (del rey), y el cofre lleno de piedras preciosas y perlas. Nachum fue finalmente enviado con una escolta y su cofre lleno de piedras preciosas y perlas. A la vuelta, sucedió que Nachum y su escolta tuvo que pasar la noche en el mismo cuartel [donde las piedras preciosas habían sido previamente robadas]. Observando con qué honores regresó Nachum, le preguntaron: "¿Qué obsequios has traído al emperador para ser honrado así?" Lo que me llevé de este lugar ", fue su respuesta. Los hombres, entonces, pensando que su tierra era tan valiosa, derribaron sus casas, recogió la tierra y se la envió al emperador, diciendo: "La tierra que Nachum te trajo era nuestra tierra [y no la de los judíos]". Se examinó la tierra y se descubrió que no se parecía a la otra. Todos los habitantes fueron ejecutados.

R. Nachman b. R. Chisda le dijo a R. Nachman b. Isaac: "Que el maestro venga y se establezca entre nosotros [para que podamos estudiar juntos]". Se nos enseña en una Mishná, respondió este último: "No el lugar en el que vive distingue al hombre, sino que el hombre marca el lugar. Y así encontramos que con respecto al Monte Sinaí, mientras la Shejiná descansó allí, el La Torá amonesta (Ex. 34, 3) No dejes que los rebaños o los rebaños se alimenten cerca del monte, pero tan pronto como la Shejiná se retiró del monte, se dice (Ex. 19, 13) Pueden subir al monte. Se puede encontrar un ejemplo con respecto al Tabernáculo, que fue erigido en el desierto, que mientras el Tabernáculo fuera erigido, la Torá advirtió (Núm. 5, 2) Ellos expulsaron del campamento a todo leproso, etc. Cuando las cortinas [del Tabernáculo] fueron dobladas inmediatamente, los leprosos y Zab pudieron entrar al lugar. "" Si es así ", dijo R. Nachman b. R . Chisda "entonces iré al lugar donde habita el maestro." A lo que R. Nachman b. Isaac respondió: "Es mejor que un Maneh hijo de un P'ras (medio Maneh), es decir, un distinguido hijo de un padre menos distinguido - debería llegar a ser un Maneh hijo de un Maneh, es decir, un distinguido hijo de un distinguido padre, en lugar de lo contrario ".

Sucedió que la pestilencia arrasó en Sura, pero en el vecindario donde residía Rab la pestilencia no prevalecía. Los habitantes del pueblo concluyeron que esto se debía a los méritos especiales de Rab; pero en un sueño se les dijo que esto no sería más que un pequeño objeto con el que demostrar los méritos de Rab, y que esto era así en consideración de los méritos de un hombre que presta su azada y otras herramientas de excavación utilizadas para los entierros, sin compensación. En Darograth [el lugar de residencia de R. Huna] hubo una gran conflagración, pero en el barrio donde vivía R. Huna el fuego no llegó, y se pensó que fue por los méritos de R. Huna que el la ciudad se salvó; pero también se les dijo en un sueño que esto no sería más que un pequeño reconocimiento de los méritos de R. Huna,

Abba el cirujano estaba acostumbrado a recibir saludos todos los días a través de un Bath Kol desde la sesión celestial; Mientras que Abayi recibía tal saludo solo cada víspera de sábado; y Raba recibiría tal saludo solo en la víspera del Día de la Expiación. Abyi se sintió desanimado por [la mayor distinción conferida a] Abba, el cirujano, y se le dijo: "Las cosas que hace Abba, tú no las puedes hacer". ¿Qué hizo el cirujano Abba que lo hizo tan famoso? En primer lugar, al aplicar un remedio, tenía un compartimento separado para hombres y un compartimento separado para mujeres. Luego tenía una prenda especial para mujeres con la que las vestía, y que estaba rajada para poder insertar los instrumentos en cualquier lugar sin mirar a las mujeres. Luego tenía un cierto lugar afuera donde se depositaba su tarifa por sangrado, y el que podía permitirse depositarse allí mientras pasaba, y los que no tenían medios entraban y se sentaban sin el menor motivo de vergüenza. Si se le acercaba un joven erudito, no aceptaba dinero, y además le daba dinero, diciéndole: "Ve y fortalecete". Un día, Abayi envió a dos de sus discípulos a Abba para que observaran sus acciones. Abba los agasajó con comida y bebida, y hasta les puso colchones para que pasaran la noche (Fol. 22). Al día siguiente, los discípulos doblaron los colchones y los llevaron al mercado para venderlos. Allí se encontraron con Abba y le dijeron: "Que el maestro calcule el valor de estos". "Valen tanto y tanto", les dijo. "Quizás valen más", respondieron. Y él respondió: " Puedo comprarlos por esa cantidad ". Entonces le dijeron:" Estos sofás son tuyos; te los quitamos. Y ahora te rogamos, [dinos] ¿de qué sospechaste de nosotros? ". Él respondió:" Pensé que tal vez algunos prisioneros tenían que ser rescatados, y no querías decirme qué cantidad se requeriría anoche. Así que tomaste los sillones ". Entonces le dijeron:" Ahora deja que el maestro los lleve de vuelta ". Pero él respondió:" No; Ya me he decidido a dedicarlos a fines caritativos, [y por lo tanto no puedo retirarlos] ". Raba nuevamente se sintió desanimado por la mayor distinción conferida a Abayi. En un sueño le dijeron:" Debería ser suficiente para ti que toda la ciudad está protegida por tus méritos ". Estos sofás son tuyos; te los quitamos. Y ahora te rogamos, [dinos] ¿de qué sospechaste de nosotros? ". Él respondió:" Pensé que tal vez algunos prisioneros tenían que ser rescatados, y no querías decirme qué cantidad se requeriría anoche. Así que tomaste los sillones ". Entonces le dijeron:" Ahora deja que el maestro los lleve de vuelta ". Pero él respondió:" No; Ya me he decidido a dedicarlos a fines caritativos, [y por lo tanto no puedo retirarlos] ". Raba nuevamente se sintió desanimado por la mayor distinción conferida a Abayi. En un sueño le dijeron:" Debería ser suficiente para ti que toda la ciudad está protegida por tus méritos ". Estos sofás son tuyos; te los quitamos. Y ahora te rogamos, [dinos] ¿de qué sospechaste de nosotros? ". Él respondió:" Pensé que tal vez algunos prisioneros tenían que ser rescatados, y no querías decirme qué cantidad se requeriría anoche. Así que tomaste los sillones ". Entonces le dijeron:" Ahora deja que el maestro los lleve de vuelta ". Pero él respondió:" No; Ya me he decidido a dedicarlos a fines caritativos, [y por lo tanto no puedo retirarlos] ". Raba nuevamente se sintió desanimado por la mayor distinción conferida a Abayi. En un sueño le dijeron:" Debería ser suficiente para ti que toda la ciudad está protegida por tus méritos ". Pensé que tal vez habría que rescatar a algunos prisioneros, y no querías decirme qué cantidad requeriría anoche. Así que tomaste los sillones ". Entonces le dijeron:" Ahora deja que el maestro los lleve de vuelta ". Pero él respondió:" No; Ya me he decidido a dedicarlos a fines caritativos, [y por lo tanto no puedo retirarlos] ". Raba nuevamente se sintió desanimado por la mayor distinción conferida a Abayi. En un sueño le dijeron:" Debería ser suficiente para ti que toda la ciudad está protegida por tus méritos ". Pensé que tal vez habría que rescatar a algunos prisioneros, y no querías decirme qué cantidad requeriría anoche. Así que tomaste los sillones ". Entonces le dijeron:" Ahora deja que el maestro los lleve de vuelta ". Pero él respondió:" No; Ya me he decidido a dedicarlos a fines caritativos, [y por lo tanto no puedo retirarlos] ". Raba nuevamente se sintió desanimado por la mayor distinción conferida a Abayi. En un sueño le dijeron:" Debería ser suficiente para ti que toda la ciudad está protegida por tus méritos ".

Elijah se aparecía con frecuencia a R. Beroka de Hazar mientras él (R. Beroka) estaba parado en el mercado de Be Lepht. Un día le preguntó a Elijah si había alguien en el mercado que tuviera una participación en el mundo venidero, y Elijah respondió: "No". Mientras tanto, llegó un hombre con zapatos negros y en cuyas prendas no se arrojaron (adhirieron) flecos (Tzitzith). "Ese hombre participará en el mundo venidero", dijo Elijah a R. Beroka. R. Beroka llamó al hombre, que se negó a acercarse a él; corrió hacia él y le preguntó cuál era su ocupación, y el hombre respondió: "No tengo tiempo hoy. Ven mañana". Al día siguiente, cuando llegó, R. Beroka se acercó de nuevo y le preguntó: "¿Cuál es tu ocupación?" El hombre respondió: "Soy el director de una prisión; Mantengo a los hombres y mujeres presos en compartimentos separados, y mi propia cama se encuentra entre los dos compartimentos. Allí duermo solo, y me cuido de que no se cometan actos malvados. Si hay una hija de Israel a quien los altos funcionarios han mirado con malos ojos, hago todo lo posible para salvarla incluso con un sacrificio personal ". R. Beroka le preguntó al hombre:" ¿Por qué usas zapatos negros? ? "" Porque lloro por Jerusalén ", respondió." ¿Y por qué tus vestidos están sin hilos de exhibición? ", Preguntó R. Beroka de nuevo." Para que no se me reconozca como judío; porque así, si me entero de algún complot que se forme contra el bienestar de mis correligionarios, informo inmediatamente a los rabinos de ello, para que puedan orar a Dios para evitar la inminente calamidad ", fue su respuesta". Y ayer ,

A nuestros rabinos se les enseñó: No sólo se aplica lo anterior a los ejércitos hostiles, sino también a los pacíficos [que no tienen intención de atacar el lugar, sino que simplemente desean pasar para hacer la guerra a otros]; porque no podría haber habido un ejército más amigo que el que fue enviado por Pharae N'cho, rey de Egipto, a Josías, rey de Judá, y aun así Josías perdió la vida a causa de ellos, como se dice (II Chr. .35, 21) Pero él (Necao, rey de Egipto) le envió embajadores (Josías) diciendo: '¿Qué tengo yo que ver contigo, rey de Judá? No vengo hoy contra ti, sino contra la casa con la que tengo guerra, y Dios me ha mandado que me apresure; no te entrometas con Dios, que está conmigo, para que no te destruya. ¿Qué Dios pudo haber tenido

N'cho con él? R. Juda dijo, en nombre de Rab: "Era un ídolo, y debido a que N'cho tenía confianza en el ídolo, Josiah pensó que seguramente podría vencerlo en la batalla"; Y además está escrito (Ib. 23) Y los arqueros dispararon contra el rey Josías; y el rey dijo a sus siervos: "Llévenme; porque estoy muy herido. ¿Qué significa herido de dolor? Dijo R. Juda, en nombre de Rab: "Significa que todo su cuerpo fue perforado por las flechas, como un colador ". Dijo R. Juda, en el nombre de Rab:" ¿Por qué fue castigado Josías? Porque no consultó al profeta Jeremías. Cuando Josías estaba muriendo, Jeremías el profeta vino a visitarlo y notó que sus labios se movían. Pensando que, Dios no lo quiera, estaba diciendo algo blasfemo a causa del terrible dolor que estaba sufriendo, Jeremías se inclinó y escuchó a Josías justificar el juicio que había caído sobre él, recitando el pasaje (Justicia. 1, 18) Justo es el Señor; porque contra sus órdenes me he rebelado. Entonces Jeremías retomó el siguiente texto (Ib. 4, 20) El aliento de nuestras narices, el ungido de nuestro Señor, etc. "

Nuestros rabinos enseñaron: (Lev. 26, 4) Entonces les daré lluvias a su debido tiempo. Esto significa que la tierra no se llenará demasiado de agua ni habrá sequía, sino que será suficiente; porque las fuertes lluvias ensucian la tierra y no da fruto. Otra explicación de la frase (Fol. 23) a su debido tiempo, es que las lluvias caerán la noche del cuarto día de la semana y el viernes por la noche; porque así encontramos que en los días de Simón b. La lluvia de Shetaj cayó sólo en esas noches, y el grano floreció de modo que los granos de trigo se convirtieron en riñones, los granos de cebada en aceitunas y las lentejas en dinarim de oro; y parte de estos frutos de la tierra preservaron los sabios para mostrar a las generaciones futuras, que la disminución del tamaño de los frutos se debe a las transgresiones de la gente, como se dice (Jer. 5, 25) Tus iniquidades han apartado estas cosas, y tus pecados te han impedido lo que es bueno. Así fue también en el momento en que Herodes construyó el nuevo templo. Llovería solo por la noche, y por la mañana el viento haría que las nubes se dispersaran, el sol comenzara a brillar y la gente iría a su trabajo, de modo que todos los hombres supieran que están comprometidos en una empresa celestial.

A nuestros rabinos se les enseñó: "Una vez sucedió que la mayor parte del mes de Adar había pasado y aún no había llovido. A Choni Hama'gel se le pidió entonces que orara para que lloviera. Él oró, pero no llovió. Así que marcó trazó un círculo a su alrededor, lo mismo que hizo Habacuc, como se dice (Habac. 2, 1) En mi guardia estaré. Se colocó en medio de él, y dijo: '¡Soberano del Universo! siempre he mirado hacia mí como si estuviera cerca de Ti. Por tanto, juro por Tu gran Nombre que no me moveré de este lugar hasta que tengas compasión de Tus hijos ". Entonces la lluvia comenzó a caer en gotas. 'Rabí', le dijeron los discípulos, 'sea que podamos verte y no morir; porque pensamos que la lluvia simplemente cae para liberarte de tu voto. . "No temáis, no moriréis", les dijo, y de nuevo suplicó ante Dios, diciendo: "No era por esto por lo que rezaba, sino por lluvia suficiente para llenar los pozos, cisternas y cuevas". La lluvia comenzó a caer con vehemencia, cada gota era tan grande como la boca de un barril, y los sabios estimaron que cada gota contenía nada menos que un chorro de agua. Los discípulos le dijeron nuevamente: 'Rabí, ¡que te veamos y no muramos! Creemos que la lluvia está cayendo para destruir el mundo '. Entonces volvió a suplicar ante Dios, diciendo: 'No he orado por tales lluvias; pero para una lluvia necesaria, eso debería ser una bendición '. Luego la lluvia descendió de la manera habitual, hasta que los israelitas de Jerusalén se vieron obligados a buscar refugio de la ciudad al montículo del Templo, a causa de la lluvia. Entonces se acercaron a él y le dijeron: 'Rabí, así como rezaste para que cayera la lluvia, reza ahora para que cese'. A lo que respondió: 'Así tengo un precedente: no está permitido orar por el cese de demasiado bien. Aun así, tráeme una ofrenda de alabanza. En consecuencia, se lo trajeron y, colocando ambas manos sobre él, dijo: '¡Soberano del Universo! Tu pueblo, que has sacado de Egipto, no puede sufrir ni demasiada desgracia ni demasiada bondad. Cuando te enojaste con ellos, ya no pudieron soportarlo; y ahora que has derramado demasiada bondad (lluvia) sobre ellos, ellos tampoco pueden soportarlo. Sea Tu voluntad que cesen las lluvias y el mundo sea feliz. ' Entonces se levantó un viento que dispersó las nubes, y el sol comenzó a brillar;

Simón b. Shetaeh entonces le envió un mensaje, diciendo: "Si no fueras Choni, habría decretado la proscripción sobre ti; porque fueron estos años como aquellos en que Elías dijo que no debería llover, y cuando él tuviera la llave para llover, ¿querrías ¿No has profanado el Santo Nombre? Pero, ¿qué haré contigo, ya que eres petulante con Dios, y sin embargo Él te perdona y te complace como un niño mimado que es petulante con su padre y dice: 'Padre, báñame en agua caliente? , báñame en agua fría, dame nueces, almendras, albaricoques y granadas ", y él se las da. A ti se te puede aplicar el pasaje (Prov. 23, 25).) Que (entonces) tu padre y tu madre se regocijen, y que la que te ha nacido se regocije ". A nuestros rabinos se les enseñó:" Así, el Sanedrín sentado en la cámara de mármol envió a Choni Hama'gel después del suceso. (Trabajo 22, 28) Y si decretas algo, te será cumplido. Tú decretaste abajo, y el Santo, alabado sea, lo ratificó arriba, y sobre tus caminos brillará la luz, es decir, la generación que estaba en tinieblas iluminaste con tu oración "(Ib. Ib. 29). Porque cuando los hombres son humillados, dirás: eleva; es decir, una generación que era abatida, tú has elevado con tu poder. Y a los de ojos humildes ayudaste, es decir, una generación que era abatida a causa de sus pecados has ayudado en tus oraciones. Él hasta librará al que no es inocente, es decir, a una generación que no era inocente, tú entregaste por tu oración, y serás librado por la pureza de tus manos, es decir, ¿por qué fueron liberados? Por la pureza de tus manos.

R. Jochanan dijo: Toda la vida de este hombre justo (Choni) pensó en la interpretación del pasaje (Sal.126, 1) Cuando el Señor devuelva la cautividad de Sion, entonces seremos como soñadores. Dijo: "¿Cómo puede un hombre dormir o ser como un soñador durante setenta años?" Una vez estaba viajando por la carretera y notó a un hombre que estaba plantando un algarrobo. Le preguntó cuántos años pasarían antes de que el árbol diese frutos. "Setenta años", respondió el hombre. "¡Qué!" dijo Choni: "¿Estás seguro, pues, de que vivirás setenta años?" Y el hombre respondió: "Encontré el algarrobo cuando llegué al mundo, por lo tanto mis antepasados deben haberlo plantado. ¿Por qué no debería plantarlo también para mis hijos?" Mientras tanto, Choni tuvo hambre y se sentó a comer [cerca del árbol recién plantado]. Después de la comida se durmió, y una gruta se formó a su alrededor de modo que desapareció, y así durmió durante setenta años. Cuando se despertó, observó a un hombre que recogía la fruta del algarrobo. "¿Sabes quién plantó este árbol?" le preguntó al hombre. "Mi abuelo", fue la respuesta del hombre. Entonces Choni se dijo a sí mismo: "Seguramente, debo haber dormido setenta años". Notó que de su asno habían nacido varias generaciones de mulas. Luego fue a su casa y preguntó dónde estaba el hijo de Choni Hama'gel. Le dijeron que su hijo ya no vivía, pero que su nieto estaba vivo. Luego dijo: "Soy Choni Hama'gel". Pero ellos no le creerían. Fue a la casa de estudio y escuchó a los rabinos decir: "Esta Halajá es tan clara como en los días de Choni Hama'gel, quien, al entrar en la casa de estudio,

Abba Chelkiya era nieto de Choni Hama'gel. Cuando el país necesitaba lluvia, los rabinos acudían a él para que orara por lluvia. Una vez que el país necesitaba lluvia, los rabinos le enviaron un comité de dos rabinos más jóvenes, con la petición de que orara para que llueva. Llegaron a su casa, pero no lo encontraron. Fueron a encontrarlo en el campo, donde lo encontraron cavando. Lo saludaron (Ib. B) pero él ni siquiera volvió el rostro hacia ellos. Al anochecer, de camino a casa, trajo un poco de leña, colocando la leña y el azadón en un hombro y su manto en el otro. Durante todo el viaje no llevaba zapatos, pero siempre que llegaba al agua que tenía que vadear se los ponía. Cuando llegaba a un camino espinoso, levantaba sus vestiduras. Cuando llegó a la ciudad, su esposa lo recibió, vestido con ropa fina. Cuando llegó a su casa, su esposa entró primero, luego él y los dos rabinos entraron por turno. Se sentó a comer y no les dijo a los rabinos: Venid a comer con nosotros. Cuando repartió pan a sus hijos, les dio al mayor un pan y al menor dos. Luego, volviéndose hacia su esposa, dijo en voz baja: "Sé que estos rabinos vinieron a causa de la lluvia. Ven, subamos al piso superior y rezamos para que llueva, y si agrada al Santo, alabado. ¡Sea Él! Para hacer que llueva, no parecerá que vino a través de nosotros ". Subieron al piso superior y él se paró en una esquina, mientras que su esposa estaba en otra y oraba. Una nube de lluvia apareció finalmente en la dirección de la esquina donde estaba su esposa. Al bajar, dijo a los rabinos: " ¿Con qué propósito vinieron los rabinos aquí? "Y ellos respondieron:" Los rabinos nos han enviado al maestro para que ore por la lluvia ". Y él respondió:" Bendito sea el Señor, que te salvó de tener necesidad de El favor de Abba Helkyah ". Entonces le dijeron:" Sabemos muy bien que esta lluvia vino solo por cuenta del maestro, solo nos gustaría saber el motivo de varias acciones peculiares de tu parte. ¿Por qué, cuando saludamos al maestro, no volvió su rostro hacia nosotros? "Él respondió:" Me contraté por el día, y pensé que no debía perder el tiempo ". ¿hombro y la prenda en el otro? "[y no debajo de la madera]." Porque tomé prestada la prenda para usar, pero no para usar como almohadilla para madera ". ¿Por qué el maestro andaba descalzo todo el camino y se calzaba los zapatos cuando llegaba al agua? "" Porque durante todo el camino pude ver lo que estaba pisando, pero en el agua no pude ". ¿manto al caminar por un camino espinoso? "" Porque, si mi carne recibe un rasguño, se curará; pero si el manto se rasga, no se puede arreglar. "" ¿Por qué, cuando el señor llegó a la ciudad, su esposa salió a recibirlo, vestida con sus mejores ropas? " a cualquier otra mujer. "" ¿Por qué entró ella primero, luego el maestro, y nosotros al final? Porque no te conocía [en cuanto a tu honestidad] "." Cuando el maestro se sentó a comer, ¿por qué no nos invitó a comer con él? "" Porque no había suficiente pan para todos, y no quería invitarte meramente a recibir tu agradecimiento en vano. "¿Por qué el maestro le dio al niño mayor un pan y al menor dos?" "Porque el mayor estuvo en casa todo el día [y probablemente se sirvió antes], pero el menor estuvo en la escuela todo el día [y tiene más hambre]". "¿Por qué apareció la nube de lluvia primero de la esquina de tu esposa, y luego de la del amo?" Porque mi mujer siempre está en casa, y lo bueno que hace es directo [dando pan]; pero yo doy dinero, y el bien que hago es indirecto, [haciendo así su caridad más eficaz que la mía]. Y debido a que hay bandoleros frecuentes en nuestro vecindario, oré para que murieran, pero solía orar para que se arrepintieran, y así fue ".

Chanin el Oculto era hijo de la hija de Choni Hama'gel. Cuando el país necesitaba lluvia, los rabinos le enviaban a los niños de la escuela, quienes lo rodeaban, lo tomaban de la ropa y le gritaban: "¡Padre, padre, danos lluvia!" Y suplicaría ante el Santo: ¡Uno, alabado sea! diciendo: "¡Soberano del Universo! Haz que descienda la lluvia, por el bien de los que no pueden distinguir entre un padre capaz de dar lluvia y uno que no lo es". ¿Por qué se llamaba Chanan el Oculto? Porque siempre que hacía algún bien, se escondía para no ser observado.

R. Zerika le dijo a R. Saphra: "Ven, mira la diferencia entre los valientes hijos de Palestina y los malvados de Babilonia. Los malvados de Babilonia se refieren a R. Huna y R. Chisda, quienes, cuando el país estaba en necesidad de lluvia, diría: "Vayamos, reunámonos y oremos, tal vez encontremos gracia ante Sus ojos, y Él nos dará lluvia"; y los valientes hijos de Palestina se refieren a R. Jonah, el padre de R. Huna, quien, cuando el país necesitaba lluvia, tomaba un saco y decía a su casa: "Iré al mercado y compraré un Zuz de grano". Al salir buscaban un lugar hondo, como está escrito (Sal.130, 1) Desde las profundidades te he llamado, oh Señor, y él se colocaba en un lugar escondido, se cubría con el saco y ofrecía una oración pidiendo lluvia al Señor, y luego la lluvia descendería. Al regresar a casa, le preguntan: "¿Compraste el grano para un Zuz?" Y él respondía: "Me di cuenta de que empezaba a llover, y por eso pensé que no era necesario ir al mercado a buscarlo, ya que ahora se puede conseguir en cualquier lugar". Nuevamente sucedió que R. Mani, su hijo, estaba muy preocupado por los miembros de la casa del Nassi (príncipe); así que se arrojó sobre la tumba de su padre, exclamando: "Padre, padre, los hombres de la casa de los Nassi me están molestando". Un día, varios miembros de la casa de los Nassi estaban cabalgando por el cementerio [donde fue enterrado Jonás], y sus caballos no pudieron avanzar hasta que prometieron no molestar más a R. Mani. También sucedió que R. Mani, un visitante frecuente de R. Isaac b. Eliasib, le dijo a este último que los miembros ricos de la familia de su suegro le estaban dando muchos problemas. Dijo R. Isaac: "¡Que se vuelvan pobres!" Y en verdad se hicieron pobres. R. Mani volvió entonces y se quejó de que ahora sus familiares eran pobres, lo estaban obligando a mantenerlos. Dijo R. Isaac: "¡Que luego se vuelvan ricos de nuevo!" Y en consecuencia se hicieron ricos. En otra ocasión, R. Mani se quejó a R. Isaac de que su esposa era muy desfavorecida. "¿Cuál es su nombre?" R. Isaac preguntó. Y R. Mani respondió: "Hannah". R. Isaac dijo entonces: "¡Que Hannah se vuelva hermosa!" Y en consecuencia, se volvió hermosa. Más tarde vino de nuevo R. Mani, y se quejó de que desde que su esposa se había vuelto hermosa, ella le había hecho la vida una carga con su vanidad, y R. Isaac dijo: "¡Que Hannah se vuelva fea otra vez!" Y Hannah se transformó en su antigua fealdad. Posteriormente dos discípulos de R. Isaac b. Eliasib le dijo: "Que el maestro ore al Señor por nosotros, para que seamos más sabios y capaces de estudiar". Entonces les dijo: "Una vez tuve el poder para hacerlo, pero he abandonado esa práctica". para que seamos más sabios y más capaces de estudiar ". Entonces les dijo:" Una vez tuve el poder para hacerlo; pero he abandonado esa práctica ". para que seamos más sabios y más capaces de estudiar ". Entonces les dijo:" Una vez tuve el poder para hacerlo; pero he abandonado esa práctica ".

(Fol. 24) Los recaudadores de caridad se escondían cuando veían a Elazar, el hombre de Birtha porque (sabían) que regalaría todo lo que tenía. Un día salió al mercado a comprar el traje de boda para el matrimonio de su hija. Los recaudadores de la caridad lo vieron y se escondieron. Él, sin embargo, los persiguió rápidamente y dijo: "Les hago jurar que me dirán con qué propósito están recolectando". Y ellos respondieron: "Estamos recaudando dinero para los trajes de boda de dos huérfanos que están a punto de casarse". Dijo: "Prometo que tienen preferencia sobre mi hija". Y les dio todo lo que tenía, dejando un Zuz, para lo cual procedió a comprar un poco de trigo y lo depositó en su almacén. Cuando llegó la madre, le preguntó a su hija: "¿Qué te trajo el padre?". Y la hija respondió: "Todo lo que trajo lo depositó en el almacén". Luego fue al almacén e intentó abrir la puerta. Se dio cuenta de que el trigo estaba amontonado y que el almacén estaba tan lleno que el trigo se abría paso a través de las grietas de las paredes, de modo que no podía abrir la puerta. Cuando su esposo regresó de la casa de los eruditos, ella le dijo: "Ven y mira lo que tu Creador hizo por ti". Al llegar al almacén, Elazar dijo: "Prometo que todo este trigo se consagre a los pobres, y tú solo tienes una parte de él igual a los demás pobres". Se dio cuenta de que el trigo estaba amontonado y que el almacén estaba tan lleno que el trigo se abrió paso a través de las grietas de las paredes, por lo que no podía abrir la puerta. Cuando su esposo regresó de la casa de los eruditos, ella le dijo: "Ven y mira lo que tu Creador hizo por ti". Al llegar al almacén, Elazar dijo: "Prometo que todo este trigo se consagre a los pobres, y tú solo tienes una parte de él igual a los demás pobres". Se dio cuenta de que el trigo estaba amontonado y que el almacén estaba tan lleno que el trigo se abrió paso a través de las grietas de las paredes, por lo que no podía abrir la puerta. Cuando su esposo regresó de la casa de los eruditos, ella le dijo: "Ven y mira lo que tu Creador hizo por ti". Al llegar al almacén, Elazar dijo: "Prometo que todo este trigo se consagre a los pobres, y tú solo tienes una parte de él igual a los demás pobres".

R. Juda Hanassi una vez ordenó un día de ayuno y oró pidiendo lluvia, y al no haber tenido éxito, comentó: "¡Qué diferencia hay entre Samuel, el profeta, y Judá, el hijo de Gamaliel! ¡Ay de la generación que ha retrocedido! hasta tal punto, y ay del Nassi (príncipe) que lo ha presenciado ". Se desanimó mucho y enseguida empezó a llover.

R. Juda, el príncipe, una vez ordenó un día de ayuno del cual no se había dado aviso previo a R. Jochanan y R. Lakish hasta la misma mañana (del ayuno). "¿Qué pasará con los Nassi"; respondió R. Jochanan. "¿No nos encargamos ayer de ayunar hoy?" "Dependemos de los Nassi"; respondió R. Jochanan. "Por tanto, no es necesario que nos encarguemos de ello con un día de antelación".

Nuevamente sucedió que la casa de los Nassi ordenó un día de ayuno; pero no cayó lluvia. Entonces Oshiya, el más joven de la universidad, enseñó: (Núm.15, 24) Entonces será, si la congregación comete un error, se ocultará a sus ojos. Esto podría compararse con una novia [en la casa de su padre]: si tiene ojos hermosos, no hay necesidad de examinar su cuerpo; pero si sus ojos están mal, se debe examinar todo su cuerpo (es decir, si el Príncipe del exilio es un hombre justo, la congregación no necesita ser juzgada; pero si es malo, la congregación misma debe ser examinada). Entonces los sirvientes de los Nassi fueron a Mushiya, le arrojaron un paño sobre el cuello y lo atormentaron. Entonces los salteadores de caminos dijeron a los sirvientes: "Déjenlo, porque también lo hemos molestado [por habernos ofendido]; pero como observamos que todo lo que hace es por el amor de Dios, dejamos que se salga con la suya; ustedes también debe actuar en consecuencia ". Entonces fue puesto en libertad.

Una vez, el rabino ordenó un día de ayuno, pero no llovió. Entonces Ilpha, y según algunos, R. Ilpha, subieron a la mesa de lectura para orar. Tan pronto como llegó a la sentencia, Él hace soplar el viento, se levantó viento; y cuando dijo: El hace descender la lluvia, empezó a llover. Entonces el rabino le preguntó a Ilpha: "¿Cuáles son tus méritos?" Y él respondió: "Vivo en un pueblo muy pobre para el cual es casi imposible obtener vino para el Kidush y el Habdalah en el día de reposo; pero me esfuerzo mucho para procurar vino para Kidush y Habdalah, para que puedan Cumplir con los requisitos de la ley ".

Rab llegó a cierto lugar y ordenó un día de ayuno, pero no llovió. El lector público (de la oración) se acercó a la mesa de lectura y comenzó a orar. Llegando a la sentencia. El hace soplar el viento, se levanta viento; y tan pronto como dijo: El hace descender la lluvia, la lluvia comenzó a caer. "¿Cuáles son tus méritos?" le preguntó Rab, y él respondió: "Yo enseño a los niños pequeños, y trato a los hijos de los pobres como a los hijos de los ricos. A los que no pueden pagar, les enseño sin compensación; y también tengo estanques de peces. persuadir a aquellos [niños] que no quieran aprender a hacerlo dándoles pescado para que se lo lleven a casa ".

R. Nachman ordenó un ayuno comunitario. Rezó por lluvia, que, sin embargo, no llegó. Y le dijo a la gente: "Tomen a Najman y tírenlo del techo al suelo". Se desanimó y empezó a llover.

Rabba ordenó un ayuno, oró, pero no llovió. "¿Por qué", le dijeron sus discípulos, "cuando R. Juda ordenó un ayuno, vino la lluvia?" Él respondió: "¿Qué puedo hacer? En cuanto al estudio de la Mishná, somos superiores a ellos; porque en la época de R. Juda, el estudio se limitaba a las Órdenes de Daños, (Ib. B.) Mientras que ahora enseñamos el Todo el Talmud. Y cuando R. Juda llegó a la Orden de Taharoth (Purificación), Tract Uktzin. con respecto a la ley, 'Cuando una mujer pone hierbas en una olla', o, según otros, con respecto a la ley, 'Si las aceitunas fueran presionadas con sus hojas, están ritualmente limpias ', diría R. Juda:' Reconozco en él el argumento de Rab y Samuel [que para mí son dos de profundidad] '. Si bien tenemos trece universidades que están estudiando el Tract Uktzin; sin embargo, cuando R. Juda se quitó un zapato, vendría la lluvia; y lloramos todo el día, y no hay nadie que nos escuche. ¿Asumiremos que se debe a los hechos de R. Juda? Entonces, si hay alguien aquí que sabe que hemos hecho algo malo, que lo diga; pero la verdadera razón es, ¿qué pueden hacer los líderes de la generación, cuando la generación misma no es como la [vieja] buena generación? "

R. Juda vio una vez a dos hombres arrojándose pan el uno al otro, y dijo: "Veo por esto que hay mucho en el mundo". Fijó su mirada en él, con lo cual comenzó una hambruna. Los rabinos luego le dijeron a R. Cahana, el hijo de R. Nechunia: "Hemos escuchado que el maestro visita con frecuencia a R. Juda para discutir sobre la Halajá; persuadirlo de que vaya al mercado para que se dé cuenta de que reina una hambruna". En consecuencia, actuó y lo persuadió para que lo llevara al mercado. Al observar una multitud de hombres, R. Juda preguntó: "¿Qué significa esto?" "Están esperando comprar algunos dátiles estropeados que están en oferta", le dijeron. A lo que dijo: "Por esto percibo que hay hambre en el mundo". "Quítame los zapatos", le dijo a su criado. Se había quitado uno de sus zapatos, cuando empezó a llover. Estaba a punto de quitarse el segundo zapato cuando apareció Elías y le dijo: "¡Alabado sea el Santo! Dijo: '¡Si te quitas el otro zapato, destruiré el mundo entero!' "R. Mari, el hijo de la hija de Samuel dijo:" En ese momento, cuando R. Juda se había quitado los zapatos, me paré en la orilla del río Papa y observé ángeles vestidos como marineros, que tomaban arena, llenaban los barcos con ella. La arena se convirtió en harina fina, y el mundo entero vino a comprar. Yo dije a las personas de mi casa: 'No lo compren, porque es solo por un milagro, [y deseo no obtienen ningún beneficio de los milagros]. Al día siguiente, llegaron barcos cargados de trigo de Parzina, del cual todos compraron ". ¡El Santo, alabado sea! dijo: "Si te quitas el otro zapato, destruiré el mundo entero". "R. Mari, el hijo de la hija de Samuel dijo:" En ese momento, cuando R. Juda se había quitado los zapatos, me paré en la orilla del río Papa y observé ángeles vestidos como marineros, que tomaban arena, llenaban los barcos con él. La arena se convirtió en harina fina y el mundo entero vino a comprar. Les dije a las personas de mi casa: 'No lo compren, porque es solo por un milagro, [y no deseo obtener ningún beneficio de los milagros]. Al día siguiente llegaron de Parzina barcos cargados de trigo de verdad, del cual todos compraron ". ¡El Santo, alabado sea! dijo: "Si te quitas el otro zapato, destruiré el mundo entero". "R. Mari, el hijo de la hija de Samuel dijo:" En ese momento, cuando R. Juda se había quitado los zapatos, me paré en la orilla del río Papa y observé ángeles vestidos como marineros, que tomaban arena, llenaban los barcos con él. La arena se convirtió en harina fina y el mundo entero vino a comprar. Les dije a las personas de mi casa: 'No lo compren, porque es solo por un milagro, [y no deseo obtener ningún beneficio de los milagros]. Al día siguiente llegaron de Parzina barcos cargados de trigo de verdad, del cual todos compraron ". Juda se había quitado los zapatos, me paré en la orilla del río Papa y observé ángeles vestidos como marineros, que tomaban arena y llenaban los barcos con ella. La arena se convirtió en harina fina y el mundo entero vino a comprar. Les dije a las personas de mi casa: 'No lo compren, porque es solo por un milagro, [y no deseo obtener ningún beneficio de los milagros]. Al día siguiente llegaron de Parzina barcos cargados de trigo de verdad, del cual todos compraron ". Juda se había quitado los zapatos, me paré en la orilla del río Papa y observé ángeles vestidos como marineros, que tomaban arena y llenaban los barcos con ella. La arena se convirtió en harina fina y el mundo entero vino a comprar. Les dije a las personas de mi casa: 'No lo compren, porque es solo por un milagro, [y no deseo obtener ningún beneficio de los milagros]. Al día siguiente llegaron de Parzina barcos cargados de trigo de verdad, del cual todos compraron ".

Sucedió una vez que Raba llegó a la ciudad de Hagrunia, donde ordenó un ayuno y oró para que lloviera, pero no llovió. Dijo a la gente: "Vayan todos a la cama en ayunas". Así lo hicieron. Al día siguiente les dijo: "¿Hay alguien que haya visto algo en un sueño?" R. Elazar, de la misma ciudad, relató que le habían dicho las siguientes palabras en un sueño: "Buena paz al buen maestro que recibió su conocimiento de un buen maestro, y que con su bondad está haciendo bien a su pueblo". " Rab dijo entonces: "De esto infiero que es un momento favorable". Oró de nuevo y llegó la lluvia.

Sucedió que un hombre había cometido un delito por el que tuvo que recibir azotes en un tribunal donde Raba era el presidente del Tribunal Supremo. Raba hizo que se le aplicara la pena. No pudo soportarlo y murió. Cuando el gobierno de Sabbor, el rey, escuchó esto, decidieron molestar a Raba. Entonces Ifra Ormuzd, madre del rey Thapur, le dijo a su hijo: "Te aconsejo que no tengas nada que ver con los judíos, porque todo lo que piden a su Dios, Él les concede". "¿Que por ejemplo?" preguntó él. "¡Por qué!" dijo ella: "Siempre que rezan a Dios para que llueva, llueve". "Eso es sólo", le dijo, "porque rezan en la temporada en que tiene que llover. Ahora, cuando es Tamuz (julio), cuando no debería llover, que recen para que llueva, y tú lo harás. Mira que no vendrá ". En consecuencia, envió a Raba, diciéndole: "Dirige tu atención a esto y ruega a Dios que envíe lluvia". Oró y no llovió. Raba luego suplicó, diciendo: "Rey del Universo (PD. 44, 2) Oh Dios, hemos oído con nuestros oídos, nuestros padres nos lo han dicho ... en los días de antaño, etc., pero nosotros, con nuestros ojos, no lo hemos visto. "Entonces llovió tanto que todas las fuentes de Mechuza se desbordó y el agua se esparció por las calles hasta el río Tigris. Su padre se le apareció en sueños y le dijo: "¿Hay algún otro hombre que haya perturbado tanto el cielo? Ve, cambia tu lecho, por la ira que has causado en el cielo. "Al día siguiente encontró rastros de un cuchillo con el que habían cortado su cama. R. Papá también ordenó un ayuno. Sin embargo, no llovió. Mientras tanto, se sintió tan débil por el ayuno, que tomó una cucharada de arena y continuó orando. Sin embargo, no llovió. R. Nachman b. Oshiya le dijo [irónicamente]: "Si el maestro tomara otra cucharada de arena, entonces seguramente vendría la lluvia.

R. Chanina b. Dosa estaba en la carretera un manojo de leña cuando empezó a llover. Dijo: "Soberano del Universo, el mundo entero está feliz, ¡pero Chanina está sufriendo!" Cesó la lluvia. Cuando llegó a casa, dijo: "Soberano del Universo, el mundo entero está angustiado [porque cesó la lluvia], sólo Chanina está contenta [sin campos]". Entonces empezó a llover de nuevo. R. Joseph dice: "¿De qué sirvió la oración del Sumo Sacerdote contra la oración de R. Chanina b. Dosa? Porque se nos enseña que el Sumo Sacerdote dijo una breve oración en la [cámara exterior]. ¿Qué fue esta oración?" Raba y Rabbin, los hijos de R. Adda, dijeron ambos en nombre de Rab: "Sea tu voluntad, Señor Dios nuestro, que este año sea caliente y humedecido con rocío". ¿Es entonces un año caluroso bendecido? Por lo tanto, debemos decir que debe tomarse de esta manera. Si este año será uno en que la tierra forme terrones [a causa del calor], que también se humedezca con rocío. R. Acha b. Raba, en el nombre de R. Juda, concluyó la oración de la siguiente manera: "Que ningún gobernante cese de la casa de Judá, y que Tu pueblo Israel no dependa de los demás para ganarse la vida, y que no escuches las oraciones de los viajeros [que piden el cese de la lluvia] ".

Dijo R. Juda, en el nombre de Rab: "Todos los días sale una voz celestial y dice: 'El mundo entero se sostiene simplemente por los méritos de Chanina, hijo mío, y en cuanto a Chanina mismo, le basta un Kab de algarrobos' '. de un sábado a otro '". En la víspera de cada sábado, la esposa de R. Chanina estaba acostumbrada a hacer fuego en su horno y arrojar ramitas en la estufa (Fol. 25) para evitar la desgracia de estar expuesta a su pobreza. Sin embargo, tenía una mala vecina que decía: "Sé que no tienen nada que cocinar para el sábado, ¿por qué enciende fuego en su horno? Yo iré a ver". Inmediatamente llamó a la puerta. La esposa de Chanina, avergonzada, se retiró a su dormitorio. De repente ocurrió un milagro, porque el horno se llenó de pan y la palangana de amasar con masa. [El vecino, notando el pan en el horno], llamó a la esposa de Chanina: "¡Trae la pala de pan, o el pan se quemará!" A lo que el primero respondió: "Simplemente fui a por ello". Se nos enseña en un Baraitha: la esposa de Chanina realmente fue a la habitación de al lado por una pala, porque estaba acostumbrada a que le sucedieran milagros. Un día, la esposa de R. Chanina le dijo: "¿Hasta cuándo estaremos preocupados por la falta de nuestro pan de cada día?" Y él respondió: "¿Qué puedo hacer?" "Ruega a Dios para que te dé algo", dijo. En consecuencia, procedió a orar. Se acercó una mano y le dio una pata de una mesa dorada. Más tarde, su esposa vio en un sueño que en el mundo futuro todos los justos del cielo comerían en mesas de oro con tres patas, mientras que la mesa de él (la de su marido) tendría solo dos. Luego le dijo a Janina: "¿Te gustaría, entonces, que todos comieran en una mesa que tiene tres patas, mientras que nosotros comiéramos en una que sólo tiene dos? Ora a Dios para que se retire la pata de oro". Oró y le retiraron la pierna. Se nos enseña en un Baraitha que este último milagro fue incluso mayor que el primero; porque se relata que es costumbre que el cielo otorgue pero no reclame. Una víspera de sábado, Chanina notó que su hija estaba abatida. Cuando él le preguntó cuál era el problema, ella respondió: "Tomé mal los dos vasos que contenían aceite y vinagre, y vertí el último en la lámpara del sábado y lo encendí". "Hija mía", dijo, "el que ha ordenado que el aceite se queme, puede ordenar que el vinagre también se queme". Se nos dice (en un Baraitha) que el vinagre en esa lámpara ardía toda la noche y todo el día, hasta que se usó para encender la luz Habdalah. R. Chanina b. A Dosa, que tenía varias cabras, le dijeron una vez que sus cabras dañaban a otras. Dijo: "Si mis cabras hacen daño, que sean devoradas por los osos; pero si no, que cada uno traiga al atardecer un oso empalado en sus cuernos". Esa misma noche, cada cabra efectivamente trajo un oso atrapado en sus cuernos. La misma Chanina tenía un vecino que estaba construyendo una casa, cuyas vigas resultaron ser demasiado cortas. Ella se le acercó y le dijo: "He construido mi casa, pero mis vigas no llegan lo suficientemente lejos". "¿Cuál es su nombre?" le preguntó a ella. Y ella respondió: "Aichu". Luego dijo: "Aichu, que tus rayos se vuelvan más largos". Se nos enseña en un Baraitha: " La longitud aumentó de manera que se extendía un codo a cada lado. "Otros, sin embargo, dicen que las piezas se unieron con las vigas para que alcanzaran la longitud requerida. Se nos enseña en un Baraitha que Plimo dijo:" Vi esa casa cuyos rayos se extendieron a través de R. Chanina b. La oración de Dosa, y notó que las vigas sobresalían un codo a cada lado. Y me dijeron que la casa era aquella por la que Chanina oró para que las vigas se hicieran más largas ".

R. Chama b. Chanina ordenó un día de ayuno. Oró por lluvia, pero no descendió lluvia. "¿Por qué", se le preguntó, "que cuando R. Joshua b. Levi ordenara un día de ayuno, pronto comenzaría a llover?" Él respondió: "Ese era el hijo de Levi, y no yo". Y ellos dijeron: "Queríamos decir, que debemos volver a congregarnos, de todo corazón, tal vez la comunidad luego ofrecerá una oración desgarradora y vendrá la lluvia". Así lo hicieron, y aún no caía lluvia. Luego les dijo: "¿Realmente deseas que la lluvia descienda por tu bien?" "Sí", respondieron todos. R. Chamah, volviéndose entonces hacia el cielo, dijo: "¡Cielo, cubre tu rostro!" Sin embargo, no resultó nada, y exclamó: "¡Qué imprudentes son los cielos!" Con lo cual se cubrieron,

R. Elazar b. P'dath estaba en muy malas circunstancias. Una vez sucedió que le sangraron el cuerpo y no comió nada después. Encontró una cáscara de ajo y, mientras se la metía en la boca, el corazón se le debilitó y se desmayó. El Rabino [al ser informado de que R. Elazar se había desmayado] entró para averiguar cuál era su estado. Se dieron cuenta de que lloraba y reía, y que un rayo de luz brillaba en su frente. Cuando revivió, los rabinos le preguntaron: "¿Por qué el maestro lloró y se rió [al mismo tiempo] y qué hizo que el rayo de luz brillara en tu frente?" A lo que respondió: "Vi la Shejiná y supliqué ante ella, diciendo: '¿Hasta cuándo estaré sujeto a tal estrés de pobreza?' Y vino la respuesta: 'Elazar, hijo mío, ¿Deseas que yo destruya el mundo y lo cree de nuevo? Quizás entonces serás creado en una hora que conduzca a una mejor prosperidad '. Entonces supliqué: 'Soberano del Universo, ¿es tan difícil que incluso después de una nueva creación digas tal vez?' Entonces le pregunté: '¿Cuál es la mayor parte de mi vida, lo que tengo que vivir o lo que he vivido?' "Lo que has vivido", fue la respuesta. "Si es así, entonces no quiero ningún cambio". Luego me dijo: 'Como recompensa por tu decisión de que no deseas ningún cambio, disfrutarás en el mundo futuro de trece ríos llenos de puro bálsamo. Entonces le dije: 'Soberano del Universo, ¿eso es todo?' A lo que Él respondió: '¿Y cuál será la recompensa de tus asociados?' Entonces le supliqué: '

Levi ordenó un día de ayuno, pero no llovió. Dijo él: "¡Soberano del Universo! Subiste a los cielos y te sentaste, pero no tienes compasión de tus hijos". Después de lo cual descendió la lluvia, pero Levi cayó y quedó cojo. R. Elazar dijo: Nunca un hombre usará [en su oración] palabras de reproche contra el Cielo, porque un gran hombre usó [en su oración] palabras de reproche contra el Cielo y quedó cojo como castigo, y esto se refiere a Levi. ¿Fue esto lo que hizo que Levi se volviera cojo? He aquí, ¿fue la causa de un Kidda que mostró ante el rabino lo que lo dejó cojo? Ambas cosas fueron la causa. R. Chiya b. Lolaini dijo: "Escuché una nube que le decía a la otra: 'Ven, vayamos y derrame nuestras aguas sobre las tierras de Ammón y Moab'. Y dije: '¡Soberano del Universo! Cuando tuviste a la anciana a otras naciones, ofreciéndoles tu Torá, ellos no la aceptaron. Entonces ofreciste tu Torá a Israel, quien la aceptó, y ahora permitirías que las nubes vieran sus aguas sobre la tierra de Ammón y Moab. [Volviéndome hacia la nube, exclamé]: 'Derrama tus aguas sobre este lugar', y ellos derramaron sus aguas sobre ese lugar ".

R. Chiya dio una conferencia: "¿Cuál es el significado del pasaje (Sal. 92, 13) El justo brotará como la palmera; como un cedro en el Líbano crecerá alto. ¿Por qué son tanto la palmera como la Si sólo se mencionara la palmera, yo diría que así como una rama de palmera (Ib. b) que está cortada no vuelve a crecer, así será con los justos - no dejes a nadie en su lugar; [por eso también se menciona un cedro, que vuelve a crecer]. Y si sólo se mencionara un cedro, podría decir que así como el cedro no da fruto, así también sucederá que el justo no dará fruto; por eso se mencionan tanto la palmera como el cedro ".

A nuestros rabinos se les enseñó: Una vez sucedió que R. Eliezer ordenó trece días de ayuno, pero no cayó lluvia. En el decimotercer día de ayuno, cuando la congregación comenzó a salir [del lugar de adoración], él les dijo: "¿Habéis preparado tumbas [que dejáis aquí]?" Entonces estallaron en un grito y empezó a llover. En otra ocasión ocurrió que R. Eliezer recitó veinticuatro bendiciones en oración, pero no recibió respuesta. R. Akiba lo siguió en el escritorio de lectura y dijo: "¡Padre nuestro, nuestro Rey! ¡Tú eres nuestro Padre, Nuestro Padre, nuestro Rey! No tenemos más Rey que Tú. ¡Padre Nuestro, nuestro Rey! Hemos pecado ante Ti. . ¡Padre nuestro, Rey nuestro! Ten piedad de nosotros. ¡Padre nuestro, Rey nuestro! Trátanos por amor de tu nombre ". Inmediatamente fue respondido. Entonces la gente empezó a murmurar, pensando que R. Akiba era más grande que R. Eliezer. Una voz celestial surgió y dijo: "No porque R. Akiba sea más grande que R. Eliezer fue respondida su oración, sino porque siempre concede sus minusvalías (tolerante), mientras que R. Eliezer nunca concede su venganza (no es tolerante). "

Samuel el Menor ordenó un día de ayuno y la lluvia descendió antes del amanecer. La gente tenía la intención de alabar a la congregación [cuyos esfuerzos provocaron la lluvia]. Entonces Samuel les dijo: "Permítanme contarles una parábola. Esto puede compararse con el caso de un esclavo pidiendo algo al amo, y el amo diciendo: '¡Dáselo! Porque no me importa ni siquiera escuchar sus palabras. voz.' "Nuevamente sucedió que Samuel el Menor ordenó un día de ayuno, y cayó lluvia después de la puesta del sol. Entonces la gente pensó: Seguramente esto merece la alabanza de la congregación [que después del ayuno y la oración vino la lluvia]. Les dijo de nuevo: "No, esto no demuestra que la congregación merezca alabanza; porque esto se puede comparar con un esclavo que le suplica algo a su amo, que dice: 'Que ore y se aflija por algún tiempo antes de que yo lo dé' '. a él. '"¿Qué, Entonces, ¿considera Samuel como una alabanza de la congregación? Si cuando se lee la frase, hace soplar el viento, se levanta viento; y cuando se lee la sentencia, Él hace descender la lluvia, la lluvia comienza a caer.

MISHNAH: Una vez sucedió que se ordenó un día de ayuno en Lud y la lluvia llegó antes del mediodía, con lo cual R. Tarphon dijo a la gente: Vayan, coman y beban y hagan un día santo. La gente comió y bebió e hizo de ese día una gran fiesta y al regresar por la noche cantaron el gran Hallel.

GEMARA: "Por la noche regresaron y cantaron el gran Hallel". ¿Dejar que lo digan de antemano? Tanto Abaye como Raba dicen: "El Hallel no se debe recitar excepto (Fol. 26) con el alma satisfecha y el estómago bien lleno". ¿Es esto así? ¿No sucedió una vez cuando R. Papa vino a la sinagoga de Abi Gober, donde ordenó un día de ayuno, la lluvia descendió antes del mediodía, cuando cantaron el Hallel, y luego comieron y bebieron? Con los habitantes de Mechuza es diferente, porque generalmente son borrachos [y quizás no lo digan después].

Taanit, Capítulo 4

MISHNAH: La razón de la institución de los hombres de pie (guardias) es porque se dice (Núm. 28, 2) Manda a los hijos de Israel y diles: Mi ofrenda, mi pan para mis sacrificios ... guardaréis, etc. ¿Cómo se puede traer una ofrenda para una persona sin que esté presente [cuando se sacrifica]? Por tanto, los primeros profetas instituyeron veinticuatro vigilias (divisiones); cada guardia siempre tenía una sección de hombres de pie (guardias), compuestos por sacerdotes, levitas e israelitas, estacionados en Jerusalén. Cuando llegó el turno de subir a cada guardia, los sacerdotes y los levitas subieron a Jerusalén. "Y los israelitas que pertenecían a esa guardia se reunieron en (las sinagogas de) sus respectivas ciudades para leer la historia de la creación. El domingo leyeron (Génesis 1, 1-5).) el primer capitulo; el lunes leen (Ib. 9, etc.) Que haya expansión, y, Que las aguas, etc. El martes (Ib. 14, etc.) Que las aguas, y que haya luces, etc. El miércoles (Ib. 20, etc.) Que se produzca, etc., y Que la tierra produzca, etc. El viernes (Ib. 2, 1 a 4) Que se produzca la tierra, etc. y que la tierra produzca, etc. El viernes (Ib. ii. 1 a 4) Produzca la tierra, y así se acabó, etc. La sección larga del día fue leída por dos personas y la corta por una; pero en las oraciones de la tarde entraron (a la sinagoga) y recitaron las secciones anteriores de memoria, incluso mientras se recita la Sh'ma. El viernes por la tarde no fueron a la sinagoga para nada, en honor al sábado ".

(Fol. 27b) R. Ami dijo: "Si no fuera por la reunión de oración de los hombres de pie (guardias), el cielo y la tierra no existirían; como se dice (Jer. 33, 25) Si Mi pacto no fuera con de día y de noche, no señalaría ordenanzas del cielo y de la tierra. Y también está escrito (Gn. 14, 8) Y él dijo: Señor Dios, ¿en qué sé que la heredaré? Así dijo Abraham ante el Santo, alabado sea: '¡Soberano del Universo! tal vez si Israel pecara delante de ti, ¿los destruirás como a la generación en el tiempo del diluvio y de la dispersión de Babel? ' Y Él respondió: 'No'. '¿Por qué lo sabré?' Dijo Abraham. "Tómame una novilla de tres años", respondió el Señor [es decir, los sacrificios perdonarán sus pecados]. Entonces Abraham dijo de nuevo: '¡Soberano del Universo! esto será mientras exista el Templo, pero ¿qué sucederá después de la destrucción del Templo? ' Y el Señor respondió: 'Por eso les he ordenado la Orden de Karbaneth [que trata de los sacrificios], y cada vez que lo lean, será considerado por Mí como si los hubieran ofrecido, y les perdonaré todos sus pecados. ' "

Our Rabbis were aught: The men of the watch used to pray that the sacrifices of their brethren should be favorably accepted; and the standing men (guards) used to congregate in the synagogues and fast four consecutive days; Monday, Tuesday, Wednesday and Thursday. On Monday, [they would fast] on behalf of those who plied the seas; on Tuesday, on behalf of those who traversed the desert; on Wednesday, on behalf of the children that they might be saved from the disease of croup; and on Thursday, on behalf of the pregnant and nursing women, that the former might be happily delivered and the latter retain their strength to nurse their children. On the day preceding the Sabbath they would not fast, in honor of the Sabbath, and so much the more not on the Sabbath itself. Why did they not fast on Sunday? R. Samuel b. Nachmeni said: "Because that is the third day after man was created." Resh Lakish, however, said: "Because of the additional soul that is given to man on the Sabbath, and which leaves him at the close of the Sabbath, for R. Simon b. Lakish said: 'An additional soul is given by the Holy One, praised be He! to a man on Friday and is taken back on Saturday night, as it is said (Ex. 31, 17) Descansa y cesa en su trabajo. 'Vayinafash' (cesado) significa Vay-N efesh (ay, alma) '".

(Fol. 28) A nuestros rabinos se les enseñó: ¿Quiénes eran la familia de Gonbei-Eli (los que robaron el pasto) y Kotzey-Ketzi'oth (calcetines de higos)? Se dijo que en un tiempo el gobierno [romano] decretó que los israelitas no debían traer leña para el altar ni las primeras ofrendas de frutas a Jerusalén, y se designaron guardias para vigilar los caminos de la misma manera que Jeroboam b. Nabat nombró guardias para evitar que los israelitas fueran a Jerusalén en las fiestas. ¿Qué hicieron los que huían del pecado y los más justos de esa generación? Colocarían una canasta con los primeros frutos en el fondo y la cubrirían con frutos secos. Además de eso llevaban al hombro una pastilla, y cuando llegaban a los guardias y les preguntaban adónde iban, contestaban: " Vamos a hacer dos tortas de higos prensados con el mazo y el mortero que llevamos al hombro. "Después de haber pasado a salvo a los guardias, decoraban la canasta que contenía las primicias y la llevaban al Templo. Se nos enseña [en además de esto]: Los Gonbei-Eli y los Kotze Keizi'oth son similares a los que se llaman la familia de Salmai Hanthuphathi (la escalera de Niteofathi) "¿Quiénes eran los Salmai-Hanthuphathi? A nuestros rabinos se les enseñó: Una vez el gobierno [romano] decretó que no se debía traer leña para el altar y se nombraron guardias para vigilar los caminos de la misma manera que Jeroboam b. Nabat nombró guardias para evitar que los israelitas fueran a Jerusalén en las fiestas. ¿Qué hicieron aquellos que rehuían el pecado? Construyeron escaleras, que cargarían sobre sus hombros y cuando los guardias se acercaron, que les preguntaban adónde iban, decían: "Vamos a bajar algunas palomas de sus palomares y aquí están nuestras escaleras". Habiendo eludido con seguridad a los guardias y llegado al templo, desarmarían las escaleras y llevarían la madera para el Altar. A estos hombres y a aquellos similares a ellos [emulando su ejemplo] se les puede aplicar el siguiente pasaje (Pro. 10, 7) La memoria de los justos será para bendición. Mientras que en Jeroboam y sus similares, se aplica lo siguiente (Ib.) Pero el nombre de los impíos se pudrirá.

(Ib. B) MISHNAH: "Cinco calamidades les sucedieron a nuestros antepasados", etc. ¿De dónde sabemos que en el día diecisiete de Tamuz se rompieron las tablas de la Ley Santa?

Se nos ha enseñado en un Baraitha: En el sexto día de Siván, los diez mandamientos fueron dados a Israel. R. José dice: "En el séptimo día se dieron los diez mandamientos". El que sostiene que se dio el sexto día (nos muestra) que Moisés recibió las Tablas el sexto día y ascendió al Monte Sinaí el séptimo, pero el que sostiene que las Tablas se entregaron el séptimo, sostiene que el Se dieron tablas el séptimo día y Moisés ascendió al monte Sinaí el mismo día. Moisés estuvo allí, etc., es decir, los veinticuatro días de Siván junto con los dieciséis días de Tamuz, cuarenta días. Que las continuas ofrendas diarias cesaron el diecisiete de Tamuz, se sabe por tradición; y la declaración de que la ciudad fue asaltada ese día se refiere a la segunda destrucción.

(Fol. 29) "Y el sitio fue arado como un campo". Se nos enseña en un Baraitha: "Cuando Turnus Rufus el Malvado destruyó el Templo, se promulgó un decreto por el que se debía ejecutar a Rabban Gamaliel (el primero). El oficial al mando entró en el colegio y dijo que el hombre de la nariz estaba siendo ejecutado. buscó [es decir, el miembro más prominente de la comunidad]. Rabban Gamaliel comprendió que se refería a él y se escondió. El oficial al mando llegó subrepticiamente al lugar donde Rabban Gamaliel estaba escondido y le preguntó: 'Si debería ser fundamental para salvar su vida, ¿podría asegurarme una participación en el mundo venidero? 'Seguramente', respondió Rabban Gamaliel. Él exigió que él (Rabban Gamaliel) lo jurara, y Rabban Gamaliel juró. Entonces el oficial al mando subió a un ático, se arrojó al suelo y murió. Se sabe por tradición que si uno de los firmantes de una sentencia de muerte muere, el decreto queda nulo y sin efecto. Así se salvó Rabban Gamaliel. Entonces surgió una voz celestial y declaró: 'Este oficial está listo para participar en el mundo venidero' ".

A nuestros rabinos se les enseñó: "Cuando el primer Templo fue destruido, grupos de jóvenes sacerdotes, que tenían las llaves del Templo, subieron al techo y dijeron: '¡Soberanos del Universo! Ya que no teníamos el privilegio de vivir y ser dignos de confianza' '. guardianes de tu tesoro, aquí te devolvemos las llaves. Dicho esto, arrojaron las llaves al aire, y se vio que algo parecido a una mano se acercaba y las agarraba, por lo que los sacerdotes inmediatamente se arrojaron al fuego de abajo. Fueron llorados por Isaías el Profeta (Isaías 22, 1) La carga sobre el Valle de la Visión. ¿Qué te pasa ahora, que has subido por completo a los tejados? ¿Tú, que estás llena de alboroto, ciudad tumultuosa, ciudad alegre? Tus muertos no son muertos a espada, ni muerto en batalla ".

R. Juda, hijo de R. Samuel b. Shilath, dijo, en nombre de Rab: "Así como decimos que desde el primero de Ab la participación en eventos alegres debe disminuir, así es la tradición de que tan pronto como entre en el mes de Adar, las festividades alegres deben incrementarse".

(Fol. 30b) MISHNAH: Rabban Simon b. Gamaliel dijo: "Nunca hubo fiestas más alegres en Israel que el día quince de Ab y el Día de la Expiación, porque sobre ellas salían las doncellas de Jerusalén vestidas con ropas blancas, pero tomadas prestadas, para no causar vergüenza. a los que no tenían nada propio. Estos vestidos también debían ser previamente sumergidos, y así las doncellas salieron y bailaron en los viñedos, diciendo: 'Jóvenes, miren y observen bien a quien van a elegir; no mires solo a la belleza sino buscar una familia virtuosa, porque la gracia es falsa y la belleza vana; la mujer que sólo teme al Señor será alabada (Pro.31, 30); y también se dice (Ib.31). del fruto de sus manos, y sus propias obras la alaben en sus puertas.Cantares 3, 11) Salid y mirad, oh hijas de Sion, al rey Salomón, con la corona con que le coronó su madre el día de sus desposorios y el día del gozo de su corazón; es decir, el día de sus desposorios, se refiere al día en que se dio la Ley; y el día del gozo de su corazón, se refiere al día en que se completó la construcción del Templo. ¡Que pronto se reconstruya en nuestros días! "

Rabban Simon b. Gamaliel dijo: "Nunca hubo fiesta más alegre que el quince de Ab y el Día de la Expiación, etc." Se comprende fácilmente por qué el Día de la Expiación debe ser un día de regocijo, porque ese es un día de perdón, y ese día se le dieron a Moisés las segundas tablas de la Ley; pero ¿por qué debería ser el día quince de Ab un día de regocijo? "Porque", dijo R. Juda en nombre de Samuel, "en ese día a los miembros de las diferentes tribus se les permitió casarse entre sí". ¿Qué pasaje interpretaron para probar esto? (Números 36, 6) Esto es lo que el Señor ha mandado acerca de las hijas de Zelaphehad, etc .; es decir, esto solo debería aplicarse a esta generación, pero no a las generaciones posteriores. Rabba b b. Chana en el nombre de R. Jochanan dijo: "En ese día (quince de Ab) se permitió a los miembros de la tribu de Benjamín casarse con las otras tribus, como se dice (Jue. 21, 1).) Ahora los hombres de Israel habían jurado en Mizpa, diciendo: "Ninguno de nosotros dará su hija a Benjamín por mujer". ¿Qué pasaje interpretaron? El pasaje dice: Cualquiera de nosotros, pero no nuestros hijos ". R. Ida b. Abin en el nombre de R. Joseph dijo:" En ese día pereció el último de los que estaban destinados a morir en el desierto; porque el maestro dijo que mientras los destinados a morir en el desierto estuvieran vivos, el Señor no le habló a Moisés, [de manera favorable], como está dicho (Deut. 2, 6) Y sucedió , cuando todos los hombres de guerra se agotaron muriendo de en medio del pueblo, que el Señor me habló. diciendo; es decir, a mí en particular ".

Ula dijo: "Ese día los guardias, designados por Jeroboam para evitar que los israelitas vinieran a Jerusalén, fueron abolidos por Oseas, el hijo de Ela, quien dijo: (Fol. 31) 'Déjenlos ir a donde quieran'". R. Mathna dijo: "Ese día se concedió permiso para enterrar a los muertos que murieron en la batalla en la ciudad de Betha"; porque R. Mathan dijo: "En ese día, cuando se permitió que los muertos en Bethar fueran enterrados, la asamblea en Yamnia ordenó la sección de la bendición después de la comida: Bendito eres tú, Dios el bueno; el que hace el bien. Se quiere decir que los cuerpos no se dejaron purificar, y con el bien, se permitió el entierro ". Rabba y R. Joseph dijeron: "En ese día Israel dejaría de cortar leña para el altar, como se nos enseña en un Baraitha: R. Eliezer el Grande dijo:"

"En ropas blancas - prestados", etc. A nuestros rabinos se les enseñó: "La hija del rey tomó prestada del sumo sacerdote; la hija de este último tomaría prestada de la hija del Segan (asistente); la hija de Segan tomaría prestada de la hija del sacerdote que fue ungido para la guerra, y ella a su vez tomaría prestado de la hija de un sacerdote común, Las hijas de los israelitas comunes tomarían prestado unas de otras, para que no avergonzaran a los que no tenían nada propio. . "

"Esta ropa también debía ser sumergida". R. Zerika, en nombre de R. Elazar, dijo: "Incluso si la ropa estuviera doblada y colocada en un cofre, también debía sumergirse". "Las doncellas salieron y bailaron", etc.

Se nos enseña en un Baraitha: Aquellos que no tuvieran esposa irían allí [para buscar una esposa].

Diciendo: "Jóvenes, mirad y observad", etc. A nuestros rabinos se les enseñó: Las bonitas entre las doncellas decían: "Observad, pero sólo la belleza, porque la mujer está hecha sólo para la belleza". Aquellos entre ellos que eran de buena familia dirían: "Más bien busque una buena familia, porque las mujeres están hechas para tener hijos [y las de buena familia producen buenos hijos". Los ricos dirían. "Mejor mira a una familia rica". La clase media y los pobres entre ellos dirían: "Hagan sus selecciones sólo para la gloria del Cielo, pero provean generosamente para nosotros".

R. Chelbu, en nombre de Ula, quien citó a R. Elazar, dijo: "¡En el futuro, el Santo, alabado sea! Organizará un coro para los justos, y Él se sentará entre ellos en el jardín del Edén, y todos le señalarán con los dedos, como está dicho (Is.25, 9) Y el hombre dirá en ese día: He aquí, este es nuestro Dios, por quien hemos esperado que nos ayude; este es el Señor, a quien hemos esperado, él se alegrará y nos regocijaremos en su salvación ".

Fin del tracto Ta'anith

Meguilá, Capítulo 1

MEGILLA (Fol. 2b) R. Jeremiah y, según otros, R. Chiya b. Abba, dijo: "Mantzfach fueron escritos por los Videntes (Profetas)". ¿Cómo puedes entender que fue escrito por los Videntes y no por Moisés? ¿No está escrito (Levítico 27, 34(Estos son los mandamientos; [de los cuales inferimos] que ningún profeta tiene el derecho de promulgar desde ese momento en adelante. Y además, R. Chisda no dijo que las letras Mem y Samech, en las tablas [de los Diez Mandamientos] , ¿fueron suspendidos solamente (Fol. 3) por un milagro? De hecho eran una tradición [mosaica], pero no se sabía previamente qué letra debe venir en el medio de la palabra y cuál al final; de modo que los Videntes prescribieron que el abierto debe estar en el medio y el cerrado final. ¿Pero incluso eso tenían entonces el derecho de hacer? ¿No está escrito (Ib.) Estos son los mandamientos; [de los cuales inferimos que] ningún profeta tiene el derecho a promulgar una nueva ley a partir de ese momento, por lo que debemos decir que fue olvidada y los profetas solo la restauraron.

De nuevo dijo R. Jeremiah y, según otros, R. Chiya b. Abba: "El Targum (versión caldaica) de la Torá fue compuesto por Onkelos, el prosélito, por dictado de R. Eliezer y R. Joshua; el Targum de los Profetas fue compuesto por Jonathan b. Uzziel por dictado de [los profetas] Hageo, Zeehariah y Malaquías. En ese momento la tierra de Israel tembló [como por un terremoto] cuatrocientos Parsaoth (millas) cuadradas, y una voz celestial salió diciendo: "¿Quién es el que ha revelado Mis secretos al hombre?" Entonces Jonatán B. Uziel se levantó y dijo: 'Yo soy el que ha revelado tus secretos al hombre, pero es conocido y revelado a ti que no por mi honor, ni por el honor de la casa de mi padre, he hecho esto, pero simplemente para Tu gloria, para evitar controversias en Israel. ' Tenía la intención de revelar el Targam de los Hagiographa, cuando una voz celestial salió y dijo: "¡Basta para ti!" ¿Porque? Porque allí (en los Hagiographa) están contenidas insinuaciones sobre el período mesiánico [el Libro de Daniel]. "¿Y el Targum de la Torá, dices, fue compuesto por Onkelos, el prosélito? ¡He aquí! R. Ika, en el nombre de R. Cliananel, quien citó a Rab, dijo: "¿Cuál es el significado del pasaje (Neh. 8, 8) Entonces leyeron en el Libro, en la ley de Dios claramente, y exhibieron el sentido; para que entendieran [la gente] lo que se leía; es decir, así leen en el Libro de Dios, se refiere al texto bíblico; claramente, se refiere al Targum; y exhibido el sentido, se refiere a la división de los versos; para que entendieran lo leído, se refiere a los signos de puntuación, y según otros, se refiere al Massoroth. "Por lo tanto, el Targum ya existía en los días de Esdras? Fue olvidado y Onkelos simplemente lo restauró. ¿Por qué fue que en la traducción del Pentateuco, la tierra de Israel no tembló, pero en la traducción de los Profetas, ¿tembló? Porque en el Pentateuco todo está explicado; pero en los Profetas algunas cosas se explican y otras no lo suficiente ; como por ejemplo, (Zac.12, 2) En ese día será grande el lamento en Jerusalén, como el lamento en Hadarimmon en el valle de Meguido. Y R. Joseph dijo: "Si no fuera por el Targum, no habría entendido el significado de este pasaje". ¿Cómo lo traduce el Targum? "En ese día será el lamento en Jerusalén como fue por Ahab ben Amri, que fue asesinado por Hada-rimmon ben Tabrimon en la ciudad de Ramot de Galaad, y mientras lloraban por Joshia ben Amon, quien fue asesinado por Faraón, el uno cojo, en el valle de Megiddon ".

(Dan. 10, 7) Y yo, Daniel, vi solo esta apariencia, pero los hombres que estaban conmigo no vieron la apariencia; sin embargo, un gran terror cayó sobre ellos, de modo que huyeron para esconderse. ¿Quiénes eran estos hombres? R. Jeremiah y, según otros, R. Chiya b. Abba, dijo: "Eran Hageo, Zacarías y Malaquías. Tenían un rango más alto que él, y él un rango más alto que ellos; es decir, tenían un rango más alto que él, porque eran profetas; y él, Daniel, no era un profeta. Sin embargo, ocupó un lugar más alto que ellos, porque él lo vio y ellos no lo vieron. Pero como no lo vieron, ¿por qué se asustaron de repente? Porque aunque ellos mismos no lo vieron, sus ángeles de la guarda sí lo vieron. . "

Se nos enseña: Incluso si los sacerdotes están ocupados en el servicio del templo, los levitas en sus cánticos e Israel en su Ma'amad (división), deben detenerse y venir a escuchar la lectura de la Meguilá (Libro de Ester). La casa del rabino (los Nassi) encontró un apoyo de esto para su opinión de que es apropiado descuidar el estudio de la Torá para poder ir a escuchar la lectura de la Meguilá. Concluimos la prueba con el silogismo del servicio [en el Templo]; si provoca la suspensión del servicio del templo, que es restrictivo, ¿cuánto más debería suspender el estudio de la Torá? Y el servicio del templo, dices, es preferible al estudio de la Torá. ¡Mirad! Está escrito (Josué 8, 13) Y sucedió cuando Josué estaba junto a Jericó ... y dijo. No; porque como capitán del ejército del Señor, he venido ahora; y Josué cayó de bruces a tierra, etc. ¿Cómo pudo Josué hacerlo? ¿No dijo R. Jochanan: "Uno no debe saludar a un extraño, con paz, en medio de la noche, porque podría ser un demonio, y mucho más no debe inclinarse ante él?" Allí fue diferente, como él dijo, soy un capitán del Señor. ¿Pero quizás mintió? Tenemos la tradición de que ni siquiera los demonios pronuncian el nombre del Señor en vano. Y entonces el ángel le dijo: "Ayer aboliste la ofrenda diaria de la víspera, y hoy aboliste el estudio de la Torá". Y a la pregunta: "¿Para cuál de las dos [transgresiones] has venido?" el ángel respondió: "Ahora vengo, es decir, para el de hoy". y Samuel comentó que el estudio de la Torá es mayor que los sacrificios de las ofrendas diarias; porque está dicho: Vine ahora; es decir, para el de hoy. [Por lo tanto, vemos que el estudio de la Torá es más grande que los sacrificios.] Esto no es difícil de explicar, el primero trata sobre los sacrificios comunitarios y el segundo sobre los sacrificios individuales. y Samuel comentó que el estudio de la Torá es mayor que los sacrificios de las ofrendas diarias; porque está dicho: Vine ahora; es decir, para el de hoy. [Por lo tanto, vemos que el estudio de la Torá es más grande que los sacrificios.] Esto no es difícil de explicar, el primero trata sobre los sacrificios comunitarios y el segundo sobre los sacrificios individuales.

(Fol. 4) R. Joshua b. Levi dijo: "Es obligatorio que las mujeres escuchen la lectura de la Meguilá, porque ellas también se beneficiaron del mismo milagro". R. Joshua b. Levi dijo de nuevo: "Uno está obligado a leer la Meguilá por la tarde, y repetirla durante el día [al día siguiente], como se dice (Sal. 22,

3).) ¡Oh Dios mío! Llamo durante el día, pero tú no respondes, y por la noche no encuentro descanso ". Sus discípulos concluyeron de esto que él tenía la intención de leer la Meguilá por la tarde y estudiar [el tratado Meguilla] durante el día. Con lo cual R. Jeremías les dijo: "Me lo ha dicho R. Chiya b. Abba que quiso decir, como dice la gente, 'Examinaré esta sección y la repetiré'. "También nos lo han enseñado en el nombre de R. Chelbo b. Ulla Biraa:" Un hombre está obligado a leer la Meguilá por la noche y repetirla durante el día (al día siguiente), como se dice (Ib. 30) Para que mi alma gloriosa te cante alabanzas, y nunca se quede callado, oh Señor, Dios mío. Por siempre te alabaré ".

(Fol. 7, b) Raba dijo: "Un hombre está obligado a intoxicarse en Purim, hasta que no pueda distinguir entre 'maldito sea Amán' y 'bendito sea Mardoqueo'".

(Fol. 9) R. Juda dijo: "Aunque nuestros sabios permitieron el uso del griego, se refirieron meramente a la traducción del Pentateuco, pero no a ninguna otra cosa. Y esto también se permitió sólo por lo que le ocurrió a Ptolomeo, la Rey." ¿Qué era? Se nos enseña: Sucedió que el rey Tolomeo tomó setenta y dos ancianos de Jerusalén, y los colocó en setenta y dos cámaras separadas, y no les informó con qué propósito los había traído allí. Después visitó cada cámara y les dijo: "Traducidme la Torá de Moisés, vuestro maestro, [de memoria]". ¡Alabado sea el Santo! envió al corazón de cada uno de ellos un consejo que les hizo pensar como una sola mente, y [en lugar de, En el principio Dios creó el mundo] escribieron que Dios creó el mundo en el principio; [en lugar de, hagamos un hombre, escribieron] Haré un hombre a imagen; [en lugar de, Y fue terminado, escriben] Y Dios acabó en el sexto día, y reposó en el séptimo día; [en lugar de. Él los creó, escribieron] Lo creó; [en lugar de. Bajemos, escribieron] Déjame bajar; [en lugar de que Sara se rió dentro de sí misma (Ib. 18, 12), escribieron] Y Sara se rió entre sus parientes; [en lugar de (49, 6) Porque en su ira mataron a un hombre, y en su obstinación mataron un buey, y en su obstinación colgaron un buey cebado; [en lugar de (12) escribieron] Y Sara se rió entre sus parientes; [en lugar de (49, 6) Porque en su ira mataron a un hombre, y en su obstinación mataron un buey, y en su obstinación colgaron un buey cebado; [en lugar de (12) escribieron] Y Sara se rió entre sus parientes; [en lugar de (49, 6) Porque en su ira mataron a un hombre, y en su obstinación mataron un buey, y en su obstinación colgaron un buey cebado; [en lugar de (Ex. 4, 20) Ponlos en un asno, escribieron] Ponlos en un portero (hombre-portador); [en lugar de (Ib. 12, 40) Habitaba en Egipto, escribieron] Habitaba en Egipto y en otras tierras tenía cuatrocientos treinta años; [en lugar de (24, 5) Y luego envió a los jóvenes, escribieron] Los hombres respetables de Israel; [en lugar de (Núm. 16, 15) No he tomado ni un asno de ellos, escribieron] No quité ni una cosa preciosa; [en lugar de (Deut. 4, 19) que el Señor tu Dios ha asignado a todas las naciones debajo de todo el cielo, escribieron] Asignados a la luz para todas las naciones; [en lugar de (Ib. 17, 3) que no he mandado, escribieron] que no he mandado adorar; [y en lugar de (Lev. 11, 6) La Arnebeth (la liebre) escribieron], Los pies delgados, porque la esposa de Ptolomeo se llamaba Arnebeth, y tenían miedo de que dijera que los judíos se reían de él al insertar el nombre de su esposa en la Torá. MISHNAH: Rabban Simon b. Gamaliel dice, etc., R. Abahu, en el nombre de R. Jochanan, dijo: "La Halajá prevalece según Rabban Simon b. Gamaliel". Y R. Abahu dijo de nuevo: "¿Por qué Rabban Simón b. Gamaliel avanza? Porque está escrito (Génesis 9, 27) Que Dios ensanche los límites de

Jafet, y que more en las tiendas de Sem; es decir, el cosa más hermosa que tiene Jafet - (el idioma griego) habitará en las tiendas de Sem ".

(Fol. 10, b) Y sucedió en los días de Asuero. R. Levi, y según otros, R. Jochanan, dijo: "Hay una tradición entre nosotros de nuestros antepasados [quienes la recibieron de] los hombres de la Gran Asamblea, que dondequiera que ocurra Vayehi (sucedió), se refiere a algún desastre. (Rut 1) Y sucedió que en los días de Asuero, estaba Amán; (Jueces 1) Y sucedió que en los días de los Jueces, hubo hambre; (Génesis 6, 1) Y sucedió cuando los hombres comenzaron a multiplicarse, y poco después de esto está escrito, Y los hijos del hombre, etc. - [que causó el diluvio]; (Ib. 11, 2) Y sucedió como viajaron hacia el este, luego vino la dispersión; (Ib. 14, 1) Y sucedió en los días de Amrafel ... hubo una guerra. (Josh. 5, 13) Sucedió que cuando Josué estaba junto a Jericó, etc., y vio a un hombre con una espada desenvainada en la mano; (Ib. 6, 27) Y el Señor estaba (Va'yehi) con Josué, y poco después de esto. Y los hijos de Israel cometieron transgresión; (I Samuel) Había (Va'yehi) cierto hombre de Romathaim, y después, a Ana amó, pero el Señor había cerrado su vientre; (Ib. 8, 1) Sucedió que cuando Samuel envejeció... y sus hijos no anduvieron en su camino; (Ib. 18, 14) Y David tuvo éxito en todos sus caminos, y pronto lo siguió, Saúl le temía; (II Sam. 7, 1) Y sucedió que el rey moró en su casa. Pero no puedes construir el templo. Pero, ¿no está escrito (Levítico 9, 1) Y sucedió en el octavo día, y se nos ha enseñado en un Baraitha: "Ese día en particular causó un gran regocijo ante el Santo, ¡alabado sea Él! Como lo hizo el día de la creación, porque está escrito aquí. Y sucedió (Va'yehi) en el octavo día, y está escrito (Génesis 1, 5) Y fue (Vayehi) la tarde y fue la mañana el primer día. [Por lo tanto, encontramos a Vayehi cuando una desgracia no seguir.] Allí también sucedió la tragedia de Nadab y Abiú (Lev. 10, 1-7). Pero, ¿no está escrito (I Reyes 6, 1)? Y sucedió en el año cuatrocientos ochenta después de la partida. de los hijos de Israel fuera de Egipto, y también está escrito (Génesis, 29, 16) Mientras Jacob vio a Raquel, y en Génesis (1, 5)¿Y fue la tarde y la mañana el primer día, y así en el segundo y tercer día, aunque no ocurrió ningún desastre? Por lo tanto, debemos decir que dondequiera que se diga, (Vayehi) Sucedió, puede que haya o no una calamidad; pero siempre que se dice, (Vayehi Bimai), Y sucedió en los días de, seguramente sucedió una desgracia. Hay cinco expresiones, Sucedió en los días de, es decir, en los días de Asuero, los Jueces, Amrafel, Acaz (Isaías 7) y Yehoyakim (Jeremías 1) [y en todos los casos hubo problemas] .

R. Levi dijo nuevamente en nombre de R. Jochanan: "Tenemos una tradición transmitida por nuestros antepasados de que Amoz y Amasías eran hermanos". ¿Con qué propósito nos informa de esto? Para enseñarnos la misma lección que R. Samuel b. Nachmeni, en el nombre de R. Jonathan, enseñó: "Una novia que es casta en la casa de su suegro, será recompensada porque reyes y profetas descenderán de ella". ¿De dónde inferimos esto? De Tamar, de quien está escrito (Génesis 38, 15) Y Judá la vio y pensó que era una ramera, porque se había cubierto el rostro. Debido a que se había cubierto la cara, ¿pensaba él que era una ramera? [¿No es al contrario?] R. Elazar dijo que esto significa: "Ella se había cubierto el rostro cuando estuvo en su casa, por eso él no la conocía", por lo que fue recompensada que de sus reyes y profetas descendientes - reyes de David; y profetas, como dijo R. Levi: "Tenemos una tradición de nuestros antepasados de que Amoz y Amasías eran hermanos, y está escrito (Isaías 1, 1). Esta es la profecía de Isaías, el hijo de Amoz que profetizó".

R. Jonathan comenzaría [su conferencia de Purim] con este pasaje (Ib. 14, 22) Haré que se levante contra ellos, etc., Y cortaré de Babilonia el nombre y el remanente, hijo y nieto, dice el Señor. ; es decir. Nombre, se refiere al arte de escribir; remanente, se refiere a su idioma; e hijo, se refiere al reino; nieto, se refiere a Vashti. R. Samuel b. Nachmeni [cuando llegaba a la conferencia] comenzaba con el pasaje (Is. 55, 13) En lugar de la espina crecerá el ciprés, y en lugar de la zarza crecerá el mirto; es decir, en lugar de la espina, en lugar de Amán el impío, que se hizo a sí mismo un ídolo, como está escrito (Ib. 7, 19) Y sobre todas las espinas. Subirá el ciprés (Brosh); es decir, Mardoqueo, que era la esencia de todas las especias, como se dice (Ex.30, 23) Y tú, toma para ti las principales (Rosh) especias aromáticas de mirra fluida; esto se traduce en el Targum Onkeles Mordecai; y en lugar de la zarza, es decir, Vasti la malvada, nieta de Nabucodonosor, la malvada, que había quemado la casa de Dios, acerca de quien está escrito (Hijo 3, 10). Su tapa es de oro; Subirá el Hadassa (mirto), refiriéndose a Ester la recta, que se llamaba Hadassa, como está dicho (Ester 2, 7). Y él había hecho subir a Hadassa, que es Ester; y también está escrito (Zac. 1, 8) Y estaba de pie entre los mirtos; (Ib.) Y será para el Señor por un nombre, se refiere a los días de Purim; (Ib.) Para una señal de la eternidad que no se cortará, se refiere a la lectura de la Meguilá ".

R. Joshua b. Chanina basó su disertación en el siguiente pasaje (Deut.28, 62) Y sucederá que así como el Señor se regocijó por ti para hacerte bien y multiplicarte, así el Señor se regocijará por ti para destruirte. y para destruirte. Dejanos ver. ¡El Santo, alabado sea! ¿De verdad te regocijas por la caída de los impíos? He aquí, está escrito (II Crónicas 20, 21) cuando salieron delante de la formación armada y dijeron: Dad gracias al Señor; porque por los siglos de los siglos soporta su bondad. Con lo cual R. Jochanan dijo: "¿Por qué no se insertan aquí las palabras porque él es bueno? ¡Porque el Santo, alabado sea! No se regocija en la caída de los impíos". Y R. Jochanan dijo de nuevo: "¿Cuál es el significado del pasaje (Ex. 14, 20) ¿Y el uno no vino al otro en toda la noche? Esto significa que los ángeles del cielo querían cantar la canción habitual, cuando el Santo, ¡alabado sea! les dijo: '¡Mis criaturas se están ahogando en el mar y ustedes quieren cantar canciones!' "[Por tanto, Dios no se regocija en tales casos]. Dijo R. José b. Chanina:" Él mismo no se regocija por ello, pero hace que otros se regocijen por ello. Esto podría ser probado por el pasaje anterior, que está escrito Yassiss (Él hará que otros se regocijen), y no está escrito, Yassuss (Él mismo se regocijará) ".

R. Abba b. Cahana basó su conferencia [de Purim] en este pasaje (Ec. 2, 26) Porque al hombre que es bueno en Su presencia le da sabiduría, conocimiento y gozo, esto se refiere a Mardoqueo, el recto; pero al pecador le da empleo para recoger y juntar, eso se refiere a Amán; para dárselo al que es bueno delante de Dios, se refiere a Mardoqueo, de quien está escrito (Est. 8, 2). Y Ester nombró a Mardoqueo sobre la casa de Amán. Rabá b. Uphran basó su conferencia [Purim] en el siguiente pasaje (Jer. 49, 39) Y estableceré mi arrojado en Elam, y destruiré desde allí reyes y príncipes; es decir, reyes, se refiere a Vasti, y príncipes, se refiere a Amán y sus diez hijos. R. Dimi b. Isaac basó su conferencia [de Purim] en (Fol. 11) este pasaje (Esdras, 9, 9) Para. nosotros. son siervos; sin embargo, en nuestra servidumbre, nuestro Dios no nos ha abandonado, sino que ha extendido su bondad ante los reyes de Persia. ¿Cuándo nos brindó bondad? En la época de Mardoqueo. R. Chanina b. Papá basó su conferencia [de Purim] en este pasaje (Sal.66, 12) Has hecho que los hombres pasen por encima de nuestras cabezas; pasamos por el fuego y por el agua; pero Tú nos sacaste a la abundancia, es decir, mediante fuego, se refiere al tiempo de Nabucodonosor, el impío; a través del agua, se refiere a la época del faraón. Pero Tú nos sacaste a la abundancia, se refiere al tiempo de Amán. R. Jochanan basó su conferencia en este pasaje (Ib. 98, 3). Se ha acordado de Su misericordia y Su fidelidad para con la casa de Israel; todos los confines de la tierra han sido la salvación de nuestro Dios. ¿Cuándo lo vieron todos los confines de la tierra? En el tiempo de Mardoqueo y Ester. Resh Lakish basó su conferencia en este pasaje (Prov. 28, 15) Como león rugiente y oso codicioso, así es un gobernante malvado sobre un pueblo pobre. Como león rugiente, se refiere a Nabucodonosor acerca de quien está escrito (Jer. 4, 7) El león ha subido de su guarida. Oso codicioso, se refiere a Asuero, de quien está escrito (Dan. 7, 5) Y he aquí, había otra, una segunda bestia, como un oso. Con respecto a cuál R. Joseph se le enseñó que esto se refiere a los persas que comen y beben como un oso, y son carnosos como un oso, y dejan crecer su cabello como un oso, y no tienen reposo como un oso; gobernante malvado, se refiere a Amán; sobre un pueblo pobre, se refiere a Israel, que entonces era pobre en hechos meritorios. R. Nachman b. Isaac basó su conferencia en este pasaje (Sal. 124, 2) Si no hubiera sido el Señor quien estuvo por nosotros, cuando los hombres se levantaron contra nosotros. Hombres, no un rey (refiriéndose a Amán). Raba basó su conferencia en este pasaje (Prov.29, 2) Cuando los justos tengan autoridad, la gente se regocijará; pero cuando los impíos gobiernan, el pueblo gime; es decir, cuando el gobierno justo, se refiere a Mardoqueo y Ester, [entonces] el pueblo se regocija, como está escrito (Est. 8, 15) Y Mardoqueo salió de la presencia del rey, etc. Y la ciudad de Susa fue alegre y gozoso. Pero cuando los impíos gobiernan, esto se refiere a Amán, [entonces] el pueblo gime, y así dice el pasaje (Ib. 3, 15). Y el rey y Amán se sentaron a beber, pero la ciudad de Susa estaba perpleja. R. Mathna predicó con el siguiente pasaje (Deut. 4, 7) Porque, ¿qué gran nación hay que tenga a Dios tan cerca de ella? R. Ashi recitó con el siguiente pasaje (Ib. Ib. 34) O ha intentado Dios ir a tomar él mismo una nación de en medio de una nación.

Y sucedió en los días de Asuero. "¡Ay, ay!", Comentó Rab, "fue entonces cuando se cumplió la profecía de la Torá (Ib. 28, 68) y allí os ofreceréis a vuestros enemigos como esclavas sin que nadie os compre". Pero Samuel explicó: "(Lev. 26, 44) No los desecharé, ni los aborreceré, para destruirlos por completo; es decir, no los he desechado, se refiere a los tiempos del gobierno griego; y no los he aborrecido, se refiere a la época de Vaspasiano, el emperador romano; destruirlos, se refiere al tiempo de Dios y Magog. "En un Baraitha se enseñó: No los arrojaré, se refiere a los tiempos de los caldeos, como en ese tiempo les puse a Daniel, Hananías, Misael y Azarías; y no los he aborrecido, se refiere al tiempo de Amán cuando les resucité a Mardoqueo y a Ester; para destruirlos, se refiere al griego, cuando les di a Simón el Justo y a Matatías b. Jochanán el Alto- sacerdote y sus hijos, el Hasmoneon (Maccabias), para romper Mi pacto, se refiere al tiempo de Roma cuando les di la Casa del Rabino y los sabios de esa generación; porque yo soy el Señor su Dios, se refiere al futuro mesiánico, cuando ninguna nación o pueblo los dominará. R. Levi basó su conferencia [de Purim] en el siguiente pasaje (Num. 33, 55) Y si no te vas, etc. R. Chiya basó su conferencia en lo siguiente: (Ib.) Y sucederá que como me propuse hacer con ellos, así haré contigo.

Y sucedió en los días de Asuero. R. Levi dijo: "Él era el hermano de un jefe y el coetáneo asociado de un jefe. El hermano de un jefe, es decir, el hermano de Nabucodonosor, el impío, que fue llamado jefe, como se dice (Dan. 2 , 38) Tú eres la divinidad. Y el coetáneo asociado de una cabeza - lo que Nabucodonosor había hecho, tenía la intención de hacer. Nabucodonosor había matado, tenía la intención de matar; Nabucodonosor había destruido; tenía la intención, y así se lee en el pasaje (Esdras 4, 1) Al comienzo del reinado de Asuero, escribieron calumnias sobre los habitantes de Judea y Jerusalén. "Samuel dijo:" [Asuero tiene el significado de negro, es decir] en sus días los rostros de los judíos eran negros como el fondo de las ollas. . "R. Chanina dijo:" [Asuero tiene el significado de 'ay de su cabeza' (Ach rosh). Quien mencionó su nombre dijo 'Ay de su cabeza'. "R. Jochanan dijo:" [Tiene el significado de 'pobre' (rosh)] Sus impuestos eran tan pesados que los hombres se volvieron pobres, como se dice (Est. 9, 1) Y el rey Asuero impuso un tributo a su tierra . "(Ib. 1)

El mismo Asuero; es decir, él era el mismo en su maldad de principio a fin. (Gén. 36, 43) Este es Esaú; es decir, lo mismo en la maldad de principio a fin; (II Crónicas 28, 22) Él, el Rey Acaz; es decir, lo mismo en la maldad siempre; y eso significa (Núm. 26, 9) Estos son Datán y Abriam. Y así es también con los justos (I Crónicas 1, 27) Abram - el mismo es Abraham; es decir, Abraham fue el mismo en justicia desde el principio hasta el fin; (Éxodo 6, 26) Estos son Aarón y Moisés; es decir, eran iguales en justicia de principio a fin; (I Sam. 17, 14) Y David era el más joven, es decir, se condujo de principio a fin, como en su juventud; así como en su juventud se humilló ante uno más grande que él para aprender la Torá, así también cuando era rey fue modesto ante un hombre superior a él en sabiduría y trató de aprender la Torá de él.

(Ib.) Quién reinó. Rab dijo: "Fue un rey que se hizo a sí mismo". Algunos dicen, fue en su alabanza, no había nadie tan apto para ser rey como él; y algunos lo dicen para su desgracia: no era apto para ser rey, pero tenía mucho dinero, y el dinero lo convirtió en rey.

A nuestros rabinos se les ha enseñado: Tres reyes gobernaron el mundo entero: Acab, Asuero y Nabucodonosor. Acab, hijo de Amri, como Abdiya le dijo a Elías (I Reyes 18, 10) Vive el Señor tu Dios ... hace que ese reino y esa nación presten juramento ...; y si no estaban bajo su dominio, ¿cómo podía hacerlos prestar juramento? Nabucodonosor, como está escrito (Jer. 17, 8) Y sucederá que la nación o el reino que no sirva a Nabucodonosor, rey de Babilonia, y no ponga su cuello bajo el yugo del rey de Babilonia. Asuero, como se indica en el Sanedrín. (Ib. B.) ¿Son todos estos? ¿No era Salomón también rey de todo el mundo? Salomón no fue rey hasta el final de su vida. Esto es correcto, según quienes sostienen que él fue primero rey y luego un hombre común; pero según los que dicen que era un rey, un hombre común, y luego de nuevo un rey, ¿por qué no contarlo también a él? Salomón fue una excepción, porque reinó sobre los seres de arriba y de abajo, como se dice (I Crónicas 29, 23). Salomón se sentó en el trono del Señor. [Por tanto, no se cuenta entre los reyes que reinaron sobre el mundo entero]. Pero hay

Sannaquerib acerca de quien está escrito (Es. 46, 19 y II Reyes 18) ¿Cuál de todos los dioses de las tierras ha salvado a sus países de tu mano? Estaba Jerusalén, que no estaba sujeta a él. ¿Pero está Darius? Como está escrito (Dan. 6, 26) Darío el rey escribió a todos los pueblos, naciones y lenguas que existen en toda la tierra. Tu paz será grande. Había siete países que no estaban bajo su dominio; tal como es Titten (Ib. ib. 2) Le agradó a DariuS; y levantó sobre su reino ciento veinte sátrapas. ¿Pero está Cyrus? Como está escrito (II Crónicas 36) Así dijo Ciro, rey de Persia: Todos los reinos de la tierra me ha dado el Señor. Sólo él se glorificó a sí mismo.

Cuando el rey se sentó, y además se dice. En el tercer año de su reinado. ¿No se contradicen estos pasajes? Raba dijo que esto significaba cuando se sentó firmemente en el trono.

(Fol. 12) Cuando mostró las riquezas y la gloria de su reino, etc. R. José, el hijo de R. Chanina, dijo: "De esto se puede inferir que Asuero se vistió con las vestiduras sacerdotales y estuvo de pie con su huésped, porque aquí está escrito, Y la gloria de su grandeza, y está escrito [acerca de las vestiduras sacerdotales] (Ex. 28, 2) Para gloria y adorno ". (Est. 1, 5) Y cuando estos días se cumplieron. Rab y Samuel difieren en este punto. Uno dijo que era un rey sabio, y el otro, que era un rey necio. La razón de la afirmación de que era un rey sabio puede derivarse del hecho de que había hecho la fiesta primero para los súbditos remotos, porque para sus habitantes podía hacerlo en cualquier momento; y el otro dijo que era un tonto, porque debería haberlo hecho primero para sus habitantes, para que si los demás se rebelaran, al menos lo defenderían.

Los discípulos de R. Simon b. Jochai preguntó a su maestro: "¿Por qué pecados habían incurrido los israelitas en el decreto de Amán en esa época?" "Dime tu opinión", dijo. Dijeron: "Porque los israelitas disfrutaron de la fiesta que hizo Asuero el impío". "Si es así, entonces sólo los de Shushan deberían haber sufrido. ¿Por qué sufrieron los de todas las provincias?" Le dijeron: "Que entonces el maestro nos explique". "Porque", respondió, "se arrodillaron ante la imagen". "Si es así", preguntaron sus discípulos, "entonces eran realmente culpables; ¿por qué no fueron asesinados?" Y él respondió: "Ellos se inclinaron ante la imagen no porque quisieran, sino sólo por el bien de la apariencia exterior; por eso, el Santo, ¡alabado sea!) No aflige por su propia voluntad.

(Est. 1, 7) Y el vino real abundaba. Rab dijo: "De esto inferimos que le dio a cada uno vino a beber que era más viejo que él". (Ib. 8) Y la bebida fue según el orden. Cuál es el significado. ¿De acuerdo a la orden? R. Anan dijo, en el nombre de R. Meier: "Fue de acuerdo con el orden de nuestra Torá. Como en nuestra Torá comer excede beber [en el Templo], él también dio más de comer que de beber". Sin coacción. "De esto", dijo Raba, "se puede aprender que a todos se les dio a beber del vino que crecía en su propio país. (Lb. b) ¿En el séptimo día cuando el corazón del rey se regocijó con el vino? Entonces, ¿qué hizo? ¿No se había regocijado hasta entonces con el vino? Rab dijo: "El séptimo día era sábado. Cuando los israelitas comen y beben en sábado, comienzan con palabras de la Biblia y continúan alabando al Señor; pero las otras naciones, cuando celebran, hablan de mujeres. Y así sucedió aquí: algunos decían que las medianas eran más hermosas, y otros decían que las mujeres persas eran más hermosas. Y Assuero les dijo: La que tengo no es meda ni persa, sino caldea, pero es más hermosa que todos ellos; y si lo deseas puedes verla. Y así vino la ejecución de Vashti ".

(Ib.) Entonces dijo Memuchan. Se nos enseña en un Baraitha: Memuchan era Amán. ¿Por qué se llama Memuchan? Porque estaba destinado a los problemas que le sucedieron después. R. Abba b. Cahana dijo: "De esto vemos que generalmente un hombre ignorante se adelanta primero". Que cada uno gobierne en su propia casa. Raba dijo: "Pero para las primeras letras, no habría quedado ningún remanente de Israel; porque los hombres se rieron de tal decreto, diciendo: '¿No es una cuestión de rutina? Incluso un tejedor en su casa debe ser el gobernante, 'y por lo tanto no prestaron mucha atención al segundo decreto en las cartas ". Y que el rey nombre oficiales. Raba dijo: "¿Cuál es el significado del pasaje (Prov. 13, 16) Todo hombre prudente actúa con conocimiento, pero el necio difunde su locura; es decir, todo hombre prudente actúa con conocimiento, se refiere a David, de quien está escrito (I Reyes 1, 2) Por lo cual sus siervos le dijeron. Busquen para mi señor el rey una joven virgen. Todo el que tenía una hija, la llevaba él mismo ante el rey. Pero el necio difunde su necedad. Esto se refiere a Asuero, que tuvo que nombrar oficiales, porque cualquiera que tuviera una hermosa hija se la escondía ".

Había cierto judío en Shushan, la capital, un benjamita. ¿Cuál puede ser la razón para dar tal genealogía? Si por la mera genealogía, entonces debería haber sido rastreado hasta Benjamín, hijo de Israel; ¿Por qué entonces sólo se mencionaron los primeros tres de sus antepasados? En un Baraitha se explica que: Los tres nombres no son los de sus antepasados, sino los suyos. El hijo de Yair, el hijo que hizo iluminar los ojos de Israel con su oración; el hijo de Shimi, el hijo cuya oración Dios escuchó; el hijo de Cis, el hijo que llamó a las puertas de la Misericordia, y se le abrieron. "Está escrito: Un hombre de Judea, y luego, un benjamita. ¿Qué era? Rabba bb Cahana, en el nombre de R . Joshua B. Levi, dijo: "Su padre era un benjamita y su madre era judía." Los sabios, sin embargo, dijeron: "Las tribus disputaban entre sí. Juda dijo: "A través de mí nació Modrecai, porque si David hubiera matado a Shimi ben Gera, no podría haber nacido"; y Benjamín dijo: 'Él me pertenece, porque es de mi tribu' ". Raba dijo:" Por el contrario, la Congregación de Israel dijo: 'Mira lo que me hizo Judá, y mira lo que me hicieron los benjamitas ; Judá (Fol. 13) porque David no mató a Shimi, hizo posible el nacimiento de Mardoqueo, de quien Amán se puso celoso; y porque Saúl no mató a Agag, nació Amán, quien causó problemas a Israel. ' R. Jochanan dijo: "De hecho, era un benjamita, pero ¿por qué se le llama judío?" Porque no quería adorar ídolos, y todo israelita que rechaza ídolos se llama judío, como se dice (porque si David hubiera matado a Shimi ben Gera, no podría haber nacido »; y Benjamín dijo: 'Él me pertenece, porque es de mi tribu' ". Raba dijo:" Por el contrario, la Congregación de Israel dijo: 'Mira lo que me hizo Judá, y mira lo que me hicieron los benjamitas ; Judá (Fol. 13) porque David no mató a Shimi, hizo posible el nacimiento de Mardoqueo, de quien Amán se puso celoso; y porque Saúl no mató a Agag, nació Amán, quien causó problemas a Israel. ' R. Jochanan dijo: "De hecho, era un benjamita, pero ¿por qué se le llama judío?" Porque no quería adorar ídolos, y todo israelita que rechaza ídolos se llama judío, como se dice (porque si David hubiera matado a Shimi ben Gera, no podría haber nacido »; y Benjamín dijo: 'Él me pertenece, porque es de mi tribu' ". Raba dijo:" Por el contrario, la Congregación de Israel dijo: 'Mira lo que me hizo Judá, y mira lo que me hicieron los benjamitas ; Judá (Fol. 13) porque David no mató a Shimi, hizo posible el nacimiento de Mardoqueo, de quien Amán se puso celoso; y porque Saúl no mató a Agag, nació Amán, quien causó problemas a Israel. ' R. Jochanan dijo: "De hecho, era un benjamita, pero ¿por qué se le llama judío?" Porque no quería adorar ídolos, y todo israelita que rechaza ídolos se llama judío, como se dice (la Congregación de Israel dijo: 'Mira lo que me hizo Judá, y mira lo que me han hecho los de Benjamín; Judá (Fol. 13) porque David no mató a Shimi, hizo posible el nacimiento de Mardoqueo, de quien Amán se puso celoso; y porque Saúl no mató a Agag, nació Amán, quien causó problemas a Israel. ' R. Jochanan dijo: "De hecho, era un benjamita, pero ¿por qué se le llama judío?" Porque no quería adorar ídolos, y todo israelita que rechaza ídolos se llama judío, como se dice (la Congregación de Israel dijo: 'Mira lo que me hizo Judá, y mira lo que me han hecho los de Benjamín; Judá (Fol. 13) porque David no mató a Shimi, hizo posible el nacimiento de Mardoqueo, de quien Amán se puso celoso; y porque Saúl no mató a Agag, nació Amán, quien causó problemas a Israel. ' R. Jochanan dijo: "De hecho, era un benjamita, pero ¿por qué se le llama judío?" Porque no quería adorar ídolos, y todo israelita que rechaza ídolos se llama judío, como se dice (De hecho, era un benjamita, pero ¿por qué se le llama judío? Porque no quería adorar ídolos, y todo israelita que rechaza ídolos se llama judío, como se dice (De hecho, era un benjamita, pero ¿por qué se le llama judío? Porque no quería adorar ídolos, y todo israelita que rechaza ídolos se llama judío, como se dice (Dan. 10, 12) Hay ciertos hombres de Judea ... Tus dioses no adoran ".

(Éxodo 2, 6) Quien había sido llevado al destierro de Jerusalén. Raba dijo: "No había sido exiliado, sino que vino por su propia voluntad. Y había criado a Hadassah, es decir, a Ester". Él la llama Esther y luego Hadassah. Cual era su verdadero nombre? Se nos enseña en un Baraitha que R. Meier dijo: "Su verdadero nombre era Esther, pero se llamaba Hadassah, simplemente porque todos los rectos se llaman así, y así dice el pasaje (Zac. 1, 8).) Estaba de pie entre los mirtos. "R. Juda dijo:" Su verdadero nombre era Hadassah, ¿y por qué se llamaba Esther? Porque ella ocultó sus palabras y así dice el pasaje (Ib. 10) Ester no dijo nada de su nacimiento ni de su nacionalidad ". R. Nechemiah dijo:" Su verdadero nombre era Hadassah, pero ¿por qué se llamaba Ester? Porque las naciones la llamaron por su belleza 'Ist'har' (correspondiente a Venus) ". Ben Azzai dijo:" Ester no era ni alta ni baja, sino de tamaño moderado, como un mirto ". R. Joshua b. Karcha dijo: "Ester era de tez aceitunada, pero una cuerda de la gracia [divina] estaba tendida sobre ella." Porque ella no tenía padre ni madre. Y cuando su padre y su madre murieron, Mardoqueo la había tomado como una hija. esta repetición superflua? R. Acha dijo: "II Sam. 12, 3) Pero los pobres no tenían nada, salvo una ovejita, etc., de su pan que solía comer, etc., y era para él como una hija. ¿Porque comió de su pan, por lo que se volvió para él como una hija? Por lo tanto, debemos leerlo, 'como una casa' K'bayith. Lo mismo es también aquí 'para una casa', L'bayith. "(Ib. 9) Y las siete doncellas que fueron seleccionadas para ser entregadas a ella. Raba dijo:" Podemos inferir de esto que con ellas ella contó los días conocer el sábado [dándole a cada uno el nombre de un día] ".

(Ib. B.) Y Ester todavía no le dijo a su nación. R. Chama dijo: ¿Cuál es el significado del pasaje (Job 36, 7)? No aparta sus ojos de los justos. es decir, como recompensa por su modestia, Raquel mereció que el rey Saúl descendiera de ella; y como recompensa por la modestia de Saúl, merecía que Ester descendiera de él. "¿En qué era modesta Raquel? Está escrito (Gn. 29, 12).) Y Jacob le dijo a Raquel que él era el hermano de su padre. ¿Era entonces el hermano de su padre? De hecho, ¡era el hijo de la hermana de su padre! Es decir, le preguntó: "¿Quieres casarte conmigo?" "Sí", respondió ella, y agregó, "pero mi padre es un embaucador y te engañará". A esto respondió: "Soy su hermano en el engaño". Y ella le preguntó: "¿Se permite a los justos andar por caminos de engaño (tratar fraudulentamente con un engañador)?" "Sí", respondió él, "porque está escrito (Sal. 18, 27) Con los puros te mostrarás puro, y con los perversos harás una contienda ". Entonces le preguntó a Raquel:" ¿Cómo puede engañarme? "Y ella respondió:" Tengo una hermana mayor, y él no me deja me casaría antes que ella ". Así que le confió algunos signos por los que podía distinguirla. Y cuando llevaron a Leah en su lugar, Raquel dijo:" Mi hermana será avergonzada ". Así que ella confió a cambio los signos a ella. Y esto explica el pasaje, Y sucedió que por la mañana. He aquí, es Lea; es decir, hasta la mañana él no lo supo, porque Leah conocía la señal que Jacob le había confiado a Raquel, que ella le dijo a él. . Y por eso Raquel fue recompensada porque Saúl descendió de ella. ¿Y cuál fue la modestia de Saúl? Está escrito (I Sam. 10, 16) Y Saúl dijo a su tío, él me dijo que se habían encontrado asnos, pero del asunto del reino, del cual Samuel había hablado, él no le dijo. Por esto fue recompensado que Esther descendiera de él. R. Elazar dijo nuevamente en el nombre de R. Chanina: "Cuando el Santo, ¡alabado sea! Decreta grandeza para un hombre, es para él y su descendencia hasta el fin de todas las generaciones; como se dice (Job 36 7) Él los afirma para siempre, y ellos son exaltados. Pero si se enorgullece, el Santo, ¡alabado sea! están enredados en las cuerdas de la aflicción ".

(Est. 2, 21) En aquellos días, mientras Mordccai estaba sentado a la puerta del rey, Bigthan y Theresh se enojaron. R. Acha b. Abba, en el nombre de R. Jochanan, dijo: "¡Alabado sea el Santo! Hace que los amos se enojen contra sus siervos, para hacer la voluntad de los justos, y también causa la ira de los esclavos contra sus siervos. maestros, para hacer la voluntad de los justos ". La ira de los amos contra sus siervos, como está escrito (Gen.41, 10) Faraón estaba enojado con su siervo; hacer la voluntad de los justos, como está escrito. Y había con nosotros un muchacho hebreo, etc. Y él hace que los esclavos se enojen contra sus amos, como está escrito (Ext. 2, 21) En aquellos días Bigthan y Theresh se enojaron. Hacer la voluntad de los justos. Esto se refiere a Mardoqueo, como está escrito, Y le llegó a saber a Mardoqueo. R. Jochanan dijo que Bigthan y Theresh eran tarsos y hablaban su propio idioma. Hablaron entre ellos: Desde que Ester ha entrado en el patio, nuestros ojos no han visto ningún sueño; pongamos veneno en la bebida del rey, para que muera. "Y ellos no sabían que Mardoqueo era miembro del Gran Sanedrín, cada uno de los cuales sabía setenta idiomas. Entonces Bigthan dijo a Theresh:" Pero mi hora de el deber no es el mismo que el tuyo. "" Yo también velaré por ti,

(Ib. 3, 1) Después de estos eventos. ¿Qué eventos? Raba dijo: "Después de que el Santo, ¡alabado sea! Había creado [por el incidente anterior] una cura de antemano para sus problemas que seguiría, porque Resh Lakish dijo: '¡Alabado sea el Santo! No aflige a Israel antes. Él ha preparado la cura para ellos de antemano. Como se dice (Oseas 6, 11) Si yo quisiera sanar a Israel, entonces la iniquidad de Efraín sería descubierta ". Pero con las naciones idólatras es diferente. Primero los golpea, luego los sana, como se dice (Is.19, 12) Y el Señor herirá así a Egipto, hiriendo y sanando. "Pero a sus ojos (de Amán) le pareció demasiado despreciable poner su mano sobre Mardoqueo solo. Raba dijo:" Al principio quería poner la mano sobre Mardoqueo solo, y más tarde sobre el pueblo de Mardoqueo, que se refiere a los eruditos, y más tarde los judíos. "Alguien echó el pur, que es la suerte. Se nos ha enseñado en un Baraitha: Cuando las suertes cayeron en el mes de Adar, Amán se regocijó mucho, porque dijo:" Es el mes en el cual Moisés murió. "Pero él no sabía que el día siete de Adar Moisés había muerto, pero también había nacido. Y Amán dijo al rey: Allí en un pueblo. Raba dijo:" No había ningún hombre que pudiera calumniar tan bien como Amán. Dijo al rey: "Ven, luchemos contra ellos". Y el rey respondió: ' Tengo miedo porque quienquiera que haya intentado luchar contra ellos fue llamado a cuentas por su Dios '. "Pero han sido perezosos en la realización de buenas acciones", suplicó Amán. A lo que el rey dijo: "Sin embargo, tienen entre ellos numerosos rabinos que orarán a Dios por su misericordia". Entonces Amán dijo: 'Son un solo pueblo [y son todos iguales; nadie observa]. Y si pensaras que puedo despoblar tu imperio [por el exterminio de los judíos], debes saber que están esparcidos entre diferentes naciones [y no sería perceptible]. Y quizás dirás que obtienes un beneficio de ellos. Sepa que son como mulas, que son improductivas. Y si imaginas que hay una provincia en la que "habitan juntos, debes saber que están esparcidos por todas las provincias de tu reino". Y sus leyes son diferentes a las de cada pueblo; es decir, no comen con nosotros, no beben con nosotros ni se casan con nosotros. De nada le sirve al rey tolerarlos, porque comen y beben de una manera que deshonra al rey. "

Si le place al rey, se escriba para destruirlos, y pesaré diez mil talentos de plata. Resh Lakish dijo, le fue revelado y conocido por Él, quien dijo: Y el mundo llegó a existir, que Amán, en algún día futuro, pagaría shekels (talentos) por la destrucción de Israel, por lo tanto Él hizo que su (Israel) los siclos deben preceder a su siclo [de Amán], y este es el propósito de la Mishná que nos enseña: El primero de Adar se hace un anuncio público acerca de la contribución de los medios siclos. "Y el rey dijo a Amán" La plata te ha sido dado, a ese pueblo también, para que hagas con ellos lo que mejor te parezca. Dijo R. Abba b. Cahana (Fol. 14): "¿A qué se puede comparar el incidente de Asuero y Amán? A dos hombres, de los cuales uno tenía un montículo en su campo, y otro tenía una trinchera; él, que tenía el montículo, dijo, al pasar la trinchera, 'Ojalá alguien me diera su trinchera en mi campo', y el que tenía la trinchera, 'Ojalá alguien me diera eso en mi campo'. Entonces sucedió que se conocieron, y el que tenía la trinchera dijo: 'Véndeme el montículo para llenar mi trinchera'. 'Desearía que lo tomaras por nada', respondió el otro. "Y el rey se quitó el anillo de sello de la mano. R. Abba b. Cahana dijo:" La autoridad otorgada por la transferencia del anillo tuvo un efecto mayor que cuarenta y ocho profetas y siete profetisas, que predicaron a Israel que mejorarían sus caminos; porque la profecía de cuarenta y ocho profetas y siete profetisas no hizo que Israel mejorara, sin embargo, este incidente realmente los hizo mejor ". quien tenía el montículo dijo, al pasar la trinchera, 'Ojalá alguien me diera su trinchera en mi campo', y el que tenía la trinchera, 'Ojalá alguien me diera eso en mi campo'. Entonces sucedió que se conocieron, y el que tenía la trinchera dijo: 'Véndeme el montículo para llenar mi trinchera'. 'Desearía que lo tomaras por nada', respondió el otro. "Y el rey se quitó el anillo de sello de la mano. R. Abba b. Cahana dijo:" La autoridad otorgada por la transferencia del anillo tuvo un efecto mayor que cuarenta y ocho profetas y siete profetisas, que predicaron a Israel que mejorarían sus caminos; porque la profecía de cuarenta y ocho profetas y siete profetisas no hizo que Israel mejorara, sin embargo, este incidente realmente los hizo mejor ". quien tenía el montículo dijo, al pasar la trinchera, 'Ojalá alguien me diera su trinchera en mi campo', y el que tenía la trinchera, 'Ojalá alguien me diera eso en mi campo'. Entonces sucedió que se conocieron, y el que tenía la trinchera dijo: 'Véndeme el montículo para llenar mi trinchera'. 'Desearía que lo tomaras por nada', respondió el otro. "Y el rey se quitó el anillo de sello de la mano. R. Abba b. Cahana dijo:" La autoridad otorgada por la transferencia del anillo tuvo un efecto mayor que cuarenta y ocho profetas y siete profetisas, que predicaron a Israel que mejorarían sus caminos; porque la profecía de cuarenta y ocho profetas y siete profetisas no hizo que Israel mejorara, sin embargo, este incidente realmente los hizo mejor ". Ojalá alguien me diera su trinchera en mi campo ', y el que tenía la trinchera,' Ojalá alguien me diera eso en mi campo '. Entonces sucedió que se conocieron, y el que tenía la trinchera dijo: 'Véndeme el montículo para llenar mi trinchera'. 'Desearía que lo tomaras por nada', respondió el otro. "Y el rey se quitó el anillo de sello de la mano. R. Abba b. Cahana dijo:" La autoridad otorgada por la transferencia del anillo tuvo un efecto mayor que cuarenta y ocho profetas y siete profetisas, que predicaron a Israel que mejorarían sus caminos; porque la profecía de cuarenta y ocho profetas y siete profetisas no hizo que Israel mejorara, sin embargo, este incidente realmente los hizo mejor ". Ojalá alguien me diera su trinchera en mi campo ', y el que tenía la trinchera,' Ojalá alguien me diera eso en mi campo '. Entonces sucedió que se conocieron, y el que tenía la trinchera dijo: 'Véndeme el montículo para llenar mi trinchera'. 'Desearía que lo tomaras por nada', respondió el otro. "Y el rey se quitó el anillo de sello de la mano. R. Abba b. Cahana dijo:" La autoridad otorgada por la transferencia del anillo tuvo un efecto mayor que cuarenta y ocho profetas y siete profetisas, que predicaron a Israel que mejorarían sus caminos; porque la profecía de cuarenta y ocho profetas y siete profetisas no hizo que Israel mejorara, sin embargo, este incidente realmente los hizo mejor ". Ojalá alguien me diera eso en mi campo '. Entonces sucedió que se conocieron, y el que tenía la trinchera dijo: 'Véndeme el montículo para llenar mi trinchera'. 'Desearía que lo tomaras por nada', respondió el otro. "Y el rey se quitó el anillo de sello de la mano. R. Abba b. Cahana dijo:" La autoridad otorgada por la transferencia del anillo tuvo un efecto mayor que cuarenta y ocho profetas y siete profetisas, que predicaron a Israel que mejorarían sus caminos; porque la profecía de cuarenta y ocho profetas y siete profetisas no hizo que Israel mejorara, sin embargo, este incidente realmente los hizo mejor ". Ojalá alguien me diera eso en mi campo '. Entonces sucedió que se conocieron, y el que tenía la trinchera dijo: 'Véndeme el montículo para llenar mi trinchera'. 'Desearía que lo tomaras por nada', respondió el otro. "Y el rey se quitó el anillo de sello de la mano. R. Abba b. Cahana dijo:" La autoridad otorgada por la transferencia del anillo tuvo un efecto mayor que cuarenta y ocho profetas y siete profetisas, que predicaron a Israel que mejorarían sus caminos; porque la profecía de cuarenta y ocho profetas y siete profetisas no hizo que Israel mejorara, sin embargo, este incidente realmente los hizo mejor ". Y el rey se quitó el anillo de sello de su mano. R. Abba b. Cahana dijo: "La autoridad dada por la transferencia del anillo tuvo un efecto mayor que cuarenta y ocho profetas y siete profetisas, quienes predicaron a Israel que debían mejorar sus caminos; porque la profecía de cuarenta y ocho profetas y siete profetisas no causó a Israel mejorar, sin embargo, este incidente realmente los hizo mejores ". Y el rey se quitó el anillo de sello de su mano. R. Abba b. Cahana dijo: "La autoridad dada por la transferencia del anillo tuvo un efecto mayor que cuarenta y ocho profetas y siete profetisas, quienes predicaron a Israel que debían mejorar sus caminos; porque la profecía de cuarenta y ocho profetas y siete profetisas no causó a Israel mejorar, sin embargo, este incidente realmente los hizo mejores ".

A nuestros rabinos se les enseñó: Cuarenta y ocho profetas y siete profetisas predicaron a Israel, y no restaron ni agregaron nada a nuestra Torá, ni siquiera una letra, excepto la lectura de la Meguilá, que fue instituida solo por los profetas. ¿Qué base tenían para eso? R. Chiya b. Abbin, a nombre de R. Joshua b. Karcha, dijo: "Llegaron a una conclusión fortiori: si cuando Israel fue liberado meramente de la esclavitud a la libertad, ellos cantaron, ¡cuánto más deberían hacerlo cuando fueron salvados de muerte a vida! Si es así, entonces ¿por qué no decimos? ¿Hallel en Purim? "Porque", dijo R. Isaac, "no decimos Hallel por los milagros que ocurrieron fuera de Palestina". ¿Pero el éxodo de Egipto también fue un milagro fuera de Palestina? Entonces se explica la razón para decir Hallel en la siguiente Baraitha: Hasta que Israel entró en Canaán, dijeron alabanzas por todos los milagros, pero después de haber ocupado Palestina, cantaron alabanzas solo por los milagros en Palestina. R. Nachman b. Isaac, sin embargo, dijo: "La lectura del Meguilá, es equivalente al Hallel". Rab dijo: "Allí, cuando salieron de Egipto, fue correcto decir Hallel, porque está dicho. Alabad, siervos del Señor, y no del Faraón; pero ¿cómo podían decir en Purim: Alabad, oh siervos del Señor. ¿No eran todavía esclavos de Asuero? " ¡Oh siervos del Señor, y no de Faraón! pero ¿cómo podían decir en Purim: Alabad, siervos del Señor? ¿No eran todavía esclavos de Asuero? " ¡Oh siervos del Señor, y no de Faraón! pero ¿cómo podían decir en Purim: Alabad, siervos del Señor? ¿No eran todavía esclavos de Asuero? "

Y las siete profetisas que profetizaron a Israel, ¿quiénes eran? Sara, Miriam, Débora, Ana, Abigail, Hulda y Ester. Sara como está escrito (Génesis 11, 29) El padre de Milcah y el padre de Yiscah. Y R. Isaac dijo: "Yiscah se refiere a Sarah, pero ¿por qué se llama Yiscah? Porque eso significa ver, y ella era una vidente a través del Espíritu Santo y esto se deriva del pasaje (Ib. 21, 12). escucháis su voz. Miriam, como está escrito (Ex. 15, 26Luego tomó a Miriam la profetisa, hermana de Aarón. ¿Era entonces hermana de Aarón y no de Moisés? "." Esto significa ", dijo R. Nachman, en el nombre de Rab," que ella había profetizado incluso cuando solo era hermana de Aarón [antes del nacimiento de Moisés] diciendo: 'En el futuro mi madre dará a luz a un niño que dará a luz a los israelitas '. Finalmente, cuando nació Moisés, toda la casa se llenó de luz, y su padre se levantó, la besó en la cabeza y le dijo: 'Hija mía, tu profecía se ha cumplido'. Después, cuando lo arrojaron al río, su madre se levantó y le dijo: "Hija mía, ¿qué ha sido de tu profecía?" Y así entendemos el pasaje (Ib.2, 4) Y su hermana se colocó lejos, para saber qué le harían,Jud. 4, 4) Ahora Deborah, una profetisa, la esposa de Lapidoth. R. Isaac dijo: "Esto significa que ella preparó mechas para las luces en Mishkai. Hannah, como está escrito (I Sam. 2, 1) Y Ana oró y dijo: 'Mi corazón se alegra en el Señor, mi poder es exaltado en el Señor'. Enaltecido es mi cuerno, y no mi frasco. Esto se refiere a David y Salomón, quienes fueron ungidos con aceite tomado de un cuerno, su dinastía perduró; pero Saúl y Jehú, que fueron ungidos con aceite de un frasco, sus dinastías no perduraron. (Ib. 2) No hay santo como el Señor; porque no hay nadie fuera de ti; Tampoco hay roca como nuestro Dios

". R. Juda b. Manassia dijo:" No leas, Ein Biltecha [nadie más que Tú] pero lee Ein Lebalathecha [nada puede agotarte]. Ven y mira que la naturaleza del Santo, ¡alabado sea Él! no es como la naturaleza del hombre frágil. La obra del hombre frágil agota a su hacedor, pero el Santo, ¡alabado sea! no es asi; Agota Su obra. "Ni hay roca como nuestro Dios; No lea Ein Tzur (roca), pero lea Ein Tzayer, (no hay escultor como nuestro Dios) porque la costumbre del mundo es formar una forma en la pared, pero no puede poner en ella ni aliento ni alma, ni entrañas, ni entrañas, sino el Santo, ¡alabado sea! Él forma una forma dentro de una forma (crea un cuerpo dentro de un cuerpo) y le pone aliento, alma, entrañas e intestinos. Abigail, como está escrito (Yo Sam. 25, 29-31) Y el alma de mi señor estará ligada en el vínculo de la vida con el Señor tu Dios. Cuando ella se fue, le dijo. Y cuando el Señor haga mal a mi Señor. Ella profetizó que él sería rey. R. Nachman dijo: "Este es el significado de la declaración actual, 'Una mujer maneja el transbordador mientras habla' o 'el pato inclina la cabeza hacia abajo al caminar, y sus ojos miran a su alrededor (sigue dos persecuciones en el mismo tiempo '". Hulda, como está escrito (II Reyes 22, 14Y el sacerdote Jilkiyaha, Achikam, Achbor, Saphan y Assahyah fueron a Hulda la profetisa, esposa de Salum, hijo de Tikvah. Pero, ¿cómo profetizó Hulda en el lugar donde vivía Jeremías? En la escuela de Rab se explicó que Huldah era un pariente y, por lo tanto, no era muy particular al respecto. Pero, ¿por qué el mismo rey Joshiyah ignoró a Jeremías y envió un comité a Hulda? R. Shila dijo: "Porque las mujeres son compasivas". R. Jochanan dijo: "Porque Jeremías no estaba allí, porque fue a traer de regreso a las diez tribus [del exilio]". ¿Y de dónde inferimos que los trajo de regreso? Escrito está (Éxodo 7, 13) Porque el vendedor no devolverá lo vendido. ¿Es posible que el profeta profetizara la suspensión de la ley jubilar cuando la ley ya había sido abolida? Por lo tanto, debemos decir que Jeremías había causado el regreso [de las diez tribus] y Joshiyah b. Amón reinaba sobre ellos. ¿De dónde inferimos esto? Está escrito (II Reyes 23, 17) ¿Qué rey de monumento es el que veo? Y los hombres de la ciudad le dijeron: "Es el sepulcro del varón de Dios, que vino de Judá y proclamó estas cosas que has hecho contra el altar de Bet-el". ¿Qué tenía que ver Joshiyah con el altar de Bet-el? De esto inferimos que Jeremías regresó [las diez tribus] del cautiverio cuando comenzó a practicar la ley del jubileo y Joshiyah era rey sobre ellas. Y Ester, como está escrito (Est. 5) Y sucedió que al tercer día Ester se vistió de la realeza. Debería estar escrito, indumentaria real. "Infiere de esto", dijo R. Elazar, en el nombre de R. Cahnina, "que ella se vistió del Espíritu Santo. Aquí está escrito Vatilbash (se vistió) y allí (I Crónicas 12, 18) A espíritu, labsha (investido) Amassai. [Así como en el último lugar la palabra Labsha se emplea para significar el Espíritu Santo, aquí también Vatilbash significa el Espíritu Santo] ". R. Nachman dijo: "El orgullo no se ajusta a las mujeres. Dos mujeres eran orgullosas, y ambas tenían nombres desagradables; una se llamaba Abeja (Deborah) y la otra se llamaba Gato (Huldah). De Deborah está escrito (Jud. 4, 6) Y ella envió y llamó a Barac, pero no fue a él, y de Hulda está escrito (II Reyes 22, 15) Di al hombre que te envió a mí; y ella no dijo, dile al rey ".

(Fol. 15) Y Mardoqueo comprobó todo lo que se había hecho (Est. 4, 1). ¿Qué se había hecho? Rab dijo: "Ese Amán había persuadido a Asuero". (Ib.) Luego llamó a Ester para Hatac. Rab dijo: "Hathach es Daniel, pero ¿por qué se llama Hathach? Porque cortó conexiones con su alto cargo". Samuel dijo: "Al contrario, él tenía el cargo, y su nombre significa que todas las leyes fueron decididas por él". Y le dio un cambio para que Mardoqueo supiera qué era y por qué. R. Isaac Nafcha dijo: "Así envió a Ester a Mardoqueo. Quizás ellos

[Israel] transgredieron los cinco libros de la Torá acerca de los cuales está escrito (Ex. 32, 15).) En un lado y en el otro estaban inscritos. "Y le dijeron a Mardoqueo las palabras de Ester (12). ¿Pero él (Hatac) mismo no vino a ella?" De esto ", dijo R. Abba b. Cahana , "inferimos que uno no necesita regresar [a su remitente] para traer malas noticias." Y Mardoqueo se fue. Rad dijo: "Esto significa que él transgredió al ayunar en el primer día de Pascua"; y Samuel dijo: " Significa que cruzó un estanque de agua [para reunir a los judíos del otro lado] ".

R. Elazar dijo en el nombre de R. Chanina: "Nunca la bendición de un hombre común nunca será considerada insignificante a tus ojos; porque dos grandes hombres de su generación fueron bendecidos por hombres simples y sus bendiciones se cumplieron. Ellos fueron David y Daniel David, como está escrito (II Sam. 24, 23) Y Aravnah dijo al rey: "Que el Señor tu Dios te reciba favorablemente". Daniel fue bendecido por el rey Darío, como está escrito (Dan. 6, 17). Que tu Dios, a quien adoras continuamente, te libere verdaderamente ". R. Elazar dijo de nuevo en nombre de R. Chanina: 'Nunca se considerará insignificante la maldición de un hombre común, porque Abimelec maldijo a Sara, diciendo (Gen.20, 16) 'Esto es para ti una cubierta para los ojos, y se cumplió a través de sus hijos, como se dice (Gén. 27, 1) Y los ojos de Isaac se oscurecieron. "De nuevo dijo R. Elazar, en el nombre de R. Chanina : "¡Ven y mira cómo es la costumbre del Santo, alabado sea! difiere de la costumbre del hombre frágil! Un hombre frágil pone la olla [en el fuego] primero y luego vierte agua en ella, pero el Santo, ¡alabado sea! Primero vierte el agua en la olla y luego la pone al fuego para sostener el pasaje (Jer. 10, 13).) Al sonido cuando da una multitud de agua. "Otra cosa dijo R. Elazar en el nombre de R. Chanina:" Cuando el justo se pierde (muere) es una pérdida sólo para la generación [no para él] . Esto podría compararse con un diamante que fue perdido por un hombre, donde sea que esté, su nombre está allí, la pérdida es simplemente para su dueño ". De nuevo R. Elazar dijo en el nombre de R. Chanina:" ¿Cuál es el significado de el pasaje (Ib. 5, 13) Sin embargo, todo esto no me aprovecha en nada. Deduzca de esto que todos los tesoros de ese malvado (Amán) estaban grabados en su corazón, y tan pronto como vio a Mardoqueo sentado en la torre del rey, dijo. Sin embargo, todo esto no me beneficia en nada. "¿Es realmente porque él (Amán) vio a Mardoqueo sentado en la torre del rey que dijo esto? Sí, como R. Chisda lo explicó:" Este último [Mardoqueo] había venido como miembro de los Prosbul y el primero [Amán] había llegado a la corte como miembro de los Prosbuli "(Ib. B."); es decir, Buli significa los ricos, como se dice (Lev. 26, 19) Romperé el orgullo de tu poder, y R. Joseph explica que esto se refiere a los ricos de Judá; Buli significa pobreza, y así se lee el pasaje (Deut. 15, 8) Seguramente le prestarás. R. Papa dijo: "Amán fue llamado 'el esclavo que se vendió a sí mismo por una barra de pan'". R. Elazar dijo además en el nombre de R. Chanina: "En el futuro, el Santo, ¡alabado sea! Ponga una corona sobre la cabeza de todo justo, como está escrito (Is.28, 5En ese día, el Señor de los ejércitos buscará una corona de gloria y una diadema de hermosura. ¿Cuál es el significado de una corona de gloria y una diadema de belleza? Es para aquellos que hacen Su voluntad y esperan Su gloria. ¿Se puede pensar que esto será para todos ellos? Por eso se dice. Al resto de su pueblo; es decir, para aquellos que son tan modestos que se consideran a sí mismos como el resto del pueblo. (Ib. 6) Y por espíritu de juicio; es decir, al que se sienta en juicio y hace justicia. Y por fuerza. Es para aquel que supera su inclinación. Para aquellos que hacen retroceder la batalla, esto se refiere a aquellos que debaten sobre la Torá. A la puerta, se refiere a los eruditos que se levantan temprano para ir a las puertas de las casas de oración y aprendizaje, y se quedan allí hasta tarde. El divino atributo de la justicia invocado ante el Santo, ¡alabado sea! diciendo: '¡Soberano del Universo! ¿En qué está la diferencia entre este (Israel) y todas las demás naciones [que estás honrando tanto a Israel]? ' Con lo cual el Santo, ¡alabado sea! respondió 'Israel estudió la Torá, y los idólatras no.' A esto respondió el atributo de la Justicia (Ib. 7). Pero estos también ahora tropiezan con el vino y se tambalean con las bebidas alcohólicas; son (Paku) inestables al emitir juicios. Paku (inestable) se refiere a Gehena, como se dice (y tambaleándose por la bebida fuerte - son (Paku) inestables al emitir juicios. Paku (inestable) se refiere a Gehena, como se dice (y tambaleándose por la bebida fuerte - son (Paku) inestables al emitir juicios. Paku (inestable) se refiere a Gehena, como se dice (Yo Sam. 25, 31) Que esto no sea motivo de ofensa; y Pliliya [juicio] se refiere a los jueces como se dice (Ex. 23, 21) Y ellos pagarán esto por la decisión de (Phlilim) los Jueces ".

(Est. 5, 1) Y se colocó en el patio interior de la casa del rey. R. Levi dijo: "Tan pronto como llegó a la casa de los ídolos, la Shejiná la dejó; entonces ella comenzó a decir (Sal. 22, 2) Dios mío, Dios mío, ¿por qué me has desamparado? ¿Consideras culpable a alguien que hace algo involuntariamente como si lo hiciera intencionalmente, y lo que uno está obligado a hacer como si lo hiciera voluntariamente? "(Ib.) Y sucedió cuando el rey vio a la reina Ester. R. Jochanan dijo: "Tres ángeles vinieron en su ayuda al mismo tiempo; un ángel levantó su cabeza [para que el rey pudiera verla]; uno, que ensartaba una cuerda de gracia (protección) alrededor de ella, y uno que extendía el cetro que el rey le entregó. "¿Hasta dónde se extendía? R. Jeremías dijo:" Su longitud habitual era de dos codos y se convirtió en doce codos de largo "; y otros dicen que se extendió a dieciséis. R. Joshua b. Levi dijo:" Hasta veinticuatro ". R. Chisda dijo:" Hasta sesenta. "Así que también encontramos que sucedió con el brazo de La hija del faraón;PD. 3, 8) Los dientes del malvado Shibarta, y Resh Lakish dijeron: "No leas Shibarta (has roto), sino léelo Shibabta (que se ramificó)". Rabá b. Uphran, en nombre de R. Eliezer, que lo había escuchado de su maestro, quien citó a su maestro, dijo: "Se hizo más largo en doscientas ells".

(Ib. 45) Y Ester dijo: Que el rey y Amán vengan hoy al banquete. A nuestros rabinos se les enseñó: ¿Con qué propósito invitó Ester a Amán a la fiesta? R. Elazar dijo: "Le tendió una red, como se dice (Pr. 69, 23). Que su mesa se convierta en una trampa ante ellos". R. Joshua dijo: "Ella lo aprendió en la casa de su padre, como está dicho (Prov. 25, 21) Si tu enemigo tiene hambre, dale pan ". R. Meier dijo:" Para que Amán no se enterara del asunto y causara una revolución ". R. Juda dijo:" Para que no se notara que ella era judía ". . "R. Nechemia dijo:" Para que los israelitas no digan: Tenemos una hermana en la corte del rey, y no deben [mientras tanto] descartar de sus mentes la idea de orar por misericordia ". Y R. José dijo:" Para que él debería estar cerca, si ella lo quería. "R. Simon b. Menassia dijo:" Para que Él arriba se dé cuenta [cómo ella se vio obligada a adular a su enemigo] y debería realizar un milagro. "R. Joshua b. Karcha dijo: "Tenía la intención de agradar a Amán, para que el rey se pusiera celoso y los matara a él ya ella [por lo que Israel se salvaría]".

Rabban Gamaliel dijo: "Asuero era un rey voluble [y, por lo tanto, Ester invitó a Amán para que, si obtenía permiso para ejecutarlo, pudiera tenerlo cerca, listo para matarlo antes de que el rey se retrasara]". Una vez más dijo Rabban Gamaliel: "Después de todo, todavía debemos escuchar lo que la mediana ha dicho, como se nos enseña en el siguiente Baraitha: R. Elazar de Media dijo: 'Ella había tenido la intención de hacer que Amán se sintiera celoso de Asuero, y Asuero celoso de Amán '". Rabba dijo:" [Para mantener] el pasaje (Prov. 26, 18) Antes de la caída va el orgullo ". Tanto Abaye como Raba dijeron: "Tenía la intención de hacer lo que está escrito (Jer. 51, 39) Cuando estén calientes, prepararé sus banquetes para beber y los emborracharé. "Rabá b. Abahu una vez encontró al profeta Elías y le preguntó:" ¿Qué pensaba hacer Ester cuando invitó a Amán? ", Y él respondió:" Como explicaron todos los Tanaim y todos los Amoraim ".

(6) En esa noche el sueño huyó del rey. "Él pensó", dijo Rabba, "¿cuál podría ser el significado de la invitación de Ester a Amán? ¿Quizás conspiraron contra mí para matarme?" Luego consideró y dijo: 'Si este fuera el caso, entonces se encontraría a alguien que tendría misericordia y me informaría de eso'. Pero luego dijo: 'Pero quizás hay hombres que me han hecho amabilidad, y no los he recompensado, por lo tanto, a la gente no le importa informar al respecto'. Tan pronto como se le ocurrió esta idea, ordenó que le trajeran las Crónicas, y fueron leídas por ellos mismos, es decir, ese lugar de las Crónicas apareció accidentalmente ". Y se encontró escrito (Kathub) participio pasado. ¿Debería ser Kathub (aprobado perfecto)? R. Isaac Nafcha dijo: "Puede inferir de esto (Fol. 16) que Shamshai (el secretario del rey) había borrado el incidente relacionado con Mardoqueo, pero Gabriel [el ángel] lo escribió, así se puede entender el contexto del pasaje. "R. Assi, en el nombre de R. Chanina b. Papá dijo: "R. Shila, de la aldea Tamratha, dio una conferencia: 'Si lo que está registrado a favor de Israel aquí abajo no se borra, ¿cuánto más lo que está escrito sobre ellos en el Cielo arriba [no se borrará]? "Y el rey dijo:" ¿Qué honor ¿y se le ha hecho distinción a Mardoqueo por eso? ", etc..... No se ha hecho nada con él. Se nos enseña: Lo dijeron, no porque amaban a Mardoqueo, sino porque odiaban a Amán. Y vino Amán ... preparado para él. Se nos enseña: este medio, que él había preparado para sí mismo. Y los jóvenes del rey le dijeron: " He aquí que Amán está de pie, "etc. ... Y vino Amán, etc. Haz esto con Mardoqueo. Y Amán preguntó:" ¿Quién es Mardoqueo? "" El judío ", respondió el rey." Pero, "dijo él," hay muchos Judíos con el nombre de Mardoqueo. "Y el rey respondió:" El que está sentado a la puerta del rey "." Para este hombre, comentó Amán, "será suficiente si le das una aldea, o los peajes de un rio." Entonces el rey dijo: "No dejes nada de todo lo que has dicho, y hazlo con él". Y Amán luego tomó la ropa y el caballo, etc., es decir, vino y encontró discípulos sentados ante Mardoqueo discutiendo la Ley concerniente a la ***; Tan pronto como Mardoqueo vio que Amán se le acercaba en el caballo real, sangró y dijo a sus discípulos: "Este malvado viene, me temo, con orden de ejecutarme. Vete de aquí, no sea que mi fuego te queme. Inmediatamente, Mardoqueo se vistió y se puso de pie para orar. Cuando Amán le preguntó a Mardoqueo: "¿Cuál era tu ocupación cuando entré?" Él respondió: "Cuando existía el Templo, Dios nos ordenó que si alguien ofrece una Minjá (ofrenda de comida), un puñado de comida de esa ofrenda debe haber sido ofrecida sobre el altar para expiar su pecado [así que deliberamos sobre el puñado] ". "¡Oh!" exclamó Amán, "Tu puñado del que has estado discutiendo ha superado los diez mil talentos que le había propuesto al rey para tu destrucción". "Hombre malvado", le dijo Mardoqueo, "si un esclavo compra algo, al que es dueño del esclavo pertenece también la riqueza, y tú eres mi esclavo". Luego le dijo a Mardoqueo: "Ponte las ropas

reales y monta el caballo, porque el rey te quiere". Mardoqueo dijo: "No debo ponerme las vestiduras reales hasta que me lave y me corte el cabello". Ester, sin embargo, había ordenado que se cerraran todos los baños y peluquerías, por lo que Amán mismo tuvo que llevar a Mardoqueo a una casa de baños y lavarlo; él mismo tuvo que traer unas tijeras de su casa y cortarse el pelo. Mientras Amán realizaba todo este trabajo, gimió amargamente, ante lo cual Mardoqueo le preguntó: "¿Por qué gimes?" "¡Oh!" respondió Amán, "tan grande hombre como soy, se ha convertido en lavandero y cortador de cabello". "Malvado", respondió Mordecai, "¿no eras un peluquero en el pueblo de Kartzum?" Se nos enseña que durante veintidós años Amán fue cortador de pelo en la aldea de Kartzum. Luego, le pidió a Mardoqueo que montara el caballo. Él respondió: "No puedo; estoy demasiado débil por el ayuno". Entonces Amán se inclinó y lo ayudó a subir al caballo, permitiéndole pisar su lomo.

(13) Y Amán relató a Zereth su esposa y a todos sus amigos. Y luego está escrito: Entonces le dijeron sus sabios y Zereth su mujer; primero se les llama amigos, y luego sabios? R. Jochanan dijo: "Un hombre, incluso de cualquier nación, que dice algo inteligente sólo debe ser llamado sabio (Jajam). Si Mardoqueo es de la simiente de los judíos, es decir, ellos dijeron:" Si Mardoqueo es descendiente de otros tribus, obtendrás lo mejor de él; pero si él desciende de una de estas tribus - Judá, Benjamín, Efraín, Menaseeh - entonces no puedes vencerlo; de Judá, porque está escrito (Génesis 49, 8) Tu mano será sobre la nuca de tus enemigos; y los otros tres, porque está escrito (Sal. 80, 3) Ante Efraín, Benjamín y Menasés, despierta tu poder. "Pero seguramente caerás ante él. R. Juda b. Ilai enseñó:" ¿Cuál es el significado de caer seguramente [duplicado en la prueba]? Deduzca de esto que le dijeron así: 'Esta nación (Israel) se parece a la tierra y se asemeja a las estrellas; cuando se hunden, se hunden hasta el polvo, y cuando se elevan, se elevan a las estrellas. ' "(Est. 6, 14) Aún estaban hablando con él cuando llegaron los chambelanes del rey, y se apresuraron. De esto inferimos que lo trajeron a toda prisa. Porque el adversario no hace caso del daño del rey. Ella le dijo: "Este enemigo no merece el daño que le causa al rey; cuando se puso celoso de Vasti, la mató, y ahora se pone celoso de mí y quiere matarme a mí también". Y el rey se levantó en su furor ... y cuando el rey regresó. De esto podemos inferir que así como había salido furioso, regresó furioso; fue a su jardín y encontró que los ángeles, en forma de hombres, estaban arrancando los árboles de su jardín y tirándolos. Al preguntarle por qué lo estaban haciendo, se le informó que Amán les había ordenado que lo hicieran. Cuando regresó a su casa, encontró que Amán estaba caído en el sofá, etc. No está escrito, cayó [caso activo], pero fue caído [caso pasivo]; es decir, infiera de esto que un ángel vino y lo empujó. Y el rey dijo: "¡Ay de dentro y ay de fuera!" Y el rey dijo: "¿Incluso hará violencia a la reina delante de mí en la casa?" Luego dijo Harbonah, uno de los chambelanes, etc. R. Chama b. Chanina dijo: "Harbonah el malvado también había estado entre los que habían dado el consejo de hacer una horca para Mardoqueo; pero tan pronto como vio que su plan no se cumplía, abandonó a Amán y se pasó a los amigos de Mardoqueo, y esta interpretación se deriva del pasaje ("¿Incluso hará violencia a la reina antes que yo en la casa?" Luego dijo Harbonah, uno de los chambelanes, etc. R. Chama b. Chanina dijo: "Harbonah el malvado también había estado entre los que habían dado el consejo de hacer una horca para Mardoqueo; pero tan pronto como vio que su plan no se cumplía, abandonó a Amán y se pasó a los amigos de Mardoqueo, y esta interpretación se deriva del

pasaje ("¿Incluso hará violencia a la reina antes que yo en la casa?" Luego dijo Harbonah, uno de los chambelanes, etc. R. Chama b. Chanina dijo: "Harbonah el malvado también había estado entre los que habían dado el consejo de hacer una horca para Mardoqueo; pero tan pronto como vio que su plan no se cumplía, abandonó a Amán y se pasó a los amigos de Mardoqueo, y esta interpretación se deriva del pasaje (Job 27, 22) Y echaré fuego sobre él, y no tendrán piedad; de su mano seguramente escapará. Y se apaciguó la furia del rey [Shachacha]. ¿Qué significa el doble (apaciguador)? Uno se refiere al Rey del Universo y el otro se refiere a Asuero. Otros, sin embargo, dicen que uno se refiere al enojo por Vasti y otro por Esther ".

Está escrito (Gén. 45, 22) A cada uno de ellos les dio mudas de ropa; pero a Benjamín le dio... cinco mudas de ropa. ¿Es posible que lo que le causó problemas al padre de José (Ib. B) resultó ser una piedra de tropiezo para José? Para Rabba b. Mehasia citó a R. Chama b. Guria, quien dijo en nombre de Rab: "A causa de dos Selaim de seda que Jacob otorgó a José en preferencia a sus otros hijos, los hermanos se pusieron celosos de él y provocaron la entrada de nuestros antepasados en Egipto". "Este fue un indicio de que de él descendería un hombre que usaría cinco prendas reales", dijo R. Benjamin b. Jepheth, a nombre de R. Elazar. ¿Quién es él? Mardoqueo, de quien está escrito (Est.8, 15) Y salió Mardoqueo con un vestido real de azul y blanco, y una gran corona de oro, y un manto de lino fino y púrpura. (Génesis 45, 14) Y cayó sobre el cuello de su hermano Benjamín. ¿Cuántos cuellos tenía Benjamín? R. Benjamin b. Jepheth, en el nombre de R. Elazar, dijo: "Lloró por los dos templos, que estaban destinados a estar en la tierra de Benjamín y estaban condenados a la destrucción". Y Benjamín lloró sobre su cuello; es decir, lloró por el Tabernáculo de Shilo, que fue designado en la parte de la tierra de José, y estaba destinado a ser destruido. (Ib.) Y he aquí, tus propios ojos ven, y los ojos de mi hermano Benjamín. "Esto significa", dijo R. Benjamin b. Jepheth en el nombre de R. Elazar, "que él (José) les dijo: 'Así como no tengo nada en mi corazón contra Benjamín, que no participó en mi venta, tampoco tengo nada contra ustedes, que me vendieron. '"(Ib.) ¿Es mi boca lo mejor de Egipto? R. Benjamin b. Jepheth, en nombre de R. Elazar, Explicó esto: "Lo que hablo con mi boca, lo pienso en mi corazón". (Ib. 23) Y a su padre envió de esta manera con las mejores cosas de Egipto. ¿Cuál es el significado de lo que te habla? R. Benjamin b. Jepheth, en el nombre de R. Elazar, dijo: "Le envió vino añejo, que fortalece las mentes de antaño cuando lo beben".

(Ib. 50, 18) Y sus hermanos también fueron y se postraron ante él. R. Benjamin b. Jepheth, dijo nuevamente, en el nombre de R. Elazar: "Esto es lo que la gente dice, 'Cuando el zorro tenga su día, inclínate ante él'". Con lo que él (José) era inferior a sus hermanos [que ustedes llaman él zorro]? Debemos decir que si se hicieron estos comentarios, se hicieron en referencia a lo siguiente (Ib. 33, 31) E Israel se inclinó sobre la cabecera de su cama. Con lo cual R. Benjamin b. Jepheth dijo en nombre de R. Elazar: "Por eso la gente dice: 'Cuando el zorro tenga su día, inclínate ante él'. "(Ib.) Y los consoló y les habló amablemente. R. Benjamin b. Jepheth dijo en nombre de R. Elazar: "Deduzca de esto que él (José) les dijo cosas que reconfortan el corazón; es decir, si diez luces no pueden apagar una,

(Est. 8, 16) Para los judíos había luz, gozo, alegría y honra. R. Elazar, en el nombre de R. Juda, dijo: "Luz, se refiere a la Torá, y así dice el pasaje (Prov. 6, 23) Porque el mandamiento es una lámpara, y la ley es luz. Gozo, se refiere a una fiesta, y así dice el pasaje (Deut.16, 14) Y te regocijarás en tu fiesta; la alegría, se refiere a la circuncisión, y así dice el pasaje (Sal.119, 162) Me regocijo por tu promesa; honor , se refiere a Tephilin, y así dice el pasaje (Deut.28, 16) Y todas las naciones de la tierra verán que eres llamado por el nombre del Señor, y te temerán. Y se nos enseña en un Baraitha: R. Eliezer el Grande dijo: "Esto se refiere al Tephilin en la cabeza". "

(Est. 9, 7) Y Parshandatha R. Adda, de la ciudad de Jafe, dijo: "Los nombres de los diez hijos de Amán, junto con la palabra Assereth (diez), deben leerse de una vez". ¿Porque? Porque sus almas dejaron sus cuerpos al mismo tiempo. R. Jochanan dijo: "La [letra] Var de Vai'zatha debe ser más larga, para que se parezca a una horca, porque las diez fueron colgadas en una horca".

Palabras de paz y verdad. R. Tanchum, y según otros, R. Ashi, dijo: "Podemos inferir de esto que debe escribirse de manera similar a las palabras reales de la Torá; escritas en pergamino con renglones.]" Y la orden de Ester confirmó este Purim. ¿Son solo las palabras de Ester y no el ayuno y las oraciones? R. Jochanan dijo: "Lean juntos el versículo anterior con esto: Los asuntos de los ayunos, las oraciones y la orden de Ester confirmaron este Purim". (Ib.) Porque Mardoqueo el judío era segundo en rani después del rey Asuero, y grande entre los judíos, y agradable a la multitud de sus hermanos. A R. Joseph se le enseñó: ¿A la multitud, pero no a todos? De esto inferimos que una parte del Sanedrín le dio la espalda. R. Joseph dijo: "El estudio de la Ley es más grande que salvar vidas, porque antes de [hacerse popular con Asuero] Mardoqueo fue mencionado el quinto, pero más tarde el sexto. Antes fue mencionado el quinto, como está escrito (Ez, 2, 2) Quien vino con Zorobabel, Jeshua, Nehemías, Serayah, Roalyah, Mardoqueo, Balsha; y luego está escrito (Neh. 7, 7) que vino con Jeshua, Nehemías, Azaryah, Raamat, Nachmeini, Mardoqueo y Balshan ".

R. Ashi estaba sentado [y estudiando] ante R. Cahana cuando este último estaba esperando la llegada de algunos eruditos más, pero ninguno de los eruditos vino. "¿Por qué no vinieron hoy los rabinos?" preguntó R. Cahana de R. Ashi. "Quizás estén ocupados con la cena de Purim", fue la respuesta de R. Ashi. "¿No podrían entonces servir la cena de Purim por la noche [y no perder un día de estudio]?" comentó R. Cahana. A lo que R. Ashi respondió: "¿No ha escuchado el maestro lo que dijo Raba, que si la cena de Purim se sirve por la noche, no ha cumplido su propósito?" "De hecho, ¿Raba lo dijo?" preguntó R. Cahana. "Sí", fue la respuesta. Entonces R. Cahana estudió esta ley cuarenta veces, y fue para él [la ley] como si estuviera en su bolsillo [listo para recitar].

(Ib. B.) Rab, y según otros R. Samuel b. Marta, dijo: "El estudio de la Ley es de más importancia que la construcción del Templo; mientras vivió Baruch ben Nerías [y enseñó con Esdras] no regresó a la tierra de Israel". Rabá b. Chana dijo, en nombre de R. Isaac b. Samuel, el hijo de Marta, quien citó a Rab: "El estudio de la Ley es más importante que el honrar a los padres; porque durante todos los años que Jacob pasó con Sem y Eber y estudió la Ley, no fue castigado [por haber no honró a su padre ya su madre.] "

Meguilá, Capítulo 2

"¿De dónde sabemos que la Amida (Dieciocho Bendiciones) se leerá de acuerdo con sus arreglos? De la siguiente Baraitha: Simon Happekuli instituyó las Dieciocho Bendiciones antes que Rabban Gamaliel en Jabnai, de acuerdo con su arreglo actual. R. Chiya b. Abba dijo, en el nombre de R. Jochanan, y según otros fue enseñado en un Baraitha: Ciento veinte ancianos [de Israel], de los cuales había muchos profetas, instituyeron la oración de las Dieciocho Bendiciones de acuerdo con este arreglo . "

A nuestros rabinos se les enseñó: ¿De dónde inferimos que deberíamos mencionar a los Patriarcas [en la oración de Amida]? Está escrito (Sal. 29, 1) Atribuid al Señor, hijos de los valientes. ¿Y de dónde inferimos que deberíamos mencionar [en la Amida el poder [de Dios]? Está escrito (Ib.) Atribuid al Señor gloria y fuerza. ¿Y de dónde inferimos que el K'dusha [Su Santidad] debe ser mencionado? Está escrito (Ib. 2) Atribuid al Señor la gloria de su nombre; inclínate ante el Señor en la hermosura de la santidad. ¿Y qué razón tenían para colocar la Bendición de la Sabiduría [cuarta] después de la Bendición K'dusha? Porque se dice (Is.29, 23) Entonces santificarán al Santo de Jacob, y reverenciarán al Dios de Israel; e inmediatamente sigue: También los errados de espíritu adquirirán entendimiento. ¿Y qué razón tenían para colocar la Bendición del Arrepentimiento después de la Sabiduría? Porque está escrito (Is. 6, 10) No sea que su corazón entienda, y se arrepienta y sea sanado. Si es así, ¿deberíamos mencionar la sección que trata sobre la Sanación después del Arrepentimiento [la sexta, en lugar de la octava bendición]? No puedes asumir esto, porque está escrito (Ib. 55, 7) Y que vuelva al Señor, y tendrá misericordia de él; ya nuestro Dios, el cual será amplio en perdonar. Por lo tanto, la sección de Perdón se organiza después del Arrepentimiento. Pero, ¿por qué querían confiar en este [versículo] y no en el primero? Porque hay otro pasaje en el mismo sentido (Sal. 103, 3) El que perdona todas tus iniquidades, El que sana todas tus enfermedades, El que redime del abismo tu vida. Esto significa decir que tanto la redención como la sanidad vienen después del perdón. Pero hay un pasaje (Isaías 6, 10) ¿Se arrepentirá y será sanado? [Por tanto, la sanidad sigue al arrepentimiento]? Esta curación, sin embargo, no se refiere a la enfermedad, sino al perdón. ¿Y qué razón tenían para organizar la oración de redención en la séptima bendición? Raba dijo: "Debido a que Israel está destinado a ser redimido en el séptimo año (sabático), fue designado en la séptima bendición. Pero ¿no ha dicho el maestro que en el sexto [año sabático] habrá diferentes rumores? , en el séptimo año de los años sabáticos estallarán [grandes] guerras, y al final del séptimo año Mesías b. ¿David aparecerá? Por lo tanto, en el séptimo habrá guerra y no redención. La guerra marcará el comienzo de la redención. ¿Y qué razón tenían para organizar la oración de sanación en las octavas bendiciones? "Porque", dijo R. Akiba, "La circuncisión tiene lugar en el octavo día y requiere curación; por lo tanto, fue designada en la séptima bendición". ¿Y qué motivo tenían para organizar la oración de la Bendición del Año en la novena Bendición? "Esta oración", dijo R. Alexandri, "es contra los que suben los precios, como está escrito (PD. 10, 15), Rompe el brazo del impío, etc. Y David también lo dijo en el capítulo noveno. "¿Y qué razón tenían para organizar la oración para la Reunión del Exilio después de la Bendición de la Bendición [de la cosecha] del año? Porque está escrito (Ezequiel 36, 8) Pero vosotros, montes de Israel, enviaréis vuestros ramos, y daréis vuestro fruto para mi pueblo Israel, porque están cerca de Israel. ven. Y tan pronto como se produzca la reunión del exilio, habrá el castigo de los malvados, como se dice (Is. 1, 25) Volveré mi mano contra ti, y limpiaré como con lejía tu escoria. Y además (26) está escrito: Restauraré tus jueces como al principio, y tus consejeros como al principio. Después del juicio de los impíos, no existirán más pecadores. Esto incluye a los arrogantes, como se dice (Ib.) Pero la destrucción vendrá sobre transgresores y pecadores a la vez. Y los que abandonan al Señor perecerán, y cuando los pecadores dejen de existir, la fuerza de los justos será exaltada; como está escrito (Sal. 75, 11) Y cortaré toda la fuerza de los impíos, pero la fuerza de los justos será exaltada. Los prosélitos justos se incluyen entre los justos; como está dicho (Levítico 19, 32) Delante de la canosa cabeza te levantarás y honrarás al anciano. Y en seguida sigue: Si un extraño mora contigo, no lo irritarás. ¿Y dónde será ensalzado su cuerno? En Jerusalén; como está dicho (Sal. 122, 6) Orad por la paz de Jerusalén; que prosperen los que aman. Y tan pronto como Jerusalén sea reconstruida, vendrá David (Fol. 18), como está dicho (Oseas 3, 5). Después de eso, los hijos de Israel volverán y buscarán al Señor su Dios ya David su rey. Y junto con David vendrá la oración, como está dicho (Is. 57, 7A estos los llevaré a mi santo monte, y los alegraré en mi casa de oración. Y tan pronto como llegue la oración, el servicio en el Templo vendrá con él, como se dice además: Sus holocaustos y sus sacrificios serán aceptados sobre Mi altar. Y tan pronto como llegue el servicio, vendrá una acción de gracias, como está dicho (Sal. 50, 23). Quien así ofrece acción de gracias, me glorifica. ¿Y qué razón tenían para colocar la Bendición de los Sacerdotes después de la Bendición de Acción de Gracias? Porque está escrito (Levítico 9, 22) Entonces Aarón alzó sus manos hacia el pueblo, los bendijo y descendió después de haber ofrecido la ofrenda por el pecado, el holocausto y la ofrenda de paz. ¿Por qué no decir que los bendijo antes del servicio? No es posible que lo piense así; porque escrito está: Descendió después de haber ofrecido; no está escrito para ofrecer, sino después de ofrecer. Entonces, ¿por qué no decirlo inmediatamente después de la Bendición sobre el Servicio [de restauración del Templo]? No es posible que lo pienses así, porque está escrito: Quien ofrece la acción de gracias (me glorifica. ¿Y por qué desearon confiar en este [versículo] y no en el primero? Porque el sentido común enseña que el servicio y la acción de gracias son lo mismo). cosa. ¿Y qué razón tenían para colocar [la bendición acerca de] la paz después de la bendición de los sacerdotes? Porque está escrito (Num. 6, 21) Y pondrán mi nombre sobre los hijos de Israel y los bendeciré; es decir, la bendición del Santo, ¡alabado sea! es paz, como se dice (Sal. 29, 11). El Señor bendecirá a su pueblo con paz. [De ahí el arreglo de la Amida o Dieciocho Bendiciones.] Ahora [veamos], si ciento veinte ancianos, entre los cuales había muchos profetas, han arreglado las Dieciocho Bendiciones de acuerdo con sus órdenes, ¿por qué fue necesario que Simón de Peculi debería reorganizarlos? Habían sido olvidados, por lo que reintrodujo la orden.

Más allá de estas Dieciocho Bendiciones, no se deben decir las alabanzas del Santo, ¡alabado sea Él! porque R. Elazar dijo: "¿Cuál es el significado del pasaje (Sal. 106, 2) ¿Quién puede pronunciar los poderosos hechos del Señor? ¿Quién puede publicar toda Su alabanza? Esto significa, ¿Quién es digno de pronunciar? publique toda Su alabanza; [y como nadie puede hacerlo, sólo deben decirse las oraciones que han sido ordenadas] ". Rabá b. Ghana dijo en nombre de R. Jochanan: "El que habla demasiado en alabanza de Dios será quitado del mundo, como se dice (Job 37, 20). ¿Pueden todos estar relacionados con Él cuando hablo? ¿Habla el hombre hasta que se lo trague? " R. Juda, del pueblo de Geboriah, según otros de Gibor-Chail, enseñó: "¿Cuál es el significado del pasaje (Sal. 65, 2) Porque la alabanza está en silencio. Esto quiere decir que el silencio es la cura de todo ". Cuando R. Dima vino de la tierra de Israel dijo que en Occidente dicen:" Una palabra vale un sela y un silencio dos ". R. Acha dijo en nombre de R. Elazar: "¿De dónde nos enteramos de que Dios llamó a Jacob El? (similar al nombre de Dios). Se dice (Génesis 33, 20) Y erigió allí un altar y lo llamó El Dios de Israel. ¿Cómo se puede pensar que Jacob llamó al altar El? Si es así, entonces debería escribirse Y Jacob lo llamó El (no él). Por tanto, debemos decir que esto significa y que Jacob se llamaba El. ¿Quién lo llamó así? El Dios de Israel ".

Meguilá, Capítulo 3

(Fol. 21) MISHNAH: Quien lee la Meguilá de pie o sentado ha cumplido con su deber. GEMARA: Se nos enseña en un Baraitha: "No es así con la lectura de la Torá, [que sólo se puede leer mientras el lector está] de pie. ¿De dónde inferimos esto? R. Abahu dijo:" El pasaje dice (Deuteronomio 5, 28) Pero en cuanto a ti, quédate aquí conmigo. De esto inferimos que el lector debe estar de pie y la congregación sentarse ". R. Abahu dijo de nuevo:" ¿De dónde sabemos que el maestro no debe enseñar al discípulo cuando está sentado en la cama y el discípulo en el suelo? Porque está escrito Pero tú, quédate aquí conmigo. (Tal como yo estoy, tú debes estar de pie.) "A nuestros rabinos se les enseñó: Desde la época de Josué hasta Rabban Gamaliel, la Torá se estudiaba de pie. Cuando Rabban Gamaliel, el anciano, murió, la enfermedad se hizo prevalente y comenzaron a estudiar sentados. Y Este es el significado de la Mishná: "Desde que Rabban Gamaliel el mayor murió, la dignidad de la Torá ha cesado". Un pasaje dice (Deut. 9, 9) Me senté en el monte cuarenta días y cuarenta noches; y otro (Ib. 10, 10) me paré en el monte. Rab dijo: "Se paraba cuando estudiaba y se sentaba cuando repetía". R. Janinah dijo: "No estaba ni de pie ni sentado, sino inclinado". R. Abba, sin embargo, dijo: "Sentarse no significa nada más que permanecer, como se dice (Deut. 1, 46). Os sentáis en Cades [que significa habitado]". Raba dijo: "Las cosas fáciles que estudió mientras estaba de pie y las cosas difíciles mientras estaba sentado".

(Ib. B) "Los lunes, jueves y sábado en Minjá, se llama a tres hombres para que lean el rollo". ¿A qué corresponden los tres? R. Assi dijo: "Esto corresponde a la Torá, los Profetas y los Hagiographa". Raba dijo: "Corresponde a los sacerdotes, levitas e israelitas". Y lo que R. Simi enseñó: "No se debe leer en la casa de oración menos de diez versículos [de la Torá]; y si uno de ellos consiste en las palabras, Y Dios le habló a Moisés, se cuenta entre los diez . " ¿A qué corresponden estos diez versículos? R. Joshua b. Levi dijo: "Corresponde a los diez hombres libres para asistir a la sinagoga". Y R. Joseph dijo: "Corresponde a los diez mandamientos dados a Moisés en el Sinaí". R. Jochanan dijo: "¿Corresponde a las diez órdenes divinas?"PD. 33, 6) Por la palabra del Señor fueron hechos los cielos; y por el aliento de su boca, todos sus ejércitos.

Meguilá, Capítulo 4

(Fol. 27) Bar Kapara dio una conferencia: "¿Cuál es el significado del Pasaje (II Reyes 25, 9) Y quemó la casa del Señor y la casa del rey; y todas las casas de Jerusalén, incluso toda casa grande, quemado él encenderá; es decir, la casa del Señor, se refiere al templo; la casa del rey, se refiere al palacio del rey; y todas las casas de Jerusalén, se toma literalmente. Incluso cada gran casa ". R. Jochanan y R. Joshua b. Levi difiere en cuanto al significado de esta frase. Uno dijo que esto se refiere a una casa de estudio y el otro dijo que se refiere a una casa de culto. Quien sostiene que se refiere a una casa de estudio basa su teoría en el siguiente pasaje (Is.42, 21) Para hacer las enseñanzas grandes (Yagdil) y gloriosas. [Por lo tanto, grande se emplea en conexión con el estudio.] Pero el que sostiene que se refiere a un lugar de oración, basa su teoría en el siguiente pasaje (II Reyes 8, 4) Dime, te ruego, todas las grandes cosas que ha hecho Eliseo. Y Eliseo hizo maravillas con la oración. Lo siguiente demostrará que R. Joshua b. Levi explica lo anterior "un lugar de estudio", Levi explica lo anterior "un lugar de estudio", para R. Joshua b. Levi dijo: "Una congregación puede transformarse en una casa de estudio". [Porque este último es mayor, por lo tanto, grande se aplica al último].

(Ib. B) Los discípulos de R. Zakkai le preguntaron: "¿Por qué has merecido vivir tantos años?" Él respondió: "Nunca dejo agua a cuatro metros de un lugar de oración; nunca llamé apodos a mis asociados; nunca descuidé [el Kidush] de pronunciar la bendición matutina del sábado sobre una copa de vino. Sucedió una vez que tuve no había dinero para comprarlo, y mi anciana madre vendió la gorra de su cabeza y me trajo vino para Kidush ". Se enseña en un Baraitha: cuando ella murió, dejó trescientas botellas de vino, y cuando él murió, dejó a sus herederos tres mil botellas de vino. R. Huna estaba de pie en presencia de Rab, ceñido con un trozo de goma de mascar. Y Rab le preguntó: "¿Dónde está tu cinto?" Él respondió: "No tenía vino para Kidush, y empeñé mi cinturón para conseguirlo". Rab comentó entonces: "

Los discípulos de R. Elazar b. Shamua le preguntó: "¿Por qué has merecido vivir tanto tiempo?" Él respondió: "Nunca usé la casa del aprendizaje como un pasaje de atajo; nunca pasé por encima de las cabezas del pueblo santo (nunca forcé mi camino para llegar a mi lugar a través de los estudiantes mientras estaban sentados en el piso); y Nunca levanté mis manos [como sacerdote] para bendecir a Israel sin [pronunciar primero] la bendición ". Los discípulos de R. P'reida le preguntaron: "¿Por qué has merecido vivir tanto tiempo?" Él les dijo: "Nunca sucedió que un hombre viniera a la casa de la enseñanza antes que yo; (Fol. 28) Nunca comí de un animal del cual los dones sacerdotales no habían sido separados; y nunca pronuncié una bendición en una comida en presencia de un sacerdote ". ¿Es entonces el último digno de alabanza? No Rabba bbProv. 8, 36) ¿Todos los que odian (la Torá) aman la muerte? No lea Mesanai (que me odia), pero léalo Massniai (que causa que me odie). "Sólo se refirió a un caso en el que el sacerdote era igual a él [en erudición]",

Los discípulos de R. Nechunia b. Hakkana le preguntó: "¿Por qué has merecido vivir tanto tiempo?" Él respondió: "Nunca traté de elevarme a expensas de mis vecinos; nunca me acosté con la maldición de mi vecino, y fui liberal con el dinero". "Nunca traté de elevarme a costa de mi vecino", etc. Como sucedió con R. Huna, que llevaba un pico. R. Ghana b. Hanailai se lo quitó con la intención de llevárselo. R. Huna le dijo: 'Si tienes la costumbre de llevar algo así en tu ciudad, hazlo; pero de lo contrario, si seré honrado por tu deshonra, no la quiero '. "Nunca me fui a la cama", etc., como decía Mar Zutra al irse a la cama: "Oh Señor, perdona a todos los que me hayan insultado". "Fui liberal con mi dinero". como dijo el maestro que Job era generoso con su dinero; es decir, permitió a los tenderos mayores ganancias de las necesarias.

R. Akiba preguntó a R. Nechunia el Grande: "¿Por qué has merecido vivir tanto tiempo?" Los sirvientes de este último vinieron y golpearon a R. Akiba [por tal pregunta]. R. Akiba huyó de ellos, subió a la copa de un árbol y dijo: Rabí, ya que se dice (Núm. 28, 4) Ovejas [en singular], ¿por qué debería escribirse una además? Le dijo: "Para significar [que debería ser] lo mejor del rebaño". [Volviéndose a su criado] dijo: "Es un joven erudito, déjalo ir". En cuanto a la primera pregunta, dijo: "Nunca en mi vida acepté ningún regalo, como está escrito (Prov. 15, 27). El que odia los regalos vivirá. Y nunca insistí en represalias; como dijo Raba:" Él quien pasa por alto su venganza, sus pecados serán pasados por alto (serán perdonados),) Perdonar la iniquidad y perdonar la transgresión; es decir, ¿a quién perdona Dios la iniquidad? Al que perdona los agravios de su prójimo hacia él ".

R. Joshua b. Karcha: "¿En recompensa por lo que has vivido tanto tiempo?" Él le respondió: "¿Te entristece que viva tanto?" Él respondió: "Rabino, es un estudio y quiero aprenderlo de usted". Él respondió: "Nunca en mi vida miré a la cara de un hombre malvado; porque R. Jochan, en el nombre de R. Simon b. Jachai, dijo:" Está prohibido que un hombre mire a la cara de un hombre malvado, como se dice (II Reyes 3, 14) Seguramente, si no fuera por la presencia de Jehosaphat el rey de Judá, no miraría hacia ti ni te vería '". Raba dijo:" Desde aquí (Prov. 18, 5) No es bueno favorecer el semblante de los malvados. "Cuando R. Joshua b. Karcha se estaba muriendo, el rabino le preguntó:" ¡Bendíceme! "Él le dijo:" Que sea Su voluntad que llegues a la mitad de mi edad "." ¿Y no toda tu edad? ", le dijo el rabino. A lo que él respondió:" ¿Y qué harán tus hijos? ¿Pasarán ovejas? "Los discípulos o R. Zera y, según otros, los discípulos de R. Adda b. Ahaba le preguntaron:" ¿Con qué has merecido vivir mucho tiempo? "Él respondió:" Nunca me enojé en mi casa; Nunca caminé frente a mi superior, nunca pensé en súbditos divinos en callejones inmundos; Nunca caminé cuatro codos sin estudiar la Torá ni sin Filacterias; Nunca dormí en la casa de aprender ni un sueño profundo ni una siesta:

Se nos enseña que R. Simeon b. Jachai dijo: "Ven y mira cómo los israelitas son amados por el Santo, ¡alabado sea Él! Dondequiera que fueron exiliados, la Shejiná los acompañó. Cuando fueron exiliados en Egipto, la Shejiná estaba con ellos, como se dice (I Sam. 2, 27) ¿he rveal mí mismo a la casa de tu padre, cuando estaban en Egipto? cuando fueron exiliados a Babilonia la Shejiná estaba con ellos, se dice que (Is. 43, 14) Por su bien he sido enviado a Babilonia. Y en el futuro, cuando sean redimidos, la Shejiná también regresará con ellos, como se dice (Deut. 30, 3) El Señor tu Dios devolverá tu cautiverio, y tendrá misericordia de ti, no se dice V'heshib (Él ganará y te traerá de vuelta), sino V'Shab (Él regresará). De esto inferimos que el Santo, ¡alabado sea! volverá con los israelitas del destierro ".

(Ezequiel 11, 16) Sin embargo, seré para ellos como un santuario menor. R. Samuel b. Isaac dijo: "Esto se refiere a las casas de estudio que están en Babilonia". R. Elazar dijo: "Esto se refiere a la casa de nuestro amo que está en Babilonia; es decir, Rab]". Raba dio una conferencia: ¿Cuál es el significado del pasaje (Sal. 90, 1) Señor, un lugar de refugio has sido para nosotros? Eso se refiere a las casas de oración y aprendizaje ". Abayi dijo:" Antes, solía aprender en casa y orar en la casa de oración; pero desde que escuché lo que dijo David (Sal.16, 6) Señor, amo el sitio de tu casa, comencé a estudiar en la casa de oración también. "En un Baraitha se enseñó, R. Elazar ha-Kapar dijo:" La oración - y el aprendizaje - casas fuera de la tierra de Israel se establecerá en el futuro en la tierra de Israel, como se dice (Jer. 46, 18). Como Thabor está entre los montes y como el Carmelo junto al mar, así vendrá, etc. inferirse a través de una conclusión a fortiori? Si Thabor y Carmel, en los que sólo se estudió la Ley ocasionalmente, se consideran dentro de la tierra de Israel, ¿cuánto más se establecerán en la tierra de Israel las casas de oración y las escuelas en las que se estudia la Ley? " Bar Kapara dio una conferencia: "¿Qué significa este pasaje (Sal. 68, 17) ¿Por qué miran con envidia, montañas de muchos picos? Esto significa: Una voz celestial salió y dijo a las montañas: '¿Por qué debéis estar celosos del monte Sinaí? Vosotros, todos los grandes montes, estáis manchados en comparación con el Sinaí; porque está escrito Gabnunim en conexión con las montañas, y se usa la misma analogía de expresión (Lev. 21, 20) A Giben (espalda encorvada). "De esto", dijo Abaye, "podemos inferir que un hombre que es altivo debe ser considerado manchado ". (Fol. 31) R. Jochanan dijo: "Siempre que encuentres en las Escrituras una descripción de la grandeza del Santo, ¡alabado sea! También encontrarás una descripción de Su modestia. Esto está escrito en el Pentateuco, repetido en el Profetas, y mencionado por tercera vez en el Hagiographa. En el Pentateuco está escrito (Deut. 10,) Porque el Señor tu Dios es Dios de dioses y Señor de señores; e inmediatamente sigue. Que hace justicia al huérfano y a la viuda. Se repite en los Profetas (Is. 57, 15) Así ha dicho el Alto y Sublime, que habita en la Eternidad, cuyo nombre es Santo; y después de esto está escrito: Pero también con los contritos y humildes de espíritu. La tercera vez en Hagiographa (Sal. 68, 5) Exalta al que cabalga sobre los cielos. El Eterno es Su nombre; y después de esto está escrito: Padre de huérfanos y juez de viudas ".

(Fol.32) R. Shephatia dijo de nuevo en el nombre de R. Jochanan: "¿De dónde sabemos que podemos beneficiarnos de una voz celestial? Se dice (Is. 30, 31) Tus oídos oirán algo de detrás de ellos, diciendo: ¿Cuándo es esto cierto? Cuando uno percibe una voz masculina en la ciudad y una voz femenina en el campo, y también cuando dice: 'Sí, sí' o 'No, no' [en doble]. " Otra cosa dijo R. Shephatia en nombre de R. Jochanan: "Quien lee sin dulzura y canta mientras lee lecciones talmúdicas, de él dice el versículo (Ezequiel 20, 25).) Y también les he dado leyes que no son buenas y ordenanzas por las cuales no podrían vivir ". R. Mesharshia planteó la siguiente objeción:" ¿Debo decir que porque uno no puede endulzar su voz, deben aplicarse ordenanzas por las cuales no pueden vivir? ¿A él? "Por lo tanto, debemos decir que se refiere a lo que dijo R. Mesharshia:" Si dos eruditos están en una ciudad, y no obtienen ningún placer al discutir la Halajá, al pasaje. Y se aplican ordenanzas por las cuales no podrían vivir ".

(Lev. 23, 44) Y Moisés habló de las fiestas del Señor a los hijos de Israel; es decir, les dijo el mérito de leer las porciones de la Torá cada una en su estación. A nuestros rabinos se les enseñó: Moisés ordenó a Israel que discutiera y disertara sobre el tema del día; las Halachas de la Pascua en la Pascua, las Halachas de Pentecostés en Pentecostés y las Halachas de los Tabernáculos en la Fiesta de los Tabernáculos.

FIN DEL TRACTO MEGILLA

Moed Katan, Capítulo 1

MOED KATTAN (Fol. 5) "Y las tumbas pueden marcarse en el Mo'ed". R. Simon b. Pazzi dijo: "¿De dónde encontramos un indicio [en las Escrituras] de que las tumbas deben ser marcadas? Se dice (Ezequiel 39, 15). Cuando alguien vea el hueso de un hombre, se colocará una señal junto a él". "¿Pero de dónde inferimos que las tumbas fueron marcadas antes de Ezequiel?" preguntó Rabina de R. Ashi. A lo que R. Ashi respondió: "Según su argumento, ¿cómo explicará el dicho de R. Chisda, que la siguiente ley no se derivó de la Biblia hasta que Ezekiel ben Buzi (el profeta) vino y nos enseñó (Ezequiel 44, 9) Ningún hijo de extranjero, incircunciso de corazón o de carne, entrará en mi santuario. [¿También preguntarás en este caso] '¿Cómo sabemos esto antes de Ezequiel?' Por lo tanto, debemos decir que este [hecho] era conocido por tradición y Ezequiel simplemente lo apoyó refiriéndolo a un versículo [particular]. Razonando en consecuencia, podemos explicar en este caso que el origen [del marcado de las tumbas] es conocido por la tradición y Ezequiel simplemente lo apoyó refiriéndolo a un versículo [particular] ".

R. Joshua b. Levi dijo: "Aquel que pesa sus caminos en este mundo será recompensado al ver la salvación del Santo, ¡alabado sea! Porque dijo (Sal. 50, 23) Y al que ordenó su curso correctamente le mostraré el salvación de Dios. Léalo no V'som sino V'shom ". Un alumno de R. Janai que estaba acostumbrado a hacerle preguntas a este último cuando estaba dando una conferencia, se abstuviera de hacerlo en sábado o en día festivo. [Debido a la multitud de personas que se reunieron, temió que pudiera avergonzar a R. Janai por su incapacidad para responder a sus preguntas.] (Ib. B.) R. Janai se refirió al pasaje. Y al que ordenó su curso correctamente, le mostraré la salvación de Dios.

(Fol. 8b) MISHNAH: No se pueden celebrar matrimonios durante la semana festiva, ni de vírgenes ni de viudas; ni se puede casar con una Yebama [la viuda sin hijos de su hermano fallecido], ya que es motivo de alegría para él. Pero uno puede volver a casarse con su propia esposa divorciada. GEMARA: E incluso si es motivo de alegría para él, ¿qué hay de eso? R. Juda dijo en el nombre de Samuel, y también R. Elazar dijo en el nombre de R. Oshiya, y según algunos en el nombre de R. Chanina: "Porque no debes mezclar un gozo con otro". Rabá b. Huna dijo: "Porque podría descuidar el disfrute de la fiesta debido a su regocijo por su esposa". "La declaración de Rabba R. Huna", comentó Abaye a R. Joseph, "fue originalmente hecha por Rab; para R. Daniel b. K'tina dijo en nombre de Rab: ' ¿De dónde nos enteramos de que no está permitido casarse durante la semana del festival? Se dice (Deut. 16, 14) Y te regocijarás en tu fiesta; es decir, te regocijarás por tu fiesta, pero no por tu esposa '". Ula dijo:" La razón es que habría demasiados problemas [para preparar la boda] ". R. Isaac Nafcha dijo:" La razón es decir, para que todos los matrimonios no se pospongan hasta un festival ".

(Ib. 9) ¿Pero de dónde aprendemos que un gozo no debe mezclarse con otro? Dijo R. Juda en el nombre de Samuel: "Está escrito (I Reyes 8, 65) Y Salomón celebró en el momento de la fiesta, etc., siete días y siete días, incluso catorce días. Ahora bien, si es cierto que un gozo puede mezclarse con otro, ¿por qué entonces Salomón no pospuso su fiesta hasta la fiesta? porque entonces los siete días del festival habrían servido para ambos? "R. Parnach, en el nombre de R. Jochanan, dijo:" En ese año los israelitas no habían observado el Día de la Expiación y estaban perturbados por el pecado que podría causarles destrucción. Entonces, una voz celestial salió y les dijo: 'Todos ustedes están destinados al mundo futuro' "¿Y de dónde nos enteramos de que fueron perdonados por ese pecado? 9).

R. Jonathan b. Achmai y R. Juda b. Gerim había estado estudiando el capítulo sobre los votos antes de R. Simon b. Jochai. Por la tarde se despidieron de él y se fueron. A la mañana siguiente regresaron y volvieron a pedir permiso. Con lo cual R. Simon b. Jochai les dijo: "¿No se despidieron de mí anoche?" Ellos le respondieron: "¿No nos ha enseñado nuestro maestro que un discípulo que se despide de su maestro y permanece en el mismo lugar durante la noche debe irse de nuevo? Porque está escrito" (I Reyes 8, 66) En el noveno día (el día veintidós del séptimo mes) despidió al pueblo y ellos bendijeron al rey; y está nuevamente escrito (II Crónicas 7, 10) Y el día veintitrés del séptimo mes despidió al pueblo. De esto inferimos que un discípulo que, después de despedirse de su maestro, pasa la noche en el mismo lugar, debe despedirse nuevamente ". [De ahí que ambas fechas sean correctas]. Luego le dijo a su hijo:" Estos son dignos (erudito) hombres. Ve y deja que te otorguen una bendición ". Su hijo fue y los encontró discutiendo la contradicción de los siguientes pasajes (Prov. 4, 26).) Equilibra bien la huella de tu pie, y que todos tus caminos sean rectos con firmeza; y está escrito (Ib. 5, 6) para que no pueda equilibrar el camino de la vida; sus huellas son inestables y ella no lo sabe. Esto no presenta ninguna dificultad; el último pasaje se refiere a un mandamiento que no puede ser cumplido por otros (Ib. b) y el primer pasaje se refiere a tal que otros pueden realizar. [Cuando debería preferirse estudiar.] Nuevamente plantearon una pregunta: Está escrito (Ib. 3, 15) Ella es más preciosa que las perlas, y todas las cosas valiosas no le son iguales. Por tanto, las cosas celestiales son iguales; y está escrito (Ib. 8, 2) Y todas las cosas que los hombres desean no son iguales a ella; de ahí que incluso las cosas celestiales estén incluidas? Y esto también explicaron que el uno se refiere a tal caso que puede ser realizado por otros, mientras que el otro se refiere a un caso que no puede ser realizado por otro. Luego se volvieron hacia él (el hijo) y dijeron. "¿Para qué has venido a nosotros?" "Padre me envió aquí para recibir tu bendición", fue su respuesta. Entonces ellos le dijeron: "Que sea Su voluntad que siembres y nunca siegues; traerás, pero nunca sacarás; darás pero no traerás; tu casa permanente será desolada y tu morada temporal será habitada; tu mesa se confundirá, y no verás al de primer año ". Cuando regresó con su padre, dijo: "¡No solo no me bendijeron, sino que, al contrario, me causaron dolor con sus palabras!" "¿Qué te dijieron?" preguntó su padre. Recitó lo anterior. "¡Todo lo que hay son bendiciones!" exclamó su padre, "a saber: Sembrarás y no cosecharás significa [alegóricamente] que darás a luz hijos y no morirán. Traerás y no darás medios que traerás a las esposas de tu casa para los hijos, y tus hijos varones no morirán, por lo que sus esposas no tendrán que salir de tu casa. Darás y no traerás medios para que tengas hijas y sus maridos no mueran, para que no se vean obligados a volver a tu casa. Tu casa permanente se arruinará y tu morada temporal será habitada, porque este mundo es solo una morada temporal y el mundo venidero es la casa real, como está escrito (y tus hijos varones no morirán, por lo que sus mujeres no tendrán que salir de tu casa. Darás y no traerás medios para que tengas hijas y sus maridos no mueran, para que no se vean obligados a volver a tu casa. Tu casa permanente se arruinará y tu morada temporal será habitada, porque este mundo es solo una morada temporal y el mundo venidero es la casa real, como está escrito (y tus hijos varones no morirán, por lo que sus mujeres no tendrán que salir de tu casa. Darás y no traerás medios para que tengas hijas y sus maridos no mueran, para que no se vean obligados a volver a tu casa. Tu casa permanente se arruinará y tu morada temporal será habitada, porque este mundo es solo una morada temporal y el mundo venidero es la casa real, como está escrito (PD. 49, 12) Su pensamiento interior es que sus casas serán para siempre. No lea Kirbam, (su interior) sino Kivrom (sus tumbas). Tu mesa se confundirá a causa de muchos niños. Y no verás que un primer año significa que tu esposa no morirá, de modo que no te verás obligado a casarte con otra ".

R. Simon b. Chalafta se despidió del rabino, y este le dijo a su hijo: "Ve con él para que te bendiga". R. Simon pronunció lo siguiente: "Que sea la Voluntad que no avergüences a otros y que otros no te avergüencen a ti". Cuando regresó con su padre le dijo: "No me bendijo, sólo me aconsejó". Y su padre respondió: "No, es una bendición; y es lo mismo que el Santo, ¡alabado sea! Pronunciado sobre Israel, como está escrito (Joel 2, 26) Y comeréis en abundancia, etc. ., y mi pueblo no será avergonzado para la eternidad, etc. Y sabréis que yo estoy en medio de Israel, etc., y mi pueblo no será avergonzado para la eternidad ".

Moed Katan, Capítulo 3

(Fol.16) Una vez sucedió que el rabino ordenó que los discípulos no estudiaran en las calles públicas, porque él expuso el pasaje (Cantares 7, 2) El redondeo de tus muslos; así como el muslo está oculto, la Torá también debe estudiarse en privado. R. Chiya hizo caso omiso de la orden y enseñó a Rab y Rabba bb Chama, sus dos sobrinos en la vía pública. Cuando el rabino se enteró, se enojó. Posteriormente R. Chiya apareció ante él, y Rabbi le dijo: "Iyya, mira quién te llama afuera". R. Chiya entendió la indirecta y se reprendió a sí mismo durante treinta días. En el trigésimo día, Rabí le envió un mensaje para que viniera; y poco tiempo después le envió otro mensaje para que no viniera. ¿Qué pensó al principio y cuál fue su decisión final cuando revocó la orden anterior? Al principio pensó que una parte de un día se considera el todo [de ahí que R. Chiya fue llamada la mañana del trigésimo día] pero su decisión final fue que una parte de un día no se considera el todo y, por lo tanto, le ordenó que no viniera. R. Chiya finalmente llegó. Entonces el rabino le preguntó: "¿Por qué has venido?" "Porque", respondió R. Chiya, "el maestro envió a buscarme". "¿Pero no te envié posteriormente para que no vinieras?" Le preguntó el rabino. A lo que respondió: "El primer mensaje lo recibí, pero el segundo no". El rabino le aplicó el siguiente pasaje (Prov. 16, 7) Cuando el

Señor recibe a favor los caminos del hombre, aun a sus enemigos hace que estén en paz con él. "¿Por qué el maestro transgredió mi orden?" Preguntó el rabino. "Porque", respondió R. Chiya, "está escrito (Prov. 1, 20) La sabiduría clama con fuerza en el exterior". Entonces el rabino le dijo: "Si has leído (estudiado), no lo has repetido, y si lo has repetido, no lo has repasado por tercera vez, y si lo has hecho, entonces tus maestros no te explicaron. para ti, porque el pasaje, Sabiduría clama fuerte afuera, significa como Raba lo explicó; porque Raba dijo: "Quien estudia la Torá adentro (en la intimidad), la Torá la proclamará [como un erudito] afuera". es también otro pasaje (Is.48, 16) ¿Nunca desde el principio he hablado en secreto? ", Replicó R. Chiya." Esto se refiere a conferencias ", explicó el rabino. Pero, ¿qué hará R. Chiya con el pasaje anterior? El redondeo de los muslos, [lo que indica un estudio secreto]? R. Chiya explica que el último pasaje se refiere a la caridad y la bondad amorosa.

R. Zutra b. Tubiah estuvo una vez arreglando pasajes bíblicos antes de R. Juda. Cuando llegó al pasaje (Sam. 13, 1) Y estas son las últimas palabras de David, le dijo: "Si estas fueron las últimas, ¿cuáles fueron las primeras palabras de David?" R. Juda guardó silencio. Pero cuando Mar Zutra repitió la pregunta, R. Juda dijo: "¿Eres de la opinión de que si uno no puede explicar esto, no es un gran hombre?" Mar Zutra entendió que R. Juda estaba enojado y se reprendió a sí mismo por un día. Pero la pregunta sigue sin respuesta. Si estos son los últimos, entonces debe haber el primero. ¿Cuáles son los primeros? Ellos son (Ib. 22, 1) Y David habló al Señor las palabras de este cántico, el día que el Señor lo libró de la mano de todos sus enemigos y de la mano de Saúl. Esto significa que el Santo, ¡alabado sea! dijo a David: "David, tú pecas canciones por la caída de Saúl; como vives si fueras Saúl y él fuera David, yo aniquilaría a muchos David por su causa". Y por eso dice los pasajes (PD. 7, 1) Un Shiggayon (un error) de David que cantó al Señor, acerca de los asuntos de Kush (el etíope) el benjamita. ¿Fue entonces su melena Kush? ¡He aquí que era Saulo! Pero así como un etíope se distingue de los demás por el color de su piel, también Saúl se distingue de los demás por sus buenas obras. De manera similar podemos explicar lo siguiente (Núm. 12, 1) A causa de la mujer etíope con la que se había casado. ¿Entonces su nombre era etíope? ¡He aquí que su nombre era Ziporah! Esto es para enseñarle que así como un etíope se distingue por el color de su piel, también ella se distingue por sus buenas acciones. De manera similar explicamos lo siguiente (Jer.38, 7) Y cuando lo oyó el esclavo del rey, el etíope. ¿Entonces su nombre era etíope? De hecho, ¿su nombre era Sedequías? Pero esto es para enseñarles que, como un etíope se distingue por el color de su piel, etc. De la misma manera podemos explicar lo siguiente (Amós 9, 7) ¿No sois como los hijos de los etíopes, oh hijos de Israel? ? ¿Entonces su nombre era etíope? ¡He aquí, Israel es su nombre! Esto le enseña que así como los etíopes se diferencian de los demás en el color de su piel, también Israel se diferencia de todos los idólatras con sus buenas obras.

R. Samuel b. Nachmeni dijo: "¿Cuál es el significado del pasaje (II Sam. 23, 1) El dicho de David hijo de Isaí, y el dicho del hombre levantado (Oel). Esto significa: Los dichos de David el hijo de Isaí, que había levantado el yugo del arrepentimiento ". (Ib.) El Dios de Israel dijo, la Roca de Israel me habló: "El gobernante de los hombres será el justo, el que se enseñorea del temor de Dios". ¿Qué significa esto? "R. Abahu dijo:" David quiere decir así: A mí me habló el Dios de Israel diciendo: 'Yo gobierno sobre los hombres, pero ¿quién gobierna sobre mí? Los justos, porque yo apruebo un decreto y los justos lo anulan mediante sus oraciones '".

(Ib. 8) Estos son los nombres de los valientes que tenía David: Josheb-bas-shebet a tac-kemonita, jefe de los tres. Era el mismo Adino el etznita que [levantó su lanza] contra ochocientos, a quienes mató a la vez. ¿Cuál es el significado de este pasaje? Dijo R. Abahu: "El pasaje significa así: Estos son los nombres de los valientes que tuvo David. Joseb-basshebeth; es decir, que estaban sentados con David en la casa de estudio. Cuando David se sentó en la casa de estudio, se sentó ni sobre colchones ni almohadas, sino en el suelo [como un discípulo ordinario]; porque, mientras Ira el jaireita vivió, enseñó a los rabinos mientras estaba sentado en colchones y almohadas; pero después de la muerte de Ira, cuando David reanudó la enseñanza, no se sentó ni en colchones ni almohadas, sino en el suelo. Cuando los rabinos le suplicaron a David que se sentara en colchones o almohadas, él se negó a hacerlo. A tac-kemonita; es decir, el Santo, ¡alabado sea! Entonces dijo a David: "Ya que te has menospreciado así, por lo tanto, debo hacerte igual a Mí, porque cuando haga un decreto, podrás anularlo. El principal entre los tres; es decir, el principal entre los tres Patriarcas; el mismo era Adino el etznita; es decir, que al sentarse y estudiar la Torá, se flexibilizaba como un gusano; el etznita, sin embargo, cuando iba a la guerra se endurecía como un árbol; contra ochocientos en uno tiempo; es decir, cuando arrojó su lanza mató ochocientos a la vez, y sin embargo solía gemir por [los desaparecidos] doscientos, acerca de quienes el pasaje dice (el mismo era Adino el etznita; es decir, que cuando se sienta y estudia la Torá, se vuelve flexible como un gusano; el etznita, sin embargo, cuando iba a la guerra se endurecía como un árbol; contra ochocientos en una sola vez; es decir, cuando arrojó su lanza mató ochocientos a la vez, y sin embargo solía gemir por [los desaparecidos] doscientos, acerca de quienes el pasaje dice (el mismo era Adino el etznita; es decir, que cuando se sienta y estudia la Torá, se vuelve flexible como un gusano; el etznita, sin embargo, cuando iba a la guerra se endurecía como un árbol; contra ochocientos en una sola vez; es decir, cuando arrojó su lanza mató ochocientos a la vez, y sin embargo solía gemir por [los desaparecidos] doscientos, acerca de quienes el pasaje dice (Deut. 32, 30) ¿Cómo perseguir a mil? Con lo cual una voz celestial salía diciéndole (I Reyes 15, 5) Salvo sólo en el asunto de Urías el hitita ".

(Fol. 17) Había un joven erudito acerca del cual corrían rumores malvados. "¿Qué se hará en este caso?" preguntó R. Juda. "¿Lo ponemos bajo proscripción? Los rabinos lo necesitan. ¿No es así? Causará deshonra al nombre del Cielo". "¿Sabes algo sobre un caso así?" le preguntó a Rabba bb Chana. A lo que éste le respondió. Así dijo R. Jochanan: "¿Qué significa el siguiente pasaje (Mol. 2, 7) Los labios del sacerdote deben guardar siempre el conocimiento, y la ley deben buscar de su boca, porque él es el mensajero del Señor de los ejércitos . Si el maestro es igual a un ángel, la Torá puede buscarse de su boca, pero si no, entonces no debe buscarse de su boca ". Entonces R. Juda lo puso bajo la prohibición. Posteriormente, R. Juda enfermó y los rabinos vinieron a visitarlo, entre los cuales estaba también ese joven erudito. Cuando R. Juda lo miró, sonrió. "¿No es suficiente que me hayas puesto bajo la prohibición", le dijo a R. Juda, "pero también te burlas de mí?" "No me río de usted", respondió R. Juda, "pero me siento feliz de poder decir con orgullo, cuando llegue al mundo futuro, que no estaba predispuesto ni siquiera hacia un hombre tan grande como usted". " Cuando finalmente murió R. Juda, el joven erudito vino a la universidad y pidió ser absuelto de la proscripción, y los rabinos le respondieron: "No hay ningún hombre aquí, igual en estima a R. Juda, que pueda absolverte. Ir a R. Juda el Nasi y él puede absolverlo ". Fue hacia él. "Ve y examina su caso", dijo R. Juda a R. Ami, "y si lo encuentras favorable, absolúcelo". R. Ami así lo hizo, y lo fue; a punto de absolverlo cuando R. Samuel b. Nachmeni se levantó y dijo: "Incluso cuando la sirvienta de la casa del Rabino el Santo declaró una prohibición, los sabios la respetaron durante tres años, ¿cuánto más debemos respetar la prohibición de Juda, nuestro colega?" "¿Qué significa esta señal?" exclamó R. Zera, "¿que este anciano llegó hoy a la universidad después de una ausencia de varios años? Es una señal de que el joven estudioso no debe ser absuelto". Finalmente acordaron no absolverlo. Se fue, y mientras caminaba y lloraba fue picado por una avispa y murió. Intentaron internarlo en la cueva de los piadosos, pero no fue aceptado; una serpiente se había envuelto alrededor de la tumba y había impedido la entrada. - Rishi. Luego lo intentaron en la cueva de los Jueces y fue aceptado. ¿Cuál fue el motivo de esta señal? Porque actuó como dijo R. Ilai, porque se nos ha enseñado R. Ilai el mayor dijo: "Si uno siente que su pasión amenaza con dominarlo, debe ir a un lugar donde no es conocido, y dejar que se vista de negro y se envuelva en ropa oscura. se viste y hace lo que le plazca, pero no profanará abiertamente el nombre del Cielo ". Pero, ¿no se nos ha enseñado: "El que elige un lugar secreto para cometer un pecado, es considerado como si apartara los pies de la Divinidad (niega la omnisciencia de Dios)". Esto no es difícil de explicar porque uno trata de un caso en el que la persona puede conquistar su pasión y el otro trata de uno que no puede conquistar su pasión.

¿Qué pasó con la sirvienta de la casa del rabino? La sirvienta de la casa de Rabí vio una vez a un hombre golpeando a su hijo mayor, y ella le dijo: "Que ese hombre esté proscrito, porque ha transgredido el mandamiento" (Levítico 19, 14). poner un obstáculo ante los ciegos, y se nos enseña en un Baraitha que en el colegio de R. Ismael se explicó: "Esto se refiere a alguien que golpea a su hijo mayor". "

Resh Lakish estaba mirando un huerto cuando llegó un hombre y comió higos. Resh Lakish le gritó que se detuviera, pero él no le prestó atención. "Que este hombre sea proscrito", dijo Resh Lakish. Y el hombre le respondió: "Al contrario, que ese hombre sea puesto bajo proscripción; si estoy en deuda contigo por alguna indemnización, ¿entonces estoy expuesto a ser proscrito?" Cuando Resh Lakish llegó a la universidad, le dijeron: "Su prohibición es válida, pero la tuya no". ¿Cómo se puede cobrar? ", Preguntó Resh Lakish." Ve y pídele que te absuelva ", le respondió el colegio." Pero no sé dónde encontrarlo ". Y le dijeron:" Tienes que ir a el Exilarca para ser absueltos, como se nos enseña en un Bairaitha ", etc.

(Fol. 18b) R. Juda dijo en el nombre de Samuel: "Todos los días sale una voz celestial y dice: 'La hija de fulano de tal, se casará con el hombre de fulano de tal". "R. Juda dijo además en el nombre de Rab:" Cuarenta días antes de la creación de un niño, una voz celestial surge y dice: 'La hija de fulano de tal, se casará con el hombre de fulano de tal; el campo de fulano pertenecerá a fulano de tal, la casa de fulano de tal será de fulano de tal '. "

(Fol. 25) Cuando murió R. Huna, los rabinos tenían la intención de colocar los Rollos Sagrados en su féretro. Entonces R. Chisda les dijo: "¿Le hacemos algo cuando esté muerto, a lo que se opuso cuando estaba vivo? Porque R. Tachlipha dijo: 'Yo mismo vi que cuando R. Huna quiso sentarse en una cama en donde yacían los Rollos Sagrados, quitaba el colchón en el suelo y colocaba los rollos sobre él y luego se sentaba '. Por lo tanto, opinaba que uno no debe sentarse en una cama sobre la que se colocan los rollos sagrados ". No pudieron sacar la cama [con el cuerpo] por la puerta y los rabinos contemplaron sacarla por el techo, ante lo cual R. Chisda comentó: "Él nos ha enseñado que el debido respeto por un erudito fallecido exige que lo sacarán por la abertura de la puerta ".II Sam. 6, 3) Y llevaron el arca de Dios en un carro nuevo '", etc. Finalmente rompieron los postes de la puerta y lo sacaron. R. Abba entonces comenzó el siguiente elogio:" Nuestro Rabino era digno de que la Shejiná debería descansar sobre él, pero Babilonia lo impidió. (R. Nachman b. R. Chasda, y algunos dicen que Chanan b. R. Chasda, entonces planteó la siguiente objeción (Ez.1, 3) Las palabras del Señor (Haya) vinieron expresamente a Ezequiel. [Por lo tanto, Babilonia no impidió la visita de la Shejiná?] Entonces su padre le dio un golpecito en el pie, diciendo: "¿No te he advertido que no te entrometas con tus preguntas? La palabra Haya [usada en Ezequiel], significa que había sido hace algún tiempo pero ya no. ") Cuando su cuerpo llegó a la tierra de Israel, R. Ami y R. Assi fueron informados de que R. Huna había llegado. Y [suponiendo que volviera con vida] comentaron: "¡Cuando estábamos en Babilonia no podíamos levantar la cabeza por él [por su gran conocimiento], y ahora ha llegado el momento en que nos ha seguido hasta aquí!" Luego les dijeron que su ataúd había llegado. R. Ami y R. Assi salieron [a presentar sus respetos], pero R. Ila y R. Chanina no salieron. Entonces comenzaron a deliberar dónde colocar sus restos, y decidió colocarlo junto a R. Chiya. Porque dijeron: "R. Huna difundió la Torá entre Israel tanto como R. Chiya". Entonces surgió la pregunta de quién debería realizar el entierro. R. Chaga les dijo: "Lo haré, porque fui su discípulo desde los dieciocho años. Siempre me mantuve ritualmente limpio, y lo he servido desde entonces y conocí sus caminos; [incluso recuerdo] que una vez sucedió cuando la correa de su filacteria [de la cabeza] se volcó, y ayunó cuarenta días ". Cuando R. Chaga introdujo el ataúd en el arco, notó que [R.] Juda descansaba a la derecha de su padre y [R.] Ezequías a su izquierda. Escuchó a [R.] Juda decirle a su hermano: "Levántate porque no sería correcto dejar a R. Huna fuera del arco". Cuando se levantó, una columna de fuego se levantó con él. R. Chaga se asustó y, levantando el ataúd de R. Huna, abandonó el arco. Y la razón por la que R. Chaga no resultó herido fue porque levantó el ataúd de R. Huna [que lo protegía].

Cuando Rabba b. R. Huna y R. Hamnuna murieron [en Babilonia] y sus cuerpos fueron llevados a Palestina. (Ib. B) A la llegada de un puente estrecho [donde dos no podían pasar a la vez] ambos camellos que llevaban los ataúdes permanecieron de pie. Un comerciante ismaelita, que estaba presente, vio esto y, sorprendido, preguntó el motivo de la parada de los camellos. Se le dijo que cada uno de los rabinos fallecidos deseaba ceder el paso al otro. "Si tuviera que dar mi opinión sobre el asunto", dijo el árabe, "decidiría a favor del que es él mismo grande e hijo de un gran hombre". El árabe apenas había concluido sus comentarios cuando el camello que llevaba a Rabba b. R. Huna cruzó el puente. En ese instante se cayeron las muelas y los dientes frontales del árabe. Un joven discípulo declaró el siguiente elogio. " Un vástago erudito de una antigua raza Ascendente a la Sagrada Palestina dibuja, Y lleva al espacio ilimitado El código de las batallas, el gran Libro de las Leyes. El cormorán y el erizo se regodean todas las noches sobre la destrucción que se extiende por todas partes; Porque Dios ha lanzado su ira sobre la tierra, Y de entre nosotros recordamos a nuestros piadosos eruditos. El omnipotente se deleita cuando del mundo pecaminoso Un alma brillante e inocente ha regresado a Hogar ". Cuando murió R. Abina, el orador fúnebre pronunció la siguiente oración:" Doblad, majestuosas palmas, en dolor sincero. Sobre uno que, como una palma, había florecido aquí; Ni cesarás tu duelo cuando el suave rayo de la luna Cambie a la noche sombría el día brillante. Porque el amplio resplandor del mediodía se había desvanecido a menudo hasta la medianoche, Ere reinó el sueño sobre sus párpados estudiosos. "R. Ashi dijo a Bar Kipuk [el orador del funeral]:" ¿Qué oración harás el día de mi muerte? "Y él le respondió lo siguiente:" ¿Cómo puede sobrevivir aún el humilde hisopo, Cuando con llamas devoradoras luchan los cedros? Cuando el Leviatán sea la presa del pescador, ¿qué tienen que decir los peces del estanque? Si en profundos torrentes se seca el anzuelo del pescador, ¿cómo le va con las aguas del arroyo? "Ba'r Abin le dijo:" Dios no permita que la red y la llama se usen en oraciones sobre el "Llora por los perdedores pero no por los perdido (fallecido), porque él pasó al descanso pero nosotros al dolor ". R. Ashi se sintió desanimado por su expresión, y el resultado fue que los pies del orador se volvieron hacia arriba de modo que cuando R. Ashi murió, ninguno de los oradores pudo venir y celebrar oraciones. Y esto es lo que el rabino Ashi quiso decir cuando dijo: " Ni bar Abin ni bar Kipuk estarían obligados a realizar la ceremonia de Chalitza ". Cuando Raba llegó al río Tigris, le dijo a bar Abin:" Pronuncie una oración [apropiada] ", y este último comenzó:" La mayor parte de Israel atravesó el agua; acuérdate del pacto y ten piedad. Nos apartamos de ti como una mujer se extravía de su marido; no nos deseches, porque puede tener el mismo significado que el del agua amarga. "R. Chanin, el yerno del Exilarca, no había tenido hijos durante mucho tiempo, oró y fue respondido. El día de la circuncisión murió el padre. En esta ocasión, el orador fúnebre declaró el siguiente elogio: "La alegría de los padres se transformó en dolor sin esperanza; Donde había entrado la dicha, el dolor estaba condenado a reinar; Porque en el momento de su esperanza cumplida, Los gozosos latidos de ese corazón se aquietaron. "El niño se llamaba Chanin, en honor a su padre. Cuando R. Pedath murió, R. Isaac b. Elazar comenzó el panegírico de la siguiente manera:" Este día es tan penoso para Israel como el día en que el sol se pondría al mediodía; porque está escritoAmós 8,9) Y sucederá en ese día que haré que el sol se ponga al mediodía, sobre lo cual R. Jochanan dijo que se refiere a la muerte del rey Josías. "Cuando R. Jochanan murió, R. Ami observó los siete días (de luto). Después de lo cual R. Aba el hijo de R. Chiya b. Abba dijo: "R. Ami lo hizo por su propia autoridad, y no tiene precedentes; porque así lo dijo mi padre en el nombre de R. Jochanan: "Incluso por un maestro de quien uno ha adquirido la mayor parte de su sabiduría, uno no necesita estar sentado de luto más de un día". "Cuando R. Zera partió, el orador fúnebre pronunció el siguiente elogio:" En Babilonia nació este noble sabio; En Palestina fue adornado y acariciado, "Ay de mí", lamenta Redeth con tristeza, "porque mi joya más preciosa ahora ha perecido". "Cuando murió R. Abahu, las columnas de Kisri derramaron lágrimas; cuando murió R. José, las alcantarillas de Séforis estaban llenas de sangre »; cuando R. Jacob b. Acah murió, las estrellas se vieron durante el día; cuando murió R. Assi, todos los árboles fueron arrancados; cuando R. Samuel b. Isaac y también cuando murió R. Chiya, cayeron piedras de fuego del cielo; cuando R. M'nachem b. R. Simai, todas las imágenes se borraron y quedaron tan suaves como si se pasaran con un rodillo; cuando R. Tanchum b. Chiya de la aldea de Aku murió, todas las impresiones en las imágenes se borraron; cuando R. Isaac b. Eliasib, se cometieron setenta robos en Taberia; cuando R. Hamnuna, granizo cayó del cielo; cuando Rabba y R. Joseph murieron, los arcos del puente del Éufrates colapsaron; cuando Abayi y Rabba, los arcos del puente del Tigris se derrumbaron »; cuando murió R. Mesharshia, los árboles produjeron espinas [en lugar de frutos].

(Fol. 26) A nuestros rabinos se les enseñó: El siguiente K'rioth no debe ser reparado, un K'riah por la muerte de los padres, por la muerte del maestro que lo instruyó en la Torá; por la muerte de un Príncipe del Exilio o jefe de la corte; sobre malas noticias; sobre la blasfemia; sobre los Rollos Sagrados que fueron quemados, etc., sobre el Templo y sobre Jerusalén. ¿De dónde inferimos que uno está obligado a destrozar a K'riah por la muerte de su padre, madre y maestro que estudió con él la Torá? Está escrito (II Reyes 2, 12) Y Eliseo lo vio, y gritó: Padre mío, padre mío, los carros de Israel y su gente de a caballo; es decir, mi padre, mi padre, se refiere al padre ya la madre; el carro de Israel, se refiere al maestro que le enseñó la Torá. ¿Cómo deriva esta inferencia? Como lo explicó R. Joseph, citando el Targum del pasaje anterior. "Mi maestro, que con sus oraciones fue incluso mejor para Israel que carros y jinetes". ¿Y de dónde inferimos que la K'riah no debería repararse? Está escrito (Ib.) Y él (Eliseo) tomó sus propias ropas y las rasgó en dos pedazos. Dado que se dice que los partió en dos, ¿no es evidente que se hizo pedazos? ¿Por qué entonces debería usarse la palabra piezas? De esto inferimos que permanecieron pedazos para siempre. "Pero Elijah todavía está vivo", objetó Resh Lakish a R. Jochanan. [Por tanto, ¿cómo extrae su inferencia?] A lo que R. Jochanan respondió: "Ya que está escrito. Y no lo vio más, es como si estuviera muerto para él". ¿Y de dónde inferimos que es un deber desgarrar a K'riah por la muerte de un Nasi o del anciano de la corte y por recibir malas noticias? Está escrito (II Sam. 1, 11Entonces David tomó sus ropas y las rasgó; e igualmente todos los hombres que estaban con él. Y lloraron y lloraron y ayunaron hasta la tarde por Saúl, por su hijo Jonatán, por el pueblo de Jehová y por la casa de Israel; porque cayeron a espada. Esto se explica de la siguiente manera: para Saúl, por lo tanto para un Nasi; Jonatán, por el anciano de la corte; por el pueblo del Señor y por la casa de Israel; porque fueron caídos a espada, de ahí que al recibir malas noticias. Raba b. S'ba le dijo a R. Cahana: "¿Quizás esto solo se aplica cuando todas estas cosas sucedieron juntas?" Este último respondió: "La conjunción de coordenadas Al (para), que se usa en este pasaje, significa que debe aplicarse incluso para casos individuales". Y de dnde inferimos que K ' riah debería ser rasgado sobre un rollo sagrado que fue quemado? Está escrito (Jer. 36, 23) Y sucedió, etc.

R. Juda dijo en nombre de Rab: "Quien llore demasiado por una muerte, el resultado será que llorará por otra muerte. Había una cierta mujer en el barrio de R. Huna que tenía siete hijos. Sucedió que uno de ellos murió, y la madre no paró de llorar tras él. R. Huna le envió la palabra de que no llorara tanto, pero ella no le hizo caso. Él volvió a enviar su palabra, diciendo: 'Si me escuchas [y deja de llorar] muy bien, pero si no, prepara los sudarios para otro hijo. Pero siguió llorando hasta que murieron sus siete hijos. R. Huna le envió otro mensaje: que se preparara los sudarios para ella. Finalmente murió ". (Jeremías 22, 10) No lloréis por el muerto, ni os lamentéis por él. Esto significa. No lloréis demasiado por los muertos; ni lo lamento, no más de la medida [habitual]. ¿Cuánto debería ser? Tres días para el llanto, siete días para el elogio y treinta días para abstenerse de vestirse con ropa fina lavada y cortarse el pelo. Después de ese período, el Santo, ¡alabado sea! dice: "No necesitas tener misericordia de él más que yo".

(Fol. 28) R. Ami dijo: "¿Por qué la Torá ha dispuesto el incidente de la muerte de Miriam cerca de las instrucciones relativas a la vaca roja (Núm. 19)? Para enseñarle que así como la vaca roja expía a Israel, también lo hace el la muerte del justo expía [por Israel] ". R. Elazar dijo: "¿Por qué la Torá ha dispuesto el incidente de la muerte de Aarón cerca de las vestiduras sacerdotales (Núm. 28)? Para enseñarles que así como las vestiduras sacerdotales expían [los pecados de Israel], así también lo hace la muerte del justo [expiación por el pecado de Israel] ".

A nuestros rabinos se les enseñó: Uno que muere repentinamente, se dice que murió repentinamente; si la muerte fue precedida por una enfermedad de un día, es una muerte apresurada. R. Chanina b. Gamaliel, sin embargo, dice: "Este último caso se denomina muerte por plaga, como se dice (Ez. 24, 16). Hijo de hombre, he aquí, te quitaré el deseo de tus ojos con una muerte súbita (plaga); y está escrito de nuevo (Ib. 18) Y cuando hube hablado a la gente por la mañana, mi esposa murió por la tarde ". Cuando uno ha estado enfermo durante dos días y muere, se considera una muerte apresurada; después de tres días, se considera una muerte reprendida; después de cuatro días, es una muerte con el ceño fruncido; pero si uno muere después de haber estado enfermo cinco días, se considera una muerte ordinaria. Dijo R. Chanin: "¿Cuál es el pasaje bíblico para probar esto? (Deut. 31, 14) Y Dios dijo a Moisés: Hehn Karbu yamecha lamuth (He aquí, se acercan tus días en que tienes que morir). Hehn significa uno en griego; karbu (en plural) es dos; yamecha (en plural) es también dos, lo que hace un total de cinco. "La muerte a la edad de cincuenta es Kareth; a los cincuenta y dos, es la edad a la que murió Samuel de Ramá; a los sesenta, una muerte ordinaria. Dijo Mar Zutra: "¿De dónde se deduce esto? (Job 5, 26) En una edad madura irás al Seol; la palabra Bakelach (edad madura) es igual al número sesenta. "Setenta se llama vejez; ochenta, una edad de vigor poco común, como está escrito (Sal. 90, 10).) Nuestros días son setenta años, y si por infrecuente vigor son ochenta. Rabá, sin embargo, dijo: "De los cincuenta a los sesenta es Kareth; y la razón por la que esto no se declara en el Baraitha es por el honor de Samuel". Cuando R. Joseph llegó a la edad de sesenta años, ofreció un entretenimiento a los rabinos, porque dijo: "He pasado los años de Kareth". Abaye le dijo: "¿Es cierto que el maestro ha pasado los años de Kareth, pero entonces el maestro ya pasó los días de Kareth?" A lo que R. Joseph le respondió: "Conténtate con la mitad en tu mano". R. Huna murió repentinamente, lo que causó gran preocupación a los rabinos. Un par de sabios de Hadaeb les enseñaron: "Se dijo [con respecto a una muerte súbita] que solo cuando el fallecido no ha cumplido los ochenta años; pero si lo ha hecho, es, por el contrario,

Raba dijo: "La longevidad, la fertilidad, el mantenimiento no dependen de la virtud sino de la natividad. Esto se ilustra en el caso de Rabba y R. Chisda, quienes eran hombres grandes y rectos para que cualquiera de ellos pudiera hacer caer la lluvia. por sus oraciones; y todavía R. Chisda murió a la edad de noventa y dos años, mientras que Rabba a la edad de cuarenta. En la casa de R. Chisda hubo sesenta matrimonios, mientras que en la de Rabba hubo sesenta muertes. casa de R. Chisda había buen pan blanco que ni siquiera los perros querían, mientras que en la de Rabba no había suficiente pan de cebada para los seres humanos ". Raba dijo de nuevo: "Tres cosas le pedí al Cielo que me concediera. Dos fueron concedidas, la tercera no: [recé por] la sabiduría de R. Huna y las riquezas de R. Chisda, que me fueron concedidas, pero la modestia de Rabba b. R.

R. Se'urim, el hermano de Raba, estaba sentado junto a la cama de Raba cuando este último respiraba sus últimas agonías. Este último le dijo al primero: "Que el maestro le inste (al ángel de la muerte) a que no me cause ningún dolor". A lo que el primero respondió: "Entonces, ¿el maestro mismo no es amigo suyo?" A lo que Raba respondió: "Dado que mi destino ya le fue referido, él ya no se preocupará por mí". R. Se'urim luego le dijo al moribundo: "Me gustaría que el alma del maestro apareciera ante mí [en un sueño]". [Cuando fue así], R. Se'urim le preguntó: "¿El maestro había sentido algún dolor? [En el momento de la separación del alma del cuerpo]". "Tanto dolor como si lo pellizcaran con la lanceta", fue la respuesta. Raba estaba sentado junto a la cama de R. Nachman cuando estaba respirando sus últimas agonías, y este último dijo: "Que el maestro le inste (al ángel de la muerte) a que no me cause ningún dolor". Y él le dijo: "¿No es el maestro una persona prominente? [Para decírselo él mismo]". A lo que R. Nachman respondió: "¿Quién es estimado, o digno, o quién puede contender [en ese momento]?" Luego le dijo al moribundo: "Que el alma del maestro aparezca ante mí [en un sueño]". Cuando apareció ante él, le preguntó: "¿Tenía el maestro algún dolor?" Y él respondió: "Era tan fácil como quitar un cabello de la leche; y sin embargo, si el Santo, ¡alabado sea! Me mandara regresar al mundo en el que estaba, rogaría permiso para no hacerlo, porque el [supuesto] temor [del ángel de la muerte] es demasiado grande ". R. Elazar estaba comiendo T ' rumah (ofrenda alzada) cuando el ángel de la muerte apareció ante él, y le dijo al ángel: "Ves que ahora estoy comiendo T'rumah, ¿no es sagrado?" El ángel se retiró; mientras tanto pasaba el momento oportuno. Se presentó a R. Shesheth en el mercado. El primero le dijo: "¿Quieres llevarme cuando esté en el mercado, como si fuera un animal? Ven a mi casa". Cuando se presentó a R. Assi en el mercado, éste le dijo: "Extiende mi tiempo treinta días, para que pueda revisar mis estudios, como dices: 'Feliz el que viene aquí con sus estudios en Su mano.' "Al trigésimo día apareció de nuevo, y R. Assi le dijo:" ¿Por qué tanta puntualidad? " Y él le respondió: "Tú interfieres con R. Nathan, y ninguna regencia debe interferir con otra, incluso tanto como un cabello. (R. Nathan no puede convertirse en el director de la universidad mientras usted viva.) "Sin embargo, R. Chisda no pudo ser dominado [por el ángel de la muerte], porque siguió estudiando todo el tiempo, por lo que el ángel de la muerte trepó y se escondió en un cedro frente a la casa de estudio.Cuando el cedro se rompió, R. Chisda interrumpió su estudio por un momento, y fue inmediatamente dominado.R. Chiya era inaccesible [al ángel de la muerte]. Un día se transformó en mendigo, llamó a la puerta y pidió una rebanada de pan. Cuando R. Chiya le entregó lo que pedía, el ángel le dijo: "¿No tiene el maestro misericordia de un pobre? ? ¿Por qué no tener misericordia de este hombre? "Se reveló a R. Chiya, y como prueba, le mostró la vara de fuego. R. Chiya entonces se entregó a él. Nathan no puede convertirse en el director de la universidad mientras usted esté vivo.) "Sin embargo, R. Chisda no pudo ser dominado [por el ángel de la muerte], porque siguió estudiando todo el tiempo, así que el ángel de la muerte subió y Se escondió en un cedro frente a la casa de estudio. Cuando el cedro se rompió, R. Chisda interrumpió su estudio por un momento, y fue inmediatamente dominado. R. Chiya era inaccesible [para el ángel de la muerte]. Un día se transformó en mendigo, llamó a la puerta y pidió una rebanada de pan. Cuando R. Chiya le entregó lo que pedía, el ángel le dijo: "¿No tiene el maestro misericordia de un pobre? ¿Por qué no tener misericordia de este hombre? "Se reveló a R. Chiya, y como prueba, le mostró la vara de fuego. R. Chiya entonces se entregó a él. Nathan no puede convertirse en el director de la universidad mientras usted esté vivo.) "Sin embargo, R. Chisda no pudo ser dominado [por el ángel de la muerte], porque siguió estudiando todo el tiempo, así que el ángel de la muerte subió y Se escondió en un cedro frente a la casa de estudio. Cuando el cedro se rompió, R. Chisda interrumpió su estudio por un momento, y fue inmediatamente dominado. R. Chiya era inaccesible [para el ángel de la muerte]. Un día se transformó en mendigo, llamó a la puerta y pidió una rebanada de pan. Cuando R. Chiya le entregó lo que pedía, el ángel le dijo: "¿No tiene el maestro misericordia de un pobre? ¿Por qué no tener misericordia de este hombre? "Se reveló a R. Chiya, y como prueba, le mostró la vara de fuego. R. Chiya entonces se entregó a él. Chisda no pudo ser dominado [por el ángel de la muerte], porque siguió estudiando todo el tiempo, así que el ángel de la muerte subió y se escondió en un cedro frente a la casa de estudio. Cuando el cedro se rompió, R. Chisda interrumpió su estudio por un momento y fue dominado inmediatamente. R. Chiya era inaccesible [para el ángel de la muerte]. Un día se transformó en mendigo, llamó a la puerta y pidió una rebanada de pan. Cuando R. Chiya le entregó lo que pidió, el ángel le dijo: "¿No tiene el maestro misericordia de un pobre? ¿Por qué no tener misericordia de este hombre?" Se reveló a R. Chiya y, como prueba, le mostró la vara de fuego. R. Chiya luego se entregó a él. Chisda no pudo ser dominado [por el ángel de la muerte], porque siguió estudiando todo el tiempo, así que el ángel de la muerte subió y se escondió en un cedro frente a la casa de estudio. Cuando el cedro se rompió, R. Chisda interrumpió su estudio por un momento y fue dominado inmediatamente. R. Chiya era inaccesible [para el ángel de la muerte]. Un día se transformó en mendigo, llamó a la puerta y pidió una rebanada de pan. Cuando R. Chiya le entregó lo que pidió, el ángel le dijo: "¿No tiene el maestro misericordia de un pobre? ¿Por qué no tener misericordia de este hombre?" Se reveló a R. Chiya y, como prueba, le mostró la vara de fuego. R. Chiya luego se entregó a él. así que el ángel de la muerte trepó y se escondió en un cedro frente a la casa de estudio. Cuando el cedro se rompió, R. Chisda interrumpió su estudio por un momento y fue dominado inmediatamente. R. Chiya era inaccesible [para el ángel de la muerte]. Un día se transformó en mendigo, llamó a la puerta y pidió una rebanada de pan. Cuando R. Chiya le entregó lo que pidió, el ángel le dijo: "¿No tiene el maestro misericordia de un pobre? ¿Por qué no tener misericordia de este hombre?" Se reveló a R. Chiya y, como prueba, le mostró la vara de fuego. R. Chiya luego se entregó a él. así que el ángel de la muerte trepó y se escondió en un cedro frente a la casa de estudio. Cuando el cedro se rompió, R. Chisda interrumpió su estudio por un momento y fue dominado inmediatamente. R. Chiya era inaccesible [para el ángel de la muerte]. Un día se transformó en mendigo, llamó a la puerta y pidió una rebanada de pan. Cuando R. Chiya le entregó lo que pidió, el ángel le dijo: "¿No tiene el maestro misericordia de un pobre? ¿Por qué no tener misericordia de este hombre?" Se reveló a R. Chiya y, como prueba, le mostró la vara de fuego. R. Chiya luego se entregó a él. y llamó a la puerta y pidió una rebanada de pan. Cuando R. Chiya le entregó lo que pidió, el ángel le dijo: "¿No tiene el maestro misericordia de un pobre? ¿Por qué no tener misericordia de este hombre?" Se reveló a R. Chiya y, como prueba, le mostró la vara de fuego. R. Chiya luego se entregó a él. y llamó a la puerta y pidió una rebanada de pan. Cuando R. Chiya le entregó lo que pidió, el ángel le dijo: "¿No tiene el maestro misericordia de un pobre? ¿Por qué no tener misericordia de este hombre?" Se reveló a R. Chiya y, como prueba, le mostró la vara de fuego. R. Chiya luego se entregó a él.

(Ib. B) MISHNAH: En el Mo'ed las mujeres pueden cantar el canto fúnebre pero no deben aplaudir con las manos. GEMARA: ¿Qué dijeron (las mujeres)? Rab dijo: "¡Ay del que se fue! ¡Ay de los que se quedaron atrás!". Rab dijo: Las mujeres de Shechanzib solían decir: "¡Ay del que se fue! ¡Ay de los que se quedan atrás!". Rabá dijo de nuevo: Las mujeres de Shechanzib solían decir en su canto fúnebre: "El cántaro se ha alejado de la tienda y debemos tomar agua en el cuenco". Rabba dijo de nuevo: Las mujeres de Shechanzib solían decir en su canto fúnebre: "La tumba es como un vestido Melotion (de seda) para el hombre piadoso, que viene completamente provisto de provisiones". Rabá dijo de nuevo: Las mujeres de Shechanzib solían decir en su canto fúnebre: "Extiéndanse y cúbranse [de oscuridad], montañas,

A nuestros rabinos se les enseñó: "Tras la muerte de los hijos de R. Ishmael, los cuatro rabinos principales, R. Tarphon, R. Josi el galileo, R. Elazar b. Azaria y R. Akiba, entraron [para consolarlo]. R Tarphon les dijo, [mientras estaban en camino]: "Recuerden que R. Ishmael es un gran erudito y está familiarizado con Agada. Nadie debe caer mientras uno habla. "" Y yo seré el último ", comentó R. Akiba. El propio R. Ismael comenzó el elogio y dijo:" Sus pecados eran tantos, por lo tanto, estaba rodeado de luto y tenía que molestar a sus maestros, una y otra vez ". R. Tarphon respondió y dijo:" (Lev. 10, 6Pero vuestros hermanos, toda la casa de Israel, lamenten por el fuego que ha encendido el Señor. ¿No es esto un razonamiento a fortiori? Si con respecto a Nadab y Abiú, quienes solo realizaron un acto meritorio, como se prueba en el siguiente pasaje (Isaías 9, 9) Y los hijos de Aarón presentaron al Rabí, quien realizó tantos buenos actos, cuánto más deberían los hijos de Aarón. nuestro Rabino, que realizó tantos buenos actos, ¿será tratado? "R. Josi el galileo respondió y dijo:" (I Reyes 14, 13) Y todo Israel lo llorará, lo enterrará, etc. ¿No es esto un razonamiento a fortiori? Si a la muerte de Abiya el hijo de Jereboam, que sólo cometió un acto bueno, como está escrito (Ib.) Porque se ha encontrado en él algo bueno, es tratado así, ¿cuánto más deberían los hijos de nuestro pueblo? [Rabino que realizó tantos actos] ser tratado? "¿Cuál es el significado de algo bueno? R. Zera y R. Chanina b. Papa ambos lo explican. Uno dijo que dejó su puesto [como patrullero para proteger a Israel, deberían no visitar Jerusalén], y fue él mismo a Jerusalén; el otro dice que suspendió a los centinelas [que fueron colocados por su padre para evitar que Israel visitara Jerusalén en la fiesta]. R. Elazar b. Azaria respondió y dijo: "(Jer. .34, 5) En paz morirás: y como se encendió el fuego, por tus padres, los antiguos reyes, etc. ¿No es esto también un razonamiento a fortiori? Si con respecto a Sedequías, rey de Judá, quien realizó un solo acto meritorio, a saber, que sacó a Jeremías del pozo de cal, sin embargo comparte esto, ¿cuánto más debería ser el caso de los hijos de nuestro Rabino? "R. Akiba respondió y dijo: "(Zac. 12, 2) En ese día será grande el lamento en Jerusalén, como el lamento en Hadadrimón en el valle de Meguido. Y R. Joseph dijo: "Si no fuera por el Targum, no habría entendido el significado de este pasaje". ¿Cómo lo traduce el Targum? 'En ese día será el lamento en Jerusalén como lo fue por Ahab ben

Amri, quien fue asesinado por Hedadrimon ben Tabrimon en la ciudad de Ramot de Galaad, mientras lloraban por Joshia ben Amon, quien fue asesinado por Faraón, el cojo, en el valle de Meguido. Ahora bien, ¿no es esto a fortiori? Si después de la muerte de Acab bar Amri, rey de Israel que simplemente hizo una cosa buena, como está escrito (I Reyes 22, 35) Y el rey se mantuvo en su carro contra los sirios: pero murió en la noche, sin embargo, compartió así, ¿cuánto más deben ser tratados los hijos de nuestro Rabí? "Rabá dijo a Rabba b. Mari:" Es escrito acerca de Sedequías (Jer. 34, 5) En paz morirás, y de nuevo encontramos un pasaje (Ib. 39, 7) Y los ojos de Sedequías cegaron. [¿Llamas a esto en paz?] "Rabba b. Mari respondió:" Esto [en paz] se refiere a que Nabucodonosor morirá en sus días ". Otra cosa le preguntó a Raba de Rabba b. Mari:" Está escrito acerca del rey Josías (II Reyes 22, 20) Por tanto, he aquí, te reuniré con tus padres, y serás recogido en tu sepulcro en paz. Y de nuevo está escrito (II Crónicas 35, 23) Y los arqueros dispararon contra el rey Josías; y R. Juda, en nombre de Rab, explicó esto, que hicieron su cuerpo [perforado con flechas] como un colador. "[¿Llamas a esto una muerte pacífica?] Así explicó R. Jochanan. Este último respondió:" Esto significa que el Templo no fue destruido en sus días ".

R. Chanina dijo: "La salida del alma del cuerpo es (Fol. 19) como una cuerda anudada que pasa por una tronera en el mástil". R. Jochanan dijo: "Como cuerdas tiradas a través de las lagunas en el tablero de un barco". (Fol. 29) R. Levi b. Chitha dijo: "El que se despide de un cadáver después del entierro no dirá: 'Vete en paz', sino 'Ve en paz'. Sin embargo, si uno se despide de su amigo vivo, no debe decir: "Vete en paz", sino "Vete en paz"; es decir, cuando uno se despide de un cadáver, no dirá: "Vete en paz", sino 'Ve en paz', como se dice (Génesis 15, 15) Pero vendrás a tus padres en paz (Beshalom); pero cuando uno se despide de su amigo vivo, no debe decir: 'Ve en paz'. sino 'Vete con paz';) Ve con paz (Leshalom), Moisés fue y tuvo éxito; mientras que David que le dijo a Abshalam (II Sam. 15, 9) Vete en paz, este último fue y se ahorcó ". R. Levi dijo nuevamente:" El que sale de la sinagoga después de la oración y entra en la casa de aprender a estudiar la Torá será recompensada con el permiso de esperar en la Presencia Divina, porque se dice (Sal. 84, 8). Van de fuerza en fuerza; cada uno de ellos comparecerá ante Dios en Sion ".

Fin de Moed Kattan

Khagigah, Capítulo 1

HAGIGAH (Fol. 3) Había dos hombres mudos en la vecindad de Rabbi, que eran hijos de la hija de R. Jochanan b. Gudgada, y otros dicen, hijos de su hermana, quienes, cuando Rabí entró en la casa de los eruditos, también entraron, sacudieron la cabeza y murmuraron con los labios. El rabino oró por ellos y fueron sanados; y se descubrió que conocían bien la Halajá y las seis secciones completas de la Mishná.

Raba explicó: "¿Cuál es el significado del pasaje (Canciones 6, 2) Qué hermosos son tus pasos en sandalias. Significa. Qué hermosos eran los pasos de Israel, cuando hicieron una peregrinación para celebrar la fiesta. La hija del príncipe, hija de Abraham, nuestro padre, que fue llamado príncipe, como está dicho (Sal. 47, 10) Se han reunido los príncipes del pueblo, el pueblo del Dios de Abraham. ¿Por qué se menciona al Dios de Abraham? ¿Y no el Dios de Isaac o Jacob? El Dios de Abraham [se menciona, porque Abraham] fue el primer prosélito ". R. Cahana dijo que R. Nathan b. Minyumi expuso en nombre de R. Tanchum: "¿Cuál es el significado del pasaje (Gen. 37, 24) Y el pozo estaba vacío; no había agua en él. Dado que el pasaje dice que el pozo estaba vacío, ¿no sé que no había agua en él? ¿Y qué se da a entender al decir que no había agua? De hecho, no había agua, pero había serpientes y escorpiones en ella ".

A nuestros rabinos se les enseñó: Sucedió que R. Jochanan b. Broka y R. Elazar b. Chasma fue a visitar a R. Joshua en la ciudad de Pekiin, y les preguntó: "¿Qué novedades se han enseñado hoy en la casa del saber?" Ellos le respondieron: "Somos tus discípulos y hemos venido a beber tus aguas". "Sin embargo", dijo, "es imposible que no haya algo nuevo en el colegio; ¿de quién era el sábado para dar conferencias?" "La conferencia de este sábado fue de R. Elazar b. Azarías". "¿Y en qué versículo dio una conferencia?" "En la parte de la Asamblea". "¿Y qué predicó R. Elazar?" "Dio una conferencia así: Está escrito (Deut. 31, 12) Reúna a la gente, los hombres, las mujeres y los niños. Es cierto, los hombres vinieron a aprender, las mujeres vinieron a escuchar; pero ¿con qué propósito fueron traídos los niños? Sólo que los que las trajeron sean recompensados ". Luego de lo cual comentó:" Has tenido una buena perla en tu posesión y querías privarme de ella ".

El mismo también dio una conferencia: (Deut. 26, 17) "Hoy has reconocido al Señor, y está escrito (ibid, ibid) El Señor te ha reconocido hoy; es decir, el Santo, ¡alabado sea! Dijo a Israel 'me has hecho el único objeto de amor en el mundo, como está escrito'. (Deut.6, 4) Oye, Israel, el Señor nuestro Dios, es un solo Dios; por tanto, te haré el único objeto de amor en el mundo, como se dice (Ib. B) (I Cr. 17, 21) Y quién es como tu pueblo, Israel, la única nación ". También abrió y dio una conferencia: (Ecl.12, 2esto se refiere a los eruditos que se sientan en la asamblea, estudiando la Torá y discutiendo esto, dando una decisión de cierto acto como inmundo y los otros como limpio; los que declaran prohibida una determinada cosa y los que lo permiten; estos que declaran válido un determinado acto, los que lo declaran inválido. Uno tal vez dirá: 'Ya que estos hacen una decisión de inmundo y los otros de limpio; estos lo prohíben y los demás lo permiten; estos la declaran inválida y los demás la declaran válida, ¿cómo puedo aprender la Torá [ya que no hay una regla fija]? Por tanto se dice: Dado por un pastor; es decir, un Dios les dio, y un maestro (Moisés) lo habló de la boca del Señor de todas las criaturas, ¡alabado sea! como se dice los que declaran prohibida una determinada cosa y los que lo permiten; estos que declaran válido un determinado acto, los que lo declaran inválido. Uno tal vez dirá: 'Ya que estos hacen una decisión de inmundo y los otros de limpio; estos lo prohíben y los demás lo permiten; estos la declaran inválida y los demás la declaran válida, ¿cómo puedo aprender la Torá [ya que no hay una regla fija]? Por tanto se dice: Dado por un pastor; es decir, un Dios les dio, y un maestro (Moisés) lo habló de la boca del Señor de todas las criaturas, ¡alabado sea! como se dice los que declaran prohibida una determinada cosa y los que lo permiten; estos que declaran válido un determinado acto, los que lo declaran inválido. Uno tal vez dirá: 'Ya que estos hacen una decisión de inmundo y los otros de limpio; estos lo prohíben y los demás lo permiten; estos la declaran inválida y los demás la declaran válida, ¿cómo puedo aprender la Torá [ya que no hay una regla fija]? Por tanto se dice: Dado por un pastor; es decir, un Dios les dio, y un maestro (Moisés) lo habló de la boca del Señor de todas las criaturas, ¡alabado sea! como se dice estos la declaran inválida y los demás la declaran válida, ¿cómo puedo aprender la Torá [ya que no hay una regla fija]? Por tanto se dice: Dado por un pastor; es decir, un Dios les dio, y un maestro (Moisés) lo habló de la boca del Señor de todas las criaturas, ¡alabado sea! como se dice estos la declaran inválida y los demás la declaran válida, ¿cómo puedo aprender la Torá [ya que no hay una regla fija]? Por tanto se dice: Dado por un pastor; es decir, un Dios les dio, y un maestro (Moisés) lo habló de la boca del Señor de todas las criaturas, ¡alabado sea! como se diceEx. 20, 1) Y Dios pronunció todas estas palabras. Por lo tanto, también debes hacer tus oídos como saltamontes para recibir las enseñanzas, y ganar un corazón comprensivo para comprender la razón por la cual estos lo declaran limpio y estos inmundos; por qué estos prohíben y los demás permiten; por qué estos declaran inválidos y los otros válidos. "En este lenguaje R. Joshua exclamó:" Feliz es la generación en la que R. Elazar b. ¡Azaria vive, porque una generación así nunca puede ser desamparada! ". ¿Por qué no le contaron de inmediato la noticia en la casa de la instrucción? Por cierto incidente que sucedió como se dice en el siguiente Baraitha:" Sucedió una vez que R. José, hijo de una mujer damascena, fue a visitar a R. Eliezer a la ciudad de Luda, y R. Elazar le preguntó: "¿Qué novedades había en la casa de los aprendices hoy?" Y él respondió: ' Se votó y se tomó la decisión de que los israelitas que vivían en Ammón y Moab debían dar el diezmo a los pobres durante el año sabático. Entonces R. Eliezer le dijo: "José, extiende tu mano y sácate los ojos". R. José así lo hizo. Entonces R. Eliezer lloró y dijo: '[Está escrito] (PD. 25, 14) El sagrado consejo del Señor es para los que le temen, y su convenio de dárselo a conocer. [¿Y por qué era necesario votar por algo tan positivo?] 'Y le dijo a R. José:' Ve y diles ', no debes preocuparte por tu conclusión de hoy, porque yo también tengo una tradición de R . Jochanan b. Zakkai, quien lo escuchó de su maestro, y su maestro de su maestro, etc., llegando desde Moisés del monte Sinaí, para que [los que viven en] la tierra de Ammón y Moab puedan dar el diezmo a los pobres en el año sabático. . La razón es porque los que salieron de Egipto subyugaron muchas ciudades fortificadas, pero los que salieron de Babilonia no lo hicieron, y la primera santificación de la tierra de Israel causada por la ocupación de Israel, había santificado la tierra [temporalmente] solo por ese tiempo. , pero no para el futuro. Y los que salieron de Babilonia dejaron estas tierras por los pobres; deberían ser apoyados en ellos en el año sabático. ' "En otro Baraitha se enseñó que después de que R. Elazar se calmó, oró:" Que sea Su voluntad que los ojos de José se curen ". Con lo cual fueron curados.

(Fol. 4b) R. Juda dice: "Un hombre ciego de un ojo está exento del holocausto, porque se dice (Deut. 16, 16) Aparecerá; así como si uno viene a ver, es con ambos ojos , así que si llega a ser visto, debe tener ambos ojos ".

Cuando R. Huna llegaba al pasaje citado anteriormente, solía llorar y decir: "Que un esclavo, cuyo amo lo exhorta a venir a verlo, no pueda verlo, como está escrito (Is. 1, 12)". Cuando vienes a presentarte en Mi presencia, ¿quién había requerido esto de tus manos para pisar Mis atrios? " Cuando llegó al siguiente verso (Deut. 27, 7) Y matarás las ofrendas de paz y comerás allí. R. Huna lloraría y diría: "Un esclavo que es invitado a comer de la mesa de su amo, será impedido de verlo, como se dice (Is. 1, 11) ¿O de qué Me sirve la multitud de tus sacrificios?" Cuando R. Elasar llegó a este versículo (Génesis

45, 3) Y sus hermanos no pudieron contestarle, porque estaban aterrorizados ante su presencia, lloró y dijo: "Si esto es el resultado de la amonestación de un ser humano, ¡cuánto más será del Santo, alabado sea! " R. Elazar también lloró cuando llegó al versículo (I Sam.28, 15) Y Samuel dijo a Saúl: "¿Por qué me has inquietado para que me haga subir?" Si el profeta Samuel tuvo miedo del juicio, ¡cuánto más debemos temerle nosotros! ¿Cómo se interpretará esto? Está escrito (Ib. Ib. 12) Y la mujer le dijo a Saulo: "Ser divino he visto (Olim) ascender de la tierra". Olim es plural. De ahí que fueran dos. Uno era Samuel y el otro era Moisés, a quien Samuel trajo, porque dijo: "Quizás soy llamado ante el Juicio Divino, así que le dijo a Moisés que viniera y testificara en mi nombre que no hay nada escrito en tu Torá que yo haya hecho. no cumplir ". Cuando llegó al siguiente versículo (Lamentaciones 3, 29) Que puso la boca en el polvo, quizás todavía haya esperanza. R. Ami solía llorar. Dijo: "Después de tanto se ha hecho, sin embargo, se dice, tal vez". R. Ami solía llorar cuando llegaba al siguiente versículo (Sof. 2, 3). Mirad al Señor, todos los mansos de la tierra, que habéis cumplido las ordenanzas; busca la justicia, busca la mansedumbre; quizás seréis protegidos en el día de la ira del Señor. Dijo: "Después de que se haya hecho tanto, tal vez todavía lo sea". Cuando llegó al siguiente pasaje, R. Assi solía llorar (Amós 5, 15) Odia el mal y ama el bien, y establece firmemente la justicia en la puerta; quizás el Señor, Dios de los ejércitos, tenga misericordia de los remanentes de José. Dijo: "Después de que se haya hecho tanto, tal vez todavía lo sea".

(Fol.5) Cuando R. Jochanan llegó al siguiente pasaje (Job 2, 3Y tú lo incitaste contra Mí para que lo destruyera sin causa, lloró, diciendo: "¿Qué esperanza puede haber para un esclavo contra quien su amo está siendo persuadido, y el amo se vuelve persuadido?". Además, cuando llegó al siguiente pasaje (Ib. Ib. 15) En Sus santos no tiene confianza, lloró y dijo: "Si no confía en Sus santos, ¿en quién creerá?" Mientras estaba en el camino, una vez vio a un hombre recogiendo higos de un árbol, dejando los maduros y tomando los inmaduros. R. Jochanan le preguntó: "¿No son mejores las maduras?" Él respondió: "Estos que están verdes los necesito para la ruta, porque los maduros se estropearán, pero estos no". Entonces dijo R. Jochanan: "Así el pasaje: Él no puetteth ninguna confianza en Sus santos,

Cuando llegó al siguiente versículo, R. Jochanan lloró (Mal. 3, 5dice el Señor de los ejércitos. Esto significa que si teme y pide perdón, es perdonado ".

R. Jochanan lloró cuando llegó al versículo (Ec. 12, 14) Por cada hecho que Dios traerá al Juicio, concerniente a todo lo que había estado escondido. Dijo: "Un esclavo cuyo amo considera que sus pecados no intencionales son intencionales, ¿qué esperanza puede haber para él?" ¿Cuál es el significado de todo lo que se ha ocultado? Samuel dijo: "Incluso si uno escupe en presencia de su vecino lo que le hace sentir repugnante". ¿Cuál es el significado de (ib.) Si es bueno o si es malo? R. Janai dijo: "Esto se aplica a un hombre que da caridad a un pobre públicamente". Cuando R. Janai veía a un hombre regalar una moneda a un pobre en público, solía decirle: "Hubiera sido mucho mejor si no le hubieras dado nada, que darlo y avergonzarlo". Los discípulos de R. Shila dijeron: "El pasaje se refiere a un hombre que da caridad a una mujer en secreto, lo que le genera sospechas ". Rab dijo:" Se refiere a alguien que envía carne sin preparar a su esposa un viernes por la tarde, lo que puede hacer que ella la cocine sin preparar ". Pero, ¿no envió Raba carne sin preparar a su esposa? R. Chisda es diferente. Samuel dijo: "Ya sea bueno o malo, se refiere a una persona que da dinero a los pobres solo cuando estos últimos están en extrema pobreza". Dijo Raba: "Esto es lo que dice la gente: 'A Zuz por placer no se puede obtener, pero se puede encontrar fácilmente un Zuz para problemas. " se refiere a una persona que da dinero a los pobres solo cuando estos últimos están en extrema pobreza ". Dijo Raba:" Esto es lo que dice la gente: 'No se puede obtener un Zuz para el placer, pero un Zuz para los problemas se puede encontrar fácilmente . " se refiere a una persona que da dinero a los pobres solo cuando estos últimos están en extrema pobreza ". Dijo Raba:" Esto es lo que dice la gente: 'No se puede obtener un Zuz para el placer, pero un Zuz para los problemas se puede encontrar fácilmente . "

Cuando R. Jochanan llegó al siguiente versículo, lloró (Deut. 31, 21) Y sucederá cuando te sobrevengan muchos males y problemas. Dijo: "¿Hay alguna esperanza para un esclavo, para quien su amo prepara problemas?" ¿Cuál es el significado de males y problemas? Rab dijo: "Los males que se molestan entre sí; por ejemplo, un hombre es mordido por una abeja y un escorpión. Para curar la picadura de la abeja se necesita agua tibia, y para la picadura de un escorpión, se necesita agua fría; de ahí el uso de dañar la otra herida ". (Deuteronomio 31, 17) Y mi ira se encenderá contra ellos en ese día, y los abandonaré, y esconderé de ellos mi rostro, y serán entregados para ser devorados. Dijo R. Bard'la b. Tebyumi en el nombre de Rab: "Un hombre de quien Dios no oculta Su rostro no está incluido en lo anterior, ni uno que no es de los mencionados en el pasaje dado para ser devorado (ib. B) incluido en lo anterior. " Los rabinos le dijeron a Raba: "Nos parece que no estás incluido ni en el ocultamiento del rostro ni en el devorador". Y replicó: "¿Sabes cuánto debo enviar en secreto al rey Shabur?" Sin embargo, los rabinos lo miraron con mal de ojo, y finalmente llegaron hombres del gobierno y confiscaron su propiedad. Luego dijo: "Esto es lo que se nos enseña que Rabban Simon b. Gamaliel dice: ' Dondequiera que los sabios miraban con sus ojos, seguía la muerte o la pobreza. '"(Ib.) Y esconderé Mi rostro de ellos. Raba dijo:" ¡El Santo, alabado sea! dijo: 'Aunque les he ocultado mi rostro, no obstante les hablaré en el sueño' ". R. Joseph dijo:" Aún así, Su mano está inclinada hacia nosotros, como se dice (Es. 51, 16) Con la sombra de Mi mano te cubrí ".

R. Joshua b. Chanania estaba de pie ante el Emperador (César), cuando un infiel [que estaba al lado] se lo mostró [con un signo de su mano]. "Un pueblo de quien Dios había apartado su rostro". R. Joshua b. Chanania le mostró con la mano que "Su mano todavía está sobre nosotros". El Emperador preguntó a R. Joshua: "¿Sabes lo que te ha mostrado el infiel con su mano?" Él respondió: "Sí, me mostró un pueblo del que Dios había apartado su rostro". "¿Y qué le has mostrado con tu mano?" "Le mostré que la mano de Dios todavía está inclinada hacia nosotros". Entonces el Emperador preguntó al infiel: ¿Qué le has mostrado a R. Joshua b. ¿Chanania? "Él dio la misma respuesta. Le preguntó más:" ¿Qué te mostró? "El infiel respondió:" No sé ". A lo que el Emperador dijo:"

Cuando R. Joshua b. Chanania estaba muriendo, los rabinos le preguntaron: "¿Cuáles serán nuestras relaciones con los infieles? ¿Quién discutirá con ellos?" Él se reincorporó (Jer. 49, 7). ¿Se desvaneció el consejo de los hijos, se corrompió su sabiduría? "Esto quiere decir que cuando los hijos de Dios aman a su consejero, la sabiduría de sus adversarios se corrompe". Y si lo deseamos, podemos inferir la misma conclusión del siguiente pasaje (Génesis 33, 12) Partamos y vayamos más lejos, y viajaré cerca de ti "[lo que significa que siempre seremos iguales a nuestro oponente]. Mientras subía los escalones de la casa de Rabba b. Shila, R. Hla escuchó a un niño leer el siguiente pasaje (Amós 4, 13) ¿El que forma los montes, crea el viento y declara al hombre cuál es su pensamiento? Y dijo: "Si hay un esclavo cuyo amo puede declararle cuál es su pensamiento secreto, ¿qué esperanza puede haber para él?" ¿Cuál es el significado de, declara? Rab dijo: "Incluso una conversación trivial entre un hombre y su propia esposa se le menciona en el momento de su muerte".

(Jer. 13, 17) Mis ojos llorarán profundamente y se derramarán en lágrimas, porque el rebaño del Señor ha sido llevado cautivo. R. Elazar dijo: "¿Qué significan las tres lágrimas? Una, duelo por el primer templo, otra por el segundo templo y otra por el exilio de Israel de su tierra".

A nuestros rabinos se les enseñó que las siguientes tres cosas, el Santo, ¡alabado sea! llora a diario: Por el que tiene la oportunidad de estudiar la Torá todos los días y no la tiene; por aquel cuyas circunstancias no le permiten estudiar, pero que no obstante lo hace, y por un jefe de congregación que se comporta con altivez hacia su congregación. Según otros, uno es por descuidar el estudio de la Torá. Rabí sostuvo el libro de Lamentaciones y lo leyó. Cuando llegó al versículo (Lam. 3, 2) que había arrojado del cielo a la tierra, el libro se le cayó de la mano. Comentó: "Cayó desde el pináculo más alto a la profundidad más baja".

Cuando el rabino y R. Chiya, que una vez estaban en el camino, llegaron a una ciudad, preguntaron: "¿Hay algún erudito aquí? Nos gustaría hacerle una visita". Les dijeron que había un erudito allí, pero que era ciego. R. Chiya le dijo al rabino: "Tú, como Nasi, quédate aquí, para no rebajar tu dignidad, y yo iré a verlo". El rabino, sin embargo, insistió y fue con él. Cuando se iban, el ciego les dijo: "Habéis venido a ver un rostro que se puede ver, pero no se puede ver; por tanto [mi deseo es que] merecéis ver ese semblante que todo lo ve, pero no se puede ver. . " El rabino luego dijo [a R. Chiya]: "Si te hubiera escuchado, [no para visitarlo] no habría recibido esta bendición". Entonces le preguntaron al ciego: "¿De quién has oído esto?" [que visitar a un erudito es un mérito tan grande]. "Lo escuché en la conferencia de R. Jacob de la aldea de Hitaya, quien solía visitar a su maestro todos los días. Cuando se hizo viejo, su maestro le dijo: 'No te tomes este problema ahora, porque eres demasiado viejo para caminar todos los días '. Él respondió: '¿Tiene el siguiente pasaje en tan poca estima? (PD. 49, 10) ¿Debería vivir para siempre y no ver el hoyo? Esto significa: ¿Por qué no debería ver el pozo? Porque vio a los sabios muertos. Ahora bien, si el que ve a los sabios mientras está muerto, vive para siempre, cuánto más vivirá el que viene a verlos mientras está vivo '".

R. Idi, el padre de R. Jacob b. Idi, tenía la costumbre de estar viajando durante tres meses y un día en la universidad. Los estudiantes de la universidad lo llamaron "El estudiante de un día". Pronto se desanimó y se aplicó el siguiente versículo (Job 12, 4). Soy el hazmerreír de su prójimo, un hombre que invoca a Dios, y Él le responde. R. Jochanan le dijo entonces: "Te ruego que no hagas que los rabinos sean castigados [por el cielo por tu culpa]". Acto seguido, dio una conferencia: (Is. 58, 2Sin embargo, a Mí me buscan día a día, y siempre desean conocer Mis caminos. Entonces, ¿buscan sólo de día y no de noche? Esto es para enseñarnos que quien estudia la Torá incluso un día al año. La Escritura lo considera como si hubiera estudiado todo el año; y así también se lee el pasaje relativo a la indemnización por el mal (Núm. 14, 34). Después del número de días en que espió las tierras, cuarenta días, sí, cada día durante un año, llevarán por sus iniquidades, porque cuarenta años. ¿Pecaron cuarenta años, no es un hecho que pecaron sino cuarenta días? Pero esto es para enseñarnos que el que viola un solo mandamiento, y esta vez al año, la Escritura lo considera como si hubiera transgredido todo el año.

(Fol. 7) R. Levi planteó la siguiente contradicción. Escrito está (Prov. 25, 17) Haz escalar tu pie a la casa de tu amigo, y también está escrito (Pa. 66, 13) Entraré en tu casa con holocaustos. Explicó que uno se ocupa de las ofrendas por el pecado y el otro se ocupa de los holocaustos. También se nos enseña en un Baraitha (Prov. 25, 17). Haz que tu pie se acerque a la casa de tu amigo. El pasaje trata de las ofrendas por el pecado. ¿De dónde deducimos esto? ¿Quizás se trata de holocaustos o de ofrendas de paz? Puesto que está escrito (Sal. 66, 13) Entraré en tu casa con holocaustos; Te pagaré mis votos (Ofrendas de paz). Ya que inferimos de esto que los holocaustos y las ofrendas de paz se pueden ofrecer cuando se quiera, ¿a qué se refiere, entonces, el versículo anterior? Debemos concluir que se refiere a las ofrendas por el pecado.

(Fol. 9) Simón b. Menassia, sin embargo, dijo: "¿A quién se refiere el pasaje (Ecl. 1, 15) Lo que está torcido no se puede enderezar? Se refiere a aquel que forma una conexión ilegítima y engendra allí de un hijo bastardo. Porque, Si dijiste que se refiere al robo y al saqueo, entonces, ¿cómo es torcido lo que no se puede enderezar? De hecho, él puede restituir y enderezarse ". R. Simon b. Jochai dijo: "Nada se llama torcido excepto lo que no era recto al principio y [en consecuencia] se ha torcido. ¿Y qué es esto? Un erudito que deja de estudiar la Torá".

(Ib. B) Se nos enseña en un Baraitha: Lo que está torcido no se puede enderezar. ¿A qué se refiere esto? Al que descuida la lectura del S'hm'a de la mañana o de la tarde, la oración de la mañana o de la tarde. (Ib) Y un deseo incontable; esto se refiere a uno que fue contado entre sus colegas por un deber religioso, y que se negó a ser contado entre ellos. Ben Hei Hei le preguntó a Hillel: "¿Cuál es el significado del pasaje (Mal. 3, 18) Y volveréis y veréis la diferencia entre el justo y el impío, entre el que sirve a Dios y el que no le ha servido. ¿Cuál es la diferencia entre el justo y el siervo de Dios, o el malvado y el que no sirve a Dios? ¿No es lo mismo? "Y él respondió:" Tanto el que sirve a Dios como el que no sirve, son hombres realmente rectos, pero no se puede comparar al que repite su capítulo de la Ley cien veces con el que lo repite ciento setenta. una vez ". Ben Hei Hei le dijo entonces a Hillel:" ¿Es posible que debido a que los hombres no repitieron la centésima y primera vez, debería ser llamado, no sirvió a Dios "." Sí ", respondió Hillel," ve y aprender del mercado, donde se contratan asnos. Cuando uno alquila un asno por diez millas, paga un Zuz, pero si por once,

Elías le dijo a Ben Hei Hei, según otros a R. Elazar: "¿Cuál es el significado del bassage (Is. 48, 10)? He aquí, te he refinado, aunque no como plata: te he aprobado en el horno de aflicción. Deduzca de esto que el Santo, ¡alabado sea! investigó todos los méritos, si serán adaptados a Israel y no encontró ningún mérito mejor que el que podría beneficiar a Israel que la pobreza ". Samuel, y según otros, R. Joseph dijo: "Esto es lo que dice la gente: 'La pobreza se convierte en Israel como la línea roja se convierte en un caballo blanco'".

Khagigah, Capítulo 2

(Fol. 11, b) MISHNAH: No se deben discutir las leyes relativas a las uniones ilegales antes de tres, ni la creación antes de dos, ni el carro Divino con un solo individuo, a menos que sea un hombre sabio y tenga mucho conocimiento de sí mismo. Cualquiera que intente averiguar las siguientes cuatro cosas, sería mejor para él que nunca hubiera venido al mundo.

GEMARA: En primer lugar se dice: "Ahora el carro Divino con un individuo", y luego se dice: "¿A menos que sea un hombre sabio y lo entienda por sí mismo?" La Mishná quiso decir: Uno no debe sermonear sobre uniones ilegales ni siquiera a tres, ni sobre la creación ni siquiera a dos, y no sobre el carro divino ni siquiera a uno, a menos que uno sea sabio y sepa cómo estudiar este último por sí mismo.

"Y no sobre la creación antes de las dos". ¿De dónde inferimos esto? Se nos enseña en un Baraitha: (Deut. 4, 32) porque haz [tú] pero pide de los días pasados. De esto podemos inferir que uno puede preguntar, no dos. [Dado que ask está en singular] se podría suponer que incluso se puede preguntar: ¿Qué fue antes de la creación? Por eso se dice (ib.) Desde el día en que Dios creó al hombre sobre la tierra: Dado que está tan restringido, uno podría suponer que un hombre no debe preguntar ni siquiera qué se hizo en los seis días de la creación. Por eso se dice (ib.) De los días pasados que fueron antes de ti; [es decir, los seis días anteriores]; Una vez más, uno puede asumir que está en libertad de investigar lo que está arriba (el cielo) y lo que está abajo, lo que fue antes de la creación y lo que será después de ella. Por eso está escrito (ib.) Desde un extremo de los cielos hasta el otro extremo de los cielos; es decir, desde un extremo de los cielos hasta el otro extremo de los cielos tienes el privilegio de investigar, pero no lo que está arriba y abajo, lo que está antes y lo que está más allá. (Fol. 12) Ahora que inferimos esto [para que podamos investigar] cosas posteriores a la creación del versículo, Desde un extremo de los cielos hasta el otro extremo, ¿por qué entonces es el otro versículo, Desde el día en que Dios creó al hombre sobre la tierra, para lo mismo, necesaria? El segundo verso es necesario para derivar lo que infería R. Elazar. Porque R. Elazar dijo: "Adán era tan alto como para medir desde la tierra hasta el cielo, como se dice (Desde el día en que Dios creó al hombre sobre la tierra, para lo mismo, ¿es necesario? El segundo verso es necesario para derivar lo que infería R. Elazar. Porque R. Elazar dijo: "Adán era tan alto como para medir desde la tierra hasta el cielo, como se dice (Desde el día en que Dios creó al hombre sobre la tierra, para lo mismo, ¿es necesario? El segundo verso es necesario para derivar lo que infería R. Elazar. Porque R. Elazar dijo: "Adán era tan alto como para medir desde la tierra hasta el cielo, como se dice (Deut. 4, 32) Desde el día en que Dios creó a Adán (el hombre) de un extremo, etc., después de haber pecado, ¡alabado sea el Santo! puso Su mano sobre él, y lo acortó, como está dicho (Sal. 139, 5) Detrás y delante me rodeaste, y pusiste sobre mí tu mano ". R. Juda dijo en el nombre de Rab: "Adán era (alto) como desde un extremo del mundo hasta el otro extremo, como está dicho: Detrás y de delante me cercaste, y pusiste sobre mí tu mano.

R. Juda en el nombre de Rab dijo de nuevo: "Diez cosas fueron creadas el primer día, y son: el cielo y la tierra; el caos y la desolación; la luz y la oscuridad; el viento y las aguas; la duración combinada del día y la noche. Que el cielo y la tierra [fueron creados el primer día], inferimos del siguiente versículo (Génesis 1, 1) En el principio, Dios creó el cielo y la tierra; caos y desolación, inferimos del siguiente verso (Ib. 1, 2) Y la tierra estaba desordenada y vacía (caos); luz y tinieblas, del siguiente verso (Ib. ib.) Y las tinieblas estaban sobre la faz del abismo, y de nuevo está escrito (Ib. 1, 3) Y Dios dijo. Hágase la luz; viento y agua, del siguiente versículo (Ib. 1, 2) Y el espíritu (viento) de Dios se agitaba sobre la faz de las aguas; la duración combinada del día y la noche, del siguiente versículo (Ib. 1, 5) Y el Señor llamó a la luz día, ya las tinieblas llamó noche.

Se nos enseña en un Baraitha: Tohu (caos) es el círculo verde (o amarillo) que rodea al mundo entero (el horizonte); y de ella caen las tinieblas sobre el mundo, como está dicho (Sal. 18, 12). Hizo de las tinieblas su escondite alrededor de él. Bohu (desolación) significa las piedras lisas (caóticas) que están hundidas en el abismo, de las cuales brotan aguas, como está dicho (Isaías 34, 11) Y extenderá sobre ellas la línea de confusión (Tohu) y la caída en picado del vacío (Bohu).

¿Se creó la luz el primer día? ¿No está escrito (Génesis 1, 17) Y Dios los puso en la expansión de los cielos, y además está escrito (Ib. 1, 19) Y fue la tarde y fue la mañana el cuarto día? Por lo tanto, debemos explicar esto como dijo R. Elazar: "La luz que el Santo creó el primer día, era tan brillante que Adán vio por sus medios de un extremo al otro del mundo. Tan pronto como el Santo, ¡Alabado sea! observó la generación del diluvio y la generación de la dispersión, y miró en sus actos corruptos, tomó la luz del mundo y la ocultó para los justos en el mundo venidero, como se dice (Job 38 , 15) Pero a los impíos se les niega la luz, y el brazo alto está quebrado. ¿Y para quién estaba oculto? Para los justos en el mundo futuro, como se dice (Gén. 1, 3) Y Dios vio la luz, que era buena (Tob). Y la palabra Tob se aplica a los justos, como está dicho (Is. 3, 10) Decid al justo que ha hecho bien (Tob). Y cada vez que mira la luz que ha escondido para los justos. Se regocija, como se dice (Sal.13, 9) La luz de los justos se regocija. En esto, sin embargo, los Tanaim del siguiente Baraitha difieren: "La luz que el Santo, ¡alabado sea! Creó el primer día, fue tan grande que Adán miró y vio por sus medios de un extremo al otro del mundo. . " Esta es la opinión de R. Jacob. Pero los sabios dicen: "Esto se refiere a las luminarias que fueron creadas el primer día, pero que no se colgaron hasta el cuarto día".

R. Zutra b. Tubia en el nombre de Rab dijo: "Con diez cosas fue creado el mundo: sabiduría y entendimiento; conocimiento y fuerza; reprensión y poder; rectitud y justicia; misericordia y compasión". Que fue creado con sabiduría y entendimiento lo inferimos del siguiente pasaje (Ib. 3, 19) El Señor por medio de la sabiduría fundó la tierra; Él estableció los cielos con entendimiento. Pero, ¿cómo serán los dos pasajes [de ancho y alto] que explicó? La altura y el ancho tienen la misma medida. Por conocimiento, como está escrito (Ib. 13, 20) Por su conocimiento se partieron las profundidades; con poder y fuerza, como está escrito (Sal. 65, 7) El que afirma los montes con Su poder, que está ceñido con fortaleza ; con reprensión, como está escrito (Job 26, 11) Las columnas del cielo tiemblan y se asombran de Su reprensión; con justicia y justicia, como está escrito (Sal. 89, 15). La justicia y la justicia son el sostén de tu trono; por misericordia y compasión, como está escrito (Ib. 25, 6) Acuérdate de tus misericordias, oh Señor, y de tu bondad; porque son para siempre. R Juda en el nombre de Rab dijo: "Cuando el Santo, ¡alabado sea! Creó el mundo, se fue extendiendo como dos espuelas de tiro y alabeo, hasta que el Santo, alabado sea, lo reprendió y lo llevó a una parada, como se dice (Job 26, 11) Las columnas del cielo tiemblan y se asombran ante su reprensión ". Y esta es también la interpretación de Resh Lakish: "¿Cuál es el significado del pasaje (Génesis 17, 1) Yo soy el Dios Todopoderoso (Shadye). Esto significa: "Yo, que le dije a Mi mundo, Dye (basta)". Resh Lakish dijo de nuevo: "Cuando el Santo, ¡alabado sea! Creó el mar, se fue extendiendo, hasta que el Santo, alabado sea, lo reprendió y lo secó, como se dice (Nah. 1, 4). Él reprende al mar y lo seca, y seca todos los ríos ".

A nuestros rabinos se les enseñó: La Escuela de Shammai dice: "Los cielos fueron creados primero, y luego la tierra fue creada, como se dice (en. 1, 1) En el principio, Dios creó el cielo y la tierra". [Primero se menciona el cielo.] Pero la Escuela de Hillel dice: "La tierra fue creada primero, y luego los cielos, como se dice (Ib. 2, 4) El día que el Señor Dios hizo la tierra y el cielo". [La Tierra se menciona primero.] La Escuela de Hillel le dijo a la Escuela de Shammai: "Según tu opinión, ¿cómo es posible que un hombre construya un piso superior y luego el piso inferior? Como se dice (Amós 9, 6) Que edifica en los cielos Sus pasos, y ha fundado Su bóveda sobre la tierra ". La Escuela de Shammai respondió a la Escuela de Hillel:" Y según tu opinión, ¿es apropiado entonces que un hombre haga un taburete para los pies? , y luego hacer un trono, como está dicho (Is. 66, 1). Así dice el Señor: El cielo es mi trono, y la tierra es mi taburete ". Los sabios, sin embargo, dicen:" Ambos fueron creados juntos , como está dicho (Ib. 48, 13) También mi mano fundó la tierra, y mi diestra extendió los cielos. Los llamo, se paran juntos al frente ". Pero, ¿cómo se explican los dos pasajes? Resh Lakish dijo:" En la creación, el cielo precedió a la tierra, pero en la expansión la tierra precedió al cielo ".

¿Cuál es el significado de Shamayim (cielos)? Dijo R. José b. Chanina: "Significa, Sham-Mayim (el lugar donde hay agua)". En un Baraitha se explica [una sustancia de] fuego y agua, de lo cual se podría inferir que el Santo, ¡alabado sea! tomó fuego y agua y los combinó haciendo el firmamento de ellos. R. Ishmael preguntó a R. Akiba cuando estaban en el camino: "Tú eres uno que ha servido durante veintidós años a Nachum, el hombre de Gamzu, quien expuso el significado de todas las partículas Eth que están en la Torá. su exposición sobre la partícula Eth en relación con el cielo y la tierra? " A lo que R. Akiba respondió: "Si se omitiera la [partícula] Eth, se habría escrito simplemente Cielos y tierra. Debería haber dicho, Cielo y tierra son ambos nombres del Santo, ¡alabado sea Él!" pero como está ahora, todos saben que el cielo y la tierra deben tomarse en el sentido literal. La partícula Eth en conexión con la tierra es necesaria para indicar que la creación del cielo precedió a la de la tierra ".

En un Baraitha se nos enseña que R. José dice: "¡Ay de los seres humanos que ven y no saben lo que ven; que se paran y no saben sobre lo que están". ¿Sobre qué se apoya la tierra? Sobre las columnas, como está dicho (Job 9, 6) Quien sacude la tierra de su lugar; Las columnas están sobre las aguas, como se dice (Sal. 136, 6) Quien extendió la tierra sobre las aguas; las aguas sobre los montes, como se dice (Ib. 104, 6) Por encima de los montes estaban las aguas; los montes sobre el viento, como se dice (Amós 4. 13) El que viento, el viento sobre la tempestad, como se dice (Sal. 148, 8) Viento tempestuoso, cumplió su palabra; la tormenta está suspendida sobre el apoyo del Santo, ¡alabado sea! como se diceDeut. 33, 27) Y debajo están los brazos eternos. Sin embargo, los sabios dicen: "El mundo se erige sobre doce pilares, como dice (Ib. 32, 8). Él estableció los límites de la tribu según el número de los hijos de Israel". Según otros, se levanta sobre siete pilares, como se dice (Prov. 9, 1). Ella había labrado sus siete pilares. R. Elazor b. Shamna dice: "Sobre un pilar, cuyo nombre es Zaddik (Justo), como se dice (Ib. 10, 25) Pero el justo (Zaddik) es un fundamento eterno". R. Juda dijo: "Hay dos firmamentos, como se dice (Deut. 10, 14) He aquí, del Señor tu Dios pertenecen los cielos y los cielos de los cielos ". Resh Lakish dijo:" Son siete, a saber: Vilon (Cortina), Rakia (Expansión), Shchakim (Nubes), Zbul (Lugar de entretenimiento)), Maon (vivienda), Machon (residencia), Araboth. Vilon no sirve para nada salvo que las luminarias entran por él por la mañana y salen por él por la tarde, por lo que renueva diariamente la obra de la creación, como se dice (Is. 40, 22) ... que extendía el los cielos como una cortina, y los despliega como una tienda para habitar. Rakia es aquello en lo que se ponen el sol y la luna, las estrellas y las constelaciones, como se dice (Gen.1, 17) Y Dios los puso en la expansión de los cielos. Shehakim es aquel en el que están las piedras de molino y muelen el maná para los justos, como está dicho (Sal.78, 23). Luego ordenó los cielos desde arriba, y abrió las puertas del cielo y dejó llover sobre ellos maná para comer. y el trigo del cielo les dio. Zbul es aquella en la que se construyen allí la Jerusalén celestial y el templo, y el altar, donde Miguel el gran príncipe [Arcángel] está de pie y ofrece sacrificios todos los días, como se dice (I Reyes 8, 13). Eres una casa de habitación, un lugar para que habites para siempre, y ¿de dónde sabemos que el mismo se llama Shamayim? Se dice (Is. 63, 15) Mira desde el cielo (Misha-mayim) y he aquí, desde la morada (Zbul) de Tu Santidad, Maon es aquella en la que hay compañías de ángeles ministradores, que entonan cánticos durante la noche y guardan silencio durante el día por el bien de la gloria de Israel, como se dice (Sal.42, 9) Durante el día, el Señor mandará Su bondad, y en la noche Sus canciones estarán conmigo. (Resh Lakish dijo: "Quien estudie la Torá durante la noche, el Santo, ¡alabado sea! Extendirá sobre él el hilo de la gracia para el mundo futuro, que se compara con el día, como se dice: Por el día el Señor da su mandato misericordioso, y por la noche su canción está conmigo ". Según otros, Resh Lakish dijo:" Quienquiera que estudie la Torá en este mundo que se asemeja a la noche, el Santo, alabado sea, se extenderá sobre él. el hilo de la gracia en el mundo venidero que se asemeja al día, como se dice: El día que el Señor da su mandato misericordioso, y de noche su canción está conmigo ". R. Levi dijo:" Quien interrumpe su estudio de la Torá, y se ocupa de hablar inútilmente, como castigo,Job 30, 4) Quien corta malvas junto a los arbustos, y tiene como pan las raíces de brumbush. "¿Y de dónde sabemos que Maón se refiere al cielo? Se dice (Deut. 26, 15) Mira hacia abajo desde tu morada (

Maon) de Tu santidad desde los cielos. Machon es aquel en el que están los tesoros de la nieve y el granizo, y la cámara superior (depósito) de rocío dañino y la cámara superior (depósito) de las lluvias, y la cámara del torbellino y de la tormenta, y la retirada del vabor apestoso; y sus puertas están hechas de fuego, como se dice (Deut.28, 12) El Señor te abrirá su buen tesoro. ¿Son, pues, estos tesoros en el cielo? están en la tierra, porque está escrito (Sal.148, 7) Alabad al Señor desde la tierra, monstruos marinos y todos los abismos; fuego y granizo; nieve y vapor; el viento de tormenta, que cumple Su palabra, por lo tanto, todo existe en la tierra? R. Juda dijo en nombre de Rab: "Originalmente estaban situados en el cielo, pero David oró por ellos y los hizo bajar a la tierra". Él le suplicó: "¡Soberano del Universo! (Ib. 5, 5) ¡Porque tú no eres un Dios que se complace en la maldad; el mal no puede permanecer contigo, es decir, tú eres un Dios justo! ¡Oh Dios! no puede permanecer contigo. Y de dónde sabemos que Maon se refiere al cielo, se dice (I Reyes 8, 43) Que Tú escuches en el Cielo, el lugar de Tu morada (Maon). Araboth es ese lugar en el que habita la justicia. Justicia y gracia; los tesoros de la vida, los tesoros de bendición y las almas de los justos, así como los espíritus y las almas que están a punto de ser creados, ¡también el rocío con el que el Santo, alabado sea! revivirá a los muertos. Que allí moran la justicia y la justicia, lo encontramos en el siguiente pasaje (Sal. 89, 15). La justicia y la justicia son el sostén de tu trono. Que hay gracia, inferimos del siguiente pasaje (Is. 59, 17) Y se vistió de justicia como una cota de malla. Que los tesoros de la paz existen allí, inferimos del siguiente pasaje (Jueces 6, 24) Y lo llamó (el altar) Adonay-Shalom (el eterno de la paz). Que los tesoros de la vida existen allí lo inferimos del siguiente pasaje (Sal. 36, 10) Porque contigo está la fuente de la vida. Que los tesoros de la bendición existen allí, inferimos del siguiente pasaje (I Sam. 25, 20) Sin embargo, el alma de mi señor estará atada en el límite de la vida con el Señor tu Dios. Que los espíritus y las almas que están a punto de ser creados moran allí, inferimos del siguiente pasaje (Is. 57, 16) Cuando el espíritu de delante de Mí está abrumado, y las almas que Yo he creado. ¡Que existe el rocío con el que el Santo, alabado sea! sobrevivirá a los muertos, inferimos del siguiente pasaje (Sal.68, 10) ¡Lluvia de beneficiencia derramaste, oh Dios! También hay celestiales y serafines, seres santos y ángeles ministradores y el divino trono de gloria, y el Rey, el Dios viviente, el alto y exaltado, sentado sobre ellos entre las nubes, como se dice (Ib. Ib. 5).) Ensalzad al que cabalga sobre los cielos; el eterno es su nombre. ¿Y de dónde sabemos que Araboth se refiere al cielo? A. Abahu dijo: "Inferimos de las palabras similares, Richiba, Richiba; está escrito aquí, 'Exalta al que cabalga (Rdchab) sobre los cielos, y también está escrito (Deut. 33, 26) Quien cabalga (Rochab)) para ayudarte en los cielos ". Y lo rodean tinieblas, nubes y densas tinieblas, como está dicho (Sal.18, 12) Hizo de las tinieblas su escondite, etc. Ahora, ¿hay tinieblas en la presencia del Señor? ¿No está escrito (Dan. 2, 22) El es el que revela lo profundo y lo secreto: conoce lo que hay en las tinieblas, y la luz mora con él? Esto no presenta ninguna dificultad. (Fol. 13) El uno se refiere a lo que está dentro, el otro a lo que está fuera. R. Acha b. Jacob dijo: "Todavía hay otro firmamento sobre las cabezas del ser Santo, porque se dice (Ez. 1, 22) Y la semejanza de una bóveda era siempre la cabeza de los seres vivientes, brillando como el resplandor del cristal viviente. Hasta ahora tienes permiso para hablar. Desde entonces no tienes permiso para hablar. Porque así está escrito en el libro de Ben Sira: "No escudriñes lo que se te oculta; lo que se te oculta, no trates de penetrar; considera sólo lo que tienes permiso. No debes tener nada que ver con misterios ".

"Ni el carro divino con uno". A R. Chiya se le enseñó: Pero puedes impartirle los títulos de los capítulos (palabras principales). R. Zera dijo: "Incluso eso sólo puede ser impartido a un jefe de la corte, oa quien su corazón anhela el conocimiento". Otros dicen que se refiere al jefe de la corte, y solo cuando su corazón anhela el conocimiento ".

R. Ami dijo: "Los secretos de la Ley sólo pueden ser impartidos a quien tiene las cinco cosas prescritas, es decir (Is. 3, 3).) El capitán de cincuenta, y el hombre honorable, y el consejero, y el artífice hábil, y el orador elocuente. "R. Jochanan dijo a R. Elazar:" Ven, te instruiré en el tema del carro divino. "Este último le respondió:" No soy lo suficientemente mayor ". Cuando llegó a ser lo suficientemente mayor, R. Jochanan ya había muerto. R. Assi le dijo [R. Elazar]:" Ven, te instruiré en el sujeto del carro divino ". Él respondió:" Si hubiera sido digno, habría recibido instrucción de R. Jochanan, tu maestro. "R. Joseph estaba bien versado en el tema del carro divino, mientras que los mayores de Pumbeditha estaban muy versado en el tema de la creación, le dijeron: "¿Nos instruiría el maestro en el tema del carro divino?" Él les respondió: "Enséñame [primero] en el tema de la Creación ". Después de haberlo instruido, le dijeron:" ¿Ahora que el maestro nos instruya en el tema del carro divino? "Él respondió:" En referencia a esto hemos aprendido en un BaraithaCanciones 4, 11) Miel y leche hay debajo de tu lengua. Esto significa que las palabras que son más dulces que la miel y la leche estén debajo de tu lengua ". (No las reveles a otros). R. Abahu infiere lo mismo del siguiente pasaje (Prov. 27, 26) La oveja (K'basim) son para tu ropa. No leas k'basim (oveja), bu K'bushmi (cosas ocultas). Esto significa, las cosas que son los secretos del mundo estarán debajo de tu ropa (ocultas). él: "Hemos trabajado en ellos hasta las palabras (Ez. 2, 1) Y me dijo: Hijo de hombre". "Pero este es el tema real del carro Divino", respondió R. Joseph.

R. Juda en el nombre de Rab dijo: "Sin embargo, debemos recordar para siempre la memoria de Chananiah b. Ezekiah. Si no hubiera sido por él, el libro de Ezekiel habría sido suprimido debido a las contradicciones que ofrece a las palabras de la Torá. ¿Qué hizo? Ordenó que se le trajeran trescientos garabs de aceite [para comida y luz] en una cámara superior y se quedó allí hasta que logró reconciliar todas las contradicciones ".

A nuestros rabinos se les enseñó: Sucedió una vez que un niño estaba leyendo el Libro de Ezequiel, en su escuela y estaba reflexionando sobre 'Hashmal' [mencionó Ez. 1], con lo cual un fuego salió de 'Hashmal' y lo quemó, y en consecuencia los sabios desearon ocultar el Libro de Ezequiel. Pero R. Joshua b. Gamaliel les dijo: "Si fue sabio, ¿son todos sabios?"

(Job 22, 16.) Que se marchitaron antes de tiempo. Se nos enseña en un Baraitha que R. Simón el Piadoso dijo: "Esto se refiere a las novecientas setenta y cuatro generaciones que no pudieron ser creadas (Fol. 14)". ¡El Santo, alabado sea! los esparció por todas las generaciones sucesivas, y estos son los insolentes que se encuentran en todas y cada una de las generaciones. R. Nachman b. Isaac, sin embargo, dijo: "Por el contrario, este pasaje se refiere a aquellos que están presionados y necesitan una bendición. En cuanto a aquellos eruditos cuyos rostros se han arrugado por las palabras de la Torá en este mundo, el Santo, ¡Alabado sea Él! Les revelará los secretos del mundo venidero, como está dicho (Job 22, 16), cuyo fundamento se desbordó como un río ".

Dijo Samuel a Chiya b. Rab: "Tú, erudito, ven y te diré algo de esas nobles palabras que tu padre solía decir: 'Todos los días se crean ángeles ministradores de la corriente. Dinar quien, después de pronunciar [cánticos ante Dios], muere, como se dice (Lam. 3, 23) Son nuevas cada mañana: grande es tu fidelidad. '"Esto difiere con la opinión de R. Samuel b. Nachmeni quien dijo en el nombre de R. Jonathan que de cada palabra que salió de la boca del Santo, ¡alabado sea! un ángel fue creado, como está dicho (Sal. 33, 6) Por la palabra del Señor fueron hechos los cielos; y por el aliento de su boca todas sus huestes.

Cuando llegó R. Dimi, dijo: "Dieciocho maldiciones pronunció Isaías sobre Israel, y no encontró satisfacción hasta que pronunció este pasaje contra ellos (Is. 3, 5).) Y el pueblo se oprimirá unos a otros, cada uno a su prójimo, y - El niño se comportará insolentemente contra el anciano, y el vil contra el honorable. "¿Cuáles son las dieciocho maldiciones? Las siguientes (Ib.) Porque, he aquí, el El Señor, el Señor de los ejércitos, quita de Jerusalén y de Judá bastón y bastón, todo sustento de pan y todo sustento de agua, al valiente y al hombre de guerra, al juez y al profeta, al adivino y al profeta. mayor; el capitán de cincuenta, y el hombre de rango y el consejero y el encantador astuto, y el encantador encantador. Y daré niños para que sean sus príncipes, y los gobernarán. Estancia se refiere a los que están versados en el Mishnah, como R. Juda b. Bthera y sus asociados. [R. Papa y los rabinos difieren con respecto a esto: Uno sostiene que había seiscientas secciones de Mishnah,y otro sostiene que había setecientas secciones.] Cada permanencia de pan se refiere a aquellos que han aprendido en el Talmud, como se dice (Prov. 9, 5) Venid, comed de mi pan y bebed del vino que he mezclado. Cada permanencia de agua se refiere a los que han aprendido en Agada, porque atraen el corazón de un hombre como el agua, con el Agada. El héroe, se refiere a quien sabe manejar los asuntos en la forma de argumentar la Ley; el juez, se refiere a un juez que toma decisiones justas; el profeta, significa literalmente; el prudente, se refiere a un rey, como se dice (Pr. 16, 10) Debería haber una sentencia sabia en labios del rey. Y el anciano, se refiere a quien es capaz de presidir una academia; el capitán de los cincuenta. no lo lea Chamishim (un capitán de cincuenta), pero léalo Chumashim (un capitán de cinco), refiriéndose a alguien que está bien versado en los cinco libros de las Escrituras. De otra manera, un capitán de cincuenta puede explicarse como dijo R. Abahu; porque R. Abahu dijo: "De esto podemos inferir que no se puede nombrar un intérprete sobre la congregación a menos que tenga cincuenta años". Y el hombre honorable, esto se refiere a aquel cuyos méritos causan el perdón de [el pecado de] su generación - Un ejemplo puede darse a R. Chanina b. Dosa, quien es respetado en el cielo, y, en cuanto a este mundo - R. Abahu, que es respetado en la casa del César. Y el consejero, se refiere a quien sabe intercalar años y fijar meses; y el hábil, se refiere a un erudito que agudiza la mente de sus maestros; articulador, se refiere a aquel que cuando despliega las palabras de la Torá todos se hacen como sordos; y el elocuente, se refiere a quien, teniendo conocimiento de una cosa, puede derivar allí del conocimiento de otra cosa. Orador, se refiere a alguien que es apto para impartir las palabras de la Torá, que deben ser entregadas en un susurro (es decir, el Carro Divino). Y estableceré a los niños como sus príncipes; R. Elazar dijo: "Esto se refiere a los hombres que están privados de buenas obras". Y los niños se enseñorearán de ellos; R. Acha b. Jacob dijo: "Esto se refiere a las zorras, hijos de las zorras (es decir, hombres indignos), y él (Isaías) no estaba satisfecho hasta que les dijo (Ib.) El niño se humillará con orgullo contra el anciano. ¿Qué significa este pasaje? Esto significa que vendrán personas privadas de buenas obras y se humillarán con orgullo contra el que está lleno de buenas obras como un granero está lleno [de semillas]. ¿Cuál es el significado y la base contra el honorable? Esto significa que aquel para quien los pecados graves son como los ligeros se humillará con orgullo contra aquel para quien los ligeros son como los graves.

R. Ketina dijo: "Incluso en el período de la caída de Jerusalén (de su decadencia moral) los hombres de fe no le fallaron, como se dice (Is. 3, 6) Cuando un hombre se apodera de su hermano en la casa de su padre [diciendo] que tienes un vestido bonito, serás nuestro gobernante; es decir, las cosas que hacen que la gente se esconda bajo la cubierta, como una prenda, parecen estar bien bajo tu mano (eres un erudito). estar bajo tu mano; es decir, cosas de las que un hombre nunca obtiene el verdadero sentido a menos que primero se tropiece con ella (la Torá), deja que esto esté bajo tu mano; (Yisa) Él levantará su mano en este día, diciendo: no será un jefe; etc. Las palabras Él levantará su mano, se refieren a jurar, y así dice (Éxodo 20, 7) No levantarás tu mano para jurar en el nombre de Dios. No seré un jefe; es decir, no estaré confinado en la casa de estudio. Y en mi casa no hay pan ni vestido; es decir, no domino ni las Escrituras ni la Mishná ni la Guemará. "Quizás en ese caso, es diferente, porque si él dijera" Aprendí ", la gente podría preguntarle:" ¿Dinos lo que sabes? " para decir la verdad.] Pero podría decir que aprendió y olvidó. [Así nadie podrá contradecirlo.] ¿Por qué dice que nunca supo nada? [Por lo tanto, debemos decir que realmente eran dignos de confianza.] Pero ¿no ha dicho Raba: "Jerusalén no habría sido destruida si no fuera porque los hombres de fe dejaron de existir, como se dice (Jer. 5, 1) Deambula por las calles de Jerusalén, y mira ahora, y conoce, y busca en sus espacios amplios, si puedes encontrar un hombre, si hay alguno que obró con justicia, que busque la verdad; y la perdonaré ". Esto no es difícil de explicar. R. Ketina trata con hombres fieles en asuntos de aprendizaje, y Rab trata con hombres de confianza en los negocios.

A nuestros rabinos se les enseñó: sucedió con Jochanan b. Zakkai que montaba sobre su trasero y viajaba por el camino, y R. Elazar b. Arach estaba detrás de él, como conductor. Este le dijo: "Rabí, enséñame un capítulo sobre el tema del Carro Divino". "Hijo mío", respondió R. Jochanan b. Zakkai, "¿No te he enseñado 'Ni el carro con un solo individuo, a menos que fuera un hombre sabio y tuviera mucho conocimiento de los suyos'?" R. Elazar le dijo entonces: "Rabí, permíteme decirte una cosa que me has enseñado". Él le permitió. Inmediatamente después R. Jochanan b. Zakkai desmontó del asno, se envolvió y se sentó sobre una piedra que estaba debajo de un olivo. "Rabí", preguntó R. Elazar, "¿por qué desmontaste del asno?" Cuando respondió: "¿Es correcto cuando estés dando una conferencia sobre el Carro Divino, y la Shejiná está con nosotros, debo montar en el asno?" Inmediatamente después R. Elazar b. Arach entró en el tema del Carro Divino y dio una conferencia y, en consecuencia, un fuego descendió del cielo y rodeó todos los árboles de terebinto del campo, lo que hizo que todos los árboles estallaran en un canto de alabanza. ¿Cuál fue su canción que pronunciaron? (Pr. 148, 7-9-14) Alabad al Señor desde la tierra, monstruos marinos y todas las profundidades ... árboles fructíferos y todos los cedros ... Aleluya. E incluso un ángel respondió desde el fuego. R. Jochanan b. Zakkai luego comentó: "Este es el tema real del Carro Divino". Se levantó y besó a R. Elazar en la cabeza y dijo: "Bendito sea el Señor de Israel que le ha dado a nuestro padre Abraham un hijo como R. Elazar b. Arach, que es capaz de comprender y dar conferencias sobre este tema. Hay uno que da buenas conferencias, pero no se desempeña bien; hay uno que se desempeña bien, pero no predica bien. Usted, sin embargo, expuso bien y se desempeña bien. Bienaventurado tú, nuestro padre Abraham, de cuyos huesos salió Elazar b. ¡Arach! "

A nuestros rabinos se les enseñó: Cuatro hombres entraron en el jardín [celestial] y eran: Ben Azai, Ben Zonia, Acher y R. Akiba. - Mientras iba, R. Akiba advirtió a sus asociados diciendo: "Cuando lleguéis a la piedra de mármol puro, ten cuidado de no decir" agua, agua ", porque está escrito (Sal. 101, 7). El que habla falsedad no será establecido ante Mis ojos. "Nuestros Rabinos fueron enseñados: Cuatro hombres entraron en el jardín [celestial] y eran: Ben Azzai, Ben Zoma, Acher y R. Akiba. Ben Azzai miró [a la Shejiná) y murió; con respecto a él lo siguiente Se puede aplicar un pasaje (Sal. 116, 15) Dolorosa a los ojos del Señor es la muerte de Su piadoso. Ben Zoma miró fijamente y se volvió loco; a él se le puede aplicar el siguiente pasaje (Prov. 25, 16).) ¿Has encontrado miel? Come tanto como te sea suficiente, no sea que consumas demasiado y tengas que vomitarlo. Acher cortó las plantas (es decir, hizo un mal uso de su aprendizaje). R. Akiba entró en paz y partió en paz.

Acher le hizo esta pregunta a R. Mair, después de haber ido a los caminos del mal: "¿Cuál es el significado del pasaje (Ec. 7, 14) ¿También esto ha hecho Dios en igual medida con el otro? "Él le respondió:" ¡Todo lo que el Santo, alabado sea! - creado. Creó con su contraparte. Él creó montañas y creó colinas; Él creó los mares y creó los ríos ". Acher le dijo:" R. Akiba, tu maestro, no lo dijo, pero lo explicó en el sentido de que Él creó a los justos y creó a los pecadores; Creó el jardín del Edén y creó el Gehena. A cada individuo le pertenecen dos acciones, una en el jardín del Edén y la otra en el Gehena. Si uno es meritorio y justo, recibe su propia porción y la de su prójimo en el jardín del Edén. Si ha incurrido en culpa, recibe su propia porción y la de su vecino en Gehena ". R. Mesharshia dijo:" ¿Dónde está el pasaje para probar esto? En cuanto a los justos,Es. 61,7) Por tanto, en su mano heredarán una (porción) doble, y acerca de los impíos, está escrito (Jer. 17, 18) Y los herirá con doble infracción ".

Acher preguntó además a R. Mair: "¿Cuál es el significado del pasaje (Job. 28, 17) No se puede estimar después del oro y el vidrio; y no a cambio de sus [pueden] tomarse vasos de oro refinado [tomar]?" " Él respondió: "Se refieren a las palabras de la Torá, que son difíciles de comprar, como vasijas de oro y de oro puro, pero que se pueden perder fácilmente, como vasijas de vidrio". Achber entonces le dijo: "R. Akiba, tu maestro no lo dijo, pero lo explicó en el sentido siguiente:" Así como los vasos de oro y los vasos de vidrio, aunque rotos, pueden ser reparados, así un discípulo de los sabios aunque ha pecado, puede ser enmendado ". R. Meir dijo entonces a Acher: "Vuélvete tú también". A lo que respondió: "Ya he oído desde detrás de la cortina (es decir, en el cielo) (Jer. 3, 14) Regrese O niños deslizantes hacia atrás, excepto Acher ".

A nuestros rabinos se les enseñó: Sucedió que Acher montaba su caballo en sábado, y R. Mair caminaba detrás de él para aprender la Torá de su boca. Le dijo: "Mair, vuélvete hacia atrás, porque ya he medido con los cascos de mi caballo que hasta este punto es el límite legal del sábado". R. Mair le dijo entonces: "Vuélvete tú también". A lo que Acher respondió. "¿No te he respondido ya lo que oí detrás de la cortina?" R. Mair lo obligó a ingresar a un lugar de aprendizaje. Le dijo a un niño: "Repíteme tu verso", [que has estudiado hoy]. Le citó: (Is. 48, 22) No hay paz, dice el Señor, para los impíos. Lo llevó a otra casa de estudios. Acher le dijo a un niño: "Repíteme tu verso".Jer. 2, 22) Porque aunque te laves con salitre y tomes mucho jabón, tu iniquidad está marcada delante de mí. Luego lo llevó a otro lugar de aprendizaje, tras lo cual Acher le dijo a un niño: "Repíteme tu verso". El niño citó: (Ib. 4, 30) Y tú, (Ib. B) que estás estropeado, ¿qué haces, que te vistes de escarlata, que te engalanes con ornamentos de oro, que agrandes tus ojos con pintura? ? En vano te haces hermoso. Obligó a Acher a entrar en trece casas de estudios y todas le citaron de la misma manera. En el último le dijo al niño: "Repíteme tu verso". El niño le citó (Sal. 50, 16).) Pero al impío (V'larasha) Dios dice: ¿Qué tienes que hacer para declarar Mis estatutos? Ese niño tartamudeaba y sonaba como si hubiera dicho Vle'elish [en lugar de V'larasha]. Dios dice, etc., con lo cual Acher sacó un cuchillo y cortó al niño en pedazos y lo envió a las trece casas de aprendizaje. Según otros, sólo comentó: "Si hubiera tenido un cuchillo en mi poder, lo habría cortado en pedazos".

Cuando Acher murió, se decidió [en el cielo] que no debería ser juzgado [por su mala conducta] ni heredar el mundo venidero. No debe ser juzgado, porque estudió la Torá [que debe protegerlo], ni debe heredar el mundo venidero, porque pecó. R. Mair dijo: "Hubiera sido mejor si él fuera juzgado y castigado, y luego admitido en el mundo venidero. Ojalá me muriera para poder hacer que saliera humo de su tumba (como una señal de que él es llevado a juicio) ". Cuando murió R. Mair, salió humo de la tumba de Acher. Sobre esto R. Jochanan comentó: "¡Una gran hazaña fue entregar a su maestro a las llamas! Él (Acher) era uno de nosotros, ¿y no deberíamos encontrar una manera de salvarlo? Si lo tomo de la mano, ¿Quién me lo arrebatará? Ojalá pudiera morir y extinguir el humo de su tumba ". Cuando R. Jochanan murió, el humo cesó de la tumba de Acher. El doliente público pronunció esta expresión sobre R. Jochanan:" Incluso el portero [de Gehena] podría no te resistir, oh nuestro maestro! "

La hija de Acher fue a ver al rabino y le pidió comida. Él le dijo: "¿De quién eres hija?" "Soy la hija de Acher", respondió. Y él le dijo: "¿Queda todavía de sus hijos en el mundo?" ¿No está escrito (Job 18, 19) No tendrá ni hijo ni nieto entre su pueblo, ni ningún que escape en los lugares de su peregrinaje? "" Rabí ", le dijo ella," acuérdate de su Torá (conocimiento) y no sus obras ". Entonces un fuego descendió y se arrastró alrededor del asiento del rabino. El rabino luego lloró y dijo:" Si los que se deshonran a sí mismos a través de ella [la Torá] son honrados así, cuánto más honrará a los que obtienen alabanza a través de su uso ".

Pero, ¿cómo estudió R. Mair la Ley de boca de Acher? Dijo Resh Lakish: "R. Mair basó su acción en el siguiente pasaje (Prov. 22, 17) Inclina tu oído y escucha las palabras de los sabios, y aplica tu corazón a mi conocimiento. Dijo

R. Chanina, de lo siguiente pasaje (Sal.45, 11) Escucha, hija, y mira e inclina tu oído, y olvídate de tu pueblo, de las casas de tu padre, etc. Pero, ¿no se contradicen estos pasajes? No, este último se refiere a una persona joven y el primero a un adulto que no puede distinguir entre el bien y el mal. Cuando vino R. Dimi, dijo: "En Occidente (Tierra de Israel) lo explicaron así:" R. Mair encontró un higo (en Acher), se comió el higo y tiró la cáscara "(es decir, escogió lo bueno y tiró las malas enseñanzas). Rabba b. Shila se encontró con Elías y le dijo:" ¿Qué es el Santo, alabado sea! "El último le respondió:" Ha pronunciado doctrina en nombre de todos los demás rabinos, pero en nombre de R. Mair no ha pronunciado "." ¿Por qué? "" Porque aprendió la doctrina de la boca de Acher. ." "¿Por qué?" preguntó R. Shila. "R. Mair encontró una granada, se comió su interior y arrojó su cáscara". Él le respondió: "Él (el Santo) está diciendo en este momento: 'Mair, mi hijo dice así:" En el momento en que los hombres sufren, ¿qué dice Shejiná? 'Soy más ligero que mi cabeza. Soy más liviano que mi brazo '"(es decir, siento mi cabeza pesada, una expresión eufemística). Si el Santo, ¡alabado sea! Se entristece así cuando se derrama la sangre de los impíos, cuánto más cuando la sangre de los impíos se entristece. ¡El justo ha sido derramado! " Siento que me pesa la cabeza (una expresión eufemística). Si el Santo, ¡alabado sea! Así se entristece cuando es derramada la sangre de los impíos, ¡cuánto más cuando es derramada la sangre del justo! " Siento que mi cabeza pesa (una expresión eufemística). Si el Santo, ¡alabado sea! Así se entristece cuando es derramada la sangre de los impíos, ¡cuánto más cuando es derramada la sangre del justo! "

Samuel encontró a R. Juda de pie apoyado contra la entrada de una puerta y llorando. Le dijo: "Agudo erudito, ¿por qué lloras?" Él respondió: "¿Es un asunto pequeño lo que está escrito acerca de los rabinos (Is. 33, 18) ¿Dónde está el que escribió? ¿Dónde está el que pesó? ¿Dónde está el que contó las torres? "¿Dónde está el contado?" esto significa eruditos que contaron todas las letras que están en los Libros de la Ley. ¿Dónde está el que pesó? Refiriéndose a los que pesaron las cosas ligeras y pesadas que están en la ley. ¿Dónde está el que contó las torres? Refiriéndose a los que enseñaron trescientas doctrinas sobre la ley de una torre que vuela en el aire ". Y R. Ami dijo:" Doeg y Ahithophel trataron trescientas preguntas sobre la ley de una torre que vuela en el aire ". Y se nos enseña, sin embargo, en una Mishná: "Tres reyes y cuatro personas privadas no tienen participación en el mundo venidero, y nosotros - ¿qué habrá para nosotros?" Samuel dijo: "

Nimus de Gardi le preguntó a R. Mair: "¿Toda la lana que va a la tina de muerte tiene el color correcto?" Él le respondió: "Todo lo que estaba limpio en la espalda de su madre, lo que no estaba limpio en la espalda de su madre, no sube así".

[Se dice arriba] "R. Akiba fue al jardín celestial en paz y bajó de él en paz. Y es sobre él que el pasaje dice (Canciones 1, 4) ¡Oh, dibujame! ¡Después de ti correremos! . " Sin embargo, R. Akiba también estaba en peligro de ser rechazado por los ángeles, pero el Santo, ¡alabado sea! les dijo: "Dejad a este viejo erudito, porque es digno de aprovechar mi gloria". (Fol. 16) ¿Qué interpretación dio R. Akiba [que le impidió ser engañado, al igual que Acher]? Rabba bb Chana dijo en el nombre de R. Jochanan (Deut. 33, 2) "Y Él vino santo de las miríadas; es decir, Él es el estandarte entre Sus miríadas". R. Abahu dijo (Canciones 5, 10) "Preeminente por encima de diez mil; es decir,

Él es ejemplificado por Sus miríadas [de Ángeles]". Resh Lakish dijo (Is. 47, 2) "El Señor de los Ejércitos es Su nombre; es decir, Él es ejemplificado por Su [multitud de] tropas". R. Chiya b. Abba dijo en el nombre de R. Jochanan: "Del siguiente pasaje (I Reyes 19, 11-12) Pero no en el viento estaba el Señor; y después del viento hubo un terremoto, pero no en el terremoto estaba el Señor; y después del terremoto había un fuego, pero no en el fuego estaba el Señor; y después del fuego estaba el sonido de un suave susurro. Y he aquí, el Señor pasó "(es decir, por el susurro comprendió que estaba la Shejiná).

"Todo el que no respete la gloria", etc. ¿Cuál es el significado de esto? R. Abba dijo: "Esto se refiere a alguien que mira el arco iris, porque está escrito (Ez. 1, 28) Como ..." R. Joseph dijo: "Esto se refiere a alguien que comete una transgresión en secreto, como R. Isaac dijo: "Quien comete una transgresión en secreto es como si pellizcara los pies de la Shejiná; porque se dice (Is. 66, 1) Así ha dicho el Señor: "El cielo es mi trono y la tierra es el estrado de mis pies". ¿Es esto así? ¿No hemos enseñado en un Baraitha R. Illai, el mayor dijo: "Si uno siente que su pasión amenaza con hacerse dueño de él, debe ir a un lugar donde no se le conoce, y dejar que se ponga ropa negra y se envuelva? él mismo en ropas oscuras y hacer lo que le plazca, pero no profanará públicamente el nombre del Cielo ". Esto no presenta ninguna dificultad. El primer caso se refiere a un hombre que ha encontrado un medio para controlar su inclinación al mal; el segundo, se ocupa de alguien que no puede hacerlo.

R. Juda b. Nachmeni, el intérprete de Resh Lakish, dio una conferencia: "Quien mire las tres cosas siguientes, sus ojos se debilitarán, a saber: sobre el arco iris, el príncipe y los sacerdotes. Sobre el arco iris, como está escrito (Ez.1, 28) Como la apariencia del arco que está en la nube el día de la lluvia ... esta era la apariencia de la semejanza de la gloria del Señor.Al príncipe, porque está escrito (Núm. 27, 20. Y pondrás sobre él algo de tu grandeza. En los sacerdotes, se refiere al tiempo en que existía el Templo, y los sacerdotes estaban en su plataforma, bendiciendo a Israel en el Tetragrammaton ".

R. Juda b. Nachmeni, el intérprete de Resh Lakish volvió a dar una conferencia: "¿Cuál es el significado del pasaje (Micha 7, 5) No confíes en un amigo, no confíes en un amigo conocido? Esto significa que, si el espíritu maligno te dice ¡Ve y comete un pecado por el Santo, alabado sea! Te perdonará, no te persuadiré, como está dicho: No confíes en un mal (Ro'a); no confíes en un amigo familiar, este no se refiere a nada más que al Santo, ¡alabado sea! como se dice (Jer. 3, 4) Padre mío, Tú eres; el amigo (Aluph) de mi juventud eres Tú. Tal vez se diga, ¿quién testificará contra Las piedras y las vigas de su casa darán testimonio contra él, como está dicho (Hab. 2, 11) Porque la piedra clamará desde la pared, y la viga de la madera (obra) le responderá. "Se nos enseña en un Baraitha: R. Shila dice que los dos ángeles que acompañan a un hombre testificarán contra él, como está dicho (Sal. 91, 11). Porque sus ángeles encargarán acerca de ti, para que te guarden de todo R. Zerika dice que el alma de un hombre testificará contra él, como está dicho (Mie. 7, 5) De la que yace en tu seno, guarda las puertas de tu boca. ¿Qué es esto que yace en un hombre? Debemos decir, es el alma. Los sabios dicen: "Los miembros del cuerpo de un hombre testifican contra él, como está dicho (Is. 43, 12) Y vosotros sois mi testigo, dice el Señor, y yo soy Dios."

A nuestros rabinos se les enseñó: R. Juda b. Tabai dijo: "¿Puedo vivir para ver el consuelo [de Israel] como maté a un Ed Zomam para quitar [la opinión falsa] del corazón de los saduceos que decían que los testigos no pueden convertirse en zomamim hasta que el acusado es ejecutado." Simón b. Shetaj entonces le dijo: "¿Ojalá pudiera ver el consuelo de Israel si no derramas sangre inocente [a través de tu ejecución]; porque nuestros sabios dijeron que los testigos no pueden convertirse en zomamim hasta que el testimonio de ambos sea refutado por una coartada, ni están sujetos a azotes hasta que el testimonio de ambos sea refutado, mediante una coartada ". Inmediatamente Judá b. Tabai se encargó de no tomar nunca una decisión a menos que estuviera en presencia de Simón b. Shetach. Se relató que durante toda la vida de Judá b. Tabai, estaba acostado sobre la tumba de ese hombre, a quien hizo ejecutar, y se escuchó su voz, de modo que la gente pensó que era la voz del muerto. Pero, Juda b. Tabai les dijo que era su propia voz y los convenció; porque al día siguiente de su muerte la voz dejó de oírse. R. Acha, el hijo de Abba, dijo a R. Ashi: "¿Cómo prueba esto que era la voz de Juda b. Tabbai? Quizás era la voz del hombre ejecutado, y la razón de la voz que cesó es porque R. Juda apaciguó a ese hombre, o lo ordenó ante un tribunal [y la decisión fue a favor de Juda b. Tabbai] ". porque al día siguiente de su muerte la voz dejó de oírse. R. Acha, el hijo de Abba, dijo a R. Ashi: "¿Cómo prueba esto que era la voz de Juda b. Tabbai? Quizás era la voz del hombre ejecutado, y la razón de la voz que cesó es porque R. Juda apaciguó a ese hombre, o lo ordenó ante un tribunal [y la decisión fue a favor de Juda b. Tabbai] ". porque al día siguiente de su muerte la voz dejó de oírse. R. Acha, el hijo de Abba, dijo a R. Ashi: "¿Cómo prueba esto que era la voz de Juda b. Tabbai? Quizás era la voz del hombre ejecutado, y la razón de la voz que cesó es porque R. Juda apaciguó a ese hombre, o lo ordenó ante un tribunal [y la decisión fue a favor de Juda b. Tabbai] ".

La Mishná dice: "Menachem salió", etc. ¿A dónde salió? Dijo Abayi: "Salió a la privación". Raba dijo: "Salió a servir al rey". También se nos enseña así en un Baraitha: "Menachem salió a servir al rey, y salieron con él ochenta pares de discípulos vestidos con túnicas sirias".

(Fol. 27) R. Abahu dijo en nombre de R. Eliezer: "El fuego del Gehena no tiene poder sobre los eruditos. Porque esto se demuestra por un argumento fortiori extraído de la Salamandra, que es sólo una criatura de fuego, y aún el fuego no tiene poder sobre él, que se empapa con su sangre; cuánto más las llamas no tienen poder sobre los eruditos, cuyo cuerpo entero es fuego, como está escrito (Jer.23, 29). ¿Palabra como fuego? dice el Señor. "

(Fin de Hagiga)

Yevamot, Capítulo 1

YEBAMOTH (Fol. 6) Se nos enseña en un Baraitha [sobre el pasaje] (Lev. 19, 3) Temeréis, cada uno, a su madre y a su padre, etc. Se podría suponer que si su padre le dijera que se contamine a sí mismo, o que no devuelva, [un artículo perdido a su dueño], que debe obedecer su orden [aunque sea contrario a la ley]. Por tanto, dice: Temeréis cada uno a su madre ya su padre, y mis sábados guardaréis; Yo soy el Señor: todos vosotros estáis obligados a honrarme. Se nos enseña: se podría suponer que la construcción del templo debe reemplazar al sábado. Pero el pasaje dice (Ib., Ib. 30) Mis sábados guardaréis y mi santuario reverenciaréis; es decir, todos estáis obligados a preservar Mi honor. Se nos enseña: se podría suponer que el miedo anterior se refiere al santuario mismo. Por tanto, dice (Ib.) Mis sábados guardaréis, y mi santuario temeréis. En relación con el sábado, encontramos la palabra Shmira (guardar), y en conexión con el santuario, encontramos la palabra Mora (miedo). Así como la palabra Schmira (guardar) usada en conexión con el sábado (Ib. B.) No debe interpretarse en el sentido de que uno debe temer el sábado, sino más bien a Aquel que ordenó acerca del sábado (Dios), así también lo hace la palabra Mora (miedo), usado en conexión con el santuario, no se aplica al temor del santuario, sino al que ordenó acerca del santuario. ¿Qué entendemos por temor al santuario? No se debe entrar al montículo del Templo con su cayado, ni con sus zapatos, ni con su bolso, ni con polvo en los pies; y uno no debe usarlo como un atajo en su camino, ni escupir en el suelo del montículo del Templo. El último se deduce del silogismo. A partir de esto, solo pude probar cuando existía el Templo. ¿De dónde inferimos que tal es la ley incluso después de la destrucción del Templo? Por tanto, dice: Mis sábados guardaréis, y mi santuario tendréis en reverencia; es decir, así como la palabra Shmira (guardar) usada en conexión con el sábado es eterna, también lo es la palabra Mora (temor) usada en conexión con el Santuario eterno.

(Fol. 13) MISHNAH: Beth Shammai permite que la Tzara se case con uno de los hermanos del difunto [sin descendencia], pero Beth Hillel lo prohíbe. Si el acto de Chalitza se realizó [sobre tales mujeres rivales], Beth Shammai las considera no aptas para casarse después con un sacerdote; pero Beth Hillel los declara aptos. Una vez más, si quedaban viudas después de haber sido tomadas en matrimonio levirato, Beth Shammai las declaró aptas para casarse con un sacerdote después [porque se las considera viudas], pero Beth Hillel las declara no aptas [debido a su matrimonio ilegal]. A pesar de que una escuela prohíbe lo que permite la otra, que una declara inadecuado lo que la otra declara apto, los discípulos de las dos escuelas nunca se han abstenido de los matrimonios mixtos. Asimismo, en cuanto a la limpieza e inmundicia levítica,

(Fol. 16) GEMARA: En los días del rabino Dosa b. Horkinass se declaró legal el matrimonio de la hija Tzara [en nombre de R. Dosa]. Parecía una tarea demasiado difícil para los sabios [dar su consentimiento o protestar contra él]. Como era considerado un gran erudito, y como debido a su ceguera dejó de asistir a la casa de instrucción, se abstuvieron de actuar en su ausencia], los sabios apelaron: "¿Quién irá y le informará [de nuestra opinión contradictoria? "]. "Yo iré", respondió R. Joshua. "¿Y quién más [irá]?" A lo que R. Elazar b. Azaria respondió: "¿Y quién más [irá]?" A lo que respondió R. Akiba. Finalmente se fueron, y al llegar a su casa se detuvieron en la puerta, donde su criado los vio. Ella entró y le informó: "Rabí, los sabios de Israel vienen a visitarte. "" Déjalos entrar ", fue su respuesta. Luego entraron. R. Dosa inmediatamente saludó a R. Joshua y le pidió que se sentara en un lecho dorado. A lo que R. Joshua respondió : "Rabino, dígale a su otro discípulo que también se siente". "¿Quién es él?", Preguntó R. Dosa. "Él es R. Elazar b. Azaria ", fue la respuesta de R. Joshua." ¿Entonces nuestro amigo Azaria tiene un hijo? ", Preguntó R. Dosa. Le aplicó el siguiente pasaje (s respuesta. "¿Entonces nuestro amigo Azaria tiene un hijo?" preguntó R. Dosa. Le aplicó el siguiente pasaje (s respuesta. "¿Entonces nuestro amigo Azaria tiene un hijo?"

preguntó R. Dosa. Le aplicó el siguiente pasaje (PD. 37, 25) Yo era joven y ahora soy viejo; sin embargo, no he visto al justo abandonado, ni a su descendencia mendigando pan. Luego lo tomó y le pidió que se sentara en otro sofá dorado. "Rabino", dijo R. Joshua de nuevo, "dile a tu otro discípulo que se siente". "¿Quién es él?" preguntó R. Dosa. "Él es R. Akiba b. Joseph", respondió R. Joshua. Con lo cual R. Dosa exclamó: "¿Eres tú ese Akiba b. José cuya fama llega de un extremo al otro del mundo? Siéntate, hijo mío, siéntate. Que haya muchos como tú en Israel". Acto seguido leyó el siguiente pasaje concerniente a él (Ec. 7, 1) Un buen nombre es mejor que un aceite precioso. Entonces comenzaron a acosarlo con varias cuestiones legales hasta que finalmente propusieron la pregunta: "¿Cuál es el estatuto legal sobre un matrimonio por levirato de la Tzara de la hija de uno?" "En esta ley hay una disputa entre la escuela de Shammai y la escuela de Hillel", fue su respuesta. "¿Y de acuerdo con quién prevalece la ley?" preguntaron de nuevo. "Por supuesto, de acuerdo con la escuela de Hillel", fue su respuesta. "Pero se dijo en tu nombre que la ley prevalece de acuerdo con la escuela de Shammai". "¿Cómo se les informó, Dosa o Ben Harkinas?" "Podemos jurar que lo escuchamos de forma anónima". "Si es así", respondió R. Dosa, "entonces te lo explicaré. Tengo un hermano menor, Jonathan, que es a la vez agudo y persistente, y que es un discípulo de la escuela de Shammai. Tenga cuidado de que no lo atrape y lo abrume con citas de tradiciones, porque conoce trescientos argumentos para probar que el matrimonio por levirato de la Tzara de la hija de uno es legal; pero convoco como testigos a los cielos y la tierra para que testifiquen que mientras Hagai había estado sentado en este asiento con forma de mortero, decidió las siguientes tres cosas: (a) está prohibido el matrimonio por levirato de la Tzara de la hija de uno; (b) Los habitantes judíos de la tierra de Ammón y Moab deben dar los diezmos del pobre en el año sabático; (c) que podamos aceptar prosélitos de los gardyenianos y los tarmoditas (Palmira) ". Se nos enseña en un Baraitha:" Aunque a su llegada entraron por una puerta, sin embargo, cuando se fueron, salieron por tres puertas. "R. Akiba se encontró con que Jonathan y este último le hizo tales preguntas que no pudo dar respuesta. Entonces Jonathan dijo:" ¿Eres tú ese Akiba cuya fama se extiende desde un extremo del mundo al otro? Feliz que seas de haber adquirido tal nombre, aunque no hayas alcanzado [en la erudición] ni siquiera para ser un pastor de bueyes ". Sobre lo cual R. Akiba comentó:" Ni siquiera un pastor de ganado pequeño ".

(Ib. B.) R. Samuel b. Nachmeni, en el nombre de R. Jonathan, dijo: "¿Cuál es el significado del pasaje (Lam. 1, 10) El adversario ha extendido su mano sobre todos sus tesoros. Esto se refiere a Ammón y Moab; porque cuando los enemigos de Israel irrumpió en el templo, todos los demás se volvieron en busca de la plata y el oro que había en él, pero Ammón y Moab se volvieron en busca de los rollos, y dijeron: 'Aquel en que está escrito (Deut.23, 4) Un amonita y un moabita no entrará en la congregación del Señor, debe ser quemado '"(Ib. Ib. 17). El Señor ha dado un encargo acerca de Jacob a todos sus adversarios. Rab dijo: "Tan hostil como Humania contra Pum Nahara".

Yevamot, Capítulo 2

(Fol. 20) Las restricciones matrimoniales [impuestas al sacerdote] debido al carácter sagrado se refieren a las promulgaciones rabínicas. Entonces, ¿por qué se le llama restricción debido al carácter sagrado? "Porque", dijo Abayi, "quien cumpla las palabras de los sabios merece ser llamado sagrado". "Según tu interpretación", le dijo Raba, "entonces, si uno no cumple las palabras de los sabios, simplemente no se le llama santo, pero no se le puede llamar al mismo tiempo malvado". Por lo tanto, Raba explicó que es lo siguiente: "Un hombre debe santificarse absteniéndose incluso de las cosas que están permitidas".

(Fol. 21) Raba dijo: "¿De dónde se insinúa en la Torá acerca del incesto de grados secundarios? (Prohibido por la promulgación rabínica). Se dice (Lev. 18, 27) Porque todas esas abominaciones groseras (ha-ail) han los hombres de la tierra hechos, que fueron antes de ti; es decir, granizo (bruto), por lo tanto también debe haber otros menores. Esto se refiere entonces al incesto de grados secundarios. ¿De dónde sabemos que la palabra ail se refiere a algo grande? ? Está escrito (Ez. 17, 13) Pero él quitó los poderosos (ai-lay) de la tierra ". ¿Asumiremos que esto contradice la opinión de R. Levi? porque R. Levi dijo: "El castigo por medidas fraudulentas es más severo que el del incesto, para el primero, los términos de la Escritura (Lev. 18, 24) Ail, mientras que el segundo lo denomina (Deut. 25, 16) aile. "Por supuesto, ail es fuerte; sin embargo, aile es aún más fuerte. Pero con respecto al incesto también está escrito (Lev. 18, 29) ¿aile? Esto es para eximir las medidas de fraude de Kareth. Si es así, entonces ¿En qué sentido son las medidas fraudulentas más severas que el incesto? En lo siguiente: Por el delito de incesto uno puede ofrecer el arrepentimiento, pero por el delito de medidas fraudulentas uno no puede arrepentirse, [porque no sabe a quién ha engañado] R. Huna dijo: "Inferimos [esta prohibición relativa al incesto de grado secundario] de lo siguiente, (Ec. 12, 9) Sí, reflexionó y buscó, y puso en orden muchos proverbios ". Ulla, en el nombre de R. Elazar, lo explicó:" Antes de la época de Salomón, la Torá era como una canasta sin asas, [que podía no han sido agarrados,] pero cuando llegó Salomón colocó los mangos necesarios ". R. Oshia dijo:" Inferimos [lo anterior] de lo siguiente (Pr. A, 15) Evítalo, no pases por él, apaga de ella y morir ". R. Ashi dijo:" ¿Con qué podría compararse la explicación de R. Oshia? A un hombre frágil que mira un jardín; si lo mira desde el exterior, el interior también está protegido; pero si lo mira solo desde el interior, el exterior queda desprotegido. "Sin embargo, la analogía de R. Ashi es falsa, porque allí [si uno mira desde el interior del jardín] al menos se ofrece protección para el interior, pero aquí, si uno no se protege contra el incesto de los grados secundarios, puede llegar a violar incluso una verdadera Ervah. R. Cahana dijo: "Inferimos lo anterior de lo siguiente (Lev. 18, 30) Por tanto, guardaréis mi guardia; es decir, hacer una guardia que pueda proteger, (promulgar medidas para prevenir una transgresión de la ley bíblica) "" Si es así ", dijo Abayi a R. Joseph," entonces esto es bíblico "." Sí, es bíblico, pero ha sido explicada por los rabinos. "" Pero toda la ley es así explicada por los rabinos, y ¿por qué llamar sólo a esto rabínico? "Por lo tanto, debemos decir que es catualmente una ley rabínica, y el texto bíblico (citado) es un mero intimación.

(Fol. 24b) R. Nechemia dice: "Los prosélitos leones [que se convirtieron en judíos simplemente por miedo], los prosélitos [convertidos por el consejo] de un sueño, o los prosélitos como los de Mardoqueo y Ester no se consideran prosélitos adecuados a menos que lo hagan hoy en día." ¿Cómo se imagina que esos deberían convertirse en prosélitos hoy en día [ya que son de otra generación]? Di a menos que se conviertan en prosélitos similares a los que se hacen hoy en día [por la única razón que el amor a la religión].

Yevamot, Capítulo 4

(Fol. 47) A nuestros rabinos se les enseñó: Cuando un prosélito llega y desea convertirse al judaísmo hoy en día, se le pregunta: "¿Cuál es su razón para desear convertirse al judaísmo? ¿No se da cuenta de que Israel está destruido hoy en día? [bajo persecución] conducidos [de un lugar a otro], cubiertos de luto y sacudidos, sujetos a tanta aflicción? " Si dice: "Soy consciente del hecho y no soy digno ni siquiera como ellos", es inmediatamente aceptado en el judaísmo. (Ib. B.) Luego se le informa acerca de algunos de los mandamientos ligeros y algunos de los mandamientos vigorosos [que requieren la abnegación], de modo que si con tal información desea retirarse, pueda hacerlo. Porque, R. Chelbo dijo: "Los prosélitos son tan malos para Israel como una llaga (Sappachath) en la piel, porque está escrito (Is. 14, 1) And the strangers shall be joined unto them (V'nisspechu), and they shall attach themselves to the house of Jacob." He is then informed of the sin of [neglecting] Leket, Shik'cha, Peah, and Thites for the poor. Why these commandments? R. Chiya b. Aba said in the name of R. Jochanan: "Because the penalty of a Noahide for stealing a thing to the amount of even less than the smallest coin is death," [and thus upon observing that the poor take grain from his field, he might kill them for it.] The proposed proselyte is then informed concerning the punishment for [transgressing] the positive commandments; i.e., he is told: "You should be aware of the fact that prior to your conversion, when you had eaten fat [designated for the altar] you were not subject to Divine [capital] punishment; or if you had profaned the Sabbath [by doing any forbidden labor] you were not subject to the penalty of being executed by stoning; but henceforth if you eat the fat you will be subject to Divine [capital] punishment, and if you violate the Sabbath you will be subject to the penalty of stoning." Just as he is informed concerning the punishment [in the event of failure to observe] these commandments, so is he also informed concerning the reward [upon the fulfillment] of these commandments. He is told: "You shall be aware of the fact that the future world has been created for none else than the righteous, and that Israel nowadays is capable of withstanding the trials neither of much wealth nor of much retribution." No further [aversion] is to be used for him and no particular attention is to be paid [to his knowledge]. R. Elazar said: "What is the passage from whence we infer the above? It is written (Rut 1, 18) When she thus saw that she was persisting to go with her, she left off speaking unto her. This means that Na'omi said unto Ruth: 'We are subject to Sabbatical limitations.' Whereupon the response came (Ib.) For whither thou goest, will I go. 'We are subject to the prohibition of privacy between a man and woman.' (Ib.) Where thou lodgest will I lodge. 'We are instructed to live in accordance with six hundred and thirteen commandments.' Whereupon Ruth replied (Ib) Thy people shall be my people. 'We are warned against idolatry.' (Ib) And thy God is my God. 'We are under jurisdiction of the court which has the right to execute us with either of the four kinds of capital punishment. (Ib.) Where thou diest shall I die. 'The court has even the right to bury one upon one of the two cemeteries it chooses.! (Ib) And there will I be buried, came again Ruth's reply. Immediately after this the passage said: When she thus saw that she was persisting to go," etc.

(Fol. 49b) Se nos enseña que Ben Azai dice: "Encontré un rollo secreto en el que estaba escrito que cierto hombre era un Mamzer. También estaba escrito allí que el Mishnath de R. Eliezer b. Jacob es sólo un Kab (poca cantidad), pero bien tamizada. Allí también estaba escrito que M'nashe ejecutó a Isaías (el profeta) ". Raba dijo: "Fue juzgado ante un tribunal (de falsos profetas) donde fue ejecutado. Se le preguntó: 'Moisés tu maestro dijo (Ex. 33, 20) Porque ningún hombre puede verme y vivir, y tú dijiste (Is . 6, 1) Vi al Señor sentado en un trono alto y exaltado. Moisés su maestro dijo (Deut. 4, 7) ¿Quién tiene a Dios tan cerca de él, como el Señor nuestro Dios en todo tiempo que lo invocamos? , y dijiste (Is. 55, 6) buscad al Señor, mientras puede ser hallado. Moisés tu señor dijo (Ex. 23, 26) El número de tus días completaré, y tú dijiste (Is. 38, 5) Agregaré a tus días quince años '. Entonces Isaías se dijo a sí mismo: Estoy bastante seguro de que incluso si le ofrezco alguna explicación, no la aceptará. Si es así, ¿por qué debería ofrecerlo por completo, ya que simplemente haría que él cometiera [su crimen] voluntariamente? Entonces pronunció el Tetragrammaton y fue tragado por un cedro. Trajeron el cedro y lo cortaron, y cuando la sierra llegó a la boca de Isaías murió, a causa [del pecado que cometió con su boca cuando] dijo (Isaías 6, 5) "Y en medio de un pueblo inmundo labios habito. "

Pero, ¿qué pasa con los pasajes citados anteriormente, que de hecho se contradicen entre sí? Vi al Señor, se explica por el siguiente Baraitha: Todos los demás profetas contemplaron a [Deidad] a través de un espéculo tenue, mientras que Moisés contempló a [Deidad] a través de un espectro lúcido. (Ib. 55, 6) Vean al Señor mientras puede ser encontrado, podría explicarse que se refiere a un individuo, mientras que Moisés se refiere a una comunidad. ¿Y cuándo es el tiempo [al que se refiere Isaías?] R. Nachman, en el nombre del Rabí b. Abahu, dijo: "Esto se refiere a los diez días desde el Año Nuevo hasta el Día de la Expiación". Cumpliré el número de tus días. Esto se explica por el siguiente Tanaim, porque se nos enseña en un Baraitha: Todos los demás profetas contem hacen completo. (Fol.50) Se refiere a los años asignados a uno al nacer, si uno lo merece por méritos, entonces vive los años que le corresponden, pero de lo contrario, recibe lecciones. Esto es de acuerdo con la opinión de R. Akiba. Pero los otros sabios dicen que si uno tiene méritos, sus años se suman, y si uno no merece por méritos, entonces sus años se reducen. Entonces los sabios le dijeron a R. Akiba: "He aquí, el pasaje dice Y agregaré a tus días quince años, [¿por lo tanto, es más que su porción asignada?]" A lo que él respondió: "Esto significa que fueron agregados de su propia asignación [después de su decisión previa de haberla quitado]. Lo siguiente probará [que los quince años eran de su propia asignación] porque antes de esa enfermedad el profeta entregó una profecía diciendo (Pero los otros sabios dicen que si uno tiene méritos, sus años se suman, y si uno no merece por méritos, entonces sus años se reducen. Entonces los sabios le dijeron a R. Akiba: "He aquí, el pasaje dice Y agregaré a tus días quince años, [¿por lo tanto, es más que su porción asignada?]" A lo que él respondió: "Esto significa que fueron agregados de su propia asignación [después de su decisión previa de haberla quitado]. Lo siguiente probará [que los quince años eran de su propia asignación] porque antes de esa enfermedad el profeta entregó una profecía diciendo (Pero los otros sabios dicen que si uno tiene méritos, sus años se suman, y si uno no merece por méritos, entonces sus años se reducen. Entonces los sabios le dijeron a R. Akiba: "He aquí, el pasaje dice Y agregaré a tus días quince años, [¿por lo tanto, es más que su porción asignada?]" A lo que él respondió: "Esto significa que fueron agregados de su propia asignación [después de su decisión previa de haberla quitado]. Lo siguiente probará [que los quince años eran de su propia asignación] porque antes de esa enfermedad el profeta entregó una profecía diciendo (I Reyes 13, 2) He aquí, un niño nacerá en la casa de David. Josías (Yeshiyahu) por su nombre, aunque en el momento de la enfermedad de Ezequías, M'nashe aún no había nacido de Ezequías [por lo tanto, originalmente estaba destinado a vivir estos quince años] ". Los rabinos, sin embargo, argumentaron:" ¿Está escrito entonces nacido de Ezequías? Está escrito para la casa de David, que se refiere a Ezequías oa alguien más ".

Yevamot, Capítulo 6

(Fol. 61) MISHNAH: Sucedió que Joshua B. Gamala se desposó [la viuda] Marta, la hija de Boethus, y fue designado por el Rey como Sumo Sacerdote, [a quien está prohibida la viuda], sin embargo se casó con ella , [ya que el compromiso se llevó a cabo cuando todavía era un sacerdote ordinario].

GEMARA: Simplemente fue nombrado Sumo Sacerdote, pero no seleccionado [por la autoridad sacerdotal]. Dijo R. Joseph: "Veo aquí una conspiración, porque R. Assi dijo: 'Un Tarkaful de Dinarim dio Marta, la hija de Boethus, al rey Jnnai hasta que [logró] que Joshua b. Gamal fuera designado como el Alto-sacerdote.' "

(Ib. B) R. Nachman dijo en nombre de Samuel: "Aunque un hombre tiene muchos hijos, no obstante, se le prohíbe permanecer soltero [en caso de muerte o divorcio de su esposa], porque se dice (Gen. 2, 18) No es bueno que el hombre esté solo ".

(Fol. 62) Se nos enseña en un Baraitha: Tres cosas hizo Moisés bajo su propia autoridad, etc., (como se explica en el Volumen 1, página 161).

(Ib. B) Se nos enseña que R. Joshua dice: "Aunque un hombre tomó una esposa cuando era joven, sin embargo, debe casarse de nuevo [si permanece solo] cuando sea viejo; aunque uno tenga hijos desde sus primeros años Sin embargo, debe tratar de tener hijos incluso en la edad avanzada, como se dice (Ec. 11, 6).) Por la mañana (primeros años) siembra tu semilla, y por la tarde no dejes descansar tu mano; porque no sabes cuál tendrá éxito, si esto o aquello, o si ambos serán igualmente buenos ". R. Akiba dice:" Incluso si uno estudió la Torá en su juventud, debe continuar estudiándola cuando esté en su edad avanzada; aunque uno tuvo discípulos en sus primeros años, debería sin embargo adquirir discípulos en su edad avanzada, como se dice (Ib.) en la mañana, "etc. Se dijo que R. Akiba tenía doce mil parejas de discípulos que venían de por todo el país entre Gabbath y Antipatris, y todos murieron en una temporada debido [al pecado de] que no se trataban con suficiente respeto; y el mundo [judío] estaba desmoralizado hasta que R. Akiba llegó a nuestro sur Rabinos y enseñado a R. Maier, R. Juda, R. Jossi, R. Simon y R. Elazar b. Shamua, y fueron ellos quienes preservaron la Torá en esa hora [de la tumba]. Se nos enseña [en un Baraitha] que todos los discípulos murieron entre la Pascua y la Fiesta de las Semanas. R. Chana b. Abba y otros dicen que R. Chiya b. Abin, dijo: "Todos murieron de una muerte horrible". ¿Qué era? R. Nachman dijo: "Fue la grupa".

R. Tanchum dijo en nombre de R. Chanilai: "Todo judío que no tiene esposa vive sin felicidad, sin bendición y sin bien; sin felicidad, como está escrito (Deut. 14, 26). y tu casa; sin bendición, como está escrito (Ez.44, 30) Para hacer que una bendición descanse sobre tu casa; sin bien, como está escrito (Ben.2, 18) No es bueno que el hombre estar solo." En Palestina se dijo: "El [que no está casado] está sin Torá y sin protección; es decir, sin Torá, como está escrito (Job 6, 13). Verdaderamente, ¿no estoy sin mi ayuda en mí, y no es Tushiya? alejado de mí? Sin protección, como está escrito (Jer. 31, 21) La mujer saldrá [para proteger] al marido ". Raba b. Ulla dijo:" También sin paz, como está escrito (Job 5, 24) Y sabrás que hay paz en tu tienda ", etc.

A nuestros rabinos se les enseñó: El que ama a su esposa como a sí mismo y la honra aún más que a sí mismo, y el que conduce a sus hijos e hijas por el camino correcto y los casa cerca de su período de pubertad, el pasaje sobre él se lee (Ib.) Y sabrás que hay paz en tu tienda. A nuestros rabinos se les enseñó: El que ama a sus vecinos, se hace amigo de sus parientes, se casa con la hija de su hermano, (Fol.63) y que presta dinero a los pobres cuando está angustiado, sobre él dice el pasaje (Is.58, 9). clamas, y el Señor te responderá: Clamarás, y Él dirá: "Aquí estoy".

R. Elazar dijo: "Un judío que no tiene esposa no es considerado un hombre, porque se dice (Gén. 5, 2) El varón y la hembra los creó y los llamó Adán (hombre)". R. Elazar dijo además: "Quien no posee bienes raíces no es considerado un hombre, como se dice (Sal. 115, 16). Los cielos son los cielos del Señor; pero la tierra ha dado a los hijos de hombre." R. Elazar dijo además: "¿Cuál es el significado del pasaje (Génesis 2, 18) Le haré (eizer) una ayuda adecuada para él (K'nedo), es decir, si se lo merece, ella será una ayuda para él; si no, una oposición a él ". Según otros, R. Elazar planteó la siguiente contradicción. Dado que el texto dice K'naggdo (oponiéndose a él), ¿cómo podemos leer K'nigdo (correspondiente a él?) Esto significa, si él se lo merece, ella se corresponderá [en armonía con] él; si no, ella será un látigo para él ".

R. Jassi, con la posibilidad de encontrarse con Elijah, le preguntó: "Está escrito, le haré una ayuda. ¿Con qué ayuda una mujer al hombre?" Le dijo: "Un hombre trae trigo; ¿puede comer trigo? Trae lino; ¿puede vestirse de lino? ¿No prueba esto, en consecuencia, que ella ilumina sus ojos y lo pone de pie?" R. Elazar dijo además: "¿Qué significa el pasaje, (Ib.) Esta vez es hueso de mis huesos y carne de mi carne, significa? Podemos inferir de esto que Adán no encontró la vida satisfecha hasta que Eva fue llevada a él." R. Elazar dijo además: "¿Qué significa el pasaje (Ib. 12, 3) Y en ti serán bendecidas todas las familias de la tierra? para sobresalir de ti, Rut la moabita y Naama la amonita, todas las familias de la tierra, i.

R. Elazar también dijo: "En el futuro todos los profesionales se convertirán en agricultores, como se dice (Ez. 27, 29).) Y todos los que manejan el remo, los marineros y todos los pilotos del mar, bajarán de sus barcos y se pararán en la tierra ". R. Elazar dijo además:" No hay ocupación más pobre que la tierra, porque se dice (Ib.) y bajarán ". R. Elazar notó una vez que un campo se araba a lo ancho. Comentó:" Incluso si lo arasen a lo largo (es decir, una y otra vez), sin embargo, comerciar con negocios rinde más beneficios que tú. "Cuando Rab entró en un camino [entre campos] y vio las orejas agitar, solía decir:" Tírense (sean tan orgullosos como quieran), comerciar en negocios produce más beneficios que tú ". Raba dijo: ["Si un hombre invierte] cien zuzim en negocios, puede permitirse comer carne y beber vino todos los días; pero con cien zuzim invertidos en tierras, uno puede simplemente comer verduras saladas; y no solo esto, sino que la inversión lo hace dormir en el suelo, [mirarlo], y también lo hace pelear con los demás ". R. Papa dijo:" Ten provisiones de tu propia producción y no la compres, aunque te cueste el mismo precio, porque es más bienaventurado; Cómpralo confeccionado y no lo gires. Sin embargo, esto se refiere solo a los muebles, pero no a la ropa, porque es posible que uno no pueda obtener exactamente lo que necesita. Llena [un agujero cuando se haga en la pared a tiempo] que no necesites reparar; incluso puede repararlo caro, pero no lo reconstruya, porque quienquiera que esté ocupado en el negocio de la construcción se vuelve pobre [al final]. Esté siempre dispuesto a vender la tierra, pero sea lento (cuidadoso) al tomar una esposa. Baje un escalón cuando tome esposa, pero suba un escalón al elegir un padrino de boda ". y no solo esto, sino que la inversión lo hace dormir en el suelo, [mirarlo], y también lo hace pelear con los demás ". R. Papa dijo:" Ten provisiones de tu propia producción y no la compres, aunque te cueste el mismo precio, porque es más bienaventurado; Cómpralo confeccionado y no lo gires. Sin embargo, esto se refiere solo a los muebles, pero no a la ropa, porque es posible que uno no pueda obtener exactamente lo que necesita. Llena [un agujero cuando se haga en la pared a tiempo] que no necesites reparar; incluso puede repararlo caro, pero no lo reconstruya, porque quienquiera que esté ocupado en el negocio de la construcción se vuelve pobre [al final]. Esté siempre dispuesto a vender la tierra, pero sea lento (cuidadoso) al tomar una esposa. Baje un escalón cuando tome esposa, pero suba un escalón al elegir un padrino de boda ". y no solo esto, sino que la inversión lo hace dormir en el suelo, [mirarlo], y también lo hace pelear con los demás ". R. Papa dijo:" Ten provisiones de tu propia producción y no la compres, aunque te cueste el mismo precio, porque es más bienaventurado; Cómpralo confeccionado y no lo gires. Sin embargo, esto se refiere solo a los muebles, pero no a la ropa, porque es posible que uno no pueda obtener exactamente lo que necesita. Llena [un agujero cuando se haga en la pared a tiempo] que no necesites reparar; incluso puede repararlo caro, pero no lo reconstruya, porque quienquiera que esté ocupado en el negocio de la construcción se vuelve pobre [al final]. Esté siempre dispuesto a vender la tierra, pero sea lento (cuidadoso) al tomar una esposa. Baje un escalón cuando tome esposa, pero suba un escalón al elegir un padrino de boda ". pero la inversión lo hace dormir en el suelo, [para mirarlo], y también lo hace pelear con los demás ". R. Papa dijo:" Ten provisiones de tu propia producción y no lo compres, aunque te cueste usted el mismo precio, porque es más bendecido; Cómpralo confeccionado y no lo gires. Sin embargo, esto se refiere solo a los muebles, pero no a la ropa, porque es posible que uno no pueda obtener exactamente lo que necesita. Llena [un agujero cuando se haga en la pared a tiempo] que no necesites reparar; incluso puede repararlo caro, pero no lo reconstruya, porque quienquiera que esté ocupado en el negocio de la construcción se vuelve pobre [al final]. Esté siempre dispuesto a vender la tierra, pero sea lento (cuidadoso) al tomar una esposa. Baje un escalón cuando tome esposa, pero suba un escalón al elegir un padrino de boda ". pero la inversión lo hace dormir en el suelo, [para mirarlo], y también lo hace pelear con los demás ". R. Papa dijo:" Ten provisiones de tu propia producción y no lo compres, aunque te cueste usted el mismo precio, porque es más bendecido; Cómpralo confeccionado y no lo gires. Sin embargo, esto se refiere solo a los muebles, pero no a la ropa, porque es posible que uno no pueda obtener exactamente lo que necesita. Llena [un agujero cuando se haga en la pared a tiempo] que no necesites reparar; incluso puede repararlo caro, pero no lo reconstruya, porque quienquiera que esté ocupado en el negocio de la construcción se vuelve pobre [al final]. Esté siempre dispuesto a vender la tierra, pero sea lento (cuidadoso) al tomar una esposa. Baje un escalón cuando tome esposa, pero suba un escalón al elegir un padrino de boda ". se refiere solo a los muebles, pero no a la ropa, porque es posible que uno no pueda obtener exactamente lo que necesita. Llena [un agujero cuando se haga en la pared a tiempo] que no necesites reparar; incluso puede repararlo caro, pero no lo reconstruya, porque quienquiera que esté ocupado en el negocio de la construcción se vuelve pobre [al final]. Esté siempre dispuesto a vender la tierra, pero sea lento (cuidadoso) al tomar una esposa. Baje un escalón cuando tome esposa, pero suba un escalón al elegir un padrino de boda ". se refiere solo a los muebles, pero no a la ropa, porque es posible que uno no pueda obtener exactamente lo que necesita. Llena [un agujero cuando se haga en la pared a tiempo] que no necesites reparar; incluso puede repararlo caro, pero no lo reconstruya, porque quienquiera que esté ocupado en el negocio de la construcción se vuelve pobre [al final]. Esté siempre dispuesto a vender la tierra, pero sea lento (cuidadoso) al tomar una esposa. Baje un escalón cuando tome esposa, pero suba un escalón al elegir un padrino de boda ".

Rab se despidió de R. Chiya, y este le dijo: "Que el Misericordioso te salve de lo que es peor que la muerte". Entonces, ¿hay algo peor que la muerte? [Rab pensó para sí mismo]. Procedió a investigar el asunto hasta que encontró el pasaje (Ec. 7, 26) Y encuentro más amarga que la muerte a la mujer. Rab se molestaba a menudo con su esposa, de modo que cuando le pedía que le preparara lentillas, ella le preparaba guisantes pequeños; y cuando le pedía guisantes, ella preparaba lentejas. Cuando su hijo Chiya creció, solía revertir [las órdenes y, por lo tanto, el resultado fue justo lo que Rab quería]. "Tu madre se mejoró a sí misma", le comentó Rab una vez a su hijo. A lo que su hijo respondió: "Yo lo causé, porque había revertido las órdenes". Entonces Rab le dijo: "Esto es lo que dice la gente:" Tu propio descendiente te enseñará el sentido común ". Sin embargo, no lo harás [más], porque se dice (er. 9, 4) Ellos han enseñado a su lengua a hablar falsedad, se cansan de cometer iniquidad. "R. Chiya fue a menudo molesto por su esposa, [sin embargo] cuando encontraba algo [adecuado para ella], lo ataba en su capa y se lo traía. Cuando Rab [una vez] le dijo: "Mira, ella está molestando al maestro" [¿y por qué todavía traer sus regalos?] Él respondió: "Es suficiente para nosotros que críen a nuestros hijos y nos impidan (Ib. B) pecar. . " R. Juda discutió el siguiente pasaje con su hijo Isaac: Y encuentro más amarga que la muerte a la mujer. Este último preguntó: "¿Quién, por ejemplo?" "Como tu madre", fue la respuesta. ¿Es eso así? ¿No le enseñó R. Juda a R. Isaac su hijo: "Uno no encuentra placer sólo en su primera esposa, como se dice (Pr. 5, 18) Tu fuente será bendita; y regocíjate con la esposa de tu juventud ". Y cuando éste le preguntó:" ¿Quién, por ejemplo? ", a lo que llegó la respuesta:" Como tu madre ". Ella era irascible, sin embargo, podía apaciguarse fácilmente con una palabra. ¿constituye una mala esposa? Abaye dijo: "Una que tiene una bandeja lista para su marido, y tiene una boca lista para él [para regañar".] Rab dijo: "Una que le prepara una bandeja y le da la espalda . "

R. Chama b. Chanina dijo: "Tan pronto como un hombre se casa, sus pecados dejan de acusarlo, porque se dice (Pr. 18, 22). Quien ha encontrado una esposa, ha encontrado la felicidad y ha obtenido el favor del Señor". En la tierra de Israel, cuando un hombre se casaba, se le llamaba Matza (encontrado) o Motzay (encontrar); es decir, matzá, como está escrito (Pr. 18, 22) Quien ha encontrado (matzá) esposa, ha encontrado felicidad; motzay, como está escrito (Ec. 7, 26) Y encuentro (Motzay) la mujer más amarga que la muerte. Raba dijo: "Es meritorio divorciarse de una mala esposa, como está escrito (Pr. 22, 10) Ahuyenta al escarnecedor, y la contienda estallará; y entonces cesará la contienda y la deshonra ". Raba dijo además:" Tzara (mujer rival) a su lado [es un buen remedio] para una mala esposa con una gran dotación; porque la gente dice: "Por su rival, ella (la mala esposa) se corrige más eficazmente que por las espinas". "Raba dijo además:" Una mala esposa es tan desagradable como un día lluvioso, como dice el pasaje (Ib. 27, 15). Una caída continua en un día muy lluvioso y una mujer contenciosa son iguales ". Raba dijo además:" Ven y vean cuán beneficiosa es una buena esposa y cuán mala es una mala esposa. Cuán beneficiosa es una buena esposa, como está escrito (Pr. 18, 22) Quien ha encontrado esposa, ha encontrado la felicidad. Si tomamos esto literalmente, entonces podemos decir: Cuán beneficiosa es una buena esposa que el pasaje la alabe; y si el pasaje anterior se refiere a la Torá, [entonces podemos decir:] ¡Cuán beneficiosa es una buena esposa que la Torá sea comparada con ella! Cuán mala es una mala esposa, como está escrito (Ec. 7, 26) Y encuentro a la mujer más amarga que la muerte. Si tomamos el pasaje literalmente, entonces podemos decir: Cuán mala es una mala esposa que el pasaje la reprenda; y si el pasaje se refiere a Gehena, entonces [podemos decir,] ¡Oh, qué mala es una mala esposa que Gehena es comparada con ella! "(Jer. 11, 11) He aquí, traeré un mal sobre ellos, de no podrán librarse. Rabba b. Abahu dijo: "Esto se refiere a una mala esposa que tiene una Kethuba grande".Justicia. 1, 14) El Señor me ha entregado en manos de aquellos contra quienes no puedo levantarme. Mar Ukha b. Chiya dijo: "Esto se refiere a una mala esposa con una Kethuba grande". En la tierra de Israel se explicó que se refiere a alguien cuyo sustento depende de su dinero, [alguien que tiene que depender de los especuladores de alimentos].

(Deut. 28, 22) Tus hijos y tus hijas serán entregados a otro pueblo. R. Chanan b. Raba dijo en nombre de Rab: "Esto se refiere a la esposa del padre (madrastra". (Ib. 32, 21). Los provocaré a ira con una nación sin valor. R. Chanan b. Raba dijo: "Esto se refiere a un mala esposa que tiene una Kethuba grande ". R. Elazar dijo:" Esto se refiere a los saduceos, y así también dice el pasaje (Sal. 14, 1) El necio sin valor dice en su corazón: "No hay Dios". "En un Baraitha se enseñó que el último pasaje se refiere a los habitantes de Barbara y Mauritania, que caminan desnudos por las calles, porque nadie es más detestado y aborrecido ante el Señor que el que camina desnudo. R. Jochanan dijo:" El El pasaje anterior se refiere al parsi. "R. Jochanan fue informado de que el parsi llegó a Babilonia, [y entró en las colonias judías.] Se tambaleó [de miedo] y cayó, pero cuando le informaron que aceptaron un soborno [anular un decreto], se enderezó y se sentó cómodamente. Entonces le informaron: "Decretaron contra tres cosas". "Esto fue por las siguientes tres transgresiones", fue su respuesta. pecado de no dar los dones sacerdotales; decretaron contra el baño, debido a la [negligencia] de la religiosa Tebilah; desenterraron a los muertos, por el pecado de regocijarse en sus días religiosos, como se dice (Yo Sam. 12, 15) Entonces la mano del Señor estará contra ti, como lo fue contra tus padres. Con lo cual Rabba b. Samuel dijo que se refiere al acto maligno de desenterrar a los muertos, porque el maestro dijo: 'A causa de los pecados cometidos por los vivos, los muertos son desenterrados de sus tumbas' ".

Raba le dijo a Rabba b. Mari: Está escrito (Jer. 8, 2) No serán recogidos ni enterrados, se convertirán en estiércol sobre la faz de la tierra, [por eso la muerte es desagradable] e inmediatamente sigue: Y la muerte será preferible a la vida, a lo que esta última respondió: "La muerte será preferible a la vida, se refiere a los malvados que no deben vivir en este mundo y cometer el pecado que los hace caer en el Gehena".

también esas casas visitadas por el buhonero] llenas de engaño. No se preocupe por los problemas de mañana; porque no sabes lo que traerá el día. Quizás cuando llegue el mañana ya no existas y, por lo tanto, no te preocupes por un mundo que no es el tuyo. Evita a muchos de tu casa, porque no todos los traerás a tu casa. Muchos pueden ser los que te deseen paz. Sin embargo, revela tus secretos solo a uno entre mil ".

R. Assi dijo: "Ben David no vendrá antes de que todas las almas de la Guff se gasten (es decir, sean enviadas a vivir en la tierra), como se dice (Is. 57, 16) Cuando el espíritu de delante de Mí esté abrumado, y las almas que he hecho ". Se nos enseña en un Baratha. R. Elazar dice: "Todo judío religioso que no se casa es considerado como si hubiera derramado sangre, porque se dice (Génesis 9, 6) El que derrama la sangre del hombre, por el hombre será derramada su sangre; e inmediatamente sigue: Y vosotros, sed fructíferos y mutuos ".

A nuestros rabinos se les enseñó (Núm. 10, 36) Y cuando descansó, dijo: 'Vuélvete, Señor, a las miríadas y millares de Israel'. (Fol. 64) Deduzca de esto que la Shejiná no descansa sobre menos de dos miríadas y dos mil israelitas. Supongamos que Israel contara con veintidós mil menos uno, y hay uno entre ellos que no se casó, ¿no es él la causa que impide que la Shejiná descanse sobre Israel? [De ahí que el pecado de no estar casado sea grande]. Abba Chanin dijo en nombre de R. Elazar: "Tal hombre está sujeto a la pena de muerte, como se dice (Ib. 3, 4) Y no tuvieron hijos, - esto permite inferir que si hubieran tenido niños que no hubieran muerto ". Otros vuelven a decir que tal persona hace [directamente] que Shcehina se vaya de Israel, como se dice (Gén. 17,) Para ser un Dios para ti, y para tu descendencia después de ti; es decir, mientras haya semilla después de ti, la Shejiná descansará; pero si no hay simiente después de ti, ¿sobre quién más reposará, sobre los bosques o las montañas?

R. Isaac dijo: "Nuestro padre Isaac era impotente, como se dice (Génesis 25, 21) E Isaac suplicó al Señor (L'nochach) frente a su esposa. No se dice Al (sobre) su esposa, pero se dice L'nochach (enfrente) de su esposa. Deduzca de esto que ambos eran impotentes [y, por lo tanto, ambos oraron ". Si es así, entonces ¿por qué está escrito: ¿Y el Señor fue rogado por él? ¿Rogado por ellos, debería serlo? el justo (Isaac), el hijo de un justo, no es como la oración de un justo (Rebecca), hijo (hija) de un malvado. R. Isaac dijo: "¿Por qué nuestros antepasados no tuvieron hijos [hasta que oraron?] Porque el iSanto, alabado sea! desea [escuchar] las oraciones de los justos ". R. Isaac dijo:" ¿Por qué las oraciones de los justos están simbolizadas por una pala? Porque así como la pala mueve el grano en la era de un lugar a otro,Es. 51, 1) Mirad a la roca (Ib. B) de donde fuisteis talados, y al agujero del hoyo de donde fueron excavados. Y sigue inmediatamente: Mirad a Abraham vuestro padre, y a Sara que os dio a luz. "11. Najman, en el nombre de Rabba b. Abahu, dijo:" Nuestra madre Sara no tenía útero, como se dice (Gen. 11, 30) Pero Sara era estéril, no tenía hijos; es decir, incluso un lugar para un niño (útero) que ella no tenía ".

Durante los días de David disminuyeron los años de una generación, como está escrito (Sal. 90, 10) Los días de nuestros años en esta vida son setenta años.

(Fol. 65, b) R. El'ai dijo en nombre de R. Elazar b. Shamua: "Así como es meritorio que el hombre diga algo [de reproche] cuando es escuchado, también es meritorio que el hombre no diga algo que no será escuchado". R. Abba dijo: "Es un pecado, como se dice (Pr. 9, 8) No corrijas al escarnecedor, para que no te odie; reprende al sabio y te amará": R. El'ai dijo además en el nombre de R. Elazar b. Shamua: "Está permitido que un hombre modifique [un informe] en aras de la paz, como se dice (Génesis 50, 16) Tu padre ordenó, etc. Así dirás a José: Oh, perdona, Te lo ruego ". R. Jonathan dice: "Es un deber [modificar], como se dice (I Sam. 16, 2) Y Samuel dijo: ¿Cómo voy a ir? Si Saul lo oyera, me mataría ", etc. En el colegio de R. Ismael se enseñó: ¡La paz es una gran cosa, incluso para el Santo, alabado sea Él! Modificó [las palabras de Sarah] por su bien, como dice el versículo al principio (Génesis 18, 12) y siendo mi Señor también anciano, y después se dice, y se me dice ".

Yevamot, Capítulo 8

(Fol.71) A nuestros rabinos se les enseñó: Durante los cuarenta años que Israel estuvo en el desierto, no hubo un solo día en el que el viento del norte no soplara a medianoche, como se dice (Ex.12, 29). Y sucedió que a la medianoche el Señor hirió a todo primogénito. ¿Qué enseña esto? Nos enseña que hay algo en la idea de un tiempo propicio [para la oración].

(Fol. 76b) MISHNAH: Los amonitas y moabitas varones convertidos tienen prohibido [casarse con israelitas, y su prohibición es eterna; pero a sus hembras se les permite inmediatamente [después de su conversión].

GEMARA: ¿De dónde aprendemos eso (que las mujeres están permitidas)? R. Jochanan dijo: Del siguiente pasaje (I Sam. 17, 55) Y cuando Saúl vio a David salir contra el filisteo, dijo a Abner, capitán del ejército; Abner, ¿de quién es hijo este muchacho? Y Abner dijo: 'Vive tu alma, oh rey, que no lo sé'. ¿Fue entonces el hecho de que él (Saulo) no lo conocía? He aquí que está escrito (Ib. 16, 21) Y él (Saulo) lo amó mucho, y se convirtió en su escudero. ¿Asumiremos que su pregunta se refería al padre de David? Entonces nuestra pregunta es: ¿Entonces no lo conocía Saulo? He aquí está escrito (Ib. 17, 12) Y el hombre era anciano en los días de Saúl, perteneciente a las personas [de alta estima], con lo cual Rab, y según otros R. Abba dijo: Esto se refiere a Isaí, el hijo de David. padre, que entró con el ejército y salió con el ejército ". [De ahí que Saúl conociera bien a Isaí.] Por lo tanto, debemos decir que Saúl dijo así a Abner: "Ve y pregunta si David es descendiente de Pérez o de Zerach. Si es descendiente de Pérez, entonces está destinado a la realeza, y un rey puede atravesar vallas [para abrir un camino para su ejército,] contra las cuales nadie tiene derecho a protestar, pero si es de la progenie de Zerach, entonces simplemente se elevará a la eminencia ". Pero, ¿qué hizo que Saúl le pidiera a Abner que preguntara sobre el origen de David? A causa de sus vestiduras, acerca de las cuales está escrito (Ib., Ib., 38) Y Saúl vistió a David con sus vestiduras (madav). ¿Por qué se usa madav aquí? Esto significa que sus vestiduras (de Saúl) se ajustaban a la estatura de David, aunque está escrito (Ib. 10, 23) Y él (Saúl) era más alto que cualquiera de las personas desde su hombro y hacia arriba. [Saulo entonces se dijo a sí mismo:] " ¿Qué significa este hecho de que mi ropa le quede bien? Seguramente está destinado a convertirse en rey ". A lo que Doeg el Adamiano comentó:" Antes de comenzar una investigación sobre su idoneidad para la realeza o no, indague más bien si es apto para entrar en la congregación (para casarse con israelitas), porque es de la simiente de Rut la moabita ". Entonces Abner le dijo:" Se nos enseña en una Mishná: un varón convertido a Ammouí [está excluido de casarse con judíos], pero no una mujer; un varón convertido-moabita, pero no una mujer. "Según tu interpretación", comentó Saúl, "entonces, en el caso de un Mamzer, ¿dirás también que un hombre tiene prohibido entrar en la congregación pero no una mujer?" "El pasaje dice Mamzer, [que significa] cualquier cosa repulsiva, incluidos ambos sexos".Deut. 23, 5) Por el motivo de que no te recibieron con pan ni con agua. La costumbre es que los hombres se reúnan con pan y vino, pero no que las mujeres se reúnan. "Sin embargo, los hombres deberían haber conocido a los israelitas y las mujeres a la mujer israelita [de ahí que la razón sea para ambos]. Entonces Abner permaneció en silencio [y se no puedo responder a esta refutación.] Poco después de esto (I Sam. 17, 56) Y el rey dijo: Pregunta de quién es hijo este joven. ¿Por qué en primer lugar llamar a David Na'ar (muchacho) y luego llamarlo elem (joven)? Así dijo Saulo a Abner: "Esta ley te está oculta, ve, pues, y averigua en la academia". Finalmente preguntó, y le dijeron: "Una mujer amonita pero no amonita, una moabita, pero no una mujer musulmana". (Fol. 77) Doeg planteó todas las objeciones anteriores, que los silenciaron [provocando que revirtieran sus decisiones] y estaban a punto de anunciar que él (David) no era apto para estar en la congregación de Israel. Inmediatamente después de esto [el pasaje dice] (II Sam. 17, 25) Y Amassa era el hijo de un hombre, cuyo nombre era Itra el israelita, que había entrado en Abigail, la hija de Najash, etc. Y está escrito (I Crónicas 2, 17) Y el padre de Amassa era Jether el ismaelita, ante lo cual Raba dijo: De esto se deduce que Jether ató una espada alrededor de él como un ismaelita y dijo: 'Quien no obedezca esta decisión será apuñalado con una espada, porque así tengo un tradición de la corte de Samuel de Ramathaim: una mujer amonita, pero no amonita; moabita, pero no moabita. "Pero, ¿cómo se puede confiar en tales pruebas? ¿No ha dicho R. Abba en nombre de Rab:" Un erudito que toma una decisión [sobre una cuestión en disputa], si tomó la decisión antes del incidente, debe ser escuchado? , pero no de otra manera. "Aquí es diferente, porque Samuel [el profeta] y su corte todavía existían [y, por lo tanto, podían verificarse fácilmente]. Sin embargo, ¿qué pasa con la objeción anterior? Aquí (en Babilonia) se explicó porque (PD. 45, 14) Todos gloriosamente ataviados esperaban a la hija del rey en la cámara interior, [por lo tanto, las mujeres están exentas de obligaciones externas]. En la Tierra de Israel, se infirió, y según algunos, R. Isaac dijo: De lo siguiente pasaje (Génesis 18, 9) Y le dijeron: ¿dónde está Sara tu esposa? etc. [Por lo tanto, las mujeres estaban exentas del deber de reunirse con Israel.]

Raba dio una conferencia: "¿Qué significa el pasaje (Sal. 116, 16) Me habías soltado las cadenas, ¿me refiero? Así dijo David ante el Santo, ¡alabado sea! - '¡Soberano del Universo! Has absuelto dos restricciones que estaban en mi contra, son Rut la moabita y Na'amah la amonita '". Raba dio una conferencia:" ¿Cuál es el significado del pasaje? (Ib. 40, 6). ¡Dios mío! Tus maravillas y Tus pensamientos hacia nosotros? No dice hacia mí, sino hacia nosotros. De esto se puede inferir que Roboam estaba sentado en el regazo de David, y este último dijo que con respecto a ti y a mí, refiérete a los dos pasajes [citados anteriormente] ". Raba dio una conferencia:" ¿Qué significa el pasaje (Ib., Ib., 8) Entonces dije: 'He aquí, vengo en el rollo del libro que está escrito para mí', ¿quiere decir? David dijo: 'Pensé que había llegado [a mi realeza] justo ahora por un simple incidente, y no sabía que en el rollo del libro [que data de Abraham] está escrito acerca de mí; porque está escrito alliGénesis 19, 15) Hanimtza'oth (que están aquí), y aquí está escrito (Sal. 89, 21) Matzathi (he encontrado), David Mi siervo: con Mi aceite santo, "etc.

R. Chana b. Adda dijo: "El decreto concerniente a los gabaonitas fue emitido por David, como se dice (II Sam. 21, 2). Y el rey llamó a los gabaonitas y les dijo: ahora los gabaonitas no son de los hijos de Israel". ¿Por qué hizo David tal decreto contra ellos? Porque, como está escrito Y luego hubo hambre en los días de David tres años, año tras año. Durante el primer año de la hambruna, David le dijo a Israel: "Quizás hay odiladores entre vosotros, acerca de los cuales está escrito (Deut. 11, 16).) Y os apartáis y servís a otros dioses, y los adoráis. Entonces la ira del Señor se encenderá contra ti, y cerrará los cielos para que no llueva. "Investigaron y no encontraron nada por el estilo. Durante el segundo año [del hambre] (él les dijo de nuevo:" Quizás haya entre vosotros adúlteros, acerca de los cuales está escrito (Jer. 3, 3) Y [aunque] los primeros chaparrones fueron detenidos, y la lluvia tardía no llegó, todavía tenías frente de mujer incestuosa ". investigado, pero de nuevo no encontró nada por el estilo. Al tercer año de la hambruna, David dijo a Israel: "Quizás hay entre ustedes que se suscribieron a la caridad en público y se negaron a pagar, acerca de lo cual está escrito (Pr. 25 , 14) Como nubes y viento sin lluvia, así es el hombre que se jacta falsamente de un regalo ". Investigaron y nuevamente no encontraron ningún rastro de ello. David luego dijo:" La causa no depende de nadie más que de mí ". Inmediatamente (II Sam . 21, 1) y David suplicó la presencia del Señor. ¿Qué significa esto? Resh Lakish dijo: "Él pidió información a través del Urim y el Tummim." ¿Cuál es la insinuación para ello? Dijo R. Elazar: "Inferimos a través de la [analogía de expresión] de la palabra R'nei, P'nei. Está escrito aquí (Ib.) Y David suplicó la presencia (P'nei) del Señor, y está escrito allí (Núm.27, 21) y le preguntará después del Juicio del Urim antes (Li-phnei) el Señor. "(II Sam. 21, 1) Y el Señor dijo: Por causa de Saúl y por la casa de sangre es esto; porque ha matado a los gabaonitas; es decir, a causa de Saulo, que no fue elogiado adecuadamente; ya causa de la casa de sangre, porque mató a los gabaonitas. ¿Dónde encontramos que Saúl había matado a los gabaonitas? Por lo tanto, debemos decir que debido a que había matado a los habitantes de Nob, la ciudad de los sacerdotes, que sostenían a los gabaonitas con agua y comida [cortando así su apoyo], la Escritura lo considera como si realmente los hubiera matado ". Porque Saúl no fue elogiado adecuadamente [el honor de Saúl,] y al mismo tiempo lo exige porque había matado a los gabaonitas [¿de ahí la destrucción de Saúl?] De hecho, porque Resh Lakish dijo: "¿Cuál es el significado del pasaje (Sof. 2, 3?) Buscad al Señor, todos los mansos de la tierra, que habéis cumplido sus ordenanzas; es decir, en el mismo lugar donde uno es juzgado por sus [malas acciones], también se registran sus [buenas acciones]. David dijo entonces: "En cuanto a las quejas de Saúl, ya han transcurrido doce meses (Fol. 69) y ya no es costumbre hacer un discurso fúnebre. Pero en cuanto a los gabaonitas, llamémoslos y tratemos de apaciguarlos". (II Samuel 21, 2-6) Y el rey llamó a los gabaonitas y les dijo, etc. ¿Qué haré por ustedes? ¿y con qué haré la expiación, para que bendigan la herencia del Señor? Y los gabaonitas le dijeron: No tenemos ningún interés de plata ni de oro con Saúl y su casa, ni deseamos, etc. Que nos sean entregados siete hombres de sus hijos, y los colgaremos al Señor. . David trató de apaciguarlos [con cualquier otra cosa que no sea eso:] sin embargo, no fueron conciliados. David dijo entonces: "Esta nación (Israel) es reconocida por tres rasgos característicos, es misericordioso, casto y caritativo. Misericordioso, como está escrito (Deut. 13, 18) y te conceda misericordia, y ten misericordia de ellos y multiplica casto, como está escrito (Ex.20, 20) y para que Su temor esté ante sus rostros; caritativo, como está escrito (Génesis 18, 19) que mandará a sus hijos y a su casa, etc., con quien posea estos rasgos característicos es apropiado estar asociado, pero con quien no posea estos rasgos característicos no es apropiado para ser asociado ".

(II Sam. 21, 8) Y el rey tomó a los dos hijos de Riz-Pa, hija de Ayá, que ella le había dado a luz a Saúl, Armoni y Mefiboset; y los cinco hijos de Mical hija de Saúl, a quien ella había criado para Adriel hijo de Barzilai Mecolatithe. ¿Por qué solo estos? R. Huna dijo: "Pasaron junto al arca sagrada. Quien recibiera el arca sagrada debía morir, y quien no recibiera el arca sagrada debía vivir". R. Huna b. Ketina planteó la siguiente objeción (Ib., Ib., 7) Pero el rey se compadeció de Mefiboset, hijo de Jonatán hijo de Saúl. [¿Por lo tanto, fue decidido por David y no por el arca santa?] Esto significa que David no lo pasó [delante del arca santa]. ¿Puede entonces haber favoritismo usado en tal caso? Por lo tanto, debemos explicar lo anterior que Mefiboset fue guiado por el arca santa y también fue recibido, pero David oró y se sintió aliviado. Pero nuevamente quedaba la pregunta: ¿puede entonces utilizarse el favoritismo en tal caso? Por lo tanto, debes explicar que David oró para que el arca no lo recibiera [y por eso tuvo misericordia].

Pero he aquí que está escrito (Deut. 24, 26) Los padres no morirán por los hijos, ni los hijos morirán por los padres. R. Chiya b. Abba dijo en nombre de R. Jochanan: "Prefiero dejar que una palabra de la Torá se vuelva impotente, antes que profanar públicamente el nombre celestial". (II Sam.21, 10) Y Rizpa, la hija de Ayah, tomó un saco y lo extendió sobre la roca, desde el comienzo de la cosecha hasta que el agua cayó sobre ellos desde el cielo, y ella no dejó que las aves del cielo para descansar sobre ellos de día, ni las bestias del campo de noche. He aquí que está escrito (Deut.21, 23) Entonces su cuerpo no permanecerá toda la noche en el árbol. R. Jochanan en nombre de R. Simon b. Josadak dijo: "Vale la pena que una letra de la Torá se vuelva impotente, si tan sólo el nombre celestial [a través de ella] sea santificado públicamente: [porque, quien pasó junto al cadáver] preguntó: '¿Cuál es la naturaleza de estas? ¿No son príncipes, y qué [crimen] han cometido? ' Debido a que habían levantado la mano contra los conversos que se habían hecho a sí mismos (no admitidos formalmente), '[se dieron las razones]. Los investigadores entonces comentaban:' No hay otra nación con la que sea más apropiado asociarse que esta (Israel) ; porque, si a los príncipes les dieron tal castigo, ¿cuánto más a un hombre común; y si protegen así a los conversos que se hicieron a sí mismos, cuánto más protegerán a los verdaderos israelitas (prosélitos debidamente admitidos)? ' 22) Sin embargo, Salomón no puso a nadie por siervo de los hijos de Israel. ¿Pero quizás los anteriores eran simplemente empleados asalariados? Por tanto, debemos decir que lo anterior se infiere de aquí (22) Sin embargo, Salomón no puso a nadie por siervo de los hijos de Israel. ¿Pero quizás los anteriores eran simplemente empleados asalariados? Por tanto, debemos decir que lo anterior se infiere de aquí (II Cr. 2, 16) Y Salomón contó a todos los gerim (prosélitos) que estaban en la tierra de Israel, etc., y fueron ciento cincuenta mil. E hizo de ellos setenta mil portadores de cargas, etc. ¿Y fue entonces el decreto contra los gabaonitas emitido por David? ¡Mirad! Moisés emitió el decreto, como está escrito (Deut. 29, 10) del cortador de leña, etc. Moisés simplemente lo decretó para esa generación, pero David lo decretó para todas las generaciones. De nuevo, ¿no ha decretado Josué acerca de ellos? Porque está escrito (Jos. 9, 27) Y Josué los nombró solo ese día cortadores de leña, etc. el templo.

Yevamot, Capítulo 9

(Fol. 86) A nuestros rabinos se les enseñó: "La ofrenda del cielo debe darse al sacerdote, el primer diezmo al levita", dice R. Akiba. R. Elazar b. Sin embargo, Azaria dice: (Ib. B) "Hasta los primeros diezmos deben ser entregados al sacerdote". ¿Se refiere solo al sacerdote y no al levita? Diga: "También al sacerdote". ¿Cuál es el motivo de la declaración de R. Akiba? Escrito está (Núm. 18, 26) Y a los levitas hablarás y les dirás. De ahí que el pasaje se refiera a los levitas. Pero la otra autoridad explica el pasaje como R. Joshua b. Levi lo hizo. Para R. Joshua b. Leví dijo: "En veinticuatro lugares, los sacerdotes se llaman levitas, y el siguiente es uno de ellos. (Ez. 44, 15).) Pero los sacerdotes, los levitas, los hijos de Zadak, "etc. Había un jardín del cual R. Elazar b. Azaria estaba obteniendo los primeros diezmos, después de lo cual R. Akiba fue allí y removió su entrada hacia un cementerio. R. Elazar luego comentó: "Está bien con Akiba, quien tiene su bolsa [de pastor] donde guarda su manutención (es decir, tiene un suegro rico); pero, ¿cómo podré vivir a través de ella? "Se enseñó: ¿Por qué los levitas fueron castigados con los diezmos? R. Jochanan y uno de los mayores de la academia difieren. Uno dijo porque no subieron a la tierra de Israel en el tiempo de Esdras, y el otro dijo porque los sacerdotes deberían tener que depender de [comida barata] durante su impureza. ¿Y cuándo inferimos que no fueron a la tierra de Israel en el tiempo de Esdras? Está escrito (Ezequiel 8, 15) Y los reuní en el río que desemboca en Ahava, y acampamos allí tres días; y miré a mi alrededor entre el pueblo y los sacerdotes, pero de los hijos de Leví no encontré ninguno allí. R. Chisda dijo: "Al principio, los oficiales ejecutivos eran nombrados solo de los Levitas, como se dice (II. Crónicas 19, 11) Y los Levitas son oficiales antes que usted; pero hoy en día tales oficiales ejecutivos son nombrados solo por Israel. , como está dicho, Y los numerosos oficiales que están a sus cabezas.

Yevamot, Capítulo 10

(Fol. 89 b) R. Isaac dijo: "¿De dónde nos enteramos que la confiscación del tribunal es válida? Se dice (Esdras 10, 8) Y que quien no viniera dentro de tres días, según la resolución del príncipes y ancianos, toda su riqueza debe ser consagrada, y él mismo separado de la congregación del exilio ". R. Elazar dijo desde aquí (Jos. 19, 51) "Estas son herencias que el sacerdote Elazar, y Josué hijo de Nun, y los jefes del padre de las tribus de los hijos de Israel; es decir, ¿qué parentesco tienen? ¿los padres con los jefes de las tribus? ley."

(Fol. 90 b) ¡Ven, escucha! (Deuteronomio 18, 15) A él le escucharéis; es decir, incluso si te dice que transgredir uno de los mandamientos de la Torá similar al de Elías en el Monte Carmelo, que fue sólo por un tiempo, uno debe obedecer. [¿Por lo tanto, el tribunal tiene el poder de ordenar cosas que incluso están en contra de la Torá?] Con un profeta, el caso es diferente, porque está escrito, a él le oiréis. Entonces, ¿inferiremos de él para todo lo demás? Una medida [aunque extraordinaria pero] para controlar algo [la anarquía] es diferente. ¡Ven, escucha! R. Eliezer b. Jacob dijo: "He oído que la corte puede castigar con azotes e incluso la pena capital, aunque no está de acuerdo con la ley estricta, ya que no es con la intención de violar la Torá, sino simplemente para salvaguardar la Torá". Así sucedió en los días del gobierno griego que uno que montaba a caballo en sábado fue llevado ante el tribunal y apedreado. Esto se hizo no porque él fuera digno de tal castigo, sino porque la condición de ese tiempo requería tal medida. Y también sucedió que otro fue castigado con azotes por no comportarse de manera decente, no porque fuera digno de tal castigo, sino porque la condición de ese tiempo requería tal medida ". [De ahí que el tribunal pueda tomar medidas aunque ¿contra la Torá?] Una medida para controlar algo [la anarquía] es diferente.

(Fol. 93b) Se nos enseña (Deut. 23, 16) No entregarás siervo a su amo. El rabino dice: "El pasaje trataba de alguien que compra un sirviente con la condición de dejarlo en libertad". ¿Cómo se va a realizar esa compra? R. Nachman b. Isaac dijo: "Él escribe [en la oferta de esclavos], 'Después de haberte comprado, de ahora en adelante serás comprado para ti mismo'".

(Fol. 96 b) R. Elazar fue y expuso la Halajá en el colegio y no lo dijo en nombre de R. Jochanan. Al ser informado, R. Jochanan se enojó, por lo que R. Ami y R. Assi fueron a [apaciguarlo]. Le dijeron: "¿No sucedió así en la Congregación de Tiberi cuando hubo una disputa entre R. Elazar y R. Jassi acerca de un pestillo de puerta que tenía en su parte superior un dispositivo de cierre [móvil] [que ocasionalmente puede usarse como un mortero,] hasta que rompieron un rollo de la Torá en su enojo. (¿Cómo es posible que piensen que lo rompieron? Pero digan que se rompió a través de su enojo.) R. Josi b. Kisma, quien estaba presente en ese momento, comentó: "¡Me pregunto si esa sinagoga se convertirá en una casa de idolatría! Y así sucedió. [Por lo tanto, la ira es una pasión muy malvada"]. Entonces R. Jochanan se enojó aún más y dijo: "¡Me llaman su socio!" Fue visitado nuevamente por R. Jacob b. Idi, que le dijo: "Está escrito (Josh. 11, 15) Como el Señor había mandado a Moisés, su siervo, así también Moisés mandó a Josué; y también Josué; no dejó nada sin hacer de todo lo que el Señor le había ordenado a Moisés. ¿Cómo es posible que Josué haya dicho sobre cada pequeña cosa: 'Así me dijo Moisés?' Por lo tanto, debemos decir que Josué se sentó y dio una conferencia de forma anónima, pero todos sabían que su Torá era la de Moisés. Lo mismo ocurre con R. Elazar, tu discípulo. Aunque se sienta y da una conferencia de forma anónima, todo el mundo sabe que la Torá es [lo que aprendió] de ti "." ¿Por qué no sabes cómo apaciguar a nuestro camarada Ben Idi? ", Comentó R. Jochanan. Pero ¿Por qué R. Jochanan se enojó en absoluto? Porque R. Juda dijo en el nombre de Rab: "¿Qué significa el pasaje (Sal. 61, 5) Déjame morar en tu tienda en los mundos (es decir, en ambos mundos) ¿significa? ¿Cómo puede un hombre vivir en ambos mundos? Por lo tanto, debemos decir que David dijo así ante el Santo, ¡alabado sea! 'Soberano del Universo, sea Tu voluntad (Fol. 97) que se enseñe una ley tradicional en mi nombre en este mundo'. Y R. Jochanan dijo en nombre de Simón b. Jochai, "Todo erudito [fallecido] cuya ley tradicional se repite en su nombre en este mundo, [hace que] sus labios se muevan en la tumba". "R. Isaac b. Zeiri, y según otros R. Simon Nezira, dijo:" ¿Dónde está el pasaje para probar esto? (Canciones 7, 10) Y tu paladar como el mejor vino, que se desliza suavemente por mi amado, moviendo suavemente los labios de los que duermen. Esto significa como la masa de uvas calentadas; así como la masa de uvas calentadas comienza a gotear tan pronto como uno pone el dedo sobre ella, también lo es un erudito. Cuando ellos [sus discípulos] repiten una ley tradicional en su nombre en este mundo, sus labios comienzan a moverse en su tumba ".

Yevamot, Capítulo 11

(Fol. 98) (Jonás 3, 1) Y vino palabra de Jehová a Jonás por segunda vez, diciendo. ¿Es solo una segunda vez que la Shejiná le habló, pero no una tercera vez? He aquí que está escrito (II Reyes 14, 25) Él restauró el límite de Israel desde la entrada de Chamat hasta el mar de la llanura; conforme a la palabra del Señor Dios de Israel, que había hablado por medio de su siervo Jonás, hijo de Amittai, el profeta. [¿Por eso la Shejiná se le apareció muchas veces?] Dijo Rabina: "La primera se refiere sólo a Nínive". R. Nachman b. Isaac dijo: "El pasaje significa esto:" De acuerdo con las palabras del Señor, que fueron dichas por medio de su siervo Jonás, hijo de Amittai; es decir, así como Nínive se transformó de mal en bien, así también los destinos de Israel en los días de Jeroboam, hijo de Yoash, de mal en bien ".

Yevamot, Capítulo 12

(Fol. 105) (Dan. 10, 21) Sin embargo, te diré lo que está escrito en la escritura de la verdad. ¿Hay entonces una escritura falsa? Esto no es difícil de explicar. El primero se refiere a un decreto emitido con juramento. Para R. Eamuel b. Ami, y según otros R. Samuel b. Nachman dijo en nombre de R. Jochanan: "¿De dónde sabemos que una sentencia, pronunciada con juramento, no puede ser anulada? De lo siguiente (I Sam. 3, 14) Por tanto, juré a la casa de Elí, que la iniquidad de la casa de Elí no será expiada con sacrificio ni ofrenda para siempre. "Sin embargo, Raba dijo: Esto significa que a través de sacrificios meramente su pecado no puede ser expiado, sino por [el estudio de] la Ley puede ser ". Y Abaye dijo: "Con sacrificio y ofrenda no se puede expiar, pero con [el estudio de] la Ley y con obras de bondad amorosa se puede"; porque él y Rabba [su maestro] eran ambos descendientes de la casa de Elí [quienes fueron sentenciados, como se mencionó anteriormente; sin embargo] Rabá, que solo estudió la Ley, vivió cuarenta años, pero Abaye, que estudió la Torá y realizó actos de benevolencia, vivió sesenta años. A nuestros rabinos se les enseñó que había cierta familia en Jerusalén cuyos miembros murieron a los dieciocho años. Vinieron e informaron a R. Jochanan b. Zakkai de sus problemas. "Quizás", dijo, "sois descendientes de Elí, de quien se dice (Yo Sam. 2, 33) Todo el aumento de tu casa morirá en la flor de su edad. Id, pues, a estudiar la Ley y vivir. Fueron y estudiaron, y vivieron; y fueron llamados por su nombre, la familia de Jochanan.

R. Samuel b. Inya dijo en nombre de Rab: "¿De dónde sabemos que un decreto contra una comunidad no está confirmado". ¿Es eso cierto? He aquí, escrito está (Jer. 2, 22) La mancha de tu pecado permanece delante de mí. Pero esto es lo que quiso decir: ¿De dónde sabemos que un decreto emitido contra una comunidad, incluso si se confirma, puede, no obstante, ser anulado? Del pasaje (Deut. 4, 7) Como el Señor, nuestro Dios, en todas las cosas que le pedimos. Pero también está escrito (Isaías 55, 6) Busquen al Señor mientras puede ser encontrado. Por tanto, ¿hay alguna diferencia? El último pasaje se refiere a un individuo, el primero a una comunidad. ¿Cuándo es el momento adecuado para que un individuo [se arrepienta?] R. Nachman, en el nombre de Rabba b. Abahu, dijo: "Los diez días del arrepentimiento, entre el día de Año Nuevo y el Día de la Expiación". (I Sam. 25, 38) Y sucedió, como diez días después de eso, que el Señor hirió a Nabal. ¿Cuál es el motivo de la espera de diez días? R. Juda, en nombre de Rab, dijo: "Corresponde a las diez comidas que Nabel dio a los siervos de David". Y R. Nachman, en nombre de Rab. dijo: "Esto se refiere a los diez días de penitencia" [dados a Nabal para que se arrepienta].

(Ib. B.) R. Chiya y R. Simon b. El rabino estaba sentado juntos cuando uno de ellos abrió la conversación y dijo: "El que ora debe fijar sus ojos hacia abajo, como está dicho (I Reyes 9, 3) Y Mis ojos y Mi corazón estarán allí todo el tiempo". Y el otro dijo: "Sus ojos deben estar [fijos] hacia arriba, como está dicho (Lam. 3, 41) Levantemos nuestro corazón con nuestras manos a Dios en los cielos. "Mientras estaban discutiendo así, R. Ismael hijo de R. Jossi se acercó y les preguntó:" ¿En qué tema estáis ocupados? "" En oración ", Respondieron ellos. Él les dijo: "Así dijo mi padre:" El que ora debe fijar los ojos hacia abajo y el corazón hacia arriba para reconciliar los dos pasajes anteriores ". "Mientras tanto, el rabino entró en el colegio. Los que eran de baja estatura fueron rápidamente y ocuparon sus asientos, R. Ishamel el hijo de R. Jossi, sin embargo, siendo robusto, siguió caminando, ante lo cual Abdan (un discípulo) comentó:" ¿Quién ¿Es el que se abre paso por encima de las cabezas del pueblo santo? "" Este soy yo, Ismael, el hijo de R. Jossi, que vino a estudiar la Torá de Rabbi ", fue la respuesta". "Siéntese en su lugar. No es necesario investigarlo, ya que ya ha sido decidido por un rabino de alto rango". Abdan caminaba entonces hacia atrás [a pesar del hecho de que pisó a los eruditos que estaban sentados en el suelo]. R. Ismael, el hijo de R. Jossi, entonces le dijo: "Aquel de quien el pueblo santo está necesitado puede pasar por encima de sus cabezas. del pueblo santo; pero aquel de quien el pueblo santo no necesita, ¿cómo puede pasar por encima del pueblo santo? " Por lo tanto, el rabino le ordenó a Abdan que permaneciera en su lugar [donde permaneció]. Se nos enseña en un Baraitha: En esa hora, Abdan se volvió leproso, sus dos hijos se ahogaron y sus dos nueras se declararon Miun. Dijo R. Nachman b. Isaac: "Alabado sea el Misericordioso por haber avergonzado a Abdan en este mundo". ya que ya ha sido decidido por un rabino de alto nivel. "Abdan caminaba entonces hacia atrás [a pesar del hecho de que pisó a los eruditos que estaban sentados en el suelo]. R. Ismael, el hijo de R. Jossi, entonces le dijo:" El de quien el pueblo santo tenga necesidad, puede pasar por encima del pueblo santo; pero aquel de quien el pueblo santo no está necesitado, ¿cómo puede pasar por encima de la cabeza del pueblo santo? "Por lo tanto, el rabino le ordenó a Abdan que permaneciera en su lugar [donde permaneció]. Se nos enseña en un Baraitha: En ese Cuando Abdan se puso leproso, sus dos hijos se ahogaron y sus dos nueras declararon un Miun. Dijo R. Nachman b. Isaac: "Alabado sea el Misericordioso por haber avergonzado a Abdan en este mundo". ya que ya ha sido decidido por un rabino de alto nivel. "Abdan caminaba entonces hacia atrás [a pesar del hecho de que pisó a los eruditos que estaban sentados en el suelo]. R. Ismael, el hijo de R. Jossi, entonces le dijo:" El de quien el pueblo santo tenga necesidad, puede pasar por encima del pueblo santo; pero aquel de quien el pueblo santo no está necesitado, ¿cómo puede pasar por encima de la cabeza del pueblo santo? "Por lo tanto, el rabino le ordenó a Abdan que permaneciera en su lugar [donde permaneció]. Se nos enseña en un Baraitha: En ese Cuando Abdan se puso leproso, sus dos hijos se ahogaron y sus dos nueras declararon un Miun. Dijo R. Nachman b. Isaac: "Alabado sea el Misericordioso por haber avergonzado a Abdan en este mundo". Abdan caminaba entonces hacia atrás [a pesar del hecho de que pisó a los eruditos que estaban sentados en el suelo]. R. Ismael, el hijo de R. Jossi, entonces le dijo: "Aquel de quien el pueblo santo está necesitado puede pasar por encima de sus cabezas. del pueblo santo; pero aquel de quien el pueblo santo no necesita, ¿cómo puede pasar por encima del pueblo santo? " Por lo tanto, el rabino le ordenó a Abdan que permaneciera en su lugar [donde permaneció]. Se nos enseña en un Baraitha: En esa hora, Abdan se volvió leproso, sus dos hijos se ahogaron y sus dos nueras se declararon Miun. Dijo R. Nachman b. Isaac: "Alabado sea el Misericordioso por haber avergonzado a Abdan en este mundo". Abdan caminaba entonces hacia atrás [a pesar del hecho de que pisó a los eruditos que estaban sentados en el suelo]. R. Ismael, el hijo de R. Jossi, entonces le dijo: "Aquel de quien el pueblo santo está necesitado puede pasar por encima de sus cabezas. del pueblo santo; pero aquel de quien el pueblo santo no necesita, ¿cómo puede pasar por encima del pueblo santo? " Por lo tanto, el rabino le ordenó a Abdan que permaneciera en su lugar [donde permaneció]. Se nos enseña en un Baraitha: En esa hora, Abdan se volvió leproso, sus dos hijos se ahogaron y sus dos nueras se declararon Miun. Dijo R. Nachman b. Isaac: "Alabado sea el Misericordioso por haber avergonzado a Abdan en este mundo".

Yevamot, Capítulo 13

(Fol. 109) Se enseñó a Bar Kapara: "El hombre siempre se adherirá a tres cosas y se mantendrá alejado de tres cosas. Debe adherirse a tres cosas: Chalitza, para traer la paz [entre hombres y hombres], y para declarar un voto". vacío." Chalitza, se refiere a Abba Saul; porque se nos enseña en un Baraitha Abba Saul dice: "Quien se casa con su Yebama porque es una mujer hermosa, o porque desea tenerla como esposa, o por cualquier otro motivo oculto, es como si entrara en contacto con un Ervah, y sugiere en mi opinión (opinión) que el niño es un Mamzer ". Por tanto, Chalitza es mucho más preferible]; para traer paz, como está escrito (Sal.34, 10) Busca la paz y síguela, (Ib. B) y R. Aba dijo: "Inferimos a través de la analogía de [las dos palabras] R'diffa; es decir, está escrito aquí Busca la paz y síguela (v'radfehu) , y está escrito allí (Pr.21, 21) El que persigue (rodef) la justicia y la bondad hallará vida, justicia y honor. "Declarar nulo un voto se refiere al de R. Nathan. Porque se nos enseña R. Nathan dice:" Quien hace un voto es como si construyó un altar pagano, y quienquiera que cumpla un voto es como si llevara un sacrificio pagano sobre él. "Y uno debe mantenerse alejado de tres [otras] cosas: de Miun, de recibir fideicomisos y de actuar como seguridad. De Miun, porque ella podría arrepentirse cuando madura [y por lo tanto hace a su Miun desfavorablemente.] De recibir confianza. Esto se aplica solo de alguien que reside en la misma ciudad, ya que la casa del fideicomisario es familiar para el depositante [y conoce todo el interior y él puede así quitarle el artículo y luego exigirlo nuevamente.] De ir seguridad, se refiere a una garantía de Shaltsiyon, para R.Isaac dijo: "¿Qué dice el pasaje (PD. 11, 15) ¿Será abrumado por el mal que es garantía para un extraño, mezquino? Mal sobre mal abrumará al que acepta prosélitos; que se convierte en garantía de Shaltsiyon y que dedica toda su atención a la letra de la ley ". El que acepta prosélitos, se refiere a R. Chelbo, porque R. Chelbo dijo:" Los prosélitos son tan malos para Israel como una llaga en la piel . "Un fiador de Shaltsiyon, donde practican" liberar y apresar "(liberar al deudor y apresar al fiador). El que dedica toda su atención a la letra de la ley, como nos enseña que R. Josi dice:" Quien diga que no estudia la Torá no obtendrá la recompensa por ello [por su estudio ". ¿No es esto evidente? Por lo tanto, debemos decir que quiere decir así:"Deut. 5, 1) Para que las aprendas y las observes; es decir, quienquiera que esté incluido en la parte para observarlos, será recompensado porque podrá aprenderlos; pero el que no esté incluido en la parte para observarlos tampoco será recompensado porque podéis aprenderlos. Y si lo desea, puedo explicarlo como antes: quien diga que no tiene nada más que la Torá, no será recompensado por nada más que por la Torá, y en cuanto a su pregunta, "¿No es esto una cuestión de rutina?" no habría sido necesario si no fuera por el caso de que él enseña a otros que también realizan acciones, uno podría pensar que debería ser recompensado por esto [como la causa de ello]. El pasaje, por lo tanto, nos informa que no tiene otra recompensa excepto por su estudio. Y si lo desea, puedo explicarle, "el que vive a la altura de la letra de la ley", se refiere a un juez ante quien se presenta un caso y lo decide de acuerdo con una tradición trazada por analogía, sin consultar a un erudito mayor que esté presente. Para R. Samuel b. Najman dijo en nombre de R. Jonathan: "Un juez siempre debe considerar como si una espada estuviera entre sus muslos, y como si Gehena estuviera abierta debajo de él, como se dice (Cantares 3, 7-8) He aquí, es la cama de Salomón; Alrededor de ella sesenta valientes de los valientes de Israel .... a causa del terror de la noche; es decir, por el terror de la Gehena que es igual a la noche ".

Yevamot, Capítulo 16

(Fol. 121) It happened that a certain man was drowned in the lake Samki and that R. Shila married his widow. Rab said then to Samuel: "Come, let us put him under a ban." Whereupon Samuel replied: "Let us first send word to him [and inquire as to his theory."] They sent to him the following: "If one disappears in waters without an end is his wife permitted to be married or not?" "His wife is not allowed to be married," was his reply. "And is the lake of Samki considered as water with an end or like water without an end? [they inquired again.] Whereupon he replied that it is considered like waters without an end. "Why then did the master do that [marry her?"] "I made a mistake, because I thought that since the water is stationary it ought to be likened to water with an end, however, it is not so, since there are waves, and the waves may have cast him out alive." Samuel then appliel to Rab the following passage (Pr. 12, 21) Ningún mal puede venir sin recompensa a los justos. Rab, a cambio, le aplicó a Samuel el siguiente pasaje (Ib. 11, 14). Pero ayuda a través de la multitud de consejeros, [porque le aconsejó el camino correcto].

R. Ashi dijo: "La ley que los rabinos declararon sobre [alguien que se perdió en] aguas sin fin [que su esposa no debe volver a casarse] se refiere sólo a un hombre común; pero si él era un erudito, ella no está prohibida de volver a casarse, porque si hubiera escapado, habría corrido el rumor de su rescate ". Sin embargo [en realidad] no es así, y no importa si el perdido es un hombre común o un erudito, la ley establece que si se ha celebrado un matrimonio, es legítimo, pero no está directamente permitido.

Se nos enseña que Rabban Gamaliel dijo: "Una vez estaba navegando en un barco y observé que otro barco naufragó en el océano. Sentí pena por el erudito que era [un pasajero] en ese barco, que era R. Akiba. Cuando Llegué a la orilla, él vino, se sentó y discutió sobre la Halajá antes que yo. 'Hijo mío', le pregunté, '¿quién te crió?' Él respondió: "Sucedí que cogí una tabla del barco [sobre el que nadé], y a medida que venía cada ola, hundía la cabeza para dejar que pasara sobre mí". De esto se puede aprender, remarcaron nuestros rabinos, si la gente malvada se acerca al hombre, déjelo inclinar la cabeza. Entonces dije: 'Cuán grandes son las palabras de nuestros sabios, que dicen que [si uno se pierde en] el agua que ha un fin a ella [su esposa] se le permite volver a casarse; pero [si uno se pierde en] el agua sin fin, se le prohíbe volver a casarse '". Se nos enseña en un Baraitha que R. Akiba dice: "Una vez estaba navegando en un barco y observé que otro barco estaba varado en el océano. Sentí pena por el erudito que estaba en él [como pasajero], y esto fue R. Maier. Cuando aterricé en Kaputkia, él vino, se sentó y discutió sobre Halajá antes que yo. Le pregunté: 'Hijo mío, ¿quién te crió?' A lo que respondió: "Una ola me llevó a la otra y así sucesivamente hasta que me lavó en la orilla". En esa hora dije: "Cuán grandes son las palabras de nuestros sabios que dijeron, [si uno se pierde en] agua que tiene un final, ella [su esposa] puede volver a casarse pero [si uno se pierde] en el agua sin un Al final, tiene prohibido volver a casarse. " Sentí pena por el erudito que estaba en él [como pasajero], y este era R. Maier. Cuando aterricé en Kaputkia, él vino, se sentó y discutió sobre Halajá antes que yo. Le pregunté: 'Hijo mío, ¿quién te crió?' A lo que respondió: "Una ola me llevó a la otra y así sucesivamente hasta que me lavó en la orilla". En esa hora dije: "Cuán grandes son las palabras de nuestros sabios que dijeron, [si uno se pierde en] agua que tiene un final, ella [su esposa] puede volver a casarse pero [si uno se pierde] en el agua sin un Al final, tiene prohibido volver a casarse. " Sentí pena por el erudito que estaba en él [como pasajero], y este era R. Maier. Cuando aterricé en Kaputkia, él vino, se sentó y discutió sobre Halajá antes que yo. Le pregunté: 'Hijo mío, ¿quién te crió?' A lo que respondió: "Una ola me llevó a la otra y así sucesivamente hasta que me lavó en la orilla". En esa hora dije: "Cuán grandes son las palabras de nuestros sabios que dijeron, [si uno se pierde en] agua que tiene un final, ella [su esposa] puede volver a casarse pero [si uno se pierde] en el agua sin un Al final, tiene prohibido volver a casarse. " Una ola me llevó a la otra y así sucesivamente hasta que me lavó en la orilla. En esa hora dije: "Cuán grandes son las palabras de nuestros sabios que dijeron, [si uno se pierde en] agua que tiene un final, ella [su esposa] puede volver a casarse pero [si uno se pierde] en el agua sin un Al final, tiene prohibido volver a casarse. " Una ola me llevó a la otra y así sucesivamente hasta que me lavó en la orilla. En esa hora dije: "Cuán grandes son las palabras de nuestros sabios que dijeron, [si uno se pierde en] agua que tiene un final, ella [su esposa] puede volver a casarse pero [si uno se pierde] en el agua sin un Al final, tiene prohibido volver a casarse. "

A nuestros rabinos se les enseñó: Una vez sucedió que la hija de Nechunia cayó en un pozo profundo. Vinieron e informaron a R. Chanina b. Dosis de eso. Durante la primera hora les dijo: "Está en paz"; y así también durante el segundo. En el tercero, cuando hubo temor de que ella pudiera haber muerto, dijo: "Ya ha salido". A la niña se le preguntó: "¿Quién te salvó?" "Pasó un carnero, conducido por un anciano, que me salvó", respondió ella, [refiriéndose al carnero de Isaac conducido por Abraham]. R. Chanina b. Entonces le preguntaron a Dosa: "¿Eres un profeta para saberlo exactamente?" "No soy ni profeta ni hijo de profeta", respondió, "pero pensé para mis adentros, ¿es posible que la misma cosa con la que este justo estaba ocupado [preparando pozos para Israel] resulte una desgracia para sus hijos? ? " R.PD. 50, 3) Y alrededor de Él se desata una fuerte tempestad. De lo cual inferimos que el Santo, ¡alabado sea! trata con los justos estrictamente, incluso hasta el ancho de un cabello ". R. Chanina dice:" Del siguiente pasaje (Ib. 89, 8) Dios es enormemente terrible en el consejo secreto de los santos, e inspira temor sobre todo eso son sobre Él ".

(Fol. 122) MISHNAH: Sucedió en Tzalmon con uno que dijo: "Yo, este y aquel hombre, hijo de este y aquel hombre, he sido mordido por una serpiente y estoy muriendo". Fueron allí pero no pudieron reconocerlo, y sin embargo fueron y se casaron con su esposa.

FIN DEL TRACTO YEBAMOTH.

Ketubot, Capítulo 1

KETHUBOTH (Fol. 5) Bar Kapara expuso: "Grandes son los actos de los justos, incluso más que el acto de crear los cielos y la tierra, porque con respecto al acto de [crear] los cielos y la tierra está escrito (Is. 48, 13) Mi mano también fundó la tierra, y mi diestra abarcó los cielos; pero acerca de los actos de los justos está escrito (Éxodo 15, 17) El lugar, oh Jehová, que tú labraste para ti. morada, el santuario, oh Jehová, que tus manos han establecido. " Un cierto babilónico que se llamaba R. Chiya planteó una objeción (Sal. 95, 5) Y cuyas manos (en plural) han formado la tierra seca. [¿Por eso también en la creación se emplearon ambas manos?] "Sin embargo, está escrito Yado (su mano)", fue la respuesta. Pero está escrito Yatzaru (se formaron). Con lo cual R. Nachman b. Isaac explicó que esto se refiere a los dedos, como está escrito (Ib. 8, 4) Cuando contemplo los cielos, obra de Tus dedos. Se planteó otra objeción (Ib. 19, 2) Los cielos relatan la historia de Dios; y la expansión cuenta las obras de sus manos. El pasaje significa así: ¿Qué dice la importante obra de los justos? La extensión. ¿Y por qué medios? A través de las lluvias.

Bar Kapara dio una conferencia: "¿Qué significa el pasaje (Deut. 23, 14) Y tendrás una pala con tus armas, ¿no? No lo lea Azaynecha (arma), pero léalo Az'necha (orejas); es decir, si un hombre oye algo impropio (Ib. b), debe meterse el dedo en la oreja ". Esto es lo que quiso decir R. Elazar, quien dijo:" ¿Por qué los dedos de un hombre tienen forma de clavija? ". ¿Qué quiere decir con esto? ¿Supongamos que pregunta por qué están separados y no en un solo cuerpo? Esto se debe a que cada uno es necesario para su propio propósito, ya que el maestro dijo: El más pequeño se usa para medir el tramo; el al lado se usa para Kemitza, el del medio se usa en la medida del codo; el cuarto del pequeño (el que está al lado del pulgar), se usa siempre que se menciona la medida del dedo; el pulgar es para ser utilizado por los sacerdotes para los requisitos de sacrificio. Por lo tanto, debemos decir que quiere preguntar por qué están inclinados hacia abajo en forma de clavija. Porque si alguien escucha algo impropio, debe llevarse el dedo al oído. En el colegio de R. Ishmael se enseñó: ¿Por qué todo el oído es duro y el apego al mismo suave? En caso de que uno escuche algo impropio, debería poder colocar el apego en él [y evitar escuchar tales cosas]. A nuestros rabinos se les enseñó: Nunca un hombre permitirá que sus oídos escuchen absurdos, porque primero se quemarán. todos los demás miembros. ¿Por qué toda la oreja es dura y la sujeción a la misma suave? En caso de que uno escuche algo impropio, debería poder colocar el apego en él [y evitar escuchar tales cosas]. A nuestros rabinos se les enseñó: Nunca un hombre permitirá que sus oídos escuchen absurdos, porque primero se quemarán. todos los demás miembros. ¿Por qué toda la oreja es dura y la sujeción a la misma suave? En caso de que uno escuche algo impropio, debería poder colocar el apego en él [y evitar escuchar tales cosas]. A nuestros rabinos se les enseñó: Nunca un hombre permitirá que sus oídos escuchen absurdos, porque primero se quemarán. todos los demás miembros.

(Fol. 7b) R. Nachman dijo: "Huna b. Nathan me relató el siguiente Baraitha: ¿De dónde nos enteramos de que las bendiciones nupciales deben pronunciarse en presencia de diez? Se dice (Rut 4, 2). se llevó diez hombres ". R. Abahu dijo: "De aquí (Sal. 68, 27) En asambleas bendecid a Dios, alabad al Señor, surgiste de la fuente de Israel". Pero, ¿qué interpretación da R. Nachman al último pasaje? Lo necesita para la [interpretación del] siguiente Baraitha. R. Maier solía decir: "¿De dónde nos enteramos de que incluso los embriones en las entrañas de su madre proclamaban la canción en el Mar Rojo? Se dice: En asambleas bendecid, Dios [alabanza] al Señor, surgiste de Fuente de Israel ".

(Fol. 8 b) R. Chiya b. Abba estaba enseñando la Biblia a los hijos de Resh Lakish y, según otros, les estaba enseñando la Mishná. Sucedió que murió el hijo de la maestra. El primer día Resh Lakish no lo visitó, pero el segundo día se llevó a Judá b. Nachmeni, su intérprete, lo acompañó y fue a consolarlo. "Ven, di algo sobre el niño perdido", comentó Resh Lakish a su intérprete. Este último comenzó lo siguiente (Deut.32, 19) "Y el Señor vio esto y se enojó; a causa de la provocación de sus hijos y de sus hijas; es decir, una generación en la que los padres estaban insultando, ¡alabado sea el Santo! - lo hará enojar con sus hijos e hijas [y hacer que mueran siendo jóvenes. "] Según otra autoridad, el muerto era un hombre joven, y aplicó el siguiente pasaje (Is. 9, 16Por tanto, el Señor no se alegrará de sus jóvenes, ni tendrá compasión de sus huérfanos y viudas; porque todo el mundo es hipócrita y hacedor de maldad, y toda boca habla desenfrenadamente; por todo esto, su ira no se apaga, sino que su mano aún permanece extendida. ¿Qué significa si Su mano aún permanece extendida? R. Chanan b. Rab dijo: "Esto significa que si uno pone su boca turbia y habla obscenidades, incluso si un decreto divino que le concedía felicidad hubiera sido sellado para él durante setenta años, se convertiría en mal". ¿Vino con el propósito de consolarlo y lo afligió? Le dijo así: "Has sido [hallado] digno de ser apresado [de sufrir] por el [pecado de la] generación". Luego le dijo a su intérprete: " Ven y di algo acerca de la glorificación del Santo, ¡alabado sea! ". Comenzó a decir:" ¡Oh Dios, que eres grande en tu grandeza! ¡Poderoso y poderoso en Tu magnitud! Que resucita a los muertos con tu palabra. Tú provocas maravillas inefables e innumerables milagros. Bendito eres Tú, oh Señor, que resucita a los muertos ". Luego dijo a su intérprete:" Levántate y di algo en honor de los dolientes ". Entonces comenzó a decir:" Hermanos nuestros, que están cansados y abrumados por este duelo, pon tu corazón para examinar esto. Esto es algo que existe para siempre. Así es el camino (el curso de los acontecimientos) desde los días de la creación. Muchos han bebido la [copa del dolor] y muchos todavía la beberán, como la primera [generación] la bebió, así la última [generación] la beberá. Nuestros hermanos, El que consuela a los dolientes te consolará a ti ". Abaye dijo:" Muchos han bebido la copa de amargura, uno puede decir; pero 'muchos lo beberán', no debería decirse. 'Como la primera [generación] bebió [la copa de amargura'], debería decirse, pero 'así la última [generación] beberá' no debería decirse; para R. Simon b. Lakish dijo, y por eso también se enseñó en el nombre de R. José, que un hombre nunca debe abrir la boca para Satanás (es decir, invitar a la desgracia con palabras siniestras) ". Dijo R. Joseph:" ¿Dónde está el pasaje para probar ¿esta? (así que la última [generación] beberá 'no debería decirse; para R. Simon b. Lakish dijo, y por eso también se enseñó en el nombre de R. José, que un hombre nunca debe abrir la boca para Satanás (es decir, invitar a la desgracia con palabras siniestras) ". Dijo R. Joseph:" ¿Dónde está el pasaje para probar ¿esta? (así que la última [generación] beberá 'no debería decirse; para R. Simon b. Lakish dijo, y por eso también se enseñó en el nombre de R. José, que un hombre nunca debe abrir la boca para Satanás (es decir, invitar a la desgracia con palabras siniestras) ". Dijo R. Joseph:" ¿Dónde está el pasaje para probar ¿esta? (Es. 1, 9) Como Sodoma deberíamos haber sido, a Gomorra deberíamos haber sido comparados; y ¿qué responde el pasaje a esto? (Ib. Ib. 10) Oíd la palabra, gobernantes de Sodoma, "etc. Luego le dijo a su intérprete:" Di algo en honor al consuelo de los amigos del doliente ". Abrió y dijo:" Nuestros hermanos que practican la bondad amorosa, y los hijos de [los patriarcas que practicaron] la bondad amorosa, que se adhieren al pacto de nuestro patriarca Abraham, de quien se dice (Génesis 18, 19) Porque yo sé que él mandará a sus hijos y a su casa, etc. Nuestros hermanos, el que es el amo de la bondad amorosa les recompensará por su bondad. "Volvió a pedirle a su intérprete que dijera algo acerca de Israel en general: con lo cual comenzó, y dijo: "¡Soberano del Universo! Libra, salva, salva y ayuda a tu pueblo Israel de la pestilencia, de la espada, de ser un deporte [para el enemigo], de la explosión, del moho y de todas las demás calamidades que estallan y visitan una comunidad. Antes de que te invoquemos, nos responderás. Alabado seas Tú que defiendes una epidemia ".

Se nos enseña en un Baraitha: En los años anteriores, los gastos de entierro eran tan extravagantes que afectaban a los familiares más que el incidente de la muerte, y en consecuencia abandonaban el cadáver y huían, hasta que

Rabban Gamaliel llegaba y daba el ejemplo. de hacer caso omiso de la costumbre por sí mismo, cuando [según su petición] lo enterraron en un sudario de lino, con lo cual el público también se acostumbró a enterrar a sus muertos en sudarios de lino. "Y ahora", dijo R. Papa, "los muertos están enterrados en sudarios de lona con un valor de zuz".

(Fol. 9) R. Samuel b. Nachemi, en el nombre de R. Jonathan, dijo: (Ib. B) "Cualquiera que fuera a la guerra en el ejército de David se divorció de su esposa primero, como se dice (I Sam. 17, 18) Y estos diez quesos traerás a el capitán de los mil y pregunta a tus hermanos cómo les va, y quita la prenda. Cuál es el significado y quita la prenda. Como se le enseñó a R. Joseph: "Esto significa las cosas que causan la prenda entre marido y mujer [el contrato de matrimonio] quitarás [por divorcio "].

Ketubot, Capítulo 2

(Fol. 16b) A nuestros rabinos se les enseñó: ¿Qué cantamos en alabanza a una novia cuando bailamos ante ella? Beth Shammai dice: "Una novia [describiéndola] como realmente es". Beth Hillel, sin embargo, dice: "Una novia hermosa y elegante". Beth Shammai le dijo entonces a Beth Hilel: "Supongamos que la novia es coja o ciega, si también se le dijera a ella, 'una novia hermosa y graciosa'". He aquí, dice la Torá (Ex.23, 7) Manténgase alejado de los discursos falsos ". A lo que Beth Hillel respondió:" Según su opinión, cuando uno compra una mala oferta en el mercado, debe recomendarla a los ojos del propietario o señalar su falta en presencia del dueño? Seguramente dirás que uno debería elogiarlo a los ojos del propietario. "De aquí se origina el dicho de los sabios:" En todo momento la disposición del hombre debe ser agradable al asociarse con los hombres ". Cuando R. Dimi vino de [el tierra de Israel], dijo: "Así suelen cantar ante una novia en la tierra de Israel. "No hay pintura, ni abrillantador, ni tinte para el cabello, y sin embargo es una elegante gacela".

Cuando los sabios ordenaron a R. Zera, sus seguidores le cantaron así: "No hay pintura, ni pulimento, ni tinte, y sin embargo es una elegante gacela". Cuando los sabios ordenaron a R. Ami y R. Assi, sus seguidores también cantaron así: "Tales hombres - de tales personas - ordenan rabinos para nosotros, pero no ordenan a los que invierten las leyes, o que se visten irrespetuosamente". Según otros: "No de aquellos que no explican suficientemente la Torá, ni de aquellos que se llaman Tremis". Cuando R. Abahu llegó de la universidad a la corte del César, la matrona de la corte real salía y cantaba para él así: "¡Gran hombre de su pueblo! ¡Líder de sus naciones! ¡Luz brillante (hombre sabio)! ven ser bienvenido en paz ".

Se dijo de R. Juda b. Ilai que tomaría una ramita de mirto y bailaría con ella ante la novia, cantando: "Una novia hermosa y elegante". R. Samuel b. Isaac bailaba con tres ramitas de mirto, ante lo cual R. Zera comentó: "El anciano nos deshonra". Cuando este último murió, se interpuso una columna de fuego entre él y el resto del mundo, y tenemos la tradición de que una columna de fuego no se interpone excepto a uno o dos en una generación. R. Zera dijo entonces: "La rama de mirto [con la que solía bailar ante las parejas nupciales] benefició al anciano [que tal fenómeno ocurrió a su muerte".] Según otros dijo: "Este tipo de conducta (de participando en ceremonias de boda), benefició al anciano ". De nuevo, según otros, dijo: "Su conducta absurda [benefició] al anciano. Nachemi dijo en nombre de R. Jonathan: "Está permitido mirar a la cara a la novia durante siete días después de su matrimonio, para hacerla amada por su esposo". La ley, sin embargo, no prevalece así. Nachemi dijo en nombre de R. Jonathan: "Está permitido mirar a la cara a la novia durante siete días después de su matrimonio, para hacerla amada por su esposo". La ley, sin embargo, no prevalece así.

A nuestros rabinos se les enseñó: Una procesión fúnebre debe dar paso a una procesión nupcial, y ambos [deben dejar paso] al Rey de Israel. Se dijo del rey Agripa que dio paso a las procesiones del viernes, por las que los sabios lo elogiaron. Dado que lo elogiaron, debemos asumir que actuó correctamente. ¿No ha dicho R. Ashi: "Incluso el que sostiene que si un príncipe está dispuesto a renunciar al honor que se le debe, su honor se pierde; sin embargo, si un rey se permite renunciar al honor que se le debe, su honor no podría ser perdonado, porque el maestro dijo (Deut.17, 15Entonces, ciertamente, puedes poner un rey sobre ti; es decir, un rey cuyo miedo debería estar sobre ti [¿de ahí que Agripa actuó incorrectamente?] Fue en una encrucijada [que Agripa se volvió para no perturbar la procesión nupcial, y el observador podría haber pensado que lo hizo porque había para ir en esa dirección.]

Our Rabbis were taught: The study of the Torah should be interrupted for a funeral escort and to lead a bride to the wedding ceremony. It was said of R. Juda b. Ilai that he would interrupt the study of Torah only for a funeral escort and to lead a bride to the wedding ceremony. The above statement applies only to a case in which there is not sufficient escort; but if there is sufficient escort, it is not proper to interrupt the study of the Torah. How many are considered sufficient? R. Samuel b. Unia said in the name of Rab: "Twelve thousand people and six thousand should be announcers, [of the dead."] According to other authorities twelve thousand people of whom six thousand should be announcers. Ula said: "Sufficient, means when there are enough people to form a line from the city gateway to the cemtery." R. Shesheth, and according to others, R. Jochanan, said: "The departure of the Torah ought to be [before as many people] as the giving of the Torah; i.e., just as the giving of the Torah took place before six myriads, so also ought the departure of the Torah take place before an assembly of sixty myriads." And yet this refers only to one who merely studied the Torah for himself; but as to one who taught with others, there is no limit.

Ketubot, Capítulo 3

(Fol. 30) Abaye dijo: "La palabra Asson (accidente) se usa en conexión con accidentes humanos (Ex. 21, 22), y también en conexión con accidentes celestiales (Gen. 44, 20).); es decir, así como la palabra Asson usada en conexión con accidentes humanos significa la absolución de compensaciones pecuniarias, así también la palabra Asson, usada en conexión con accidentes celestiales significa absolución de compensaciones pecuniarias. "R. Adda b. Ahaha planteó la siguiente objeción: "¿De dónde sabes que Jacob advirtió a sus hijos sobre el frío y el calor, que son las consecuencias de accidentes celestiales?" [De ahí infiere tu teoría,] quizás su advertencia (de Jacob) fue contra leones y ladrones, que son la consecuencia de accidentes humanos? [Por lo tanto, no tienes ninguna inferencia.] ¿Entonces Jacob limitó su advertencia en contra de esto y no en contra de aquello? ? He aquí,Pr. 22, 5) Espinas y trampas se encuentran en el camino del perverso; el que guarda su alma, se aleja de ellos. ¿Y de nuevo un león y los ladrones son la consecuencia de actos humanos? He aquí que R. Joseph dijo, y también R. Chiya enseñó: "Desde que el Templo fue destruido, aunque el tribunal del Sanedrín ha cesado, no obstante, el castigo de los cuatro tipos de muerte descritos en las Escrituras no cesó". ¿Cómo puedes decir que no ha cesado cuando vemos que efectivamente están abolidos? Por tanto, hay que decir que no ha cesado que se refiere al Juicio Divino que sustituye a la forma de la pena capital; porque el que puede ser apedreado encuentra la muerte al caer de un techo o al ser pisoteado por una bestia salvaje, lo que equivale a lapidación; el que corre peligro de quemarse encuentra igualmente su muerte por fuego o por mordedura de serpiente; el que está expuesto a morir a espada cae en manos del gobierno [donde es asesinado] o [encuentra la muerte] por asesinos; y el que debe ser ahorcado encuentra su muerte por ahogamiento en el río o por difteria. [¿Por lo tanto, un asesino no está sujeto a la mordedura de una serpiente?] Por lo tanto, debemos revertir lo anterior; es decir, los accidentes de leones o ladrones son el resultado del Cielo, mientras que el frío y el calor son el resultado de la negligencia humana. [¿Por lo tanto, un asesino no está sujeto a la mordedura de una serpiente?] Por lo tanto, debemos revertir lo anterior; es decir, los accidentes de leones o ladrones son el resultado del Cielo, mientras que el frío y el calor son el resultado de la negligencia humana. [¿Por lo tanto, un asesino no está sujeto a la mordedura de una serpiente?] Por lo tanto, debemos revertir lo anterior; es decir, los accidentes de leones o ladrones son el resultado del Cielo, mientras que el frío y el calor son el resultado de la negligencia humana.

Ketubot, Capítulo 4

(Fol. 49b) Cuando tales casos [de un padre que no está dispuesto a mantener a sus menores] se presentaban adecuadamente ante R. Juda, solía decirles: "El pájaro Yarod da a luz y arroja [sus crías] sobre la gente del pueblo (es decir, un padre debe mantener a sus hijos menores) ". Cuando tales casos llegaban ante R. Chisda, daba la orden de dar la vuelta a un mortero y colocar al padre [sobre su cubierta] donde se vio obligado a pronunciarse [sobre sí mismo]. "El cuervo necesita niños, pero este hombre no los necesita. " ¿Entonces un cuervo se preocupa por sus hijos? He aquí está escrito (Sal. 147, 9) A los cuervos jóvenes que claman. Esto no es difícil de explicar; el segundo se refiere a un cuervo con manchas blancas [que cuando aún es joven no agrada a sus padres], pero el primero se refiere a un cuervo negro [ya crecido, que es del agrado de sus padres].

(Fol.50) Felices los que observan la justicia, que hacen caridad en todo tiempo (Sal.10, 3). ¿Es posible hacer caridad en todo momento? Nuestros rabinos de Jamnia, y según otros R. Eliezer, lo interpretaron: "Esto se refiere a alguien que mantiene a sus hijos e hijas cuando son menores". R. Samuel b. Nachmeni dijo: "Esto se refiere a alguien que cría a un niño y una niña huérfanos en su casa y los da en matrimonio". (Ib. 112, 3) Habrá abundancia de riquezas en su casa, y su justicia perdurará para siempre. R. Huna y R. Chisda explicaron este versículo. Uno dijo: "Esto se refiere a alguien que estudia la Torá y la enseña a otros". El otro, sin embargo, dijo: "Esto se refiere a quien escribe el Pentateuco, los Profetas y el Hagiographa y los presta a otros". (Ib. 128, 6) Y ve a los hijos de tus hijos; que haya paz sobre Israel. R. Joshua b. Levi dijo: "

Ketubot, Capítulo 5

(Fol. 61) R. Isaac b. Chanaia dijo en nombre de R. Huna: "Todos los platos pueden ser retenidos del camarero [para evitar que coma mientras sirve] excepto la carne y el vino", [lo que irrita demasiado al camarero]. R. Chisda dijo: "Este se refiere a carne grasa y vino añejo ". Rab dijo: "La carne grasa se aplica a todo el año, pero el vino añejo se aplica simplemente durante la época del solsticio de verano". Abahu b. Ihi y Minyamin b. Ihi [ambos tenían sirvientes], uno permitía [a su sirviente antes de servir] comer de todo tipo que preparaba, y el otro le daba a su sirviente [antes de la comida] de un solo plato. Con el primero Elías conversó y con el segundo no. Había dos hombres piadosos, y según algunos eran R. Mari y R. Phinehas, los hijos de R. Chisda, uno de los cuales permitía que su sirviente comiera antes de que él mismo comiera, y el otro sólo se lo permitiría después de que él mismo hubiera cenado; con el que permitía que su sirviente comiera primero, Elías solía conversar, pero con el que permitía que su sirviente comiera solo después de haber comido, Elías no conversaba.

Amemar, Mar Zutra y R. Ashi estaban sentados cerca de la entrada del palacio del rey Yesdigard cuando el mayordomo del rey pasó [llevando algo de comida] R. Ashi, notando que (Ib. B) el rostro de Mar Zutra [de repente] se puso pálido , tomó [un poco de comida] con su dedo [de lo que llevaba el mayordomo]. "Has estropeado la comida del rey", exclamó el mayordomo. Ante la pregunta del sirviente: "¿Por qué lo hiciste?" les dijo: "El que hace algo así no es apto para preparar comida para el rey". "¿Porque?" preguntaron ellos. "Porque vi un trozo de carne de cerdo que estaba infectado de lepra", fue su respuesta. Inmediatamente lo inspeccionaron, pero no encontraron rastro de él. R. Ashi puso su dedo en un lugar, diciendo: "¿Ha inspeccionado aquí?" Luego inspeccionaron esa pieza y encontraron que era como él había dicho. Los rabinos luego le preguntaron: "¿Por qué confiaste en tal milagro?" A lo que respondió: "Noté el espíritu maligno de la lepra que rondaba Mar Zutra".

Una vez, un romano le propuso casarse con cierta mujer, pero ella lo rechazó. Él fue y trajo granadas, las abrió y se las comió en su presencia. Cualquier saliva que la molestaba [por despertar el apetito de lo que comía el otro y no gratificarlo] la tragaba, y ese hombre no le daba hasta que ella se hinchó como un vaso. Luego le dijo: "Si te curo, ¿te casarás conmigo?". "Sí", respondió ella. Entonces él fue y trajo otras granadas, las abrió y se las comió en su presencia. Le ordenó que escupiera cualquier saliva que la molestara. Así lo hizo, hasta que brotó de ella como hierbas espinosas, y se recuperó.

(Fol. 62) Rab dijo: "El suspiro rompe la mitad del cuerpo, porque se dice (Ez. 21, 11) Pero tú, hijo de hombre, suspiras como si tuvieras los lomos rotos, y con amargura [de dolor] suspirarás ". R. Jochanan añade:" Un suspiro quebranta todo el cuerpo, como se dice (Ib. , ib., 12) Y será cuando te digan, ¿por qué suspiras? que responderás, por las nuevas, porque viene, cuando todo corazón se desmaye, y todas las manos se debilitan, y todo espíritu se desmaya, y todas las rodillas se transforman en agua. "Pero, ¿cómo será el primer pasaje? , Como si con los lomos rotos, sea explicado por R. Jochanan? Esto significa que comienza desde los lomos. ¿Cómo será, [por otro lado], el otro pasaje, Cuando todo corazón se derrita y todas las manos se debiliten y todo espíritu se desmayará, ser explicado por Rab? Dirá que las noticias de la destrucción del Templo son diferentes porque era extremadamente grave. Había un judío y un gentil que caminaban por el camino, y el gentil no podía seguir el ritmo del judío. Le recordó al judío la destrucción del Templo. Esto hizo que este último diera un largo suspiro de sufrimiento, pero el gentil aún no podía seguirle el ritmo. "¿No has dicho que el suspirar rompe la mitad del cuerpo", remarcó el gentil. A lo que el judío respondió: "Esto se refiere sólo a una nueva marea; pero esto ya es antiguo y no [afecta tanto;] como dice la gente: 'Una mujer acostumbrada al aborto ya no está desconcertada [cuando ocurre'. " y el gentil no pudo seguir el ritmo del judío. Le recordó al judío la destrucción del Templo. Esto hizo que este último diera un largo suspiro de sufrimiento, pero el gentil aún no podía seguirle el ritmo. "¿No has dicho que el suspirar rompe la mitad del cuerpo", remarcó el gentil. A lo que el judío respondió: "Esto se refiere sólo a una nueva marea; pero esto ya es antiguo y no [afecta tanto;] como dice la gente: 'Una mujer acostumbrada al aborto ya no está desconcertada [cuando ocurre'. " y el gentil no pudo seguir el ritmo del judío. Le recordó al judío la destrucción del Templo. Esto hizo que este último diera un largo suspiro de sufrimiento, pero el gentil aún no podía seguirle el ritmo. "¿No has dicho que el suspirar rompe la mitad del cuerpo", remarcó el gentil. A lo que el judío respondió: "Esto se refiere sólo a una nueva marea; pero esto ya es antiguo y no [afecta tanto;] como dice la gente: 'Una mujer acostumbrada al aborto ya no está desconcertada [cuando ocurre'. " Esto se refiere solo a una nueva marea; pero esto ya es viejo y no [afecta tanto;] como dice la gente: 'Una mujer acostumbrada al aborto ya no está desconcertada [cuando ocurre'. " Esto se refiere solo a una nueva marea; pero esto ya es viejo y no [afecta tanto;] como dice la gente: 'Una mujer acostumbrada al aborto ya no está desconcertada [cuando ocurre'. "

(Ib. B) Juda, el hijo de R. Chiya, que era yerno de R. Janai, estaba acostumbrado a pasar todo el día en el colegio y hacia la noche volvía a casa; y cada vez que regresaba a casa lo precedía una columna de fuego. Un día, su estudio se prolongó. Cuando la familia no pudo ver el letrero habitual [de la columna], R. Janai les ordenó que volcaran su lecho [en señal de duelo]. "Porque", dijo, "si R. Juda estuviera vivo, no habría descuidado su casa." Esta observación fue [como dice Salomón] (Eclesiastés 10, 5) como un error que procede de un gobernante (es decir, sus palabras ominosas, aunque no significadas como tales, se hicieron realidad) y R. Juda murió.

El rabino [el Nassi] se ocupó de los preparativos para la boda de su hijo con un miembro de la familia de R. Chiya. Luego de lo cual estaban a punto de escribir el contrato de matrimonio, la niña murió. Con lo cual Rabí exclamó: "¿Hay entonces, Dios no lo quiera, una mancha en cualquiera de las familias?" Inmediatamente se sentaron y examinaron [la genealogía] de ambas familias: Rabí era el descendiente de Shephatia b. Abital (hijo de David) y R. Chiya eran descendientes de Shimi, hermano de David. [Por lo tanto, no era adecuado que el rabino se casara con alguien que no fuera descendiente directo de David.] Luego fue y ofreció a su hijo en matrimonio a un miembro de la familia de R. Jossi b. Zimra. Acordaron que el novio debería pasar primero doce años estudiando en la universidad, pero cuando le presentaron por primera vez, les suplicó que, antes del matrimonio, sólo debería pasar seis años en la universidad. Y cuando pasó a su lado por segunda vez, él les informó que preferiría casarse primero y estudiar después. Sin embargo, se sintió avergonzado ante su padre, por lo que este le dijo: "Hijo mío, tienes las opiniones del Señor, porque en el principio está escrito (Ex. 15, 17) Los traerás, [en la tierra de Israel] y los plantarás [edificarás un templo,] y después está escrito (Ib. 25, 8) Y que me hagan un santuario, para que yo habite entre ellos [antes de entrar en Palestina. "] Fue [después de la boda] y pasó doce años en la universidad para estudiar. Cuando regresó, descubrió que su esposa se había vuelto impotente. El rabino luego dijo:" ¿Qué haremos? Si nos divorciamos de ella, la gente dirá: "Esta pobre mujer ha estado esperando [a su marido] en vano". Si toma a otra además de ella, la gente dirá: 'Esta es su esposa y esa, su ramera'. "Entonces él oró al Señor, y ella se curó.

R. Chanina b. Chachinai [quien asistió a la boda de R. Simon b. Jochai] se preparó para irse a la universidad cuando la boda aún no había terminado. El novio le dijo: "Espérame [hasta que termine la boda] y me reuniré contigo". Este último no lo esperó, se fue y pasó doce años en la universidad. A su regreso encontró un gran cambio en las calles de su pueblo, lo que le dificultó encontrar su propia casa. Fue y se sentó a la orilla del río, cuando escuchó que una cierta chica estaba siendo convocada: "Hija de Chachinai, hija de Chachinai, llena tu cántaro y ven, ¡déjanos ir!". Se dijo [para sí mismo]: "Seguramente esta es mi hermana". El la siguió. Cuando llegaron a la casa, su esposa estaba sentada amasando masa. Ella levantó los ojos y al verlo, su corazón se llenó de alegría. Y su espíritu huyó. Luego oró ante el Señor: "¡Soberano del Universo! ¿Es esta la compensación adecuada para esa pobre mujer?" Ofreció oraciones por ella y fue revivida.

R. Chama b. Bissa fue a la universidad y pasó doce años allí. Cuando regresaba, dijo: "No actuaré como lo hizo b. Chachinai". Fue y se sentó en la casa de estudio [de esa ciudad] y envió un mensaje a su casa de que había llegado. R. Oshiya, su hijo, llegó inmediatamente y [de incógnito] ocupó un asiento frente a él. Empezó a cuestionarle sobre algunas tradiciones, y al ver que era agudo en todas las leyes, el padre se desanimó y se dijo: "Si yo estuviera aquí, habría tenido un hijo [de mi hijo que dejé] como este". " Luego se fue a casa. Su hijo también entró. R. Chama, [bajo la impresión de que era un extraño] se levantó por él, creyendo que había venido a preguntarle algo. Entonces su esposa comentó: "¿Existe entonces una ley tal que uno deba levantarse antes que su hijo?" Rami b.Ecc. 4, 12) Y una cuerda de tres pliegues no se puede soltar rápidamente. Esto se refiere a R. Oshiya, el hijo de R. Chama b. Bissa.

R. Akiba era un pastor [empleado por los ricos] ben Kalba Shebua. La hija de este último observó que era un hombre muy piadoso y talentoso. Ella le dijo: "Si me caso contigo, ¿irás a una universidad [para estudiar la Torá?"] "Ciertamente, seguramente", fue su respuesta. Se casaron en secreto y ella lo envió a la universidad. Cuando su padre se enteró de este matrimonio secreto, le ordenó que abandonara su casa y juró que no disfrutaría de los beneficios de su patrimonio. Akiba fue y pasó doce años en el colegio y, a su regreso, llevó consigo a doce mil discípulos. Al acercarse [a la vivienda de su devota esposa], escuchó una conversación de una anciana que dijo: "¿Hasta cuándo (Fol. 63) esta infortunada mujer va a llevar la vida de una viuda?" A lo que ella respondió: "Pr. 12, 10) El justo siente la vida de su bestia. Cuando lo alcanzó, se postró ante él y le besó los pies. Cuando sus asistentes estaban a punto de apartarla, R. Akiba les comentó: "Déjenla, porque mi [Torá] y la suya se la debemos a ella. Su padre [que lamentó su decisión apresurada], habiendo sido informado de que tal gran erudito había llegado a la ciudad, dijo: "Iré a verlo, tal vez invalide mi voto [que hice contra mi sufrida hija"]. Allí fue, y ante la pregunta del visitante si su intención era hacer el voto [en contra de ella] incluso si se hubiera casado con un gran erudito, él respondió: "Ni siquiera si su esposo debería ser capaz de aprender tan poco como un capítulo o incluso una Halajá". Entonces R. Akiba dijo: "Yo soy el . " Kalba Shebua inmediatamente cayó de bruces sobre los pies de R. Akiba y los besó, dándole la mitad de toda su fortuna. La hija de R. Akiba hizo lo mismo con ben Azai, y este es el significado del dicho. "Eva sigue a Eva, como actúa la madre, también lo hace la hija".

R. Joseph, el hijo de Raba, fue enviado por su padre al colegio de R. Joseph y arregló con él que permaneciera allí seis años. Al finalizar el tercer año, en la víspera del Día de la Expiación, decidió ir a visitar a su familia. Su padre, al ser informado de su llegada, tomó un arma y salió a su encuentro. El padre le comentó: "Te has acordado de tu otra mitad". Según algunos, dijo: "Te has acordado de tu paloma". Ambos estaban perturbados [a través de su conversación] y ninguno comió la comida habitual en la víspera de la Expiación.

Ketubot, Capítulo 6

(Fol. 66b) A nuestros rabinos se les enseñó: R. Jochanan b. Una vez, Zakkai estaba montado en un burro fuera de Jerusalén, y sus discípulos lo habían seguido. Vio a una mujer joven que recogía cebada del estiércol del ganado árabe. Tan pronto como lo observó, se cubrió con su cabello, se puso de pie y le dijo: "Oh Rabí, ayúdame". Él respondió: "¿De quién eres hija?" Ante lo cual llegó la respuesta: "Soy la hija de Nakdimon b. Guryon". "¿Por qué, hija mía, qué fue del dinero de tu padre?" preguntó él. Ella respondió: "¿No hay un dicho en Jerusalén: 'La sal (medio de preservación) de la riqueza es su disminución [por obras de caridad], y algunos dicen a través de la benevolencia"? "¿Y qué hay del dinero de tu suegro?" preguntó de nuevo. "Ah," replicó ella, " uno destruyó al otro. "" Rabí ", continuó," ¿no recuerdas haber firmado mi contrato de matrimonio? "" Lo recuerdo ", dijo [volviéndose] a sus discípulos." Cuando firmé su contrato de matrimonio, leí en que su padre le dio una dote de un millón de dinares de oro además de la de su suegro ". R. Jochanan b. Zakkai se echó a llorar y dijo:" Feliz eres, Israel. Mientras cumplas la voluntad de Dios, ninguna nación o pueblo podrá gobernar sobre ti; ¡pero cuando no cumplís la voluntad de Dios, sois entregados en manos de una nación humillante y no sólo en manos de una nación humillante, sino también en manos de las bestias de la nación humillante! "¿Entonces Nakdimon b. ¿Guryon no da suficiente caridad? He aquí, se nos enseña en un Baraitha: se dijo de Nakdimon b. Guryon que cuando saliera de su casa para ir a la casa de estudio [todo el camino] estaría cubierto con finas lanas (Fol. 67) que los pobres solían doblar detrás de él [para su propio uso]. Ojalá interprete esto que lo hizo solo por su propio honor, y si lo desea le explicaré que este de no hizo lo suficiente según sus medios, como dice la gente: "Según el camello la carga (cuanto mayor es el hombre mayor es la responsabilidad.) Se nos enseña en un Baraitha que R. Elazzar b. Zadak dijo: "Que viva para ver el consuelo, como la vi en Akku recogiendo cebada de entre los cascos de los caballos. Luego le apliqué el siguiente pasaje (67) que los pobres solían doblar detrás de él [para su propio uso]. Si lo desea, interpretaré que lo hizo solo por su propio honor, y si lo desea, le explicaré que este de no fue suficiente. según sus medios, como dice la gente: "Según el camello la carga (cuanto mayor es el hombre, mayor es la responsabilidad). Se nos enseña en un Baraitha que R. Elazzar b. Zadak dijo:" Que pueda vivir para ver el consuelo, ya que la vi en Akku recogiendo cebada de entre los cascos de los caballos. Luego le apliqué el siguiente pasaje (67) que los pobres solían doblar detrás de él [para su propio uso]. Si lo desea, interpretaré que lo hizo solo por su propio honor, y si lo desea, le explicaré que este de no fue suficiente. según sus medios, como dice la gente: "Según el camello la carga (cuanto mayor es el hombre, mayor es la responsabilidad). Se nos enseña en un Baraitha que R. Elazzar b. Zadak dijo:" Que pueda vivir para ver el consuelo, ya que la vi en Akku recogiendo cebada de entre los cascos de los caballos. Luego le apliqué el siguiente pasaje (Según el camello la carga (cuanto mayor es el hombre mayor es la responsabilidad). Se nos enseña en un Baraitha que R. Elazzar b. Zadak dijo: "Que pueda vivir para ver el consuelo, ya que la vi en Akku recogiendo cebada de entre los cascos de los caballos. Luego le apliqué el siguiente pasaje (Según el camello la carga (cuanto mayor es el hombre mayor es la responsabilidad). Se nos enseña en un Baraitha que R. Elazzar b. Zadak dijo: "Que pueda vivir para ver el consuelo, ya que la vi en Akku recogiendo cebada de entre los cascos de los caballos. Luego le apliqué el siguiente pasaje (Canciones 1, 8) Si no lo sabes, oh la más hermosa entre las mujeres, sigue los pasos del rebaño y alimenta a tus cabritos, etc., es decir, no leas g'diyothayich (tus cabritos), sino léelo. g'viyothayich (tu cuerpo) ".

(Ib) A nuestros rabinos se les enseñó: Cuando un huérfano y una huérfana solicitan manutención, primero se debe mantener a la huérfana y después al huérfano, porque es costumbre que un hombre vaya a la puerta a mendigar, pero es no es habitual que una mujer vaya a la puerta a mendigar. Cuando un huérfano y una huérfana vienen y solicitan [ayuda] para casarse, primero debemos ayudar a la huérfana a casarse y luego al huérfano, porque la vergüenza de una mujer [soltera] es mayor que la de un hombre. A nuestros rabinos se les enseñó: Cuando un huérfano viene y quiere casarse, nosotros (las organizaciones benéficas) primero le alquilamos una casa, la amueblamos y luego le proporcionamos una esposa, como se dice (Deut.15, 8).) Suficiente para su necesidad, que lo requiere; es decir, suficiente para su necesidad significa una casa; que requiere, significa una cama, mesa, etc; para él, se refiere a una esposa, y así dice el pasaje ([en. 2, 18) Le haré una ayuda idónea para él.

A nuestros rabinos se les enseñó (Deut.15, 8) Suficiente para sus necesidades, es decir, se le ordena que lo apoye, pero no se le ordena que lo enriquezca. Que le pide; es decir, incluso un caballo para montar y un esclavo para correr delante de él [en su honor]. Se relató de Hillel el mayor, (el Príncipe) que había comprado un caballo para que un hombre pobre de ascendencia noble lo montara y tenía contrató a un sirviente para que corriera delante de él; que un día no pudo encontrar un sirviente que corriera delante de él y él mismo corrió delante del pobre durante tres millas. A nuestros rabinos se les enseñó: Una vez sucedió con los habitantes de las Galias superiores que compraban una libra de carne todos los días para un pobre de ascendencia noble de Séforis. ¿Qué tiene de notable una libra de carne? Dijo R. Huna: "Era una libra de aves de corral" [que era muy cara]. Y si lo desea, le diré que de hecho era carne ordinaria. Pero R. Ashi explicó su singularidad, porque ocurrió en un pequeño pueblo y todos los días estropearon una bestia por su culpa. Un hombre se presentó ante R. Nechemia [pidiendo ayuda]. Este último le preguntó: "¿En qué cenas habitualmente?" "Sobre carne grasa y vino añejo", fue la respuesta. "¿Me soportarás cuando te ofrezca solo lentejas?" Trató de vivir con él a base de lentejas y murió. Con lo cual R. Nechemia dijo: "¡Ay de aquel que fue asesinado por Nechemia!" Al contrario: "Ay de Nechemia que mató a este hombre", debería haber dicho. Porque no debería haberse criado con tanta delicadeza [y así evitar su muerte]. Un hombre pobre llegó una vez a Raba. Este último le preguntó: "¿En qué cenas habitualmente?" "Sobre aves disecadas y vino añejo", fue la respuesta. "¡Qué!" dijo Raba, " ¿No te preocupa ser tan gravoso para la comunidad? "A lo que él respondió:" No como nada que les pertenezca; solo lo que el Señor provee; como se nos enseña en un Baraitha (PD. 145, 15) Los ojos de todos esperan a Tee, y Tú les das su alimento a su tiempo. No se dice a su debido tiempo, sino a su debido tiempo. Deduzca de esto que el Santo, ¡alabado sea! provee para todos y cada uno en su época de necesidad ". Mientras hablaban así, la hermana de Raba, que no lo había visto durante trece años, vino a visitarlo y trajo consigo un regalo de un ave disecada y un poco de vino añejo. "¿Qué es esto ante mí?", Dijo Raba [maravillándose de la coincidencia], y [volviéndose hacia el hombre] dijo: "Te ruego que me disculpes, amigo; levántate, te ruego, y come ".

A nuestros rabinos se les enseñó: "Si uno no tiene medios y se niega a ser apoyado [por las organizaciones benéficas], debe ser apoyado en forma de un préstamo que a partir de entonces permanecerá como presente". Eso dice R. Maier. Los otros sabios, sin embargo, sostienen que debe ser sostenido en la forma de un presente y luego se convertirá en un préstamo. ¿Cómo podemos darle [caridad] como regalo cuando se niega a aceptarla? Raba dijo: "Significa que primero se le ofrece apoyo en forma de caridad real". Si uno tiene medios, pero se niega a mantenerse a sí mismo, [prefiriendo morirse de hambre], se le debe dar apoyo a modo de presente y luego se le debe cobrar. Si cobramos de él, ¿se negará a aceptarlo de nuevo? R. Papa dijo: "Esto se refiere al tiempo después de su muerte". R. Simon dice: "

Mar Ukba tenía un hombre pobre cerca a quien solía poner cuatro zuzim en la ranura debajo de la puerta todos los días. Un día el pobre dijo: "Iré a ver quién me hace tal favor". Ese día Mar Ukba estuvo detenido hasta bien entrada la universidad, después de lo cual su esposa lo acompañó [a la casa del pobre]. En cuanto el pobre notó que se inclinaban hacia abajo, como para poner algo en la ranura debajo del puerta, salió a recibirlos. Este último empezó a huir de él hasta que entraron en una chimenea de la que habían raspado el fuego. Los pies de Mar Ukba comenzaron a arder cuando su esposa le dijo: "Toma tus pies y colócalos sobre mis pies". Después de hacerlo, se sintió desanimado [porque su esposa tenía que protegerlo]. Su esposa le dijo: " Simón b. Jochai): "Un hombre debería preferir que se rindiera [para ser arrojado] a un horno que avergonzar a su vecino en público". Inferimos esto de Tamar, de quien está escrito (Simón b. Jochai): "Un hombre debería preferir que se rindiera [para ser arrojado] a un horno que avergonzar a su vecino en público". Inferimos esto de Tamar, de quien está escrito (Gen.38, 25) Cuando nació, etc.

Mar Ukba tenía un hombre pobre en su vecindario al que solía enviar cuatrocientos zuzim en la víspera de cada día de la Expiación. Una vez lo envió a través de su propio hijo, quien regresó [con el dinero] diciendo: "No lo necesita". Ante la pregunta de su padre: "¿Qué has visto que te hace creer eso?" él respondió: "He visto que se estaba entregando a un caro vino añejo". "Si está acostumbrado a tales comodidades", comentó su padre, ["entonces seguramente necesita más". Duplicó la cantidad y se la envió. Una vez se sintió feliz y ordenó que le presentaran las cuentas de caridad; y cuando descubrió [que la cantidad total] escrita había siete mil dinares [de oro] de Sian, exclamó: "Mi provisión [para el viaje] es escasa, mientras que el viaje es lejano". Entonces entregó [a la caridad] la mitad de su riqueza. ¿Cómo lo hizo? ¿No ha dicho Ilai que en Usha estaba ordenado que uno no debería gastar en caridad más de una décima parte de su patrimonio? Esto se refiere solo durante la vida de uno, pero en cuanto al momento de la muerte no hay límite.

R. Abba solía envolver algunos denars en su bufanda y tirarlos hacia atrás. Él haría arreglos para estar cerca de los pobres, mientras vigilaba [para vigilarlo] contra los engañadores. R. Chanina tenía un pobre en su barrio al que solía enviar cuatrocientos zuzim todos los sábados por la noche. Una vez lo envió a través de su esposa, quien regresó [con el dinero] diciendo: "No lo necesita". Ante la pregunta de R. Chanina: "¿Qué has visto [que te hace pensar eso?" ella respondió: "Escuché que le preguntaron: '¿En qué vas a cenar (Fol. 68) con el traje de plata, (vasijas) o con el traje de oro?'" Con lo cual R. Chanina dijo: Esto es lo que R. Jochanan quiso decir cuando dijo: "Ven, seamos agradecidos con los pobres fraudulentos, porque si no fuera por ellos, podríamos haber estado cometiendo pecados todos los días,) Y clamó a Jehová contra ti, y sería pecado en ti; y R. Chiya b. A Rab de Difti se le enseñó que R. Joshua b. Karcha dijo: "El que cierra los ojos a la caridad es considerado como si estuviera sirviendo a los ídolos; porque [con respecto a la caridad] está escrito (Ib.) Cuidado que no haya un pensamiento vil (beliya'al) en tu corazón, etc., y (con respecto a la idolatría) está escrito (Ib. 13, 14) Ciertos tipos viles (Bliyaal) han desaparecido, etc. Así como en el primer caso Bliyaal se refiere a la idolatría, también en el último caso se refiere a la idolatría ".

A nuestros rabinos se les enseñó: [un mendigo] que finge ceguera, o hinchazón del vientre, o estimula una joroba, no dejará el mundo hasta que realmente se convierta en tal.

(Fol. 69) R. Anan envió el siguiente mensaje a R. Huna: "¡Huna, nuestro amigo, paz contigo! Cuando esa mujer se presente ante ti, por favor ordenarás cobrarle una décima parte de la propiedad. " R. Shesheth estaba sentado ante R. Huna [cuando llegó el mensaje anterior.] R. Huna le dijo a R. Shesheth: "Ve y dile lo siguiente:" Y debería sufrir una proscripción si no entrega el mensaje, ¡Anan, Anan! ¿De bienes raíces [debo ordenar cobrar] o de bienes muebles? También [infórmeme] ¿quién se sienta a la cabeza en la comida de Marze'ach? '"R. Shesheth [de mala gana] fue a R. Anan y se dirigió a él:" El maestro es mi maestro, y R. Huna es el maestro del maestro, y si no hubiera amenazado con prohibir [al que no entregaría el mensaje], no se lo habría dicho al maestro: 'Anan, Anan, de bienes raíces [¿deberíamos ordenar cobrar] o de bienes muebles? ¿Y quién se sienta a la cabeza en la comida de Marze'ah? '". Entonces R. Anan fue y se quejó ante Mar Ukba, diciendo:" Mira, maestro, qué brusco R. Huna me envió,' Anan, Anan ', y preguntó sobre Marze'ach, que ni siquiera conozco el significado de la palabra "," Cuéntame (Ib. b) toda la historia ", le dijo este último. Entonces le informó que tal y cual era el caso". Oh ", comentó Mar Ukba," un hombre que no conoce el significado de Marze-ach no debería dirigirse a R. Huna, nuestro amigo. Marze'ach significa doliente, como está escrito (Entonces Anan fue y se quejó ante Mar Ukba, diciendo: "Mira, maestro, qué brusco R. Huna me envió, 'Anan, Anan', y me preguntó acerca de Marze'ach, que ni siquiera conozco el significado de la palabra, "Cuéntame (Ib. B) toda la historia", le dijo este último. Ante lo cual le informó que tal y tal era el caso. "Oh", comentó Mar Ukba, "un hombre que no conoce el significado de Marze-ach no debería dirigirse a R. Huna, nuestro amigo. Marze'ach significa doliente, como está escrito (Entonces Anan fue y se quejó ante Mar Ukba, diciendo: "Mira, maestro, qué brusco R. Huna me envió, 'Anan, Anan', y me preguntó acerca de Marze'ach, que ni siquiera conozco el significado de la palabra, "Cuéntame (Ib. B) toda la historia", le dijo este último. Ante lo cual le informó que tal y tal era el caso. "Oh", comentó Mar Ukba, "un hombre que no conoce el significado de Marze-ach no debería dirigirse a R. Huna, nuestro amigo. Marze'ach significa doliente, como está escrito (Jer. 16, 5) Porque así dice el Señor: No entres en la casa del duelo (Marze'ach), "etc. R. Abahu dijo:" ¿De dónde inferimos que un doliente debe sentarse a la cabeza [cuando come el ¿La comida del doliente?] Se dice (Job 29, 25) Escogí su camino, y me senté como jefe, y habité como un rey en el ejército, como quien consuela a los dolientes. La palabra yenachem (consuela) insinúa ser consolado por otros, [por lo tanto, se refiere al doliente mismo ".] R. Nachman b. R. Isaac disputó esto y dijo:" Está escrito en el modo pasivo ", [de ahí que se refiere a los visitantes.]. Mar Zutra dijo: "Lo inferimos de lo siguiente (Amós 6, 7) Y pasará el jolgorio de los que se estiraron; es decir, el que está amargado [de alma] y distraído por el duelo es nombrado jefe de los banquetes ".

Ketubot, Capítulo 7

(Fol. 71 b) R. Jochanan dijo: Entonces yo era a sus ojos como quien encontraba la paz. (Canciones 8, 10) "Como una novia que encuentra todo perfecto en la casa de su suegro y está ansiosa por ir a informar a sus padres de ese hecho". (Nos. 2, 8) Y será en ese día, dice el Señor, que me llamarás Ishi (mi esposo), y no me llamarás más Ba'ali (mi esposo); R. Jochanan dijo: "Esto significa [que en el futuro Israel será] como una novia en la casa de sus padres [que está continuamente con su marido], pero no como una novia en la casa de sus padres [que a veces es con su marido y, a veces, sin él ".]

(Fol. 72) Se nos enseña que era costumbre de R. Maier decir: "¿Cuál es el significado del pasaje (Ec. 7, 2) Es mejor ir a la casa del duelo que ir al casa de banquete; porque ese es el fin de todos los hombres, y los vivos lo pondrán en su corazón. ¿Qué significan las palabras y los vivos lo pondrán en su corazón? Esto se refiere a las cosas relacionadas con la muerte. llora [la muerte de] otros, [su muerte] será llorada por otros; el que alza [su voz] en duelo por la muerte de otro, será, a cambio, llorado por otros; el que escolta [a los muertos] será escoltado por otros, y el que lleva [el féretro de] otros, será, a cambio, llevado [con] honor por otros ".

(Fol. 75) (Sal. 87, 5) Pero de Sion se dirá: "Este hombre y el que nació en ella, y el Altísimo mismo la establece". R. Meyasha, el nieto de R. Joshua, dijo: "No importa si es uno que nació en él, o uno que mira hacia adelante y espera su restauración [para que ambos se refieran a los pasajes con su promesa".] "Y uno de ellos de la tierra de Israel", agregó Abayi, "es mejor que dos de nosotros [los de Babilonia"]. "Sin embargo", comentó Raba, "si uno de los nuestros viene aquí (en la tierra de Israel) sobrepasa a dos de ellos en sabiduría, como el ejemplo de R. Jeremia quien, antes de llegar allí, no entendía lo que dirían los rabinos, pero después de haber estado allí nos llamó 'tontos babilonios'. "

(Fol. 77b.) R. Jochanan ordenó el siguiente anuncio: "Cuidado con las moscas que chupan de los afectados por la gonorrea [que llevan el contagio"]. R. Zera no se sentaba donde soplaba tal viento (de gonorrea). R . Elazar no entraría en tal tienda. R. Ami y R. Assi ni siquiera usaron los huevos de la calle donde se encontraba una persona afligida con gonorrea. R. Joshua b. Levi, sin embargo, los abrazaría y estudiaría el Torá, diciendo (Pr. 5, 19) Una hermosa cierva y una graciosa hueva; es decir, "si ella (la Torá) causa gracia a quienes la estudian, ¿cómo es posible que no los proteja [contra la enfermedad?"] Cuando R. Joshua b. Levi estaba a punto de morir, el Ángel de la Muerte recibió instrucciones de visitarlo y cumplir todos sus deseos. Vino y se reveló a R. Joshua. "Ven y muéstrame mi lugar [que voy a ocupar en el Edén", pidió R. Joshua. "Muy bien", respondió el Ángel de la Muerte. "Pero dame tu espada", pidió R. Joshua, "para que no me asustes durante nuestro viaje". El ángel se lo dio. Al llegar a su destino, el ángel lo levantó y le mostró el lugar [que ocuparía algún día en el futuro], cuando R. Joshua dio un salto, tirándose al otro lado. El ángel [observando a R. Joshua ' s acción] se apoderó de la punta de su manto [presionándolo para que regresara]. Entonces R. Joshua dijo: "Juro que no volveré". ¡El Santo, alabado sea! dijo: "Si alguna vez, durante su vida, buscó ser liberado de un juramento, entonces debe regresar [entonces su juramento actual debe ser revocado,) pero si no, entonces no puede ser obligado a regresar [a causa de su juramento . "]" Dame entonces mi espada ", le suplicó el ángel. Pero R. Joshua se negó a cumplir con su solicitud. Cuando salió una voz celestial y le dijo: "Devuélvemelo, porque el mundo lo necesita con urgencia". Entonces Elías anunció ante él: "Prepara un lugar para el hijo de Leví. Prepara un lugar para el hijo de Leví". Cuando llegó, encontró que R. Simon b. Jochai estaba sentado en trece sillas doradas. Este último le preguntó: "¿Eres tú el que bar Levi?" "Sí", fue la respuesta. "¿Alguna vez se vio un arco iris durante tu vida?" R. Simon le preguntó. "Sí", respondió R. Joshua. "Si es así, entonces no creo que seas ese bar Levi", comentó R. Simon b. Jochai. Sin embargo, el hecho real es que nunca se vio durante su vida, pero R. Joshua no quería el crédito para sí mismo. R. Chanina b. Papá estaba íntimamente asociado [con el Ángel de la Muerte]. Cuando estaba a punto de morir, se le dijo al Ángel de la Muerte que fuera a prestarle un servicio amistoso. En consecuencia, fue y se presentó a R. Chanina [en cuanto al propósito de su visita]. Este último le pidió que lo dejara por trece días, para revisar lo que había ido aprendiendo; porque está dicho: "Bienaventurado el que viene aquí con sus estudios preparados". Entonces lo dejó, y al expirar los treinta días regresó y se presentó al rabino. "Ven y muéstrame mi lugar [que debo ocupar en el Edén"] pidió R. Chanina. "Muy bien", respondió el Ángel de la Muerte. "Pero dame tu espada", dijo R. Chanina, "no sea que me asustes en el camino [mientras viajamos". El ángel respondió: "¿Quieres servirme como lo hizo tu amigo?" R. Chanina luego le dijo al ángel: "Trae un pergamino y convéncete a ti mismo si hay algo escrito en él que no cumplí". A lo que el ángel respondió: "¿Pero abrazaste a las personas gonorreicas y estudiaste la Torá con ellas?" Sin embargo, cuando murió, una columna de fuego se interpuso entre él y el resto del mundo, y tenemos la tradición de que una columna de fuego se interpone sólo a uno o dos [más grandes] de una generación. R. Alexandri luego se acercó a los muertos, diciendo: "Hazlo (daos la admisión) por el honor de todos los sabios", pero no se le prestó atención. "Hazlo por el honor de tu padre"; todavía no se le prestó atención. "Hazlo por tu propio bien", [suplicó R. Alexandri.] Con lo cual la columna de fuego desapareció. Abaye dijo: "La columna de fuego viene a excluir a los que dejaron la Torá sin cumplir ni siquiera una letra". Con lo cual R. Ada b. Mathna comentó: "Para excluir al maestro por no tener una cerca adecuada alrededor de su techo". Sin embargo, esta acusación fue solo por el hecho de que Abaye tenía una cerca alrededor de su techo,

R. Chanina dijo: "¿Por qué no hay personas afectadas por la enfermedad de la gonorrea en Babilonia? Porque comen remolacha y beben cerveza hecha de cuscuta que crece en hizme [en lugar de lúpulo". R. Jochanan dijo: "¿Por qué no hay lepra en Babilonia? Porque comen remolacha, beben cerveza y se bañan en el río P'rath (Éufrates)".

Ketubot, Capítulo 11

(Fol. 96) R. Chiya b. Aba dijo en nombre de R. Jochanan: "El que niega a sus discípulos el privilegio de asistir, es considerado como si le negara bondad, porque se dice (Job 6, 14). debido a su amigo ". R. Nachman b. Isaac dijo: "Incluso abandona el temor del Señor, porque está dicho (Ib.) Y abandona el temor del Todopoderoso".

Ketubot, Capítulo 12

(Fol. 103) A nuestros rabinos se les enseñó: En el momento en que el Rabino (R. Juda el Patriarca) estaba a punto de morir, dijo: "Quiero a mis hijos". En consecuencia, entraron sus hijos. Luego les suplicó: "Tengan cuidado de honrar a su madre; la vela debe estar siempre encendida en su lugar habitual [como cuando yo estaba vivo]; la mesa debe colocarse en su lugar habitual; la cama debe fijarse en su lugar habitual". lugar: José, Chafni, Simón y Efrata, quienes me sirvieron [con gran afecto] durante mi vida, deben servirme [hacerse cargo del cuerpo] después de que muera ". "Ten cuidado de honrar a tu madre". ¿No es este un mandamiento bíblico del siguiente pasaje (Éxodo 20, 12) Honra a tu padre y a tu madre? Ella era solo la esposa de su padre (madrastra). Pero incluso la esposa de un padre también es un mandamiento bíblico,) Honra a tu padre y a tu madre. El artículo Eth, que precede a tus padres, se refiere al marido de la madre (padrastro) y el Eth que precede a tu madre se refiere a una madrastra; la letra superflua Vav en el artículo Eth que precede a la madre se refiere al hermano mayor. [Por lo tanto, incluso una madrastra está sujeta al honor.] Esto se refiere solo durante la vida de su propio padre, pero después de la muerte de su propio padre, se supone que no deben honrar a su madrastra y, por lo tanto, el rabino instruyó a sus hijos para hacerlo. "La vela siempre debe estar encendida en su lugar habitual; la mesa debe colocarse en su lugar habitual; la cama debe fijarse en su lugar habitual". ¿Por qué fue esto necesario? Porque cada víspera de sábado, el rabino visitaba su casa. Sucedió una víspera de sábado, cuando él estaba allí, que llegó un vecino y llamó a la puerta. El sirviente de Rabbi le dijo que se callara, porque Rabbi estaba sentado. Tan pronto como escuchó esto, se detuvo a visitar su casa, a fin de no despertar sospechas sobre los antiguos justos, quienes murieron y no visitaron sus casas. "José, Chafni, Simón y Efrata, quienes me sirvieron [con gran afecto] durante mi vida, deben servirme (hacerse cargo del cuerpo) después de mi muerte". De esta instrucción se entendió que debían hacerse cargo en este mundo (para organizar el funeral), pero cuando sucedió que los cadáveres de sus hijos fueron traídos antes que los suyos, se entendió que solo lo remitía al mundo futuro. ¿Y por qué dio tales instrucciones? ? Para que la gente no diga: "Sus hijos murieron por algunos pecados graves, y hasta ahora se salvaron sólo por los méritos del Rabino". Luego les dijo a sus hijos: "Deseo ver a los sabios". Los sabios entraron y les suplicó: "No permitan que se celebren ceremonias de duelo por mí en las ciudades". (Ib. B) Y debe reabrir el colegio después del breve intervalo de treinta días. Simón, mi hijo, debe ser el Chacham; Gamaliel, mi hijo, debería convertirse en Nassi (Patriarca); y Chanina b. Chama debería ser el director de la academia. "" No hagas ceremonias de duelo en las ciudades. "Los sabios pensaron que debido a demasiados problemas les ordenó que no lo hicieran; pero después observaron que al realizar las ceremonias de duelo en las ciudades más grandes vinieron más oyentes, entonces entendieron que era por su honor. "Reabrir la academia después del corto intervalo de treinta días". Porque no era mejor que Moisés, nuestro maestro,Deut. 34, 8) Y los hijos de Israel lloraron por Moisés en los llanos de Moab treinta días. Durante treinta días deberían llorarlo, día y noche, pero después de eso deberían llorar por él durante el día y estudiar durante la noche, o llorar durante la noche y estudiar durante el día, hasta el final de un año. El día en que Rabbi murió, una voz celestial salió y dijo: "Quien estuviera presente cuando Rabbi murió, será destinado al mundo futuro". Había cierto lavandero que todos los días visitaba al Rabino, pero ese día en particular no vino, y cuando se enteró de este anuncio, subió a un tejado y se tiró al suelo. Entonces una voz celestial dijo: "También este hombre estará destinado al mundo futuro".

"Simon, mi hijo, debería ser el Chacham". ¿Qué quiso decir con esto? Quiere decir así: aunque Simón, mi hijo, es sabio, sin embargo, Gamaliel, mi hijo, debe recibir la dignidad de Patriarca. Levi preguntó: "¿Por qué fue necesario dar tal instrucción [ya que él era el mayor?"] Dijo R. Simon b. Rabí: "Era necesario para ti y para tu pie cojo". ¿Por qué R. Simon no entendió la pregunta? ¿No hay un pasaje (II Crónicas 21, 3) Pero el reino se lo dio a Joram; porque fue el primogénito? Allí fue diferente, porque pudo ocupar el lugar de su padre en todos los aspectos; pero Gamaliel no pudo ocupar el lugar de su padre. Si es así, ¿por qué Rabbi dio instrucciones para nombrarlo Patriarca? La razón del rabino fue porque, dado que no podía ocupar el lugar de su padre con sabiduría, sin embargo, al temer a Dios, ocupó el lugar de su padre. "Chanina b. Chama debería ser la directora de la academia". R. Chanina, sin embargo, no aceptó el puesto, porque R. Appas era dos años y medio mayor que él. Por lo tanto, R. Appas se convirtió en la cabeza. R.

Chanina, sin embargo, se quedó afuera. Levi luego se unió a R. Chanina como asociado de él, y cuando murió R. Appas, lo que provocó la elevación de R. Chanina al jefe de la academia, Levi, al no tener a nadie que se le uniera, abandonó la tierra de Israel y emigró a Babilonia, y esto es lo que la gente le informó a Rab. "Un gran hombre vino a Nehardea, cojo de una pierna, y explicó que a una mujer se le permite [en sábado] dar un paseo, mientras lleva una corona en la cabeza". Rab dijo entonces: "Esto prueba que R. Appas murió y R. Chanina se convirtió en el jefe de la academia, por lo que Levi no tenía a nadie con quien asociarse y por lo tanto vino aquí". ¿Por qué no decir que R. Chanina murió, por lo que R. Appas permaneció como antes, pero Levi simplemente perdió a su socio y se vio obligado a ir a Babilonia? Si lo desea, le explicaré que Levi se habría subordinado al control de R. Appas [y su negativa se debió principalmente a que deseaba ser socio de R. Chanina];Trabajo. 22, 28) Y si decretas algo, te será cumplido. Pero, ¿por qué el rabino no nombró jefe de la academia a R. Chiya, que era el mayor? Porque R. Chiya ya estaba muerto. Pero, ¿no encontramos que R. Chiya dijo: "Vi la tumba del Rabino sobre la cual derramé lágrimas"? Esta fue la condición revertida [que el rabino vio la tumba de R. Chiya y derramó lágrimas sobre ella]. Pero, ¿no ha dicho R. Chiya que el día en que murió el rabino, la santidad fue abolida? Esto se enseñó a la inversa. Pero de nuevo, ¿no hay un Baraitha que cuando Rabbi se enfermó, R. Chiya entró a visitarlo y lo encontró llorando, entonces R. Chiya le dijo: "¿Por qué lloras? ¿No se nos enseña en un Baraitha que cuando uno muere riendo es un buen augurio, pero cuando uno muere llorando es un mal augurio, morir con el rostro hacia arriba, es un buen augurio; pero con la cara hacia abajo, es un mal presagio; con la cara hacia la pared, es un mal augurio; pero con el rostro hacia la gente, es un buen augurio. Si la cara de uno se pone verde después de la muerte, es un mal presagio; pero si la cara de uno se ve rojiza o amarilla, es un buen presagio. Si uno muere en la víspera del sábado, es un buen augurio; pero si uno muere al terminar el sábado, es un mal presagio. Si uno muere en la víspera del Día de la Expiación, es un mal presagio; pero si uno muere al terminar el Día de la Expiación, es un buen augurio. Si uno muere de una enfermedad intestinal, es un buen augurio, porque la mayoría de los justos mueren de una enfermedad de las entrañas ". A lo que Rabí le respondió:" Lloro por la Torá y las obras meritorias que no podré. realizar ". [Por lo tanto, vemos que R. Chiya estaba viva cuando Rabbi murió.] Si lo desea, puede revertir el Baraitha anterior, y si lo desea puede decir que no es necesario revertir el Baraitha; pero como R. Chiya dedicó su tiempo a importantes hechos meritorios, Rabbi pensó que era mejor no molestarlo.

Y esto significa que siempre que R. Chiya y R. Chanina solían pelear entre sí, R. Chanina decía: "¿Estás peleando conmigo, que si la Torá, Dios no lo quiera, fuera olvidada en Israel, podría ser revisado por mí a través de mis concisos argumentos? " A lo que R. Chiya le respondió: "Puedo lograr que la Torá no llegue a tal punto de olvido, porque de sus redes saco lino retorcido con el que capturo ciervos. De su carne alimento a los huérfanos. De su piel preparo rollos, que llevo a un pueblo donde no hay maestro. Escribo las cinco Escrituras de la Torá en cinco pergaminos, cada uno para un niño. Luego enseño a otros seis niños las seis órdenes de la Mishná, a cada uno una orden, y yo les digo: 'Estudia tu orden a tu asociado'. Esto se refiere a cuando Rabbi dijo: "¡Cuán grandes son las hazañas de Chiya!" Cuando R. Simon b. El rabino le preguntó a su padre: "¿Es aún mayor que el tuyo?" "Sí", fue la respuesta. R. Ismael b. R. Geri le preguntó: "¿Es aún más grande que el acto de mi padre?"

A lo que el rabino respondió: "Esto no puede suceder en Israel". Luego llamó a su hijo menor, tras lo cual entró R. Simon. Le confió los caminos de la sabiduría. Posteriormente convocó a su hijo mayor, ante lo cual entró R. Gamaliel. Dijo: "Dirige tu oficio de Exilarca entre los exaltados (rodéate de las mejores personas), echa la bilis entre los estudiantes, (sé austero contra ellos)". ¿Es esto correcto? ¿No hay un pasaje Esto se refiere a cuando Rabbi dijo: "¡Cuán grandes son las hazañas de Chiya!" Cuando R. Simon b. El rabino le preguntó a su padre: "¿Es aún mayor que el tuyo?" "Sí", fue la respuesta. R. Ismael b. R. Geri le preguntó: "¿Es aún más grande que el acto de mi padre?" A lo que el rabino respondió: "Esto no puede suceder en Israel". Luego llamó a su hijo menor, tras lo cual entró R. Simon. Le confió los caminos de la sabiduría. Posteriormente convocó a su hijo mayor, ante lo cual entró R. Gamaliel. Dijo: "Dirige tu oficio de Exilarca entre los exaltados (rodéate de las mejores personas), echa la bilis entre los estudiantes, (sé austero contra ellos)". ¿Es esto correcto? ¿No hay un pasaje con lo cual entró R. Simon. Le confió los caminos de la sabiduría. Posteriormente convocó a su hijo mayor, ante lo cual entró R. Gamaliel. Dijo: "Dirige tu oficio de Exilarca entre los exaltados (rodéate de las mejores personas), echa la bilis entre los estudiantes, (sé austero contra ellos)". ¿Es esto correcto? ¿No hay un pasaje con lo cual entró R. Simon. Le confió los caminos de la sabiduría. Posteriormente convocó a su hijo mayor, ante lo cual entró R. Gamaliel. Dijo: "Dirige tu oficio de Exilarca entre los exaltados (rodéate de las mejores personas), echa la bilis entre los estudiantes, (sé austero contra ellos)". ¿Es esto correcto? ¿No hay un pasajePD. 15, 4) El que honra a los que temen al Señor, sobre lo cual el maestro dijo en otra parte que esto se refiere a Joshapta, rey de Judá, quien, cuando se encontraba con un erudito, se levantaba de su silla, lo abrazaría y besaría, y llámalo rabino, rabino, mori, mori. Esto no es difícil de explicar. El último caso se refiere a la privacidad [entonces uno debería amar a un erudito], pero el primero se refiere públicamente. Se nos enseña en un Baraitha: Rabí se enfermó en Séforis y su tumba estaba destinada a estar en Beth She'arim. Pero, ¿no estaba la casa de Rabí en Beth Shearim? Por lo tanto, debemos decir que después de que se enfermó fue llevado a Séforis debido a su lugar elevado y su clima saludable.

(Fol. 104) El día en que murió el rabino, los rabinos proclamaron un día de ayuno y oraciones. También dijeron: "Quienquiera que anuncie el lamentable hecho de que Rabí ha muerto, debe ser asesinado con una espada". El sirviente del rabino subió al tejado y dijo así: "Arriba en el cielo se pide al rabino, y abajo en la tierra se pide al rabino. Que sea la voluntad que los de aquí abajo venzan a los de arriba". Tan pronto como notó que Rabbi tenía tanto dolor, al quitarse las filacterias y ponérselas de nuevo, dijo: "Que sea la voluntad que los de arriba vencen a los de abajo". Los rabinos, sin embargo, no dejaron de ofrecer oraciones por su salud, por lo que el sirviente tomó un plato y lo arrojó desde el techo, lo que hizo que los rabinos dejaran de ofrecer oraciones. En ese momento Rabbi murió. Los rabinos luego le dijeron a Bar Kapara: "Ve, averigua cuál es su condición". Este último fue y encontró que estaba muerto. Se rasgó las ropas y las volvió hacia atrás, y comenzó a decir: "Los mortales y los ángeles durante mucho tiempo han luchado las tablas del pacto para ganar, cada campeón para derrotar ahora es impulsado, lloran por los tesoros, que ya no quedan". En el momento en que el rabino estaba muriendo, levantó sus diez dedos y dijo: "Soberano del Universo, se te ha sabido y revelado que con mis diez dedos he trabajado incesantemente en la ley, y no disfruté del beneficio mundano en tanto como mi dedo meñique. ¡Por tanto, te plazca que haya paz en mi descanso! " Con lo cual una voz celestial se adelantó y dijo (y comenzó a decir: "Los mortales y los ángeles durante mucho tiempo han luchado las tablas del pacto para ganar, cada campeón para derrotar ahora es impulsado, lloran por los tesoros, que ya no quedan". En el momento en que el rabino estaba muriendo, levantó sus diez dedos y dijo: "Soberano del Universo, se te ha sabido y revelado que con mis diez dedos he trabajado incesantemente en la ley, y no disfruté del beneficio mundano en tanto como mi dedo meñique. ¡Por tanto, te plazca que haya paz en mi descanso! " Con lo cual una voz celestial se adelantó y dijo (y comenzó a decir: "Los mortales y los ángeles durante mucho tiempo han luchado las tablas del pacto para ganar, cada campeón para derrotar ahora es impulsado, lloran por los tesoros, que ya no quedan". En el momento en que el rabino estaba muriendo, levantó sus diez dedos y dijo: "Soberano del Universo, se te ha sabido y revelado que con mis diez dedos he trabajado incesantemente en la ley, y no disfruté del beneficio mundano en tanto como mi dedo meñique. ¡Por tanto, te plazca que haya paz en mi descanso! " Con lo cual una voz celestial se adelantó y dijo (Te es sabido y revelado que con mis diez dedos he trabajado sin cesar en la ley, y no disfruté del beneficio mundano ni en mi dedo meñique. ¡Que te plazca, por tanto, que haya paz en mi reposo! ", Tras lo cual una voz celestial se adelantó y dijo: Te es sabido y revelado que con mis diez dedos he trabajado sin cesar en la ley, y no disfruté del beneficio mundano ni en mi dedo meñique. ¡Que te plazca, por tanto, que haya paz en mi reposo! ", Tras lo cual una voz celestial se adelantó y dijo:Es. 57, 2) Vendrá a su padre en paz: reposarán en su lugar de descanso. Debería haber sido dicho, en tu lugar de descanso. Esto apoyará la opinión de R. Chiya b. Gamda, quien citó a R. Josi b. Saulo: "En el momento en que los justos se despiden del mundo, los ángeles ministrantes dicen ante el Santo: ¡Alabado sea Él! 'Soberano del Universo, los justos vienen a nosotros'. Después de lo cual Él dice: 'Salgan los justos a recibirlo, y saludenle que vendrá en paz, y descansarán en su lugar de descanso'. R. Elazar dijo: "En el momento en que el justo se despide del mundo, tres grupos de ángeles ministradores son enviados a su encuentro. Un grupo dice: Vino en paz. El otro grupo dice: Todo el que camina en su rectitud". El tercer grupo dice: Vendrá en paz, reposan en su lugar de descanso. Pero, en el momento en que un malvado es destruido del mundo, tres grupos de ángeles destructores salen a su encuentro. Uno dice (Ib. 48, 22) No hay paz, dice el Señor a los impíos. El segundo dice (Ib.50, 11) Con dolores te acostarás, y el tercero dice (Ez. 32, 32) Desciende y acuéstate en medio de los incircuncisos ".

Ketubot, Capítulo 13

(Fol. 105) R. Juda dijo en nombre de R. Assi: "Aquellos que dictan decretos en Jerusalén obtenían sus salarios hasta noventa y nueve manath del fondo del Templo. Karna el Juez solía tomar una moneda de plata llamada Istara de el que ganó el caso, y un Istara del que perdió el caso; y luego él decidiría el caso. ¿Cómo lo hizo? ¿No hay un pasaje (Ex. 33, 8) ¿Y no aceptarás soborno? Esto era simplemente un pago por el tiempo que estaba tomando de su propio negocio. Todo el mundo entiende que tiene derecho a ello, tal como se condujo R. Huna. Siempre que iba a la corte decía: "Consígame un hombre para que riegue mi campo en mi lugar, luego me ocuparé de su caso". R. Abahu dijo: "Ven, mira, cuánto soborno hace cegar los ojos de quienes lo aceptan. Si un hombre siente dolor en los ojos le paga a un médico, aunque es dudoso que lo cure o que Pero estos jueces que aceptan sobornos toman la cantidad de un p'ruta, que seguramente les cegará los ojos, como se dice (Deut. 17, 19).) Porque el soborno ciega los ojos de los sabios. "Nuestros Rabinos fueron enseñados, Porque el soborno cega los ojos de los sabios. Ciertamente así los ojos de los necios. Y pervierte las palabras de los justos. Ciertamente así los ojos de los impíos. ¿Cómo pueden entonces los necios convertirse en jueces? Debemos, por tanto, explicarlo así: Porque el soborno cega los ojos, etc., que incluso un gran erudito, pero uno que acepta sobornos, no se apartará del mundo hasta que se vuelva ciego; y pervirtió las palabras de los justos, (Ib. b) incluso un perfecto justo, pero uno que acepta sobornos, no se apartará del mundo sin tener la mente confundida.Cuando R. Dimi vino, dijo que R. Nachman b. Cahana expuso: "¿Cuál es el significado del siguiente pasaje (Pr. 20, 4) El rey por la justicia establece el [bienestar de una] tierra; pero el que ama las dádivas, las derriba? Esto significa que si un juez es como un rey que no recibe nada, entonces establecerá la tierra; pero si es como un sacerdote que recibe regalos de la era, lo arruinará ". Raba b. R. Sila dijo:" Un juez que tiene que prestar algo está descalificado para ser juez, [por estar obligado a favorecer a la gente.] "Esto sólo se dice cuando no tiene nada que prestar a otros; pero si tiene algo que prestar a otros a cambio, no hace ninguna diferencia. Raba dijo:" ¿Cuál es la razón por la que un soborno está prohibido? ? Porque tan pronto como un hombre acepta un soborno, se vuelve íntimo con ese hombre como él mismo, y un hombre nunca ve nada malo en su contra ". ¿Cuál es el significado de la palabra Shochad (soborno)? Significa "que hace que se convierta en uno (Shehuchad) R. Papa dijo:" Un hombre nunca debe ser juez para decidir un caso para su amigo íntimo, ni para un enemigo real. A un amigo íntimo no debería, porque nunca encontrará ninguna falta en su contra; ya un enemigo real, porque nunca encontrará una defensa para él ". Abaye dijo:" La razón por la que un erudito es amado por sus habitantes es [no porque lo consideren superior a ellos, sino] porque no los reprende , por no realizar los deberes celestiales ".

A nuestros rabinos se les enseñó (Ex. 23, 8) Y no aceptarás soborno. Esto no pretende significar exactamente soborno de dinero, sino incluso soborno de palabras, ya que no está estipulado Betza (soborno de dinero) que no aceptarás. ¿Cómo es posible sobornar a uno con palabras? Por ejemplo, como sucedió una vez que Samuel estaba cruzando un río en un ferry. Un hombre le dio una mano para sostenerlo para evitar que se cayera. "¿Qué he hecho por ti", dijo Samuel, para que estés tan atento con tus servicios? El hombre respondió: "Tengo una demanda ante usted." Quedo descalificado para presidir como juez en su demanda ", respondió Samuel.

Amemar estaba una vez sentado en juicio, cuando un hombre dio un paso adelante y le quitó algunas plumas que se le pegaban al cabello. Ante esto, el juez preguntó: "¿Qué servicio te he hecho?" El hombre respondió: "Tengo un caso que presentar ante el maestro". A lo que Amemar respondió: "Me has inhabilitado para ser juez en la materia".

Mar Ukba notó una vez que un hombre se acercaba cortésmente y cubría un poco de saliva que yacía en el suelo frente a él. "¿Qué he hecho por ti?" dijo el rabino. "Tengo un caso que presentarte", fue la respuesta. "Me has sobornado con tu amable atención", comentó el rabino, "y no puedo ser tu juez".

El rabino Ismael, hijo del rabino José, tenía un jardinero que regularmente le traía una canasta de uvas todos los viernes. Al traerlo una vez un jueves, el rabino le preguntó el motivo de su visita un día antes. "Teniendo una demanda que presentarte hoy", dijo el jardinero, "pensé que al hacerlo así podría ahorrarme el viaje mañana". Ante esto, el rabino se negó a tomar la canasta de uvas, aunque en realidad eran suyas, y también se negó a actuar como juez en el caso. Sin embargo, nombró a dos rabinos para que juzgaran el caso en su lugar, y mientras investigaban las pruebas en el litigio, se paseaba de un lado a otro, diciéndose a sí mismo: "Si el jardinero fuera prudente, podría decir fulano de tal en su propio nombre ". En un momento estuvo a punto de hablar en defensa de su jardinero,

Un incidente similar le sucedió a R. Ishmael b. Elíseo.

Un hombre le trajo a R. Annan un regalo, un plato lleno de pececillos, del río Gilli. R. Annan le preguntó: "¿Qué tienes que hacer aquí?" Con lo cual el visitante dijo: "Tengo un caso para que usted decida". R. Annan no aceptó el caso y señaló: "Me descalificaron". El visitante le dijo: "El maestro tiene el privilegio de no convertirse en mi juez, pero le ruego al maestro que acepte mi regalo y no permita que me impida el beneficio de haber traído Bikurim; porque se nos enseña en un Baraitha (II Reyes 4, 42) Y vino un hombre de Bal Shahlisha, y trajo al hombre de Dios, pan de las primicias (Bikurim), veinte panes de cebada y mazorcas de maíz frescas en su escritura. ¿Entonces Eliseo comió la primera fruta madura? [Dado que tal cosa sólo la comen los sacerdotes.] Por lo tanto, debemos decir que esto significa decirnos que quien trae un regalo a un erudito es similar al que trajo Bikurim ". R. Annan entonces le dijo:" Yo sí No deseo aceptarlo, pero como me ha dado una razón tan buena, lo aceptaré de usted ". R. Annan luego lo envió a R. Nachman con las siguientes instrucciones:" Deje que el maestro decida el caso de ese hombre , porque yo, Annan, estoy descalificado para ser un juez para él ". R. Nachman, al ver esa nota, pensó para sí mismo:" Ya que me envió de esa manera, debe ser un pariente suyo ". En ese momento tenía ante sí un caso de huérfanos. Él dijo (Fol. 106) "Cumplir con el deber de los huérfanos es un mandamiento en la Torá, y cumplir con el deber de los eruditos es también un mandamiento; sin embargo, el mandamiento de honrar a un erudito debería ser preferible al mandamiento del huérfanos ". Por tanto, detuvo el caso de los huérfanos y se ocupó del caso de ese hombre. Tan pronto como el oponente notó el honor otorgado a ese hombre, se sintió tan avergonzado que no pudo hablar en su nombre. Por tanto, detuvo el caso de los huérfanos y se ocupó del caso de ese hombre. Tan pronto como el oponente notó el honor otorgado a ese hombre, se sintió tan avergonzado que no pudo hablar en su nombre. Por tanto, detuvo el caso de los huérfanos y se ocupó del caso de ese hombre. Tan pronto como el oponente notó el honor otorgado a ese hombre, se sintió tan avergonzado que no pudo hablar en su nombre.

R. Annan estaba acostumbrado a recibir a Elijah como visitante que estudiaría el Seder Eliyahu con él. Después de este incidente, Elijah dejó de visitarlo. R. Annan estaba ayunando y oró para que Elías reapareciera ante él. Cuando Elías apareciera, lo asustaría. Por lo tanto, construyó una caja en la que R. Annan entraría cuando apareciera Elijah, y por lo tanto se llama Seder Eliyahu mayor y Seder Eliyahu pequeño. [El primero se refiere al momento en que estudió con él abiertamente, y el segundo se refiere al momento en que estudió con él en la caja].

Durante los años de R. Joseph, hubo una hambruna. El rabino le dijo a R. Joseph: "Que el maestro ore pidiendo misericordia". A lo que este último respondió: "Si Elías, quien [era un hombre tan grande que] dos mil doscientos discípulos se quedaran para cenar en su mesa, no pudiera orar pidiendo misericordia en un momento inadecuado para aliviar el hambre, si un hombre tan pequeño mientras rezo por misericordia? " ¿Y de dónde sabemos que tenía tantos que cenaron con él? Está escrito (II Reyes 4, 43) Y sus siervos dijeron: '¿Qué, voy a poner esto delante de cien hombres? ¿Qué significa antes de cien hombres? ¿Debo decir que esto significa que solo había cien hombres? Si es así, entonces en un año de hambre (veinte panes) debería haber sido suficiente para cien hombres. Por lo tanto, debemos decir que significa que todos y cada uno de los panes deben colocarse ante cien hombres, [dado que había veinte panes, un pan de la primera fruta y mazorcas de maíz frescas, 'inferimos que había dos mil doscientos hombres .] Cuando los rabinos se despidieran del colegio de Rab, servirían una comida para dos mil doscientos hombres; del colegio de R. Huna, se sirvió la comida a mil ochocientos rabinos. R. Huna daría una conferencia con trece intérpretes, y cuando los rabinos se levantaran del colegio de R. Huna, sacudiéndose el polvo de sus ropas, el polvo cubría la faz del sol, y los rabinos en Palestina decían: "Esta es una señal de que los eruditos de R. Huna de Babilonia se levantaron de su conferencia". Cuando los rabinos se despedían del colegio de Raba y R. Joseph, siempre quedaban cuatrocientos que se llamaban a sí mismos huérfanos, [que cenarían] con ellos. Cuando los rabinos se despidieran del colegio de Abaye, y según otros del colegio de R. Papa, y todavía según otros del colegio de R. Ashi, quedarían doscientos rabinos que cenarían con ellos y que se llamarían huérfanos de los huérfanos. Cuando los rabinos se despedían del colegio de Raba y R. Joseph, siempre quedaban cuatrocientos que se llamaban a sí mismos huérfanos, [que cenarían] con ellos. Cuando los rabinos se despidieran del colegio de Abaye, y según otros del colegio de R. Papa, y todavía según otros del colegio de R. Ashi, quedarían doscientos rabinos que cenarían con ellos y que se llamarían huérfanos de los huérfanos. Cuando los rabinos se despedían del colegio de Raba y R. Joseph, siempre quedaban cuatrocientos que se llamaban a sí mismos huérfanos, [que cenarían] con ellos. Cuando los rabinos se despidieran del colegio de Abaye, y según otros del colegio de R. Papa, y todavía según otros del colegio de R. Ashi, quedarían doscientos rabinos que cenarían con ellos y que se llamarían huérfanos de los huérfanos.

(Fol. 110 b.) Samuel dijo: "Un cambio de dieta es el comienzo de las enfermedades intestinales". En el libro de Ben Sira está escrito sobre el pasaje (Pr. 15, 15) Todos los días de la víspera del mal. ¿He aquí que existen los sábados y otras festividades [en las que incluso un pobre disfruta]? Esto se refiere a lo que dijo Samuel, que un cambio de dieta es el comienzo de las enfermedades intestinales. Ben Sira dice: "También las noches [de los pobres son malas;] porque su techo suele ser más bajo que otros; y su viñedo suele estar en la cima de la montaña, por lo que la lluvia de todos los demás techos cae sobre el suyo, y el la tierra de su viña llega hasta los de abajo ".

"A nuestros rabinos se les enseñó: ¿Siempre preferirá un hombre vivir en la tierra de Israel, incluso en una ciudad donde la mayoría no sean judíos, que fuera de la tierra de Israel, aunque la mayoría esté formada por israelitas? La tierra de Israel es como uno que tiene un Dios, mientras que uno que vive fuera de la tierra de Israel es como uno que no tiene Dios, como se dice (Lev. 25, 28) Para darte la tierra de Cannan para ser para ti un Dios. ¿Se considera entonces realmente que quien vive fuera de la tierra de Israel no tiene un Dios? Debemos decir que esto significa decirnos que quien vive fuera de la tierra de Israel es considerado como si quisiera servir a los ídolos. También lo encontramos con David (I Sam. 26, 19) Porque me han echado hoy para que no pueda apegarme a la herencia del Señor, diciendo: 'Ve, sirve a otros dioses'. ¿Quién es entonces el hombre que le diría a David: "Ve y sirve a los ídolos"? Por lo tanto, debemos decir que quien vive fuera de la tierra de Israel es considerado como si sirviera a los ídolos.

(Fol. 111) R. Zera trató de evitar la vista de R. Juda, porque quería subir a la tierra de Israel, y R. Juda había dicho: "El que sube a la tierra de Israel transgrede el mandamiento positivo que dice (Jer. 22, 2) A Babilonia serán llevados y allí permanecerán hasta el día que yo piense en ellos, dice el Señor ". R. Zaira, sin embargo, explica que el pasaje anterior se refiere a los vasos sagrados. Pero R. Juda dice que hay otro pasaje para los vasos (Canciones 2, 7) Os conjuro, oh hijas de Jerusalén, por las gacelas, y por las ciervas del campo, etc. R. Zaira vuelve a decir: "El último pasaje significa que Israel no debe ir por la fuerza". R. Juda a cambio dice que para esto hay otro pasaje con un conjuro. A lo que R. Zaira dice que el otro pasaje del conjuro es necesario para lo que R. Josa b. Chanina dice: "¿Para qué son estas tres amonestaciones [mencionadas en Canciones, 2, 7; 3, 5; 5, 8] ¡Uno que Israel no irá a su tierra con fuerza, y uno que el Santo, alabado sea! conjuró a Israel para que no se rebelaran contra las naciones; la otra es que el Santo, ¡alabado sea! conjuró a todas las naciones que no debían esclavizar demasiado a Israel. "Aún así R. Juda sostiene que [para la última inferencia] hay otro pasaje (Ib. 2, 7) Que no despierten ni exciten mi amor. R. Zaira, a cambio, explica el pasaje como R. Levi dijo: "¿Para qué son necesarios estos seis conjuros? Los tres tienen el propósito antes mencionado, y los otros tres tienen el propósito de que los profetas no revelen la redención; que Israel no hará que se posponga la redención; y que los principios de las intercalaciones, [o los principios de la Torá,] no deben ser revelados a los idólatras. "(Ib., Ib., Ib.) Por las gacelas y por las ciervas del campo. Dijo R. Elazar:" El Santo dijo a Israel: 'Si cumples este mandamiento, es bueno; pero si no, renunciaré a tu carne como la de las gacelas y las ciervas del campo. "

R. Elazar dijo: "Todo el que vive en la tierra de Israel vive sin pecado, como está dicho (Is. 33, 24) Y ningún habitante dirá: 'Estoy enfermo; el pueblo que habita en ella, sus iniquidades serán perdonadas' . " Raba dijo a R. Assi: "Hemos explicado el pasaje anterior en relación con los que sufren enfermedades". R. Annan dijo: "Cualquiera que sea sepultado en la tierra de Israel es considerado como si hubiera sido sepultado debajo del altar; está escrito aquí (Éxodo 21, 24) Me harás un altar de tierra (Adama); y allí está escrito (Deut. 32, 43) Y perdona a su tierra (Admatho) ya su pueblo ". Ulla estaba acostumbrado a visitar la tierra de Israel y, sin embargo, murió fuera de la tierra de Israel. Cuando R. Elazar fue informado al respecto, exclamó: " ¡Oh tú, Ulla! (Amós 7, 17) ¡Y morirás en una tierra inmunda! "" Pero su ataúd está siendo traído aquí ", le comentó la gente, ante lo cual R. Elazar dijo:" El beneficio de haber permanecido en la tierra de Israel antes de morir no es como uno que fue traído después de su muerte ". Había un hombre que tenía un Yabama en Chuzaa, fuera de la tierra de Israel. Cuando llegó a R. Chanina y le preguntó:" ¿Cuál es la ley? tierra de Israel para casarse con un Yebama? "Este último respondió:" Su hermano se casó con un samaritano y por lo tanto murió. Alabado sea el cielo porque lo mató y, sin embargo, desea ir tras él ". R. Juda dijo en el nombre de Samuel:" Así como está prohibido dejar la tierra de Israel por Babilonia, así está prohibido salir de Babilonia por cualquier otro país ". Raba y R. José dijo: "Incluso está prohibido salir de Pumpaditha a Be-kubi". Hubo un hombre que dejó Pumpaditha para vivir en Be-kubi, y R. Joseph lo prohibió. Hubo otro hombre que dejó Pumpaditha para Istonia, donde murió. Abaye luego comentó: "Si el erudito hubiera deseado, podría haber vivido". Tanto Raba como R. Joseph dicen: "Los justos de Babilonia serán admitidos en la tierra de Israel; los justos de otros países serán admitidos sólo en Babilonia". ¿Sobre qué dice esto? ¿Debo asumir que se refiere a la genealogía? ¿No ha dicho el maestro que todos los demás países son como un Issah en comparación con la tierra de Israel, y que la tierra de Israel es a cambio un Issah en comparación con Babilonia? [Por tanto, vemos que Babilonia está más purificada que la tierra de Israel.

R. Juda dijo: "Cualquiera que viva en Babilonia es considerado como si viviera en la tierra de Israel, como se dice (Zac. 3, 11) ¡Oh, Sión, escapa, tú que moras con la hija de Babilonia!". Dijo Abaye: "Tenemos la tradición de que los que viven en Babilonia nunca experimentarán los problemas de los días mesánicos". Esto se explicó para referirse al pueblo de Huzal, de Benjamín, y el lugar se llama el rincón del refugio. R. Elazar dijo: "Los muertos fuera de la tierra de Israel no sobrevivirán; porque se dice (Ez. 26, 20) Pero otorgaré gloria en la tierra de la vida; es decir, la tierra en la cual mi gloria es otorgada hará revivir a sus muertos, pero la tierra en la que mi gloria no es concedida no revivirá a sus muertos. " R. Abba b. Mammal planteó la siguiente objeción:) Tus muertos vivirán, mis muertos se levantarán. ¿No vivirán tus muertos, se refiere a los muertos de la tierra de Israel, y se levantarán mis cadáveres, se refiere a los muertos fuera de la tierra de Israel? Y en cuanto al significado del pasaje anterior (Is.25 20) Pero otorgaré gloria en la tierra de la vida, podemos decir que se refiere a Nabucodonosor, como la Torá quiere decir: "Haré que un rey los gobierne tan indulgente como un ciervo". Con lo cual R. Elazar respondió a R. Abba: "Tengo otro pasaje del cual infiero lo anterior (Ib. 43, 5) El que da aliento a la gente sobre él, y espíritu a los que caminan por él". Si es así, ¿qué pasa con el pasaje anterior, pero otorgaré gloria en la tierra de la vida? Por tanto, debemos decir que el primer pasaje se refiere al aborto espontáneo. Pero R. Abba b. Mamífero, quien lo infiere del pasaje anterior, ¿qué hará con el último pasaje, El que da aliento a la gente sobre él? Lo explicará como lo hizo R. Abahu, porque R. Abahu dijo: "Incluso un Shifcha Kna ' Anith que vive en la tierra de Israel tiene la seguridad de ser uno que heredará el mundo futuro, porque aquí está escrito, Al pueblo (L'am) sobre él; y de nuevo está escritoGen. 22, 5) Quedaos aquí con (im) el asno; lo que significa un pueblo [Am] que es como el asno. "Y espíritu a los que caminan sobre él. R. Jeremiah b. Abba en el nombre de R. Jochanan dijo:" Esto significa que cualquiera que camine cuatro codos sobre el suelo del la tierra de Israel tiene la certeza de que él heredará el mundo futuro ". Pero, ¿es de hecho así según la historia de R. Elazar, que todos los justos que murieron fuera de la tierra de Israel no revivirán? Dijo R. Illai: "Resucitarán, pero estarán sujetos a rodar bajo tierra para la resurrección en Tierra Santa": El mayor R. Abba Salla planteó la siguiente objeción: "He aquí, tal rodar causará dolor a los justos". Dijo Abaye: "Se les harán pasajes subterráneos por los que caminarán,

(Génesis 47, 30Me sacarás de Egipto y me enterrarás en su sepultura. Dijo Karna: "Algo inusual se quiere decir con estas palabras. Jacob, nuestro Patriarca, sabía muy bien que era un hombre perfectamente justo, y dado que los muertos que están enterrados fuera de la tierra de Israel también revivirán, entonces ¿por qué molestó a sus hijos? ¿Tanto? Debemos decir que fue sólo por el problema de caminar por los pasajes subterráneos hasta la tierra de Israel ". Similar a esto, se puede explicar lo siguiente (Ib. 50, 25) Y José hizo que los hijos de Israel juraran, etc. Dijo R. Chanina: "Algo inusual significa este juramento. José sabía muy bien que él era un perfecto hombre justo, y puesto que los muertos que están enterrados fuera de la tierra de Israel también resucitarán, Entonces, ¿por qué molestó a sus hermanos para que lo llevaran cuatrocientas millas? Porque no quería sujetarse a caminar por el pasaje subterráneo hasta la tierra de Israel. "Jacob sabía muy bien que era un perfecto justo", etc. Illpha agrega más cosas que Raba le dijo a su hermano: "Había una vez un hombre que se enamoró de cierta mujer que vivía fuera de la tierra de Israel, y deseaba salir y vivir allí para casarse con ella; pero tan pronto como escuchó las cosas anteriores [que está prohibido], superó su amor y permaneció soltero hasta el día de su muerte ". Y otra cosa [envió]: "Aunque eres un gran sabio, sin embargo, el conocimiento no es tan bueno cuando uno estudia por sí mismo como cuando estudia con su maestro; y si dices que no hay maestro, debe saber que aquí hay un maestro para usted, y este es R. Jochanan. Y si finalmente decide no venir aquí, sea estricto con las siguientes tres cosas: No se siente demasiado, porque sentarse afecta las vísceras; no te pares demasiado, porque estar de pie afecta el corazón; no camine demasiado, porque caminar afecta los ojos. Un tercio de su tiempo lo dedica a sentarse, un tercio a estar de pie y un tercio a caminar. Estar de pie es mejor que sentarse en cualquier asiento que no tenga en qué apoyarse. "¿Cómo se puede decir que estar de pie es mejor que sentarse? Por lo tanto, debemos decir que pararse (Ib. B) con algo en lo que apoyarse es preferible a sentarse sin apoyarse. . porque sentarse afecta las vísceras; no te pares demasiado, porque estar de pie afecta el corazón; no camine demasiado, porque caminar afecta los ojos. Un tercio de su tiempo lo dedica a sentarse, un tercio a estar de pie y un tercio a caminar. Estar de pie es mejor que sentarse en cualquier asiento que no tenga en qué apoyarse. "¿Cómo se puede decir que estar de pie es mejor que sentarse? Por lo tanto, debemos decir que pararse (Ib. B) con algo en lo que apoyarse es preferible a sentarse sin apoyarse. . porque sentarse afecta las vísceras; no te pares demasiado, porque estar de pie afecta el corazón; no camine demasiado, porque caminar afecta los ojos. Un tercio de su tiempo lo dedica a sentarse, un tercio a estar de pie y un tercio a caminar. Estar de pie es mejor que sentarse en cualquier asiento que no tenga en qué apoyarse. "¿Cómo se puede decir que estar de pie es mejor que sentarse? Por lo tanto, debemos decir que pararse (Ib. B) con algo en lo que apoyarse es preferible a sentarse sin apoyarse. . ¿Cómo puedes decir que estar de pie es mejor que estar sentado? Por tanto, debemos decir que pararse (Ib. B) con algo en que apoyarse es preferible a sentarse sin apoyarse. ¿Cómo puedes decir que estar de pie es mejor que estar sentado? Por tanto, debemos decir que pararse (Ib. B) con algo en que apoyarse es preferible a sentarse sin apoyarse.

R. Elazar dijo: "Los ignorantes no disfrutarán de la resurrección, como se dice (Is. 26, 14) Los muertos no volverán a vivir; los difuntos no resucitarán. "También tenemos una Baritha en el mismo sentido: Los muertos no viven. Uno podría pensar que esto se refiere a todos. Por lo tanto, la Escritura dice, los difuntos no resucitarán; es decir, solo para el que debilitó él mismo (se apartó) del estudio de la Torá se refiere al pasaje. R. Jochanan luego le dijo a R. Elazar: "Tu interpretación no es aceptable, ya que el pasaje habla de alguien que se debilita a sí mismo con el propósito de servir a los ídolos". pasaje que apoya mis explicaciones, vino la respuesta, (Ib., ib., 19) Porque tu rocío es como rocío de luz, y la tierra dará vida a los difuntos, lo que significa que quien hace uso de la luz de (estudia) la Torá, la Torá provocará su avivamiento; pero quien no hace uso de (estudio) la Torá,Deut. 4, 4) Pero ustedes que se unieron al Señor su Dios, cada uno de ustedes está vivo hoy. ¿Cómo es posible adherirse a Shejiná, ya que está escrito (Ib. Ib. 24) Porque el Señor tu Dios es fuego consumidor? Por lo tanto, debemos decir que quienquiera que case a su hija con un erudito, quien haga negocios en sociedad con un erudito o quien beneficie a un erudito con su patrimonio. La Escritura lo considera como si se uniera a Schechina. "Similar a esto encontramos lo siguiente (Ib. 30, 20) Amar al Señor, tu Dios, etc., y adherirte a Él. ¿Cómo es posible adherirse a Él? ¿Shejiná? Por lo tanto, debemos decir que quienquiera que case a su hija con un erudito, quien haga negocios en sociedad con un erudito, o quien beneficie a un erudito con su herencia, la Escritura lo considera como si se uniera a Shejiná.

R. Chiya b. José dijo: "En el futuro, los justos traspasarán [la tierra] y se levantarán en Jerusalén, como está dicho" (Pr. 72, 16) Y los hombres traspasarán la ciudad como hierbas de la tierra; y la ciudad se refiere a Jerusalén, como se dice (II Reyes 19, 34) Y protegeré esta ciudad ". R. Chiya b. Joseph dijo además:" En el futuro los justos sobrevivirán vestidos con sus ropas. Esto se puede demostrar aplicando a fortiori; Si el trigo que está enterrado en la tierra desnudo sale cubierto con muchas mantas, mucho más con los justos, que fueron sepultados cubiertos con sus ropas. "

R. Chiya b. José también dijo: "La tierra de Israel está destinada a producir tortas ya hechas y mantos confeccionados, como se dice (Sal. 72, 16) Y habrá abundancia de trigo en la tierra". A nuestros rabinos se les enseñó: Y habrá abundancia de trigo en la tierra, sobre la cima de las montañas. Se dijo que en el futuro el trigo brotaría y se elevaría como palmeras en las cimas de las montañas, y si uno piensa que será difícil cosecharlo, por eso se dice en el mismo pasaje, su fruto temblará como el árboles del Líbano; es decir, el Santo, ¡alabado sea! hará que un viento sea traído de sus tesoros que soplará sobre él y hará que se caiga su flor. Entonces el hombre saldrá al campo y traerá puñados de maíz del que se mantendrá a sí mismo y a su familia. (Deut. 32, 14) Con la grasa de los riñones del trigo. Se dijo que en el futuro el trigo tendrá el tamaño de dos riñones de un gran buey. Y uno no debe sorprenderse, porque sucedió que un zorro que hizo una guarida en un nabo, que, cuando se pesó, resultó ser de sesenta libras, en la libra de Ziporiana. En un Baraitha se nos enseña que R. Jossi dice: "Una vez sucedió en Sichin con uno cuyo padre le dejó tres plantas de mostaza. Cuando se abrió una planta, dio nueve cabañas de mostaza, y de la madera construyeron una choza de alfarero. " R. Simon b. Tachlipha dijo: "Nuestro padre nos dejó un tallo de repollo que tuvimos que subir y bajar con la ayuda de una escalera". (

Deuteronomio 23, 14) Y toda la sangre de la uva bebes vino puro. Se dijo que este mundo no es como el mundo venidero. En este mundo, hay una lucha por recolectar las uvas y prensarlas, mientras que en el mundo futuro se traerá una uva en un vagón, o en un barco, colocada en la esquina de una casa, desde donde todo el apoyo de la casa estará asegurada; y de su leña se hará cocinar. No habrá uva que produzca menos de treinta garbis de vino, como se dice en el pasaje anterior, y toda la sangre de la uva la bebes vino sin mezclar. No lea Chamar (vino), pero léalo Chomor (una medida). Cuando R. Dimi vino de la tierra de Israel, dijo: "¿Qué dice el siguiente pasaje (Génesis 49, 11) ¿Atado al vino a su potrillo, es decir? No habría vino en la tierra de Israel que no requiera de una colonia entera para recoger su uva. "(Ib., Ib. ,, ib.) Y al pámpano de la vid un pollino de asno; es decir, no habría cualquier árbol infructuoso en la tierra de Israel que no proporcionará una carga suficiente para dos asnos. Quizás uno dirá que no producirá suficiente vino. El pasaje por lo tanto dice (Ib., ib., ib.) Él lava sus vestidos en vino. Quizás se dirá que el vino no será tinto. Por lo tanto, se menciona en el mismo pasaje, y en la sangre de las uvas, etc .; y si se dice que no se saciará, por lo tanto se dice Sutho (satisfactorio). Quizás se dirá que no tendrá buen sabor, por eso el pasaje dice, Sus ojos estarán rojos de vino; es decir, toda boca que guste dirá, "Dame, dame"; y si alguien dice que es sólo de buen gusto para los jóvenes y no para los ancianos, por eso se dice en el pasaje anterior, Y sus dientes blancos de leche. No lea L'ben Shinayim (blanquear los dientes), pero léelo L'ben Shanim (envejecido en años). ¿Cuál es el significado literal del pasaje anterior? Cuando R. Dimi llegó, dijo: "La congregación de Israel suplicó ante el Santo, elogió ¡Sea Él! diciendo: "Soberano del Universo, llámame con Tus ojos, que son más dulces que el vino, y muéstrame Tus dientes, que son más dulces que la leche". "Esto apoyará la opinión de R. Jochanan; porque R. Jochanan dijo:" Es mejor que uno que muestra los dientes blancos a su amigo (muestra una cara sonriente) más que uno que le da un trago de leche, ya que se dice en el pasaje anterior, Y sus dientes blancos por la leche. No lea L'ben Shinayim (blanquear los dientes), pero lea Laban Shinayim (el color blanco de los dientes), [refiriéndose a una cara sonriente ".

R. Chiya, el hijo de Adda, fue tutor de los hijos de Resh Lakish, y una vez se ausentó de sus deberes durante tres días. A su regreso le preguntaron por qué estaba ausente, y respondió: "Mi padre me legó una rama de uva, de la cual recogí el primer día trescientos racimos de uvas, cada uno de los cuales dio un gerab de vino. . El segundo día recogí nuevamente trescientos racimos de calibres más pequeños, dos de los cuales solo produjeron un gerab. El tercer día también recogí trescientos racimos, pero solo tres racimos para el gerab, y aún he dejado más de la mitad de las uvas libres. para que cualquiera los recoja ". Entonces Resh Lakish le comentó: "Si no hubieras sido tan negligente [perdiendo tiempo en la instrucción de mis hijos], habría rendido aún más". Rami b. Ezequiel llegó a B'ne B'rak cuando notó que las cabras comían debajo de las higueras de las que caía miel. Al mismo tiempo, la leche cayó de las cabras, por lo que ambas cosas sucedieron juntas. Comentó: "Esto es lo que se quiere decir con el pasaje, que fluye leche y miel". R. Jacob b. Dosi dijo: "De Luda a Oni hay una distancia de tres millas. Una vez di un paseo hacia la noche, y caminé hasta que mis tobillos se sumergieron en miel de higo". Resh Lakish dijo: "Yo mismo vi la leche y la miel que fluían en Séforis, que estaba a una distancia de dieciséis millas". Rabino b. Ghana dijo: "Yo mismo vi donde fluía la miel y la leche en la tierra de Israel (Fol. 112), y en total habría cubierto una distancia de veintidós millas de largo y dieciséis millas de ancho, desde Be-michsi hasta el Fuerte. Tulbakne ". R. Chelbo, E. Avira y R. Josa b. Por casualidad, Chanina estaba junta en cierto lugar cuando les trajeron melocotones que eran tan grandes como una olla que se usa en el pueblo de Hinu. ¿Y cuánto contiene la olla que se usa en Hinu? Cinco S'ah. Comieron un tercio, se fueron un tercio y dieron un tercio al ganado. Al final del año, R. Elazar vino allí nuevamente, y cuando lo trataron con ellos, los agarró y se preguntó qué tan pequeños crecían, aplicándolos (PD. 107) Una tierra fértil en un desierto salado por la maldad de los que la habitan. R. Joshua b. Levi llegó a la ciudad de Gabala, donde notó que las vides crecían en forma de terneros. y comentó: "Noto algo como becerros entre las vides". Han sido cortados de esta manera para que crezcan ", respondieron los habitantes. Luego le dijo:" Tierra, guarda tu fruto dentro de ti, para quién lo estás produciendo, para estos árabes que residen aquí a causa de nuestros pecados! "Al año siguiente, R. Chiya llegó allí y notó que estaban parados como cabras entre ellos. Él exclamó:" ¡Cabras en el viñedo! ", A lo que le dijeron:" Ve y no nos envidies como lo hizo tu amigo ". "

A nuestros rabinos se les enseñó: Durante un año próspero en Israel, un espacio donde se siembra una semilla de S'ah produciría cinco miríadas de Khor de grano. En los distritos cultivados de Z'oan, una medida de semilla produjo setenta Khor; porque se nos enseña que el rabino Maier dijo: "Yo mismo he presenciado en el valle de Beth She'an un ejemplo de una medida de semilla que produjo setenta Khors". Y no hay mejor tierra en ningún lugar que la tierra de Egipto; porque se dice (Génesis 13) Como el huerto del Señor, como la tierra de Egipto. Y no hay mejor alabanza en todo Egipto que Zo'an, donde residían varios reyes; como está escrito (Is.30, 4) ¡Sus príncipes estaban en Z'oan! "En todo Israel no había otro suelo pedregoso que Hebrón, por esta razón estaba dedicado a un lugar de enterramiento: y sin embargo, Hebrón era siete veces más prolífico que Zo'an, como está escrito (Núm. 13, 22), Hebrón fue construido siete años antes que Zo'an en Egipto. ¿Qué significa eso? ¿Asumiremos que significa literalmente? ¿Cómo es posible que uno deba construir una casa para su hijo más pequeño al principio? ? Como se dice (Gen.10, 6) Y los hijos de Cam, Cus, Mizriam (Egipto), Phut y Canaán. Por lo tanto, debe significar que fue siete veces más prolífico que Zo'an. Esto es solo en el suelo pedregoso de la tierra de Israel, pero en el suelo adecuado [el aumento] es quinientas veces. Todo esto se aplica a un año de rendimiento medio; pero en uno de especial prosperidad está escrito (Génesis 26, 12) Entonces Isaac cosió en esa tierra, y recibió en el mismo año cien veces más.

Se nos enseña en un Baraitha, R. Jose dijo: Un trigo S'ah si se planta en Judá produciría cinco S'ah - polen - una harina fina S'ah, una harina mediana S'ah, una hora S'ah fina , un plato de salvado de S'ah y una comida negra de S'ah ". Un cierto Saduceo le dijo a R. Chanina:" Bien, estás alabando tu tierra, porque mi padre me dejó un espacio de un S'ah. De ese pequeño espacio obtengo aceite, vino, cereales y guisantes; Yo también alimento a mi ganado ". Un emorita le dijo una vez a un judío:" De esa palmera que está al otro lado del Jordán, ¿cuántas palmas quitas? "" Sesenta Khorim ", fue la respuesta. el emorita comentó: "No es tan perfecto como debería haber sido, porque solíamos tomar ciento veinte de él." "Solo dije de uno de sus lados". explicó el judío. Dijo R. Chisda: "¿Qué significa el pasaje (Jer. 3, 19) Y darte una tierra de Z'bi, la herencia más hermosa de las naciones, ¿no? ¿Por qué se compara la tierra de Israel con Z'bi (ciervo)? Así como la piel de un ciervo [una vez que se quita] no puede cubrir su cuerpo, así tampoco la tierra de Israel puede retener todos sus frutos. Puede explicarse de otra manera. Así como el ciervo es el más veloz de los animales, la fruta de Israel madura antes que todas las demás tierras. Uno podría pensar que así como el ciervo es veloz pero su carne no es gruesa, así también la tierra de Israel madura la fruta antes que otros países, pero no da frutos gordos. Entonces está escrito (Ex. 3, 8) En una tierra que fluye leche y miel; es decir, una tierra más gorda que la leche y más dulce que la miel.

Cuando llegó a la tierra de Israel, R. Elazar dijo: "Soy salvo de una maldición". Cuando fue ordenado con el título de rabino, dijo: "Soy salvo de una segunda maldición". Cuando se unió a los rabinos en la construcción del mes intercalado, dijo: "Me salvan de una tercera maldición". Porque el pasaje dice (Ez.13, 9) Y Mi mano estará contra los profetas que ven falsedad, etc. En el concilio secreto de Mi pueblo no estarán, se refiere al concilio secreto intercalando temporadas; y en el registro de la casa de Israel no se escribirán, se refiere al acto de ordenar; ya la tierra de Israel no vendrán, tiene un significado literal. R. Zaira, mientras se dirigía a la tierra de Israel, no pudo encontrar un transbordador para cruzar cierto arroyo, por lo que tomó una cuerda que se arrojó sobre el río y pasó con ella. Entonces un saduceo le dijo: "¡Gente impetuosa! Cuyas bocas precedieron a tus oídos, todavía insistes en tu impetuosidad". Ante lo cual R. Zaira le dijo: "Un lugar donde Moisés y Aarón no lograron entrar, ¿quién sabe si merezco entrar?" R. Abba besaría las orillas de Akku [perteneciente a la tierra de Israel]. R. Chanina arreglaría el camino para la gente (Ib. B) R. Ami y R. Assi tratarían de ir de lo soleado a lo sombrío y de la sombra al sol, [para no quejarse de los que residen en la tierra de Israel.] E. Chiya b. Gamda se revolcaría en el polvo de la tierra de Israel, porque se dice (PD. 102, 15) Porque los sirvientes aprecian sus piedras y el mismo polvo que aprecian. R. Zaira, en el nombre de R. Jeremiah, dijo: "En el período del advenimiento del Mesías habrá un enjuiciamiento (mala voluntad) de los eruditos. Cuando le recité lo anterior a Samuel, él me dijo: ' habrá una reducción tras otra, 'como se dice (Is. 6, 13) y si aún queda una décima parte, se puede barrer' ". A R. Joseph se le enseñó que esto significa que los ladrones vendrán y robarlo a sus antiguos ladrones. R. Chiya b. Ashi dijo en el nombre de Rab: "En el futuro todos los árboles estériles en la tierra de Israel darán fruto, como está dicho (Joel 2, 22) Porque el árbol lleva su fruto, la higuera y la vid darán su fruto. fuerza."

Fin de Kethuboth.

Nedarim, Capítulo 1

NEDARIM (Fol. 7b.) Rabí Chanin dijo en el nombre de Rab: "Quien oiga a su asociado mencionar el nombre del Señor [en vano] debe poner a este último bajo proscripción. Y si el oyente no lo pone bajo proscripción, entonces él mismo merece ser proscrito; porque dondequiera que sea frecuente la mención del nombre de Dios, la pobreza es frecuente, y la pobreza es igual a la muerte, como se dice (Ex.4, 19) Porque todos los hombres han muerto, etc. Y se nos enseña en un Baraitha, Simon B. Gamaliel dice: "Dondequiera que nuestros sabios fijaran sus ojos, la muerte o la pobreza seguían". "

R. Abba estaba de pie ante R. Huna y escuchó cómo una mujer pronunció el nombre celestial en vano, por lo que la puso bajo prohibición e inmediatamente después de esto anuló la prohibición en su presencia. Del incidente anterior podemos inferir las siguientes tres cosas: Primero, que quienquiera que oiga pronunciar el nombre celestial en vano de parte de su asociado tiene el deber de poner a quien lo pronunció bajo proscripción; en segundo lugar, inferimos que una prohibición impuesta a un hombre en su presencia no puede eliminarse a menos que esté en su presencia; en tercer lugar, inferimos que no es necesario un período de tiempo específico entre la aplicación de la prohibición y su eliminación.

R. Gidel en el nombre de Rab dijo (Fol. 8) "¿De dónde inferimos que uno puede comprometerse con un juramento para cumplir un mandamiento? Se dice (Sal. 119, 106) He jurado y cumpliré , etc. " ¿He aquí que todo el mundo está obligado por el juramento del Sinaico a cumplir los mandamientos? Por lo tanto, debemos decir que quiere decir que es propio jurar [realizar un acto religioso] para instarse a sí mismo a su cumplimiento. R. Gidel en nombre de Rab dijo además: "Quien le diga a su asociado, levantémonos por la mañana y estudiemos este capítulo, el que propuso se supone que se levante primero, como se dice (Ez. 3). , 22) Y le dijo: Levántate, sal al valle, etc. Y me levanté y salí al valle; y he aquí, la gloria del Señor estaba de pie ".

(Ib. B) R. Chanina dijo en nombre de R. Myashia, quien citó a R. Juda b. Elías: "¿Qué significa el pasaje (Mal. 3, 20) Pero para ustedes, los que temían Mi nombre, ¿saldrá el sol, significa? Esto se refiere a los hombres que tienen miedo de mencionar el nombre del Señor en vano". ¿Se levantará el sol de justicia, con curación en sus alas? Dijo Abaye: "De esto inferimos que los rayos del sol curan la enfermedad". Esto diferirá con la opinión de R. Simon b. Lakish, quien dijo: "¡No hay Gehena en el mundo futuro, sino el Santo, alabado sea! - sacará el sol de su vaina, con el cual los justos serán curados y los impíos serán castigados; como se dice (Mal. 3, 19) Porque he aquí, viene el día en que arde como un horno; y todos los soberbios y todos los que hacen maldad serán estopa; y el día que vendrá los prenderá fuego, dice el Señor de los Ejércitos, que no les dejará raíz ni ramas. "

(Fol. 9b) Se nos enseña en un Baraitha que Simón el justo dijo: "Nunca comí una ofensa de un nazareo excepto uno. Una vez sucedió que un nazareo vino a mí desde el sur, y observé que sus ojos Eran hermosos, con una apariencia elegante, y sus mechones dispuestos en rizos. Entonces le dije: '¿Qué te hizo pensar en destruir esto, tu hermoso cabello?' A lo que me respondió: 'Yo era pastor de mi padre, donde vivía, y una vez fui a llenar el agua del pozo. [Estaba mirando mi imagen en el agua, haciendo que mi inclinación al mal surgiera dentro de mí con orgullo. de mi belleza;] quiso expulsarme del mundo [moral] Entonces le dije: Malvado, ¿por qué te regocijas en un mundo que no es el tuyo, con algo que está destinado a convertirse en gusanos? Te juro que te afeitaré por el cielo. Inmediatamente me levanté y lo besé en la cabeza, diciéndole: 'Hijo mío, deseo que muchos nazareos como tú se multiplicaran en Israel. Con respecto a su acción, el pasaje dice (Num. 6, 2) Cuando un hombre pronuncia un voto especial, la fila de un nazareo, de abstenerse en honor del Señor '. R. Mani planteó la siguiente objeción: "¿Por qué Simón el Justo no comió la ofrenda de un nazareo? ¿No es porque fue traído como consecuencia de un pecado? Si es así, entonces todos los sacrificios de un nazareo no deben comerse, porque también vienen por un pecado ". Entonces R. Jona le dijo:" Es por esto que no comió: Siempre que las personas se lamentan de su maldad ". hechos se vuelven nazareos, y cuando se vuelven inmundos, el estado nazareo aumenta hasta tal punto que se arrepienten de todo, y la consecuencia es que traen sacrificios profanos en el patio del templo ".

Nedarim, Capítulo 2

(Fol. 20) Se nos enseña: Nunca te acostumbres a los votos, porque tal hábito puede, con el tiempo, hacer que infrinjas tu juramento. ¡No se convierta en un hábito de asociarse con una persona ignorante, porque el resultado será que él lo alimentará con Tebel! Nunca adquiera el hábito de asociarse con un sacerdote ignorante, porque el resultado será que lo alimentará con Trumah. No se involucre en muchos chismes con las mujeres, ya que pueden conducir a lascivia.

Se nos enseña en un Baraitha (Ex. 20, 20) Y para que Su temor esté ante sus rostros. Esto se refiere a la vergüenza. (Ib.) Que no pecaréis. Deduzca de esto que la vergüenza provoca que uno tenga miedo de cometer un pecado. De este pasaje nuestros sabios infieren que es una buena señal que un hombre sea vergonzoso. Los acherim dicen: "Quien se sienta avergonzado no se avivará al pecado, y quien no tenga vergüenza, se le asegura que sus antepasados no estaban presentes en el monte Sinaí [cuando la Torá fue entregada a Israel].

Nedarim, Capítulo 3

(Fol. 22) (Pr. 12, 18) Hay quien habla como traspaso de espada; pero la lengua de los sabios es salud; es decir, el que pronuncia [un voto] merece ser traspasado por una espada, pero la lengua de los sabios cura. Se nos enseña que R. Nathan dice: "Quien hace un voto es semejante a quien construye un altar idólatra; quien cumple su voto es semejante a quien ofrece sacrificios sobre él".

Samuel dijo: "Cualquiera que haga un voto, aunque lo cumpla, será llamado impío". Dijo R. Abba: "¿Cuál es el pasaje para probarlo? (Deut. 23, 23) Pero si te abstienes de hacer votos, no habrá pecado en ti. Inferimos a través de las palabras similares chadala, chadaly (abstenerse) es escrito aquí thechdal, y de nuevo está escrito allí (Job 3, 17) Allí los impíos cesan (chadlu) de perturbar ".

R Samuel b. Nachmeni dijo en el nombre de R. Jonathan: "Para un hombre que se excita, se asignan todo tipo de Genhena, como está dicho (Eclesiastés 11, 10) Y quita la aflicción de tu corazón y haz que el mal pase de tu El mal, se refiere al Gehena, como se dice (Pr. 16, 4) Todo lo ha hecho el Señor para su fin destinado; Vosotros, el impío para el día del mal. se dice (Deut.28, 65) y el Señor te dará allí un corazón tembloroso, un ojo débil y un desfallecimiento del alma. ¿Qué es lo que causa la debilidad de los ojos y la debilidad del alma? Esto se refiere a problemas abdominales ". Cuando fue a la tierra de Israel, Ulla estaba acompañado por dos habitantes de Chuzzai. Mientras estaba en el camino, uno se levantó y mató (mató) a su socio. Luego le dijo a Ulla:" ¿No he ¿Lo hizo bien? "A lo que este último respondió:" Sí, de hecho, ve y descubre su garganta "[para que muera antes]. Cuando llegó ante R. Jochanan dijo:" Gor no lo quiera, quizás haya fortalecido las manos de los transgresores , [al no protestar por su acción ".] A lo que R. Jochanan le respondió:" Por qué sólo te has salvado a ti mismo ". R. Jochanan se preguntaba entonces:" ¿No es el pasaje? ".

Rabá b. R. Huna dijo: "Quien se excita no tiene consideración ni siquiera por la Shejiná, como se dice (Sal. 10, 4). El malvado, en el orgullo de su semblante (dice): 'Él no requerirá; todos sus pensamientos son, no hay Dios ". R. Jeremías de Diphti dijo: "Incluso se olvidará de sus estudios y aumentará en necedad, como se dice (Ec. 7, 9). Porque la ira descansa en el seno de los necios; y de nuevo está escrito (Pr. 13, 16. Pero el necio difunde su necedad ". R. Nachman dijo: "Se sabe que las iniquidades de tal hombre son más que sus obras meritorias, como se dice (Ib. 29, 22) Un hombre de ira suscita contiendas, y un hombre de furor abunda en transgresión . "

R. Acha b. Chanina dijo: "Si Israel no hubiera cometido ningún crimen, no habrían tenido otras Escrituras que los cinco libros de la Torá (la ley) y el libro de Josué, [el último es indispensable], porque allí está registrado cómo era la tierra". distribuido entre Israel, [pero el resto fue agregado], como se dice (Ec. 1, 18) Ya que hay mucha sabiduría [de todos los libros proféticos,] hay una señal de que ocasionó mucha aflicción ".

(Fol. 31b) MISHNAH: R. Elazar b. Azarías dice: "La circuncisión es tan grande que se hicieron trece pactos al respecto". R. Joshua b. Karcha dice: "La circuncisión es tan importante, que ni siquiera a Moisés el justo se le permitió posponer la circuncisión [de su hijo] ni un minuto". R. Nechemia dijo: "La circuncisión es tan importante que reemplaza a Nega'im". R. Mayer dijo: "La circuncisión es tan grande que a pesar de todos los mandamientos que Abraham nuestro patriarca observó, no fue llamado perfecto hasta que realizó la circuncisión sobre sí mismo, como se dice (Génesis 17, 1). Camina delante de mí y sé perfecto. . " Hay otra razón por la cual la circuncisión es tan importante, porque si no fuera por esto, el Santo, ¡alabado sea! no hubiera creado Su mundo, como se dice (Jer. 33,) Si mi pacto no fuera con el día y la noche, no habría designado las ordenanzas del cielo y la tierra.

Gemara Rabbi dice: La circuncisión es tan importante que equivale a todos los mandamientos de la Torá, como está dicho (Éxodo 24, 8) He aquí la sangre del pacto [brith] que el Señor ha hecho contigo acerca de todas estas palabras. . "

En Baraitha se nos enseña que R. Joshua b. Karcha dice: "La circuncisión es tan importante que todos los méritos que adquirió Moisés, nuestro maestro, no fueron suficientes para protegerlo en la hora en que era indiferente a la circuncisión, como se dice (Ex. 4, 24). el camino en el lugar de alojamiento, que el Señor le salió al encuentro y procuró montarle. " R. Josi dice: "Dios no quiera pensar que Moisés fue lento en circuncidar a su hijo, pero Moisés se dijo así: '¿Debo circuncidar [a mi hijo] y luego seguir mi viaje, podría resultar peligroso para él, ya que está escrito (Génesis 34, 25) Y sucedió al tercer día, [después de la circuncisión, cuando estaban doloridos. ¿Circuncidaré a mi hijo y permaneceré aquí tres días [hasta que sane,] el Santo, alabado? ¡Sea Él!Ex. 4, 19) ¡Vuelve a Egipto! [En consecuencia, dejó incircunciso a su hijo.] Pero, ¿por qué, entonces, fue castigado? Porque cuando llegó a la posada se ocupó (Fol.32) de las cosas relativas al alojamiento primero, [y no realizó la circuncisión,] como se dice (Ib. Ib.) Y sucedió en el camino en el alojamiento. "Rabban Simón b. Gamiliel dice:" Satanás no quería matar a Moisés, nuestro maestro, pero quería matar al niño, como se dice (Ib., ib., 25). Seguramente eres un pariente sangriento para mí. . Ahora veamos quién se llama pariente, Moisés o el infante. Seguramente debemos decir que se refiere al infante ". R. Juda b. Z'bina dio una conferencia:" En el momento en que Moisés era indiferente a la circuncisión, los ángeles Aph y Chemah vinieron y se lo tragaron, y no dejaron nada de él excepto las piernas. Inmediatamente, luego Séfora tomó un pedernal y cortó el prepucio de su hijo, etc., y luego se apartó de él. Y luego Moisés quiso matarlos (a los ángeles), como se dice (PD. 37, 8) Cesa la ira, (aph) y abandona la ira (Chemah). "Otros, sin embargo, dicen que él no mató al ángel Chemah, como se dice (Ez. 27, 4). no. He aquí está escrito (Deut. 9, 19) Porque tuve miedo de la ira (Aph), y la ira [Chemah], ¿por eso existieron? Por lo tanto, debemos decir que había dos ángeles llamados Chemah. Y si si lo desea, podemos explicar que este último se refiere sólo a la tropa comandada por Chemah.

Se nos enseña que el rabino dice: "La circuncisión es tan importante que, aunque no hay nadie más grande en hechos meritorios que Abraham nuestro patriarca, sin embargo, no fue llamado perfecto sino por el acto de la circuncisión, como se dice (Ex. 17, 1). Camina delante de Mí, y sé perfecto, y de nuevo está escrito. Y haré Mi pacto entre Tú y Mí. Se puede dar otra razón por la cual la circunicisión es tan importante, porque iguala en importancia a todos los mandamientos de la Torá. (Éxodo 34, 27) Porque según el tenor de estas palabras he hecho contigo un pacto y con Israel. Se puede dar otra razón por la que la circuncisión es tan importante, porque si no fuera por la circuncisión, el cielo y la tierra no habrían sido en existencia, como se dice (Jer.33, 25) Si Mi Pacto no hubiera sido de día y de noche, no habría designado el cielo y la tierra ". Esto difiere de la opinión de R. Elazar, ya que R. Elazar dijo:" La Torá es tan importante que si no fuera por la Torá, el cielo y la tierra no habrían existido, como se dice, si Mi pacto no hubiera sido de día y de noche ", etc. R. Juda dijo en el nombre de Rab:" En el momento en que el Santo, alabado sea ! dijo: Camina delante de Mí y sé perfecto, Abraham comenzó a temblar y dijo: 'Quizás haya algo vergonzoso dentro de mí'. Pero tan pronto como Dios le dijo (Ib., Ib., 2) Y haré Mi pacto entre Tú y Yo, inmediatamente se calmó (Ib., Ib., 15, 5) Y me sacó al extranjero. Abraham dijo ante él: "Soberano del Universo",

R. Isaac dijo: "Cualquiera que desee perfeccionarse a sí mismo, el Santo, ¡alabado sea! Trata con él en perfección, como está dicho (II Sam. 22, 26). Con la bondad, te mostrarás amable", etc. R. Oshiya dice: "A quien desee perfeccionarse a sí mismo, el tiempo le cederá el paso, como está dicho: Camina delante de mí y sé perfecto. . "

A Ahaba, hijo de R. Zera, se le enseñó: Quien no practique la hechicería será llevado a una morada donde ni siquiera los ángeles ministradores podrán acercarse, como se dice (Núm.23, 23) porque no hay encantamiento en Jacob, etc. A su debido tiempo se les dirá a Jacob e Israel lo que Dios obra.

R. Abahu dijo en nombre de R. Elazar: "¿Por qué Abraham nuestro patriarca fue castigado con el hecho de que su posteridad tuvo que ser esclavizada [en Egipto] doscientos diez años? Porque había presionado a los eruditos [bajo su matrícula] al servicio militar. , como se dice (Génesis 14, 14) Armó a sus sirvientes entrenados, nacidos en su propia casa, trescientos dieciocho, y los persiguió hasta Dan. "R. Samuel b. Nachmeni dijo:" Porque fue demasiado lejos al probar los atributos (bondad) de la ¡Santo, alabado sea! (Desconfiaba perversamente de la seguridad de Dios), como se dice (Ib. 15, 8). Y dijo ¿por qué sabré que la heredaré? alas de la Shejiná, como se dice (Ib. 14, 21) Dame las personas y los bienes, llévate para ti. "(Ib. 14, 14) Y armó a sus sirvientes entrenados. Rab y Samuel explicaron este pasaje. Uno dijo que esto significa que los armó con la Torá, y el otro dijo que significa que los armó con oro, [pagándoles bien.] Trescientos dieciocho hombres R. Ami b. Aba dijo que Eliezer los igualaba a todos. Según otros, el número anterior se refiere al propio Eliezer, porque el valor numérico de Eliezer asciende a trescientos dieciocho.

R. Ami b. Abba dijo además: "Abraham tenía tres años cuando [por primera] aprendió a conocer a su Creador, como se dice (Ib. 26, 5) porque Abraham obedeció Mi voz. El valor numérico de Ekeb (porque) asciende a uno ciento setenta y dos. R. Ami b. Abba dijo de nuevo (Ib. b) "El valor numérico de Hasatan suma trescientos sesenta y cuatro". R. Ami b. Abba dijo además: "Está escrito (I Shr 1, 28) Abram. lo mismo que Abraham. ¡Al principio el Santo, alabado sea! hizo que Abraham gobernara sobre doscientos cuarenta y tres miembros del cuerpo, y al final lo hizo reinar sobre doscientos cuarenta y ocho miembros del cuerpo. Los miembros adicionales son: las manos, los pies y Rash hageviya ".

R. Ami b. Abba dijo además: "¿Cuál es el significado del pasaje (Ec. 9, 14) Había una pequeña ciudad, y los hombres en ella eran pocos, y vino contra ella un gran rey, que la cercó y edificó alrededor de ella grandes obras de sitio. Había una pequeña ciudad, se refiere al cuerpo; y los hombres allí eran pocos, se refiere a los miembros del cuerpo; y vino contra ella un gran rey, que la encerró, se refiere a la inclinación al mal; y construido alrededor de él grandes obras de sitio, se refiere a los pecados del hombre. (Ib.) Pero se encontró en él un pobre sabio, se refiere a la buena inclinación; y libró la ciudad con su sabiduría, se refiere al arrepentimiento y las buenas obras. Entonces ningún hombre había pensado en ese pobre hombre, significa que en el momento en que reina la inclinación al mal nadie recuerda la inclinación al bien. (Ib.7, 19) La sabiduría es baluarte del sabio, se refiere al arrepentimiento y las buenas obras, más de diez gobernantes que hay en una ciudad,

R. Zacarías dijo en el nombre de R. Ismael: "¡Alabado sea el Santo! Deseaba sacar el sacerdocio de Sem (hijo de Noé), como se dice (Génesis 14, 18) y Malkizedec, rey de Salem, trajo pan y vino, y era sacerdote del Dios Altísimo, pero como precedió la bendición de Abraham a la del Santísimo, el Señor [decidió] traerlo de manos de Abraham, ya que es dijo (Ib., ib., 19) y bendito sea el Dios Altísimo; es decir, Abraham le dijo a Sem: "¿Es correcto pronunciar la bendición de un siervo antes que la bendición de su amo?" Por tanto, (el sacerdocio) fue sacado de Abraham, como se dice (Sal.110, 1) Por David un salmo. El Eterno dijo a mi Señor, etc .; e inmediatamente después de esto se escribe. El Señor ha jurado, y no se arrepentirá de ello, serás sacerdote para siempre según las palabras de Malkizedek, es decir, a causa de las palabras de Malkizedek. Y este es el significado del pasaje (Génesis 14, 18) Y él era sacerdote del Dios Altísimo; es decir, era sacerdote, pero no sus hijos ".

Nedarim, Capítulo 4

(Fol. 37 b) Rab dijo: "¿Qué dice el pasaje (Nah. 8, 8) Entonces leyeron en el libro, en la Ley de Dios claramente, y exhibieron el sentido; de modo que ellos, [el pueblo] entendieron lo que Entonces leyeron en el libro de Dios, se refiere al texto bíblico; claramente, se refiere al Targum; y exhibió el sentido, se refiere a la división de los versículos; para que entendieran lo que se leyó, se refiere a los signos de puntuación y, según otros, se refiere a la Masora ". R. Isaac dijo: "La vocalización soférica del texto bíblico y la separación soférica de palabras [¡omitiendo la conjunción vav! La lectura maserética [aunque no escrita,] y el orden masorético para ser leído, son todas leyes dictadas por Moisés". del monte Sinaí ". La vocalización soférica del texto bíblico son palabras como eretz, aretz, shamaim,

(Fol. 38.) R. Chama b. Chanina dijo: "Moisés se enriqueció con nada más que con las astillas de las tablas, como se dice (Ex. 34, 1) Córtate; es decir, sus astillas serán tuyas". R. Josa b. Chanina dijo: "Al principio, la Torá no se le dio a nadie excepto a Moisés y sus hijos, como se dice (Ib. 27). Escríbelo y córtalo; es decir, solo nosotros, las fichas serán tuyas, así también lo serán. la escritura (la Torá) sea tuya. Sin embargo, Moisés fue liberal con la Ley y se la dio a Israel. Concerniente a él, el pasaje dice (Pr. 22, 9). de su pan a los pobres ". Raba planteó la siguiente objeción (Deut.4, 14) Y a mí me mandó el Señor en ese momento que les enseñara estatutos y ordenanzas. Por lo tanto, muestra que la Torá fue entregada a Israel. Esto significa que Él me lo ordenó y yo te lo di. Pero de nuevo está escrito (Ib. 5) Mira, te he enseñado los estatutos y las ordenanzas, tal como el Señor mi Dios me lo ordenó. Esto también significa lo que el Señor me ordenó y yo les enseñé. Pero de nuevo está escrito (Ib. 31, 19). Ahora pues, escribid vosotros este cántico (por eso fue dado a Israel). Esto se refiere simplemente a la canción que dio. Pero nuevamente está escrito en el mismo pasaje. ¿Para que el cántico se convierta en un testimonio contra mí para los hijos de Israel, por eso fue dado a los hijos de Israel? Por lo tanto, debemos decir que la tradición de R. Chisda se refiere simplemente a las deducciones argumentativas.

R. Jochanan dijo: "¡El Santo, alabado sea! No permite que la Shejiná descanse sobre nadie a menos que sea fuerte, rico, sabio y humilde. Todo esto lo inferimos de Moisés. Que Moisés era fuerte lo inferimos de la siguiente pasaje (Ex.40, 19) Y extendió la tienda sobre el tabernáculo, sobre el cual Rab dijo que Moisés nuestro maestro la extendió (la tienda), y está escrito de nuevo (Ib.26, 16) Diez codos será el longitud de una tabla, etc. [Por lo tanto, se requirió un hombre fuerte para colocarla] ". ¿Pero quizás era largo y muy delgado? Por lo tanto, debemos inferir del siguiente pasaje (Deut.9, 17) Y agarré las dos tablas, y las arrojé de mis manos, y las rompí delante de tus ojos; y en un Baraitha se nos enseña que la longitud de las mesas era de seis vanos, su ancho de seis y su grosor de tres. Que Moisés era rico lo inferimos del siguiente pasaje (Ex. 34, 1) Córtate a ti mismo, es decir, las astillas serán tuyas; que era sabio, lo explican Rab y Samuel, los cuales dicen que se crearon cincuenta puertas de la sabiduría en el mundo y que todas, con excepción de una, le fueron entregadas a Moisés, como está escrito (Sal. 8, 6). sin embargo, le has hecho un poco menos que ángeles; que era humilde, aprendemos del siguiente pasaje (Núm. 12, 3) Pero el hombre Moisés era muy manso "

R. Jochanan dijo: "Todos los profetas eran ricos - Esto lo inferimos del relato de Moisés, Samuel, Ammos y Jonás. De Moisés, como está escrito (Ib. 17, 15), no he quitado un asno de Cualquiera de ellos. ¿Suponemos que significa sin pago, es esto un elogio para Moisés que no era de los que tomaron cosas sin pagar por ellas? Por lo tanto, debemos decir que incluso con el pago nunca tomó [porque tenía su propio .] "¿Pero quizás esto se debió a que era pobre y no tenía fondos suficientes para pagar? Una vez más, debemos inferir esto de lo anterior, lo que significa que las fichas serán suyas. De Samuel, como está escrito (I Sam. 12, 3) He aquí, aquí estoy, testifica contra mí en la presencia del Señor y en la presencia de su ungido. ¿A quién me llevé el buey? ¿O de quién me he llevado el culo? etc. Supongamos que quiere decir sin pago. ¿Es posible que sólo pretenda excluirse de quienes toman cosas sin pagarlas? Por lo tanto, debemos decir que no los usó, ni siquiera para pagar estos artículos, porque era rico. ¿Pero quizás fue al contrario, porque era un hombre pobre y no podía permitirse pagarlos? Por lo tanto, debemos decir que la inferencia es de lo siguiente (Ib. 7, 17) Y su regreso fue a Ramá: porque allí estaba su hogar. Con lo cual Raba explicó esto que dondequiera que fuera tenía su casa con él [se llevó consigo a su casa, por lo tanto, era un hombre rico]. Raba dijo: " Las cosas que se dijeron acerca de Samuel fueron aún mayores que las que se dijeron acerca de Moisés; porque mientras que con respecto a Moisés está escrito, no le he quitado un asno a ninguno de ellos, lo que significa que no sin su consentimiento, pero con respecto a Samuel se dice que él no contrató uno incluso cuando Israel lo ofreció con su buena voluntad, como se diceYo Sam. 12, 4) Y ellos dijeron. No nos defraudó, ni abatió, ni quitó lo más mínimo de la mano de nadie. De Amós, como está escrito (Amós 7, 14). Entonces respondió Amós y dijo a Amasías: Yo no soy profeta. , ni soy el hijo de un profeta, pero soy un pastor y un recolector de higos silvestres, sobre lo cual R. Joseph lo explicó a través del Targum que significa, soy dueño de rebaños y tengo higueras en el valle. De Jonás, como está escrito (Johan 1, 3)) Y pagó su pasaje, y bajó a él, para ir con ellos a Tharshish, de la presencia del Señor; y R. Jochanan explicó esto que él pagó por todo el cargamento [para que zarparan con él inmediatamente] y R. Humnus dijo que el precio de un barco era de cuatro mil dinarim de oro.

R. Jochanan dijo de nuevo: "Al principio Moisés estudió la Torá y solía olvidarla, hasta que se le dio en forma de presente; como está dicho (Ex. 30, 18) Y le dio a Moisés , cuando terminó de hablar con él en el monte Sinaí, las dos tablas del testimonio, tablas de piedra, inscritas con los dedos de Dios ".

(Fol.39b) R. Simon b. Lakish dijo: "¿Dónde encontramos una pista en la Torá de que es un deber visitar a una persona enferma? Del siguiente pasaje (Núm. 16, 29).) Si estos hombres mueren la muerte común de todos los hombres, y él visitó después de la visitación de todos los hombres, entonces el Señor no me ha enviado. "¿Cómo lo infiere de esto? Dijo Raba, significa así:" Si estos hombres mueren como mueren los ancianos, que estarán enfermos en sus camas y la gente los visitará. ¿Qué dirá entonces la gente? 'El Señor no les ha enviado estas plagas' ". Raba dio una conferencia:" ¿Cuál es el significado del pasaje (Ib., Ib.) Pero si el Señor crea algo nuevo [por qué repetir dos veces el verbo crear?] Esto significa : Si el Gehena hubiera sido creado para ellos, está bien; pero si no, entonces el Señor debería crearlo ahora para ellos. "¿Es esto así? ¿No se nos ha enseñado en un Baraitha que siete cosas precedieron a la creación del mundo? Son la Torá, el Arrepentimiento, el Paraíso, la Gehena, el Trono. de la Divina Majestad, el Templo, el nombre del Mesías. Que la Torá [fue creada antes de la creación, inferimos] del siguiente pasaje (Pr. 8, 22) El Señor me hizo el principio de Su camino. En cuanto al Arrepentimiento, está escrito (Pr. 90, 2) Antes de que aparecieran los montes, etc., y después de que está escrito, Tú vuelves al hombre en contrición y dices: 'iVuélvete hijos de los hombres! En cuanto al Paraíso, está escrito (Génesis 2, 3) Y el Señor Dios plantó un jardín en Edén (Mikedem) hacia el este. En cuanto al Gehena, está escrito (Is. 30, 33) Porque ya desde la antigüedad está preparado Topeth. En cuanto al Trono de la Divina Majestad y el Templo, está escrito (Jer. 17, 12) Un Trono de gloria, exaltado desde el principio de los tiempos, es el lugar de nuestro Santuario. Y en cuanto al nombre del Mesías, 'está escrito (Sal. 72, 17) En presencia del sol, su nombre florecerá. Por lo tanto, vemos de lo anterior que la Gehena fue creada antes de la creación.] Por lo tanto, debemos decir que Moisés dijo así: "Si la abertura fue creada aquí, bien y bien; pero si no, entonces que el Señor la cree aquí". Pero está escrito (Eclesiastés 1, 9). No hay nada nuevo bajo el sol. Por lo tanto, debemos explicar que Moisés dijo: "Si la abertura no está por aquí, que se mueva para allá".

Raba, y según otros R. Isaac, disertó: "¿Cuál es el significado del pasaje (Hab. 3, 11) El sol y la luna se detuvieron en su morada (Zhulah). ¿Cómo entran el sol y la luna en ¿La parte del cielo llamada Zabul? He aquí que están colocados en el cielo llamado Rakiah. Deduzca de esto que el sol y la luna ascendieron a Zabul y dijeron: "Soberano del Universo, si haces justicia a Ben Amram (Moisés), saldrá [y brillará,] pero si no, no saldremos. "Entonces ellos permanecieron [sin brillar hasta que el Señor les disparó flechas, diciendo: 'Mientras Mi Señoría estuvo involucrado, no interfiriste, pero ahora donde ¿Está en juego el honor de un hombre frágil, protestas? "Desde entonces no salen [a brillar] hasta que no quedan prendados".

Se nos enseña en un Baraitha: para visitar a una persona enferma, no hay límite. Cuál es el significado de no hay límite. R. Joseph pensó interpretarlo en el sentido de que no había límite para su recompensa. Entonces Abaye le dijo: "¿Hay, pues, un límite para todos los demás mandamientos? He aquí, se nos enseña en una Mishná: Ten cuidado con los mandamientos ligeros como con los mandamientos severos, porque no sabes el monto de la recompensa de ningún mandamiento. . " Por lo tanto, Abaye dijo que no hay límite, lo que significa que incluso un gran hombre debería visitar a un hombre inferior. Raba dijo que no hay límite significa "incluso cien veces al día". También se nos enseña en un Baraitha que para visitar a una persona enferma no hay límite, incluso de un gran hombre a uno inferior, e incluso cien veces al día. R. Acha b. Chanina dijo: " el primero debe tomar una décima parte de toda la propiedad, el segundo debe tomar una décima parte de lo que queda, el tercero una décima parte de la propiedad que quedó después de que el segundo haya tomado, y así sucesivamente, después de lo cual se vuelven a dividir en partes iguales ". [Por lo tanto, se debe dejar algo.] R. Chelbu se enfermó. R. Cahanna luego anunció:" R. Chelbu está enfermo (Fol. 40), R. Chelbu está enfermo ". Sin embargo, nadie vino a visitarlo. Luego dijo a los rabinos:" ¿No sucedió una vez con uno de los discípulos de R. Akiba, que se convirtió en enfermo, que ninguno de los sabios vino a visitarlo? R. Akiba lo visitó, y debido a que barrió y roció la casa para él, se recuperó. Entonces el enfermo le dijo: 'Rabí, me has devuelto la vida'. Entonces R. Akiba salió y dio una conferencia: ' Quien no visita a un enfermo es considerado como si hubiera derramado su sangre [causó su muerte] '. [Por lo tanto, es un crimen no visitar a un enfermo ".] Cuando llegó R. Dimi dijo:" Quien visita a un enfermo lo hace vivir, pero quien no visita a un enfermo lo hace morir ". que le causa "," ¿supongo que significa que quien visita a una persona enferma reza pidiendo misericordia para que viva, y quien no visita a una persona enferma reza para que muera? ¿Cómo podemos suponer que el mero hecho de no visitarlo es ¿Considerado como si reza por morir? Por lo tanto, debemos decir que significa que quien no visita a una persona enferma reza ni para que viva ni para que muera. Raba, siempre que se enfermaba, el primer día le decía a su familia: "No se lo revele a nadie, para que mi oportunidad [de curarme] no se vea perjudicada ". Luego decía:" Sal a la calle y anuncia que Raba está enfermo. Mis enemigos deben regocijarse, como está escrito (Pr. 24, 17) No te regocijes por la caída de tu enemigo; y ante su caída, no se alegre tu corazón; no sea que el Señor lo vea, y sea desagradable a sus ojos. Apartó de él su ira; y mis amigos deben orar por mí ".

R. Juda, en nombre de Samuel, dijo: "El que visite a un enfermo se salvará del juicio del Gehena, como se dice (Pa. 41, 2). Bienaventurado el que se preocupa por los pobres (Dal). día del mal [ra'a] el Señor lo librará. Dal. (pobre), se refiere a una persona enferma, como se dice (Is. 38, 12) De la enfermedad de aflicción (midalla) me arrebatará; o del siguiente pasaje (II Sam. 13, 4) ¿Por qué, oh hijo del rey, te estás volviendo más delgado de día en día? Y nuevamente ra'ah se refiere a Gehena, como se dice (Prov. 16, 4).) Todo ha hecho el Señor para su fin destinado: Sí, incluso los impíos para el día de la infelicidad (ra'ah). Pero si uno visita [a un enfermo], ¿cuál será su recompensa? Por qué su recompensa será como dijimos antes; ¿Será salvo del Gehena? Por tanto, debemos explicarlo así: ¿Cuál será su recompensa en este mundo? Todo lo mencionado en el siguiente pasaje (Sal.41, 3) El Señor lo preservará y lo mantendrá con vida; será feliz en la tierra; y no lo entregarás al deseo vengativo de sus enemigos; es decir, el Señor lo preservará de la inclinación al mal y lo mantendrá vivo de las agonías; será feliz en la tierra, que todos le honrarán; y no lo entregarás a los deseos vengativos de sus enemigos. Se encontrará con asociados como los de Na'amon, quienes le aconsejaron cómo curarse de su lepra, pero no tendrá la oportunidad de encontrarse con amigos como los que se asociaron con Robo'am, quien causó la división de este último. Reino. Nos enseñan en un Baraitha, R. Simon b. Elazar dijo: "Si los ancianos te dicen que destruyas, y los jóvenes te dicen que edifiques, más bien destruye según el consejo de los ancianos y no edifiques, porque la destrucción de los ancianos equivale a edificar, mientras que la edificación de los jóvenes equivale a destrucción. Un ejemplo de esto se puede traer del caso de Rehaboam, hijo de Salomón ".

R. Shesheth el hijo de R. Idi dijo: "Un hombre no debe visitar a una persona enferma durante las primeras tres horas del día, ni durante las últimas tres horas del día, para que no deje de orar por su misericordia; porque durante las primeras tres horas una persona enferma mejora [el visitante puede entonces pensar que ya está bien, y durante las últimas tres horas siempre se siente peor [y el visitante puede desanimarse de ofrecer cualquier oración "]. R. Abin dijo en el nombre de Rab: "¿De dónde inferimos que el Santo, alabado sea, alimenta a los enfermos? Se dice (Sal. 41, 4).) El Señor lo preservará ". R. Abin dijo además en el nombre de Rab:" ¿De dónde sabemos que la Shejiná descansa sobre la cama de una persona enferma? Se dice. El Señor lo preservará en el lecho de su enfermedad. "También se nos enseña en un Baraitha: El que visita a los enfermos no debe sentarse en la cama, ni siquiera en un banco, sino que debe envolverlo con su manto y sentarse. en el suelo, debido a la Shejiná que descansa sobre el lecho del enfermo, como se dice que el Señor lo preservará en el lecho de su enfermedad.

(Ib. B) Rabbin dijo: "¿Qué significa el pasaje (Ez. 12, 3) Pero tú, oh hijo de hombre, prepara para ti vasos para ir al exilio, significa? Esto se refiere a una vela, un plato (Fol. 41) y una manta ". (Deuteronomio 28, 57) Por falta de todo. Dijo Rabin b. Abba: Esto significa sin luz y sin mesa ". R. Chisda dijo:" Significa sin esposa ". R. Shescheth dijo:" Significa sin un sirviente ". R. Nachman dijo:" Significa sin conocimiento. "Mientras que en un Baraitha se explicó que significaba sin sal ni grasa. Abaye dijo:" Tenemos la tradición de que nadie puede ser llamado pobre, excepto uno que es pobre en conocimiento ". En la tierra de Israel solían decir:" El que tiene este (conocimiento) lo tiene todo, pero el que no tiene este (conocimiento), ¿qué tiene? Cualquiera que compra [conocimiento], ¿de qué más necesita, sino el que no compra [conocimiento], de qué otras compras obtiene? "

R. Alexandria dijo en nombre de R. Chiya b. Abba: "Una persona enferma no se recupera de su enfermedad hasta que todos sus pecados son perdonados, como se dice (Sal. 103, 3). Quien perdona todas tus iniquidades debe sanar todas tus enfermedades". R. Hamnuna dijo: "Una persona así recupera sus días de juventud, como se dice (Job 33, 25). Su carne se llena de nuevo como en la juventud; regresa a los días de su niñez". (Sal. 41, 4) Que vuelvas todo lo que está acostado en su enfermedad. R. Joseph dijo: "Esto significa que se olvida de su aprendizaje".

R. Joseph se enfermó y se olvidó de su aprendizaje. Abaye pensó y le recordó. Esto explica lo que se encuentra a menudo. R. Joseph dijo: "No escuché esto", y Abaye le dijo: "Tú mismo me has enseñado, y de la siguiente Mishná lo has derivado". El rabino estaba versado en las tradiciones de trece formas diferentes, siete de las cuales le enseñó a R. Chiya. Cuando Rabbi se enfermó más tarde, se olvidó de todo. Con lo cual R. Chiya le recordó las siete formas que le había enseñado, pero las seis formas restantes fueron olvidadas. Sin embargo, había un lavandero que se sentaba y escuchaba cuando Rabbi solía estudiar estas formas restantes por sí mismo. R. Chiya luego fue y lo estudió del lavandero y regresó y se lo recordó a Rabbi. Desde entonces, cada vez que Rabbi veía al lavandero, decía: "

R. Alexandri dijo en nombre de R. Chiya b. Abba: "El milagro que se hace por una persona enferma es mucho mayor que el milagro obrado en Chanania, Misael y Azarías; porque, en el milagro de Chanania, Misael y Azarías era una lira ordinaria que todos podían apagar; pero el fuego que hay dentro de una persona enferma es un fuego celestial y no se puede apagar ". A. Alexandria dijo además en nombre de R. Chiya b. Abba, según otros en el nombre de R. Joshua b. Levi: "Tan pronto como se acerca el fin de un hombre, todo lo domina, como está dicho (Génesis 4, 14). Sucederá que todo el que me encuentre me matará". Raba dijo que lo inferimos de lo siguiente (Sal. 119, 91) Están en pie este día según Tus ordenanzas; porque todas las cosas son tus siervos. Los rabinos relacionados con Rabba b. Shila que cierto hombre alto murió montando una pequeña mula, y cuando se acercó al puente, la mula se volvió salvaje y lo arrojó al río, lo que causó su muerte. Rabá b. Shila aplicó a ese hombre el pasaje citado anteriormente. Se paran, este día, etc. Samuel vio cómo una serpiente era cargada en el lomo de una rana para permitirle pasar un arroyo y mordía a una persona que murió por la mordedura. Samuel aplicó a ese hombre el pasaje citado anteriormente. Se paran, etc.

Nedarim, Capítulo 6

(Fol. 49b) R. Juda estaba sentado frente a R. Tarphon, cuando éste le comentó: "Hoy te ves brillante". A lo que él le respondió: "Ayer tus sirvientes [refiriéndose a sí mismo] salieron al campo y nos trajeron cierta especie de remolacha que comimos sin sal, y si la hubiéramos comido salada nuestros rostros hubieran estado aún más brillantes". Cierta matrona le dijo a R. Juda: "¡Un maestro y un borracho!" Entonces él le dijo: "Puedes creerme que no probé ningún [licores] con la excepción de Kidush y Habdalah y los cuatro vasos en la noche de Pascua, y desde entonces tuve mi frente vendada [a causa del dolor] desde la Pascua hasta la Fiesta de las Semanas. La verdadera razón de mi rostro brillante es (Ec. 8, 1) A man's wisdom enlighteneth his face." A certain heretic said to R. Juda: "Your countenance is like one who is either a usurer or one that raises swine." Whereupon he replied: "Among Israel both of them are prohibited, but my face is so brightened because I take care of myself." Whenever he went to the house of study R. Juda would carry on his shoulder a pitcher [on which to sit during the lectures,] remarking: "Work is so great that it brings honor to its performers." R. Simon would take a basket on his shoulder, remarking: "Work is so great that it brings honor to its performers." The wife of R. Juda went out into the street and bought wool from which she made a cloak, and whenever R. Juda had to go to pray he would wrap himself in it and pray. And while he would wrap himself he would pronounce the following blessing: "Praised be He who giveth me a cloak with which to wrap myself." One day Rabban Simon b. Gamaliel decreed for a fast day. R. Juda, however, did not appear for prayers during that day. R. Simon was informed that it was because the latter did not have a cloak with which to dress himself. Rabban Simon b. Gamaliel sent one to him, but he did not accept it. (Fol. 50) While the messenger was in R. Juda's house the latter lifted up a matting and said to him: "See what riches I have, but I do not want to enjoy it in this world."

R. Akiba estaba comprometido con la hija de Bar Kalba Shabua. Cuando este último fue informado de ello, hizo un voto de que ella no tendría el privilegio de disfrutar de nada de toda su propiedad. Se casaban durante el invierno y, para mantenerse calientes, solían dormir sobre paja. Akiba, mientras sacaba la paja de la cabeza de su esposa, le comentó que si se volvía rico le haría una placa de oro en la que se grabaría Jerusalén. Un día, Elías, disfrazado de pobre, llegó y llamó a la puerta. Les dijo: "Denme un poco de paja, porque mi esposa está encerrada y no tengo nada para cubrirla". "Mira", comentó R. Akiba a su esposa, "hay un hombre que ni siquiera tiene paja para cubrirse". "Ve y conviértete en estudiante", le propuso. Con lo cual fue y pasó doce años ante R. Elazar y R. Joshua. Al cumplirse los doce años llegó a su casa. Antes de entrar, escuchó a su esposa conversar. Un hombre malvado le dijo: "Tu padre te sirvió bien, primero, porque tu esposo no es igual a ti, y segundo, mira, él te dejó viuda de un esposo vivo durante tantos años". A lo que ella respondió: "Si mi marido siguiera mi consejo, permanecería doce años más". R. Akiba se dijo a sí mismo: "Ya que ella me da permiso, regresaré de inmediato". Y así lo hizo. Regresó y permaneció allí doce años más. Al cumplirse los doce años regresó con veinticuatro mil discípulos. Toda la comunidad salió a recibirlo, y también su esposa se levantó temprano para darle la bienvenida. Cierta mujer malvada le dijo: "¿Adónde vas?" A lo que ella respondió (Pr. 12, 10) El justo tiene en cuenta la vida de su bestia. Cuando fue a verlo, varios rabinos la rechazaron. Con lo cual R. Akiba les dijo: "Déjenla venir, porque mi Torá y la suya son de ella". Su padre fue informado de que un gran hombre había llegado al pueblo, por lo que fue a conseguir la anulación de su voto y lo enriqueció con toda su herencia.

R. Akiba se hizo rico por seis cosas. Por Bar Kalba Shebua; por el bick de un barco, porque cada barco solía tener una determinada imagen en forma de bick. Una vez sucedió que tal bick [donde se depositaron todos los tesoros] fue olvidado en la orilla del mar, y fue encontrado por R. Akiba. Y a causa de un cofre; porque una vez sucedió que R. Akiba dio cuatro Zuzim a los marineros, y les dijo: "Tráiganme algo para él". No encontraron nada excepto un cofre tirado en la playa del mar. Se lo llevaron y le dijeron: "Deja que el maestro espere hasta que te traigamos algo más". Cuando lo abrió se encontró con que estaba lleno de dinarim, pues sucedió que un barco quedó varado en esa sección y todos los tesoros estaban depositados en ese cofrecito en ese momento. Se hizo rico por cierta matrona, también por la esposa de Turnus Rufus y por Katina b. Shalom.

(Ib. B) Rab Gamda les dio cuatro Zuzim a los marineros, pidiéndoles que le trajeran algo. No encontraron nada, por lo que le trajeron un simio. Mientras se lo llevaban a R. Gamda, saltó de sus manos y se metió en un agujero; y cuando cavaron después de él, lo encontraron sobre una perla cara, que trajeron y se la dieron a R. Gamda.

La hija del Kaiser le dijo una vez a R. Joshua b. Chanania: "¡Oh, qué impropio de ese feo recipiente con gloriosa sabiduría!" Entonces él le dijo: "Hija mía, ¿en qué guarda el rey, tu padre, su mejor vino?" "En vasijas de barro", fue la respuesta. Y él respondió: "La gente común lo guarda en vasos de barro, y tu padre también en vasos de barro, ¿cómo es eso?" "¿En qué, entonces, se guardará?" preguntó ella inocentemente. "Tú, que eres rico", comentó R. Joshua, "debes guardarlo en vasos de plata y oro". Luego se lo contó a su padre, y él ordenó que su vino se guardara en vasijas de plata y oro. En consecuencia, se volvió amargo. Cuando el César fue informado de esto, le preguntó a su hija: "¿Quién te dijo que lo hicieras?" "R. Joshua b. Chanania", ella respondio. Entonces el César envió por R. Joshua b. Chanania. "¿Por qué le has dicho eso?" le preguntaron. Y replicó: "Esto fue sólo una respuesta a la pregunta de la princesa". "¿Pero no hay hombres que son guapos y al mismo tiempo muy eruditos?" preguntó el César. (Ib. B) "Créame", dijo el rabino, "si hubieran sido feos, habrían sido aún más eruditos".

El rabino estaba preparando la boda de R. Simon, su hijo, y no invitó a Bar Kapara. Este último fue y escribió en la casa donde se iba a celebrar la boda: "Veinticuatro mil dinarim es el gasto de esta boda, y Bar Kapara no fue invitado". Luego dijo a los siervos: "Si se da tanta recompensa a los que hacen lo contrario a la voluntad de Dios, ¿cuánto más se les dará a los que hacen la voluntad de Dios?" Cuando el rabino fue informado de ello, invitó a Bar Kapara. Este último dijo: "Si en este mundo se da tanta recompensa a los que hacen la voluntad de Dios, ¿cuánto se les dará en el mundo futuro [donde se dará la verdadera recompensa?"] El día en que el rabino se rió era una señal de que una dispensación maligna visitaría el mundo. El rabino le dijo a Bar Kapara: "No deberías hacerme reír,

Ben Alassa, yerno del rabino, que era un hombre muy rico, también asistió a la boda de R. Simon b. Rabino. Al día siguiente, Bar Kapara le dijo al rabino: "¿Cuál es el significado de la palabra? (Lev. 20, 13) ¿To'eba (una abominación)? "A cualquier explicación que dio el rabino. Bar Kapara planteó una objeción. El rabino le dijo entonces a Bar Kapara:" ¿Entonces me lo explicarás? ". Entonces Bar Kapara dijo:" Deja que tu esposa venga y sirva una copa de vino para mí ". Ella vino y lo hizo. Bar Kapara luego le dijo al rabino:" Ven y baila para mí y te explicaré la palabra anterior ". Así dice la Torá, To'e atta ha . "Estás cometiendo un error". En la segunda copa de vino, Bar Kapara le dijo al rabino: "¿Cuál es el significado de (Ib. 18, 23) Tebel? Hizo lo mismo que en el caso anterior, y le pidió que hiciera lo mismo antes para poder explicárselo, y cuando el rabino lo hizo, dijo: "Tebel, significa Tablin Sí ba [¿tiene algún sabor? Ben Alassa podría No soporto todas estas bromas, por lo que él y su esposa abandonaron la boda.

Nedarim, Capítulo 7

(Fol. 55) Samuel dijo de nuevo: "¿Qué significa el pasaje (Núm. 218). Y del desierto de Mathanah a Nachaliel; y de Nachaliel a Bamoth, significa? Esto significa que si un hombre se hace a sí mismo como el desierto en que todo el mundo pisa, la Torá le será entregada como un regalo. Dado que la Torá le fue entregada como un regalo, la Torá permanecerá con él como herencia, como está dicho y de Mathanah a Nachaliel. Dado que la Torá permanezca con él como herencia, se elevará a la distinción, como se dice, y de Nachaliel a Bamoth. Pero si se exalta [con su conocimiento], el Santo, ¡alabado sea! de Bamoth al valle; y si reconsidera su conducta, el Santo, ¡alabado sea! Lo resucitará de nuevo, como se dice (Is.40, 4).) Todo valle se levantará ".

...

(Fol. 62) R. Tarphon se encontró con cierto hombre durante la temporada en que la gente colocaba los higos en capas. Mientras R. Tarphon comía higos de ese jardín, el hombre [aparentemente el dueño del jardín] metió a R. Tarphon en una bolsa que llevaba al hombro y se lo llevó con la intención de arrojarlo al río. R. Tarphon luego susurró a través de la bolsa: "Ay de Tarphon que este hombre lo va a matar". El hombre lo escuchó y el resultado fue que lo dejó en la bolsa y se escapó. R. Abahu, a nombre de R. Chanania b. Gamaliel, dijo que durante toda la vida de ese hombre justo (R. Tarphon) sufrió a causa de su incidente y diría: "Ay de mí que he hecho uso de la corona de la Torá". Para Rabba b. Chanania dijo en nombre de R. Jochanan: "Ez. 7, 22) Y ladrones entrarán en ella y la profanarán; es decir, tan pronto como fue robado se volvió profano (secular), sin embargo Belsasar fue desarraigado de este mundo, como está escrito (Dan. 5, 30) Fue esa noche que Belsasar el rey caldeo fue asesinado, cuánto más debería aplicarse a alguien que hace uso de la corona de la Torá que perdura para siempre ". comió los higos [cuando estaba permitido legalmente] durante la temporada en que la gente los ponía en capas? ¿Y nuevamente por qué fue atacado por el hombre? Porque los ladrones solían romper en ese lugar durante todo el año y le robaban uvas, y tan pronto como encontró a R. Tarphon pensó que él era el ladrón. Si es así, entonces ¿por qué R. Tarphon lo lamentaba? Porque R. Tarphon era un hombre muy rico y debería haberlo apaciguado con algo de dinero ".

En un Baraitha (Deut. 30, 20) se nos enseña a amar al Señor, tu Dios, a escuchar Su voz y a unirnos a Él. Esto significa que un hombre no debe decir: "Estudiaré las Escrituras para que me llamen sabio; estudiaré el Misnah para convertirme en un erudito senior que ocupe un asiento en la universidad": [Este no es el manera apropiada.] Pero uno debe estudiar debido al amor a la literatura y el honor llegará a su debido tiempo, como se dice (Pr. 7, 3Átalos alrededor de tus dedos, escríbelos en la tabla de tu corazón; y también está escrito (Ib., 6, 21) Átalos de continuo a tu corazón, átalos a tu garganta; y nuevamente (Ib., 3, 17) Su camino es camino de agrado, etc. Y nuevamente, Árbol de la vida es ella para aquellos que se aferran a ella, y todos los que la agarran firmemente serán felices. Elazar b. Sadoc dice: "Haz cosas en nombre de su Hacedor y conversa en ella (la Torá) por su propio bien. No las hagas como una corona para exaltar, ni las harás una pala para cavar". Esto se puede inferir aplicando un razonamiento a fortiori. Si Belsazzar, quien solo hizo uso de los vasos sagrados (del Templo) que luego se volvió secular y sin embargo fue castigado con ser desarraigado del mundo, ¡Cuánto más ocurrirá con alguien que hace uso de la corona de la Torá! Raba dijo: "Está permitido que un hombre se presente con su título en un lugar donde es desconocido, como se dice (I Reyes 18, 12) Pero yo, tu siervo, he temido al Señor de mi boca. "Si es así, ¿cómo explicará el incidente de R. Tarphon? [¿Por qué sintió pena por haberle informado de que era un erudito?] Fue porque era un hombre muy rico y debería haberlo apaciguado con algo.

Raba planteó la siguiente contradicción: "Está escrito. Y yo, tu siervo, he temido al Señor desde mi juventud. Y de nuevo está escrito (Pr. 27, 2) Que otro hombre te alabe y no tu propia boca. Este último se refiere a un lugar donde un hombre es conocido, [no debe elogiarse a sí mismo], pero el primero se refiere a un lugar donde es desconocido ". Raba dijo además: "Está permitido que un erudito diga: 'Soy un erudito, primero decido mi caso', como está escrito (Sam. II 8, 18) Y los hijos de David eran sacerdotes. ¿Eran entonces sacerdotes? ? Pero significa [que fueron tratados como sacerdotes:] así como un sacerdote debe recibir la primera parte [entre una audiencia], así también los eruditos tienen derecho a obtener la primera parte ". ¿Y de dónde inferimos que un sacerdote debería recibir la primera parte? Está escrito (Lev. 21, 8) Y lo santificarás: porque el pan de tu Dios ofrece, etc. Con respecto a lo cual se explicó en el colegio de R. Ismael que significa que lo santificarás, por todo lo que es Santo, (Ib. b) ser el primero en recitar una bendición y el primero en recibir una buena porción [cada vez que se da algo]. Raba dijo además: "Está permitido que un erudito diga que no contribuirá al impuesto de capitación, como está escrito (Esdras 4, 13) No darán minda, balu, vehaloch, etc., lo cual fue explicado por R. Juda que minda se refiere al impuesto real; balu, se refiere al impuesto de capitación; vehaloch, se refiere al impuesto de peaje . "

Nedarim, Capítulo 9

(Fol. 64b) R. Jochanan dijo en nombre de R. Simon b. Jochai: "Dondequiera que encuentres las palabras nitzim, o nitzabim [escritas en el Pentatuch], no se refiere a nadie más que a Datán y Abiram". Si es así, ¿cómo explicará el pasaje (Ex.4, 19)? Porque los hombres están muertos, etc., refiriéndose a Datán y Abiram, y sin embargo, en ocasiones que sucedieron muchos años después, las palabras nitzim y nitzabim se encuentran mencionadas en la Torá? Resh Lakish, por tanto, explicó que se hicieron pobres ". Resh Lakish dijo:" Un hombre que no tiene hijos es contado como muerto, como se dice (Gen. 30, 1) Dame hijos o morirás, y en un Baraitha se nos enseña que cuatro son contados como muertos: - El pobre, el leproso, el ciego y el que no tiene hijos. Que un pobre es contado como muerto lo deducimos del pasaje arriba citado: Porque los hombres están muertos; la leprosa, derivamos del siguiente pasaje (Núm. 12, 12) No sea como una niña muerta; De este pasaje se deduce que un ciego es contado como muerto (Lam. 3, 6) En lugares oscuros me ha puesto a morar, como a los muertos de los tiempos antiguos; y que uno que no tiene hijos es contado como muerto, inferimos del pasaje. Dame hijos o me muero ".

(Fol. 65) Se nos enseña en un Baraitha: quien hace un voto que prohíbe a su vecino disfrutar de algo de él no puede obtener una anulación de ese voto excepto en presencia del hombre que estuvo involucrado en ese voto. ¿De dónde aprendemos esto? Dijo Rab Najman, y según otros R. Jochanan: "Está escrito (Ex. 4,19) Y el Señor le dijo a Moisés en Madián, etc .; es decir, el Señor le dijo: 'En Madián has hecho un voto y en Madián ve y anula el voto, 'como está escrito (Ib.2, 21) Y Moisés se contentó (Yoel) con morar con el hombre, y la palabra, yoel [que es el origen de Alla] se refiere a nada más que un juramento, como está escrito (Ez.17, 13) Y lo ató con un juramento (Alla); y de nuevo está escrito (Crónicas 36, 13) Y también se rebeló contra el rey Nabaucodonosor, quien le había hecho jurar por Dios. "¿Cuál fue la rebelión de Sedequías? Sedequías encontró a Nabucodonosor comiendo una liebre viva. [Avergonzado por su acción] dijo Nabucodonosor. a Sedequías: "Júrame que no revelarás esto contra mí, para que no me menosprecies [ante los ojos del pueblo"]. Este último le juró. Al final, Sedequías se arrepintió y pidió que Cuando reveló todo el incidente, Nabucodonosor fue informado de que los sabios lo habían deshonrado. Entonces envió y trajo al Sanedrín junto con Sedequías, y les dijo: "¿Habéis visto lo que ha hecho Sedequías? ¿No juró en nombre del Cielo que no revelaría el incidente? " A lo que los rabinos respondieron: "Pidió la anulación de su juramento". Entonces Nabucodonosor les dijo: "¿Es correcto pedir la anulación de un juramento?" "Sí", le respondieron. "¿No es necesario que se solicite tal anulación en presencia de quien está involucrado en el voto?" Preguntó Nabucodonosor. "Por supuesto, en su presencia", respondió el Sanedrín. "Si es así, ¿qué has hecho? ¿Por qué no le has dicho a Sedequías [que tiene que obtener una anulación en mi presencia]?" Inmediatamente después de esto (¿No es necesario que se solicite tal anulación en presencia del que está involucrado en el voto? ", Preguntó Nabucodonosor." Por supuesto, en su presencia ", respondió el Sanedrín." Si es así, ¿qué has hecho? ¿Por qué no le ha dicho a Sedequías [que tiene que obtener una anulación en mi presencia]? "Inmediatamente después de esto (¿No es necesario que se solicite tal anulación en presencia del que está involucrado en el voto? ", Preguntó Nabucodonosor." Por supuesto, en su presencia ", respondió el Sanedrín." Si es así, ¿qué has hecho? ¿Por qué no le ha dicho a Sedequías [que tiene que obtener una anulación en mi presencia]? "Inmediatamente después de esto (Justicia. 2, 10) Los ancianos de las hijas de Sion se sientan en el suelo y guardan silencio. Con lo cual R. Isaac dijo: "De esto se podría inferir que quitaron las almohadas de debajo de sus asientos".

Nedarim, Capítulo 11

(Fol. 81) Samuel dijo: "La impureza de la cabeza puede provocar ceguera; la impureza de la ropa puede llevar a la idiotez; la impureza del cuerpo puede provocar enfermedades de la piel". Desde allí (la tierra de Israel) enviaron lo siguiente: "Tengan cuidado [de estudiar la Torá en compañía;] tengan cuidado con los hijos de los pobres, porque de ellos saldrá la Torá, como se dice (Núm. .24, 7) El agua corre de sus cubos; es decir, de los pobres de quienes salió la Torá. ¿Y por qué no sucede que los eruditos críen hijos eruditos? "Porque", dijo K. Joseph, "que no deben decir que la Torá es una herencia para ellos". R. Shisha, el hijo de R. Idi, dijo: "Porque no deben ser presuntuosos con la gente". R. Ashi dijo: "Porque llaman a la gente por apodos". Rabina dijo: "Porque no pronuncian la bendición antes de estudiar la Torá, porque R. Juda dijo: '¿Cuál es el significado del pasaje? (Jer. 9, 11) ¿Quién es el sabio para entender esto? Esta pregunta fue sometida a los sabios, a los profetas y a los ángeles ministradores, pero ninguno de ellos pudo explicarla hasta que el Santo, ¡alabado sea! Él mismo lo explicó, como está dicho (Ib., ib., 12) Y el Señor dijo, porque abandonaron Mi Ley, que les he puesto delante, etc. ¿No es la razón de no escuchar Mi voz, el ¿Igual que el de ellos abandonaron mi ley, que les he puesto delante? ¿Y entonces por qué repetir lo mismo? Con lo cual R. Juda dijo en nombre de Rab: 'Esto significa que no pronunciaron la bendición antes de comenzar el estudio de la Torá' ".

Fin de Nedarim.

Nazir, Capítulo 1

Nazir (Fol. 2b) Se nos enseña (Ex. 15, 2) Él es mi Dios y lo embelleceré, es decir, me embelleceré delante de Él con mandamientos; Haré una hermosa sucá, una hermosa Lulah (palmera en el Tabernáculo), una hermosa Shophor (corneta), una hermosa Tzitzith (flecos), y escribiré una hermosa Torá y la envolveré con hermosas cintas.

(Fol. 4 b) El rabino dice: "Se nos enseña en un Baraitha que Abshalom era un nazareo de por vida, como se dice (II Sam. 15, 7) Y sucedió al final de los cuarenta años, que Abshalom dijo al rey: 'Te ruego que me dejes ir y cumpla mi voto'. Se cortaba el cabello una vez cada doce meses, como se dice (Ib. 14, 26) Y fue al final de un año yamim l'yamim,] que se afeitó, etc. (Fol.5) Nosotros inferir yamim l'yamim, que se usa con respecto a una casa en una ciudad amurallada donde también se escribe yamim, así como en el último caso significa doce meses, así también significa doce meses en el primer caso ".

Nazir, Capítulo 3

(Fol. 19) Se nos enseña en un Baraitha: R. Elazar Hakappar el Grande, dijo: "¿Cuál es el significado del pasaje (Núm. 6, 11) ¿Y hacer expiación por él, porque ha pecado por el alma? ¿Con qué alma ha pecado ese Nazir? Por tanto, debemos decir que se refiere al sufrimiento que conlleva la abstinencia de vino. Ahora bien, ¿no es esto un razonamiento a fortiori? Si al Nazir se le llama pecador sólo porque se abstuvo del vino, ¿cuánto más se le debería llamar pecador a uno que se abstiene de todo? Pero el pasaje trata de un caso en el que el Nazir se contaminó a sí mismo, y tal vez sólo por culpa de la corrupción se le llama pecador. Sin embargo, R. Elazar Hakappar sostiene que incluso un Nazir limpio se llama pecador, y la razón por la que el pasaje usa la palabra [pecado] para un Nazir contaminado es porque repitió su pecado [por haberse contaminado a sí mismo].

Nazir, Capítulo 4

(Fol. 23) Se les enseñó a nuestros rabinos (Núm. 30, 13) Su esposo los anuló; y el Señor la perdonará. El pasaje trata de una mujer cuyo esposo anuló su voto, pero ella no era consciente del hecho de que necesitaba perdón. R. Akiba, cuando llegaba al pasaje anterior, lloraba diciendo: "Si uno que solo tenía la intención de comer carne de cerdo, y en realidad comió carne de cordero, sin embargo, la Torá dice que necesita una expiación y un perdón, cuánto más. ¡también es necesario para un hombre que quería comer carne de cerdo y realmente la comía! " Similar a esto es el siguiente pasaje (Lev. 5, 17) Y él no sabía si había incurrido en culpabilidad y así cargar con su iniquidad. Si alguien que realmente tenía intenciones de comer carne de cordero, se le permite comer, pero resulta que sí comió carne de cerdo, sin embargo, la Torá dice, y él no sabe si ha incurrido en culpabilidad, y por lo tanto lleva su iniquidad, ¡Cuánto más se aplica esto a alguien que tuvo la intención de comer carne de cerdo y la comió! Issi b. Judá dice: Y él no sabe si había incurrido en culpa. Si uno que realmente tenía intenciones de comer cordero, pero resultó que comió carne de cerdo, sin embargo, la Torá dice, y debe llevar su iniquidad, ¿cuánto más se aplica a alguien que tuvo la intención de comer carne de cerdo y comió? ¡eso! Por esto lloren todos los que sienten la aflicción ".

Rabba bb Chana dijo: "¿Cuál es el significado del pasaje (Jos. 14, 10) Porque los caminos del Señor son rectos y los justos andan por ellos; pero los transgresores tropiezan en ella? Esto puede compararse con dos hombres que asaron su cordero pascual. Uno lo comió con la intención de cumplir el mandamiento religioso, mientras que el otro lo comió con la intención de tener una comida normal. En cuanto al [que lo comió con el propósito de realizar un deber religioso], el pasaje dice: Y los justos andarán en ellos. Pero con respecto al [que lo comió con el propósito de comer comida ordinaria], el pasaje dice: Pero los transgresores tropezarán con ellos ". Resh Lakish le dijo entonces:" ¿Tienes la intención de llamar a tal hombre que comió con ese propósito? de una simple comida malvada? ¡Concedido que no cumplió un mandamiento perfecto, sin embargo sí comió un cordero pascual! "

Esta es la esencia de lo que R. Juda dijo en nombre de Rab: "Uno siempre se ocupará del estudio de la Torá y de los mandamientos divinos, incluso no por el bien del Cielo. Porque puesto que lo cumplirá, aunque no por por su propio bien, eventualmente lo llevará a cabo de acuerdo con su verdadero bien; porque en recompensa de los cuarenta y dos sacrificios que Balak, el rey de Mo'ab ofreció, [aunque lo hizo con intención inapropiada], sin embargo fue recompensado que Rut salió de él, como R. Jose b. Huna dijo: 'Rut era la hija de Eglon, el nieto de Balak, rey de Mo'ab' ".

R. Chiya dijo en nombre de R. Jochanan: "¡El Santo, alabado sea! No retiene la recompensa de ninguna criatura, ni siquiera la recompensa por una palabra decorosa, por lo que respecta a la anciana [hija de Lot] que llamó [su hijo] moab (del padre), el Santo, ¡alabado sea! dijo a Moisés (Deut.2, 9) No ataque a los moabitas, ni contienda con ellos en la batalla; es decir, se prohibió una batalla, pero apoderarse de ellos y obligarlos a hacer obras públicas estaba permitido, sin embargo, respecto al más joven que llamó a Ben Ami (hijo de mi pueblo), el Santo, ¡alabado sea! dijo a Moisés (Ib.) No los ataques, ni contiendas con ellos; es decir, incluso obligarlos a hacer un trabajo público estaba prohibido ". R. Chiya dijo en nombre de R. Joshua L. Karcha:" El hombre siempre debe estar ansioso por hacer un acto meritorio lo antes posible, porque debido a una noche que la hija mayor [de Lot] precedió a la menor, (Fol. 24) avanzó cuatro generaciones reales en Israel ".

Nazir, Capítulo 7

(Fol. 49b) A nuestros rabinos se les enseñó en un Baraitha: Después de la muerte de R. Maier, R. Juda instruyó a sus discípulos que a ninguno de los discípulos de R. Maier se le debería permitir ingresar a su universidad porque eran discutidores y no asistían. aprender, pero abrumarlo con citas de tradiciones [para demostrar que era ignorante]. Sumchuss, sin embargo, se apretó y entró. Le dijo a R. Juda: "Así me enseñó R. Maier: 'Un sacerdote que desposa a una esposa con su parte de la carne sagrada total, ya sea la más consagrada o la ordinaria, ella no está comprometida a través de ella. ' "R. Juda se enfureció y dijo:" ¿No te he advertido que no admitas a los discípulos de R. Maier, porque son polémicos y no vienen a aprender, sino simplemente a abrumarme con citas de tradiciones [¿para demostrar que soy ignorante?] ¿Se le permite entonces a una mujer entrar en el santuario? [Entonces, ¿cómo pudo suceder un incidente así? "] R. José dijo:" Ahora que R, Maier está muerto y R. Juda está enfurecido,] ¿qué dirá la gente: 'Maier está muerto, Juda está enfurecido y José está silencio. ¿Qué quedará de la Torá? '"

Nazir, Capítulo 9

(Fol. 66) MISHNAH: Samuel el profeta era un nazareo según la opinión de R. N'horai, porque el pasaje dice: (I Sam. 1, 11) Y ninguna navaja (moreh) vendrá sobre su cabeza. Se dice acerca de Samuel moreh, y se dice acerca de Sansón (Jueces 13, 5) Y ninguna navaja (moreh) pasará sobre su cabeza. Así como la palabra moreh usada en conexión con Sansón se refiere a un nazareo, también moreh usada en conexión con Samnel se refiere a un nazareo. Ante lo cual R. José le dijo: "¿Por qué no decir que la palabra moreh significa miedo a los seres humanos, ya que el Targum lo explica que no debe tener miedo al hombre?". R. N'horai le respondió: "Esto no puede ser así, ya que el pasaje dice (I Sam. 16, 2) Y Samuel dijo: '¿Cómo iré? Si Saúl lo oyera, me mataría. Por eso vemos que le tenía miedo a los seres humanos ".

(Ib. B) Rab le dijo a Chiya su hijo: "Date prisa y pronuncia la bendición [sobre la copa de vino, y no esperes a otros"]. Y así también dijo R. Huna a su hijo Raba: "Date prisa y recitar una bendición sobre la copa de vino ". ¿Asumiré que el que recita una bendición cumple un deber mayor que el que la escucha? He aquí, se nos ha enseñado en un Baraitha que R. José dice: "El que responde Amén realiza una obra mayor que el que recita la bendición". "Juro que esto es así", le comentó R. N'horai, "porque encontramos que los soldados comunes comienzan una batalla y los veteranos obtienen la victoria". [Por lo tanto, el final de la cosa es la parte más importante.] Por lo tanto, debemos decir que con respecto a este asunto los sabios difieren; porque se nos enseña en un Baraitha:Es. 54, 13) Y todos tus hijos serán enseñados y grande será la paz de tus hijos ".

FIN DE NAZIR.

Gittin, Capítulo 1

GITTIN(Fol. 6b) R. Chisda dijo: "Nunca un hombre impondrá demasiado miedo a su hogar, porque la concubina en Giba fue la consecuencia de imponer demasiado miedo, y el resultado fue que decenas de miles de israelíes cayeron víctimas. " R. Juda dijo en el nombre de Rab: "Quien imponga demasiado miedo a su casa, el resultado será que provocará la transgresión de las siguientes tres iniquidades: adulterio, asesinato y profanación del sábado". Rabba bb Chana dijo: "Aunque los rabinos dijeron que un hombre debe decir tres cosas en su casa el viernes, etc., debe decirlas de manera suave para que su familia las acepte de buena fe". R. Ashi dijo: "Aunque nunca escuché lo que Rabba b. R. Huna había dicho, siempre lo he hecho por una cuestión de sentido común". R. Abahu dijo: " Un hombre siempre debe [tener cuidado] de no imponer demasiado miedo a su familia, porque un gran hombre imponía demasiado miedo a su familia y el resultado era que lo alimentaban con comida prohibida. Esto se refiere a R. Chanania b. Gamaliel. "¿Cómo puedes imaginar que en verdad lo alimentaron con comida tremendamente prohibida. He aquí, incluso a través del ganado de los justos, el Santo, alabado sea, no trae ninguna ofensa. ¿Cuánto más debería aplicarse esto a los justos mismos? Por lo tanto, debemos decir que esto significa que estaban a punto de alimentarlo con comida groseramente [prohibida], lo que se refiere a una parte separada de un animal vivo. ¿Cómo puede imaginarse que de hecho lo alimentaron con comida tremendamente prohibida? ¡He aquí incluso a través del ganado de los justos, el Santo, alabado sea! no trae ninguna ofensa.

¿Cuánto más debería aplicarse esto a los mismos justos? Por lo tanto, debemos decir que esto significa que estaban a punto de alimentarlo con comida groseramente [prohibida]. Esto se refiere a una parte separada de un animal vivo. ¿Cómo puede imaginarse que de hecho lo alimentaron con comida tremendamente prohibida? ¡He aquí incluso a través del ganado de los justos, el Santo, alabado sea! no trae ninguna ofensa. ¿Cuánto más debería aplicarse esto a los mismos justos? Por lo tanto, debemos decir que esto significa que estaban a punto de alimentarlo con comida groseramente [prohibida]. Esto se refiere a una parte separada de un animal vivo.

Mar Ukba envió el siguiente mensaje a R. Elazar: "¿Cuál es el estatuto sobre las personas que se levantan contra mí, contra quienes tengo el poder de entregar [como cautivos] al gobierno: [puedo hacerlo o no?"] Ante lo cual éste le escribió en forma subrayada el siguiente pasaje (Sal.39, 2) Dije que estaré atento a mis caminos para no pecar con mi lengua: pondré freno a mi boca, mientras el impío esté delante de mí; es decir, aunque el impío esté contra mí, yo mantendré un freno sobre mi boca ". El primero volvió a enviarle:" Me están perturbando mucho, de modo que no puedo estar de pie, a causa de ello ". R. Elazar le envió un mensaje (Ib. 37, 7). Guarda silencio ante el Señor y Él causará que caigan ante ti como víctimas. Levántate temprano y quédate tarde a pesar de ellos en la casa de estudio, y dejarán [de existir por sí mismos] ". Cuando este mensaje salió de la boca de R. Elazar, la consecuencia fue que [Gniba], el oponente de Mar Ukba, fue encadenado [por cargos presentados contra él por el gobierno romano].

La siguiente pregunta fue enviada a Mar Ukba: "¿De dónde sabemos que cantar [en los salones] está prohibido?". Después de lo cual escribió el siguiente pasaje subrayado (Hes. 9, 1) No te regocijes, oh Israel, con júbilo, como otras personas. Debería haber preferido el siguiente pasaje (Is. 24, 9) En medio del canto no beberán más vino; Amarga será la sidra de los que la beben. Si hubiera citado el último pasaje, se podría decir que se refiere sólo a la música con instrumentos, pero se permite cantar con la boca; por tanto, citó el pasaje anterior, que incluye a ambos. R. Huna b. Nathan le dijo a R. Ashi: "¿Qué dice el siguiente pasaje (Jos. 15, 22) ¿Y Kinah, Dimunah y Ad'addah, significan? ". Entonces él le dijo:" Habla de la tierra marcada de Israel ". . G'biha de Argizza, quien dio razones para estos nombres: [Kinah] significa quien tiene rencor contra su vecino y (dimuna) permanece en silencio; el que soporta para siempre Ad'adda, le hará justicia ". R. Huna luego le dijo a R. Ashi: "Si es así, entonces el pasaje (Ib., Ib., 31) Y Ziklag y Madmena y Sanssannah, ¿también significa algo? A lo que este último respondió:" Had R. G ' biha de Argizza estado aquí, habría dado algunas razones para ello; sin embargo, R. Acha de Be-Haza'e lo explicó así: Si uno tiene motivos para quejarse de ser obstaculizado [en su sustento] por su vecino y mantiene su paz,

El príncipe del exilio le dijo a R. Huna: "¿De dónde sabemos que el uso de la corona está prohibido hoy en día?" Este último respondió: "Esto está simplemente prohibido por los rabinos, como se nos enseña en la siguiente Mishná: Durante la guerra de Vespasiano, los rabinos decretaron no usar coronas de novia ni realizar ceremonias de compromiso". Mientras tanto, R. Huna, que se dirigió a R. Chisda, le dijo al exilarca: "Es del siguiente pasaje (Ez. 21 21) Así ha dicho el Señor Eterno, quita la mitra y quita la corona; esto no siempre será así. Enaltece al humilde y humilla al alto. ¿Qué relación tiene la mitra con la corona? Por lo tanto, debemos decir que mientras la mitra está en la cabeza del Sumo Sacerdote, la corona puede estar en la cabeza de cada hombre (en las fiestas); pero tan pronto como la mitra fuera quitada de la cabeza del sumo sacerdote, entonces la corona de cada hombre debería ser quitada. "Mientras tanto, R. Huna regresó y los encontró discutiendo. Entonces él les dijo:" Puedo jurar que usted que es solo una promulgación rabínica; sin embargo, Chisda (gracia) es tu nombre y Chisdai (elegante) son tus palabras ". Rabbina conoció a Mar b. Ashi cuando él estaba preparando una corona para su hija [en su boda]. El primero le dijo al segundo:" No el maestro sostiene la comparación, ¿Quitar la mitra y quitar la corona? "A lo que este último respondió:" Debe compararse con el Sumo Sacerdote, que se refiere meramente a los hombres y no a las mujeres ". ¿Cuál es el significado de Esto no será siempre así? R . Avira expuso, a veces en nombre de R. Ami y otras veces en nombre de R. Assi: "¡Cuando el Santo, alabado sea! dijo a Israel: 'Quita la mitra y vuelve a colocar la corona', dijeron los ángeles ministradores al Santo, ¡alabado sea! 'Soberano del Universo, es esta la recompensa para Israel, porque han pronunciado las palabras Na'asse (cumpliremos) antes de V'nihsma (escucharemos) mientras estaban en el Monte Sinaí'. Entonces el Señor les dijo: "Esto no siempre fue así con Israel, que humilló al Alto y exaltó al humilde". " A lo que este último respondió: "Debe compararse con el Sumo Sacerdote, que se refiere meramente a hombres y no a mujeres". ¿Cuál es el significado de Esto no será siempre así? R. Avira expuso, a veces en nombre de R. Ami y otras veces en nombre de R. Assi: "Cuando el Santo, ¡alabado sea! Dijo a Israel: 'Quita la mitra y vuelve a colocar la corona', Los ángeles ministradores dijeron al Santo: ¡Alabado sea Él! 'Soberano del Universo, ¿es esta la recompensa para Israel, porque han dicho las palabras Naasé (cumpliremos) antes de V'nihsma (escucharemos) mientras estaban en Monte Sinaí. Entonces el Señor les dijo: "Esto no siempre fue así con Israel, que humilló al Alto y exaltó al humilde". " A lo que este último respondió: "Debe compararse con el Sumo Sacerdote, que se refiere meramente a hombres y no a mujeres". ¿Cuál es el significado de Esto no será siempre así? R. Avira expuso, a veces en nombre de R. Ami y otras veces en nombre de R. Assi: "Cuando el Santo, ¡alabado sea! Dijo a Israel: 'Quita la mitra y vuelve a colocar la corona', Los ángeles ministradores dijeron al Santo: ¡Alabado sea Él! 'Soberano del Universo, ¿es esta la recompensa para Israel, porque han dicho las palabras Naasé (cumpliremos) antes de V'nihsma (escucharemos) mientras estaban en Monte Sinaí. Entonces el Señor les dijo: "Esto no siempre fue así con Israel, que humilló al Alto y exaltó al humilde". " que se refiere meramente a los hombres y no a las mujeres. "¿Cuál es el significado de Esto no será siempre así? R. Avira expuso, a veces en el nombre de R. Ami y otras veces en el nombre de R. Assi:" Cuando el Santo, alabado sea! dijo a Israel: 'Quita la mitra y vuelve a colocar la corona', dijeron los ángeles ministradores al Santo, ¡alabado sea! 'Soberano del Universo, es esta la recompensa para Israel, porque han pronunciado las palabras Na'asse (cumpliremos) antes de V'nihsma (escucharemos) mientras estaban en el Monte Sinaí'. Entonces el Señor les dijo: "Esto no siempre fue así con Israel, que humilló al Alto y exaltó al humilde". " que se refiere meramente a los hombres y no a las mujeres. "¿Cuál es el significado de Esto no será siempre así? R. Avira expuso, a veces en el nombre de R. Ami y otras veces en el nombre de R. Assi:" Cuando el Santo, alabado sea! dijo a Israel: 'Quita la mitra y vuelve a colocar la corona', dijeron los ángeles ministradores al Santo, ¡alabado sea! 'Soberano del Universo, es esta la recompensa para Israel, porque han pronunciado las palabras Na'asse (cumpliremos) antes de V'nihsma (escucharemos) mientras estaban en el Monte Sinaí'. Entonces el Señor les dijo: "Esto no siempre fue así con Israel, que humilló al Alto y exaltó al humilde". " Ami y otras veces en el nombre de R. Assi: "Cuando el Santo, ¡alabado sea! Dijo a Israel: 'Quita la mitra y vuelve a colocar la corona', los ángeles ministradores dijeron al Santo, ¡alabado sea! 'Soberano del Universo, es esta la recompensa para Israel, porque han pronunciado las palabras Na'asse (cumpliremos) antes de V'nihsma (escucharemos) mientras estaban en el Monte Sinaí'. Entonces el Señor les dijo: "Esto no siempre fue así con Israel, que humilló al Alto y exaltó al humilde". " Ami y otras veces en el nombre de R. Assi: "Cuando el Santo, ¡alabado sea! Dijo a Israel: 'Quita la mitra y vuelve a colocar la corona', los ángeles ministradores dijeron al Santo, ¡alabado sea! 'Soberano del Universo, es esta la recompensa para Israel, porque han pronunciado las palabras Na'asse (cumpliremos) antes de V'nihsma (escucharemos) mientras estaban en el Monte Sinaí'. Entonces el Señor les dijo: "Esto no siempre fue así con Israel, que humilló al Alto y exaltó al humilde". " asse (cumpliremos) antes de V'nihsma (escucharemos) mientras estamos en el monte Sinaí '. Entonces el Señor les dijo: "Esto no siempre fue así con Israel, que humilló al Alto y exaltó al humilde". " asse (cumpliremos) antes de V'nihsma (escucharemos) mientras estamos en el monte Sinaí '. Entonces el Señor les dijo: "Esto no siempre fue así con Israel, que humilló al Alto y exaltó al humilde". "

R. Avira expuso, a veces en el nombre de R. Ami y otras veces en el nombre de R. Assi: "¿Qué dice el pasaje (Naoh. 1, 12) Thu.'i ha dicho el Señor, aunque él completa y tantas, sin embargo, ¿cortará y se acabará, es decir? Esto significa que si un hombre percibe que sus ganancias son escasas, debería gastar una parte de ellas en caridad, mucho más debería hacerlo cuando sus ganancias son escasas. abundante." ¿Qué significa, sin embargo, serán cortados y se acabará? En la academia de R. Ishmael se explicó: Quien saque de su riqueza para caridad, será librado del juicio de Gehena. Esto podría compararse con dos ovejas que pasaron sobre el agua, una cuya lana fue esquilada y otra cuya lana no. Aquel cuya lana fue esquilada pasó sobre el arroyo, pero aquel cuya lana no estaba esquilada no pasó el arroyo. (Ib., Ib., Ib.) Y si hasta yo te he afligido. Mar Zutra dijo: "Incluso un hombre pobre que recibe su apoyo de la caridad, debe dar caridad". (Ib., Ib., Ib.) No te afligiré más; como se le enseñó a R. Joseph: Esto significa que si un pobre da caridad, no experimentará ninguna pobreza.

Gittin, Capítulo 2

(Fol. 16b) Rabba bb Chana se enfermó y recibió la visita de R. Juda y Raba, quienes vinieron a averiguar su condición. Este último preguntó a Rabba bb Chana acerca de un documento de divorcio, y mientras lo discutían (Fol. 17), un parsi llegó y les quitó la luz. Rabba bb Chana dijo entonces: "¡Oh Misericordioso! O vivamos bajo Tu sombra (protección), o bajo la sombra del hijo de Esaú (Roma)". ¿Asumiremos que los romanos son más bondadosos que los persas? He aquí, se enseñó en la casa de estudio de R. Chiya: ¿Qué significa el pasaje (Job 28, 23) Dios entiende su camino, y conoce su lugar, ¿es decir? Esto significa que el Santo, ¡alabado sea! sabe muy bien que Israel no pudo soportar los decretos malignos [contra el estudio de la Torá] que promulgaron los romanos. Por lo tanto, los exilió en Babilonia [entre los persas]. ¿Por lo tanto, los persas son más bondadosos? Esto no es difícil de explicar, el último significa antes de la entrada de los parsis, y el primero significa después de que los parsis habían entrado [las colonias judías en Babilonia].

Gittin, Capítulo 3

(Fol. 31 b) (Jon. 4, 8) Y sucedió que cuando salió el sol, Dios preparó un viento del este caliente. R. Juda dijo: Esto significa que cuando el viento sopla causa surcos en el mar ". Entonces Raba le dijo:" Si es así, ¿cuál es el significado del pasaje (Ib., Ib., Ib.) Y el el sol golpeó la cabeza de Jonás, que se desmayó [¿si hubiera viento?] Por lo tanto, dijo Raba, esto significa que cuando sopla un viento caliente del este, todos los demás vientos son silenciados. Y este es el significado del siguiente pasaje (Job 37, 17) Tú [que] te vistes con prendas de abrigo cuando da a la tierra descanso del viento del sur ". Esto fue explicado por R. Tachlipha en el nombre de R. Chisda:" ¿Cuándo están calientes tus ropas? Cuando la tierra reciba un respiro del viento del sur; porque cuando sopla silencia a todos los demás vientos ".

R. Huna y R. Chisda estaban sentados. Cuando G'niba se acercaba a ellos, uno dijo: "Levantémonos por un gran erudito". A lo que el otro respondió: "¿Nos levantamos por ese pendenciero?" Mientras tanto, este último les alcanzó. "¿De qué tema están discutiendo ahora?", Les preguntó G'niba. "Respecto a Ruchoth (vientos)", fue la respuesta. Luego les dijo: "Así dijo R. Shanan b. Raba, en nombre de Rab: 'Cuatro vientos diferentes soplan diariamente, y el viento del norte acompaña a cada uno de ellos; porque, si no fuera por el viento del norte que acompaña a todos los vientos, el mundo no podría existir ni por poco tiempo. El viento del sur es el más fuerte de todos, y si no fuera por el [ángel en los vientos] Ben Netz, que detiene su severidad con sus alas, sería destruir el mundo entero,

Raba y R. Nachman estaban sentados cuando R. Nachman b. Jacob, quien, sentado en un carro dorado cubierto con un manto de color verde, los pasó. Raba fue a saludarlo, pero R. Nachman no; porque dijo: "R. Nachman debe ser uno de los representantes del Exhilarch. Raba podría necesitarlo [para fines comerciales;] yo, sin embargo, no lo necesito". R. Nachman b. Isaac los notó y se acercó a él. El primero destapó su brazo, comentando: "El viento Shida está soplando".

Gittin, Capítulo 4

Pero, ¿por qué fue ella realmente castigada? Porque se benefició del espacio donde estaba el dinar en el pan, en el que ella guardaba la masa. Si es así, ¿por qué los rabinos lo consideran un verdadero juramento? Ella obtuvo un beneficio de ello. Esto significa que ella tenía la intención de jurar de verdad.

Ulla dijo: "Impudente es la novia que comete un acto de prostitución inmediatamente después de su boda". R. Mari, el hijo de la hija de Samuel, dijo: "¿Dónde está el pasaje bíblico para probarlo? (Ib. 1, 12.) Mientras el rey se sentaba a su mesa, mi Valeriano envía su olor". Rab. Dijo: "Sin embargo, habla con cortesía de nosotros (Israel), porque está escrito: Envía [en un lenguaje delicado] y no dice hedor".

Nuestros rabinos enseñaron: Aquellos que están siendo humillados por otros, pero no humillan a otros; que escuchan sus reproches sin siquiera responderlos; que cumplen sus deberes por amor a su deber, y se regocijan a pesar de todos sus dolores [a causa de los reproches] acerca de ellos, dice la Escritura, (Jueces 5, 31) Pero los que lo aman, sean como el levantamiento de el sol en su poder.

Rabba dijo: "Por tres razones la propiedad de los jefes de familia queda aniquilada: por no pagar los salarios de los trabajadores a su debido tiempo; por no pagar [suficientemente] a los trabajadores; por deshacerse de las obligaciones de uno mismo y colocarlas en otros; por R. Chiya b. Abba dijo en nombre de R. Jochanan que había dos familias en Jerusalén, una tenía sus cenas regulares en sábado y la otra tenía sus cenas el viernes y [el resultado fue que] ambas fueron desarraigadas ".

(Fol. 43) Rabba b. R. Huna expuso: "Así como la ley concerniente a quien se desposa con una mujer con la condición de que sólo la mitad debe estar comprometida con él, hace que los esponsales sean ilegales, así también la ley se aplica a la mujer que es mitad esclava y mitad libre. , ese compromiso no se aplicará a ella ". R. Chisda le dijo entonces: "¿Cómo puedes comparar estas dos cosas? En el primer caso, algo se dejó sin comprar, mientras que en el segundo caso se compró todo [ya que ella solo tiene la mitad de su libertad". . R. Huna hizo que su intérprete anunciara lo contrario de su decisión anterior, y expuso en el siguiente pasaje (Is. 3, 6) Y deja este tropiezo bajo tu mano; es decir, un hombre nunca llega al verdadero sentido de la Torá a menos que primero se tropiece con ella. Aunque los rabinos dicen que si uno se casa con una mujer con una condición ", etc. (Y él estuvo de acuerdo con R. Chisda).

(Fol. 45) Las hijas de R. Nachman removían una olla caliente con sus manos desnudas. R. Illis entonces planteó una pregunta sobre el siguiente pasaje (Ec. 7, 28) Un hombre entre mil encontré; pero una mujer entre mil, ésta no la encontré. He aquí, están las hijas de R. Nachman [que son tan piadosas que incluso pueden revolver una olla caliente con las manos y no quemarse]. Sucedió una vez que las hijas de R. Nachman fueron capturadas [por árabes], entre quien R. Illis también estaba cautivo. Un día, un hombre que entendía los signos del lenguaje del cuervo estaba sentado cerca de él. Más tarde llegó un cuervo y comenzó a piar. "¿Qué significa ese gorjeo?" preguntó R. Illis. El hombre responde que ella quiere decir: "Yo escapo, Yo escapo". "Un cuervo puede decir algo falso, y no quiero confiar en ello", comentó R. Illis. Mientras tanto, llegó una paloma y empezó a piar. Illis volvió a preguntarle al hombre qué chirriaba, y el hombre le respondió: "Ella dijo: 'Voy a escapar, "La congregación de Israel se asemeja a una paloma", comentó R. Illis. De ahí se entiende que me sucederá un milagro y obedeceré sus palabras ". "Antes de ir", comentó R. Illis, "quiero ver qué están haciendo las hijas de R. Nachman, si siguen siendo tan piadosas como antes". Fue y escuchó una conversación secreta: "En Nahardais están nuestros maridos judíos, y estos árabes también son nuestros maridos. Qué nos importa, pidamos a nuestros captores que nos envíen más lejos de aquí para que nadie venga y redímenos ". Illis luego se escapó junto con el hombre que entendía el lenguaje del pájaro. A Illis, sin embargo, le sucedió un milagro, que cruzó el río con el ferry, pero el hombre fue capturado y ejecutado. Cuando R. Nachman ' Las hijas regresaron de su cautiverio Illis comentó que estaban removiendo la olla con sus manos desnudas por arte de magia y no porque fueran tan piadosas. [Por lo tanto, las palabras de Salomón mencionadas anteriormente son correctas.]

(Fol. 40) Resh Lakish se vendió a los lidios. Llevó consigo una bolsa que contenía un trozo de plomo. Se dijo a sí mismo: "Soy consciente de que el último día antes de que ejecuten a una persona los lidios están dispuestos a cumplir todos los deseos de ese hombre que va a ser ejecutado, para que les perdone el crimen de derramar su sangre. . " Cuando llegó el último día, cuando Resh Lakish estaba a punto de ser ejecutado, le dijeron: "¿Cuál es tu deseo, haremos por ti?" "Quiero atarlos y dejarlos en el suelo ya cada uno de ustedes les daré un golpe y medio. Aceptando esta sugerencia los ató, los dejó, y cuando hubo dado un golpe a cada uno de ellos [con esa bolsa llena de plomo,] permanecieron insensatos, apretando los dientes sobre Resh Lakish. Con lo cual Resh Lakish comentó: "PD. 49, 11) Y dejar a otros su riqueza.

Gittin, Capítulo 5

(Fol. 52) Cierto administrador de la finca de un huérfano que estaba en el vecindario de R. Maier vendía bajo su propia autoridad la tierra de la finca y compraba esclavos para ella, pero R. Maier le impidió hacer esto. El difunto se apareció a R. Maier en un sueño y le dijo: "Yo debo destruir y tú quieres construir". Sin embargo, R. Maier no le hizo caso y señaló: "Los sueños no afectan a nada". Había dos vecinos entre los que habitaba Satanás y los hacía pelear entre ellos, todos los viernes por la noche, hasta que R. Maier los visitó. Los mantuvo juntos bajo su cuidado tres viernes por la noche hasta que aseguró la paz entre ellos. Luego escuchó a Satanás decir: "¡Ay de que R. Maier lo obligó [a Satanás] a salir de esta casa".

(Fol. 55, b) MISHNAH: En Judea, la ley relativa a la compra de bienes confiscados no se aplicó a los que murieron durante la guerra [de Vespasiano].

R. Jochanan dijo: "¿Cuál es el significado del pasaje (Pr. 28. 14) Bienaventurado el hombre que teme [hacer el mal]; pero el que endurece su corazón, etc. A causa de Kamtza y Bar Kamtza, Jerusalén fue destruida, y debido a una gallina y un gallo, Tura Malka fue destruida; a causa de una rueda de un carruaje Bether fue destruida. "A causa de Kamtza y Bar Kamtza Jerusalén fue destruida. Había un hombre que tenía un amigo Kamtza y un enemigo Bar Kamtza. Una vez hizo un banquete y ordenó a su sirviente que fuera y traer a [su amigo] Kamtza. El sirviente fue y trajo a Bar Kamtza [su enemigo]. Cuando llegó el anfitrión y descubrió que Bar Kamtza estaba sentado en el banquete, se dijo a sí mismo: "He aquí, ese hombre es mi enemigo y cómo ¿Viene aquí? "El anfitrión se acercó al invitado con la orden de salir del salón de banquetes. Entonces el invitado le dijo:" Como ya vine, y verás si te lo ofrecen o no. "El emperador envió a través de ese hombre un ternero que era el tercero de su madre. Mientras se dirigía, le hizo una mancha en la lengua, (otras autoridades dicen en el mancha seca del ojo), que según nuestras leyes (judías) es una mancha [no apta para el altar], pero no lo es según el ritual romano. Cuando lo trajo, los rabinos consideraron la posibilidad de sacrificarlo por por el bien de la paz del gobierno. "¿Cómo puedes hacerlo?", dijo R. Zecharia b. Abkilus. "La gente dirá: '¡Se sacrificaron animales con imperfecciones sobre el altar!' Entonces consideraron la conveniencia de ejecutar al traidor para que no volviera a informar al gobierno. Ante lo cual R. Zecharia b. Abkilus les dijo: "Pues, la gente dirá que cualquiera que cause una imperfección en un sacrificio es ejecutado ". [En consecuencia, no tomaron ninguna medida.]" Es la paciencia de R. Zecharia b. Abkilus ", comentó R. Jochanan," que causó la destrucción de nuestro Templo, el incendio de nuestro palacio y nuestro exilio de nuestra tierra ". El Emperador, [habiendo sido informado del resultado,] envió a Nerón Kaiser a Jerusalén. A su llegada, disparó una flecha hacia el este, y cayó sobre Jerusalén; disparó una hacia el oeste, y nuevamente cayó sobre Jerusalén. Él descargó sus flechas hacia los cuatro puntos del continente, y cada vez cayó sobre Jerusalén. Luego dijo a un niño: "Léeme el texto que acabas de estudiar". El niño le repitió: (Zecharia b. Abkilus ", comentó R. Jochanan," que causó la destrucción de nuestro Templo, el incendio de nuestro palacio y nuestro exilio de nuestra tierra ". El Emperador, [habiendo sido informado del resultado,] envió a Nerón Kaiser a Jerusalén. A su llegada, disparó una flecha hacia el este, y cayó sobre Jerusalén; disparó una hacia el oeste, y nuevamente cayó sobre Jerusalén. Él descargó sus flechas hacia los cuatro puntos del continente, y cada vez cayó sobre Jerusalén. Luego dijo a un niño: "Léeme el texto que acabas de estudiar". El niño le repitió: (Zecharia b. Abkilus ", comentó R. Jochanan," que causó la destrucción de nuestro Templo, el incendio de nuestro palacio y nuestro exilio de nuestra tierra ". El Emperador, [habiendo sido informado del resultado,] envió a Nerón Kaiser a Jerusalén. A su llegada, disparó una flecha hacia el este, y cayó sobre Jerusalén; disparó una hacia el oeste, y nuevamente cayó sobre Jerusalén. Él descargó sus flechas hacia los cuatro puntos del continente, y cada vez cayó sobre Jerusalén. Luego dijo a un niño: "Léeme el texto que acabas de estudiar". El niño le repitió: (A su llegada, disparó una flecha hacia el este, y cayó sobre Jerusalén; disparó a uno hacia el oeste, y volvió a caer sobre Jerusalén. Descargó sus flechas hacia los cuatro puntos del continente, y cada vez cayó sobre Jerusalén. Luego le dijo a un niño: "Léeme el texto que acabas de estudiar". El niño le repitió: (A su llegada, disparó una flecha hacia el este, y cayó sobre Jerusalén; disparó a uno hacia el oeste, y volvió a caer sobre Jerusalén. Descargó sus flechas hacia los cuatro puntos del continente, y cada vez cayó sobre Jerusalén. Luego le dijo a un niño: "Léeme el texto que acabas de estudiar". El niño le repitió: (Ez. 25, 14) Y pondré Mi venganza sobre Edom por la mano de Mi pueblo, Israel, etc. Luego dijo: "¡El Santo, alabado sea! Quiere destruir Su Templo y limpiarse las manos (para vengarse a Sí mismo) sobre ese hombre (en mí) ". Entonces Nero huyó y se convirtió en un prosélito, del cual R. Maier era descendiente.

El rey, [habiendo sido informado de que Nerón Káiser desapareció sin haber cumplido su orden] envió a Vespasiano Káiser, quien vino y sitió Jerusalén durante tres años. Había tres hombres ricos en Jerusalén, a saber, Nakdimon b. Gurion, Bar Kalba Shebua y Bar Tziztith Haksath. El primero se llamó Nakdimon b. Gurion porque el sol reapareció en el cielo por su bien. B. Kalba Shebua se llamaba así porque quien entraba a su casa cuando tenía hambre como un perro salía satisfecho. Ben Tzitzith Haksath se llamaba así porque sus flecos eran tan largos que se arrastraban sobre las alfombras de seda y satén sobre las que caminaba. Según otros, porque su manto se colocó entre los grandes personajes de Roma. Uno de estos tres hombres se comprometió a proporcionar trigo y cebada a toda la ciudad sitiada, y al otro, vino, sal y aceite. y el tercero se comprometió a proveer de madera. Los rabinos elogiaron al que donó la madera más que a los otros dos; porque R. Chisda entregaría todas las llaves a su sirviente con la excepción de la llave de madera, señalando al mismo tiempo que en un almacenamiento de trigo son necesarios sesenta almacenes de madera. Estos tres hombres tuvieron suficiente para sostener la ciudad asediada durante veintiún años, pero hubo ciertos rebeldes que dijeron a los rabinos: "Salgamos y hagamos las paces con el enemigo", lo que los rabinos no permitieron. Luego dijeron a los rabinos: "Salgamos y hagamos la guerra con ellos", lo que los rabinos también impidieron, diciendo que no tendría éxito. En consecuencia, los rebeldes fueron y quemaron todos los tesoros de trigo y cebada, causando así una hambruna, [que fue la causa de Jerusalén '

Marta, la hija de Beithus, era de una de las familias más ricas de Jerusalén. Envió un mensajero con instrucciones de comprar harina fina. Antes de que él viniera, estaba agotado, por lo que regresó y le informó que había harina común, pero no harina fina. Entonces ella le dijo: "Ve y tráeme la harina de siempre". Cuando llegó allí, descubrió que el suyo también estaba vendido. Dijo: "Vi harina oscura en el mercado". Ella le pidió que le trajera eso, pero antes de que él viniera, esto también se vendió. Él le informó que la harina oscura ya no estaba allí, pero que había una harina de cebada, y nuevamente sucedió que esta también se agotó antes de que él llegara. Se puso los zapatos y dijo que ella misma intentaría encontrar algo para comer. Mientras caminaba por la calle, la tierra le infectó el pie y le provocó la muerte. R. Jochanan b.Deut. 28, 56) La mujer, la más tierna entre ustedes, etc. Según otros, ella comió el higo que fue tirado por K. Zadok, lo que causó su muerte, porque R. Zadok ayunó cuarenta años para que Jerusalén no fuera destruida. , [y estaba tan demacrado] que cuando comía algo se lo veía bajar por su garganta. Al final de un ayuno, tomaba un higo, chupaba su jugo y lo tiraba. Cuando se estaba muriendo, tomó todo el oro y la plata y lo arrojó a las calles, diciendo: "¿Para qué necesito esto?" Con esta acción se cumplió el siguiente pasaje (Ez. 7, 19) Su plata arrojarán por las calles.

Abba Sikra, el líder de los rebeldes en Jerusalén, era el hijo de R. Jochanan b. La hermana de Zakkai. Este último envió un mensaje al primero: "Venid a mí en secreto". Cuando llegó, R. Jochanan le dijo: "¿Hasta cuándo vas a cometer estas cosas que causan la muerte a toda la población?" Su sobrino le respondió: "¿Qué puedo hacer, si digo una palabra contra ellos, me ejecutarán?" "Encuentra un camino", le dijo R. Jochanan, "para que pueda salir de esta ciudad y tratar de ver al enemigo. Tal vez me ayude un poco". Entonces su sobrino le aconsejó y le dijo: Finge estar enfermo y deja que la gente entre y te visite como un enfermo. Adquiera algo que cause mal olor y déjelo con usted durante la noche, y deje que los rabinos anuncien que ha muerto. Entonces tus discípulos entrarán para llevarte, pero nadie más entrará, para que no sientan que eres liviano y comprendan que estás vivo, porque una persona viva pesa menos que una muerta. R. Elazar entró por un lado y R. Joshua por el otro, y comenzaron a llevárselo. Cuando llegaron a las puertas, [y esperaron para sacar el cuerpo para el entierro,] los centinelas querían clavar sus lanzas en Entonces Abba Sikra le dijo: "Los romanos dirán: 'A su propio Rabí lo han traspasado con lanzas'. "Entonces quisieron arrojarlo por encima de la puerta. Entonces él volvió a decirles:" Los romanos dirán: 'A su propio Rabí han echado por encima de la puerta' ". Por consiguiente, abrieron la puerta para el [cadáver] y se fue... Cuando R. Jochanan b. Zakkai apareció ante Vespasiano y dijo: "Paz a ti rey, paz al rey". Este le dijo: "Te mereces dos ejecuciones; en primer lugar, porque no soy rey y me estás llamando rey. En segundo lugar, si hubiera sido cierto que soy rey, ¿por qué no has venido a mí hasta ahora?" R. Jochanan entonces le dijo: "En cuanto a tu declaración, que no eres rey, (Ib. B) Yo afirmo que eres un rey, porque si no hubieras sido un rey, Jerusalén no habría sido entregada en tus manos. , porque está escritoEs. 10,34) Y el Líbano caerá por [medio de] un poderoso (Adir), y poderoso no se refiere a nadie más que a un rey, como está escrito (Jer. 30, 21) Y el Caudillo [Adir] será de ellos mismos. Y el Líbano no se refiere a nada más que al Templo, como se dice (Deut. 3, 25) Esta hermosa montaña y el Líbano. En cuanto a su pregunta; que si eras un rey, ¿por qué no había venido antes a ti? Le responderé que los rebeldes que están entre nosotros me lo impidieron ". Entonces Vespasiano le dijo:" Si hay un barril lleno de miel y una serpiente está alrededor, ¿no es correcto romper el barril por causa de la serpiente? "R. Jochanan permaneció en silencio. R. Joseph y otras autoridades dicen que R. Akiba aplicó el siguiente pasaje a este incidente (Is. 44, 25Que hace volver atrás a los sabios y enloquecer su conocimiento. Bueno, debería haberle dicho: "Lo correcto es tomar una pinza y sacar la serpiente del cañón y matarla, pero el cañón debe dejarse solo". Mientras tanto discutían, vino un mensajero enviado desde Roma y dijo: "Levántate, porque el Káiser murió y los nobles de Roma decidieron ponerte a la cabeza de ellos". Vespasiano se estaba poniendo los zapatos. Tenía un zapato puesto y estaba a punto de ponerse el otro. No podía poner su pie en él, ni quitarse el que tenía puesto. Entonces R. Jochanan le dijo: "No te preocupes, es porque recibiste buenas nuevas que se te ocurrió esto, porque está escrito (Pr. 15, 30) Y el buen informe da médula a los huesos. "" ¿Cuál es el remedio para esto? "R. Jochanan le aconsejó que un hombre con el que no estaba satisfecho debería venir y pasar ante él, como está escrito (Ib. 17, 22) Pero un espíritu deprimido muere los huesos. Él así lo hizo, permitiéndole calzarse los zapatos. De nuevo le dijo: "Ya que eres tan sabio, ¿por qué no has venido a mí hasta ahora?" R. Jochanan respondió: "¿No te di una excusa para ello?" "Pero no te dije lo que debiste haber hecho", comentó Vespasiano ... Vespasiano luego le dijo a R. Jochanan b. Zakkai: "Lo haré sal de la ciudad y enviaré otro; sin embargo, pídeme algún favor y trataré de dártelo ". Entonces le dijo:"Es. 44, 25) El que hace volver atrás a los sabios y enloquece su conocimiento. Debería haberle pedido a Vespasiano que abandonara la ciudad entera. Pero R. Jochanan pensó que tal vez no habría podido ganar tanto, por lo que ni siquiera un poco se salvaría.

¿Cuál fue la medicina que curó a R. Zaddak [de su enfermedad?] Al principio le ofrecieron beber agua mezclada con salvado; al segundo día una mezcla de agua, salvado y harina, hasta que su estómago se volvió lo suficientemente fuerte para contener la comida con la que fue curado.

A su regreso, Vespasiano envió a Tito el Maligno, quien cuando llegó a Jerusalén dijo (Deut. 32, 37) ¿Dónde están sus Dioses, la roca en la que confiaban? Este es el mismo Tito el Malvado que profanó y violó vergonzosamente los rollos de la Torá; que vulgarmente vilipendiaba y blasfemaba al Santo. ¿Qué hizo después de haber cometido un acto adúltero en el santuario más sagrado? Tomó los vasos sagrados del santuario, los envolvió en el velo que colgaba en el lugar santo para navegar con él a su capital y regocijarse por su éxito, como se dice (Ec. 8, 10).) Then also do I see the, etc. At sea a storm arose and threatened to sink the ship; upon which Titus remarked: "It seems that their God has no power anywhere else except at sea. Pharaoh He drowned, Sisera He drowned, and now He is about to drown me also. If He be mighty, let Him go ashore and contest with me there." Then came a voice from heaven and said: "O thou wicked one, son of wicked man and grandson of Esau the wicked, go ashore. I have an insignificant creature in My world that is called a gnat. It is called insignificant, because it only receives but does not excrete, so go and fight with it." Immediately, after he had landed, a gnat flew up his nostrils and gnawed at his brain, for a period of seven years. One day he happened to pass a blacksmith's forge, when the noise of the hammer soothed the gnawing at his brain. "Aha!" said Titus, "I have found a remedy at last"; and he ordered a blacksmith to hammer before him. To a Gentile blacksmith he paid for this four zuzim a day, but to a Jewish blacksmith he paid nothing, remarking ot him: "it is enough for you to see thy enemy suffering so painfully." For thirty days he felt relieved, but after, it being used [to the hammering], the gnat did not heed it. We are taught that Rabbi Phineas, the son of Ariba said: "I myself was among the Roman magnates when an autopsy was made upon the body of Titus, and upon opening his brain they found therein a gnat as big as a swallow, weighing two selas." Others say it was as large as a pigeon a year old and weighed two literoth. Abaye said: "We have a tradition that its mouth was of copper and its claws of iron." Titus gave instructions that after his death his body should be burned, and the ashes thereof scattered over the surface of the seven seas, that the God of the Jews might not find him and bring him to judgment.

Onkelos, hijo de Klonicos, que era hijo de la hermana de Tito, deseaba convertirse en prosélito. Él fue, y por medio de la brujería crió a Tito. Ae le preguntó: "¿Quién es considerado respetuoso en el mundo futuro?" "Israel", respondió Tito. "¿Es aconsejable unirse a ellos?" A lo que respondió: "Sus obligaciones son demasiadas y no podrás cumplirlas. Ve, y atácalos en este mundo y te convertirás en un jefe, porque está escrito (Lam. 1, 5).) Sus adversarios se convierten en jefes, sus enemigos prosperan, etc .; es decir, quien se opone a Israel se convierte en un jefe. "" ¿Pero cuál será el castigo para tal hombre? "preguntó Onkelos. A lo que Tito respondió (Fol. 56)" Con lo que él decretó sobre sí mismo. Todos los días las cenizas se juntan y se recrean en forma de cuerpo, cuando se juzga, se condena a ser quemado y las cenizas se esparcen por siete mares. "Entonces Onkelos fue e hizo que Balaam fuera criado por medio de brujería. Volvió a preguntar a este último: "¿Quién es considerado respetable en el mundo futuro?" "Israel", fue la respuesta de Balaam. "¿Es aconsejable que uno se una a ellos?", A lo que Balaam respondió (Deut. 23,7) No buscarás su paz ni su prosperidad todos tus días para siempre. "Se nos enseña en un Baraitha, R. Elazar dijo:" Ven y mira cuán grande es el castigo por insultar a alguien, porque incluso el Señor mismo apoyó las [acciones] de Bar Kamtza [que causó] la destrucción de Su casa y el incendio de Su Templo ".

A causa de una gallina y un gallo, Tura Malka fue destruida. Porque existía la costumbre de que cuando los novios salían a una boda, la gente los saludaba con una gallina y un gallo, con la idea de que se multiplicaran como aves. Un día sucedió [cuando se llevó a cabo tal procesión] que pasó una tropa de [soldados] romanos y se llevaron la gallina y el gallo. La gente cayó sobre el ejército y comenzó a golpearlos. Las tropas fueron e informaron al káiser, diciendo: "Los judíos se han rebelado contra ti". Después de lo cual vino e invadió Israel. Entre los israelitas había un tal Bar Deroma que era tan fuerte que saltaba una milla y mataba en ese salto cualquier cosa que se interpusiera en su camino. El káiser romano, dándose cuenta del peligro que corría a causa de ese hombre, tomó su corona, la colocó en el suelo y dijo: "PD. 60, 12) ¿No nos has desechado, oh Dios? y tú vas. no adelante, oh Dios, con nuestros ejércitos. Pero David también lo dijo [¿sin embargo, no causó ningún problema?] No, David simplemente lo dijo con asombro. Sucedió así que entró en un retrete cuando llegó una serpiente, y su estómago se hundió [de miedo] provocando su muerte. El rey romano dijo entonces: "Dado que tal milagro me sucedió, los dejaré en paz esta vez". Los dejó y se fue. Los judíos, al ser informados de que el rey los había abandonado, hicieron una gran fiesta. Comieron, bebieron e iluminaron toda Jerusalén para que se pudieran leer inscripciones de cualquier tipo a una distancia de una milla. Entonces el rey dijo: "Los judíos se están burlando de mí". Esto hizo que volviera y los invadiera una vez más. R. Assi dijo: " Trescientos mil soldados romanos armados con espadas entraron en Ture Malka y murieron durante tres días y tres noches seguidas. La confusión era tan grande que en la otra parte de la ciudad se celebraban bailes y fiestas al mismo tiempo, y no se conocían ".

(Láminas 2, 2) El Señor ha devorado sin tregua todas las habitaciones de Jacob. Cuando Ravin llegó a Babilonia, dijo en nombre de Jochanan: "Se refieren a las sesenta miríadas de ciudades que el rey Jannai poseía en el monte real; porque R. Juda dijo en nombre de R. Assi que el rey Jannai tenía sesenta miríadas de ciudades en el montículo real, la población de cada uno era igual al número que salió de Egipto, excepto la de tres ciudades en las que ese número se duplicó. Y estas tres ciudades eran K'far Bish (la aldea del mal), K'far Shichlayim (aldea de berros de agua), y K'far Dichraya (la aldea de niños varones). K'far Bish se llamaba porque no había hospicio para la recepción de extraños en él; K'far Shichlaiim, se llamaba, porque los habitantes obtenían su apoyo de esa hierba; K'far Dichraya, fue llamado, según la opinión de Jochanan, porque sus mujeres primero dieron a luz a niños y luego a niñas, y luego dejaron de parir. "He visto ese lugar", dijo Ulla, "y estoy seguro de que no podría contener ni siquiera sesenta miríadas de palos". Cuando un saduceo le comentó a Janina acerca de lo anterior: "No decís la verdad", la respuesta de este último fue: "Está escrito (Jer. 2, 19) La herencia de un ciervo; es decir, como la piel de un ciervo [si una vez desollado] no puede volver a cubrir su cuerpo (se encoge), así también la tierra de Israel desocupada por sus legítimos propietarios se contrae ".

A causa del eje de una litera, la gran ciudad de Byther fue destruida. Porque era una costumbre en Byther que cuando nacía un niño, los padres plantaban un cedro joven para un niño y un pino para una niña. En el momento de su boda, lo cortarían para hacer su canpoy. Mientras la hija del emperador cabalgaba un día por la ciudad, el eje de su litera se rompió y sus asistentes cortaron un cedro joven para repararlo. El hombre que había plantado el árbol atacó a los sirvientes y los golpeó brutalmente. Entonces éste vino e informó al emperador de ello, diciendo que los judíos se habían rebelado contra él. Inmediatamente envió un gran ejército. (Láminas 2, 3) En el furor de su fuego ha cortado todo el cuerno de Israel. Dijo R. Zira en nombre de R. Aba, quien citó a R. Jochanan: "Esto se refiere a los ochenta mil soldados, todos con trompetas de guerra, que entraron en la gran ciudad de Byther en el momento en que la capturaron y mataron hombres, mujeres y niños hasta que los arroyos de sangre llegaran al gran mar ". Quizás dirás que el gran mar estaba cerca de esta desdichada ciudad. Podemos decir que estaba a una milla de distancia. Se nos enseña en un Baraitha que R. Eliezer el grande dice: "Hay dos ríos en el valle de Yadayim, uno de los cuales fluye hacia un lado de la ciudad y el otro hacia el otro lado de la ciudad. Los sabios han declarado que consistía en dos tercios de agua y un tercio de sangre [causados por los asesinados por los romanos] ".

(Ib. B) R. Chiya b. Abin dijo en nombre de R. Joshua b. Karcha: "Un habitante anciano de Jerusalén me dijo una vez que en este valle doscientas once mil miríadas fueron masacradas por Nebusaradán, capitán de la guardia, y en la misma Jerusalén mató sobre una sola piedra noventa y cuatro miríadas, de modo que la sangre fluyó hasta que tocó la sangre de Zacarías [el profeta], para sostener el pasaje (Oseas 4, 2) Y la sangre toca la sangre. Cuando vio la sangre de Zacarías, y notó que estaba hirviendo y agitándose, preguntó: '¿Qué es esto?' y le dijeron que era la sangre derramada de los sacrificios. Luego ordenó que le trajeran sangre de los sacrificios y la comparó con la sangre del profeta asesinado, y cuando encontró que la una era diferente a la otra ", dijo: 'Si me decís la verdad, muy bien; si no, ¡Peinaré tu carne con peines de hierro al curry! Sobre esto confesaron: "Teníamos un profeta entre nosotros, y como nos reprendió en materia de religión, nos levantamos y lo matamos, y ya hace algunos años que su sangre ha estado en esta condición inquieta". "Bueno", dijo, "lo apaciguaré". Luego fue y reunió al más grande con el Sanedrín más pequeño y los masacró, pero la sangre del profeta no reposó. Luego masacró a jóvenes y doncellas, pero la sangre continuó inquieta como antes. Finalmente trajo a los niños de la escuela y los masacró, pero la sangre aún no apaciguada, se exclamó; ¡Zachariah! Zachariah! Tengo a los mejores entre ellos ya muertos. ¿Quieres que los mate a todos? Mientras decía esto, la sangre del profeta permaneció en silencio. En ese momento, una chispa de arrepentimiento atravesó la mente de Nebusaradán, porque se dijo a sí mismo: "Si la sangre de un individuo ha provocado un castigo tan grande, ¡cuánto mayor será mi castigo por la matanza de tantos!" Huyó de su casa, envió un documento sobre la disposición de sus bienes y se convirtió en prosélito. "Nos enseñan que Na'aman era simplemente un Ger Toshab, Nebusaradan, sin embargo, fue un verdadero prosélito, de los descendientes de Sissera fueron los que estudiaron la Ley en Jerusalén, y de los descendientes de Sanherib fueron los que enseñaron la Torá entre las multitudes de Israel, y son Shmayah y Abtalion. Esto también se entiende por el pasaje (Ez. 24, 8) Pongo su sangre sobre la roca seca, para que no se cubra.

(Gén. 27, 2) La voz es la voz de Jacob, pero las manos son las manos de Esaú. La [primera] voz alude a la voz de lamento causada por Adriano, quien había masacrado en Alejandría en Egipto el doble de judíos que habían salido de Egipto. La voz es la voz de Jacob, se refiere a un lamento similar ocasionado por Vespasiano, quien dio muerte a cuatrocientas miríadas en la ciudad de Byther, o, como dicen algunos, cuatro mil miríadas. Las manos son las manos de Esaú, para que no haya batalla victoriosa que no sea peleada por los descendientes de Esaú; y esto es lo que significa el pasaje (Job 5, 21)

Contra el azote de la lengua te esconderás; es decir, de la lengua pendenciera te mantendrás apartado ".

R. Juda dijo en nombre de Rab: "¿Cuál es el significado del pasaje (Sal. 137) Junto a los ríos de Babilonia allí nos sentamos, y también lloramos cuando nos acordamos de Sion. De aquí se debe observar que el Santo, ¡alabado sea! mostró a David la destrucción del primer templo, como se dice. Allí nos sentamos en los ríos de Babilonia y también lloramos. La destrucción del segundo templo, como se dice (Ib., Ib. 7) Recuerda, oh Señor, a los hijos de Adán, el día de Jerusalén, que dijo. Arrástralo. Arrástralo incluso hasta sus propios cimientos. R. Juda dijo en nombre de Samuel, según otros R. Ami lo dijo, y según otra autoridad más se enseñó en un Baraitha: "Sucedió que cuatrocientos niños y niñas fueron secuestrados una vez con un propósito vergonzoso. Cuando Cuando supieron el propósito de su captura, todos exclamaron: "Si nos ahogamos en el mar, tendremos derecho a la vida del mundo futuro".PD. 68, 22) El Señor dijo: Volveré a traer de Basán; volveré a traer de lo profundo del mar; es decir, de Basán volveré a traer, de los dientes de un león; de las profundidades del mar, se refiere a los que se ahogan en el mar. Cuando las niñas oyeron esta explicación, saltaron de inmediato al mar, por lo que los niños se dijeron a sí mismos: 'Si estas niñas que no están tan obligadas a observar la ley, lo han hecho, ¿cuánto más deberíamos nosotros, que estamos obligados? para observarlo con todos sus mandamientos, hazlo '. Con presteza los muchachos siguieron su ejemplo, arrojándose al mar. Es con referencia a este incidente que la Escritura dice (Sal.24, 22) Porque nos matan todo el día; somos contados como ovejas para el matadero ". Pero R. Juda dijo:" Esto se refiere a la mujer con sus siete hijos. Según sus edades, comenzando por los más antiguos, fueron llevados ante el tirano conquistador. Ordenó que el mayor adorara un ídolo ". A lo que respondió:" Está escrito en la Torá (Éxodo 20) Yo soy el Señor tu Dios ".

Inmediatamente fue llevado a la ejecución. Trajeron al segundo hijo. "Adora este ídolo", le llegó la orden. Pero él también respondió: "Está escrito en la Torá (Ib.) No tendrás otro Dios más que yo". Su muerte siguió inmediatamente a sus valientes palabras. Cuando le trajeron el tercero y le pidieron que adorara al ídolo, respondió: "Está escrito en la Torá: No adorarás a ningún otro Dios". De la misma manera fue ejecutado. Se exigió el mismo homenaje al cuarto hijo, [para servir al ídolo], pero [valiente y fiel como sus hermanos], respondió: "Está escrito en nuestra Torá (Ib. 22) El que ofrece sacrificios a cualquier Dios excepto a el Señor solamente ", y él también fue asesinado sin piedad. "Está escrito (Deut. 6) ¡Escucha, Israel! el Señor nuestro Dios, el Señor uno es ", exclamó el quinto muchacho, cuando lo trajeron y le ordenaron que sirviera al ídolo, entregando su joven vida con la consigna de los ejércitos de Israel. Cuando el sexto fue traído y el mismo demanda que se le hizo, para servir al ídolo, respondió con calma: "Está escrito en la Torá (Ib. 4) Por tanto, conoce hoy, y reflexiona en tu corazón que el Señor Él es Dios, en los cielos arriba y en el tierra abajo no hay otro. "Entonces el séptimo y menor muchacho fue llevado ante el asesino, a quien se le hizo la misma exigencia de servir al ídolo. Pero el niño respondió:" Nunca cambiaremos nuestro Dios por ningún otro, ni Él nos cambió por cualquier otra nación, como está escrito. Hoy has reconocido al Señor, así también está escrito: El César se ofreció a perdonarlo si, por el bien de la apariencia, se inclinaba y recogía un anillo del suelo que había sido arrojado a propósito. "¡Ay de ti, oh César!"

respondió el chico; "Si eres tan celoso de tu honor, ¿cuánto más celoso debemos ser nosotros por el honor del Santo, alabado sea?" Al ser conducido al lugar de ejecución, la madre ansió y obtuvo permiso para darle un beso de despedida. "Ve, hijo mío", dijo ella, "y dile a Abraham: Tú construiste un altar para el sacrificio de un hijo, pero yo he erigido altares para siete hijos". Se dio la vuelta y se arrojó de cabeza desde el techo y expiró, cuando una voz celestial salió y exclamó: El César se ofreció a perdonarlo si, por el bien de la apariencia, se inclinaba y recogía un anillo del suelo que había sido arrojado a propósito. "¡Ay de ti, oh César!" respondió el chico; "Si eres tan celoso de tu honor, ¿cuánto más celoso debemos ser nosotros por el honor del Santo, alabado sea?" Al ser conducido al lugar de ejecución, la madre ansió y obtuvo permiso para darle un beso de despedida. "Ve, hijo mío", dijo ella, "y dile a Abraham: Tú construiste un altar para el sacrificio de un hijo, pero yo he erigido altares para siete hijos". Se dio la vuelta y se arrojó de cabeza desde el techo y expiró, cuando una voz celestial salió y exclamó: "¡Ay de ti, oh César!" respondió el chico; "Si eres tan celoso de tu honor, ¿cuánto más celoso debemos ser nosotros por el honor del Santo, alabado sea?" Al ser conducido al lugar de ejecución, la madre ansió y obtuvo permiso para darle un beso de despedida. "Ve, hijo mío", dijo ella, "y dile a Abraham: Tú construiste un altar para el sacrificio de un hijo, pero yo he erigido altares para siete hijos". Se dio la vuelta y se arrojó de cabeza desde el techo y expiró, cuando una voz celestial salió y exclamó: "¡Ay de ti, oh César!" respondió el chico; "Si eres tan celoso de tu honor, ¿cuánto más celoso debemos ser nosotros por el honor del Santo, alabado sea?" Al ser conducido al lugar de ejecución, la madre ansió y obtuvo permiso para darle un beso de despedida. "Ve, hijo mío", dijo ella, "y dile a Abraham: Tú construiste un altar para el sacrificio de un hijo, pero yo he erigido altares para siete hijos". Se dio la vuelta y se arrojó de cabeza desde el techo y expiró, cuando una voz celestial salió y exclamó: la madre ansiaba y obtuvo permiso para darle un beso de despedida. "Ve, hijo mío", dijo ella, "y dile a Abraham: Tú construiste un altar para el sacrificio de un hijo, pero yo he erigido altares para siete hijos". Se dio la vuelta y se arrojó de cabeza desde el techo y expiró, cuando una voz celestial salió y exclamó: la madre ansiaba y obtuvo permiso para darle un beso de despedida. "Ve, hijo mío", dijo ella, "y dile a Abraham: Tú construiste un altar para el sacrificio de un hijo, pero yo he erigido altares para siete hijos". Se dio la vuelta y se arrojó de cabeza desde el techo y expiró, cuando una voz celestial salió y exclamó:PD. 113, 9) La madre de los hijos se regocija.

R. Nachman b. Isaac dijo: "El pasaje anterior se refiere a los eruditos que están listos para morir por causa de la Torá, como R. Simon b. Lakish dijo: 'La palabra de la Torá no permanecerá con uno a menos que esté listo para morir por ella. , como está dicho (Núm. 19, 14) Esta es la Ley; cuando un hombre muere en una tienda '".

(Fol. 58) Raba b. Chana dijo en nombre de R. Jachanan: "Se encontraron cuarenta Sa'hs llenos de Filacterias en las cabezas de los muertos en Byther". R. Jannai, hijo de R. Ishmael, dijo: "Se encontraron tres cajas, cada una con cuarenta Sa'hs". En un Baraitha se enseñó que se encontraron cuarenta casos que contenían cada uno tres Sa'hs llenos de Filacterias en los que fueron asesinados en Byther, y ninguno de ellos difiere. Algunos se refieren a las Filacterias de la cabeza y otros a las Filacterias de la mano. R. Assi dijo: "Se encontraron cuatro Kabin de médula humana en una piedra". Ulla dijo

"Nueve". R. Kahana, y según otros R. Shilla, lea el pasaje (Sal. 137, 8) ¡Oh! hija de Babilonia, perdida. Bienaventurado el que te paga, etc. Bienaventurado el que agarra y estrella a tus bebés contra una roca. (Láminas 4, 2) Los preciosos hijos de Sion cuyo valor igualaba al oro puro, ¿cómo son estimados como cántaros de barro? Esto se refiere al trato inhumano y vil de la juventud de Israel por parte de los nobles romanos. R. Juda dijo en nombre de Samuel, quien citó a R. Simon b. Gamaliel: "¿Cuál es el significado del pasaje (Lam. 3, 51) Mi ojo conmueve mi alma, por todas las hijas de mi ciudad. Esto se refiere a las cuatrocientas congregaciones en la ciudad de Bythar, en las cuales había cuatro cien maestros de primaria, y cada uno tenía cuatrocientos alumnos.Cuando el enemigo entró en la ciudad, fueron suficientes en número para traspasarlo hasta la muerte con sus punteros; pero en el momento del éxito de los enemigos, los envolvió en sus propios libros y los puso ellos en llamas ".

A nuestros rabinos se les enseñó: Sucedió una vez que R. Joshua b. A Chanania, quien fue a la gran ciudad de Roma, se le dijo que había un prisionero infantil con una apariencia fina, ojos brillantes y cuyo cabello crecía en mechones. Fue y se colocó a la puerta de la prisión y dijo (Is.42, 24) ¿Quién entregó a Jacob en despojo, ya Israel a saqueadores? A lo que respondió el niño prisionero (Ib., Ib., Ib.) ¿No era el Señor? Aquel contra quien hemos pecado; porque no quisieron andar en su camino ni escucharon su ley. R. Joshua luego comentó: "Estoy seguro de que este niño en el futuro se convertirá en un rabino en Israel. Juro por Dios que no dejaré este lugar hasta que logre liberar a ese prisionero con cualquier cantidad de dinero que se me pida. para él." Se relató que no se mudó de ese lugar hasta que hubo liberado a ese niño por una gran suma de dinero. No pasaron muchos días antes de que ese niño se convirtiera en rabino en Israel, y este era R. Ishmael b. Illisha. R. Juda dijo en nombre de Rab: "Sucedió cuando la hija y el hijo de R. Ishmael b. Illisha fueron capturados por dos amos diferentes, que los dos maestros se encontraron un día en un lugar. Uno dijo: 'Tengo una esclava cuya belleza no se puede encontrar igual en el mundo', y el otro dijo: 'Tengo una esclava cuya belleza no se puede igualar en este mundo. Venid, casémonos entre ellos y dividiremos a sus hijos. Cuando se informó a los esclavos sobre su propuesta de matrimonio, el hijo, que ocupaba un asiento en un rincón de la habitación, dijo: 'Soy sacerdote, hijo de sumos sacerdotes. ¿Me caso con una sirvienta? Y ella gritó: 'Soy una sacerdotisa, la hija de los sumos sacerdotes. ¿Me casaré con un esclavo? Y entonces lloraron juntos. Cuando apareció el amanecer se reconocieron. Entonces cayeron unos sobre otros y lloraron hasta que sus almas partieron. Sobre esto se dice (Tengo una esclava cuya belleza no se puede encontrar igual en el mundo ', y el otro dijo:' Tengo una esclava cuya belleza no se puede igualar en este mundo. Venid, casémonos entre ellos y dividiremos a sus hijos. Cuando se informó a los esclavos sobre su propuesta de matrimonio, el hijo, que ocupaba un asiento en un rincón de la habitación, dijo: 'Soy sacerdote, hijo de sumos sacerdotes. ¿Me caso con una sirvienta? Y ella gritó: 'Soy una sacerdotisa, la hija de los sumos sacerdotes. ¿Me casaré con un esclavo? Y entonces lloraron juntos. Cuando apareció el amanecer se reconocieron. Entonces cayeron unos sobre otros y lloraron hasta que sus almas partieron. Sobre esto se dice (Tengo una esclava cuya belleza no se puede encontrar igual en el mundo ', y el otro dijo:' Tengo una esclava cuya belleza no se puede igualar en este mundo. Venid, casémonos entre ellos y dividiremos a sus hijos. Cuando se informó a los esclavos sobre su propuesta de matrimonio, el hijo, que ocupaba un asiento en un rincón de la habitación, dijo: 'Soy sacerdote, hijo de sumos sacerdotes. ¿Me caso con una sirvienta? Y ella gritó: 'Soy una sacerdotisa, la hija de los sumos sacerdotes. ¿Me casaré con un esclavo? Y entonces lloraron juntos. Cuando apareció el amanecer se reconocieron. Entonces cayeron unos sobre otros y lloraron hasta que sus almas partieron. Sobre esto se dice (Venid, casémonos entre ellos y dividiremos a sus hijos. Cuando se informó a los esclavos sobre su propuesta de matrimonio, el hijo, que ocupaba un asiento en un rincón de la habitación, dijo: 'Soy sacerdote, hijo de sumos sacerdotes. ¿Me caso con una sirvienta? Y ella gritó: 'Soy una sacerdotisa, la hija de los sumos sacerdotes. ¿Me casaré con un esclavo? Y entonces lloraron juntos. Cuando apareció el amanecer se reconocieron. Entonces cayeron unos sobre otros y lloraron hasta que sus almas partieron. Sobre esto se dice (Venid, casémonos entre ellos y dividiremos a sus hijos. Cuando se informó a los esclavos sobre su propuesta de matrimonio, el hijo, que ocupaba un asiento en un rincón de la habitación, dijo: 'Soy sacerdote, hijo de sumos sacerdotes. ¿Me caso con una sirvienta? Y ella gritó: 'Soy una sacerdotisa, la hija de los sumos sacerdotes. ¿Me casaré con un esclavo? Y entonces lloraron juntos. Cuando apareció el amanecer se reconocieron. Entonces cayeron unos sobre otros y lloraron hasta que sus almas partieron. Sobre esto se dice (Soy sacerdotisa, hija de sumos sacerdotes. ¿Me casaré con un esclavo? Y entonces lloraron juntos. Cuando apareció el amanecer se reconocieron. Entonces cayeron unos sobre otros y lloraron hasta que sus almas partieron. Sobre esto se dice (Soy sacerdotisa, hija de sumos sacerdotes. ¿Me casaré con un esclavo? Y entonces lloraron juntos. Cuando apareció el amanecer se reconocieron. Entonces cayeron unos sobre otros y lloraron hasta que sus almas partieron. Sobre esto se dice (Justicia. 1, 16) Por estas cosas lloro; mi ojo, mi ojo corre agua. "

R. Simon b. Lakish dijo: "Un incidente le sucedió a cierta mujer que se llamaba Zofnath, la hija de Paniel. Se llamaba Zofnath porque todos miraban su belleza. Se la llamaba hija de Paniel porque era hija de un sumo sacerdote que sirvió en el Lugar Santísimo en el Templo. Fue maltratada por sus captores, toda la noche. Por la mañana la vistieron hermosamente y la sacaron a la venta en el mercado. Un hombre muy feo se acercó y les dijo: Déjame ver su belleza. A lo que los captores le respondieron: "No sirves para nada, si quieres tomarlo tal como está, tómalo, porque no hay igual a su belleza en todo el mundo". Sin embargo, iba a desnudarla y descubrir su belleza, cuando ella se cubrió de cenizas y suplicó a Dios: 'Soberano del Universo, si no quieres perdonarnos, ¿por qué no habrías de perdonar tu santo y gran nombre? Sobre esto se dice (Jar. 6, 26) ¡Oh! hija de mi pueblo, cíñete de cilicio, y revuélcate en ceniza; Hazte duelo, como por hijo único, lamento más amargo; porque de repente vendrá sobre nosotros el destructor. No se dice sobre ti, sino sobre nosotros. Esto significa que Dios mismo dijo: 'Sobre mí y sobre ti vendrá el destructor' ".

R. Juda dijo en nombre de Rab: "¿Qué significa el pasaje (Micha 2, 2) Entonces, ¿el amigo, el amo y su casa, y el amo y su herencia, significa? Sucedió que un carpintero se enamoró de la esposa de su maestro. Una vez, cuando su empleador necesitaba un préstamo, el empleado le dijo a su amo: 'Envíame a tu esposa y te enviaré el dinero que necesitas'. El amo le envió a su esposa y el empleado la mantuvo allí tres días. El maestro se acercó a su empleado y le dijo: "¿Dónde está mi esposa, a la que te envié?" El empleado dijo: 'La envié a casa inmediatamente después de que llegó, pero escuché que unos rufianes la conocieron mientras ella se dirigía a casa'. El maestro dijo; "¿Que deberia hacer ahora?' "Si escuchara mi consejo", dijo el empleado, "se divorciaría de ella". Pero, ¿cómo puedo ?, respondió el maestro. puesto que su dote asciende a una gran suma de dinero? Ante lo cual el empleado dijo: 'Te prestaré el dinero para devolverle el dinero'. Inmediatamente fue y se divorció de ella. El empleado se casó con ella de inmediato. Cuando expiró el tiempo de pago y el empleador no pudo pagar, el empleado le dijo a su amo: 'Págame trabajando para mí'. Mientras marido y mujer estaban sentados, comiendo y bebiendo, él (el ex marido), mientras les servía, se le caían las lágrimas de los ojos que caían en las gafas de su patrón. En este momento se aprobó un decreto para destruir Jerusalén ". Págame trabajando para mí '. Mientras marido y mujer estaban sentados, comiendo y bebiendo, él (el ex marido), mientras les servía, se le caían las lágrimas de los ojos que caían en las gafas de su patrón. En este momento se aprobó un decreto para destruir Jerusalén ". Págame trabajando para mí '. Mientras marido y mujer estaban sentados, comiendo y bebiendo, él (el ex marido), mientras les servía, se le caían las lágrimas de los ojos que caían en las gafas de su patrón. En este momento se aprobó un decreto para destruir Jerusalén ".

Rabá b. Raba, y según otros Hillel b. Valles, dijo: "Desde la época de Moisés hasta la época del Rabí, no encontramos un hombre que fuera único en la posesión de sabiduría, riquezas y gloria". ¿Es esto así? ¿No fue así con Joshua? No, estaba Elazar, el sumo sacerdote, que era igual a él. ¿Pero no era Finees un hombre así? No, estaban los ancianos que gobernaron con él. ¿Pero no era entonces el rey Saúl, que lo poseía todo? No, estaba Samuel. ¿Pero no murió Samuel antes? Nos referimos a toda la vida. ¿Pero no era David un hombre así? No, estaba la Era de Ja'ir. ¿Pero este último partió antes que David? Nos referimos a toda la vida. ¿No era el rey Salomón un hombre así? No, estaba Shimi bar Ge'ara. ¿Pero no lo mató Salomón? Nos referimos a toda la vida. ¿No estaba Ezequías? También estaba Sebna. ¿No estaba Ezra? También estaba Nehemías. Dijo R. Adda b. Ahaba: "Puedo agregar que desde la época del rabino hasta la época de R. Ashi tampoco se encontró un hombre que debiera ser único en la posesión de la gloria". Pero no estaba Huna b. Nathan, ¿quién también lo poseía todo? No, Huna b. Nathan estaba bajo la influencia de R. Ashi.

(Fol.59) MISHNAH: Estas son las cosas que los rabinos promulgaron para fomentar la paz entre Israel: Que un sacerdote debe ser llamado a la Torá primero, después de él debe haber un levita y luego un israelita, esto se hace por en aras del entendimiento pacífico.

GEMARA: (Ib. B) ¿De dónde sabemos que un sacerdote debe preceder a un levita? Está escrito (Deut. 31, 9) Y Moisés escribió esta Ley y la entregó a los urss, hijos de Leví. ¿No sabemos que los sacerdotes son hijos de Leví? Por lo tanto, debemos decir que el pasaje significa enfatizar primero a los sacerdotes y luego a los hijos de Leví.

(Fol. 60b) "Un Erub debe depositarse en su antiguo lugar para preservar la paz". Cual es la razon de esto? ¿Debo decir porque es un honor y, por lo tanto, causará problemas si se lo quita del lugar anterior? ¿No sucedió que un Shofar (corneta) que solía estar en la casa de R. Juda fue trasladado a Raba, y luego a R. Joseph, luego a la casa de R. Jose, y sin embargo no hubo problemas de sospecha? Es porque las personas [que estaban acostumbradas a observar un Erub en ese lugar], cuando no pueden ver, podrían pensar que los habitantes de ese vecindario llevan cosas sin un Erub, lo que significa la violación del sábado: Por lo tanto, se ordenó que el Erub debe permanecer en su lugar anterior.

(Fol. 61) A nuestros rabinos se les enseñó: Es apropiado apoyar a los pobres gentiles junto con los pobres de Israel. Es apropiado visitar a los enfermos junto con los enfermos de Israel. Es apropiado enterrar los cadáveres de los gentiles junto con los cadáveres de Israel, porque fomentará la paz.

(Fol. 62) R. Huna y R. Chisda estaban ambos sentados cuando G'niba, que caminaba, pasó cerca de ellos. Uno le dijo a su socio: "Levántese ante un erudito". El otro comentó: "Levantémonos ante un hombre pendenciero". Mientras tanto, G'niba se acercó a ellos: "Paz a vosotros, reyes", les dijo. Entonces le dijeron: "¿De dónde sabes que a los rabinos se les llama reyes?" Él les dijo: "Del siguiente pasaje, (Pr. 8, 15) A través de mí (la Torá) reinan los reyes", etc. "¿De dónde sabemos que debemos repetir la orden de la paz a un rey?" volvieron a preguntarle, a lo que él les dijo: "Así dijo R. Juda en el nombre de Rab: ¿De dónde sabemos que debemos repetir la orden de paz a un rey? Se dice (I Cr. 12, 19) Entonces un espíritu investido (Amasai) el jefe de los capitanes, [quien dijo]. Tuyos somos David, y contigo, hijo de Isaí. paz, paz sea contigo '", etc. Entonces le dijeron:" Deja que el maestro pruebe algo ". Así dijo Raba en el nombre de Rab", respondió: "Está prohibido que un hombre pruebe algo antes de un el hombre alimenta a su animal, porque se dice (Deut. 11, 15) Y daré hierba en tu campo para tu ganado, y después se dice: Y comerás y te saciarás ".

Gittin, Capítulo 6

(Fol. 67) Se nos enseña en un Baraitha, Issi b. Juda enumeraría las cualidades de los sabios. R. Maier es un erudito y un escriba; R. Juda es solo un erudito cuando quiere; R. Tarphon es como un montón de nueces [tan abundantes son sus capacidades mentales]; R. Akiba es un tesoro repleto de conocimientos; R. Jochanan es como la canasta de un comerciante de especias, [lista en todas las ramas del estudio]; R. Eliezer b. Azaria es como una caja de especias; Las Mishmahs (tradiciones) de Eliezer b. Jacob es sólo Kab (poca cantidad), pero bien tamizado (calidad pura); R. Joshi posee un razonamiento profundo; R. Simon muele (estudia mucho) y da a luz un poco. "En un Baraitha se nos enseña que esto significa que se olvida un poco y que lo que olvida son sólo las cosas que se comparan con el salvado. Así también dijo R. Simón a sus discípulos: "Hijos míos, copien mis costumbres,

Gittin, Capítulo 7

(Ib. B) R. Amram el piadoso, cada vez que los sirvientes del exilarca lo molestaban, al día siguiente se enfermaba de escalofríos. Entonces le decían: "¿Qué [medicina] quiere el maestro que le traigan?" Pensó para sí mismo: "Cualquier cosa que yo les ordene, traerán lo contrario". Por eso les dijo: "Tráiganme magro asado y vino mezclado con mucha agua". La consecuencia fue que le trajeron carne asada grasosa y vino fuerte. Cuando Yolsa [la esposa de R. Nachman y la hija de Exilarch] fue informada [que R. Amran se enfermó] ella lo mandó a una casa de baños, lo metió en una tina de baño y lo dejó allí hasta que el agua se puso hirviendo. . R. Joseph, cuando se resfriaba, trabajaba con un molinillo de mano para calentarse. R. En tal caso, Shesheth se ocuparía troncos y comentó: "Grande es el trabajo que calienta a su ejecutante". El exilarca le dijo a R. Shesheth: "¿Por qué el maestro no come con nosotros?" A lo que él respondió: "Porque tus sirvientes sospechan que te alimentan con miembros cortados de una bestia viviente [lo cual está prohibido]". El Exilarca le dijo: "¿Cómo puedes probar esto?" A lo que dijo: "Te lo mostraré ahora mismo". Le pidió a su propio criado que fuera a traerle una pata de animal. El criado así lo hizo. Luego dijo a los sirvientes del exilarca que le prepararan un animal entero, cortado en rodajas. Le trajeron un animal de tres patas. Entonces les dijo: "Este tiene sólo tres patas". Los sirvientes fueron y cortaron una pata de otro animal que le trajeron y la colocaron junto con el animal de tres patas. R. Shesheth luego ordenó a sus sirvientes que le trajeran también la única pierna que antes le traía, y cuando sus sirvientes lo hicieron, les dijo a los sirvientes del exilarca: "¿Es éste un animal con cinco patas?" Entonces el exilarca le dijo: "Si es así, que el sirviente del señor le prepare la comida". "Sea así", respondió R. Shesheth. Los sirvientes le pusieron una mesa, le trajeron carne y con la carne le colocaron un hueso muy pequeño del tobillo con la intención de que R. Shesheth, con los ojos vendados, se lo tragara y así se ahogara. R. Shesheth, sin embargo, palpó el hueso con los dedos, lo sacó y lo envolvió en su manto. Su Sirviente, observando que envolvía algo en su manto, dijo: (Fol. 68) "Nos robaron una copa de plata". Comenzaron a buscar la copa de plata y encontraron un manto en el que estaba envuelto el hueso. Lo sacaron de su manto y le dijeron: "Mira, el maestro no quería comer, solo quería molestarnos". Entonces R. Shesheth les dijo: "Quería comer, pero tan pronto como lo probé, sentí un olor a lepra en esa carne". Los sirvientes intentaron negar el hecho de que habían sacrificado a un animal durante ese día que estaba enfermo de lepra. R. Shesheth, sin embargo, insistió en que deberían investigar un lugar determinado porque R. Chisda dijo: "Una mancha negra en una piel blanca o una mancha blanca en una piel negra es una señal de que el animal está enfermo de lepra". En consecuencia, lo investigaron y encontraron que efectivamente era así. Cuando estaba a punto de irse, los sirvientes cavaron un hoyo, lo cubrieron con una estera y le dijeron: "Que el amo se acueste en su cama". R. Chisda le advirtió que algo andaba mal. Con lo cual R. Shesheth le dijo a un niño: "Recítame el pasaje que has estudiado hoy con tu maestro". El niño le leyóII Sam. 2, 21) Desvíate a tu derecha oa tu izquierda. R. Shesheth comprendió de inmediato que le habían preparado un truco y le dijo a su sirviente: "¿Qué ves?" "Veo que hay un tapete extendido", respondió su criado. Luego le dijo a su sirviente: "Vuélvete a un lado y aparta la estera". Después de dejar el lugar, R. Chisda le dijo: "¿De dónde sabías que te iban a jugar una mala pasada?" R. Shesheth respondió: "En primer lugar, porque me has advertido y, en segundo lugar, porque el pasaje que recitó el niño me llamó la atención; en tercer lugar, porque se sospecha que los sirvientes del exilarca son deshonestos".

(Eclesiastés 2, 8) Conseguí hombres cantantes y mujeres cantantes, y las delicias de los hijos de los hombres, y Shidda y Shidath; es decir, cantantes masculinos y cantantes femeninos, se refiere a diferentes instrumentos musicales y el deleite de los hijos de los hombres se refiere a piscinas y baños. En cuanto a Shidda y Shiddath aquí (en Babilonia) se interpretó que significaba demonios masculinos y demonios femeninos, mientras que en Occidente (la tierra de Israel) dijeron que significa carruajes [para señores y damas, respectivamente]. Dijo R. Jochanan: "Trescientos" tipos diferentes de demonios se encontraban en Sichin [todos los cuales eran conocidos por mí], sin embargo, el tipo llamado Shidda es desconocido para mí ". El maestro dijo anteriormente:" Aquí (en Babilonia) se interpretó que significaba demonios masculinos y demonios femeninos. "¿Con qué propósito los requirió el rey Salomón? El siguiente pasaje responderá (1 Reyes 6, 7) Y la casa, cuando estaba en construcción, se construyó con piedra que estaba lista antes de ser llevada allí, etc. Porque antes de que comenzara la operación [del Templo], Salomón preguntó a los rabinos: "¿Cómo lograré esto?" (sin usar herramientas de hierro). A lo que respondieron: "Está el Shamir, con el que Moisés cortó las piedras preciosas del Efod". "¿Dónde se encuentra?" Salomón preguntó a los rabinos. A lo que ellos respondieron: "Que vengan un demonio macho y una hembra" y los obligas a ambos; tal vez ellos lo sepan y te lo revelen ". Luego conjuró en su presencia a un demonio masculino y femenino, y los torturó. Pero en vano, porque dijeron: "No sabemos su paradero, y no podemos decirlo; tal vez Ashmedai, el rey de los demonios, lo sepa". "¿Pero dónde se le puede encontrar?" Salomón les preguntó. Ellos respondieron: "En ese monte está su residencia. Allí tiene un pozo y, después de llenarlo de agua, lo cubrió con una piedra y lo selló con su propio sello. Diariamente asciende al cielo y estudia en la escuela allá arriba; luego baja y estudia en la escuela de aquí abajo. Después de esto, va y examina el sello, luego abre el hoyo y después de saciar su sed lo tapa de nuevo, lo sella y se va ".

Entonces Salomón envió a Benayahu, el hijo de Yehoyadu, proporcionándole una cadena y un anillo, en los cuales estaba grabado el nombre de Dios. También le proporcionó un vellón de lana y varios odres de vino. Entonces Benayahu fue y cavó un hoyo debajo del de Ashmedai del que drenó el agua y tapó el conducto con el vellón. Luego se puso a trabajar y cavó otro agujero más arriba que proporcionó con un canal que conducía al pozo vacío de Ashmedai, por lo que el pozo se llenó con el vino que había traído. Habiendo nivelado el suelo [para no despertar sospechas] subió a un árbol cercano [para ver el resultado]. Después de un rato, Ashmedai vino y examinó el sello y, al ver que todo estaba bien, levantó la piedra, pero [para su sorpresa] encontró vino en el pozo. Durante un rato se quedó murmurando: "Está escrito (Pr. 20, 1) El vino es un burlador; La bebida alcohólica es alboroto, y todo el que se libra de ella no es sabio. Y nuevamente, (Os.4, 11) La prostitución, el vino y el vino nuevo quitan el corazón. Por tanto, no la beberé. "Pero cuando tuvo sed, no pudo resistir más la tentación. Procedió a beber de ella cuando, embriagado, se acostó a dormir. Entonces Benayahu salió [de su emboscada] y ató la cadena alrededor del cuello del durmiente. Ashmedai. cuando despertó, comenzó a inquietarse y echarse a humo, y habría arrancado la cadena que lo ataba, si Benayahu no lo hubiera advertido, diciendo: "El nombre de tu Señor está sobre ti". [mientras se dirigían a Salomón] llegaron a una palmera, contra la cual Ashmedai se frotó, hasta que la arrancó y la tiró. Cuando se acercaron a una choza, la viuda pobre que la habitaba salió y le suplicó que no frotarse contra ella, sobre la cual, cuando de repente se inclinó hacia atrás,Pr. 25, 15) Y una respuesta amable le rompe el hueso. "Al ver que un ciego se apartaba de su camino, lo dirigió correctamente. Hizo lo mismo con un hombre que había sido abrumado por el vino, dirigiéndolo correctamente. A la vista de un En la fiesta de bodas que transcurría regocijado, lloró; pero se echó a reír cuando en una zapatería escuchó a un hombre pedir un par de zapatos que durarían siete años; y cuando vio a un mago en su trabajo estalló en gritos de desdén.

Al llegar a la ciudad real, pasaron tres días antes de que le presentaran al rey Salomón. El primer día preguntó: "¿Por qué no me invita el rey a su presencia?" "Porque ha bebido demasiado y no está sobrio", fue la respuesta. Entonces Ashmedai levantó un ladrillo y lo colocó sobre otro. Cuando el rey Salomón fue informado de esto, dijo: "Con esto quiso decir, ve y emborrachalo de nuevo. Al día siguiente, Asmedai volvió a preguntar:" ¿Por qué no me invita el rey a su presencia? " ha comido demasiado ". Después de lo cual Ashmedai quitó el ladrillo de la parte superior del otro. Cuando se informó de esto, al rey, este le dijo:" Con esto quiso decir, limitarlo en su comida ". Después del tercer día estaba introducido a la aventura. Tomó un palo, y con él midió cuatro subits en el suelo y luego lo arrojó ante el rey, comentando: "Cuando mueras, no poseerás en este mundo más de cuatro codos de tierra; ahora, cuando hayas conquistado el mundo entero, no estuviste satisfecho hasta que tú también me hubieras vencido ". A lo que el rey le respondió: "No quiero nada de ti, pero deseo construir el Templo y necesito el Shamir". A lo que Ashmedai respondió de inmediato: "El Shamir no está confiado a mi cargo, sino al Príncipe del mar, y eso sólo con un juramento que se lo devolverá". "¿Pero qué hace el gallo salvaje con el Shamir?" Preguntó Solomon. A lo que Ashmedai respondió: "Él lo lleva a una montaña rocosa y estéril, y por medio de él corta la montaña en dos, en la hendidura de la cual,

Benayahu le preguntó a Ash medai por qué cuando vio que el ciego se extraviaba, interfirió tan rápidamente para guiarlo. "Porque", respondió él, "se proclamó en el cielo acerca de ese hombre que era perfectamente justo, y que quien le hiciera un favor merecería la herencia del mundo futuro". "Y cuando viste al hombre abrumado por el vino y se apartaba de su camino, ¿por qué lo enderezaste de nuevo?" "Porque", replicó de nuevo Ashmedai, "se anunció en el cielo que era extremadamente malvado, y le he prestado un buen servicio, para que cualquier bien que haya hecho, lo disfrute en este mundo". "¿Y por qué lloraste cuando viste la alegre fiesta de bodas?" Respondió: "Num. 23, 32) ¿Tiene la fuerza de un unicornio, sobre qué tradición alega que la palabra fuerza se refiere a ángeles ministradores, y la palabra unicornio se refiere a demonios? ". Ashmedai respondió:" Solo quítame esta cadena de mi cuello y dame tu sello. anillo, y pronto te mostraré mi superioridad ". Tan pronto como el rey Salomón cumplió con esta petición, Ashmedai lo agarró, se lo tragó; luego, extendiendo sus alas, una tocando el cielo y la otra la tierra, lo vomitó. de nuevo a una distancia de cuatrocientas millas. Es con referencia a este tiempo que Salomón dijo (Ec. 1, 3) ¿De qué le sirve al hombre todo su trabajo que trabaja bajo el sol? y (Ib. 2, 10) Esta es mi porción de todo mi trabajo. ¿Qué significa el artículo esto? Rab y Samuel discrepan sobre este punto, porque uno dijo que se refería a su bastón, mientras que el otro sostiene que se refiere a su vestidura real, con la que Salomón iba de puerta en puerta mendigando, y siempre que venía decía (Ib. 1, 12) Yo, el predicador, fui rey sobre Israel en Jerusalén. Cuando en sus andanzas llegó al Sanedrín, razonaron diciendo: "Si estuviera simplemente loco no seguiría repitiendo las mismas cosas una y otra vez; por tanto, ¿qué significa esto?" Le preguntaron a Benayahu: "¿Te invita el rey a su presencia?" "¡No!" llegó la respuesta. Luego enviaron a ver si el rey visitaba su harén. Y llegó la respuesta. "Sí, Él viene ". Entonces los rabinos enviaron un mensaje de regreso de que ellos (el harén) deberían mirar sus pies, porque los pies del demonio son como los de un gallo. A esto la respuesta fue:" Viene a nosotros en medias ". información, los rabinos escoltaron a Salomón hasta el palacio y le devolvieron la cadena y el anillo, en los cuales estaba grabado el nombre de Dios ". Arreglado con éstos, Solomon avanzó directamente hacia la cámara de presencia. Ashmedai se sentó en ese momento en el trono, pero tan pronto como vio entrar a Salomón, se asustó y alzando sus alas se fue volando. A pesar de esto, Salomón continuó temiendo mucho a él; y esto explica el pasaje (Viene a nosotros en medias. "Tras esta información, los rabinos acompañaron a Salomón al palacio y le devolvieron la cadena y el anillo, en los cuales estaba grabado el nombre de Dios". Arreglado con éstos, Solomon avanzó directamente hacia la cámara de presencia. Ashmedai se sentó en ese momento en el trono, pero tan pronto como vio entrar a Salomón, se asustó y alzando sus alas se fue volando. A pesar de esto, Salomón continuó temiendo mucho a él; y esto explica el pasaje (Viene a nosotros en medias. "Tras esta información, los rabinos acompañaron a Salomón al palacio y le devolvieron la cadena y el anillo, en los cuales estaba grabado el nombre de Dios". Arreglado con éstos, Solomon avanzó directamente hacia la cámara de presencia. Ashmedai se sentó en ese momento en el trono, pero tan pronto como vio entrar a Salomón, se asustó y alzando sus alas se fue volando. A pesar de esto, Salomón continuó temiendo mucho a él; y esto explica el pasaje (el se asustó y alzando las alas se fue volando. A pesar de esto, Salomón continuó temiendo mucho a él; y esto explica el pasaje (el se asustó y alzando las alas se fue volando. A pesar de esto, Salomón continuó temiendo mucho a él; y esto explica el pasaje (Cantares 3, 7 , 8) He aquí la cama que es de Salomón; Hay alrededor de veinte valientes, de los valientes de Israel; todos empuñan espadas siendo expertos en la guerra; cada uno tiene su espada sobre su muslo, a causa del miedo en la noche. Rab y Samuel discrepan sobre este punto; uno sostiene que Salomón era rey y laico, el otro sostiene que era rey, laico y nuevamente rey.

Tres cosas hacen que disminuya la fuerza del hombre: el miedo, los viajes y el pecado. Miedo, como está escrito (Sal. 38, 11) Mi corazón palpita, me faltan las fuerzas; viajar, como está escrito (Ib. 102, 24). Ha acortado mis días; Pecado, como está escrito (Ib, 31, 11) Me faltan las fuerzas a causa de mi iniquidad.

Gittin, Capítulo 9

(Fol. 88) R. Joshua b. Levi dijo: "La tierra de Israel no fue destruida hasta que los siete tribunales judiciales sirvieron a la idolatría, y estos son: Jeroboam, el hijo de Nabat; Basha, el hijo de Achiyah; Achab, el hijo de Omri; Jehú, el hijo de Nimsi ; Pekach, hijo de Remalyahu; Menachem, hijo de Gadi, y Oseas, hijo de Ela. Como se dice: (Jer. 15, 9) "La que ha nacido siete languidece; decae su espíritu; su sol se ha puesto cuando aún era de día, etc. "Dijo R. Ami:" ¿Dónde está el pasaje para probar que la idolatría causaría destrucción? (Deuteronomio 4, 25) Cuando engendras hijos, y los hijos de los niños. "R. Cahana y R. Assi dijeron a Rab:" Está escrito acerca de Hoshea b. Ela (11 Reyes 17, 2) E hizo lo malo ante los ojos de Jehová, pero no como los reyes de Israel; e inmediatamente después está escrito Contra él subió Shalmanesser, etc. [¿Es porque no era tan malo como los reyes anteriores que fue castigado? "] Él respondió entonces: Esto se refiere a los guardias que Jeroboam colocó para vigilar a Israel no El subir a Jerusalén fue quitado por Ela, y sin embargo los israelitas no subieron a Jerusalén. El Santo, ¡alabado sea! Entonces dijo el número de años que Israel descuida visitar Jerusalén el mismo número si sufrieran en cautiverio. "

R. Chisda dijo en nombre de Mar Ukba, y según algunos, el mismo HR Chisda dijo que M'remar dio una conferencia: "¿Cuál es el significado del pasaje (Dan. 9, 14) Por lo tanto, el Señor se apresuró a traer el mal , y Él lo trajo sobre nosotros, porque el Señor nuestro Dios es justo. ¿Es porque el Señor nuestro Dios es justo, por lo que se apresuró a traernos el mal? Pero esto significa: ¡El Santo, alabado sea! con Israel que hizo acelerar el exilio de Sedequías cuando los que fueron exiliados con Yechanyah aún estaban vivos, como se dice acerca de Yechanyah (II Reyes 24, 16) Y los artesanos y los herreros mil. Cheresh (artesano), es un nombre que se le da a alguien que cuando hace una pregunta todos se vuelven sordos (no pueden responder). Massger (herrero), es un nombre que se le da a quien cuando cierra una discusión, nunca se podría reabrir [por tener todo explicado ".] ¿Y cuántos eran? Mil. Ulla dijo:" La caridad consiste en que Él causado el exilio con dos años antes, indicado a través de la palabra V'noshantem (y habrás permanecido mucho tiempo en la tierra) ". R. Acha b. Jacob dijo:" Infiere de esto que pronto significa por el Omnipotente ochocientos cincuenta -dos años."

Se nos enseña en un Baraitha que R. Tarphon solía decir: "Dondequiera que encuentres tribunales paganos, aunque ellos decidan juicios de acuerdo con la ley de Israel, uno no debe apelar a ellos; porque se dice: (Ex. 21, 1) Y esas son las leyes de la justicia que les pondrás ante ellos, es decir, ante ellos (el Sanedrín) y no ante los particulares.

Este es el hábito de una persona inmoral que ve a su esposa caminar en medio de la calle con el cabello extendido mientras realiza su trabajo (Ib. B) y no evita hacer cosas indecorosas. Con respecto a una esposa así, es meritorio divorciarse de ella, como se dice (Deut. 24, 1) Porque ha encontrado algo escandaloso en ella, etc.,.... y la despida de su casa; ella va y se convierte en la esposa de otro hombre. El pasaje, dice otro: Esto es para decirnos que ella no fue la compañera del primero. Éste echó a la malvada de su casa y aquel acogió a una mujer tan malvada en su casa; si el segundo tiene méritos también la despedirá por divorcio, como se dice (Ib.) Y el marido de este último la odia, etc., pero si no (si no tiene méritos) entonces ella lo enterrará, como se dice (Ib) O es el marido de este último, quien la tomó por esposa, debe morir; es decir, el marido de este último merece la muerte, porque éste envió a la malvada de su casa y aquél la llevó a su casa "(Mal. 2, 16).) Porque odia despedir [a la esposa]. R. Juda dice: "Si uno odia a su esposa, debe despedirla" [divorciarse de ella], R. Jochanan dice: "Se odia al que se divorcia de su esposa. Sin embargo, ambos no difieren: el último se refiere al primero el matrimonio y el primero se refiere al segundo matrimonio. R. Elazar dijo: "Cualquiera que se divorcie de su primera esposa, hasta el altar derrama lágrimas sobre él, como está dicho (Ib. ib. 13) Y esto además lo hacéis; cubrís el altar del Señor con lágrimas, con llanto y suspiros, en tanto que ya no hace caso de las ofrendas, ni las recibe con buena voluntad de vuestra mano. Sin embargo, dice: '¿Por qué? Porque Jehová ha sido testigo entre tú y tu mujer de tu juventud, contra quien traicionaste; aunque ella es tu compañera y esposa de tu pacto ".

FIN DE GITTIN.

Sotah, Capítulo 1

SOTA (Fol. 2) Se nos enseña que el Rabino dice: "¿Por qué se coloca el capítulo de Nazareo junto al capítulo de Sota? Para enseñarnos que si uno ve a una Sota en su estado corrupto, debe abstenerse de beber vino".

R. Samuel b. Isaac dijo que cuando Resh Lakish iba a dar una conferencia sobre el tema de Sota, diría: "Se elige una esposa [en el cielo] para cada hombre, de acuerdo con sus obras, como se dice (Sal. 125, 3).) Porque el cetro de la maldad no descansará sobre el bastón de los justos ". Raba bb Ghana dijo en el nombre de R. Jochanan:" Unir parejas es tan difícil como la división del Mar Rojo, porque se dice (Ib. 68, 7) Dios coloca a los solitarios en medio de sus familias; Él saca a los que están destinados a la felicidad. "No leas Motzi (saca), sino léelo K'motzi (como dar a luz). [De ahí que se comparen entre sí.] ¿Es realmente tan difícil unir parejas? ¡He aquí! R. Juda dijo en nombre de Rab: "Cuarenta días antes de la creación de un niño, una voz celestial surge y dice: 'La hija de fulano de tal se casará con el hijo de fulano de tal; los locales de fulano de tal serán propiedad de fulano de tal; por lo tanto, está preestablecido. Esto no es difícil de explicar.

(Fol. 3b) (Ib. B) H. Chisda dijo: "La inmoralidad en un hogar es como un gusano en las plantas llenas de vida". Y R. Papa dijo: "La ira en un hogar es como un gusano en una planta de Sesama". Ambas declaraciones se refieren a la conducta de las mujeres, pero no de los hombres.

R. Chisda dijo además: "Al principio, antes de que Israel cometiera pecados, la Shejiná moraba con todos y cada uno, como se dice: (Deut. 23, 15) Porque el Señor tu Dios camina en medio de tu campamento, pero tan pronto como Israel cometió pecado, la Shejiná se apartó de ellos, como está dicho: (Ib) Que Él no ve nada indecoroso en ti, y se aparta de ti '".

R. Samuel b. Nachmeni dijo en el nombre de R. Jonathan: "Cualquiera que haga un mertel mundo venidero, como está dicho (Is. 58, 8) Y delante de ti irá tu justicia, la gloria del Señor será tu recompensa. Comete un crimen en este mundo, se aferra a él y va delante de él en el día del juicio, como se dice (Job. 6, 18) "Se le pegarán las veredas de sus caminos". R. Elazar dijo: "Se aferra a él como un perro se aferra a su amo, como está dicho (Gn. 39, 10) Y él no la escuchó para acostarse junto a ella o para estar con ella; es decir, mentir junto a ella, en este mundo; o estar con ella, en el mundo venidero.

(Fol. 4b) Avira expuso, a veces en nombre de R. Ami y otras veces en nombre de Rab Assi: "El que come pan sin haberse lavado las manos previamente es como quien ha cometido adulterio; el pasaje dice (Pr .6, 36) Porque por causa de una ramera, el hombre es rebajado a una barra de pan; una mujer adúltera incluso buscará la vida preciosa ". Raba, sin embargo, dijo:" Si este fuera el significado, entonces en lugar de a causa de una ramera a la hogaza de pan perdida, debería haber sido leído por el pecado de ramera a un rebanada de pan. Raba, sin embargo, dijo: "Quienquiera que cometa adulterio será finalmente reducido para adaptarse a un estado en el que tendrá que buscar una barra de pan". R. Elazar dijo: "Quien sea negligente en la observancia de lavarse las manos antes de comer será desarraigado del mundo". R. Chiya b. Ashi dijo en nombre de Rab: "Mientras se lava las manos antes de la comida, uno debe levantar las manos; pero mientras se lava las manos después de la comida (en mayim achromim), debe mantener las manos hacia abajo". También se nos enseña en un Baraitha, que quien se lave las manos [antes de comer] debe levantarlas para que el agua no fluya hacia sus manos, lo que puede hacer que sus manos se vuelvan impuras. R. Abahu dijo: "Quien coma pan sin haberse secado las manos con el agua con que se las lavó, se considera como si estuviera comiendo pan inmundo". (Ez. 4, 13) Así comerán los hijos de Israel su pan inmundo entre las naciones donde yo los arrojaré. ¿Cuál es el significado del pasaje (Pr.6, 26) Y una mujer adúltera incluso buscará la preciosa vida. Dijo R. Chiya b. Abba, en el nombre de R. Jochanan: "Cualquier hombre que posea presunción al final tropezará con un crimen adúltero, como se dice. Una mujer adúltera incluso buscará la vida preciosa". "Si este es el significado del pasaje", comentó Raba, "entonces, ¿por qué dice vida preciosa? Debería leer más bien vida presuntuosa, y nuevamente debería haber dicho, ella buscará". Raba, por tanto, dijo: "Esto significa que quien comete el delito de adulterio, aunque haya estudiado la Torá, sobre la cual se dice (Ib. 3, 15). Ella es más preciosa que las perlas, lo que significa que es más preciosa. que el Sumo Sacerdote que entraría en el Lugar Santísimo del Templo,

R. Jochanan dijo en el nombre de R. Simon B. Jochai: "El que posee una naturaleza presuntuosa es como el que sirve a los ídolos; porque se dice (Ib. 16, 5) Una abominación del Señor es todo el que se enorgullece de corazón, y el siguiente pasaje dice (Deut.7, 26) Y no introducirás abominación en tu casa. "R. Jochanan, por su propia autoridad, dijo que tal hombre es considerado como si derivara el principio de religión (la unidad de Dios), etc., porque se dice (Ib . 8, 14) Entonces no se enaltezca tu corazón y te olvidarás del Señor tu Dios. R. Chama b. Chanina dijo: "Se considera que un hombre así ha violado todo el capítulo de los llamados crímenes del Levirato. ; porque acerca de la presunción está escrito: Abominación del Señor es todo el que es orgulloso de corazón, y está escrito nuevamente acerca de los crímenes del Levirato (Lev. 18, 27) Porque todas estas abominaciones han cometido los hombres de la tierra. "Ulla dijo: "Tal hombre se considera como si hubiera construido un altar pagano como se dice (Is. 2, 22Apartaos, pues, del hombre, cuyo aliento está en su nariz, porque ¿por qué es de estima? No leas Bame (para qué), pero léelo Bamah (un altar pagano) ".

¿Cuál es el significado de (Pr. 11, 21) De mano en mano, el hombre malo no quedará impune? (Fol. 5) Dijo R. Jochanan: "Como un hombre que cometió adulterio, aunque da caridad en secreto, acerca de lo cual está escrito (Ib. 21, 14) Un regalo en secreto pasifica la ira, y un soborno en el pecho , fuerte furor, sin embargo, no será "absuelto del juicio del Gehena".

¿De dónde encontramos una advertencia contra las presunciones? Raba, en el nombre de R. Zera, dijo: "De lo siguiente (Jer. 13, 15) Oíd, y aguza el oído, no seas orgulloso". R. Nachman b. Isaac dijo: "De lo siguiente (Deut. 8, 14) entonces se enaltezca tu corazón, y te olvides del Señor tu Dios, y en el pasaje anterior está escrito. Ten cuidado de no olvidar. Esto es para Ser explicado, como lo hizo Abin en nombre de R. Illai, porque R. Abin dijo en nombre de R. Illai: "Dondequiera que encontremos, tengamos cuidado, no sea que, o no, se introduzca una ley prohibitiva". Avira expuso, a veces en nombre de R. Ami, y otras veces en nombre de R. Assi: "El que posee altivez al final se volverá pequeño [de mala reputación], como se dice (Job. 24, 24).) Son exaltados por un tiempo. Se podría suponer que perdurará en el mundo, por eso dice: Ya no existen. Sin embargo, si se retracta de su curso, entonces se alejará del mundo en su debido tiempo, como se dice más adelante, sin embargo, ellos humillaron: como todos los demás (Kakol) están reunidos; es decir, como Abraham, Isaac y Jacob, acerca de los cuales está escrita la palabra similar (Gen. 24 ,) Bakol (Ib., ib. 27) Mikol (Ib., ib. 23) Kol. Pero, si no se retracta, entonces (Job 24, 24) Y marchitarse como las puntas de las mazorcas de maíz ". ¿Cómo se explica el pasaje anterior, Y marchitarse como las puntas de las mazorcas de maíz? R. Huna y R. Chisda lo explicaron. Uno dijo que significa como las espigas de la mies, mientras que el otro dice que se refiere a la espiga de la mies. Es bastante evidente según el que dice que se refiere a la espiga de la mies. cimas de las mazorcas de maíz, pero con respecto a quien explica que se refiere al tallo de una paja misma, ¿cuál es el significado de Y marchitarse como las puntas de las mazorcas de maíz? Dijo R. Ashi, y así también se nos enseña en el colegio de R. Ishmael: "Esto puede compararse con un hombre que fue a su campo; escogió y sacó todas las más altas [que estaban completamente desarrolladas] ". Así también el Señor saca a los más altos (presuntuosos). (Es. 57,15) Sin embargo, también habito con los contritos y humildes de espíritu. R. Huna y R. Chisda lo explicaron; uno dijo: "Esto significa que los humildes están conmigo. [Yo los exalto]". El otro, sin embargo, dice: "Yo estoy con los humildes [Me rebajo a ellos]". La interpretación, "Yo estoy con los humildes". humilde "es más aceptable; porque así encontramos que el Santo, ¡alabado sea! hizo que Su Shejiná descansara en el monte Sinaí, [descendiendo sobre la colina], pero no elevó el monte Sinaí. R. Joseph dijo: "Un hombre siempre debe aprender una lección de la ética de su Creador; ¡por el Santo, alabado sea! ¡Despreció todas las demás colinas y montañas elevadas e hizo que Su Shejiná descansara en el monte Sinaí [que no es entre los más altos) ".

R. Elazar dijo: "Y el que posee altivez merece ser cortado como un árbol [bosque] dedicado a la idolatría; porque acerca de la presunción está escrito (Is. 10, 33) Y los de gran crecimiento serán talados, y en cuanto a un árbol [de la arboleda], está escrito (Dpto. 7, 5) Y sus arboledas no echaréis de tierra. R. Elazar dijo además: "Cualquiera que posea altivez no gozará de la resurrección; porque está dicho (Is. 26, 19) ¡Despertad y cantad, los moradores del polvo! es decir, no está escrito que mienten en el polvo sino que moran en el polvo, inferimos que esto significa el que habitó en el polvo (se bajó a sí mismo) durante su vida ". R. Elazar dijo además:" Cualquiera que posee altivez causa la Shejiná para lamentarse por él, como se dice (Sal.138, 6) Porque aunque el Señor es exaltado, no obstante mira a los humildes, y a los altivos conoce de lejos ". R. Avira, y según otros R. Elazar expuso:" Ven y mira cómo la costumbre del Santo, alabado ¡Sea Él! es diferente a la costumbre del hombre frágil. La costumbre de los hombres frágiles es que un gran hombre mirará a otro gran hombre, pero uno grande no mirará a uno humilde; la costumbre del Santo, ¡alabado sea! sin embargo, no es así, porque Él es elevado y, sin embargo, ve a los humildes, como está dicho. Porque aunque el Señor es alto, considera a los humildes, ya los altivos conoce de lejos ".

R. Chisda dijo en nombre de Mar Ukba: "Todo hombre que posee altivez, el Santo, ¡alabado sea Él! Dice acerca de él: 'Yo y él no podemos vivir en el mismo mundo', como se dice (Ib. 101). , 5) Al que calumnia en secreto a su prójimo, lo destruiré; al que es soberbio de ojos y altivo de corazón, no lo soportaría yo. " No lean a Otho [él], pero lean Itho [con él]. Pero otros, sin embargo, explican el pasaje anterior para referirse a los chismosos, como se dice. El que calumnia en secreto a su prójimo. R. Alexanderi dijo: "Quien posea altivez, incluso en el más mínimo grado, causará su ruina, como se dice (Is. 57, 20) Pero los impíos son como el mar revuelto; jar nunca puede estar en reposo. Si el mar, que contiene tantos litros de agua, es sin embargo agitado por la más mínima brisa, ¿cuánto más debería afectar una ligera suposición a un hombre en el que solo hay un litro de sangre? "R. Chiya b. Ashi dijo en el nombre de Rab: "Un erudito debe poseer un octavo de un octavo (un sesenta y cuatro) de orgullo". R. Huna, el hijo de R. Joshua, dijo: "Esto conviene a un erudito como los oídos del grano de la cosecha en pie ". Raba dijo:" Bajo prohibición debe estar cualquiera que lo posea en gran escala; bajo proscripción, y de nuevo bajo proscripción, debe estar el que no lo posea en absoluto ". R. Isaac, sin embargo, dijo:" No se debe poseer ni el todo ni un poco, porque ¿cómo podemos considerar tan leve la advertencia, (Pr. 16, 5) Una abominación del Señor es todo el que se enorgullece de corazón ".

Ezequías dijo: "La oración de un hombre no se escucha a menos que se considere tan blando como la carne, [pero no duro como una roca]; porque está dicho (Is. 66, 23). de luna nueva a otra luna nueva, y que de un sábado a otro, si toda carne llegara a actuar de manera próspera en este mundo, proceda a que él se intrate ante Mí, dice el Señor ". R. Zera dijo: "Respecto a la carne, está escrito (Lev. 13, 18) Es curado, pero en lo que respecta al hombre, la palabra 'curado' no está escrita ". R. Jochanan dijo:" La palabra Adán significa Aphar (polvo), sangre daam y hiel en masa; Bossor (carne) significa busha (vergüenza), scrucha (olor) y Zima (gusanos). Según otros significa: Busha (desgracia) (gracia) y Rima (gusanos), porque está escrito con Shin. R. Ashi dijo: "Todo hombre que posee altivez perderá reputación, como se dice (Ib. 14, 56) Y para una hinchazón por un levantamiento y la palabra S'eth (levantamiento) se refiere a altivez, como se dice (Is. 2, 14) Y sobre todas las montañas altas (nissa'ah) y sobre todas las colinas exaltadas y sapachas (hinchazón) no se refiere a nada más que a una cosa mal considerada, como se dice (I Sam. 2, 36) Y él dirá, 'Adjúntame, (Safcheni) te ruego, a uno de los oficiales sacerdotales para que pueda comer todo el pan.' "R. Joshua b. Levi dijo:" Ven y mira cuán grandemente son los humildes-enérgico considerado ante el Santo, alabado sea, porque en la época en que existía el Templo, si un hombre traía un holocausto, recibía la recompensa de un holocausto, y si uno traía una ofrenda de comida, recibía la recompensa de una ofrenda de comida, pero un hombre que posee un espíritu humilde es considerado por la Escritura como si hubiera traído toda clase de sacrificios, como se dice (Sal.51, 19) El sacrificio de Dios es un espíritu quebrantado . Y no sólo esto, sino que ni siquiera su oración es rechazada, como se dice además. Un corazón contrito y humillado, oh Dios, no despreciarás ".

R. Joshua b. Levi dijo: "Aquel que pesa sus caminos en este mundo para [encontrar el camino correcto] será recompensado al ver la salvación del Santo, alabado sea Él, como se dice (Sal. 50, 43) Y al que ordenó bien su proceder, le mostraré la salivación de Dios ". No lo leas V'sham sino V'sam.

(Fol.7b) A nuestros rabinos se les enseñó: La corte lee ante ella (la Sata) parábolas e incidentes mencionados en el primer Hogiograph, como el (Job 15, 18) Lo que los sabios han contado alguna vez, y no han ocultado, como lo obtuvieron de su padre. Esto se refiere a Judá, quien confesó [su crimen] y no se sintió avergonzado. ¿Cuál fue el resultado? Logró heredar el mundo futuro. Rubén confesó y no se sintió avergonzado. ¿Cuál fue el resultado de su confesión? Logró heredar el mundo futuro. ¿Y cuál fue su recompensa? Bueno, acabamos de decir cuál fue su recompensa. Por tanto, la pregunta debe explicarse así: ¿Cuál fue su recompensa en este mundo? (Ib., Ib. 19) A quien solo se le dio la tierra, y ningún extraño pasó entre ellos. Se comprende fácilmente con respecto a la confesión de Judá, porque encontramos que confesó, como se indica en el siguiente pasaje (Génesis 39, 26).) Y Judá los reconoció, etc. "Pero en cuanto a Rubén, ¿de dónde sabemos que confesó?" dijo R. Samuel b. Nachman (como se explicó completamente Babba Kamma 92). ...

(Fol. 8b) Se nos enseña en un Baraitha, R. Maier tenía la costumbre de decir: "¿De dónde aprendemos que la misma escala con la que el hombre mide a otros se le aplicará a él? será tratado]? Se dice (Is. 27, 8) En plena medida Tú la envías. Tú contiendes con ella. Esto probaría solo que el Señor mide por la S'ah [paga solo los grandes pecados pero pasa por alto los pequeños.] ¿De dónde inferimos que incluso para un Tarkab, la mitad de un Tarkab, la mitad de un Kab, un cuarto de un Kab y un octavo de un Kab e incluso medidas más pequeñas que estas, que ¿Deben medirse con la medida exacta? Por eso dice (Is. 9, 4) Por todas las armas del luchador en el tumulto de la batalla. ¿Y de dónde aprendemos que todos y cada uno de los pequeños delitos se suman a la cuenta total? Por eso se dice (Ec. 7, 27) Sumando una cosa a la otra para averiguar la cantidad. Y así también encontramos en el caso de una Sota que con las medidas exactas con las que mide a los demás, se le mide a ella, etc.

Ya que hemos inferido represalias del pasaje (Ecc.) Sumando una cosa a la otra para averiguar la cantidad. ¿Por qué es necesario el pasaje (Is. 9, 4) para todas las armas del luchador en el tumulto de la batalla? El último pasaje consiste en inferir que la medida exacta se reparte. Pero dado que inferimos que se trata de las medidas exactas del segundo versículo, ¿por qué es necesario citar el primero en su totalidad? Tú la envías. ¿Contiendes con ella? El último pasaje es necesario para la inferencia de R. Chanina b. Papá; para R. Chinaniah b. Papá dijo: "El Santo, alabado sea, no exige pago (castigo de una nación hasta que despide (destruye)), como se dice (Is. 27, 8).) En toda medida, Tú la envías, etc. "Si es así, ¿no ha dicho Raba:" ¿Con qué propósito se mencionan las tres copas de dispensación relativas a Egipto? Uno se refiere al tiempo de Moisés; uno se refiere a la época del faraón-necho y el tercero se refiere al futuro, cuando está destinada a beber junto a sus vecinos. ¿De ahí vemos que Egipto no fue destruido con el primer castigo? ¿Quizás quiere decir que fue destruido, pero el que se menciona en el pasaje se refiere a otro Egipto? De hecho, se nos enseña en contra de esto en el siguiente Baraitha. R. Juda dijo: "Minyamin, el prosélito egipcio, fue discípulo de R. Akiba y mi asociado. Minyamin, el prosélito egipcio, dijo: 'Soy un prosélito egipcio de la primera generación, Entonces me casaré con un proselitista egipcio de la primera generación, luego me casaré con un proselitista de la segunda generación con mi hijo para que se le permita a mi nieto entrar en la congregación judía '. [Por lo tanto, los egipcios de hoy son las mismas personas mencionadas en la Torá]. Por lo tanto, debemos decir que si R. Chinena b. Papá dijo algo, lo dijo en esta forma: "¡Alabado sea el Santo! No castiga a ningún rey hasta que sea expulsado (destronado) como se dice: En toda medida cuando Tú la envíes. Tú contiendes con ella." Ammemar aplicó el dicho de R. Chinena b. Papá a esto: "¿Cuál es el significado del siguiente pasaje ([Por lo tanto, los egipcios de hoy son las mismas personas mencionadas en la Torá]. Por lo tanto, debemos decir que si R. Chinena b. Papá dijo algo, lo dijo en esta forma: "¡Alabado sea el Santo! No castiga a ningún rey hasta que sea expulsado (destronado) como se dice: En toda medida cuando Tú la envíes. Tú contiendes con ella." Ammemar aplicó el dicho de R. Chinena b. Papá a esto: "¿Cuál es el significado del siguiente pasaje ([Por lo tanto, los egipcios de hoy son las mismas personas mencionadas en la Torá]. Por lo tanto, debemos decir que si R. Chinena b. Papá dijo algo, lo dijo en esta forma: "¡Alabado sea el Santo! No castiga a ningún rey hasta que sea expulsado (destronado) como se dice: En toda medida cuando Tú la envíes. Tú contiendes con ella." Ammemar aplicó el dicho de R. Chinena b. Papá a esto: "¿Cuál es el significado del siguiente pasaje (Mal. 3, 6) Porque yo, el Señor, no cambies; y vosotros, hijos de Jacob, no habéis sido consumidos; es decir, porque yo, el Señor, no cambio, no he herido a una nación y lo he repetido una vez más; y vosotros, hijos de Jacob, no habéis sido consumidos, como está escrito (Deut. 33, 23) Todas mis flechas gastaré en ellos; es decir, mis flechas se gastarán, pero ellos (Israel) no se gastarán ". R. Chinena dijo:" El Santo, alabado sea, no castiga a un hombre hasta que su medida de iniquidades esté llena, como se dice (Job. 20, 22) En la plenitud de su abundancia será recto ",

R. Chinena b. Papá dijo: "¿Cuál es el significado del siguiente pasaje (Sal. 33, 1) Alégrate, oh justos en el Señor; porque para los justos la alabanza es conveniente. No leas [Nova-Tahilla] la alabanza es conveniente, sino lee [Nova-Tehilla] sobre el edificio que merece alabanza. Esto se refiere a Moisés y David cuya obra el enemigo no tuvo el poder de destruir; David, como está escrito (Lamentaciones 2, 9) Hundió hasta el suelo sus puertas , por lo tanto, el enemigo no lo destruyó. Moisés, porque el maestro dijo: Desde el momento de la terminación del primer templo, el tabernáculo, junto con sus ganchos, tablas, barras y pilares, fueron escondidos milagrosamente ". ¿Dónde estaban escondidos? Dijo R. Chisda en nombre de R. Abimi: "En el suelo del Santuario".

A nuestros rabinos se les enseñó que Sota miraba cosas que no le pertenecían; la consecuencia fue que no obtuvo lo que deseaba, e incluso lo que tenía le fue quitado. Porque quienquiera que mire a desear cosas que no le pertenecen, el resultado será que no solo no obtendrá su deseo, sino que incluso lo que le pertenece también le será quitado. (Ib. B) Y así también encontramos en el caso de la primera serpiente que echó un vistazo a una cosa que no le pertenecía y la consecuencia fue que lo que deseaba no lo obtenía, e incluso lo que sí tenía. también fue tomado de él. En ese momento el Santo, alabado sea, dijo a la serpiente: "Contemplé convertirla en rey de todas las bestias y animales, pero ahora [cuando desea cosas que no le pertenecen] (Ib. 3, 14) Maldito seas tú entre todas las bestias y entre las demás bestias del campo. Te había ordenado que fueras directo, pero ahora, ya que quieres [reinar incluso sobre el hombre] (Ib., Ib., Ib.) Sobre tu vientre irás; Pensé que su comida sería comida humana, pero ahora (Ib) y polvo comerás. La serpiente dijo: "Mataré a Adán y luego me casaré con Eva". Por tanto (Ib) pondré enemistad entre ti y la mujer y entre tu simiente y su simiente. Así también encontramos en el caso de Caín (Ib. 4, 3-15); en el caso de Coré, (Nem. 16, 1-35) en el caso de Bilam (Ib. 22); en el caso de Doeg (pero ahora (Ib) y polvo comerás. La serpiente dijo: "Mataré a Adán y luego me casaré con Eva". Por tanto (Ib) pondré enemistad entre ti y la mujer y entre tu simiente y su simiente. Así también encontramos en el caso de Caín (Ib. 4, 3-15); en el caso de Coré, (Nem. 16, 1-35) en el caso de Bilam (Ib. 22); en el caso de Doeg (pero ahora (Ib) y polvo comerás. La serpiente dijo: "Mataré a Adán y luego me casaré con Eva". Por tanto (Ib) pondré enemistad entre ti y la mujer y entre tu simiente y su simiente. Así también encontramos en el caso de Caín (Ib. 4, 3-15); en el caso de Coré, (Nem. 16, 1-35) en el caso de Bilam (Ib. 22); en el caso de Doeg (Yo Sam. 16, 18); en el caso de Achitofel (II Sam. 17, 1-24), y con Gejazi (II Reyes 5, 20-27), con Abshalom (II Sam. Cap. 15 al 18) con Adoniyah (I Reyes 1, 13- 26), con Usyachu (II Reyes 26, 15-22) y con Hamon, quienes echaron los ojos con el propósito de obtener cosas que no les pertenecían y la consecuencia fue que no se les dio lo que deseaban e incluso lo que que tenían en sus propias manos les fue quitado.

MISNAH: Sansón siguió el deseo de sus ojos, por eso los filisteos lo cegaron, como está dicho (Jue. 16, 21) Y los filisteos lo prendieron y le sacaron los ojos; Abshalom se exaltó a sí mismo a causa de su largo cabello, por lo que fue colgado de su cabello. Debido a que actuó en violación contra las diez cuncubinas de su padre, por lo tanto, se le clavaron diez lanzas en el cuerpo, como se dice (II Sam.15) Y diez jóvenes, escuderos de Joab, hirieron a Abshalom; y debido a que robó tres corazones, el de su padre, el de la Corte Judicial y el de Israel, se le clavaron tres dardos en su propio corazón, como se dice (Ib.18, 14) Y tomó tres dardos en su corazón. mano, y los empujó, a través del corazón de Abshalem mientras aún estaba vivo [mientras colgaba] en medio del terebinto.

A nuestros rabinos se les enseñó que Sansón se rebeló contra Dios a través de sus ojos; como se dice (Jueces 14, 3) Y Sansón dijo a su padre: "Este, tómame; porque ella me agrada mucho, por eso los filisteos lo cegaron, como está dicho (Ib. 17, 21) Y los filisteos lo prendieron y le sacaron los ojos. ¿Entonces Sansón hizo algo malo? He aquí, está escrito (Ib. 14, 4). Pero su padre y su madre no sabían que era del Señor lo que buscaba una ocasión contra los filisteos. Sin embargo, él mismo fue allí solo por placer. Se nos enseña que el rabino dice: Sansón inició sus acciones corruptas en Gaza, por lo tanto, fue castigado en Gaza. Comenzó sus acciones corruptoras en Gaza, como está escrito (Ib. 16, 1) Luego fue Sansón a Gaza y vio allí una ramera, por lo tanto fue castigado en Gaza, como está escrito (Ib., Ib. 21) Y los filisteos lo prendieron, le sacaron los ojos y lo llevaron a Gaza ".

(Ib. 16, 4) Y sucedió después de esto que amó a una mujer en el valle de Shorek, que se llamaba Dalila. Se nos enseña que el rabino dice: "Incluso si ella no se llamaba Dalilah, deseaba ese nombre porque debilitaba sus fuerzas, debilitaba su corazón, debilitaba sus obras". Que ella debilitó su fuerza lo inferimos del siguiente pasaje (Ib., Ib. 19) Y su fuerza se apartó de él; que ella debilitó su corazón lo encontramos en el siguiente pasaje (Ib., ib. 18) Y cuando Dalila vio que él le había hablado de su corazón, etc. ¿Cómo lo supo? Dijo R. Chanan en nombre de Rab: "La verdad se reconoce en su distinción". Abaye dijo: "Ella estaba segura de que este hombre justo no pronunciaría el Santo

Nombre en vano. Por lo tanto, cuando dijo que soy nazareo de Dios, ella le creyó".

(Ib. 13, 25) Y el espíritu del Señor comenzó a moverlo en el campamento de Dan. R. Acha en el nombre de R. Chanina dijo: "Al tercer día se cumplió la profecía del Patriarca Jacob, como está escrito (Génesis 49, 17) Dan será una serpiente junto al camino". Para moverlo. Dijo R. Isaac, discípulo de la academia de R. Ami: "De esto inferimos que el Espíritu Santo sonaba frente a él como una campana; está escrito aquí Lpha'amo (para moverlo) y está escrito en otra parte (Ex. 28, 34) (Pa'amon) una campana de oro y una granada [de ahí que vemos que Pa'amon significa una campana. "] (Jue. 13, 25) Entre Zar'ah y Eshthael. Dijo R. Assi: "Zarah y Eshthael eran dos montañas grandes [mencionó Josué 15, 23,] pero Sansón los desarraigó y los molió uno contra el otro. "(Ib. 13, 5) Y él comenzará a librar a Israel de las manos de los filisteos. Dijo R. Acha b. R. Chaninah. (Fol. 10) "En ese momento violó el juramento de Abilmelech, quien exhortó a Isaac (Gén. 21, 23) de que no harás nada falso conmigo ni con mi hijo, ni con el hijo de mi hijo".

(Jud. Ib.28) Y Sansón clamó al Señor, y dijo: 'Oh Señor Dios, acuérdate de mí, te ruego, y fortaléceme, te ruego, esta vez, oh Dios, para que pueda ser vengado del Filisteos para mis dos ojos ". Dijo R. Juda en el nombre de Rab:" Sansón dijo en presencia del Santo, alabado sea Él: 'Soberano del Universo, recuérdame que he juzgado a Israel veintidós años y durante ese tiempo nunca le dije a un hombre 'Tráeme ni siquiera un bastón de un lugar a otro'. "

(Ib. 15, 4) Y Sansón fue y capturó trescientas zorras. ¿Por qué eligió los zorros? Said Ibbai, hijo de R. Agdi, a nombre de R. Chiya b. Abba: "Sansón dijo: 'Que el zorro que tiene el hábito de retractarse, venga e imponga nuestro castigo a los filisteos, que violaron su juramento'". Se nos enseña que R. Simón, el piadoso, dijo: "La distancia entre ambos hombros de Sansón había sesenta codos, como se dice (Ib.16, 3) Y Sansón estuvo acostado hasta la medianoche, pero se levantó a la medianoche y tomó las puertas de la puerta de la ciudad y los postes de dos puertas y se los llevó. con el cerrojo, y ponlos sobre los hombros. Y se nos enseña en un Baraitha que las puertas de Gaza no tenían menos de sesenta codos de largo ".

R. Jochanan dijo: "Sansón juzgó a Israel como lo hizo el Padre Celestial, como se dice (Génesis 49, 16) Dan juzgará a su pueblo como uno solo, etc." R. Jochanan dijo además: "Sansón fue llamado por el nombre del Santo, alabado sea Él, como está dicho (Sal. 84, 12) Porque un sol (Shemesh) y un escudo es el Señor Dios". De acuerdo con esta versión, entonces, ¿su nombre no debe borrarse? Por lo tanto, debemos decir que es similar al nombre del Santo, alabado sea. Así como el Santo, alabado sea, protegió al mundo entero, así Sansón protegió a Israel en su generación. R. Jochanan dijo además: "Bilam estaba cojo en una de sus piernas, como se dice (Núm. 23, 8) Y se fue Shefi; Sansón estaba cojo en ambas piernas, como se dice (Gen. 49, 17) Shefifon - en el camino.

A nuestros rabinos se les enseñó que cinco fueron creados con algo similar al diseño del Cielo, y al final todos fueron castigados con ese mismo diseño: Sansón con su fuerza inusual; Saúl con su cuello extraordinario; Abshalom con sus maravillosos cabellos largos; El rey Sedequías con sus inusuales ojos brillantes; y el rey Assa con sus poderosas piernas. Sansón con su fuerza, como está escrito (Jue. 16, 19) Y su fuerza se apartó de él; Saulo con su cuello extraordinario, como está escrito (I Sam.31, 4Por tanto, Saúl tomó su espada y se arrojó sobre ella; Abshalom con sus maravillosos cabellos; como está escrito (Sam. 18, 9) Y su cabeza se asió de la encina; Sedequías con sus ojos inusualmente brillantes, como está escrito (II Sam. 25, 7) ¡Y cegó los ojos de Sedequías! Assa con sus piernas poderosas, como está escrito (I Reyes 15, 23) Sin embargo, en el tiempo de su vejez enfermó de sus pies; y R. Juda en nombre de Rab dijo: "Esto significa que se enfermó de gota". Mar Zutra, el hijo de R. Nachman, le dijo a R. Nachman: "¿Qué clase de enfermedad es la gota?" Como agujas que se clavan en la carne ". ¿De dónde aprendió esto? Según algunos, el mismo R. Nachman sufrió con él, y según otros tenía una tradición de su maestro, y de nuevo, según otros,PD. 25, 14) El consejo secreto del Señor es que los que le temen y su pacto se lo den a conocer. Raba explicó: "¿Por qué el rey Assah fue castigado en sus piernas?" "Porque se apoderó de los eruditos para el servicio público, como se dice (I Reyes 15, 22) Entonces el rey Asa hizo una proclamación a todo Judá; ninguno está exento. ¿Qué significa que nadie está exento? Dijo R. Juda en el nombre de Rab : "Incluso un novio de su habitación y una novia de debajo de su dosel".

Está escrito (Jueces 14, 1) Y Sansón descendió a Timnata. De nuevo está escrito (Génesis 38, 13) He aquí tu suegro sube a Timnata para trasquilar sus ovejas. [¿Cómo se corresponden arriba y abajo?] Dijo R. Elazar, "Sansón se deshonró a sí mismo con ese viaje, por lo tanto está escrito que bajó, pero Judá se elevó a través de ese viaje, por lo tanto está escrito que sube". R. Samuel, el hijo de R. Nachmeni explicó que había dos ciudades llamadas Timnata; uno estaba cuesta abajo y el otro cuesta arriba. R. Papá dijo: "Es una y la misma Timnata solamente [estaba situada en la ladera de un cerro]. Luego uno venía de un lado, tenía que descender a él y el que venía del otro lado para ascender". la colina, similar a Vardina, Be-barei y el mercado de Narash ". Ib., Ib. 14) Y se sentó en la encrucijada. Dijo R. Alexandria: "Josh. 15, 34) Thappuach y Enaim ".

(Gén. 21, 33) Y Abraham plantó un tamarisco en Beer'sheba. Dijo Resh Lakish: "Deduzca de esto que hizo un huerto y plantó en él todo tipo de manjares". R. Juda y R. Nechemia difieren en cuanto a la explicación de este pasaje. Uno dice que el pasaje se refiere a un huerto y el otro dice que se refiere a una posada. Evidentemente es correcto según quien lo explica un huerto; porque el pasaje dice, Vayita, (y él plantó) pero en cuanto a quien lo explica una posada, ¿cuál es el significado de Vayita? (y plantó)? Tal expresión la encontramos en el siguiente pasaje (Dan. 11, 45) Vayita, él levantará las tiendas de su palacio entre mares y gloriosas montañas sagradas. (Génesis 12, 33) Y allí invocó el nombre del Señor. Dijo Resh Lakish: "No leas Vayikra y él lo llamó, sino Vayakri (Ib. B) e hizo que se llamara". Deduzca de esto que Abraham hizo que cada viajero dijera el nombre del Santo, ¡alabado sea! ¿Cómo se hizo esto? Después de haber comido y bebido, se levantaban para bendecir a Abraham, a lo que Abraham les decía: "¿Habéis comido del mío? Habéis comido de lo que pertenece al Dios del Universo; por tanto, alabad y bendecid al que hablaba. y el mundo llegó a existir ".

Debido a que se había cubierto la cara, ¿pensaba él que era una ramera? [¿No es al contrario?] R. Elazar dijo que esto significa: Ella se había cubierto el rostro cuando estuvo en su casa, por eso él no la conocía. de David; y profetas, como dijo R. Levi: "Una novia que es casta en la casa de su suegro, será recompensada porque de ella descenderán reyes y profetas". ¿De dónde inferimos esto? De Tamar Cuando fue conducida, envió a su suegro. El texto debe tener la palabra Meutzeas, en la voz pasiva [en lugar de Motzes en la voz activa]. R. Elazar dijo: Esto significa que después de que ella produjo los signos [del sello, la bufanda y el báculo], vino el ángel Samael y se los quitó,PD. 56 1otros dicen que R. Jochanan lo dijo en nombre de R. Simon b. Jochai: "Es mejor para un hombre ser arrojado a un horno de fuego que ser el medio de avergonzar a otro en público. Inferimos esto de Tamar". (Génesis 38, 25) (Ib., Ib., Ib.) Te lo ruego reconozco. Dijo R. Chama b. Chanina: "Con la palabra Haker (reconoció), Juda informó a su padre [sobre la desaparición de José] y con la palabra Haker (reconoció) fue informado Juda de las malas noticias [sobre el asunto de Tamar]; es decir, con la palabra Haker hizo Judá informa a su padre, (Ib. 37. 32) Hakerna (reconozca), le rogamos, ya sea que sea la túnica de su hijo o no, y con la palabra Haker fue informado Judá Haker (reconozca) Te ruego a quién pertenezca el sello , bufanda y bastón! " Reconoce, te lo ruego, que la palabra Nah no significa nada más que rezar. Así le dijo a Judá: "Te ruego que reconozcas a tu Creador y no apartes tus ojos de mí". Y Juda los reconoció. Y esto se refiere a R. Chama b. Bizna, quien dijo en nombre de R. Simón el piadoso: "José,PD. 81) pero Judá, que santificó públicamente el nombre del cielo, fue recompensado para que su nombre completo fuera igual al del Santo, alabado sea ". Tan pronto como confesó y dijo, una voz divina salió y dijo:" Tú has Salvó a Tamar con sus dos hijos de ser quemados en el fuego, juro por tu vida que salvaré por tus méritos a tus tres hijos de ser quemados en el fuego. "¿Quiénes son? Chanania, Misael y Azaria. Ella es justa, es de mí. ¿Cómo lo supo? Una voz divina salió y dijo: "De mí salieron las cosas secretas" (Ib., ib., ib.) Dijo Samuel el mayor, el suegro de R . Samuel b. Ama: "Esto significa que desde que la conoció nunca la abandonó, porque está escrito (Deut. 5, 19) Una gran voz v'lo yassph. [Así como en el último caso significa para siempre, también significa en el primer caso] ".

"Abshalom se exaltó a sí mismo con su cabello", etc. A nuestros rabinos se les enseñó que Abshalom se rebeló [contra su padre] a través de su cabello, como se dice (II. Sam. 14, 25) Y como Abshalom no hubo hombre tan guapo en todo Israel, por lo que fue muy elogiado. Desde la planta del pie hasta la coronilla, no tenía ninguna mancha. Y cuando se afeitaba [el cabello de su cabeza], y era al final de cada año que se lo afeitaba porque le pesaba demasiado, pesaba el cabello de su cabeza en doscientos siclos por el peso del rey. . Se nos enseña que esto significa que el peso era como uno de los usados entre los tiberianos y ziporianos. Por tanto, fue colgado de sus cabellos, como se dice (Ib. 15, 9). Y sucedió que Abshalom se presentó ante los siervos de David. Y Abshalom iba montado en una mula, y la mula se acercó a las gruesas ramas de un gran roble, y su cabeza se agarró a la encina. Se enseñó en la escuela de R. Ishmael que tomó sus tijeras y quería cortarse el cabello, pero él en ese momento vio a Gehena abrirse debajo de él [lo cual lo asustó] (Ib. 19, 1) Y el rey se conmovió mucho y subió a la cámara superior de la puerta y lloró; y así dijo mientras iba: '¡Oh, mi hijo Abshalom, mi hijo, mi hijo Abshalom! Yo había muerto por ti. ¡Oh, Abshalom, hijo mío, hijo mío! Pero el rey se cubrió el rostro y el rey gritó a gran voz. ¡Oh, hijo mío Abshalom, oh!

¡Abshalom, hijo mío, hijo mío! Estas ocho veces, en las que se menciona a Mi hijo, ¿con qué propósito? Siete veces fue con el propósito de sacarlo de los siete fuegos de Gehena, el octavo fue, según algunos, con el propósito de conectar la cabeza de Abshalom [que fue cortada] al cuerpo, y según otros fue con el propósito de traerlo al mundo futuro. (Ib. 18, 18. Ahora bien, Abshalom, en su vida, había tomado y levantado para sí la columna, que está en el valle del rey, porque dijo: 'No tengo hijo que recuerde mi nombre; y llamó a la columna por su propio nombre; y se llamó Monumento de Abshalom, ¡hasta el día de hoy! Cuál es el significado de Abshalom ha tomado. Resh Lakish dijo: "Compró un mal negocio para sí mismo". El pilar, que está en el valle del rey. Dijo R. Chanina b. Papá: Esto [la palabra Aimek (valle)] significa que si fue causado por el consejo profundo del Rey Universal (Fol. 11) quien dijo (Ib. 12, 11) Resucitaré este mal de tu propia casa . "De igual manera se explica lo siguiente: (y llamó a la columna por su propio nombre; y se llamó Monumento de Abshalom, ¡hasta el día de hoy! Cuál es el significado de Abshalom ha tomado. Resh Lakish dijo: "Compró un mal negocio para sí mismo". El pilar, que está en el valle del rey. Dijo R. Chanina b. Papá: Esto [la palabra Aimek (valle)] significa que si fue causado por el consejo profundo del Rey Universal (Fol. 11) quien dijo (Ib. 12, 11) Resucitaré este mal de tu propia casa . "De igual manera se explica lo siguiente: (y llamó a la columna por su propio nombre; y se llamó Monumento de Abshalom, ¡hasta el día de hoy! Cuál es el significado de Abshalom ha tomado. Resh Lakish dijo: "Compró un mal negocio para sí mismo". El pilar, que está en el valle del rey. Dijo R. Chanina b. Papá: Esto [la palabra Aimek (valle)] significa que si fue causado por el consejo profundo del Rey Universal (Fol. 11) quien dijo (Ib. 12, 11) Resucitaré este mal de tu propia casa . "De igual manera se explica lo siguiente: (Gen.37, 14) De modo que lo envió fuera del valle (aimek) de Hebrón. Dijo R. Chanina b. Papá: "Esto fue causado por el profundo consejo del Rey Universal, quien dijo (Ib. 15, 13) Debes saber con certeza que tu descendencia será extranjera en una tierra que no es de ellos". (II Sam. 18, 18) Porque dijo: 'No tengo hijo'. ¿De verdad no tuvo un hijo? He aquí, el pasaje dice (Ib. 14, 27) Y le nacieron a Abshalom tres hijos y una hija, cuyo nombre era Thamor. Dijo R. Isaac b. Abdimi: "El pasaje anterior significa que no tuvo un hijo apto para la realeza". R. Chisda dijo: "Tenemos una tradición de que quien prende fuego a la cosecha de su vecino, no dejará un hijo que lo herede, y Abshalom hizo que incendiara la cosecha de Jo'ab, como está escrito (Ib., Ib., 30) Entonces dijo a sus siervos: "Miren, el campo de Joab está junto al mío, y allí tiene cebada; id y le prendieron fuego".

(Fol. 9b) MISHNAH: Y lo mismo encontramos también en relación con las buenas obras: Miriam esperó a Moisés una vez, como se dice (Ex.2, 4) Y su hermana se puso lejos, por eso todo Israel esperó Sus siete días en el bosque salvaje, como se dice (Núm. 12, 15) Y Miriam estuvo siete días fuera del campamento, la gente no se puso en camino hasta que Biriam fue traída de nuevo. José asumió el deber de enterrar a su padre y no había ninguno igual a José entre sus hermanos, como se dice (Gén.50, 7) Y José subió a enterrar a su padre, y quien es mayor que José que estaba en Regreso asistido por Moisés (Moisés merecía cuidar los huesos de José, y no había nadie más grande en Israel que Moisés), como se dice (Gen 13, 19) Y Moisés tomó consigo los huesos de José. ¿Quién es más grande que Moisés, a quien nadie más que la Shejiná asistió [después de su muerte], como se dice (Deut. 34, 6)? Y lo sepultó en el valle. No solo de Moisés se dice esto, sino que incluye a todos los justos, como está dicho (Isa. 58, 8). Y delante de ti irá tu justicia, la gloria del Señor será tu recompensa.

(Fol. 11) "Y también lo encontramos con respecto a las buenas obras - Miriam", etc. ¿Cómo compara ambas cosas? Miriam estuvo esperando poco tiempo mientras que Israel esperó siete días. Dijo Abaye [leer la Mishná] y con respecto a las buenas obras no es así [porque se paga más de lo que merece]. "Pero la Mishná dice y también lo que se refiere a las buenas obras", objetó Raba. "Por lo tanto, debemos leer", dijo: "También en lo que respecta a las buenas obras [que con la misma medida se miden a otros, quienes las recibirán en recompensa]; sin embargo, hay una regla que dice que la medida de la buena recompensa es muy superior a la medida de la mala dispensación ". (Éxodo 2, 4) Y su hermana se colocó lejos, para saber qué le haría. Todo el pasaje se refiere a la Shejiná, y ella se colocó,) Y vino el Señor y se colocó, y llamó como en tiempos anteriores: Su hermana, como se menciona (Pr. 7, 4) Di a la sabiduría que eres mi hermana: Desde lejos se me apareció el Señor; para asegurarse de sí misma, como está escrito (I Sam. 2, 3) para un conocimiento de Dios [De'oth] es el Señor: Mah, como está escrito (Deut. 10, 12) ¿Qué [Mah] hace el Señor tu Dios te requiera; estaría hecho. Ya'asse, como se dice (I Sam. 25, 28) Sin duda hará (Ya'asse) para mi Señor una casa perdurable para él. - Loh, como está escrito (Jueces 6, 23) Y lo llamó loh Adonei Shalom.

(Éxodo 1, 8) Ahora se levantó un nuevo rey sobre Egipto, que no conocía a José. Rab y Samuel difieren en la explicación del significado de este pasaje. Uno sostiene que significa un nuevo rey real, mientras que el otro dice que "sus decretos eran nuevos". Según quien dice que significa un verdadero rey nuevo, lo infiere porque está escrito un nuevo rey. El otro que sostiene que sus decretos eran nuevos infiere porque no se menciona que el rey anterior había muerto y uno nuevo se había convertido en rey. Pero, ¿cómo explicará este último quién no conoció a José? Esto significa que fingió no conocer a José. (Ib., Ib. 9) Y dijo a su pueblo: He aquí, el pueblo de los hijos de Israel es más numeroso y más poderoso que nosotros. Se nos enseña que el rey mismo comenzó a encontrar formas de destruir a Israel como se dice y le dijo a su pueblo; por tanto, él también fue herido primero, como está dicho (Ib. 7, 29) Y sobre ti, y sobre tu pueblo, y sobre todos tus siervos subirán todas las ranas. (Ib. 1, 10) Vamos, tratemos sabiamente con él. Debería haber sido con ellos, [plural]. Dijo Chama b. R. Chanina: "Esto significa que les dijo: 'Vamos, tratemos sabiamente con el Redentor de Israel. ¿Con qué los castigaremos [para que Él no pueda tomar represalias]? ¿Los castigaremos? por el fuego. Él tomará represalias como se dice (tratemos sabiamente con el Redentor de Israel. ¿Con qué los castigaremos [para que Él no pueda sufrir represalias]? ¿Los castigaremos con fuego? Él tomará represalias como se dice (tratemos sabiamente con el Redentor de Israel. ¿Con qué los castigaremos [para que Él no pueda sufrir represalias]? ¿Los castigaremos con fuego? Él tomará represalias como se dice (Es. 66, 16) Porque el Señor juzgará con fuego. ¿Los juzgaremos con espada? Sobre esto también tomará represalias como está escrito (Ib.) Y con su espada contra toda carne. Vengamos, pues, y ejecutemos juicio por medio del agua; desde hace mucho tiempo que ya había jurado no traer un diluvio sobre el mundo, como está dicho (Ib. 54, 9) Porque como las aguas de Noé es esto para Él; como juré que las aguas de Noé no pasarían más sobre la tierra [de ahí que no haya represalias]. Ellos [el Faraón y sus consejeros] no sabían, sin embargo, que esto solo significa que Él no traerá una inundación sobre el mundo entero, sino que sobre una Nación Él puede traer una inundación, o Él no traerá una inundación sobre la gente, pero para que la gente se sumerja en el diluvio y se ahogue. De hecho, podría actuar, y también dice el pasaje (Génesis 14, 27) Mientras los egipcios huían contra él [el mar]: Y el Señor derribó a los egipcios en medio del mar ". Esto también lo quiere decir R. Elazar, quien dijo:" ¿Cuál es el significado de el pasaje (Ib. 18, 11) Porque por el mismo hecho en que pecaron presuntuosamente les fue castigado. Esto significa que con la misma olla que prepararon para cocinar a otros en ella, ellos mismos fueron cocidos. "¿De dónde sabemos que la palabra Zadu [usada en el texto anterior] se refiere a una olla? Está escrito (Génesis 25, 29).) Y Jacob triste [yazed] potaje. R. Chiya b. Aba dijo en nombre de R. Jochanan: "Los siguientes tres Bil'am, Job y Jethro - fueron los consejeros de Faraón, en cuanto a su decreto de arrojar al río a los hijos de Israel. Bil'am, quien dio este consejo, fue asesinado; Job, que guardó silencio, fue castigado con el castigo; y Jetro, que se escapó, fue recompensado con colocar a sus descendientes entre el Sanedrín, en la cámara del Templo, como se dice (I Crónicas 2, 55). Y las familias de los escribas que habitaban en Jabetz, los tiratitas, etc.... estos son los ceneos que vienen de Chamot, el padre de la casa de Reca. Y de nuevo está escrito (Jueces 1, 16) Y los hijos del ceneo, suegro de Moisés. (Ib., Ib., 11) Y en ese momento le pusieron capataces, debería haber sido sobre ellos y no sobre él. Se nos enseña en un Baraitha en el nombre de R. Elazar, hijo de R. Simon: "De esto se podría inferir que los egipcios tomaron un molde de ladrillos, lo colgaron del cuello del Faraón, y si algún israelita dijo que era delicado y no podía trabajar, los egipcios le dijeron: '¿Eres tú más delicado que el faraón, el rey?' "(Ib.) Maestros de tareas, es decir, una persona que obligó a Israel a fabricar ladrillos (Ib., ib. ., ib.) Para afligirlo con sus trabajos pesados, deberían haber sido ellos en lugar de él. Esto significa afligir al mismo Faraón a través de su trabajo pesado [debido al ladrillo que tenía que usar en su cuello], (Ib.) Y él construyó ciudades de almacenamiento para Faraón. Rab y Samuel difieren en la explicación del pasaje anterior. Uno sostiene, ciudades que causaron peligro a sus dueños, y el otro lo explica en el sentido de ciudades que causaron pobreza a sus dueños; porque el Maestro dijo en otra parte: "Quien se ocupe de los edificios, al final se volverá pobre". (Ib) Pitom y Ra'amses. Rab y Samuel difieren en la explicación de este pasaje, uno sostiene que su nombre real era Pitom, y la razón por la que se llamó Ra'amses, fue porque un edificio tras otro fue aplastado (caído); y el otro dijo que su nombre real era Ra'amses, y la razón por la que se llamaba Pithom, era porque un edificio tras otro se tragaba en la profundidad. (Ib., Ib. 12) Pero cuanto más lo afligían, más se multiplicaba y más se extendía. ¿Debería haber sido para que se multiplicaran y así se extendieran al exterior? Dijo R. Simon b. Lakish: "El Espíritu Santo les predijo, diciendo:" Así [como continúa ahora] se multiplicarán y se extenderán "(Ib., Ib., Ib.) Y sintieron aborrecimiento a causa de los hijos de Israel. De esto se puede inferir que los israelitas eran como espinas a los ojos de los egipcios. (Ib., Ib. 13) Y los egipcios hicieron que los hijos de Israel trabajaran con (Ib. B) rigor. R. Elazar dijo: "La palabra b'fa-rech (rigor) significa con palabras suaves." R. Samuel b. Nachmeni dijo: Esto significa rigurosamente ". (Ib., Ib. 14) Y amargaron sus vidas con trabajos forzados en mortero y ladrillos y en toda clase de trabajos en el campo. Dijo Raba: "

R. Akiba expuso: "Como recompensa para las mujeres justas que vivieron en esa generación fue Israel redimido de Egipto; porque cuando las mujeres salieron a llenar de agua, el Santo, alabado sea, les preparó pequeños peces que serían llenaron sus cántaros. Así, la mitad del cántaro se llenó de agua y la otra mitad de pescado. Llegaban a casa y ponían dos ollas al fuego, una con agua caliente y la otra con el pescado. se lo daban a sus maridos; con el agua les lavaban los pies y las extremidades, luego los alimentaban con los peces y les daban de beber, refrescando así a sus maridos en un trabajo tan riguroso, como se dice (Sal. 68, pág. 14) Cuando estéis quietos entre los rebaños de tu ganado; es decir, en recompensa por tu reposo entre los rediles [de tu ganado] Israel mereció disfrutar del botín de los egipcios, como se dice allí. Las alas de la paloma están cubiertas de plata y sus piñones con resplandor de oro. Y tan pronto como estas mujeres quedaban embarazadas y estaban a punto de dar a luz a sus hijos, iban a dar a luz al campo debajo de un manzano; [como está dicho (Canciones 8, 8) Debajo del manzano te desperté; allí te dio a luz tu madre, allí te dio a luz donde te dio a luz], donde el Santo, alabado sea, enviaría un mensajero celestial para limpiarlos, hacerlos bonitos como una partera que limpia a un niño, como es dijo (Ez.16, 4) Y en cuanto a tu nacimiento, el día en que naciste, no te cortaron el ombligo, ni te lavaron con agua para ser limpiada; y no fuiste untado con sal, ni envuelto en pañales, y estos ángeles les dieron dos tortas redondas, una de miel y otra de aceite, como está dicho (Deut.32, 13) Y le hizo chupar miel. de la roca y aceite del pedernal; y en cuanto los egipcios se enteraron de su existencia venían a matarlos pero siempre ocurrían milagros que eran tragados por la tierra y los egipcios traían bueyes para arar sobre el lugar donde eran tragados, como se dice (Sal. 129, 3) Sobre mi espalda han arado los aradores. Después de que los egipcios se fueran, estos jóvenes crecerían de la tierra como hierba en el campo, como se dice (Ez. 16, 7) Miríadas, como la vegetación del campo, hice de ti, etc. Y después de que estos niños crecieran, vendrían en rebaños a sus hogares, como se dice (Ib., Ib., Ib.) Y lograste las más altas atracciones con tus pechos desarrollados y tu cabello completamente crecido; es decir, no leas (adiadayim) con tu pecho desarrollado, sino léelo b'adri adarim, en rebaños enteros. Y cuando el Santo, alabado sea, se reveló en el Mar Rojo, estos lo reconocieron al principio, como está dicho (Ex. 15, 2). Él es mi Dios y declararé su alabanza ".

(Ib. 1, 15) Y el rey de Egipto dijo a las parteras hebreas. Raba y Samuel explican este pasaje: El primero dijo: "Era una madre y una hija", el segundo dijo: "Era una suegra y una nuera". Quien lo interpreta como madre e hija se refiere a Jocabed y Miriam y el otro que quiere decir nuera y suegra se refiere a Jocabed y Elisheba. Encontramos una Baraitha que está de acuerdo con quien la explica como hija y madre; porque se nos enseña en el siguiente Baraitha, Shifra se refiere a Jocabed. ¿Por qué su nombre Shifra? Porque alisó las extremidades del bebé. Puede explicarse de otra manera; porque Israel se multiplicó durante sus días, Puah se refiere a Miriam. ¿Por qué se llamó Puah? Porque ella le hablaba al infante [y jugaba con él] para apaciguarlo. Se le podría dar otra explicación, porque habló a través de una inspiración santa y dijo: "Mi madre está destinada a dar a luz un hijo que salvará a Israel". (Ib., Ib. 16) Y Él dijo: "Cuando hagas el oficio de partera a las mujeres hebreas, tendrás la debida consideración en el parto". ¿Qué significa eso? Dijo R. Jochanan: "Les dio una gran señal [cómo reconocer el tiempo de una mujer cuando está a punto de dar a luz]". (Ib., Ib., Ib.) Si es un hijo, entonces lo matarás; pero si es una hija, vivirá. Dijo R. Janinah: "Una señal importante reveló el faraón a las parteras; el nacimiento de un hijo viene con la cara hacia abajo, mientras que el nacimiento de una hija viene con el rostro hacia arriba

". (Ib., ib. 17) Pero las parteras temían a Dios y no hicieron lo que el rey de Egipto les ordenó, sino que salvaron a los varones. Se nos enseña que no solo no mataron a los niños varones, sino que les proporcionarían agua y comida para sustentarlos (Ib., ib. 19) Y las parteras dijeron al Faraón, porque las mujeres hebreas no son como las egipcias; porque ellos son Chayoth. ¿Cuál es el significado de Chayoth? ¿Deberíamos decir que ellos mismos son parteras, una partera no necesita otra partera para su propio parto? Por lo tanto, debemos decir, le dijeron: "Esta nación (Israel) es comparado con las bestias. Judá, como se dice (Se nos enseña que no solo no mataron a los niños varones, sino que les proporcionarían agua y comida para sustentarlos. (Ib., Ib. 19) Y las parteras dijeron a Faraón, porque las mujeres hebreas no son como las egipcias; porque son Chayoth. ¿Cuál es el significado de Chayoth? ¿Deberíamos decir que ellas mismas son parteras? ¿No necesita una partera otra partera para su propio parto? Por lo tanto, debemos decir, le dijeron: "Esta nación (Israel) es semejante a las bestias. Judá, como se dice (Se nos enseña que no solo no mataron a los niños varones, sino que les proporcionarían agua y comida para sustentarlos. (Ib., Ib. 19) Y las parteras dijeron a Faraón, porque las mujeres hebreas no son como las egipcias; porque son Chayoth. ¿Cuál es el significado de Chayoth? ¿Deberíamos decir que ellas mismas son parteras? ¿No necesita una partera otra partera para su propio parto? Por lo tanto, debemos decir, le dijeron: "Esta nación (Israel) es semejante a las bestias. Judá, como se dice (¿No necesita una partera otra partera para su propio parto? Por lo tanto, debemos decir, le dijeron: "Esta nación (Israel) es semejante a las bestias. Judá, como se dice (¿No necesita una partera otra partera para su propio parto? Por lo tanto, debemos decir, le dijeron: "Esta nación (Israel) es semejante a las bestias. Judá, como se dice (Gen.49, 9.) Como un orzuelo de león, oh Judá; (Ib., Ib. 17) Dan será una serpiente junto al camino. (Ib., Ib., 21) Maphthali es como una cierva veloz, (Ib., Ib, 14) Yesachar es un asno de huesos fuertes, (Deut. 33, 17) José, como novillo primogénito está adornado con gloria. (Gen 49, 27) Benjamín será como un lobo que pone. Con respecto a lo anterior, está escrito en detalle lo que son y con respecto al resto de las tribus, está escrito en general (Ez. 19, 2). ¡Y qué noble leona fue tu madre! entre leones se acostó entre leones crió a sus cachorros ".

(Éxodo 1, 21) Y sucedió que debido a que las parteras temieron a Dios, Él les hizo casas. Rab y Levi explican el pasaje anterior: uno dice que esto significa casas reales y el otro dice que significa casas sacerdotales y levitas. La última interpretación se refiere a Moisés, y la primera sostiene que los reyes salieron de Miriam, quien también era una de las parteras, porque está escrito (I Crónicas 1, 2) Y Azubah murió cuando Kaleb tomó para sí a Efroth que le dio a luz. Chur y otra vez está escrito (I Sam. 17, 22). Ahora David era el hijo de ese efritita, [por lo tanto, David era de la misma familia que Miriam]. (I Crónicas 2, 18) Y Kaleb, hijo de Chetzron, engendró hijos de Azubah y de Jeriot, y estos fueron sus hijos Jeshner, Shobah y Ardon. ¿Es entonces hijo de Chetzron? He aquí, él es el hijo de Yephunah, como se dijo (Núm.13 , 6) Lo llamaron con el apellido porque se apartó de los consejos de los espías. Y además, ¿no es hijo de Quenaz, como está escrito (Oseas 15, 17) y la tomó Otoniel, hijo de Quenaz, hermano de Kaleb? Raba dijo: "Era un hijastro de Kenaz". (Fol. 12) Esto se puede probar de la siguiente manera: se le llama quenizita, pero no hijo de Quenaz. Por tanto, se mantiene la inferencia. (Ib. 14, 14) Azubah, se refiere a Miriam, "¿por qué se llamaba Azubah? Porque todo joven la abandonó al principio; ella engendró, he aquí, se casó con él y lo engendró a él? Dijo R. Jochanan: "Cualquiera que se case con un hombre de una familia respetable por el bien de los cielos es considerado por la Escritura como si la hubiera engendrado". Se la llamaba Yerioth, porque su rostro era verdoso como las cortinas del templo. Y estos eran sus hijos. No leas a Baneha (sus hijos) sino a boneha (quien la edificó); yashar significa quien se mantuvo recto en el camino correcto, [no escuchó a los espías]; Sho'ab significa, quien se apartó [de sus inclinaciones malignas]; Ardon significa que se rebeló contra su inclinación al mal y, según otros, porque su rostro estaba tan remilgado como una rosa. (Yo Chr. 4, 5) Y Aschuhr, padre de Teke'ah, tenía dos mujeres, Chelba y Nea'arah; es decir, Ashchur se refiere a Kaleb, y por qué fue llamado Ashchur; porque se oscureció el rostro a causa de los muchos ayunos que observaba, Abi, que llegó a ser como un padre para su esposa; teko'ah, quien unió su corazón a su Padre en el cielo; había dos esposas, la única Miriam se convirtió en dos esposas; Chela y Na'arah, ni su nombre era Chela ni Na'arah, pero significa que al principio estaba enferma y al final se volvió joven (Ib., Ib. 7) Y los hijos de Chilah fueron Zareth, Zochar y Ethnan; es decir, Zureth quiere decir que causó dolor y animosidad a su amiga [por su hermosa] apariencia; Zochar quiere decir que su rostro era como el mediodía; Ethnan porque parecía muy guapa.

(Éxodo 1, 22) Y Faraá mandó a todo su pueblo, diciendo. R. Josi b. R. Chanina dijo: "Este fue incluso un decreto para su propio pueblo". R. Josi b. R. Chaninah dijo además: "Tres decretos promulgó el faraón, si es un hijo, entonces lo matarás. Después, decretó, lo arrojarás al río. Y finalmente extendió su decreto incluso a su propia nación".

(Ib. 2, 1) Y fue un hombre de la casa de Leví y tomó una hija de Leví. ¿A dónde fue él? preguntó R. Chisda b. Zabina: "Fue por el consejo de su hija". Se nos enseña: Amran era considerado el hombre más grande de su generación y tan pronto como el faraón decretó que todo hijo que naciera lo arrojarías al río, se dijo a sí mismo: "En vano nos casamos". Por lo tanto, se divorció de su esposa. El resto de la gente que siguió su ejemplo hizo lo mismo. Entonces su hija le dijo: "Padre, tu decreto es aún peor que el de Faraón; porque él emitió un decreto contra los hijos, pero tú has emitido un decreto contra ambos hijos e hijas; el decreto de Faraón afecta meramente a este mundo, pero tu decreto afectará a este mundo". y el mundo futuro. En cuanto al decreto de Faraón, los impíos,Trabajo. 22, 28) Y si decretas algo, se te cumplirá ". Inmediatamente se volvió a casar con su esposa, después de lo cual el resto de la gente también se volvió a casar con sus esposas. ? Dijo R. Juda b. Zabina: "Esto significa que él hizo una verdadera ceremonia nupcial, la hizo sentarse bajo un dosel con Aarón y Miriam bailando ante ella mientras los ángeles ministradores recitaban, (Sal. 113, 9) La madre gozosa hijos. "La hija de Leví se refiere a Jocabed que quedó embarazada en su camino a Egipto y que dio a luz entre los muros de Egipto, como se dice (Núm. 26, 59) Quien [su madre] dio a luz a Leví en Egipto; es decir, su nacimiento fue en Egipto, pero no su embarazo. "Por eso, ¿por qué el pasaje llama a su hija? Dijo R. Juda b. Bizna:" En ese momento ella llegó a ser tan joven como una verdadera niña ".

(Éxodo 2, 2) Y la mujer concibió y dio a luz un hijo; y cuando ella lo vio que era un buen niño. Se nos enseña que R. Maier dice: "Su nombre era Tob [bueno]". R. Juda dijo: "Tubial era su nombre". R. Nachemia dice: "Hagón (digno de profecía) era su nombre". Acherim dice: "Nació circunscrito". Los sabios, sin embargo, dicen [que su bondad fue reconocida] cuando Moisés nació, la casa se llenó de luz; porque está escrito aquí Y cuando ella vio que él era tob (un niño bueno) y también está escrito (Gén. 1, 4) Y Dios vio la luz que era Tob (bueno). (Éxodo 2, 2) Ella lo escondió tres meses. [¿Por qué tres meses]? Porque los egipcios contaron nueve meses desde el momento en que se volvió a casar, pero Moisés nació en menos de siete meses. (Ib., Ib. 3) Y cuando ya no pudo esconderlo. ¿Por qué ya no podía esconderlo? Porque cada vez que los egipcios oían que una mujer estaba a punto de dar a luz, iban a buscar otro niño allí y lo hacían llorar para que el niño recién nacido lo oyera y llorara con él, como está escrito (Cantar de los Cantares 2: 15) Aprovecha para nosotros las zorras, las zorritas que dañan las viñas.

(Ib., Ib., Ib.) Ella tomó para él una caja de juncos. ¿Por qué juncos? Dijo R. Elazar: "Infiere de esto que la riqueza es tan cara para los justos como su propio cuerpo. La razón, por lo tanto, es porque no estiran sus manos por cosas que no les pertenecen". R. Simon b. Nachmeni dijo: "Los hizo con juncos porque es blando, y podía sostenerse (y no ser derribado) por algo blando o duro. Y lo untó con limo y brea. Se nos enseña: el limo estaba dentro y fuera. para que este justo (Moisés) no huela el mal olor. (Ib., ib., ib.) Y ella puso al niño allí y lo puso (basuff) en medio de las banderas, a la orilla del río. R. Elazar dice: "Ella lo puso en el Mar Rojo". R. Simon R. Nachmeni, sin embargo, dijo: (Ib. b) "Ella lo puso en las cañas,) Las cañas (Suff) y las banderas se marchitarán ".

(Éxodo 2, 5) Y la hija de Faraón descendió para lavarse en el río. Dijo R. Jochanan en nombre de R. Simon b. Jochai: "De esto se puede inferir que ella descendió para limpiarse de los ídolos de la casa de su padre, y también encontramos [que la palabra 'lavar' se aplica a los ídolos.] (Is. 4, 4) Cuando el Señor haya lavado la inmundicia de las hijas de Sion ". (Éxodo 2, 5) Y sus doncellas iban junto al río. R. Jachanan dijo: "La palabra halicha (caminar), se usa en conexión con la muerte, y así también se lee el pasaje, (Génesis 25, 32) He aquí que voy (holech) a morir". (Génesis 2, 5) Y cuando vio la caja entre las banderas; es decir, en cuanto sus doncellas se dieron cuenta de que deseaba salvar a Moisés le dijeron: "Princesa nuestra, la costumbre del universo es que si un rey frágil emite un decreto aunque el resto del mundo no lo observe , sin embargo, los hijos y la familia del rey lo obedecen y tú estás transgrediendo el decreto de tu padre, [que provocó el lanzamiento de los niños al río] ". Entonces el ángel, Gabriel, vino y los golpeó en el suelo [así se deriva el significado anterior, ir a la muerte]. (lb.) Envió a Amatha y la trajo. R. Juda y R. Nechemiah difieren en la explicación de Amatha. Uno dijo que significa su mano, mientras que el otro sostiene que significa su doncella. El que lo explica como mano, basa su opinión en el texto (amatha, significa brazo), pero el que lo explica como sirvienta fundamenta su opinión de que para la mano el texto debería haber usado Yada (mano), [que no se puede malinterpretar]. Pero, ¿cómo puedes interpretar a Amatha maid? ¿No hemos dicho arriba que Gabriel vino y los derribó en el suelo? Una de las doncellas quedó, porque no es costumbre dejar a una princesa sin doncella. De nuevo, el que interpreta la mano de Amatha, ¿por qué no utilizó el texto en lugar de Yada? Al usar Amatha nos informa que su brazo se estiró, porque el maestro dijo: "¡Así también encontramos que sucedió con el brazo de la hija de Faraón! Y así también sucedió con los dientes del impío [Og] como es escrito (Pero,

¿cómo puedes interpretar a Amatha maid? ¿No hemos dicho arriba que Gabriel vino y los derribó en el suelo? Una de las doncellas quedó, porque no es costumbre dejar a una princesa sin doncella. De nuevo, el que interpreta la mano de Amatha, ¿por qué no utilizó el texto en lugar de Yada? Al usar Amatha nos informa que su brazo se estiró, porque el maestro dijo: "¡Así también encontramos que sucedió con el brazo de la hija de Faraón! Y así también sucedió con los dientes del impío [Og] como es escrito (Pero, ¿cómo puedes interpretar a Amatha maid? ¿No hemos dicho arriba que Gabriel vino y los derribó en el suelo? Una de las doncellas quedó, porque no es costumbre dejar a una princesa sin doncella. De nuevo, el que interpreta la mano de Amatha, ¿por qué no utilizó el texto en lugar de Yada? Al usar Amatha nos informa que su brazo se estiró, porque el maestro dijo: "¡Así también encontramos que sucedió con el brazo de la hija de Faraón! Y así también sucedió con los dientes del impío [Og] como es escrito (¡Así también encontramos que sucedió con el brazo de la hija de Faraón! y así también sucedió con los dientes del impío [Og] como está escrito (¡Así también encontramos que sucedió con el brazo de la hija de Faraón! y así también sucedió con los dientes del impío [Og] como está escrito (PD. 38) Los dientes del malvado Shibarta, y Resh Lakish dijo: No leas Shibarta (has roto), sino léelo Shirbabta (que se volvió remificado) ".

(Éxodo 2, 6) Y ella la abrió y lo vio [al niño]. ¿Debería haber sido escrito Vatereh (y ella lo vio) y no lo vio a él? Dijo R. Josi b. R. Chanina: "Esto tiene la intención de informarnos que ella vio a la Shejiná con él". (Ib., Ib., Ib.) Y he aquí, era un niño llorando. Al principio ella lo llama niño y luego lo llama niño. Se nos enseña que en verdad era un niño, pero su voz sonaba como la de un niño. Tal es la opinión de R. Juda. Entonces R. Nechemia le dijo: "Si es así, entonces atribuyes una mancha a nuestro maestro, Moisés". Por eso dijo: "De esto podemos inferir que su madre le hizo un dosel y lo depositó en esa caja, comentando: 'Para que no pueda ver su boda, la haré [por tanto, la haré ahora]'". Ib.) Y ella tuvo compasión de él, y dijo: ' Este es uno de los hijos de los hebreos. ¿De dónde sabía ella esto? Dijo R. José, hijo de R. Chanina: "De esto se podría inferir que ella vio que estaba circuncidado". (Ib.) Esto. Dijo R. Jochanan: "Deduzca de esto que ella profetizó sin saber el significado de eso. 'Esto caerá en el río, pero nadie más'". Y esto lo quiere decir R. Elazar, quien dijo: "¿Qué significa por el pasajeEs. 8, 19) Y cuando te digan, pregunta a los que tienen espíritus familiares y a los magos, que susurran y murmuran: Ven y no saben lo que ven, susurran y no saben lo que susurran. . Cuando ellos [los astrólogos del Faraón] vieron que el redentor de Israel sería castigado con agua, emitieron un decreto: 'Todo hijo que nazca, será arrojado al río'. Tan pronto como arrojaron a Moisés al río, dijeron: "Ya no vemos más de esa señal". De ahí que derogaran el decreto, pero no sabían que el signo de ser castigado con agua se refiere al Memeriba ". Esta es la interpretación de R. Chani b. Chanina, quien dijo:" ¿Cuál es el significado del siguiente pasaje (Núm. .20, 13) Allí están las aguas de Meriba, donde los hijos de Israel se pelearon con el Señor, es decir, esta es el agua acerca de la cual los astrólogos del Faraón vieron y erraron en ella. "Y esto lo quiso decir Moisés, cuando dijo (Ib. 11 , 21) Seiscientos mil hombres de a pie son el pueblo en medio de quien yo soy, es decir, Moisés le dijo a Israel: "Por mí fuiste salvo".

R. Chanina b. Papá dijo: "Ese día [cuando Moisés fue colocado en el río] fue el vigésimo primero de Nisán. Los ángeles ministradores dijeron entonces ante el

Santo, alabado sea Él, 'Soberano del Universo, uno que está destinado a recitar el canciones en el Mar Rojo delante de ti el día veintiuno de Nissan, ¿será herido en este mismo día? "R. Acha b. R. Chanina dijo: "Ese día fue el sexto de Sivan. Los ángeles ministrantes dijeron ante el Santo, alabado sea Él, 'Soberano del Universo, uno que está destinado a aceptar la Torá el seis de Sivan, si el este mismo día ser herido? "La última interpretación es fácilmente aceptable; de ahí que haya una diferencia de tres meses, [durante los cuales Moisés estuvo escondido por su madre]; porque el Maestro dijo en otra parte que Moisés nació el siete de Adar y murió el siete de Adar, por lo tanto, desde el séptimo de Adar hasta el sexto de Sivan hay tres meses. Pero según el que dice que el incidente anterior ocurrió el día veintiuno de Nissan, ¿cómo puedes calcular los tres meses? Esto se explica por el hecho de que ese año fue un año bisiesto [un mes adicional en Adar]. De ahí la mayor parte del primer mes [el primero de Adar], la mayor parte del último mes hasta el veintiuno de Nissan y todo el mes intermedio [el mes extra] Adar. ¿Cómo puedes calcular los tres meses? Esto se explica por el hecho de que ese año fue un año bisiesto [un mes adicional en Adar]. De ahí la mayor parte del primer mes [el primero de Adar], la mayor parte del último mes hasta el veintiuno de Nissan y todo el mes intermedio [el mes extra] Adar. ¿Cómo puedes calcular los tres meses? Esto se explica por el hecho de que ese año fue un año bisiesto [un mes adicional en Adar]. De ahí la mayor parte del primer mes [el primero de Adar], la mayor parte del último mes hasta el veintiuno de Nissan y todo el mes intermedio [el mes extra] Adar.

(Gén.2, 7) Entonces su hermana dijo a la hija de Faraón: "¿Quieres que vaya y te llame nodriza de las hebreas para que ella pueda amamantar al niño para ti? ¿Por qué enfatizó a una nodriza hebrea? De esto puede ser infirió que Moisés fue dado para ser amamantado por muchas mujeres egipcias, pero él se negó a ser amamantado; el Santo, alabado sea, dijo: ¿Una cosa inmunda alimentará la boca que está destinada a hablar conmigo? Y este es el acercamiento del pasaje (Is.23, 9) ¿A quién enseñará conocimiento? ¿Y a quién dará a entender la doctrina? Las que se destetan de la leche, las que se quitan de los pechos; es decir, ¿a quiénes enseñó el Señor conocimiento? ¿ya quiénes concedió el entendimiento de las doctrinas? Al que fue destetado de la leche y que fue quitado de los pechos [de los egipcios]. Y la hija de Faraón le dijo: Ve; y la doncella se fue. Dijo R. Elazar: "De esto se puede inferir que ella se fue rápidamente como doncella". R. Samuel b. Nachmeni dijo: "Esto significa que ella ocultó sus palabras al no decirle [a la hija del faraón] que era su hermana y que iba a llamar a su madre". (Ib., Ib. 9) Y la hija de Faraón le dijo: "Llévate a este niño". Dijo R. Chama b. Chanina: " Ella profetizó, pero sabía lo que estaba profetizando. Helichi significa tomar lo que te pertenece. "(Ib.) Y te daré tu salario. Dijo R. Chama b. R. Chanina:" No es suficiente para los justos que sus cosas perdidas les sean devueltas, pero ellos incluso se les paga por ellos, como se dice. Y te daré tu salario ".

(Éxodo 15, 26Luego tomó a Miriam, la hermana de Aarón. ¿Era entonces hermana de Aarón y no de Moisés? "" Esto significa ", dijo R. Nachman, en el nombre de Rab," que ella había profetizado incluso cuando solo era hermana de Aarón [antes del nacimiento de Moisés] diciendo: 'En el futuro mi madre dará a luz a un niño que dará a luz a los israelitas '. Finalmente, cuando nació Moisés, toda la casa se llenó de luz, y su padre se levantó, la besó en la cabeza y le dijo: 'Hija mía, tu profecía se ha cumplido'. Después, cuando lo arrojaron al río, su madre se levantó y le dijo: "Hija mía, ¿qué ha sido de tu profecía?" Y así entendemos el pasaje (Ib.2, 4) Y su hermana se cubrió a lo lejos, para saber qué haría él con él,

José merecía la recompensa de ser designado para enterrar a su padre ", etc. ¿Por qué comienza el pasaje (Génesis 50, 7Y José subió a sepultar a su padre, y subieron con él todos los siervos de Faraón, todos los ancianos de su casa y todos los ancianos de Egipto; y luego dice: Y toda la casa de José y sus hermanos, y la casa de su padre, y además el pasaje dice (Ib., ib. 14) Y José regresó a Egipto, él y sus hermanos, y luego y todo eso subieron con él a enterrar a su padre? [Por lo tanto, la familia de Jacob fue colocada más lejos]. Dijo R. Jochanan: "Al principio, antes de que los egipcios hubieran visto el honor de Israel, no se comportaron honorablemente con los hermanos de José, pero cuando vieron cómo eran honrados por el mundo entero, los egipcios mismos también les pagaron lo que les correspondía. homenaje." El siguiente pasaje nos da esta inferencia (Ib., Ib. 10) Y llegaron a la era de Atad (espinas). ¿La era, entonces, está hecha de espinas? "Esto es para enseñarnos", dijo R. Abahu, "que ellos [los reyes del mundo entero] rodearon el ataúd de Jacob con coronas como una era rodeada de espinas". También estaban entre ellos los hijos de Esaú, de Ismael y de Cetura. Se nos enseña que fueron con un propósito declarado, disputando el entierro (de Jacob) pero cuando vieron que José había puesto su corona sobre el ataúd, hicieron lo mismo con la de ellos. Se nos enseña que había treinta y seis coronas en total. de Ismael y de Cetura también estaban entre ellos. Se nos enseña que fueron con un propósito declarado, disputando el entierro (de Jacob) pero cuando vieron que José había puesto su corona sobre el ataúd, hicieron lo mismo con la de ellos. Se nos enseña que había treinta y seis coronas en total. de Ismael y de Cetura también estaban entre ellos. Se nos enseña que fueron con un propósito declarado, disputando el entierro (de Jacob) pero cuando vieron que José había puesto su corona sobre el ataúd, hicieron lo mismo con la de ellos. Se nos enseña que había treinta y seis coronas en total.

Y se lamentaron con un gran y muy doloroso lamento. Se nos enseña que incluso los mismos caballos y asnos se unieron a ella. Al llegar a la Cueva de Macpela, Esaú protestó una vez más y dijo; Kiryatharbaa lo mismo es Hebrón. "R. Isaac explicó que el significado del nombre anterior es que cuatro pares debían ser enterrados. Adán y Eva, Abraham y Sara, Isaac y Rebeca. Jacob dispuso de su parte cuando enterró a Lea en él, y el restante me pertenece ". Pero tú vendiste tu parte con tu primogenitura ", protestaron los hijos de Jacob." No ", respondió Esaú," eso no incluía mi parte en el lugar del entierro ". padre, justo antes de morir, dijo (Gen.1, 5) 'En mi tumba que compré para mí.' "En la tierra de Canaán," ¿Dónde están los títulos de propiedad? ", Preguntó Esaú." En Egipto ", respondieron." Entonces deja que alguien vaya por ellos inmediatamente. El Naftalí de patas rápidas de quien dice el pasaje (Ib. 49, 21), Naftalí es una cierva suelta; da buenas palabras, comenzó para los registros. Hushim, el hijo de Dan, siendo sordo, preguntó cuál era la causa de la conmoción. Cuando le dijeron que Esaú detuvo el entierro hasta que la escritura fuera traída de Egipto. "¿Y hasta que Naftalí regrese de Egipto, mi padre será deshonrado?" comentó él. Entonces agarró un garrote y golpeó a Esaú con tanta fuerza que sus ojos se abrieron y cayeron sobre los pies de Jacob, a lo que Jacob abrió los ojos y sonrió sombríamente.) El justo se regocijará cuando vea venganza; lavará sus pies en la sangre de los impíos. En ese momento se cumplió la profecía de Rebeca (Gén. 27, 45) ¿Por qué seré privado también de ustedes dos en un día? Porque aunque no ambos murieron el mismo día, ambos fueron enterrados el mismo día. ¿Es posible entonces que si José no hubiera asistido al entierro de su padre, sus hermanos no lo hubieran hecho? He aquí, el pasaje dice (Génesis 50, 13) Y sus hijos lo llevaron a la tierra de Canaán, [¿por lo tanto, todos sus hijos cumplieron con el deber?] De hecho, estaban listos para cumplir con el deber. Sin embargo, dijeron, dejemos esta tarea a José porque su (el honor de Jacob será mayor cuando lo asistan reyes que la gente común.

"¿Quién es más grande que José, quien a cambio no fue atendido por nadie más que Moisés". A nuestros rabinos se les enseñó: "Venid, ved cuán amadas eran las obras meritorias de nuestro maestro Moisés; porque, mientras todo Israel estaba ocupado con el botín de Egipto, él se ocupó de las obras meritorias, como se dice (Pr. 10, 8).) El sabio de corazón aceptará los mandamientos; pero el necio en su hablar, tropezará. Pero, ¿cómo supo Moisés dónde estaba enterrado José? Se dijo que Seraj, la hija de Aser, era de la generación anterior y Moisés fue a ella y le preguntó si sabía dónde estaba enterrado José, y ella dijo: "Los egipcios hicieron un ataúd de hierro en el que lo colocaron y lo hundieron. en el río Nilo, para que el agua del Nilo sea bendecida a través de él ". Entonces Moisés fue y se colocó al borde del Nilo y dijo: "José, el tiempo que el Santo, alabado sea, ha expirado; el juramento con el que has conjurado a Israel se ha cumplido ahora. . Si te revelas, bueno, pero si no, entonces seremos libres de la obligación de tu juramento ".II Reyes 6, 5) Pero cuando uno estaba derribando una viga, el hacha había caído al agua; y lloró y dijo: 'Ay, mi Señor, también fue prestado, etc., y lo echó allí e hizo nadar el hierro. ¿No es esto a fortiori? Si para Ellisha, que era solo el discípulo de Elías y Elías, que fue el discípulo de Moisés, pudo hacer que el hierro flotara en el agua, ¿con cuánta más facilidad podría hacerlo el mismo Moisés? R. Nathan dijo: "José fue enterrado en el cementerio real, Moisés entonces fue y se colocó en el cementerio real y dijo: 'José, el tiempo en que el Santo, alabado sea Él, dio este juramento de redimir a Israel ha expirado; y el juramento que has hecho a Israel ahora debe ser cumplido. Si quieres revelarte, bien, pero si no, seremos libres de la obligación de tu juramento ". En ese momento el cofre de José comenzó a temblar, después de lo cual Moisés [habiendo revelado su lugar] la tomó y se la trajo, y durante todos los años que Israel estuvo en el desierto, el arca de José fue llevada al lado del arca de la Shejiná. Esto hizo que todos los transeúntes preguntaran: "¿Cuál es la razón de estas dos arcas?" Y cuando les dijeron que uno contenía un cadáver y el otro la Shejiná. Los que preguntaban preguntaban: "¿Cómo es posible que se coloque un cadáver cerca del arca de la Shejiná?" Entonces se les dijo: (Ib. B) "Esto se debe a que el que yace en el arca ha cumplido todo lo que está escrito en la Torá, que se coloca en la otra arca". ¿Es posible que el cuerpo de José quedara a cargo de Moisés y que todo el pueblo de Israel no asistiera? He aquí que está escrito ¿El cuerpo quedó a cargo de Moisés y todo el pueblo de Israel no asistió? He aquí que está escritoJosh. 24, 32) Y los huesos de José que los hijos de Israel sacaron de Egipto, los enterraron en Siquem, y nuevamente concedieron que Israel no hubiera asistido, ¿es posible que sus hijos no hubieran asistido? He aquí, en el mismo pasaje está escrito: Y quedó como herencia de los hijos de José. Sus hijos dijeron: "Dejemos que nuestro Padre sea atendido por todo el pueblo de Israel, porque será un mayor honor para él ser atendido por una multitud de personas". Y de nuevo Israel dijo: "Dejémoslo atendido por Moisés porque sería un honor mayor que ser atendido por hombres inferiores". (Ib., Ib., Ib.) Enterraron en Siquecm. ¿Por qué en Siquem? Dijeron: "De Siquem fue robado (José), (ver Génesis 37, 14-29) y devolvamos la pérdida a Siquem. "Pero los pasajes se contradicen entre sí, está escrito (Gén. 13, 19) Y Moisés tomó los huesos de José con él, porque había hecho jurar a los hijos de Israel: etc., y en el pasaje anterior está escrito. Y los huesos de José que los hijos de Israel habían traído de Egipto, los enterraron en Siquem. Dijo R. Chama b. R. Chanina: "Quien comienza una cosa y hace no lo completa, y viene otro y lo termina. La Escritura considera que el que lo terminó ha cumplido toda la tarea ". R. Elazar dice:" Un hombre así [que comienza una cosa y no termina] es incluso quitado de su alta posición, como está escrito (Gn. 38). , 1) Y sucedió en ese momento que Judá descendió de sus hermanos. "R. Samuel b. Nachmeni dijo:" Tal hombre enterrará incluso a su esposa e hijos, como se dice (Ib., Ib., 12) Y la hija de Shuah. La esposa de Judá murió, y de nuevo está escrito allí, Y Er y Onán murieron ".

Dijo R. Juda en nombre de Rab: "¿Por qué se llamó a José huesos cuando aún estaba vivo?" Porque no protestó cuando se menospreció el honor de su padre. Porque, le dijeron sus hermanos (Génesis 44, 27) Y tu siervo nuestro padre dijo, "y no protestó en lo más mínimo". R. Juda dijo nuevamente en nombre de R. Chama b. Chanina: "¿Por qué José murió antes que sus hermanos? Porque asumió aires de superioridad". (Gén. 39, 1) Y José fue llevado a Egipto. R. Elazar dijo: "No leas a Horad (que fue derribado), sino que leas a Horid (que hizo que derribaran a otros), es decir, que provocó la eliminación de los astrólogos de Egipto de sus altos cargos".

"¿Quién es más grande que Moisés entre todo Israel, a quien Dios mismo asistió en su muerte, como está dicho (Deut. 34, 6) Y lo sepultó en la tierra de Moab, enfrente, Bet-Pe'or, etc. . (Ib. 6, 25) Y el Señor nos dijo: 'Te baste' ". Dijo R. Levi: Con la palabra Rab informó Moisés a otros, [de las noticias graves.] Y con la palabra Rab él mismo fue informado [de noticias graves]; es decir, con la palabra Rab informó a otros, como está escrito (Núm.16, 7) Asumen demasiado [Rab] ye hijos de Leví, y él a su vez fue informado por la palabra. Y el Señor me dijo: '(Rab falta) te basta:' de otra manera se puede explicar Rab, tienes un Rabino cuyo nombre es Josué. Aún de otra manera se puede explicar a Rab. Que te baste para que la gente no diga: "Cuán riguroso es el maestro [Señor] y cuán persistente es el erudito". ¿Y por qué actuó el Señor tan rigurosamente contra Moisés? En la academia de R. Ishmael se explicó: Según el camello es su carga [cuanto mayor es el hombre, mayor es su responsabilidad]. (Deuteronomio 31, 2) Moisés les dijo: 'Hoy tengo ciento veinte años'. No necesita decir hoy, [si no hay un significado especial]. ¿Qué quiere decir con la palabra hoy? Esto significa que hoy se han cumplido mis días; de esto podemos inferir que el Santo, alabado sea, concede a los justos el cumplimiento de los años de su vida hasta el mismo mes y día, como se dice (Ex.23, 26). completar. (Deuteronomio 31, 2) Ya no puedo salir y entrar. ¿Qué significa eso, salir y entrar? ¿Lo tomamos literalmente? He aquí, además está escrito (Ib. 34, 7) Y Moisés tenía ciento veinte años cuando murió; sus ojos no se oscurecieron, y su fuerza natural no disminuyó, y de nuevo está escrito (Ib., ib., ib.) Y Moisés subió de las llanuras de Moab al monte de Nebo. Con respecto a lo que se nos enseña en un Baraitha, la siguiente explicación: Había doce escaleras al Monte y Moisés las superó todas en un solo paso. [¿Por lo tanto vemos que Moisés estuvo sano y fuerte hasta su muerte?] Dijo

R. Samuel b. Nachmeni en el nombre de R. Jonathan: "Salir, se refiere a las discusiones de la Torá, de las cuales se puede inferir que las fuentes de la sabiduría estaban cerradas para él". (Ib. 13, 14) Moisés y Josué fueron y se colocaron en el tabernáculo de reunión. Se nos enseña que ese sábado en particular era un sábado de transmisión del oficio por dos. El oficio fue tomado de uno (Moisés) y entregado al otro (Josué). [De ahí que ambos sirvieran el mismo día].

Se nos enseña en un Baraitha, R. Juda dijo: "Si no fuera por el pasaje, habría sido imposible saber dónde murió Moisés? En la parte de Rubén. (Ib. 34, 1) Y Moisés subió desde el llanuras de Moab hasta el monte de Nebo, y el monte de Nebo estaba situado en la sección de Rubén, como está escrito (Núm.32 , 37) Y los hijos de Rubén edificaron Hesbón, Elale, Quiriathayim, Nebo y Baa'l-me'on. ¿Y dónde fue enterrado Moisés? En la sección de Gad; como está escrito (Ib. 33, 21) Porque está escondido el campo del Legislador. La distancia entre la parte de tierra que pertenece a Rubén y la de Gad es de unas cuatro millas. Ahora bien, ¿quién le trajo a Moisés la distancia de estas cuatro millas? De esto se puede inferir que cuando Moisés murió, fue colocado en las alas de la Shejiná [por lo cual fue llevado estas cuatro millas], rodeado de ángeles ministradores, diciendo (Ib., Ib., Ib.) Él ejecutó la justicia del Señor y su juicio con Israel. ¿Y qué dijo el Santo, Alabado sea Él mismo en ese momento? (Salmos 94, 16) Oh, ¿quién se levantará delante de mí contra los malhechores, o quién se levantará contra mí con el obrero de los malvados? "Pero Samuel dijo:" El Señor dijo lo siguiente, (Eclesiastés 8, 1) "¿Quién es como los sabios y ¿quién conoce también la explicación de una cosa? " R. Jochanan dijo: "El Señor dijo lo siguiente, (Job 28, 12) Pero la sabiduría, ¿dónde se encontrará? ¿Dónde está el lugar del entendimiento?" R. Nachman b. Isaac dijo: "El Señor dijo lo siguiente, (Deut. 34, 5) Y Moisés, el siervo del Señor, murió allí". Samalian dijo: Y Moisés murió allí, significa "El gran Escriba de Israel".

Se nos enseña en un Baraitha, R. Elazar el Grande dice: "Una voz celestial que se extendía por doce millas cuadradas equivalentes al espacio del campamento de Israel anunció: 'Y Moisés, el gran Escriba de Israel, murió'. "Pero, hay otras opiniones de que Moisés no murió en absoluto, porque el pasaje dice aquí, Y Moisés murió allí. Y de nuevo está escrito (Éxodo 34, 28) Y permaneció allí con el Señor cuarenta días y cuarenta noches. Así como en el último caso se paró y esperó, también significa aquí que se paró y esperó.... (Deuteronomio 34, 6) y lo enterró en el valle en la tierra de Moab frente a Bet-Peor. R. B'rachia dijo: "Es un signo dentro de un signo, y sin embargo nadie sabe de su sepulcro". Y sucedió una vez que cierto gobierno había dicho a (Fol. 14) el Comandante de Pe'or; "Muéstrame dónde está enterrado Moisés?" Subieron la colina y (la tumba) les pareció que estaba debajo de la colina, pero cuando descendieron la colina, la tumba parecía estar por encima de la colina, por lo que se dividieron en dos grupos, una parte subió la colina y el otro abajo y les pareció como antes, esto es para confirmar la declaración Y nadie sabe de su sepulcro hasta el día de hoy. R. Chama b. R. Janinah dijo: "Incluso el mismo Moisés no sabe dónde está enterrado, como está escrito aquí: Nadie [Ish] conoce su sepulcro. Y está escrito de nuevo (Ib. 34. 1) Y esta es la bendición con la que Moisés, el hombre [Ish] de Dios ". R. Chama b. R. Chanina dijo además:" ¿Por qué fue enterrado Moisés frente a Beth Pe'or? ? Para que su tumba sea una expiación por el incidente de Pe'or ".

R. Chama b. Chanina dijo además: "¿Cuál es el significado del pasaje (Deut. 13, 5) delante del Señor tu Dios caminarás? ¿Cómo es posible que un hombre camine tras la Shejiná? He aquí, se dice (Ib. 4). , 24) Porque el Señor tu Dios es fuego devorador, un Dios celoso. Por lo tanto, debemos decir que esto significa andar según los hábitos estándar del Santo, alabado sea Él. Como vistió al desnudo, como está escrito (Gen.3, 21) Y el Señor Dios hizo a Adán y a su esposa túnicas de piel y los vistió, así también tú vestirás al desnudo; así como el Santo, alabado sea, visita a los enfermos, como está escrito (Ib.18, 1) Y el Señor se le apareció en los encinares de Mamre, así también visitarás a los enfermos. El Santo, alabado sea, entierra a los muertos, como está escrito (Deut. 34, 6) Y lo enterró en el valle, así también enterrarás a los muertos. El Santo, alabado sea, viene a consolar al doliente, como está escrito (Gen.25, 11) Y sucedió que, después de la muerte de Abraham, Dios bendijo a Isaac, su hijo, así también consolarás a los dolientes. (Ib. 3, 21) Y el Señor Dios hizo a Adán ya su esposa túnicas de pieles y los vistió. Rab y Samuel difieren en la explicación del pasaje anterior, uno explica que los abrigos estaban hechos de una cosa que provenía de la piel [lana] y el otro dice: "Esto significa algo que el cuerpo de un hombre disfruta cuando se usa cerca del piel [ropa de cama] ". R. Samlai dio una conferencia: "La Torá comienza con hechos meritorios y termina con hechos meritorios; comienza con hechos meritorios, como está escrito (Ib. 3, 21) Y el Señor Dios hizo a Adán y a su esposa túnicas de pieles y los vistió. Y termina con hechos meritorios, como está escrito (Deut. 34, 6) Y lo sepultó en el valle ".

R. Simlai dio una conferencia: "¿Por qué estaba Moisés nuestro maestro, tan ansioso por entrar en la tierra de Israel? ¿Fue porque estaba tan ansioso por disfrutar de su fruto o quería disfrutar de su abundancia? Seguramente debemos decir que Moisés dijo así a sí mismo: "Hay muchos mandamientos en los que se instruyó a Israel, pero que no se pueden cumplir hasta que entren en la tierra de Israel. Por tanto, deseo entrar en la tierra para que se cumplan a través de mí". El Santo, alabado sea, entonces le dijo: '¿No es entonces la razón de tus recompensas que recibirás? Si es así, lo consideraré como si lo estuvieras cumpliendo, como se dice (Is. 53, 12).) Por eso lo dividiré. [una porción] con muchos y con fuertes repartirá despojos; porque derramó su alma hasta la muerte y con los transgresores fue contado; el cual cargó con el pecado de muchos y por los transgresores dejó que el mal le sobreviniera; es decir, por tanto, le repartiré una porción entre los muchos, le daré una porción completa. ¿Quizás uno dirá una porción como la última generación y no como la primera [Abraham, Isaac y Jacob]? Por tanto, el pasaje dice y con los fuertes repartirá el botín; es decir, como Abraham, Isaac y Jacob, que eran poderosos en la posesión de la Torá y los Mandamientos; porque derramó su alma hasta la muerte, porque se entregó a la muerte para dar cuenta de ellos, como está dicho (Ex.33, 32) Sin embargo, ahora, si perdonas sus pecados; pero si no, bórrame, te ruego, de Tu libro que has escrito; y con los transgresores fue contado, fue contado para compartir la fe entre los que murieron en el desierto; mientras cargaba con el pecado de muchos, ofreció oraciones por los transgresores de Israel para que regresaran por medio del arrepentimiento; porque la palabra Pogiah (bore) no se refiere más que a las oraciones, como está dicho (Jer. 7, 16).

Sotah, Capítulo 2

(Fol. 17) R. Akiba dio una conferencia: "Si el marido y la mujer tienen méritos, la Shejiná morará entre ellos, pero si no tienen méritos, un fuego [de disensión] los consumirá". Raba dijo: "Y el [fuego de la mujer] es incluso mayor que el del hombre, porque el nombre de la mujer (Esha) originalmente consiste en la palabra fuego, (Esh) mientras que en el del marido (Ish) hay un letra (Yud) que interviene entre la palabra fuego (Esh) ". Raba dijo: "¿Por qué la Torá ordenó traer polvo para una Sota? Esto se explica que si uno tiene méritos, tendrá hijos como Abraham nuestro patriarca, acerca de quien está escrito (Génesis 18, 27). polvo y ceniza, pero si uno no tiene méritos, lo reducirán a cenizas (es decir, será quemado) ".

Raba expuso: "Como recompensa a Abraham, quien dijo (Ib., Ib., Ib.) Aunque yo no soy más que polvo y cenizas, sus hijos merecían los siguientes dos mandamientos, el gobierno de la Parah A'dumah y las cenizas de un Sota ". Pero también están las cenizas que se usan para cubrir la sangre [de una bestia y un ave]. Las cenizas que se usan para cubrir la sangre son solo el prólogo de un mandamiento, pero no el mandamiento en sí. Raba expuso: "Como recompensa por lo que dijo Abraham, (Ib. 14, 23) Y que no tomaré de un hilo, ni siquiera de un cordoncillo, sus hijos merecieron los siguientes dos mandamientos, las correas del Tephillin y el T'cheileth del Tzitzith Se entiende fácilmente que la correa del Tephillin es una recompensa, porque está escrito (Dpto. 28, 10) Y todas las naciones del mundo verán, que eres llamado por el nombre del Señor, y te temerán. Y se nos enseña que R. Elazar el Grande dice: "Esto se refiere a la Tefilina de la cabeza". Pero en cuanto al hilo de Tcheleth, ¿qué tipo de recompensa es esta? Esto es como R. Maier dijo en el siguiente Baraitha: "¿Por qué se eligió el color azul de todos los demás colores? Porque el azul se parece al mar, el mar se parece al cielo y el cielo se parece al Trono Divino, como se dice (Ex. 24, 10) Vieron al Dios de Israel; y el lugar debajo de Sus pies era como un pavimento de zafiro brillante, y como el color del cielo en claridad. Y de nuevo está escrito (Ez. 1, 26) Había como la apariencia de una piedra de zafiro, la semejanza de un trono ".

Sotah, Capítulo 3

(Fol. 20) MISHNAH: No había terminado del todo con beber el agua cuando su rostro se volvió deslumbrante, sus ojos comenzaron a mirar fijamente y su cuerpo se arrugó y los que estaban cerca de ella decían: "Quítala para que no se ensucie. el santuario." Si tiene algunos méritos, entonces el agua no funcionaría de inmediato, hay méritos que pueden hacer que el agua permanezca inactiva durante un año, y nuevamente hay otros méritos que pueden hacer que permanezca así durante dos años, e incluso durante tres años. "De esto se puede inferir", dijo Ben Azzai, "que un hombre tiene el deber de enseñar la Torá a su hija para que, en caso de que ella tenga que beber el agua, sepa que los méritos retrasan la acción [de la agua amarga] ". R. Elazar dice, sin embargo: "

(Fol. 21) "Hay méritos que pueden retrasar el resultado del agua incluso durante tres años". ¿Qué tipo de mérito es el que provoca un aplazamiento de tres años? ¿Asumiremos los méritos del estudio de la Torá? ¿He aquí que una mujer no está obligada a estudiar la Torá? Por tanto, debemos decir que se refiere a hechos meritorios. ¿Es esto un hecho? He aquí, se nos enseña en un

Baraitha que R. M'nachem b. R. José expuso lo siguiente (Pr. 6, 23) Porque el mandamiento es una lámpara, y la ley es luz. "El pasaje compara los mandamientos meritorios con una lámpara y la Torá con la luz, para enseñarnos que así como una lámpara proporciona luz solo por un período determinado, así también un mandamiento protege solo por un período determinado; y así como la luz perdura por la eternidad así también la protección de la Torá perdura por la eternidad. Y de nuevo hay un pasaje (Ib., ib., 22) Cuando camines; te guiará, etc., cuando camines te guiará, se refiere a este mundo ; cuando te acuestes te velará; esto se refiere al tiempo de la muerte; y cuando estés despierto conversará contigo, se refiere al mundo futuro. Esto puede ser comparado con un hombre que caminó por un sendero durante un noche muy oscura y temía tropezar con espinos y cardos, o caer en un hoyo, o ser devorado por una bestia salvaje o atacado por ladrones, y no sabía qué dirección tomar. Sin embargo, cuando una antorcha encendida llegó a su poder, se sintió aliviado del temor de tropezar con espinos y cardos o de caer en un hoyo. Sin embargo, todavía tenía miedo de ser devorado por una bestia salvaje o de ser atacado por ladrones y no sabía qué dirección tomar. Cuando amaneció, se liberó del terror de las fieras y también de los ladrones; todavía no sabía qué dirección elegir, pero llegó a la encrucijada [donde hay un poste guía;] entonces se salvó de todos los peligros ". De otra manera se puede explicar el pasaje anterior: Una transgresión provoca la extinción de un mandamiento, pero una transgresión no puede provocar la extinción de la Torá, como se dice (No sé qué dirección tomar. Sin embargo, cuando una antorcha encendida llegó a su poder, se sintió aliviado del temor de tropezar con espinos y cardos o de caer en un hoyo. Sin embargo, todavía tenía miedo de ser devorado por una bestia salvaje o de ser atacado por ladrones y no sabía qué dirección tomar. Cuando amaneció, se liberó del terror de las fieras y también de los ladrones; todavía no sabía qué dirección elegir, pero llegó a la encrucijada [donde hay un poste guía;] entonces se salvó de todos los peligros ". De otra manera se puede explicar el pasaje anterior: Una transgresión provoca la extinción de un mandamiento, pero una transgresión no puede provocar la extinción de la Torá, como se dice (No sé qué dirección tomar. Sin embargo, cuando una antorcha encendida llegó a su poder, se sintió aliviado del temor de tropezar con espinos y cardos o de caer en un hoyo. Sin embargo, todavía tenía miedo de ser devorado por una bestia salvaje o de ser atacado por ladrones y no sabía qué dirección tomar. Cuando amaneció, se liberó del terror de las fieras y también de los ladrones; todavía no sabía qué dirección elegir, pero llegó a la encrucijada [donde hay un poste guía;] entonces se salvó de todos los peligros ". De otra manera se puede explicar el pasaje anterior: Una transgresión provoca la extinción de un mandamiento, pero una transgresión no puede provocar la extinción de la Torá, como se dice (sucedió que una antorcha encendida llegó en su poder. Se sintió aliviado del temor de tropezar con espinos y cardos o de caer en un hoyo. Sin embargo, todavía tenía miedo de ser devorado por una bestia salvaje o de ser atacado por ladrones y no sabía qué dirección tomar. Cuando amaneció, se liberó del terror de las fieras y también de los ladrones; todavía no sabía qué dirección elegir, pero llegó a la encrucijada [donde hay un poste guía;] entonces se salvó de todos los peligros ". De otra manera se puede explicar el pasaje anterior: Una transgresión provoca la extinción de un mandamiento, pero una transgresión no puede provocar la extinción de la Torá, como se dice (sucedió que una antorcha encendida llegó en su poder. Se sintió aliviado del temor de tropezar con espinos y cardos o de caer en un hoyo. Sin embargo, todavía tenía miedo de ser devorado por una bestia salvaje o de ser atacado por ladrones y no sabía qué dirección tomar. Cuando amaneció, se liberó del terror de las fieras y también de los ladrones; todavía no sabía qué dirección elegir, pero llegó a la encrucijada [donde hay un poste guía;] entonces se salvó de todos los peligros ". De otra manera se puede explicar el pasaje anterior: Una transgresión provoca la extinción de un mandamiento, pero una transgresión no puede provocar la extinción de la Torá, como se dice (todavía tenía miedo de ser devorado por una bestia salvaje o de ser atacado por ladrones y no sabía qué dirección tomar. Cuando amaneció, se liberó del terror de las fieras y también de los ladrones; todavía no sabía qué dirección elegir, pero llegó a la encrucijada [donde hay un poste guía;] entonces se salvó de todos los peligros ". De otra manera se puede explicar el pasaje anterior: Una transgresión provoca la extinción de un mandamiento, pero una transgresión no puede provocar la extinción de la Torá, como se dice (todavía tenía miedo de ser devorado por una bestia salvaje o de ser atacado por ladrones y no sabía qué dirección tomar. Cuando amaneció, se liberó del terror de las fieras y también de los ladrones; todavía no sabía qué dirección elegir, pero llegó a la encrucijada [donde hay un poste guía;] entonces se salvó de todos los peligros ". De otra manera se puede explicar el pasaje anterior: Una transgresión provoca la extinción de un mandamiento, pero una transgresión no puede provocar la extinción de la Torá, como se dice (Canciones 8, 7) Muchas aguas no pueden apagar el amor. R. Joseph dijo: "También hay una distinción entre las acciones meritorias y el estudio de la Torá. Las acciones meritorias protegen y salvan a un hombre mientras está ocupado en realizarlas, pero cuando no está ocupado en su ejecución, simplemente lo protegen". de problemas, pero no lo salven una vez que el problema ya ha llegado; mientras que la Torá protege y salva a un hombre durante el tiempo de estudio y después del tiempo de estudio ". Raba planteó la siguiente objeción: "Si esto es cierto, ¿por qué la Torá no protegió a Doeg y Achitoffel que estudiaron la Torá?" Por lo tanto, Raba dijo: "La Torá salva a un hombre si algo le sucede durante el tiempo de su estudio real, pero después de que ha terminado el estudio, simplemente lo protege y no lo salva de problemas, mientras que el mandamiento,

"Cuando llegó a la encrucijada (donde hay un poste guía)", ¿qué significa encrucijada? R. Chisda dijo: "Esto significa cuando un erudito se acerca a su muerte". R. Nachman b. Isaac dijo: "Esto significa un erudito que teme al pecado". Mar Zutra dijo: "Esto se refiere a un erudito que llega a una etapa tal que reporta la tradición de acuerdo con la ley vigente". De otra manera se puede explicar lo anterior: una transgresión destruyó un acto meritorio, pero no puede destruir la Torá. R. Joseph dijo que R. M'nachem b. R. Joseph interpretó el pasaje anterior como si hubiera sido transmitido desde el monte Sinaí, y si Doeg y Achitoffel lo hubieran interpretado en ese sentido, nunca habrían decidido seguir a David. Porque está escrito (Sal. 71, 11) Diciendo: 'Dios lo ha abandonado; persíguelo y tómalo; porque no hay quien libere. ¿Qué pasaje interpretaron para guiarlos en su teoría [para perseguir a David?] El siguiente pasaje (Dúo 23, 15) Para que Él no vea nada indecoroso en ti y se aparte de ti. No sabían que aunque una transgresión podía anular un mandamiento, no obstante, no podía destruir la Torá de [David]. "¿Cuál es el significado del pasaje (Canciones 8, 7) ¿El hombre lo despreciaría por completo? Dijo Ulla: "Ni como Simón, el hermano de Azarías, ni como R. Jochanan, de la familia del príncipe, sino como Hilel y Sebna; porque cuando vino R. Dimi, dijo que Hillel y Sebna eran hermanos. Hillel dedicó su tiempo a la Torá , mientras Shebna dedicó su tiempo a los negocios. Al final se dijeron:

'Vengan, seamos socios y compartamos ambos mundos'. Con lo cual una voz celestial salió diciendo (Ib., Ib., Ib.) Si un hombre fuera a dar todas las riquezas de su casa por amor, el hombre lo despreciaría por completo ".

(Ib. B) R. Elazar dice: "Quien enseña la Torá a su hija es como si le estuviera enseñando frivolidades". ¿Cómo es posible que al enseñarle la Torá, él le enseñe la frivolidad? Dijo R. Abahu: "La razón de R. Elazar se basa en el siguiente pasaje (Pr. 8, 12): Yo, la sabiduría habito con la prudencia; es decir, tan pronto como la sabiduría entra en un hombre, se vuelve prudente". Pero, ¿cómo explicarán los rabinos, yo, la sabiduría habito con la prudencia? Esto es necesario para respaldar la opinión de R. Jose b. R. Chanina. Para R. Jose b. R. Chanina citó: "Las palabras de la Torá no perdurarán en uno a menos que esté dispuesto a despojarse de todas las demás cosas, como se dice, yo, la sabiduría habito con prudencia". R. Jochanan dijo: "Las palabras de la Torá no perdurarán con uno a menos que admita que no sabe nada por sí mismo,Trabajo. 28, 12) Pero la sabiduría, ¿dónde se formará? "

R. Joshua dijo: "Una mujer prefiere un Kab [una vida escasa] conectada con licencia a nueve Kabs con las restricciones de la castidad". ¿Qué quiere decir con eso? Quiere decir que una mujer está dispuesta a vivir junto con su marido incluso con menos lujo que estar separada.

"El mismo también dijo: 'Un santo tonto, etc.'" ¿Qué quiere decir con un santo tonto? Esto quiere decir que si uno ve a una mujer ahogándose en un río y no quiere rescatarla, simplemente porque no está vestida. "Un hombre malvado que es sutil". R. Chanina dijo: "Uno que explica su caso al juez (tratando de preocuparlo), antes de que aparezca su adversario". R. Abahu dijo: "El que da un P'rutah a un pobre para compensar a los pobres la suma total de doscientos zouzim; porque se nos enseña en una Mishná: el que posee doscientos zouzim no tiene derecho para recibir cualquier espiga (leket), ni lo que se olvida en el campo (shikcha) ni lo que queda en la esquina (peah) ni un pobre alivio. Pero si solo le falta un Zouz a los doscientos zouzim,

R. Joseph b. Chama dijo en nombre de R. Shesheth: "Esto se refiere a alguien que induce a otros a comportarse como él". R. Huna dijo: "Se refiere a quien practica las decisiones ligeras y ordena practicar las más difíciles". Ulla dijo: "Esto se refiere a (Fol. 22) alguien que lee la Escritura, estudia la Mishná, pero no ha servido a los eruditos". Se nos enseña: Si uno ha leído las Escrituras y ha estudiado la Mishná, pero no ha servido a los eruditos, R. Elazar dijo: "Tal hombre debe ser llamado ignorante". R. Samuel b. Nachmeni dijo: "Un hombre así debería ser llamado una persona grosera". R. Janai dijo: "Un hombre así es como un samaritano". R. Acha b. Jacob dijo: "Un hombre así es como un mago (un hechicero)". R. Nachman b. Isaac dijo: "La explicación de R. Acha b. Jacob es más razonable que todos los demás; porque la gente dice, 'el mago murmura y no entiende lo que dice' ". Lo mismo que un erudito que estudia y no sabe [a través de la práctica] lo que ha estudiado.

Nuestros rabinos enseñaron: "¿Quién [debe ser considerado] un hombre común? El que no lee la Sh'm'a (Escucha, Israel, etc.), tanto por la mañana como por la noche", dice R. Eliezer. R. Joshua dice: "El que no se pone tefilina (filacterias)". Ben Azai dice: "El que no usa Tzitzis (flecos)". R. Nathan dice: "El que tiene hijos y no los cría en el estudio de la Torá". Achcirim dice: "Incluso si alguien ha estudiado la Biblia y la Mishná, pero no ha asistido a los eruditos (como discípulo), también se le considera un Am. Ha'aretz. Y uno que solo lee la Biblia pero no la Mishná se llama Bur; con respecto a alguien que ni siquiera leyó la Biblia, el pasaje dice (Jer. 31, 26) Cuando sembraré la casa, etc. "

(Pr.24, 21) Hijo mío, teme al Señor y al rey, y no te entrometas con los dados a estudiar. Dijo R. Isaac: "El último se refiere a aquellos que simplemente estudian Halachoth (Leyes), [pero no las practican]". ¿Seguramente este es el significado del pasaje? Uno puede pensar que la palabra Shonim (estudio), se refiere a alguien que repitió un pecado y como dijo R. Huna: "Tan pronto como un hombre comete un crimen y lo repite, le parece como si fuera algo permitido. " Por tanto, dice que no se refiere a delitos. Se nos enseña: "Aquellos eruditos que causan la destrucción del mundo". ¿Cómo es posible que los eruditos causen la destrucción del mundo? Raba dijo: "Se refiere a los eruditos que toman decisiones basadas simplemente en su estudio de la Mishná [sin saber el motivo de la decisión]". También tenemos un Baraitha con el mismo efecto. R. Ismael dijo: "¿Son los eruditos los que destruyen el mundo? He aquí que son la causa del mantenimiento del mundo, como se dice (Hab. 3, 6) Los caminos del mundo son de él. "[Lo que significa que el que estudia las decisiones es considerado como si el mundo entero fue creado para él]? Por lo tanto, debemos decir que significa, aquellos que toman decisiones basadas en la Mishnah [sin saber el motivo de la decisión].

"Una mujer santurrona, etc." A nuestros rabinos se les enseñó: una doncella devota (bigotete), una viuda indisciplinada y un menor de madurez son tales que causan la destrucción del mundo. ¿Es esto realmente así? ¿No ha dicho R. Jochanan: "Podemos aprender a temer el pecado de una doncella, y recibir la recompensa de una viuda, el temor al pecado de una doncella, porque R. Jochanan escuchó a una niña cuando, postrarse sobre su rostro, oraba: 'Tú has creado impío y también justo. Sea tu voluntad que ningún noble tropiece por mi causa. Recibiendo recompensa de una viuda, porque había una viuda que, aunque tenía una sinagoga en su vecindad, sin embargo, venía a orar a la casa de estudio de R. Jochanan. Cuando él le preguntó: '¿Por qué no vas a la sinagoga? en su propio vecindario? Ella respondió: 'Rabino don' ¿Merezco una recompensa por caminar una distancia tan grande? [¿Por lo tanto vemos que es contrario a la Mishná?] La Mishná trata con doncellas y viudas como Jachani, la hija de Rettibi, que practicaba la hechicería.

¿Qué significa "un menor cuyos meses de vencimiento no fueron completos"? En Babilonia se explicó que se refiere a un erudito que desafiaría a sus maestros R Abba dijo: "Esto se refiere a un erudito que no ha alcanzado la madurez y se ocupa de decidir cuestiones legales; porque R. Abba dijo en el nombre de Rab: '¿Cuál es el significado del pasaje (Pr. 7, 26) Porque ha derribado a muchos heridos; sí, un ejército poderoso son todos sus muertos; es decir, porque ha derribado a muchos heridos, se refiere a un erudito que no ha alcanzado la madurez y que toma decisiones; sí, todas las huestes poderosas son asesinadas, se refiere a un erudito que, aunque ha alcanzado la madurez, no desea tomar decisiones. '"(Ib., b.) ¿Hasta qué años se considera prematuro a un hombre? Hasta cuarenta años. He aquí, Raba tomó decisiones antes de los cuarenta años. El primero se refiere sólo cuando hay un igual a él en la ciudad.

¿Hay algo más que pueda hacer para cumplir con mis deberes? "Un fariseo por amor y un fariseo por temor al castigo. Abaye y Raba dijeron a sus discípulos:" No cuenten entre ellos a un fariseo por amor ni a un fariseo sin miedo; porque, R. Juda dijo en el nombre de Rab, 'Un hombre siempre se ocupará en el estudio de la Torá y las acciones meritorias, incluso si no es por la Torá, porque al hacerlo al principio por su por nuestro propio bien, sucederá que lo llevará a cabo por el bien de la Torá '". R. Nachman b. Isaac dijo:" Esas cosas que se nos ocultan, por supuesto, no podemos discutir, y esas nuevas que se nos revelan que siempre podemos ver abiertamente, sin embargo, la corte celestial castigará a aquellos que se cubran con un manto de justicia "".

Sotah, Capítulo 4

(Fol. 26) Se nos enseña en un Baraitha, (Núm. 5, 28) Entonces ella permanecerá ilesa, y concebirá semilla; es decir, si era impotente, tendría hijos, también lo es la opinión de R. Akiba. Entonces R. Ishmael le dijo: "Si es así, entonces todas las mujeres impotentes se convertirán en Sota, para que puedan tener hijos, y quien no se comprometa con tal acción, perderá tal oportunidad". "Entonces, ¿cómo se explicará el pasaje, entonces ella permanecerá ilesa, etc.?" "Esto significa que si dio a luz con dolor, por lo tanto dará a luz sin ningún dolor; si tuvo hijas, por lo tanto, dará a luz hijos; si tuvo hijos bajos, dará a luz a los altos; si dio a luz hijos oscuros, ella por lo tanto, aburrirán a los rubios ".

Sotah, Capítulo 5

(Fol. 27b) Mishná: En ese mismo día R. Akiba expuso: (Éxodo 15, 1) Luego cantaron Moisés y los hijos de Israel, este cántico al Señor, y así dijeron: "¿Por qué se repite la palabra Lamor (diciendo) en el pasaje anterior? Se infiere que Israel respondió al cántico después de que Moisés había comenzado ".

Guemará: (Fol. 30b) A nuestros rabinos se les enseñó: Así es como R. Akiba expuso: "Cuando Israel ascendió del Mar Rojo, inmediatamente comenzaron a esperar cantar una canción de alabanza, y ¿cómo pronunciaron la canción? como se lee el Hallel y la Congregación después de la lectura al comienzo de cada Capítulo, así también lo hizo Israel allí. Moisés dijo: (Ib., ib., ib.) Cantaré al Señor e Israel repitió el mismo pasaje : Entonces Moisés dijo: Porque ha triunfado gloriosamente, e Israel respondió de nuevo: Cantaré al Señor. " R. Eliezer, hijo de R. Jose, el galileo, dice: "Las canciones fueron recitadas a la manera de un menor que lee el Hallel y el resto de la audiencia repite lo que dice; es decir, Moisés dijo: Cantaré al Señor, e Israel respondió: Cantaré al Señor; Moisés dijo: Porque él ha triunfado gloriosamente, e Israel respondió. "R. Nechemia dice:" Fue como el Lector lee la Sh'mah, en la congregación, el lector comienza y el resto de la congregación responde después de él ". ¿Cuál es la base? R. Akiba sostiene que la palabra lamor (decir), mencionada en ese pasaje, se refiere a las palabras anteriores. R. Eliezer, hijo de R. José el Galileo, cree que la palabra lamor, se refiere a todas y cada una de las palabras por separado, mientras que R. Nechemia sostiene: Dondequiera que esté escrito, ellos han dicho, debemos explicar que todos dijeron juntos, pero dondequiera que se use la palabra Lamor, significa que Moisés la comenzó ". A nuestros rabinos se les enseñó, R. José el Galileo, disertó: "En el momento en que Israel descendió del Mar Rojo, decidieron cantar alabanzas, y como cantaron alabanzas? Un infante que estaba en las caderas de su madre y un lactante que estaba amamantando del pecho de su madre, tan pronto como vieron la Shejiná, el infante levantó su cuello y el amamantamiento soltó el pecho de su boca y dijeron (Ib. , ib.2) Él es mi Dios, y declararé su alabanza, como está dicho (PD. 8, 3) De la boca de los bebés y los lactantes has fundado [Tu] poder. "Se nos enseña que R. Maier solía decir:" ¿De dónde sabemos que incluso los embriones en las entrañas de sus madres recitaron una canción? Se dice (Ib. 68, 27) En las asambleas bendecid a Dios, alabad al Señor, surgisteis de la fuente de Israel ".

(Fol. 27b) MISHNAH: En este mismo día R. Joshua b. Hurkanus expuso que Job servía al Señor por nada más que por amor, como se dice (Job 13, 15) Aunque me mate, confiaré en él. A partir de esto, todavía se puede pensar que Joab tenía dudas sobre si confiaré en Él o no. Por lo tanto, dice, (Ib. 27, 5) Hasta que muera, no quitaré de mí mi integridad, de lo cual se puede inferir que sirvió al Señor por amor ". R. Joshua luego exclamó:" Oh Rabban Jochanan B. ¡Zakkai! ¿Quién quitará el polvo de tus ojos [y te dará vida]? Porque has interpretado toda tu vida que Joab sirvió a Dios sólo por temor, [del castigo], como se dice (Ib. 1, 1) Un hombre perfecto y recto y temeroso de Dios, y que huye del mal. He aquí ahora que Joshua b. Hurkanus, el discípulo de tu discípulo, infirió que lo hizo por amor ".

GEMERA: (Fol. 31) Veamos cómo se escribe la palabra lo. Si se escribe con Lamed Alef, significa que no lo es, pero si se escribe Lamed Vav, entonces significa para él, y ¿por qué la Mishná tiene dudas sobre el significado de esa palabra? Entonces, ¿es una regla que dondequiera que esté WTitten Lamed Alef eso significa no? Según esto, entonces el pasaje (Is. 63, 9) En toda su aflicción, él fue afligido. Donde lo se escribe con Lamed Alef, ¿significa también que no está afligido, y si dices que este es, por supuesto, el significado del pasaje, entonces cómo explicarás el siguiente pasaje, y el ángel de su presencia salvó? y los llevó todos los días de antaño? Por lo tanto, debemos decir que la palabra [deletreada con Lamed Alef] se puede interpretar de cualquier manera, no o para él.

Se nos enseña que R. Maier dice: "Se dice acerca de Job, (Job 1, 1) Temer al Señor, y también se dice acerca de Abraham, (Génesis 22, 12) Tú temes a Dios, así como el temor de Dios mencionó acerca de Abraham, fue por amor, así también el temor de Dios mencionado en conexión con Job significa por amor ". Pero en cuanto al propio Abraham, ¿cómo sabemos que fue por amor? Está escrito (Is.41, 8) La simiente de Abraham Mi amigo. ¿Cuál es la diferencia entre uno que sirve a Dios por amor, y uno que le sirve por miedo [al castigo?] La diferencia es como se menciona en el siguiente Baraitha: R. Simon b. Elazar dice: "Es mucho más importante que se sirva a Dios por amor que por temor, porque la recompensa de este último durará mil generaciones, mientras que la recompensa de la primera durará dos mil generaciones; está escrito aquí, (Ex.20, 6) Y mostrando misericordia a los miles de generaciones de los que me aman, y está escrito, (Dent. 7, 9) que guardan sus mandamientos hasta la milésima generación. "¿Por qué, en el último caso, también se menciona quién guarda ¿La bondad y el pacto de aquellos que lo aman y guardan sus mandamientos hasta mil generaciones? La recompensa de mil generaciones, se refiere a la palabra siguiente. Había dos discípulos que estaban de pie ante Raba, uno dijo: "Me fue recitado en mi sueño, (Sal.31, 20), ¡Oh, cuán grande es tu bondad, que has atesorado, con los que te temen! "Y el otro dijo que me fue recitado en mi sueño, (Ib., Ib. 12) Y se alegrarán todos los que ponen su confía en Ti. Por siempre gritarán de júbilo, etc. " Entonces Raba les dijo: "Ambos son perfectamente justos; sin embargo, uno de ustedes está tan por amor y el otro por miedo [al castigo]".

Sotah, Capítulo 7

(Fol. 32b) Se nos enseña que R. Simon b. Jochai dice: "Un hombre debe recitar sus alabanzas en voz baja, pero sus deshonras en voz alta". Que uno debe anunciar sus alabanzas en voz baja lo inferimos del capítulo de Diezmos. (Deuteronomio 26, 5) Y que uno debe anunciar su deshonra en voz alta, inferimos del capítulo de la ofrenda de las primicias de los frutos (Ib., Ib. 13) "Uno debe anunciar su deshonra en voz alta". R. Jochanan dijo en nombre de R. Jochai: "¿Por qué los rabinos han dispuesto que las oraciones [de Amida] se digan en silencio? Para no deshonrar a los que cometieron crímenes [que desean confesar sus iniquidades] : porque el pasaje no asigna lugares separados para el sacrificio de una ofrenda por el pecado y el sacrificio de un holocausto [que es solo una mera donación]. No lea que la deshonra de un hombre debe leerse en voz alta , pero lee la angustia de un hombre [debe leerse en voz alta]. Como se nos enseña en el siguiente Baraitha: (Lev. 13, 45) E inmundo, inmundo, gritará. Esto significa que uno debe informar al público de sus problemas para que el público ore por su misericordia.

(Fol. 33) ¿Es de hecho para que las oraciones puedan recitarse en cualquier idioma? He aquí, R. Juda dijo en el nombre de Rab: "Quien ora por sus necesidades en el idioma araámico no será atendido por los ángeles ministradores, porque los ángeles no entienden ese idioma". Esto no es difícil de explicar, el segundo trata de la oración de un solo hombre, mientras que el primero trata de la oración de una comunidad. ¿Es cierto que los ángeles ministradores no entienden el idioma arámico? ¿No nos han enseñado que R. Jochanan, el sumo sacerdote, escuchó una voz [saliendo] del Santísimo, anunciando: "Los muchachos (hijos del sumo sacerdote) que fueron a luchar contra los griegos han ganado la batalla ", y nuevamente sucedió con Simón el Justo, quien escuchó una voz que venía del Santísimo, diciendo:" y, sin embargo, toda esta información se dio en el idioma arameo? Si lo desea, podemos explicarle que una voz celestial es diferente, y si lo desea, podemos decir que el informante fue el ángel Gabriel, porque el Maestro dijo en otra parte que Gabriel vino y le enseñó a José setenta idiomas. y, sin embargo, toda esta información se dio en el idioma arameo? Si lo desea, podemos explicarle que una voz celestial es diferente, y si lo desea, podemos decir que el informante fue el ángel Gabriel, porque el Maestro dijo en otra parte que Gabriel vino y le enseñó a José setenta idiomas.

(Ib. B.) A nuestros rabinos se les enseñó: ¿Cómo pasó Israel el Jordán? Otros días el arca seguiría dos estandartes [divisiones], pero en ese día en particular iba al frente, como se dice (Jos. 3, 11) He aquí que el arca del pacto del Señor de toda la tierra pasa siempre delante de ti al Jordán. Otros días los levitas llevaban el Arca Santa, pero en ese día en particular los sacerdotes la llevaban, como se dice (Ib., Ib. 13) Y sucederá que tan pronto como las plantas de los pies de los sacerdotes que llevan el arca del Señor, el Señor de toda la tierra, etc. Se nos enseña en un Baraitha que R. Josi dice: "En tres lugares llevaban los sacerdotes el arca; en el momento en que cruzaron el Jordán; en el momento en que rodearon Jericó y en el momento en que llevaron el arca santa a su lugar apropiado [en el templo]. (Fol.34) Y tan pronto como los pies de los sacerdotes tocaron el agua, el agua rodó hacia atrás, como está escrito (Ib., ib. 15) Y mientras los que llevaban el arca subían al Jordán y los pies de los sacerdotes que llevaban el arca se sumergían en el borde del agua ... ... que las aguas que descendían de arriba se detuvo y corrió hacia arriba como una pared, etc. ¿Qué tan ancha era el agua? "Doce codos cuadrados equivalen al campamento de Israel", así es la opinión de R. Juda. Con lo cual R. Elazar b. R. Simon le dijo: "Según tu opinión, ¿qué es más liviano, el hombre o el agua? Seguramente, debemos decir que el agua es más liviana. Si es así, ¿por qué no vino el agua e inundó al hombre? Por lo tanto, debemos decir que el El agua se amontonaba hacia arriba en forma de arco que constaba de más de trescientos codos de altura, de modo que era visible para todos los reyes orientales y occidentales, como se dice (Ib.5,Núm 33 52) Entonces echaréis a todos los habitantes de la tierra que vinieron antes que vosotros. Si te comprometes a cumplir bien este deber, pero si no, el agua vendrá y te desbordará, como se dice (Jos.23, 15Se podría pensar que en cualquier lugar de alojamiento en el que se detuvieran deben dejarlo. Sin embargo, se dice en el pasaje. Donde os alojaréis esta noche.

R. Juda dijo: "Mi padre Chalafta, R. Elazar b. Massia y Chanania b. Chachinai estaban parados sobre estas piedras y han declarado que el peso aproximado de cada una de ellas es de cuarenta sahs, y tenemos la tradición de que un carga que uno puede levantar y poner sobre sus hombros, es la tercera porción del peso que puede llevar. Por lo tanto, podemos estimar el peso exacto de un racimo de uva, sobre el cual se dice (Núm. 13, 23) Y lo llevaron sobre un poste entre dos, que se explica en el siguiente Baraitha: Como dice el pasaje. Y lo llevaron, ¿no se entiende que lo llevaron dos? ¿Por qué debería decir dos? Por tanto, debemos decir que dos significa dos túmulos. R. Isaac dijo que se podría inferir de esto, que tenían dos túmulos dispuestos como una combinación de postes de equilibrio [para cuatro pares de transportadores]. ¿Cómo es eso? Ocho llevaba un racimo de uvas, uno llevaba una granada y uno llevaba un higo; Joshua y Caleb no llevaban nada. La razón es porque eran personas distinguidas a las que no les convenía llevar o porque no se unieron a la trama de los espías. Existe una diferencia de opinión entre R. Ami y R. Isaac Nafcha. Uno dijo que según la opinión de R. Juda, mencionada anteriormente, (Ib. b) Israel pasó el Jordán de la misma manera en que estaban acampados, mientras que según R. Elazar b. R. Simon opinó que cruzaron el Jordán uno tras otro. Pero el primero afirma que, según ambos, R. Juda y R. Elazar b. R. Simon, Israel cruzó el Jordán de acuerdo con su campamento, su desacuerdo, sin embargo, consiste en el hecho de que uno sostiene que un ser humano es más liviano que el agua, y el otro cree que el agua es más liviana que un ser humano.

(Núm. 13, 2) Envía algunos hombres para que espíen. Dijo Resh Lakish: "Envía tú, es de tu propia elección; porque hay alguien que elegiría una mala porción para sí mismo, y este es el significado del pasaje (Deut. 1, 23) Y la cosa fue agradable en mis ojos, sobre lo cual Resh Lakish dijo: 'A mis ojos, pero no a los ojos de Dios' "(Ib., ib. 22) Para que nos busquen la tierra. Dijo R.

Chiya en nombre de R. Jochanan: "Los espías no tenían otra intención que deshonrar la tierra de Israel; porque está escrito aquí [v'yachperu], que puedan buscarnos la tierra, y es también escrito (Is. 24, 23) Y la luna se ruborizará [V'chofra] y el sol se enloquecerá avergonzado ". (Números 13, 4) Y estos son los nombres de la tribu de Rubén, Shammua, el hijo de Zakkur. Dijo R. Isaac: "Tenemos una tradición de nuestros antepasados, que los espías fueron nombrados de acuerdo con sus actos. Sin embargo, conocemos la explicación de solo uno de ellos, Shethur, el hijo de Michael. Esto significa (Shethor) quien trató de trastornar la obra del Santo, alabado sea Él; Miguel, quien hizo que su enemigo con sus acciones se debilitara, es decir, quien hizo que la creencia en la fe en Dios se debilitara ". R. Jochanan dijo: "También podemos explicar un nombre, Nachbi, el hijo de Vaphsi. Nachbi, significa quién ocultó las verdaderas palabras del Santo, alabado sea Él, [mediante la presentación de un informe falso contra la tierra de Israel]; Vaphsi, quien pisó los caminos del Santo, alabado sea ".

(Ib., Ib. 22) Y ascendieron por el lado sur y él llegó a Hebrón. Deberían haber venido. Raba dijo: "De esto se puede inferir que Caleb se separó de la trama de los espías y se postró sobre las tumbas de los Patriarcas, diciéndoles: 'Patriarcas del mundo, recen misericordia por mí para que yo debe salvarse de caer en el complot de los espías. En cuanto a Josué, Moisés ya había ofrecido una oración, como está dicho (Ib., Ib. 16) Y Moisés llamó a Oseas, el hijo de Nun, Josué [Yehoshua], lo que significa que el Señor debería ayudarte de [caer con] el complot de los espías, y esto se entiende por el pasaje (Ib. 14, 24) Pero mi siervo Caleb como recompensa por tener otro espíritu con él, etc. " (Ib. 13, 22) Y estaban Achiman, Sheshai y Talmai, los hijos de Annak; es decir, Achiman era el más fuerte de sus hermanos; Sheshai, que haría la tierra llena de agujeros con su caminar, Thalmai, que hizo la tierra como surcos. De otra forma esto puede explicarse; Achiman, quien construyó la ciudad de Annath; Sheshai, quien construyó la ciudad de Alush; Thalmai, quien construyó la ciudad de Tilbosh; los hijos de Annak, que nublarían el sol a través de su altura.

(Ib., Ib., Ib.) Ahora, Hebrón se había construido siete años antes que Zo'am en Egipto. ¿Qué significa fue construido? ¿Puede tomarse literalmente? ¿Cómo es posible que un hombre construya una casa para su hijo menor antes de construir una para su hijo mayor? Porque está escrito (Génesis 10, 6Y los hijos de Cam: Cus, Mizrayim, Put y Canaán. [Por tanto, vemos que Canaán era más joven que Cam]. Por lo tanto, debemos decir que ella fue fructífera, siete veces mayor, sobre la ciudad de Zo'an, y aunque no hay lugar más pedregoso en toda la tierra de Israel que Hebrón, esta es la razón por la que se dedicó un cementerio, y nuevamente No hay mejor tierra en toda la región asiática que la de Egipto, como se dice (Ib. 13, 10) Como el huerto del Señor, como la tierra de Egipto; y no hay mejor terreno en toda la tierra de Egipto que el de Zo'an, como está escrito (Is. 30, 4) porque sus príncipes estaban en Zo'an. Sin embargo, Hebrón era siete veces más rico en producción de frutas que Zo'an. ¿Es un hecho que Hebrón tiene un terreno pedregoso? He aquí que está escrito (II Sam.15, 7) Y sucedió que al cabo de cuarenta años, Abshalom dijo al rey: 'Te ruego que me dejes ir y cumpla mi voto que hice al Señor en Hebrón; 'que fue explicado por R. Ivia, y según otros por Rabba bb Chana que esto significa: "Él deseaba ir a Hebrón para traer ovejas para una ofrenda". ¿Y también se nos enseña en un Baraitha que los carneros vinieron de Moab y las ovejas de Hebrón [por lo tanto, vemos que contenía llanuras de pasto]? Del mismo lugar podemos inferir que era un terreno pedregoso, y por el mero hecho de ser pedregoso, por lo tanto, se dedicó a pastos, que engordan ovejas.

(Números 13, 25) Y volvieron de espiar la tierra. (Fol. 35) Y de nuevo está escrito además, Y fueron y vinieron. Dijo R. Jochanan en nombre de R. Simon b. Jochai, "Su ida y vuelta son para ser comparados. Así como su regreso fue un mal consejo, también lo fue su ir hacia la tierra de Israel con la intención de un mal consejo". (Ib., Ib. 27) Y ellos se lo contaron y dijeron que llegamos a la tierra adonde nos enviaste y que verdaderamente fluye leche y miel; y este es su fruto. Sin embargo, la gente que habita en la tierra es feroz. R. Jochanan en nombre de R. Maier dijo: "Toda calumnia en la que no se dicen hechos verdaderos en su inicio no tiene apoyo [por parte de la audiencia] al final [cuando se cuenta la calumnia real]". (Ib., Ib. 30) Y Caleb hizo callar al pueblo hacia Moisés. Dijo Raba: " Los calmó con sus palabras, porque vio que cuando Josué estaba a punto de hablar le dijeron: '¿Esta cabeza mutilada [sin hijos] va a hablar? "Caleb se dijo a sí mismo:" Si empiezo a hablar ahora, también empezarán con algo más en mi contra y así me impedirán hablar. Primero los llevaré al orden y luego les hablaré ". Luego les dijo:" ¿Es esto lo único que nos hizo [Moisés], el hijo de Amrón? ". La audiencia pensó que iba a habló en acusación a Moisés, después de lo cual todos se quedaron en silencio. Él les dijo: "He aquí, nos ha sacado de Egipto, nos ha partido el Mar Rojo, nos ha traído el maná". ¿Por qué, si él nos dijera: 'Hagan escaleras para subir al cielo', no deberíamos escucharlo? "- (Ib.) Podemos subir fácilmente y tomar posesión de él; porque podemos superarlo. Pero los hombres que habían subido con él dijeron: No podemos subir contra el pueblo; porque son más fuertes que nosotros. Dijo R. Chanina b. Pappa: "Una gran cosa dijeron los espías en ese momento, porque son mimenu más fuertes. No explique la palabra Mi-me-nu, que nosotros, pero explique la palabra Mimenu, que Él mismo, incluso el dueño [Dios]. no puede sacar sus propias cosas de allí ",

(Ib., Ib., Ib.) Es una tierra que consume a sus habitantes. Raba dijo: "El Santo, alabado sea, dijo: 'Pensé que era para un buen propósito, pero lo tomaron con un mal propósito'; es decir, lo tomé por un buen propósito porque dondequiera que vinieran los espías sucedió que los hombres conspicuos de ese lugar murieron, por lo que los habitantes debían confundirse y no preguntar por los visitantes [de los espías] ". Según otros, sucedió que Job murió durante ese tiempo, y el mundo entero estaba ocupado con su funeral. Pero, los espías lo tomaron como una mala señal y dijeron que es una tierra que consume a sus habitantes. (Ib., Ib. 33) Y nosotros éramos a nuestros propios ojos como saltamontes, y también nosotros a sus ojos. Dijo R. M'sarsia: "Los espías eran mentirosos; por supuesto que es cierto lo que dijeron, y éramos a nuestros ojos como saltamontes, pero en cuanto a y así éramos a sus ojos, ¿cómo lo sabían? "Esta afirmación puede, sin embargo, no ser así; porque cuando solían servir una comida a los dolientes , [como se dijo anteriormente], lo hicieron debajo de un cedro, y cuando los espías notaron que las comidas debían ser servidas, subieron al cedro y los oyeron decir: "Acabamos de ver personas en este árbol que parecen saltamontes". "[Por tanto, sabían exactamente lo que decían]. (Ib., 14, 1) Y toda la congregación alzó la voz y clamó en voz alta: Y la gente lloró esa noche. Dijo Rabba bb Chana en el nombre de R. Jochanan : "Esa noche fue el nueve de Ab. El Santo, alabado sea, dijo: "Están llorando un clamor infundado; sin embargo, estableceré esta noche como una verdadera noche de llanto por generaciones". "(Ib., Ib. 10. Pero toda la congregación dijo que los apedrearan cuando la gloria del Señor apareciera en el tabernáculo de reunión. Dijo R. Chiya b. Abba: "De esto se puede inferir que tomaron piedras y las arrojaron al cielo". (Ib., Ib. 37) Incluso estos hombres que habían traído a colación la mala noticia de la tierra murieron por la plaga ante el Señor. Dijo Resh Lakish: "De esto se puede inferir que murieron una muerte vergonzosa". R. Chanina b. Papá dijo que R. Shila del pueblo Tarmarta dio una conferencia. "Se infiere del pasaje anterior, que sus lenguas se alargaron hasta llegar hasta el ombligo, y gusanos salieron de sus lenguas entrando en sus ombligos, y de nuevo desde sus ombligos, se metieron en sus lenguas". R. Nachman b. Isaac dijo: "Murieron de crup". cuando la gloria del Señor apareció en el tabernáculo de reunión. Dijo R. Chiya b. Abba: "De esto se puede inferir que tomaron piedras y las arrojaron al cielo". (Ib., Ib. 37) Incluso estos hombres que habían traído a colación la mala noticia de la tierra murieron por la plaga ante el Señor. Dijo Resh Lakish: "De esto se puede inferir que murieron una muerte vergonzosa". R. Chanina b. Papá dijo que R. Shila del pueblo Tarmarta dio una conferencia. "Se infiere del pasaje anterior, que sus lenguas se alargaron hasta llegar hasta el ombligo, y gusanos salieron de sus lenguas entrando en sus ombligos, y de nuevo desde sus ombligos, se metieron en sus lenguas". R. Nachman b. Isaac dijo: "Murieron de crup". cuando la gloria del Señor apareció en el tabernáculo de reunión. Dijo R. Chiya b. Abba: "De esto se puede inferir que tomaron piedras y las arrojaron al cielo". (Ib., Ib. 37) Incluso estos hombres que habían traído a colación la mala noticia de la tierra murieron por la plaga ante el Señor. Dijo Resh Lakish: "De esto se puede inferir que murieron una muerte vergonzosa". R. Chanina b. Papá dijo que R. Shila del pueblo Tarmarta dio una conferencia. "Se infiere del pasaje anterior, que sus lenguas se alargaron hasta llegar hasta el ombligo, y gusanos salieron de sus lenguas entrando en sus ombligos, y de nuevo desde sus ombligos, se metieron en sus lenguas". R. Nachman b. Isaac dijo: "Murieron de crup". 37) Incluso estos hombres que habían traído a colación la mala noticia de la tierra murieron por la plaga ante el Señor. Dijo Resh Lakish: "De esto se puede inferir que murieron una muerte vergonzosa". R. Chanina b. Papá dijo que R. Shila del pueblo Tarmarta dio una conferencia. "Se infiere del pasaje anterior, que sus lenguas se alargaron hasta llegar hasta el ombligo, y gusanos salieron de sus lenguas entrando en sus ombligos, y de nuevo desde sus ombligos, se metieron en sus lenguas". R. Nachman b. Isaac dijo: "Murieron de crup". 37) Incluso estos hombres que habían traído a colación la mala noticia de la tierra murieron por la plaga ante el Señor. Dijo Resh Lakish: "De esto se puede inferir que murieron una muerte vergonzosa". R. Chanina b. Papá dijo que R. Shila del pueblo Tarmarta dio una conferencia. "Se infiere del pasaje anterior, que sus lenguas se alargaron hasta llegar hasta el ombligo, y gusanos salieron de sus lenguas entrando en sus ombligos, y de nuevo desde sus ombligos, se metieron en sus lenguas". R. Nachman b. Isaac dijo: "Murieron de crup".

Tan pronto como el último hombre de Israel ascendió del Jordán, el agua del Jordán volvió a su lugar, como se dice (Jos.4, 18) Y sucedió que cuando los sacerdotes que llevaban el arca del pacto del Señor subieron de en medio del Jordán, tan pronto como las plantas de los pies del sacerdote llegaron a la tierra seca, las aguas de el Jordán volvió a su lugar y fluyó sobre todas sus orillas, como antes. Así se encuentra que el arca y el sacerdote, su portador, estaba a un lado del Jordán e Israel estaba al otro lado del Jordán, de ahí que el arca cargara sus propios portadores y cruzara el Jordán, como se dice (Ib ., ib.11) Y sucedió que cuando todo el pueblo había terminado de cruzar el Jordán, el arca del Señor lo pasó con los sacerdotes en presencia del pueblo. Con respecto a esto sucedió que Uza fue castigada, como se dice (II Sam.6, 6) Y cuando llegaron a la era de Nachon, Uza extendió su mano hacia el arca de Dios y la tomó; porque los bueyes la sacudieron. Entonces el Santo, alabado sea, dijo a Uza: "El Arca Sagrada lleva a sus propios portadores, ¡cuánto más podría llevar a sí misma!" Por lo tanto (Ib., Ib. 7)

Y la ira del Señor se encendió contra Uza: Y Dios lo hirió allí por el error [Shol]. R. Jochanan y R. Elazar difieren en la explicación del pasaje anterior; uno dijo que la palabra Shol significa, por su error, mientras que el otro dijo que significa que cumplió con sus propios deberes, que no eran apropiados. (Ib., Ib., Ib.) Y murió allí, junto al Arca de Dios. Dijo R. Jochanan: "Uza heredará el mundo venidero, porque se dice, por el Arca de Dios; es decir, así como el arca de Dios permanece para siempre, así también Uza heredará el mundo venidero [y perdurará para siempre] . " (Ib., Ib. 8) Y fue penoso para David, porque el Señor se había llevado de repente a Uza. R. Elazar dijo: "La tez de David se volvió negra como una torta [horneada sobre cenizas]". Según tu opinión, dondequiera que esté escrito, Vayichar [y se entristeció], ¿Significa también que su rostro estaba volteado, como arriba? En este caso está escrito, Aph (la ira) pero en otros lugares no se usa la palabra Aph.

Raba explica: "¿Por qué fue castigado David [que Uzza murió a causa de él]? Porque llamó a las palabras de la Torá cánticos, como está dicho (Sal. 119, 54). casa de mis peregrinaciones: "El Santo, alabado sea Él, entonces le dijo:" Las palabras de la Torá, acerca de las cuales está escrito (Pr. 23, 5) Cuando dejas que tus ojos simplemente vuelen sobre ella, es no más, eres tú, para que calificó canciones que serán, por lo tanto, hacer que se tropieza con algo que se conoce incluso a los escolares los niños;? (como se dice Núm. 7, 9) Y a los hijos de Kahath no dio , porque el servicio de las cosas santas les pertenecía, lo llevaron sobre sus hombros, y él trae una carreta para llevarlo.

(I. Sam. 6, 19) E hirió entre los hombres de Belh'Shemesh. Porque miraron al arca del Señor, ¿fueron heridos? R. Abahu y R. Elazar explicaron el pasaje anterior; uno dijo que significa "Estaban realizando su trabajo de cosecha y al mismo tiempo se inclinaban ante el arca santa, [y por lo tanto fueron heridos]". Pero el otro dijo: "Es porque pronunciaron palabras impropias (Ib. b) Dijeron: '¿Quién te causó la excitación, [que no te has salvado a ti mismo] y quién te apaciguó ahora, [que te comprometiste?' "(Ib., ib., ib.) Y golpeó entre los gente setenta hombres y cincuenta mil hombres. R. Abahu y R. Elazar explicaron el pasaje, uno dijo que esto significa: "Hirió a setenta hombres, cada uno de los cuales equivalía a cincuenta mil"; y el otro dijo que esto significa: "

(II Sam.6, 13) Y sucedió que, cuando los portadores del arca del Señor habían progresado seis pasos, sacrificó un buey y un falo, y de nuevo está escrito acerca de lo mismo (I Crónicas 15, 26) Que ofrecieron siete bueyes y siete carneros. ¿Cómo conciliar ambos pasajes? Saul R. Papa b. Samuel: "En todos y cada uno de los pasos, sacrificaron un buey y un cebado y cada seis pasos sacrificaron siete bueyes y siete cebos". "Con lo cual R. Chisda le dijo:" De acuerdo con esto, entonces toda la tierra de Israel debe haber sido convertida en un altares de sacrificio "R. Chisda por lo tanto dijo:" Esto significa que en cada seis rondas de seis pasos sacrificaron siete bueyes y siete carneros ". Está escrito (Ib. 13, 9) La era de Kidon, y de nuevo está escrito acerca de la misma (II Sam. 6, 6).) La era de Nachon. ¿Cómo conciliar estos dos nombres? Dijo R. Jochanan: "Al principio se llamaba Kidom (una lanza) y finalmente [después de que se había guardado en la casa de Obod Edom], se llamaba Nachon [lugar de preparación, porque ese lugar preparó el arca para ser llevada al tabernáculo que David le construyó].

Por lo tanto, se encuentra que había tres clases de piedras, una fue la que Moisés erigió a este lado del Jordán, como se dice (Deut.1, 5) Y a este lado del Jordán, en la tierra de Moab. , comenzó Moisés a explicar esta ley y se dice más adelante, (Ib. 27, 8) Y escribirás sobre las piedras todas las palabras de Ba'er [para explicar], e inferimos por analogía aplicando la palabra similar Ba ' er utilizado en ambos lugares. Otro tipo de piedra fue la que Josué levantó en el Jordán, como se dice (Jos. 4, 9) También Josué levantó doce piedras en medio del Jordán; y la tercera son las piedras que Josué levantó en Gilgal, como está dicho (Ib., ib., 20). Y esas doce piedras que habían sacado del Jordán, las puso Josué en Gilgal.

A nuestros rabinos se les enseñó: ¿Cómo escribieron los israelitas la Torá? R. Juda dijo: "Sobre piedras lo describieron como se dice (Deut. 27, 8) Y escribirás en la piedra todas las palabras de la Torá, y luego se cubrirá con yeso ". R. Simon entonces le dijo:" Según tu opinión, ¿cómo pudieron entonces las naciones estudiar la Torá a partir de las piedras? ? "A lo que él respondió:" El Santo, alabado sea, dio a las naciones una sabiduría excepcional para que enviaran a sus representantes que quitaron el yeso de las piedras y copiaron la Torá de ellas. En ese momento, el decreto de la nación fue emitido en castigo por no haber estudiado la Torá ". R. Simon dijo:" La Torá fue escrita en yeso, y debajo está inscrito (Ib. 20, 18) con el fin de que puedan no te enseñe a hacer conforme a todas sus abominaciones. De esto se puede inferir que si las naciones se arrepienten, serán aceptadas ". Raba b. R. Shila dijo:Es. 33, 12) Y el pueblo será quemado como cal; es decir, a causa de la Torá que fue escrita en cal. "Pero R. Juda explicará que esto significa, así como no hay remedio para la cal, excepto el fuego, así tampoco habrá salvación [con aquellas naciones que no adherir a la Torá], excepto quemar. ¿De acuerdo con quién estará de acuerdo el siguiente Baraitha? (Deut. 49, 10) Y tomas cautivos de ellos. Esto incluye también a los cananeos que residen fuera de la tierra de Israel, quienes si desean regresar en arrepentimiento que deben ser aceptados (Fol. 36) El Baraitha anterior está de acuerdo con la opinión de R. Simon.

¡Ven y mira cuántos milagros se obraron ese día! - Israel cruzó el Jordán, llegó al monte Gerizem y al monte Ebal, que está a una distancia de más de sesenta millas; ninguna criatura del mundo podría oponerse a ellos [Israel], y quien se opuso a ellos, se enfermó inmediatamente, como se dice (Ex.23, 27) Enviaré mi terror delante de ti, y desconcertará a todo el pueblo al que vendrás, y haré que todos tus enemigos te vuelvan la espalda, y nuevamente se dice (Ib. 15, 16) El terror y el pavor cae. sobre ellos; por la grandeza de tu brazo están inmóviles como una piedra: hasta que pase tu pueblo, oh Jehová, esto se refiere a la primera entrada a la tierra de Israel; Hasta que pase este pueblo que Tú compraste, esto se refiere a la segunda entrada a la tierra de Israel. De ahí se puede inferir que Israel merecía que se hiciera un milagro para ellos, en la segunda entrada [durante los días de Esdras], tal como sucedió durante la primera entrada; sin embargo, el pecado de Israel impidió el cumplimiento de esto. Después trajeron [ese mismo día] piedras y erigieron un altar,Deut. 27, 8) Muy claramente. Luego ofrecieron holocaustos y ofrendas de paz, después comieron, bebieron y se regocijaron. Luego pronunciaron las bendiciones [frente al monte Gerizim] y las maldiciones [frente al monte Ebal], empacaron las piedras y pasaron la noche en Gilgal, como se dice (Jos. 4, 3). contigo, y déjalos en el lugar de alojamiento. Se puede suponer que deben llevarse a todos y cada uno de los lugares de alojamiento; Por tanto, se dice (Ib.) Dónde pasaréis la noche, y también está escrito (Ib.) Y esas doce piedras que habían sacado del Jordán las puso Josué en Gilgal. Se nos enseña en un Baraitha: El avispón no cruzó el Jordán con Israel. ¿Es esto así? He aquí que está escrito (Ex.23, 29) ¿Enviaré la avispa delante de ti, y la echará, [por eso pasó el Jordán]? Dijo Resh Lakish: "Permaneció en las orillas del Jordán y desde allí arrojó su veneno que cegó sus ojos y los dejó impotentes, como se dice (Amós 2, 9) Sin embargo, he destruido al ammorita de delante de ellos, cuya altura era como la altura de los cedros, y fuerte como las encinas; pero yo destruí su fruto de arriba y sus raíces de abajo ". R. Papa dijo: "Había dos clases de avispones, uno mencionado por Moisés y el otro por Josué. El mencionado por Moisés no pasó el Jordán, pero el mencionado por Josué sí pasó el Jordán". [De ahí que se explique la contradicción anterior].

(Fol. 33) MISHNAH: Seis tribus ascendieron al monte Gerizim y seis tribus ascendieron al monte Ebal. Los sacerdotes y los levitas junto con el Arca Sagrada estaban debajo de la Montaña, en el espacio entre las dos montañas. El arca santa estaba rodeada por los sacerdotes, mientras que los sacerdotes a cambio estaban rodeados por levitas, y todo Israel, sus ancianos, oficiales y jueces estaban a ambos lados del arca frente a los sacerdotes y levitas, como se dice (Josué 8 , 33) Y todo Israel y sus sidras, y los oficiales y los jueces, estaban de este lado y del otro lado del arca, frente a los sacerdotes, levitas, etc. Los levitas luego volvieron sus rostros hacia el monte Gerizim y comenzaron las bendiciones. . Bendito sea el hombre que no hace una imagen de talla o de fundición, la abominación del Señor. A lo que ambos lados respondieron: Amén. Los levitas luego volvieron sus rostros hacia el monte Ebal y comenzaron las maldiciones (Deut.27, 15) Maldito el hombre que hace una imagen tallada o de fundición. Ante lo cual ambos lados respondieron. Amén. Este procedimiento continuó hasta que los levitas concluyeron todo el capítulo de las bendiciones y maldiciones, después de lo cual trajeron piedras, erigieron un altar, lo revistieron con cal y escribieron sobre él toda la Torá en setenta idiomas, como está escrito (Ib., Ib. .7) muy claramente. Luego tomaron las piedras, las trajeron y pasaron la noche en sus lugares.

(Fol. 36) GEMARA: ¿Cómo se explica la palabra (Jos. 8, 33) V'hachetzyo (y la otra mitad de ellos)? Dijo R. Cahana: "Esto significa que así como se dividieron aquí en Mts. Gerizim y Ebal, también se dividieron de la misma manera sobre las piedras del Efod. Se planteó una objeción de la siguiente Baraitha: Dos piedras preciosas fueron fijado sobre los hombros del Sumo Sacerdote, una piedra en un hombro y la otra piedra en el otro hombro. Los nombres de las doce tribus estaban inscritos, en ella, seis en una piedra y seis en la otra piedra, como se dice (Éxodo 28, 10) Seis de los nombres en una piedra y los seis nombres restantes en la otra piedra, según su nacimiento. Esto significa que la segunda piedra fue según su nacimiento, pero la primera piedra no fue según su nacimiento, porque Judá precedió a las demás. Había cincuenta letras en total, de ellas veinticinco estaban en una piedra y veinticinco en la otra. R. Chanina b. Gamliel dice (Ib. B) "Fueron colocados sobre el Efod no de acuerdo con su división mencionada (Núm. 1, 5), pero fueron colocados en un Efod de acuerdo con su división mencionada en (Ex. 1, 1- 5). ¿Cómo es eso? Los hijos de Lea fueron colocados de acuerdo con su edad. Luego vinieron los hijos de Raquel, uno sobre una piedra y el otro sobre la otra piedra. Los hijos de las doncellas se colocaron en el medio. En cuanto a la pregunta, ¿cómo se puede mantener el pasaje Según su orden de nacimiento? Debemos explicar que estaba inscrito con los nombres como fueron llamados por su padre y no con los nombres que fueron llamados por Moisés: Rubén pero no Rubéni, Shimon pero no Shimoni, Dan pero no Dani, Gad pero no 'Gadi. ' Por lo tanto, esto refutará la declaración anterior de R. Cahana, [porque ninguna de las opiniones anteriores está de acuerdo con los arreglos del Efod]. De hecho, la refutación se sostiene. Si es así, ¿cuál es el significado de V'hachezyo? Se nos enseña en un Baraitha que la mitad que se colocó frente al monte. Gerizim estaba ubicado más de la mitad frente al monte Ebal, porque los levitas estaban debajo de la colina. Por el contrario, dado que los levitas estaban debajo de la colina, ¿el número de tribus que miraban al monte Gerizim era menor? Por tanto, debemos decir; Aunque la tribu de Leví estaba debajo de la colina, sin embargo, los hijos de José estaban con él, y completaron la cantidad, como se dice (Josh. 17, 14) Y los hijos de José hablaron a Josué, diciendo '¿Por qué me has dado, sino una suerte ... ... y Josué les dijo, si sois un pueblo numeroso, entonces levántate a el bosque, etc. Él les dijo: "Id y escóndeos en el bosque, para que ningún ojo codicioso los aflija". A lo que ellos le respondieron: "Somos los descendientes de José, a quien un ojo codicioso no puede afligir, como está escrito (Génesis 29, 22) José es una rama fructífera junto a un manantial, y R. Abahu explica así: "No leas Aleh Ayin (por un manantial), sino léelo Ole Ayin (por encima del ojo codicioso". R. José b. Chanina dijo: "De esto se puede inferir que los hijos de José no están sujetos a la aflicción de un ojo codicioso, (Ib., 48, 16) Y que crezcan en una multitud en medio de la tierra. Esto [la palabra crecer usada por Jacob, que tiene la derivación de Perro (pez), significa que así como los peces en el mar debido a que están cubiertos por el agua, ningún ojo puede afligirlos, así también los hijos de José no están sujetos a la aflicción de un codicioso. ojo. "Pero, ¿cómo dices arriba que había cincuenta letras en la inscripción del Efod. He aquí, sólo había cincuenta letras menos una? Dijo R. Isaac:"La quincuagésima letra se usó como una letra adicional al nombre de José, como se dice (PD. 81, 6) Lo nombró en José para testimonio, cuando salió a la tierra de Egipto ". R. Nachman b. Isaac planteó una objeción:" El pasaje dice que estaba de acuerdo con los nombres de nacimiento, y esto no es así. "Por lo tanto, debemos decir que la letra adicional se insertó en el nombre de Benjamín, que se escribe en toda la Torá con una sola Yud, pero aquí en el Efod, Benjamín, se escribe con dos Yuds, ya que está escrito (Ex.25, 18) Pero su padre lo llamó Benjamín [con dos Yuds]. R. Chama b. Bizna dijo, en nombre de R. Simón el piadoso: "José, que santificó el nombre del cielo en secreto, fue recompensado con una sola letra adicional del nombre del Santo, alabado sea Él, pero Judá, que santificó públicamente el nombre del cielo, fue recompensado para que todo su nombre fuera igual al del Santo, alabado sea ". ¿Qué pasó con José? como está escrito (Génesis 39, 11). Y sucedió que en cierto día ... ... Se nos enseña en un Baraitha, José estaba destinado a producir doce tribus, tal como lo fueron por su padre Jacob, como se dice (Gen.37 , 2) Estas son las generaciones de Jacob, José, sin embargo, fueron producidas a través de su hermano, Benjamín. Sin embargo, fueron llamados por el nombre de José, como se dice (Ib.46, 21) Y los hijos de Benjamín, Bela, Mecher, Ashbel, Gera, Na'aman, Achi, V'rosh, Muppim, Chuppim y Ard ; es decir, Bela porque José fue tragado (perdido) entre las otras naciones; Mechcr, porque era el primogénito de su madre; Ashbel, porque fue capturado con el consentimiento de Dios; Gera, porque vivía en posadas (sin hogar fijo); Na'aman porque era muy dulce. Achi V'rosh, porque era mi hermano y líder; y Chuppim, porque él no vio mi palio nupcial ni yo vi el suyo; y Ard, según algunos porque fue arrojado entre naciones idólatras, y según otros porque su rostro era como una rosa.

(Ib. B) R. Chiya b. Aba dijo en el nombre de R. Jochanan, "Cuando el Faraón dijo a José, (Génesis 41, 44) Pero sin ti, nadie levantará su mano ni su pie, sus astrólogos le dijeron: '¿Qué, esclavo, comprado por veinte piezas de plata, gobierna sobre nosotros? A lo que respondió: "Pero lo encuentro dotado de cualidades reales". "Si ese es el caso", respondieron, "debe saber setenta idiomas". Él les dijo: "Si es así, lo examinaré mañana". Por la noche llegó Gabriel y comenzó a instruirlo en setenta idiomas. Pero no pudo comprenderlo hasta que una letra usada en el nombre del Santo, Alabado sea, fue agregada a su nombre, como se dice (Sal.81, 6).) Lo puso en José, como testimonio, cuando salió a la tierra de Egipto; en el idioma de alguien que no había conocido, ¿escuché? A la mañana siguiente, José respondió al faraón en cualquier idioma que le hablara. Más tarde, José comenzó a hablar hebreo, pero el faraón no entendió de qué estaba hablando. ¿Que es esto?' Le preguntó el faraón a José. A lo que este último respondió: "Este es el idioma hebreo". "Si es así", dijo el faraón, "enséñame este idioma". José lo hizo, pero el faraón no pudo ser instruido y le dijo a José: 'Júrame que no revelarás a nadie que no conozco este idioma'. José le juró. A la muerte de Jacob, cuando José le dijo a Faraón: (Génesis 50, 5) Mi padre me hizo jurar. El faraón le dijo: "Ve y solicita la liberación de tu juramento". Entonces José le dijo: 'Entonces, al mismo tiempo, pediré la liberación del juramento que te hice'. Y aunque a Faraón no le gustó, sin embargo le dijo (Ib., Ib. 6) Sube y entierra a tu padre como él te ha hecho jurar ".

¿Cuál fue la acción con la que Judá santificó el Santo Nombre? Se nos enseña: que R. Maier diría: "Cuando Israel se paró a orillas del Mar Rojo, [listo para cruzarlo] las tribus se pelearon entre sí, uno dijo: 'Iré primero al mar', y otro dijo: "Iré primero al Mar Rojo". Después de lo cual (Fol. 36) La tribu de Benjamín entró primero en el mar, como se dice (Sal. 68, 28) Allí Benjamín, el más joven los guía. No leas Rodem (los guía), pero léelo Rad 'yam, (entró en el mar). Entonces los príncipes de Judá comenzaron a luchar contra ellos, como se dice (Ib.) Los príncipes de Judá se pelearon con ellos. Por lo tanto, Benjamín, el justo, fue recompensado por convertirse en el ejército de la Shejiná, como se dice (Deut.33, 12) Y entre sus hombros morará "R. Juda le dijo entonces:" El hecho no era así, pero, de la siguiente manera, una tribu dijo: 'No quiero entrar primero en el Mar Rojo'; y otro dijo: 'No quiero entrar primero al Mar Rojo'. Sin embargo, Najsón, hijo de Aminadab, saltó primero al Mar Rojo, como está dicho (Os. 12, 1) Con mentira me rodeó Efraín, y con engaño la casa de Israel; pero Judá todavía gobierna con Dios y es fiel al Santo. Concerniente a él está expresado en las Escrituras, (Sal.69, 2) ¡Sálvame, oh Dios! porque las aguas han venido para amenazar mi vida... No me desborde el torrente de agua, y no me trague el abismo, ni el pozo cierre su boca sobre mí. En ese momento Moisés prolongaba la oración, ante lo cual el Santo, alabado sea, le dijo: "Mis amados están en el mar y tú estás delante de mí". Moisés dijo: 'Soberano del Universo, ¿qué debo hacer?' Él le dijo: (Éxodo 14, 15) Di a los hijos de Israel que vayan adelante y alcen tu vara, y extiendan tu mano sobre el mar, y lo dividan, etc. Por lo tanto, Judá fue recompensado porque él se convirtió en el gobernante de Israel, como se dice (Sal. 114, 2). Judá se convirtió en su santuario, Israel en su dominio. Porque el mar lo vio y huyó: '

Se nos enseña en un Baraitha que R. Eliezer b. Jacob dice: "Es imposible decir que la tribu de los Levitas estaba parada debajo de la montaña, porque hay otro pasaje que dice que ellos (los Levitas) estaban sobre la montaña; y nuevamente es imposible decir que estaban en la montaña. montaña, ya que hay otro pasaje que afirma que estaban parados debajo de la montaña. ¿Cómo son posibles ambos hechos? Por lo tanto, debemos decir que los ancianos del sacerdocio y de los levitas estaban debajo de la montaña, pero el resto [el elemento más joven de estaba] sobre la montaña ". R. Joshua dice: "Esto significa que cualquiera que fuera capaz de prestar servicios levíticos [entre treinta y cincuenta años] estaba debajo de la montaña, pero el resto estaba en la montaña". El rabino, sin embargo, dice: "Ambos, los israelitas y los levitas estaban debajo de la montaña. Volviendo sus rostros hacia el monte Gerizim, comenzaron con las bendiciones. Después [volvieron sus rostros] hacia el monte Ebal, y comenzaron las maldiciones y la palabra Al usada en el texto (Deut. 27, 13) no significa sobre, sino cerca. "Usted sostiene que la palabra Al significa cerca, ¿quizás significa sobre? Pero como encontramos otro pasaje (Ex. 40, 3) Y separarás el arca con el velo, donde la palabra, Al se usa, para cerca, por lo tanto, aquí también la palabra Al significa cerca.

"Volviendo sus rostros hacia el monte Gerizim, comenzaron con las bendiciones". A nuestros rabinos se les enseñó: Bendito sea, se pronunció en [Mt. Gerizim] en general, y Bendito sea, se especificó en todos y cada uno de los mandamientos; Maldito sea, se pronunció en [Mt. Ebal] en general y Maldito sea, se pronunció específicamente. Una maldición general y una maldición específica que se verá afectada por las obligaciones de estudio, de enseñar a otros a observar y realizar acciones reales. Por lo tanto, es cuatro. (Ib. B) Estas cuatro obligaciones, cada una respaldada por las cuatro, [bendición general y bendiciones específicas, maldición general y maldición específica], sumarán dieciséis. De la misma manera, las instrucciones se dieron en el monte Sinaí y también en las llanuras de Moab, como se dice (Deut, 28, 69) Estas son las palabras del pacto que el Señor ordenó a Moisés, etc., y de nuevo está escrito (Ib.29, 8) Por tanto, guarden las palabras de este pacto, y cumplidlas, etc. De ahí el número de pactos hechos en todos y cada uno de los pactos asciende a cuarenta y ocho, [tres veces dieciséis. "] R. Simon excluye el monte Gerizim y Ebal y sustituye el tabernáculo que fue erigido en el desierto. Ellos difieren en las mismas opiniones que los Tannaim de los siguientes Baraitha hacer ". Porque se nos enseña que R. Ishmael dice: "Las reglas generales se pronunciaron en el monte Sinaí, pero las especificaciones se hicieron en el tabernáculo". R. Akiba, sin embargo, dice: "Tanto las reglas generales como las específicas se pronunciaron en el monte Sinaí, y en el tabernáculo simplemente se repitieron, mientras que la tercera vez se repitieron en las llanuras de Mo'ab, y no hay ningún mandamiento mencionado en la Torá, que no sea reforzado por cuarenta y ocho pactos. "R. Simon b.

Juda de la aldea Akku, dice en el nombre de R. Simon:" No hay un mandamiento mencionado en el Torá que no está asegurada por cuarenta y ocho pactos con una garantía de seiscientos tres mil quinientos cincuenta, [respaldada por toda la nación de Israel de ese tiempo ". Con lo cual Rabí comentó:" Según la opinión de R .Simón b. Juda, del pueblo Akku, que citó a R. Simon; que no hay ningún mandamiento mencionado en la Torá que no esté reforzado por cuarenta y ocho pactos garantizados por seiscientos tres mil quinientos cincuenta, se puede ver que cada israelita tenía un pacto de seiscientos tres mil quinientos y cincuenta ". ¿Cuál es la diferencia entre las opiniones del rabino y R. Simon b. Judá La diferencia consiste en las garantías, que cada judío [según la declaración del Rabino] es una garantía para su asociado.

R. Juda b. Nachmeni el intérprete de R. Simon b. Lakish, disertó: "Todo el capítulo mencionado en el monte Gerizim se dijo acerca de nada menos que adúlteros, como se dice (Deut. 27, 15) Maldito el hombre que hace una imagen tallada o de fundición, la abominación del Señor, etc. ¿Es posible que quien hace una imagen tallada o fundida sea simplemente castigado con una maldición? Por lo tanto, debemos decir que esto se refiere a quien engendró un hijo ilegal que fue entre los paganos para servir a los ídolos. , Alabado sea Él, dijo: 'Maldito sea el padre y la madre de este hombre que le ha hecho hacer eso' ".

(Fol. 38b) R. Joshua b. Levi dijo: "¿De dónde nos enteramos que el Santo, alabado sea, está ansioso por escuchar las bendiciones de los sacerdotes? Se dice (Núm. 6, 27) Y pondrán mi nombre sobre los hijos de Israel y yo los bendeciré ". R. Joshua b. Levi dijo además: "¿De dónde aprendemos que todo sacerdote que bendice a Israel será a cambio bendecido, y el sacerdote que no bendice a Israel no será bendecido a cambio? Se dice, (Génesis 12, 3) Y yo bendice a los que te bendicen ".

R. Joshua b. Leví también dijo: "No se debe dar una copa de bendición excepto a quien tenga un ojo misericordioso, como se dice (Pr. 22, 9).) Un hombre de ojos benevolentes será realmente bendecido; porque da de su pan a los pobres. No lea Yevoroch (sea bendecido), pero léalo Yevaroch (debe recitar la bendición) ". R. Joshua b. Levi dijo también:" ¿De dónde sabemos que incluso las aves del cielo reconocen a uno de ojo descortés [y rechazan para participar de su comida?] Se dice (Ib. 1, 17) Porque en vano se extiende la red ante los ojos de todo pájaro alado ". R. Joshua b. Levi dijo además:" Quien disfruta de las cosas de uno de los un ojo malévolo, transgrede un mandamiento negativo, del siguiente pasaje (Ib. 23, 6) No comas el pan de un hombre con mal de ojo.... porque como si hubiera división en su alma, así actúa, etc. "R. Nachman b. Isaac dijo:" Un hombre así transgrede dos mandamientos negativos, porque está dicho: No comas y no desees. " R. Joshua b. Levi dijo además: "El quebrantamiento del cuello de una novilla [mencionadoDeut. 21, 4] es para nada más que para un ojo maligno, como se dice [Ib., Ib. 7) Y ellos [los ancianos de la corte] comenzarán y dirán: "Nuestras manos no han derramado esta sangre y nuestros ojos no la han visto". ¿Es posible pensar que los ancianos de la corte son asesinos? Por lo tanto, debemos decir que quieren decir que él no vino a nosotros, y lo despedimos, ni lo vimos y lo dejamos; es decir, no vino a nosotros y lo despedimos sin provisión, ni lo vimos y lo dejamos sin escolta ".

(Fol. 39) Raba b. R. Huna dijo: "Tan pronto como se abren los rollos [en la sinagoga para leer la parte de la semana], está prohibido hablar incluso en Halajá, como se dice (Meh. 8, 5) Y cuando abrió todo el pueblo se convirtió en Amadu, y la palabra Amadu significa silencio, como se dice (Job. 32, 16). Y si debo esperar más, porque no pueden hablar, (Amadu) se quedan quietos ". R. Zera dijo: "Podemos inferir que Amadu significa silencio desde aquí (Neh. 8, 3) Y los oídos del pueblo se dirigieron al libro de la Ley".

Los discípulos de R. Elazar b. Shamua le preguntó a este último: "¿Por qué tienes la bendición de vivir tanto tiempo?" Les dijo: "Nunca en mi vida usé a la congregación como un atajo en mi camino; nunca pasé por encima de las cabezas del pueblo santo, y nunca levanté la mano para pronunciar la bendición sacerdotal sin antes haber recitado un bendición." "¿Qué es la bendición?" Dijo R. Zera en nombre de R. Chisda, "Quien nos ha santificado con la santificación de Aarón, etc." Cuando comienza a caminar hacia el altar para pronunciar la santificación, ¿qué debe decir el sacerdote? Que sea la voluntad del Dios nuestro Señor, etc.

R. Abahu dijo: "Al principio solía pensar que soy un hombre humilde, pero desde que conocí a R. Abba de Akku, quien explicaba a la audiencia ciertas cosas de una manera y su intérprete las explicaba de otra manera, y sin embargo no se enojaría, me dije a mí mismo que no soy un hombre modesto ". ¿Cuál fue la modestia de R. Abahu? La esposa de su intérprete le dijo a la esposa de R. Abahu: "Mi esposo no necesita el tuyo y la razón por la que recibe instrucciones de él es simplemente porque es el honor de la soberanía". La esposa de R. Abahu luego fue y le dijo eso a su esposo, entonces él le dijo: "¿Cuál es la diferencia para ti, tanto de él como de mí, el Santo está recibiendo alabanzas?" Y nuevamente sucedió que los rabinos votaron para nombrar a R. Abahu como el jefe del colegio, pero cuando vio a R. Abba de Akku,

R. Abahu y R. Chiya b. Abba se encontró en cierto lugar. R. Chiya b. Abba dio una conferencia sobre Halajá (tradiciones), mientras que R. Abahu dio una conferencia sobre Agada (leyendas). La consecuencia fue que la audiencia dejó a R. Chiya b. Abba [y vino a escuchar] las leyendas de R. Abahu. Esto hizo que el primero se sintiera indignado. Con lo cual R. Abahu dijo a la audiencia: "Les daré una parábola. Esto se puede comparar con dos hombres que entraron en una ciudad, uno vendía piedras preciosas y perlas mientras que el otro era un vendedor ambulante. ¿Quién estaba más ocupado? Seguramente el vendedor ambulante". tiene más clientes ". Hasta ahora R. Chiya b. Abba escoltaría a R. Abahu hasta la puerta de la posada de este último, debido a que fue honrado por el Emperador, pero ese día [cuando sucedió lo anterior], R. Abahu a cambio escoltó a R. Chiya b. Abba hasta su posada,

R. Isaac dijo: "Siempre temerás (respetarás) a una congregación, porque los sacerdotes [mientras recitan su bendición] están de pie con el rostro hacia su congregación y de espaldas hacia la Shejiná (el arca)". R. Nachman dijo: "Podemos inferir lo anterior de lo siguiente (I Crónicas 28, 2). Entonces el rey David se puso de pie y dijo: 'Oídme, hermanos míos y pueblo mío'. Si mis hermanos, ¿por qué entonces pueblo, y si son mi pueblo, entonces por qué mis hermanos? Así dijo David a Israel: 'Si me escuchan, entonces ustedes son mis hermanos, pero si no, entonces ustedes son mi pueblo, y yo lo haré. te castigaré con un bastón '".

(Ib. B) A nuestros rabinos se les enseñó: ¿De dónde aprendemos que el amén no debe pronunciarse en el templo? Se dice (Neh. 9, 5) ¡Levántate! bendecid al Señor mi Dios de eternidad en eternidad. ¿Y de dónde aprendemos que en todas y cada una de las bendiciones, se usa la palabra Tehillah [exaltar]? Allí se dice. Que es exaltado sobre toda bendición y alabanza, es decir, sobre toda bendición da alabanza, [Tehillah].

(Fol. 41) MISHNAH: ¿Cómo se debía leer el capítulo que trata de un rey en la víspera siguiente al primer día de los Tabernáculos? En el octavo año, inmediatamente después de la clausura del séptimo, se levantaría un soporte de madera en el santuario, sobre el cual el rey se sentaría, como se dice (Deut.31, 10) Al final de cada siete años, en el tiempo fijo del año de liberación, en la fiesta de los Tabernáculos, etc. El oficial de la congregación tomaría un Rollo Santo y se lo entregaría al jefe de la congregación, luego al El jefe a cambio lo entregaría al sacerdote asociado, el sacerdote asociado se lo daría al sumo sacerdote y el sumo sacerdote a cambio se lo daría al rey y el rey lo aceptaría mientras estaba de pie, y luego se sentaría. y lea [el capítulo relativo a los reyes]. El rey Agripa estaba acostumbrado a aceptarlo estando de pie y también lo leía estando de pie, y los rabinos lo elogiaron por este acto, y cuando llegaba al pasaje (Deut.17, 15) No puedes poner sobre ti un extraño que no sea tu hermano, las lágrimas rodarían de sus ojos. Entonces los rabinos dijeron: "No temas. Rey Agripa, tú eres nuestro hermano, tú eres nuestro hermano". Luego leería desde el principio de Deut. [hasta el Capítulo 6, 4].

(Ib. B) "Y cuando llegó al pasaje, no puedes", etc. Se nos enseña en el nombre de R. Nathan: "En ese momento cuando los sabios intentaron pacificar al rey Agripa, Israel merecía un castigo, porque adularon al rey Agripa ". R. Simon b. Chalafta dijo: "Desde que se produjo la adulación anterior, la justicia se pervirtió y las acciones del hombre se corrompieron, de modo que nadie puede decirle a su asociado: 'Mis obras son mejores que las tuyas'". R. Juda b. Ma'araba, y según otros R. Simon b. Pazzi dijo: "A uno se le permite adular a los malvados en este mundo, como se dice (Is. 32, 5). A la persona vil ya no se le llamará liberal ni se le dirá noble al rufián. Esto se refiere al mundo futuro, por lo tanto en este mundo uno puede hacerlo ". R. Simon b. Lakish dijo:Gen. 33, 10) Es como si hubiera visto el rostro de un ángel, y porque me has recibido amablemente ". Esto diferirá de la declaración de R. Levi, porque R. Levi dijo:" ¿Hasta qué punto el incidente de ¿Se asemeja a Jacob y Esaú? A un hombre que invitó a su amigo a un banquete. El invitado, consciente de que el anfitrión deseaba matarlo [temía que la comida pudiera contener veneno] hizo un comentario de que el plato sabía como el plato que come en la casa real. Su enemigo se dijo a sí mismo: "Dado que la familia real lo conoce, tengo miedo de matarlo". De la misma manera sucedió con Jacob, cuando mencionó el rostro de un ángel, con el propósito de asustar a Esaú, no debía matarlo ".

R. Elazar dijo: "Todo hombre que posee el poder de la lisonja provoca que se traiga la ira sobre el mundo, como se dice (Job. 36, 13). No sólo esto, sino que incluso sus oraciones no serán aceptadas, como se dice (Ib.). No claman por ayuda cuando Él los castiga ". R. Elazar dijo además: "Todo hombre que posee el poder de la adulación, será maldecido incluso por los embriones, como se dice (Prov. 24, 24). El que dice al impío: 'Tú eres justo', la gente maldecirlo, las naciones lo execrarán, y la palabra Kob significa maldición, como está dicho (Núm.23, 8) ¿Cómo denunciaré (Akob) a quien Dios no ha denunciado, y la palabra naciones (l'umim) se refiere? embriones, como se dice (Gen.25, 23) Y un pueblo [Ul'om] será más fuerte que el otro pueblo, [refiriéndose a los embriones de Jacob e Isaac] ". R. Elazar dijo además:" Todo hombre que posea el hábito de la adulación caerá en Gehena, como se dice (Is. 5, 20) Ay de los que dicen del mal, es bueno, y del bien es malo; que ponen tinieblas por luz y luz por tinieblas; que ponen amargo por dulce y dulce por amargo. ¿Qué se escribe después? Por tanto, como lengua de cinco devora rastrojo, y como paja se consume en las llamas; así su raíz será como podredumbre, y su flor se levantará como polvo. "R. Elazar dijo además:" El que adula a los impíos al final caerá en su mano; y si no cae en su mano, caerá en la mano de su hijo; y si no cae en la mano de su hijo, caerá en la mano de su nieto, como se dice (Jer.28, 5) Entonces Jeremías el Profeta, dijo al Profeta Hanminh.... Amén, que el Señor lo haga: Que el Señor cumpla tus palabras, etc. Y después de esto, (Fol. 42) está escrito (Ib. 37, 13) Pero cuando estaba en la puerta de Benjamín, había un capitán de los guardias cuyo nombre era Yeriyah, el hijo de Shelemyah, el hijo de Channniah; y se apoderó del profeta Jeremías, etc., y de nuevo está escrito. Y Yeriyah se apoderó de Jeremías y lo llevó a los príncipes ". R. Elazar dijo además:" Toda congregación donde prevalece la hipocresía al final será exiliada; como está escrito (Job. 15, 34) Porque la asamblea de los hipócritas será desolada [Galmud], y también está escrito (Is. 49, 21) Tú dirás en tu corazón: '¿Quién me ha engendrado a estos, habiendo sido privado de mis hijos, y soy Galmuda solitario], un exiliado y vagando de un lado a otro? He aquí, me quedé completamente solo; estos, ¿dónde estaban? "

R. Chisda dijo en nombre de Jeremías b. Abba: "Hay cuatro clases que no merecerán recibir la presencia Divina: la clase de los escarnecedores, la clase de los mentirosos, la clase de los hipócritas y la clase de los chismosos. La clase de los escarnecedores, como está escrito (Oseas 7 , 5) El rey une su mano con los escarnecedores; la clase de los mentirosos, como está escrito (Sal.101, 7) El que habla falsedad no triunfará ante mis ojos: la clase de los hipócritas, como está escrito (Job.13, 16) Porque un hipócrita no puede presentarse ante Él: la clase de los chismosos, como está escrito (Sal.5, 5) Porque tú no eres un Dios que se complace en la maldad; el mal no puede permanecer contigo.

Sotah, Capítulo 8

MISHNAH: El sacerdote ungido [como capellán del ejército] cuando hablaba al pueblo, lo hacía en el idioma hebreo, como está dicho (Deut.20, 2) Y será, cuando os acerquéis a la batalla , que el sacerdote se acerque y hable al pueblo en hebreo. Y les dirá: Oye, Israel, etc., contra tus enemigos, pero no contra tus hermanos, ni Judá contra Simón, ni Simón contra Benjamín. En tal caso, si uno cayera en la mano del otro, entonces él tendría misericordia de ti, como se dice (II Crónicas 28, 15Entonces se levantaron los varones que han sido expresados por su nombre, tomaron a los cautivos, y con la tierra vistieron a todos los que estaban desnudos entre ellos, y los vistieron y calzaron, y les dieron de comer y de beber, y los ungieron. y llevaste a todos los débiles de ellos sobre las cenizas, etc., pero vas contra tus enemigos que, si caes en sus manos, no tendrán misericordia de ti. (Deuteronomio 20, 3) No se desmaye tu corazón, no temas, no estés abatido, y no tiembles a causa de ellos; es decir, no se desmaye vuestro corazón por el relincho del caballo de guerra, ni por el blandir las espadas de los enemigos; no temas, por el ruido de los escudos, ni por los inmensos ejércitos; no tiemblen, por los ruidos de las avispas, y no tiemblen ante los gritos de las voces. Porque es Dios quien va contigo; es decir, ellos (tus enemigos) vienen confiando en la fuerza del hombre frágil, pero tú vienes confiando en la fuerza del Cielo. Los filisteos llegaron confiando en Goliat y ¿cuál fue el resultado? Cayó bajo la espada y ellos (sus seguidores) cayeron con él. Los hijos de Amnion confiaron en la fuerza de Shovach, 'y el resultado fue que él cayó bajo la espada, y su pueblo cayó con él; pero vosotros no sois así, porque el Señor tu Dios, que va contigo, para que pelee por ti contra tus enemigos, para que te ayude. Esto se refiere al Arca Sagrada.

(Deut. 20, 3) Y les dirá: Oíd, Israel. ¿Por qué tiene que empezar con: Oye, Israel? Dijo R. Jochanan en nombre de R. Simon b. Jochai: "El Santo, alabado sea, dijo a Israel: 'Si solo has cumplido la lectura de la S'hma en la mañana y en la tarde, no serás entregado en manos de tus enemigos'. "A nuestros rabinos se les enseñó: el capellán del ejército habló dos veces a la gente, una vez que les habló cuando se acercaron a la línea fronteriza, y la segunda vez, cuando llegaron a la zona de guerra. ¿De qué tema habló cuando llegaron a la línea fronteriza? (Ib. B) "Escúchenme, ustedes que están listos para ir a la guerra, [pero que están involucrados en los asuntos anunciados] (Deut. 5, 8).) Y regresa a casa. "Al llegar a la zona de guerra, ¿qué dijo? (Ib., Ib. 3) No dejes que tu corazón se desmaye, no temas y no te desanimes y no tiembles, por ellos. Estos cuatro Se dieron clases de advertencias en correspondencia con las cuatro clases de horrores que los paganos aplican durante el tiempo de guerra: balancean sus escudos, hacen sonar sus trompetas, gritan y galopan con sus caballos.

"Los filisteos vinieron sobre Israel confiando en la fuerza de Goliat". ¿Qué significa Goliat? Dijo R. Jochanan: "Quien permaneció desafiante ante el Señor, como está dicho (I Sam. 26, 8). Escojan para ustedes a un hombre, y que descienda a mí. Y la palabra Ish (hombre), se refiere a nadie más que el Señor, como está dicho (Ex. 15, 3) El Eterno es el Señor (Ish) de la guerra. El Santo, alabado sea, dijo: "Por tanto, haré que caiga en manos de uno que es el hijo de un hombre llamado Ish "como se dice (I Sam. 17, 12) Ahora David era el hijo de ese efrateo, (Ish Ephrathi). R. Jochanan en el nombre de R. Maier dijo: "En tres lugares fue atrapado el malvado, a través de la explicación de su propia boca. Una vez, cuando dijo (Ib., Ib. 8) Seleccione para ustedes un hombre, y deje Él vino a mí. En la segunda vez cuando dijo (Ib., Ib. 9) Si él puede pelear conmigo, y me mata, entonces seremos para ustedes como sirvientes. Y en la tercera vez cuando dijo (Ib., ib. 43) ¿Soy un perro para que vengas a mí con palos? " Pero no fue la misma expresión que también usó David cuando dijo: (Ib., Ib.45) Tú vienes a mí con espada, lanza y jabalina. Este David simplemente lo usó como una respuesta, le dijo: Pero yo vengo a ti en el nombre del Señor de los ejércitos, el Dios de las Arreglos de Israel, que tú has desafiado. (Ib., Ib. 16. Y los filisteos se acercaron mañana y tarde. Dijo R. Jochanan: "Escogió ese tiempo a propósito, para hacer que Israel descuidara la lectura de S'hma en la mañana y en la tarde". (Ib., Ib., Ib.) Y se presentó cuarenta días. Estos cuarenta días corresponden a los cuarenta que se pospusieron en la aceptación de la Torá (Ib., Ib. 4) Y el campeón (habenayim) salió del campamento de los filisteos. ¿Qué significa benayim? Rab dijo: "Esto significa que estaba limpio de la menor imperfección"; Samuel dijo: "Esto significa que él era el de mediana edad de sus hermanos". En la academia de R. Shila, se enseñó: Benayim significa que fue construido como un edificio. 4) Y salió el campeón (habenayim) del campamento de los filisteos. ¿Qué significa benayim? Rab dijo: "Esto significa que estaba limpio de la menor imperfección"; Samuel dijo: "Esto significa que él era el de mediana edad de sus hermanos". En la academia de R. Shila, se enseñó: Benayim significa que fue construido como un edificio. 4) Y salió el campeón (habenayim) del campamento de los filisteos. ¿Qué significa benayim? Rab dijo: "Esto significa que estaba limpio de la menor imperfección"; Samuel dijo: "Esto significa que él era el de mediana edad de sus hermanos". En la academia de R. Shila, se enseñó: Benayim significa que fue construido como un edificio.

(II Sam. 21) Y todos cayeron en manos de David y sus siervos. (Rut 1, 14.) Y Orpa besó a su suegra; pero Rut se unió a ella. ¿A quién se refiere esto? Al siguiente pasaje dijo R. Isaac: "El Santo, alabado sea, dijo: 'Que los hijos del que la besó, caigan en la mano del que se aferró a ella'". Raba explicó: " Como recompensa por las cuatro lágrimas que Orpa derramó por su suegra, fue recompensada que los cuatro gigantes descendieran de ella ". Las cuatro lágrimas se mencionan en el siguiente pasaje (Ib., Ib., 14) Y alzaron la voz y lloraron mucho tiempo.

"Los hijos de Ammón vinieron contra Israel confiando en la fuerza de Shovach". Está escrito (II Sam. 10, 16) Shovaj, y nuevamente está escrito (I Crónicas 19, 16) Shofach. R. Ishmael y R. Samuel, y según otros R. Ami y R. Assi explicaron ambos pasajes, uno dijo que su verdadero nombre era Shovach, y ¿por qué se llamaba Shofach? Porque cualquiera que lo vio, fue derramado delante de él como un cucharón, [le faltó valor]. El otro dijo: "Su verdadero nombre era Shofach, y ¿por qué se llamaba Shovach? Porque fue construido como un palomar, [alto estatuto]". (Jeremías 5, 16) Su aljaba es como sepulcro abierto: todos son valientes. R. Samuel, y según otros, R. Ami y R. Assi difieren en cuanto al significado de este pasaje. Uno dijo que significa: "Cuando arrojó una flecha, mató a montones en el ejército de Nabucodonosor, y si uno piensa que esto fue porque eran tan hábiles en la guerra y nada más, se dice:" Todos son valientes. . "Pero el otro dijo que esto se refiere a su propia personalidad y con su propia conducta. (Pr. 12, 25) Si hay cuidado en el corazón del hombre, que reprima. R. Ami y R. Assi difieren en En la explicación de este pasaje, uno dijo que esto significa: "Debe olvidarse de él", y el otro dijo: "Debe relacionarlo con los demás".

"Pero vosotros no sois así, mientras que (Deut. 20, 4) Porque el Señor vuestro Dios, es el que va con vosotros, etc. Esto se refiere al campamento que contiene el Arca Santa". ¿Y por qué tanto? Porque el Santo Rollo con todas sus cosas acompañadas fue colocado en el arca. (Fol. 43) Similar a esto dice el pasaje (Núm. 31, 6) Y Moisés les envió mil de cada tribu al ejército. Esto se refiere al Sanedrín; y Finees, ¡esto se refiere al sacerdote ungido como el capellán del ejército! con los vasos sagrados, esto se refiere al arca y las tablas; y las trompetas para dar la alarma, estos son los avispones. Se nos enseña en un Baraitha: Finees no entró bajo la lluvia a esa guerra, sino para pagar el juicio del padre de su madre, de quien se dice (Gén.37, 36) Y los medionitas lo vendieron a Egipto. ¿Quiere decir que Finees es descendiente de José? He aquí un pasaje (Éxodo 6, 26) Y Elazar, hijo de Aarón, tomó por esposa a una de las hijas de Putiel. ¿No se refiere la palabra Putiel a un descendiente de Jetro, que engordaba terneros para sacrificarlos a los ídolos? [¿Por lo tanto, era descendiente de Jetro y no de José?] No, la palabra Putiel se refiere a José, quien [se apellida Putiel porque] conquistó su inclinación al mal. Pero las tribus no estaban deshonrando a Finees diciéndole: "Mira al hijo de Putti, cuyo padre de madre engordaba becerros para el sacrificio de los ídolos, ¿debería ejecutar a un príncipe de la tribu de Israel", [de ahí que sea un descendiente de Jetro? Por lo tanto, debemos decir que si el padre de su madre era descendiente de José, entonces la madre de su madre era del linaje de Jetro, y si la madre de su madre era descendiente de José, entonces su madre ' s padre era del linaje de Jethro, [por lo tanto, era descendiente de ambos.] Esto también puede inferirse del pasaje anterior que está escrito, una de las hijas (plural) de Putiel, que se refiere a dos nombres. La inferencia finalmente se sostiene.

(Fol. 44) A nuestros rabinos se les enseñó (Deut. 20, 5) Quién ha construido una casa nueva.... que plantó una viña ... que se ha desposado con una mujer. Aquí la Torá enseña una lección de modales, primero se debe construir una casa, luego plantar un viñedo y luego casarse con una esposa. También Salomón en su sabiduría dijo (Pr.24, 27) Prepara sin tu trabajo, y hazlo apto para ti en el campo, y luego edifica tu casa; es decir, prepara sin tu trabajo, se refiere a una casa; y hazlo apto para ti en el campo, se refiere a una viña; y luego edifica tu casa, se refiere a casarte con una mujer. De otra manera esto se puede explicar, prepárate sin tu trabajo, se refiere a la lectura de la Escritura; y hágala encajar en el campo para usted, se refiere a la lectura de la Escritura y al estudio de la Mishná; y hágala encajar en el campo para usted, se refiere a la discusión del Talmud; y luego edifica tu casa, se refiere a obras meritorias. R. Elazar, el hijo de R. Josi, el galileo dice: "Prepara sin tu trabajo, se refiere a la lectura de la Escritura, el estudio de la Mishná y la discusión del Talmud; y haz que encaje en el campo para ti, se refiere a hechos meritorios; y luego construir tu casa, significa que debe explicárselo a los demás y ser recompensado por ello ".

Sotah, Capítulo 9

(Fol. 45b) MISHNAH: ¿De qué parte del cuerpo midieron la distancia? R. Eliezer dice: "Desde el ombligo del [muerto]", y R. Akiba dice: "Desde su nariz". Mientras que R. Eliezer b. Jacob dice: Del lugar donde fue asesinado, de su garganta ".

GEMARA: ¿En qué principio se diferencian los Tannaim anteriores? Uno sostiene que la vida real del hombre proviene de sus fosas nasales y el otro sostiene que la vida proviene del ombligo. ¿Asumiremos que los Tannaim anteriores difieren en el mismo principio que el de la siguiente Mishná? ¿De qué parte se crea el embrión? De la cabeza, y así también dice el pasaje (Sal.71, 6) Tú eres el que me sacó del vientre de mi madre, y nuevamente se dice (Jer.7, 29) Córtate el cabello suelto y tíralo. Abba Saul dice: "La creación [de un embrión] comienza desde el ombligo y se desarrolla en ambos lados". [Por lo tanto, vemos que los Tanaim anteriores difieren en el mismo principio que el de nuestra Mishná]. Ambos Tanaim de nuestra Mishná pueden reconciliarse incluso con la opinión de R. Saul, ya que R. Saul simplemente dijo acerca de la creación del cuerpo, pero no se refiere al alma, en la que todos pueden estar de acuerdo, que viene a través del narices, como se dice (Génesis 7, 22) Todos en cuyas narices estaba el aliento de vida. R. Eliezer b. Jacob dice: "Del lugar donde mataron al muerto, de su garganta". ¿Cuál es la razón de R. Eliezer b. Jacob? Lo deriva del siguiente pasaje (Ez.21, 34) Para ponerte sobre el cuello de los malvados que serán muertos.

(Fol. 46) Se nos enseña en un Baraitha que R. Jochanan b. Saúl dijo: "¿Por qué la Torá ordenó que se trajera una novilla al valle? El Santo, alabado sea, dijo: 'Que se traiga una que aún no ha dado fruto (novilla), y que se le rompa el cuello en un lugar donde no crecieron frutos, y sea expiación por aquel a quien no se le permitió dar fruto '". ¿A qué se refiere el fruto de los muertos? ¿Deberíamos asumir que se refiere a niños? Si es así, entonces, si el muerto era viejo o impotente, ¿quiere usted decir que no se debe traer una novilla para el muerto? Por tanto, debemos decir que fruto se refiere a hechos meritorios.

(Fol.45b) MISHNAH: Los ancianos de ese pueblo se lavaron las manos con agua, en el lugar donde se rompió el cuello de la novilla y decían (Deut.21, 7) Nuestras manos no han derramado esta sangre y nuestros ojos no la han visto. ¿Puede alguien pensar que los ancianos de la corte son derramadores de sangre? Por lo tanto, debemos decir que esto significa que no vino a nosotros y lo despedimos sin comida, y no lo hemos visto y lo dejamos sin escolta. Así que también se nos enseña en un Baraitha; no vino a nuestras manos, cuando lo enviamos sin comida, ni lo vimos y lo dejamos sin escolta. (Fol. 46) Y los sacerdotes dijeron entonces. Concede perdón a tu pueblo Israel, a quien redimiste.... y la sangre les será perdonada. ¿Por qué es necesario decir, y les será perdonada la sangre? Por lo tanto, debemos decir que la última frase fue el anuncio del Espíritu Santo, que significa: "Si lo ha hecho, se les perdonará la sangre".

(Ib. B) Se nos enseña que R. Maier dice: "Es apropiado obligar a uno a escoltar a su asociado, porque la recompensa de la escolta es ilimitada, como está escrito (Jueces 1, 24) Y los vigilantes vieron a un hombre que salía de la ciudad y le dijeron: "Muéstranos, te rogamos, la entrada a la ciudad y te trataremos con bondad". Y además está escrito: Y les mostró la entrada a la ciudad. ¿Y cuál fue la amabilidad que le mostraron? Hirieron a toda la ciudad a filo de espada, pero el hombre y toda su familia lo dejaron en libertad. (Ib., Ib., 36) Y el hombre fue a la tierra de los hititas y edificó una ciudad, y la llamó Luz. Se nos enseña en un Baraitha; esa es la misma Luz donde tiñen el Techaileth, es la misma Luz contra la cual Senaquerib vino a destruir pero no pudo hacerlo; y que Nabucodonosor había rogado pero no pudo destruirlo, y ni siquiera el ángel de la muerte tiene derecho a pasar y entrar. Sus ancianos cuando deseaban morir fueron llevados fuera de los muros circundantes donde murieron. ¿No es esta una conclusión a fortiori? Si este cananeo que no había cumplido ningún deber caminando con sus pies, ni hablando con su boca, sin embargo fue recompensado de que él y sus hijos hasta generaciones interminables fueran salvados del Ángel de la Muerte. El que habla con la boca y camina con los pies para hacer cosas buenas, ¿cuánto más debe ser recompensado? Si es así, ¿cómo les mostró ese hombre la ciudad, si no caminaba ni hablaba? Ezequías dijo: "Hizo muecas para que recibieran una pista". R. Jochanan dijo: "Con su dedo los mostró". Se nos enseña en un Baraitha de acuerdo con la opinión de R. Jochanan: Como recompensa por haberles mostrado la entrada de la ciudad dentro de Canaán y sus hijos hasta que generaciones sin fin fueron recompensadas para ser salvados del Ángel de la Muerte. R. Joshua b. Levi dijo: "Si uno camina por el camino y no tiene escolta con él, estudiará la Torá, como se dice (Pr. 1, 9Y esto se refiere solo cuando el maestro no es un erudito distinguido, pero si es un erudito distinguido, debe ir a tres Parthoa. R. Cabana acompañó a R. Shimi b. Assi de Pum-Nahara al lugar llamado "Entre la palma", en Babilonia. Cuando llegaron a este lugar dijeron: "¿Es verdad, maestro, lo que dice la gente que esas palmeras de Babilonia datan de los días de Adán, el primero?" "Recuerdas en mi mente", respondió R. Cahana, "lo que dijo R. José, el hijo de R. Chanina: '¿Cuál es el significado del pasaje (Jer. 2, 6) A través de una tierra por la que ningún hombre había pasado y donde ningún hombre había habitado. Dado que ningún hombre había pasado por él, ¿cómo es posible que un hombre haya habitado en él? Significa enseñar que cualquier tierra que Adán el primero decretó, debería ser habitada, de hecho llegó a ser habitada; pero cualquier tierra que Adán, el primer hombre, decretó que no debería ser habitada, permaneció deshabitada ". R. Mordecai escoltó a R. Shimi b. Assi desde Hagrunia hasta el lugar llamado Bekipai, y según otros, hasta el lugar llamado Be-dura.

R. Jochanan dijo en nombre de R. Maier: "Quien no escolta a un extraño es como si derramara sangre, porque, si los habitantes de Jericó hubieran escoltado a Eliseo, nunca hubiera sucedido que soltara un oso otra vez. hijos, como se dice (II Reyes 2, 23) Y subió de allí a Betel; y mientras él subía por el camino, salieron unos niños de la ciudad, y se burlaron de él y le dijeron: 'Sube, calvo; ¡Sube, calvo! Porque has hecho que el lugar se vuelva calvo para nosotros; (es decir, por haber curado el agua podrida de esa ciudad, estos muchachos perdieron su negocio de vender agua sana a los habitantes), los llama muchachos y luego los llama menores. ¿Cómo son posibles ambos? R. Elazar dijo: "Se les llama muchachos (Nearim.) Porque no tenían hechos meritorios, y se les llamaba pequeños, porque eran pequeños en la fe". En un Baraitha se nos enseña que eran muchachos, pero se hicieron inferiores como niños pequeños. R. Juda planteó la siguiente objeción: "Quizás Naarim, se refiere al lugar de donde vienen? ¿No hemos leído ese nombre en el siguiente pasaje (Ib., 5, 2) Y los sirios habían salido en tropas depredadoras y habían llevado cautiva de la tierra de Israel a una pequeña doncella. Hemos planteado una pregunta, el pasaje la llama doncella y luego la llama pequeña. Con lo cual R. P'dath explicó así: "Ella era en verdad pequeña y la palabra Naaro no significa doncella, pero significa que ella vino de Naarim. [Por lo tanto, Naaro es también el nombre de un pueblo]". En este último caso, es diferente porque no se menciona el lugar de donde vino [por eso explicamos la palabra Naaro para referirnos al lugar]. Pero, en el primer caso, se menciona el lugar de los muchachos [y por lo tanto no podemos explicar que la palabra Naarim signifique el lugar]. (Ib.2, 24) Y él se volvió y los miró, y los maldijo en el nombre del Señor. ¿Qué significa esto, y miró entonces? Rab dijo: "Significa literalmente que él fijó sus ojos en ellos, como se nos enseña en un Baraitha que Rabban Simon b. Gamaliel dice: 'Dondequiera que los sabios fijen sus ojos, sigue la muerte o la pobreza'. "Samuel, sin embargo, dijo:" Esto significa que observó que no eran niños bien educados ". Y R. Isaac Naphcha dijo: "Los vio con el cabello al estilo de los ammoritas"; mientras que R. Jochanan dijo: "Observó que no estaban imbuidos de hechos meritorios". ¿Pero quizás sus hijos tenían algo? R. Elazar dijo: "Ni en ellos, ni en sus hijos, ni siquiera por generaciones infinitas; los encontró a todos desprovistos de obras meritorias". (Ib., Ib., Ib.) Y los maldijo en el nombre del Señor; y salieron dos osas del bosque, etc. (Fol. 47) Rab y Samuel difieren [en la explicación de este pasaje] uno dijo que sucedió un milagro y el otro dijo que sucedió un milagro dentro de un milagro. Quien sostiene que fue solo un milagro basa su opinión de que era un bosque, sin osos y por lo tanto sucedió un milagro con los osos. Pero quien afirma que fue un milagro dentro de un milagro, basa su teoría de que no hubo bosque ni osos y por medio de un milagro ambos fueron creados. Según la opinión de este último, ¿por qué era necesario crear el bosque, no habrían sido suficientes los osos solos? Porque los osos habrían tenido miedo de soltarse sobre los seres humanos, si no fuera por el hecho de que estaban cerca de los bosques. (Fol. 47) Rab y Samuel difieren [en la explicación de este pasaje] uno dijo que sucedió un milagro y el otro dijo que sucedió un milagro dentro de un milagro. Quien sostiene que fue solo un milagro basa su opinión de que era un bosque, sin osos y por lo tanto sucedió un milagro con los osos. Pero quien afirma que fue un milagro dentro de un milagro, basa su teoría de que no hubo bosque ni osos y por medio de un milagro ambos fueron creados. Según la opinión de este último, ¿por qué era necesario crear el bosque, no habrían sido suficientes los osos solos? Porque los osos habrían tenido miedo de soltarse sobre los seres humanos, si no fuera por el hecho de que estaban cerca de los bosques. (Fol. 47) Rab y Samuel difieren [en la explicación de este pasaje] uno dijo que sucedió un milagro y el otro dijo que sucedió un milagro dentro de un milagro. Quien sostiene que fue solo un milagro basa su opinión de que era un bosque, sin osos y por lo tanto sucedió un milagro con los osos. Pero quien afirma que fue un milagro dentro de un milagro, basa su teoría de que no hubo bosque ni osos y por medio de un milagro ambos fueron creados. Según la opinión de este último, ¿por qué era necesario crear el bosque, no habrían sido suficientes los osos solos? Porque los osos habrían tenido miedo de soltarse sobre los seres humanos, si no fuera por el hecho de que estaban cerca de los bosques. 47) Rab y Samuel difieren [en la explicación de este pasaje] uno dijo que sucedió un milagro y el otro dijo que sucedió un milagro dentro de un milagro. Quien sostiene que fue solo un milagro basa su opinión de que era un bosque, sin osos y por lo tanto sucedió un milagro con los osos. Pero quien afirma que fue un milagro dentro de un milagro, basa su teoría de que no hubo bosque ni osos y por medio de un milagro ambos fueron creados. Según la opinión de este último, ¿por qué era necesario crear el bosque, no habrían sido suficientes los osos solos? Porque los osos habrían tenido miedo de soltarse sobre los seres humanos, si no fuera por el hecho de que estaban cerca de los bosques. 47) Rab y Samuel difieren [en la explicación de este pasaje] uno dijo que sucedió un milagro y el otro dijo que sucedió un milagro dentro de un milagro. Quien sostiene que fue solo un milagro basa su opinión de que era un bosque, sin osos y por lo tanto sucedió un milagro con los osos. Pero quien afirma que fue un milagro dentro de un milagro, basa su teoría de que no hubo bosque ni osos y por medio de un milagro ambos fueron creados. Según la opinión de este último, ¿por qué era necesario crear el bosque, no habrían sido suficientes los osos solos? Porque los osos habrían tenido miedo de soltarse sobre los seres humanos, si no fuera por el hecho de que estaban cerca de los bosques. Quien sostiene que fue solo un milagro basa su opinión de que era un bosque, sin osos y por lo tanto sucedió un milagro con los osos. Pero quien afirma que fue un milagro dentro de un milagro, basa su teoría de que no hubo bosque ni osos y por medio de un milagro ambos fueron creados. Según la opinión de este último, ¿por qué era necesario crear el bosque, no habrían sido suficientes los osos solos? Porque los osos habrían tenido miedo de soltarse sobre los seres humanos, si no fuera por el hecho de que estaban cerca de los bosques. Quien sostiene que fue solo un milagro basa su opinión de que era un bosque, sin osos y por lo tanto sucedió un milagro con los osos. Pero quien afirma que fue un milagro dentro de un milagro, basa su teoría de que no hubo bosque ni osos y por medio de un milagro ambos fueron creados. Según la opinión de este último, ¿por qué era necesario crear el bosque, no habrían sido suficientes los osos solos? Porque los osos habrían tenido miedo de soltarse sobre los seres humanos, si no fuera por el hecho de que estaban cerca de los bosques. ¿Por qué era necesario crear el bosque, no habrían sido suficientes los osos solos? Porque los osos habrían tenido miedo de soltarse sobre los seres humanos, si no fuera por el hecho de que estaban cerca de los bosques. ¿Por qué era necesario crear el bosque, no habrían sido suficientes los osos solos? Porque los osos habrían tenido miedo de soltarse sobre los seres humanos, si no fuera por el hecho de que estaban cerca de los bosques.

(Ib., Ib., Ib.) Y les arrancó cuarenta y dos muchachos. Dijo R. Jose, el hijo de R. Chanina: "A causa de los cuarenta y dos sacrificios que Ballak, el rey de Moab. Ofreció, sucedió que cuarenta y dos hijos de israelitas fueron destrozados". ¿Es esta la verdadera causa? He aquí que R. Juda dijo en nombre de Rab: "El hombre siempre se ocupará del estudio de la Torá y del cumplimiento de las obras meritorias, aunque no sea para su propósito real, porque de un propósito egoísta vendrá para hacerlo con su propósito real, porque como recompensa por los cuarenta y dos sacrificios que ofreció Ballak, el rey de Moab, fue recompensado que Rut saliera de aquel de quien Salomón es descendiente, acerca de quien dice el pasaje (I Reyes 3, 4) Mil holocaustos ofreció Salomón sobre el altar, y R. José, hijo de R. Chanina dijo: "Rut era la hija del rey Eglon, que era el nieto de Ballak, el rey de Moab". [Por eso veo que al final tenía buenas intenciones]. Sin embargo, dado que su verdadero propósito era maldecir a Israel, a través del incidente anterior se cumplió su maldición. (II Reyes 2, 19) Y los hombres de la ciudad dijeron a Eliseo: "He aquí, te rogamos; la situación de esta ciudad es agradable, como ve mi Señor; pero el agua es mala y la tierra provoca abortos '. Dado que el agua es mala y la tierra provoca abortos involuntarios, ¿por qué dicen que la ciudad es espléndida? R. Chanin dijo: "Es la estima habitual en la que los habitantes ocupan su lugar".

R. Chanina dijo: "Hay tres favores notables: el favor en el que los habitantes ocupan su lugar; el favor que una mujer tiene por su marido; el favor que un comprador tiene por su compra".

A nuestros rabinos se les enseñó: Tres veces se enfermó Eliseo, una vez fue la causa de que soltó a los osos contra los niños; la segunda fue la causa de que rechazó a Gechazi con ambas manos; y el tercero fue cuando murió:

A nuestros rabinos se les enseñó: Siempre que la mano izquierda rechace (a los que lo merecen), y la mano derecha invitará. Y no como Eliseo hizo con

Giezi, a quien rechazó con ambas manos, como está escrito (II Reyes, 5, 23-27) Y Naamán dijo: Da tu asentimiento, toma dos talentos. Y le instó a.... ¿De dónde vienes, Gechazi? Y él dijo. Tu siervo no fue de acá ni de allá. Y él le dijo. Mi mente no se había ido cuando el hombre se volvió de su carro para encontrarte. ¿Es hora de tomar dinero, y tomar vestidos, y olivares, viñedos, ovejas, bueyes, siervos y siervas? ¿Entonces Gechazi se ha llevado todo esto? ¿He aquí que sólo tomó plata y vestidos? R. Isaac dijo: En ese momento Eliseo estaba ocupado con el estudio del capítulo de los ocho reptiles (de Tract Sabbath). (Naamán, el capitán del rey de Siria, estaba enfermo de lepra, y su criada, que había sido capturada de Israel, le dijo que si iba a ver a Eliseo, se curaría. Y cuando él vino a él y le dijeron para sumergirse en el Jordán, dijo: " Se burlan de mí ". Pero los hombres que lo acompañaban dijeron:" Ve y pruébalo, que no te puede hacer daño ". Entonces él fue y se bañó en el Jordán y se curó. Y trajo todo lo que tenía consigo. a Eliseo, pero Eliseo no quiso aceptarlo. Sin embargo, Gechazi se apartó de Eliseo y escondió lo que había tomado, y cuando llegó de nuevo ante Eliseo vio que la lepra brotaba sobre su cabeza). él: Deseaste que hubiera llegado el momento de ser recompensado por [mi estudio del capítulo de] ocho reptiles, [ya que le quitaste el valor de las ocho cosas mencionadas en este pasaje] Que haya la lepra de Na'amán se unirá a ti ya tu descendencia para siempre, y salió de su presencia como un leproso (blanco) como la nieve ". Dice (ib. 7, 3) Y había cuatro hombres leprosos a la entrada de la puerta. R.

MISHNAH: Dado que se incrementaron los actos homicidas, se abolió la ley relativa a la novilla. Esto se refiere al tiempo de Elazar b. Dinai, quien fue apodada Techana b. P'risha, y quien más tarde fue nombrado Ben Haratzchan (el asesinado). Dado que aumentó los actos adúlteros, se detuvo el agua amarga y R. Jochanan b. Jochai fue quien lo detuvo, ya que basó su acción en el siguiente pasaje (Oseas 4, 14) No puedo castigar a tus hijas cuando se prostituyen, ni a tus nueras cuando cometen adulterio; porque ellos mismos se asocian con mujeres lascivas. Desde la muerte de José b. Joezer de Zerida. y de José b. Jochanan de Jerusalén, los racimos (grandes hombres) fueron destruidos, como se dice (Micha 7, 1) No es racimo para comer, ni primera fruta madura que anhela mi alma. Jochanan, el sumo sacerdote, detuvo el capítulo de la confesión de los diezmos, también abolió ciertos cánticos de los levitas con el sonido de los dedos. (Ib; b) Hasta sus días se escuchó el golpe del martillo en Jerusalén, [durante la semana de Moed], cuando lo detuvo. Durante toda su vida, ningún hombre le preguntó si tenía que dar los diezmos del grano que compraba o no, porque era seguro que sus diezmos estaban separados. (Fol.48) Dado que el Sanedrín fue abolido junto con él, fueron los cánticos que se solían escuchar en las bodegas acerca de los cuales decía este pasaje (Is.24 , 9) Entre cantos no beberán más vino; amarga será la bebida fuerte para el que la beba. Desde la muerte de los primeros profetas, el Urim y Tummim fueron abolidos. Desde la destrucción del Templo, el Samir y la dulce miel fueron destruidos y desaparecieron hombres dignos de confianza, como se dice (Sal. 12, 2) ¡Socorro, Señor! porque los piadosos han dejado de ser; porque los veraces fallaron de entre los hijos del hombre. R. Simon b. Gamaliel dice en nombre de R. Simon, el asociado del Sumo Sacerdote: "Dado que la destrucción del Templo no hay un solo día sin una maldición y el rocío dichoso no vino del cielo, el verdadero sabor de la fruta fue remoto." R. Simon dice: "También el fruto perdió su riqueza".

(Fol. 49) Durante la guerra de Vespasiano, los rabinos emitieron un decreto contra el uso de coronas de novia y de compromiso. Durante la guerra de Tito, los rabinos emitieron decretos contra las novias que llevaran coronas y también prohibían que un hombre instruyera a su hijo en la literatura griega. En la última guerra, los rabinos emitieron un decreto de que una novia no debe salir ni siquiera en la ciudad en una litera, [durante las procesiones de su boda]. Nuestros rabinos eliminaron el decreto y permitieron que una novia pasara bajo un toldo dentro de la ciudad. Desde la muerte de R. Maier cesó la composición de fábulas; desde que cesó la muerte de los estudiantes académicos Ben Azzai; desde la muerte de Ben Zoma, cesaron los conferenciantes; desde la muerte de R. Akiba cesó el honor de la Torá; desde la muerte de R. Joshua, la bondad desapareció del mundo; desde la muerte de Rabban Simón b. Gamaliel, las corrientes de aire y las langostas visitaron el mundo y aumentaron los problemas; desde la muerte de R. Elazar b. Azarías cesó la riqueza de los sabios; desde la muerte de R. Chanina b. Dos hombres piadosos y activos cesaron; desde la muerte de R. José K'tintha, cesó la piedad; y por qué se llamaba K'tintha, porque era el más pequeño entre los piadosos; desde la muerte de Rabban Jochanan b. Zakkai, cesó la gloria del saber; desde la muerte de Rabban Gamaliel el mayor, el honor de la Torá se detuvo y la limpieza y la abstinencia se extinguieron; desde la muerte de R. Ishmael b. Papi, la gloria del sacerdocio desapareció; desde la muerte del rabino, (el príncipe del exilio) desaparecieron la humildad y el miedo al pecado. los hombres activos cesaron; desde la muerte de R. José K'tintha, cesó la piedad; y por qué se llamaba K'tintha, porque era el más pequeño entre los piadosos; desde la muerte de Rabban Jochanan b. Zakkai, cesó la gloria del saber; desde la muerte de Rabban Gamaliel el mayor, el honor de la Torá se detuvo y la limpieza y la abstinencia se extinguieron; desde la muerte de R. Ishmael b. Papi, la gloria del sacerdocio desapareció; desde la muerte del rabino, (el príncipe del exilio) desaparecieron la humildad y el miedo al pecado. los hombres activos cesaron; desde la muerte de R. José K'tintha, cesó la piedad; y por qué se llamaba K'tintha, porque era el más pequeño entre los piadosos; desde la muerte de Rabban Jochanan b. Zakkai, cesó la gloria del saber; desde la muerte de Rabban Gamaliel el mayor, el honor de la Torá se detuvo y la limpieza y la abstinencia se extinguieron; desde la muerte de R. Ishmael b. Papi, la gloria del sacerdocio desapareció; desde la muerte del rabino, (el príncipe del exilio) desaparecieron la humildad y el miedo al pecado. y la limpieza y la abstinencia se extinguieron; desde la muerte de R. Ishmael b. Papi, la gloria del sacerdocio desapareció; desde la muerte del rabino, (el príncipe del exilio) desaparecieron la humildad y el miedo al pecado. y la limpieza y la abstinencia se extinguieron; desde la muerte de R. Ishmael b. Papi, la gloria del sacerdocio desapareció; desde la muerte del rabino, (el príncipe del exilio) desaparecieron la humildad y el miedo al pecado.

GEMARA: A nuestros rabinos se les enseñó, R. Phinehas b. Yaa'ir dice: "Desde la destrucción del Templo, los eruditos comenzaron a sentirse avergonzados y las familias aristocráticas inclinaron la cabeza; los hombres de actos disminuyeron y los hombres de poder comenzaron a gobernar, también los chismosos gobernaron a los justos. No hay uno que discute, que suplica o pide la existencia de Israel, y ¿en quién confiaremos? Sólo en nuestro Padre Celestial ".

Dado que aumentaron los palabreos, los tribunales se vieron privados, y las obras del hombre se corrompieron y no hay satisfacción [para el Señor] en el mundo. Dado que el respeto por los litigantes aumentó en los tribunales, desapareció toda mención de lo siguiente: (Deut. 1, 17) No temeréis a ningún hombre, y cesó la aplicación de No respetaréis a nadie en el juicio. La gente revocó de sí el yugo celestial y, en cambio, puso sobre sí el yugo del hombre frágil. Dado que aumentó el hábito de susurrar entre el juez mientras estaba sentado en el tribunal, la ira del Señor se hizo más fuerte [por aconsejar en voz baja, a todos y cada uno, cómo maltratar la justicia], y la Shejiná partió de Israel, como se dice (Sal.82, 1) En medio de los Jueces él juzga. Dado que aumentó, (Ez. 33, 31) Mientras su corazón va tras sus juegos ilegales, aumentó (Is. 5, 20).) Ay de los que dicen del mal que es bueno, y del bien que es malo. Dado que los que dicen del mal es bueno y del bien es malo, crecieron más en número, los males aumentaron en el mundo. Ya que los que dibujan con la saliva aumentada (asumieron aires aristocráticos), los eruditos disminuyeron y la Torá tuvo que cuidar a sus alumnos. Como aumentaron las personas altivas, las hijas de Israel comenzaron a casarse con ellas, lo que provocó que toda la generación se convirtiera en un camuflaje. ¿Es así, no ha dicho R. Mari: "El que se jacta no es favorecido ni siquiera por su propia casa, como se dice (Haba 2, 5) Vosotros, además, el vino es un traficante traicionero; el hombre altivo no permanece ; el que agranda su deseo incluso en su propia casa, no será tolerado, [por eso vemos que no es amado por nadie]? De hecho, al principio [sin conocer la naturaleza exacta] a la gente le gusta ese hombre, pero al final es despreciado por ellos. Desde que aumentó la costumbre de los jueces de forzar bienes a particulares, [convirtiendo a las personas en sus agentes mercantiles o sus clientes], aumentaron los sobornos y la imposición de juicios y cesó la bondad de Israel. Cuando aquellos que dicen 'Acepto tus favores y agradeceré tus favores, se volvieron numerosos [en la vida oficial]; luego aumentó entre la gente la costumbre de hacer lo que quisiera. La clase baja se enalteció y la exaltada se humilló y el reino se volvió cada vez más corrupto. Dado que el egoísmo aumentó, los robos y los duros de corazón [que cerraron su corazón contra los pobres] se hicieron numerosos,Deut. 15, 9) Cuídate de que no haya un pensamiento perverso en tu corazón. Como aumentaron los que reciben regalos, disminuyeron los días del hombre y se acortaron sus años porque se dice (Pr. 15, 27) Pero el que aborrece los regalos vivirá. Dado que el desenfreno aumentó, las disputas en Israel aumentaron; Desde que los discípulos de Shammai e Hilel se volvieron numerosos, la disensión aumentó en Israel y la Torá se convirtió en dos Toráh separadas.

(Fol. 48) "Desde que se abolió el Sanedrín, con ellos se abolió la costumbre de cantar [mientras se bebe en las bodegas], como se dice (Is. 24, 9) Entre cantos, etc." ¿Y de dónde sabemos que esto se refiere al Sanedrín? Dijo R. Huna, el hijo de R. Joshua: "El pasaje dice (Lam. 5, 14) Los ancianos han cesado de la puerta, los jóvenes de su canto ". R. Udna dijo:" El que escuche canciones al final sufrirá el castigo ", dijo Raba:" En una casa donde hay cantos frecuentes, la destrucción será el resultado, como se dice (Sof. 2, 14) Los pájaros cantores cantarán en las ventanas, la ruina será en los umbrales; porque las olas del cedro serán cortadas. ¿Qué significa para las ondas de cedro se cortará, significa? R. Isaac dijo: "Incluso una casa cubierta de cedros al final será cortada". R. Assi dijo: "De esto se puede inferir que la ruina de una casa comienza con el umbral, como se dice, Las ruinas estarán en el umbral, y si lo desea, diré que puede inferirse de lo siguiente: (Es. 24, 12) Y en ruinas es mordida la puerta ". R. Huna dijo:" Se permite cantar mientras se trabaja en un barco o mientras se arar, pero de lo contrario está prohibido ". R. Huna provocó la abolición del canto, por lo que el mercado se volvió tan Barato que se compraban cien gansos por un Zuza y ni siquiera por esa cantidad había demanda. Entonces vino R. Chisda y no hizo cumplir el acto de abolición cuando se produjo que cada ganso se compraba por un Zuza e incluso a ese precio no había suficiente suministro. R. Joseph dijo: "Los hombres cantan y las mujeres responden se considera libertinaje. Cuando las mujeres cantan y los hombres responden es como el lino colocado ante el fuego. "¿Cuál es la diferencia ya que ambos están prohibidos? La diferencia es contra cuál deberíamos esforzarnos más para abolirlo. Dijo R. Jochanan:"Es. 5, 11) ¡Ay de los que se levantan temprano por la mañana para correr a beber licor...! y el arpa y el salterio, el tabaré y la flauta y el vino están en sus fiestas. Lo que está escrito después de esto (Ib., Ib. 1.5) Por tanto, mi pueblo fue llevado al destierro, por falta de conocimiento, es decir, esto causa el destierro en el mundo; y los hombres honorables sufren de hambre, es decir, que trae hambre al mundo; y su multitud está jadeando de sed, es decir, lo que hace que la Torá sea olvidada de sus aprendizajes, (Ib., Ib. 15) Y entonces será el hijo de la tierra, y humilde será el hombre, es decir, que causó la humillación hasta los enemigos del Santo, alabado sea, y la palabra Ish se refiere al Señor como está dicho (Ex. 15, 3) El Eterno es el Señor de la guerra (Ish Milchama). (Es. 5, 15) Y el ojo del exaltado tendrá hambre, que causó humildad a Israel. Lo que se escribe después (Ib., Ib. 14) Por eso, el abismo ha ensanchado su deseo, etc.

(Ib., B) "Desde la muerte de los primeros profetas, el Urim y Tummin fueron abolidos". ¿Quiénes son los primeros profetas? Dijo R. Huna: "Samuel, David y Salomón". R. Nachman dijo: "Durante los días de David, a veces sucedía que el Urim y Tummim respondían y otras veces no respondían; porque cuando el sacerdote Sadok preguntó en el Urim y Tummim, ellos le respondieron, mientras que cuando Abiator preguntó, lo hicieron. no le respondas, como está dicho (II. Sam. 15, 24) Y Abiator subió ". Rab y Samuel plantearon la siguiente objeción (II Crónicas 26, 5) Y se dispuso a buscar a Dios en los días de Zacarías, quien tenía entendimiento en la división de Dios. ¿No se refiere esto al Urim y Tummim? [Por lo tanto, existieron después de los días de Salomón]. No, esto se refiere a la profecía. Venga, escuche lo siguiente: Desde la destrucción del primer Templo, las ciudades con su espacio abierto [que había sido asignado a los Levitas], fueron abolidas y el uso del Urim y Tummim. fueron detenidos, la realeza también cesó de la Casa de David, y si alguien te susurra el pasaje (Ez.2, 63) Y el Tirsatha les dijo que no debían comer de las cosas santas hasta que hubiera un sacerdote con el Urim y Tummim, [lo que muestra que existía durante los días de Esdras]. Dígale: "Este pasaje debe tomarse en forma alegórica, tal como uno le dice a su amigo:" Hasta que venga la resurrección de los muertos y el Mesías, hijo de David "; "[por lo tanto, vemos que, sin embargo, existían antes de la destrucción del Templo y no como explica R. Huna que fue solo en los días de Salomón]. R. Nachman, sin embargo, explicó que los primeros profetas incluyen a todos los profetas con la excepción de Hageo, Zacarías y Malaquías, que son llamados los últimos profetas, como se nos enseña: Desde la muerte de los últimos profetas, Hageo, Zacarías y Malaquías ,

"También se había detenido el uso de Shamir". A nuestros rabinos se les enseñó: El Shamir es aquello con lo que Salomón construyó el Templo, como se dice (I Kinfis 6, 7) Y la casa, cuando estaba en construcción, fue construida con piedras enteras, etc. R. Juda dice: " Esto debe tomarse literalmente ". R. Nechemia le dijo: "¿Cómo es posible pensar eso? He aquí, se dice (Ib., 7, 9). Todo esto era de piedras pesadas talladas después de una medida fija aserrada con la sierra por dentro y por fuera. Por lo tanto, diga que el significado del pasaje (Ib. 6, 7) [Para que ni martillo, ni hacha ni herramienta de hierro] se oyera en la casa mientras estaba en construcción, significa que fue preparado afuera y luego llevado adentro. " R. Nachman dijo: "La opinión de R. Juda acerca de las piedras del Templo, me atrae y también las palabras de R. Nachemia,Ex. 28, 11) Como el grabado de un sello, ni estaba marcado con una herramienta de corte, porque se dice Bemiluotham, que significa que no debe faltar nada. Por lo tanto, debemos decir que escribieron con tinta en la piedra y trajeron el Shamir y se le mostraron las marcas que estaban afuera, lo que hizo que las piedras se partieran por sí mismas como una fecha que se parte durante el verano y no falta nada. de ella, o como la tierra que se divide durante el invierno en lugares y no falta nada. A nuestros rabinos se les enseñó: La Shamir fue creada tan grande como una cebada y existe desde el día de la creación y ninguna cosa dura puede resistirla. ¿Cómo se conserva? Se la mantiene cubierta con mechones de lana y se la coloca en un tubo de plomo lleno de salvado de cebada.

"Y cesaron los hombres dignos de confianza". ¿Qué significa "hombres dignos de confianza"? Dijo R. Isaac, se nos enseña en un Baraitha que R. Elazar el Grande, dice: "El que tiene pan en su canasta [para hoy! Y dice '¿Qué comeré mañana?' tal hombre se considera falto de fe ". Y esto lo quiere decir R. Elazar, quien dijo: "¿Cuál es el significado del siguiente pasaje (Zac. 4, 10) Porque ¿quién menospreció el día de sus pequeñeces? Esto significa que hizo que los justos hicieran que sus mesas puestas fueran destruidas en el mundo futuro, a causa de su pequeñez de fe: por no haber tenido suficiente fe en el Santo, alabado sea Él. "Raba dijo:" Este pasaje se refiere a los menores de los malvados en Israel que murieron durante la vida de su padre. Le dirán: 'Soberano del Universo, ya que los vas a castigar, ¿por qué entonces les has embotado los dientes de la boca?' "(Es decir, si pretendes castigarlos en el más allá, por qué has les causa dolor mientras viven)?

R. Illai b. Barachia dijo: "Si no fuera por la oración de David, todo Israel habría sido mercader barato, como está dicho (Sal. 9, 21). Pon, oh Señor, temor sobre ellos; que las naciones sepan que no son más que mortales, Selah . " R. Illai b. Barachia dijo además: "Si no fuera por la oración del profeta Chabacuc, dos eruditos se habrían visto obligados a cubrirse con un manto y estudiar la Torá, como está escrito (Hab. 3, 2). Oh Señor, he oído Tu fama y tuviste miedo; Oh Señor, obra mía - en medio de los años de dolor revívela. No leas en medio de los años, sino en medio de dos. '"R. Illai b. Barachia dijo además: "Dos eruditos que caminan por el camino sin discutir las palabras de la Torá merecen ser quemados,Y sucedió que mientras iban hablando, mientras iban, he aquí, vino un carro de fuego y caballos de fuego, y los separó a ambos; y Elías subió por asalto y viento al cielo, etc. La razón por la que no se quemaron es porque iban y hablaban, por lo tanto, si no hubieran estado hablando, se habrían quemado ". R. Illai b. Baracha dijo Además: "Dos eruditos que viven en una ciudad y no les gusta discutir la Halajá, uno morirá y el otro será exiliado, como se dice (Deut. 4, 42) Para que allí pueda huir el asesino de hombres, que debería matar su vecino sin conocimiento, y la palabra sin darse cuenta no se aplica a nada más que a la Torá, como se dice (Oseas 4, 6) Mi pueblo es destruido por falta de conocimiento ". R. Juda, el hijo de R. Chiya dijo: 'Quien estudie la Torá mientras está en estado de pobreza, sus oraciones serán contestadas, como se dice (Is. 30 ; 19 Por todos los habitantes de Sion que habitarán en Jerusalén: no llorarás, ciertamente él tendrá misericordia de ti a la voz de tu clamor, etc. Inmediatamente después de esto, está escrito: Y el Señor te dará pan en la adversidad y el agua en la opresión ". R. Acha b. Chanina dice: "Para tal hombre, ni siquiera el patio del cielo está cerrado, como se dice en el pasaje anterior. Y tus maestros no tendrán que esconderse más en un rincón". R. Abahu dijo: "Tal acción incluso será recompensada al recibir la presencia Divina, como se dice en el mismo pasaje,

"No hay un día en el que la maldición, etc." Dijo Raba: "No hay un día en el que la maldición aumente de la del día anterior, como se dice (Deut.28, 67) en la mañana dirás, 'Ojalá fuera', y al atardecer dirás: "¿Ojalá fuera de mañana? ¿Supongo que esto significa que la mañana se refiere a la mañana? Si es así, ¿qué sabe él qué sucederá mañana que trabaja para ella? Por lo tanto, debemos decir que se refiere a el día anterior. Y dado que la maldición es tan grande, ¿con qué méritos existe el mundo? Sobre los méritos de recitar K'idusha D'Sidro, K'dushah (desología) después de la lección del día, y al recitar el Amén. , mencionado en el Kadish después de la conferencia, como se dice (Job 10, 22) Una tierra de absoluta oscuridad, como de tinieblas de sombra de muerte, exterior y orden, y cuya luz es como oscuridad total. "" Y el rocío no desciende con bendición, y los frutos no tienen su gustos apropiados ". Se nos enseña en un Baraitha, R. Simon b. Elazar dice:" La limpieza que cesó de Israel destruyó el sabor apropiado de la fruta y su olor; la abolición de los Diezmos provocó la pérdida de la grasa del grano ". R. Huna encontró cierto higo gordo de cierto lugar Chanuni, lo envolvió en su manto y cuando llegó su hijo Rabba le dijo:" Huelo un buen olor de ti ", le dijo:" Hijo mío, tienes espíritu de limpieza ", y por eso se lo dio. Mientras tanto, Raba, el hijo de este último, vino y se lo quitó, y R. Huna entonces dijo a su hijo: " Hijo mío, has alegrado mi corazón, pero al mismo tiempo has embotado mis dientes. "Y esto se entiende por la máxima del pueblo, el amor de un padre por su hijo, y el amor de un hijo por sus hijos. R . Acha b. Jacob ayudó a su nieto R. Jacob. Cuando este último envejecía, cada vez que su abuelo le pedía un trago de agua, decía: "¿Soy tu hijo? Yo soy sólo tu nieto ". Y esto también significa la Máxima del pueblo." Créame, créame, sin embargo, yo solo seguiré siendo tu nieto ". cada vez que su abuelo le pedía un trago de agua, decía: "¿Soy tu hijo? Soy sólo tu nieto". Y esto también se entiende por la Máxima del pueblo. "Créame, créame, sin embargo yo solo seguiré siendo tu nieto". cada vez que su abuelo le pedía un trago de agua, decía: "¿Soy tu hijo? Soy sólo tu nieto". Y esto también se entiende por la Máxima del pueblo. "Créame, créame, sin embargo yo solo seguiré siendo tu nieto".

R. Joshua dice: "Desde la destrucción de nuestro Templo, los eruditos se vuelven como maestros sencillos, los maestros como los discípulos; los discípulos como el hombre ordinario; y los hombres ordinarios se volvieron cada vez más abandonados. Nadie pide ni nadie desea [la enseñanza de Dios]. ¿En quién podemos confiar para recibir ayuda en un momento así? Sólo en nuestro Padre Celestial.

Tras el Mesías aumentará la osadía, prevalecerán los tiempos de distracción, las vides dan frutos abundantes en vano, cuando las repetidas fiestas asaltan sus riquezas. En vano el gobierno dicta órdenes, ninguna amonestación se mantiene durante mucho tiempo respetada. Los pasillos del aprendizaje se convirtieron en madrigueras de la vergüenza; Bright Gabalene se convierte en un nombre vacío, Y Galilea abandona el orgullo y la fama. Sin hogar, de pueblo en pueblo, los colonos van, y no se encuentra ninguno para mitigar su aflicción. La sabiduría del sabio será de mala reputación, los hombres temerosos de Dios despreciados, la gran justicia muda, y la verdad de alas doradas mentira prostituta. La mejilla arrugada de la vejez arderá de vergüenza, Cuando de sus sabios consejos se apartará el joven. Ante los menores se levantan los ancianos, El hijo su padre tanto degrada, desprecia, La hija su propia madre tiraniza, La discordia doméstica reina suprema, y todo caerá sobre el dueño de la casa. El pueblo cae presa del pecado descarado, y los padres desgastados por el mundo, no sus hijos, se pudren. ¿En quién está ahora nuestra esperanza, en quién nuestra confianza? ¡En el Todopoderoso! en el Grande y el Justo! "

"Durante la guerra de Vespasiano se decretó contra, etc. También que un hombre no enseñará a su hijo educación griega". A nuestros rabinos se les enseñó: Una vez, cuando los reyes asmoneos estaban enzarzados en una guerra civil, sucedió que Hyracanus estaba sin Jerusalén y Aristóhulo dentro. Todos los días, los sitiados bajaban una caja que contenía denarim de oro y recibían a cambio corderos para los sacrificios diarios. Sucedió que había un anciano en la ciudad que estaba familiarizado con el idioma griego, e insinuó a los sitiadores en el idioma griego que mientras se mantuvieran los servicios del Templo, la ciudad no podría ser tomada. En consecuencia, al día siguiente, cuando el dinero había sido defraudado, enviaron un cerdo a cambio. Cuando estaba a mitad de camino, el animal empujó con las patas las piedras del muro, y entonces se sintió un terremoto en toda la tierra de Israel hasta una extensión de cuatrocientas millas. En ese momento se emitió un decreto: "Maldito el que críe cerdos y el que enseñe a su hijo la literatura griega". "Desde la muerte de R. Juda". A nuestros rabinos se les enseñó: Con la muerte de R. Eliezer se escondieron los rollos. Con la muerte de R. Joshua, el pensamiento y la planificación reales se convirtieron en nada. Con la muerte de R. Akiba se abolió la erudición profunda y se cortaron las fuentes de la sabiduría. Con la muerte de R. Elazar b. Azaria, la corona de la sabiduría cesó, porque la corona de la sabiduría es la riqueza de los sabios, y desde que murió no había ningún erudito adinerado. Con la muerte de R. Chanina b. Dosa, cesaron los hombres de acción. Con la muerte de R. Jose b. Katintha, cesó la piedad real. ¿Por qué se llamó R. José b. Katintha? Porque era el más pequeño entre los piadosos. Con la muerte de Ben Azzai cesó el estudio devocional de la Torá. Con la muerte de Ben Zoma cesaron los verdaderos expositores de la Torá. Con la muerte de Rabban Simon b. Llegaron Gamaliel, recaudadores de impuestos y aumentaron las angustias de Israel. Con la muerte del rabino, los problemas se duplicaron. Con la muerte del rabino, la humildad y el miedo al pecado dejaron de existir. R. Joseph le dijo al erudito [que leyó eso antes que él]: "No leas humildad, porque yo estoy aquí, [que también soy un hombre humilde]". R. Nachman b. Isaac le dijo a Rab: "No leas miedo al pecado, porque yo estoy aquí". R. Phinohas b. Ya'ir dice: "El cuidado lleva a la limpieza, etc. El Espíritu Santo lo llevará a uno a vivir al tiempo de la resurrección, y la resurrección vendrá a través de Elías, su memoria será bendecida, el Señor nos recompensará por verlo venir dentro de nuestros días. Amén.

FIN DE SOTA.

Kidushin, Capítulo 1

KIDDUSHIN (Fol. 2b) Se nos enseña en un Baraitha que R. Simon dice: "¿Por qué dijo la Torá (Deut. 22, 13) Si un hombre toma una esposa, y no está escrito, 'Si una esposa es tomada a un hombre? Porque la costumbre es que un hombre cuide a la esposa, y no al revés. Esto puede compararse con un hombre que ha perdido algo, que está cuidando la pérdida. Seguramente el perdedor está buscando lo que ha perdido ".

(Fol. 13) R. Juda dijo en nombre de Samuel: "Quien no esté bien versado en el estatuto legal de divorcio y documentos de compromiso no se ocupará de él". R. Assi dijo en el nombre de R. Jochanan: "Y los que se ocupan, [aunque no están bien colocados en él], son tan duros (perjudiciales) para el mundo, incluso más que la generación que pereció en el diluvio, como se dice (Os.4, 2) ¡Jurar y mentir, matar y robar, y cometer adulterio! Rompen todos los límites, y la sangre toca la sangre ". ¿Qué prueba este pasaje? Así lo tradujo R. Joseph [citando a Jonathan b. Uziel]:" Engendraron hijos de esposas extrañas, aumentando así el crimen tras el crimen "; y Inmediatamente después de esto está escrito: Por tanto, la tierra se enlutará, y todos los que habitan en ella languidecerán, con las bestias del campo y con las aves del cielo; y también perecerán los peces del mar, por lo que respecta al diluvio. no se emitió un decreto contra los peces, como se dice (Gén.7, 22) De todos los que estaban en tierra firme murieron, pero no los peces del mar, aquí se incluyen incluso los peces del mar. Pero, ¿cómo sabe que el pasaje anterior se refiere a delitos individuales? Quizás se refiere a todos los crímenes cuando se cometen juntos. Es imposible pensar esto, ya que el pasaje dice (Jer. 23, 10) Porque por haber jurado, la tierra está de duelo. Quizás jurar en falso es un gran crimen en sí mismo, pero el resto de los crímenes mencionados en el pasaje anterior están sujetos a castigo solo cuando van juntos. (Ib. B) ¿Se escribe entonces Uparatzu en una construcción de coordenadas? [lo que significaría que todos los elementos mencionados en el pasaje están unidos]. La construcción del pasaje es en forma ordenada Paratzu, [por lo tanto, todo se cuenta por separado].

(Fol.23) A nuestros rabinos se les enseñó (Deut.15, 16) Porque él (el siervo) está bien contigo; es decir, bien con la comida y bien con las bebidas contigo (el empleador). Esto significa que no comerás pan blanco mientras tu siervo coma pan oscuro; que no beberás vino añejo mientras tu siervo beba vino fresco; para que no duermas sobre cojines mientras tu siervo duerme sobre paja. De esto, remarcaron nuestros rabinos, podemos inferir que quien compra un esclavo hebreo, es como si estuviera comprando un amo para sí mismo, (Ib. B) (Ex. "21, 6) Y su amo le taladrará la oreja. con un punzón, etc. R. Jochanan b. Zakkai interpretó este pasaje de manera simbólica (dando un significado ético a la ley bíblica sobre perforar la oreja del esclavo). "¿Por qué se eligió la oreja para aburrirse, sobre todos los demás miembros? ¿del cuerpo? ¡El Santo, alabado sea! dijo: 'Lev. 25, 55) Porque para mí son siervos los hijos de Israel, pero no siervos bajo siervos, y éste fue y compró otro amo para sí mismo, por tanto, el oído debe aburrirse por no recordar lo que oyó "'(Éxodo 21). , 6) Y lo traerá a la puerta, etc. Simón b. El rabino interpretó esto de una manera simbólica: "¿Por qué se eligió la puerta y el poste sobre el que se perforará la oreja del esclavo en lugar de cualquier otro lugar de la casa? El Santo, alabado sea, dijo: 'La puerta y el poste de la puerta que fueron testigos en Egipto cuando pasé por encima del dintel y los postes de la puerta, cuando dije: Todos los hijos de Israel son Mis siervos y no siervos subordinados, para lo cual también los he redimido de la esclavitud a la libertad, y éste fue y compró un amo para sí mismo, por lo que su oído se agujereará ante el dintel y los postes de las puertas. '"

(Fol. 29b) A nuestros rabinos se les enseñó: Si uno quiere estudiar la Torá por sí mismo, y también tiene un hijo que tiene que recibir instrucciones, [pero sólo tiene los medios para uno de ellos], entonces es preferible a su hijo. hijo. R. Juda salvo: "Si su hijo es un estudiante brillante y exitoso cuyo estudio será más soportable, entonces su hijo debería ser el preferido". Así sucedió con R. Jacob, el hijo de R. Acha b. Jacob, que su padre lo envió ante Abaye a estudiar. Cuando regresó, su padre vio que su estudio no era tan luminoso como debería. Él le dijo: "Me iría mucho mejor que tú, por lo tanto siéntate aquí y haz negocios y yo iré a estudiar". Cuando Abaye se enteró de que venía R. Acha, y como había un demonio en la escuela de Abaye para que cuando dos entraran durante el día sufrieran daños, les dijo a los rabinos: "Que nadie le dé a R. Acha un lugar para dormir durante la noche. [Por lo tanto, se verá obligado a pasar la noche en esa escuela], y había buenas posibilidades de que le sucediera un milagro, [expulsando así al demonio".]. " R. Acha entró a dormir en la escuela, y el demonio se le apareció en forma de dragón de siete cabezas. Cada vez que R. Acha se arrodillaba para orar provocaba que le arrojaran una de esas cabezas, [habiendo matado así a la serpiente después de que se arrodilló siete veces]. Por la mañana les dijo a los rabinos: "Si no me hubiera sucedido un milagro, me habrían expuesto a tal peligro". Acha entró a dormir en la escuela, y el demonio se le apareció en forma de dragón de siete cabezas. Cada vez que R. Acha se arrodillaba para orar provocaba que le arrojaran una de esas cabezas, [habiendo matado así a la serpiente después de que se arrodilló siete veces]. Por la mañana les dijo a los rabinos: "Si no me hubiera sucedido un milagro, me habrían expuesto a tal peligro". Acha entró a dormir en la escuela, y el demonio se le apareció en forma de dragón de siete cabezas. Cada vez que R. Acha se arrodillaba para orar provocaba que le arrojaran una de esas cabezas, [habiendo matado así a la serpiente después de que se arrodilló siete veces]. Por la mañana les dijo a los rabinos: "Si no me hubiera sucedido un milagro, me habrían expuesto a tal peligro".

R. Juda dijo en nombre de Samuel: "La ley prevalece de que uno debe casarse primero y luego dedicar su tiempo al estudio de la Torá". R. Jochanan, sin embargo, dijo: "¿Cómo es posible que cuando tiene una piedra de molino en el cuello (tiene una esposa e hijos que mantener), deba estudiar la Torá? [Por lo tanto, debe estudiar antes de casarse]". Las dos opiniones anteriores no se contradicen entre sí. El primero se refiere a Babilonia, [cuando solían dejar sus hogares y no les preocupaba el problema del apoyo], mientras que el segundo se refiere a los eruditos de la tierra de Israel, [que vivían juntos con sus familias. Si primero se casaran, entonces el apoyo de sus familias les impediría estudiar la Torá].

R. Chisda alabó la grandeza de R. Hamnuna ante R. Huna. R. Huna le dijo a R. Chisda: "Cuando lo agarres, tráemelo". Cuando R. Hamnuna lo visitó, R. Huna notó que él no usaba una capa de matrimonio. "¿Por qué no usas la capa de matrimonio?" preguntó R. Huna de él. "Porque todavía no estoy casado", fue la respuesta. Entonces R. Huna volvió la cara y le dijo: "No verás mi rostro hasta que te cases". R. Huna se adhiere a su propia opinión, porque dice: "Si uno tiene veinte años y no se casa, todos sus días pasará en pecado". ¿Cómo es posible pensar que pasará sus días en pecados? Por tanto, di que pasará sus días pensando en cometer pecados. Raba dijo: Y así también se nos enseña en la escuela de R. Ishmael: " Hasta la edad de veinte años, el Santo, alabado sea, se sienta y espera a que un hombre se case; tan pronto como uno llega a la edad de veinte años y no se casa. Dice: "El hombre que no se casa, que se le estropeen los huesos". "R. Chisda dijo": "La razón por la que soy más inteligente que mis asociados es porque me casé a la edad de dieciséis años, y si me hubiera casado a la edad de catorce años (Fol. 30), le habría dicho a Satanás: ' Yo te desafío. "Raba dijo a R. Nathan b. Ami: "Mientras tu mano sea capaz de agarrar el cuello de tu hijo (mientras te escucha), de dieciséis a veintidós años, y según otros de dieciocho a veinticuatro, intenta casarlo. " Los Tannaim de los siguientes Baraitha difieren en lo anterior: (tan pronto como uno llega a la edad de veinte años y no se casa. Dice: "El hombre que no se casa, que se le estropeen los huesos". "R. Chisda dijo": "La razón por la que soy más inteligente que mis asociados es porque me casé a la edad de dieciséis años, y si me hubiera casado a la edad de catorce años (Fol. 30), le habría dicho a Satanás: ' Yo te desafío. "Raba dijo a R. Nathan b. Ami: "Mientras tu mano sea capaz de agarrar el cuello de tu hijo (mientras te escucha), de dieciséis a veintidós años, y según otros de dieciocho a veinticuatro, intenta casarlo. " Los Tannaim de los siguientes Baraitha difieren en lo anterior: (tan pronto como uno llega a la edad de veinte años y no se casa. Dice: "El hombre que no se casa, que se le estropeen los huesos". "R. Chisda dijo": "La razón por la que soy más inteligente que mis asociados es porque me casé a la edad de dieciséis años, y si me hubiera casado a la edad de catorce años (Fol. 30), le habría dicho a Satanás: ' Yo te desafío. "Raba dijo a R. Nathan b. Ami: "Mientras tu mano sea capaz de agarrar el cuello de tu hijo (mientras te escucha), de dieciséis a veintidós años, y según otros de dieciocho a veinticuatro, intenta casarlo. " Los Tannaim de los siguientes Baraitha difieren en lo anterior: (La razón por la que soy más inteligente que mis asociados es porque me casé a la edad de dieciséis años, y si me hubiera casado a la edad de catorce (Fol. 30), le habría dicho a Satanás: "Te desafío". "Raba le dijo a R. Nathan b. Ami:" Mientras que tu mano es capaz de agarrar el cuello de tu hijo (mientras te escucha), de dieciséis a veintidós años, y según otros de dieciocho a veinte -cuatro, trata de casarlo. "Los Tannaim de los siguientes Baraitha difieren en lo anterior: (La razón por la que soy más inteligente que mis asociados es porque me casé a la edad de dieciséis años, y si me hubiera casado a la edad de catorce (Fol. 30), le habría dicho a Satanás: "Te desafío". "Raba le dijo a R. Nathan b. Ami:" Mientras que tu mano es capaz de agarrar el cuello de tu hijo (mientras te escucha), de dieciséis a veintidós años, y según otros de dieciocho a veinte -cuatro, trata de casarlo. "Los Tannaim de los siguientes Baraitha difieren en lo anterior: (Prov. 22, 6) Instruya a un niño en el camino que debe seguir. R. Juda y R. Nechemia difieren en la explicación de este pasaje; uno dice que se refiere a los años de dieciséis a veintidós, mientras que el otro dice que se refiere a los años de dieciocho a veinticuatro.

R. Joshua b. Levi dijo: "Quien estudia la Torá con su nieto es considerado por las Escrituras como si la hubiera recibido del monte Sinaí, porque se dice (

Deut. 4, 9).) Pero las darás a conocer a tus hijos ya los hijos de tus hijos; e inmediatamente sigue al día en que te detuviste ante el Señor tu Dios, en Horeb ". R. Chiya b. Abba encontró a R. Joshua b. Levi, quien se había cubierto la cabeza con una sábana mientras llevaba a un niño a la casa de estudio. dijo a este último: "¿Por qué tan de prisa [que ni siquiera te has cubierto la cabeza con una manta adecuada]?" Este último le respondió: "Entonces, ¿tiene poco valor que el pasaje diga: Pero tú les darás a conocer a tus hijos, e inmediatamente sigue al día en que te presentaste ante el Señor tu Dios en Horeb? "Desde ese momento, Rabba b. R. Huna nunca probó nada hasta que llevó a su hijo a la casa de aprendizaje. R. Chiya b. Abba Nunca probó nada hasta que recitó con sus hijos la lección anterior y agregó algo nuevo. R. Saphra, en el nombre de R. Joshua b. Chanania, dijo: "¿Qué significa el pasaje (Deut. 6, 7) Y las enseñarás diligentemente a tus hijos significa. No lea Vshi'nantam (diligentemente), pero lea Vshilashtam (debe dividirlo en tres); es decir, un hombre siempre dividirá sus años en tercios, un tercio para leer las Escrituras, otro tercio para estudiar la Mishná y un tercio para dedicarlo a la discusión del Talmud. "¿Cómo sabe un hombre cuánto tiempo va para vivir? Por tanto, debemos decir que lo anterior se refiere a los días.

Los antiguos rabinos se llamaban Sof'rim, porque contaban todas las letras de la Torá; porque dirían que la letra Vav de la palabra Gachon (vientre) (Lev. 11, 42) es solo la mitad del número de letras contenidas en la Torá; la palabra Darosh-Darash (diligentemente preguntado) (Lev. 10, 16) es la mitad de la cantidad de palabras que contiene la Torá; el pasaje V'hisgalach (luego será afeitado) (Ib. 13, 33) es la mitad de los versículos de la Torá. En el pasaje (Sal. 80, 14) El oso del bosque lo asola, la letra Ayin de la palabra Ya'ar (bosque) es la mitad del número de las letras de las que consisten los Salmos; el pasaje (Ib. 78, 38) Pero Él, siendo misericordioso y perdonó la iniquidad, es la mitad de los versículos de los que consisten los Salmos.

A nuestros rabinos se les enseñó que la Escritura consta de cuatro mil ochocientos ochenta y ocho pasajes. Los salmos contienen ocho pasajes más que las Escrituras; Chronicles tiene ocho menos. Nuestros rabinos enseñaron (Deut. 4, 7) V'shinantam (Y tú les enseñarás diligentemente), esto significa que la Torá será tan clara en tu boca, de modo que cuando alguien te pregunte algo no debes tartamudear sino responder. él directamente; (Ib. B) como se dice (Pr. 7, 4) Di a la sabiduría que eres mi hermana, etc .; y hay un pasaje precedente: Átalos a tus dedos, inscríbelos en las tablas de tu corazón; y hay otro pasaje (Sal. 127, 4) Como flechas en la mano de un valiente, así son los hijos de la juventud. De nuevo hay otro pasaje (Ib. 45, 6) Tus flechas afiladas, y de nuevo hay otro pasaje (Sal. 127, 5) Feliz el hombre que tiene su aljaba llena de ellas; no serán avergonzados cuando hablen con sus enemigos en la puerta. Dijo R. Chiya b. Abba: "Incluso un padre y su hijo, un maestro y su discípulo que estudian la Torá en un lugar se vuelven enemigos de cada uno [como resultado de la discusión Halajik]. Sin embargo, no abandonan el lugar hasta que se reconcilian de nuevo, como se dice (Núm. 21, 14) Vaheb en Suffa. No leas Suffa, sino Soffa (al final) ".

A nuestros rabinos se les enseñó (Deut. 11, 18) Por lo tanto, pondrás (V'sam-tam), es decir, un remedio infalible. La Torá se compara con una medicina de vida. Esto puede compararse con un hombre que golpeó a su hijo y lo hirió gravemente. Aplicó una tirita a la herida y le advirtió, diciendo: "Hijo mío, mientras esta tirita esté en tu herida, puedes comer y beber lo que quieras; incluso puedes bañarte con agua tibia o fría y no necesitas tenga miedo, pero tan pronto como se lo quite, le provocará una ulceración ". Así también el Santo, alabado sea Él, dijo a Israel: "He creado una inclinación al mal y también he creado la Torá con la cual sazonarla (templarla). Si estudias la Torá, entonces no te rendirás". en su mano, como se dice (Génesis 4, 7) Si lo haces bien, entonces se levantará. Pero si no estudias la Torá, serás entregado en su mano, como se dice (Ib., Ib., Ib.) El pecado se acuesta a la puerta; y no sólo esto, sino que gastará toda su energía en induciros a pecar, como se dice en el pasaje anterior, Y a ti es su deseo. Sin embargo, si lo deseas, puedes gobernarlo, como se dice (Ib., Ib., Ib.) Pero puedes gobernarlo ".

A nuestros rabinos se les enseñó: La inclinación al mal de un hombre es tan perversa que incluso su Creador la llama así (Génesis 8, 21). Porque la inclinación del corazón del hombre es mala desde su juventud. R. Isaac dijo: "La inclinación [al mal] renueva su lucha contra el hombre todos los días, como se dice (Génesis 6, 5) y que toda inclinación del pensamiento de su corazón era sólo el mal durante todo el día". (Ib. B) R. Simon b. Lakish dijo: "La mala inclinación del hombre renueva su lucha sobre el hombre y desea matarlo, como se dice (Sal. 37, 23).) El impío busca al justo, y busca matarlo; y si no fuera por la ayuda del Santo, alabado sea, el hombre no lo resistiría, como se dice además: El Señor no lo dejará en sus manos, y no lo condenará cuando sea juzgado ". el colegio de R. Ishmael se enseñó: Hijo mío, si ese feo (el tentador) te encuentra, arrástralo a la casa de la sabiduría (vence a través del estudio); si es de piedra, se hará añicos; y si es de hierro, se derretirá, como está dicho (Jer. 23, 29) ¿No son así mis palabras como fuego, dice el Señor, y como martillo que quebranta la roca?

"Y uno tiene el deber de enseñarle a su hijo una ocupación". ¿De dónde inferimos esto? Dijo R. Ezekiah: "El pasaje dice (Ecc, 9, 9) Disfruta la vida con la esposa que amas; es decir, si se refiere a una esposa real, entonces asumimos que así como uno es casar a su hijo, también es su deber enseñarle un oficio. Y si se refiere a la Torá, podemos decir que así como uno tiene el deber de enseñarle a su hijo, también tiene el deber de enseñarle una ocupación. Según algunas autoridades, incluso tiene el deber de enseñarle a nadar a su hijo, porque a veces puede resultar en salvarle la vida [en caso de que se encuentre en un barco varado]. R. Juda dice: "Cualquiera que no le enseñe a su hijo una ocupación es como si lo estuviera instruyendo en el robo". ¿Cuál es la diferencia entre estas dos opiniones? La diferencia está en darle una formación comercial. [Según la primera opinión, es suficiente porque le enseña a su hijo a ganarse la vida;

A nuestros rabinos se les enseñó: Se dice (Ex. 20, 12) Honra a tu padre ya tu madre, y nuevamente se dice (Pr. 3, 9) Honra al Señor con tus riquezas; La Escritura compara el honor del padre y la madre con el honor del Cielo. También se dice (Levítico 19, 3) Temeréis a cada uno, a su madre ya su padre; y otra vez se dice (Deut. 10, 20) Temerás al Señor tu Dios; La Escritura compara el temor de padre y madre con el temor del cielo. Agam se dice (Ex. 21, 17) Y al que maldiga a su padre oa su madre, ciertamente lo matará; y se dice (Lev. 24, 15) Todo aquel que maldice a su Dios, oirá el pecado. La Escritura compara aquí la blasfemia del padre y la madre con la del Cielo. Sin embargo, en lo que a golpes se refiere, la comparación es imposible;

y así también debe ser de acuerdo con la lógica del derecho; porque estos tres, el cielo, el padre y la madre, son socios en el niño.

A nuestros rabinos se les enseñó: Tres socios tiene el hombre: ¡el Santo, alabado sea! su padre y su madre. Cuando un hombre honra a su padre ya su madre, el Santo, alabado sea, dice: "Lo considero como si yo viviera entre ellos y él me hubiera honrado". El rabino dijo: "Es conocido y revelado a Aquel que ordenó que el Universo naciera, que un hijo honra a su madre más que a su padre porque ella lo persuade con palabras amables y maneras amables. (Fol. 31) ¡Alabado sea el Santo! Pon honra a tu padre antes que honra a tu madre. Y es conocido y revelado a Aquel que ordenó que el mundo naciera, que en lo que respecta al temor, un hijo teme más al padre que a la madre porque el padre le enseña la Ley. Por tanto, el Santo, ¡Alabado sea el temor, puso el temor de la madre antes que el del padre! Un discípulo estudió antes de R. Nachman: ¡En el momento en que un hombre enfurece a su padre ya su madre, el Santo, alabado sea! dice: "Bien hice en no morar entre ellos; porque si yo hubiera morado entre ellos, también me habrían turbado".

R. Isaac dijo: "Quien comete un crimen en secreto, es como si presionara la Shejiná, como se dice (Is. 66, 1). Así dijo el Señor, 'el Cielo es Mi trono y la tierra es Mi escabel.' "R. Joshua b. Levi dice: "Está prohibido que un hombre camine en una estatura erguida, porque se dice (Ib. 6, 3) La tierra entera está llena de Su gloria, [y al caminar en una estatura erguida parece como si hubiera no es ningún otro] ". R. Huna, el hijo de R. Joshua, tuvo cuidado de no caminar cuatro codos con la cabeza descubierta. "Porque", dijo, "la Shejiná está sobre mi cabeza, ¿y cómo puedo caminar con la cabeza descubierta?"

Un hijo de cierta viuda le preguntó a R. Ehezer: "Si el padre dice: 'Tráeme un trago de agua' y la madre dice: 'Dame un trago de agua', ¿a quién debo" obedecer primero? " a tu madre y honra a tu padre primero, porque tanto tú como tu madre, estáis obligados a honrar a vuestro padre ". El mismo vino antes de R. Joshua y también se lo dijo. Ante lo cual preguntó: "Rabino, ¿cómo sería la ley en un caso en el que ella está divorciada?" Este último le respondió: "De tus párpados es evidente que eres un huérfano, [por lo tanto, no tienes un padre a quien aplicar tu pregunta. Sin embargo, estás ansioso por conocer la Ley, la forma adecuada en tal caso es coloca agua en un recipiente y llámalas como llamas a las gallinas ".

El gran Ulla expuso a la puerta del príncipe del destierro: "¿Qué dice el pasaje (Sal. 138, 4) Todos los reyes de la tierra te alabarán, oh Señor, cuando oigan las palabras de tu boca, No se dice la palabra de tu boca, sino las palabras de tu boca (en plural). En el momento en que el Santo, alabado sea, dijo (Ex. 20, 2) Yo soy el Señor tu Dios. .... no te harás a ti mismo, todas las naciones dijeron: 'Él solo está instruyendo, en cuanto a Su propio honor. Pero tan pronto como Él dijo (Ib., ib. 12) Honra a tu padre y a tu madre, fueron regresó y comenzó a alabarlo, aun en los primeros mandamientos ". Raba dijo: "Inferimos esto de lo siguiente (Sal. 119, 160) El principio de tu palabra es verdad. ¿Es solo el principio y no el final de la palabra? Por lo tanto, debemos decir que significa que desde el final de Tu palabra se reconoció que incluso el principio de Tu palabra es verdad ".

A R. Ulla se le preguntó una vez: "¿Hasta qué punto uno está obligado a honrar a su padre ya su madre?" A lo que él respondió: "Ven y mira lo que hizo una vez un gentil de Askelon, llamado Damah ben Nathina. Los sabios una vez desearon comprar de su mercancía por la suma de sesenta miríadas, pero la llave del almacén estaba debajo la almohada de su padre [que estaba profundamente dormido], y Damah no lo molestaría ".

Chanina dijo, que el que es mandado, y hace [una buena acción, porque se le ordenó que lo haga] está más alto que el que no es mandado y hace [una buena acción], cambié de opinión y digo que yo haré una fiesta si uno viene y me dice que la Halajá no prevalece de acuerdo con R. Juda; porque si se me instruye para cumplir el mandamiento, la recompensa será mayor ".

Cuando llegó R. Dimi, dijo: "Una vez sucedió que el mismo hombre, [Damah b. Nathima] estaba vestido con ropas de seda bordadas en oro, sentado entre los nobles de Roma, cuando llegó su madre. Ella rasgó su túnica , le dio una palmada en la cabeza y le escupió en la cara. Sin embargo, no la avergonzó, y además, cuando se le cayeron las zapatillas, se las dio para evitarle el problema de conseguirlas ". El hijo de Abimi, el hijo de R. Abahu, enseñó: Puede suceder que uno alimente a su padre con faisanes y, sin embargo, merezca el castigo de un hijo irrespetuoso; mientras que el otro puede enviar a su padre a trabajar con un molino de mano, y sin embargo, a través de esta acción, será recompensado en el mundo venidero. R. Abahu dijo: "Abimi, hijo mío, ha obedecido este precepto incluso como debe ser observado". Porque Abimi tuvo cinco hijos ordenados durante su padre ' s vida, sin embargo, cuando R. Abahu llegaba a la puerta, Abimi corría para abrir la puerta él mismo, diciendo, mientras corría, "Aquí voy". En una ocasión su padre le pidió un vaso de agua. Mientras lo estaba procurando, el anciano se durmió, y Abimi, volviendo a entrar en la habitación, se quedó al lado de su padre con el vaso de agua en la mano hasta que este despertó. En este momento, el cielo ayudó a R. Abimi a exponer el siguiente pasaje (PD. 79, 1) Salmo de Assaph, oh Dios, las gentes han entrado en tu heredad. R. Jacob, el hijo de Abahu, dijo a Abaye: "Por ejemplo, en un caso que me sucede cuando salgo de la casa de estudio, mi padre me da una taza y mi madre la llena. ¿Qué debo hacer? ¿hacer?" Entonces le dijo: "De tu madre debes aceptar, pero de tu padre no debes, porque él estudia y se sentirá demasiado cansado para servirte". R. Tarphon tuvo una madre; cuando ella quería irse a la cama, él se inclinaba y ella se subía a su espalda y se acostaba; y cuando ella quería dejar la cama, él se acostaba y ella dejaba la cama con su ayuda. Un día vino y se jactó en la casa de estudio, tras lo cual sus asociados le dijeron: "Aún no has llegado ni a la mitad del significado del honor.

A nuestros rabinos se les enseñó: ¿Qué significa miedo y qué significa honor? Miedo significa no sentarse en su asiento y no pararse en su lugar; no contradecir sus palabras ni decidir en contra de su opinión. Honrar significa darles de comer y de beber; ponerles sus vestidos y atar sus zapatos, sacarlos y traerlos adentro. La siguiente pregunta fue propuesta por ellos (los eruditos): ¿De quién debería salir el dinero? R. Juda dijo: "Del dinero del hijo", mientras que R. Nathan, en nombre de R. Oshiya, dijo que debería salir del dinero del padre. A R. Eliezer se le preguntó hasta dónde debería extenderse el honor hacia los padres. Él respondió: "Incluso si arrojan todas las riquezas al mar, no hay que agravarlas".

(Ib. B) Sucedió una vez que R. Eliezer b. R. Joshua y R. Zadok estaban sentados en el banquete de bodas del hijo de Rabban Gamaliel, y este último los atendió. Cuando le ofreció una taza a R. Eliezer, este último se negó a aceptarla; pero cuando se lo dio a R. Joshua, lo aceptó. R. Eliezer luego le dijo a R. Joshua: "¿Qué es esto, Joshua, que estamos sentados y Rabban Gamaliel debe servirnos?" A lo que R. Joshua le respondió: "Encontramos que incluso un hombre más grande que él sirvió a otros. Abraham fue considerado el más grande de su generación; sin embargo, está escrito (Gen. 18,8) Y él se paró junto a ellos debajo del árbol. Quizás intente explicarle que se le aparecieron como ángeles. El caso es que le parecían árabes. ¿Por qué, entonces, no deberíamos dejar que Rabban Gamaliel, el grande, se ponga de pie y nos sirva? "R. Zadok entonces les comentó:" ¿Hasta cuándo dejarán de lado el honor del Cielo y se ocuparán del honor del hombre? He aquí, el Santo, alabado sea, sopla los vientos, trae nubes, hace descender la lluvia sobre nosotros, y hace brotar de la tierra todo lo que prepara una mesa para todos y cada uno, y no permitiremos ¡Rabban Gamaliel el Grande para estar de pie y servirnos! "

(Fol. 33) Los hombres profesionales, mientras estén ocupados en su oficio, no pueden levantarse por respeto a los eruditos. ¿Es esto así? ¿No hemos enseñado a un Baraitha en el sentido de que todo hombre profesional de Jerusalén se levantaría por respeto a ellos (que visitaron Jerusalén mientras traían su ofrenda de los primeros frutos) y los saludaría con la siguiente dirección: "Nuestros hermanos de en este y aquel lugar, que tu venida sea en paz ". [De ahí que incluso a los profesionales se les permitiera dejar de trabajar para saludar]. R. Jochan dijo: "De hecho, a los visitantes extraños se les permitía saludar a los hombres profesionales, pero no a los eruditos". "Ven y verás", comentó R. José b. Abin, "Cuán amado es un mandamiento sobre Israel cuando se cumple a su debido tiempo;

(Ib. B) R. Ibbu dijo en nombre de R. Jannai: "Un erudito no puede levantarse por respeto a su maestro, más de [una vez] por la mañana y [una vez] por la tarde - así que que el honor de su maestro no exceda el honor dado al cielo ". R. Elazar dijo: "Todo erudito que no se ponga de pie ante su maestro [como muestra de respeto] será llamado malvado, y no vivirá mucho; también olvidará su conocimiento, como se dice (Ecl. 8, 13) Y que no le irá bien al impío, y que no durará muchos días, como la sombra, porque no teme a Dios. El significado de la palabra miedo como se usa aquí no se entiende, pero cuando encontramos el pasaje (Levítico 19, 32) Levántate y tendrás miedo, entendemos que la palabra miedo se refiere a ponerse de pie [ante un maestro] ".

(Fol.38) Está escrito (Ex.16, 35) Y los hijos de Israel comieron maná cuarenta años, hasta que llegaron a una tierra habitada; el maná que comieron hasta que llegaron a la frontera de la tierra de Canaán. Es imposible decir [que comieron el maná] hasta que llegaron a una tierra habitada (al otro lado del Jordán), ya que el mismo pasaje dice que sí comieron hasta los límites de la tierra de Canaán (en este lado del Jordán); y de nuevo es imposible decir [que comieron el maná hasta que llegaron] a los límites de la tierra de Cana'an, ya que el mismo pasaje dice, hasta que vinieron, etc. ¿Cómo entonces podrían reconciliarse ambas declaraciones conectadas? El siete del mes de Adar, Moisés murió, y ese día el maná dejó de descender del cielo [de este lado del

Jordán], Israel, sin embargo, se abastecieron de maná en vasijas que les duraron hasta el dieciséis del mes de Nisán [hasta que pasaron el Jordán]. Se nos enseña en otro Baraitha: Y los hijos de Israel comieron el maná cuarenta años. ¿De verdad comieron el maná exactamente cuarenta años? He aquí que solo lo comieron cuarenta años menos treinta días. Por tanto, debemos decir que el pan sin levadura que Israel se llevó de Egipto tenía sabor a maná. Se nos enseña en otro Baraitha: El siete del mes de Adar, Moisés murió, y el siete del mes de Adar, nació. ¿De dónde nos enteramos de que murió el siete de Adar? Se dice (¿De verdad comieron el maná exactamente cuarenta años? He aquí que solo lo comieron cuarenta años menos treinta días. Por tanto, debemos decir que el pan sin levadura que Israel se llevó de Egipto tenía sabor a maná. Se nos enseña en otro Baraitha: El siete del mes de Adar, Moisés murió, y el siete del mes de Adar, nació. ¿De dónde nos enteramos de que murió el siete de Adar? Se dice (¿De verdad comieron el maná exactamente cuarenta años? He aquí que solo lo comieron cuarenta años menos treinta días. Por tanto, debemos decir que el pan sin levadura que Israel se llevó de Egipto tenía sabor a maná. Se nos enseña en otro Baraitha: El siete del mes de Adar, Moisés murió, y el siete del mes de Adar, nació. ¿De dónde nos enteramos de que murió el siete de Adar? Se dice (Deut. 34, 5) Y murió allí Moisés siervo de Jehová, y además está escrito: Y los hijos de Israel lloraron por Moisés; y está escrito (Jos. 1, 1) Y sucedió después de la muerte de Moisés; y el siguiente pasaje dice (Ib.) Moisés Mi siervo ha muerto; ahora, pues, levántate, pasa, etc .; y de nuevo el pasaje dice: Pasad por en medio del campamento y mandad al pueblo; y además está escrito (Ib. 4, 79) Y el pueblo subió del Jordán el día diez del mes primero. Deduzca de esta fecha treinta y tres días (treinta de luto y tres para prepararse como se dice en Josué 1, 11), por lo tanto, encontrará que Moisés murió el siete de Adar. ¿Y de dónde sabemos que el día siete de Adar nació Moisés? El pasaje dice (Deut. 31, 2) Moisés dijo: Hoy tengo ciento veinte años. No necesitaba haberlo dicho hoy [si no tuviera un significado especial]. Por tanto, inferimos que hoy implica que precisamente ese mismo día se han cumplido sus días y años. Esto es para enseñar que el Santo, alabado sea, concede a los justos el cumplimiento de los años de su vida hasta el mismo mes y día, como está dicho (Ex.23, 26). lleno.

(Fol. 39b) MISHNAH: Cualquiera que cumpla un mandamiento, se le hará bien [en este mundo], y provocará la prolongación de sus días. También heredará el mundo futuro. Pero al que no cumpla un solo mandamiento, no se le hará bien en este mundo; ni vivirá mucho ni heredará el mundo futuro.

GEMARA: Encuentro que nuestra Mishná está en conflicto con la siguiente Mishná: estas son las cosas en las que un hombre disfruta del interés en este mundo, mientras que el principal permanece para él en la palabra venidera. Son: Honrar al padre y a la madre, la práctica de la bondad amorosa, la hospitalidad al extraño, hacer las paces entre un hombre y su vecino y, sobre todo, el estudio de la Torá. [Por tanto, vemos que sólo estas obras meritorias son las que dan fruto en este mundo y en ningún otro]? Dijo R. Juda: "Nuestra Mishná significa así:" Quien cumple un mandamiento más, a través del cual se contrarrestan sus méritos, se le hará bien en este mundo y se considera que ha cumplido toda la Torá. " ¿Cómo es posible afirmar que la otra Mishná significa que incluso con una buena acción el artista recibe su recompensa en este mundo? Entonces dijo R. Sh'maya: "Nuestra Mishná se refiere a alguien cuyo equilibrio de acciones tanto meritorias como malvadas fue igualado; y si uno de los mandamientos mencionados anteriormente estaba entre su cuenta [meritoria], contrarrestaría la balanza; y otra cosa, si uno realiza un acto [extra] meritorio a través del cual contrarresta la balanza, se le hará bien ". Otra objeción surgió de lo siguiente: cuyos actos meritorios sean más que sus pecados, se le hará mal; y se considera que un hombre así quemó toda la Torá, de la cual no se escapó ni una sola letra; y cuyas iniquidades son más que sus meritorias obras, Se le hará bien y será tratado como alguien que cumplió toda la Torá y no se perdió ni una letra de ella. [¿Por lo tanto vemos que contrarrestar el pecado no es suficiente?] Dijo Abaye: "Nuestra Mishná significa que ellos [hacen que] le preparen [en el futuro] un buen día y un mal día". Raba dijo: "La última Mishná estará de acuerdo con R. Jacob, quien afirma que la recompensa por los mandamientos no se obtendrá en este mundo; porque se nos enseña en un Baraitha, R. Jacob dice:" No hay mandamiento para lo cual la Torá menciona su recompensa junto a ella, de la cual no depende la resurrección. En cuanto a honrar al padre y a la madre, está escrito ("Nuestra Mishná significa que [hacen que] le preparen [en el futuro] un buen día y un mal día". Raba dijo: "La última Mishná estará de acuerdo con R. Jacob, quien afirma que la recompensa por los mandamientos no se obtendrá en este mundo; porque se nos enseña en un Baraitha, R. Jacob dice:" No hay mandamiento para lo cual la Torá menciona su recompensa junto a ella, de la cual no depende la resurrección. En cuanto a honrar al padre y a la madre, está escrito ("Nuestra Mishná significa que [hacen que] le preparen [en el futuro] un buen día y un mal día". Raba dijo: "La última Mishná estará de acuerdo con R. Jacob, quien afirma que la recompensa por los mandamientos no se obtendrá en este mundo; porque se nos enseña en un Baraitha, R. Jacob dice:" No hay mandamiento para lo cual la Torá menciona su recompensa junto a ella, de la cual no depende la resurrección. En cuanto a honrar al padre y a la madre, está escrito (No hay ningún mandamiento para el cual la Torá mencione su recompensa junto a él, del cual no dependa la resurrección. En cuanto a honrar al padre y a la madre, está escrito (No hay ningún mandamiento para el cual la Torá mencione su recompensa junto a él, del cual no dependa la resurrección. En cuanto a honrar al padre y a la madre, está escrito (Deut. 5, 16) Para que tus días se prolonguen, y para que te vaya bien; En cuanto a la expulsión del ave motera, [si se quiere sacar el huevo o la cría del nido], está escrito (Ib. 22, 7) para que te vaya bien y puedas vivir. muchos dias. Si un padre envió a su hijo a subir a cierto edificio y le hizo bajar las palomas, y él subió al edificio, despidió a la madre, se llevó los pájaros y, a su regreso, se cayó del edificio y murió, ¿cómo puede ¿Se cumplirá la promesa, para que te vaya bien, o para que vivas muchos días? Por lo tanto, debemos decir que el pasaje que te vaya bien, se refiere al mundo que es completamente bueno (mundo futuro), y que puedas vivir muchos días se refiere al mundo que puede durar por la eternidad ". Pero, ¿cómo sabemos que tal cosa como la describe R. Jacob alguna vez sucede? R. Jacob habló de un incidente que él mismo presenció. ¿Quizás el hombre que fue asesinado después de realizar este acto meritorio pensó en algunas iniquidades y por lo tanto fue castigado? Un pensamiento maligno, el Santo, alabado sea, no lo considera un acto [en lo que se refiere al castigo]. Una vez más, tal vez estaba pensando en la idolatría, acerca de la cual está escrito (Ez. 14, 5) Para que pueda tomar a la casa de Israel por su corazón. El mismo R. Jacob estaba haciendo esa misma pregunta: ¿Debemos asumir que las recompensas por cumplir los mandamientos se obtienen en este mundo? Entonces, ¿por qué no protegió a ese hombre de pecar con el pensamiento de la idolatría? [Por tanto, debemos decir que se refiere al mundo futuro]. De nuevo, ¿cómo es posible un incidente así? ¿No ha dicho R. Elazar que aquellos que van en una misión religiosa no encontrarán el mal ni al ir ni al regresar de su misión? En el incidente de R. Jacob hubo una escalera rota que hizo que el peligro fuera cierto, y donde el peligro es cierto, uno no debe confiar en un milagro, como está escrito (I Sam. 16, 2).) Y Samuel dijo: ¿Cómo voy a ir? Si Saul escuchara, etc. Dijo R. Joseph: "Si Eliseo (Achar) hubiera interpretado este pasaje como lo hizo R. Jacob, el hijo de su hija, nunca habría pecado". ¿Qué vio Achar? Según algunos, vio un incidente como el que presenció R. Jacob. Y según otros fue porque vio la lengua de R. Chutzphith, el intérprete que fue arrastrado por los cerdos. Luego dijo: "¡Oh, que la boca que dio perlas ahora lama el polvo!" Entonces él salió y pecó.

R. Tubia b. R. Kissna planteó ante Raba la siguiente contradicción: "Se nos enseña en una Mishná, quienquiera que haga una acción meritoria, se le hará bien. Solo si hizo el bien, pero si se abstuvo del mal, entonces no se hará el bien". a él. ¿No tenemos un Baraitha en el sentido de que si uno permanece pasivo y se abstiene de cometer un crimen, será recompensado como si hubiera realizado un acto meritorio? A lo que Raba le respondió: "Este último se refiere a un caso en el que un cierto crimen llegó a su mano, y estaba a punto de cometerlo, y luego se retiró, como sucedió con R. Chanina b. Papa, y con R. Zadok y con R. Cahana ".

(Fol. 40) Raba planteó la siguiente objeción ante R. Nachman: "Se nos enseña en una Mishná, estas son las cosas de las cuales un hombre disfruta el interés por su recompensa en este mundo, mientras que los principios permanecen para él en el mundo Ellos son: honrar a su padre y a su madre, la práctica de la bondad amorosa, la hospitalidad, hacer las paces entre el hombre y sus asociados, y sobre todo el estudio de la Torá. Con respecto a honrar al padre y a la madre, está escrito (Deut. . 16) Para que tus días se prolonguen, y para que te vaya bien, acerca de la bondad amorosa está escrito (Pr. 21, 21) El que sigue la justicia y la bondad hallará vida, justicia y honra; y acerca de traer paz, está escrito (Sal.34, 15) Busca la paz y síguela. Y R. Abahu explicó que inferimos esto de las palabras similares R'dipha R'dipha (perseguir); está escrito aquí, busca la paz y síguela, (rod-phrhu); y también está escrito (Pr. 21, 21) El que sigue (rodeph) la justicia y la bondad hallará vida, justicia y honra; [Por tanto, ambos tienen los mismos méritos]. En cuanto al estudio de la Torá, está escrito (Deut.30, 20) Porque (la Torá) es tu vida y la duración de tus días. Si es así, también está escrito en cuanto a la expulsión del pájaro (Ib. 22, 7) para que te vaya bien y puedas vivir muchos días. Entonces, ¿por qué la Mishná no contó esto también? "El Tanna lo dejó fuera", [fue la respuesta de R. Nachman]. ¿Es esto posible entonces, ya que nuestra Tannah dice: "Estas son las cosas"? ¿Cómo puedes decir que dejó algo sin mencionar? "Por eso dijo Raba:" R. Idi me explicó esto [con el siguiente verso]: (Is. 3, 10) Dile al justo que ha hecho bien; porque comerán del fruto de sus obras. ¿Hay, pues, un justo que es bueno y un justo que no es bueno? Por tanto, debemos decir que un justo que es bueno con el cielo y también con los hombres es un justo que es bueno; el que es bueno para con el cielo, pero se porta mal con los hombres, es un justo que no es bueno. Similar a este caso (Ib., Ib. 11) Ay del impío que hace el mal; porque la recompensa de sus manos le será otorgada. ¿Hay, pues, malvados que hacen mal y malvados que no hacen mal? Por tanto, debemos decir que el impío que actúa perversamente hacia el cielo y hacia el hombre, es un impío que hace el mal; pero el impío que actúa perversamente hacia el cielo y no hacia el hombre, éste es el impío que no hace el mal ". [Por lo tanto, dondequiera que el pasaje no indique el fruto ... comerán, no da fruto en este mundo]. Las recompensas meritorias tienen un capital y también el fruto que da al principal, como se dice Dile al justo que ha hecho bien; para la fruta, etc; mientras que las iniquidades tienen meramente principal pero ningún fruto que rinda, como se dice Ay del impío que hace el mal, etc. Si es así, ¿cómo se verá el siguiente pasaje (Pr. 1, 31) Por tanto, ¿comerán del fruto de su propio camino, y se saciarán de sus propios artificios? Esto significa que un crimen que da fruto [si se lleva a cabo] también dará fruto [en el castigo], pero un crimen que no da fruto [no se lleva a cabo] no dará fruto en el castigo. ¡El mérito de una buena intención tiene el Santo, alabado sea! [en recompensar] añádase a la de una buena acción, como se dice (Mal. 3, 16) Entonces conversaron los que temen al Señor; unos con otros, y el Señor escuchó y oyó; y se escribió un libro de memorias delante de él, para los que temían al Señor y para los que respetaban su nombre. Dijo R. Assi: ¿Qué significa y para aquellos que respetaron su nombre? "Incluso cuando uno tenía la intención de observar un mandamiento, pero incidentalmente se le impidió hacerlo. La Escritura lo acredita como si realmente lo hubiera observado". Las malas intenciones, alabado sea el Santo, sin embargo, no agregan a las obras, como se dice (Sal. 66, 18). Si yo hubiera contemplado la iniquidad con mi corazón, el Señor no me habría oído. Pero, ¿cómo será el siguiente pasaje (Jer. 6, 19) He aquí, traeré el mal sobre esta gente, ¿se explicará el fruto de sus pensamientos? Esto significa que una mala intención que da fruto (se lleva a cabo), el Santo, ¡alabado sea! se suma a los hechos; pero esos malos pensamientos que no dan fruto, el Santo, ¡alabado sea! no agrega a los hechos, pero no hay un pasaje (Ez.14, 5) ¿Para que pueda tomar a la casa de Israel por su corazón? Dijo R. Acha b. Jacob: "El último pasaje se refiere a la idolatría, porque el maestro dijo en otra parte: El crimen de la idolatría es tan severo que quien lo niega es como admite la veracidad de toda la Torá". Ulla dijo: "El último pasaje significa, como R. Huna lo explicó, porque R. Huna dijo:" Tan pronto como un hombre comete un crimen una y dos veces, se convierte para él en algo privilegiado ". ¿Cómo puede uno pensar que es un privilegio? Por tanto, debemos decir que le parece una cosa privilegiada ". R. Abahu, en el nombre de R. Chanina, dijo: "Es preferible que un hombre cometa una transgresión en secreto, pero no profanar el nombre del Cielo", etc. [Explicado completamente en el Volumen 3, página 29].

Se nos enseña en una Mishná que el castigo por el pecado cometido al profanar el nombre del Señor, ya sea que se haga de manera no intencional o intencional, no se acredita. ¿Cuál es el significado de "No se acredita"? Mar Zutra dijo que no es como un comerciante que da pagos posteriores, sino que se paga de inmediato. Mar, el hijo de Rabbina, sin embargo, dijo que significa: "Si el balance de los actos meritorios y malvados fuera uniforme, este crimen causa un contrapeso".

(Ib. B) A nuestros rabinos se les enseñó: Siempre el hombre se considerará a sí mismo como si sus méritos y sus crímenes estuvieran igualmente equilibrados; que si cumple un mandamiento será feliz, porque ese mandamiento compensará la balanza con el lado de los méritos. Si comete una inquietud, ¡ay de él! Porque ese crimen compensará la balanza con el lado de la culpa, como se dice (Eclesiastés 9, 18). Pero un pecador hace perder mucho. que el hombre cometió causa la pérdida de mucha bondad de él y del mundo entero. R. Simon b. Jochai dice: "Incluso un hombre que fue perfectamente justo durante toda su vida y se rebeló [contra Dios] al final perderá el crédito de todos sus méritos anteriores, como se dice (Ez. 33, 12).) La justicia del justo no lo librará el día de su transgresión; y por el contrario, incluso si uno fue extremadamente malvado durante toda su vida pero se arrepintió al final, ninguna de sus iniquidades se mencionará en el Juicio, como se dice (Ib., ib., ib.) Y en cuanto a la maldad de los impíos no tropezará en ella el día en que él vuelva de su maldad. "¿Por qué no se debe considerar a un hombre así dividido en partes iguales, la mitad de los méritos y la mitad de las iniquidades? Dijo Resh Lakish:" Este se refiere a alguien que se arrepiente de sus primeras [malas] acciones ".

Mishná: Quien posea el conocimiento de la Escritura, la Mishná y los buenos modales no se expondrá fácilmente a cometer delitos, como se dice (Ec. 4, 12) Y una cuerda triple no se rompe rápidamente; pero quien no posea el conocimiento de las Escrituras ni de la Mishná ni de buenos modales no es considerado un hombre civilizado.

R. Elazar b. Sadok dijo: "¿A qué se comparan los justos en este mundo? Con el árbol cuyo tronco crece en un lugar limpio, mientras que algunas de sus ramas se extienden sobre un lugar impuro. Cuando se cortan esas ramas, se encuentra que todo el El árbol estará en un lugar limpio. Así también es el caso de los justos. El Santo, alabado sea, hace que la aflicción sea traída sobre los justos en este mundo, para que puedan heredar el mundo venidero. como se dice (Job 8, 7) Y tu comienzo habrá sido pequeño; porque tu último fin crecerá mucho. ¿Y a qué se comparan los malvados en este mundo? A un árbol cuyo tronco está en un lugar impuro, mientras que algunas de sus ramas se extienden sobre un lugar limpio; en cuyo caso, si se cortan estas ramas, todo el árbol quedaría en un lugar impuro. ¡Así también el Santo, alabado sea! extender la riqueza a los malvados en este mundo para que Él pueda llevarlos a la desesperación y bajarlos al último compartimiento del Gehena; como está dicho (Pr. 14, 12) ¡Hay muchos caminos que parecen incluso ante un hombre! pero su camino lleva a la muerte ".

Una vez sucedió que R. Tarphon y los ancianos estaban sentados en la casa Net-za, en Lud, cuando se les planteó la siguiente pregunta: "¿Qué es más grande, el estudio o las acciones?" R. Tarphon respondió que la acción es mayor, mientras que R. Akiba respondió que el estudio es mayor. A lo que todos respondieron y dijeron que el estudio es mayor, porque el estudio puede llevar a un hombre siempre a las acciones correctas. Se nos enseña en un Baraitha, R. Joseph dice: "El estudio es grandioso, porque precedió al mandamiento de Chala con cuarenta años y el de T'ruma y Diezmos con cincuenta y cuatro años y el de los años sabáticos con sesenta y uno y el de un año jubilar con ciento tres años ". ¿Son solo ciento tres? Mirad, ¿Es ciento cuatro antes del año del Jubileo? Este Tanna sostiene que el año del Jubileo está al comienzo del quincuagésimo año. Así como se prefiere el estudio a los actos, así también la oración del hombre, con respecto al estudio de la Torá, precede a la de las acciones, como dijo R. Hamnuna; porque R. Hamnuna dijo: "Lo primero por lo que se pide cuentas a un hombre es con respecto a las palabras de la Torá, como se dice (Pr. 17, 14) Como se suelta un arroyo, así es el comienzo de la contienda. y así como primero se le pide cuentas sobre la

Torá, también se le recompensa primero por estudiar la Torá, como está dicho (Sal. 105, 44). Y les dio la tierra de las naciones; y el trabajo de la gente, lo obtuvieron como herencia ".

"Quien no posea el conocimiento de las Escrituras ni de la Mishná no es considerado un hombre civilizado". Dijo R. Jochanan: "Y tal hombre está descalificado para ser testigo". A nuestros rabinos se les enseñó: Quien come en la calle es considerado como un perro y, según otros, está descalificado como testigo. R. Idi b. Abin dijo: "La ley prevalece como la opinión de los demás". Bar Kapara dio una conferencia: "El hombre de mal genio (Fol. 41) no logra nada más que [el efecto dañino de su] excitación; y un hombre de buen carácter disfruta en este mundo del fruto de sus propias obras; y quien no posee el conocimiento de las Escrituras ni de la Mishná ni de las costumbres sociales, prometo no tener ningún beneficio de él, porque se dice (Sal.1, 2) Y no se sienta en el esparcimiento de los escarnecedores; es decir, el asiento de tal hombre es el asiento de los escarnecedores ".

Kidushin, Capítulo 2

(Fol. 49) Se nos enseña en un Baraitha, R. Juda dice: "Quien traduzca un versículo bíblico tal como está formado (es decir, palabra por palabra sin tener en cuenta las diferencias idiomáticas) es considerado un mentiroso; y quien agregue explicaciones a un El versículo bíblico [que no es el verdadero significado] se considera como si blasfemara e injuriara al Señor ".

Diez medidas de sabiduría descendieron al mundo; la tierra de Israel recibió nueve y uno quedó para el resto del mundo. Diez medidas de belleza llegaron al mundo; Jerusalén recibió nueve y quedó uno para el resto del mundo. Diez medidas de riqueza llegaron al mundo; Roma recibió nueve y se dejó uno para el resto del mundo. Diez medidas de pobreza llegaron al mundo; nueve recayeron en la suerte de Babilonia y una en el resto del mundo. Diez medidas de altivez descendieron al mundo; Elam se apropió de nueve y uno quedó para el resto del mundo. ¿Y la altivez, dices, no era frecuente en Babilonia? He aquí que está escrito (Zacarías 5, 9Entonces levanté mis ojos y miré, y he aquí, salieron dos mujeres, con el viento en sus alas, y tenían alas como las de una cigüeña; y alzaron el Efa entre la tierra y el cielo. Entonces le dije al ángel que me hablaba: ¿adónde llevan estos el Efa? Y me dijo: 'Para construirle una casa en la tierra de Sinar'. R. Jochanan explicó: "Estas dos mujeres se refieren a la hipocresía y la altivez que llegaron a Babilonia". [¿Por eso vino la altivez a Babilonia]? Sí, su intención era ir a Babilonia, pero fueron arrastrados hasta Elam. Esto podría probarse a partir del pasaje mismo, porque dice que se construya una casa en la tierra de Shinar, [lo que tenían la intención]. La inferencia se sostiene. Pero, ¿no es frecuente la altivez también en Babilonia? He aquí que el maestro dijo: "Canciones 8, 8) Tenemos una hermana pequeña, y ella todavía no tiene pechos, por lo que R. Jochanan dijo: "Esto se refiere a Elam, que tuvo éxito para [que los eruditos] aprendieran, pero no para enseñar a otros". Diez medidas de valentía bajaron al mundo; Persia obtuvo nueve y uno quedó para el resto del mundo. Llegaron al mundo diez medidas de alimañas; nueve medidas recayeron en la suerte de los modeanos y una en el resto del mundo. Diez medidas de hechicería llegaron al mundo; Egipto recibió nueve y uno quedó para el resto del mundo. Diez medidas de plagas descendieron sobre el mundo; Se asignaron nueve medidas a los cerdos y una se dejó al resto del mundo. Diez medidas de fornicación bajaron al mundo; nueve de ellos están en posesión de los árabes y uno se dejó al resto del mundo. Diez medidas de insolencia bajaron al mundo; Mishan se apropió de nueve y uno quedó para el resto del mundo. Diez medidas de conversación llegaron al mundo; las mujeres poseen nueve y uno quedó para el resto del mundo. Diez medidas de negrura llegaron al mundo; nueve fueron asignados a los etíopes y uno se dejó al resto del mundo. Diez medidas de sueño llegaron al mundo; los sirvientes tomaron nueve y uno quedó para el resto del mundo.

(Fol. 53) Se nos enseña en un Baraitha: Los sacerdotes concienzudos se retiraron por completo (las acciones sacerdotales); pero el glotón lo aceptaba y lo comía. Una vez sucedió que un sacerdote tomó su parte y la de sus compañeros; fue apodado Ben Chamtzan (agarrador) (Ib., b) hasta su muerte. Rabá b. R. Shila dijo: ¿Cuál es el pasaje que prueba esto (que un Chamtzam es un hombre deshonroso? " Se dice (Sal. 71, 4) ¡Oh, Dios mío, libérame de la mano de los impíos, de la agarre del justo y violento (Jametz). Raba dijo desde aquí (Is. 1, 17) Aprende a hacer el bien, busca la justicia, alivia a los oprimidos.

(Fol. 22b) Se nos enseña que Simón de Amsuni, y otros dicen que Nehemías de Amsuni, estaba acostumbrado a interpretar cada Eth. Cuando alcanzó el Eth de (Dev. 10, 20) Temerás al Señor, tu Dios, se contuvo (no lo interpretó). "Rabí", le dijeron sus discípulos, "¿qué será de esos 'Eths' que interpretaste?" A lo que respondió: "Así como seré recompensado por hacer esas interpretaciones, también seré recompensado por abstenerme en este caso". Pero cuando llegó R. Akiba, interpretó: "El Eth [de Tú temerás al Señor, tu Dios], incluye a los eruditos".

(Fol. 49b) A nuestros rabinos se les enseñó en un Baraitha: Después de la muerte de R. Maier, R. Juda instruyó a sus discípulos que a ninguno de los discípulos de R. Maier se le debería permitir ingresar a su universidad porque estaban en disputa y no vinieron a aprender, pero abrumarlo con citas de tradiciones [para demostrar que es ignorante]. Sumchuss, sin embargo, se abrió paso y entró. Le dijo a R. Juda: "Así me enseñó R. Maier: 'Un sacerdote que desposa a una esposa con su parte de la carne sagrada total, ya sea de la más consagrada o de la ordinaria, ella no está comprometida a través de ella. . '"R. Juda se enfureció y dijo:" ¿No te he advertido que no admitas a los discípulos de R. Maier, ¿Porque son discutidores y no vienen a aprender sino simplemente a abrumarme con citas de tradiciones [para demostrar que soy ignorante]? Entonces, ¿se permite la entrada de una mujer al santuario? [Por lo tanto, ¿cómo pudo suceder un incidente así]? "R. José dijo entonces:" Ahora que R. Maier está muerto y R. Juda está enfurecido], ¿qué dirá la gente: 'Maier está muerto, Juda está enfurecido y José está silencio. ¿Qué quedará de la Torá? '"

Kidushin, Capítulo 3

(Fol. 59) R. Giddel estaba negociando sobre cierto terreno, cuando R. Abba fue y lo compró. R. Giddel fue y presentó una denuncia al respecto ante R. Zera, quien la remitió a R. Isaac Naphcha. Este último le dijo: "Espera a que venga durante el festival y lo discutiremos con R. Abba". Cuando R. Abba se acercó durante el festival y fue recibido por R. Isaac Naphcha, este último le dijo: "Cuando un pobre está negociando por un pastel y otro viene y se lo quita, ¿cuál es la ley? ? " A lo que R. Abba respondió: "Un hombre así debería ser llamado malvado". "Si es así, ¿por qué el maestro hizo tal cosa con R. Gid. Del?" "No sabía nada de sus negociaciones". "Pero ahora, ya que lo sabes, deja que el maestro se lo devuelva". A lo que R. Abba respondió: " No pude acceder a vendérselo, porque esta es la primera compra en mi negocio y sería una mala señal si me deshago de él de esa manera; sin embargo, si desea tomarlo como regalo, que lo tome. "La consecuencia fue que R. Giddel no tomó posesión de la tierra, porque está escrito (Pr. 15, 27) Pero el que odia los regalos vivirá, y R. Abba no tomó posesión de ellos porque R. Giddel había negociado por ellos, por lo que ninguno tomó posesión de ellos y por eso se llamó "El campo de los rabinos". "

Se nos enseña que sucedió con el rey Jannai (Hyrcanus) que había ido a Kuchlith en el desierto y conquistó sesenta ciudades. A su regreso hubo gran regocijo, y el rey invitó a los sabios de Israel a una fiesta. En el entretenimiento dijo: "Nuestros antepasados comieron hierbas del desierto [debido a su pobreza], mientras construían el Segundo Templo. También las comeremos en memoria de nuestros antepasados". Entonces se sirvieron hierbas del desierto en platos dorados. Sin embargo, había entre los presentes una persona vil, frívola y de mal corazón. Su nombre era Elazar ben Puera. Dijo al rey: "Oh rey Jannai, los fariseos están en secreto contra ti; pruébalos vistiéndote con el pectoral sacerdotal". El rey siguió su consejo, cuando un anciano, Judá b. Greula, se levantó y dijo: "Oh rey Jannai, estar satisfecho con la corona real y dejar la corona del sacerdocio a otros descendientes de Aarón ", porque se informó que su madre era una prisionera de guerra en Modin. Inmediatamente se ordenó una investigación, y cuando el informe no pudo ser verificado, el rey despidió a los sabios en gran peligro. Elazar B. Puera entonces le dijo al rey: "Oh rey Jannai, si eso hubiera sucedido contra una persona común, ¿cuál sería el resultado? ¿Cuánto más cuando tal cosa sucedió contigo, que eres rey y sumo sacerdote? "" ¿Qué haré? ", Replicó el rey." Si estás dispuesto a seguir mi consejo, haz que los aplasten ". ¿Será de la Torá? "[Si todos los eruditos son aplastados], comentó el rey." Por qué está envuelto y yace en la esquina, quien quiera estudiarlo puede venir y hacerlo, "fue la respuesta. (Dijo R. Nachman b. Isaac:" Inmediatamente el escepticismo [sodduceísmo] se apoderó del rey, porque [si no], debería haber argumentado, 'Esto podría aplicarse a las Escrituras, pero ¿qué tal el Talmud [que sólo se estudia oralmente?]) Inmediatamente el rey siguió el consejo de Elazar y mató a los sabios de Israel. El mundo parecía devastado hasta que Simon b. Shetach vino y restauró la ley como antes.

¿De dónde sabemos que es lícito el servicio en el altar, de un hijo sacerdotal nacido de mujer divorciada o de una Chalutza? R. Juda dijo en el nombre de Samuel: "El pasaje dice (Núm. 25, 13) Y será para él y para su descendencia después de él; es decir, si son semillas legales o ilegales". El padre de Samuel dijo: "De lo siguiente (Deut. 33, 11) Bendice, oh Señor, su sustancia, y recibe favorablemente la obra de sus manos; es decir, incluso el trabajo del Chulin debe ser recibido favorablemente ". R. Jannai dijo:" Podemos inferir de lo siguiente (Ib. 26, 3) Y vendrás al sacerdote que pueda estar en esos días. ¿Es posible pensar que un hombre acudirá a un sacerdote que no vive en sus días?

Por lo tanto, debemos decir que el pasaje se refiere a un sacerdote que estaba en forma, pero luego dejó de ser elegible [debido a un matrimonio ilegal]. "¿De dónde sabemos que el servicio de un sacerdote con una imperfección se considera defectuoso? Dijo R. Juda en el nombre de Samuel: "El pasaje dice (Núm. 25, 12Por tanto, di: He aquí, le doy mi pacto de paz; es decir, la palabra Shalom significa cuando es perfecto sin defecto, pero no cuando algo falta en su cuerpo. ¿Cómo puedes interpretarlo como perfecto, ya que está escrito Shalom, que significa paz? R. Nachman dijo: "La letra Vav de Shalom se acorta y se parece a Yud, [de ahí que pueda leer Shalem, perfecto]".

Kidushin, Capítulo 4

(Fol. 69) Se nos enseña en un Baraitha (Deut. 17, 8) Entonces te levantarás y te subirás al lugar que el Señor tu Dios elegirá. De esto se puede inferir que el Templo estaba en un nivel más alto que el resto de la tierra de Israel y que la tierra de Israel está situada en una llanura más alta que todo el resto del mundo. Se entiende fácilmente que el Templo está situado en un nivel más alto que toda la tierra de Israel porque en el pasaje anterior está escrito, incluso asuntos de controversia dentro de tus puertas; entonces te levantarás y te levantarás; pero, en cuanto a la afirmación de que la tierra de Israel está situada en una llanura más alta que todo el resto del mundo, ¿de dónde sabemos esto? Del siguiente pasaje (Jer.23, 7): Por tanto, he aquí, vienen días, dice el Señor, en que no dirán más: 'Vive el Señor' ... sino: el que crió y el que guió, etc.

(Fol. 70) R. Elazar dijo: "Esdras no salió de Babilonia hasta que la hizo [judía] como harina pura tamizada; [es decir, estableció la pureza de las familias mediante una cuidadosa investigación] y luego se fue a Palestina". Está escrito (Neh.7, 61) Y estos fueron los que subieron de Telmelach, Tel-charsha, Cherub, Addon e Immer; pero no pudieron decir la casa de sus padres, ni su ascendencia, si eran de Israel; es decir, Tel melaj significa personas que se parecían por sus actos al de Salom, que se convirtió en un montón de sal. Tel-charshah, se refiere a tal caso cuando un niño llama a uno "padre" y su madre lo calla, pero no pudieron decirle a la casa de sus padres, ni su ascendencia, si eran de Israel. Se refiere a los niños que fueron recogidos en la calle y que no conocían ni a su padre ni a su madre. Querubín, Addon e Immer. Dijo A. Abahu: "Esto significa que el Soberano dijo: 'Pensé que Israel sería tan amado como un Querubín, pero se hicieron tan odiados como el leopardo'". Según otros, R. Abahu dijo: "

Raba bb Ghana dijo: "Quien se casa con una esposa que no es apta para él es considerado por las Escrituras como si hubiera arado el mundo entero y lo sembró con sal; porque se dice (Ib., Ib., Ib) Estos fueron los que vino de Tel-melach, Tel-Charsa ". Rabá b. R. Adda dijo en nombre de Rab: "Quien se case con una esposa debido a su riqueza tendrá hijos degenerados, como se dice (Oseas 5, 7).) Contra el Señor se han portado mal; porque niños extraños se han metido. Quizás pensará que el dinero por el que se casó un hombre así perdurará. Por tanto, se dice en el mismo pasaje: Un mes los devorará junto con sus posesiones. Y, si piensas que se refiere solo a sus posesiones y no a las de ella, por lo tanto, se dice que son sus posesiones. Y si piensas que esto puede llevar mucho tiempo, entonces se dice durante un mes. "¿Cómo se debe entender un mes? Dijo R. Nachman b. Isaac:" Esto significa literalmente, que durante el tiempo en que un mes vendrá y se irá un mes su riqueza se perderá ". Raba b. R. Adda dijo además, y según otros R. Salla lo dijo en nombre de R. Hanmuna:" Quien se casa con una esposa que no es apta para él,

Había un hombre que entró en una carnicería en Pumpeditha y pidió carne. Cuando le pidieron que esperara hasta que el siervo de R. Juda b. Ezequiel recibió el suyo primero y luego lo atenderían; comentó: "¿Quién es él, Juda b. Jaskil, que tiene derecho a comer carne antes que a mí?" Alguien informó a R. Juda de esto. Se sintió avergonzado y anunció que el hombre sería proscrito. Luego se le informó que el mismo hombre tenía la costumbre de llamar a los demás "esclavos". Con lo cual R. Juda anunció que él mismo era descendiente de esclavos. Ese hombre fue y convocó a R. Juda a comparecer ante el tribunal de R. Nachman. [También] llevó a R. Juda una citación para comparecer. R. Juda fue a R. Huna y le preguntó: "¿Voy o no?" R. Huna le respondió: "Por derecho, no necesitas ir, porque eres un hombre más grande que R. Nachman; sin embargo, por respeto al príncipe del exilio [de quien R. Nachman es yerno], debes ir y aparecer ". Entonces R. Juda fue, y cuando llegó a la casa de R. Nachman encontró él construye una cerca en su techo. "¿No sostiene el maestro, como R. Huna b. Idi dijo, en nombre de Samuel: 'Tan pronto como un hombre es nombrado jefe de una comunidad, no debe realizar ningún trabajo en presencia de tres personas' ". R. Nachman respondió:" Sólo estoy haciendo una parte de un balaustrada (valla) ". R. Juda le dijo:" ¿Por qué no le gusta al maestro usar la palabra Ma'ake, como está escrita en la Torá, o Mechitza, como la usan los rabinos? "" Siéntese, señor, en el Carpitta (sofá) ", dijo R. Nachman a R. Juda. Entonces R. Juda le dijo:" ¿Por qué al maestro no le gusta llamarlo Etztaha, como hacen los rabinos, o Saphsal, como la gente lo llama? "El anfitrión volvió a decir al invitado:" Que el maestro coma una Ethrugna (cidra) ". A lo que el invitado le respondió:" Así dijo Samuel: "Quien diga Ethrugna posee una tercera [porción] de altivez ". O diga Ethrog, como lo llaman los rabinos, o Ethroga, como lo llama la gente ". El anfitrión volvió a decir al invitado:" Deje que el maestro beba Naphga (medida de vino) ". maestro le gusta llamar Espárragos, como lo llaman los rabinos, o Anpak, como la gente lo llama ". R. Nachman ordenó entonces que Donag, su hija, viniera y atendiera al invitado. Ante lo cual el invitado comentó:" Uno no debe ser atendido por una mujer. "" Pero ella es una niña todavía ", interrumpió R. Nachman. El invitado respondió:" Samuel dijo explícitamente que una mujer, ya sea grande o pequeña, no debe atender a un hombre. "Que el maestro intercambie un saludo con mi esposa Yalsa", dijo R. Nachman. R. Juda volvió a objetar, diciendo: "Samuel dijo: 'Escuchar la voz de una mujer es una indecencia' y, por lo tanto, está prohibido]". "Pero puede enviarlo por mensajero", comentó R. Nachman. A lo que R. Juda respondió: "Así dijo Samuel: '¡No es apropiado intercambiar saludos con una mujer extraña en cualquier forma!' "La esposa de R. Nachman [habiendo sido informada de lo que estaba sucediendo en su casa, envió un mensaje a su esposo:" Elimina su caso, para que no te convierta en un hombre ignorante ". R. Nachman luego le dijo a R. Juda: "¿Qué ha traído el maestro aquí?" "La citación que me envió el maestro", vino la respuesta. R. Nachman entonces le dijo: "Si no entiendo ni siquiera el lenguaje ordinario del maestro, ¿cómo es posible que deba enviar una citación al maestro?" Entonces R. Juda sacó la orden de su pecho y se la mostró a R. Nachman, comentando: "Aquí está el hombre y aquí está la citación". "Dado que el maestro ya vino aquí, permítanme llevar a cabo una audiencia sobre el caso, para que el mundo no diga: 'Los rabinos se favorecen mutuamente'. Entonces le preguntó: "¿Por qué el maestro ha puesto a ese hombre bajo proscripción?" "Porque molestó a un representante de los rabinos". "¿Por qué el maestro no lo condenó a azotes? ¿No ha castigado Rab con azotes al que molestaba a un representante de los rabinos?" "He hecho más que eso por él". " ¿Por qué el amo ha declarado esclavo a ese hombre? "" Porque él está acostumbrado a llamar esclavos a la gente, y se nos enseña en un Baraitha: quienquiera que coloque a otros en una columna, él mismo debe ser colocado en columnas; y tal hombre no habla de la alabanza de la Humanidad. Y Samuel comentó: 'Columna a otros con su propio defecto'. "Pero Samuel simplemente dijo que deberíamos estar al tanto de tal hombre", comentó R. Nachman, "pero no que deba darse por sentado que él es tal ¿un hombre?" Mientras discutían, ese hombre [el demandante] apareció de Nehardea. Luego le dijo a R. Juda: "Has llamado esclavo a uno que es descendiente de la casa real del rey Hasmoneo". A lo que R. Juda respondió: "Así dijo Samuel: 'Cualquiera que diga que es descendiente de la casa hasmonea, seguramente es un esclavo'". R. Nachman le dijo entonces: "¿No se adhiere el maestro a la opinión de R. Abba, quien habló en nombre de R. Huna, quien citó a Rab: 'Un erudito que decide una cuestión legal y trae el apoyo de alguien? de lo contrario, si él da el apoyo antes de emitir la decisión, entonces el apoyo debe ser aceptado; pero si después, entonces no debe ser aceptado. [Por lo tanto, el apoyo que trajo de Samuel no es autorizado, ya que fue después de habías dictado la decisión] ". "Vaya, está R. Mathna, que no está involucrado en esta cuestión, y citará lo mismo", fue la respuesta de R. Juda. Dio la casualidad de que, aunque R. Mathna no fue visto en Nehardea durante trece años, ese día en particular apareció allí. R. Juda le dijo entonces: " puede inferir que el que tiene el nombre inmundo (cuervo) es inmundo; pero el que tiene el nombre limpio (paloma) está limpio. "Dejaron caer las piedras [que tenían la intención de arrojarlo] de sus manos, y se formó una presa en el río Malka. puede inferir que el que tiene el nombre inmundo (cuervo) es inmundo; pero el que tiene el nombre limpio (paloma) está limpio. "Dejaron caer las piedras [que tenían la intención de arrojarlo] de sus manos, y se formó una presa en el río Malka.

R. Juda dijo en el nombre de Samuel: "Pashur, el hijo del sacerdote Immer [mencionado en Jer. 20, 1] tenía cuatrocientos sirvientes y, según otros, cuatro mil sirvientes, todos los cuales estaban involucrados en matrimonios mixtos sacerdotales, y Todo sacerdote insolente no es descendiente de nadie más que de los sirvientes mencionados. Esto difiere de la opinión de R. Elazar, quien dijo: "Si ves a un sacerdote insolente, no pienses mal de él, porque dice (Os. 4, 4) Tu pueblo es como los que contienden con el sacerdote ".

R. Abin b. R. Adda dijo en el nombre de Rab: "Quien se case con una esposa que no es adecuada para él, el resultado será que cuando el Santo, ¡alabado sea Él! Haga descansar Su Shejiná, Él dará testimonio de la dignidad de todos las tribus, pero no sobre un hombre así, como se dice (Sal. 122, 4). Para allá subirán las tribus del Señor, como testimonio para Israel; es decir, ¿cuándo será un testimonio para Israel? las tribus pueden ser llamadas las tribus del Señor ". R. Chana b. Janina dijo: "Cuando el Santo, alabado sea, haga descansar Su Shejiná, lo hará sólo sobre las familias aristocráticas de Israel, como se dice (Jer. 31, 25). Al mismo tiempo, dice el Señor, seré yo el Dios de todas las familias de Israel, es decir, no lo dice a todo Israel, sino a todas las familias.

Rabá b. Huna dijo: "Hay una gran preferencia entre un israelita y un prosélito. Con respecto a los israelitas, el pasaje dice (Ez. 37, 27) Y yo seré su Dios, y ellos serán mi pueblo, pero con respecto a un prosélito está escrito (Jer. 30, 21) Porque, ¿quién es éste que ha prometido su corazón acercarse a mí? " R.Chelbo dijo: "Los prosélitos son tan malos para Israel como una llaga en la piel; porque está escrito (Is. 14, 1) Y el extraño se unirá a ellos, y se unirán (V'niss'pechu) ellos mismos a la casa de Jacob. Está escrito aquí [en el Texto] V'niss'pchu, y está escrito [con respecto a la lepra] la misma expresión (Lev. 14, 56) Y por una hinchazón y por un levantamiento (Sapachath). "R. Chama b. Chanina dijo:" En el momento en que el Santo, alabado sea Él, (Fol. 71) purificará las tribus Él comenzará con la tribu de Leví primero, como se dice (Mal. 3, 3) Y Él se sentará como fundidor y purificador de plata; y Él purificará a los hijos de Levi, y los refinará como oro y plata, para que puedan ofrecer al Señor una ofrenda en justicia ". R. Joshua b. Levi dijo:" Familias impuras que se unieron a Israel a través de la influencia de sus riquezas , será purificado, como se dice (Mal. 3, 3) Y se sentará como fundidor y purificador de plata. ¿Qué significa el pasaje (Ib.) Para que ofrezcan al Señor una ofrenda en justicia? Dijo R. Isaac: "Justicia ha hecho el Señor con Israel para que toda familia que se haya mezclado más allá del reconocimiento sea considerada pura".

R. Juda dijo en el nombre de Samuel: "Todas las demás tierras son Issah en comparación con la tierra de Israel; y la tierra de Israel es un Issah en comparación con Babilonia".

Rabba bb Chana dijo en nombre de R. Jochanan: "A los sabios se les permite informar a sus discípulos del Tetragrammaton una vez cada siete años, y según otros dos veces cada siete años". R. Nachman b. Isaac dijo: "Es más probable que la opinión sea como la de los que dicen una vez cada siete años, porque está escrito (Ex. 3, 15) Este es Mi nombre para siempre (Le'olam); está escrito le'alam, que significa estar oculto ". Raba quería dar una conferencia [sobre la explicación del nombre de Dios] desde el púlpito, cuando un erudito de alto nivel le advirtió que no lo hiciera, diciendo:" Le'alam (ocultarse) está escrito ". R. Abina planteó la siguiente contradicción:" Está escrito: Este es Mi nombre Le'alam (para ser ocultado), y luego está escrito, Este es Mi memorial, [mostrando que debe leerse sin ocultar eso]; es decir, así dijo el Santo, alabado sea: 'No se pronunciará como está escrito mi nombre. Se escribe Yud, Hay, pero se pronuncia Alef, Daleth '".

A nuestros rabinos se les enseñó: Al principio se comunicaba a todos el nombre divino que consta de doce letras, pero cuando aumentaban los indiscretos, se confiaba sólo a los discretos del sacerdocio, y lo pronunciaban apresuradamente mientras los demás sacerdotes pronunciaban la bendición sacerdotal. Nos enseñan en un Baraitha, R. Tarphon dice: "Una vez subí junto con el hermano de mi madre a recitar la Bendición sacerdotal, cuando escuché al Sumo Sacerdote, y lo escuché pronunciar apresuradamente este nombre de doce letras mientras el otro los sacerdotes estaban recitando la bendición sacerdotal ". R. Juda dijo en nombre de Rab: "El nombre divino que consta de cuarenta y dos letras se revela sólo a quien es prudente y humilde, que ha alcanzado la mediana edad, no es propenso a la ira, no es dado de beber, y no vengativo. Quien conoce ese nombre y actúa con circunspección respecto a él, y lo retiene sagradamente, es amado en el cielo y estimado aquí abajo; su inspirador temor y reverencia prevalecerá sobre los hombres, y heredará tanto este mundo como el venidero ".

(Ib. B) Zeira se mantuvo alejado de la presencia de R. Jochanan, porque este último instaría al primero a casarse con su hija. Sucedió un día cuando iban caminando por el camino y habían llegado a un pequeño arroyo de agua que Zeira tomó a R. Jochanan sobre su hombro y lo cargó sobre el arroyo. Este último le dijo al primero: "¿Mi Torá es lo suficientemente buena para ti pero mi hija no lo suficientemente buena para ti? ¿Cuál es la razón por la que te niegas a casarte con ella? ¿Debería decir porque en la Mishná se nos enseña que diez clases de el pueblo de Babilonia subió a la tierra de Israel, etc. [¿Por lo tanto, usted piensa que estas familias calificadas fueron a la tierra de Israel y no quedó ninguna en Babilonia]? ¿Es entonces el hecho de que todos los sacerdotes, ¿Levitas e israelitas subieron a la tierra de Israel? Por lo tanto, debemos decir que así como estas familias puras quedaron en Babilonia [y solo una parte de ellas subió a la tierra de Israel], también quedaron algunas de las familias impuras en Babilonia ". Sin embargo, el hecho es cierto. , es que R. Jochanan olvidó lo que dijo R. Elazar, que Ezra no subió hasta que purificó a las familias de Israel [separándolas de los impuros].

Por casualidad, Ulla visitó en Pumpeditha la casa de R. Juda, cuando notó que su hijo R. Isaac, aunque era un hombre adulto, no estaba casado. Él le dijo: "¿Por qué el amo no se casa con su hijo?" A lo que R. Juda respondió: "¿Cómo sé a quién llevar, aquí en Babilonia?" Entonces le dijo: "¿Cómo sabemos de quién somos descendientes? Quizás seamos de aquellos de quienes dice el pasaje (Lam. 5, 11).) Una mujer han violado en Sion, vírgenes en la ciudad de Juda, "etc." Entonces, ¿qué haremos? "Preguntó R. Juda. A lo que Ulla respondió:" Cuida de una familia cuya costumbre es callar; porque en la tierra de Israel, cuando solían investigar a una familia, decían cuando dos estaban peleando entre sí que el que se calló primero es de una ascendencia más legítima que el otro ". Rab dijo:" El signo de El nacimiento distinguido en Babilonia es cuando uno está tranquilo. "¿Es así? ¿No sucedió una vez cuando Rab llegó a la casa de Bar Shapi Chala e investigó la genealogía? ¿No fue una investigación a través de la genealogía? ¡No! se callaron o no. R. Juda, en nombre de Rab, dijo: "Si ves que dos hombres se pelean, debe haber algún tipo de descalificación en uno de ellos; y esta descalificación les impide asociarse entre sí ". R. Joshua b. Levi dijo:" Si ves a dos familias peleándose entre sí es alguna descalificación que existe en ellas, y esta descalificación les impide asociarse entre sí . "

(Fol. 72) (Dan. 7, 5) Y tenía tres costillas en la boca entre los dientes, etc. Dijo R. Jochanan: "Esto se refiere a las ciudades Chalizon, Dayeb y Netzibin, que en algún momento fueron gobernadas por Sancherib; en otras ocasiones los declaró libres de su gobierno ". (Ib., Ib., Ib.) Y he aquí, había otra, una segunda bestia, como un oso. Con respecto a cuál R. Joseph se le enseñó que esto se refiere a los persas, que comen y beben como un oso y son carnosos como un oso, y dejan crecer su cabello como un oso y no tienen reposo como un oso.

Cuando el rabino estaba a punto de morir, dijo: "Hay una ciudad, Humania, en Babilonia, de la cual toda la población está formada por amonitas; hay otra ciudad con el nombre de Margaria en Babilonia de la cual toda la ciudad está formada por niños impuros; de nuevo hay otra ciudad en Babilonia que se llama Birka, donde viven dos hermanos que intercambian sus esposas entre sí; hay otra ciudad bajo el mismo Fuerte Destaya (Messima) en Babilonia, y hoy se han apartado del Señor. Sacaron redes y fueron con ellos a pescar en sábado. R. Achi b. Yashi los prohibió y se convirtieron. Hay una ciudad en Babilonia llamada Adra de Agma en la que Adda b. Ahaba (Ib . b) está sentado hoy en el seno de Abraham (está siendo circunscrito). Hoy R. Juda ha nacido en Babilonia ". Porque el maestro dijo en otra parte:Ecc. 1, 5) También sale el sol y se pone el sol; es decir, antes de que se pusiera el sol de Illai, se levantó el hijo de Samuel de Ramat, como está dicho (I Sam. 3, 3) Y la lámpara de Dios aún no se había apagado, mientras Samuel estaba acostado, "etc.

(Lam. 1, 17) El Señor ha mandado acerca de Jacob, que los que lo rodean sean sus adversarios. R. Juda dijo: "Un ejemplo de esto puede tomarse de Humania y Pum-nahara". (Ezequiel 11, 13) Y sucedió que cuando profeticé, murió Pelatías, hijo de Benayah. Entonces caí sobre mi rostro y clamé a gran voz, y dije: '¡Ah, Señor, Dios eterno!' Rab y Samuel difieren en el significado de este pasaje. Uno explica que fue una mala señal; mientras que el otro dijo que era una buena señal. El que lo toma por buena señal lo compara con el incidente que le sucedió al rey de Mesán, yerno de Nabucodonosor, quien envió un mensaje a este último en el sentido de: "De todos los cautivos que tienes, ¡no enviaste a nadie a servirnos! " Nabucodonosor estaba a punto de enviar a Pelatías b. Benayahu, cuando este último le dijo: "Nosotros, los israelitas que somos respetuosos, deberíamos atenderlo mejor, mientras que sus otros sirvientes deberían ir a servir allí". El profeta luego le suplicó [a Dios en las palabras antes mencionadas]: "El hombre que ha hecho un favor a Israel mediante su consejo, debe morir en medio de sus años". El que explica que era una mala señal se aplica al siguiente pasaje (Ib., Ib. 1) Y me llevó a la puerta oriental de la casa del Señor, etc.

(Fol. 76) MISHNAH: La genealogía de los sacerdotes no debe investigarse más allá de la investigación que se hace al colocar un sacerdote para servir en el altar; y ni más allá de la investigación realizada sobre una bendición sacerdotal. Tampoco debe investigarse uno más allá de la investigación que califica a un hombre para sentarse en el Sanedrión; también se sabe que uno cuyos padres se encontraban entre los funcionarios ejecutivos o los recaudadores de caridad [en Jerusalén] es de origen distinguido, lo que califica a sus hijos para casarse con sacerdotes sin ninguna investigación adicional. R. José dice: "Incluso uno que se ha firmado como testigo en el antiguo tribunal de Séforis". R. Chanina b. Antignos dice: "También uno que estaba en los registros de los guardias reales".

(Ib. B) "Tampoco debe uno ser investigado más allá de la investigación que lo calificó para el Sanedrión". ¿Cuál es la razón? A R. Joseph se le enseñó que así como los jueces deben ser puros en su conducta perfecta, también deben ser puros en la mancha de sus relaciones familiares. Dijo M'remar: "¿Cuál es el pasaje para probar esto? (Canciones 4, 7) Tú eres completamente hermosa, amada mía, y no hay mancha en ti". ¿Pero tal vez esta mancha significa literalmente una mancha corporal, pero no en cuanto a la genealogía? Dijo R. Acha b. Jacob: "El siguiente pasaje lo explicará (Núm. 11, 16) Y estarán allí contigo; es decir; contigo [así como Moisés era perfecto en todo, así también lo fueron los setenta que calificaban para el Sanedrión]. "Pero tal vez esto se deba a la Shejiná. Dijo R. Nachman:" Hay otro pasaje (Ex. 18, 22) Cuando te parirán; es decir, en comparación contigo ".

R. Chanina b. Antignos dijo: "También uno que estaba en los registros de los guardias reales". R. Juda dijo en nombre de Samuel: "Esto se refiere a los guardaespaldas de David". R. Joseph dijo: "¿Cuál es el pasaje para probar esto? (I Crónicas 7, 40) Y siendo registrados según su genealogía para el ejército y para la guerra". ¿Por qué fueron tan investigados antes de unirse al ejército de David? Dijo R. Juda en nombre de Rab: "Para que los méritos de sus antepasados los ayuden en la guerra". Pero también hay (II Sam.23, 37) Zelek, el amonita. ¿No significa esto un verdadero amonita [por lo tanto, no pertenecía a una familia distinguida]? No, esto significa que vivía en Ammón. Pero nuevamente se menciona (Ib.) Uriah, el Hittie. ¿No significa quién era descendiente de la tribu de Het? No, esto significa que vivía en Het. Y nuevamente se menciona a Ittai, el Gitaíta; y si dices que esto también significa que él estaba viviendo en Gat, ¿no dijo R. Nachman, "Itthai el Gitthai vino y destruyó [el ídolo al cual los reyes servirían]?" Una vez más R. Juda dijo en nombre de Rab: "David tenía cuatrocientos niños pequeños, todos los cuales eran descendientes de mujeres que fueron tomadas en la guerra, cuyo cabello se cortaba suelto en la frente y sus largos rizos sueltos detrás. Y ellos Solía montar en carros de oro al frente del ejército,

R. Maier estaba acostumbrado a despreciar a las personas que cometían delitos adúlteros. Un día sucedió que Satanás posó ante él como una mujer, al otro lado del río por donde pasaba. Cuando la vio, deseaba encontrarse con ella, y al no tener un ferry para cruzar al otro lado del río, agarró una cuerda [que estaba fijada para el ferry] y trató de pasar el río por ella. Cuando estaba en la mitad del río, Satanás expuso su identidad, diciéndole: "Si no fuera por la razón de que había un anuncio en el cielo, 'Cuidado con R. Maier y su Torá', te habría castigado". Lo mismo le pasó a R. Akiba.

Plemo solía decir todos los días: "Desafío a Satanás". Una víspera de la Expiación sucedió que Satanás se le apareció en la pose de un hombre pobre. Llegó a la puerta y le ofreció un trozo de pan. El pobre dijo: "En un día como el que todos estén adentro, yo estaré afuera". Cuando lo trajo y le dio el pan para comer, el pobre volvió a decir: "En un día como el que todos se sientan a la mesa, ¿debo sentarme solo?" Lo trajo a la mesa. Satanás se llenó de granos y trató de parecer miserable a los ojos de Plemo. Entonces Plemo le dijo: "Por favor, siéntese suavemente". Entonces Satanás pidió una copa de vino. Cuando Plemo se lo dio, empezó a escupir en él, y al ser reprendido por Plemo fingió estar muerto. Acto seguido, se escuchó un rumor afuera de que Plemo había matado a un hombre. Plemo luego se escapó y se escondió en un baño [fuera de la ciudad]. Satanás corrió tras él para averiguar qué había sucedido, y cuando vio que estaba preocupado por eso, se reveló. Entonces Satanás le dijo a Plemo: "¿Por qué dices algo así: 'Desafío a Satanás'?" "¿Qué, pues, diré?" Entonces Satanás le dijo: "Que el maestro diga:" Que el cielo reprenda a Satanás [que no me moleste] ".

Se nos enseña: (Núm. 30, 13) Su marido los anuló; y el Señor la perdonará. R. Akiba, cuando llegaba al pasaje anterior, lloraba, diciendo: "Si uno solo tuviera la intención de comer carne de cerdo, y realmente comiera carne de cordero, sin embargo, la Torá dice que necesita una expiación y perdón; cuánto más ¡también es necesario para un hombre que quería comer carne de cerdo y realmente la comía! " Similar a esto, el siguiente pasaje (Lev. 5, 17) Y él no sabe si ha incurrido en culpabilidad, y así carga con su iniquidad. "Si alguien que realmente tenía intenciones de comer grasa que se permite comer, pero resulta que sí comió tal grasa que está prohibida, sin embargo, la Torá dice y no sabe si ha incurrido en culpabilidad, y por lo tanto soporta su iniquidad. , ¡cuánto más se aplica esto a alguien que tenía la intención de comer grasas prohibidas y realmente las comió! " Issi b. Judá dice: "Sobre el pasaje anterior, y él no sabe si ha incurrido en culpa, ¿debería un hombre sentir pena toda su vida?"

(Fol. 82) MISHNAH: R. Maier dice: "Siempre debe un hombre enseñar a su hijo una ocupación limpia y fácil, y debe, al mismo tiempo, orar por misericordia a quien pertenecen todas las riquezas y riquezas; porque hay no hay un solo comercio en el que no se encuentren ni ricos ni pobres, por lo que ni la riqueza ni la pobreza son el resultado del comercio, sino que depende de los méritos del hombre.

Simón b. Elazar dice: "¿Has notado alguna vez las bestias del campo y las aves del cielo, con qué facilidad se les proporciona su sustento; y, sin embargo, fueron creados solo para servirme? Ahora, ¿no debería encontrar un sustento con menos problemas?" ¿Porque fui hecho para servir a mis semejantes? Pero, ¡ay! Pequé contra mi Creador, por eso soy castigado con la pobreza y obligado a trabajar ". Abba Guryon, el cazador, dice: "Un hombre no debe entrenar a su hijo en las siguientes ocupaciones: un conductor, un pastor o un tendero, porque su ocupación está involucrada con robos". R. Juda dice en su nombre: "La mayoría de los arrieros son erguidos [porque viajan a través de desiertos y lugares peligrosos, y tienen tiempo para meditar y pensar en Dios]. La mayoría de los marineros son piadosos [porque su peligro diario hace ellos tan].

R. Nehorai dice: "Dejaré a un lado todas las ocupaciones mundanas y enseñaré a mi hijo sólo la Torá; porque un hombre disfruta de sus beneficios en este mundo y la capital permanece para el mundo futuro. Pero otras ocupaciones no son así, y además , cuando una persona se enferma al avanzar en la edad, o le sobreviene alguna desgracia por la cual no podría trabajar, entonces se expone a las punzadas del hambre. Pero la Torá no es así, lo protege de todo ¿Qué dice el pasaje acerca de su juventud? (Is. 40, 31) Sin embargo, los que esperan en el Señor adquirirán nuevas fuerzas; y acerca de los ancianos, ¿qué dice el pasaje? (Sal. 92, 15). aún dará fruto en la vejez. Así también encontramos con respecto a Abraham, nuestro patriarca (Gn. 24, 1) Y Abraham era anciano - y el Señor bendijo a Abraham en todas las cosas ... inferimos que Abraham, nuestro patriarca, observó toda la Torá incluso antes de que fuera dada [a Israel], como está dicho (Ib. 26, 5) porque que Abraham escuchó mi voz y guardó mi mandamiento, mis mandamientos, mis estatutos y mis leyes ".

A nuestros rabinos se les enseñó: Quien tiene tratos con mujeres posee todos los malos hábitos [y, por lo tanto, uno debe mantenerse alejado de él]. Se trata de orfebres, tintoreros, prensadores y tintoreros de mantos femeninos, los que limpian los molinos de mano, vendedores ambulantes, tejedores, barberos, lavanderos, plebotomistas, bañistas y curtidores. Ninguno de ellos es elegible para ser rey o sumo sacerdote. ¿Cuál es la razón para esto? No porque sean de ascendencia descalificada, sino por su baja ocupación. A nuestros rabinos se les enseñó: Se dijeron diez cosas acerca de un plebotomista: camina perezosamente; él está orgulloso; se detiene un rato antes de sentarse; tiene envidia y mal de ojo; es goloso, pero defeca poco a poco, se sospecha de incontinencia, robo y asesinato.

Se nos enseña en un Baraitha, el rabino dice: "No hay ocupación que no sea eterna, sin embargo, feliz debe ser el que ve que sus padres están ocupados en una ocupación digna de alabanza, y ay de quien ve a sus padres ocupados en una ocupación digna de alabanza". ocupación indigna. La existencia del mundo es imposible sin perfumes y sin curtidurías, sin embargo feliz es aquel cuya ocupación son los perfumes y ¡ay de aquél cuya ocupación son las curtidurías! ". R. Maier dice: "Siempre debe un hombre enseñar a su hijo una ocupación limpia y fácil, y debe, al mismo tiempo, orar por misericordia a quien pertenecen todas las riquezas y riquezas. Porque ni la pobreza ni la riqueza provienen realmente de una ocupación , pero pertenece a Aquel a quien pertenecen las riquezas del mundo, como se dice (Hag.2, 8) 'Mía es la plata y Mía es el oro', dice el Señor de los Ejércitos ".

R. Simon b. Elazar dice: "¿Has notado alguna vez, etc." Nos enseñan en un Baraitha, R. Simon b. Elazar dice: "Desde mis primeros días no he visto que un ciervo seque higos en el campo, un león lleve bultos o un zorro sea tendero, sin embargo se mantienen sin ningún problema, aunque solo eran creado para servirme; yo, que fui creado para servir a mi Creador, ¿cuánto más podría sostenerme sin ningún problema? Pero he causado todo este problema a través de mis malas acciones y, por lo tanto, mi sustento ha sido afectado, ya dice el pasaje (Jer. 5, 25) Tus iniquidades han apartado estas cosas ", etc.

R. Nehorai dice: "Dejaré a un lado todas las ocupaciones mundanas", etc. Se nos enseña en un Baraitha que R. Nehorai dice: "Dejaré a un lado todas las ocupaciones mundanas y le enseñaré a mi hijo solo la Torá; para todos Otras ocupaciones son buenas para un hombre solo durante su juventud, pero cuando envejece, está expuesto al hambre cuando no puede cumplir con su deber, mientras que la Torá no lo es. Ella está con el hombre cuando es joven y le da un esperanza buena y duradera en su vejez ". "Respecto a su juventud, ¿qué dice el pasaje? (Is. 40, 31) Sin embargo, los que esperan en el Señor adquirirán nuevas fuerzas, levantarán alas como las águilas. Y acerca de los ancianos, ¿qué dice el pasaje? (Sal. 92, 15) Todavía darán fruto en la vejez; estarán llenos de savia y de riquezas ".

FIN DE KIDDUSHIN.

Bava Kama, Capítulo 1

BABA KAMMA (Fol. 15) Se nos enseña, R. Nathan dice: "¿De dónde aprendemos que uno no debe criar un perro nocivo, ni mantener una escalera defectuosa en su casa? Está escrito (Deut. 22, 8) Que no traerás sangre sobre tu casa ".

(Fol. 16b) (II Crónicas 32, 33) Y durmió Ezequías con sus padres, y lo sepultaron en el mejor lugar de los sepulcros de los hijos de David. R. Elezar dijo: "Esto significa entre los más grandes de su propia familia, es decir, David y Salomón". Raba dio una conferencia: "¿Cuál es el significado del pasaje (Jeremías 18, 23) Pero que sean llevados a tropezar ante Ti, en el tiempo de tu ira, trata así con ellos? Jeremías dijo al Santo, alabado sea Él. , 'Soberano del Universo, aun cuando realicen un acto de caridad, los hagan tropezar beneficiándolos a personas indignas, para que no sean recompensados por ello' "(II Crónicas 32, 33).) Y le mostraron honor en su muerte. Deduzca de esto que los discípulos fueron colocados en su tumba para estudiar Torá. R. Nathan y los sabios difieren [en cuanto a cuánto tiempo continuó]; uno dice que duró tres días (Fol. 17), los otros dicen que siete días; y otros dicen que duró treinta días.

A nuestros rabinos se les enseñó: Y le mostraron honor. Esto se refiere a las treinta y seis mil personas desnudas que precedieron al ataúd de Ezequías, rey de Judá. Eso dijo R. Juda. R. Nechemiah le dijo: "¿No se hizo lo mismo después de la muerte de Acab?" A lo que R. Juda respondió: "El gran honor se refiere a los Rollos Sagrados que se colocaron en su ataúd, y se anunció:" Este [que descansa en el ataúd] ha realizado todo [lo que está escrito] en estos Rollos ". "¿Pero no hacemos lo mismo ahora? Actualmente solo sacamos los Rollos, pero no los colocamos en el ataúd: e incluso si los colocamos en el ataúd, no decimos que él actuó, etc. Rabba bb Chana dijo: "Una vez estuve caminando junto con R. Jochanan, y le hicimos una pregunta; pero no nos respondió hasta que se preparó, se lavó, se puso la Tefilina y recitó la Bendición. Luego dijo que en la actualidad incluso decimos que actuó, etc., pero no decimos que estudió [lo que está escrito en los Rollos] ". Pero el maestro no dijo:" El estudio es genial [incluso más que la práctica] , porque el estudio conduce a la práctica? "Esto no presenta ninguna dificultad. Más que estudiar en privado, la práctica tiene ciertamente una preferencia; sin embargo, enseñar [a otros] tiene preferencia sobre la práctica. Más que estudiar en privado, la práctica tiene una preferencia; enseñar [a otros], sin embargo, tiene preferencia sobre la práctica. Más que estudiar en privado, la práctica tiene una preferencia; enseñar [a otros], sin embargo, tiene preferencia sobre la práctica.

R. Jochanan dijo en nombre de R. Simon b. Jochai: "¿Qué significa el pasaje (Is. 32, 20) Felices los que sembráis junto a todas las aguas, enviando libremente las patas del buey y del asno? Aquellos que se ocupan del estudio de la Torá con amorosa bondad. Serán recompensados con la herencia de dos tribus; como se dice (Ib., ib., ib.) Felices vosotros los que sembráis. Sembrar, se refiere a la caridad, como se dice (Os. 10, 12). ustedes mismos tras la justicia, para que puedan cosechar [el fruto] de la bondad. El agua, se refiere a la Torá, como está dicho (Is. 55, 1) Todos los que tengan sed, venid al agua; serán recompensados con la herencia de dos tribus; es decir, será recompensado con un dosel [de honor] como José, de quien está escrito (Ex. 79, 22) José es un dosel [de honor] ... las hijas [de Egipto] corren sobre los muros; y también será recompensado con la herencia de Isacar, de quien está escrito (Ib.) Isacar es un asno fuerte. Otros explican que esto significa que él vencerá a sus enemigos como la tribu de José, acerca de quien está escrito (Ib., Ib. 17). tribu de Isacar, acerca de quien está escrito (I. Crónicas 12, 32) y de los hijos de Isacar, los que entendieron los tiempos para saber lo que Israel debía hacer ".

Bava Kama, Capítulo 2

(Fol. 21) F. Sechorah, en nombre de R. Huna, quien a su vez citó a Rab, dijo: "Quien habita en la casa de su vecino [desocupado y en un distrito despoblado], sin el permiso del propietario, necesita no pagar alquiler, porque la no ocupación causa daño, porque se dice (Is. 24, 12) Y la casa desolada es destruida [por lo tanto, el dueño de la casa se beneficia de la ocupación] ". Dijo Mar b. R. Ashi: "Una vez vi [una casa tan desolada] que [estaba dañada y] parecía corneada por un buey".

Bava Kama, Capítulo 3

(Fol. 30) A nuestros rabinos se les enseñó: Los antiguos hombres piadosos solían enterrar sus espinas y vidrios rotos en sus campos tres palmos debajo de la superficie para no interferir con el arado. R. Shesheth solía quemarlos. Raba los arrojaría al [río] Tigris. R. Juda dijo: "Quien tenga la sabiduría de ser piadoso debe observar las leyes de los daños". Rabina dijo: "Debe observar las enseñanzas de Aboth". Y según otras autoridades, las leyes de la Bendición.

(Fol. 32, b) E Issi b. Judá concede que si fue en el crepúsculo de la víspera del sábado, está exento, porque se le permite correr. ¿Cuál es el permiso en el crepúsculo de la víspera del sábado? Es de acuerdo con R. Chanina, que solía decir: "Ven con nosotros a conocer a la reina nupcial". Y según otros, "para encontrarse con la reina nupcial del sábado". R. Janai se levantaba, se envolvía y decía: "¡Ven novia, ven novia!" [Por lo tanto, es un deber correr al anochecer de la víspera del sábado para encontrar el sábado].

...

(Fol. 38) Cuando la hija de R. Ṣamuel b. Juda murió, uno de los rabinos le dijo a Ulla: "Vamos a consolarlo". Él les dijo: "¿Qué tengo yo que ver con el consuelo de un babilónico, porque puede convertirse en una blasfemia, como suelen decir en tales casos. ¿Qué se puede hacer? [Contra la voluntad de Dios,] lo que significa que si se pudiera hacer algo en contra de Su voluntad, lo harían [y esto es ciertamente una blasfemia]. Luego fue solo, y comenzó su consuelo con el siguiente pasaje: (Deut. 2, 9) Y el Señor me dijo. No ataques a los moabitas ni contiendas con ellos en la batalla. Entonces, ¿podría siquiera entrar en la mente de Moisés participar en la guerra sin el consentimiento del Señor? Pero Moisés sacó una conclusión a fortiori para sí mismo, diciendo lo siguiente: 'Si con respecto a los madianitas que solo vinieron a ayudar a los moabitas, la Escritura dice [Núm. 15, 17) Atacar a los madianitas y herirlos, ¿cuánto más debería (Ib. B) aplicarse a los mismos moabitas? ' ¡El Santo, alabado sea! luego dijo: 'No como se le ocurrió a su mente, le ocurrió a la Mía. De ellos tengo que sacar dos palomas buenas; a saber, Rut la moabita y Noemí la amonita ». Ahora bien, ¿no se puede sacar una conclusión a fortiori? Si por dos buenas palomas el Santo, ¡alabado sea! ha salvado a dos grandes naciones y no las ha destruido, icuánto más habría salvado la vida de la hija del amo si ella fuera justa y algo bueno tuviera que salir de ella! "

...

(Fol. 50) A nuestros rabinos se les enseñó: Le sucedió a la hija del excavador de pozos, Nechunia, que se cayó en un gran pozo. Vinieron e informaron a R. Chanina b. Dosis de eso. Durante la primera hora les dijo: "Paz [a ella]"; y así también durante el segundo. A la tercera hora, [cuando hubo temor de que ella pudiera haber muerto], dijo que estaba fuera del pozo. Cuando se le preguntó a la niña quién la salvó, ella dijo que un carnero pasó por el pozo dirigido por un anciano, quien la salvó. Cuando R. Chanina b. Se le preguntó a Dosa si sabía de su seguridad por profecía, él dijo: "No soy ni un profeta, ni el hijo de un profeta, pero pensé: ¿Es posible que los hijos de ese hombre justo [Nechunia, quien estaba cavando pozos para permitir que los peregrinos bebieran agua de ellos] morirá por lo mismo que se estaba esforzando tanto [para prepararse para el bienestar de Israel]? "Dijo R. Acha:" A pesar de esto, su hijo murió de sed. La razón es, como dice el pasaje, (PD. 1, 3), y alrededor de Él se desata una fuerte tormenta, de la cual se puede inferir que el Santo, ialabado sea! es particular con Su piadoso, incluso en la anchura de un cabello ". R. Chanina dice:" Del siguiente pasaje (Ibid 89, 8) Un Dios temido en el gran concilio de los santos, y temido por todos los que lo rodean ". R. Chanina dijo: "Quien diga que el Santo, alabado sea, es negligente [en hacer justicia], su vida será soltada (es decir, será prohibida, porque anima a la gente a pecar), como es dijo (Deut. 32, 4) Él es la Roca; Su trabajo es perfecto; porque todos sus caminos son justos ". R. Chana, y según otros, R. Samuel b. Nachmeni, dijo:" ¿Cuál es el significado del pasaje (Ez. 34, 6?) ¿Largo sufrimiento, (en plural), y no (en singular)? Gran paciencia para con los rectos y los impíos ".

A nuestros rabinos se les enseñó: "Uno no debe sacar piedras de sus propias instalaciones a un terreno público. Sucedió una vez que uno lo hizo, y un hombre piadoso, que pasaba por allí en ese momento, le dijo:" Tú, ignorante, ¿por qué quitar piedras de los locales que no te pertenecen, a tus propios locales? "Se rió de él. En una fecha posterior, el hombre se vio obligado a vender su tierra, y mientras caminaba por la vía pública frente a su antigua tierra, tropezó sobre las mismas piedras que una vez amontonó. Luego exclamó: "Oh, qué razón tenía ese hombre piadoso cuando me dijo: '¿Por qué estás quitando piedras de locales que no te pertenecen a los tuyos?' "

(Fol. 52) Un cierto galileo disertó acerca de R. Chisda: Cuando el pastor se enoja con su rebaño, ciega la cabra que conduce a la cabeza del rebaño [de modo que el líder cae y con él todo el rebaño].

(Fol. 54) R. Chanina b. Egil preguntó a R. Chiya b. Abba: "¿Por qué en los primeros mandamientos no está escrito, para que te vaya bien, y en los segundos mandamientos así está escrito?" (Fol. 55) Él respondió: "En lugar de preguntarme la razón, será mejor que me pregunte si está escrito así; porque, incluso esto, no lo sé. Será mejor que vaya a R. Tanchum b. Chanilai , quien estaba frecuentemente con R. Joshua b. Levi, w4io estaba bien versado en Agada. " Así que fue allí. R. Tanchum le dijo: "De R. Joshua b. Levi no escuché nada al respecto, pero eso me lo dijo Samuel b. Nachum, el hermano de R. Acha b. La madre de Chanina, [según otros, el padre de R . La madre de Chanina] ". La razón es que los primeros mandamientos estaban destinados a romperse. Y si es así, ¿qué pasa? R. Ashi dijo: "

R. Joshua b. Levi dijo: "Quien ve la letra Teth en su sueño, es un buen augurio para él". ¿Porque? Porque la primera vez que esta letra se usa en la Escritura es en la palabra Tob (bueno) [Génesis 1, 4] Y Dios vio la luz, que era bueno (tob). "Otra cosa dijo R. Joshua b. Levi : "Quien ve un funeral en un sueño, significa que fue salvado por el cielo [y no fue castigado]". Esto, sin embargo, se refiere solo a cuando vio la palabra funeral escrita [pero no a la procesión en sí] ".

Bava Kama, Capítulo 6

(Fol. 59) Eliezer el Pequeño (Ib. B) una vez se puso zapatos negros y se paró en el mercado de Nahardea. Cuando los oficiales del Exilarca le preguntaron la razón [de que usara tales zapatos], él respondió que era porque estaba de luto por la destrucción de Jerusalén. Le dijeron: "¿Eres un hombre tan grande como para ser digno de lamentar la destrucción de Jerusalén?" Y pensando que lo estaba haciendo en busca de notoriedad, lo pusieron bajo arresto. Él, sin embargo, protestó y dijo: "Soy un hombre erudito". Cuando se le pidió que lo probara, dijo: "O me haces una pregunta difícil o yo le haré a uno de ustedes". Le dijeron: "Será mejor que hagas la pregunta". Entonces les preguntó: "El que destruye un árbol de dátiles joven [en el que los dátiles aún no están maduros], ¿Qué cantidad de daños debe pagar? ". Ellos respondieron:" Debería pagar el valor del árbol "." ¿Pero ya tiene dátiles? " "" Pero luego se llevó las fechas con él; "¿Sólo destruyó el árbol?", argumentó. "Bueno, escuchemos entonces lo que tienes que decir al respecto". A lo que respondió: "El daño se estima en uno de cada sesenta". Le dijeron: "¿Pero quién está de acuerdo contigo en eso? "Samuel todavía está vivo", fue la respuesta, "y su colegio ya existe. Enviaron a preguntar a Samuel y tras la verificación de Samuel, lo liberaron". Entonces que pague también el valor de las fechas. "" Pero ¿se llevó las fechas con él? "¿Sólo destruyó el árbol?", argumentó. "Bueno, escuchemos entonces lo que tienes que decir al respecto". A lo que respondió: "El daño se estima en uno de cada sesenta". Le dijeron: "¿Pero quién está de acuerdo contigo en eso? "Samuel todavía está vivo", fue la respuesta, "y su colegio ya existe. Enviaron a preguntar a Samuel y tras la verificación de Samuel, lo liberaron". Entonces que pague también el valor de las fechas. "" Pero ¿se llevó las fechas con él? "¿Sólo destruyó el árbol?", argumentó. "Bueno, escuchemos entonces lo que tienes que decir al respecto". A lo que respondió: "El daño se estima en uno de cada sesenta". Le dijeron: "¿Pero quién está de acuerdo contigo en eso? "Samuel todavía está vivo", fue la respuesta, "y su colegio ya existe. Enviaron a preguntar a Samuel y tras la verificación de Samuel, lo liberaron". Samuel todavía está vivo, "fue la respuesta", y su universidad ya existe. Enviaron a preguntar a Samuel y tras la verificación de Samuel, lo liberaron. Samuel todavía está vivo, "fue la respuesta", y su universidad ya existe. Enviaron a preguntar a Samuel y tras la verificación de Samuel, lo liberaron.

(Fol 60) R. Samuel b. Nachmeni dijo en nombre de R. Jonathan: "Ningún castigo viene sobre el mundo a menos que existan malvados, sin embargo, sus primeras víctimas son los justos, como se dice (Ib., Ib). con espinas. ¿Cuándo se enciende un fuego? Cuando hay espinas preparadas para él. Sus primeras víctimas, sin embargo, son los rectos, como se dice (Ib, ib.) De modo que se habían consumido las existencias de maíz. digamos, consumirá, pero, se había consumido, para significar que la pila de maíz (la vertical) se consumió primero ". R. Joseph enseñó: "¿Cuál es el significado del pasaje? (Ex. 12, 22) ¿Y ninguno de vosotros saldrá por la puerta de su casa hasta la mañana? Tan pronto como se le da permiso al verdugo, no hace distinción entre justos y malvados; y, además, escoge a sus primeras víctimas de entre los justos, como se dice (Ezequiel 21, 8). Y apartaré de ti a los justos y a los malvados ". R. Joseph lloró, y dijo:" Hasta ese punto ¿No son considerados? ", Dijo Abaye:" Les conviene, como está escrito (Isa. 57, 1) que el justo sea quitado del mal venidero ". venga en el futuro) A nuestros rabinos se les enseñó: Cuando la pestilencia asole la ciudad, quédense adentro, como se dice (Éxodo 12, 22) Y ninguno de vosotros saldrá de la puerta de su casa hasta la mañana, y también se dice (Isa. 26, 20) Ve, pueblo mío, entra en tus aposentos, y cierra tu puerta detrás de ti; y nuevamente se dice (Deut.32, 25) Fuera la espada destruirá, y el terror dentro de las cámaras. ¿Por qué la cita de los dos pasajes adicionales? Para que no se diga que el primero se refiere sólo a la noche, pero no al día, por lo tanto, ve, pueblo mío, entra en tus aposentos y cierra la puerta detrás de ti. Y para que no se diga que esto se refiere solo donde no hay terror dentro de la casa, pero cuando hay terror dentro de la casa, uno podría pensar que es aconsejable salir y asociarse con otros, de ahí el último verso citado, Sin deber. la espada destruye y el terror dentro de la cámara, es decir, aunque dentro de la casa reina el terror, sin ella es aún peor, porque sin la espada destruirá. Raba en tiempos de furor solía mantener las ventanas cerradas, porque está escrito (Jer.9, 20) Porque la muerte ha subido por nuestras ventanas. A nuestros rabinos se les enseñó: Si hay hambre en la ciudad, no perdones los pies y sal de la ciudad, como se dice (Génesis 12, 19). Y hubo hambre en la tierra: y Abraham descendió a Egipto para residir allí. Y también se dice (II Reyes, 7, 4) Si decimos que entraremos en la ciudad, entonces el hambre está en la ciudad; y moriremos allí. ¿Con qué propósito es necesaria la cita del pasaje adicional? Para que no se diga que esto se refiere solo donde no hay riesgo de vida, pero donde hay riesgo de vida, no es así, de ahí la cita, a la que sigue (Ib., Ib.) Ahora pues, ven y permítanos caer en la hueste de los arameos; si nos dejan vivir, viviremos; y si nos matan, moriremos. A nuestros rabinos se les enseñó: Cuando hay una pestilencia en la ciudad, una persona no debe caminar en medio del camino; mientras el Ángel de la Muerte haya recibido su permiso para enfurecerse, lo hace de forma prepotente. Cuando hay paz en la ciudad, uno no debe caminar de lado; mientras el Ángel no tenga el permiso, se esconde.

R. Ami y R. Assi estaban sentados ante R. Isaac Napcha. Uno le pedía que dijera algo de Halajá (ley tradicional) y el otro que dijera algo de Agada (historia). Cuando comenzó a decir algo de Halajá fue interrumpido por el [que deseaba Agada] y cuando comenzó Agada, fue interrumpido por el otro [que deseaba Halajá]. Luego dijo: "Les contaré una parábola: es como un hombre que tiene dos esposas, una anciana y una joven. La joven recoge sus canas y la vieja, su cabello negro. El resultado es que se quede calvo. Sin embargo, ahora les diré algo que será de satisfacción para ambos, etc. (Agadah) Está escrito (Ex. 12, 5) Si se produce un incendio y se topa con espinas. Esto significa, incluso si se saliera de sí mismo. Sin embargo, el que encendió el fuego ciertamente hará restitución. Dijo el Santo, ¡alabado sea! Ciertamente haré restitución por el fuego que encendí en Sion, como está dicho (Lam. 4, 11). Encendió un fuego en Sion, que había devorado sus cimientos; y también la reconstruiré con fuego, como está dicho (Zac. 2, 9) porque yo, dice el Señor, seré para ella. ... un muro de fuego alrededor, y seré yo la gloria en medio de ella. (Halajá) - ¿Por qué el verso comienza con el daño causado por la propiedad, etc.? "

Bava Kama, Capítulo 7

(Fol. 67, b) Se nos enseña que R. Akiba dijo: "¿Por qué dice la Escritura si el ladrón mataba y vendía el animal que debía pagar cuatro y cinco veces? Porque el pecado estaba profundamente arraigado en él". Raba dijo: "Porque repitió su pecado [sacrificado después de haber robado]".

(Fol. 69) Se nos enseña en una Mishná: Un viñedo en el cuarto año de su plantación [cuyo fruto debe redimirse antes de usarse] se marcaría con terrones [de tierra]. Esto significa que así como de la tierra se puede obtener beneficio después de haberla labrado, así también se puede obtener beneficio del fruto de una viña en el cuarto año, después de redimir su fruto. En el tercer año de su siembra, sin embargo, [en el cual el fruto debe ser destruido] sería marcado con fragmentos de vasijas de arcilla rotas, como una señal de que así como de estos fragmentos no se puede obtener ningún beneficio, tampoco se debe obtener ninguno. tenía de la fruta. Las tumbas estaban marcadas con piedra caliza [para advertir a los transeúntes que no las pisasen para que no se volvieran inmundas], que es blanca, como señal de que allí estaban enterrados [huesos humanos], que también son blancos;

(Fol. 79 b) Los discípulos interrogaron a R. Jochiman b. Zakkai: "¿Por qué la Escritura trata más rigurosamente al ladrón que al ladrón?" A lo que respondió: "Porque el ladrón puso el honor de su Creador al menos en el mismo nivel que el de Su siervo, mientras que el ladrón no lo hizo, sino que, por el contrario, consideró el ojo y el oído del Cielo como si no quiso ver ni oír; como se dice (Isaías 29, 15). ¡Ay de aquellos que buscan profundamente esconder su consejo del Señor, y sus obras están en la oscuridad, y dicen: '¿Quién nos ve? etc. ; ' y también está escrito (Sal. 94, 7) Y dicen: "El Señor no verá, ni el Dios de Jacob oirá"; y también está escrito (Ezequiel 9, 9) Porque dicen: "El Señor ha abandonado la tierra, y el Señor no ve". "Se nos enseña que R. Maier dijo:" La siguiente parábola se relató en el nombre de R. Gamaliel: '¿A qué es igual lo anterior? A dos personas que vivían en un mismo pueblo. Se hizo una fiesta e invitó a todos los habitantes del pueblo, pero no a los príncipes; el otro hizo un banquete y no invitó ni a los habitantes ni a los príncipes. ¿De quién debería ser el castigo más severo? Seguramente el del primero. '"Dijo R. Maier:" Ven y mira la grandeza del trabajo: En caso de robar un buey que impidió trabajar, el ladrón paga cinco; en el caso de una oveja que no realiza ningún trabajo, paga sólo cuatro ". R. Jochanan b. Zakkai dijo:" ¡Ven y mira cuán grande es la dignidad humana! Por un buey que camina sobre sus pies, paga cinco;

(Fol. 82, b) Our Rabbis were taught: During the civil war of the Maccabees, Hurkanoth was within and Aristobulos was without the city wall, and every day those within lowered dinars in a basket, from the top of the wall to those outside, in return for which the latter sent them up cattle for the daily sacrifices. Among the outsiders was an old man who was learned in Greek science, and he said to them: "So long as your enemies continue to perform the holy service [of the sacrifices] you will not subdue them." On the next day, when the basket of dinars was lowered, they sent them up a swine. When the swine reached the centre of the wall he fastened his feet in the wall, and Palestine trembled for a distance of four hundred square parsas. At that time it was declared that cursed be he who raised swine and cursed be he who taught his son Greek science. Concerning this time we are taught that the omar was brought from the gardens of Zriphin and the two loaves from the valley of Ein Socher. (Fol. 83) But is then the study of Greek science prohibited — are we not taught in the following Baraitha that Rabbi said: "In Palestine there is no use for the Syriac language, which is not clear, when there are the Hebrew language and the Greek language;" and R. Jose said: "In Babylon there is no use for the Aramean language, for there are the Hebrew language and the Persian language?" [Hence the Greek language is permitted] . I will tell thee: The Greek language is one thing and Greek science is another. But is, then, the study of Greek science prohibited? Has not R. Juda said in the name of Samuel, who quoted R. Simon b. Gamaliel: "Concerning the passage (Justicia. 3, 51) Mi ojo conmovió mi alma a causa de todas las hijas de mi ciudad. Había mil jóvenes en la casa de mi padre, quinientos de los cuales estudiaron Escritura y quinientas ciencias griegas, y de todos ellos solo quedaron dos: yo mismo aquí y mi sobrino en Assia. "[Por lo tanto, incluso la ciencia griega estaba permitida] ? La casa de R. Gamaliel fue una excepción, debido a su asociación con el gobierno, como se nos enseña en un Baraitha: El que se corta el cabello a la manera romana, imita los caminos de los amorreos, [que están prohibidos. Lev. 18, 3]. Abtulmus b. A Rubén, sin embargo, se le permitió llevar el cabello a la moda romana, porque se asociaba con la gente del gobierno. A la casa de R. Gamaliel también se le permitió estudiar ciencia griega por la misma razón ".

A nuestros rabinos se les enseñó: Nadie debe criar a un perro a menos que esté encadenado. Sin embargo, en una ciudad colindante con la frontera, se permite levantarla. En este último caso, debe mantenerlo encadenado durante el día y sin cadena solo durante la noche.

Bava Kama, Capítulo 8

(Fol. 87) Se nos enseña en un Baraitha: R. Juda dice: "Una persona ciega no tiene ningún sentido de la vergüenza". Y así también R. Juda lo liberó de la ejecución de todos los mandamientos positivos contenidos en las Escrituras. Dijo R. Shesheth b. R. Juda: "¿Cuál es el significado del pasaje (Deut. 6, 1) ¿Y este es el mandamiento, con los estatutos y las ordenanzas? Quien sea elegible para ser ordenado como juez, tiene la obligación de observar los mandamientos, pero quien no sea elegible para ser ordenado como juez, está exento ". R. Joseph dijo:" Primero solía decir: Si llegaba uno y dime que la Halajá prevalece según R. Juda, quien dice que un ciego está exento de la ejecución de los mandamientos positivos, haré una fiesta para los rabinos, porque yo, que no tengo la obligación de hacerlo, todavía hazlos; pero desde que me enteré de lo que dijo R. Chanina, que hay más recompensa para quien cumple un mandamiento al que tiene una obligación que para quien lo cumple sin tal obligación, cambié de opinión,

(Fol.93) MISHNA: Aunque el acusado paga el daño material, no es perdonado hasta que pide perdón al demandante, como se dice (Gen.20, 7) Y ahora restituye la esposa del hombre, etc. Y de dónde ¿Se deduce que si el imputado no perdona se le considera cruel? De (Ib., Ib. 17) Y Abraham oró a Dios, etc.

GEMARA: A nuestros rabinos se les enseñó: Todo lo que se dijo acerca de la deshonra es solo para el tribunal civil, [en cuanto a cuánto debería recibir el demandante] pero no puede haber satisfacción por el daño a los sentimientos, por lo cual, si quisiera Incluso si ofreciera los mejores carneros del mundo, no lo expiarían, a menos que suplicara perdón al demandante, como se dice. Y ahora devuelve la mujer al hombre, porque es profeta, y orará por ti. ¿Es solo porque es la esposa de un profeta que debe ser restaurada, pero la esposa de una persona común no debe ser restaurada? Dijo R. Simon b. Nachmeni, en el nombre de R. Jonathan: [Lea así] "Restaura a la esposa del hombre, quienquiera que sea; [y] porque es un profeta, él orará por ti. Y en cuanto a tu reclamo (Ib., Ib. 4, 5) Señor, ¿Matarás incluso a una nación justa? No me dijo él mismo. ¿Ella es mi hermana? no sirve de nada; porque si un extraño llega a una ciudad, ¿qué se le suele interrogar? ¿Se trata de lo que comería o bebería, o de su esposa, si es su esposa o su hermana? Deduzca de esto que un descendiente de Noé es castigado incluso cuando comete un crimen por ignorancia, porque debe aprender y saber.

Dijo Raba a Rabba bar Mari: "¿De dónde deducimos el siguiente dicho popular: Con el arbusto se golpea el repollo (los buenos sufren con los malos)?" Él respondió: "Del siguiente versículo (Jeremías 2, 29) ¿Por qué contenderéis conmigo? Todos vosotros (incluidos los justos) se rebelaron contra mí, dice el Señor". "Tú lo deduces de este versículo", le dijo, "pero yo lo deduzco de lo siguiente (Éxodo 16, 28) ¿Hasta cuándo rehusarás guardar Mis mandamientos", etc. (Vosotros también incluís a Moisés y Aarón). Raba le dijo de nuevo a Rabba bar Mari: "Está escrito (Gen.47, 2) Y de entre sus hermanos, tomó cinco hombres. ¿Quiénes eran los cinco? ". Él respondió:" Así dijo R. Jochanan: Aquellos cuyos nombres se mencionaron dos veces en la bendición de Moisés ". ¿Pero no se menciona el nombre de Judá también dos veces? El nombre de Judá se mencionó dos veces con otro propósito, como R. Samuel b. Najmeni dijo en el nombre de R. Jonathan acerca del pasaje (Deut.33, 6)

Raba volvió a cuestionar a Rabba bar Mari: "¿Cuál es el origen del dicho de la siguiente gente: 'La pobreza sigue a los pobres' (el hombre siempre está en desventaja)". Él respondió: "En la siguiente Mishná: Los ricos traen las primicias en canastas de oro o plata [y se llevan las canastas], mientras que los pobres las traen en canastas de sauce, y las canastas se quedan con el fruto para los sacerdotes". "Lo encuentras en la Mishná", le dijo Raba, "pero yo lo encuentro (Ib. B) en la Escritura (Lev. 13, 45) Y clamaré: Inmundo, inmundo. [No es suficiente que él sea afligido, pero él mismo debe llamarlo] ".

De nuevo dijo Raba a Rabba b. Mari: "¿Dónde está el origen del dicho de los rabinos: Levántate temprano en la mañana y come algo, en el verano por el calor y en el invierno por el frío; y la gente dice: Sesenta hombres corrían detrás de uno que usaba para comer temprano en la mañana, y no pudo alcanzarlo? " Él respondió: "En el siguiente versículo (Is. 49, 10) No tendrán hambre ni sed, ni el calor ni el sol los afligirá". Con lo cual Raba dijo: "Encuentro el origen en lo siguiente (Ex. 23, 25) Y servirás al Señor; esto se refiere a la lectura de la Sh'ma y la oración; Y Él bendecirá tu pan y tu agua, se refiere al pan, a la sal y al cántaro de agua que se toma inmediatamente después; por tanto, quitaré la enfermedad de en medio de ti.

De nuevo dijo Raba a Rabba b. Mari: "¿Cuál es el origen del dicho de los rabinos:" Si tu vecino te llama asno, ponte una silla de montar "? Él respondió:" Génesis 16, 8) Y él dijo: Agar, la doncella de Sara ... . Y ella dijo: De la cara de mi ama.

Raba volvió a decirle a Rabba bar Mari: "¿De dónde viene el dicho del pueblo:" ¿Qué defecto hay en ti, sé el primero en contarlo? " Él respondió: "De (Ib. 24, 34) Y él dijo: Soy siervo de Abraham". Raba le dijo de nuevo a Rabba bar Mari: "¿De dónde viene el dicho del pueblo: 'Un pato mientras mantiene la cabeza gacha, sus ojos todavía miran a la distancia?'" Él respondió: "De (I Samuel, 25, 31) Y cuando el Señor hará bien a mi señor, entonces acuérdate de tu sierva ".

Raba dijo de nuevo a Rabba bar Mari: "¿De dónde dice el siguiente pueblo: 'Aunque el vino pertenece al dueño, no obstante, se debe dar las gracias al camarero?'" Él respondió: "De (Núm. 27, 19) Y pondrás tu mano sobre él; y también (Deut. 34, 9) Y Josué, hijo de Nun, estaba lleno del espíritu de sabiduría, porque Moisés había puesto sus manos sobre él ", etc. (Todo el crédito se le da a Moisés). Raba le dijo de nuevo a Rabba bar Mari: "¿De dónde dice el siguiente pueblo: 'La palma mala viajará para encontrarse con una lata estéril (como se encuentra con como)'"? Él respondió: "Esto está escrito en el Pentateuco, repetido en los Profetas, mencionado por tercera vez en el Hagiographa, también aprendido en una Mishnah y enseñado en un Baraitha: Pentateuco,) Y Esaú fue a Ismael; Profetas (Jue. 11, 3) Y luego se reunieron con los hombres holgazanes de Yiphthach, y salieron con él; Hagiographa (Ben Sira, 13) Cada ave se asocia con su especie y el hombre con su igual; Mishná, "Todo lo que está pegado a un artículo inmundo es inmundo y todo lo que está pegado a un artículo limpio es limpio". Baraitha: R. Eliezer dijo: "No en vano el gladiador fue al cuervo, porque es de su especie".

Raba dijo de nuevo a Rabba bar Mari: "De donde dice el siguiente dicho: 'Si tú alzas la carga, yo [también] levantaré (si compartes la responsabilidad, entonces lideraré); y si no, no tocaré ¿eso?" Él respondió: "De (Jueces 4, 8) Si tú vas conmigo, yo iré; pero si tú no vas conmigo, yo no iré". Raba le dijo de nuevo a Rabba bar Mari: "¿De dónde viene el siguiente dicho: 'Cuando hayas llamado a tu vecino [advirtiéndole], y él no respondió, derriba un gran muro y tíralo a él?'" Él respondió: "De (Ezequiel 24, 13) Porque te he purificado, y no fuiste purificado, no serás purificado más de tu inmundicia ". Raba volvió a decir a Rabba bar Mari:" De donde dice el siguiente dicho: 'No escupir en el pozo del que bebiste ¿agua? '"Él respondió:" De (Deut. 23, 8)

No aborrecerás al edomita; porque es tu hermano; no aborrecerás al egipcio; porque eras forastero en su tierra ". Rabá volvió a decirle a Rabba bar Mari:" ¿De dónde viene lo siguiente: cuando éramos jóvenes, éramos estimados como hombres, ahora que somos viejos se nos considera como niños? "Él respondió:" Al principio está escrito (Ex.13, 21) Y el Señor iba delante de ellos ... y de noche en una columna de fuego, para alumbrarlos; y después (Ib. 23, 20) He aquí, envío un ángel delante de ti, para que te guarde en el camino ".

Raba volvió a decirle a Rabba bar Mari: "¿De dónde viene lo siguiente: Detrás de un hombre rico se arrastran fichas?" Él respondió: "De (Gén. 13, 5) Y también Lot, que iba con Abram, tenía rebaños, vacas y tiendas". R. Chanin dijo: "Quien entregue un caso contra su asociado [a la Providencia] será castigado primero, como se dice (Ib. 16, 5). Y Sara le dijo a Abram: 'Mi agravio sea sobre ti'". también está escrito (Ib., ib.) Y Sarai le dijo a Abram, mi mal, etc. R. Isaac añadió a esto: "¡Ay del que clama por tales cosas, más aún que de aquel sobre quien se pide el juicio!". " También se nos enseña en el siguiente Baraitha: Ambos son castigados [por la Corte Divina], solo el que invoca el juicio es castigado primero.

R. Isaac dijo además: "No tomes a la ligera la maldición de un hombre común, etc." R. Abahu dijo: "Siempre el hombre tratará de ser de los perseguidos pero no de los perseguidores, ya que no hay más pájaros perseguidos que las palomas y las palomas, y sin embargo, las Escrituras los hicieron aptos para el altar".

Bava Kama, Capítulo 9

(Fol. 94) Se nos enseña en un Baraitha: R. Eliezer b. Jacob dijo: "Si alguien hubiera robado un s'ah de trigo y lo hubiera molido, amasado, horneado y separado el levantamiento, ¿cómo podría bendecirlo? No sería una bendición sino una blasfemia. tal acción, dice el versículo (Sal. 10, 3) El ladrón bendice... desprecia al Señor ".

(Ib. B) A nuestros rabinos se les enseñó: ladrones y usureros, si hacen restitución por su propia voluntad, no debe ser aceptado; y de quien lo acepta, los sabios no están satisfechos. Dijo R. Jochanan: "Esta Mishnnh fue enseñada en la época de Rabí, porque se nos enseña en un Baraitha: Sucedió que uno tenía la intención de arrepentirse, cuando su esposa le dijo: 'No sirve para nada, si lo haces. por tanto, ni siquiera tu cinto te pertenece; en consecuencia, se negó a arrepentirse. En este momento se hizo la declaración de la Mishná anterior ".

(Fol. 97, b) A nuestros rabinos se les enseñó: ¿Cuáles eran las monedas de Jerusalén? David y Salomón estaban grabados en un lado, y Jerusalén, la Ciudad Santa, en el otro lado; ¿Y cuáles eran las monedas de Abraham el patriarca? Un anciano y una mujer por un lado y un joven y una mujer por el otro.

Bava Kama, Capítulo 10

(Fol. 117) Un hombre quiso señalar al gobierno [para la confiscación] la gota que colmó el vaso de su vecino. Fue citado ante Rab, quien le advirtió que no lo hiciera; pero ese hombre insistió y dijo: "Yo lo mostraré". R. Cahana estaba entonces sentado frente a Rab y, al observar cómo ese hombre se negaba a obedecer la orden de Rab, le arrancó la tráquea. Entonces Rab aplicó el siguiente pasaje (Is. 51, 20) Tus hijos se han desmayado; yacen a la entrada de todas las calles, como toro salvaje atrapado en una red; es decir, así como no se muestra misericordia a un toro salvaje cuando es atrapado en la red, así tampoco se muestra misericordia a la propiedad de Israel cuando cae en manos de un idólatra. [Por lo tanto, R. Cahana impuso el castigo adecuado al hombre]. Rab entonces le dijo a R. Cahana: "Antiguamente los gobernantes eran persas, a quienes no les importaba el derramamiento de sangre [ejecutar por el tribunal autorizado]; pero ahora son griegos, a quienes les importa el derramamiento de sangre, y lloran. ¡Rebelión! ¡Rebelión! ¡Mejor! Vete a la tierra de Israel y, como castigo por tu crimen, debes tomarte el tiempo de no discutir ningún tema con R. Jochanan durante siete años ". R. Cahana obedeció la orden y se fue. Cuando llegó a Palestina, descubrió que Resh Lakish estaba recitando con los rabinos la conferencia diaria de R. Jochanan. Preguntó dónde estaba Resh Lakish, y cuando le preguntaron por qué lo necesitaba, respondió: "Con respecto a tal o cual pregunta; acerca de esta y aquella explicación". Los rabinos fueron e informaron a Resh Lakish. Resh Lakish, a cambio, fue inmediatamente y notificó a R. Jochanan, diciendo: "Un león vino de Babilonia. Que el maestro se prepare bien para la conferencia de mañana, porque el visitante podría interrumpir con preguntas". Al día siguiente le dieron un asiento a R. Cahana entre los de la primera fila, en el mismo frente de R. Jochanan. R. Jochanan explicó la primera ley, y R. Cahana no presentó objeciones. Inmediatamente fue trasladado a la siguiente fila. R. Jochanan recitó otra ley, y aún así R. Cahana no cuestionó liim, así que lo sentaron en la siguiente fila inferior, hasta que R. Cahana bajó siete filas, ocupando así un asiento en la última fila. R. Jochanan entonces comentó a Resh Lakish: "El león del que hablaste se convirtió en un zorro". R. Cahana luego ofreció una oración silenciosa a Dios y dijo: "Que sea Tu voluntad celestial que las siete filas que fui bajado sean como un intercambio por los siete años durante los cuales Rab me ordenó no discutir ningún tema con R. Jochanan ". Inmediatamente después se levantó y le pidió a R. Jochanan que repitiera su conferencia desde el principio. Tan pronto como R. Jochanan comenzó a repetir la primera ley, R. Cahana planteó una objeción que R. Jochanan no pudo responder. R. Cahana fue entonces elevado una fila. R. Jochanan explicó otra ley, y nuevamente R. Cahana planteó una objeción, para lo cual volvió a subir a otra fila, hasta que así volvió a la primera fila. R. Jochanan estaba sentado sobre siete almohadas, pero después de haber explicado la primera ley tradicional, a la que R. Cahana presentó una objeción, quitaron una almohada de debajo de R. Jochanan, y continuaron quitando almohadas hasta que R. Jochanan permaneció sentado. en el suelo desnudo. R. Jochanan era muy mayor y sus párpados eran muy largos, lo que le impedía ver bien. Pidió a sus discípulos que le levantaran los párpados para poder observar al erudito visitante. Sus discípulos levantaron los párpados con tenazas de oro y R. Jochanan miró a R. Cahana. El labio de este último estaba desgarrado, de modo que a R. Jochanan le pareció que R. Cahana se estaba riendo de él. Con lo cual R. Jochanan se desanimó y, en consecuencia, causó la muerte de R. Cahana. A la mañana siguiente, R. Jochanan comentó a sus discípulos: "¿Vieron cómo el babilónico se estaba burlando de nosotros?" A lo que sus discípulos respondieron: "Esta era su apariencia natural". Al darse cuenta de su grave error, R. Jochanan fue inmediatamente a la cueva donde estaba internado R. Cahana. Notó que (Ib. B) estaba rodeado por una serpiente, por lo que dijo: "Serpiente, serpiente, abre tu boca y alivia la cueva, para que entren el maestro y sus discípulos"; pero la serpiente no abrió la boca. "Que entre uno de sus asociados". Sin embargo, la serpiente no abrió la boca. "Que el discípulo entre a su maestro". La serpiente finalmente abrió la boca. R. Jochanan oró y sus oraciones revivieron a H. Cahana. "Si hubiera sabido que esta era la apariencia natural del maestro", Dijo R. Jochanan, "No me habría desanimado. Ahora te ruego que el maestro venga con nosotros". A lo que R. Cahana respondió: "Si el maestro es capaz de rezar para que no muera nunca más, entonces iré; pero si no, entonces no iré, porque, como pasé por ese tiempo, moriré. . " R. Jochanan lo despertó y lo hizo ponerse de pie; luego le dijo a R. Cahana todas sus tradiciones dudosas, y este último se las explicó, y esto es lo que quiere decir R. Jochanan: "Creí que el aprendizaje era suyo (los palestinos); pero en realidad es de ellos (los babilonios)".

R. Jochanan dijo: "Quien roba a su vecino hasta el valor de una parutha (medio centavo) se considera como si quisiera quitarle la vida; porque se dice (Prov. 1, 19) Así son los caminos de todo aquel que codicia ganancias [ilícitas], le quita la vida a sus dueños. Y de nuevo hay un versículo (Jer. 5, 17) Y comerán tu mies, y tu pan, comerán tus hijos y tus hijas. Y otra vez (Joel. 4, 19) Por la violencia contra los hijos de Judá. Y otra vez (II. Sam. 21, 1) Es por Saúl, y por su casa ensangrentada, porque dio muerte a los gabaonitas. ¿Con qué propósito se cita el segundo versículo? Se puede decir que se refiere únicamente a su propia vida, pero no a la vida de sus hijos; de ahí el otro verso, La carne de tus hijos e hijas. Y aún se puede decir que se refiere solo a un ladrón que no paga por el robo, pero no si paga; de ahí el versículo, Por la violencia contra los hijos de Judá. [La violencia significa incluso cuando da dinero]. Y, finalmente, se puede decir: Esto se trata solo cuando realmente lo hizo con sus manos, pero no cuando solo fue una causa de ello; de ahí el último versículo, Quién mató a los gabaonitas; ¿Dónde encontramos que Saúl los había matado? Debemos decir, por tanto, que por haber matado a Nob, la ciudad de los sacerdotes, que sostenían a los gabaonitas con agua y comida,

Los recolectores de caridad pueden aceptar donaciones de ellas [mujeres sin el conocimiento de sus maridos] solo en una pequeña cantidad, pero no en una gran cantidad. Rabbina, [quien era tesorero de caridad] estaba en la ciudad de Mechuza, y las mujeres le dieron como caridad cadenas y anillos de oro, y él aceptó. Cuando Rabba Tosphah le dijo a Rabina: "¿No se nos enseña en un Baraitha que los recolectores de caridad pueden aceptar donaciones de ellos en pequeñas cantidades, pero no en grandes cantidades?" él respondió: "Para la gente de Mechuza, esto se considera una pequeña cantidad".

FIN DE BABA KAMMA.

Bava Metzia, Capítulo 1

BABA METZIA (Fol. 19) Rabba bb Chana perdió en la universidad un documento de divorcio [que debía entregar a la mujer como mensajero], y cuando lo encontraron dijo: "Si necesita señales para identificar el documento, tenerlos; y si confías en mí para reconocerlo, entonces lo reconoceré ". Cuando se le devolvió, dijo: "No sé si lo hicieron a causa de las señales, por lo que sostienen que las señales son una ley bíblica; o se devolvieron solo por reconocimiento, en el que solo se confía en un erudito, pero no un hombre común ".

Bava Metzia, Capítulo 2

(Fol. 29 b) R. Jochanan dijo: "Aquel a quien su padre le legó demasiado dinero y desea perderlo, se vestirá con ropa de cama, usará utensilios de vidrio y contratará obreros y no estará con ellos. se vestirá con ropa de cama; esto se refiere a las prendas de lino romanas [que son muy caras y se estropean en poco tiempo], y usará utensilios de vidrio, se refiere al vidrio tallado; y contratará obreros y no estará con ellos, se refiere a (Fol. 30) labradores con bueyes [se quedan sin supervisar], que pueden hacer mucho daño [tanto a los bueyes como a los huertos] ".

(Ib. B) A R. Joseph se le enseñó: Con respecto al versículo (Éxodo 18, 29) Y les harás saber, medios cómo ganarse la vida; el camino, se refiere a la bondad amorosa; donde caminan, se refiere a visitar a los enfermos; en él, se refiere a enterrar a los muertos; y el trabajo, significa la ley exacta; lo que hacen, se refiere a la equidad. El maestro dice: Por donde andan se refiere a visitar a los enfermos. ¿No está esto incluido en la bondad amorosa? Era necesario nombrar esto por separado, en caso de que el enfermo fuera un ben gilo, y el maestro diga [en otro lugar] que al visitar a un ben gilo enfermo, una sexagésima parte de la enfermedad pasa a él, y no obstante esto debe hazlo. Pero, ¿no está incluido el entierro de los muertos en la bondad amorosa? Era necesario enseñar que incluso si era un sabio, y eso está más allá de su dignidad, debe hacerlo en tal caso. Lo que deben hacer, se refiere a la equidad; para R.

(Fol. 31) Un erudito le dijo a Raba: "Digamos [en relación con el versículo (Lev. 10, 17) Hoche'ach Tochi'ach 'reprende, tú reprenderás'] que hoche'ach significa reprender una vez, y tochiach significa dos veces? " "El primer hoche'ach significa incluso cien veces, y tochi'ach significa que no solo el maestro debe reprender a su alumno [cuando lo ve actuar mal], sino que incluso el alumno debe hacerlo con su maestro".

(Fol. 33) MISHNAH: Si uno pierde algo como lo hizo su padre antes, el suyo tiene preferencia. Lo mismo ocurre con su maestro. Sin embargo, si su padre y su maestro han perdido un artículo al mismo tiempo, su maestro tiene preferencia, porque su padre lo trajo solo a este mundo, mientras que su maestro, que le enseñó sabiduría, lo trae al mundo venidero; sin embargo, si su padre era un sabio, tiene preferencia. Si su padre y su maestro estaban sobrecargados, debería despedir primero a su maestro y luego a su padre. Si ambos estuvieran en prisión, su maestro tiene preferencia para ser redimido; sin embargo, si su padre era un sabio, tiene preferencia.

GEMARA: ¿De dónde se deduce esto? R. Juda dijo en nombre de Rab: "El pasaje dice (Deut. 15, 4) Sin embargo, no habrá necesitado. Esto significa que el tuyo tiene preferencia siempre". R. Juda dijo además en nombre de

Rab: "Sin embargo, el que siempre actúa en consecuencia [se prefiere a sí mismo a los demás], finalmente necesitará el apoyo de los demás".

A nuestros rabinos se les enseñó: "El maestro en cuestión se refiere a alguien que le ha enseñado la sabiduría de Guemará, pero no a quien le enseñó las Escrituras o la Mishná". Esta es la opinión de R. Maier. R. Juda dice: "Sólo uno que le enseñó que la mayor parte de su sabiduría se considera su maestro ". R. José, sin embargo, sostiene:" Que incluso si iluminó sus ojos en una sola Mishná, debe ser considerado su maestro ". Dijo Raba:" Por ejemplo , como R. S'chora, quien me explicó la palabra Zuhma con la palabra Listrun ".

A nuestros rabinos se les enseñó: Aquellos que se ocupan del estudio de las Escrituras no deben ser culpados, pero, por otro lado, no deben ser elogiados. Con la Mishná, sin embargo, deben ser elogiados y recompensados; pero con la Guemará no hay mejor costumbre. Sin embargo, busque ocuparse con la Mishná, en lugar de con la Guemará. ¿No se contradice el Baraitha? Dice que no hay mejor costumbre que la Guemará, e inmediatamente dice: Ocúpate con la Mishná (Ib. B). Dijo R. Jochanan: "En el tiempo de Rabí, se enseñó la Mishná anterior; en consecuencia, todos los discípulos dejaron la Mishná y comenzaron la Guemará; por lo tanto, él volvió a dar una conferencia, Ocúpese mejor con la Mishná, etc., y posteriormente su anterior se añadió una conferencia a la Mishná ". ¿Cuál fue la base de la conferencia mencionada anteriormente? Como R. Juda b. Illai dio una conferencia: "¿Cuál es el significado del pasaje (Es. 66, 5) Oíd la palabra del Señor, los que tembláis ante su palabra: Vuestros hermanos que os aborrecen, que os echan fuera por causa de mi nombre, han dicho: Sea el Señor glorificado, para que contemplemos vuestro gozo, pero ellos se avergonzarán? Temblar ante Su palabra, se refiere a los eruditos que estudian la Guemará; sus hermanos, se refiere a aquellos que estudian la Escritura; que te odian, se refiere a los que estudian la Mishná; que te echa fuera, se refiere a la gente común. Pero para que nadie diga que su esperanza ha cesado, por eso está escrito: para que contemplemos tu gozo. Quizás se dirá que Israel se avergonzará, por eso dice el pasaje: Pero serán avergonzados; es decir, el idólatra se avergonzará, pero Israel se regocijará.

Bava Metzia, Capítulo 3

(Fol. 42) R. Isaac dijo: "Siempre tendrá el hombre su dinero a mano, como está dicho (Deut. 14, 25) Y atará el dinero en tu mano; es decir, aunque esté atado, sin embargo, estará en tu mano ". R. Isaac dijo además: "Siempre debe un hombre dividir su dinero en tres partes, una de las cuales debe invertir en bienes raíces, la segunda parte debe invertir en negocios y la tercera parte debe permanecer siempre disponible [listo para rentabilizar transacciones]. R. Isaac dijo además: "Por lo general, la bendición no ocurre excepto sobre algo que está oculto a la vista [cuya cantidad exacta se conoce ahora], como se dice (Deut. 28, 8).) El Señor mandará la bendición contigo en tus graneros. "En el colegio de R. Ismael se enseñó que la bendición no ocurre excepto en algo que está oculto a la vista. A nuestros rabinos se les enseñó: El que va a medir el grano en su granero, debería decir: "Sea tu voluntad, oh Señor Dios nuestro, enviar bendición en el trabajo de nuestras manos". Cuando comience a medir, debería decir: "Bendito el que envía bendiciones sobre este montón.

"Sin embargo, si oró después de medir, su oración no es nada, porque la bendición no ocurre en cosas que se pesan, miden o cuentan, sino en cosas que están ocultas a la vista, como se dice: El Señor te enviará la bendición en tus graneros.

Bava Metzia, Capítulo 4

(Fol. 49) Se enseñó: "Las palabras", dijo Rab, "[si no se guardan] no pueden considerarse carentes de honestidad". Pero R. Jochanan dijo que podría considerarse [si no se mantiene] como falto de honestidad. Se planteó una objeción de lo siguiente: R. Jose b. Judá dijo: "¿Por qué se repite (Lev. 21, 36) Solo hin, esto no está incluido en la palabra, solo efa? Pero esto es para enseñarte que tu sí (hin) será justo, y tu no será justo [por tanto, vemos que las palabras deben guardarse]? " Dijo Abaye: "El versículo citado significa que uno no debe hablar con su boca de manera diferente a lo que piensa en su corazón".

(Fol.58 b) A nuestros rabinos se les enseñó: En cuanto al versículo (Lev.25, 17) Y no os injuriaréis unos a otros: el pasaje advierte aquí contra el mal de palabras. Dices que advierte contra el mal cometido con palabras; ¿tal vez advierte contra el mal cometido con el dinero? Dado que el pasaje dice (Ib., Ib. 14) Y si vendes algo a tu prójimo, o compras de la mano de tu prójimo; esta es una advertencia contra el mal cometido con el dinero. Por lo tanto, el versículo anterior debe ser una advertencia contra el mal cometido con palabras. ¿Cómo es eso? Si una persona se ha arrepentido, no se le debe decir. Recuerda tus actos anteriores. Si uno era descendiente de prosélitos, no debe decirle: Recuerda los actos de tus padres. Si un prosélito viene a aprender la Torá, no se le dirá: La boca que comió cadáveres, etc., debe pronunciar las palabras de la Torá, que fue pronunciada por la boca del Todopoderoso. A una persona que sufre castigos,Job 4, 6-7) ¿No es tu temor de Dios tu confianza, y tu esperanza la integridad de tus caminos? Te ruego que recuerdes a quien pereció siendo inocente. ¿O dónde fueron cortados los justos? Además, si los conductores buscaban un lugar donde comprar grano, no se los debe enviar a nadie, diciéndoles que es un vendedor de granos, sabiendo que nunca lo fue. R. Juda dice: "Tampoco se debe preguntar el precio de un artículo, sin tener dinero para pagarlo, como todo lo que se refiere al corazón, y en todo lo que se refiere al corazón, dice el pasaje (Lev. 19, 14) Temerás a tu Dios ".

R. Jochanan dijo en nombre de R. Simon b. Jochai: "El engaño en palabras es más riguroso que el engaño en dinero; porque acerca del primero, se dice: Temerás a tu Dios, y acerca del segundo, no se dice: Temerás a tu Dios". R. Elazar dice: "Porque el primero está comprometido con su cuerpo y el segundo con su dinero". R. Samuel b. Nachmeni dice: "Porque el último (dinero) puede ser devuelto, pero el primero (molestia del cuerpo) no puede".

Un discípulo ha enseñado antes de R. Nachman b. Isaac: "El que expone a su vecino a la vergüenza en público es considerado como si hubiera derramado sangre". "Su afirmación es correcta", comentó R. Isaac, "porque vemos en el hombre que está expuesto a la vergüenza en público que el color rojo de su rostro desaparece y se vuelve blanco". Abaye le dijo a R. Dimi: "¿Qué es lo que se observa estrictamente en Palestina?" Y él respondió: "Tener cuidado [de no] hacer pálido el rostro (es decir, avergonzar a la gente); porque R. Chanina dijo que todos descienden al Gehena, excepto tres. ¡Todos! ¿Es posible? Di así: Todos los que descienden al Gehena y regresan de aquí, excepto que los siguientes tres desciendan y no regresen: un adúltero, uno que expone a su prójimo a la vergüenza en público, y uno que aplica nombres viles a su prójimo ". ¿Pero aplicar nombres viles no es lo mismo que exponer a su prójimo a la vergüenza en público? El primero se refiere incluso cuando ya estaba acostumbrado a ser nombrado así. Rabba bb Chana dijo en nombre de R. Jochanan: "(Fol. 59) Un hombre debería cometer adulterio antes que exponer a su prójimo a la vergüenza en público". ¿De dónde se infiere? De la conferencia de Raba: ¿Cuál es el significado del pasaje (Ps. 35, 15) Pero cuando me detengo, se regocijan y se reúnen; ... Me desgarran y no cesan. Así dijo David ante el Santo, ¡alabado sea! "Soberano del Universo, es conocido y revelado ante Ti que si desgarraran mi carne la sangre no correría. Incluso cuando están ocupados en el estudio de Negaim y Ahaloth me dicen: 'David, que es un adúltero , ¿con qué tipo de muerte debe ser castigado? Y les respondí: 'Ha de ser colgado: él, sin embargo, tiene parte en el mundo venidero, pero el que expone a sus semejantes a la vergüenza en público no tiene participación en el mundo venidero' ". Mar Zutra b. Tubia en nombre de Rab, según otros R. Chana b. Bizna en nombre de R. Simeon el Piadoso, y aún según otros, R. Jochanan en nombre de R. Simon b. Jochai, dijo: " Es mejor arrojarse en un horno ardiente que exponer a su prójimo a la vergüenza en público. ¿De dónde lo inferimos? Del acto de Tamar, de quien está escrito (Gen. 38, 25) Cuando nació, envió a su suegro, etc. "

Rab dijo: "Uno siempre debe tener cuidado de no engañar a su esposa, porque ella llora fácilmente [y por lo tanto acelera el castigo]".

R. Elazar dijo: "Desde la destrucción del Templo, las puertas de la oración están cerradas, como se dice (Lam. 3, 8). Sí, también cuando lloro y pido ayuda. Él cierra mi oración. Sin embargo, las puertas de las lágrimas no se cerraron, como está dicho (Sal. 39, 13). Oye, Señor, mi oración, y escucha mi clamor; no guardes silencio ante mis lágrimas ".

Rab dijo además: "El que sigue el consejo de su esposa cae en Gehena, como se dice (I Reyes, 21, 25) Pero de hecho no hubo ninguno como Achah. Etc." R. Papa le dijo a Abaye: ¿No dice la gente: 'Si tu esposa es pequeña, inclínate y escucha su consejo'? Esto no presenta ninguna dificultad. Rab habla de asuntos mundanos y el dicho de la gente trata de asuntos domésticos. Según otros, Rab habla de asuntos celestiales y los demás de asuntos mundanos.

R. Chisda dijo: "Todas las puertas están cerradas para las oraciones, excepto el que llora por haber sido engañado, como se dice (Amós 7, 7). He aquí, el Señor estaba junto a un muro de Anac, y en su mano había un Anaj". R. Elazar dijo: "Todos los pecadores son castigados a través de un mensajero, excepto el tramposo, que es castigado por el Señor mismo, como dice: Y el Anach está en Su mano". R. Abahu dijo: "Para los siguientes tres la petición de la Shejiná no se cierra [para ocultarlos]: engaño, robo e idolatría. Engaño, como se mencionó anteriormente - Anach en Su mano; robo, como está escrito (Jer. .6, 7) Se oyen en ella violencia y robo; en mi presencia hay continuamente enfermedad y heridas; e idolatría, como está escrito (Is.65, 3) Las personas que me provocan a ira en mi rostro de continuo. "

R. Juda dijo: "Uno siempre debe tener cuidado de tener grano en su casa; porque a menudo viene la disputa en una casa por la falta de grano, como se dice (Sal. 147) Él hace tus fronteras en paz; Él te da en abundancia de sebo de trigo ". Dijo R. Papa: "Esto es lo que dice la gente. Cuando la cebada se va del cántaro, la contienda golpea y entra en la casa". Y R. Chanina b. Papá también dijo: "Uno siempre debe tener cuidado de tener grano en su casa, porque Israel fue llamado pobre solo por el grano, como se dice (Jue. 6, 3-6).) Y fue cuando Israel había sembrado, etc.... y otro verso. Y acamparon contra ellos ... y de nuevo está escrito. E Israel estaba muy empobrecido ". R. Chelbu dijo:" Uno siempre debe tener cuidado de honrar a su esposa, porque la bendición en la casa generalmente viene por el bien de la esposa, como se dice (Génesis 12, 16). le hizo bien a Abram por ella. Y esto es lo que Raba solía decir a los habitantes de su pueblo, Machuza: 'Reverencien a sus esposas, con el propósito de enriquecerse' ".

Se nos enseña en una Mishná: Concerniente a un horno que se separó y luego se pegó con arena entre las secciones de cal. R. Eliezer declara que está limpio y los sabios, inmundo (Ib. B) y este es el horno de una serpiente. ¿Qué significa esto? Dijo R. Juda en nombre de Samuel: "Da a entender que lo rodearon con su evidencia como una serpiente se enrolla alrededor de un objeto". En un Baraitha se enseñó que R. Eliezer usó todos los argumentos posibles, pero no fueron aceptados. Luego dijo: "Dejemos que este algarrobo pruebe que la Halajá prevalece como digo"; el algarrobo fue arrojado [milagrosamente] a una distancia de cien ells, y según otros cuatrocientos ells. Pero dijeron: El algarrobo no prueba nada. De nuevo dijo: "Dejemos, entonces, que el manantial de agua demuestre que así prevalece la Halajá". Luego, el agua comenzó a correr hacia atrás. Pero nuevamente los sabios dijeron que esto no probaba nada. De nuevo dijo: "Entonces, que las paredes de la casa de estudio demuestren que tengo razón". Las paredes estaban a punto de caer. R. Joshua, sin embargo, los reprendió, diciendo: "Si los eruditos de este colegio están discutiendo sobre una Halajá, ¡por qué debéis interferir!" No cayeron, por respeto a R. Joshua, pero no volvieron a ser heterosexuales, por respeto a R. Eliezer. (En consecuencia, permanecen hasta el día de hoy en las mismas condiciones). Dijo de nuevo: "Que sea anunciado por los cielos que la Halajá impregna según mi declaración", tras lo cual se escuchó una voz celestial que decía: "¿Por qué peleas con R. Eliezer, cuya opinión debe prevalecer en todas partes?" R. Joshua luego se puso de pie y proclamó (Deut. 30, 12) La Ley no está en los cielos. ¿Cuál es el significado de La ley no está en los cielos? Dijo R. Jeremiah: "Significa que la Torá ya nos fue dada en el Monte Sinaí, y no nos importa una voz celestial, ya que está escrita en la Torá (Ex.23, 2) Para inclinarse tras la mayoría ". R. Nathan se encontró con Elías [el Profeta] y le preguntó:" ¿Qué hizo el Santo, alabado sea? hacer en ese momento "[cuando R. Joshua proclamó la respuesta anterior a la voz celestial]? Y él respondió:" Él se rió y dijo: Mis hijos me han invalidado, Mis hijos me han invalidado ". Se dijo que en el mismo día todos los casos de limpieza levítica, en los que R. Eliezer decidió que estaban limpios, fueron llevados al colegio y fueron destruidos por el fuego. Y emitieron un voto, y se decidió por unanimidad bendecirlo (colocarlo bajo el ban). Surgió la pregunta, en cuanto a quién debería tomarse la molestia de informarle. R. Akiba dijo:

"Iré [y le informaré nuestra decisión] no sea que alguien que no sea apto para tal mensaje vaya y le informe de repente, y destruirá el mundo ". ¿Qué hizo R. Akiba? Se vistió de negro y se envolvió con el mismo color, y se sentó a una distancia de cuatro ells de R. Eliezer. Y a su pregunta: "Akiba, ¿qué te pasa?" él respondió: "¡Rabino! Me parece que sus colegas se han separado de usted". Inmediatamente después, él (R. Eliezer) se rasgó la ropa, se quitó los zapatos y se sentó en el suelo, y de sus ojos empezaron a brotar lágrimas. Entonces, el mundo fue batido en un tercio en aceitunas, un tercio en trigo y un tercio en cebada. Según otros, incluso la masa que ya estaba en manos de las mujeres se echó a perder. A Baraitha afirma que era tan grande en ese día que dondequiera que R. Eliezer fijaba su ojo, se quemaba. Y también Rabban Gamaliel, que en ese momento navegaba, estaba en peligro de ahogarse en un océano tormentoso, y dijo: "Me parece que esta tormenta se debe a R. Eliezer b. Hurkanus". Entonces se levantó y ofreció la siguiente oración: "Soberano del Universo, es conocido y revelado a Ti que ni por mi honor ni por el honor de la casa de mi padre lo he hecho, sino para Tu gloria, para que Las peleas [en solitario] no aumentarán en Israel ". Entonces el mar se calmó. Eima Shalum, la esposa de R. Eliezer, era hermana de Rabban Gamaliel, y desde ese momento evitó que su esposo cayera sobre su rostro. Sucedió, sin embargo, en un día que era el último del mes, y se equivocó, pensando que ese día era el primero del mes [en el que no es costumbre caer de bruces], según otros, un pobre llamó a la puerta y ella le iba a dar un poco de pan, que se cayó de bruces, y cuando regresó y encontró a su marido cayendo de bruces, le dijo: "¡Levántate, ya mataste a mi hermano!" Mientras tanto, la casa de Rabban Gamaliel anunció que estaba muerto, ya la pregunta R. Eliezer le preguntó: "¿De dónde sabías esto?" Ella respondió: "Tengo una tradición de la casa de mi abuelo que todas las puertas están cerradas para las oraciones, excepto el que llora al molestar".

A nuestros rabinos se les enseñó: el que molesta a un extraño transgrede tres mandamientos negativos, y el que lo oprime transgrede dos. Veamos, en cuanto a molestar, hay tres mandamientos negativos, (Ex. 22, 20 ; Lev. 19, 33 y 25, 17). Si es así, entonces también hay tres mandamientos negativos con respecto a la opresión (a saber, Éxodo 22, 20 ; 23, 9 y 22, 24), que incluyen también al extranjero. Por tanto, debemos decir que en ambos casos transgrede tres mandamientos negativos.

Se nos enseña en un Baraitha: R. Eliezer el Grande dijo: "¿Por qué la Escritura en treinta y seis, según otros en cuarenta y seis lugares, advierte acerca de los extraños? Porque su carácter original es malo [en el que el maltrato podría causar que recaiga] ". ¿Por qué se añade (Éxodo 22, 20) porque eran extranjeros en la tierra de Egipto? Se nos enseña en un Baraitha: R. Nathan dice: "No reproches a tu prójimo una falta que también es tuya"; y esto es lo que dice la gente: "Al que ha tenido un ahorcado en su familia, ni siquiera le menciones colgar un pez".

(Fol. 60) MISHNAH: R. Juda dice: "Un tendero no debe proporcionar a los niños pequeños regalos de nueces, etc., porque los acostumbra a comprar todas sus necesidades en su lugar". Los sabios, sin embargo, lo permiten. También prohíbe bajar los precios, por la razón anterior. Los sabios, sin embargo, dicen que, por el contrario, la gente estará agradecida por tal acto. Un tendero no debe quitar la cáscara de los frijoles para subir el precio más que si se quedaran en la cáscara. Los sabios, sin embargo, lo permiten [ya que el comprador suele conocer la diferencia de precios]. Sin embargo, están de acuerdo en que uno no debe hacerlo solo con la parte superior de la medida, porque engaña al ojo [ya que el comprador puede pensar que el contenido de la medida completa es así]. No está permitido embellecer esclavos, animales o embarcaciones.

(Ib. B) Sucedió, un viejo esclavo se pintó el cabello y la barba y vino a Raba para que lo comprara. Y Raba le respondió: Sea tu casa abierta para tus propios pobres. Cuando llegó a R. Papa b. Samuel, lo compró. Un día le dijo que trajera un trago de agua, lavó la pintura y le dijo: "Mira, yo soy mayor que tu padre"; y R. Papa leyó para sí el siguiente versículo (Pr. 61, 8) El justo es librado de la angustia, y otro viene en su lugar.

Bava Metzia, Capítulo 5

(Fol. 61b) A nuestros rabinos se les enseñó; En cuanto al versículo (Levítico 19, 35) No haréis injusticia en el juicio, en el metro, en el peso o en la medida. Meteyard se refiere a bienes raíces; no se debe medir con la misma cuerda para dos herederos, uno en verano y otro en invierno [porque la cuerda, si está seca, es más corta]. En peso, significa que uno no debe esconder el peso en sal [lo que lo hace pesado]; O en medida, no se debe llenar una Massura de manera que se haga espuma; y de esto se pueden sacar las siguientes conclusiones a fortiori: Si una pequeña medida que contiene sólo una trigésimo sexta parte de una oreja, la Torá es particular que el líquido no debe medirse con espuma; ¡Cuánto más se debe tener cuidado de no medir con espuma un hin o un taco, o la mitad, un tercio o un cuarto de taco! Raba dijo: " ¿Por qué se menciona la redención de Egipto en las Escrituras junto con la usura, Zizith (flecos) y pesos? El Santo, alabado sea, dijo: 'Fui yo quien distinguió en Egipto entre un primogénito y otro, y también soy yo quien castigaré al que preste dinero sobre la usura a un israelita con el pretexto de que el dinero pertenece a un pagano; y también el que esconde sus pesas en sal, y finalmente el que pone flecos de imitación de azul púrpura en su vestimenta pretendiendo que es azul púrpura, [prescrito en la Escritura para los flecos]

Rabina llegó a la Sura del Éufrates. En esa ocasión R. Chanina del mismo lugar le preguntó: "¿Por qué la Escritura menciona la redención de Egipto junto con la ingesta de reptiles?" Y él respondió: "Así dijo el Santo, ¡alabado sea! 'Yo, que he distinguido en Egipto, etc., castigaré al que mezcle las entrañas de los peces inmundos con las entrañas de los limpios y las venda a un israelita'. "Y él respondió:" Lo que no entiendo es, ¿por qué se menciona aquí, quién te crió, que no es el caso en el otro lugar donde se menciona la redención de Egipto? " Rabina respondió: "Necesitamos esto para lo que fue enseñado por la escuela de R. Ishmael; porque en la escuela de R. Ishmael se enseñó: ¡El Santo, alabado sea! Dijo:" Si la única razón por la que Israel debería ser redimido de Egipto fuera que no deberían contaminarse con el consumo de reptiles, sería suficiente '"." ¿Es entonces la recompensa por no comer reptiles mayor que la de los tres mencionados anteriormente [para lo cual no se usa la expresión, les mencioné], preguntó R. Chanina. Rabina respondió: "La pregunta aquí no es sobre recompensa, ya que la Escritura significa que fueron educados de tal manera que sintieron repugnancia por contaminarse con reptiles".

(Fol.62) Se nos enseña en un Baraitha: Si dos estuvieran en el camino [en el desierto], y uno de ellos tiene un cántaro de agua que es suficiente para uno solo hasta que pueda llegar a un lugar habitado, pero si ambos lo usaría ambos morirían antes de llegar a una aldea; Ben Pattira dio una conferencia que en tal caso es mejor que ambos beban y mueran que uno debe ser testigo de la muerte de su camarada, hasta que R. Akiba vino y enseñó: (Lev. 25, 7) Que tu hermano pueda vivir contigo; (es decir, se prefiere tu propia vida a la vida de tu hermano).

(Fol. 70 b) (Prov. 28, 8) El que aumenta su riqueza con interés y usura, la recogerá para él, que será bondadoso con los pobres. ¿Qué se quiere decir con la expresión que será bondadoso con los pobres? Rab dijo: "Por ejemplo, como el rey Sabura, que recolecta dinero de los israelitas con el propósito de distribuirlo entre los pobres de los persas".

(Fol. 75 b) Se nos enseña en un Baraitha: R. Simeon dice: "Los usureros pierden más de lo que ganan [porque niegan en Dios]; además, hacen que Moisés, nuestro maestro, sea un insensato, y su ley falsa , diciendo: "Si hubiera sabido que la usura reporta grandes beneficios, no habría escrito que está prohibida".

Cuando R. Dimi vino de Palestina, dijo: "¿De dónde deducimos que si uno se da cuenta de que su deudor no tiene con qué pagar, no debe pasar de largo? Del siguiente versículo (Ex. 22, 24). no serás para él como acreedor ". R. Ami y R. Assi dijeron: "El deudor se siente como si hubiera sido castigado con dos frases [fuego y agua], como se dice (Sal. 66, 12). Has hecho que los hombres pasen sobre nuestras cabezas; nosotros pasó por el fuego y por el agua ". R. Juda dijo, en el nombre de Rab: Quien presta dinero a cualquiera sin testigos, transgrede el mandamiento (Lev. 19, 14) Ni pone tropiezo delante del ciego. "Resh Lakish agrega que se causa una maldición sobre sí mismo, como se dice (Sal. 31, 19) Sean mudos los labios mentirosos que hablan con arrogancia contra el justo ".

Los rabinos le dijeron a R. Ashi: "Rabina se adhiere estrictamente a todo lo que los rabinos ordenaron". R. Ashi entonces le envió en una víspera del sábado: "Que el maestro me envíe diez zuz, ya que tengo la oportunidad de hacer un trato". Y él respondió: "Que el maestro nombre testigos o escriba una nota". Y R. Ashi le envió: "¿Me exiges esto también a mí?" Y él respondió: "Mucho más de usted, maestro, porque siempre está ocupado en su estudio. Puede fácilmente escapar de su memoria, y me traería una maldición". .

A nuestros rabinos se les enseñó: Los siguientes tres claman por ayuda sin ser escuchados: el que presta dinero sin testigos, el que compra un señor para sí mismo y el sobre quien gobierna su esposa. ¿Qué se entiende por "quien compra señor para sí mismo"? "Quien cede sus posesiones a sus hijos mientras aún está vivo. Otro número entre los gritos de auxilio que no se escuchan, también el del que sufre en una ciudad y no trata de ganarse la vida en otra.

Bava Metzia, Capítulo 6

(Fol. 83) Hubo porteadores que rompieron un barril de vino perteneciente a Rabha bb Chana, mientras estaba a su servicio, y les quitó la ropa por los daños causados; y vinieron a quejarse ante Rab, quien ordenó a Rabba bb Chana que les devolviera sus ropas. Y cuando éste le preguntó: "¿Así lo prescribe la ley?" él respondió: "Sí; (Prov. 2, 20) Para que andes en el camino de los buenos". Rabba bb Chana así lo hizo. Los transportistas, sin embargo, volvieron a quejarse: "Somos pobres, estuvimos trabajando todo el día, tenemos hambre y no tenemos nada para comer". Y Rab le dijo a Rabba que debía pagarles por su trabajo. Y volvió a preguntar: "¿Es así la ley?" Y él respondió: "Sí; (Ib., Ib.) Y observa la senda de los justos".

Bava Metzia, Capítulo 7

(Ib. B) R. Zera dio una conferencia; según otros, R. Joseph enseñó: ¿Cuál es el significado del pasaje (Ib., ib. 20) Tú causas oscuridad y se convierte en noche, en la que se arrastran todas las bestias del bosque? Tú causas las tinieblas, se refiere a este mundo que se compara con las tinieblas de la noche; donde se arrastran todas las bestias del bosque, se refiere a los malvados que existen en este mundo, que son comparados con las fieras. Sale el sol, se escabullen y se acuestan en su guarida; sale el sol para los justos; se escabullen, se refiere a los malvados que irán al Gehena; y acostarse en su guarida, se refiere a los rectos, porque no habrá un recto que no tenga morada en el mundo venidero, según su honor. El hombre sale a su obra, se refiere a los rectos que van a recibir su recompensa;

R. Elazar b. R. Simon conoció al oficial real que se dedicaba a capturar a los ladrones. "¿Cómo puedes capturarlos?" le preguntó. "¿No son comparados con las fieras, de las cuales está escrito: Por donde se arrastran todas las bestias del bosque?" Según otros, le citó el siguiente versículo (Ib. 10, 9) Está al acecho en un lugar secreto como un león en su guarida. "¿Quizás capturas a hombres respetables y los malvados siguen en libertad?" "¿Que puedo hacer?" respondió el oficial. "Estoy tan ordenado por el rey". "Si es así, entonces le daré instrucciones sobre cómo proceder", dijo R. Elazar b. R. Simon para él. "Entra en una bodega a la cuarta hora del día, y si encuentras allí a un hombre bebiendo vino, sosteniendo su copa y durmiendo, haz una investigación sobre él. Si es un erudito, ciertamente se dedicaba a sus estudios de noche; si es jornalero, puede ser que realizara su propio trabajo durante la noche; y si era un jornalero nocturno y no se supo que trabajaba de noche, de todas formas hay que investigarlo; tal vez había hecho un trabajo tal que no hace ruido. Pero si este hombre no es nada de este tipo, seguramente es un ladrón, y puedes capturarlo ". Este consejo se escuchó en la casa del rey, y se decidió que el que dictó la carta fuera el portador [es decir, él quien aconsejó debería ser el albacea]. R. Elazar fue llevado y designado para capturar a los ladrones, y así siguió haciéndolo. R. Joshua b. Karcha entonces le envió un mensaje: "Vinagre hijo de vino (hijo malo de buen padre), ¿hasta cuándo entregarás al pueblo del Señor para que lo ejecuten?Pr. 21, 23) El que guarda su boca y su lengua, guarda su alma de angustia. Finalmente, el prisionero iba a ser colgado, y R. Elazar se paró debajo de la horca y lloró. El prisionero le dijo: "Rabí, no te preocupes, porque mi hijo y yo cometimos adulterio en el Día de la Expiación". Luego, colocando su mano sobre su abdomen, dijo: "¡Alégrate mis entrañas! Si los casos en los que actuaste sobre las dudas son tan perfectos, ¿cuánto más perfectos son tus casos seguros? Estoy seguro de que ningún gusano de ningún tipo tendrá poder. sobre ti." Sin embargo, no descansó hasta que se sometió a una operación en su cuerpo, y después de que demostrara mediante pruebas que ningún gusano tenía poder sobre él, se aplicó el siguiente pasaje (Sal. 16, 9).) También mi carne reposará segura. El mismo caso sucedió (Fol. 84) con R. Ishmael b. R. José, a quien el gobierno ordenó capturar a los ladrones. Elías se encontró con él y le dijo: "¿Hasta cuándo entregarás al pueblo del Señor para que lo ejecuten?" "¿Qué puedo hacer? Es un nombramiento real [que no puedo rechazar]". Y Elías respondió: "Tu padre huyó [de la persecución] a Asia, huye a Ladicia".

R. Jochanan dijo: "Soy un resto de las bellezas de Jerusalén". El que desee ver una belleza similar a la de R. Jochanan, tomará una copa de plata de las manos del platero, que todavía está al rojo vivo por la llama, y la llenará con los gérmenes de la escarlata romana, y luego se la pondrá encima. una corona de rosas rojas, y colócala entre el sol y la sombra; y este reflejo es solo una parte de la belleza de R. Jochanan.

¿Es eso así? ¿No dijo el maestro que la belleza de R. Cahana es similar a la de R. Abahu, la belleza de R. Abahu es similar a la de Jacob nuestro patriarca, y la belleza de Jacob nuestro patriarca era similar a la belleza de Adán? el primero; mientras que R. Jochanan no fue mencionado entre las bellas? R. Jochanan era diferente, porque aunque su tez era hermosa, no tenía barba.

Un día, R. Jochanan se estaba bañando en el Jordán. Cuando Resh Lakish lo vio, saltó al Jordán y fue tras él. R. Jochanan le dijo: "Debes dedicar tus fuerzas al estudio de la Torá". Resli Lakish respondió: "Tu belleza es digna de las mujeres". Entonces R. Jochanan dijo: "Si te arrepientes [y dejas tu profesión], te daré a mi hermana, que es aún más hermosa que yo". Resh Lakish aceptó esta proposición, y cuando estaba a punto de volver a cruzar el río en busca de sus prendas, no pudo hacerlo. R. Jochanan luego lo instruyó e hizo de él un gran hombre. Un día surgió una disputa en la universidad sobre el momento en que diferentes armas de hierro nuevas, como espadas, cuchillos, etc., se volvieron sujetas a la impureza levítica. R. Jochanan dijo: "Desde el momento en que se sacan del horno, "mientras que Resh Lakish dijo:" Desde el momento en que se sacan del agua de enfriamiento ". R. Jochanan comentó:" El antiguo ladrón destaca su artesanía ". A lo que Resh Lakish respondió:" ¿Y de qué me has hecho? Cuando estaba en mi antigua profesión, también me llamaron maestro, como en mi nueva profesión. "" Te he hecho mucho bien, ya que te puse bajo las alas de la Shejiná ", dijo R. Jochanan. abatido, y Resh Lakish se enfermó. [La esposa de Resh Lakish, que era] la hermana de R. Jochanan, vino a este último y lloró, diciendo: "Oren por su salud, por el bien de mi hijo". respuesta citó el siguiente verso (El antiguo ladrón destaca su artesanía ". A lo que Resh Lakish respondió:" ¿Y de qué me has hecho? Cuando estaba en mi antigua profesión, también me llamaron maestro, como en mi nueva profesión. "" Te he hecho mucho bien, ya que te puse bajo las alas de la Shejiná ", dijo R. Jochanan. abatido, y Resh Lakish se enfermó. [La esposa de Resh Lakish, que era] la hermana de R. Jochanan, vino a este último y lloró, diciendo: "Oren por su salud, por el bien de mi hijo". respuesta citó el siguiente verso (El antiguo ladrón destaca su artesanía ". A lo que Resh Lakish respondió:" ¿Y de qué me has hecho? Cuando estaba en mi antigua profesión, también me llamaron maestro, como en mi nueva profesión. "" Te he hecho mucho bien, ya que te puse bajo las alas de la Shejiná ", dijo R. Jochanan. abatido, y Resh Lakish se enfermó. [La esposa de Resh Lakish, que era] la hermana de R. Jochanan, vino a este último y lloró, diciendo: "Oren por su salud, por el bien de mi hijo". respuesta citó el siguiente verso (Jochanan. R. Jochanan, sin embargo, se sintió abatido y Resh Lakish se enfermó. [La esposa de Resh Lakish, que era] la hermana de R. Jochanan, se acercó a este último y lloró, diciendo: "Ora por su salud, por el bien de mi hijo". Y en respuesta citó el siguiente versículo (Jochanan. R. Jochanan, sin embargo, se sintió abatido y Resh Lakish se enfermó. [La esposa de Resh Lakish, que era] la hermana de R. Jochanan, se acercó a este último y lloró, diciendo: "Ora por su salud, por el bien de mi hijo". Y en respuesta citó el siguiente versículo (Jer. 49, 11) Déjame a tu huérfano, yo les daré su sustento. Ella continuó llorando. "Rezad, por mi bien, para que no quede viuda". Y en respuesta le citó el final del mismo versículo, y tu viuda debe confiar en mí. Finalmente, R. Simon b. El alma de Lakish se fue a descansar, y R. Jochanan se entristeció mucho por él. Los rabinos del colegio buscaron un erudito adecuado para ir a consolarlo. Decidieron que R. Elazar b. P'dath, cuyas decisiones fueron originales, sería apto para esta tarea. Fue a la universidad de R. Jochanan y se sentó frente a él, y cuando R. Jochanan dijo algo, R. Elezar b. P'dath diría: "Hay un Baraitha que te apoya". R. Jochanan luego exclamó: "¿Eres tú quien desea reemplazar a bar Lakish? En su tiempo, cuando dije algo, planteó veinticuatro objeciones, y tuve que hacerlos bien con veinticuatro respuestas, para que la discusión se volviera muy animada. Tú, sin embargo, le dices a todo: "Hay un Baraitha que te apoya". ¿No soy consciente de que mi dicho tiene una buena base? "Finalmente R. Jochanan rasgó sus vestiduras, lloró y gritó:" ¿Dónde estás, bar Lakish? ¿Dónde estás, bar Lakish? "Continuó llorando hasta que se volvió loco. Los rabinos entonces oraron por su muerte, y su alma se fue a descansar. Continuó llorando hasta que se volvió loco. Los rabinos entonces oraron por su muerte y su alma se fue a descansar. Continuó llorando hasta que se volvió loco. Los rabinos entonces oraron por su muerte y su alma se fue a descansar.

(Ib. B) No obstante que R. Simon b. Eliezer dijo anteriormente que estaba seguro de que todas sus acciones eran justas, que no estaba satisfecho, y oró pidiendo misericordia desde el cielo, e invocó sobre sí mismo los castigos, y se afligió tanto que en la noche tuvieron que esparcirse debajo de él sesenta sintió que se extendían, y por la mañana le sacaron sesenta vasijas llenas de sangre. "Por la mañana, su esposa solía prepararle sesenta tipos de papilla, que él comió y fue sanado. Sin embargo, su esposa no le permitía ir a la universidad para que no lo molestaran los rabinos. . Y así solía decir todas las noches a sus aflicciones: "Venid, hermanos míos y asociados". Y por la mañana "Váyanse, porque no quiero que me impidan estudiar". Un día su esposa lo escuchó llamar al aflicciones, y ella exclamó: " ¡Tú mismo traes estas aflicciones sobre ti! Ya has agotado el dinero de mi padre por tu enfermedad. Ella lo dejó y se fue a la casa de su padre. Mientras tanto sucedió que los marineros le hacían un regalo de sesenta esclavos, cada uno con una bolsa con dinero; y los esclavos le preparaban diariamente los sesenta tipos de papilla que solía comer. Un día su esposa le dijo a su hija: "Ve a ver qué está haciendo tu padre". Ella fue. Su padre le dijo entonces: "Ve y dile a tu madre que somos más ricos que sus padres ". Y se aplicó el verso (cada uno con una cartera con dinero; y los esclavos le preparaban diariamente las sesenta clases de papilla que solía comer. Un día su esposa le dijo a su hija: "Ve a ver qué está haciendo tu padre". Ella fue. Su padre le dijo entonces: "Ve y dile a tu madre que somos más ricos que sus padres". Y se aplicó a sí mismo el verso (cada uno con una cartera con dinero; y los esclavos le preparaban diariamente las sesenta clases de papilla que solía comer. Un día su esposa le dijo a su hija: "Ve a ver qué está haciendo tu padre". Ella fue. Su padre le dijo entonces: "Ve y dile a tu madre que somos más ricos que sus padres". Y se aplicó a sí mismo el verso (Pr. 31, 14Se ha vuelto como los barcos mercantes, de lejos trae su comida. Finalmente comió, bebió, se recuperó y fue a la universidad, y allí le preguntaron sobre sesenta clases de sangre de mujeres y las purificó a todas. Los rabinos murmuraron diciendo: "¿Es posible que de tal número no haya uno dudoso?" Y dijo: "Si es como he decidido, todos darán a luz hijos varones; si no, habrá al menos una mujer entre ellos". En consecuencia, todos los niños nacieron varones y se llamaron Eliezer en honor a él. En un Baraitha se nos enseña que Rabbi dijo: "¡Ay del malvado gobierno que impidió que R. Eliezer asistiera a la universidad, y debido a esto, impidió la multiplicación de Israel! Cuando estaba a punto de morir, le dijo a su esposa: " Sé que los rabinos están enojados conmigo [porque he capturado a muchos de sus parientes como ladrones], y probablemente no asistirán a mi funeral como deberían hacerlo. Por lo tanto, me dejarás en mi ático y no me tendrás miedo ". R. Samuel b. R. Nachmeni dijo:" La madre de R. Jochanan me informó que la esposa de R. Eliezer que no menos de dieciocho y no más de veintidós años después de su muerte ella lo mantuvo en su ático. Ella solía ascender todos los días para examinar su cabello y no encontraba nada. Cuando sucedió que se cayó un cabello, se vio sangre. Un día encontró un gusano en su oreja y se sintió abatida. Pero él se le apareció en un sueño, diciéndole: 'No hay nada de qué desanimarse, ya que este es un castigo por permitir que un joven erudito sea insultado en mi presencia. ¡No protesté contra él, como debería haberlo hecho! "Cuando dos partes tenían una demanda, solían venir y pararse junto a la puerta, y cada una de ellas explicaba su caso. Luego se escuchó una voz desde el ático:" Usted, fulano de tal, es injusto con sus reclamos. ; "o" Tú, fulano de tal, eres justo ". Sucedió un día que su esposa estaba peleando con un vecino, y este último exclamó:" Puede que se te ocurra, como a tu esposo, que no está enterrado . "Y cuando los rabinos oyeron esto, dijeron:" Cuando esta conducta llega a tal extremo, es un insulto para el difunto ". Según otros, R. Simon b. Jochai, su padre, se apareció a uno de los Rabinos en un sueño, y dijeron: "Hay mi pichón entre ustedes, y no les importa traérmelo". Los rabinos decidieron ocuparse de su funeral. Sin embargo, los habitantes de Akhbrin no les permitieron sacar a R. Elazar de su ático, porque durante todos los años que R. Elazar durmió en su ático, ni una bestia salvaje había llegado a su ciudad. Una víspera del Día de la Expiación, cuando los habitantes de esa ciudad estaban ocupados, los rabinos contrataron a algunos hombres de la aldea de Biri, tomaron el cadáver con la cama y se lo llevaron a los rabinos, quienes lo llevaron a la casa. cueva de sus padres. Sin embargo, encontraron la cueva obstruida por una serpiente y dijeron: "Serpiente, serpiente, abre la boca y deja que el hijo entre a su padre". Y así lo hizo. Una víspera del Día de la Expiación, cuando los habitantes de esa ciudad estaban ocupados, los rabinos contrataron a algunos hombres de la aldea de Biri, tomaron el cadáver con la cama y se lo llevaron a los rabinos, quienes lo llevaron a la casa. cueva de sus padres. Sin embargo, encontraron la cueva obstruida por una serpiente y dijeron: "Serpiente, serpiente, abre la boca y deja que el hijo entre a su padre". Y así lo hizo. Una víspera del Día de la Expiación, cuando los habitantes de esa ciudad estaban ocupados, los rabinos contrataron a algunos hombres de la aldea de Biri, tomaron el cadáver con la cama y se lo llevaron a los rabinos, quienes lo llevaron a la casa. cueva de sus padres. Sin embargo, encontraron la cueva obstruida por una serpiente y dijeron: "Serpiente, serpiente, abre la boca y deja que el hijo entre a su padre". Y así lo hizo.

Luego, el rabino envió [un mensaje a la viuda] diciendo que le gustaría casarse con ella, y ella respondió: "¿Se debe usar una vasija que ha sido usada para un propósito sagrado para un propósito ordinario?" En Palestina citan esto: "Donde el dueño de las armas (guerrero) cuelga su hacha de batalla, ¿debería el pastor, Kulba, colgar su bolsa?" El rabino le envió: "Se conceda que él era más grande que yo en sabiduría, pero ¿era también más grande que yo en hechos meritorios?" Y ella respondió: "Reconoces, entonces, que él era más sabio que tú, lo cual yo ignoraba. Sin embargo, soy consciente de que en hechos meritorios él era más grande que tú, porque se sometió [con su buena voluntad] a los sufrimientos ". ¿De dónde se sabe que R. Elazar era más sabio que el rabino? Cuando Rabban Simon b. Gamaliel y R. Joshua b. Karcha estaba sentado en la universidad en bancos, ante los cuales R. Elazar y Rabbi estaban sentados en el piso mientras discutían preguntas halájicas, los sabios comentaron: "Estamos bebiendo el agua de estos dos jóvenes (es decir, disfrutamos de su estudio) y nosotros ¡déjalos sentarse en el suelo! " Les prepararon bancos y los subieron. Rabban Simon b. Gamaliel luego dijo a los sabios: "Poseo solo una palomita (solo un hijo), y quieren que la pierda, [no sea que un mal de ojo lo afecte]". Y le hicieron descender a su antiguo asiento en el suelo. R. Joshua b. Karcha entonces dijo: "¿Es correcto que el (Rabí) que tiene un padre, viva, y el (R. Elazar) que no lo tiene, morirá?" Por lo tanto, causaron que R. Elazar b. R. Simon también para tomar su antiguo asiento en el suelo. R. Elazar se sintió desanimado y dijo: " Me comparan con él (Rabí) ". Hasta ese momento, cuando Rabí decía algo, R. Elazar lo apoyaba; pero a partir de ese momento, cuando Rabí solía decir:" Tengo una objeción ", R. Elazar b. Simón le decía: "Quieres objetar esto y esto; aquí está la respuesta a su objeción. Ahora, nos estás rodeando con una serie de objeciones que no tienen ningún valor ". Rabí se sintió desanimado y vino a quejarse ante su padre, quien respondió:" Hijo mío, no debes enfadarte, porque él (Elazar) es un león , el hijo de un león, y tú eres un león, el hijo de un zorro ". Y a este Rabí se refirió cuando dijo [en otro lugar]:" Había tres hombres humildes, mi padre (Fol. 85), los hijos de Batira y Jonatán, hijo de Saúl. Mi padre (Rabban Simon b. Gamaliel), como se dijo anteriormente; el Beni Batyra, ya que se dice que ellos mismos lo nombraron jefe y lo elevaron al puesto de Nassi, que ocupaban; y Jonathan b. Saúl, como le dijo a David (Yo Sam. 23, 17) Y tú reinarás sobre Israel, y yo te beneficiaré. Pero quizás Jonathan b. Saúl lo dijo porque había visto que el mundo entero simpatizaba con David; y también los Beni Bathrya, porque no pudieron contestar las preguntas que se les plantearon; pero en cuanto a Rabban Simon b. Gamaliel, sin duda era uno de los hombres más humildes del mundo. El rabino dijo entonces: "Veo que se favorecen los sufrimientos". Y se sometió a sufrimiento durante trece años, seis de ellos con una piedra en la vejiga, y siete de ellos con escorbuto. El mayordomo de la casa del rabino era más rico que el rey Sabur. Cuando solía alimentar a los animales de Rabbi, las voces de los animales se escuchaban a lo largo de tres millas. Solía hacer esto en el momento en que Rabbi entraba al retrete, y el sonido de su grito [de dolor] ahogaba sus voces (las de las bestias), de modo que hasta los marineros de la costa lo oyeron. Sin embargo, las aflicciones de R. Elazar b. R. Simon eran más valiosos que los de Rabbi, mientras que R. Elazar b. R. Simon se sometió a ellos por amor, y ellos lo abandonaron por la misma razón; los de Rabbi vinieron como la causa de un incidente y lo dejaron a través de un incidente. Vinieron como la causa de un incidente, de la siguiente manera: Había un becerro que estaba a punto de ser llevado al matadero, y se escapó y puso su cabeza debajo de la ropa del Rabí y lloró. "Ve", le dijo el rabino, "porque fuiste creada para este propósito". Entonces se dijo [en el cielo]: "Puesto que no tuvo misericordia [de las criaturas], será visitado por aflicciones". Y lo dejó a través de un incidente, como sigue: Un día, cuando su sirvienta estaba barriendo la casa, trató de barrer algunas comadrejas que arrojaron allí. El rabino, dándose cuenta de lo que estaba tratando de hacer, le dijo: "Déjalos en paz, porque está escrito (PD. 145, 9) Y sus misericordias están sobre todos sus mundos ". Entonces se dijo en el cielo:" Porque tiene misericordia de las criaturas, tratémoslo con misericordia ". Durante todos los años en los que Rabí estuvo sufriendo sus aflicciones, nunca sucedió que el país necesitara lluvia.

Sucedió que Rabbi llegó al lugar donde R. Elazar b. R. Simon solía morar y preguntaba si ese hombre íntegro había dejado un hijo. Le dijeron que había un hijo y que cada prostituta cuyo precio era de dos dinares le pagaba cuatro dinares. Rabí envió a buscarlo, lo ordenó [como Rabí] y lo entregó a R. Simon b. Assi b. L'guinia, hermano de su madre. Los primeros días los jóvenes solían decir: "Volveré a mi casa". Y su tío, [tratando de persuadirlo para que preste su atención al estudio], le decía: "La gente quiere hacerte erudito, y te cubren con un manto adornado en oro, [en señal de ser ordenado], y te nombré Rabí, y sin embargo dices que volverás a tu antiguo lugar ". Acto seguido, respondió: "Juro que no volveré a mencionarlo". Cuando creció, fue a la universidad de Rabbi. Cuando este último escuchó su voz, dijo: "La voz de este joven es similar a la voz de R. Elazar b. R. Simon". Y le dijeron que este joven era su hijo. El rabino luego le aplicó el pasaje (Pr. 11, 30) El fruto del justo es el árbol de la vida, y el sabio atrae almas hacia sí. El fruto de los justos, se refiere a R. José b. R. Elazar, el alma de R. Simon, y el sabio, atrae almas hacia él, se refiere a R. Simon, su tío. Cuando él (R. José) murió, lo llevaron a la cueva de su padre y la encontraron rodeada por una serpiente. Los rabinos dijeron: "Achna, achna (serpiente), abre la boca y deja que el hijo entre a su padre". Pero no los escuchó. Pensaron que era porque su padre era un hombre más grande. Una voz celestial salió y dijo: "No porque el padre fuera mayor que el hijo, sino porque el padre había sufrido en la cueva, y el hijo no sufrió en la cueva".

El rabino llegó una vez a la ciudad donde solía vivir R. Tarphon y preguntó: "¿El hombre que solía jurar por sus hijos ha dejado un hijo?" Y le dijeron que no había dejado un hijo, sino un nieto de su hija, y que era tan hermoso que hasta las prostitutas cuyo precio era de dos dinares le pagarían cuatro. Mandó llamarlo y le dijo: "Si te arrepientes, te daré a mi hija". Y así lo hizo. Según algunos, se casó con la hija de Rabbi, pero luego se divorció de ella; y según otros, no se casó con ella en absoluto, por lo que la gente no debería decir que se arrepintió solo por el bien de esta mujer. Pero, ¿cuál fue la razón por la que Rabbi se preocupó tanto en tales casos? R. Juda dijo en nombre de Rab, según otros, R. Chiya b. Abba dijo en nombre de R. Jochanan, y según otros, R. Samuel b. Nachmeni dijo en nombre de R. Jonathan: "El que enseñe la Torá al hijo de su vecino será recompensado con un asiento en el colegio celestial; como se dice (Jer. 15, 19) He aquí, así dijo el Señor.... Tú estarás delante de mí, y si sacas lo precioso de lo vil, serás como mi boca. Y el que enseña la

Torá al hijo de un Am Ha'aretz, incluso si el Santo, alabado sea, ordenó un decreto maligno contra el mundo. Él lo abolirá [por causa de este acto meritorio]; como está dicho (Ib.) Y si sacas lo precioso de lo vil ".

R. Parnach dijo en nombre de R. Jochanan: "El que es un erudito, y también su hijo y también su nieto son eruditos, la Torá no se apartará de sus hijos para siempre; como se dice (Is. 59 20) Y mis palabras que he puesto en tu boca, no se apartarán de tu boca, ni de la boca de tus hijos, ni de la boca de los hijos de tus hijos, dijo el Señor, desde ahora y por toda la eternidad. . " ¿Qué significa el segundo "dijo el Señor"? Esto significa que el Santo, alabado sea, dijo: "Yo soy la certeza de que así continuará". ¿Qué significa desde ahora y por toda la eternidad? R. Jeremiah dijo: "A partir de ahora la Torá vuelve a su antigua posada".

R. Joseph ayunó cuarenta días y escuchó una voz celestial: "No se apartará de tu boca". Ayunó otros cuarenta días y escuchó: "No se apartará de tu boca ni de la boca de tus hijos". Luego ayunó cuarenta días más, y escuchó: "También de la boca de los hijos de tus hijos". Luego dijo: "Para las últimas generaciones no tengo más para ayunar, porque la Torá generalmente regresa a su antigua posada".

Cuando R. Zera ascendió a Palestina, ayunó cien días para olvidar el Talmud de Babilonia, para no confundirse con él. Luego ayunó otros cien días para que R. Eliezer no muriera durante su vida, para no tener que soportar todos los problemas de la congregación. Luego ayunó otros cien días para que el fuego del Gehena no lo afectara. Cada treinta días solía examinarse a sí mismo junto a un horno caliente, y el fuego no le afectaba. Sucedió, sin embargo, que un día los rabinos prestaron atención a esto, y él se quemó las caderas, por lo que fue nombrado el "Pequeño de las caderas quemadas".

R. Juda dijo en nombre de Rab: (Jer. 9, 11-12) ¿Quién es el sabio que puede entender esto? ¿Y quién es aquel a quien la boca del Señor ha hablado para declararlo? porque ¿qué ha sido destruida la tierra? (Ib. B) El comienzo del verso fue cuestionado por los sabios, pero en vano. La continuación del versículo fue cuestionada por los profetas, también sin resultado alguno, hasta que el Santo, alabado sea, lo explicó Él mismo en el versículo siguiente. Y el Señor dijo: "Porque abandonaron mi ley que les había puesto". R. Juda dijo en nombre de Rab: "Esto significa [que incluso cuando estudiaron la Torá], no pronunciaron la bendición prescrita para ella". R. Nachman dijo: ¿Cuál es el significado del siguiente pasaje (Pr. 14, 33En el corazón del entendido reposa la sabiduría, pero en el seno de los necios se da a conocer; es decir, en el corazón del hombre entendido descansa la sabiduría, se refiere a un erudito, al hijo de un erudito; pero [lo poco que hay] en el seno de los necios se da a conocer, se refiere a un erudito hijo de un plebeyo ". Ulla dijo:" Esto es lo que dice la gente: 'Una sola moneda en una botella grita kish-kish ". (sonidos metálicos). R. Jeremiah le dijo a R. Zera: "¿Cuál es el significado del pasaje (Job. 3, 19) El pequeño con el grande está ahí, y el sirviente libre de su amo. ¿No sabemos entonces que los grandes y los pequeños están ahí? Por lo tanto, debe interpretarse así: Aquel que se hace pequeño con el propósito de estudiar la Torá en este mundo, llegará a ser grande en el mundo futuro; y también el que se contrata a sí mismo como esclavo de la Torá en este mundo, se convertirá en un hombre libre en el mundo futuro ".

Resh Lakish solía marcar las cuevas de los rabinos. Cuando estaba a punto de hacerlo con la cueva de R. Chiya, se ocultó ante él, y se desanimó y dijo: "¡Soberano del Universo! ¿No discutí sobre la Torá como él lo hizo?" Una voz celestial salió y dijo: "Sí, discutiste en la Torá como él lo hizo, pero no difundiste las enseñanzas de la Torá como él".

Cuando R. Chanina y R. Chiya estaban peleando entre sí, R. Chanina le decía a R. Chiya: "¿Estás peleando conmigo, que soy capaz de renovar la Torá, por medio de mi discusión, debería ser olvidado? " A lo que R. Chiya respondería a R. Chanina: "¿Estás peleando conmigo, que has hecho que la Torá no sea olvidada en Israel? Hice lo siguiente: sembré lino, preparé redes con él, atrapé ciervos, hice de su pieles pergamino, y con su carne alimenté a los huérfanos. Escribí en el pergamino los cinco libros del Pentateuco, cada uno en un rollo separado, y solía ir a una ciudad, llevando cinco niños pequeños, instruyéndolos a cada uno en uno de los sobre los libros hasta que cada uno se sabía el contenido de memoria. También tomé a otros seis niños y les instruí en una sección diferente de la Mishná, diciendo a los niños: 'Hasta que regrese, cada uno de ustedes enseñará a los demás el libro que cada uno de ustedes conoce y no el otro; y por eso he hecho que la Torá no sea olvidada en Israel ". Y por eso Rabí exclamó:" ¡Oh, cuán grandes son los actos de Chiya! "R. Ismael b. R. José le dijo:" ¿Son aún mayores? que el tuyo, maestro? "Y él respondió:" ¡Sí! "" ¿Son aún mayores que los de mi padre? "Y él dijo:" No, tal cosa no puede suceder en Israel ".

R. Zera dijo: "Anoche R. Jose b. Chanina se me apareció en un sueño y le pregunté: '¿Dónde estás ubicado en el Heavenly College?' Y él respondió: 'Al lado de R. Jochanan'. —¿Y dónde está ubicado R. Jochanan? "Al lado de R. Janai". "¿Y dónde está ubicado R. Janai?" "Al lado de R. Chanina". —¿Y R. Chanina? 'Al lado de R. Chiya.' Entonces dije: "¿No es R. Jochanan digno de ser colocado al lado de R. Chiya?" Y él respondió: "En un lugar que está iluminado y del cual salen rayos, ¿quién se atreverá a traer al hijo de ¿Naphcha? "R. Chabiba dijo:" Me lo dijo R. Chabiba b. Surmachi, que vio a uno de los rabinos a quien Elías se aparecía con frecuencia, que por la mañana sus ojos eran hermosos y por la tarde estaban rojos, como quemados por el fuego. Y a la pregunta, '¿Por qué es así?' me dijo: 'Le he pedido a Elijah que me muestre los rabinos mientras ascendían al Heavenly College'. Y replicó: "Puede que mires a todos, pero no debes mirar al carruaje en el que se sube R. Chiya". "¿Y cuál es el signo por el que se puede reconocer?" Yo pregunté. 'Todos los rabinos están acompañados por ángeles cuando ascienden y descienden, excepto el carruaje de R. Chiya, que asciende y desciende por sí mismo. Yo, sin embargo, no pude contenerme y lo miré. Entonces dos rayos cegaron mis ojos. Al día siguiente fui a la cueva de R. Chiya, caí sobre ella y oré diciendo: "¡Estoy estudiando tu Baraitha, oh Maestro!" y me curé. " como quemado por el fuego. Y a la pregunta, '¿Por qué es así?' me dijo: 'Le he pedido a Elijah que me muestre los rabinos mientras ascendían al Heavenly College'. Y replicó: "Puede que mires a todos, pero no debes mirar al carruaje en el que se sube R. Chiya". "¿Y cuál es el signo por el que se puede reconocer?" Yo pregunté. 'Todos los rabinos están acompañados por ángeles cuando ascienden y descienden, excepto el carruaje de R. Chiya, que asciende y desciende por sí mismo. Yo, sin embargo, no pude contenerme y lo miré. Entonces dos rayos cegaron mis ojos. Al día siguiente fui a la cueva de R. Chiya, caí sobre ella y oré diciendo: "¡Estoy estudiando tu Baraitha, oh Maestro!" y me curé. " como quemado por el fuego. Y a la pregunta, '¿Por qué es así?' me dijo: 'Le he pedido a Elijah que me muestre los rabinos mientras ascendían al Heavenly College'. Y replicó: "Puede que mires a todos, pero no debes mirar al carruaje en el que se sube R. Chiya". "¿Y cuál es el signo por el que se puede reconocer?" Yo pregunté. 'Todos los rabinos están acompañados por ángeles cuando ascienden y descienden, excepto el carruaje de R. Chiya, que asciende y desciende por sí mismo. Yo, sin embargo, no pude contenerme y lo miré. Entonces dos rayos cegaron mis ojos. Al día siguiente fui a la cueva de R. Chiya, caí sobre ella y oré diciendo: "¡Estoy estudiando tu Baraitha, oh Maestro!" y me curé. " Le he pedido a Elijah que me muestre a los rabinos mientras ascendían al Heavenly College '. Y replicó: "Puede que mires a todos, pero no debes mirar al carruaje en el que se sube R. Chiya". "¿Y cuál es el signo por el que se puede reconocer?" Yo pregunté. 'Todos los rabinos están acompañados por ángeles cuando ascienden y descienden, excepto el carruaje de R. Chiya, que asciende y desciende por sí mismo. Yo, sin embargo, no pude contenerme y lo miré. Entonces dos rayos cegaron mis ojos. Al día siguiente fui a la cueva de R. Chiya, caí sobre ella y oré diciendo: "¡Estoy estudiando tu Baraitha, oh Maestro!" y me curé. " Le he pedido a Elijah que me muestre a los rabinos mientras ascendían al Heavenly College '. Y replicó: "Puede que mires a todos, pero no debes mirar al carruaje en el que se sube R. Chiya". "¿Y cuál es el signo por el que se puede reconocer?" Yo pregunté. 'Todos los rabinos están acompañados por ángeles cuando ascienden y descienden, excepto el carruaje de R. Chiya, que asciende y desciende por sí mismo. Yo, sin embargo, no pude contenerme y lo miré. Entonces dos rayos cegaron mis ojos. Al día siguiente fui a la cueva de R. Chiya, caí sobre ella y oré diciendo: "¡Estoy estudiando tu Baraitha, oh Maestro!" y me curé. " "¿Y cuál es el signo por el que se puede reconocer?" Yo pregunté. 'Todos los rabinos están acompañados por ángeles cuando ascienden y descienden, excepto el carruaje de R. Chiya, que asciende y desciende por sí mismo. Yo, sin embargo, no pude contenerme y lo miré. Entonces dos rayos cegaron mis ojos. Al día siguiente fui a la cueva de R. Chiya, caí sobre ella y oré diciendo: "¡Estoy estudiando tu Baraitha, oh Maestro!" y me curé. " "¿Y cuál es el signo por el que se puede reconocer?" Yo pregunté. 'Todos los rabinos están acompañados por ángeles cuando ascienden y descienden, excepto el carruaje de R. Chiya, que asciende y desciende por sí mismo. Yo, sin embargo, no pude contenerme y lo miré. Entonces dos rayos cegaron mis ojos. Al día siguiente fui a la cueva de R. Chiya, caí sobre ella y oré diciendo: "¡Estoy estudiando tu Baraitha, oh Maestro!" y me curé. " ¡Estoy estudiando tu Baraitha, oh Maestro! y me curé. " ¡Estoy estudiando tu Baraitha, oh Maestro! y me curé. "

Elijah solía aparecer con frecuencia en el colegio de Rabbi. En uno de los días de luna nueva, un día brillante, Elías no apareció; y cuando fue interrogado a partir de entonces por la razón de su ausencia dijo: "Se necesita tiempo hasta que despierto a Abraham, lavo sus manos, espero hasta que ore y lo vuelvo a dormir. Lo mismo hago con Isaac, y lo mismo con Jacob ". Entonces el rabino le preguntó: "¿Por qué no los despiertas a todos al mismo tiempo?" "Esto no se me permite, ya que es de temer que si todos rezaran juntos, traerían al Mesías antes de su tiempo". Y el rabino le preguntó: "¿Se encuentra su igual en este mundo?" Y él dijo: "¡Sí! Ahí están R. Chiya y sus hijos". El rabino luego ordenó un día de ayuno y colocó a R. Chiya y sus hijos en el altar. Cuando llegaron a la sección [de las Dieciocho Bendiciones], El que hace soplar el viento, vino un viento; y cuando llegaron a las palabras. El que hace llover, vino la lluvia. Cuando, a partir de entonces, estaban a punto de decir el tercer tramo de la resurrección, el mundo comenzó a temblar, y en el cielo se preguntó: "¿Quién ha revelado este secreto al mundo?" "¡Elijah lo hizo!" Elías fue traído y castigado con sesenta azotes de fuego. Luego apareció [en el lugar donde R. Chiya estaba orando], como un oso enojado, y los dispersó.

Samuel de Yarchina fue el médico del rabino. Cuando Rabí tenía los ojos doloridos, le dijo: "Les inyectaré un poco de medicina". El rabino dijo: "No puedo soportarlo". "Le untaré un ungüento". Pero el rabino le respondió: "No puedo soportarlo". Luego vertió un poco de medicamento en un tubo, se lo colocó debajo de la cabeza mientras estaba en la cama y se curó. El rabino intentó investir a Samuel con el título de rabino, pero nunca tuvo la oportunidad, y Samuel le dijo: "No se arrepienta el maestro, porque he visto el libro que le fue entregado a Adán el primero, y allí está Está escrito: Samuel de Yarchina (Fol.86) será nombrado sabio, pero no rabino, y Rabbi será curado a través de él. También está escrito allí: Rabbi y B. Nathan son los últimos del período Tannaico (el Mishnah); R. Ashi y Rabina, el último del período amorreo. El signo de esto es (PD. 73, 17) Hasta que entre en el santuario de Dios y entienda (Abina) lo que será este futuro ".

R. Cahana dijo: "C. Chama, el hijo de la hija de Chassa, me dijo que la muerte de Rabba b. Nachmeni se debió a la persecución religiosa". Se informó al Gobierno de que había un hombre entre los judíos que impidió que trece mil judíos pagaran el impuesto sobre la cabeza un mes durante el verano y un mes durante el invierno. El gobierno envió a un oficial a arrestarlo, pero no pudo encontrarlo en su casa. Mientras tanto, Rabba se escapó de Pumbaditha a la ciudad de Akura, de allí a Agina, Sh'chin, Triph y Eina Damim, y de Eina Damim de regreso a Pumbaditha. Sucedió que el oficial [que fue en busca de Rabba] se detuvo en la misma posada en la que estaba escondido Rabba. El posadero puso una mesa para el oficial. Después de haber bebido dos copas de vino, le quitaron la mesa y sucedió que el rostro del oficial se volvió. El anfitrión vino a Rabba y le suplicó: "¿Qué haremos [para curarlo]? Porque es un representante del Rey [y podríamos ser considerados responsables]". Rabá ordenó que se volviera a poner una mesa con una copa de vino, y luego se quitara la mesa y se curaría. Así lo hicieron y el oficial se curó. Entonces el oficial dijo: "Estoy seguro de que el hombre que quiero está aquí". Lo buscó y lo encontró, diciendo: "Iré de aquí e informaré que no pude encontrarlo. Si me matan, no lo revelaré; pero si me torturan, diré la verdad". " Luego se llevó a Rabba, lo encerró en una cámara y se llevó la llave. Rabá oró [a Dios], y el muro cayó [milagrosamente]; se escapó y fue a Agma, se sentó en el tronco de un árbol y comenzó a estudiar. Mientras tanto, hubo una disputa en el Colegio Celestial sobre un caso de pureza levítica, en el que algunos decretaron que era impuro y otros que puro, y se decidió que Rabba b. Nachmeni debería decidir el caso, ya que solía decir: "Soy el único maestro en el tratado de Nega'im, y soy el maestro en el tratado de Oholoth". Enviaron al ángel de la muerte por él, pero no pudo tocarlo, ya que no dejó de estudiar ni un momento. Mientras tanto, un viento sopló y susurró los árboles del bosque, por lo que Rabba pensó que los oficiales lo perseguían y dijo: "Déjame morir antes que ser tomado por el Gobierno". Cuando se estaba muriendo, [fue interrogado sobre la disputa en el Colegio Celestial, y] pronunció las palabras,

Tahor, Tahor (puro). Entonces salió una voz celestial, diciendo: " Bien te va Rabba b. Nachmeni, que tu cuerpo es puro, y que tu alma dejó tu cuerpo mientras decías puro. "Una tableta cayó en la ciudad de Pumbaditha, [sobre la cual se anunció que] Rabba b. Nachmeni fue llevado al Colegio Celestial. Entonces Abaye y todos los rabinos del colegio fueron a ocuparse de su funeral; pero no sabían dónde encontrar su cuerpo, y fueron a Agma, y vieron un enjambre de pájaros que hacía sombra debajo de ellos, y permaneció así, sin moverse. Y los rabinos entendieron que este era el lugar donde se encontraba el muerto. Se lamentaron por él tres días y tres noches. Cayó otra tablilla con la inscripción: "El que se separará [de aquí] será puesto bajo proscripción. Y se lamentaron por él siete días más. Luego cayó otra tablilla con la inscripción: "Vayan en paz a sus casas". El día en que Rabba murió, se desató una tormenta y arrojó a cierto comerciante que montaba un camello en un lado del río Papa al otro lado del río. Asombrado, preguntó: "¿Qué es?" Le respondieron: "Rabba b. Nachmeni está muerto". Entonces se levantó y dijo: "¡Soberano del Universo! El mundo entero es Tuyo, y Rabba b. Nachmeni también es Tuyo. Tú amas a Rabba, y Rabba te ama a Ti - ¿por qué, entonces, habrías de destruir el mundo?" Posteriormente, la tormenta amainó. Le respondieron: "Rabba b. Nachmeni está muerto". Entonces se levantó y dijo: "¡Soberano del Universo! El mundo entero es Tuyo, y Rabba b. Nachmeni también es Tuyo. Tú amas a Rabba, y Rabba te ama a Ti - ¿por qué, entonces, habrías de destruir el mundo?" Posteriormente, la tormenta amainó. Le respondieron: "Rabba b. Nachmeni está muerto". Entonces se levantó y dijo: "¡Soberano del Universo! El mundo entero es Tuyo, y Rabba b. Nachmeni también es Tuyo. Tú amas a Rabba, y Rabba te ama a Ti - ¿por qué, entonces, habrías de destruir el mundo?" Posteriormente, la tormenta amainó.

R. Simon b. Chalafta era un hombre gordo. Un día caluroso subió a la cima de una montaña para refrescarse. Le pidió a su hija que lo abanicara, prometiéndole un talento de nardo. Mientras tanto, empezó a soplar un viento, y le dijo a su hija: "¿Cuántos talentos de nardos se le van a dar al creador de este viento?"

(Fol. 83) MISHNAH. El siguiente incidente ocurrió con R. Jochanan b. Mathia, quien le dijo a su hijo: "Ve y contrata trabajadores para nosotros". Lo hizo, con el entendimiento de que debían ser alimentados; y cuando llegó a su padre, este le dijo: "Hijo mío, incluso si les proporcionas comidas como los banquetes del rey Salomón en su tiempo, no estás seguro de haber cumplido con tu deber, ya que los hijos de Abraham, Isaac y Jacob ".

(Fol. 83b) ¿Asumiremos que las comidas de Abraham fueron mejores que las de Salomón? He aquí, está escrito (I Reyes 5, 21-13) Y la provisión de Salomón para un día era treinta medidas de flor de harina y sesenta medidas de harina; diez bueyes gordos y veinte bueyes de los pastos, y cien ovejas, además de ciervos, gacelas, corzos y aves cebadas. Y Gurion b. Astyou, en nombre de Rab, dijo que la harina fina y la harina eran sólo para desnatar la espuma, la masa que los cocineros solían colocar sobre las ollas; y R. Isaac dijo que cada esposa de las mil que tenía Salomón solía preparar tal comida, pensando que él podría venir a participar de su comida con ella. Y acerca de Abraham está escrito (Génesis 18, 77) Y Abraham corrió a la manada, y tomó un becerro tierno y bueno. Con lo cual R. Juda dijo en nombre de Rab: "Un becerro es uno; tierno, dos; y buenos tres". Allí Abraham tomó tres bueyes para solo tres hombres, [un buey para cada hombre], pero en cuanto a Salomón todo lo que se menciona fue para la gran cantidad de personas de Israel y Judá, como se dice (I Reyes 4, 20) Judá e Israel eran numerosos como la arena que está junto al mar. ¿Qué se entiende por aves cebadas? Rab dijo: "Aves de corral disecadas". Y Samuel dijo: "Estaban gordos sin relleno". R. Jochanan dijo: "Un buey que se alimenta sin hacer ningún trabajo y una gallina que no se ocupa de incubar". R. Jochanan dijo: "El mejor ganado es un buey, y lo mejor de las aves es una gallina". Ameimar dijo: "Esto se refiere a una gallina negra que se alimenta en el viñedo con semillas de uva y que no puede pisar una semilla (por su exceso de grasa)".

(Génesis 18, 7) Y Abraham corrió hacia el rebaño, etc. R. Juda dijo en el nombre de Rab: "Un becerro es uno; tierno, dos; y bueno es tres". ¿Por qué no decir uno, como dice la gente tierna y buena? Entonces debería escribirse un ternero bueno y tierno. ¿Por qué y bien? Para significar que era otro. ¿Pero entonces solo hay dos? Así como las palabras "y bueno" significan otro, también lo hace la palabra "tierna". Rabá b. Ulla (según otros R. Hoshia, y según otros R. Nathan b. Hoshia) planteó la siguiente objeción: "¿No es vrritten (Ib., Ib., Ib) Y se lo dio a un joven, y él se apresuró a vestirlo (en singular)? " Esto significa que cada uno de ellos se lo dio a un hombre por separado para que lo vistiera. Y tomó nata y leche, y el becerro que había preparado (Ib.); es decir, cada cosa que estaba preparada primero, la colocó delante de ellos. Pero, ¿por qué eran necesarios tres, no era suficiente uno? R. Chanan b. Raba dijo: "Quería una lengua entera con mostaza para dársela a cada uno de ellos".

R. Tanchum b. R. Chanilai dijo: "Un hombre nunca debe comportarse de manera diferente a la costumbre de ese lugar donde habita, porque Moisés, cuando ascendió al cielo, no comió; y los ángeles del cielo, cuando descendieron a la tierra, comieron y bebió." ¡Comí y bebí! ¿Cómo puedes pensar eso? Diga: Parecían como si estuvieran comiendo y bebiendo. R. Juda dijo en el nombre de Rab: "Todo lo que Abraham hizo por los ángeles por sí mismo, el Santo, ¡alabado sea! Lo hizo por sus hijos por sí mismo, y lo que Abraham hizo a través de un mensajero, el Santo, sea alabado. Él hizo lo mismo con sus hijos a través de un mensajero, es decir, y Abraham corrió hacia el rebaño, de ahí (Núm. 11, 31) y un viento salió del Señor. Tomó nata y leche, de ahí (Éxodo 16, 4) Dejaré llover para ti pan del cielo. Y él estuvo junto a ellos, por lo tanto (Ex. 17, 6) Yo estaré delante de ti. Y Abraham fue con ellos, de aquí (Ex. 13, 21) Y el Señor iba delante de ellos. Que se busque un poco de agua, por lo tanto (Ex. 17, 6) y golpearás la peña, y de ella saldrá agua, y el pueblo beberá. Y Rab se diferencia de R. Chama b. Chanina; para R. Chama b. Chanina dijo (según algunos se enseñó en la escuela de R. Ismael): "En recompensa por tres cosas [que Abraham había hecho] sus hijos merecían tres cosas: como recompensa por la crema y la leche merecían el maná; como recompensa porque él estuvo junto a ellos debajo del árbol, sus hijos merecieron la columna de nube; y como recompensa por dejar un poco de agua, etc., merecieron el pozo de Miriam. Deje que un poco de agua, te ruego, sea traído, y Lávate los pies. R. Janai b. Ismael dijo: "Los ángeles le dijeron a Abraham: '¿Sospechas que somos árabes que se inclinan hasta el polvo de sus pies? Ya tienes un hijo, Ismael, que lo está haciendo '".

Y el Señor se le apareció en el bosque de Mamre.... en el calor del día (Génesis 18, 11). ¿Qué significa en el calor del día? R. Chama b. Chanina dijo: "Este día fue el tercero después de la circuncisión de Abraham, y el Santo, ¡alabado sea! Vino a preguntar por la [salud] de Abraham; y para evitar que Abraham se molestara con los invitados, el Señor hizo que el día fuera intensamente caluroso. , para que nadie salga. Sin embargo, Abraham envió a su siervo Eliezer a buscar huéspedes, y salió y no encontró ninguno. Abraham dijo: "No confío en ti". Eso es lo que dice la gente: 'No hay confianza en los esclavos'. Entonces salió él mismo, cuando se encontró con el Santo, alabado sea Él, de pie junto a la puerta. Así está escrito. No te alejes, te ruego, de Tu siervo (Ib). Porque cuando Él vio eso, ató [su herida] y la desató, dijo: 'No es la costumbre adecuada detenerse aquí' y estaba a punto de dejar a Abraham. Por eso está escrito, Y levantó los ojos y miró, etc. - es decir, al principio se detuvieron, pero cuando vieron su sufrimiento dijeron: 'No es costumbre detenerse aquí'. Entonces, corrió a su encuentro. "¿Quiénes eran estos tres hombres? Miguel, Gabriel y Rafael. Miguel vino a dar el mensaje a Sara, Rafael para curar a Abraham y Gabriel para destruir Sodoma. Pero ¿no está escrito (Ib. 19) , 1) ¿Y dos ángeles vinieron a Sodoma? Miguel acompañó a Gabriel, para rescatar a Lot, y también hay evidencia del pasaje (Ib.) Y él derrocó, etc. Y no está escrito "han derrocado". ¿Es la razón por la que acerca de Abraham está escrito: Haz así como has dicho. Y acerca de Lot está escrito (Fol. 87) Y presionó sobre ellos? (Ib. 19, 3) R. Elazar dijo: "

Está escrito: Y traeré un bocado de pan; y después de eso dice: Y Abraham corrió hacia el rebaño. "Infiere de esto", dijo R. Elazar, "que los justos prometen poco y hacen mucho, pero los malvados prometen mucho y no hacen nada". ¿Y de dónde saca esta última afirmación? De Efrón (Ib. 23, 15) Una tierra ... cuatrocientos siclos de plata corriente con el comerciante. Por lo tanto, no aceptaron ningún otro dinero que no fuera el que tenían los comerciantes.

(Gén. 18) Y le dijeron: "¿Dónde está Sara?" etc. R. Juda dijo en el nombre de Rab (según otros en el nombre de R. Isaac): "Los ángeles sabían muy bien que Sara estaba en su tienda. ¿Por qué preguntaron por ella? Para aumentar su gracia a los ojos de su marido ". R. José b. Chanina dijo: "Con el propósito de enviarle una copa de bendición". Fue enseñado en el nombre de R. José: ¿Por qué las letras Aleph, Yud, Vav de la palabra (Elav) (a él) están punteadas en los Rollos Sagrados? La Torá nos enseña una lección de modales: que cuando uno viene como invitado debe preguntarle al anfitrión sobre la salud de su esposa. Pero, ¿no dijo Samuel: "¿No es correcto preguntar por una mujer?" A través de su marido está permitido.

(Génesis 18, 12) Después de envejecer, etc. R. Chisda dijo: "Después de que su cuerpo se arrugó y los pliegues aumentaron, el cuerpo volvió a ser suave, las arrugas de la edad se enderezaron y la belleza volvió una vez más". Está escrito (Ib) Mi señor siendo viejo. Y además está escrito: Soy viejo. Por tanto, el Santo, ¡alabado sea! no se refirió a Abraham, cuando dijo esto. Al respecto, los discípulos de R. Ismael dijeron: "¡Tan grande es la paz, que incluso el Santo, alabado sea! Cambió sus palabras con el propósito de la paz, como se dice: Ella dijo que mi señor es viejo. Y es escrito además: Y el Señor dijo a Abraham ... desde que soy viejo ". ¿Quién le hubiera dicho a Abraham que Sara amamantaría a sus hijos? (Ib.) ¿Cuántos hijos tuvo Sara? R. Levi dijo: "El día en que Abraham destetó a Isaac, hizo un gran banquete; y sus vecinos de todas las naciones murmuraron, diciendo: 'He aquí, un anciano y una anciana tomaron a un niño del mercado y lo proclamaron como su propio hijo. Y esto no les basta, pero están dando banquetes, para convencer a la gente de que es como dicen ". ¿Qué hizo nuestro padre Abraham? Él procedió a invitar a todos los grandes hombres de su generación, y Sara nuestra madre, invitó a sus esposas, y cada uno de ellos trajo a su hijo, pero sin sus nodrizas, y un milagro le ocurrió a Sara, que sus pechos se abrieron como dos resortes, y ella cuidó a todos los niños allí. Pero todavía se murmuraba y decía: 'Como Sara tenía noventa años, es posible que hubiera dado a luz; pero Abraham, que tiene más de cien años, ¿cómo es posible que pueda engendrar hijos? ' Entonces el rostro de Isaac cambió de inmediato,

Hasta el tiempo de Abraham no había señales de vejez, y cualquiera que quisiera hablar con Abraham hablaba con Isaac, o viceversa, [ya que su apariencia era la misma]. Entonces Abraham oró, y la marca de la vejez fue visible, como está dicho (Ib. 47) Y Abraham era anciano. Hasta el tiempo de Jacob no hubo enfermedad [la muerte ocurrió repentinamente]. Entonces Jacob oró para que la enfermedad viniera antes de la muerte; como se dice (Ib. 48, 1) He aquí, tu padre está enfermo. Hasta la época del profeta Eliseo no hubo nadie que se curara de una enfermedad. Pero Eliseo oró y se curó; como se dice (II Reyes 13) Eliseo estaba enfermo de la enfermedad donde tuvo que morir, lo que significa que anteriormente estaba enfermo y fue curado. A nuestros rabinos se les enseñó: "Eliseo estuvo enfermo tres veces; primero cuando dio de alta a Gechazi de su servicio, en segundo lugar cuando puso los osos sobre los niños, y la tercera vez cuando murió".

Bava Metzia, Capítulo 9

(Fol. 107) R. Juda dijo a Rabin b. R. Nachman: "Mi hermano, asegúrate de no comprar una propiedad cerca de la ciudad, porque R. Abahu en el nombre de R. Huna, citando a Rab, dijo: 'Un hombre no debe estar parado y observar el campo de su vecino cuando la fruta está casi madura, debido al mal de ojo. " ¿Es eso así? ¿No se encontró R. Abba con los discípulos de Rab y les preguntó: "¿Qué tiene Rab que decir a los siguientes versículos?" (Deut. 28, 3-5Bendito serás en la ciudad, bendito serás en el campo. Bendito serás cuando entres, y bendito serás cuando salgas. "Y ellos respondieron:" Así dijo Rab: Bendito serás en la ciudad, significa que tu casa estará cerca de la Sinagoga. Bendito serás en el campo, significa que tu propiedad debe estar más cerca de tu ciudad. Bendito serás cuando entres, significa que encontrarás a tu esposa y familia listas para complacerte. Y bendito serás al salir, significa que tu descendencia será igual a ti '". Y R. Abahu comentó:" R. Jochanan los interpretó de manera diferente, a saber: Blessel estarás en la ciudad, significa que el retrete estará cerca de tu casa, pero no una sinagoga, porque R. Jochanan sostiene que hay una recompensa por cada paso. Bendito serás en el campo, significa que tu propiedad se agrupará en tres; un tercio en grano, uno en aceitunas y el otro en vino. Bendito serás en tu entrada y en tu salida, significa que tu salida de este mundo será igual a tu entrada, ya que tu entrada fue sin ningún pecado, así será tu salida ". ¿Es una bendición si la finca está cerca de la ciudad]? (Ib. b) Esto no es difícil de explicar, esto último significa cuando está cercado, pero el primero significa cuando no está cercado.

(Deuteronomio 7, 15) Y el Señor te quitará toda enfermedad. Rab dijo: "Esto se refiere al mal de ojo". Y Rab creyó en esta teoría, ya que sucedió una vez que estaba en el cementerio, y después de hacer un trabajo de investigación dijo: "Veo que noventa y nueve de los muertos fueron asesinados por el mal de ojo, y solo uno murió de muerte natural". Pero Samuel dijo: "Toda enfermedad proviene del aire", porque Samuel cree en la teoría de que toda enfermedad y muerte es causada por el aire. ¿Pero no hay algunos que fueron asesinados por el gobierno? Si no fuera por el aire, se podría preparar una medicina que los restauraría también ". R. Rose b. Chanina dijo:" Esto se refiere a las condiciones sanitarias, porque el maestro dijo que es saludable si la suciedad de la nariz y la suciedad de los oídos se descargan en pequeña cantidad; pero,Pr. 22, 5) Espinas y lazos hay en el camino del perverso; El que, etc. R. Eliezer dijo que se refiere a la hiel; y así también nos han enseñado en un Baraitha: La palabra Machla se refiere a la hiel. ¿Y por qué se llama Machla? Porque enferma todo el cuerpo del hombre. Según otros se le llama Machla, porque hay ochenta y tres tipos de enfermedades cuya causa es sólo la hiel, y todas estas enfermedades pueden evitarse consumiendo pan con sal y una jarra de agua temprano en la mañana.

A nuestros rabinos se les enseñó: "Se pueden obtener trece ventajas tomando la comida de la mañana temprano, a saber, prevenir el calor, los resfriados, los vientos, los espíritus malignos, y también ilumina al tonto; la victoria de una demanda; el aprendizaje, la enseñanza, sus palabras son escuchados, se retiene su saber, su carne no le da demasiado calor, y no codicia a una mujer extraña, y la comida también mata los parásitos en los intestinos; y según otros quita los celos y sustituye al amor. " Raba le dijo a Raba b. Mari: "¿De dónde sabemos lo que dice la gente, 'Sesenta corredores no pueden alcanzar al hombre que toma su comida temprano en la mañana'". "

Raba b. R. Huna poseía un bosque en la orilla de un río, y cuando se le pidió que lo cortara, respondió: "Que se corten los bosques que están antes y detrás del mío, y entonces yo talaré el mío". Pero, ¿cómo podía responder así? ¿No está escrito (Sof.2, 1) Reúnanse. Y Resh Lakish dijo: Esto significa "Corrígete a ti mismo primero, y luego a los demás". Los bosques delante y detrás de él pertenecían a un gobernador de los persas, Parzak (Fol. 108), y Rabba sabía que no estaría de acuerdo en talar el suyo, por lo que los transportistas de los botes no podían pasar de todos modos; y ¿de qué serviría cortar el suyo? Rabá b. R. Nachman estaba navegando en un bote y había visto un bosque en la orilla, y a la pregunta. ¿De quien es? le dijeron que era Rabba b. R. Huna's. Rabá b. R. Najman le aplicó el versículo (Esdras 9, 2) Y la mano de los príncipes y los gobernantes fue la primera en esta transgresión, y ordenó a su pueblo que la cortara. Cuando Rabba b. R. Huna vino y los encontró cortando, comentó: "El que haya cortado esto, sus propias ramas serán cortadas". Y se dijo que durante todos los años de existencia de Rabba b. R. Huna los hijos de Rabba b. R. Nachman no vivió mucho.

(Fol. 114) Rabba b. Abahu se encontró con Elijah en, un cementerio de idólatras. "¿No es el maestro sacerdote, descendiente de Aarón?" le preguntó a Elijah. "¿Por qué entonces estás parado en un cementerio?" Parece que nunca has estudiado la Sección Taharot (purificaciones) ", comentó Elijah," en la que hay un Baraitha: R. Simon b. Jochai dijo: Las tumbas de los idólatras no contaminan, porque se dice (Ez.34, 31) Y vosotros, rebaño mío, rebaño de mi prado, sois hombres, lo que significa que os llamáis hombres, pero no idólatras. "Rabá respondió:" Apenas puedo permitirme estudiar las cuatro secciones necesarias [Festivales, Daños, Mujeres y Santidad], ¿debo comprometerme a estudiar seis? " Entonces Elías preguntó: "¿Por qué no?" "Porque", respondió, "no puedo ganarme la vida". Luego, Elías lo llevó al paraíso y le dijo que tomara algunas de las hojas que estaban en el suelo del jardín, y así lo hizo. Mientras salía, escuchó a alguien decir: "¿Quién más ha consumido su parte en el mundo futuro como lo hizo Rabba?" Luego sacudió su prenda y las hojas se cayeron. Sin embargo, su ropa retuvo el olor de ellos, y se vendió por doce mil dinares; pero los donó a sus yernos.

(Fol. 115) A nuestros rabinos se les enseñó: (Deut. 24, 10) No entrarás en su casa para tomar su prenda; es decir, sólo en su casa no entrarás; sin embargo, puedes entrar en la casa del que garantizó, y así dice el pasaje (Pr. 20, 16). Quítale la ropa porque ha sido fiador por un extraño. Y también se dice (Ib.6, 1-4) Hijo mío, si te has convertido en fiador de tu amigo, es decir, si fuiste fiador, dale lo que le has asegurado, y si no tienes dinero, ver a algún amigo, que le pedirá que le favorezca.

FIN DE BABA METZIA.

Bava Batra, Capítulo 1

BABA BATHRA (Fol. 3) (Hageo 2, 9) La gloria de esta última casa será mayor que la de la primera. Rab y Samuel, y según otros R. Jochanan y R. Elazar, difieren en la interpretación de este versículo. Según el primero, se refiere al edificio en sí; y según este último, se refiere a los años de su existencia. (Ib. B) En realidad, sin embargo, fue ambas cosas, porque la última era más hermosa y existía por más tiempo.

Herodes era un siervo de los hasmoneos, y entre ellos había una niña a quien posó sus ojos. Un día escuchó una voz que decía que un sirviente que se rebelara ese día, tendría éxito. Acto seguido mató a todos sus superiores excepto a esa niña; y cuando ella vio que él tenía la intención de casarse con ella, subió al techo de la casa y anunció: "Si sucede que alguien dice que es descendiente de los hasmoneos, que se sepa que es un esclavo, para todos los hasmoneos fueron asesinados excepto yo, y ahora me suicido arrojándome desde este techo ". Luego saltó y fue asesinada. La tomó y la conservó en miel durante siete años; según algunas autoridades, la mantuvo preservada para hacer creer a la gente que se casó con una hija real. Herodes entonces se dijo a sí mismo: "Deut. 17, 15) ¿De en medio de tus hermanos pondrás rey, etc.? Seguramente, los rabinos, [que son los líderes de Israel]. "Por lo tanto, mató a todos los rabinos, y dejó sólo a Baba b. Buta, con quien reunirse [sobre asuntos importantes]. Puso una guirnalda hecha de pieles de seto - ronca alrededor de la cabeza de Baba h. Buta, que le sacó los ojos [y se quedó ciego]. Un día Herodes vino disfrazado y se sentó frente a él, diciendo: "Mira, amo, lo que ha hecho el mal esclavo, Herodes. Él mató a todos los rabinos y mató a todos los hombres con autoridad. "A lo que Baba b. Buta respondió:" ¿Qué puedo hacer con él? "" Que el maestro lo maldiga ", comentó Herodes. Baba b. Buta le respondió:" Está escrito (Ec. 10, 20) Incluso en tus pensamientos, no debes maldecir a un rey ". Herodes dijo:" Pero él no es un rey en absoluto ". Y Baba respondió:" Aunque solo sea rico, está escrito (Ib., Ib.) En los aposentos de tu cama, no maldigas al rico. "" Pero está escrito (Ex. 22, 27) Un gobernante entre tu pueblo, no lo maldecirás, lo que significa sólo cuando hace lo que hace el pueblo de Israel; pero él, Herodes, hace lo contrario ", argumentó Herodes." Tengo miedo de él ", respondió Baba," no sea que alguien le informe eso ". Herodes continuó:" Pero no hay nadie que pueda decírselo, como solo tú y yo estoy aquí ". Y Baba se reincorporó (Ib.) Porque un pájaro del aire puede llevar el sonido, etc. Entonces, se reincorporó Herodes:" Yo soy Herodes, y no sabía que los rabinos fueran tan cuidadosos. Si hubiera sido consciente de esto, no los habría matado; pero ahora anhelo tu consejo. Con lo cual Baba dijo: "Has extinguido la luz del mundo. Ve y ocúpate en encender la luz del mundo; has extinguido la luz del mundo, los Rabinos, como está escrito (Pr. 6, 23).) Porque los mandamientos es una lámpara, y la Torá es luz; ve y ocúpate en encender la luz del mundo, para construir el Templo, acerca del cual está escrito (Isaías 2, 2) Y en él (El Templo) resplandecerán todas las naciones ". Según alguna autoridad, Baba dijo a él: "Cegaste los ojos del mundo, los líderes espirituales, como está escrito (Núm. 15, 24) Y si de los ojos de la congregación, etc. Ve, por tanto, y ocúpate en construir el ojo del mundo , que ahora es el Templo, como está escrito (Ezequiel 24, 21) Profanaré Mi santuario ... el deseo de tus ojos. "Pero temo al gobierno romano", dijo Herodes. Con lo cual Baba dijo: "Envía un mensajero a Roma, te tomará un año llegar allí, y déjalo permanecer allí un año. Dado que su regreso también consumirá un año, durante los tres años puedes desarmar este Templo y construir uno nuevo." Herodes lo hizo, y la respuesta fue: "Si aún no has desarmado el viejo, déjalo así; si ya lo has desarmado, no construyas uno nuevo: y si ya lo has desarmado y También reconstruido, tal es la costumbre de los malos esclavos: buscan consejo después de que la cosa ya está hecha. Si todavía usas la armadura [con la que has matado a los hasmoneos] y por lo tanto te sientes orgulloso, tu registro, sin embargo, está en nuestros archivos. ,

Pero, ¿cómo Baba b. Pero ¿darle a Herodes tal consejo? ¿No R. Juda en el nombre de Rab, o en el nombre de R. Joshua b. Leví, dice que Daniel fue castigado por dar un buen consejo a Nabucodonosor, como está escrito (Dan.4, 24Por tanto, oh rey, sea agradable mi consejo para ti, y quita tus pecados dando limosna, y tus iniquidades mostrando misericordia a los pobres; si puede haber una prolongación de tu prosperidad; y está escrito (Ib., ib. 26) Al final de los doce meses, etc. Si lo desea, puede decir que es diferente con un esclavo que está obligado a observar [ciertos] mandamientos y por lo tanto es considerado un israelita . Y si lo desea, puedo decir que con el Templo fue diferente, porque sin el rey no se podría reconstruir en absoluto. Y de dónde sabemos que Daniel fue castigado. Fue arrojado a la guarida del león.

(Fol. 3b) Y de nuevo, ¿cómo hizo Baba b. ¿Pero aconsejaría a Herodes que destruyera el templo? ¿No había dicho R. Chisda que una vieja sinagoga no debe ser destruida hasta que se construya una nueva? Si lo desea, puedo decir que en este caso es diferente, porque cuando un rey da una orden, seguramente se construirá; porque Samuel dijo que si un rey da órdenes incluso de remover una montaña, su orden siempre se cumple. Y si lo desea, puedo decir que Baba b. Buta notó algunas grietas en el Templo y temió que se derrumbara. Por lo tanto, tenía derecho a ordenar su destrucción.

(Fol. 7b) Había un hombre piadoso con quien Elías hablaba con frecuencia, pero después de haber construido una puerta a su patio [impidiendo la entrada de los pobres], Elías dejó de hablarle.

R. Juda el Nasi, gravó a los rabinos con los gastos de la muralla fortificada de la ciudad. Resh Lakish le dijo: "Los Rabhis no necesitaban guardia, porque está escrito (Sal. 139, 18). Si los contara, serían más numerosos que la arena. Supongamos que esto se refiere a los justos, ya que acerca de todo Israel está escrito (Génesis 23, 17) Como los ichich de arena en la orilla del mar. ¿Cómo es posible que los justos sean más que las arenas? Por lo tanto, debemos decir que se refiere a las obras de los justos que, si se contaran, serían más numerosas que la arena. Ahora, si las pequeñas arenas protegen el mar, ¿cuánto más deben los actos de los rectos, que son más que las arenas, proteger a sus ejecutantes? "Wiien Resh Lakish se presentó ante R. Jochanan, este último dijo:" ¿Por qué no decir desde el siguientes (Canciones 8, 10) Soy un muro, y mis pechos como sus torres; es decir, soy un muro, se refiere a la Torá. Y mi pecho como sus torres, (Fol. 8) se refiere a los eruditos ". Resh Lakish, sin embargo, explica el último pasaje como lo hizo Raba, a saber:" Soy un muro, se refiere a la congregación de Israel; Y mis pechos como sus torres, se refieren a la casa de oración y las casas de aprendizaje ". R. Huna b. R. Chisda gravó a los rabinos. R. Nachman b. Isaac le dijo:" Con este acto has transgredido el Pentateuco, los Profetas y los Hagiographa. El Pentateuco (Deuteronomio 33, 3) Sí, también amas a las tribus; todos sus santos estaban en tu mano; y se postraron ante tus pies, recibieron tus palabras. Así dijo Moisés ante el Santo, alabado sea: "Soberano del Universo, aun cuando ames a los paganos, los santos de Israel estarán en tu mano"; (es decir, serán custodiados por Ti). Los profetas (Os.8, 10) Pero aunque se dieran entre las naciones, ahora los recogeré; y serán humillados por la carga del rey y de los príncipes. Y Raba dijo: 'Este verso fue escrito en el idioma arameo, [la expresión vitnu (dada) debe leerse yishnu (estudiar)]; es decir, si todos los israelitas que están en el exilio se ocuparan del estudio de la Torá, la reunión de ellos estaría muy pronto; pero si sólo unos pocos estudian, entonces deberían estar exentos simplemente de las cargas impuestas por reyes o príncipes ". Y el Hagiographa (Esdras 7, 24) Nadie estará facultado para imponer ningún impuesto, tributo o trabajo, etc. Y R. Juda dijo: 'Esto se refiere a todo tipo de impuestos'. "

El rabino abrió sus almacenes de grano en los años de hambruna y anunció que solo se admitiría a quienes hubieran estudiado la Torá, la Mishná, la Guemará o la Hagada, pero que no se admitiría a los hombres ignorantes. R. Jonathan b. Amram se apretó y entró [disfrazado] y dijo: "Rabí, dame de comer". "Hijo mío, ¿has leído la Biblia?" Le preguntó el rabino. "No", fue la respuesta. "¿Has estudiado la Mishná?" "No", fue la respuesta de nuevo. "Entonces, ¿por qué debería darte de comer?" "Aliméntame", [R. Jonathan b. Amram] le apeló, "como la gente alimenta a un perro o un cuervo". Así lo hizo. Después de que el hombre salió, el rabino se arrepintió y dijo: "¡Ay de mí! Que le he dado mi pan a un hombre ignorante". R. Simon, su hijo, le dijo: "Quizás, padre, este hombre era tu discípulo, Jonathan b. Amram, que nunca en su vida desea obtener ningún beneficio de la dignidad de la Torá ". Se investigó y finalmente descubrieron que así era. El rabino luego dijo:" Mis almacenes estarán abiertos para todos, sin excepción. "El acto anterior del rabino, sin embargo, estaba de acuerdo con su teoría de que el mal se inflige al mundo sólo por culpa de hombres ignorantes [que no desean estudiar la Torá].

Aiphra Hurmiz, la madre del rey Sabur, envió una bolsa con dinares a R. Joseph, diciendo: "Esto se utilizará para la mayor caridad". Y deliberó qué tipo de caridad debería considerarse la más grande. Abaye luego le dijo: "Ya que R. Samuel dijo", 'Los huérfanos no deben ser gravados ni siquiera por la redención de prisioneros', se infiere que la redención de prisioneros se considera la más alta caridad ". (Ib. B) Raba dijo a Rabba b. Mari: "¿De dónde infieren los rabinos que la redención de prisioneros es la mayor caridad?" Él respondió: "Del siguiente pasaje (Jeremías 15, 2).) Los destinados a la muerte, a la muerte; a la espada, a la espada; al hambre, al hambre; al cautiverio, al cautiverio, y R. Jochanan dijo: 'Todo lo que se menciona en este versículo es el más difícil; como, por ejemplo, morir a espada es más severo que morir de muerte natural. Si lo desea, lo probaré con el sentido común y si lo desea, lo probaré con un pasaje: Con sentido común: el [que muere a espada] está desfigurado, y el [que muere naturalmente] es no desfigurado. Y si lo desea, puede probarlo con un pasaje (Sal.116, 15) Preciosa a los ojos del Señor es la muerte [natural] de sus piadosos. Y ese hambre es peor que la espada, si lo desea, lo probaré con el sentido común, y si lo desea, lo probaré con un pasaje; en cuanto al sentido común, éste [que muere de hambre] sufre largos dolores, y aquél [que muere a espada] no sufre largos dolores. En cuanto a un pasaje (Lam. 4) Que más felices son los muertos a espada que los muertos de hambre. Sin embargo, el cautiverio es más duro que todos ellos, porque en él se incluyen todos [los sufrimientos antes mencionados] '. "

Los maestros dijeron anteriormente: "Ningún órgano administrativo debe estar formado por menos de dos". ¿De dónde se infiere esto? R. Nachman dijo: "El pasaje dice (Ex. 28, 5) Y tomarán el oro". Solo porque su administración requiere dos; pero en cuanto a los honestos, uno es suficiente; por lo tanto, esto es un apoyo a R. Chanina, quien dijo: "Sucedió una vez que el rabino nombró a dos hermanos como tesoreros de la Kuppah". Pero, después de todo, ¿qué administración hay en la recaudación de caridad? Es como dijo R. Nachman en nombre de Rabba b. Abahu: "Uno puede hacer una promesa de caridad incluso el viernes" [de ahí que sea administración]. ¿Es eso así? ¿No está escrito (Jer.30, 20) Castigaré a todos los que los oprimen; y R. Isaac b. Samuel b. Martha dijo en nombre de Rab que incluye incluso al recaudador de caridad. Esto no presenta ninguna dificultad. Uno se ocupa de un caso en el que el hombre es rico y el otro se ocupa de un caso en el que el hombre es pobre. Como Raba presionó R. Nathan b. Ammi y le quitó cuatrocientos zuz para caridad.

(Dan.12, 3) Y el inteligente brillará resplandeciente, como el resplandor, etc. Esto se refiere a un juez que decide según la equidad de la verdad. Y los que llevan el dinero a la justicia serán como las estrellas, por los siglos de los siglos. Esto se refiere a los recolectores de caridad. En un Baraitha, sin embargo, se enseña Y el inteligente brillará brillantemente, como el brillo. Esto se refiere tanto a los jueces como a los recaudadores de caridad. Y los que llevan el dinero a la justicia serán como las estrellas, por los siglos de los siglos, se refiere a los instructores de los niños. ¿A quién, por ejemplo, se refiere? Por ejemplo, R. Samuel b. Shilath, a quien Rab encontró una vez de pie en un jardín. Él le dijo: "¿Has dejado tu honorable posición [instruir a los niños con devoción y honestidad]?" Le dijo a Rab: "Jud. 5, 31) Pero los que le aman como al sol cuando sale en su fuerza.

(Fol. 9) R. Huna dijo: "Si uno viene a pedir comida, se puede investigar si tiene necesidad; pero no se debe investigar a quien pide ropa. Si lo desea, lo probaré con un pasaje, y si lo desea, lo probaré con sentido común. En cuanto al sentido común, el [que solicita vestimenta] sería deshonrado, [si lo investigamos], pero ese [que solicita comida] es no deshonrado [por la investigación]. En cuanto a la prueba del pasaje (Is. 58, 7) ¿No es para distribuir (paross) tu pan entre los hambrientos? Está escrito parosh, con sh [que significa investigar] y luego dárselo. E inmediatamente después de este pie se lee: Cuando veas al desnudo, etc .; es decir, tan pronto como veas ". R. Juda, sin embargo, sostiene lo contrario:" No hay investigación por comida, sino por vestimenta. Si lo desea, lo probaré con un pasaje y, si lo desea, lo probaré con sentido común. En cuanto al sentido común, el que necesita comida sufre las punzadas del hambre, que no es el caso del que pide ropa; y en cuanto al pasaje, aquí se escribe paross, que significa inmediatamente, como se lee la palabra (con ss); y acerca de los desnudos está escrito. Y si ves al desnudo, etc .; es decir, te mostrará que es así ". Se nos enseña en un Baraitha que apoya la opinión de R. Juda: Si uno dice" Vísteme ", Debería ser investigado; pero si dice: "Aliméntame", debe cumplirse de inmediato sin ninguna investigación.

Había un pobre que mendigaba de puerta en puerta y R. Papá no le prestó atención. R. Samma b. R. Yiba le dijo: "Si el maestro no le presta atención, nadie le hará caso y puede morir de hambre". ¿Pero no dijo el Baraitha que si mendiga de puerta en puerta, la congregación no tiene nada que ver con él? Esto significa que a él no se le debe dar una gran donación, sino que se le debe dar una pequeña donación.

R. Assi dijo: "Uno no debe negarse a dar por lo menos un tercio de un siclo anual para caridad, como se dice (Neh. 10, 33) Y establecimos para nosotros [como uno de los] mandamientos para imponernos a nosotros mismos [dar] la tercera parte de un shekel cada año ", etc. R. Assi dijo además:" La virtud de la caridad es igual en importancia a todos los demás mandamientos juntos, como se dice (Ib.) Y establecimos mandamientos. No está escrito en singular, sino en plural ". R. Elazar dijo: "El recaudador de caridad se considera más virtuoso que el donante, como se dice (Is. 32, 7) Y la obra de caridad (que hace que otros den caridad) será paz; y el efecto de la caridad es tranquilidad y seguridad para siempre ". Raba dijo a los habitantes de Mahusa, su ciudad:" Os ruego que veáis que haya concordia entre vosotros, a fin de que obtengáis la paz del gobierno ". R. Elazar dijo de nuevo: "Cuando existía el Templo, uno daba su siclo y era expiado. Ahora, cuando el Templo sea destruido, si la gente es digna, entonces merecerá (Is. 58, 7) Distribuir tu pan a los hambrientos; si no, los idólatras vendrán y les quitarán sus bienes por la fuerza, como se dice (Ib.) Y los pobres afligidos te traerán a tu casa. "" Sin embargo, "dijo Mar Ukba," incluso esto se cuenta como caridad en El cielo, porque se dice (Is. 60, 17) Y tus [actos] obligatorios serán considerados caridad '".

R. Elazar dijo: "El que imparte caridad en secreto es mayor que Moisés nuestro maestro; porque acerca de Moisés nuestro maestro, está escrito (Deut. 9, 10)

Porque tenía miedo de la ira y la indignación, pero con respecto a él que dispensa caridad en secreto está escrito (Prov.21, 14) Un regalo en secreto apacigua la ira. "Él difiere, sin embargo, con R. Isaac; porque R. Isaac dijo:" Ella (la caridad) pacifica solo la ira, pero no la ira fuerte; porque se dice (Ib.) Y un soborno en el seno, fuerte ira; es decir, aunque hay un soborno en el seno (caridad secreta) [sin embargo] la ira es fuerte ". Según otros, R. Isaac dijo:" Un juez que acepta el soborno provoca que una fuerte furia sea traída al mundo, ya que es dijo, Y soborno en el seno, fuerte furor, "etc. R. Isaac dijo de nuevo:" El que da una moneda a un pobre es recompensado con seis bendiciones; sin embargo, quien lo anima con [palabras de consuelo] es recompensado con once. El que da una moneda es recompensado con seis bendiciones, como está escrito (Is.58, 7) Distribuye tu pan a los hambrientos (Ib.) Y entonces brotará como el amanecer de la mañana tu luz y tu curación brotarán rápidamente, y delante de ti irá tu justicia, la gloria del Señor será tu recompensa. Entonces llamarás, y el Señor te responderá. Clamarás, y Él dirá. Aquí estoy. Y el que alienta a los pobres [con palabras de consuelo] será recompensado con once bendiciones, como está escrito (Ib.) ... y saciará el alma afligida, entonces brillará en las tinieblas tu luz .... y serás llamado ", etc. R. Isaac dijo además:" ¿Cuál es el significado del pasaje (Prov. 2, 21) ¿El que sigue la justicia y la bondad, halla la vida, la justicia y la honra? ¿Es porque busca la justicia, encontrará la justicia? Por lo tanto, debemos decir que significa que quien persigue la justicia y la caridad, el Santo, ¡alabado sea! le abrirá las vías para obtener dinero, a fin de que pueda practicar la caridad. "R. Nachman b. Isaac dijo:" El Santo, alabado sea, le dará la oportunidad de encontrar hombres que necesiten y son dignos de apoyo, para que pueda tener la recompensa [completa] por ello ". Por esto, será excluido de lo que Rabá dio; porque Rabá pronunció:" ¿Cuál es el significado del pasaje? (Jer. 18, 23) En el tiempo de tu ira, ¿les trataste? Así oró Jeremías ante el Santo, alabado sea. 'Soberano del Universo, incluso cuando anulan sus malas inclinaciones y están a punto de practicar la caridad, no debes darles la oportunidad de apoyar a hombres dignos, sino a indignos, por los cuales no recibirán recompensa' ". R. Joshua dice : "Quien se proponga hacer caridad, será bendecido con hijos que tendrán sabiduría, riquezas y que predicarán la Hagadá (moralidad). De la sabiduría, como está escrito (Ib.) (Fol. 10) Quienes encuentran la vida; riqueza, como está escrito, Zedaka (que se refiere a los ricos), y Hagadá, porque aquí está escrito honor. Y también está escrito (Prov. 3, 35) El sabio heredará la honra ".

Se nos enseña en un Baraitha, R. Maier dice: "Si un interrogador común discute, 'Si a tu Dios le agradan los pobres, ¿por qué entonces no los sostiene?' respóndele, 'con el propósito de salvarnos [a través de la caridad] del castigo del Gehena' ". La misma pregunta le hizo Tarnusruphus a R. Akiba:" Si a tu Dios le agradan los pobres, ¿por qué entonces no los sostiene? " Y R. Akiba le respondió: "Con el propósito de salvarnos [a través de la caridad] del castigo del Gehena". A lo que Tarnusruphus replicó: "Al contrario, por esto mereces ser castigado con Gehena; y te daré una parábola de la que entenderás por qué. Un rey frágil que se enojó con su esclavo y lo puso en la cárcel, anunció su deseo de que nadie le dé de comer ni de beber. A pesar de ello, una persona lo alimentó y le dio de beber. Cuando el rey se dé cuenta, ¿no se enojaría el rey con ese hombre? Y vosotros, israelitas, sois siervos, como está escrito (Lev. 25, 55) Porque para Mí son los hijos de Israel siervos ". R. Akiba respondió:" Te daré otra parábola, a la cual se comparará mi respuesta anterior: Un rey frágil se enojó con su hijo, ponlo en prisión, y ordenó que nadie le diera comida ni bebida; a pesar de esta orden, un hombre lo alimentó y le dio de beber. Cuando el rey se diera cuenta, ¿no estaría agradecido con esta persona e incluso le enviaría un regalo? Y nosotros, los israelitas, somos llamados hijos, como se dice (Deut.14, 1) Vosotros sois los hijos del Señor ", etc. Tarnusruphus, sin embargo, dijo:" Ustedes se llaman hijos y también sirvientes; es decir, niños, cuando estás haciendo la voluntad del Omnipotente, y sirvientes cuando actúas en contra de la voluntad del Omnipotente. Y admitirás que ahora estás actuando en contra de Su voluntad [ya que tu Templo está destruido y estás en el exilio] .. "R. Akiba respondió:" Con respecto a esto, el pasaje dice (Is. 58, 10) no es para distribuir tu pan a las almas hambrientas y afligidas con los miembros de tu casa. Las almas afligidas [admitirás] se refieren a nosotros en nuestras circunstancias actuales, y sin embargo, allí dice: ¿No es para distribuir tu pan a los hambrientos?

R. Juda b. Shalum dio una conferencia: "Así como el sustento anual para el hombre se determina [en el cielo] en cada Año Nuevo, así también lo son sus pérdidas. Si es digno, entonces comparte, ¿no es para distribuir tu pan a los hambrientos? Pero si no , entonces las almas afligidas serán los miembros de tu propia casa ". Así sucedió con R. Jochanan b. Zakkai, que había visto en un sueño que sus sobrinos perderían setecientos dinares en el año en curso, les hizo distribuir esta cantidad para caridad. Sin embargo, les quedaron diecisiete dinares y, en vísperas de la Expiación, el gobierno se los quitó. Entonces R. Jochanan les dijo: "No temáis; todavía os quedaron diecisiete dinares y se los llevaron". "¿De dónde lo conoces?" "Lo he visto en un sueño", fue la respuesta.

R. Papa, que una vez estaba subiendo escalones, resbaló y casi se cae, y podría haber muerto. Dijo: "Si esto hubiera sucedido, mis enemigos me habrían acusado de ser un violador del sábado o un idólatra". Chiya b. Rab de Diphti luego le dijo: "Quizás un hombre pobre te llamó y no le prestaste atención, porque se nos enseña en el siguiente Baraitha: R. Joshua b. Karcha dijo: 'El que cierra sus ojos a la caridad es considerado como si sirviera a ídolos; porque aquí está escrito acerca de la caridad (Deut. 15, 9). Ten cuidado de que no haya Beliyaal en tu corazón; y allí está escrito [acerca de la idolatría] (Ib. 13, 14). hijos de Beliyaal. Así como en su lugar anterior, Beliyaal se refiere a la idolatría, así también en el último lugar se refiere a la idolatría. ' "

Se nos enseña en un Baraitha que R. Eliezer b. José dijo: "Todos los actos de caridad y benevolencia hechos por Israel en este mundo son grandes pacificadores e intercesores entre Israel y su Padre celestial; como está dicho (Jer. 26, 5) Porque así ha dicho el Señor: No entres en el casa de luto, no vayas a lamentar ni a condoler con ellos; porque he quitado mi paz de este pueblo, dice el Señor, sí, bondad y misericordia. Bondad significa benevolencia, y misericordia significa caridad (es decir, porque esos dos fueron quitada, por lo tanto también ha sido quitada la paz). " Se nos enseña en otro Baraitha que R. Juda dijo: "Grande es la caridad que acerca la redención, como se dice (Is. 56, 1) Así ha dicho el Señor: "Guardad la justicia y haced zedaka (caridad), porque cercana está mi salvación por venir y mi justicia por ser revelada." También solía decir: "Diez cosas fueron creadas en el mundo. La roca es dura, pero el hierro la corta; el hierro es duro, el fuego lo funde y lo ablanda; el fuego es fuerte, el agua lo extingue; el agua es pesada, pero las nubes la soportan; las nubes son fuertes, los vientos las dispersan; el viento es fuerte, el cuerpo lo soporta; un cuerpo es fuerte, el miedo lo destroza; el miedo es fuerte, el vino lo disipa; el vino es fuerte, el sueño lo disipa; la muerte es más fuerte que todos estos; sin embargo, la justicia libra de la muerte, como se dice (Prov. 10, 2).... pero (tzedaka) la justicia librará de la muerte ".

R. Dushthai b. Yannai sermoneó: "¡Ven y mira cómo la costumbre del Santo, alabado sea! Difiere de la costumbre del hombre frágil! La costumbre del hombre frágil es que cuando un ser humano trae un regalo al rey, es dudoso que lo haga. sea aceptado o no; y si es aceptado, hay duda de si verá al rey o no. ¡Pero el Santo, alabado sea! ¡No es así! Si un hombre le da una moneda a un pobre, es recompensado saludar a la Shejiná; como está dicho (Sal. 17, 15) En cuanto a mí, con zedek (caridad) contemplaré Tu rostro ". R. Elazar solía dar una moneda a un pobre antes de orar, citando: En cuanto a mí, con caridad contemplaré Tu rostro. Cuando despierte, estaré satisfecho con contemplar Tu semejanza, ¿quiere decir? R. Nachman b. Isaac dijo: "Significa que los eruditos que evitan el sueño de sus ojos en este mundo, el Santo, alabado sea, los satisfará con la gloria divina en el mundo venidero ". R. Jochanan dijo:" ¿Cuál es el significado del pasaje (Prov. 19, 17) El que tiene misericordia de los pobres presta más al Señor? Si esto no estuviera escrito, sería imposible concebir su concepción; porque parece como si fuera posible aplicarle el pasaje (Ib. 22, 7) Y el prestatario es siervo del prestamista ".

R. Chiya b. Abba, en el nombre de R. Jochanan, dijo: "Está escrito (Ib. 11, 4) Las riquezas no aprovechan en el día de la ira; pero tzedaka (justicia) libera de la muerte; y (Ib. 10, 2) Tesoros De nada aprovecha la maldad, pero tzedaká libra de la muerte ". ¿Qué significan los dos tzedakas? Uno, que lo salvará de una muerte antinatural; el otro, que lo salvará del Gehena. "¿Quién habla del Gehena? Aquel en el que se menciona el día de la ira, como está escrito (Sof. 1, 15) Un día de ira es ese día, refiriéndose al Gehena. ¿Y qué tipo de tzedaka salva a uno de una muerte antinatural? (Ib. B.) Si da, y no sabe a quién, y el que lo recibe no sabe de quién lo recibe. Dar y no saber a quién, excluye el acto de Mar Ukba. "El receptor no sabe de quién", excluye el acto de R. Abba. ¿Pero cómo, pues, dar caridad? Donando a través del colector de caridad. Se planteó una objeción del siguiente Baraitha: ¿Qué se debe hacer para tener hijos varones? R. Elazar dice: "Debe distribuir su dinero entre los pobres". R. Joshua b. Karcha dice: "Debería alegrar a su esposa". Y R. Eliezerb. Jacob dijo: "No dará una moneda para el tesoro de la caridad a menos que el tesorero sea como R. Chanina b. Tradion". [¿Por lo tanto, para un coleccionista de caridad no es el mejor método?] El anterior Baraitha significa también cuando el tesorero era de ese tipo. R. Abahu dijo: "Moisés dijo ante el Santo, alabado sea Él: 'Soberano del Universo, ¿cómo puede ser exaltado el cuerno de Israel?' A lo que él respondió: 'Debes recibir caridad de cada uno de Israel que ha de ser contado (Ex. 30, 12). '"R. Abahu dijo de nuevo:" El rey Salomón b. A David se le preguntó: "¿Cuán grande es el poder de la caridad?" Y él respondió: 'Ve y mira cómo David, mi padre, explicó esto (Sal. 112, 9) Él distribuye, da a los necesitados: su justicia permanece para siempre, su poder será exaltado en honor.' "Sin embargo, Raba , dice del siguiente pasaje (Isaías 33, 16) Morará en lo alto; fortalezas rocosas serán su refugio; se le dará su pan; su agua será segura; es decir, ¿por qué habitará en lo alto, etc. ? Porque está seguro de que a los pobres les ha dado su pan, ya los pobres su agua.

R. Abahu dijo además que se le preguntó a Salomón: "¿Quién se supone que es el hombre que participa en el mundo venidero?" Y él respondió [con el pasaje] (Is. 24, 23)... Y ante sus mayores será golry, [es decir, quien es respetado en su vejez por la sabiduría que reunió durante toda su vida. Como le sucedió a José b. R. Joshua, que estaba en estado de catalepsia, y cuando despertó su padre le preguntó: "¿Qué has visto en el otro mundo?" Y él respondió: "He visto un mundo al revés: el que aquí es muy estimado es considerado de la clase más baja, y viceversa". Su padre replicó: "No es un mundo al revés, sino uno racional, ¿has visto?". Continuó cuestionando: "¿Y cómo se nos considera allí?" Y él respondió: "Lo mismo que en este mundo. También escuché un dicho: 'Felices los que vinieron aquí con el estudio en la mano'. También escuché que aquellos que fueron asesinados por el gobierno,

Se nos enseña en un Baraitha: Rabban Jochanan b. Zakkai dijo a sus discípulos: "Hijos míos, ¿cuál es el significado del pasaje (Prov. 14, 34) Tzedak exalta a un pueblo; pero la deshonra de las naciones es pecado?" R. Eliezer respondió y dijo: "Tzedaká exalta a un pueblo, se refiere a Israel, como está escrito (II Sam. 7, 23) Y que es como tu pueblo, como Israel, la única nación en la tierra; pero la deshonra de naciones es pecado; es decir, toda la tzedaká y la bondad de las naciones, si se complacen en ellas solo con el propósito de llegar a ser grandes o ganar un buen nombre, es un pecado para ellas, como se dice (Esdras 6, 10).) Que puedan ofrecer sacrificios de aromas dulces al Dios del cielo, y orar por la vida del rey y de sus hijos ". R. Joshua respondió y dijo:" Tzedaka exalta a un pueblo, se refiere a Israel; pero la desgracia de la nación es el pecado; es decir, toda la tzedaka y la bondad de las naciones es pecado, porque lo hacen para que su reino dure mucho tiempo, como se dice (Dan. 4, 24) Por lo tanto, oh rey, sea mi consejo agradable para ti, y expíe tus pecados ... quizás tu prosperidad dure mucho tiempo ". Rabban Gamaliel respondió y dijo:" Tzedaka exalta a un pueblo, se refiere a Israel; pero la desgracia de las naciones es pecado; es decir, todo el tzedaka y la bondad de las naciones es pecado para las naciones, porque si lo hacen, es únicamente para jactarse de ello ante otras naciones. Y el que se jacta de sí mismo, cae en el Gehena, como se dice (Prov. 21, 24). El presuntuoso y orgulloso, escarnecedor es su nombre, que obra en la ira (ebra) de la presunción. Ebra (ira) se refiere a Gehena, porque se dice (Sof.1, 15) Un día de ehra (ira) es ese día "." Para la interpretación correcta de este versículo ", comentó Rabban Gamaliel," todavía necesitamos el Modite; para R. Eliezer el Modite, lo interpretó así: 'Tzedaka exalta a un pueblo, se refiere a Israel; pero la desgracia de las naciones es pecado; es decir, todo el tzedaká y la bondad de la nación es solo con el propósito de insultar a Israel, como se dice (Jer.40, 3) Ahora el Señor lo ha traído ... ... porque habéis pecado. "Etc. R. Nechunia b. Hakana, sin embargo, respondió y dijo:" Tzedaka y la bondad exalta a una nación, se refiere a Israel; para quien también es una gracia, pero para las naciones se considera una ofrenda por el pecado ". Rabban Jochanan b. Zakkai [el maestro] luego replicó:" Me parece que la interpretación de Nechunia es mejor que la tuya y la mía ". "¡Than min!" ¿También dijo algo en relación con esto? Si es así, ¿qué es? Como se nos ha enseñado en un Baraitha: R. Jochanan b. Zakkai dijo: "Como expiación de la ofrenda por el pecado de Israel, así la caridad expía a todas las demás naciones ".

(Fol. 11) Se nos enseña en un Baraitha: Se decía de Benjamín el justo, que era tesorero de la caridad, que en un momento, durante un año de hambruna, se le apareció una mujer pidiéndole que la alimentara. Y él le dijo: "Te juro que no hay nada en el tesoro de la caridad". "Pero Rabí", replicó ella, "si no me alimentas, encontrarás muerta a una mujer con sus siete hijos". Luego la alimentó de su propio bolsillo. Más tarde se enfermó y casi se estaba muriendo, cuando los ángeles ministradores suplicaron ante el Santo: ¡Alabado sea Él! diciendo: 'Soberano del Universo, Tú has declarado que el que salva un alma de Israel es semejante al que ha salvado un mundo entero; y Benjamín el justo, que ha salvado a una mujer con sus siete hijos, ¡si muere en su mejor momento! " Inmediatamente se rompió el decreto adverso. Se enseñó en un Baraitha que se agregaron veintidós años a su vida.

A nuestros rabinos se les enseñó: Sucedió con el rey Monbas, que había distribuido su tesoro y el de sus padres, en los años de hambre, que sus hermanos y toda la casa murmuraron contra él, diciendo: "Tus antepasados salvaron [tesoros] y aumentaron los ahorros de sus antepasados, y distribuyes el tuyo y el de tus antepasados ". Y replicó: "Mis antepasados acumularon tesoros aquí abajo, y yo acumulo tesoros en el cielo, como está dicho (Sal. 85, 12).) La verdad brotará de la tierra y la justicia mirará desde el cielo. Mis antepasados guardaron [tesoros] en un lugar al que podría llegar una mano [humana], pero yo los guardé en un lugar al que ninguna mano [humana] puede alcanzar, como se dice (Ib.89, 15) La rectitud y la justicia son el sostén de tu trono; la bondad y la verdad preceden a tu presencia. Mis antepasados guardaron [tesoros] que no les reportaban interés, y yo he guardado [tesoros] que rinden interés, como está dicho (Is. 3, 10) Decid al justo que ha hecho bien; porque del fruto de sus obras comerán. Mis antepasados guardaron dinero en su tesoro, pero yo guardé las almas salvadas en mi tesoro, como está dicho (Proverbios 11, 30).) El fruto de los justos es del árbol de la vida; y el sabio atrae almas para sí. Mis antepasados guardaron para su descendencia, pero yo guardé para mí, como está dicho (Deut. 34, 13)... ya ti será como justicia delante de Jehová tu Dios. Mis antepasados han guardado [tesoros] para este mundo, pero yo he guardado [tesoros] para el mundo venidero, como está dicho (Is. 58, 8)... y delante de ti irá tu justicia; la gloria del Señor será tu recompensa ".

(Fol. 12) R. Abdimi de la ciudad de Haifa, dijo: "Desde la destrucción del Templo, la profecía ha sido negada a los profetas y ha sido dada a los sabios". Entonces, ¿es imposible que un sabio sea también profeta? Quiere decir que, aunque se les ha ocultado a los profetas, no se les ha ocultado a los sabios. Amemar dijo: "Y el sabio es preferible al profeta, como se dice (Sal. 90, 12) Obtenga un corazón dotado de sabiduría. Y, por lo general, ¿quién depende de quién? El menor depende del mayor ". Abaye dijo:" Esta teoría puede estar respaldada por el hecho de que un gran hombre declara algo nuevo, y otro gran hombre ha dicho exactamente lo mismo ". Raba dijo:" ¿Por qué es así? difícil de entender tal cosa? Puede ser que ambos sean iguales en sabiduría. Por lo tanto, dijo Raba, sucede con frecuencia que un gran hombre declara algo nuevo, y luego se encuentra (Ib. B) que R. Akiba b. José [que no es igual a él] ya lo ha declarado ". R. Ashi, sin embargo, objetó y dijo:" ¿Por qué es tan difícil entender tal cosa? Puede suceder que en este caso fuera igual en sabiduría a él. "Pero", dijo R. Ashi, "

R. Jochanan dijo: "Desde que el Templo fue destruido, la profecía se ha ocultado a los profetas y se ha dado a lunáticos y niños pequeños". ¿Qué se entiende por lunáticos? Dio la casualidad de que Mar. b. R. Ashi, que estaba parado en el mercado de Mechuza, escuchó a un lunático decir que el futuro director del colegio en Suria sería el que firma su nombre Tabiumi. Dijo: "¿Quién de los rabinos firma su nombre Tabiumi sino yo mismo? Por lo tanto, tendré éxito". En consecuencia, fue a Suria. Mientras tanto, los rabinos del colegio tenían la intención de nombrar a R. Acha de Diphthi como su jefe. Sin embargo, cuando supieron que R. Tabiumi había llegado, le enviaron a dos de los rabinos para que lo consultaran y él los detuvo. Luego enviaron a otros dos, y él nuevamente los detuvo, hasta que llegaron diez de ellos, cuando comenzó a enseñar y dar conferencias, [como eran las costumbres del director de un colegio]. La razón de su espera hasta que llegaron las diez es porque no se debe comenzar a dar una conferencia si hay menos de diez personas presentes. R. Acha luego se aplicó a sí mismo el dicho de los sabios: "Aquel a quien el cielo le haya hecho daño, no le hará bien en el futuro cercano, y viceversa". Pero este hecho no es así. Solo lo dijo por sus propios problemas. ¿Y qué se entiende por niños? Como sucedió con la pequeña hija de R. Chisda que estaba sentada sobre las rodillas de su padre, y Raba y Rami b. Chama estaba sentada frente a él. "¿Con quién de ellos te gustaría casarte?" "Ambos", respondió ella. Y Raba inmediatamente comentó: "Yo seré el segundo". [Y así fue. Raba se casó con ella después de la muerte de su primer marido, Rami b. Chama]. La razón de su espera hasta que llegaron las diez es porque no se debe comenzar a dar una conferencia si hay menos de diez personas presentes. R. Acha luego se aplicó a sí mismo el dicho de los sabios: "Aquel a quien el cielo le haya hecho daño, no le hará bien en el futuro cercano, y viceversa". Pero este hecho no es así. Solo lo dijo por sus propios problemas. ¿Y qué se entiende por niños? Como sucedió con la pequeña hija de R. Chisda que estaba sentada sobre las rodillas de su padre, y Raba y Rami b. Chama estaba sentada frente a él. "¿Con quién de ellos te gustaría casarte?" "Ambos", respondió ella. Y Raba inmediatamente comentó: "Yo seré el segundo". [Y así fue. Raba se casó con ella después de la muerte de su primer marido, Rami b. Chama]. La razón de su espera hasta que llegaron las diez es porque no se debe comenzar a dar una conferencia si hay menos de diez personas presentes. R. Acha luego se aplicó a sí mismo el dicho de los sabios: "Aquel a quien el cielo le haya hecho daño, no le hará bien en el futuro cercano, y viceversa". Pero este hecho no es así. Solo lo dijo por sus propios problemas. ¿Y qué se entiende por niños? Como sucedió con la pequeña hija de R. Chisda que estaba sentada sobre las rodillas de su padre, y Raba y Rami b. Chama estaba sentada frente a él. "¿Con quién de ellos te gustaría casarte?" "Ambos", respondió ella. Y Raba inmediatamente comentó: "Yo seré el segundo". [Y así fue. Raba se casó con ella después de la muerte de su primer marido, Rami b. Chama]. Acha entonces se aplicó a sí mismo el dicho de los sabios: "Aquel a quien el cielo le haya hecho daño, no le hará bien en el futuro cercano, y viceversa". Pero este hecho no es así. Solo lo dijo por sus propios problemas. ¿Y qué se entiende por niños? Como sucedió con la pequeña hija de R. Chisda que estaba sentada sobre las rodillas de su padre, y Raba y Rami b. Chama estaba sentada frente a él. "¿Con quién de ellos te gustaría casarte?" "Ambos", respondió ella. Y Raba inmediatamente comentó: "Yo seré el segundo". [Y así fue. Raba se casó con ella después de la muerte de su primer marido, Rami b. Chama]. Acha entonces se aplicó a sí mismo el dicho de los sabios: "Aquel a quien el cielo le haya hecho daño, no le hará bien en el futuro cercano, y viceversa". Pero este hecho no es así. Solo lo dijo por sus propios problemas. ¿Y qué se entiende por niños? Como sucedió con la pequeña hija de R. Chisda que estaba sentada sobre las rodillas de su padre, y Raba y Rami b. Chama estaba sentada frente a él. "¿Con quién de ellos te gustaría casarte?" "Ambos", respondió ella. Y Raba inmediatamente comentó: "Yo seré el segundo". [Y así fue. Raba se casó con ella después de la muerte de su primer marido, Rami b. Chama]. Solo lo dijo por sus propios problemas. ¿Y qué se entiende por niños? Como sucedió con la pequeña hija de R. Chisda que estaba sentada sobre las rodillas de su padre, y Raba y Rami b. Chama estaba sentada frente a él. "¿Con quién de ellos te gustaría casarte?" "Ambos", respondió ella. Y Raba inmediatamente comentó: "Yo seré el segundo". [Y así fue. Raba se casó con ella después de la muerte de su primer marido, Rami b. Chama]. Solo lo dijo por sus propios problemas. ¿Y qué se entiende por niños? Como sucedió con la pequeña hija de R. Chisda que estaba sentada sobre las rodillas de su padre, y Raba y Rami b. Chama estaba sentada frente a él. "¿Con quién de ellos te gustaría casarte?" "Ambos", respondió ella. Y Raba inmediatamente comentó: "Yo seré el segundo". [Y así fue. Raba se casó con ella después de la muerte de su primer marido, Rami b. Chama]. Raba se casó con ella después de la muerte de su primer marido, Rami b. Chama]. Raba se casó con ella después de la muerte de su primer marido, Rami b. Chama].

(Fol. 14b) A nuestros rabinos se les enseñó: El orden de los profetas es el siguiente: Josué, Jueces, Samuel, Reyes, Jeremías, Ezequiel, Isaías y los doce profetas. Veamos: Oseas (de los doce profetas), fue en verdad antes de Isaías, porque está escrito (Oseas 1, 2) El comienzo de la palabra del Señor por Oseas. ¿Es un hecho que las palabras del Señor fueron primero por Oseas? ¡Mirad! ¿Hubo muchos profetas desde los días de Moisés hasta Oseas? Y R. Jochanan explicó que eso significaba que él era el primero de los cuatro profetas que profetizaron en ese período; a saber: Oseas, Isaías, Amós y Miqueas. Si es así, ¿por qué no se coloca antes [en la orden]? Porque su libro está ordenado entre Hageo, Zacarías y Malaquías, quienes [por ser [el último de los profetas [fueron arreglados los últimos]; por lo tanto, este libro se coloca junto con el de ellos. Pero, ¿por qué no se separó el libro de Oseas y se colocó en primer lugar? Porque es pequeño, y si se coloca primero podría perderse. Sin embargo, ¿no fue Isaías antes que Jeremías y Ezequiel? ¿Por qué entonces no se coloca primero? Porque Reyes termina con la destrucción del Templo, y todo el libro de Jeremías habla de la destrucción, y el de Ezequiel al principio habla de la destrucción y al final de la consolación, mientras que todo el libro de Isaías habla de la consolación. Colocamos [los registros de] destrucción [junto] al de la destrucción, y el de la consolación al lado del consuelo.

A nuestros rabinos se les enseñó que el orden de Hagiographa es el siguiente: Rut, Salmos, Job, Proverbios, Eclesiastés, Cantar de los Cantares, Lamentaciones, Daniel, Rollo de Ester, Esdras y Crónicas. Según quien sostiene que Job floreció en el tiempo de Moisés, ¿por qué entonces no se organizó primero el libro de Job? Porque no es correcto empezar con una desgracia. ¿Pero Rut también contiene una desgracia? Rut, aunque su comienzo es desdichado, sin embargo contiene un buen final, porque R. Jochanan dijo: "¿Por qué se llamó Rut? Porque David, que satisfizo al Santo, ¡alabado sea Él! Con sus cánticos y alabanzas, salió de ella. .¿Y quién escribió todos los libros? Moisés escribió su libro y el capítulo de Bil'am (Núm. 22) y Job. Joshua escribió su libro y los últimos ocho versículos del Pentateuco. Samuel escribió su libro Jueces y Rut. David escribió Salmos, con la ayuda de diez ancianos, a saber: Adán el Primero, Malki Zedek, Abraham, Moisés, Heiman, Jedutún, Asaf

(Fol. 15) y los tres hijos de Coré. Jeremías escribió su libro Reyes y Lamentaciones. El rey Ezequías y sus seguidores escribieron Isaías, Proverbios, Canciones y Eclesiastés. Los hombres de la Gran Asamblea escribieron Ezequiel, los Doce Profetas, Daniel y el libro de Ester. Esdras escribió su libro y Crónicas, el orden de todas las generaciones hasta él. Esto puede ser un apoyo a la teoría de Rab, ya que R. Juda dijo en nombre de Rab: "Ezra no había ascendido de Babilonia a Palestina hasta que escribió su genealogía". ¿Y quién terminó el libro de Ezra? Nehemías ben Chachalyah.

El maestro dijo arriba: "Josué escribió su libro y los últimos ocho versos del Pentateuco". Se nos enseña en un Baraitha de acuerdo con él que dijo que los últimos ocho versículos de la Torá fueron escritos por Josué; a saber (Deut. 36, 5) Y Moisés, el siervo del Señor, murió, etc. Porque, ¿cómo es posible que después de la muerte de Moisés haya escrito que murió? Por lo tanto, debemos asumir que hasta este versículo escribió Moisés, y desde este versículo en adelante escribió Josué. Esta es la opinión de R. Joshua, y según otros la opinión de R. Nechemiah. R. Simon le dijo: "¿Es posible que los Rollos Sagrados no estuvieran completos hasta la última letra, y sin embargo debería leerse (Ib. 31, 26) Toma este libro de la ley, etc.? Debemos, por tanto, di que hasta este versículo el Santo, ¡alabado sea! y Moisés lo repitió y lo anotó; pero de este versículo sobre el Santo, alabado sea, dictó y Moisés escribió con lágrimas [pero no se repitieron]; como similar a lo que se dice más adelante [acerca de los profetas] (Jer. 36, 18Entonces les dijo Baruc, con su boca me dijo claramente todas estas palabras, y las escribí en el libro con tinta. De acuerdo con quién, entonces, lo que R. Joshua b. Aba, en nombre de R. Gidel, citando a Rab, dijo: "Los últimos ocho versículos del Pentateuco, cuando se leen de los Rollos Sagrados, deben ser leídos por una persona sin ninguna interrupción". ¿No está de acuerdo con R. Juda y es contrario al de R. Simon? También puede estar de acuerdo con R. Simon; y la razón [de la excepción de estos ocho versículos] es porque, dado que ya hubo un cambio en la escritura de Moisés [como se dijo anteriormente], el cambio debe ser completo, [en su lectura]. "Joshua escribió su libro". ¿Pero no está escrito allí Y Josué murió? Elazar lo terminó. ¿Pero no está escrito allí Y Elazar murió? Fue terminado por Pinchas.

"Samuel escribió su libro", pero ¿no está escrito Y murió Samuel? El libro fue terminado por Gad el vidente y Nathan el Profeta. "David escribió su libro con la ayuda de los diez ancianos". ¿Por qué los baraitha no enumeraron también a Ethan el Ezrachite? Rab dijo: "Etán el Ezrachite es Abraham, porque está escrito aquí (Sal. 89, 1) Ethan el Ezrachite, y también está escrito (Is. 41, 2) Quien despertó del Oriente (Mimizrach)," etc. Enumera a Moisés, y también a Heiman; ¿No dijo Rab que Heiman significa Moisés, porque aquí está escrito Heiman y está escrito (Núm.12, 7) En toda mi casa es fiel (Ne'eman). Había dos Heimans. "Moisés escribió su libro, el capítulo de Bilam y Job". Esto verifica la declaración de R. Levy b. Lachma, quien dijo que Job vivió en la época de Moisés. Raba, sin embargo, dijo: "Job vivió en la época de los espías que fueron enviados por Moisés para investigar Palestina, porque está escrito sobre Job (Job 1, 1) Utz, y al tratar con los espías, Moisés también menciona una palabra similar a esto (Etz, un árbol). Pero, ¿cómo se puede decir que Utz y Etz son lo mismo? Moisés dijo así a Israel: "Hay un hombre cuyos años son tan numerosos como los de un árbol y que protege a su generación como un el árbol protege sus ramas ".

Uno de los rabinos que estaba sentado ante R. Samuel b. Nachmeni dijo: "Job nunca existió; y se menciona en las Escrituras sólo como una parábola". Con lo cual R. Samuel b. Nachmeni le dijo: "Según tu teoría, entonces, ¿cuál es el significado del pasaje (Job. 1, 1) Había un hombre en la tierra de Utz que se llamaba Job. "Pero incluso de acuerdo con su teoría no es el siguiente pasaje (Sam. 12, 3) Pero el pobre no tenía nada, etc., ¿una mera parábola? Lo mismo puede decirse de Job ". "Si fuera así", respondió R. Samuel b. Nachmeni, "¿por qué, entonces, su nombre y el nombre del país de donde vino?" R. Jochanan y R. Elazar dijeron que Job era de entre los exiliados babilónicos; y su colegio estaba en Tiberíades. Se planteó la siguiente objeción: "La edad de Job era desde el momento en que Israel llegó a Egipto hasta que lo abandonaron". Lea, tantos años como los israelitas estuvieron en Egipto. (Ib. B)) Se planteó otra objeción. "Hubo siete profetas que profetizaron a las naciones, a saber: Balaam y su padre. Job, Elifaz temanita, Bildad sujita, y comenzó a blasfemar; el Santo, alabado sea! luego duplicó su recompensa en este mundo, de modo que no tendría participación en el mundo venidero. Por tanto, ¿Job no era judío? En este punto, los Tannaim de los siguientes Baraitha difieren. R. Elazar dijo: "Job vivió en la época de los Jueces como se dice (Trabajo. 27, 12) ... lidiar con tales vanidades. ¿Qué generación fue enteramente de vanidades? Fue la generación de los Jueces ". R. Joshua b. Karcha dijo:" Job vivió en la época de Asuero; como se dice (Job 42, 15) Y no se encontraron mujeres tan hermosas como las hijas de Job, etc. ¿Y en qué generación se buscaron mujeres hermosas? Esto fue en la generación de Asuero. "Pero quizás fue en el tiempo de David, del cual dice el pasaje (I Reyes 1, 3). Así que buscaron una doncella hermosa por todo el territorio de Israel. Allí buscaron solo entre las hijas de Israel, pero en el tiempo de Asuero [está escrito] en toda la tierra. R. Natán dijo: "Job fue en el tiempo de la reina de Sabá, como se dice (Job 1, 15) Cuando los sabeos hicieron una incursión ". Los sabios, sin embargo, dicen:" Job vivió en la época de los caldeos, como se dice (Ib., Ib. 17) Los caldeos se apostaron ellos mismos ", etc. Aún otros dicen: "Job vivió en la época de Jacob y se casó con Dina, la hija de esta última". Y todos los sabios que acabamos de mencionar, excepto el último, sostienen que Job era israelita. ¿Cómo se puede suponer que sostienen que Job no era judío? ¿Cómo es posible que la Shejiná descanse sobre un no judío después de la muerte de Moisés? ¡He aquí! El maestro dijo: "Moisés pidió que la Shejiná no habitara con no judíos, y su petición fue concedida, como se dice (Ex. . 33, 6) Así seremos distinguidos yo y tu pueblo. "

R. Jochanan dijo: "¿Qué significa el pasaje (Rut 1, 1) Y sucedió en los días en que los jueces juzgaron, significa? Era una generación que juzgaba a sus jueces. Si el juez le decía a una persona: 'Quita la paja de tu ojo ', respondió:' Quita la viga de tus propios ojos '. Si el juez le decía a uno: 'Tu plata se ha convertido en escoria', la respuesta era: (Is. 1, 32) Tu vino está drogado con agua ". (Job 1, 6-9) Ahora sucedió... .que el acusador (Satanás) también vino en medio de ellos, etc. Así dijo Satanás ante el Santo, ¡alabado sea! "¡Soberano del Universo! He corrido por todo el mundo y no encontré a ningún hombre de confianza como tu siervo Abraham, a quien dices (Gen. 13, 17Levántate, muro: por la tierra a lo largo y a lo ancho de ella, porque a ti te la daré. Y a pesar de esto, cuando buscó una tumba para enterrar a su esposa Sara, y no la encontró hasta que la compró por cuatrocientos siclos de plata, no murmuró ni dijo nada contra ti. "Entonces el Señor dijo a Satanás:" ¿Has dirigido tu atención hacia mi siervo Job, porque no hay nadie como él? . y rehuyó el mal. ¿Qué significa el mal evitado? R. Aba b. Samuel dijo: "Job era generoso con su dinero; la costumbre del mundo es que si un trabajador ha prestado algún servicio al valor de un P'ruta, el empleador [lo lleva al tendero] compra algo por esta moneda y le da el trabajador la mitad de lo que se le debe. Job, sin embargo, le dio toda la moneda por tales servicios. R. Jochanan comentó: "Gen. 22, 12) Ahora sé que temes a Dios, etc. Y con respecto a Job está escrito (Job. 1, 1) Y ese hombre era íntegro y recto, y temía a Dios y rehuía el mal ".

Entonces Satanás respondió: ¿Es en vano que Job teme a Dios? ... Has bendecido la obra de sus manos. ¿Qué significa la expresión La obra de sus manos has bendecido? Samuel b. R. Isaac dijo: "Cualquiera que haya tomado una moneda de Job [por negocios] ha tenido éxito". ¿Y qué significa, Y su ganado está esparcido por la tierra? R. José b. Chanina dijo: "Su ganado ha cambiado el orden del mundo. Por lo general, los lobos matan cabras, pero en este caso los lobos fueron asesinados por las cabras de Job". (Ib. 11-19) Pero sólo extiende tu mano, etc. Los bueyes estaban arando y las asnas paciendo junto a ellos. ¿Cómo es que los bueyes aran y las asnas se alimentan junto a ellos? R. Jochanan dijo: "De esto se infiere que el Santo, ¡alabado sea! Le dio a Job un anticipo (Fol. 16) del mundo venidero.

(Trabajo 2-5Satanás volvió a responder al Señor: Y tú me incitaste contra él. R. Jochanan dijo: "Si esto no estuviera escrito, sería imposible que un ser humano lo concibiera. Las Escrituras hablan del Señor como si fuera un ser humano que puede ser influenciado por la incitación". Se nos enseña en un Baraitha: Satanás desciende e incita [al pecado]; luego asciende y presenta cargos [contra el pecador]; luego toma la orden y toma el alma de él (Ib. 2, 4-7). Entonces el acusador respondió al Señor, solo cuida de su vida. R. Isaac dijo: "Satanás sufrió más que el propio Job. Esto podría compararse con un hombre que le dijo a su sirviente: 'Rompe el barril, pero guarda el vino'" [sin un recipiente en el que guardarlo | R. Simon b. Lakish dijo: "Satanás es el espíritu maligno [que tienta a uno a pecar];

R. Levi dijo: "Satanás y Penina tenían la intención de agradar al cielo. Satanás, que había visto al Santo, ¡alabado sea!", Era favorable a Job, dijo: 'El cielo no lo quiera, el amor de Abraham [por Dios] será olvidado. ' Y Peninnah, como está escrito (I Sam. 1, 6) Y su rival también la provocaba continuamente, a fin de hacerla enojar, (para que ella orara) ". R. Acha dio una conferencia en la ciudad de Papunia. y Satanás vino y le besó los pies por esto (Job 2) Con todo esto, Job no pecó con sus labios. Raba dijo: "Con sus labios no pecó, pero pecó en su corazón". (Ib. 9, 24) ¿Se entrega la mano al impío? etc. Raba dijo: "Job intentó poner el plato boca abajo (para desafiar a la Providencia)". Con lo cual Abaye le dijo: "Job habló sólo con respecto a Satanás". En este punto, Tanaim difiere. ¿Se entrega la tierra a los malvados? R. Elazar dice: "Job intentó poner el plato boca abajo". R. Joshua luego le dijo: "Job habló sólo con respecto a Satanás".

(Ib. 10, 7) Sin embargo, está en Tu conocimiento que no soy malvado, y no hay quien pueda librarme de Tu mano. Raba dijo: "Job quería eximir al mundo entero del castigo. Dijo así: '¡Soberano del Universo! Tú has creado un buey con pezuñas partidas y un asno con pezuñas cerradas. Tú has creado el Paraíso, y Tú has creado la Gehena". "Tú creaste al justo (por la inclinación al bien) y Tú creaste al impío (por la inclinación al mal). ¿Quién puede impedirte?" Pero, ¿qué le respondieron los colegas de Job? (Ib.15, 4) Sí, verdaderamente anulas el temor (de Dios) y disminuyes la devoción ante Dios: es decir, el Santo, ¡alabado sea! Ha creado el espíritu maligno, y ha creado la Torá como remedio contra ella ".

Raba dio una conferencia: (Ib. 29, 13) Me sobrevino la bendición del que estaba a punto de perecer; y el corazón de la viuda hice cantar de gozo, es decir, la bendición de él estaba lista para perecer vino sobre mí. Job solía robar un campo que pertenecía a los huérfanos, mejorarlo y devolvérselo; y el corazón de la viuda dejó de cantar de alegría. Si había una viuda con quien uno deseaba casarse, él ponía su nombre sobre ella, diciendo que era su pariente, y entonces era fácil para ella casarse "(Ib. 6, 2). Oh, que mi aflicción pudiera ser verdaderamente pesado, y calamidad, etc. Raba dijo: "Polvo [debería haber sido puesto] en la boca de Job, porque él mismo se hace un camarada de la Providencia" (Ib. 9, 33). No hay nadie que pueda decidir entre nosotros , quien podría poner su mano sobre los dos. Raba dijo: "Polvo [debería haber sido puesto] en la boca de Job, porque alguna vez un esclavo reprendió a su amo? "(Ib. 31, 1) Un pacto había hecho con mis ojos. ¿Cómo, entonces, debería fijar mi mirada en una virgen? Raba dijo:" Él no había mirado sólo a extraños mujeres, pero Abraham ni siquiera había mirado a su propia esposa; como está escritoGen. 12, 11) Ahora sé que eres una mujer de hermosa apariencia, de lo cual se infiere que antes de ese tiempo él no lo sabía "(Job 7, 9). Cuando la nube se desvanece y pasa, así el que desciende al otro mundo, no volverá a subir. Raba dijo: "Por esto vemos que Job negó la resurrección".

(Ib. 9, 17) El que me hiere con s'arah (tormenta) y multiplica mis heridas sin causa. Rabba dijo: "Job, cuando blasfemaba, usaba la palabra S'arah (stormanger), y también se le respondió con S'arah. Él blasfemó con S'arah, como está escrito: El que me hiere con S'arah (Así dijo ante el Santo, ¡Alabado sea! '¡Soberano del Universo! Quizás un viento de tormenta pasó ante Ti y cambió a Ti la palabra Iyob (Job) por Oyeb (enemigo); y también se le respondió con S'arah, como está escrito (Ib. 38, 1) Y el Señor respondió a Job desde la S'arah ". "No te ciñas como un valiente tus lomos; y yo te preguntaré, y tú me informas. Así dijo Él:" He creado muchos cabellos en los seres humanos, y para cada cabello he creado un poro separado; porque si dos se alimentaran de un poro, cegaría los ojos de los hombres; ahora de un poro a otro, entre estos poros no me equivoqué, y de lyob a Oyeb [dices que me he equivocado]. (Ib., Ib. 25) Lo que ha dividido cursos de agua, etc. Hay muchas gotas que he creado en las nubes, y para cada gota hay un lugar separado; porque si dos gotas entraran en una, ablandarían demasiado la tierra y no produciría. Entre esto no me equivoqué, y de lyob a Oyeb [dices que] ¡cometí un error! ... Y un camino para el relámpago seguido de truenos. Muchos truenos he creado en las nubes, y para cada trueno hay un camino separado; porque si dos siguieran el mismo camino, destruirían el mundo. Entre estos caminos no me equivoqué, y de Ilob a Oyeb [dices que] me equivoqué! (Ib. 39, 1)! ¿Sabes el tiempo en que parirán las cabras montesas de la peña? ¿O puedes trabajar cuando paren las ciervas? La cabra montés de la peña es cruel con su descendencia, y cuando llega el momento (Ib. B) de la producción, asciende a la cima de la montaña, para que la descendencia caiga y muera. Y llamo a un águila que la recibe con sus alas y las coloca delante de ella. Esto debe suceder en el momento exacto, porque si ocurriera un segundo antes o un segundo después, los niños morirían. Ahora entre uno y otro no me equivoqué, y de Iyob a Oyeb [dices que] sí me equivoqué. ¿O puedes notar cuándo parirán las ciervas? La cierva tiene un vientre estrecho, y cuando llega el momento de la parición, obtengo una serpiente que muerde su vientre, para que pueda dar a luz a su descendencia. Esto debe suceder en el momento exacto, porque si ocurre un segundo después, la madre moriría. Ahora de un segundo a otro no me equivoco; y de Iyob a Oyeb [dices que] cometí un error? "(Ib. 24, 35) job no ha hablado sin conocimiento, y sus palabras son sin inteligencia. Raba dijo:" De esto se puede deducir que un hombre no se toma en cuenta lo que habla en su angustia ".

(Ib. 2, 11-13) Cuando, ahora, los tres amigos de Job... y se conocieron juntos, etc. ¿Qué se quiere decir con se reunieron? R. Juda en el nombre de Rab dijo: "Todos entraron al mismo tiempo por la puerta de la ciudad donde vivía Job; aunque un Baraitha afirma que cada uno de ellos vivía trescientas parsas aparte del otro". ¿Quién les informó? Según algunos, cada uno de ellos tenía una corona en la que estaba grabada la imagen de sus tres compañeros; y según otros, tenían en su jardín tres árboles, cada uno de los cuales llevaba el nombre de uno de los amigos; y cuando se marchitaron supieron [que su amigo había sufrido un accidente]. Raba dijo: "Esta es la razón del dicho: 'O tener colegas como los de Job o la muerte'. "

(Gén. 6, 1) Y sucedió que cuando los hombres comenzaron a multiplicarse, y les nacieron hijas. R. Jochanan dijo: "Con una hija llega la multiplicación al mundo". Resh Lakish, sin embargo, sostiene que con una hija surge la lucha en el mundo. Resh Lakish le dijo a R. Jochanan: "Según tu opinión, esa multiplicación viene con las hijas; entonces, ¿por qué no se duplicó Job con las hijas como lo fue con los hijos y con todas sus propiedades?" Él respondió: "Aunque no se duplicaron en número, sin embargo, fueron en belleza, como está escrito (Job 42, 13-15También tuvo catorce hijos y tres hijas, y llamó el nombre de la primera Yemimah, y de la segunda, Keziah, y de la tercera Keren-hapuch; es decir, Yemimah porque era brillante como el día, Keziah porque su olor a perfume se extendía como el de casia; Keren-hapuch, porque, dijo R. Chisda, ella esparció un sabor como el jardín viene, como está escrito (Jer.4, 30Haz un círculo con pintura en tus ojos. "A R. Simon, el hijo del rabino, le nació una hija; y se sintió abatido. Su padre le dijo:" Con tu hija vino la multiplicación ". Bar Kapara le dijo:" Tu padre Te ofrecí un vano consuelo, porque en un Baraitha se nos enseña: El mundo no puede existir sin hombres y mujeres. Sin embargo, feliz es aquel cuyos hijos son varones, y ¡ay de aquel cuyos hijos son mujeres! El mundo no puede estar sin un comerciante de especias y un curtidor; feliz el que se dedica a la especia y ay del curtidor. "

En este punto, sin embargo, los Tanaim de los siguientes Baraitha difieren. (Génesis 24) El Señor ha bendecido a Abraham bakol (en todas las cosas). ¿Qué significa la palabra bakol? R. Maier dice: "Fue una bendición no tener hijas". R. Juda dice: "Al contrario, fue bendecido al tener una hija". Acherim dice: "Tenía una hija llamada bakol" R. Elazar el Modai, dijo: "Abraham, nuestro padre, era astrólogo; y por eso todos los reyes de Occidente y Oriente vinieron a su puerta para pedirle consejo. . " R. Simon b. Jochai dijo: "Un diamante colgaba del cuello de Abraham, y cuando un enfermo lo miró, se curó. Y cuando murió Abraham, ¡alabado sea el Santo! Lo selló en el planeta del sol". Abaye dijo: "Esta es la razón de la afirmación: 'Cuando sale el sol, los enfermos mejoran'". " Hay otra explicación [de la palabra bakol] que mientras Abraham estuvo vivo, Esaú no se volvió malo. Según otros más: "Porque Ismael se arrepintió en sus días". Que Esaú no se rebeló en sus días, como está escrito (Génesis 25, 29-34) y Esaú vino del campo, etc., y se enseñó en un Baraitha que ese día nuestro antepasado Abraham murió, y Jacob coció lentejas para ofrecer consuelo a Isaac. ¿Y de dónde nos enteramos de que Ismael se había arrepentido? Como sucedió cuando Rabina y R. Chama b. Bizna estaba sentada frente a Raba mientras Raba dormía, Rabina luego le dijo a R. Chama b. Bizna: "¿Es un hecho real lo que dijiste en nombre de R. Jochanan, que cualquier muerte que se llama Geviah, se refiere sólo a la muerte de un justo?" "Sí", fue la respuesta. "¿Pero la misma expresión también se escribe acerca de la generación del diluvio?" "Nuestra referencia es solo cuando la palabra geviah (partió) va junto con Asipha (reunida)". Pero con respecto a Ismael se usan ambas expresiones ". Mientras tanto, Raba se despertó de su letargo. Luego les dijo: "Hijos, así dijo R. Jochanan, 'Ismael se arrepintió durante la vida de su padre, porque está escrito (Ib., Ib. 9) Y sus hijos Isaac e Ismael, etc. Y del hecho de que Isaac es nombrado primero, aunque Ismael era mayor, debe entenderse que Ismael se había arrepentido y, sabiendo que Isaac era mejor que él, le dio la preferencia '. "Pero tal vez el versículo los cuente de acuerdo con su sabiduría. Entonces la Escritura (Ib. 35, 29) Y Esaú y Jacob, sus hijos, lo sepultaron, también deberían haber dicho: Jacob y Esaú, y no según la edad, como es ahora. Por lo tanto, inferimos que Ismael se había arrepentido. aunque Ismael era mayor, debe entenderse que Ismael se había arrepentido y, sabiendo que Isaac era mejor que él, le dio la preferencia ". "Pero tal vez el versículo los cuente de acuerdo con su sabiduría. Entonces la Escritura (Ib. 35, 29) Y Esaú y Jacob, sus hijos, lo sepultaron, también deberían haber dicho: Jacob y Esaú, y no según la edad, como es ahora. Por lo tanto, inferimos que Ismael se había arrepentido. aunque Ismael era mayor, debe entenderse que Ismael se había arrepentido y, sabiendo que Isaac era mejor que él, le dio la preferencia ". "Pero tal vez el versículo los cuente de acuerdo con su sabiduría. Entonces la Escritura (Ib. 35, 29) Y Esaú y Jacob, sus hijos, lo sepultaron, también deberían haber dicho: Jacob y Esaú, y no según la edad, como es ahora. Por lo tanto, inferimos que Ismael se había arrepentido.

(Fol. 17) A nuestros rabinos se les enseñó: ¡Hay tres a quienes el Santo, alabado sea! dio una muestra del mundo por venir en este mundo: a saber, Abraham, Isaac y Jacob: Abraham - acerca de quien está escrito bakol; Isaac - acerca de quien está escrito mikol; y Jacob, de quien está escrito kol. Los mismos tres anularon el espíritu maligno, ya que las palabras Bakol, Mikol, Kol están escritas con respecto a ellos. Otros añaden también a David, de quien está escrito (Sal. 109, 22) Y mi corazón está profundamente herido, etc. La primera Tanna, sin embargo, explica la última como una mera expresión de dolor.

A nuestros rabinos se les enseñó: "Hay seis personas sobre las que el ángel de la muerte no dominó: Abraham, Isaac, Jacob, Moisés, Aarón y Miriam. Las tres primeras por las palabras mencionadas, y la última porque está escrito (Núm.33, 38) Por orden del Señor, etc. y la Escritura simplemente lo retuvo. "Nuestros rabinos fueron enseñados: Hay siete sobre los cuales los gusanos no tienen dominio: Abraham, Isaac Jacob, Moisés, Aarón, Miriam, Benjamín ben

Jacob; según otros, también David. Los primeros seis, porque de las razones expuestas anteriormente; y Benjamín, porque está escrito acerca de él (Deut.23, 12) El amado del Señor [es él], él morará en seguridad, etc. Hay cuatro que murieron sin pecados propios sino [por el pecado cometido] por instigación de la serpiente; a saber: Benjamín b. Jacob, Amram, padre de Moisés, Isaí, padre de David y Khiliab b. David. Acerca de todos ellos tenemos una tradición, excepto Isaí, el padre de David, que se deduce del versículo, como está escrito (II Sam. 17, 25). Ahora Amasa era el hijo de un hombre, cuyo nombre era Ithra el Israelita, que entró en Abigal, hija de Najash, hermana de Sarvia, madre de Joab. ¿Era ella entonces la hija de Najash? He aquí que ella era la hija de Ithra, como está escrito (I Crónicas 2, 16) Y sus hermanas fueron Sarvia, etc. Por lo tanto, decimos que significa que murió por instigación de la serpiente.

Bava Batra, Capítulo 2

(Fol. 21) R. Juda dijo en el nombre de Rab: "Verdaderamente, este hombre será recordado por bendición cuyo nombre es Joshua b. Gamla, porque, si no fuera por él, Israel se habría olvidado de la Torá, porque en el veces el hijo que tenía un padre fue instruido por él, pero el que no tenía padre no aprendió la Torá en absoluto. ¿Qué pasaje interpretaron [para guiarlos en su decisión]? (Deut. 11, 19) Y vosotros así enseñe (Otham) a sus hijos, es decir, literalmente (attem) vosotros sed. fue entonces ordenó que las escuelas con maestros de primaria deben establecerse en Jerusalén. Lo verso interpretaban [para guiarlos en su acción]? (Is .2, 3) ... porque de Sion saldrá la ley, y de Jerusalén la palabra del Señor. Aún así, el niño que tenía padre fue llevado a Jerusalén y recibió instrucciones; pero el que no tuvo padre no fue traído para ser instruido. Por tanto, se dispuso que se establecieran [escuelas con] maestros de primaria en las capitales de cada provincia; pero los niños fueron traídos cuando tenían unos dieciséis o diecisiete años, y cuando los maestros los reprendieron, ellos se rebelaron y se fueron. Luego vino Joshua b. Gamla, quien promulgó que [escuelas con maestros de primaria] deben establecerse en todas las provincias y pueblos pequeños, y que los niños deben ser enviados a la escuela a la edad de seis o siete años ". Rab le dijo [al maestro de escuela] R. Samuel b . Shilath: "Hasta los seis años no tomes alumnos; de seis en adelante toma [al niño] y aliméntalo [con conocimiento] como alimentas a un buey ". Rab le dijo de nuevo a R. Samuel b. Shilath:" Cuando tengas que golpear a un niño, hazlo solo con la correa de un zapato ! si esto hace que el niño sea bueno, entonces muy bien; si no, déjelo en compañía de sus camaradas, [cuyo progreso constante verá y esto lo mejorará] ".

Raba dijo: "Si hay un maestro que puede realizar sus deberes lo suficientemente bien, pero hay otro que es aún mejor, el primero no debe ser despedido para que el maestro no se relaje [debido a la competencia]". R. Dimi de Nahardea, sin embargo, dijo: "Al contrario, se volverá más diligente, porque la emulación entre los eruditos aumenta la sabiduría". Raba dijo de nuevo: "Si hay dos maestros, uno de los cuales está bien versado [en la Biblia] pero que es inexacto, mientras que el otro es exacto pero no está bien versado [en la Biblia], el que está bien versado aunque Se deben nombrar inexactos, ya que los errores serán corregidos por ellos mismos ". R. Dimi de Nahardea, sin embargo, dijo: "Por el contrario, el que es exacto debe ser designado porque un error grabado en la mente de un niño permanece allí para siempre,)

Durante seis meses estuvo Joab allí con Israel, hasta que cortó a todo varón en Edom. Cuando se presentó ante David y le preguntaron (Ib. B) por qué lo había hecho, dijo: "Porque así está escrito (Deut. 25, 19) ... borrarás todo zachar (varón) de Amalec". David le dijo: "Pero leemos zeicher (recuerdo, es decir, tanto hombres como mujeres)". Y Joab respondió: "Mi maestro me enseñó a pronunciar zachar". Luego envió a buscar a su maestro y le preguntó cómo pronunciar esta palabra, y él respondió: borrarás a zachar (varón) de Amalec. Entonces sacó su espada y quiso matarlo. '¿Por qué?' preguntó el maestro. 'Porque', respondió David, 'está escrito (Jer.48, 10) Maldito el que hace la obra del Señor con negligencia. ' Y el maestro replicó: "Que, pues, este hombre (yo mismo) permanezca en esta maldición", y él le respondió, citando el final del versículo, "Y maldito el que retiene su espada de la sangre". Algunos dicen que lo mató y otros dicen que no ".

(Fol. 22) R. Dimi de Nahardea trajo higos secos en un bote. El Exilarca le ordenó a Raba: "Ve a ver si es un erudito; entonces puedes retener el mercado para él". Raba le dijo a R. Ada b. Ababa: "Ve y examínalo". Le preguntó sobre algo de la Ley, a lo que no pudo responder. Entonces R. Dimi le dijo: "¿El maestro es Raba?" R. Ada le dio unos golpecitos en la sandalia [para silenciarlo] y le dijo: "Entre Raba y yo hay una gran diferencia; pero, sin embargo, yo soy tu maestro, mientras que Raba es el maestro de tu maestro". Como consecuencia de esto, el mercado no se celebró para él; y R. Dimi perdió sus higos secos, y vino a quejarse ante R. Joseph, diciendo: "¡Mira, maestro, lo que me hicieron!" Y él respondió: "Amós 2, 1) Así ha dicho el Señor: por tres pecados de Moab, y por cuatro, no revocaré su castigo, porque quemaron los huesos del rey de Edom en cal. En consecuencia, R. Ada murió. Entonces R. Joseph dijo: "Yo he causado su castigo. Lo he maldecido". R. Dimi dijo: "Yo he causado su castigo, porque él había causado mi pérdida en las ligas secas". Abaye dijo: "Yo he causado su castigo, porque solía decir a los rabinos:" Mientras estáis mordisqueando huesos en el colegio de Abaye, ¿no sería mejor para vosotros comer carne grasa en el colegio de Raba? "Y Raba dijo: "Yo he causado su castigo, porque, cuando solía ir por carne, solía decirle al carnicero: 'Debes darme carne antes de dársela al sirviente de Raba, ya que soy mejor que él. . '"R. Nachman b. Isaac dijo:" Lo he castigado ", porque R. Nachman b. Isaac era el jefe de los predicadores en los días previos a las festividades; y todos los días, antes de predicar, revisaba su sermón junto con R. Ada b. Ahaba. Sin embargo, ese día , en el que murió R. Ada b. Ahaba, R. Papa y R. Huna b. R. Joshua lo detuvieron, porque habían estado ausentes de la conferencia final y, por lo tanto, le pidieron que les explicara lo que dijo Raba. sobre el diezmo del ganado, y les repitió todo lo que dijo Raba. Mientras tanto, llegó el momento de la predicación de R. Nachman, y los rabinos le dijeron a R. Nachman: "¿Por qué se sienta el maestro? Ya está amaneciendo, y tienes que ir a predicar ". Y él respondió:" Estoy sentado y esperando el ataúd de R. Ada b. Ahaba. "Y, de hecho, la muerte de R. Ada pronto fue anunciada. Parece, por lo tanto, que R.

(Fol. 25) R. Joshua b. Levi dijo: "Debemos estar agradecidos con nuestros antepasados por habernos informado del lugar donde debemos orar; como se dice (Nech. 9, 6) Y las huestes de los cielos, el sol y todos los demás iluminadores que son en el este, inclínate ante ti hacia el oeste ". R. Akiba b. Jacob se opuso, diciendo: "¿Quizás retroceden, como suele hacer un esclavo ante su amo; y cuando llegan al Oeste, se inclinan hacia el Este?" La objeción permanece. R. Hoshia, sin embargo, sostiene que la Shejiná ha terminado, porque R. Hoshia dijo: "¿De dónde nos enteramos de que la Shejiná ha terminado? Se dice (Ib., Ib.) Tú verdaderamente eres el Eterno solo; es decir, tus mensajeros no son como los mensajeros del hombre frágil; porque el mensajero del hombre frágil suele regresar [cuando ha cumplido su tarea] al lugar de donde fue enviado [anunciando el cumplimiento de su deber], pero Tus mensajeros informan del cumplimiento del deber en el mismo lugar al que fueron enviados ; como se diceJob, 38, 35) ¿Puedes enviar relámpagos que se vayan y te digan: "Aquí estamos"? No lee que vienen y dicen Aquí estamos, sino que van y lo dicen en el lugar al que fueron enviados. Por lo tanto, la Shejiná ha terminado ". Y R. Ishmael también mantiene lo mismo; porque en la escuela de R. Ismael se enseñó, ¿de dónde nos enteramos de que la Shejiná ha terminado? Se dice (Zeeh. 2, 7) Y he aquí, el ángel que habló conmigo salió, y otro ángel salió a recibirlo. No lee después de él (achrar), sino contra él (likrath); infiere de esto que la Shejiná está en todas partes. Y R. Shesheth también está de acuerdo con su interpretación, porque R. Shesheth [que era ciego] le decía a su sirviente: "Puedes colocarme [para la oración] en cualquier dirección excepto en el Este: no porque la Shejiná no esté descansando allí, pero porque los mínimos han decidido que uno debe orar sólo hacia el debido Oriente ". R. Abahu, sin embargo, sostiene que la Shejiná descansa en el Oeste, porque R. Abahu dijo:" ¿Por qué se llama a Occidente Uriya? Porque el aire Divino está ahí ".

R. Juda dijo en el nombre de Rab: "¿Cuál es el significado del pasaje (Deut. 32, 2) Mi doctrina caerá como la lluvia? Esto se refiere a los vientos del oeste que vienen de la parte trasera del mundo; mi El habla destilará como el rocío; esto se refiere al viento del norte, que hace que el oro se vuelva barato (trae hambre y que hace que el oro sea barato) y así dice el versículo (Is. 46, 6).) Aquellos que derrochan oro de la bolsa; como fuertes lluvias sobre la hierba, se refiere al viento del este que hace tormentas en el mundo; y como lluvia sobre hierbas, se refiere al viento del sur, que trae lluvia benéfica y provoca el crecimiento de hierbas. "Se nos enseña en un Baraitha que R. Eliezer dice:" El mundo (Ib. b) es como un balcón (sin una cuarta pared); y cuando el sol llega por la tarde a la esquina noroeste, es desviado por este viento y asciende por encima del cielo ". R. Joshua dice:" El mundo es como una tienda (que está cercada por todos lados), y cuando el sol llega al atardecer por la esquina noroeste, da la vuelta y vuelve más allá del cielo; como se dice (Ecl.1, 6) Yendo hacia el sur y girando hacia el norte, el viento se mueve continuamente; y alrededor de sus círculos vuelve el viento; es decir, hacia el sur durante el día; y hacia el norte durante la noche. Da vueltas, etc .; es decir, mira hacia el este y el oeste, de modo que a veces, cuando los días son largos, los atraviesa, y cuando los días son cortos, los rodea ". R. Juda, antes mencionado, por lo tanto, está de acuerdo con R. Eliezer. (Trabajo 37, 9) De su cámara sale el torbellino. Esto se refiere al viento del sur; y el del norte, el frío, se refiere al viento del norte. De la respiración de Dios se da el hielo, se refiere al viento del oeste; y las anchas aguas se solidifican, se refiere al viento del este. ¿Pero no dijo el maestro que el viento del sur trae lluvias benéficas, etc.? Esto no presenta ninguna dificultad: si la lluvia llega lentamente, hace que la hierba crezca; pero si cae a torrentes, hace daño. R. Chisda dijo: "¿Cuál es el significado del pasaje (Ib., Ib. 22) La luz dorada que viene del norte? Esto se refiere al viento del norte, que abarata el oro, como está escrito (Is. 46, 6) Aquellos que derrochan oro de la bolsa ". Raphram b. Papa, en el nombre de R. Chisda, dijo:" Desde que el Templo fue destruido, el viento del sur nunca ha traído lluvia, como está escrito (Is. 9, 9) Y le arrebata la mano derecha, y todavía tiene hambre; y come de la mano izquierda, y aún no se ha saciado; y también está escrito (Sal. 89, 13) El norte y el sur - estos tú los has creado ". etc. Raphram b. Papa dijo además en el nombre de R. Chisda:" Dado que el Templo fue destruido, las lluvias no no proceda del buen tesoro; como se dice (Deut.28, 12) El Señor te abrirá su buen tesoro, el cielo, para darte la lluvia de tu tierra, etc., es decir, cuando Israel hizo la voluntad del Omnipotente, e Israel estaba en su propia tierra, la lluvia vino de los buenos. Tesoro; y ahora que Israel ya no está en su propia tierra, la lluvia no viene del buen tesoro ".

R. Isaac dijo: "El que desee convertirse en un erudito recitará su oración mirando hacia el sur; y el que desee enriquecerse orará hacia el norte; y una señal de esto [puede tomarse el hecho] de que la mesa de oro fue colocado en el norte [del Tabernáculo] y el candelabro, que da luz (sabiduría) - en el sur ". R. Joshua b. Levi, sin embargo, dijo: "Uno siempre debe recitar sus oraciones mirando hacia el sur, porque cuando la sabiduría aumenta, uno se vuelve también rico; como se dice (Prov. 3, 16).) Duración de los días en su mano derecha: en su izquierda están las riquezas y el honor. "¿Pero no R. Joshua b. Levi dijo que la Shejiná está en el oeste? R. Chanina le dijo a R. Ashi: "Vosotros que estáis ubicados al norte de Palestina debéis recitar vuestras oraciones mirando hacia el sur, [para mirar hacia Jerusalén]". Y de dónde sabemos que Babilonia estaba situada al norte de Palestina? (Jer. 1, 14) Del norte estallará el mal, "etc.

Bava Batra, Capítulo 3

(Fol. 56) R. Acha b. Ivya estaba sentada ante R. Assi y dijo en nombre de R. Assi b. Chanina, que un chazuba hace una intervención, en la finca de un prosélito. ¿Qué es un chazuha? Dijo R. Juda en nombre de Rab: "Con él (el chazuha) Josué formó los hitos [entre las tribus] de Israel". R. Juda volvió a decir en nombre de Rab: "Josué contó [en el Libro de Josué] sólo las ciudades que se colocaron en los límites". R. Juda dijo de nuevo en el nombre de Samuel: "Todo lo que el Santo, bendito sea! Le había mostrado a Moisés desde la tierra de Israel, estaba sujeto a diezmos. (De los productos que crecen en esos lugares, los diezmos deben separarse de acuerdo con La biblia)." ¿Qué significa excluir? La tierra de los quenitas, kenizitas y cadmonitas (Génesis 15, 19).

(Fol. 57b.) Y cierra los ojos para no mirar el mal. R. Chiya b. Abba dijo: "Esto se refiere a alguien que no mira a las mujeres cuando están ocupadas lavando". ¿Cómo se debe entender esto? Si hay otro camino por donde pasar, y uno pasa por ese camino con el propósito de mirarlos, entonces es realmente malvado; y si no hay otro camino, ¿qué puede hacer, ya que está obligado a pasarlos? Seguramente se refiere a un caso en el que no hay otra forma de pasar; sin embargo, hay que arreglárselas para no mirarlos. R. Jochanan interrogó a R. Bana'a; "¿Cuál es el largo adecuado de la camisa de un erudito?" Y él respondió: "Lo suficiente para cubrir todo el cuerpo, de modo que no se vea ninguna parte de él". "¿Y cuál es la longitud adecuada de la prenda de un erudito?" " Diré que ambos casos se refieren a un sirviente y, sin embargo, no hay contradicción, porque R. Bana'a se refiere a una comida del día y Baraitha se refiere a una comida nocturna. ¿A qué se parece la mesa de un ignorante? Una chimenea, rodeada de ollas. ¿Qué pasa con la cama de un erudito? No se debe encontrar nada debajo de él, excepto sandalias en verano y zapatos en la temporada de lluvias; y la cama de un ignorante parece un almacén de cosas mezcladas, [debajo del cual puedes encontrar todo] ".

R. Bana'a solía marcar las cuevas de los rabinos fallecidos. Cuando llegó a la cueva de Abraham (el Patriarca), encontró a Eliezer, su sirviente, parado afuera de la puerta. "¿Qué está haciendo Abraham ahora?" preguntó él. "Él duerme en el regazo de Sarah y ella mira su cabeza", fue la respuesta. R. Bana'a le dijo: "Ve e informa a Abraham que Bana'a está esperando en la puerta". Se lo comunicó a Abraham, tras lo cual este último dijo: "Que entre, porque él sabe perfectamente bien que la inclinación al mal no existe en este mundo". Entonces entró Bana'a, midió la cueva y salió; cuando llegó a la cueva de Adán, escuchó a un Bath Kol que decía: "Se te ha permitido ver la semejanza de Mi imagen (Abraham), pero Mi imagen real misma (Adán) no puedes ver". "

Había un mago que solía cavar entre los muertos [con el propósito de quitarles los sudarios]. Cuando llegó a la cueva de R. Tubi b. Mathna, lo agarró por la barba. Abaye vino y le pidió que se fuera, a lo que hizo. Al año siguiente, el Mago volvió a esta cueva, y Tubi volvió a agarrarlo por la barba, y cuando Abaye lo solicitó, fue rechazado, hasta que le trajeron unas tijeras y le cortaron la barba.

Hubo un hombre que dijo mientras agonizaba: "Lego un barril lleno de tierra a un hijo, un barril lleno de huesos a otro y un barril lleno de embutidos al tercero". Y no entendieron a qué se refería. Vinieron con esta pregunta a R. Bana'a. ¿Y les preguntó si poseían propiedades? Dijeron "Sí". ¿Tienes ganado? "" Sí. "" ¿También tienes muebles de casa? "" Sí ", respondieron ellos." Si es así ", dijo," esto es lo que tu padre te había legado ".

Hubo un hombre que escuchó a su esposa decirle a su hija: "¿Por qué no tienes cuidado en tus actos ilícitos [para mantenerlo en secreto]? Tengo diez hijos, y solo uno es de tu padre". Cuando se estaba muriendo dijo: "Lego todas mis propiedades a un hijo". Y como no sabían a quién se refería, acudieron a R. Bana'a, quien les aconsejó así: "Ve y llama a la tumba de tu padre hasta que venga y explique a quién se refería". Los hijos lo hicieron, pero el que era su verdadero hijo no fue. En consecuencia, R. Bana'a decidió que todas las propiedades deberían entregarse a este. Luego, sus hermanos denunciaron a R. Bana'a al Gobierno, diciendo: "Hay un hombre entre los judíos que da liberaciones de dinero sin testigos y sin ninguna prueba". Y fue arrestado. Luego vino su esposa quejándose: "Tenía una esclava. b) y anule sus calificaciones para seguir siendo juez. Debería tenerlo así: "Un juez que es declarado responsable en el tribunal, de modo que se le debe cobrar dinero, ya no está calificado como juez". "Entonces escribieron [en la puerta] así:" Sin embargo, el sabio de Judea sostiene que un juez a quien se le cobra dinero por un juicio no está calificado como juez ". Vio de nuevo que estaba escrito:" En la cabecera de todas las causas de muerte, soy yo, la sangre; y a la cabeza de todas las cosas que dan vida, soy yo el vino ". Y les dijo:" Según esto, si uno se caía del techo de un árbol y moría, la sangre lo mataba; y también, cuando uno esté muriendo, ¿revivirá si le das vino? Debería escribirse así: 'A la cabeza de toda enfermedad, estoy yo, la sangre; y a la cabeza de toda la medicina estoy yo, el vino, la causa '". Y lo corrigieron así:" Sin embargo, el sabio de Judea sostiene que:' A la cabeza de todas las enfermedades estoy, la sangre, la causa, y a la cabeza de todas las medicinas, el vino , El remedio. ¡En un lugar donde no hay vino se necesita medicina! "

(Fol. 61b) A nuestros rabinos se les enseñó: Después de la destrucción del segundo Templo, muchas personas abstemias que se negaron a comer carne o beber vino aumentaron en Israel. Y R. Joshua se les acercó, diciendo: "Hijos míos, ¿por qué no comen carne y no beben vino?" Ellos respondieron: "¿Cómo debemos comer la carne de la cual se trajeron sacrificios, o beber el vino que se ofreció en el altar?" R. Joshua les dijo: "Si es así, ¿no comamos pan, ya que la ofrenda de harina también está abolida, porque podemos vivir de frutos?" A lo que ellos respondieron: "La fruta también se [usaba en el templo como] la primera ofrenda de fruta". ¿Pero entonces comamos sólo aquellos frutos de los que no se trajo bikurim? ¿Y de nuevo abstengámonos de beber agua, ya que la costumbre de poner agua en el altar ya no existe? "Y callaron. Entonces dijo R. Josué a ellos: "Hijos míos, venid y escúchame. Sería un error no llorar en absoluto, ya que ya se ha decretado llorar. Pero llorar demasiado también es imposible, porque no debemos imponer una restricción a el público a menos que la mayoría del público pueda soportarlo ". R. Ada b. Ababa dijo: "¿Dónde está el pasaje para probar esto?" Está escrito (Mal. 3, 9) Con una maldición para ser maldecido [os habéis obligado a dar diezmos] y sin embargo a mí me roban, oh nación entera, es decir, si toda la nación [aceptase la maldición] entonces podría ser extendido, pero no por una parte. Por lo tanto, los sabios dijeron: "Cuando uno pinta su casa, debe dejar una pequeña mancha sin pintar en señal de duelo". ¿Cuánto cuesta? Rab Joseph dijo: "Un metro cuadrado". R. Chisda agregó: "Esto debería estar frente a la puerta". Uno puede preparar todo lo que necesita para su comida, dejando de lado algunas cositas como señal de duelo. Y lo mismo ocurre con una mujer. Puede vestirse con todos sus adornos, dejando de lado algunos de los que no son importantes para ese propósito, como se dice (PD. 137, 5) Si me olvido de ti, oh Jerusalén, olvide mi diestra. Que mi lengua se pegue a mi paladar si no me acuerdo de ti; si no recuerdo a Jerusalén a la cabeza de mi alegría ". R. Isaac dijo:" Esto se refiere a las cenizas calcinadas [que es costumbre poner en la cabeza del novio] el día de su matrimonio ". R. Papa preguntó Abaye: "¿Dónde lo colocan?" Él respondió: "Solían colocarlo en sus frentes en el lugar de las filacterias, como se dice (Ls. 6, 13). para ellos adorno en lugar de ceniza. Y todo el que esté de luto por Jerusalén será recompensado al ver su alegría. Como se dice (Ib. 66, 10) Alégrense con ella todos los que la lloran ".

Hay un Baraitha: R. Ishmael b. Eliseo dice: "A partir de ese día en que el templo fue destruido, sería justo que nos encargáramos de no comer carne ni beber vino; pero no debemos imponer restricciones al público, a menos que la mayoría del público pueda hacerlo. Pero desde el día en que el gobierno romano nos impusiera decretos malignos, suspendiéndonos de estudiar nuestra Torá y de observar sus mandamientos, no permitiéndonos circuncidar y redimir a nuestros hijos [primogénitos], sería justo que Asumirnos a no casarnos y tener hijos, para que los hijos de Abraham fueran destruidos por sí mismos; pero dejad a Israel, que hagan lo que les plazca, ya que es mejor que pequen sin querer que intencionalmente (si se ordena esto) . "

Bava Batra, Capítulo 5

Rabba bb Chana dijo: "Los marineros me contaron que la ola que amenazaba con hundir el barco era visible por un rayo de luz blanquecina, y la golpearon con garrotes en los que está grabado:" Seré lo que seré, Señor, Dios, Rey de los Ejércitos, Amén, Amén, Selah. Luego se hizo el silencio ". Rabba bb Chana dijo de nuevo:" Los marineros me contaron que entre una ola y la otra hay trescientas parsas, y la altura de cada ola es también trescientas parsas. Una vez sucedió que estaba en el bote y una ola me levantó a tal altura que pude ver la base de una pequeña estrella, que era tan grande como un espacio donde se podrían sembrar cuarenta saahs de mostaza. Si la ola me hubiera elevado más alto, el calor de la estrella me habría quemado; y escuché una voz que le hablaba al otro: 'Mi colega, ¿Dejaste algo en el mundo que aún no has destruido, para que yo pueda lograrlo todavía? ' Y la respuesta fue: 'Ve y mira el poder de tu señor, ya que solo hay una línea de arena que separa el mar de la tierra; y, sin embargo, no pude pasar por encima de él. Como se dice (Jer. 5, 22) ¿No me temeréis? dice el Señor; ¿No temblaréis ante Mi presencia? Que pusieron la arena para el límite del mar, una ordenanza eterna, que no puede pasar ".

Rabá bb Chana volvió a decir: "He visto a Hurmin bar Lilith (demonio de la noche) saltando en lo alto de las casas de ladrillo de la ciudad de Mechuza y corría tan rápido de una a otra que un jinete que iba a caballo abajo no podía. Una vez sucedió que dos mulas fueron ensilladas para él en los dos puentes sobre el río Ravg'nag (Ib. b). Aunque estaban lejos el uno del otro, él saltaba continuamente de una silla a otra, mientras sostenía dos copas de vino, vertiéndose continuamente de una a otra sin derramar una gota, pero este día fue tan tormentoso, como se ilustra (Sal. 107, 26). Subirían al cielo, bajarían a las profundidades. el gobierno se percató de él y fue ejecutado ".

Rabba bb Chana dijo de nuevo: "He visto la cría de la gacela de un día de edad, que era como la montaña de Tabur, que mide cuatro parsas; y la longitud de su cuello era de tres parsas y el espacio cubierto por su cabeza uno. y media parsas; y cuando emitió excrementos paró el Jordán ".

El rabino bb Chana volvió a decir: "He visto una corvina tan grande como el fuerte Hagronia que contenía sesenta casas. Una serpiente vino y se la tragó, y un cuervo de cola grande vino y se tragó a la serpiente. El cuervo luego subió a un árbol y se sentó allí. . ¡Ven y mira lo fuerte que era ese árbol! R. Papá B. Samuel dijo: "Si no hubiera estado allí, no lo habría creído".

Rabba bb Chana dijo de nuevo: "En un momento en que a bordo de un barco noté un pez en cuyas fosas nasales entró un devorador de barro (gusano), del cual murió. El mar lo sacudió y fue arrastrado a tierra y sesenta. Las ciudades costeras fueron destruidas por su caída, y sesenta ciudades costeras consumieron su carne, y otras sesenta ciudades costeras salaron la carne que sobró: y de un ojo llenaron trescientos garabos de aceite, y cuando regresé allí después de doce meses vi cómo se cortaban sus huesos para convertirlos en tablas con las que restaurar las calles que había destruido ".

Rabba bb Chana volvió a decir: "Una vez, cuando iba en un bote, vi un pez en el que se acumulaba arena y crecía hierba. Pensamos que era una isla. Bajamos, horneamos y cocinamos en ella. la parte posterior del pescado se calentó, se volcó, y si el barco no hubiera estado tan cerca [para permitirnos saltar dentro de él] nos hubiéramos ahogado ".

Rabba bb Chana volvió a decir: "Una vez estaba a bordo de un barco, que fue conducido entre dos aletas de pez durante tres días y tres derechas. El pez nadaba contra el viento y nosotros navegábamos con el viento, y no se diga que el barco no iba lo suficientemente rápido, cuando R. Dimi llegó de Palestina, dijo que iba tan rápido que durante el tiempo que se tarda en calentar una tetera con agua, el barco navegó sesenta parsas, y un jinete disparó una flecha. al mismo tiempo, no podía ser más rápido que el barco. Y R. Ashi dijo que este era uno de los peces marinos más pequeños que tiene dos aletas ".

Rabba bb Chana dijo de nuevo: "En un momento, mientras estaba a bordo de un barco, vi un pájaro que estaba parado en el agua que solo llegaba hasta los dedos de los pies; su cabeza, sin embargo, llegaba al cielo. Pensamos que el agua era poco profunda, así que estábamos a punto de bañarnos allí, cuando oímos un Bath Kol: "No bajes, porque un carpintero perdió un hacha aquí hace siete años, y todavía no ha llegado al fondo. Esto, sin embargo, no se debe solo a la gran profundidad del agua, sino también por la corriente que es tan fuerte ". R. Ashi dijo: "Este pájaro es el ziz, mencionado en (Sal. 50. 11) Y el pájaro ziz del campo está conmigo (llega al cielo)".

Rabá bb Chana dijo de nuevo: "Sucedió una vez, mientras estaba en el desierto, que vi gansos a los que se les caían las plumas debido a su gordura, y un río entero de grasa había debajo de ellos, y a mi pregunta, '¿Tengo un compartir contigo en el mundo venidero? uno de ellos levantó su ala, y uno de ellos un pie. Cuando llegué y le dije esto a R. Elazar, él me dijo: 'Israel tendrá que dar cuenta de ellos en el futuro, (como por sus pecados el Mesías no viene, y los gansos deben morir de su gordura) ".

Rabba bb Chana dijo de nuevo: "Una vez, mientras estábamos en el desierto, nos acompañó un comerciante árabe que solía tomar un terrón de tierra, olerlo y decir: 'Este camino conduce a tal lugar, y este a tal lugar'. Y cuando le preguntamos: '¿A qué distancia estamos del agua?' olió la tierra, diciendo: 'Ocho parsas'. A partir de entonces le dimos a oler otra tierra, y dijo: 'Tres parsas'. Cambié los terrones de tierra, pero no pudimos engañarlo ". Rabba bb Chana volvió a decir: "Un comerciante árabe me dijo 'Ven conmigo. Te mostraré los cadáveres de los muertos en el desierto (en la época de Moisés)'. Así lo hice, y su aspecto era tan alegre como si se hubieran dormido en estado de ebriedad (Fol. 74) Todos estaban acostados de espaldas, pero la rodilla de uno de ellos estaba en posición de pie. y el comerciante, mientras montaba en el camello y sostenía una lanza en la mano, pasó por debajo sin llegar a la articulación de la rodilla. Tomé y corté una esquina de su Talith (abrigo) en el que había Tzitzifh (flecos) [para investigar la ley sobre esto], pero ni nosotros ni nuestro ganado podíamos movernos. El comerciante me dijo entonces: "Quizás hayas tomado algo de los muertos, ya que tengo la tradición de que si uno toma algo de ellos, no puede moverse". Fui y lo devolví, y luego pudimos movernos. Cuando vine y les dije esto a los rabinos, ellos dijeron: 'Abba mismo es un asno, y bar bar Chana es un tonto'. ¿Con qué propósito lo tomaste? Para saber con quién prevalece la Halajá concerniente a Tzitzit, ya sea con la escuela de Shammai o con la escuela de Hillel? Entonces deberías haber investigado su Tzitzith contando los hilos y nudos '".

Rabba bb Chana dijo de nuevo: "El comerciante me dijo: 'Ven y te mostraré la montaña del Sinaí'. Lo seguí y vi que estaba rodeado de serpientes. Todos estaban de pie, y parecían asnos blancos. También escuché una voz celestial que decía: '¡Ay de mí que he jurado! Y ahora, después de haberlo hecho, ¿Quién me absolverá de ese juramento? Cuando dije esto ante los rabinos, volvieron a decir: 'Abba mismo es un asno, y bb Chana es un tonto. ¿Por qué no dijiste: estás absuelto, estás absuelto?' " Él, sin embargo, no lo hizo, porque pensó: Tal vez signifique el juramento contra el diluvio, en referencia al cual está escrito (Is. 54, 9) Como hice, juré que las aguas de Noé, etc. Los rabinos, sin embargo, tenían razón al acusarlo, como si se tratara del diluvio,

Rabba bb Chana dijo además: "El mismo comerciante me dijo: 'Ven y te mostraré el lugar donde los hijos de Coré fueron tragados'. Y vi dos hendiduras en el suelo de las que salía humo. Cogí un trozo de lana, lo mojé con agua, lo puse en mi lanza, lo metí en la hendidura, y cuando lo saqué estaba chamuscado. Y el comerciante me dijo: '¡Escucha! ¿Qué oyes?' Y les oí decir: 'Moisés y su Torá son verdaderos, y somos mentirosos'. El comerciante me dijo: 'Cada día treinta del mes, el Gehena los da vuelta aquí, como se da vuelta la carne en la olla, y dicen que Moisés y su Torá son verdaderos, y nosotros somos mentirosos'. "

Rabba bb Chana dijo además: "Me dijo de nuevo: 'Ven y te mostraré dónde se encuentran la tierra y el cielo'. Lo seguí y vi que estaba lleno de aberturas. Tomé mi canasta y la puse en la ventana del cielo. Después de orar, la busqué pero no pude encontrarla. Entonces le dije al comerciante: '¿Hay , entonces, ¿ladrones aquí? Y él respondió: 'Era la esfera del Zodíaco, que gira. Espera hasta mañana a esta misma hora, y la encontrarás' ".

R. Jochanan solía decir: "Una vez, mientras estaba a bordo de un bote, vi un pez que sacaba la cabeza del agua, y sus ojos parecían dos lunas; el agua brotaba de sus dos fosas nasales como los dos ríos de Sura. . " R. Saphra solía decir: "Una vez, mientras estaba a bordo de un barco, vi un pez que tenía cuernos, levantando su cabeza del agua, y en sus cuernos estaba grabado así: 'Soy de las pequeñas criaturas en el mar y mido trescientas parsas, y voy a entrar en la boca del leviatán. R. Ashi comentó: "Esta es una cabra de mar que tiene cuernos y cava con sus cuernos (el suelo del mar)".

R. Jonathan dijo: "Una vez, mientras estaba a bordo de un bote, vi un cofre en el que estaban colocadas joyas rodeadas por una especie de pez llamado karshah (Ib. B.), Y un buzo descendió para atraparlo; pero el El pecho hizo un movimiento y amenazó con romperse la pierna. Sin embargo, arrojó una bolsa de cuero con vinagre hacia él y la canasta se hundió. Al mismo tiempo, una voz celestial se adelantó y dijo: '¿Qué negocio tienes con este cofre, que pertenece a la esposa de R. Chanina b. Dosa, ¿quién depositará en él el (T'chelet) azul púrpura para los justos del mundo venidero? "

R. Juda de Mesoptamia solía decir: "Una vez, mientras estaba a bordo de un barco, vi un diamante que estaba rodeado por una serpiente, y un buceador fue a atraparlo. La serpiente abrió la boca, amenazando con tragarse el barco, cuando vino un cuervo y se tragó a la serpiente, y toda el agua alrededor se convirtió en sangre. Luego vino otra serpiente, tomó el diamante, lo puso sobre el cadáver y cobró vida; y cuando una vez más abrió la boca para tragar el barco, vino un pájaro, le mordió la cabeza, tomó el diamante y lo arrojó al barco. Teníamos pájaros salados y queríamos probar si el diamante les daría vida, así que colocamos la gema en ellos. , y se animaron, y volaron con la gema ".

A nuestros rabinos se les enseñó: "Sucedió con R. Eliezer y R. Joshua, que estaban a bordo de un barco, que R. Eliezer estaba dormido y R. Joshua despierto. Este último se asustó, por lo que R. Eliezer se despertó y dijo : "¿Qué te pasa, Joshua? ¿Qué has visto que te asustó?" Y él respondió: 'He visto una gran luz sobre el mar'. R. Eliezer replicó: "Quizás hayas visto los ojos del leviatán sobre el cual está escrito (Job 41, 10) y sus ojos son como los párpados del amanecer de la mañana".

R. Ashi dijo: "Huna b. Nathan me contó la siguiente historia: 'Sucedió una vez, mientras estaba en el desierto, y teníamos con nosotros una pierna de carne, que la cortamos, la hicimos kosher para comer, pusimos lo sobre la hierba, y fuimos a recoger leña para asar. Cuando regresamos, la pierna había recuperado la forma que tenía antes de ser cortada; y luego la asamos. Cuando regresamos después de doce meses, las brasas sobre las que se asó todavía brillaban. Cuando llegué y le conté esto a Amemar, me dijo que la hierba era 'samtrie' (que tenía la cualidad de combinar cosas que antes estaban separadas), y las brasas eran de escoba (que cuando se enciende permanece ardiendo durante mucho tiempo).). "

(Génesis 1, 21) Y Dios creó los grandes monstruos marinos. Aquí en Babilonia traducen estas "gacelas marinas". R. Jochanan, sin embargo, dijo: "Significa leviatán, leviatán masculino y femenino, como está escrito (Is. 27, 1). Ese día el Señor castigará con su pesada, grande y fuerte espada a leviatán, la serpiente voladora, y leviatán, la serpiente tortuosa, y matará al cocodrilo que está en el mar ".

R. Juda, en el nombre de Rab, dijo: "Todo lo que creó el Santo, alabado sea, fue varón y hembra, y también el leviatán, la serpiente voladora macho y la serpiente tortuosa hembra; y si tener relaciones sexuales destruirían el mundo. ¿Qué hizo Su Santo, ¡alabado sea! [para evitar esto]? Hizo impotente al macho, mató a la hembra y la sacó para los justos en el mundo futuro, como se dice (Ib.) Y matará al cocodrilo, etc. Y también (Sal. 50, 10) al ganado sobre mil montañas. Él los creó macho y hembra, y si tuvieran relaciones sexuales, destruirían el mundo. ¡Alabado sea el Santo! Volvió al varón impotente y enfrió a la mujer, y lo conservó para los justos en el mundo futuro, como se dice (Job 40, 16) Sólo ve [cuán grande] es la fuerza en sus lomos, refiriéndose al macho, y su fuerza en los músculos de su vientre, refiriéndose a la hembra. Pero, ¿por qué no enfrió también a la hembra del leviatán? Porque una hembra salada tiene mejor sabor. ¿Y por qué no salar las hembras del ganado en cuestión? El pescado salado da buen sabor, pero la carne salada no.

R. Juda dijo de nuevo en el nombre de Rab: "En el momento en que el Santo, ¡alabado sea! Estaba a punto de crear el mundo, le dijo al ángel del mar: 'Abre tu boca y traga todas las aguas que son que se encuentra en el mundo '. Este último respondió: 'Soberano del Universo, ¿no es suficiente que trague el agua bajo mi dominio?' Y, por tanto, fue muerto inmediatamente, como se dice (Ib. 12). Con su poder partió el mar en pedazos, y con su entendimiento aplastó a Rahab ". R. Isaac dijo: "Deduzca de esto que el nombre del ángel del mar es Rahab, y si las aguas del mar no hubieran cubierto su cuerpo [del ángel], ninguna de las criaturas podría permanecer viva debido al mal olor, como se dice (Is. 11, 9) No dañarán ni destruirán... como las aguas cubren el mar. No leas cubrir el mar, sino cubrir al ángel del mar ".

R. Juda en nombre de Rab dijo además: "El curso del Jordán es de la caverna de Pania". También hay un Baraitha con el mismo efecto. El Jordán sale de la caverna de Pania y fluye hacia el mar de Sipchi, de Tiberíades, hasta llegar al océano; de allí fluye hasta llegar a la boca del leviatán, como se dice (Job 40, 23). Él permanece quieto, aunque un Jordán se le acerca a la boca. Raba b. Ula planteó la siguiente objeción: "¿No habla este versículo del ganado en las mil montañas? Por lo tanto," dijo él, "este versículo debe interpretarse así: ¿Cuándo está seguro el ganado en cuestión de que permanecerá con vida? llega a la boca del leviatán (es decir, mientras viva el leviatán, también están seguros de vida) ".

Cuando R. Dimi vino de Palestina, dijo en el nombre de R. Jonathan, ¿cuál es el significado del pasaje (Sal. 24, 2) Porque sobre los mares lo fundó, y sobre los ríos lo estableció? es decir, los siete mares y cuatro ríos que rodean la tierra de Israel (Palestina), los siete mares son los mares de Tiberia, Sodoma, Chirat, Chiltha, Sipchi, Aspamia y el océano; y los cuatro ríos son el Jordán, Jarmuch, Kirumyun y Phiga ". Cuando llegó R. Dimi, dijo en nombre de R. Jonathan:" En el futuro, el ángel Gabriel (Fol. 75) irá a cazar el leviatán, como se dice (Job 40, 25) ¿Puedes sacar al cocodrilo (leviatán) con un anzuelo o hacer que su lengua se hunda en la cuerda cebada? Y si no fuera por la ayuda del Santo, ¡alabado sea Él! él no lo conquistaría, como se dice (Ib.) Él es el primero en rango ... el que lo hizo solo puede acercar su espada a él. "Cuando R. Dimi llegó, dijo también en el nombre de R . Jochanan: "Cuando el leviatán tiene hambre, expulsa de su boca un gas que hace hervir todas las aguas en el abismo, como se dice (Ib. 41, 23). Hace hervir el abismo como una olla. Y si pusiera la cabeza en el paraíso, ninguna de las criaturas resistiría el mal olor del gas, como se dice (Ib.). Hace el mar como una mezcla hirviente. Y cuando tiene sed, hace que el mar sea hueco como lechos, como se dice: Detrás de él hace brillar su camino ". Y R. Acha b. Jacob dijo: "El abismo no vuelve a su camino natural antes de los setenta años, como se dice (Ib.). Los hombres estiman el abismo como canoso, y el abismo no es menos de setenta años".

Rabba dijo en nombre de R. Jochanan: "¡El Santo, alabado sea! Hará un banquete para los rectos con la carne del leviatán, como se dice (Ib. 40, 30) Yichru alav Javerim; yichiu significa un banquete, como se dice (II Reyes 23) Y él preparó (Vayichrch) para ellos una gran comida. Chaverim significa eruditos, como se dice (Canciones 8, 13) Compañeros (Javerim) escuchan tu voz, etc. Y el resto será cortado en pedazos y vendido en los mercados de Jerusalén, como se dice (Job 40, 30) Repartidlo entre los mercaderes ".

Rabá dijo además en el nombre de R. Jochanan: "¡El Santo, alabado sea! Hará una sucá para los justos de la piel del leviatán, como se dice (Ib. 31) ¿Puedes llenar su piel con Sucot . Si el justo lo amerita tendrá cabaña; pero si no lo amerita se hará una choza, como se dice (Ib.) Y con el puño le clavará la cabeza; y si aún menos, se le hará un collar. para él, como está dicho (Prov.1, 9) y cadenas para tu garganta; y si aún menos, se le hará un amuleto, como está dicho (Job 40, 29) ¿Y lo ató para tus doncellas? Y el resto de la piel que el Señor extenderá sobre los muros de Jerusalén, y su resplandor brillará de un extremo al otro del mundo, como está dicho (Isaías 69, 3) y las naciones pasarán por tu lado. luz, y reyes por el resplandor de tu resplandor ".

(Ib. 54, 12) Y haré de kadkod (rubíes) tus almenas, etc. Samuel b. Nachmeni dijo: "En la tierra, dos Amoraim difieren y son Judá y Ezequías, los hijos de R. Chiya; y en el cielo Gabriel y Miguel difieren. Uno dice que significa shoham (ónix) y el otro dice que significa jaspe. ¡Bendito sea el Santo! Les dijo: 'Sea como ambos dicen' "(Ib.) Y tus puertas, etc. Así sucedió con R. Jochanan, que estaba sentado y dando una conferencia:" En el futuro, el Santo, ¡alabado sea! traerá joyas y perlas del tamaño de treinta codos (yardas) cuadradas, veinte codos de alto y diez de ancho, y los colocará a las puertas de Jerusalén. ' Y un discípulo se burló de él: "¿Ni siquiera encontramos una joya tan grande como el huevo de una tórtola y [dices] encontraremos joyas de esos tamaños?" A partir de entonces sucedió que el mismo discípulo estaba en una barca en alta mar, y vio ángeles que aserraban joyas y perlas del tamaño de treinta anchos cuadrados, haciéndoles agujeros de veinte anchos de alto y diez de ancho. Él les preguntó: '¿Para quién es este?' y ellos respondieron: '¡El Santo, alabado sea! los pondrá a las puertas de Jerusalén. Cuando regresó, Aud le dijo a R. Jochauau: "Conferencia, rabino, porque todo lo que dijo es verdad, como yo mismo lo he visto". Y R. Jochanan le dijo: 'Ignoramus, si no lo hubieras visto, no lo habrías creído? ¿Eres un burlador de las palabras de los sabios? Puso sus ojos en él y se convirtió en un montón de huesos. " taladrando agujeros en ellos veinte ells de alto y diez de ancho. Él les preguntó: '¿Para quién es este?' y ellos respondieron: '¡El Santo, alabado sea! los pondrá a las puertas de Jerusalén. Cuando regresó, Aud le dijo a R. Jochauau: "Conferencia, rabino, porque todo lo que dijo es verdad, como yo mismo lo he visto". Y R. Jochanan le dijo: 'Ignoramus, si no lo hubieras visto, no lo habrías creído. ¿Eres un burlador de las palabras de los sabios? Puso sus ojos en él y se convirtió en un montón de huesos. " taladrando agujeros en ellos veinte ells de alto y diez de ancho. Él les preguntó: '¿Para quién es este?' y ellos respondieron: '¡El Santo, alabado sea! los pondrá a las puertas de Jerusalén. Cuando regresó, Aud le dijo a R. Jochauau: "Conferencia, rabino, porque todo lo que dijo es verdad, como yo mismo lo he visto". Y R. Jochanan le dijo: 'Ignoramus, si no lo hubieras visto, no lo habrías creído? ¿Eres un burlador de las palabras de los sabios? Puso sus ojos en él y se convirtió en un montón de huesos. " Y R. Jochanan le dijo: 'Ignoramus, si no lo hubieras visto, no lo habrías creído? ¿Eres un burlador de las palabras de los sabios? Puso sus ojos en él y se convirtió en un montón de huesos. " Y R. Jochanan le dijo: 'Ignoramus, si no lo hubieras visto, no lo habrías creído. ¿Eres un burlador de las palabras de los sabios? Puso sus ojos en él y se convirtió en un montón de huesos. "

Se planteó una objeción del siguiente pasaje (Levítico 27, 13). Te guiaré Kom'miyuth. R. Maier dice: "Esto significa doscientas ells sobre la superficie, el doble de la altura de Adán el primero, que tenía cien ells". R. Juda dice: "Significa cien ells sobre la superficie, el tamaño del Templo con sus muros, como se dice (Sal. 144, 12) Para que nuestros hijos sean como plantas que crecieron en su juventud, nuestro hijas como pilares de las esquinas, esculpidas según el modelo de un palacio ". [De ahí vemos que según ambos la altura del Templo será de cien codos por lo menos. ¿Por qué, entonces, dijo R. Jochanan, sólo veinte de altura]? R. Jochanan se refería solo a las aberturas para el aire.

Rabba, en el nombre de R. Jochanan, dijo nuevamente: "¡El Santo, alabado sea! Hará siete toldos (Chupas) para todos y cada uno de los justos, como se dice (Is. 4, 5).) Y entonces el Señor creará sobre cada morada del monte Sion, y sobre sus lugares de reunión, una nube y humo de día, y el resplandor de un fuego llameante de noche; porque sobre la gloria habrá una cubierta (Chupa). De esto inferimos que el Santo, ¡alabado sea! hará una Chupa para todos y cada uno de los justos de acuerdo con su dignidad ". Pero, ¿por qué fumar para una Chupa? R. Chanina dijo:" Todo el que mire con ojos enojados a los eruditos de este mundo, ¿se le llenarán los ojos de humo? ". en el mundo futuro ". ¿Y por qué disparar [en la Chupa]? R. Chanina dijo:" Infiere de esto que cada uno de los rectos será quemado por la Chupa de su vecino ". ¡Oh, esa vergüenza! ¡Oh, esa vergüenza! Esto es similar al siguiente pasaje (Núm.27, 20) Y pondrás sobre él parte de tu grandeza. Pero no todo. El anciano de esa generación solía decir: La apariencia de Moisés era como el sol y la apariencia de Josué como la luna. ¡Oh, qué vergüenza! ¡Oh, por esa desgracia!

R. Chama b. Chanina dijo: "Diez Chupas fueron hechas por el Santo, ¡alabado sea! Para Adán, el primero en el paraíso, como se dice (Ezequiel 28, 13).) En el Edén, el huerto de Dios, permaneciste; toda piedra preciosa era tu cubierta, el sardio, el topacio y el diamante, el crisólito, el ónix, el jaspe, el zafiro, la esmeralda, el carbunclo y el oro ". Mar Zutra dijo:" Once ". mientras cuenta todas las piedras preciosas. R. Jochanan dijo: "El oro era de menor valor que todos, porque se coloca al final". ¿Qué significan los acabados de tus engastes y basas? R. Juda dijo en el nombre de Rab: "Así dijo el Santo, ¡alabado sea! a Hiram, el rey de Tiro: Cuando creé el mundo, miré la tierra y observé que te rebelarías, considerándote un dios. Por lo tanto, creé agujeros y aberturas en los hombres ". Y según otros. Dijo así:" Vi que te rebelarías (Ib.Es. 4, 5) ¿En sus lugares de reunión, quiere decir? Rabba, en el nombre de R. Jochanan, dijo: "Jerusalén en el mundo futuro no será como Jerusalén en este mundo. En este último todo el que le gusta entrar lo hace, pero en el del mundo futuro sólo aquellos que lo harán. ser invitado entrará ". Rabá dijo de nuevo en el nombre de R. Jochanan: "En el mundo futuro, los justos serán nombrados con los nombres del Santo, ¡alabado sea Él! Como se dice (Ib. 43, 77). por mi nombre, y a quien he creado para mi gloria, a quien he formado, y aun a quien he hecho ". Samuel b. Nachmeni dijo en el nombre de R. Jonathan: "Los siguientes tres serán nombrados con el nombre del Santo, alabado sea Él - el justo, el Mesías y Jerusalén. Los justos, como se dijo anteriormente; el Mesías,) Y este es su nombre con el cual será llamado: el Señor justicia nuestra; y Jerusalén, como está escrito (Ezequiel 48, 35) y el nombre de la ciudad desde ese día: "El Señor está allí". No lea shamah allí, sino shmah (su nombre) ". R. Elazar dijo:" En el futuro, se dirá 'santo' ante los justos como ahora se dice ante el Santo, ¡alabado sea! como está dicho (Is. 4, 3) Y sucederá que cualquiera que quede en Sion, y el que quede en Jerusalén, será llamado santo, a todo aquel que esté escrito para vida en Jerusalén ". Rabba dijo de nuevo en el nombre de R. Jochanan: "¡El Santo, alabado sea! elevará a Jerusalén tres parsas, como se dice (Zac.14, 10) Y ella misma será elevada y habitada en su antiguo emplazamiento. "¿Qué significa el antiguo emplazamiento? Significa que se incrementará a su tamaño anterior. Y de dónde sabéis que el tamaño de la antigua Jerusalén era de tres parsas ? Rabá dijo: "Había un anciano que me dijo que había visto la primera Jerusalén, y el tamaño de la misma era de tres parsas". Y para que no se diga que sería difícil ascender, por lo tanto, el pasaje dice (Is. 60, 8) ¿Quiénes son estos que son como una nube, etc. R. Papa dijo: "Infiere de esto que las nubes están a una altura de tres parsas del suelo".

R. Chanina b. Papá dijo: "El Señor quiso hacer un tamaño para Jerusalén, como se dice (Zac. 2, 6) Para medir Jerusalén. ¡Y los ángeles dijeron ante el Santo! ¡Alabado sea Él: 'Soberano del Universo, hay muchas grandes ciudades que has creado en tu mundo, pertenecientes a otras naciones, de las cuales no has determinado su longitud ni su anchura. Porque Jerusalén, sobre la cual descansa tu nombre, donde está tu templo, donde moran los justos, determinarás una medida.' Inmediatamente después del pasaje dice (Ib. 8) Y le dijo: 'Corre, habla a este joven y dile: Sin muros será habitada Jerusalén, por la multitud de hombres y ganado en medio de ella' ".

R. Simon b. Lakish dijo: "En el futuro, el Santo, ¡alabado sea! Agregará a Jerusalén mil veces el área de Tefef para jardines, mil veces el área de Kefel para torres, mil veces el área de Litsuy, que contiene asientos de condado. , y un área mil dos veces mayor que la de Shiloh, construida con mansiones prominentes, y cada una de estas antes mencionadas será como Ziporias en su gloria. Y hay una Baraitha que dice que R. José dijo: "He visto Ziporias en su gloria, y había ciento ochenta mil mercados en los que solo se vendían especias para los ingredientes de los pudines "(Ezequiel 41, 6).) Y las cámaras laterales eran tres, una sobre otra, y treinta veces. ¿Qué significa eso? R. Levi dijo en nombre de R. Papi, citando a R. Joshua de Sichni: "Si había tres Jerusalén, cada una tenía treinta cámaras en la parte superior; y si había treinta Jerusalén, cada una tenía tres cámaras en la parte superior. la parte superior."

(Fol. 80b) ¿No reproduce la raíz de un cedro ramas? ¿No tiene R. Chiya b. Lulynil dio una conferencia: "¿Cuál es el significado del pasaje (Sal. 22, 13) Los justos brotarán como una palmera, como un cedro? Etc. ¿Por qué se mencionan ambos árboles? Si solo mencionara el cedro, se podría decir que así como el cedro no da ningún producto, así es el vertical. Por eso menciona las palmeras. Y si sólo se mencionaran estas últimas, se podría decir que así como una palmera no mejora después de ser cortada, así es los justos. Por lo tanto, se mencionan ambos. Por lo tanto, vemos que un cedro sí mejora ". Esto habla de diferentes tipos de cedros que mejoran; para Rabba b. R. Huna dijo: "Hay diez tipos diferentes de cedros, como se dice (Is. 41, 19). Plantaré en el desierto el cedro, el árbol de shittah, etc.

R. Levi dijo: "Robar a un individuo es peor que robar el altar, porque con respecto al primero, el pasaje lo llama pecador incluso antes de que obtenga algún beneficio de él, pero con respecto al segundo, se le llama pecador solo después de haberse beneficiado de él. "

A nuestros rabinos se les enseñó: ¿De dónde se deduce que uno no debe nivelar [la medida] donde la costumbre es amontonarla; y amontonar la medida donde está la costumbre para nivelarla? El pasaje dice (Deut.25, 15) Una medida perfecta y justa tendrás. Y de donde se deduce que donde la costumbre es amontonar la medida, si uno dice: 'La nivelaré y disminuiré el precio', o en los lugares donde la costumbre es nivelarla, 'amontonaré y aumentaré la precio, 'que no debe ser escuchado? Por lo tanto, el pasaje dice: "Una medida perfecta y justa tendrás" (es decir, simplemente se refiere a no hacer ningún cargo). R. Juda de Sura dijo (Ib., Ib. 14) No tendrás en tu casa. ¿Por qué ? Porque [practicas] diversas medidas. No tendrás en tu bolsa. ¿Por qué? Porque [practicas] diversos pesos. Pero cuando practiques un peso perfecto y justo, entonces tendrás (prosperidad).

A nuestros rabinos se les enseñó (Deut. 25) No tendrás. Deduzca de esto que los comisionados de peso y medida deben ser nombrados para supervisar los mercados, pero no para fijar precios. Los Exilarcas una vez nombraron comisionados tanto para las medidas como para los precios, después de lo cual Samuel le dijo a Karna: "Ve y enséñales que los comisionados deben ser nombrados sólo para medidas pero no para fijar precios". Sin embargo, dio una conferencia sobre la necesidad de nombrar comisionados tanto para supervisar las medidas como para fijar los precios. Entonces Samuel lo maldijo por esto. Pero Karna lo hizo de acuerdo con Rami b. Chama, quien dijo en nombre de R. Isaac: "Los hombres deben ser nombrados para supervisar las medidas, así como para fijar los precios, a causa de los estafadores".

(Ib. B) A nuestros rabinos se les enseñó: El nivelador de medidas no debe hacerse grueso en un extremo y estrecho en el otro, ya que permite hacer trampa; no se debe nivelar [la medida] rápidamente de un solo golpe porque esto sería un beneficio para el comprador y una desventaja para el vendedor; y tampoco [demasiado lento] en varios cursos, lo cual es una desventaja para el comprador y beneficioso para el vendedor. Con respecto a esto, Rabban Jochanan b. Zakkai dijo: "Es doloroso para mí declararlo, y es doloroso no declararlo"; es decir, "Es doloroso para mí declarar el arte de medir [porque esto sirve como una lección para los estafadores], y también es doloroso no declararlo, porque los estafadores dirían que los rabinos no tienen idea del arte de nuestra profesión ". ¿R. Jochanan lo declaró finalmente o no? Samuel b. R. Isaac dijo: "Lo hizo;

(Fol.90b) A nuestros rabinos se les enseñó: Aquellos que almacenan fruto para la especulación, usureros, medidores fraudulentos y especuladores de alimentos, con respecto a ellos, dice el pasaje (Amós 8, 5) ¿Cuándo desaparecerá la luna nueva para que podamos vender provisiones? y que abramos almacenes de trigo, reduciendo el epha (medida) y aumentando el siclo, y engañando con balanzas engañosas. ¿Qué está escrito inmediatamente después de esto? Juró el Señor por la excelencia de Jacob, seguramente no perderé para la eternidad todas sus obras. ¿A quiénes se refieren los que almacenan fruta para la especulación? R. Jochanan dijo: "Gente como Sabbati. El padre de Samuel solía comprar grano en la época de la cosecha y lo vendía al mismo precio. Sin embargo, Samuel, su hijo, solía almacenar el grano que compraba en la cosecha hasta la el precio subió y luego se vendió al mismo precio que en la época de la cosecha ". Y desde Palestina se envió el siguiente mensaje: "Los actos del padre son más estimados que los de su hijo". ¿Porque? Porque cuando el mercado baja (los precios bajan) sigue siéndolo [por el resto del año, y esta fue la tranquilidad del padre de Samuel].

(Fol. 91) R. Simon b. Jojai solía decir que Elimelec, Machlon y Kilyon fueron los grandes hombres y los líderes de su generación, y fueron castigados solo porque emigraron de Palestina, como se dice (Rut 1, 19) Toda la ciudad estaba conmocionada por ellos, y la gente decía: "¿Es esta Noemí?" ¿Qué querían decir con su pregunta, es esta Noemí? R. Isaac dijo: "¿Querían ver qué había sido de Noemí, quien emigró de la tierra de Israel?" R. Isaac volvió a decir: "El mismo día en que Rut llegó a la tierra de Israel, murió la esposa de Booz. Por eso se dice que antes de que el difunto se vaya, el sustituto para administrar la casa ya está preparado". Rabá b. R. Huna, en nombre de Rab, dijo: "Booz es idéntico a Abzan". ¿Con qué propósito nos informa? Para informar la otra cosa, que él (Rab b. R. Huna) dijo, a saber: "Ciento veinte banquetes que Booz preparó para sus hijos, como se dice (Jueces 12, 9).) Y tuvo treinta hijos, y treinta hijas que envió al extranjero, y treinta hijas que trajo para sus hijos del extranjero, etc. Y en cada matrimonio se dieron dos banquetes, uno en el padre y otro en el suegro. casa - y no a uno de ellos invitó a Manoa, diciendo: "¿Qué puedo esperar de este hombre sin hijos?" "Y se nos enseña en un Baraitha que todos sus hijos murieron durante su vida (de Booz). Y esto se entiende por el dicho popular:" Por tu vida, los sesenta (debiluchos) que engendraste, ¿para qué los engendraste? Cásate de nuevo y engendra uno tan fuerte como sesenta. "R. Chanan b. Raba dijo de nuevo, en nombre de Rab:" Elimelech, Shalam, el pariente [mencionado en Rut 4, 1] y el padre de Noemí, todos eran descendientes de Nachshon ben Aminadab. "¿Con qué propósito se dijo esto? Para enseñar que incluso un hombre que tiene antepasados distinguidos en los que confiar no se salva cuando emigra de Palestina.

R. Chanan b. Raba dijo de nuevo, en nombre de Rab: "El nombre de la madre de Abraham era Amthalai bath Karnebo, y el nombre de la madre de Hamán era Amthalai bath Urb'tha, se puede aplicar un signo [para recordarlo] el inmundo para el inmundo, y limpio por limpio. El nombre de la madre de David era Natzebeth bath Edal; la madre de Sansón, Z'lalpunith, y sus hermanas, Nashick ". ¿Para qué sirve esta información? Por una respuesta al epicúreo. R. Chanan b. Raba volvió a decir en nombre de Rab: "Abraham, nuestro padre, fue encarcelado durante diez años: tres en esta ciudad de Cuthah y siete en Kadaruth". R. Dimi de Nahardea, sin embargo, enseñó lo contrario (siete en Cuthah y tres en Kadaruth). R. Chisda dijo: "La ciudad Eibra-Zeira de Suthah es la ciudad Ur Kasdim (mencionada en la Biblia)". R. Chanan b.Yo Chron. 29, 11) Y tú eres exaltado como la cabeza sobre todo. R. Chanan dijo en nombre de Rab: "Incluso un superintendente de pozos es designado por el Cielo; es decir, todos los incidentes terrenales están decretados en el Cielo".

R. Chiya b. Abin, en el nombre de R. Joshua b. Karcha, dijo: "Dios no permita que incienso a Elimelec, porque si hubieran obtenido incluso harina de salvado para usar, no habrían emigrado. Pero ¿por qué entonces fueron castigados? Porque su deber era orar por su generación, y ellos no lo hizo, como se dice (Is. 57, 13) Con tu llanto puedes salvar a todos los que están reunidos contigo ". Rabba bb Chana dijo, en el nombre de R. Jochanan:" Esto se enseña sólo cuando el dinero es barato y el grano alto; pero si el dinero es caro incluso cuando el precio de cuatro saahs es solo un selah, uno puede emigrar de Palestina, como dijo R. Jochanan: 'Recuerdo una época en la que había cuatro saahs de harina por un selah, y había muchas mentiras hinchados de hambre en Tiberia, porque no tenían un issar para comprar comida '". R. Jochanan dijo nuevamente:" Recuerdo que la gente trabajadora no deseaba trabajar en el lado este de la ciudad, ya que el olor de pan [que les llevó el viento del oeste] aumentaría su apetito y los mataría ". R. Jochanan volvió a decir:" Recuerdo cuando un niño partió un trozo de algarrobo, de donde un flujo continuo de miel se derramaba sobre sus manos ". R. Elazar dijo:" Recuerdo, cuando un cuervo atrapaba un trozo de carne, se veía un flujo continuo de grasa cayendo desde lo alto hasta el suelo ". R. Jochanan dijo de nuevo: "Recuerdo momentos en que las muchachas de dieciséis años y los muchachos de diecisiete caminaban juntos y no pecaban". R. Jochanan dijo además: "Recuerdo cuando se dijo en la universidad: 'El que les acepta (no se opone a sus errores) cae en sus manos, y el que confía en ellos, todo lo que es suyo es de ellos. ' " Recuerdo momentos en los que muchachas de dieciséis años y muchachos de diecisiete caminaban juntos y no pecaban ". R. Jochanan dijo además:" Recuerdo cuando se dijo en la universidad: 'El que asiente con ellos (no antagoniza sus errores) cae en sus manos, y el que confía en ellos, todo lo que es suyo es de ellos. " Recuerdo momentos en los que muchachas de dieciséis años y muchachos de diecisiete caminaban juntos y no pecaban ". R. Jochanan dijo además:" Recuerdo cuando se dijo en la universidad: 'El que asiente con ellos (no antagoniza sus errores) cae en sus manos, y el que confía en ellos, todo lo que es suyo es de ellos. "

Está escrito (Rut 1, 2) Machlon y Chilyon, y en (I Crónicas 4, 22) Joás y Saraph. Rab y Samuel difieren. Uno dijo que sus verdaderos nombres eran Machlon y Chilyon. Pero, ¿por qué se llamaron Joás y Saraf? Joás, porque perdieron la esperanza de la redención divina, y Saraph, porque estaban condenados a ser quemados. Y el otro dice que sus verdaderos nombres eran Joás y Saraf. ¿Y por qué se llamaron Machlon y Chilyon? Machlon, porque se hicieron muy comunes por su emigración, y Chilyon, porque estaban condenados a la destrucción. Se nos enseña en un Baraitha de acuerdo con quien sostiene que Machlon y Chilyon eran sus verdaderos nombres. ¿Cuál es el significado del pasaje (Ib., Ib.) Y Joachim y los hombres de Goseba, y Joás y Saraph, que tenían dominio en Moab y Yoshbei Lechem. Y estas son cosas antiguas. Joaquín, se refiere a Josué, quien había confirmado el juramento que se hizo a los hombres de Gabaón; y los hombres de Goseba se refieren a Machlon y Chilyon. ¿Y por qué se llamaron Yoash y Saraph? Porque renunciaron a la esperanza del recuerdo divino. Quien tenía dominio en Moab, se refiere a que se habían casado con hijas de Moab. Y Joshbei-lechem, se refiere a Rut, que era moabita. Y estas son cosas antiguas, significa que el Anciano de Días ha decretado estas cosas, como está escrito (PD. 99, 21) He encontrado a David Mi siervo. También está escrito (Génesis 19, 15) Y tus dos hijas, que han sido encontradas. Estos eran los alfareros (hayozrim) y los que habitaban en plantaciones y rediles. Por amor al rey, para hacer su obra, habitaban allí. Hayozrim, se refiere a los hijos de Jonadab b. Rechab, quien conservó el juramento de su padre. (Ib. 4) En plantación, se refiere al Rey

Salomón, quien era una planta en su reino. Vegidroh (redil), se refiere al Sanedrín, que había cercado la partición rota de Israel. Por amor al rey, etc., se refiere a Rut la moabita, que vivió para ver el reino de Salomón, su bisnieto, como se dice (I Reyes 2, 19) Y colocó una silla para la madre del rey. Sobre lo cual R. Elazar dijo que significa para la madre del reino.

A nuestros rabinos se les enseñó (Levítico 25, 22) ¿Comeréis todavía de la cosecha vieja, es decir, sin necesidad de conservar? ¿Cómo se debe entender esto? R. Nachman dijo: "Sin el gusano del grano". Y R. Shesheth dijo: "Sin haber volado el grano". Se nos enseña en un Baraitha de acuerdo con R. Nachman: ¿Comeréis todavía la cosecha vieja? Se podría pensar que Israel se vería obligado a esperar la nueva cosecha, porque la vieja ya se habría gastado; por eso se dice (Ib., ib.) Hasta que llegue su cosecha; es decir, hasta que la cosecha llegue por sí sola (no la apresurarás) ". Y también hay un Baraitha de acuerdo con R. Shesheth:" Aún comeréis de la cosecha vieja, se podría decir que Israel tendría que esperar para la nueva mies, porque la vieja se echó a perder, por eso se dice, hasta que llegue la mies; es decir, lo viejo será suficiente hasta que venga lo nuevo en su forma natural (sin necesidad de apresurarlo). A nuestros rabinos se les enseñó: Y comeréis provisiones muy viejas. Deduzca de esto que cuanto más vieja es una cosa, mejor es. De esto sólo podemos inferir de las cosas que se acostumbran conservar, pero ¿de dónde sabemos esto de las cosas que no se acostumbran a conservar? Por lo tanto, se dice: Yashan Nashan (repetido dos veces). (Ib., Ib.) Y lo viejo quitaréis a causa de lo nuevo. Deduzca de esto que sus graneros se llenaron con la cosecha vieja y sus graneros se llenaron con la nueva, e Israel diría: "¿Por qué debemos quitar la cosecha vieja por la nueva?" R. Papa dijo: "En todo, la edad es una mejora con la excepción de los dátiles, la cerveza y el picadillo de pescado". Deduzca de esto que cuanto más vieja es una cosa, mejor es. De esto sólo podemos inferir de las cosas que se acostumbran conservar, pero ¿de dónde sabemos esto de las cosas que no se acostumbran a conservar? Por lo tanto, se dice: Yashan Nashan (repetido dos veces). (Ib., Ib.) Y lo viejo quitaréis a causa de lo nuevo. Deduzca de esto que sus graneros se llenaron con la cosecha vieja y sus graneros se llenaron con la nueva, e Israel diría: "¿Por qué debemos quitar la cosecha vieja por la nueva?" R. Papa dijo: "En todo, la edad es una mejora con la excepción de los dátiles, la cerveza y el picadillo de pescado". Deduzca de esto que cuanto más vieja es una cosa, mejor es. De esto sólo podemos inferir de las cosas que se acostumbran conservar, pero ¿de dónde sabemos esto de las cosas que no se acostumbran a conservar? Por lo tanto, se dice: Yashan Nashan (repetido dos veces). (Ib., Ib.) Y lo viejo quitaréis a causa de lo nuevo. Deduzca de esto que sus graneros se llenaron con la cosecha vieja y sus graneros se llenaron con la nueva, e Israel diría: "¿Por qué debemos quitar la cosecha vieja por la nueva?" R. Papa dijo: "En todo, la edad es una mejora con la excepción de los dátiles, la cerveza y el picadillo de pescado". Yashan Nashan (repetido dos veces). (Ib., Ib.) Y lo viejo quitaréis a causa de lo nuevo. Deduzca de esto que sus graneros se llenaron con la cosecha vieja y sus graneros se llenaron con la nueva, e Israel diría: "¿Por qué debemos quitar la cosecha vieja por la nueva?" R. Papa dijo: "En todo, la edad es una mejora con la excepción de los dátiles, la cerveza y el picadillo de pescado". Yashan Nashan (repetido dos veces). (Ib., Ib.) Y lo viejo quitaréis a causa de lo nuevo. Deduzca de esto que sus graneros se llenaron con la cosecha vieja y sus graneros se llenaron con la nueva, e Israel diría: "¿Por qué debemos quitar la cosecha vieja por la nueva?"

R. Papa dijo: "En todo, la edad es una mejora con la excepción de los dátiles, la cerveza y el picadillo de pescado".

Bava Batra, Capítulo 6

(Fol. 98) R. Chiya b. José dijo: "El destino del vino depende de la suerte de uno, como se dice (Habak. 2, 5). E incluso el vino de un hombre orgulloso se rebela, cuya casa no resistirá". R. Mari dijo: "El soberbio no es tolerado ni siquiera en su casa, como está escrito Y hasta el vino de un soberbio se rebela, cuya casa no resistirá". ¿Cuál es el significado de Cuya casa no se mantendrá en pie? es decir, su hogar no lo tolera. R. Juda, en el nombre de Rab, dijo: "Un plebeyo ordinario que se disfraza con la ropa de un erudito no podrá entrar en la morada del Santo, ¡alabado sea Él! Porque está escrito aquí (Naveh) , no permanecerá, y está escrito (Ez. 15, 13) En tu morada (Naveh) ".

(Ib. B) Está escrito en el libro de Ben Sira: he pesado todo en la balanza y no encontré nada más ligero que el salvado; sin embargo, un novio que reside en la casa de su suegro es más ligero que el salvado; y aún más ligero de lo que es un huésped que trae consigo a un acompañante no invitado; y aún más liviano es el que responde antes de haber escuchado completamente la pregunta, como se dice (Prov. 18, 13). Cuando uno da una respuesta antes de entender (la pregunta), es una locura y una vergüenza para él.

Bava Batra, Capítulo 8

(Fol. 109 b) ¿Pero no se menciona también [en el acta] el nombre del lado materno? ¡Mirad! está escrito (Jue. 17, 7) Y había un joven de Belén de Judá, de la familia de Judá, pero era un levita y residía allí. Ahora bien, ¿no se contradice este pasaje? Dice de la familia de Judá, de la cual se infiere que procedían de la tribu de Judá; y luego dice que es un levita, lo que significa que era de la tribu de Leví. Debemos concluir que su padre era de Levi y su madre de Juda, y sin embargo se dice de la familia de Juda, Raba b. Chanan dijo: "El pasaje dice, y él es Leví, lo que no significa que fuera un levita, sino que su nombre era Leví". Si es así, ¿cómo se debe entender lo siguiente (Ib. 17)? He obtenido un levita para sacerdote. ¿Allí se entiende que le ocurrió a un hombre con el nombre de Levi? ¿No era su nombre Jonatán, como está escrito (Ib.18, 30) Y Jonatán hijo de Gersón.... eran sacerdotes, etc. Y de acuerdo con su teoría, ¿era entonces el hijo de Menashé? He aquí, era hijo de Moisés, como está escrito (Yo Chron. 23, 15) Los hijos de Moisés fueron Gersón y Eliczer. Pero tendrás que explicar esto que está escrito Menashe, porque actuó (idólatra) como Menashé, por eso se le llama Menashé. En este caso, podría explicar igualmente que la frase de Judá se emplea porque Menashe vino de Judá. R. Jochanan, a nombre de R. Simon b. Jochai, dijo: "De esto se infiere que toda corrupción está ligada al corrupto (quien originalmente la inició)". Puede inferir lo mismo de lo siguiente (I Reyes 1, 6) ¿Y su madre lo había dado a luz después de Abshalom, hijo de Maacha? Debemos decir que debido a que actuó como Abshalom, quien también se rebeló contra el reino, el versículo lo unió con Abshalom.

R. Elazar dijo: "Siempre un hombre se unirá a una familia respetable, porque vemos que cuando Moisés se casó con la hija de Jetro, Jonatán [mencionado anteriormente] fue el resultado, y cuando Aarón se casó con la hija de Aminadab, el resultado fue Pinjas". " ¿Pero no era Pinjás también un descendiente de Jetro? He aquí, está escrito (Ex.6, 25) Elazar tomó por esposa a una de las hijas de Putiel, y ella le dio a luz a Pinjás. ¿No se refiere Putiel a Jetro, que solía engordar animales para la idolatría? No, este Putiel se refiere a José, quien conquistó su pasión en el incidente de Potifar. Pero, ¿no se dice en otra parte que las tribus despreciaron a Pinjás, diciendo: ¿Ves al descendiente de Puti, cuyo abuelo había engordado terneros para ídolos? (Fol. 110) Por lo tanto, debemos decir que [ambos nombres son aplicables. Y] si el padre de su madre era descendiente de José, la madre de su madre era descendiente de Jetro; o si el padre de su madre era un acusado de Jetro, la madre de su madre era descendiente de José. Esto también se puede probar por el hecho de que el Putiel se escribe en plural ". Raba dijo:" Si uno está a punto de casarse, primero debe investigar el carácter de los hermanos de la novia, como se dice: (Ib., ib. 33) Y Aarón tomó a Elisheba, la hija de Aminadab, la hermana de Nachshon. ¿Con qué propósito se escribe la hermana de Nachshon? Dado que el pasaje dice que ella era la hija de Aminadab, ¿no es entonces evidente que ella era la hermana de Aminadab? Por lo tanto, esto es un indicio de que alguien que está a punto de casarse debe investigar a los hermanos de su futura esposa. "Se enseñó en un Baraitha que la mayoría de los niños se parecen a los hermanos de su madre. ¿No es entonces evidente que ella era hermana de Aminadab? Por lo tanto, esto es un indicio de que alguien que está a punto de casarse debe investigar a los hermanos de su futura esposa. "Se enseñó en un Baraitha que la mayoría de los niños se parecen a los hermanos de su madre. ¿No es entonces evidente que ella era hermana de Aminadab? Por lo tanto, esto es un indicio de que alguien que está a punto de casarse debe investigar a los hermanos de su futura esposa. "Se enseñó en un Baraitha que la mayoría de los niños se parecen a los hermanos de su madre.

(Jue. 18, 3) Y volvieron allí y dijeron al que te traía acá (halom), ¿y qué haces en el lugar y a quién tienes allí (Poh)? Le dijeron esto: "¿No eres descendiente de Moisés, de quien está escrito (Ex. 3, 5) No te acerques aquí (halom)? ¿No eres descendiente de Moisés, de quien está escrito (Ib .) ¿Qué es eso que tienes en la mano (Maze)? ¿Y no eres descendiente de Moisés, de quien está escrito (Deut. 5, 28) Pero en cuanto a ti, ¿te quedas aquí (Poh)? "Y él respondió:" Así tengo una tradición de la casa de mi abuelo: un hombre debería entregarse a la idolatría antes que depender de los hombres ". Pensaba que significaba idolatría real, pero en realidad significa "por trabajos ajenos a él" (por debajo de su dignidad), tal como Rab le dijo a Cahana: "Desolle un cadáver en la calle [y gane un sustento si lo necesita] y no digas que soy un sacerdote noble, [y no me conviene] ". Tan pronto como David vio que le gustaba tanto el dinero, lo nombró tesorero del gobierno, como se dice (I Crónicas 26, 24) Sebuel, hijo de Gersón, hijo de Menashe, superintendente de las tesorerías. ¿Entonces se llamaba Sebuel? He aquí, era Jonatán. R. Jochanan dijo: " Esto significa que se arrepintió ante Dios con todo su corazón ".

(Fol. 115) R. Jochanan dijo en nombre de R. Simon b. Jojai: "El que no deja un hijo que lo suceda, el Santo, ¡alabado sea! Se llena de ira contra él, porque está escrito aquí (Núm. 27, 8) Entonces harás pasar su herencia (Haabartem) , y está escrito allí (Sof. 1, 15) Ese día es un día de ira (Ebrah) ". (Sal. 55,

20) Los que no dejan cambios no temen a Dios. R, Jochanan y R. Joshua b. Levi difiere. Según uno se entiende hijo, y según el otro discípulo. Podemos inferir que R. Jochanan es quien sostiene que se refiere a un discípulo; porque R. Jochanan dijo: "Este es el hueso de mi décimo hijo [a quien he enterrado]". La inferencia se sostiene. Ahora, si R. Jochanan se refiere a un discípulo, entonces R. Joshua b. Levi se refiere a un hijo, si es así, ¿por qué encontramos que R. Joshua b. Leví no fue a un funeral a menos que el difunto no tuviera hijos, porque está escrito (Jer.22, 10) ¡Llorad profundamente por el que se va, que R. Juda en el nombre de Rab interpretó para referirse a uno que fallece sin un hijo! Debe concluirse que R. Joshua b. Levi fue quien dijo que se refiere a un discípulo. Ahora, desde R. Joshua b. Levi es quien lo sostiene se refiere a un discípulo, debemos decir que R. Jochanan es quien lo sostiene se refiere a un hijo. Si es así, entonces significa que R. Jochanan se contradice a sí mismo, [porque arriba se infirió que él sostenía que se refería a un discípulo]. Esto no es difícil de explicar, porque uno lo dijo en su propio nombre y el otro en el nombre de su maestro.

R. Pinchas b. Chama dio una conferencia: "¿Cuál es el significado del pasaje (I Reyes 11, 21) Y cuando Hadad escuchó en Egipto que David se acostó con su padre, y que Joab, el capitán del ejército, murió. ¿Por qué el pasaje concerniente a David dice que estaba Y en cuanto a Joab dice que murió. Porque David dejó hijos, por lo tanto dice que yacía, pero Joab no dejó hijos, por eso dice que murió. ¿No dejó Joab hijos? He aquí el pasaje dice (Esdras 8, 9) De los hijos de Joa , Obediah, etc. Por lo tanto, debemos explicar la contradicción anterior de la siguiente manera: David, que dejó un hijo como él, es referido como meramente laico, pero Job no dejó un hijo que se pareciera a él, por lo que se menciona como muerto.

R. Pinchas b. Chama sermoneó: La pobreza es más difícil en una casa que incluso más de cincuenta latigazos. R. Pinchas b. Chama volvió a sermonear: "Si uno tiene un enfermo en su casa, debe ir a un sabio y pedirle que ore por el enfermo, como se dice (Prov. 16, 14). La furia de un rey es como los mensajeros de la muerte, pero el sabio los aplacará.

(Fol.118) (Josué 17, 14) Y los hijos de José hablaron a Josué diciendo ¿Por qué me has dado una suerte y una parte por herencia, siendo yo un pueblo grande, por cuanto Jehová ha bendecido yo así. Este pasaje tiene el propósito de transmitir buenos consejos a la humanidad; en efecto, ese se cuidará de no ser afligido por un ojo codicioso. Y esto es lo que Josué les dijo a los hijos de José (Ib., Ib. 85): "Si sois un pueblo numeroso, entonces sube a la región boscosa", lo que significa: Ve y escóndete en el bosque que ningún codicioso El ojo puede afligirte (Ib. b) Pero ellos respondieron: "Somos los descendientes de José, a quien un ojo codicioso no puede afligir, como está escrito (Gn. 49, 22) Un hijo de la gracia es José, un hijo de la gracia incluso más allá del alcance de un ojo ". Y R. Abahu explicó así:" No lo leas Aley ayin (en el ojo), pero léelo Olei ayin (por encima del miedo de un ojo). "R. Joseph b. Chanina dijo:" Lo inferimos de aquí (Ib. 47, 16) Y que crezca una multitud en medio de la tierra; es decir, así como los peces se multiplican en el agua y ningún ojo codicioso puede afligirlos, así tampoco los hijos de José serán afligidos por un ojo codicioso.

Josué y Caleb heredaron las acciones de los espías. ¿De dónde se deduce esto? Ula faid: "El pasaje dice (Núm. 14, 38) Pero Josué, el hijo de Nun y Caleb,... permaneció vivo. ¿Qué se entiende por permanecer vivo? ¿Lo tomamos literalmente? Para esto hay otro pasaje (Ib. 26, 65) Salvar a Caleb y Josué. Entonces debemos concluir que el primer versículo citado significa que vivían con sus partes. "Los murmuradores y la congregación de Coré no tenían participación en la tierra de Israel. ¿No se nos ha enseñado en un Baraitha que las acciones de los espías, los murmuradores, y la congregación de Coré, Josué y Caleb heredaron? Esto no presenta ninguna dificultad. El Tanna de nuestro Baraitha compara a los murmuradores con los espías, mientras que el otro maestro no, como se nos enseña en el siguiente Baraitha (Ib. 27 , 3) Nuestro padre murió en el desierto, se refiere a Z'laphchad, pero él no era de la compañía, se refiere a los espías, de los que se reunieron, se refiere a los murmuradores; en compañía de Coré, literalmente. Por tanto, uno compara a los murmuradores con los espías y no lo hace. R. Papa planteó la siguiente objeción a lo anterior: Según el que comparó a los murmuradores con los espías, ¿Josué y Caleb deben haber tomado casi toda Palestina? [porque la mayoría eran murmuradores]. A lo que Abaye respondió: "Se refieren a los murmuradores de la compañía de Coré".

(Fol. 119) R. Chidka dijo: "Tenía un colega, Simón el Sikmoni, que era uno de los discípulos de R. Akiba. Solía decir así: 'Moisés nuestro maestro sabía que las hijas de Z'laphchad heredarían; pero él no sabía si tenían derecho a la parte [extra] del primogénito, y el pasaje sobre la herencia debería haber sido escrito a través de Moisés, incluso si el caso de las hijas de Z'laphchad hubiera No sucedió, pero merecieron del Cielo que este pasaje se escribiera a través de ellos. Lo mismo sucedió con el leñador. Moisés nuestro amo sabía que por el crimen que cometió hay pena capital, como se dice (Ex. .31, 14El que la profanó seguramente será condenado a muerte, pero no sabía por cuál de ellos sería ejecutado; y el pasaje debería haber sido escrito a través de Moisés incluso si el caso del recolector de leña no hubiera sucedido. Pero como era culpable, por medio de él estaba escrito; y esto es (Ib. b.) para enseñarnos qué cosas buenas se producen por medio de hombres buenos y qué cosas malas se producen por medio de hombres malos ".

(Éxodo 15, 17) Tráelos y siéntalos. No nos dijeron, pero esto era una profecía, de la cual ellos mismos no sabían lo que profetizaban. (Núm.28, 2) Y estuvieron delante de Moisés y delante del sacerdote Elazar, y delante de los príncipes y de toda la congregación. ¿Es posible que cuando Moisés no les respondió que se fueran a quejar ante los príncipes? Por lo tanto, debemos invertir el pasaje, dijo R. Jashia. Abba Chanan en el nombre de R. Elazar dijo: "Todos ellos estaban en la casa de instrucción cuando vinieron a presentar su queja". ¿En qué se diferencian? Uno sostiene que incluso en presencia de un maestro, un discípulo no debe ser honrado, pero el otro sostiene que en presencia de un maestro, un discípulo debe ser honrado. La halajá prevalece para que pueda ser honrado o no; y no presenta ninguna dificultad. En caso de que el maestro mismo honre al discípulo, los demás también deben honrarlo; pero si no lo hace,

Hay un Baraitha que dice que las hijas de Z'laphchad eran sabias, entendían las conferencias y también eran rectas. Fueron sabios, ya que su protesta fue al grano, ya que R. Samuel b. R. Isaac dijo: "Ese día Moisés, el Maestro, estaba sentado y dando una conferencia sobre la ley de Yibum. Entonces le dijeron: 'Si se nos considera como un hijo, entonces heredaremos; y si no se nos considera en absoluto , entonces deja que nuestro tío se case con nuestra madre ". Inmediatamente sigue (Núm.27, 5) Y Moisés llevó el caso ante el Señor. Entendieron sermonear, como decían: Si tuviéramos un hijo, no diríamos una palabra. Pero, ¿no está escrito en un Baraitha que dijeron si debería haber una hija en lugar de un hijo? R. Jeremiah dijo: "Elimina la palabra hijas del Baraitha". Abaye, sin embargo, dijo: "No es necesario tacharlo, porque dijeron: 'Si hubiera habido una hija de un hijo, no diríamos una palabra'. "Eran íntegros, porque se casaban sólo con los que eran dignos de ellos.

Se nos enseña R. Eliezer b. Jacob dice: "Incluso el más joven de ellos no tenía menos de cuarenta años cuando se casó". ¿No es así? "¿No dijo R. Chisda:" Si una mujer se casa con menos de veinte años, tiene hijos hasta los sesenta. Después de los veinte, lleva hasta los cuarenta; pero cuando se casa después de los cuarenta, ¿ya no puede tener hijos? ". Debemos decir que por ser rectos, les sucedió un milagro, como también le sucedió a Jocabed, de quien está escrito (Ex. 2, 1).) Y vino un hombre de la casa de Leví, y tomó una hija de Leví. (Fol. 120) ¿Es posible que una mujer de ciento treinta años sea nombrada hija? para R. Chama b. Chanina dijo: "Este pasaje se refiere a Jocabed, cuya madre estaba embarazada mientras se dirigía a Egipto, y nació entre los muros (cuando llegaron a Egipto), como está escrito (Núm. 26, 59).) Jocabed, la hija de Levi, quien (su madre) dio a luz a Levi en Egipto. "¿Y por qué se llama hija? R. Juda b. Zebinah dijo:" Porque los signos de la juventud volvieron a ella. El cuerpo volvió a suavizarse, las arrugas de la edad se enderezaron. "¿Por qué entonces dice" él tomó? "Debería ser" se volvió a casar ". R. Juda b. Zebinah dijo:" Aprenda de esto que él hizo una boda ceremonia, como si se casara por primera vez; la colocó bajo un dosel, Aarón y Miriam cantaron delante de ella y los ángeles ministradores dijeron (Sal. 113) La madre de los hijos se regocijará ". Además, la Escritura menciona a las hijas de Zelaphehad según su edad, y aquí según su sabiduría. Y esto apoya a R. Ami, quien dijo:" En el colegio se da preferencia a la sabiduría [mayor edad], pero en un banquete, sin embargo, se da preferencia a la edad ". R. Ashi dijo:" Esto solo se refiere a alguien que sobresale en sabiduría y [en lo que respecta a un banquete] solo el que es de edad avanzada ". escuela de R. Ishmael se enseñó: "Todas las hijas de Z'lapchad eran iguales en sabiduría, como se dice (Núm. 36) Y lo eran; es decir, todos eran iguales ".

(Fol. 121) Hay una Mishnah Rabban Simon b. Gamaliel dijo: "Nunca hubo festivales más alegres en Israel que el día quince de Ab y el Día de la Expiación, porque sobre ellos salían las doncellas de Jerusalén vestidas con ropas blancas, pero tomadas prestadas, para no causar problemas. a los que no tenían nada propio. Se comprende fácilmente por qué el Día de la Expiación debe ser un día de regocijo, porque ese es un día de perdón, y en ese día se le dieron a Moisés las segundas tablas de la Ley; pero ¿por qué ¿Debería ser el día quince de Ab un día de regocijo? "Porque", dijo R. Juda en nombre de Samuel, "en ese día a los miembros de las diferentes tribus se les permitió casarse entre sí". ¿Qué pasaje interpretaron para probar esto? (Números 36, 6) Esto es lo que el Señor ha ordenado con respecto a las hijas de Zelaphehad, etc., es decir, esto solo debe aplicarse para esta generación, pero no para las generaciones posteriores. Rabba bb Chana en el nombre de R. Jochanan dijo:

"En ese día (quince de Ab) se permitió a los miembros de la tribu de Benjamín casarse con las otras tribus, como se dice (Jue. 21, 1).) Ahora los hombres de Israel habían jurado en Mizpa, diciendo: "Ninguno de nosotros dará su hija a Benjamín por mujer". ¿Qué pasaje interpretaron? El pasaje dice: Cualquiera de nosotros, pero no nuestros hijos ". R. Dimi b. Joseph en el nombre de R. Nachman dijo:" En ese día pereció el último de los que estaban destinados a morir en el desierto; porque el maestro dijo que mientras los que estaban destinados a morir en el desierto estuvieran vivos, el Señor no le hablaba a Moisés, (de manera favorable), como se dice (Deut.2, 6) Y sucedió que cuando todos los hombres de guerra se agotaron muriendo de en medio del pueblo, el Señor me habló, diciendo; es decir, a mí en particular ". Ula dijo:" Ese día los guardias, designados por Jeroboam para evitar que los israelitas vinieran a Jerusalén, fueron abolidos por Oseas, el hijo de Ela, quien dijo: (Fol. 31) ' van a donde elijan. "R. Mathna dijo:" Ese día se otorgó permiso para enterrar a los muertos que murieron en la batalla en la ciudad de Bethar; "porque R. Nathan dijo:" Ese día, cuando se permitió que los muertos en Bethar fueran enterrado, la asamblea de Yamnia ordenó la sección de la bendición después de la comida: Bendito eres tú, Dios el bueno, el que hace el bien. Con el bien se quiere decir que los cuerpos no se dejaron pudrir y con el bien, se permitió el entierro ". Rabba y R. Joseph dijeron: "En ese día Israel dejaría de cortar leña para el altar, como se nos enseña en un Baraitha: R. Eliezer el Grande dijo:" Desde el decimoquinto día de Ab, el calor del sol es disminuyó y la madera ya no está seca, por lo que dejaron de cortar madera para el altar '. "R. Menashia agrega: Y fue llamado el día de quebrar el hacha. A partir de ese día, el que agrega la noche a su estudio diurno puede tener años y días agregados a su vida, pero al que no lo hace, no se puede agregar a sus días. A R. Joseph se le enseñó que la última declaración significa que su madre lo enterrará. Desde el día quince de Ab, el calor del sol disminuyó y la madera ya no está seca, por lo que dejaron de cortar madera para el altar '. "R. Menashia agrega: Y fue llamado el día de quebrar el hacha. A partir de ese día, el que agrega la noche a su estudio diurno puede tener años y días agregados a su vida, pero al que no lo hace, no se puede agregar a sus días. A R. Joseph se le enseñó que la última declaración significa que su madre lo enterrará. Desde el día quince de Ab, el calor del sol disminuyó y la madera ya no está seca, por lo que dejaron de cortar madera para el altar '. "R. Menashia agrega: Y fue llamado el día de quebrar el hacha. A partir de ese día, el que agrega la noche a su estudio diurno puede tener años y días agregados a su vida, pero al que no lo hace, no se puede agregar a sus días. A R. Joseph se le enseñó que la última declaración significa que su madre lo enterrará.

A nuestros rabinos se les enseñó: "Siete personas cubrieron el mundo entero - a saber, Mesushelaj vio a Adán el primero; Sem vio a Meseseláj; Jacob vio a Sem; Amram vio a Jacob; Achiya, el silanita, vio a Amram; Elías el Profeta vio a Achiya, y es Aún vivo." Pero, ¿cómo puedes decir que Achiah vio a Amram? ¿No está escrito (Núm.26, 35) ¿No quedó de ellos un solo hombre excepto Caleb y Josué? R. Hamnuna dijo: "La tribu de Levi fue excluida del decreto [de morir en el desierto], como está escrito (Ib. 14, 29) En este desierto caerán tus cadáveres, y todos los contados de ti, según su número total de veinte años; es decir, sólo los que fueron contados desde veinte años, pero no la tribu de Leví, cuyo número fue de treinta años ". ¿Pero de alguna otra tribu dices que nadie entró en la tierra de Israel? ¡Mirad! Aquí hay un Baraitha que Yair y Maquir, los hijos de Manasés, nacieron en el tiempo de Jacob, y no murieron hasta después de la entrada a la tierra de Israel, porque se dice (

Jos. 7, 5) Y los hombres de Hai hirieron de ellos a unos treinta y seis hombres, y se nos enseña en un Baraitha: Treinta y seis hombres exactamente, así es la opinión de R. Juda. R. Nachman entonces le dijo: "¿Cómo puedes decir eso? ¿No está escrito alrededor del treinta y seis. Por lo tanto, debemos decir que esto se refiere a Yair b. Manasseh, quien igualó a la mayoría del Sanedrín". [Por eso entró en la tierra de Israel]. R. Acha b. Jacob dijo: "Los que tenían menos de veinte y más de sesenta años no estaban incluidos en ese decreto".

Los escolásticos plantearon una pregunta: ¿Cómo se dividió la tierra de Israel? ¿Fue dividido en doce partes para doce tribus (cada tribu obtenía una parte igual), o por los jefes de los hombres? (Fol. 122) ¡Ven y escucha! (Números 26, 56) Según sean muchos o pocos [por eso se dividió entre las tribus y no por los jefes de los hombres]. Y también hay un Baraitha: En el futuro, la tierra de Israel se dividirá entre trece tribus, mientras que en el pasado se dividió solo entre doce; y también se dividió según el valor del dinero, y también se dividió sólo por sorteo y por el Urim y Tumim, como está escrito (Ib. 55) Por decisión del sorteo. ¿Cómo es eso? Elazar vestía con el Urim y Tumim. Josué y todo Israel estaban esperando, y una urna que contenía los nombres de las tribus, y otra urna que contenía los límites de la tierra, fueron colocadas allí, y Elazar, influenciado por el Espíritu Divino, diría así: "Zabulón vendrá ahora. fuera de la urna, y con él el límite de Achu ". Y luego uno de la tribu de Zabulón metía su mano en la urna y dibujaba el nombre de su tribu, y luego metía su mano en otra urna y sacaba a Achu. Y luego Elazar nuevamente, influenciado por el Espíritu Divino, diría: "Ahora vendrá Neftalí, y con él el límite Kmousar". Y así fue con cada tribu. Sin embargo, la división en el mundo futuro no será igual a la división de la tierra en este mundo, ya que en este mundo, por lo general, el lote de uno es un campo de grano, y del otro, uno de frutos; pero en el mundo venidero; todo el mundo participará en las montañas, los valles y las llanuras. Como se dice (Y así fue con cada tribu. Sin embargo, la división en el mundo futuro no será igual a la división de la tierra en este mundo, ya que en este mundo, por lo general, el lote de uno es un campo de grano, y del otro, uno de frutos; pero en el mundo venidero; todo el mundo participará en las montañas, los valles y las llanuras. Como se dice (Y así fue con cada tribu. Sin embargo, la división en el mundo futuro no será igual a la división de la tierra en este mundo, ya que en este mundo, por lo general, el lote de uno es un campo de grano, y del otro, uno de frutos; pero en el mundo venidero; todo el mundo participará en las montañas, los valles y las llanuras. Como se dice (Ezek. 48, 31) Las puertas de Rubén, uno, etc .; todos iguales, y el Santo, alabado sea! Él mismo asignará las acciones, como se dice (Ib. 29) Y estas son la división que les corresponde, dijo el Señor Eterno. Vemos, entonces, que el Baraithat afirma que en el pasado la división era de doce partes para las doce tribus. Por lo tanto, se dividió entre las tribus y no solidariamente. La inferencia se sostiene. El maestro dijo: "La tierra de Israel se dividirá en el futuro entre trece tribus". ¿Quién será el decimotercer? R. Chisda dijo: "El príncipe de Israel será el decimotercer, como está escrito (Ib. 19) Y los que sirvan a la ciudad de entre todas las tribus de Israel, la llenarán". R. Papa le dijo a Abaye: "¿Pero quizás esto se refiere simplemente al servicio público?" Y él respondió: "Esto no se podía tener en cuenta, ¿A qué se refiere esto? ¿Asumiremos que se aplicó dinero a la calidad de las acciones? ¿Fueron entonces tan tontos como para tomar un mal campo y dinero por ello? Pero esto se refiere solo a la calidad de la distancia. ¿A qué se refiere esto? ¿Asumiremos que se aplicó dinero a la calidad de las acciones? ¿Fueron entonces tan tontos como para tomar un mal campo y dinero por ello? Pero esto se refiere solo a la calidad de la distancia.

Se nos enseña (Núm. 26) Se dividió sólo por suertes. Excepto Josué y Caleb, ¿qué significa esto? ¿Asumiremos que no se apoderaron de ninguna tierra? ¿Es posible? Si, como se dijo anteriormente, tomaron las acciones que no eran suyas, ¿cuánto más deberían tomar las suyas? Significa que no tomaron por suertes, sino por decreto del Cielo. Josué, como está escrito (Josué 19, 50) Por orden del Señor le dieron la ciudad que él había pedido: Timnat Sera en las montañas de Efraín. Y Caleb, como está escrito (Jueces 1, 20) Y le dieron Hebrón a Caleb, como dijo Moisés. ¿Pero no era Hebrón una de las ciudades de refugio? Abaye dijo: "Se refiere a los suburbios y al pueblo que rodea la ciudad, como está escrito (Jos. 21) Pero el campo de la ciudad y sus aldeas se lo dieron a Caleb hijo de Yephuna en su posesión.

(Fol. 123) (Gen. 48) La cual tomé de la mano del Emorita con mi espada y con mi arco. ¿De verdad lo tomó con espada y arco? ¿No está escrito (Sal. 44, 7) Porque no en mi arco confiaré, Y mi espada no me ayudará? Por tanto, debemos explicarle que con mi espada se refiere a la oración, y con mi arco, a la súplica.

R. Chelbo cuestionó a R. Samuel h. Nachmeni: "¿Cuál es la razón por la que Jacob le quitó el privilegio del primogénito de Rubén y se lo dio a José?" ¿Preguntas por la razón? ¿No dice la Escritura la razón por la que profanó la cama de su padre? "Lo que pregunto es esto: ¿Por qué se lo dio a José?" y replicó: "Les contaré una parábola a la que se asemeja este caso: Había uno que había criado a un huérfano en su casa. En un período posterior el huérfano se hizo rico y pensó: recompensaré a mi benefactor". R. Chelbo le dijo: "¿Y cómo hubiera sido si Rubén no hubiera pecado? Entonces, ¿Jacob no le habría dado nada a José?" R. Samuel b. Nachmeni respondió: "Su maestro, R. Jonathan, no lo explicó así, sino de la siguiente manera: El primogénito estaba destinado a venir de Raquel, como está escrito (Ib. 37) Estas son las generaciones de Jacob y José. Pero Leah fue preferida en virtud de sus oraciones. Sin embargo, debido a la discreción de Raquel, el Santo, ¡alabado sea! se lo devolvió. "¿Y en qué consistía el criterio de Raquel? Como está escrito (Ib. 12) Y Jacob le dijo a Raquel que él era el hermano de su padre, y que él era el hijo de Rebeca. ¿El hermano de su padre? ¿hijo de la hermana de su padre? Fue así: Él le preguntó si se casaría con él. Ella dijo: "Sí, pero mi padre es muy astuto y no puedes persuadirlo". Y a la pregunta: "¿Qué significa? Ella respondió: "Tengo una hermana que es mayor que yo, y mi padre no me entregará a ti mientras ella no esté casada". Entonces él dijo: "Soy su hermano con astucia". Entonces ella le preguntó: " Lo es,II Sam. 22, 27) Con el puro te mostrarás puro, y con el perverso harás una contienda ". Y luego le dio algunas señales, para que cuando se la trajeran, él le pidiera estas señales, y Él podría estar seguro de que ella no fue cambiada por Leah. A partir de entonces, cuando Leah estaba a punto de ser llevada a él en lugar de Rachel, esta última se dijo a sí misma: "Ahora mi hermana se avergonzará". Ella fue y le confió las señales. . Y esto es lo que está escrito (Génesis 29, 25) Y sucedió que por la mañana, he aquí, era Lea. De lo cual se infiere que hasta la mañana él no supo que ella era Lea, por las señales que Leah recibió de Raquel.

Abba Chalipa Cruyah interrogó a R. Chiya b. Abba: "De los hijos de Jacob que vinieron a Egipto en la suma total, encontrarás solo sesenta y nueve". Y él respondió: "Había un gemelo con Dina, como está escrito (Ib. 46, 15) V'eth (con) Dina su hermana". Según su teoría, también (Ib. B) había un gemelo con Benjamín, porque también está escrito (Ib. 43) Eth Benjamin. Con lo cual R. Chiya dijo: "¿Una perla valiosa estaba en mi mano, y querías privarme de ella? Entonces R. Chama b. Chaninah: 'Esto se refiere a Jocabed, cuya madre estaba embarazada, y la dio a luz dentro de los muros. , como se dice (Núm. 26, 59) A quien su madre le dio a luz a Leví en Egipto; es decir, nació en Egipto, pero su embarazo no fue en Egipto '".

R. Chelbo volvió a cuestionar a R. Samuel b. Nachmeni: "Está escrito (Génesis 30, 25) Y sucedió que Raquel dio a luz a José, etc. ¿Por qué cuando nació José?" Y él respondió: "Porque Jacob nuestro padre vio que los descendientes de Esaú se someterían sólo a los descendientes de José, como está dicho (Oba. 1, 18) Y la casa de Jacob será un fuego, y la casa de José una llama, y la casa de Esaú rastrojo. " R. Chelbo se opuso a él desde (I. Sam. 30, 17) "Y David los hirió desde el crepúsculo hasta la tarde del día siguiente", etc. (Por lo tanto, vemos que también se sometieron a David, que era descendiente de Judá, y no de José). Samuel respondió: "El que te hizo leer los profetas no leyó contigo Hagiographa, en la que está escrito (I Crónicas 12, 21) Y mientras se dirigía a Ziklag.... capitanes de los miles que pertenecían a Manasés. "[Por lo tanto, fueron sumisos a los descendientes de José]. R. José objetó de (Ib. 4, 42, 43) Y algunos de ellos, incluso de los hijos de Simeón, quinientos hombres, fueron al monte Seir, teniendo a la cabeza a Pelatiyah y Nearyah y Rephayah, y Uzzie, los hijos de Yishi. Y derrotaron al resto de los amalecitas que habían escapado, y habitaron allí hasta el día de hoy. Rabba b. Shila luego dijo : "Yishi era un descendiente de Manasés, como está escrito (Ib. 5, 24) y los hijos de Manasés eran Epher e Yishi".

(Fol. 133 b.) MISHNAH: El que legó sus propiedades a extraños, dejando a sus hijos sin nada, aunque su acto es válido, sin embargo, las mentes de los sabios no encuentran placer en su acción. R. Simon b. Gamaliel, sin embargo, sostiene: "Si sus hijos no iban por el camino correcto, será recordado por las bendiciones".

(GEMARA). José b. Joezer tenía un hijo de malos hábitos; y también tenía una medida llena de dinares. Por eso, consagró los dinares al Templo. El hijo fue y se casó con la hija de Gadil, el amo de las coronas del rey Janai, y cuando su esposa tuvo un hijo, le compró un pescado y encontró en él una perla. Su esposa le dijo: "No lo lleves a la corte del rey, ya que lo tasarán barato y te lo quitarán. Llévatelo, mejor dicho, al tesorero del santuario, pero no menciones ningún precio por que, como si debiera hacerlo, no tendrá derecho a cambiarlo a partir de entonces, ya que hay una regla que dice que la dedicación al Señor [solo de palabra] es igual a la entrega en transacciones privadas (y uno ya no tenía derecho a retractarse). " Así lo hizo, y el tesorero lo valoró en trece medidas de dinares. El tesorero le dijo entonces: "Ahora tenemos en la tesorería sólo siete medidas de dinares, ya que los impuestos aún no se han recaudado". Y él respondió: "Que las seis medidas restantes sean consagradas al cielo". Y el tesorero anotó en su libro: "José b. Joezer trajo al santuario una medida, mientras que su hijo trajo seis". R. Juda dijo: "Sagaz erudito, no seas de los que pasan ilegalmente una herencia de una mano a otra, ni siquiera de un hijo malo a uno bueno; y seguramente no de un hijo a una hija". Joezer llevó al santuario una medida, mientras que su hijo trajo seis ". R. Juda dijo:" Sagaz erudito, no seas de los que pasan ilegalmente una herencia de una mano a otra, ni siquiera de un hijo malo a uno bueno; y seguramente no de un hijo a una hija ". Joezer llevó al santuario una medida, mientras que su hijo trajo seis ". R. Juda dijo:" Sagaz erudito, no seas de los que pasan ilegalmente una herencia de una mano a otra, ni siquiera de un hijo malo a uno bueno; y seguramente no de un hijo a una hija ".

A nuestros rabinos se les enseñó: Sucedió en el caso de uno cuyos hijos tenían malos hábitos, que legó todas sus propiedades a Jonathan b. Uziel; y este último vendió un tercio de ellos, consagró un tercio, y el tercio restante lo devolvió a los hijos del difunto. Y Shamai el Mayor, vino con su vara y comenzó a reprenderlo. Él le dijo: "Shamai, si tienes derecho a anular lo que he vendido y lo que he consagrado, porque no soy el único propietario, entonces también tienes derecho a quitarme la propiedad que he devuelto. a tiie hijos (Fol. 134). Pero si no tienes derecho a hacer lo primero porque me consideras el verdadero dueño, que puede hacer con su propiedad lo que le plazca, entonces no puedes anular lo que le di al hijo ". Y Shamai exclamó: "¡El hijo de Uziel me ha insultado y conquistado!

Bava Batra, Capítulo 9

(Fol. 140b) MISHNAH: Si alguien dice: "Si mi esposa embarazada da a luz a un hijo varón, él tomará [herencia] un maná", y ella dio a luz a un varón, el maná se le debe entregar. "Si es mujer, tomará doscientos zuz", toma doscientos.

(Fol. 141) ¿Asumiremos que una hija es mejor para él que un hijo (como dice la Mishná, "Si un varón cien y una hija doscientos)?" ¿No ha dicho R. Jochanan en nombre de R. Simon b. Jochai: "¡Alabado sea el Santo! Está lleno de ira contra el que no deja un hijo que lo suceda, porque está escrito (Núm. 27, 8) Y si un hombre muere y no deja hijo, entonces tú hacer que su herencia pase (v'ha'vartem) a su hija. Y la palabra 'avarah tiene el significado de evrah (que significa ira), como está escrito (Sof. 1, 15).y tanto más sus hijos que se ocupan de la Torá. Así es la opinión de R. Meir. R. Juda, sin embargo, dice: "Es un acto meritorio apoyar a los hijos, y mucho más apoyar a las hijas, debido a su humillación [si tuvieran que mendigar]".

(Fol. 145 b) Se nos enseña: ¿Quién es considerado un hombre rico, quién es considerado bien conocido? El que es un maestro en Haggada. ¿A quién se le considera un banquero o un corredor [que hace negocios solo en su casa y no es muy conocido en la comunidad]? El que se ocupa de la dialéctica argumentativa, el que es un maestro en dialéctica. ¿A quién se le considera como el que se gana la vida vendiendo cosas que se miden, o como el que va juntando su dinero poco a poco, hasta que finalmente llega a ser una cantidad considerable? El que recoge las decisiones de los rabinos, poco a poco, y finalmente posee mucha sabiduría. Todos dependen del dueño del trigo, que es la Guemará, [ya que sólo mediante el estudio de la misma podemos comprender la Mishnayoth y las Baraithas].

R. Zera en el nombre de Rab dijo: "¿Cuál es el significado de (Prov. 15, 15) ¿Todos los días de los afligidos son malos? Esto se refiere a los maestros de Guemará [porque deben averiguar cómo decidir las leyes de la Mishnayoth, que siempre necesitan una explicación]. "Pero el de corazón alegre", etc., se refiere al que es un maestro en la Mishná. Rabba, sin embargo, mantiene lo contrario. Y esto es lo que R. Mesharshia dijo en nombre de Raba: "¿Cuál es el significado del pasaje (Ecl. 109) El que mueve piedras será herido a través de ellas, el que corta madera correrá peligro por ello, es decir, el que mueve las piedras serán lastimadas por ellos, se refiere a los maestros de la Mishná; el que corta madera estará en peligro por ello, se refiere a los maestros de Guemará, porque no siempre logran encontrar las decisiones correctas ". R. Chanina dijo: "Todos los días de los afligidos, etc., se refiere a alguien que tiene una mala esposa, pero el que tiene un corazón alegre, etc., se refiere a alguien que tiene una buena esposa ". R. Janai dijo:" Y los días de los afligidos, etc., se refiere a uno que es quisquilloso; y el que tiene un corazón alegre, etc., se refiere a alguien que tiene una buena constitución física ". R. Jochanan dijo:" Todos los días de los afligidos son malos. se refiere a alguien cuya naturaleza es misericordiosa, y que toma en serio todo lo que le sucede a sus semejantes; pero el que es de corazón alegre, etc., se refiere al que es despiadado ". RJ Joshua b. Levi dijo:" Todo esto, etc., se refiere a alguien que es pendentista; pero él, etc., se refiere a aquel cuya mente es mundana ". se refiere a uno que es fastidioso; y el que tiene un corazón alegre, etc., se refiere a alguien que tiene una buena constitución física ". R. Jochanan dijo:" Todos los días de los afligidos son malos. se refiere a alguien cuya naturaleza es misericordiosa, y que toma en serio todo lo que le sucede a sus semejantes; pero el que es de corazón alegre, etc., se refiere al que es despiadado ". RJ Joshua b. Levi dijo:" Todo esto, etc., se refiere a alguien que es pendentista; pero él, etc., se refiere a aquel cuya mente es mundana ". se refiere a uno que es fastidioso; y el que tiene un corazón alegre, etc., se refiere a alguien que tiene una buena constitución física ". R. Jochanan dijo:" Todos los días de los afligidos son malos. se refiere a alguien cuya naturaleza es misericordiosa, y que toma en serio todo lo que le sucede a sus semejantes; pero el que es de corazón alegre, etc., se refiere al que es despiadado ". RJ Joshua b. Levi dijo:" Todo esto, etc., se refiere a alguien que es pendentista; pero él, etc., se refiere a aquel cuya mente es mundana ". etc., se refiere al que es despiadado ". RJ Joshua b. Levi dijo:" Todo esto, etc., se refiere a alguien que es penántico; pero él, etc., se refiere a aquel cuya mente es mundana ". etc., se refiere al que es despiadado ". RJ Joshua b. Levi dijo:" Todo esto, etc., se refiere a alguien que es penántico; pero él, etc., se refiere a aquel cuya mente es mundana ".

(Fol.146) A nuestros rabinos se les enseñó: Las siguientes tres cosas acordó Achithopel a sus hijos: "No pelearán entre sí; no se rebelarán contra el reino de David; y si el día de Pentecostés es claro, puedes empezar a sembrar trigo ". Mar Zutra, sin embargo, dijo: "Se enseñó que dijo: 'Si debe estar nublado'. "Los nahardeanos dijeron en nombre de R. Jacob:" No exactamente despejado, ni exactamente nublado; incluso si debería estar un poco nublado, con un viento del norte, también se considera despejado ". R. Abba le dijo a R. Ashi: "Sin embargo, no confiamos en el Baraitha citado, sino en lo que dice R. Isaac b. Abdimi". Se nos enseña que Abba Saul dice: "Si durante Pentecostés el día es brillante, entonces toda la temporada puede ser exitosa". R. Zbid dijo: " Si el día de Año Nuevo el clima es cálido, es probable que todo el año sea cálido; y si hace frío en Año Nuevo, todo el año puede ser frío ". La razón para darnos tal información es (Ib. b) en referencia a la oración del Sumo Sacerdote.

Bava Batra, Capítulo 10

(Fol. 164b) Había un documento de divorcio doblado que llegó ante el rabino, y él dijo: "No tiene fecha". R. Simon, su hijo, le comentó: "¿Quizás se inserta entre sus pliegues?" Lo desarmó y encontró la fecha. Entonces el rabino se dio la vuelta y lo miró con disgusto. A lo que Simón dijo: "Yo no fui el escritor, sino Judá el sastre". Y el rabino le respondió: "Omita la calumnia".

En otro caso sucedió que R. Simon estaba sentado ante el rabino leyendo un capítulo de los Salmos, y el rabino dijo: "Cuán correcta y bien está escrito". A lo que R. Simon respondió: "No lo escribí yo, sino el sastre Juda". Y también a este Rabí comentó: "Omita la calumnia". La razón por la que le dijo que dejara de lado la calumnia en primera instancia es clara, ya que al rabino no le gustaba doblar documentos y estaba enojado con el escritor. Pero en cuanto al segundo caso (cuando dijo que la escritura correcta y bonita era de Juda), esto está de acuerdo con R. Dimi, el hermano de Safra, quien enseñó: "El hombre no debe contar las buenas cualidades de su vecino, porque puede ser inducido a hablar de sus defectos "(muy a menudo, la culpa proviene de los elogios). R. Amram, en nombre de Rab, dijo: "

(Fol. 176b) R. Ishmael dijo: "Si uno desea volverse sabio, debe ocuparse del estudio de Nezikin (ley civil), porque no hay sección [de sabiduría] más rica en toda la Ley que en ella, que es como un manantial burbujeante. Y aquellos que deseen estudiar derecho civil pueden tomar lecciones de Ben Nanas ".

FIN DEL TRACTO BABA BATHRA.

Sanedrín, Capítulo 1

SANEDRIN (Fol. 5) Se nos enseña en un Baraitha acerca del pasaje (Gen. 49, 10) El cetro no se apartará de Judá. Esto se refiere a los exilarcas de Babilonia, quienes gobiernan Israel con sus cetros. Y un legislador, etc., se refiere a los nietos de Hillel, que enseñan la Torá en público.

(Ib. B) Se nos enseña en un Baraitha: "Un discípulo no debe dictar una decisión de la ley en el lugar donde reside su maestro, a menos que esté a tres parsas de él, un tamaño igual al campamento de Israel [en el desierto]. "

(Fol. 6b) R. Eliezer, hijo de R. José el Galileo, dice: "Un tribunal tiene prohibido intentar un arbitraje, y el [juez] que hace arreglos comete un delito; y el que alaba a los mediadores desprecia el Ley, como está dicho (Sal.10, 3) El ladrón se bendice a sí mismo cuando ha despreciado al Señor, pero la ley corte el monte (justicia en toda circunstancia), como está dicho (Deut.1, 17) El juicio pertenece a Dios ". Y así dijo Moisés nuestro amo: "Que la ley corte el monte". Pero Aarón [su hermano] amaba la paz, corría tras ella y solía hacer las paces entre un hombre y su asociado, como se dice (Mal. 2, 6).) La ley de la verdad estaba en su boca, y en sus labios no se halló falsedad, en paz y equidad caminó conmigo, y muchos se apartó de la iniquidad. R. Eliezer dice: "Si uno hubiera robado un saah de trigo y lo hubiera molido, amasado y horneado, y separado el levantamiento (Challa) de él, ¿cómo puede recitar una bendición sobre él? Porque no solo no es una bendición , ¡pero es más bien una blasfemia! Sobre esto, el pasaje dice (Sal. 10, 3) El ladrón bendice ... desprecia al Señor ". R. Maier dice: "El pasaje, el ladrón, etc., se refiere sólo a Judá, porque se dice (Gen.37, 26) Y Judá dijo a sus hermanos: '¿Qué provecho (betza) será si matamos a nuestro hermano?' Y el que alaba a Judá [por sus consejos] desprecia al Señor; y acerca de él se dice: El que bendice a Botzea desprecia al Señor. "Pero R. Joshua b. Karcha dijo:" Por el contrario, el arbitraje es un acto meritorio, como se dice (Zac. 8, 16) Con la verdad y el juicio de paz, juzgad en vuestras puertas. ¿Cómo se debe entender esto? Por lo general, donde hay juicio, no hay paz; y donde hay paz, no hay juicio. Luego debe referirse al arbitraje, que trae la paz. Lo mismo debe explicarse acerca de David, de quien se dice (II Sam.8, 16) E hizo David lo que era justo y caritativo con todo su pueblo. ¿Cómo se pueden conciliar estos cinco términos? Porque algo que es justo no es caritativo, y si es caritativo, no lo es. Por lo tanto, debemos decir que se refiere al arbitraje, que contiene ambos. "Sin embargo, el primer Tanna, [quien dijo anteriormente que el arbitraje está prohibido], explica el pasaje así: Él, (David), juzgó de acuerdo con la ley estricta - absolvió al que tenía razón y responsabilizó al que era culpable, según la Ley; pero cuando vio que el perdedor era pobre y no podía pagar, solía pagar de su propio bolsillo. De ahí que le hiciera justicia y caridad. al otro. Rabí, sin embargo, señaló la siguiente dificultad, está escrito. A todo su pueblo, y de acuerdo con la explicación anterior, debería ser a los pobres. Por lo tanto, dijo Rabí: " Aunque no pagó de su bolsillo, sin embargo se contaba como justicia y caridad; justicia a uno, por haberle devuelto su dinero; y caridad para con el otro, por librar el robo de su mano. "(Fol. 7) Todos los Tannaim mencionados anteriormente difieren con R. Tanchum b. Chanilai, quien dijo:" El verso antes citado (PD. 10) fue citado en referencia al becerro de oro, del cual se dice (Ex. 32, 5) Y cuando Aarón vio esto. ¿Qué es lo que vio? R. Benjamin b. Jepheth dijo en nombre de R. Elazar: "Vio a Chur, que yacía muerto ante él". Y pensó: 'Si no los escucho, ellos harán lo mismo conmigo, y traerán tal condición como se dice (Lam.2, 20) ¿Habrá muerto en el santuario del Señor el sacerdote y El profeta; para lo cual nunca habrá remedio. Es mejor para ellos que yo haga el becerro de oro, y para eso probablemente habrá un remedio arrepintiéndose '". [De ahí el pasaje anterior].

(Ib. B) R. Simon b. Menasia dice: "Si dos vienen con un caso ante ustedes, antes de la audiencia de sus reclamos, e incluso después de eso, pero antes de que sepan en qué dirección se inclinará el juicio, pueden decirles: 'Vayan y arbitren entre ustedes. ' Pero una vez que haya escuchado su caso y sepa en qué dirección se inclina el juicio, no debe [aconsejarles que] salgan y arbitren, como se dice (Prov. 27, 14). Como se suelta [un arroyo] de agua, así es el comienzo de la contienda; por lo tanto, antes de que se encienda, abandone la contienda; es decir, antes de que se encienda, puede [aconsejarles que] lo dejen, pero después de que se haya encendido el concurso no debe [aconsejarles que] lo dejen ". Resh Lakish dijo:" Si dos personas vinieran con un caso ante usted , uno es poderoso [que puede hacerte daño] y el otro es indulgente, antes de que escuches su caso, o incluso después, pero antes de que te des cuenta de en qué dirección se inclina el juicio, puedes decirles: 'No estoy obligado a juzgarte , 'por temor a que si el valiente pierde, te perseguirá. Pero una vez que haya escuchado sus casos y se haya dado cuenta de hacia dónde se inclina el juicio, entonces no debe decir: 'No estoy obligado a juzgarlo', porque se dice (Deut.1, 17) No temeréis a nadie ".

R. Joshua b. Karcha dijo: "¿De dónde inferimos que si un discípulo estaba presente cuando un caso se presentó ante su maestro y vio un punto de defensa para los pobres y un punto de acusación para los ricos, no debe guardar silencio? Se dice (Ib) No temeréis a ningún hombre ". R. Chanina dijo: "Uno no debe retener sus palabras por respeto a nadie; y los testigos también deben saber contra quién testifican, y ante quién se da su testimonio, y quién los castigará [por dar falso testimonio], como está dicho (Deut. 19, 17) Entonces los dos hombres que tienen la controversia comparecerán ante el Señor. Y el juez también debe saber a quién juzgan, y ante quién se dicta su juicio, y quién los castigará [por emitir juicios erróneos], como se dice (Sal.82, 1) Dios está en la congregación de Dios; en medio de los jueces juzga. Y así también dice (II Crón. 19, 6) Mira [bien] lo que estás haciendo; porque vosotros no juzgáis por hombres, sino por Jehová. Y si el juez dijera: '¿Por qué debería tomarme la molestia y la responsabilidad sobre mí mismo? Por lo tanto, el juez tiene que decidir de acuerdo con lo que ve con sus ojos ".

R. Hamnuna dijo: "El primer relato por el cual un hombre es llamado a la justicia después de su muerte es sobre el estudio de la Torá, como se dice (Sal. 17, 14). Como se suelta [un arroyo] de agua, así es el comienzo de la contienda ". R. Huna dijo: "La contienda se asemeja a una incursión hecha por una ráfaga [de agua], una vez que entra, se ensancha cada vez más".

Había uno que solía decir: "Bienaventurado el que se oye [de sí mismo maltratado] y no le importa; escapará de cien males". Dijo R. Samuel a R. Juda: "Esto está escrito en las Escrituras (Sal. 17, 14) Como se suelta un arroyo de agua, así es el comienzo de la contienda". Había otro hombre que solía decir: "No se mata a un ladrón por robar dos o tres veces". Y Samuel dijo a R. Juda: "Esto también está escrito en un pasaje (Am. 2, 5) Así ha dicho el Señor, por tres pecados de Israel, y por cuatro, no revocaré su castigo". Había otro hombre que solía decir: "Siete fosas están abiertas para el justo [y escapa]; pero una para el malhechor en la que cae". Samuel le dijo a R. Juda; ") Porque siete veces cae el justo y vuelve a levantarse; pero los impíos tropiezan en la adversidad ". Había otro hombre que solía decir:" Aquel a quien la corte le haya quitado el manto, cante una canción y siga su camino ". Samuel le dijo a R. Juda:" Esto también está escrito en las Escrituras (Ex. 18, 23) Todo este pueblo [incluido el perdedor] vendrá a su lugar en paz ". Había otro hombre que solía decir:" Cuando ella duerme, la canasta [sobre su cabeza] gotas, es decir, la pereza engendra ruina ". Samuel volvió a decir a R. Juda:" Esto está escrito en las Escrituras (Ec. 10, 18).) A través de manos perezosas se hundirán las vigas ", etc. Había otro hombre que solía decir:" El hombre en quien confiaba levantó su garrote y se puso contra mí ", dijo Samuel a R. Juda." Esto está escrito en el siguiente pasaje (Sal. 41, 10) Sí, aun el hombre que debería haber buscado mi bienestar, en quien yo confiaba, que come mi pan, ha levantado contra mí su calcañar ".

Había uno más que solía decir: "Cuando nuestro amor era fuerte, encontrábamos espacio para dormir en el lado ancho de una espada; ahora cuando nuestro amor se ha ido, un lecho de sesenta [yardas] no es suficiente para nosotros". R. Huna dijo: Encontramos esto en las Escrituras. Al principio [cuando Israel era bueno] está escrito (Ex. 25, 22) Hablaré contigo desde arriba de la cubierta. Y se nos enseña en un Baraitha que el arca medía nueve vanos, y la cubierta uno; por tanto, en total, mide diez, y está escrito (I Reyes 6, 2) Y la casa que Salomón construyó para el Señor tenía sesenta codos de largo. Y finalmente hay un pasaje (Is. 66, 1). Así ha dicho el Señor: Los cielos son Mi trono, y la tierra es Mi estrado; ¿Dónde hay una casa que podáis construirme? "

R. Samuel h. Nachmeni en el nombre de R. Jonathan dijo: "Un juez que decide la ley de acuerdo con la equidad de la verdad hace que la Shejiná more en Israel, como se dice (Sal. 82, 1) Dios está en la congregación de Dios ; en medio de los jueces juzga. Y el juez que decide la ley no de acuerdo con la equidad de la verdad hace que la Shejiná se aparte de Israel, como se dice (Ib. 12, 6). pobre, por el gemido de los necesitados, ahora me levantaré, dice el Señor. " R. Samuel b. Nachmeni dijo también en nombre de R. Jonathan: "Un juez que causa [a través de sus decisiones] la transferencia de dinero de una mano a otra, en contra de la ley, el Santo, ¡alabado sea! , como se dice (Prov.22, 23) No robes al pobre porque es pobre, ni aplastas al afligido en la puerta; porque el Señor defenderá su causa, y despojará la vida de los que los despojan ". R. Samuel b. Nachmeni dijo también en el nombre de R. Jonathan:" Un juez siempre debe imaginar que una espada yace entre sus muslos, que Gehena está abierta debajo de él: (Ib. B) como se dice (Cantares 3, 7 , 8) He aquí, es la cama tchich es de Salomón; Alrededor de ella sesenta valientes, de los valientes de Israel. Todos ellos están ceñidos con la espada, son expertos en la guerra; cada uno tiene su palabra sobre su muslo, debido al terror en la noche - es decir, debido al terror de Gehena, que es igual a la noche ". R. Yashiya (según otros, R. Nachman b. Isaac) dio una conferencia : "¿Cuál es el significado del pasaje (Jer. 21,Casa de David, así ha dicho Jehová: Haced justicia cada mañana, y librad al despojado de la mano del opresor. ¿Es entonces costumbre juzgar solo por la mañana y no durante todo el día? Significa, si lo que deciden está claro para ustedes como la mañana, entonces decidan, pero si no, no lo hagan ". R. Chiya b. Abba en el nombre de R. Jonathan dijo:" Lo inferimos de la siguiendo (Prov.7, 4) Di a la sabiduría. Tú eres mi hermana, lo que significa que si la cosa es tan segura para ti como lo es la ley que te prohíbe casarte con tu hermana, entonces puedes decirlo, pero no de otra manera ". R. Joshua b. Levi dijo:" Si Diez jueces se sientan en el tribunal discutiendo un caso, la responsabilidad recae sobre cada uno de ellos. "¿Pero no es eso evidente por sí mismo? Significa incluso un discípulo que está sentado ante su maestro [aunque simplemente discute sin ningún resultado].

R. Huna solía reunir a diez discípulos del colegio cuando se le presentaba un caso, que decía: "Para que cada uno de nosotros se lleve una astilla de la viga" (todos deben compartir la responsabilidad). Y R. Ashi, siempre que un Trefah se presentaba ante él para que lo examinara sobre su legalidad, solía reunir a todos los mataderos de la ciudad, diciendo: "Para que cada uno de nosotros pueda llevarse astillas de la viga". Cuando R. Dimi vino de Palestina dijo: R. Nachman b. Cohen dio una conferencia: "¿Cuál es el significado del pasaje (Ib.

29, 4) Un rey, mediante el ejercicio de la justicia, establecerá [el bienestar de] una tierra; pero el que ama los dones la derriba; si el juez es como un rey, que no necesita el favor de nadie, establece la tierra; pero si es como un sacerdote que anda alrededor de los graneros pidiendo ofrendas elevadas (apoyo),Hab. 2, 19) ¡Ay del que dice al bosque: Despierta! ¡Levántate! a la piedra muda, ¿enseñará esto? He aquí, está revestido de oro y plata, y no hay aliento en su seno. ¡Y el Santo, alabado sea! castigará a sus nombramientos, como se dice (Ib.) Pero el Señor está en su santo templo; callen delante de él, toda la tierra.

Resh Lakish dijo: "Si uno nombra a un juez que no es apto para serlo, se le considera como si estuviera plantando una arboleda en Israel, como se dice (Deut. 16, 18) Te nombrarás jueces y oficiales ; e inmediatamente después de esto se dice: "No plantarás para ti una arboleda, ningún árbol". R. Ashi agregó: "Y si esto se hiciera en lugares donde se encontraban eruditos, se considera que se han hecho en el altar; como se dice después de esto: Cerca del altar del Señor tu Dios. "Está escrito (Ex. 20, 23) Dioses de plata y dioses de oro, etc. ¿Se prohíbe únicamente con respecto a los dioses de plata, y de madera está permitido? R. Ashi dijo: "Esto se refiere a un juez que es designado mediante la influencia de la plata y el oro". Siempre que Rab iba a la corte, decía: "Por mi propia voluntad iré al encuentro de la muerte (castigo divino por un juicio equivocado), pero no atiendo las necesidades de mi hogar (descuido mis propios asuntos); con las manos vacías Vuelvo a mi casa. ¡Oh, si estuviera tan limpio cuando salgo como cuando entré! " Cuando notaba que una multitud lo escoltaba, decía: (Job 20, 6-7) "Aunque su exaltación se eleve hasta los cielos, y su cabeza llegue hasta las nubes, sin embargo, cuando se dé la vuelta, desaparecerá para siempre". Mar Zutra, el Piadoso, cuando era llevado en hombros por sus seguidores el sábado antes de las fiestas, solía decir (Prov. 27, 24): Porque la fuerza no dura para siempre, ni la corona permanece para todas las generaciones ".

Bar Kapara dio una conferencia: "¿De dónde inferimos lo que dijeron los rabinos: 'Sea deliberado en cuanto al juicio?' Del siguiente pasaje (Éxodo 20, 23) Ni subirás por gradas a Mi altar; y el siguiente verso es: Estas son las leyes de la justicia ". R. Eliezer dijo: "¿De dónde inferimos que el juez no debe pisar la cabeza de todo el pueblo? Del pasaje: Ni tú subirás por gradas a Mi altar. E inmediatamente sigue: Estas son las leyes de la justicia que pondrás delante de ellos. Debe ser: Lo que les enseñarás ". R. Jeremiah y según otros R Chiya b. Abba dijo: "Esto se refiere a la parafernalia de los jueces". R. Huna, cuando estaba a punto de hacer la corte, decía: "Traed aquí el bastón, la correa, la corneta y la sandalia".

(Deut. 1, 16) Y yo mandé a tus jueces en ese momento. R. Jochanan dijo: "Esta es una advertencia a los jueces de que deben tener cuidado con el bastón y las correas". Escuchen las causas entre sus hermanos y juzguen con rectitud. R. Chanina dijo: "Esta es una advertencia a la corte de que no escuchará los reclamos de una persona en ausencia de su oponente, porque aunque leemos [en el texto] Sh'ma (escuchar), no obstante es deletreado Shima (ser escuchado) ". R. Cahana dijo que inferimos esto de (Ex.23 , 1) No recibirás (Thissa) un informe falso; léelo Thassi - (causa para recibir). Juzgarás con rectitud. Resh Lakish dijo: "Esto significa que debes deliberar sobre el caso con cuidado, y hacerlo justo en tu mente, y solo entonces podrás dar tu decisión". Entre un hombre y su hermano, y su extraño. R. Juda dijo:. "Incluso entre una casa y su ático". [El juez no debe decir cuál es la diferencia, si uno se lleva sin tasar la casa y el otro el desván]? Y su extraño - R. Juda dice: "Esto significa que entre una estufa y un horno [el Juez no dirá, ¿Cuál es la diferencia, si le doy un horno o una estufa]? No reconoceréis (favor) a las personas R. Juda dice: "Esto significa que no lo favorecerás, incluso si es tu amigo". Según R. Elazar, significa: "

El anfitrión de Rab tuvo que juzgar un caso ante él, y cuando entró le dijo a Rab: "¿Recuerdas que eras mi invitado?" "Sí", respondió él, "pero ¿por qué viniste aquí?" Dijo: "Tengo un caso que probar". Entonces Rab dijo (Fol. 8) "No soy apto para ser juez de su caso". Y nombró a R. Cahana para juzgar el caso. R. Cahana, observando que confiaba demasiado en Rab, le dijo: "Si escuchas mi decisión, muy bien; pero si no, sacaré a Rab de tu mente" (es decir, te pondré bajo la prohibición). Tanto los pequeños como los grandes oiréis. Resh Lakish dijo: "Esto significa que tratarás un caso de una peruta con la misma exactitud con que tratarías un caso que involucre cien manas". ¿Con qué propósito se dijo esto? ¿No es esto evidente por sí mismo? Significa, si dos casos se presentan ante ti, uno de un peruta y otro de cien manas, no dirás: "Este es un caso pequeño, y me ocuparé de él más tarde". No tendréis miedo de ningún hombre. R. Chaniu dijo: "Esto significa que el juez no retendrá sus palabras por respeto a un hombre"; porque el juicio es de Dios. R. Chama b. R. Chanina dijo: "'¡Alabado sea el Santo! Dijo:' No es suficiente que los malvados le quiten dinero a uno y se lo den a otro ilegalmente; pero me molestan incluso para devolver el dinero a su dueño. . "Atid ordené a sus jueces en ese momento. Además dice: Te lo ordené en ese momento. R. Elazar en el nombre de R. Simlai, dijo: "Esta es una advertencia para la congregación, que deben respetar a sus jueces; y, también,Num. 11, 12).

Está escrito (Deut. 31, 7) Debes ir con este pueblo, etc., y está escrito (Ib. 23) Traerás. R. Jochanan dijo: Moisés le dijo a Josué: "Tú y los ancianos gobernarás sobre ellos"; pero el Santo, ¡alabado sea! dijo: "Tú (solo) gobernarás sobre ellos, porque debe haber un gobernante por generación, y no dos gobernantes".

(Fol. 10b) A nuestros rabinos se les enseñó: Un año no puede ser intercalado, (fol. 11) excepto por aquellos que son invitados por los Nassi. Sucedió que Rabban Gamaliel invitó a siete personas para el día siguiente en su ático, [con un propósito de intercaloría], y al día siguiente cuando llegó y encontró ocho, dijo: "El que no fue invitado se irá". Samuel el Junior, entonces se levantó y dijo: "Yo soy el que no fue invitado. Vine aquí, sin embargo, no para participar en la intercalación, sino para adquirir experiencia en la práctica de esta ceremonia". "Siéntate, hijo mío, siéntate", respondió Rabban Gamaliel, "todos los años que tienen que ser intercalados podrían haberlos hecho tú, pero también lo fue la decisión de los sabios, que la intercalación debe ser hecha solo por las personas que Fueron invitados." En realidad, el que no fue invitado no fue Samuel el Junior, sino otra persona. Samuel, sin embargo, lo hizo solo para protegerse de la deshonra de sus colegas. Similar a esto sucedió una vez cuando Rabí estaba dando una conferencia que percibió el olor del ajo, y dijo: "El que ha comido ajo se irá". R. Chiya se levantó y abandonó el lugar, y todos, al ver que R. Chiya se marchaba, hicieron lo mismo. Al día siguiente, R. Simon, el hijo del rabino, se encontró con R. Chiya y le preguntó: "¿Fuiste tú quien molestó a mi padre ayer?" [habiendo comido ajo]. Y él respondió: "Dios no lo permitió [pensar así]. Tal cosa no debería suceder en Israel". [Simplemente lo hice para evitar la desgracia de alguien más]. ¿Y de quién aprendió R. Chiya esto? De R. Maier, como se nos enseña en el siguiente Baraitha: El siguiente incidente tuvo lugar con una mujer que llegó al colegio de R. Maier diciendo: "Uno de ustedes me ha prometido, pero no sé quién era". Entonces R. Maier se levantó, le escribió un divorcio y se lo entregó; y después de él, todos los eruditos del colegio hicieron lo mismo. ¿Y de quién aprendió R. Maier esto? De Samuel el Menor, [como arriba] y Samuel el Menor de Shechanyah b. Yechiel, quien le dijo a Ezra (Esdras 10, 2) Nosotros [incluido él mismo] hemos quebrantado la fe en nuestro Dios y nos hemos casado con mujeres extranjeras de los pueblos de la tierra; sin embargo, ahora hay esperanza para Israel con respecto a esto. ¿Y de quién aprendió Shechanyah esto? De Joshua b. Nun, de quien está escrito (Jos. 7, 10) Levántate; ¿Por qué mientes sobre tu rostro? Israel ha pecado. Entonces Josué le dijo: "¡Soberano del Universo! ¿Quién pecó?" El Señor respondió: "¿Soy entonces un delator? Echa mucho y averigua". Y si lo desea, puede decir que Shechanyah lo aprendió de Moisés, de quien está escrito (Ex. 16, 28).

A nuestros rabinos se les enseñó: Desde la muerte de los últimos profetas, Hageo, Zacarías y Malaquías, la inspiración profética ha abandonado Israel; sin embargo, todavía estaban acostumbrados a una voz celestial. Sucedió una vez que tuvieron una reunión en el ático de la casa de Guriah, en la ciudad de Jericó, y se escuchó una voz celestial: "Entre ustedes hay uno que es digno de que la Shejiná descanse sobre él como lo hizo sobre Moisés nuestro maestro, pero su generación no es digna ". Y los sabios dirigieron su atención a Hillel el Mayor. Cuando se fue, se lamentaron por él. "¡Ay, piadoso! ¡Ay, modesto! Oh discípulo de Esdras". Lo mismo sucedió nuevamente cuando tuvieron una reunión en un ático en la ciudad de Yamnia, y la voz celestial dijo: "Entre ustedes hay uno que es digno de que la Shejiná descanse sobre él, pero su generación no es digna ". Y los sabios dirigieron su atención a Samuel el Menor. Cuando se fue, él también se lamentó:" ¡Ay, piadoso! ¡Ay, modesto! ¡Oh, discípulo de Hillel! ", Dijo mientras agonizaba:" Simón e Ismael encontrarán la muerte a espada y sus asociados [R. Akiba y R. Chanina] serán ejecutados, y el resto de la nación judía se convertirá en un botín para sus enemigos y una gran angustia está destinada a sobrevenir en el mundo [de Israel] ". El mismo lamento que los sabios querían expresar sobre la muerte de R. Juda nació en Babba, pero la situación política era demasiado problemática (prevaleció la persecución), y no se pronunció ningún panegírico sobre los mártires del gobierno [romano]. ¡Ay, modesto! ¡Oh, discípulo de Hillel! ", Dijo mientras agonizaba:" Simón e Ismael encontrarán la muerte a espada y sus asociados [R. Akiba y R. Chanina] serán ejecutados, y el resto de la nación judía se convertirá en un botín para sus enemigos y una gran angustia está destinada a sobrevenir en el mundo [de Israel] ". El mismo lamento que los sabios querían expresar sobre la muerte de R. Juda nació en Babba, pero la situación política era demasiado problemática (prevaleció la persecución), y no se pronunció ningún panegírico sobre los mártires del gobierno [romano]. ¡Ay, modesto! ¡Oh, discípulo de Hillel! ", Dijo mientras agonizaba:" Simón e Ismael encontrarán la muerte a espada y sus asociados [R. Akiba y R. Chanina] serán ejecutados, y el resto de la nación judía se convertirá en un botín para sus enemigos y una gran angustia está destinada a sobrevenir en el mundo [de Israel] ". El mismo lamento que los sabios querían expresar sobre la muerte de R. Juda nació en Babba, pero la situación política era demasiado problemática (prevaleció la persecución), y no se pronunció ningún panegírico sobre los mártires del gobierno [romano].

(Fol. 13b) Abaye le dijo a R. Jose: "¿De dónde inferimos que para ordenar a uno como Rabí son necesarios tres jueces? ¿Debo tomarlo de (Núm. 27, 23) Y él le impuso la mano, etc." , entonces sea suficiente con uno, ya que Moisés era la única persona; y si dices que Moisés tomó el lugar de [el gran Sanedrín que tenía] setenta y uno, entonces di que para ordenar a uno como Rabino, setenta y uno son ¿necesario?" Se sostiene la objeción. R. Acha b. Raba le dijo a R. Ashi: "¿Es necesario realmente poner las manos sobre la cabeza del hombre que ordenamos?" Él respondió: "Simplemente lo nombramos rabino y le damos permiso para adjudicar multas".

¿Y uno, dice usted, no puede otorgar un título? R. Juda, en nombre de Rab, ¿no dijo: ¡De verdad! ¡Este hombre sea recordado por su bendición! Quiero decir, R. Juda b. Baba, porque si no fuera por su [abnegación], la ley de las multas podría haberse olvidado de Israel. Olvidado, dices. ¡Que lo estudien y no lo olviden! Pero (Ib. 14) dice más bien que podría haber sido abolido. Una vez que el gobierno decretó que todo aquel que ordenara a un erudito debía ser ejecutado, y la ciudad donde se llevó a cabo la ordenación debía ser destruida, e incluso los límites donde se ejercía la ordenación debían ser eliminados. ¿Qué hizo R. Juda b. Baba hacer? Fue y se sentó entre los dos límites suburbanos de las ciudades de Usha y Sh'far'am, y allí ordenó a cinco eruditos superiores; y eran R. Maier. R. Juda, R. Simon. R. Jose y R. Elazar b. Shamuah. Según R. Avia, también R. Nechemia. Cuando el enemigo se dio cuenta, vinieron a ejecutarlo. Luego les dijo: "Hijos míos, huyan". Y a su pregunta: "Rabí, ¿qué será de usted?" él respondió: "Me quedaré ante ellos como una piedra que no se puede mover". Fue triste que el enemigo no abandonara ese lugar hasta que le clavaron trescientas puntas de lanza de hierro en su cuerpo, haciéndolo a modo de colador [De ahí vemos que hasta una sola persona está autorizada para dar un grado]. Había otras personas con él, pero no fueron mencionadas, debido al honor de R. Juda b. Baba. ¿Fue R. Maier ordenado por R. Juda? ¿No dijo Raba bb Chana en nombre de R. Jochanan que quienquiera que diga que R. Akiba no ordenó a R. Maier está en un error? Sí, R. Akiba lo ordenó, pero no fue reconocido, debido a su juventud.

R. Chanina y R. Hoseah eran los dos a quienes R. Jochanan estaba ansioso por ordenar, pero al no tener éxito, se sintió muy apenado. "No se preocupe el maestro", le dijeron, "ya que somos descendientes de la casa de Eli y el cielo nos impide ser ordenados; porque R. Samuel b. Nachmeni dijo: '¿De dónde sabemos que un descendiente de la casa de Elí no puede ser ordenada? Se dice (I Sam. 2, 32) Y no habrá un anciano en tu casa en todo tiempo. ¿Cuál es el significado de un anciano? Supongamos que significa literalmente - un anciano ¿Hombre? He aquí está escrito (Ib. 33) Y todo el aumento de tu casa morirá como [jóvenes]. Por lo tanto, debemos asumir que se refiere a la ordenación ". "

R. Zera se escondería para no ser ordenado, porque R. Elazar había dicho: "Permanece siempre oscuro (sin oficio) y vive". Pero después de escuchar la otra declaración de R. Elazar de que "uno no es elevado a una gran autoridad a menos que todos sus pecados sean perdonados por el cielo", entonces se puso a la vista [para estar listo para la ordenación]. Cuando fue ordenado, sus seguidores le cantaron así: "Aquí no hay pintura, ni esmalte, ni tinte, y sin embargo es una gacela graciosa, hermosa y llena de encanto". Cuando los sabios ordenaron a R. Ami y R. Assi, la gente también les cantó así: "Tales hombres - de tales personas - ordenan rabinos para nosotros, pero no ordenan a los que pervierten las leyes, o que se visten irrespetuosamente. " Según otros: " No de aquellos que no explican suficientemente la Torá, ni de aquellos que son llamados (Turmission) ". Cuando R. Abahu llegó de la universidad a la corte del César, las matronas de la casa del César saldrían y le cantarían así : "¡Gran hombre de su pueblo! ¡Líder de su nación! ¡Luz brillante! (hombre sabio) sea bienvenido en paz tu venida ".

(Fol. 17) Se enseñó a nuestros rabinos (Ib. 11, 26) Y quedaron dos hombres en el campamento. Según algunos, significa que sus nombres quedaron en la urna. Porque, en ese momento, el Santo, ¡alabado sea! dijo a Moisés: Reúneme setenta hombres de los ancianos de Israel, Moisés se dijo [para sí]: "¿Cómo lo haré? ¿Designaré seis de cada tribu? Entonces habrá dos más. ¿Tomaré cinco de cada tribu? "Entonces habrá diez menos. ¿Debo nombrar de dos tribus". Entonces eligió seis de cada uno, ¿y cada uno? Entonces traeré celos entre las tribus ". De modo que eligió seis de cada una y trajo setenta y dos papeletas. El setenta escribió Zaken (anciano), y dos las dejó en blanco. Después de mezclarlas todas y poner todas las en la urna, les dijo: "Vayan, cada uno, y tomen su boleta". Al que sacó la boleta en la que " Anciano "se escribió que dijo:" Ustedes ya están santificados por el cielo ". Pero a los que dibujaron los espacios en blanco les dijo:" Ya que el cielo no los seleccionó, no puedo alterarlo ". Similar fue el caso siguiente (Ib. 3, 47) Tomarás cinco siclos la pieza para la nuca. Moisés se dijo a sí mismo: "¿Cómo lo haré? Si le digo a uno: 'Da los siclos', él puede responder: 'El levita ya me ha redimido' ". Por lo tanto, trajo veintidós mil papeletas y en cada una escribió:" Leví "; setenta y tres escribió "cinco siclos", los mezcló, los puso en la urna y dijo a la gente: "Saquen su voto". Al que dibujó en el que estaba escrito "Leví", dijo: "El levita te ha redimido ". Y al que sacaba cinco siclos se le dijo que pagara la cantidad y se fuera. "R. Simón, sin embargo, dijo que [Eldad y Medad] se quedaron en el campamento; porque cuando el Santo, ¡alabado sea! Dijo a Moisés: Reúnete conmigo setenta hombres de los Ancianos de Israel, dijeron: "No somos dignos de un puesto tan alto". Y el Santo, ¡alabado sea! dijo: "Por ser ustedes modestos, aumentaré su gracia." Y qué gracia Todos los setenta habían profetizado una vez, y cesaron; pero estos dos no dejaron de profetizar. ¿Y cuál fue su profecía? Dijeron: "Moisés morirá, y Josué traerá a Israel a su tierra". Aba Chanin Sin embargo, dijo en nombre de R. Elazar: "Ellos profetizaron acerca de las codornices, diciendo: 'Sube, codornices. Sube, codornices. "Y R. Nachman dijo:" Ellos profetizaron acerca de Gog y Magog,Ezek. 38, 17) Entonces ha dicho el Señor Eterno: ¿No eres tú el de quien he hablado en la antigüedad por medio de Mis siervos, los profetas de Israel, que profetizaron en aquellos días (Shanim) años, que yo traería ¿Tú contra ellos? "No leas Shanim (años) sino Shnayim (dos). ¿Y quiénes eran los dos que habían profetizado en un período, con una y la misma profecía? Eldad y Medad.

El maestro dijo arriba: "Todos los setenta habían profetizado una vez, y cesaron; pero estos dos no cesaron de profetizar". ¿De dónde inferimos esto? Lo asumiremos del siguiente pasaje (Núm. 11, 25) Ellos profetizaron V'lo yassoff, lo que significa que nunca más profetizaron. Si es así, ¿cómo explicará el pasaje (Deut.5, 19) "¿Con una gran voz V'lo yassoff?" ¿Significa esto también que nunca se volvió a escuchar? [La Shejiná seguramente se escuchó en tiempos posteriores]. Por lo tanto, debemos decir que Yassoff significa "no cesó"; si es así, ¡la inferencia anterior se ha ido! Lo inferimos de este pasaje: "Y ellos profetizaron [en el pasado] mientras que con respecto a Eldad y Medad está escrito," están profetizando "[tiempo presente]. Con respecto a la declaración de que su profecía era" Moisés morirá ", se entiende fácilmente, porque está escrito (Núm. 11, 28) Mi Señor Moisés, prohibímelos. Pero según el que dijo que profetizaban sobre otras cosas, ¿por qué, entonces, deberían estar prohibidas? Porque no les convenía profetizar así en presencia de Moisés, que parece como si un erudito decidiera una cuestión en presencia de su maestro. ¿Qué se quiere decir con las palabras prohibirlas? Le dijo a Moisés: "Echa sobre ellos la preocupación por el público, y dejarán de [profetizar] por sí mismos".

(Ib. B) Se nos enseña en un Baraitha: En una ciudad en la que las siguientes diez cosas no existen, un erudito no puede residir, y son: Un tribunal con todas las personas necesarias para ejecutarlo; un tesoro de caridad que es recaudado por dos y distribuido por tres; una sinagoga; una casa de baños, un lavabo, un médico, un barbero, un escriba y un maestro para niños. Y en el nombre de R. Akiba se agregó: También varios tipos de frutas, ya que el consumo de frutas ilumina los ojos.

(Fol. 18) A nuestros rabinos se les enseñó (Ex. 18, 21) Y ponlos sobre ellos, como gobernantes de miles, gobernantes de cientos, gobernantes de cincuenta y gobernantes de decenas, es decir, gobernantes de miles, seiscientos; gobernantes de cientos, seis mil; gobernantes de los cincuenta, doce mil; y gobernantes de diez, sesenta mil. Por tanto, el número total de jueces en Israel fue de setenta y ocho mil seiscientos.

Sanedrín, Capítulo 2

(Fol. 19) "El rey no debe actuar como juez, ni ser citado ante el tribunal". R. Joseph dijo: Esto se refiere a los reyes de Israel; pero los reyes de la casa de David pueden actuar como jueces, y pueden ser citados ante el tribunal, como está escrito (Jer. 21, 12) Oh casa de David, así dijo el Señor: Ejerced justicia cada mañana. Y si no fueran citados ante el tribunal, ¿cómo podrían juzgar? ¡Mirad! está escrito (Sof.2, 1) Reúnanse. Y Resh Lakish dijo: "Esto significa, primero, corrígete a ti mismo, luego corrige a los demás". Entonces, ¿por qué está prohibido a los reyes de Israel? Por el incidente que sucedió con el esclavo del rey Janai, quien asesinó a una persona. Simón b. Shetach dijo a los sabios: "A pesar de que es esclavo del rey, debe ser juzgado". Enviaron un mensaje al rey: "Tu esclavo ha matado a un hombre". Y Janai les envió a su esclavo para que lo juzgaran. Después de lo cual le enviaron: "También debes presentarte ante el tribunal, porque la Torá dice (Ex. 21, 29"Se ha advertido a sus dueños, es decir, el dueño del buey debe aparecer en el momento en que se juzgue al buey". Luego vino y tomó asiento. "Levántate, rey Janai", dijo Simón b. Chetach, "para que los testigos testificarán mientras esté de pie; pero no por nosotros resucitas, sino por Aquel que mandó y el mundo nació, como está dicho (Deut.19, 17) Párate ante el Señor. "Y el rey respondió:" No debe ser como tú dices, sino como la mayoría de tus colegas decidirán ". (Ib. B) Simón luego se volvió a su derecha, pero ellos bajaron la vista. (tenían miedo de dar su opinión). Se volvió a su izquierda, y ellos también bajaron la mirada. Simón B. Shetach exclamó: "¡Estás entreteniendo la consideración [del miedo] en tu mente! Que el que conoce los pensamientos [del hombre] se vengue de ti ". Entonces llegó Gabriel y los derribó al suelo, y murieron. En ese momento los sabios decretaron que un rey no debía actuar como juez ni comparecer ante el tribunal; ni ser testigo, y nadie puede testificar contra él.

Los discípulos de R. José le preguntaron: "¿Cómo se casó David con dos hermanas mientras ambas vivían?" Él les respondió: "Se casó con Michal después de la muerte de Merab". Y R. José lo dijo de acuerdo con su propia teoría, porque se nos enseña en un Baraitha: R. José solía dar una conferencia sobre los siguientes dos pasajes confusos: Está escrito (II Sam. 21, 8) Y el rey tomó a los dos hijos de Rizpa, las hijas de Ayá, que ella le había dado a luz a Saúl, Armoni y Mefiboset; y los cinco hijos de Mical, hija de Saúl, que ella le había dado a luz a Adriel, hijo de Barzilai mehollatita. ¿Pero fue Michal entregado a Adriel? ¿No fue entregada a Palti b. Layish? como está escrito (Ib. 25, 44) Pero Saúl le había dado a Mical, su hija, la esposa de David, a Palti, el hijo de Layish. Por lo tanto, las Escrituras igualan el compromiso de Merab con Adriel con el compromiso de Michal con Palti b. Layish. Así como el desposorio de Mical con Palti fue un pecado porque ella ya era la esposa de David, así también fue un pecado el desposorio de Herab con Adriel porque ella ya era la esposa de David. Pero, ¿qué diría R. Joshua b. Karcha dice al pasaje que dice: ¿Los cinco hijos de Mical, la hija de Saúl? Entonces, Michal los escuchas? ¿No fue Merab quien los dio a luz? R. Joshua responderá que Merab los dio a luz y Michal simplemente los crió, y por lo tanto, llevaron el nombre de Michal. Esto es para enseñarle que el que cría a un huérfano es considerado por las Escrituras como si hubiera dado a luz al niño. R. Chanina dice: "Esto se infiere de (Rut 4, 17) Le ha nacido un hijo a Noemí, etc. ¿Entonces lo dio a luz Noemí? ¿No fue, de hecho, Ruth quien lo parió? Por lo tanto, debemos decir que, aunque Rut lo dio a luz, no obstante fue criado por Noemí, y por eso es llamado después de ella ". R. Jochanan dijo:" De lo siguiente (I Crónicas 4, 18) Y su mujer, la judía, dio a luz a Jered el padre de Gedor, y a Heber el padre, etc., y estos son los hijos de Bitías, la hija de Faraón, a quien Mered había tomado [por esposa]. Mered se refiere a Caleb, y ¿por qué fue llamado Mered (rebelde)? Porque se rebeló contra la acusación de los espías. ¿Y entonces nació de Bithiah? ¿He aquí que nació de Jocbed? Por lo tanto, debemos decir que, aunque nació de Jocabed, sin embargo fue criado por Bitías, y por lo tanto se le llama por su nombre ". R. Eliezer dijo: De lo siguiente (Sal. 77, 16) Has con Tu brazo redimió a tu pueblo, los hijos de Jacob y de José. (Selah) ¿Fueron, pues, de José y no de Jacob? Le nacieron a Jacob, pero José los alimentó, y por eso se les puso su nombre.

R. Samuel b. Najmeni en el nombre de R. Jonathan dijo: "El que enseña la Torá al hijo de su vecino, la Escritura lo considera como si lo engendrara, como está dicho (Núm. 3, 1). Y estas son las generaciones de Aarón. y Moisés, y el siguiente versículo dice: Y estos son los nombres de los hijos de Aarón, para enseñarte que Aarón engendró [a sus hijos] pero Moisés les enseñó, por lo tanto, están registrados bajo su nombre ". (Isaías 29, 22Por tanto, así ha dicho Jehová a la casa de Jacob, el que redimió a Abraham. ¿Dónde encontramos que Jacob redimió a Abraham? R. Juda dijo: "Lo redimió de la angustia de criar hijos. Y esto es lo que significa el pasaje (Ib) No ahora se avergonzará Jacob, ni ahora su rostro palidecerá, es decir, no se avergonzará. se avergüence de su padre y su rostro no se pondrá pálido a causa de su abuelo ".

(Fol. 20) R. Jochanan dijo: "¿Cuál es el significado de los pasajes (Pr. 31, 29) Many daughters have done virtuously, but thou excellest them all — i.e., Many daughters refers to Joseph and Boaz: That feareth the Lord shall indeed be praised (Ib. 30) refers to Palti b. Layish." R. Samuel b. Nachmeni in the name of R. Jonathan said: "What is the meaning of the passage (Ib. 30) False is grace, and vain is beauty — i.e., False is grace, refers to Joseph; and vain is beauty, refers to Boaz... . that feareth the Lord shall indeed be praised, refers to Palti b. Layish." According to others, False is grace, refers to the generation of Moses, and vain is beauty, refers to the generation of Joshua... . that feareth the Lord shall indeed be praised, refers to the generation of Hezekiah. And according to still others. False is grace, refers to the generation of Moses and Joshua, and vain is beauty, refers to the generation of Hezekiah ... fear of the Lord shall indeed be praised, refers to the generation of R. Juda b. Eli, when six disciples covered themselves with one garment [as they were very poor], and nevertheles occupied themselves with the study of the Torah.

A nuestros rabinos se les enseñó: En aquellos lugares donde es costumbre que las mujeres sigan el féretro, pueden hacerlo, y donde es costumbre que precedan al féretro, pueden hacerlo en consecuencia. R. Juda, sin embargo, sostiene que las mujeres siempre deben preceder al ataúd, como encontramos en el caso de David, quien siguió al ataúd, como se dice (II Sam.) Y el rey David caminó detrás del féretro. Pero los rabinos se opusieron y dijeron que esto se hizo para apaciguar a la gente. Y se aplacaron, porque David pasó de los hombres a las mujeres y de las mujeres a los hombres [para este propósito], como se dice (Ib. 37) Y todo el pueblo y todo Israel entendieron en ese día que había no ha sido la voluntad del rey [matar a Abner]. Raba dio una conferencia: "¿Cuál es el significado del pasaje (Ib. 35) Y todo el pueblo vino para hacer que David comiera comida cuando aún era de día? Está escrito L'hachroth (destruir), y leemos L'habroth (para alimentar) - es decir, al principio la gente vino a matarlo a causa de la muerte de Abner, pero después de que los hubo apaciguado, le hicieron comer ".

R. Juda en nombre de Rab dijo: "¿Por qué fue castigado Abner? Porque debería haberle advertido a Saúl que no matara al sacerdote de Nob, y no lo hizo". R. Isaac, sin embargo, sostiene: "Él le advirtió, pero no fue obedecido". Y ambos infieren esto de los siguientes versículos (Ib. 33, 34). Y el rey se lamentó por Abner y dijo: ¡Oh, que Abner tuviera que morir como muere el indigno! Tus manos no estaban atadas ni tus pies con grilletes.... El que dijo que no advirtió lo interpreta así: Ya que tus manos no estaban atadas ni tus pies con grilletes, ¿por qué entonces no advertiste? Y por tanto, como se cae delante de los impíos, tú has caído. El que dijo que sí advirtió, pero no fue escuchado, lo interpreta así: ¡Oh, que Abner muriera como muere el inútil! Tus manos no estaban atadas.... Desde que advertiste a Saúl. ¿Por qué, pues, como se cae delante de los impíos, has caído? Pero según este último, advirtió: ¿por qué, entonces, Abner fue castigado? R. Nachman b. Isaac dijo: "Porque pospuso el reino de David por dos años y medio".

R. José dijo: "Todo lo que se dice en el capítulo (I Sam. 8) con respecto a un rey, al rey se le permite hacer ". R. Juda, sin embargo, dijo:" Toda la porción se dice simplemente para asustarlos, como la expresión, para poner un rey sobre ti - es decir, que el temor de la el rey siempre estará sobre ti. "Y así R. Juda solía decir:" Hay tres mandamientos positivos que se ordenaron a Israel en el momento en que entraron en Palestina, a saber: Designarán un rey; destruirán la descendencia de Amalec; y construirán un templo ". R. N'hurai dice:" Toda la porción fue dicha sólo porque murmuraron contra Samuel, pidiendo un rey, como está dicho (Ib., ib. 14) Y tú dices, deseo poner un rey sobre mí ", etc. Se nos enseña en un Baraitha: R. Eliezer dice:" Los ancianos de esa generación con razón le pidieron a Samuel un rey, como se dice (I Sam. 8,) Nómbranos un rey que nos juzgue como todas las naciones. Pero los plebeyos que estaban entre ellos pervirtieron la declaración, como se dice (Ib., Ib. 20) Que también nosotros mismos seamos como todas las naciones; y que nuestro rey pueda juzgarnos, y salir delante de nosotros, y pelear nuestras batallas. "Se nos enseña en otro Baraitha: R. José dice:" A Israel se le ordenaron tres mandamientos positivos cuando entraron en Palestina, a saber: Ellos nombrarán un rey destruirán la descendencia de Amalec; y construirán un templo. Pero no se supo cuál fue el primero. Sin embargo, de (Ex. 17, 16) Y él dijo. Debido a que el Señor ha jurado en su trono que el Señor tendrá guerra contra Amalec de generación en generación, se infiere que el mandamiento relacionado con el rey fue el primero, porque la palabra kissei no implica nada más que un rey, como es dijo (I Crónicas 29, 23) Luego se sentó Salomón en kissei (el trono) del Señor como rey. Aún se desconocía cuál debería ser el primero, la destrucción de los descendientes de Amalek o la construcción del Templo. Pero cuando el pasaje dice (Deut. 12, 10) Él te dará descanso de todos tus enemigos ... y entonces será que el lugar, etc., se infiere que el corte de la nación de Amalek fue para se el primero. Y así fue con David, como se dice (II Sam.7, 1) Y sucedió que cuando el rey habitaba en su casa, y el Señor le había dado descanso, etc., el rey le dijo al profeta Natán, mira, yo habito en una casa de cedro, etc.

Resh Lakish dijo: "Al principio, Salomón reinó sobre las cosas de arriba, como está dicho (I Crónicas 29, 23). Salomón se sentó en el trono del Señor; y finalmente reinó sobre las cosas de abajo, como está dicho (I Reyes 4) Porque tenía dominio sobre toda la región de este lado del río, desde Thiphsach hasta Gaza ". Rab y Samuel difieren en cuanto a la explicación de este versículo. Uno sostiene que Thiphsach estaba en un extremo del mundo, y Gazzah estaba en el otro extremo del mundo; mientras que el otro sostiene que Thiphsach y Gazzah eran pueblos cercanos, y el verso intenta informarnos que así como él reinó sobre Thiphsach y Gazzah, así también reinó sobre el mundo entero. Y después reinó solo sobre Israel, como se dice (Ec. 1, 12) Yo, Cohelet, he sido rey sobre Israel, etc., y después reinó solo sobre Jerusalén, como se dice (Ib., Ib. 1) Las palabras de Cohelet hijo de David, rey de Jerusalén; y después reinó solo sobre su casa, como se dice (Hijo 3). He aquí, es la litera de Salomón, y finalmente reinó solo sobre su cayado, como se dice (Ec. 1, 3).) ¿Qué provecho tiene el hombre de todo el trabajo que trabaja debajo del sol? y también está escrito (Ib. 2, 10) Y esta fue mi porción de todo mi trabajo. Rab y Samuel explicaron el versículo anterior. Uno dijo que la porción se refiere a su bastón, y el otro dijo que se refiere a su plumero. ¿Volvió a ser rey? Rab y Samuel difieren en esto. Uno dijo que sí, y el otro dijo que no. Según el que dice que no lo hizo, él era un rey y un hombre común, y según el que dijo que volvió a ser rey, él era un rey, un hombre común y luego un rey nuevamente.

Él (el rey) no debe casarse con más de dieciocho esposas. ¿De dónde se deduce? De (II Sam. 3, 2-5) Y a David le nacieron hijos en Hebrón; y su primogénito fue Ammón, de Achinoam la zezreelita; y su segundo, Chileab, de Abigail, esposa de Nebal el Carmelita; y el tercero, Abshalom, hijo de Maaca, hija de Thalmai, rey de Gesur; y el cuarto, Adonías, hijo de Jaguit; y el quinto, Sepliatías, hijo de Abital; y el sexto, Itream, de Egla, mujer de David. Estos le nacieron a David en Hebrón. Y el profeta dijo (Ib., Ib. 12, 8) Y si eso fuera muy poco, entonces te agregaría mucho más como estos, y como estos. ¡Ahora veamos! El número de esposas mencionadas en las Escrituras es seis. Así, son seis más; y de nuevo, así, hay seis más, de los cuales el total es dieciocho. Pero Michal también era su esposa, [y por qué no se la mencionó]. Rab dijo: "Eglah es lo mismo que Michal. ¿Y por qué se llamó Eglah? Porque ella era amada por él como un becerro es amado por su madre ". Y así también se lee en el pasaje (Jueces 14, 18.) Y les dijo: Si no hubiera arado con mi becerro, etc. Pero, ¿tenía, pues, hijos Mical? ¿No está escrito (II Sam.6, 23) ¿Y Mical, la hija de Saúl, no tuvo hijos hasta el día de su muerte? R. Chisda dijo: "Antes de ese incidente ella tenía un hijo, pero después de ese incidente no tuvo un hijo". Pero, ¿no está escrito? (Ib. 5, 13) Y David tomó aún más concubinas y esposas de Jerusalén. ¿De ahí que se suponga que se casó más? Esto fue para cumplir con el número de dieciocho. ¿Qué son las esposas y las concubinas? R. Juda dijo: "Las esposas se casan por compromiso y contrato matrimonial; las concubinas no tienen ambos". R. Juda dijo en el nombre de Rab: "Cuatrocientos niños le nacieron a David de los hermosos cautivos. Tenían largos mechones y estaban sentados en carruajes de oro. Fueron colocados con los oficiales superiores de las fuerzas armadas, y eran los hombres de poder. de la casa de David ". R. Juda dijo de nuevo: "II Sam. 13, 13) Pero ahora, te ruego que hables al rey; porque no me negará a ti. Y si ella fuera realmente su hija, ¿cómo podría decir que el rey permitiría que una hermana se casara con su hermano? Deduzca de esto que ella era uno de los hijos nacidos de una de las mujeres hermosas [antes mencionadas] ". (Ib. 13, 3) Pero Annon tenía un amigo ... y Jonadab era un hombre muy astuto. Dijo R. Juda en el nombre de Rab: "Un hombre astuto para hacer el mal".

(I Reyes 1, 5) Y Adoniah hijo de Jaggith se ensalzó a sí mismo, diciendo: Yo seré rey. R. Juda dijo en nombre de Rab: "Deduzca de esto que intentó sujetar [la corona en su cabeza] pero no le quedaba". (Ib) Y se consiguió un carro y gente de a caballo, y cincuenta hombres que corrían delante de él. ¿Qué hay de excepcional en esto para un príncipe? R. Juda dijo en nombre de Rab: "Se les quitó el brillo a todos [para que les fuera fácil correr], y también se les cortó la carne de las plantas de los pies".

R. Juda propuso la siguiente contradicción (I Reyes 5 , G) Y Salomón tenía cuarenta mil puestos para los caballos para sus carros, y doce mil jinetes; y otra vez (II Crón. 9, 25) Y Salomón tenía cuatro mil puestos para caballos y carros. ¿Cómo se debe tomar esto? - es decir, si había cuarenta mil establos, cada uno de ellos contenía cuatro mil puestos; y si sólo había cuatro mil establos, cada uno tenía cuarenta mil puestos. R. Isaac propuso la siguiente contradicción: Está escrito (I Reyes 10, 21) Ninguno era de plata; no fue valorado en lo más mínimo en los días de Salomón; y otra vez (Ib. 27) Y

Salomón convirtió la plata en Jerusalén como piedras. [Por lo tanto, tuvo algún valor]? Esto no presenta ninguna dificultad. El primer versículo se refiere a Salomón antes de casarse con la hija de Faraón, y el segundo después de ese tiempo ". R. Isaac dijo:" Cuando Salomón se casó con la hija de Faraón, Gabriel bajó y clavó una caña en el mar, y se sobre él, un banco sobre el que se construyó la gran ciudad de Roma ".

De nuevo dijo R. Isaac: "¿Por qué no explican las Escrituras la razón de sus leyes? Porque se explicó la razón de dos leyes, y el hombre más grande de una generación tropezó con ellas. Está escrito (Deut. 17, 17) no adquirirá muchas mujeres. Y el rey Salomón dijo: "Tomaré muchas mujeres, y mi corazón no se desviará". Sobre lo cual está escrito (I Reyes 11, 4) Y sucedió ... que sus esposas desviaron su corazón. Y también está escrito (Ib.) Solo que no adquirirá para sí muchos caballos. Y Salomón dijo: 'Yo adquirirá muchos, y no volverá a Egipto. Con lo cual está escrito (Ib. 10, 29) Y una cuadrilla de carros subió y salió de Egipto, "etc.

MISHNAH: El rey debe escribir los Rollos Sagrados por sí mismo; cuando va a la guerra debe llevarlos consigo; cuando entre en la ciudad, deben estar con él; y lo mismo cuando se sienta a juzgar al pueblo; y cuando tome sus comidas deben colocarse frente a él, como se dice (Deut. 17, 19) Y estará con él, y leerá en él todos los días de su vida.

GEMARA: Rabá dijo: "Incluso si sus antepasados le dejaron a uno un pergamino, no obstante, es un acto meritorio para él escribir los sagrados pergaminos a sus propias expensas, como se dice (Deut. 31, 19). Ahora, por lo tanto, escriba esto canción." Abaye objetó [de nuestra Mishná]: "Él escribirá los Rollos Sagrados para sí mismo", y no debe estar satisfecho con los de sus padres. Y esto habla solo de un rey, pero no de un hombre común. Nuestra Mishná trata de dos rollos sagrados, como se nos enseña en el siguiente Baraitha (Ib. 17, 18). Él escribirá para sí mismo una copia de esta ley, es decir, debe escribir para sí mismo dos rollos sagrados, uno que debe llevar consigo. dondequiera que vaya, y uno que permanecerá en su tesoro. El que tiene que llevar con él lo escribirá en forma de amuleto, y se lo colocará en el brazo, como se dice (PD. 16, 8) Siempre he puesto al Señor delante de mí. Sin embargo, no debe entrar a un baño o retrete con él, como se dice (Ib., Ib. 19) Y estará con él y leerá; es decir, estará con él en aquellos lugares donde esté permitido leerlo, pero no en aquellos lugares donde no esté permitido.

Mar Zutra (según otros Mar Ukba), dijo: "Originalmente la Torá fue entregada a Israel en caracteres hebreos y en el idioma hebreo; luego fue entregada nuevamente a Israel, en la época de Esdras, en caracteres asirios y en el idioma arameo; finalmente se seleccionaron los caracteres asirios y el idioma hebreo para Israel, y los caracteres hebreos y el idioma arameo se dejaron a los Hedyotim (clase ordinaria) ". ¿A quiénes se refiere Hedyotim? R. Chisda dijo: "Los samaritanos". ¿Qué se entiende por caracteres hebreos? R. Chisda dijo: "Los personajes de Libunah". Se nos enseña en un Baraitha: R. José dice: "Esdras era digno de que la Torá fuera dada a través de él, si Moisés no lo hubiera precedido". Concerniente a Moisés dice (Ex. 19, 3) Y Moisés subió a Dios.) Este Ezra subió. Así como el término Aliya (subió) usado aquí [con respecto a Moisés] se refiere a recibir la Torá, así también el término Aliya, usado allí [en relación con Esdras] se refiere a la Torá. Concerniente a Moisés se dice: (Deut. 4, 14) Y a mí el Señor me mandó en ese momento que les enseñara estatutos y ordenanzas. Y acerca de Esdras dice (Esdras 7, 10) Porque Esdras había dirigido su corazón a consultar la ley del Señor y a cumplirla, y a enseñar en Israel estatutos y ordenanzas. Aunque la Torá no fue dada a través de él, sus caracteres cambiaron sin embargo a través de él, como se dice (Fol. 22) (Ib. 4, 7) Y la escritura de la carta fue escrita en arameo e interpretada en arameo. Y también está escrito (Dan.5, 8) No pudieron leer el escrito, ni hacer su interpretación. Por tanto, era un carácter nuevo que el pueblo arameo no podía leer. (Deut. 17, 18) Él escribirá para sí mismo (Mishná) una copia de esta Ley. Esto significa un cambio en el carácter de la escritura en el futuro. ¿Y por qué se llaman asirios? Se nos enseña en otro Baraitha: Rabí dice: "En el carácter Asshurith, la Torá fue entregada a Israel al principio, pero después de que pecaron fue olvidada por ellos; y después de que se arrepintieron, se les devolvió, como se dice (Zacarías 9, 12) Vuélvanse a la fortaleza, prisioneros de la esperanza; aun hoy declaro que te daré el doble. ¿Y por qué se llama Asshurith? Porque es digno de alabanza en carácter ". R. Simon b. Elazar, sin embargo, dijo en el nombre de R. Eliezer b. Prata, citando a R. Elazar el Modai, que los caracteres no se cambiaron en absoluto, como se dice (Ester 8, 9) Y a los judíos según su escritura y según su idioma, es decir, como no se cambió su idioma, tampoco se cambió su carácter. Pero si es así, ¿cuál es el significado de "Él escribirá (Mishná) una copia de esta Ley, [que significa un cambio en el futuro]? Esto se refiere a las dos copias de los Rollos Sagrados que un rey tiene que escribir; uno de los cuales se guarda en su tesorería y otro con el que sale y entra. El que sale y entra debe ser en miniatura sujeto a su brazo, como se dice (Sal. 16, 8).) Siempre he puesto al Señor delante de mí. Pero quien sostiene que el carácter de la escritura no se modificó en absoluto, ¿qué infiere del pasaje recién citado? Lo usa para lo que dijo R. Chana b. Bizna en el nombre de R. Simón el piadoso: "El que ora siempre debe imaginar que la Shejiná está frente a él, porque se dice, Yo siempre he puesto al Señor delante de mí.

R. Chamán b. Aba dijo: "Ven y mira lo difícil que es obtener el divorcio, porque ellos (los sabios) permitieron que Abisag estuviera con David y no le permitieron divorciarse de una de sus esposas para casarse con ella". R. Eliezer dijo: "El que se divorcia de su primera esposa, hasta el altar derrama lágrimas por él, como está dicho (Mal. 2, 13) Y esto, en segundo lugar, haced esto, cubriendo el altar del Señor con lágrimas, con llanto y con fuerte queja, de modo que no vuelve más su mirada a la ofrenda, ni la recibe con agrado de vuestra mano. E inmediatamente después se lee: Y vosotros decís: ¿Por qué? Porque Jehová ha sido testigo entre tú y el esposa de tu juventud, contra quien en verdad traicionaste; sin embargo, es tu compañera y la esposa de tu alianza ".

R. Jochanan (y según otros, R. Elazar), dijo: "La esposa de un hombre no muere [frecuentemente] a menos que se le pida que pague [su donación] y no tenga que pagar, como se dice (Prov. . 22, 27) Si no tienes nada que pagar, ¿por qué habría de quitarte la cama de debajo de ti? " R. Jochanan dijo de nuevo: "A aquél cuya primera esposa muere, es como si el Templo hubiera sido destruido en sus días, como se dice (Ezequiel 24, 10). Te quitaré el deseo de tus ojos, etc., y (Ib.) Y cuando hube hablado a la gente por la mañana, mi esposa murió al anochecer; y (Ib. 21) profanaré mi santuario, el orgullo de tu fuerza, el deseo de tus ojos. " R. Alexandrai dijo: "Para aquel cuya esposa muere, el mundo que lo rodea es oscuro, como se dice (Job 18, 6) La luz se oscurece en su tienda, y su lámpara se apagará sobre él. "R. José b. Chanina dijo: También sus pasos se acortan, como inmediatamente dice: Los pasos de su fuerza serán estrechos. Y R. Abahu dijo: "Además, su consejo ya no sirve; como dice el final del versículo citado: Y su propio consejo lo derribará ". Rabba bb Chana dijo en el nombre de R. Jochanan:" Unir parejas es tan difícil como dividir el Mar Rojo, como se dice (Sal. 68, 7) Dios pone a los solitarios en medio de sus familias: saca a los que están destinados a la felicidad. No lea Motzi Assirim (saca a los que están atados), pero léalo K 'motzi Assirim (como sacar a los que están atados). No lea Bakosharoth (sobre la felicidad), sino lea B'chi V'shiruth (llorando y cantando); es decir, en el Mar Rojo lloraron primero y luego cantaron. "¿Es así? ¿No ha dicho R. Juda en el nombre de Rab:" Cuarenta días antes de que se forme el embrión, una voz celestial sale y dice: 'Esto y esa hija a este y aquel hijo '". Esto no es difícil de explicar. El último trata del primer matrimonio, y el primero del segundo matrimonio. R. Samuel b. Nachman dijo:" Para todo puede haber un intercambio, pero no por la esposa de la juventud,) Y como esposa de la juventud que fue rechazada ". R. Juda enseñó a su hijo, R. Isaac:" Uno puede encontrar placer sólo en su primera esposa, como se dice (Prov. 5, 18). se bendecido; y regocíjate con la esposa (Ib. b) de tu juventud. "" ¿A quién te refieres? ", preguntó su hijo, y él respondió:" Tu madre ". ¿Es así? ¿No le enseñó R. Juda a R. Isaac su hijo (Ec. 7, 26) Y encuentro más amarga que la muerte a la mujer cuyo corazón son lazos y redes, etc. Y esta última le preguntó: "¿Quién, por ejemplo?" Él respondió: "Como tu madre". Es cierto que era irascible, pero se apaciguaba fácilmente con una palabra. R. Samuel b. Unya dijo en nombre de Rab: "Una mujer [soltera] es un recipiente sin terminar, y ella hace un pacto con [no se preocupa por] nadie más que con el que la convirtió en vaso; como se diceEs. 54, 5) Porque tu esposo es tu amo, "etc. Hay un Baraitha; nadie siente la muerte de un hombre más que su esposa, y nadie siente la muerte de una mujer más que su esposo. Nadie siente la muerte de un hombre. muerte de un hombre más que de su esposa, como se dice (Rut 1, 3) Luego murió Elimelcch, el esposo de Noemí; y nadie siente la muerte de una mujer más que su esposo, como se dice (Gén.48, 7).) Y en cuanto a mí, cuando vine de Padan, Rachel murió por mí.

Sanedrín, Capítulo 3

(Fol. 23) Se ha enseñado en un Baraithat: Así era la costumbre del pueblo puro de Jerusalén; no firmarían [su nombre como testigo] en un documento a menos que supieran quién iba a firmar con ellos. Tampoco se sentaban a juzgar a menos que supieran quiénes serían sus colegas, y tampoco iban a un banquete a menos que supieran quiénes estaban invitados con ellos.

R. Oshiya dijo: "¿Cuál es el significado del pasaje (Zac. 11, 7) Y me había llevado dos varas; a uno lo llamé Graciousness (No'am), y al otro lo llamé Concord (Choblim): es decir, No'am se refiere a los eruditos de Palestina que son amables entre sí mientras discuten la halajá. Choblim, se refiere a los eruditos de Babilonia que hirieron [los sentimientos de los demás] mientras discutían la halajá ". (Ib. 4, 14) Luego me dijo: 'Son los dos hijos de Yizhari (aceite claro), que están junto al Señor, etc. (Ib., Ib. 3) Y dos olivos están cerca de él '. R. Isaac dijo: "Esto se refiere a los eruditos de Palestina, que se complacen entre sí durante las discusiones halajik como el aceite de oliva; y los dos olivos cercanos, se refieren a los eruditos babilónicos que se enfurecen unos a otros con amargura durante las discusiones halajik, "así como un olivo es amargo". Está escrito (Ib.5, 9) Entonces levanté mis ojos y miré, y he aquí, salieron dos mujeres, con el viento en sus alas, y tenían alas como las de una cigüeña; y alzaron el Efa entre los. la tierra y el cielo. Entonces le dije al ángel que me hablaba: "¿Adónde están estos que llevan el Efa?" Y me dijo: 'Para construirle una casa en la tierra de Sinar'. R. Jochanan dijo en nombre de R. Simon b. Jochai: "Estas dos mujeres se refieren a la sumisión vergonzosa [al poder] y la altivez [hacia los débiles], que llegaron a Babilonia". ¿Vino entonces la altivez a Babilonia? He aquí que el maestro dijo en otra parte: "Diez medidas de altivez cayeron sobre el mundo, de las cuales nueve fueron tomadas por Elam y la única medida fue dada al mundo entero". Sí, su intención era ir a Babilonia, pero fueron arrastrados hasta Elam. También puede inferir esto de [la expresión] del pasaje para construir (previsto) una casa en la tierra de Shinar. La explicación se sostiene. Entonces, ¿no es frecuente la altivez también en Babilonia? He aquí, el maestro dijo: "El síntoma de la altivez es la pobreza y [nueve de cada diez medidas de] pobreza fueron a Babilonia". La pobreza mencionada aquí se refiere a la Torá, como está escrito (Canciones 8, 5) Tenemos una hermana pequeña y aún no tiene pechos, por lo que R. Jochanan dijo: "Esto se refiere a Elam, que merecía [tener coros para] aprender, pero no para enseñar a otros". ¿Cuál es el significado de la palabra Babel (Babilonia)? R. Jochanan dijo: "Una mezcla de Escritura, Mishnah y Talmud". (Lam 3, 6) En lugares oscuros Él ha puesto a morar. R. Jeremiah dijo: "Esto se refiere a Babilonia" [donde los eruditos no son agradables entre sí].

R. Chiya b. Zarnuki y Simon b. Yehozadak fue a intercalar un año en Assia, y fueron recibidos por Resh Lakish, quien se unió a ellos, diciendo: "Iré con ellos para ver cómo lo hacen". Mientras tanto, vio a un hombre que estaba arando en el año sabático y les dijo: "¡Este hombre es sacerdote y labra en el año sabático!" Ellos respondieron: "Él puede decir: Soy simplemente un sirviente imperial en la propiedad". "Volvió a ver a un hombre que podaba su viña, y dijo:" ¡Es sacerdote y poda la viña! " Ellos respondieron: "Él puede decir: 'Necesito las ramitas para hacer un fardo para la prensa'". A lo que Resh Lakish comentó: "El corazón sabe si se hace para E'kel (un propósito legítimo), o fuera de akalkaloth. (perversidad)." Luego dijeron: "Es una persona problemática.

¿A qué se refiere un consejo de hombres inicuos? A lo siguiente: Sebna, expondría [en su colegio] con trece grandes hombres, y Ezequías expondría con solo once. Cuando Sancherib vino a atacar a Jerusalén, Shebna escribió una nota y la disparó con una flecha [al campamento de Sancherib]. La nota decía: "Sebna y su grupo están dispuestos a hacer la paz, pero Ezequías y su grupo no están dispuestos a hacer la paz, como se dice (Sal. 11, 2). flecha sobre la cuerda ". Y Ezequías temió, ya que, quizás la inclinación del Santo, ¡alabado sea! sería hacia la mayoría, cuyo deseo era entregarse al enemigo, que él también tendría que entregarse a ellos. Entonces el profeta se le acercó y le dijo (Isaías 8, 12) No decís conspiración, de todo lo cual este pueblo dice: Conspiración; es decir, son sólo un consejo de hombres malvados, y [una medida aprobada en] un consejo de hombres malvados no se sostiene. Él (Shebna) fue y cavó una cueva para su tumba entre las tumbas de la casa del rey David, y por eso el profeta le dijo (Ib. 22, 16, 17) ¿Qué tienes aquí? ¿Y a quién tienes aquí, que te hayas labrado aquí un sepulcro? ... He aquí, el Señor te arrojará de arriba abajo con un tiro de hombre. Rab dijo: "De esto se infiere que los sufrimientos de la falta de vivienda son más difíciles de soportar para un hombre que para una mujer". R. José b. Chanina dijo: "De esto inferimos que Shebna fue castigada con lepra, porque aquí está escrito: Él te enrollará (A'ate) como un paquete, y está escrito [sobre un leproso] (Lev. 13, 45) Y se cubrirá (Ya'ate) hasta el labio superior. (Ib) Él te enrollará como un paquete, y [te arrojará] como una pelota a un país de amplio espacio ". Se enseñó en un Baraitha: Su deseo (de Shebna) era deshonrar la casa de su amo, y por lo tanto, él mismo se avergonzó, porque cuando salió a Sancherib con su grupo, Gabriel cerró la puerta en la cara de su grupo. Y cuando Sancherib le preguntó: "¿Dónde está tu grupo?", respondió: "Se han rebelado. y se retractó. "" ¡Me estás burlando! ", exclamó Sancherib, y le perforaron los talones, los ataron a las colas de sus caballos y arrastraron su cuerpo sobre espinas.

(Sal. 11, 3) Porque [si] se derribaran los cimientos, ¿qué harían los rectos? R. Juda y R. Eina difieren. Según uno, significa: "Si Ezequías y su grupo hubieran sido destruidos, ¿cómo podría cumplirse [la promesa del Señor]?" Y según el otro: "Si el Templo hubiera sido destruido por Sanquerib, [de acuerdo con el consejo de Sebna], ¿qué habría sido de los maravillosos milagros del Señor?" Y según Ulla, esto se refiere a los pensamientos de ese malvado (Shebna): "Si no hubieran sido destruidos, ¿qué habría sido del justo Ezequías?" La interpretación de quien explica que el pasaje para el fundamento sea derribado se refiere a los pensamientos de Shebna, se entiende fácilmente, como se dice (I Sam. 21, 13).) Y David guardó estas palabras en su corazón. La interpretación de quien explica que la palabra fundamento significa el Templo, también es evidente, ya que se nos enseña en una Mishná que se colocó una piedra en el Templo desde la época de los primeros profetas, con el nombre Shethiha (fundación). Pero el que explica que el pasaje se refiere a Ezequías y su partido, ¿dónde se encuentra que la palabra fundamento se refiere a los justos? Del siguiente pasaje (1 Samuel 2, 8) Porque las columnas de la tierra son del Señor, y Él ha puesto el mundo sobre ellas. [Columnas, son los justos, sobre las cuales Él ha puesto, el fundamento]. Y si lo desea, diré de lo siguiente (Is.28, 29Maravilloso es en sus consejos y excelente en sus sabias obras. R. Chanina dijo: ¿Por qué la Torá se llama Tushiya? Porque su estudio debilita la fuerza del hombre. Otros explican: Porque se dio en silencio a causa de Satanás. Otros, nuevamente, explican que son meras palabras y, sin embargo, el mundo está construido sobre ellas.

(Ib. B) R. Juda dijo: "Un pastor de quien no se oye que conduce su rebaño a pastos extraños es, sin embargo, descalificado [para ser testigo], pero un recaudador de deberes de quien no se dice que él toma más de lo que debería, está calificado ". El padre de R. Zera fue recaudador de deberes durante trece años, y cuando el gobernador venía a esa ciudad cuando veía a un erudito solía citar (Is.26, 20) "Ve, pueblo mío, entra en tus aposentos". Y también a los demás, cuando los veía apiñados en las calles, solía decir: "El gobernador vendrá a la ciudad, y luego degollará al padre por el hijo, y al hijo por el padre". (es decir, ejercerá extorsiones), (Fol. 26) con lo cual todos solían esconderse. Y cuando venía el gobernador, solía decirle: "Ves que hay muy poca gente en esta ciudad. ¿De quién, entonces, cobraremos tanto deber?"

Cuando se fue, dijo: "Hay trece maes que están atadas en la sábana de mi cama; tómalas y devuélvelas a fulano de tal, ya que se las quité por deber y no las usé".

Ulla dijo: "El problema [sobre el sustento] afecta la memoria, incluso para las palabras de la Torá, y hace que uno olvide lo que estudia, como se dice (Job 6, 12). Quien frustra los planes de los astutos, de modo que sus las manos no ejecutarán su consejo bien diseñado ". Rabá dijo: "Sin embargo, si se ocupa de la Torá por el cielo, no le afectará, como se dice (Prov. 19, 21). Hay muchos pensamientos en el corazón de un hombre; pero el consejo de sólo el Señor se mantendrá firme, es decir, el estudio que es por el bien del Cielo, no importa en qué circunstancias uno se encuentre, permanece para siempre ".

(Fol. 27b) (Deut. 24, 16) Los padres no serán condenados a muerte por los hijos ... por el pecado de su hijo, etc. ¿Con qué propósito está escrito esto? Si tan solo para enseñarnos el significado de esto tomado literalmente, sabemos esto desde el final del versículo - por su propio pecado cada uno será condenado a muerte. Por lo tanto, debe interpretarse que los padres no deben morir por el testimonio de sus hijos, y los hijos no deben morir por el testimonio de sus padres. Y los hijos, dices, ¿no deberían morir por el pecado de sus padres? ¿No hay un pasaje (Éxodo 34, 7) que menciona las iniquidades de los padres sobre los hijos? Ese pasaje se refiere a los niños que tienen en sus manos las obras de sus padres (siguen el ejemplo de sus padres), como se nos enseña (Lev.26, 39) Y también por las iniquidades de sus padres se consumirán con ellos; es decir, cuando tienen en sus manos las obras de sus padres. ¿Pero quizás esto se refiere incluso a aquellos que no siguen el ejemplo de sus padres? Dado que el pasaje dice (Deut. 24, 16) Por su propio pecado cada uno será condenado a muerte, incluye incluso a los que siguen las obras de sus padres. ¿Y cuando no siguen el ejemplo de sus padres, dices que no pueden ser castigados? Ciertamente está escrito (Lev. 26, 37) Y tropezarán unos con otros. Deduzca de las latas que todos (Israel) son responsables unos de otros. Se trata de un caso en el que tuvieron la oportunidad de protestar [contra el mal] y no lo hicieron, [ellos son, por tanto, responsables].

(Fol. 29) ¿Cómo se asustaron los testigos? R. Juda dijo: "Así les fue dicho" (Pr. 25, 14) Como nubes y viento sin lluvia, así es el hombre que se jacta falsamente de un regalo. Raba dijo: "Esto no da miedo, ya que pueden pensar que según el dicho popular, siete años de hambre no pasan por la puerta de un hombre con una profesión". "Por tanto", dijo Raba, "les fue dicho (Ib., Ib. 18) Como mazo, espada y flecha afilada, así es el hombre que da falso testimonio contra su prójimo". R. Ashi, sin embargo, sostiene que incluso esto no es suficiente, como pueden pensar, incluso en tiempos de epidemia uno no muere antes de tiempo. Por eso dijo: "Me lo dijo Nathan b.I Reyes 21, 13) Y vinieron dos hombres, hijos de Belial, y se sentaron frente a él, y testificaron contra él, diciendo: Ninguno ha blasfemado contra Dios y contra el Rey ".

(Fol. 30) Se ha enseñado en un Baraitha: R. Nechemiah dijo: "Así era la costumbre de los de mente pura en Jerusalén. Dejaron entrar a las partes, escucharon sus reclamos, y luego dejaron entrar a los testigos, escucharon a su testimonio, y les dijo a todos que salieran, y luego discutieron el asunto ".

(Fol.31) A nuestros rabinos se les enseñó: "¿De dónde sabemos que uno de los jueces, al salir del tribunal, no debe decir: 'Yo estaba a favor del acusado, pero mis colegas estaban en mi contra, y no pude evitarlo?' '. eso, porque eran la mayoría? El pasaje, por tanto, dice (Lev. 19, 16) No subirás y bajarás como chismoso entre tu pueblo. Y otro pasaje dice (Prov. 11, 13) El que anda como chismoso revela secretos . " Había un discípulo de quien corría el rumor de que después de veintidós años reveló un secreto que se enseñaba en el colegio. R. Ami lo sacó de la universidad y anunció: "Este hombre es un revelador de secretos".

Sanedrín, Capítulo 4

(Fol. 32b) A nuestros rabinos se les enseñó (Deut. 17, 20) Justicia, solo justicia, perseguirás. Esto significa que uno seguirá después de los jueces célebres, después de R. Elazar en Luda y después de Rabban Jochanan b. Zakkai en Brur Cheil. Se nos enseña en un Baraitha: si uno veía muchas luces en la ciudad de Burni, se entendía que tenía lugar la ceremonia de la circuncisión; y si uno veía muchas luces en Brur Cheil, entendía que había un banquete de bodas en esa ciudad ".

Se nos enseña en un Baraitha: Justicia, solo Justicia, perseguirás; es decir, siempre debes hacer tu mejor esfuerzo para seguir a los sabios en la asamblea, como, por ejemplo, después de R. Elazar en Luda; después de Rabban Jochanan b. Zakkai en Brur Cheil; después de Joshua en Pekiein; después de Rabban Gamaliel en Jamnia; después de R. Akiba en B'nei B'rak; después de R. Matia en Roma; después de R. Chanina b. Tradion en Sichni; después de R. Jose en Sephorius; después de R. Juda b. Bathyra en N'zibin; después de R. Joshua, en el exilio (en Pumpaditha); después de Rabí en Beth-Sh'arim: y [cuando el Templo existía], después de los sabios en su cámara en el Templo ".

(Fol. 34) (Sal. 62) Una vez ha hablado Dios, pero dos veces lo he oído; es decir, se puede usar una expresión bíblica para muchos argumentos, pero no se debe deducir el mismo argumento de diferentes expresiones bíblicas. Fue enseñado en la academia de R. Ishmael (Jer. 23, 29) Como un martillo que rompe la roca en pedazos; es decir, así como el martillo golpea la piedra en multitud de pedazos, así también un pasaje bíblico puede interpretarse para muchos argumentos.

(Fol.37) (Canciones 7, 3) Tu ombligo está protegido como una copa redonda a la que no le falta el vino mezclado. Ombligo se refiere al Sanedrín. ¿Y por qué se llamaron ombligo? Porque solían sentarse en el centro (ombligo) del mundo. Está protegido, es decir, protege al mundo entero. Copa redonda - es decir, el Sanedrín se sentó en círculo. Al cual no le falta el vino mezclado - es decir, si uno quisiera irse, debe verse que quedarían veintitrés, correspondientes al número del pequeño Sanedrín; luego pudo irse. Pero si hubiera menos, no podría irse. Tu cuerpo es como un montón de trigo cercado de lirios; es decir, así como todos se benefician de un montón de trigo, así todos estaban complacidos de escuchar las razones dadas por el Sanedrín en sus discusiones. Cercado con lirios, es decir, ni siquiera un cercado de lirios fue roto por ellos para salir de él. Esto es lo que le dijo un hereje a R. Cahana: "Tu ley permite que un hombre se quede solo con su esposa durante los días de su menstruación. ¿Es posible que el lino y el fuego deban estar juntos y no arder?" Y él respondió: "La Torá ha testificado por nosotros, cercada con lirios - es decir, incluso una cerca de lirios es suficiente para nosotros - y nunca se romperá". Resh Lakish dijo: "Esto se infiere de (Ib. 6, 7) Como la mitad de la granada es la parte superior de tu mejilla, es decir, incluso la parte inferior está llena de actos meritorios, como la granada". R. Zera dijo: "De ("La Torá ha testificado por nosotros, cercada con lirios, es decir, incluso una cerca de lirios es suficiente para nosotros, y nunca se romperá". Resh Lakish dijo: "Esto se infiere de (Ib. 6, 7) Como la mitad de la granada es la parte superior de tu mejilla, es decir, incluso la parte inferior está llena de actos meritorios, como la granada". R. Zera dijo: "De ("La Torá ha testificado por nosotros, cercada con lirios, es decir, incluso una cerca de lirios es suficiente para nosotros, y nunca se romperá". Resh Lakish dijo: "Esto se infiere de (Ib. 6, 7) Como la mitad de la granada es la parte superior de tu mejilla, es decir, incluso la parte inferior está llena de actos meritorios, como la granada". R. Zera dijo: "De (Gen. 27, 27) Y olió el olor de sus ropas, etc. No lean b'gadav (vestiduras), sino bogdav (sus transgresores) ". se asoció con ellos y les mostró respeto, para que se arrepintieran. Los rabinos, sin embargo, no estaban satisfechos con esto. Cuando R. Zera murió los insolentes compañeros dijeron: "Hasta aquí estaba el hombrecito que oraba por nosotros, pero ahora quién ¿Hará eso? "Con lo cual repitieron y se hicieron justos.

MISHNAH: ¿Cómo quedaron asombrados los testigos en los casos penales? Fueron traídos y advertidos: Quizás su testimonio se base solo en una suposición, o en rumores, o en el de otro testigo, o lo ha recibido de un hombre de confianza; o tal vez no sepa que finalmente investigaremos el asunto mediante un interrogatorio y un contrainterrogatorio. También puede ser consciente del hecho de que no existe similitud entre los casos civiles y penales. En los casos civiles, uno puede devolver el daño monetario y queda expiado; pero en los casos criminales la sangre del ejecutado, y de sus descendientes hasta el fin de todas las generaciones, se aferra al instigador de sus ejecuciones, pues así encontramos en el caso de Caín, que mató a su hermano, de quien se trata dijo (Gen.4, 10) La voz de la sangre de tu hermano me clama desde el suelo. La sangre no se menciona en singular, sino en plural (sangres), que significa su sangre y la sangre de sus descendientes. Según otros, la sangre de tu hermano, es decir, su sangre se ha esparcido por todos los árboles y piedras. Por tanto, el hombre fue creado individualmente, para enseñar que el que destruye un alma de un ser humano es considerado por las Escrituras como si hubiera destruido el mundo entero, y el que salva una sola alma de Israel, la Escritura lo considera como si hubiera salvado al mundo entero. todo el mundo. Y también para preservar la paz entre las criaturas, para que no se diga: "Mi abuelo era más grande que el tuyo"; y también que el hereje no dirá: "Hay muchos creadores en el cielo". Y también para proclamar la gloria del Santo, ¡alabado sea! Porque un ser humano estampa muchas monedas con un solo sello, y todas son iguales; pero el Rey de todos los reyes, el Santo, ¡alabado sea! ha estampado a cada hombre con el sello de Adán el primero, y sin embargo ninguno de ellos es como el otro. Por lo tanto, todo hombre puede decir: "El mundo fue creado para mí, por lo tanto, debo ser recto, justo", etc. ¿Debería decir el testigo: (Ib. B) "¿Por qué debemos preocuparnos tanto por nosotros mismos?" He aquí que está escrito b) "¿Por qué debemos preocuparnos tanto por nosotros mismos?" He aquí que está escrito b) "¿Por qué debemos preocuparnos tanto por nosotros mismos?"

He aquí que está escritoLev. 5, 1) Y es testigo, puesto que ha visto o sabe algo; si no lo dice, cargará con su iniquidad. Y debería decir: "¿Por qué deberíamos testificar de la desventaja de la sangre de ese hombre?" He aquí, se ha dicho (Prov. 11, 10) Cuando los impíos perecen, hay gritos de alegría.

GEMARA: A nuestros rabinos se les enseñó: ¿Cuál es el significado de una suposición? El tribunal les dice: "¿Quizás vieron que uno corrió tras su compañero a una [casa] en ruinas y corrió tras ellos, y encontró en la mano de uno una espada de la que goteaba sangre, y vieron al muerto luchar? Si [viste] esto, no viste nada [siempre y cuando los muertos no murieran en tu presencia] ".

Hay un Baraitha: Simon b. Shethach dijo: "¿Puedo ver el consuelo de nuestra gente como vi a uno que corrió tras su compañero a la ruina. Y corrí tras él, y vi una espada en su mano de la que goteaba sangre, y el muerto estaba luchando, y le dije: 'Tú, el malvado, que has matado a este hombre, ¿yo o tú? ¿Pero qué puedo hacer si tu sangre no está legalmente en mis manos, porque la Torá dice (Deut. 17, 6)? de dos ... será condenado a muerte. Pero el que conoce los pensamientos del hombre se vengará de este hombre que ha matado a su compañero. "Se dijo que no salieron de ese lugar hasta que vino una serpiente y mordió al culpable, y murió.

Pero, ¿podía este hombre morir a manos de una serpiente? ¿No dijo R. Joseph, y así también se enseñó en el colegio de Ezequías: Desde que el Templo fue destruido, aunque la corte del Sanedrín ha cesado, sin embargo, el castigo de las cuatro clases de muerte prescritas en las Escrituras no cesar. ¿Cómo puedes decir que no ha cesado, cuando vemos que efectivamente están abolidos? Por tanto, debemos decir que se refiere al juicio divino, que sustituye a la forma de la pena capital, que no ha cesado; porque el que puede ser apedreado encuentra la muerte al caer de un techo o al ser pisoteado por una bestia salvaje, lo que equivale a lapidación; el que corre peligro de quemarse encuentra igualmente su muerte por fuego o por mordedura de serpiente; el que puede morir a espada cae en manos del gobierno, [donde es asesinado], o [encuentra su muerte] por asesinos; y el que debe ser ahorcado encuentra su muerte por ahogamiento en el río o por difteria. [Por lo tanto, un asesino no está sujeto a la mordedura de una serpiente]. Este hombre podía ser quemado por otro crimen; y el maestro dijo en otra parte que el culpable de dos delitos debería sufrir la pena más severa.

"Serás consciente", etc., R. Juda b. Chiya dijo: "Deduzca [del verso citado en la Mishná) que Caín hizo heridas y magulladuras en el cuerpo de su hermano Abel, ya que no supo de qué miembro partía el alma hasta que llegó a su cuello". R. Juda volvió a decir en nombre de R. Chiya: "Desde el mismo día en que la tierra abrió su boca para recibir la sangre de Abel, no se ha vuelto a abrir, como se dice (Is. 24, 16). borde de la tierra, etc. Por lo tanto, lee desde el borde, pero no desde la boca. Ezequías, su hermano, sin embargo, planteó la siguiente objeción (Núm. 26, 32) Y la tierra abrió su boca, etc. Y él respondió : "Se abrió por una mala causa, pero no por una buena causa". R. Juda volvió a decir en nombre de R. Chiya: "El exilio expía todo,Gen. 6, 14) Y seré un fugitivo y un vagabundo en la tierra, y por fin está escrito: Y él habitó en la tierra de Nod (sólo un vagabundo) ".

R. Juda dijo: "El exilio expía tres cosas, como se dice (Jer. 21, 9). El que quede en esta ciudad morirá a espada, de hambre o de pestilencia; pero el que salga y huye a los caldeos que os sitian, vivirá, y su vida será para él como botín ". R. Jochanan, sin embargo, dijo: "El exilio expía todo, porque se dice (Ib. 22, 30). Así ha dicho el Señor, escribid a este hombre como sin hijos, como un hombre que no prosperará en sus días. porque ningún hombre de su simiente podrá sentarse en el trono de David y gobernar más en Judá. Y después de su exilio está escrito (I Crónicas 3, 17) Y los hijos de Yechanyah: Assir, Shealthiel su hijo. Y hay una tradición de que Assir y Shealthiel son la misma persona; se llamaba Assir, porque su madre quedó embarazada cuando fue encarcelada; Shealthiel porque él fue plantado por Dios no en la forma ordinaria de los que están plantados [en prisión]. De otra manera se puede explicar el nombre, Shealthiel, sobre quien el Todopoderoso pidió la absolución del voto; que fue plantado en Babel. ¿Cuál era su nombre real? Nehemías b. Cha'chalia.

Juda y Ezekiah, los hijos de R. Chiya, estaban sentados en un banquete ante Rabbi [el Nassi] y no pronunciaron una palabra. Los rabinos comentaron: "Que el vino se apodere de los jóvenes (que se pongan un poco alegres), para que digan algo". Tan pronto como se llenaron de vino, empezaron a decir: "Ben David no vendrá hasta que haya un fin a las dos familias (dinastías), la de los exilarcas babilonios y la de los príncipes de Palestina, como se dice (Es. 8, 14) Y será por santuario; sino también por una piedra de tropiezo, y por una piedra que caiga sobre las dos casas de Israel ". Con lo cual Rabí exclamó:" ¡Niños! ¡Me estás echando espinas a los ojos! "" Rabí ", comentaron ellos" Yayin (vino) equivale numéricamente a setenta, y la palabra Sod (secreto) equivale a setenta, por lo tanto, tan pronto como el vino entra, el secreto desaparece ". R. Chisda dio una conferencia: "¿Cuál es el significado del pasaje (Dan. 9, 14Por tanto, el Señor se apresuró a traer el mal, y lo trajo sobre nosotros; porque el Señor nuestro Dios es justo; es decir, ¿es porque el Señor nuestro Dios es justo por lo que se apresuró a traer sobre nosotros el mal? No, esto significa, el Santo, ¡alabado sea! hizo caridad con Israel al hacer que el destierro de Sedequías viniera mientras los de los exiliados de Yechanyah aún vivían; como se dice acerca de Yechanyah (II Reyes 24, 16) Y los artesanos y los cerrajeros mil; es decir, Cheresh quiere decir que si abrían una pregunta todos se quedaban sordos, y Massger (casillero) si cerraban el argumento de una cosa nadie podía volver a abrirla. "¿Y cuántos eran? Mil. Ulla dijo:" La caridad consiste en que el Santo, alabado sea! hizo el exilio antes por dos años indicados a través de la palabra V'noshantem ". R. Acha b. Jacob dijo:" Deduzca de esto que 'rápido' significa ochocientos cincuenta y dos años para el Omnipotente ".

A nuestros rabinos se les enseñó: Adán el Primero fue creado individualmente. ¿Por qué? De modo que Minim (incrédulos) no debería decir que había muchos creadores en el cielo. Otra razón es debido a los justos y los impíos, que los justos no deben decir: "Somos la descendencia de un hombre justo"; y los impíos no deberían decir: "Somos descendientes de un impío [por tanto, no se nos debe culpar]". Hay otra razón: por las familias, para que no se peleen, diciendo: Nuestros padres fueron mejores que los tuyos. Como vemos que cuando solo se creó un hombre hay disputas de rango, ¡cuánto más si se hubieran creado muchos Adanes originales! Otra razón más es: por los ladrones y extorsionadores. Ya que, ahora, cuando fue creado individualmente, hay ladrones y estafadores,

Para mostrar la gloria del Rey Supremo, el Santo, ¡alabado sea! Un ser humano estampa muchas monedas y todas son iguales, pero el Santo, ¡alabado sea! ha estampado a cada uno con el sello de Adán el Primero, y sin embargo, ninguno es como su vecino, como se dice (Job 38, 14). Ella es transformada como la arcilla selladora; y todas las cosas están como si estuvieran recién vestidas. ¿Y por qué no son iguales los rostros de los hombres? Porque uno puede ver una hermosa morada o una mujer hermosa y decir: Es mía, como se dice (Ib. 15) Y de los malvados se retira su luz, y se rompe el brazo en alto. Se nos enseña en un Baraitha: R. Maier solía decir: "En tres cosas el hombre se diferencia de su prójimo: en la voz, en el rostro y en la mente: en la voz y en el rostro, debido al adulterio; y en la mente, debido a ladrones y extorsionadores ".

A nuestros rabinos se les enseñó: Adán fue creado en la víspera del sábado, ¿y por qué? Para que los Mínimos no digan que él (Adán) fue socio del Señor en la creación del mundo. Otra explicación es que, si se vuelve autoritario, se le puede decir: "El mosquito ha sido creado antes que tú". Otra explicación más es que debe entrar inmediatamente [después de ser creado] en un acto meritorio [el sábado]. Según otros, participará de la comida del sábado inmediatamente. Esto puede compararse con un rey frágil que construyó un palacio. Una vez terminado, preparó un banquete y luego invitó a los invitados, como se dice (Prov.9, 1-4) La sabiduría ha edificado su casa; ella ha labrado sus siete columnas. Ha matado su ganado; ha mezclado su vino; ha puesto en orden su mesa. Envió a sus doncellas; ella invitó [a sus huéspedes] a la cima de los lugares más altos de la ciudad. La sabiduría ha edificado su casa. Esto se refiere a la naturaleza del Santo, ¡alabado sea! que ha creado el mundo entero con sabiduría. Siete pilares, se refiere a los siete días de la creación. Mató su ganado, etc., se refiere a los mares, los ríos y todo lo que era necesario para el mundo. Ha puesto en orden su mesa, se refiere a los árboles y la hierba. Ella envió a sus doncellas, se refiere a Adán y Eva. Sobre la cima de los lugares más altos: Rabba bb Chana propuso una contradicción: Está escrito en la cima de la altura, y también está escrito (Ib.14) En la silla en los lugares altos, es decir, Primero se colocaron en la parte superior, y luego en una silla, (Ib. 9, 16). Quien es irreflexivo, que entre acá, y en cuanto al falto de entendimiento. ¡El Santo, alabado sea! dijo: "¿Quién engañó a Adán el Primero? La mujer que le dijo, etc., como está escrito (Ib. 6, 32). ¿Quién cometió adulterio con una mujer sin sentido". R. Maier solía decir: "El polvo del que fue hecho Adán se recogió de todas partes del mundo, como se dice (PD. 139, 16.) Tus ojos vieron mi sustancia sin desarrollar; y está escrito: (Zac. 4, 10) Son los ojos del Señor, que corren de un lado a otro por toda la tierra ".

R. Oshia dijo en nombre de Rab (Fol. 60b) "La [tierra para el] cuerpo de Adán fue tomada de Babilonia, [para] su cabeza de Palestina, y [para] todos los demás miembros, de todos los demás países; " y [la tierra para] su trasero, R. Jochanan dijo: "Fue tomado de Akra de Agma". R. Acha b. Chanina dijo: "Un día constaba de doce horas. La primera hora se recogió la tierra para su cuerpo: la segunda hora se convirtió en un cuerpo sin forma, y en la tercera se formaron sus miembros; en la cuarta el alma entró en el cuerpo, en el quinto se levantó sobre sus pies, en el sexto nombró a todas las bestias y animales, en el séptimo le trajeron Eva, en el octavo se acostaron dos personas, y cuatro personas salieron de él; en el noveno él Se le ordenó no comer del árbol, en el décimo pecó, en el undécimo fue probado,PD. 49, 13) Y Adán, aunque en su esplendor, no soporta ".

R. Juda dijo en el nombre de Rab: "En el momento en que el Santo, ¡alabado sea! Estaba a punto de crear al hombre. Él creó una división de ángeles ministradores, y les dijo: '¿Me aconsejarías que creara al hombre? ' Y le dijeron: '¡Soberano del Universo! ¿Cuáles serán sus funciones?' Y les contó tal y cual cosa. Ellos luego dijeron delante de Él: (citando Sal. 7, 5) 'Soberano del Universo, ¿qué es un mortal, que lo recuerdas, y el hijo del hombre, que piensas en él?' Luego puso Su dedo meñique entre ellos y todos fueron quemados. Y lo mismo ocurrió con la segunda división. El tercero, sin embargo, dijo ante Él: '¡Soberano del Universo! los primeros ángeles que protestaron, ¿qué lograron? El mundo entero es tuyo, y todo lo que te plazca, puedes hacerlo. A partir de entonces, en el diluvio y la generación de dispersión cuyas acciones fueron criminales, los mismos ángeles ministradores dijeron ante Él: 'Soberano del Universo, ¿no tenían razón los primeros ángeles en su protesta?' Y Él respondió: (citando Isaías 46, 4) 'Y hasta la vejez soy el mismo, y hasta el tiempo de las canas oiré' ".

R. Jochanan dijo: "Cada lugar donde los Mínimos dieron su interpretación errónea, la respuesta de anularlo se encuentra en el mismo lugar - es decir, reclaman de (Génesis 1, 26) Hagamos al hombre. [De ahí que está en plural], sin embargo, en (Ib. 27) se lee: Y Dios creó a Su imagen (singular) (Ib. 9, 7) Bajemos [plural).] Sin embargo, (Ib., ib. 5) Y el Señor descendió [singular]. (Deut. 4, 7) Porque ¿qué gran naturaleza hay que tenga dioses tan cerca? . (II Sam. 7, 23) ¿A quién fue Dios? [Plural]. Sin embargo, (Dan. 7, 9) Estuve mirando hacia abajo hasta que se colocaron las sillas y el Anciano de días se sentó [singular]. Pero, ¿por qué todo lo mencionado anteriormente está escrito en plural? Esto está de acuerdo con R. Jochanan; porque R. Jochanan dijo: "¡El Santo, alabado sea! No hace nada hasta que consulta a la casa celestial, como se dice (Ib. 4, 14). Por la resolución de los ángeles es este decreto, y por el El orden de los santos es esta decisión. Sin embargo, esta respuesta es para todos los plurales mencionados, excepto el último, las sillas. ¿Por qué están en plural? Uno para Él y otro para David, como se nos enseña en un Baraitha: Uno para Él y otro para David, así dijo R. Akiba. R. Elazar b. Azaryah luego le dijo: "Akiba, ¿cómo te atreves a hacer que la Shejiná sea tan común? Significa una silla para el juicio divino y otra para la justicia divina ". ¿R. Akiba aceptó la respuesta de R. Elazar, ¿o no? Ven y escucha: del siguiente Baraitha: R. Elazar b. Azaryah le dijo: "Akiba, ¿qué tienes que hacer con Aggada? Presta atención a Negaim y Ohaloth. Uno es una silla y el otro un pedestal, la silla para sentarse y el pedestal para poner los pies". R. Nachman dijo: "El que sabe cómo dar una respuesta correcta a los Mínimos como R. Aidith puede discutir con ellos, pero el que no puede hacerlo, es mejor para él no discutir con ellos en absoluto. " Hubo un Min que le dijo a R. Aidith: "Está escrito (Ex. 24, 1) Sube al Señor. Debería ser: Ven a Mí. [Y cuando Dios le dijo: Sube al Señor, debe haber un señor más]. "Y él respondió:" Ese es el ángel Mattatron, que lleva el nombre de su maestro, como está escrito (Ib., ib. 21) Porque Mi nombre está en él. "" Si es así ", replicó el Min," adorémoslo ". Dice (Ib., ib.) Al tamer bee (No me cambies). no lo cambies por mí ". El Min volvió a decir: "¿Pero no lee que no perdonará tu transgresión?" Y Aidith respondió: "Créeme, que incluso como guía nos negamos a aceptarlo, como está escrito (Ib. 33, 15). Si tu presencia no va [con nosotros], no nos lleves de aquí". A Min le preguntó a R. Ishmael b. R. Jose: Lee (Gen.19, 24) Y el Señor hizo llover sobre Sodoma y Gomorra azufre y fuego. Del Señor, etc. ¡Del Señor! ¿Debería ser de Él [de ahí que hubiera un Señor más]? Y cierta lavandera le dijo a R. Ishmael: "Déjame responderle. Se lee (Gen.4, 23) Y Lemec dijo a sus mujeres, Ada y Zellah. Escuchen mi voz, esposas de Lemech, etc. ¡Esposas de Lemech! Mis esposas, debería serlo. Entonces debes decir que así es habitual en el idioma del verso, lo mismo ocurre aquí ". Y a la pregunta de R. Ismael a la lavandera:" ¿De dónde sabes esto? ", Respondió:" De la conferencias de R. Maier. Como R. Jochanan solía decir que las conferencias de R. Maier consistían siempre en una parte de Halajá, de otra parte en Aggada y el resto de parábolas ". R. Jochanan dijo además:" R. Maier tenía trescientas parábolas de zorros, pero nosotros solo tenemos tres. (Fol. 39) (Ezeq. 18, 2) Los padres han comido uvas agrias, y los dientes de los hijos se han vuelto desafilados; (Lev.19, 36) Solo equilibra, solo pesa y (Prov.11, 8El justo es librado de la angustia, y el impío viene en su lugar.

El César le dijo a Rabban Gamaliel: "Tu Dios es un ladrón, como está escrito (Génesis 2, 21) Y el Señor Dios provocó un sueño profundo... y se durmió; y le arrancó una costilla. "" Déjame que le conteste ", le dijo la hija de Rabban Gamaliel. Y ella le dijo:" ¿Me darías un duces para ayudarme? "" ¿Por qué? ", preguntó el César. "Porque", dijo ella, "anoche nos visitaron unos ladrones que nos robaron un cántaro de plata; sin embargo, ¿dejaron uno de oro en su lugar? "Y él le dijo:" Me gustaría que esos ladrones vinieran a mí todos los días ". Entonces ella dijo:" ¿No fue mejor para Adán que le quitaron un hueso, y en su lugar le fue dada una mujer que le servirá? "El César dijo:" Quiero decir, ¿por qué no pudo quitárselo a Adán cuando estaba despierto? ". Entonces ella le pidió que pidiera un trozo de carne, y le fue dado a ella. Lo colocó debajo de la parrilla en las cenizas y cuando lo asó lo sacó y se lo ofreció para que lo comiera. "Es repulsivo para mí", comentó. Entonces ella dijo: "Eva también habría sido repulsiva para Adán si hubiera visto cómo fue formada".

El mismo César le dijo a Rabban Gamaliel: "Soy consciente de lo que está haciendo tu Dios y dónde está sentado ahora". R. Gamaliel suspiró profundamente. Y a la pregunta: "¿Por qué suspiras?" dijo: "Tengo un hijo en una de las ciudades marítimas y estoy ansioso por él. ¿Puede informarme de su paradero?". "¿De dónde sabré esto?" respondió él. Con lo cual Rabban Gamaliel dijo: "Si no sabes lo que hay en este mundo, ¿cómo puedes pretender saber lo que hay en el cielo?" En otra ocasión, el César le dijo a Rabban Gamaliel: "Está escrito (Sal. 147, 4) Quién contó el número de estrellas, etc. ¿Qué prerrogativa es esta? Yo también puedo hacer esto ". R. Gamaliel tomó grano, lo puso en un colador, y mientras los colaba le dijo que contara el grano. Y él respondió:" Deje reposar el colador, y lo contaré ". R. Gamaliel le dijo entonces: "Las estrellas siempre se mueven." Según otros, el César le pidió a Rabban Gamaliel que contara las estrellas, y R. Gamaliel le respondió: "¿Puedes decirme cuántos dientes tienes en la boca?" se llevó la mano a la boca y empezó a contarlos. Cuando R. Gamaliel comentó: "Si no sabes cuántos dientes tienes en la boca, ¿cómo puedes pretender saber lo que hay en el cielo?"

El César dijo a Rabban Gamaliel: "El que creó los montes no creó el viento, y el que creó el viento no creó el monte, porque está escrito (Amós 4, 13) El que formó los montes y creó el viento . " Y él respondió: "Si es así, entonces acerca de un hombre, de quien se lee (Génesis 1, 27) Y Dios creó, y (Ib. 2, 7) Y el Señor Dios formó, también debe significar que el que ha formado no ha creado, y viceversa. Hay en el cuerpo humano un palmo cuadrado, en el que se encuentran dos agujeros - [uno en la nariz y otro en la oreja]. ¿Entonces dirás que el que creó uno de ellos no creó al otro, porque se dice (Sal.94, 9) El que plantó la oreja, ¿no oirá? ¿O el que ha formado el ojo, no verá? "Y el Min dijo:" Sí, yo soy de esta opinión "." ¿Cómo es ", respondió Gamaliel," que cuando llegue la muerte, ambos creadores estén de acuerdo, [para matar su creación juntos]? "Un mago le dijo a Rabban Gamaliel:" Tu mitad superior pertenece a Ormuzd, tu mitad inferior a Ahriman ". el agua pasa por su dominio, a la tierra? "

El César dijo R. Tanchum: "Unámonos y seamos un pueblo de un mismo credo". Y él respondió: "Muy bien; pero los que estamos circuncidados no podemos ser como su pueblo. Sin embargo, ustedes pueden ser como nosotros si se circunscriben". Y el César respondió: "Tu respuesta es correcta. Sin embargo, es una regla que el que conquista al rey debe ser arrojado al vivero para ser devorado por las bestias". Fue arrojado al vivero y no resultó herido. "¿Sabes por qué no lo devoraron?" le comentó un Min al César, "porque no tenían hambre". Luego arrojaron [al Min] en el vivero y fue devorado. El César le dijo a Rabban Gamaliel: "Dices que entre cada diez israelitas se encuentra la Shejiná. ¿Cuántos sherhmas tienes entonces?" Rabban Gamaliel entonces llamó al sirviente del ateo, lo golpeó en el cuello diciendo: "¿Por qué permitiste que el sol entrara en la casa de tu amo?" Su maestro, sin embargo, respondió: "El sol brilla sobre todo el mundo". Rabban Gamaliel luego comentó: "Si el sol, que es sólo uno de los cien millones de siervos del Señor, puede brillar en todo el mundo, ¡cuánto más puede brillar la Shejiná del Señor mismo!"

Un Min le dijo a R. Abahu: "Tu Dios es un bufón [se burla de los profetas]. Él manda a Ezequiel (Ez. 4, 4).) Acuéstate sobre tu lado izquierdo y luego (Ib.) Acuéstate sobre tu lado derecho. "Al mismo tiempo, un discípulo entró y le preguntó:" ¿Cuál es la razón del año sabático? "Y R. Abahu respondió:" Yo ahora diré algo que será una respuesta para ambos. ¡El Santo, alabado sea! dijo a Israel: "Labra la tierra durante seis años y descansa el séptimo, para que sepas que la tierra es mía". Sin embargo, no lo hicieron, sino que pecaron y fueron exiliados. Es costumbre en el mundo que si un país se rebela contra su frágil rey, los mate a todos si es un tirano, y a la mitad si es un tirano. misericordioso. Pero si es muy misericordioso, solo castiga a los líderes; así también el Santo, ¡alabado sea! castigó a Ezequiel para limpiar el pecado de Israel ".

Hubo un Min que le dijo a R. Abahu: "Tu Dios es un sacerdote, como está escrito (Ex. 25, 2) Tráeme un the'ruma. Ahora, cuando enterró a Moisés, ¿dónde se sumergió? No puedes decir que así lo hizo en el agua, porque está escrito (Is. 40, 12) que midió las aguas en el hueco de su mano ". Y él respondió: "Se sumergió en fuego, como dice (Ib. 66, 15). Porque he aquí, el Señor vendrá en fuego". "¿Es legal sumergirse en fuego?" preguntó el Min. "Al contrario", respondió R. Abahu, "la inmersión principal es en fuego, como está escrito (Núm. 31, 23) Y todo lo que no venga del fuego, harás pasar por el agua".

Hubo un Min que le dijo a R. Abina: "Está escrito (II Sam. 7, 23) ¿Y quién es como tu pueblo, como Israel, la única nación en la tierra? ¿Por qué te enorgulleces de ello? no mezclado con otras naciones, de las cuales se lee (Is. 40, 17) ¿Todas las naciones son como nada ante Él? " Y él respondió: "Un profeta de tu propia nación ha testificado acerca de nosotros (Ib. B), porque está escrito (Núm. 23, 9) Y entre las naciones no se contará". R. Elazar planteó las siguientes contradicciones: "Escrito está (Sal. 145, 9) El Señor es bueno con todos, y también está escrito (Lam. 3, 25).) El Señor es bueno para los que esperan en él. Esta pregunta puede compararse con alguien que posee un huerto de frutas. Cuando lo riega, riega todos los árboles, y cuando cubre las raíces, lo hace solo en los mejores ".

(I. Reyes 22, 36) Y hubo una rinah (canción) por todo el campamento. R. Acha b. Chanina dijo (Prov. 11, 10) Y cuando los impíos perecen, hay rinah; es decir, cuando pereció Ajab, el hijo de Omri, hubo rinah. ¿Es esto así? ¿Entonces el Señor se regocija por la caída de los impíos? He aquí, está escrito (II Crón. 20, 21). Cuando salieron ante la formación armada y dijeron: Dad gracias al Señor; porque por los siglos de los siglos soporta su bondad. Y R. Jochanan dijo: "¿Por qué no se dice aquí que es bueno? Porque el Santo, ¡alabado sea! No se regocija por la caída de los impíos"; para R. Samuel b. Najman dijo en nombre de R. Jochanan: "¿Cuál es el significado del pasaje (Ex. 14, 20) Y el uno no se acercó al otro en toda la noche; es decir, en ese momento los ángeles ministradores querían cantar su canción habitual ante el Santo, ¡alabado sea Él! pero Él les dijo: 'Mis criaturas (los egipcios) están pereciendo en el mar, y ustedes quieren cantar'. "R. José b. Chanina dijo:" Él mismo no se regocija, pero hace que otros se regocijen. Esto se puede probar a partir del siguiente pasaje (Deut. 28, 63) Y sucederá que como el Señor se regocijó, etc. Está escrito Yasiss (hacer que otros se regocijen) y no Yassus, se regocijará Él mismo ".

(I Reyes 18, 3) Y Acab llamó a Abdías, que era el superintendente de la casa. Ahora Abdías temía mucho al Señor. ¿Cuál fue su discusión? R. Isaac dijo: "Ajab le dijo a Abdías:" Concerniente a Jacob, está escrito (Génesis 30, 27) El Señor me ha bendecido por amor a ti, y acerca de José está escrito (Ib. 39, 5). El Señor bendijo la casa del egipcio por amor de José. Yo, sin embargo, te guardo en mi casa, pero no soy bendecido por tu causa. ¿Quizás no estás temiendo a Dios? "Entonces se escuchó una voz celestial que decía:" Abdías teme mucho al Señor, pero la casa de Ajab no está destinada a bendiciones ". Raba dijo:" Lo que se dice de Abdías es de mayor significado que lo que se dice de Abraliam, porque acerca de Abraham no está escrito 'grandemente', y sobre Abdías se agrega 'grandemente'. "R. Isaac dijo: ¿Por qué Abdías merecía ser recompensado con profecía? Porque escondió cien profetas en un cueva, como está escrito (I Reyes, 8, 4) Y sucedió que cuando Isabel cortó a los profetas del Señor, Abdías tomó cien profetas, los escondió en una cueva y les proporcionó pan y agua. "¿Por qué cincuenta?" R. Elazar dijo: "Él aprendió esto de Jacob, como se dice (Génesis 32, 9) Entonces la otra banda que quede puede escapar". R. Abahu, sin embargo, dijo: "Porque la cueva no podía contener más de cincuenta".

(Ob. 1, 1) La visión del Señor ... acerca de Edom. ¿Y por qué Abdías profetizó acerca de Edom? R. Isaac dijo: "¡Alabado sea el Santo! Dijo: 'Que Abdías, que vivía entre dos personas malvadas (Ajab y su esposa) y no aprendió su costumbre, venga y profetice a Esaú que vivía entre dos personas justas (Isaac y Rebecca) y no aprendieron sus caminos '. "Y Ephraim de Kasha, un discípulo de R. Maier, dijo en el nombre de R. Maier:" Abdías era un prosélito edomita. Y esto es lo que dice la gente: 'Desde el mismo bosque irá al hacha [como un manejar para cortar el bosque]. '"

(II Reyes, 3, 27) Entonces tomó a su hijo mayor que debería haber reinado en su lugar, y lo ofreció en holocausto sobre la pared. Y hubo gran indignación contra Israel. Según Rab, lo ofreció al cielo, y según Samuel, a un ídolo. Se comprende fácilmente, según el que dice al Cielo: El pasaje (Ib.) Y hubo gran indignación contra Israel. Pero si se trataba de un ídolo, ¿por qué hubo gran indignación contra Israel? Esto está de acuerdo con R. Joshua b. Levi; para R. Joshua b. Levi planteó la siguiente contradicción: "Está escrito (Ez. 5, 7) Según las ordenanzas de la nación, no habéis obrado; y de nuevo está escrito (Ib. 11. 12) Pero según las ordenanzas de las naciones habéis obrado. Y él mismo respondió: No hiciste según los buenos usos entre ellos, sino según estos usos corruptos ".

Sanedrín, Capítulo 5

(Fol. 41, b) R. Acha b. Chanina dijo en nombre de R. Jochanan: "El que pronuncia la bendición de la luna nueva a su debido tiempo, es considerado como si estuviera saludando a la presencia Divina. Está escrito aquí (Ex. 12, 2).) [Concerniente a la luna nueva] este mes (Hazeh). Y también está escrito (Ib. 15, 2) Él (Zeh) es mi Dios y declararé Su alabanza ". En la escuela de R. Ismael se enseñó:" Si a los israelitas se les permitiera saludar a su Padre en el cielo solamente una vez al mes, sería suficiente. "" Por lo tanto, "dijo Abaye," debemos pronunciar la bendición anterior de pie. "Mreimar y Mar Zutra solían estar hombro con hombro, pronunciando esta bendición. R. Acha dijo a R. Ashi : "En Occidente (tierra de Israel) solían pronunciar la siguiente bendición: Bendito el que renueva la luna". Y él respondió "Tal bendición también pronuncia nuestra mujer". Nosotros, sin embargo, hemos [adoptado] lo que fue compuesta por R. Juda: "Bendito sea el que con sus palabras ha creado los cielos, y con el aliento de su boca todas sus huestes, que él dio orden y tiempo, para que no cambiaran su mandato; y se regocijan y se alegran de hacer la voluntad de su Creador. Trabajan con sinceridad y lo que se hace a través de ellos es verdad. Y a la luna le ordenó que se renovara cada mes, y que fuera corona [y guía] para las personas que fueron seleccionadas por él desde su nacimiento. Es un símbolo para ellos (hijos de Israel) que, finalmente, ellos también serán renovados como ella (la luna), y alabarán a su Creador, Su nombre y la gloria de Su Reino. Alabado seas Tú, Eterno, que renuevas la luna ". y lo que se hace a través de ellos es verdad. Y a la luna le ordenó que se renovara cada mes, y que fuera corona [y guía] para las personas que fueron seleccionadas por él desde su nacimiento. Es un símbolo para ellos (hijos de Israel) que, finalmente, ellos también serán renovados como ella (la luna), y alabarán a su Creador, Su nombre y la gloria de Su Reino. Alabado seas Tú, Eterno, que renuevas la luna ". y lo que se hace a través de ellos es verdad. Y a la luna le ordenó que se renovara cada mes, y que fuera corona [y guía] para las personas que fueron seleccionadas por él desde su nacimiento. Es un símbolo para ellos (hijos de Israel) que, finalmente, ellos también serán renovados como ella (la luna), y alabarán a su Creador, Su nombre y la gloria de Su Reino. Alabado seas Tú, Eterno, que renuevas la luna ".

(Pr. 24, 6) Porque con sabio consejo harás la guerra. R. Acha b. Chanina en nombre de R. Assi, citando a R. Jochanan, dijo: "¿Con quién puedes pelear una guerra de la Torá? Con el que posee manojos de Mishnayoth". R. Joseph, quien era un maestro en Mishnayoth, se aplicó a sí mismo (Ib. 14, 4) Pero la abundancia de cosechas es [sólo] a través de la fuerza del buey.

No se les permitía beber vino, etc. ¿Y por qué no? R. Acha b. Chanina dijo: "Debido al pasaje (Ib. 31, 4) Ni para rosnini (Príncipes) bebida fuerte, es decir, aquellos que se ocupan de rosei (secretos) del mundo no deben beber bebidas fuertes".

Sanedrín, Capítulo 6

(Fol. 43) R. Chiya b. R. Ashi en el nombre de R. Chisda dijo: "El que iba a ser asesinado, solían dar a beber un grano de incienso en una copa de vino para adormecer sus sentidos, como se dice (Prov. . 31, 6) Dad sidra al que está a punto de perecer, y vino al que tiene el alma amargada ". Y se nos enseña en un Baraitha que el vino y el incienso fueron donados por las respetables mujeres de Jerusalén.

(Ib. B) R. Joshua b. Levi dijo: "El que mortifica su inclinación al mal [después de haber pecado], y confiesa ante el cielo, es considerado por las Escrituras como si glorificara al Santo, ¡alabado sea! Tanto en su mundo como en el venidero, ya que está escrito (Sal. 1, 23) El que ofrece acción de gracias, me glorifica ". R. Joshua b. Levi dijo además: "Cuando existía el Templo, si uno traía un holocausto, recibía la recompensa de un simple holocausto; una ofrenda de comida, era recompensado con una simple ofrenda de comida; pero para el que era humilde el Señor lo cuenta como si hubiera ofrecido toda clase de sacrificios, como se dice (Ib. 51, 9) Los sacrificios de Dios son un espíritu quebrantado. Además, su oración nunca es despreciada, como se dice (Ib.) Al corazón contrito y humillado, oh Dios, no despreciarás ".

MISHNAH: Cuando él (el culpable) estaba lejos del lugar de ejecución, a una distancia de diez yardas (codos), se le dijo que confesara, como tal es la costumbre de todos los que estaban a punto de ser ejecutados. Porque quien confiesa tiene parte en el mundo venidero. Y así también nos encontramos con Acán, a quien Josué le dijo: Hijo mío, da... y haz confesión ". Y (Ib., Ib. 20) Acán respondió a Josué:" Verdaderamente he pecado, y así y así he hecho. "¿Y de dónde sabemos que fue expiado después de su confesión? Se dice (Ib., ib. 25) Y Josué dijo:" ¡Cómo nos has turbado! Así te turbará el Señor hoy ", es decir, hoy estás turbado, pero no en el mundo venidero. Sin embargo, si el culpable no sabe confesar, se le dice que diga:" Que mi muerte sea una expiación por todos mis pecados. "R. Juda dijo:"

A nuestros rabinos se les enseñó: El término na. usado en la charla de Josué a Acán, significa "Yo oro". En ese momento, el Santo, ¡alabado sea! dijo a Josué (Jos. 7, 11) Israel ha pecado, Josué dijo delante de Él: "¡Soberano del Universo! ¿Quién ha pecado?" A lo que el Señor respondió: "¿Soy entonces chismoso? Ve y echa suertes". Fue y echó suertes, y la suerte cayó sobre Acán. Acán le dijo a Josué: "Josué, ¿me acusas por mucho? Tú y Elazar, que sois los más grandes de esta generación, si yo echase suertes entre tú y él, a uno de vosotros le caería la suerte". Y Josué replicó: "Te ruego que no desacredites la decisión de las suertes, ya que la tierra de Israel será dividida por suertes, como está dicho (Núm. 20, 55).) A través de la suerte pasará la tierra que dividió. ¡Haz una confesión! ", Dijo Rabina:" Se lo ganó con palabras persuasivas. Le dijo: '¿Te queremos más que una confesión? Confiesa y serás libre. "(Josué 7, 12) Y Acán respondió a Josué, y dijo: "En verdad, he pecado contra el Señor, el Dios de Israel, y así y así he hecho". R. Assi dijo en nombre de R. Chanina: "Deduzca de esto que Acán había cometido un crimen similar tres veces - dos veces en los días de Moisés y una vez en los días de Josué, porque se dice: Y así y así he hecho." R. Jochanan a nombre de R. Elazar b. Simón dijo: "Cinco veces, cuatro en el tiempo de Moisés y una vez en los días de Josué, como se dice: He pecado, y así y así he hecho". Pero, ¿por qué no fue castigado hasta el último crimen? R. Jochanan dijo en nombre de R. Elazar b. R. Simon: "Porque por delitos cometidos en secreto, Israel no fue castigado hasta que pasaron el Jordán".

En este punto los Tannaim difieren. (Deuteronomio 29, 28). Las cosas secretas pertenecen al Señor nuestro Dios, pero las que se conocen públicamente, nos pertenecen a nosotros y a nuestros hijos para siempre, para cumplir todas las palabras de esta ley. ¿Por qué las palabras para nosotros y para nuestros hijos y la letra Ayin de la palabra ad están punteadas? Esto es para enseñar que por delitos cometidos en secreto, Israel no fue castigado hasta que pasaron el Jordán. Esta es la opinión de R. Juda. R. Nechemiah le dijo: "Entonces, ¿Israel alguna vez fue castigado por crímenes cometidos en secreto? ¡Mire! Está escrito [en el pasaje ahove] para siempre. Diga entonces que así como no fueron castigados por crímenes secretos, tampoco fueron castigados por crímenes que se cometieron públicamente hasta que pasaron el Jordán. (Fol. 44) Pero ¿por qué entonces Acán fue castigado [ya que su crimen fue en secreto]? Porque su esposa e hijos lo sabían ". (Ib.) ¡Israel ha pecado! R. Abba b. Zabda dijo: "Aunque había pecado, todavía se le llamaba israelita". R. Abba comentó: "Esto es lo que dice la gente: 'Un mirto, incluso si se encuentra entre sauces, sigue siendo un mirto por su nombre, y la gente lo llama mirto'". (Josh. 7, 11) Sí, incluso han transgredido Mi pacto que les ordené; sí, incluso han tomado de las cosas devotas; y también han robado, y también han disfrazado, y hasta lo han puesto entre sus pertenencias; R. Illai dijo en nombre de R. Juda b. Massaparta: "Del pasaje anterior inferimos que Acán había transcrito todo lo que está escrito en los cinco libros de la Torá; porque la palabra Gam (también) se menciona cinco veces en el pasaje anterior".

El exilarca le dijo a R. Huna: "Está escrito (Ib., Ib. 24) Y Josué tomó a Acán, hijo de Zerach, y la plata, el manto, la cuña de oro, sus hijos y sus hijas. , y su buey, y su asno, y sus ovejas, y su tienda, y todo lo que tenía, y todo Israel estaba con él, y los llevaron al valle de Acor. crimen de sus hijos e hijas? " Él respondió: "De acuerdo con su teoría, pregunte, si él había pecado, ¿cuál fue la culpa de Israel? Porque está escrito, y todo Israel estaba con él. Por lo tanto, fue solo para calentarlos. La misma respuesta podría darse [con respecto a sus hijos e hijas] ". Y todo Israel los quemó con fuego y los apedreó con piedras. ¿Fueron, entonces, castigados con ambos? Rabina dijo: "Aquellas cosas que eran aptas para quemar, como plata, oro, y vestidos - fueron quemados, y los que eran aptos para apedrear - como bueyes y otros animales - fueron apedreados. "(Ib., ib. 21) Vi entre el botín un hermoso manto babilónico, y doscientos siclos de plata. Rab dijo: "Era un manto de lana fina". Y Samuel dijo: "Un manto teñido con Alum." (Ib., ib. 23) Y los puso delante del Señor. R. Nachman dijo: "Joshua los puso estrechamente uno sobre el otro delante del Señor, diciendo: '¡Soberano del Universo! ¿Eran estas pequeñas cosas de tanta importancia que la mayoría del Sanedrín debería morir a causa de ellas? '"Como está escrito (Ib., ib. 5) Y los hombres de Hai hirieron de ellos a unos treinta y seis hombres; y hay un Baraitha: Treinta y seis hombres fueron asesinados. Eso dijo R. Juda. R. Nechemia le dijo: " ¿Está entonces escrito treinta y seis hombres? Solo está escrito sobre treinta y seis hombres. Esto se refiere a Ja'ir b. Menasseh, que era igual a la mayoría del Sanedrín, fue condenado a muerte ".

R. Najman dijo en el nombre de Rab: "¿Cuál es el significado del pasaje (Prov. 18, 23) El pobre habla suplicante, pero el rico responde con rudeza. El pobre habla, se refiere a Moisés; y el rico, etc. , se refiere a Josué ". ¿Cuál es la razón [de tal interpretación]? ¿Lo diré porque está escrito (Jos. 6, 21) Y él los presentó ante el Señor? Y R. Nachman explicó esto que él los colocó estrechamente uno sobre el otro [y le suplicó], etc. ¿No hizo Pinjas lo mismo? Como está escrito (Sal. 106, 30) Luego se puso de pie Pinjás, etc. Debería escribirse, va-yithpalel, que significa, y él oró, en lugar de va-ye phalel (debatido). R. Elazar dijo: "Infiere de esto que había debatido con su Creador. Los arrojó ante el Señor, diciendo: '¡Soberano del Universo! ¿Fueron estos tan dignos que por ellos cayeron veinticuatro mil personas de Israel? ? - como está escrito (Núm. 25, 9) Y los que murieron en la plaga fueron veinticuatro mil. '"Y si lo infieres del pasaje (Jos. 7, 7) ¿Por qué has hecho que este pueblo ¿Pasar el Jordán? - ¿No dijo Moisés algo similar a esto (Ex. 5, 22) ¿Por qué has dejado que tanto mal sobre este pueblo? Por lo tanto, debemos decir, porque Josué dijo (Jos.7, 7) Ojalá hubiéramos estado contentos y morado al otro lado del Jordán. (Ib., Ib. 10) Y el Señor dijo a Josué: Levántate. R. Shilla dio una conferencia: ¡El Santo, alabado sea! le dijo: "Tu [transgresiones] es peor que la de ellos, porque he dicho (Deut. 27, 4) Y sucederá que tan pronto como hayas cruzado el Jordán, levantarás estas piedras, pero tú fuiste una distancia de sesenta millas antes de que hicieras esto ". Después de que Shilla se fue, Rab nombró un intérprete y dio una conferencia (Josué 11.15) Como el Señor le ordenó a su siervo Moisés, así le ordenó Moisés a Josué; y también Josué; no dejó nada sin hacer de todo lo que el Señor le ordenó a Moisés. Pero, ¿por qué está escrito: Levántate? Significa que el Señor le dijo: Tú mismo has causado todos los males [porque declaraste malditos los bienes de Jericó]. Y esto se refiere al pasaje (Ib. 8, 2). Sólo tomaréis como botín para vosotros su despojo y su ganado.

(Ib. 5, 13-14) Y sucedió que cuando Josué estaba junto a Jericó.... Y él dijo. No, porque como capitán del ejército del Señor, he venido ahora. Y Josué cayó de bruces a tierra, etc. ¿Cómo pudo Josué hacerlo? ¿No dijo R. Jochanan: "No se debe saludar a un extraño con paz, por la noche, por temor a que se convierta en un demonio?" Allí fue diferente, porque dijo: soy un capitán del Señor, vengo ahora. ¿Pero quizás mintió? Tenemos la tradición de que ni siquiera los demonios pronuncian en vano el nombre del Cielo. (Ib. B) El ángel entonces le dijo: "Ayer aboliste la ofrenda diaria de la víspera, y hoy aboliste el estudio de la Torá". Josué le preguntó: "¿Para cuál de las dos [transgresiones] has venido?" Él respondió: "Ahora he venido, es decir, para el de hoy". De ahí se lee (Ib.8, 18. Y Josué pasó la noche en medio del valle. Y R. Jochanan dijo: "Infiere de esto que se había ocupado toda la noche con las complejidades de la Halajá". Samuel b. Unya en el nombre de Rab dijo: "El estudio de la Torá es mayor que los sacrificios de las ofrendas diarias, como dijo el ángel: Vine por el de hoy".

Abaye le dijo a R. Dimi: "¿Cómo explica la gente de Occidente (tierra de Israel) este pasaje (Prov. 25, 8) No proceda a una contienda apresuradamente, no sea que [no sepa] lo que tendrá que hacer al final, cuando tu prójimo te haya confundido. Sigue tu causa con tu prójimo, pero no reveles el secreto de otro. Y él respondió así: "En ese momento, el Santo, ¡alabado sea! dijo a Ezequiel (Ezequiel 16, 3) Y dirás ... tu padre era emorita y tu madre era hitita, dijo el espíritu discutidor (Gabriel) ante el Santo, ¡alabado sea! '¡Soberano del Universo! Si Abraham y Sara hubieran venido y se hubieran presentado ante Ti, y Tú les hubieras dicho esto, se sentirían avergonzados. Continúa tu causa con tu prójimo; pero no descubras el secreto de otro '". ¿Tenía entonces (Gabriel) derecho a decir tal cosa? ¡Sí! Como dijo R. José b. Chanina: Gabriel tiene tres nombres: Piskon, Itmon, Zigoron, Piskon, porque argumenta ante el cielo por amor a Israel; Itmon, porque cubre el pecado de Israel; Zigoron, porque después de concluir [su defensa de Israel sin efecto] ninguno [de los otros ángeles] la reabrirá ".

(Job 36, 19.) ¿Has preparado tu oración antes de que llegara tu angustia? R. Elazar dijo: "Siempre el hombre se animará con la oración antes de que venga la angustia. Porque, si Abraham no hubiera anticipado con oración [mientras estaba] entre Beth-El y la ciudad de Hai, ninguno de Israel habría quedado con vida [cuando ocurrió el problema en el tiempo de Josué] ". Resh Lakish dijo: "El que concentra sus energías para la oración allá abajo, no tendrá enemigos arriba en el cielo". R. Jochanan dijo: "Uno siempre debe orar pidiendo misericordia, que todos fortalezcan su poder [de oración] y que no tenga enemigos que lo acusen en el cielo".

También está escrito (I Crónicas 2, 6) Y los hijos de Zerach - Zimri y Ethan, y Heman y Calcol y Darda, en los cinco. ¿Qué significa en los cinco? Significa que los cinco tienen participación en el mundo futuro. Aquí está escrito Zimri, y en Josué se le llama Acán. Según Rab, su verdadero nombre era Acán. Entonces, ¿por qué se llamó Zimri? Porque sus actos fueron similares a los de Zimri [del Pentateuco]. Y según Samuel, su verdadero nombre era Zimri. ¿Y por qué se le llamó Acán (círculo)? Porque rodeó (causó) el castigo del pecado de Israel.

Para que se aclare él mismo, ¿por qué no dejar que se aclare él mismo? Podría arrojar sospechas sobre el tribunal y los testigos que lo condenaron. A nuestros rabinos se les enseñó: Sucedió con uno que iba a ser ejecutado, que dijo: "Si soy culpable de este crimen, entonces mi muerte no expiará todos mis pecados, pero si soy inocente de este crimen, entonces mi muerte expiará todos mis pecados, y no tengo nada contra la corte y contra todo Israel, pero los testigos nunca serán perdonados ". Cuando los sabios escucharon esto, dijeron: "Es imposible traerlo de regreso, ya que la sentencia ya se había dictado; por lo tanto, será ejecutado, y la responsabilidad recaerá sobre los testigos". ¿Es un hombre digno de confianza [para despertar sospechas sobre el testigo]? En este caso, los testigos se retractaron de su primera declaración. Pero incluso entonces, ¿a qué significó su retractación? Dado que [existe una regla que] después de que un testigo haya testificado una vez, no puede volver a declarar lo contrario. En este caso dieron una buena razón para su retractación, pero sin embargo no fueron escuchados. Así sucedió con el coleccionista personalizado Bar Mayon.

(Fol. 46) MISHNAH: "¿Cómo se colgó uno?" etc. Y si se le deja [colgando] durante la noche, transgredió un mandamiento negativo, como se dice (Dent. 21, 23) No dejarás su cadáver en el árbol durante la noche, pero seguramente lo enterrarás en ese día [porque el que es colgado] es una deshonra para Dios, etc. Esto significa tanto como la gente [diría] ¿Por qué ha sido colgado este hombre? Porque es un blasfemo. Por eso se deshonra el nombre del Cielo. R. Maier dijo: "Cuando un hombre sufre un castigo, ¿qué dice la Shejiná? Soy más liviano que mi cabeza, que mi brazo; (es decir, mi cabeza es pesada, me duele). Ahora, si el Omnipotente se aflige tanto por la sangre de los impíos que es derramada, ¡cuánto más se entristece por la sangre de los rectos! Y no solo del que fue ejecutado se dijo que no pasaría la noche, pero incluso cualquiera que deja [un cadáver sin enterrar] durante la noche transgrede el mandamiento negativo. Sin embargo, si lo dejó durante la noche en aras de su honor, como, por ejemplo, para prepararle un ataúd o un sudario, no transgrede ".

El ejecutado no fue enterrado en el cementerio de sus padres, pero el tribunal preparó dos cementerios, uno para los ejecutados por espada o estrangulamiento y otro para los ejecutados por lapidación o quema. Después de que se consumió la carne del cadáver, los familiares recogieron los huesos y los enterraron en su lugar correcto. Y vinieron los parientes y saludaron en paz a los jueces, así como a los testigos, como diciendo que no les guardamos rencor, porque el juicio fue justo. (Ib. B) Los parientes tampoco lo lamentaron en voz alta, sino que lloraron en sus corazones. Se nos enseña en un Baraitha: R. Maier dijo: "Hay una parábola. ¿A qué se puede comparar esto? A dos hermanos gemelos, que residen en una ciudad, uno de los cuales fue seleccionado para un rey y el otro se convirtió en ladrón, y fue colgado por orden del rey. Ahora,

R. Jochanan, a nombre de R. Simon b. Jochai, dijo: "¿De dónde aprendemos que si uno deja un cadáver durante la noche, viola una ley prohibitiva? Se dice (Deut. 21, 23).) No dejarás de la noche a la mañana su cadáver en el árbol ". R. Jochanan dijo de nuevo en el nombre de R. Simon b. Jochai:" ¿Dónde se encuentra en la Torá una insinuación para enterrar un cadáver? Se dice. Pero seguramente lo enterrarás ". El rey Sabur preguntó a R. Chama:" ¿De dónde deduces de la Torá que uno debe ser enterrado? "Y este último permaneció en silencio, sin una respuesta. R. Acha b. Jacob dijo:" Él es entregado en manos de los necios. ¿Por qué no respondió del versículo antes citado? "Porque lo anterior debe explicarse en el sentido de que se le debe preparar un ataúd y un sudario, y que él cree que la duplicación de la palabra Kabor no se refiere a nada. Pero que diga: Porque todos los justos fueron sepultados. Esto es solo una costumbre, y no un mandato de la Torá. Y por qué no decir: Porque el Santo, ¡Alabado sea! enterrado a Moisés? Se puede decir que esto tampoco fue para cambiar la costumbre. ¡Ven, escucha! (I Reyes 14, 13) Y todo Israel lo llorará y lo sepultará. Esto tampoco fue para cambiar la costumbre. Pero, ¿no está escrito? (Jer. 16, 4) No serán lamentados; ni serán enterrados? Jeremías les advirtió que con ellos habrá un cambio de costumbre.

Los escolásticos plantearon una pregunta: ¿Es la oración conmemorativa en honor a los vivos o a los difuntos? ¿Y cual es la diferencia? Si uno dice: "No quiero que me lamenten". O, por otro lado, si sus herederos no quieren pagarle al doliente, [si es un honor para el difunto, entonces solo él puede dar órdenes; pero si es para los vivos, solo pueden cambiarlo]. ¡Ven, escucha! (Génesis 23, 2) Y vino Abraham a llorar por Sara, y a llorar por ella. Ahora, si esto fuera solo un honor para los vivos, ¿debería haberse guardado el cuerpo de Sara hasta que llegó Abraham, para su honor? ¡No! La propia Sara estaba complacida de que Abraham fuera honrado por ella. ¡Ven, escucha! Todo Israel lo llorará y lo enterrarán. Ahora bien, si es por el honor de los vivos, ¿entonces el pueblo de Jeroboam era digno de ser honrado? A los rectos les agrada que cualquier ser humano sea honrado por ellos. ¡Ven, escucha! ¿No serán llorados ni enterrados? Es muy correcto si asumimos que es en honor al difunto, pero si es en honor a los vivos, ¿por qué no llorarlo para honrar a los vivos? Porque los justos no quieren ser honrados por causa de los impíos. ¡Ven, escucha! (Jeremías 34, 5) Morirás en paz; y con las quemaduras de tus padres, los reyes anteriores que fueron antes de ti, te harán una quema; y te llorarán: "¡Ah, Señor!" Ahora bien, si es para el honor de los vivos, ¿qué bien puede hacer esto a Sedequías? El profeta le dijo así: "Israel será honrado por ti como fue honrado por tus padres". (Fol. 47) ¡Ven, escucha! Se nos enseña (Sal.66, 4) El despreciable es despreciado; esto se refiere al rey Ezequías, quien llevó los restos de su padre sobre un lecho de cuerdas. Ahora, si es por el honor de los vivos, ¿por qué lo hizo Ezequías? Para que su padre tuviera una expiación. Pero, ¿tiene derecho a quitar el honor de Israel debido a la expiación de su padre? El pueblo mismo se complació en renunciar a su honor debido a la expiación de Achaz. ¡Ven, escucha! El rabino dijo [en su testamento]: "No me lamentaréis en las ciudades pequeñas, sino en las grandes". Ahora bien, si es por el honor de los vivos, ¿cuál es la diferencia en qué ciudad? Pensó: "Que la gente sea más honrada por mí".

R. Acha b. Chanina dijo: "¿De dónde sabemos que una persona malvada no debe ser enterrada con un justo? Está escrito (II Reyes 13, 32) Y sucedió que mientras enterraban a un hombre, he aquí, vieron a la banda; y arrojaron al hombre al sepulcro de Eliseo; y cuando el hombre se acercó y tocó los huesos de Eliseo, revivió y se puso de pie ". R. Papa le dijo:" Quizás esto se hizo para cumplir lo que se menciona (Ib. 1, 9). Te ruego, una doble porción de tu espíritu sobre mí ". [Y así como Eliseo restauró a un solo hombre, así Eliseo también restauró a uno mientras estaba vivo; y el segundo fue restaurado después de su muerte]. Y él respondió:" Si así fue, ¿por qué, entonces, un Baraitha afirma que el restaurado solo se puso de pie, pero no se fue a casa? Si hubiera sido por el propósito mencionado anteriormente, ¿debería haber permanecido con vida? "Pero si, como dices, [porque era malvado], ¿cómo fue la petición, te ruego? una doble porción de tu espíritu - para ser cumplida? R. Jochanan dijo: "Esto se cumplió con la curación de Na'aman de su lepra, porque la lepra es igual a la muerte, como está escrito (Num. 12, 12) No la dejes como un niño nacido muerto. Y así como no está permitido enterrar a un recto con un malvado, tampoco está permitido enterrar a un gravemente malvado con un malvado menor ".

(Fol. 48b) A nuestros rabinos se les enseñó: Aquellos que son ejecutados por el gobierno, sus propiedades pertenecen al gobierno; y los que son ejecutados por el tribunal, sus propiedades pertenecen a sus herederos. R. Juda, sin embargo, sostiene que sus propiedades pertenecen a los herederos incluso cuando son ejecutadas por el gobierno. Los sabios le dijeron: ¿No se dice (I Reyes, 21, 16) Y sucedió que cuando Ajab oyó que Nabot había muerto, Ajab se levantó para descender a la viña de Nabot, el Yizreelita, para heredar ¿eso? Y él respondió: "Achab era el hijo de su hermano y era un heredero legal". "¿Pero no tenían hijos Nabot?" Con lo cual R. Juda dijo: "Lo mató a él y a sus hijos, como se dice (II Reyes, 9, 20) Seguramente he visto ayer la sangre de Nabot, y la sangre de sus hijos ". Los rabinos, sin embargo, sostienen que la expresión hijos se refiere a los que vendrían de él si hubiera permanecido vivo. El que dice que las propiedades pertenecen a el gobierno tiene razón, porque está escrito (I Reyes, 21, 13) Nabot ha blasfemado contra Dios y contra el Rey. Pero, ¿por qué era necesario que el que decía que las propiedades pertenecen a los herederos y al Rey se sumaran? Y de acuerdo con su teoría de que [pertenecen a los herederos], ¿por qué se mencionó a Dios? Puede decirse que se hizo para aumentar la ira de la gente. Por la misma razón y también se mencionó al rey, El que dice que pertenece al gobierno se justifica porque está escrito (Ib. 2, 30) No; pero aquí moriré, lo que significa: no quiero que me cuenten entre los asesinados por el gobierno, para que mi propiedad le pertenezca. Pero según el que dice que pertenece a los herederos, ¿qué le importaba a Joab? Para permanecer vivo un poco más.

(Ib., Ib. 30) Y Benayahu volvió a traer al rey palabra, diciendo: Así ha hablado Joab, y así me respondió. Joab le dijo a Benayahu así: "Ve y dile al rey: No puedes hacer dos cosas conmigo. Si quieres matarme, debes aceptar las maldiciones con las que tu padre me maldijo. Y si no las aceptas, entonces me habrás dejado vivir ". (Ib.) Entonces el rey le dijo: Haz como él ha dicho, y cae sobre él, y entiérralo ". R. Juda dijo en el nombre de Rab:" Todas las maldiciones con las que David maldijo a Joab cayeron sobre la descendencia de David. Eran (11 Sam. 3, 29) Y no falte de la casa de Joab el que caiga a espada, o el que carezca de pan, o el que tenga flujo, o que sea leproso, o que esté apoyado en muleta. . El primero cayó sobre Roboam, porque está escrito (I Reyes 12,) Por lo tanto, el rey Roboam se apresuró con todas sus fuerzas para subir a su carro (Merkaba), para huir a Jerusalén; y está escrito (Lev. 15, 7) Y lo que sadadle (Merkaba) cualquiera que tenga el flujo sobre el que pueda cabalgar será inmundo. Lepra en Uzziyahu, como está escrito (II Crónicas 26, 9) La lepra incluso brotó en su frente. O que se apoya en una muleta, en el rey Assa, de quien se lee (I Reyes, 15, 23) Sin embargo, en la época de su vejez se enfermó de pies ". Y R. Juda en el nombre de Rab dijo:" Podagra lo atrapó (gota en los pies) ". Mar Zutra b. Nachman le dijo a R. Nachman: "¿Qué clase de enfermedad es esta?" Y él respondió: "Duele como una aguja que perfora la carne viva". ¿De dónde sabía esto? Si lo desea, le digo que él mismo padecía esta enfermedad. Y si si lo desea, digo que lo obtuvo por tradición de sus maestros. Y si lo desea, le digo (Sal. 25, 14) El consejo secreto del Señor es para los que le temen; y su pacto, para dárselo a conocer. Cayó a espada - [se cumplió] en Josías, como está escrito (II. Crón. 35, 23) Y los arqueros dispararon contra el rey Josías; y el rey dijo a sus siervos: "Llévenme, porque estoy gravemente herido". Y R. Juda dijo en nombre de Rab: "Hicieron su cuerpo como un colador". Lacketh pan - cayó sobre Jeconías, como está escrito (II Reyes, 25, 30) Y su asignación era una asignación continua, etc. R. Juda dijo en el nombre de Rab: "Esto es lo que dice la gente (Fol. 49) Sea maldecido en lugar de maldecir". Joab fue llevado ante el tribunal para justificarse por la muerte de Abner; y él respondió que era el vengador de la sangre de Asahel. ¿Pero no era Asahel un Rodeph? [Por lo tanto, Abner tenía derecho a matarlo en defensa propia]. Y dijo: "Podría haberse salvado a sí mismo hiriendo a uno de los miembros de su cuerpo (de Abner)". Y a la pregunta: "¿Quizás no podría hacerlo?" él respondió: "Ya que pudo determinar golpearlo exactamente en la quinta costilla, como está escrito (II Sam. 2, 35) En la quinta costilla, a la que R. Jochanan dijo, donde están adheridos la bilis y el hígado, ¿cómo no podría hacerlo con otro miembro? "El tribunal dijo entonces:" No consideremos a Abner. Pero, ¿por qué mataste a Amassa? "Y él respondió:" Era un rebelde al rey, como está escrito (Ib. 20, 5). Así que Amassa. . se quedó más tiempo que el tiempo establecido. "Y se le respondió: Amassa no era un rebelde, ya que tenía una buena razón para su demora debido a su estudio. Pero en verdad eres un rebelde, porque te inclinaste a Adoniyahu en contra de la voluntad de David. , como está escrito (I Reyes 2, 28) Y llegó el informe a Joab; porque Joab se había vuelto en pos de Adoniyahu, aunque no se había vuelto en pos de Abshalom. ¿Por qué, aunque no se había convertido, se menciona? R. Juda dijo: "Esto significa que estaba inclinado a volverse, pero no lo hizo". ¿Y por qué no se volvió finalmente? "Porque", dijo R. Elazar, la vitalidad de David todavía era abundante. "Y R. José b. Chanina dijo:" Porque la fuerza activa de David todavía estaba en su fuerza, como R. Juda dijo en nombre de Rab que David tuvo cuatrocientos hijos, y todos ellos le nacieron de hermosas mujeres cautivas. Tenían largos mechones y iban con los jefes de los ejércitos. Y estos eran los hombres poderosos de David ".

Todos los Amoraim mencionados anteriormente difieren con R. Abba b. Cahana quien dijo: "Si no fuera por Joab, David no habría podido ocuparse de la Ley; y si no fuera por David, Joab no habría podido librar la guerra, como está escrito (II. Sam. 8 , 16) Y David hizo lo que es justo y recto con todo su pueblo. Y Joab, hijo de Zeruyah, estaba al frente del ejército; es decir, ¿por qué David podía hacer lo que es justo y recto? Porque Joab era el comandante del ejército. ¿Por qué tuvo éxito Joab con el ejército? Porque David hizo lo que es justo y recto ". (Ib. 3, 26) Y Joab salió de David y envió mensajeros tras Abner que lo trajeron de regreso del pozo de Sira. ¿Qué significa pozo de Sirah? R. Abba b. Cahana dijo: "El pozo se refiere al cántaro de agua que David tomó de debajo de la cabeza de Saúl (Yo Sam 26, 12); y Sirah (espina), se refiere al trozo de tela que David cortó del vestido de Saúl (Ib. 24, 27), que eran buenas razones para que Abner reconciliara a Saúl con David, si le hubiera importado. (Ib., Ib. 27) Joab lo llevó aparte en la puerta, para hablar con él en privado. R. Jochanan dijo: "Fue condenado después de un juicio real como si estuviera ante el Sanedrín. Le preguntaron a Abner:" ¿Por qué mataste a Asahel? "" Porque era un Rodeph "." Pero podrías haberte salvado golpeándolo simplemente en una de sus extremidades [lo apartó de ti]? ", preguntó Joab a Abner. A lo que él respondió:" No podría haberlo hecho "." Pero si pudieras decidir golpearlo exactamente en la quinta costilla, ¿No le ha hecho eso a ningún otro miembro? "" Hablar con él en privado ". R. Judá dijo en nombre de Rab que habló con él acerca del zapato [de un Yebama]. Y lo golpeó en la quinta costilla. R. Jochanan dijo: "En la quinta costilla donde se unen la bilis y el hígado". (I Reyes 2, 32) Y que el Señor haga volver la culpa de su sangre sobre su propia cabeza, porque cayó sobre dos hombres más justos y mejores que él. ¿Más justo? Porque se les ordenó verbalmente [que mataran a los sacerdotes de Nob] y no escucharon, y a Joab se le ordenó que matara a Urías, y él escuchó. (Ib., Ib. 34) Y fue sepultado en su propia casa en el desierto. ¿Estaba entonces su casa en el desierto? R. Juda dijo en nombre de Rab: "Como un desierto no tenía dueño, y todo el que lo desee puede beneficiarse de él, así fue la casa de Joab". Según otros: Como el desierto está libre de robos y adulterio, así estaba la casa de Joab. (I Crónicas 11, 8Y Joab reparó el resto de la ciudad. Dijo R. Juda en nombre de Rab: "Incluso el pescado en salmuera y picadillo solía probarlo y dárselo a los pobres".

Sanedrín, Capítulo 7

(Fol. 52) Se nos enseña en un Baraitha que R. Maier solía decir: "¿Qué hace (Lev. 21, 9) ¿Su padre profana ella? Esto quiere decir que si, hasta ese momento, fue tratado como un hombre santo, desde ese momento fue tratado como común; si hasta ese momento fue honrado, a partir de ese momento sería deshonrado. La gente diría: 'Maldito sea un hombre así que engendró una hija así; maldito el que la crió; maldito el que tiene tal descendencia '". R. Ashi dijo:" ¿De acuerdo con la opinión de quién actuamos cuando nombramos a una persona malvada, malvado el hijo de un malvado, aunque su padre era un justo? Está de acuerdo con el Tanna anterior. "Se nos enseña en un Baraitha que Aba José b. Dusthai dijo:" Dos cables de fuego salieron del Lugar Santísimo y se dividieron en cuatro: dos de ellos entraron en las fosas nasales de uno , y dos narices del otro, y los quemó (los dos hijos de Aarón) ".Lev. 10, 2) ¿Y los consumió? [De ahí que quedara algo]. Sí, a ellos, pero no a sus vestidos.

Una vez, cuando Moisés y Aarón caminaron, y fueron seguidos por Nadab y Abiú, quienes fueron seguidos por todo Israel, Nadab le dijo a Abiú: "¿Cuándo morirán los dos ancianos, y tú y yo seremos los líderes de Israel?" Al cual el Santo, ¡alabado sea! dijo: "El tiempo dirá quién enterrará a quién". R. Papa dijo: "Esto es lo que dice la gente: 'Muchos camellos viejos están cargados con las pieles de los jóvenes'. "

R. Elazar dijo: (Ib. B.) "¿Cómo aparece un erudito a los ojos de un plebeyo? En la primera relación, él (el erudito) se le aparece como un cántaro de oro. Sin embargo, al mantener una conversación con él, aparece como un cántaro de plata; al aceptar un beneficio de él, aparece como uno de barro, que, una vez quebrado, no se puede reparar ".

(Fol.56) A nuestros rabinos se les enseñó: Siete mandamientos fueron dados a Noahides (raza humana) y son: Concerniente a los tribunales [civiles], blasfemia, idolatría, adulterio, derramamiento de sangre, robo, y que no deben comer del miembro de un cuerpo mientras el animal todavía está vivo ". R. Chanina b. Gamaliel dice:" También de la sangre de un animal todavía está vivo ". R. Chidka dice:" También de impotencia ". R. Simon dice:" También de hechicería ". R. José dice:" De todo lo que está escrito en el capítulo de hechicería (Deut. 18, 9 , 22), a Noé se le ordena obsreve ". R. Juda dice:" A Adán se le ordenó solo en cuanto a idolatría, como se dice (Génesis 2, 16) Y el Señor ordenó al hombre; es decir, el Señor le ordenó acerca de la ley de Dios ". R. Juda b. Bathyra dijo:" También en cuanto a la blasfemia ". Y hay algunos otros que dicen también acerca de los tribunales civiles.

(Fol. 58b) Resh Lakish dijo: "El que levanta la mano [con la intención de golpear a su vecino], aunque todavía no lo ha golpeado, se llama impío, como se dice (Ex. 2, 13) Y le dijo al pichón, ¿por qué golpeas a tu prójimo? No se lee, ¿por qué has golpeado, sino por qué golpeas? Z'iri dijo en nombre de R. Chanina: "Se le llama pecador, como se dice (I Sam. 2, 16). Si no, lo tomaré por la fuerza. E inmediatamente después de esto está escrito. El pecado de los jóvenes fueron muy buenos ". R. Huna dijo: "[Si uno tiene la costumbre de levantar la mano contra el hombre], se le puede cortar el brazo, como se dice (Job 38, 15) Y el brazo en alto debe romperse ". (Y R. Huna actuó de acuerdo con su teoría). R. Elazar dijo:" No hay remedio para un hombre así sino el entierro, como se dice (Ib. 22, 8) Pero en cuanto al hombre de brazo fuerte, para él es la tierra ". R. Elazar volvió a decir:" Sólo el que tiene un brazo fuerte puede obtener tierra, como está dicho: Pero en cuanto al hombre de fuerte brazo, para él es la tierra ". Resh Lakish dijo de nuevo:" ¿Cuál es el significado del pasaje (Prov. 12, 11) El que labra su tierra se saciará de pan? Cuando uno se esclaviza a sí mismo en la tierra, puede estar satisfecho con el pan, pero no de otra manera ".

(Fol. 59b) R. Juda dijo en el nombre de Rab: "A Adán no se le permitió comer carne, como está escrito (Ib. 1, 29) Para ti será por comida, y para todo animal del campo. ; es decir, pero no las bestias para ti. Sin embargo, después que vinieron los descendientes de Noé, él les permitió, como está dicho (Ib. 9, 3) Todo ser que se mueve que vive será tuyo para comer; como las hierbas verdes Yo os he dado todas las cosas. Y para que no se diga que se pueden comer en vida, dice (Ib.) Pero la carne en la que está su vida, que es su sangre, no comeréis ". En un Baraitha se nos enseña que R. Simon b. Menassia dice: "¡Ay de que un gran siervo se perdiera para el mundo, porque si la serpiente no hubiera sido maldecida, todos habrían tenido dos serpientes en su casa, una la habría enviado al sur y la otra al norte para traer él hermosas gemas, piedras preciosas y perlas y todas las demás cosas valiosas del mundo, contra las cuales ninguna criatura podría haber resistido; y además, podrían haber sujetado una correa debajo de su cola con la que sacar el barro al jardín o al basurero ". Se planteó la siguiente objeción. R. Juda b. Bathyra dijo:" Adán el Primero estaba sentado en el jardín del Edén, y los ángeles lo sirvieron con carne asada. "Cuando la serpiente miró hacia adentro y observó su honor, se puso celoso". [¡Por eso se le permitió comer carne]! Esto se refiere a la carne que vino del cielo. Pero, ¿hay carne que haya venido del cielo? ¡Sí! Como le sucedió a R. Simon b. Chalafta, quien, estando en el camino, se encontró con leones, que se agitaron contra él; y remarcó y además, podrían haber sujetado una correa debajo de su cola con la que sacar el barro al jardín o al basurero ". Se planteó la siguiente objeción. R. Juda b. Bathyra dijo:" Adán el Primero estaba sentado en el jardín del Edén, y los ángeles lo sirvieron con carne asada. "Cuando la serpiente miró hacia adentro y observó su honor, se puso celoso". [¡Por eso se le permitió comer carne]! Esto se refiere a la carne que vino del cielo. Pero, ¿hay carne que haya venido del cielo? ¡Sí! Como le sucedió a R. Simon b. Chalafta, quien, estando en el camino, se encontró con leones, que se agitaron contra él; y remarcó y además, podrían haber sujetado una correa debajo de su cola con la que sacar el barro al jardín o al basurero ". Se planteó la siguiente objeción. R. Juda b. Bathyra dijo:" Adán el Primero estaba sentado en el jardín del Edén, y los ángeles lo sirvieron con carne asada. "Cuando la serpiente miró hacia adentro y observó su honor, se puso celoso". [¡Por eso se le permitió comer carne]! Esto se refiere a la carne que vino del cielo. Pero, ¿hay carne que haya venido del cielo? ¡Sí! Como le sucedió a R. Simon b. Chalafta, quien, estando en el camino, se encontró con leones, que se agitaron contra él; y remarcó Adán el Primero estaba sentado en el jardín del Edén, y los ángeles lo sirvieron con carne asada. "Cuando la serpiente miró hacia adentro y observó su honor, se puso celoso". [¡Por eso se le permitió comer carne]! Esto se refiere a la carne que vino del cielo. Pero, ¿hay carne que haya venido del cielo? ¡Sí! Como le sucedió a R. Simon b. Chalafta, quien, estando en el camino, se encontró con leones, que se agitaron contra él; y remarcó Adán el Primero estaba sentado en el jardín del Edén, y los ángeles lo sirvieron con carne asada. "Cuando la serpiente miró hacia adentro y observó su honor, se puso celoso". [¡Por eso se le permitió comer carne]! Esto se refiere a la carne que vino del cielo. Pero, ¿hay carne que haya venido del cielo? ¡Sí! Como le sucedió a R. Simon b. Chalafta, quien, estando en el camino, se encontró con leones, que se agitaron contra él; y remarcóPD. 104, 21) Los leoncillos lloran tras su presa. Entonces ocurrió un milagro, y dos piernas cayeron del cielo, una de las cuales los leones consumieron y la otra quedó. Simón lo tomó, lo llevó al colegio y preguntó: "¿Es esto de un animal limpio o de un inmundo?" Ellos le respondieron: "Una cosa inmunda nunca viene del cielo".

(Fol. 65b) También sobre esto, R. Akiba fue interrogado por Turnusrupus: "¿Por qué este día (de sábado) se distingue de todos los demás días?" A lo que R. Akiba respondió: "¿Por qué este hombre (Turnusrupus) se distingue de todos los demás hombres?" "Porque es la voluntad de mi señor (el rey)", respondió. "El sábado también se distingue porque es la voluntad del Señor del Universo", dijo R. Akiba. "Me malinterpretas", comentó. "Mi pregunta es: ¿De dónde sabes que este día es sábado?" R. Akiba dijo: "Del río del sábado [que descansa en este día]; y también puede probarse de Ob [el que se ocupa de traer a los muertos no puede hacer su trabajo en sábado];

Se nos enseña en un Baraitha (Deut. 18) Investigación de los muertos. Esto se refiere a alguien que sufre privaciones y va y pasa la noche en un cementerio, para que el espíritu de impureza (inspiración impía) descanse sobre él. Y cuando R. Akiba solía leer este pasaje, lloraba diciendo: "Si alguien que sufre privaciones con el propósito de que un espíritu impuro descanse sobre él, logra que el espíritu en cuestión descanse sobre él, cuánto más ¿Debe un hombre tener éxito si sufre privaciones con el propósito de que el espíritu puro descanse sobre él? " Pero, ¿qué podemos hacer si nuestros pecados hacen que nuestro deseo no sea alcanzado, como se dice (Is.59, 2) Pero tus iniquidades siempre han hecho una separación entre tú y tu Dios ". Raba dijo:" Si los justos se cuidaran de estar limpios de cualquier pecado, serían capaces de crear un mundo, como se dice: Pero tu las iniquidades jamás han hecho una separación. "Raba creó un hombre y lo envió a R. Zera. Este último le habló, y él no respondió. R. Zera exclamó:" Veo que fuiste creado por uno de nuestros colegas . Es mejor que seas devuelto a la tierra de la que fuiste tomado. "R. Chanina y R. Oshia estaban acostumbrados a sentarse cada víspera del sábado a estudiar el libro de la creación, y crear un becerro como el de la tercera descendencia de una vaca viva, y solían consumirla [en sábado].

A nuestros rabinos se les enseñó: Un encantador es el que dice: "Mi pan se ha caído hoy de mi boca, y es una mala señal"; o, "Mi bastón se me cayó de las manos"; o, "Mi hijo me llamó desde mi espalda"; o, "Un petirrojo me está llamando"; o, "Un ciervo se ha cruzado por mi camino"; o, "Hay una serpiente a mi derecha, un zorro a mi izquierda" [que es una señal de mi viaje]. (Fol. 66) O, si se le dice a un coleccionista: "No empieces por mí"; o, "Es temprano en la mañana"; o "Hoy es el primer día del mes". o "Es la víspera del sábado" [que es una señal para bien o para mal]. Nuestros rabinos enseñaron: Lo mismo ocurre con aquellos que encantan con gatos, pájaros, peces y estrellas.

Z'iri estaba en Alejandría de Egipto, donde compró un asno. Cuando llegó a un río para dejar beber al asno. Desapareció (el hechizo se rompió) y allí estaba una plataforma de aterrizaje. Y le dijeron: "Si no fueras Z'iri, tu dinero no sería reembolsado, ya que no hay nadie que compre algo aquí y no lo pruebe primero en el agua". Janai se detuvo en cierta posada y les dijo: "Denme un trago de agua". Y le ofrecieron Shettitha (agua mezclada con harina). Notó que la mujer que lo trajo murmuró. Derramó un poco y salió una serpiente. Y luego le dijo: "Yo bebí de tu agua, ahora tú también puedes beber de la mía". Ella lo hizo y se convirtió en un idiota. Luego cabalgó sobre ella hasta el mercado. Y su socio, que reconoció la brujería, la soltó, y entonces todos vieron que estaba cabalgando sobre una mujer. (Ib., Ib. 2) Y la rana se acercó. R. Elazar dijo: "Fue sólo una rana la que se multiplicó por todo Egipto con su descendencia". En este punto, los Tannaim difieren. R. Akiba dice que fue solo una rana la que se multiplicó con su descendencia en todo Egipto. R. Elazar b. Azariah le dijo: "Akiba, ¿qué tienes que ver con Aggada (homoletics)? Deja tus palabras y ve a [estudiar las dificultades de] Negaim y Ohalofh. Era sólo una rana a cuyo croar estaban reunidas todas las demás ranas. "

Cuando los sabios vieron que su mente estaba clara, entraron [al dosel] y ocuparon asientos a cuatro codos (yardas) de él. Luego les preguntó: "¿Para qué habéis llamado?" "Vinimos", respondieron, "para aprender Torá de ustedes". Y a su pregunta: "¿Por qué no has venido hasta ahora?" ellos respondieron: "Porque no teníamos tiempo". Luego exclamó: "¡Me pregunto si estas personas morirán de muerte natural!" "¿Y cuál será mi suerte?" preguntó R. Akiba. Y él dijo: "El tuyo será aún más duro que el de ellos". Luego tomó sus dos brazos, se los puso sobre el corazón y dijo: "¡Ay de vosotros, mis dos brazos, que son como dos pergaminos de los Rollos Sagrados, de los cuales nada se puede leer cuando están enrollados juntos, [refiriéndose a el tiempo después de su muerte]. He estudiado mucho y enseñado mucho. He estudiado mucho, pero no he disminuido [la sabiduría de] mis maestros ni siquiera en la medida de lo que un perro lame en el mar. Enseñé mucho, pero mis discípulos no han disminuido mi sabiduría, incluso cuando el lápiz de pintura sale del tubo. Y no solo esto, sino que me he enterado de unas trescientas halajot sobre el tema de las plagas, de las cuales nadie me preguntó nada. Y no solo esto, sino que he aprendido trescientos y según unos tres mil Halajoth, en cuanto a plantar pepinos, de los cuales nadie me cuestionó nada respecto a ellos excepto Akiba b. José, cuando sucedió una vez que estaba en el camino con él, me dijo: 'Rabí, enséñame las leyes relativas a la siembra de pepinos'.

Dije algo y todo el campo se llenó de pepinos. Luego me dijo: 'Rabí, usted me enseñó a plantarlos; ahora enséñame cómo sacarlos. "Y dije algo y todos se reunieron en un solo lugar". Luego le hicieron una pregunta en Taharoth, y él respondió que era puro, y con esta palabra su alma se apartó de él con pureza. R. Joshua luego se puso de pie y dijo: "El voto se libera, el voto se libera". La noche siguiente al sábado, R. Akiba se encontró con R. Joshua [el cadáver] entre Carsarean y Lydda, y descubrió que R. Joshua hirió su cuerpo hasta que la sangre fluyó al suelo. Luego comenzó a pronunciar su elogio mientras estaba en la fila y dijo (y él respondió que era puro, y con esta palabra su alma se apartó de él con pureza. R. Joshua luego se puso de pie y dijo: "El voto se libera, el voto se libera". La noche siguiente al sábado, R. Akiba se encontró con R. Joshua [el cadáver] entre Carsarean y Lydda, y descubrió que R. Joshua hirió su cuerpo hasta que la sangre fluyó al suelo. Luego comenzó a pronunciar su elogio mientras estaba en la fila y dijo (y él respondió que era puro, y con esta palabra su alma se apartó de él con pureza. R. Joshua luego se puso de pie y dijo: "El voto se libera, el voto se libera". La noche siguiente al sábado, R. Akiba se encontró con R. Joshua [el cadáver] entre Carsarean y Lydda, y descubrió que R. Joshua hirió su cuerpo hasta que la sangre fluyó al suelo. Luego comenzó a pronunciar su elogio mientras estaba en la fila y dijo (II Reyes 2, 12) "Mi padre, mi padre, el carro de Israel y su jinete. Tengo muchos giros para cambiar, pero no tengo banquero que los cambie por mí".

Sanedrín, Capítulo 8

(Fol. 69b) ¿De dónde sabemos que las primeras generaciones engendraron hijos a los ocho años? Esto se infiere de lo siguiente: (Ex. 35, 30) Bezaleel, el hijo de Uri, el hijo de Chur, de la tribu de Judá; y está escrito (I Crónicas 2, 10-20) Y cuando murió Azuba, la esposa de Caleb, Caleb tomó para sí a Efrata, quien le dio a luz a Chur. Y Chur engendró a Uri, y Uri engendró a Bezaleel. Y cuando Bezaleel se dedicaba a construir el Tabernáculo, tenía por lo menos trece años, como está escrito (Ex.36, 4) Cada uno de su propio trabajo que estaban haciendo; y uno no es llamado hombre antes de los trece años. Y hay un Baraitha: El primer año Moisés preparó todo lo necesario para el Tabernáculo, y en el segundo año lo erigió y envió a los espías. Y está escrito (Josué 14, 7) Yo tenía cuarenta años cuando me envió Moisés siervo del Señor, etc. He aquí, hoy tengo ochenta y cinco años. Ahora, reste catorce, la edad de Bezaaleel, de los cuarenta de Josué, cuando fue enviado como espía, y quedaron veintiséis; reste dos años por los tres embarazos con Uri, Chur y Bezaleel, y quedan veinticuatro. De ahí que cada uno de ellos se produjera a la edad de ocho años.

(Fol. 70) R. Chanan dijo: "El vino fue creado únicamente para consolar a los dolientes y para compensar a través de él a los malvados por cualquier cosa buena que hagan en este mundo, como se dice (Pr. 31, 6).) Dale bebida fuerte al que está a punto de perecer y vino a los que tienen el alma amargada ". R. Isaac dijo:" ¿Qué significa el pasaje (Ib. 23, 31) No busques vino cuando parezca rojo, significa ? No buscarás vino que enrojezca los rostros de los impíos en este mundo, y los ponga pálidos (los avergüence) en el mundo venidero. "Raba dijo:" No buscarás vino porque su fin es derramamiento de sangre. . "R. Cahana planteó la siguiente contradicción: Está escrito (Pr. 104, 15) Y'shamach (desperdicio), y nosotros leemos Y'samach (regocijo); es decir, si él merece (se cuida) le causará regocijarse; si no, lo arruinará, y esto es lo que quiere decir Raba, quien dijo: "El vino y el buen olor me hicieron sabio". R. Amram, el hijo de R. Simon b. Abba, dijo: "¿Qué significa el pasaje (Ib., ib. 26, 30) ¿Quién tiene aflicción? ¿Quién tiene dolor? ¿Quién tiene peleas? ¿Quién tiene quejas? ¿Quién tiene heridas sin causa? ¿Quién tiene ojos rojos? Los que se demoran en el vino; los que se enferman por las bebidas mezcladas, ¿me refiero? Cuando R. Dimi vino de Palestina, dijo: "Se decía en Occidente que el que trata de explicar el pasaje anterior desde el principio hasta el final es correcto, y el que trata de explicarlo desde el final hasta el principio es También es correcto. Eubar el galileo disertó: Se enumeran trece vav con respecto al vino. En Occidente se decía que quien trata de explicar el pasaje anterior desde el principio hasta el final está en lo cierto, y quien trata de explicarlo desde el final hasta el principio también tiene razón. Eubar el galileo dio una conferencia: Se enumeran trece vav con respecto al vino. (En Occidente se decía que quien trata de explicar el pasaje anterior desde el principio hasta el final está en lo cierto, y quien trata de explicarlo desde el final hasta el principio también tiene razón. Eubar el galileo dio una conferencia: Se enumeran trece vav con respecto al vino. (Génesis 9, 20, 25) Y Noé, que era labrador, comenzó su trabajo y plantó una viña. Y bebió del vino, se emborrachó y se descubrió dentro de su tienda. Y Cam, el padre de Canaán, vio la desnudez de su padre y se lo contó a sus dos hermanos que estaban afuera. Y Sem y Jafet tomaron un manto y lo pusieron sobre los hombros de ambos, y volvieron hacia atrás y cubrieron la desnudez de su padre; y sus rostros estaban vueltos hacia atrás, y no vieron la desnudez de su padre. Y Noé se despertó de su embriaguez y descubrió lo que le había hecho su hijo menor. Y Noé comenzó su obra y plantó una viña. R. Chisda en el nombre de Ukba (según otros Mar Ukba en el nombre de R. Zakkai), dijo: "¡El Santo, alabado sea! Dijo a Noah: 'Noah, Maier dice: "El árbol de cuyo fruto comió Adán fue una vid (Ib. B), ya que no hay otra cosa que provoque lamentación sobre el hombre excepto el vino". R. Juda dice: "Era trigo, ya que un niño no puede llamar a su madre ni a su padre antes de haber probado el trigo". R. Nechemiah dice: "Era una higuera, porque fueron reparados (restaurados) por la misma cosa por la cual fueron dañados (pecados), como está escrito (Maier dice: "El árbol de cuyo fruto comió Adán fue una vid (Ib. B), ya que no hay otra cosa que provoque lamentación sobre el hombre excepto el vino". R. Juda dice: "Era trigo, ya que un niño no puede llamar a su madre ni a su padre antes de haber probado el trigo". R. Nechemiah dice: "Era una higuera, porque fueron reparados (restaurados) por la misma cosa por la cual fueron dañados (pecados), como está escrito (Gen. 3, 7) Y cosieron hojas de higuera ".

(Prov. 31, 1) Las palabras del rey Lemuel, la profecía con la que le instruyó su madre. R. Jochanan, a nombre de R. Simon b. Jochai, dijo: Deduzca de esto que su motlier lo ató a un pilar, diciendo (Ib.) ¿Qué has hecho, oh hijo mío? ¿y qué, hijo de mi cuerpo? ¿y qué, hijo de mis votos? es decir, oh hijo mío, todos saben que tu padre era temeroso de Dios, y ahora [al ver que te equivocas], dirán: 'Fue causado por su madre'. El hijo de mi cuerpo; es decir, todas las esposas de tu padre nunca vieron al rey después de su embarazo, pero me he preocupado de verlo incluso después del embarazo. El hijo de mis votos; es decir, todas las esposas de tu padre ofrecieron votos [al santuario] orando, yo desearía tener un hijo apto para el trono, pero ofrecí votos y pregunté: deseaba tener un hijo que fuera sano, un estudiante brillante, y debe ser poderoso en la Torá, y apto para la profecía. "No para los reyes, oh Lemuel, no para los reyes [es conveniente] beber vino, no para los príncipes [rosnim] licor! Ella le dijo:" ¿Qué has tienes que ver con los reyes que beben vino, se embriagan y dicen: Lama-El (¿por qué necesitamos a Dios)? Y al rosnim (bebida fuerte), es decir, ¿es correcto que aquel a quien se revelan todos los misterios del mundo beba vino hasta embriagarse? Según otros: Aquel a cuya puerta se apresuran todos los príncipes del mundo, ¿beberá vino hasta embriagarse? "R. Isaac dijo:" ¿De dónde sabemos que Salomón se arrepintió y confesó a su madre? Del siguiente pasaje (Ib. 30, 2) Seguramente soy más brutal que cualquier hombre, y no tengo el entendimiento de un hombre común; es decir, soy más brutal (M'Ish) de lo que cualquier hombre significa más que Noah,Génesis 9, 20) Y Noé, que era (Ish) labrador, comenzó su trabajo, y plantó una viña. De un hombre común (Adán), se refiere a Adán ".

(Fol. 71) R. Zera dijo: "El que duerme en una casa de erudición, su sabiduría será hecha pedazos, como está dicho (Pr. 23, 21) Y la somnolencia viste al hombre en harapos".

Se nos ha enseñado en un Baraitha R. Juda dice: "Si su madre no era como su padre en su voz, en su apariencia y su estatura, él no puede convertirse en un ben Sorer y Morch (un hijo rebelde), porque se dice (Deuteronomio 21, 12)... A nuestra voz. Como vemos que sus voces deben ser iguales, lo mismo ocurre con la apariencia y la altura ". R. Simon dijo:" Se nos enseña en un Baraitha: ¿De hecho la ley dicta que debido a que este niño consumió una libra de carne y ¿bebió medio trago de vino italiano que su padre y su madre le entregarán para que lo apedreen? Por lo tanto, debemos asumir que tal cosa no ocurrió ni sucederá nunca, y está escrito simplemente con el propósito de interpretarlo y ser recompensado por ello ". R. Jonathan, sin embargo, dijo:" Yo mismo he visto tal cosa, y he incluso se sentó en su tumba. "¿Según quién es el siguiente Baraitha: Una ciudad que ha sido engañada nunca ocurrió y nunca lo será - y fue escrito simplemente con el propósito de interpretarlo y ser recompensado por ello? De acuerdo con R . Eliezer, quien dijo en el siguiente Baraitha: Una ciudad que se dice que ha sido extraviada en la que se puede encontrar incluso una mezuzá, no puede ser condenada como una ciudad extraviada, porque está escrito (Ib. 13, 17) Y todos sus despojos recogerás en medio de su plaza, y los quemarás al fuego. Y como hay una mezuzá que no se puede quemar, porque está escrito (Ib. 12, 4) No haréis así al Señor vuestro Dios ". R. Jonathan, sin embargo, dijo:" He visto esto y yo mismo incluso se han sentado en su montón de ruinas ".

pero para los justos es malo para ellos y malo para el mundo. La separación de los impíos es un beneficio para ellos y un beneficio para el mundo, mientras que para los justos es malo para ellos y malo para el mundo ".

Sanedrín, Capítulo 9

(Fol.76) No profanarás a tu hija (Lev.19 , 29). R. Eliezer dice: "Esto se refiere a alguien que casa a su hija [joven] con un anciano". R. Akiba dice: "Esto se refiere a alguien que deja a su hija soltera hasta que entra en la edad de mujer". R. Cahana en el nombre de R. Akiba dijo (Ib. B) ¿Quién debe ser considerado pobre y astuto-malvado? El que ha dejado a su hija soltera hasta que ella entra en la edad de mujer ". R. Canaha dijo además en el nombre de

R. Akiba:" Ten cuidado con el que te aconseja para su propio beneficio ". R. Juda dijo en el nombre de Rab: "El que casa a su hija con un anciano, y el que casa a su hijo menor con una mujer mayor de edad, sobre él dice el pasaje (Dent. 29, 18, 19) Para que la indulgencia de las pasiones pueda apaciguar la sed de ellos. El Señor no lo perdonará ".

(Fol. 80b) Samuel dijo a R. Juda: "Genio". (Fol.81) no se exprese en tales términos a su padre, porque se nos enseña en un Baraitha: Si un hijo ve a su padre transgredir lo que está escrito en la Torá, no debe decirle: 'Padre, has transgredió la ley: 'pero,' Padre, tal y tal está escrito en la Torá ', y él mismo se dará cuenta de su error ".

R. Acha b. Chanina dio una conferencia, ¿cuál es el significado del pasaje (Ib. 6) En las montañas no come? es decir, no vive de la recompensa de sus méritos ancestrales: no eleva sus ojos a los ídolos; es decir, nunca anduvo autoritariamente; y no contamina a la mujer de su vecino; es decir, nunca trató de competir en el comercio especial de su vecino; a una mujer en su separación no se acerca; es decir, nunca trató de obtener ningún beneficio del tesoro de la caridad, y a esto está escrito: Él es justo, ciertamente vivirá. Rabban Gamaliel, cuando llegaba al pasaje de arriba, solía llorar, diciendo: "Sólo el que cumplió con todos estos es considerado riguroso, pero no el que ha hecho sólo uno". R. Akiba luego le dijo: "Según tu teoría, el pasaje (Lev. 18, 24) ¿No te contamines con todas estas cosas, también significa con todas, pero una de ellas está permitida? De ahí que signifique decir con cualquiera de ellos. Lo mismo debe explicarse aquí: si uno hace una de las cosas mencionadas anteriormente, es justo ".

Sanedrín, Capítulo 10

lo llevaron ante el atrio que estaba a la puerta del montículo del templo y luego al tesoro del templo donde los jueces se sentaban todos los días de la semana desde la ofrenda diaria de la mañana hasta la ofrenda de la tarde. Y los sábados y los días festivos solían ocupar su lugar en la cámara del muro circundante, y se les planteaba la cuestión. Si tenían un precedente en ese caso, se lo decían; y si no. hicieron una votación. Si la mayoría votaba que era impuro, se declaraba impuro; y si la mayoría votaba que era puro, se declaraba puro. Sin embargo, dado que los discípulos de Shamai e Hilel, que no esperaron lo suficiente a los eruditos, aumentaron en número, las diferencias aumentaron en Israel, y parecía como si la Torá se convirtiera en dos Torá. Desde la corte del Gran Sanedrín solían escribir y enviar a todas las ciudades de Israel: 'El que sea sabio, modesto y querido por su pueblo puede ser juez en su propia ciudad. Y después de eso, si lo merecía, fue adelantado al patio de la puerta del montículo del Templo: y más allá hasta que llegó a ser miembro del patio de la tesorería del Templo ".

Se envió un mensaje desde Palestina: "¿Quién es el hombre que seguramente tiene una participación en el mundo venidero? El que inclina la cabeza al entrar [en la casa] y la inclina al salir [de la casa] (es muy modesto), y estudia la Torá, y no se enorgullece de ella ". Entonces los rabinos dirigieron su atención a R. Ula b. Abba [que poseía todas estas calificaciones].

A nuestros rabinos se les enseñó: Hay tres [en relación con la profecía] que deben ser sentenciados por la corte; es decir, el que profetiza lo que no ha oído, por ejemplo, Sedequías ben Kenana, de quien está escrito (II Crónicas 18, 10) Se hizo cuernos de hierro, etc. Pero, ¿por qué era culpable? ¿No le hizo errar el espíritu de Nabet, como está escrito (Ib., Ib. 19-21) Y el Señor dijo: ¿Quién persuadirá a Acab, rey de Israel, para que suba y caiga en Ramot de Galaad? ? Y uno habló diciendo así, y otro diciendo así. Entonces salió un espíritu, se puso delante del Señor y dijo: Lo persuadiré. Y el Señor le dijo. ¿Con lo cual? Y él dijo: Saldré y seré espíritu de mentira en la boca de todos sus profetas. Y él dijo. Lo persuadirás y también prevalecerás; ve y hazlo. ¿Qué se entiende por ir adelante? R. Juda dijo: "Sal fuera de Mi compartimento, ya que un mentiroso no puede permanecer en él". Y a la pregunta: ¿Qué espíritu? R. Jochanan dijo: "El espíritu de Naboth Ha-israelí".Transmisión exterior. 1, 3) La presunción de tu corazón te ha engañado. (Jeremías 49, 16) Tu prisa te ha engañado, la presunción de tu corazón. Aquí, sin embargo, dice (II. Crónicas 18, 11) Y todos los 'profetas así profetizaron, diciendo. Sube contra Ramot de Galaad. etc. "Por lo tanto, como todos profetizaron en un idioma idéntico, debería haber sabido que no era una profecía verdadera. Pero tal vez Sedequías no sabía lo que dijo R. Isaac. Estaba Josafat, quien le dijo que, ya que Está escrito (Ib., ib. 6) ¿No hay además un profeta del Eterno? Y a la pregunta de Acab: ¿No son suficientes todos los que profetizan en el nombre del Señor? Josafat respondió: "Tengo una tradición de casa de mi abuelo que la misma palabra de alerta [oráculo divino] se pasa a muchos profetas, pero dos profetas no pueden profetizar bajo la misma consigna usando la misma expresión ".

El que profetiza lo que no se le dijo, por ejemplo, Chananyah ben Azzur, porque encontró a Jeremías de pie en el mercado superior diciendo (Jer.49) Así ha dicho el Señor.... he aquí, voy a romper el nacimiento de Elam, Chananyah llegó a una conclusión a fortiori: Si con respecto a Elam, quien simplemente vino a ayudar a Babilonia, sin embargo, el Santo, ¡alabado sea! dijo (Ib. 49) Así ha dicho el Señor ... he aquí, romperé el arco de Elam, ¿cuánto más debería aplicarse a los caldeos, que vinieron ellos mismos para destruir el reino de Judá? Entonces él fue al mercado inferior y dijo (Ib. 28) Así ha dicho el Señor.... He roto el yugo. R. Papa le dijo a Abaye: "¿Pero esta ilustración no se aplica, ya que tal profecía no le fue dada a nadie?" Y él respondió: Porque si se llegara a sacar tal conclusión a fortiori, es igual a que se le haya dicho a otra persona; sin embargo ', no se le dijo directamente. El que profetizó en nombre de un ídolo, por ejemplo, los profetas de Baal. El que no proclama la profecía, por ejemplo, Jonás b. Amitthai. El que desobedece a un profeta por mera bondad de corazón - (Ib. B) por ejemplo, el colega de Michah; como está escritoI Reyes, 20, 35 , 36) Y un hombre de los hijos de los profetas dijo a su compañero, por palabra del Señor, golpéame, te ruego, pero el hombre se negó a golpear. Entonces le dijo. Por cuanto no obedeciste a la voz del Señor. Y un profeta que actuó en contra de aquello en lo que él mismo fue instruido por el Cielo, por ejemplo, Edah el Profeta, de quien está escrito (Ib. 13, 9). Porque así me fue ordenado por la palabra del Señor; y (Ib., ib. 18) Y él le dijo: Yo también soy profeta como tú. Y además está escrito: Y volvió con él, terminando: Y cuando se fue, un león lo encontró en el camino y lo mató.

Un discípulo enseñó en presencia de R. Chisda: Un profeta que suprime su profecía (teniendo miedo de proclamarla) tiene que recibir azotes. R. Chisda le dijo: "¿Quien comió dátiles de un colador debería recibir azotes? ¿Quién le advirtió? Abaye respondió:" Sus colegas, los profetas ". ¿Y de dónde sabían esto? De (Amós 3, 7) Porque el Señor Eterno no hará nada a menos que haya revelado Su secreto a Sus siervos los profetas. ¿Pero quizás el decreto fue cambiado por el cielo? Si fuera así, todos los profetas serían notificados. Pero, ¿no fue así el caso de Jonás, a quien no se le notificó [que se cambió el decreto]? Allí estaba la profecía: Nínive será derribada, de la cual él no entendió si significa bien [pasar del mal a la justicia], o mal [será destruida]. El que desobedece a un profeta por mera bondad de corazón. Pero, ¿de dónde sabe uno [que es un verdadero profeta], que debe ser castigado? Por si le da una señal. ¿Pero no fue Michah castigado por desobedecer al profeta, aunque no dio ninguna señal? Con el que ha sido reconocido durante mucho tiempo como un verdadero profeta es diferente, [no requiere una señal], porque si el caso no fuera así, ¿cómo podría Isaac haber confiado en su padre [que su profecía era verdadera], y también, cómo podrían confiar en Elías en el monte Carmelo, [quien les ordenó sacrificar fuera de Jerusalén, que era prohibido por la Escritura]? Por lo tanto, debido a que fueron reconocidos profetas, es diferente.

(Génesis 22, 1) Y sucedió después de estas cosas, que Dios tentó a Abraham. ¿Despues de que? R. Jochanan dijo en nombre de R. Jose b. Zemra: Después de las palabras de Satanás acerca de las cuales está escrito (Ib. 21, 8) Y el niño creció y fue destetado, etc. Satanás dijo ante el Santo, ¡Alabado sea! "Soberano del Universo, Tú has favorecido a este anciano con una descendencia en su centésimo cumpleaños, y de todas las grandes comidas que preparó para la gente, no sacrificó por Ti ni una paloma ni una paloma". Y le respondieron: "¿No prepara todo esto solo por el bien de su hijo? Si yo le dijera que me sacrifique a su hijo, lo haría de inmediato". Por eso Dios tentó a Abraham. Y él dijo: Toma (na), tu hijo, etc. R. Simon b. Aba dijo: "La expresión na significa una solicitud. Esto es similar a la fábula de un rey frágil que tuvo que librar muchas guerras y que tuvo un héroe que salió victorioso en todas ellas. Finalmente se declaró una guerra contra el mismo rey por un rey con un ejército muy fuerte, y le dijo al héroe: 'Te ruego que salgas victorioso también en esta guerra; la gente no dirá que las guerras anteriores no fueron dignas de cousideración. ¡Así que el Santo, alabado sea! dijo a Abraham: 'Te probé con muchas tentaciones, y tú las resististe a todas. Te ruego que resistas también esta tentación, para que la gente no diga que los primeros no eran dignos de consideración. "Tu hijo. Pero Abraham dijo:" Tengo dos hijos ". Tu único. Pero Abraham dijo:" Los dos son los únicos para sus madres, "a quien amas", pero yo los amo a ambos ", incluso a Isaac. ¿Y por qué tantas palabras? Con el propósito de que no se vuelva loco por una orden tan repentina.

Satanás lo precedió en el camino, diciendo (Job 4, 2-6) Si intentamos dirigirte unas pocas palabras, ¿estarás cansado...? He aquí, has (antes de esto) corregido a muchos, y manos débiles solías fortalecer. Al que tropezaba, tus palabras solían sostenerlo, y a las rodillas hundidas le diste vigor. Sin embargo, ahora, cuando te llega, estás cansado; hasta a ti te toca, y te aterrorizas. Y Abraham le respondió (Sal. 26, 11) Pero yo caminaré en mi integridad. Y Satanás volvió a decir (Job 4) ¿No es entonces tu temor de Dios una estupidez? Y Abraham respondió: (Ib.) Recuerda, quien alguna vez pereció siendo inocente. Cuando Satanás vio que Abraham no lo escuchaba, le dijo: (Ib. 12) Pero a mí me llegó una palabra furtivamente. "He oído desde detrás de la cortina [celestial] que un carnero será para el holocausto, pero no Isaac para el holocausto". Abraham comentó: "Este es el castigo de los mentirosos, que incluso cuando dicen la verdad, nadie les cree". R. Levi, sin embargo, dijo: ["El versículo antes citado, después de estas cosas, significa] después del intercambio de palabras entre Ismael e Isaac. Ismael le dijo a Isaac: 'Soy mayor que tú en la ejecución de los mandamientos del Señor , como fui circuncidado cuando tenía trece años, y tú cuando solo tenías ocho días. A lo que Isaac respondió: ' Estás orgulloso de mí porque has ofrecido un solo miembro de tu cuerpo; si el Santo, alabado sea! Si me ordenara sacrificar todo mi cuerpo a Él, lo haría de inmediato, 'de ahí que Dios tentó a Abraham ".

Sanedrín, Capítulo 11

(Fol. 90) MISHNA: Todo Israel tiene parte en el mundo venidero, como se dice (Is. 60, 21) Y todo tu pueblo será justo; para siempre heredarán la tierra, renuevo de mi plantío, obra de mis manos, para glorificarme. Los siguientes no tienen participación en el mundo por venir: El que dice que la resurrección de los muertos no está insinuada en la Torá, y [el que dice que] la Torá no fue dada por el Cielo; y el Epicuro. R. Akiba dice: "También el que lee libros de los quizonim y el que murmura sobre una herida, recitando el versículo (Ex. 15, 26) No te infligiré ninguna de esas enfermedades que he traído sobre los egipcios; porque yo, el Señor, soy tu médico ". Abba Saul dijo: "También el que pronuncia el Nombre Divino con las letras [en las que está escrito]".

Tres reyes y cuatro hombres ordinarios no tienen participación en el mundo venidero. Los tres reyes son Jeroboam, Ajab y Menasés. R. Juda, sin embargo, dijo: "Menasés tiene una participación en el mundo venidero, porque se dice (II Crónicas 33, 13). Y él oró a Él y se permitió ser suplicado por él, y escuchó su súplica. y lo trajo de regreso a Jerusalén a su reino. " Pero los sabios se lo explicaron: "Fue devuelto a su reino, pero no al mundo venidero". Los cuatro hombres comunes son Bileam, Doeg, Achitopel y Gechazi.

GEMARA: ¿Por qué tal castigo [para el que dice que la resurrección no está insinuada en la Torá]? Se enseñó en un Baraitha: Negó la resurrección, por lo tanto, como castigo, no participará en ella; por todas las retribuciones del Santo, ¡alabado sea! son proporcionales a las obras del hombre. "Y R. Samuel b. Nachmeni dijo en el nombre de R. Jochanan:" ¿De dónde sabemos que todas las retribuciones del Santo, alabado sea Él? ¿Son acordes con las acciones del hombre? ' Se dice (II Reyes 7, 1-2Entonces Eliseo dijo: Oíd la palabra del Señor; Así ha dicho Jehová: Mañana a esta hora se venderá una s'ah de flor de harina por un siclo, y dos s'ah de cebada por un siclo, en la puerta de Samaria. Entonces un señor en cuya mano se había apoyado el rey, respondió al varón de Dios y dijo: He aquí, ¿hará Jehová ventanas en los cielos para que esto suceda? Y él dijo: He aquí, lo verás con tus ojos, pero de eso no comerás. (Ib. B) Y además está escrito: Y le sucedió así; porque la gente lo pisoteó en la puerta y murió. "¿Pero tal vez esto fue porque Eliseo lo maldijo? Como R. Juda, en el nombre de Rab, dijo:" Si un sabio maldice a alguien, incluso sin causa, no obstante "Si esta fuera la causa, debería decir: Y la gente lo pisoteó y murió. ¿Por qué?"Num. 18, 28) Y daréis de él la ofrenda elevada (T'rumah) del Señor al sacerdote Aarón. Entonces, ¿permanecería Aarón con vida para siempre para que Israel le diera ofrendas elevadas? Deduzca de esto que volverá a la vida e Israel le dará ofrendas elevadas. Por lo tanto, aquí hay una insinuación en la Torá de la resurrección. La escuela de R. Ismael, sin embargo, explicó el pasaje anterior de esta manera: 'Para Aarón' significa sacerdotes que son similares a él, es decir, eruditos como él. Y de esto se infiere que no se debe dar T'rumah a un sacerdote ignorante. R. Samuel b. Nachmeni dijo: "¿De dónde sabemos que uno no debe dar la ofrenda a un sacerdote que es un ignorante? Se dice (I Crónicas 31, 4) para dar la porción de los sacerdotes y los levitas, para podría aferrarse firmemente a la ley del Señor. Por lo tanto, el sacerdote que sabe aferrarse firmemente a la ley tiene una porción, pero no el que ignora la ley ". R. Acha b. Ada dijo en nombre de R. Juda:" Quien da T'rumah a un el sacerdote ignorante actúa como si lo arrojara ante un león; así como al arrojarlo delante de un león hay una duda de si será pisoteado y comido o no, así también es dudoso que el sacerdote lo coma con pureza levítica o impureza ". R. Jochanan dijo:" Incluso puede causar muerte al sacerdote ignorante [al hacerlo] como se dice (Lev. 22, 9) Para que no carguen con el pecado y mueran por él, si lo profanan. "En el colegio de R. Eliezer b. Jacob se enseñó que (Ib. Ib. 16) también se aplica a quien da Ofreciendo a un ignorante. Hay un Baraitha: R. Simi dijo: "¿De dónde viene la insinuación bíblica de la resurrección de los muertos? Se dice (Ex.6, 4) Y como también establecí mi pacto con ellos, para darles la tierra de Canaán. "No les lee (lachem), sino (lahem) a ellos - por lo tanto, esto es una insinuación de la resurrección. Los Saduceos preguntó Rabban Gamaliel: "¡De dónde infieres que el Santo, alabado sea!" ¿devolvería la vida a los muertos? "Y él respondió:" Del Pentateuco, Profetas y Hagiographa. "Sin embargo, ellos no lo aceptaron. Del Pentateuco, - está escrito (Deut. 31, 16) Y el Señor dijo a Moisés: Dormirás con tus padres (v-kam) y te levantarás. Y ellos respondieron: "Quizás la palabra v-kam esté relacionada con sus palabras posteriores, y el pueblo se extraviará". De los Profetas, es escrito (Isaías 26, 19) Tus muertos vivirán, mis cadáveres se levantarán. Despertad y cantad, moradores del polvo; porque rocío sobre las hierbas es tu rocío, y la tierra echará fuera a los difuntos. [También rechazaron esta explicación, diciendo] "Quizás esto se refiere a los muertos que fueron revividos por Ezequiel (Ez. 36). "Del Hagiographa: - Está escrito, (Hijo. 7, 10) Y tu paladar como el mejor vino, que se deslizó hacia mi amigo, excitando suavemente los labios de los que están dormidos. Y ellos respondieron:" Quizás sólo sus labios se movieron [en las tumbas], como dijo R. Jochanan; porque R. Jochanan dijo en nombre de R. Simon b. Jehozadak: "Quien informa una ley tradicional en nombre de su autor, [hace que] sus labios [del autor] se muevan en la tumba, como se dice, excitando los labios de los que duermen". A partir de entonces, cuando Rabban Gamaliel les mencionó (Deuteronomio 11, 9) Y el Señor juró a vuestros padres que les daría lo que no les lea a ustedes, sino a ellos, por lo tanto, es un indicio de la resurrección de la Torá. su explicación fue aceptada. Según otros,Deut. 4, 4) Pero vosotros que os unísteis al Señor vuestro Dios, cada uno de vosotros estáis vivos hoy, es decir, así como hoy estáis todos vivos, así también estaréis vivos en el mundo venidero. Los romanos cuestionaron a R. Joshua b. Chananías: "¿De dónde sabes que el Santo, alabado sea, devolverá la vida a los muertos y que se le revelará ante Él todo lo que sucederá en el futuro?" Y él respondió: "Ambas cosas se infieren del siguiente pasaje (Deut. 31, 16) Y el Señor dijo a Moisés, dormirás con tus padres (v'kam) y te levantarás. "" Quizás la palabra v'kam pertenece a sus palabras siguientes, ¿Y el pueblo se extraviará? " menos la explicación de la [mitad] de su pregunta, que se revela ante Él todo lo que sucederá en el futuro ". Lo mismo fue enseñado también por R. Jochanan en el nombre de R. Simon b. Jochai:" ¿De dónde inferimos que el Santo, ¡alabado sea! ¿Devolverá la vida a los muertos y que se le revelará ante Él todo lo que sucederá en el futuro? Se dice: Dormirás con tus padres y (v'kam) levantarte ".

Hay un Baraitha: R. Eliezer b. José dijo: "Con este argumento demostré la falsificación de los libros del samaritano, quien solía decir que no hay indicios de la resurrección en el Pentateuco. Les dije: 'Ustedes han falsificado su Torá, pero no les sirve. ; porque dices que no hay indicio de la resurrección en la Torá. ¿No dice, (Números 15, 31) Esa persona será cortada, su iniquidad está sobre él? Esa persona será cortada, de este mundo, su iniquidad sobre él, refiriéndose al mundo por venir '? "

La reina Cleopatra interrogó a R. Mair diciendo: "Soy consciente de que los muertos serán devueltos a la vida, como está escrito (Sal. 72, 16) Y (los hombres) florecerán de la ciudad como hierbas de la tierra. Mi pregunta sin embargo, es: cuando sean restaurados, ¿estarán desnudos o vestidos? " Y él respondió: "Esto se puede sacar por una conclusión a fortiori de una comparación con el trigo. Si un grano de trigo que está enterrado desnudo sale vestido con tantas prendas, cuánto más los justos, que están enterrados con sus ropas. , deben salir vestidos con sus ropas! "

César preguntó a Rabban Gamaliel: "Dices que los muertos serán vivificados. ¿No se convierte el cadáver en polvo? ¿Cómo, entonces, puede el polvo volver a la vida?" (Fol. 91) Y la hija de César dijo a R. Gamaliel: "Déjame esta pregunta y yo la responderé: es decir, hay dos alfareros en nuestra ciudad, uno de los cuales puede hacer una vasija con agua y el otro de arcilla; ¿a cuál de ellos le daría preferencia? Y él respondió: "Ciertamente al que lo crea a partir del agua". Ella entonces le dijo: "Si Él pudiera crear [al hombre] a partir del agua, ¿cuánto más podría hacer? ¡Así que de arcilla! "En la escuela de R. Ismael se enseñó: Uno puede aprenderlo a fortiori comparándolo con el vidrio. Si el vidrio que está hecho por la habilidad de un hombre frágil, sin embargo, si se rompe, hay un remedio por eso, cuanto más por el hombre frágil, quien es creado por el Santo, ¡alabado sea! que podría ser renovado (restaurado) ". Un cierto Min le dijo a R. Ami:" Dices que los muertos serán devueltos a la vida. ¿No se convierte el cadáver en polvo? ¿Cómo, entonces, puede el polvo volver a la vida? ". Le dijo:" Te daré una parábola que muestra a qué se parece esto. Un rey frágil dijo a sus siervos: "Vayan y edifíquenme grandes palacios en un lugar así, donde no hay tierra ni agua". Fueron y lo hicieron. En poco tiempo, colapsó. Les mandó que lo construyeran para él en un lugar donde hubiera tierra y agua. Y ellos respondieron: 'No podemos hacerlo'. El rey se enojó y dijo: "Si pudieras construirlo en un lugar donde no había tierra ni agua, ¡cuánto más fácil podrías construirlo donde hay tierra y agua!" Y si no lo cree, vaya a un valle y vea un ratón, que hoy es mitad carne y mitad tierra y mañana se multiplica y todo se convierte en carne. Y si dices que se necesita mucho tiempo para que así sea, sube a la montaña y mira que hoy no puedes encontrar ni un Chelzon (gusano púrpura) y mañana, después de la lluvia, encontrarás las montañas llenas de Chelzonoth ". Hubo otro Min que le dijo a G'bihah b. P'sisa: "Ay de ustedes, malvados, que dicen que los muertos serán resucitados. Si los vivos mueren, ¿cómo pueden los muertos volver a la vida?

"Y él respondió:" ¡Ay de ustedes, impíos, que dicen que los muertos no volverán a vivir! Si lo que no ha existido en absoluto vuelve a la vida, ¿no deben volver a la vida aquellos que una vez tuvieron vida? "El Min le respondió:" Tú me llamas malvado. Si me levanto

A nuestros rabinos se les enseñó: "El día veinticuatro de Nisán, los contratistas de ingresos fueron retirados de Judá y Jerusalén. Fue entonces cuando los africanos convocaron a Israel ante Alejandro de Macedonia, alegando que la tierra de Canaán les pertenecía, ya que escrito (Núm.34, 2) La tierra de Canaán según sus límites - y que eran los descendientes de Canaán. G'bihah b. P'sisa dijo entonces a los sabios: "Permítanme, y me presentaré ante Alejandro como abogado del acusado Israel, y si me derrotan, dígales: 'Habéis derrotado a un ignorante entre nosotros'; y si yo derroto diles: "La ley de Moisés os ha vencido". Le dieron permiso y fue a discutir con ellos. Les preguntó: "¿De dónde provienen sus pruebas?" Dijeron: "De tu Torá". Luego dijo: "Yo, en defensa, también traeré mi evidencia de la misma fuente. Se dice (Génesis 9, 25) Y él dijo: Maldito sea Canaán; siervo de siervos será para sus hermanos. Ahora bien, ¿a quién pertenece la propiedad de un esclavo, si no a su amo? Y no solo esto, sino que los convoco ante el rey durante los muchos años que no nos han prestado ningún servicio ". El rey Alejandro les dijo:" Expongan su argumento contra él ". A lo que ellos dijeron:" Danos tres días ". tiempo [en el que encontrar una respuesta]. Y se lo concedió. Y como no pudieron encontrar nada que responder, huyeron, dejando sus campos, que fueron sembrados, y sus viñedos, que fueron plantados. Y ese año fue un año sabático.

Ocurrió nuevamente que los egipcios convocaron a Israel ante Alejandro de Macedonia, guardándoles: "El pasaje dice (Ex. 12, 36) Y Jehová dio gracia al pueblo ante los ojos de los egipcios, de modo que les dieron lo que pedían; y vaciaron Egipto. "Y G'bihah b. P'sisa dijo a los sabios:" Permítanme, y me presentaré ante Alejandro como abogado del acusado Israel; si me derrotan, les dirás: 'Has derrotado a un ignorante entre nosotros', y si yo los derroto, les dirás: 'La Torá de Moisés te derrotó' ". Le dieron permiso, y él fue a discutir con ellos. Él les dijo: "¿De dónde son tus pruebas? Y ellos respondieron: "De tu Torá". Luego dijo: "Yo, en defensa, también traeré mi evidencia de la Torá. Se dice (Ib. Ib. 40) Ahora el tiempo de la residencia de los hijos de Israel, que moraban en Egipto, era cuatrocientos y treinta años.Génesis 25, 12) Estas son las generaciones de Ismael, el hijo de Abraham, y está escrito (Ib.) Y estas son las generaciones de Isaac, el hijo de Abraham. "Y nuevamente G'bihah b. P'sisa dijo a los sabios:" Permitid yo, y compareceré ante Alejandro como abogado del acusado Israel, y si me derrotan, diles: "Habéis derrotado a un ignorante entre nosotros"; y si los derroto, diles: "La ley de Moisés os ha derrotado". Le dieron permiso, y él fue a discutir con ellos. Les dijo: "¿De dónde son tus pruebas?" Ellos dijeron: "De tu Torá ". Luego dijo:" Yo, en defensa, también traeré mi evidencia de la Torá. Se dice (Ib. Ib. 5) Y Abraham dio todo lo que tenía a Isaac. Pero a los hijos de las concubinas que tenía Abraham, Abraham les dio regalos;

Antonio le dijo al rabino: "El cuerpo y el alma pueden liberarse en el día del Juicio Celestial. ¿Cómo es así? El cuerpo puede decir:" El alma ha pecado; porque desde que se fue, yo yazco en la tumba como una piedra ". Y el alma puede decir: 'El cuerpo ha pecado; porque desde que me aparté de él, vuelo por los aires como un pájaro' ". Y él respondió: "Les daré una parábola a la que esto es similar: Un rey frágil que tenía un excelente jardín que contenía (Ib. B) higos muy finos, nombró dos centinelas sobre él, uno de los cuales era ciego, y el otro no tenía pies. El que no tenía pies dijo al ciego: "Veo higos finos en el huerto. Ponme sobre tus hombros, y los tomaré, y los consumiremos". Así lo hizo, y mientras estaba sobre sus hombros cogió los higos y ambos se los comieron. Y cuando se acercó el dueño del huerto y les preguntó: '¿Qué fue de esos higos tan finos?', El ciego respondió: '¿Tengo, pues, ojos para verlos [para que sospeches que los tomo]?' Y el cojo respondió: "¿Tengo, pues, pies para ir allí?" ¿Qué les hizo el dueño? Puso al cojo sobre los hombros del ciego y los castigó a todos. ¡Así también el Santo, alabado sea! poner el alma en el cuerpo y castigarlos juntos, como se dice (y los castigó juntos. ¡Así también el Santo, alabado sea! poner el alma en el cuerpo y castigarlos juntos, como se dice (y los castigó juntos. ¡Así también el Santo, alabado sea! poner el alma en el cuerpo y castigarlos juntos, como se dice (PD. 50, 4) Llamará a los cielos arriba, ya la tierra abajo, para juzgar a su pueblo, es decir, a los cielos arriba, se refiere al alma, ya la tierra abajo, se refiere al cuerpo ".

Antonio volvió a cuestionar al rabino: "¿Por qué el sol sale por el este y se pone por el oeste?" Él respondió: "Si fuera contrario, también cuestionarías lo mismo". "Quiero decir", dijo Antonio, "¿por qué se pone en el oeste [por qué no hasta que llega al lugar de donde se levantó]?" Y él respondió: "Con el propósito de saludar con paz a su Creador, como está dicho (Nehem. 9, 6) Y el ejército de los cielos se inclinará ante ti". el Creador, y listo ", preguntó." Por el daño a los trabajadores, ya los que viajan en el camino [si deja de brillar] ".

Antonio preguntó de nuevo al rabino: "¿A qué hora entra el alma en el cuerpo, en el momento de la concepción o en el momento en que el embrión ya está formado?" Él le respondió: "Cuando ya esté formado". Antonio le dijo: "¿Es posible que un trozo de carne permanezca tres días o más sin ser salado y no huela mal?" El rabino respondió: "Por lo tanto, debe ser en el momento de la concepción". "Esto, dijo el rabino," me enseñó Antonio, y el siguiente pasaje es un apoyo para él: (Job 10, 12) (Upakad'ta) Y tu providencia velaba por mi espíritu ". Antonio volvió a cuestionar al rabino:" ¿A qué hora llega el espíritu maligno al hombre? ¿En el momento en que se forma el embrión, o cuando sale del útero? "" En el momento en que se forma ", respondió." Si es así ", replicó Antonio," el embrión patearía las entrañas de la madre y se iría. fuera; por lo tanto, debe ser desde el momento en que sale ". Y el rabino dijo:" Esto me lo enseñó Antonio, y el siguiente pasaje lo respalda (Génesis 4, 7) El pecado yace a la puerta ".

Resh Lakish planteó la siguiente contradicción: Está escrito (Jeremías 31, 7) Entre ellos los ciegos y los cojos, las mujeres embarazadas y la que da a luz juntos, y está escrito (Isaías 35, 6).) Entonces el cojo saltará como un ciervo, y la lengua del mudo cantará [curado]. ¿Cómo pueden reconciliarse ambos? Por lo tanto, debe decirse: Serán devueltos a la vida con sus imperfecciones, y luego serán curados. Ula planteó otra objeción: está escrito (Ib. 25, 8) Él destruirá la muerte para la eternidad; y el Señor Eterno enjugará las lágrimas de toda la tierra; porque el Señor lo ha dicho; y está escrito (Ib. 65, 20) No volverá más de allí un niño ... porque como un muchacho, ¿morirá uno a los cien años? Esto no presenta ninguna dificultad. El primero habla del yo de Israel, y el segundo de aquellos acerca de quienes lee (Ib. 61, 5) Y extraños se pararán y apacentarán sus rebaños, y el hijo del extranjero será sus labradores y sus viñadores. R. Chisda también planteó una objeción: está escrito (Ib.24, 23) Y la luna se ruborizará y el sol se avergonzará; porque el Señor de los ejércitos reinará sobre el monte Sion; y está escrito (Ib. 30, 26) Y la luz de la luna será como la luz del sol, y la luz del sol será siete veces mayor, como la luz de los siete días. Esto no presenta ninguna dificultad. Este último habla del tiempo en que aparecerá el Mesías, y el primero, del mundo futuro. Y para Samuel, quien sostuvo que no habrá diferencia entre este tiempo y el tiempo mesiánico, excepto que Israel ya no estará bajo el dominio de extranjeros, la explicación de estos pasajes contradictorios puede ser así: este último se refiere al campamento de los justos y los primeros al campamento de la Gloria Divina. Raba planteó otra objeción: está escrito (porque el Señor de los ejércitos reinará sobre el monte de Sion; y está escrito (Ib. 30, 26) Y la luz de la luna será como la luz del sol, y la luz del sol será siete veces mayor, como la luz de los siete días. Esto no presenta ninguna dificultad. Este último habla del tiempo en que aparecerá el Mesías, y el primero, del mundo futuro. Y para Samuel, quien sostuvo que no habrá diferencia entre este tiempo y el tiempo mesiánico, excepto que Israel ya no estará bajo el dominio de extranjeros, la explicación de estos pasajes contradictorios puede ser así: este último se refiere al campamento de los justos y los primeros al campamento de la Gloria Divina. Raba planteó otra objeción: está escrito (porque el Señor de los ejércitos reinará sobre el monte de Sion; y está escrito (Ib. 30, 26) Y la luz de la luna será como la luz del sol, y la luz del sol será siete veces mayor, como la luz de los siete días. Esto no presenta ninguna dificultad. Este último habla del tiempo en que aparecerá el Mesías, y el primero, del mundo futuro. Y para Samuel, quien sostuvo que no habrá diferencia entre este tiempo y el tiempo mesiánico, excepto que Israel ya no estará bajo el dominio de extranjeros, la explicación de estos pasajes contradictorios puede ser así: este último se refiere al campamento de los justos y los primeros al campamento de la Gloria Divina. Raba planteó otra objeción: está escrito (y la luz del sol será siete veces mayor, como la luz de los siete días. Esto no presenta ninguna dificultad. Este último habla del tiempo en que aparecerá el Mesías, y el primero, del mundo futuro. Y para Samuel, quien sostuvo que no habrá diferencia entre este tiempo y el tiempo mesiánico, excepto que Israel ya no estará bajo el dominio de extranjeros, la explicación de estos pasajes contradictorios puede ser así: este último se refiere al campamento de los justos y los primeros al campamento de la Gloria Divina. Raba planteó otra objeción: está escrito (y la luz del sol será siete veces mayor, como la luz de los siete días. Esto no presenta ninguna dificultad. Este último habla del tiempo en que aparecerá el Mesías, y el primero, del mundo futuro. Y para Samuel, quien sostuvo que no habrá diferencia entre este tiempo y el tiempo mesiánico, excepto que Israel ya no estará bajo el dominio de extranjeros, la explicación de estos pasajes contradictorios puede ser así: este último se refiere al campamento de los justos y los primeros al campamento de la Gloria Divina. Raba planteó otra objeción: está escrito (quien sostuvo que no habrá diferencia entre este tiempo y el tiempo mesiánico, excepto que Israel ya no estará bajo el dominio de extranjeros, la explicación de estos pasajes contradictorios puede ser así: este último se refiere al campamento de los justos y los ex al campamento de la Divina Gloria. Raba planteó otra objeción: está escrito (quien sostuvo que no habrá diferencia entre este tiempo y el tiempo mesiánico, excepto que Israel ya no estará bajo el dominio de extranjeros, la explicación de estos pasajes contradictorios puede ser así: este último se refiere al campamento de los justos y los ex al campamento de la Divina Gloria. Raba planteó otra objeción: está escrito (Deut. 32, 39) Yo hago morir a uno y hago vivir a uno, y además está escrito, Yo hiero y yo curo, es decir, ¡El Santo, alabado sea! dijo: "Todo lo que hago para morir, lo traeré de nuevo a la vida, y luego curaré a quien herí".

A nuestros rabinos se les enseñó: hago morir a uno y hago vivir a uno; No sea que uno diga que esto significa, hago morir a una persona y a otra le daré vida, por eso dice, hiero y curo, es decir, así como la herida y la curación se aplican a una sola persona, así también la muerte y la vida. aplicar a una persona. Esta es una respuesta para aquellos que dicen que no hay ningún indicio en la Torá acerca de la resurrección de los muertos. Hay un Baraitha: R. Mair dice: ¿De dónde nos enteramos de la resurrección en la Torá? Está escrito (Éxodo 15, 1) Entonces Moisés y los hijos de Israel cantarán este cántico. No lee (Shar) cantó, pero cantará (Yashir). Este es un indicio de la resurrección en la Torá. Similar a esto es (Jos. 8, 30) Entonces Josué construirá un altar. No lee (Banah) sí construyó, pero (Yibna) construirá. Esta es también una inferencia de la resurrección de la Torá. De acuerdo con esto, ¿cómo se explicará el pasaje (I Reyes, 11, 7) Entonces (Yibna) Salomón construyó un altar? ¿También explicará aquí 'construirá'? Por tanto, debemos decir que significa en el pasado. R. Joshua b. Levi dice: "¿De dónde encontramos un indicio en la Torá de la resurrección de los muertos? Está escrito (Sal. 84, 3) Bienaventurados los que habitan en tu casa; continuamente te alabarán. No lee alabado (en el pasado) pero lo alabará (en el futuro). Por lo tanto, es un indicio de la resurrección ". R. Joshua b. Levi dijo de nuevo:" El que recitó himnos a su Creador en este mundo será recompensado recitando lo mismo en el mundo venidero, como se dice: Felices son los que habitan en tu casa ". R. Chiya b. Abba dijo, en el nombre de R. Jochanan:" ¿De dónde nos enteramos de la resurrección en la Torá? Está escrito (Is. 52, 8) La voz de tus atalayas: ellos alzan su voz, juntos cantarán; porque ojo a ojo verán, cuando el Señor vuelva a Sion. No lee (Ran'nu) cantó, [en el pasado,] pero (Yeran'nu) cantará [en el futuro]. Por lo tanto, la resurrección se infiere de la Torá ". R. Chiya b. Abba dijo de nuevo en el nombre de R. Jochanan:" En el futuro todos los profetas cantarán juntos un cántico de alabanza, como se dice: La voz de tu centinelas, juntos alzan la voz ".

R. Juda dijo en nombre de Rab: "El que se niega a impartir una Halajá a un discípulo es considerado como si quisiera robarle la herencia de sus antepasados, porque se dice (Deut. 33, 4) La ley que Moisés nos ordenó es la herencia de la congregación de Israel. Por lo tanto, la ley se considera una herencia para todo Israel desde la creación del mundo ". R. Chana b. Bizna, en nombre de R. Simón el Piadoso dijo: "El que niega (o niega) la explicación de una Halajá a un discípulo, incluso los embriones en las entrañas de sus madres, lo maldiga, como se dice (Prov. 11, 26) Al que retiene el trigo, (Fol.92) (l'om) la gente (ye'kabuhu) denunciará, y la palabra l'am se refiere a embriones, como se dice (Núm.23, 8) ¿Cómo voy a denunciar (Kabo) a quien Dios ..., y Bar significa la Torá, como se dice (Sal. 2) Y si uno enseña. "¿Cuál será su recompensa por eso? Raba, en el nombre de R. Shesheth, dijo: "Será recompensado con la bendición con la que José fue bendecido, como se dice (Pr. 11, 26) Pero la bendición se amontonará sobre la cabeza del (Mashbir) que la vende, y Mashbir se refiere a José; como se dice (Génesis 48, 6) Y José, él era el gobernador de la tierra, él era el que vendía maíz a todo el pueblo ". R. Shesheth volvió a decir:" El que enseña la Torá en este mundo ser recompensado enseñándolo en el mundo venidero, como se dice (Prov.11, 25) El que refresca [a otros] hará lo mismo en el futuro ". Mar Zutra dijo:" ¿De dónde inferimos la resurrección de la Torá? Se dice (Deut. 33, 6) Que Rubén viva, y no muera, es decir, que viva en este mundo y no muera en el mundo venidero ". Rabina dice: De lo siguiente (Dan. 12, 2) Y muchos de los que duermen en el polvo de la tierra se despertarán, algunos para vida eterna, y otros para vergüenza y aborrecimiento eterno. Y R. Ashi dijo: De (Ib. Ib. 13) Pero tú, vete [tu camino] hacia el final; y descansarás, y te levantarás para tu suerte al final de los días. R. Elazar dijo: "Un líder de una congregación, que los guíe humildemente, será recompensado liderando a los mismos en el mundo venidero , como se dice (Is.49, 10) Porque el que tiene misericordia de ellos los guiará, y por manantiales de agua los guiará ". R. Elazar dijo nuevamente:" La sabiduría es de gran importancia, ya que fue colocada entre dos nombres divinos (I Sam. 2, 3) Porque un Dios de conocimiento es el Señor. "Otra cosa dijo R. Elazar:" Todo hombre que posee sabiduría puede considerarse como si el Templo fue construido en sus días, ya que tanto la sabiduría como el templo se colocan entre dos nombres divinos. "R. Elazar dijo además:" El que no posee conocimiento no merece que se le tenga misericordia, como se dice (Is. 27, 11) Porque no es un pueblo de entendimiento; por tanto, el que lo hizo no tendrá compasión de él, y el que los formó no tendrá misericordia de ellos ". R. Elazar dijo también:" El que alimenta a alguien que no posee ningún conocimiento, sufrirá como recompensa por ello. , como está dicho (Ob. 1, 7) Los que comen de tu pan te han herido en secreto una herida, no hay entendimiento en ellos ". R. Elazar dijo de nuevo:" Un hombre que no tiene conocimiento finalmente será exiliado, como dice (Is. 5, 13) Por tanto, mi pueblo fue llevado al destierro, por falta de conocimiento ".

R. Elazar volvió a decir: "Una casa en la que no se escuchen las palabras de la Torá durante la noche será finalmente quemada, como se dice (Job 20, 26). Toda la oscuridad está guardada para sus tesoros: un fuego que no se apaga. por el hombre lo consumirá; destruirá a cualquiera (Sarid) que quede en su tienda. Sarid se refiere a un erudito, como se dice (Joel 3, 4) Entre el remanente (shridim) que el Señor llama ". R. Elazar dijo de nuevo: "El que no beneficia a los eruditos con su propiedad nunca recibirá ninguna forma de bendición, como se dice (Job 20, 21). Nada se libró (Sarid) de su ansia de comer; por lo tanto, su la riqueza no prospera. Y la palabra Sarid se refiere a una escuela, como se dice (Joel 3) Entre el remanente (Shridim) a quien el Señor llama ". Y del mismo pasaje, R. Elazar dijo de nuevo:" El que no deja pan después de la comida, no cosechará los frutos de ninguna bendición, como se dice (Job 20) Nada se libró (Sarid) de su anhelo, y Sarid se refiere a un erudito como antes. Pero, ¿no dijo R. Elazar en otra parte que el que deja pedazos de pan después de la comida es considerado como si estuviera adorando ídolos, como se dice (Is. 65, 11)?) Que disponga una mesa para el dios de la fortuna y que llene de destino la libación. Esto no presenta ninguna dificultad. En el último dicho quiere decir que pone un pan entero en la mesa [lo cual está prohibido], pero en el primer pasaje habla de dejar algunas migajas de pan para los pobres. R. Elazar volvió a decir: "El que cambia su palabra es considerado como si adorara ídolos; aquí está escrito (Gén. 27, 12). Le pareceré un engañador; y está escrito (Jer. 10). , 15) Son vanidad, obra del engaño ". R. Elazar dijo de nuevo:" Un hombre siempre permanecerá oscuro (sin un cargo) y vivirá ". R. Zera dijo:" También lo hemos enseñado en la siguiente Mishná : Si parece haber lepra en una casa que está a oscuras, las ventanas no deben abrirse para investigar. "Por lo tanto, se infiere lo anterior.

En la escuela de Elías se enseñó: Los justos que serán restaurados en el futuro por el Santo, ¡alabado sea! nunca volverá a su polvo, como se dice (Isaías 4, 3) Y sucederá que todo el que quede en Sion, y el que quede en Jerusalén, será llamado santo, todo aquel que esté escrito en vida. en Jerusalén. Y así como el Santo existe para siempre, también los que se mencionan en este versículo vivirán para siempre. (Ib. B) Y pregúntese: ¿Qué harán durante los mil años en que el Santo, alabado sea? renovará su mundo? Porque se dice (Ib. 2, 17) Y exaltado será el Señor solo en ese día. Los justos en cuestión recibirán alas similares a las alas de las águilas, y volarán sobre el mundo, como se dice (Sal.46, 3).Por tanto, no temeremos cuando la tierra se transforme y cuando las montañas se trasladen al corazón de los mares. Y para que no se diga que se entristecerán, se dice, por tanto, (Is.40, 31) Sin embargo, los que esperan en el Señor adquirirán nuevas fuerzas; levantarán alas como las águilas; correrán y no se cansarán; caminarán y no se fatigarán. Pero, ¿por qué no inferir de los muertos quiénes fueron restaurados por Ezequiel y quiénes murieron de nuevo? Él (Elías) sostiene con el que dice que en realidad Ezequiel no devolvió la vida a ningún muerto, y toda la profecía fue solo una parábola [profetizando que la nación judía sería restaurada nuevamente], como se nos enseña a continuación. Baraitha: Los muertos a quienes Ezequiel restauró se levantaron, cantaron una canción y volvieron a morir. ¿Y qué tipo de canción era? El Señor hace que uno muera con justicia y con misericordia lo devuelve a la vida. Así dice R. Eliezer. Pero R. Joshua dice: "La canción era de (I Sam. 2, 6) El Señor mata y da vida; él baja al sepulcro y levanta. "R. Juda, sin embargo, dice:" Fue una parábola real ". R. Nechemiah le dijo:" Si es real, entonces no es una parábola; y si es una parábola, entonces no es real. "Diga, entonces, que en realidad era sólo una parábola. R. Eliezer b. R. José, el galileo, sin embargo, dice:" Los muertos que fueron restaurados por Ezequiel fueron a la tierra de Israel, se casó y engendró hijos e hijas. "Entonces R. Juda b. Bathyra se puso de pie y dijo:" Yo mismo soy descendiente de ellos, y estas son las filacterias que heredé de mi abuelo, quien me dijo que fueron utilizados por los restaurados. "¿Pero quiénes fueron los que fueron restaurados a la vida? Rab dijo:"Yo Chron. 7, 20-23) Y los hijos de Ephraim: Shuthalach, y Bered su hijo, y Thachath su hijo, y Eladah su hijo, y Thakhat su hijo, y Zbad su hijo, y Eladah su hijo, y Eser y Elad a quienes el hombres de Gat que nacieron en esa tierra mataron.... Y Efraín su padre estuvo de luto muchos días, y sus hermanos vinieron a consolarlo ". Samuel, sin embargo, dijo:" Eran los hombres que negaban la resurrección, como está dicho (Ezequiel 37, 11).Entonces me dijo: Hijo de hombre, estos huesos son toda la casa de Israel; he aquí, dicen: Secados están nuestros huesos, y perdida nuestra esperanza; estamos completamente cortados. "R. Jeremiah b. Abah dijo:" Eran los cuerpos de hombres en los cuales, no había esencia de ningún acto meritorio, como se dice (Ib. ib. 4) Oh vosotros, huesos secos, oíd la palabra del Señor. "Y R. Isaac de Nabhar dijo:" Eran los hombres acerca de los cuales se dice (Ib. 8, 10). Entonces entré y vi; y he aquí todo reptil y ganado, abominaciones y todos los ídolos de la casa de Israel grabados en el muro alrededor. Y está escrito (Ib. 37, 2) Y me hizo pasar junto a ellos por todos lados, etc. "R. Jochanan dijo:" Eran los muertos del valle de Dura, a quienes Nabucodonosor mató ". Esto es lo que R. Jochanan dijo en otra parte, que desde el río Achar hasta la ciudad de Rabath en el valle de Dura había jóvenes de Israel que fueron exiliados por Nabucodonosor el malvado, que eran tan hermosos que no había ninguno semejante a ellos bajo el sol; y las mujeres de Caldea se enfermaron cuando las miraron. Entonces el rey ordenó matarlos a todos y pisarles el rostro.

A nuestros rabinos se les enseñó: En el momento en que Nabucodonosor arrojó a Jananya, Misael y Azaryah en el horno, el Santo, ¡alabado sea! dijo a Ezequiel: "Ve y restaura a los muertos en el valle de Dura", y esos huesos vinieron y abofetearon el rostro de Nabucodonosor. Preguntó: "¿Cuál es la naturaleza de estos? Y le dijeron que el colega de aquellos [a quienes había echado al horno] se dedicaba a restaurar a los muertos en el valle de Dura. Entonces comenzó a decir (Dan. 3 , 33) Sus signos, ¡qué grandes son! Y sus maravillas, ¡cuán poderosas son! Su reino es un reino eterno, y Su dominio sobre todas las generaciones ". R. Isaac dijo:" Que se derrame oro fundido en caliente en la boca del impío, porque si un ángel no hubiera venido y le hubiera abofeteado, él habría deshonrado todos los cánticos y alabanzas que fueron pronunciados por David en los Salmos. "A nuestros rabinos se les enseñó: Seis milagros ocurrieron ese día: el horno flotó hacia arriba; se rompió; su cimiento se derrumbó [por el calor]; el oro imagen cayó sobre su rostro, cuatro reinos [que ayudaron a Nabucodonosor] fueron quemados, y Ezequiel resucitó a los muertos en el valle de Dura. Todos ellos son conocidos por la tradición, excepto los cuatro reinos, que está escrito (Dan. 3 , 2) Y el rey Nabucodonosor envió a reunir (sus) lugartenientes, los superintendentes y los gobernadores, los jueces, los tesoreros, los consejeros, los sabios de la ley y todos los gobernantes de las provincias; y está escrito (Ib. ib. 27) Y los tenientes, superintendentes y gobernadores, y los consejeros del rey, estando reunidos, vieron a estos hombres, etc. [faltan cuatro de la clase de personas mencionadas en el primer pasaje]. En el colegio de R. Eliezer b. A Jacob se le enseñó: "Incluso en el momento del peligro, uno no debe cambiar su vestimenta oficial, como se dice (Ib. Ib. 21). Entonces estos hombres fueron atados en sus mantos, etc." R. Jochanan dijo: (Fol. 93) "Los justos son aún más grandes que los ángeles ministradores, como se dice, Él respondió y dijo: He aquí, veo cuatro hombres sueltos, caminando en medio del fuego,

R. Tanchum b. Chanilai dijo: "Cuando Chananyah, Misael y Azaryah salieron del horno, las naciones vinieron y abofetearon a Israel en la cara, diciendo: '¡Tenéis tal Dios, y os inclináis a las imágenes!' Ellos (Israel) inmediatamente confesaron, diciendo (Ib. 9, 7) Tuya, oh Señor, es la justicia, pero nuestra es la confusión de rostros, como es el día de hoy ". R. Samuel b. Nachmeni, en el nombre de R. Jochanan, dijo: "¿Qué significa el pasaje (Canciones 7, 9) que pensé, deseo trepar a la palmera, deseo agarrarme de sus ramas, el Santo? ¡Alabado sea! dijo: 'Tomaré todo el árbol, (Israel), pero ahora reclamo solo una rama: la de Jananyah, Misael y Azaryah' ". R. Jochanan dijo: "¿Qué dice el pasaje (Zac. 1, 8) Vi esta noche, y he aquí, había un hombre (ish) montado en un caballo rojo, etc., ¿mal? Esta noche, es decir, el Señor tenía la intención de convertir el mundo entero en noche. He aquí que había un hombre (ish), esto se refiere al Santo, ¡alabado sea! como se dice (Ex. 15, 3) El Eterno es un hombre (ish) de guerra. Sobre un caballo rojo, es decir, el Santo, ¡alabado sea! tenía la intención de sumergir al mundo entero en sangre, pero después de mirar a Jananyah, Misael y Azaryah, se sintió satisfecho (enfriado), como se dice, Y estaba de pie entre los mirtos (hadasim). Y mirto se refiere a los rectos, como se dice (Est. 2, 7) Y él hizo subir a Hadassa. Y valle profundo se refiere a Babilonia, como se dice (Isaías 44, 27Que dice al abismo: Sécate, y tus ríos secaré yo; inmediatamente los rojos que estaban llenos de ira se volvieron pálidos y los rojos se volvieron blancos ". R. Papa dijo:" De esto se deduce que si uno ve un caballo blanco en su sueño, es una buena señal ". Pero, ¿qué pasó con Jananyah? , Misael y Azaryah después de que salieron del horno [ya que no hay más mención de ellos]? Rab dijo: "Murieron de un mal de ojo"; y Samuel dijo: "Se ahogaron en la saliva [causada por el naciones cuando abofetearon a Israel en la cara, mencionado anteriormente.] "R. Jochanan, sin embargo, dijo:" Regresaron a Palestina, se casaron y engendraron hijos ". Respecto a lo mismo, los Tannaim de los siguientes Baraitha difieren: R. Eliezer dice : "Murieron de mal de ojo". R. Joshua dice: "Se ahogaron en la saliva,Zech. 3, 8) Oye, oh Josué, sumo sacerdote, tú y tus compañeros que se sientan delante de ti, porque son hombres de maravilla, es decir, ¿quiénes eran los hombres a quienes se les hizo maravillas? Debemos decir, Jananyah, Misael y Azaryah. Pero, ¿dónde estaba Daniel en el momento en que los arrojaron al horno? Rab dijo: "Fue a cavar un río en la ciudad de Tiberio". Y Samuel dijo: "Fue enviado por Nabucodonosor para traer cierta clase de hierba [de Palestina, para plantarla en Babilonia]". Y R. Jochanan dijo: "Fue enviado a traer cerdos de Alejandría de Egipto". Pero, ¿no fue dicho anteriormente por Tudus, el médico, que ningún cerdo salió de Alejandría sin que le hubieran quitado el útero para que no se multiplicaran en otros países? Trajo pequeños

A nuestros rabinos se les enseñó: Fue por consejo de los siguientes tres [que Daniel se fue antes del asunto de Jananyah, etc.]: ¡El Santo, alabado sea! Daniel mismo y Nabucodonosor. ¡El Santo, alabado sea! por la razón de que la gente no debería decir que fueron salvos por las buenas obras de Daniel. Daniel dijo: "Me iré para que el versículo (Deut. 3, 25) Las imágenes esculpidas de sus dioses quemaréis con fuego, no se cumplirán a través de mí. Y Nabucodonosor dijo:" Deja ir a Daniel, para que la gente se no digo que quemé a mi dios en fuego. "¿Y de dónde sabemos que Nabucodonosor lo adoró? Está escrito (Dan. 2, 46) Entonces el rey Nabucodonosor se postró sobre su rostro y se postró ante Daniel.

(Jeremías 29, 21, 23) Así ha dicho Jehová de los ejércitos, Dios de Israel, acerca de Acab, hijo de Kolaya, y de Sedequías, hijo de Maasseyah, que os profetiza en mi nombre de falsedad.... Y de ellos será tomada maldición por toda la cautividad de Judá que está en Babilonia, diciendo: Que el Señor te haga como Sedequías y como Acab, a quien el rey de Babilonia asó al fuego. "No dice (Sarfam), a quien quemó, pero dice (Kalan) a quien asó", dijo R. Jochanan en el nombre de R. Simon b. Jochai: Deduzca de esto que fueron asados como la gente tuesta el grano. (Ib. Ib, 23) Porque han cometido actos escandalosos en Israel, y han cometido adulterio con las esposas de sus vecinos. ¿Qué habían hecho ellos? Fueron a la hija de Nabucodonosor. Achab le dijo: " El Señor me ha mandado que te diga que escuches a Sedequías. "Y este último dijo lo mismo - que ella escuchara a Ajab. Y ella fue inmediatamente y le dijo esto a su padre. A lo que él respondió:" Se sabe para mí que su Dios aborrece el incesto. Cuando vuelvan a ti, mándamelas. Cuando llegaron, se los envió a su padre; Nabucodonosor les preguntó: "¿Quién les dijo que lo hicieran?" ¡Alabado sea el Santo! ", Dijeron." Pero Chananyah y sus colegas me dijeron que tal cosa está prohibida ", dijo. Y ellos respondieron:" Nosotros también somos profetas como ellos, y este mandato, aunque no entregado a ellos, fue, sin embargo, entregado a nosotros ". Entonces dijo el rey:" Te probaría como lo hice con Jananyah y sus colegas ". Y para su afirmación," Eran tres,Zech. 3, 1-3) Y me mostró a Josué, el sumo sacerdote, de pie ante el ángel del Señor. Y el Señor le dijo al acusador: El Señor te reprenda, oh acusador, etc. Satanás le dijo: "Sé que eres un hombre íntegro, pero ¿por qué afectó el fuego a tus vestiduras, que no fue el caso de Jananyah? ¿Misael y Azaryah? " Y él respondió: "Eran tres, y yo uno". "Pero Abraham el patriarca no era también uno solo cuando fue arrojado al horno", preguntó Satanás. "Con Abraham", dijo, "no hubo malvados a quienes se le concedió permiso para afectar al fuego, sino que conmigo hubo dos malvados, y tal permiso se le dio al fuego". Y esto es lo que dice la gente: "Si hay dos trozos de madera secos, y uno verde en medio, el trozo verde se quemará con los secos". Pero, ¿por qué fue castigado? R.

R. Tanchum dijo: "Bar Kappara dio una conferencia en Sepphoria:" ¿Qué significa el pasaje (Rut, 3, 17) de estas seis cebadas que me dio? ¿Cómo se deben entender las seis cebadas? Lo tomaremos literalmente. Ib. b) ¿Un hombre como Booz regalaría seis granos de cebada? Supongamos que significa medidas de cebada. ¿Cómo puede una mujer cargar seis medidas? Por lo tanto, las seis cebadas eran una predicción de que en el futuro saldrían de ella seis hijos, cada uno de ellos sería bendecido con seis bendiciones: a saber, David, Mesías, Daniel, Jananyah, Misael y Azaryah. David - como está escrito (I Sam. 16, 18) Entonces respondió uno de los sirvientes, y dijo: He aquí, he visto a un hijo de Isaí el Betlechemita, que es diestro como jugador y valiente y valiente, y hombre de guerra, e intensivo en el habla y una persona de buena voluntad. forma, y el Señor está con él. Y R. Juda dijo en nombre de Rab: "Todo el versículo fue dicho por Doeg el edomita, con la intención de difamar, es decir, que es hábil como jugador, que sabe cómo hacer preguntas; un hombre valiente, que sabe cómo responder preguntas; un hombre de guerra - que entiende los argumentos en las disputas de la Torá; inteligente en el habla - entiende cómo derivar una cosa de otra (argumento por analogía); una persona de buena forma - que es capaz de da buenas razones para las Halajás; el Señor está con él, la Halajá siempre prevalece con él. A todas las cosas mencionadas anteriormente, Saúl dijo: "I Sam 14, 47) Y dondequiera que se volteó, causó terror, y acerca de David está escrito: En todo lo que se volvió, tuvo éxito. Pero, ¿de dónde sabemos que fue Doeg quien lo dijo? Del siguiente pasaje (Ib. 16, 18) Uno de los sirvientes, el más distinguido de ellos; y (Ib. 26, 8) Y su nombre era Doeg el edomita, jefe del pastor que pertenecía a Saúl. Mesías, como está escrito (Is. 11, 2) Y reposará sobre él el espíritu del Señor, el espíritu de sabiduría y entendimiento, el espíritu de consejo y de fortaleza; el espíritu de conocimiento y de temor del Señor. Daniel, Jananyah, Mischael y Azaryah - como está escrito (Dan.1 , 4) Muchachos en quienes no debería haber ningún tipo de defecto, pero que debieran ser hermosos en apariencia e inteligentes en consejo y poder; el espíritu de conocimiento y comprensión de la ciencia, y los que deben tener la capacidad de servir en el palacio del rey, y que a estos se les debe enseñar el saber y el idioma de los caldeos. Y también está escrito Vaharikho (animado). R. Alexandri dijo: "Deduzca de esto que él siempre está sobrecargado con los mandamientos y castigos divinos que descansan sobre él como Rechayim (un molino de mano)". Raba dijo: "Él juzga por el olfato", como está escrito además, Y no juzgará según la vista de los ojos, ni según el oído de los oídos.... [sin embargo] juzga con justicia a los pobres y decide con equidad por los que sufren de la tierra, y herirá la tierra con la vara de su boca, y con el aliento de sus labios matará al impío. [Por lo tanto, si no es por el ojo ni por el oído, debe ser oliendo.] Por lo tanto, cuando [Bar Kokhba] dijo a los sabios: "Yo soy el

Mesías", ellos le respondieron acerca del Mesías: "Está escrito que Él juzga por el olfato; veamos si juzga también por el olfato ". En cuanto vieron que no juzgaba por el olfato, lo ejecutaron. Y ahora, tomando como referencia el versículo citado sobre Jananyah, Misael, etc., "no tenían defecto". R. Chama b. Chanina dijo: "Ni siquiera un rasguño, causado por la perforación de la lanceta, fue encontrado en sus cuerpos". La capacidad de servir en el palacio del rey, es decir, pudieron abstenerse de reír, dormir y soñar, e incluso de partir por uno '

(Ib. Ib. 6) Ahora había entre estos, de los hijos de Judá, etc. R. Elazar dijo: "Todos ellos eran de la tribu de Judá". Pero Samuel b. Nachmeni dijo: "Solo Daniel era de Judá; pero Jananyah, Misael y Azaryah eran de otras tribus". ¿Qué significa (Is. 56, 5) en verdad les daré ... un nombre eterno? R. Tanchun dijo: "Bar Kappara dio una conferencia en Sepphorias que esto se refiere al libro de Daniel, que lleva su nombre".

¡Dejanos ver! Todo lo que está escrito en el libro de Esdras fue dicho por Nechemiah a Chacklayah. ¿Por qué, entonces, no recibió su nombre? R. Jeremías b. Aba dijo: "Porque él se atribuyó el mérito por ello, como se dice (Nech. 5, 19). Acuérdate de mí, Dios mío para bien, todo lo que he hecho por este pueblo". Pero, ¿no dijo David algo parecido a esto (Sal. 106, 4), oh Señor, acuérdate de mí cuando favorezcas a tu pueblo? Esto se dijo solo como una oración. R. Joseph dijo: "El libro no lleva su nombre porque calumnió a los antiguos gobernadores, como se dice (Neh. 5, 15) Antiguos gobernadores ... lo habían hecho pesado ... les habían quitado pan y vino, además de cuarenta siclos. E incluso Daniel, que era más grande que él, fue incluido en esta calumnia [siendo un gobernador mucho antes que Nechemías]. "¿Y de dónde sabemos que Daniel era más grande que él? Del siguiente pasaje (Dan. 10, 7).) Y yo, Daniel, vi solo esta aparición; pero los hombres que estaban conmigo no vieron la apariencia; sin embargo, un gran terror cayó sobre ellos, de modo que huyeron para esconderse. ¿Quiénes eran estos hombres? R. Jeremiah, y según otros, R. Chiya b. Aba dijo: "Hageo, Zacarías y Malaquías. (Fol. 94) En un aspecto eran más grandes que él y en otro, él era más grande que ellos; en un aspecto eran más grandes que él, ya que eran profetas, mientras que él no era , y en otro aspecto él era más grande que ellos, porque él vio la apariencia y ellos no lo vieron. Pero si no vieron nada, ¿por qué se sorprendieron? Aunque no lo vieron, sus ángeles de la guarda sí. "dijo Rabina," que si un hombre está conmocionado, aunque no ve nada, sin embargo, su ángel de la guarda debe haberlo visto ". ¿Cuál es el remedio para esto? Que se mueva cuatro codos de ese lugar, o lea la porción de Sh'ma. Y si se para en un lugar sucio, donde no está permitido recitar la porción de Sh'ma Israel, puede decir: "Las cabras del carnicero son más gordas que yo".

(Is. 9, 6) Por promover el aumento del gobierno, y por la paz sin fin, etc. R. Tanchum dijo: "Bar Kapara dio una conferencia en Sepphoria: ¿Por qué es que, en todas las demás palabras, si la (letra) mem pasa a estar al principio o en el medio, es una abierta, y aquí la mem, que es la segunda letra de esta palabra, es la memoria final, es decir, el Santo, ¡alabado sea! estaba a punto de convertir a Ezequías en el Mesías, y a Senaquerib, quien declaró la guerra contra él en sustitución de Gog y Magog, ante lo cual el Atributo Divino de la justicia dijo ante Él: "¡Soberano del Universo! David, el rey de Israel, que recitó delante de ti tantos cánticos y alabanzas, no fue hecho Mesías, mientras que

Ezequías, para quien hiciste tantas maravillas y milagros, por el cual no recitó ningún cántico, si lo hicieras un ¿Mesías?" Por lo tanto, la memoria se cerró [como una pista para esto]. La tierra, sin embargo, inmediatamente abrió la boca y dijo: "¡Soberano del Universo! Rezaré canciones ante Ti en lugar de este justo, y Tú, te ruego, lo conviertas en Mesías". Y así lo hizo, como se dice (Ib. 24, 16). Desde los confines de la tierra hemos escuchado cánticos: Gloria a los justos. Y el genio del universo también dijo ante Él: "¡Soberano del Universo! Haz, te lo ruego, el deseo de este hombre justo". Entonces se escuchó una voz celestial que decía: ¡Es mi secreto, es mi secreto! A lo que el profeta exclamó: ¡Ay de mí! ¿Hasta qué hora se pospondrá? Y la voz celestial respondió: Hasta que los traidores traicionarán. Raba, y según otros, R. Isaac, explicaron esto: "Hasta que vengan desgracia tras desgracia. "(Ib. 21, 11) La profecía acerca de Dumah. A mí uno me llama desde Seir: ¿Vigilante, qué de la noche? Vigilante, ¿qué de la noche? R. Jochanan dijo:" El ángel que gobierna las almas después su salida de este mundo, se llama Dumah; y todos los espíritus se reunieron a él y le preguntaron: '¿Qué dijo el centinela del mundo (el Señor)? ¿Y la noche? ¿Y la noche? [¿El destierro que se compara con la noche?] Y él respondió. 'Así dijo el centinela: Viene la mañana, pero antes será una noche muy, muy larga. Sin embargo, si deseas orar para que Él lo apresure, trata de hacerlo arrepintiéndote de tus pecados y regresando preparado para la redención ". ¿Y la noche? ¿Y la noche? [¿El destierro que se compara con la noche?] Y él respondió. 'Así dijo el centinela: Viene la mañana, pero antes será una noche muy, muy larga. Sin embargo, si deseas orar para que Él lo apresure, trata de hacerlo arrepintiéndote de tus pecados y regresando preparado para la redención ". ¿Y la noche? ¿Y la noche? [¿El destierro que se compara con la noche?] Y él respondió. 'Así dijo el centinela: Viene la mañana, pero antes será una noche muy, muy larga. Sin embargo, si deseas orar para que Él lo apresure, trata de hacerlo arrepintiéndote de tus pecados y regresando preparado para la redención ".

Fue enseñado en el nombre de R. Pepiyas: De hecho, es una vergüenza para Ezequías y sus asociados no haber recitado ningún cántico hasta que la tierra abrió la boca y cantó, como se dice, (Is. 24) en la tierra oímos cánticos, Gloria a los justos. Similar a esto encontramos un pasaje (Ex.18, 10) Bendito sea el Señor que te ha librado. Fue enseñado en el nombre de Pepiyas: De hecho, es una vergüenza para Moisés y los seiscientos mil israelitas con él que no dijeron esta bendición hasta que Jetro vino y dijo: Bendito sea el Señor (Ib. Ib. 9) Vayichad (se regocijó) Jethro. Rab y Samuel explican esta palabra. Rab dijo: "Significa que se pasó una navaja afilada por el cuerpo". [Realizó la ceremonia de la circuncisión]. Y Samuel dijo: "Significa que todo su cuerpo le dolía como si lo golpearan con agujas afiladas". Rab dijo: "Esto es lo que dice la gente:" Un prosélito, incluso hasta la décima generación, no desprecie en su presencia a un pagano "(Is. 10, 15).) Por tanto, el Señor, el Eterno de los ejércitos, enviará flaqueza entre sus bmashmanov (gordos). ¿Qué se entiende por el término bmashmanov? El Señor dijo: "Que venga Ezequías, que tiene ocho nombres, y se vengue de Senaquerib, que también tiene ocho nombres". Ezequías tenía ocho nombres, como está escrito (Ib. 9, 5) Porque un niño nos ha nacido, un hijo nos ha sido dado, y el gobierno está sobre sus hombros y su nombre es Pete, Yoez, El, Gibor, Abbi, Ad, Sar, Shalom. ¿Y el nombre Ezequías? Esto significa que el Señor lo fortaleció; según otros, significa que él causó el fortalecimiento de Israel a su Padre Celestial. Y con respecto a Senaquerib, está escrito (II Reyes, 15, 9) Thiglath-pilesser (I Crónicas 5, 20) Pilnesser, (II Reyes, 17, 3) Shalmanesser, (Ib. Ib. 17) Pul, (Isa. 20, 1)

Sargón, y (Esdras 4, 70) Assnaper, Rabha, V'yaquira. ¿Y el nombre Sennacherib? Esto significa que dijo palabras viles contra el cielo. R. Jochanan dijo: "¿Por qué ese inicuo merecía ser llamado el honrado y el grande? Porque no habló mal de la tierra de Israel, como se dice (II Reyes, 18, 32) Hasta que yo venga y te lleve a una tierra como la tuya, etc. "Rab y Samuel difieren en lo siguiente: uno dice que era un rey inteligente, y el otro, un rey tonto. Según el primero, él era un rey astuto, porque si les hubiera dicho que los llevaría a una tierra mejor que la de ellos lo habrían considerado un mentiroso. Y según el otro era un tonto, de qué les serviría ir ¿A una tierra que no era mejor que la suya? ¿A dónde exilió a las diez tribus de Israel? Mar Zutra dijo, a África, y R. Chanina dijo, a las montañas de Slug. Sin embargo, las diez tribus de Israel calumniaron la tierra de Israel, porque cuando llegaron a la ciudad de Sus, dijeron que era como su propia tierra. Y cuando llegaron a la ciudad de Elmin, dijeron que era como nuestro Elmin (Jerusalén),y cuando llegaron al segundo Sus, dijeron que era mucho mejor que su propia tierra.

(Isa. 10, 16) Y debajo de su gloria se encenderá. R. Jochanan dijo: "Esto significa bajo su gloria pero no la gloria en sí", porque R. Jochanan llamó a sus vestiduras "mis honores". [Por lo tanto, el cuerpo fue quemado, pero no las vestiduras.] R. Elazar, sin embargo, dijo: "Bajo su gloria" significa debajo de la carne, es decir, solo el alma fue quemada como por los hijos de Aarón; así como allí se quemó el alma, pero el cuerpo permaneció intacto, así también significa que aquí el alma se quemará pero el cuerpo permanecerá ".

Se nos enseña en un Baraitha, en el nombre de R. Joshua b. Karcha: Faraón que personalmente blasfemó contra el Santo, ¡alabado sea! también fue castigado por el Santo, ¡alabado sea! Senaquerib, quien blasfemó a través de un mensajero, también fue castigado a través de un mensajero. Acerca de Faraón, está escrito (Ex. 5, 2) Y Faraón dijo: ¿Quién es el Eterno, a cuya voz debo obedecer? Y fue castigado por el Santo, ¡alabado sea! como está escrito (Ib. 14, 27) Y el Señor derribó a los egipcios en medio del mar. Y también (Habacuc, 3, 15) (Pero) pasaste el mar. Concerniente a Senaquerib está escrito (II Reyes 19, 23) Por los mensajeros has blasfemado al Señor. Fue castigado a través de un mensajero, como dice (Ib. Ib. 3) Y sucedió ... que un ángel del Señor hirió en el campamento de los asirios, ciento ochenta y cinco mil. "R. Chanina b. Papá planteó la siguiente contradicción (Isaías 37, 24) Entraré en lo alto de su cumbre. (II Reyes, 19, 23) Entraré en las moradas de su cumbre, es decir, Así pensó Senaquerib: Primero destruiré. la morada inferior y luego la superior. R. Joshua b. Levi dijo: "¿Cuál es el significado del pasaje (Ib. 18, 25) Ahora he subido sin el Señor (la voluntad) contra este lugar para destruir es decir, el Señor me ha dicho: Sube contra esta tierra y destrúyela. "¿Qué es? Oyó al profeta que dijo (Es un. 8, 6-7) Por cuanto este pueblo desprecia las aguas de Siloaj que fluyen suavemente, y se regocija en Rezin y el hijo de Remaliahu, etc. R. Joseph dijo: "Si no fuera por la traducción de este versículo al caldeo, nosotros La traducción es así: Porque este pueblo despreciaba el reino de David, quien los gobernaba suavemente como las aguas de Siloaj que fluyen suavemente, y se encariñó con Rezin y el hijo de Remalyahu.

R. Jochanhan dijo: "¿Cuál es el significado del pasaje (Prov. 3, 33) La maldición del Señor está en la casa de los impíos, pero la morada de los justos será bendita? Es decir, la maldición del Señor está en la casa de los malvados se refiere a Peckach b. Remalyahu, que solía consumir cuarenta sahs de paloma como postre. Pero la morada de los justos será bendecida, se refiere a Ezequías, rey de Judá, cuya comida consistía en de una litra de carne (Isaías 8, 7).... El rey de Asiria ... y penetrará en Judá, inundado y inundado, hasta el cuello llegará. Ahora [ya que actuó de acuerdo con la profecía], ¿por qué entonces fue castigado? El profeta profetizó acerca de las diez tribus, y él mismo decidió ir a Jerusalén. Entonces vino el profeta y dijo (Ib. Ib. 23) Y ninguna fatiga se apodera del que los oprime. R. Eleazar b. Breakhya explicó el pasaje anterior así: "Un pueblo que está ocupado con el estudio de la ley no será entregado a su opresor". Lo que se quiere decir (Ib.) En la primera vez, se burló de la tierra de Zabulón y de la tierra de Neftalí, y al final tratará con dureza, con el camino junto al mar, al otro lado del Jordán. (hasta) la Galilea de las naciones, es decir, No como el primero [exiliado] que se deshizo del yugo de la Torá, sino como el último, que toleró el pesado yugo de la Torá y, por lo tanto, mereció que les sucediera un milagro como les sucedió a los que pasaron el Rojo. Sea y a los que pasaron el Jordán. Por lo tanto, si se retracta de alejarse de Jerusalén, muy bien, pero si no, lo haré despreciable entre las naciones.

(II Crón.32, 1) Después de estas cosas y de los acontecimientos verdaderos, vino Senaquerib el rey de Asiria, e invadió Judá, y sitió las ciudades fortificadas, y pensó en abrirlas para él. ¿Es esa recompensa adecuada para un hombre así [Ezequías]? ¿Y también cuál es el significado de después? Rabina dijo: "Significa después de que el Santo, ¡alabado sea! Había jurado; porque dijo: 'Si le dijera a Ezequías que traeré a Senaquerib y lo entregaré en sus manos, él me diría: No quiero ni tener miedo ni que me lo entreguen. Y por eso el Santo, ¡alabado sea! Juró que lo introduciría, como está dicho (Isaías 14, 24-24) Juró el Señor de los ejércitos, diciendo: Ciertamente, como lo he propuesto, así se cumplirá; y como he resuelto, así ocurrirá. Para quebrantar a Asur en mi propia tierra, y sobre mis montes lo hollaré; entonces su yugo será quitado de sobre ellos, y su carga será quitada de sus hombros. R. Jochanan dijo: "¡Alabado sea el Santo! Dijo: 'Senaquerib con sus compañeros vendrá y será un pesebre para Ezequías y sus asociados'". (Ib. 10, 27) Y sucederá en ese día, que su carga será quitada de tu hombro, y su yugo de tu cuello, y el yugo se romperá a causa de la gordura. R. Isaac de Nafcha dijo: "El yugo de Senaquerib se rompió a causa de las grasas de Ezequías que solía encender en la casa de oración y en la casa de aprendizaje. aunque la vid valía mil siclos de plata, fue descuidada y convertida en cardos y espinas porque todos se ocupaban del estudio de la ley. (Ib. 33, 4) Y tu despojo será recogido como recoge el grillo. Así dijo el profeta a Israel: "Recoge tu botín". Le dijeron: "¿Recogerá cada uno para sí o se dividirá en partes iguales?" El profeta respondió: "Como el grillo junta", es decir, como el grillo junta cada uno para sí, así también vosotros recogeréis. Entonces le dijeron: "¿No hay entre estos la propiedad de las diez tribus que fue robada por los asirios?" Él respondió: "(Ib. Ib. 4) es decir, así como el arroyo lleva al hombre del estado de impureza a la limpieza, así también es el caso de un israelita,

R. Huna dijo: "Diez viajes que hizo ese malvado ese día, como se dice (Ib. 10, 28-32)" Viene a Ayath, pasa a Migron; en Micmás amontona su bagaje: Pasan por el paso; se alojan en Geba; Rama tiembla; Gibas de Saúl huye. ¡Resuene tu voz, oh hija de Galim! Escuche Layshah; ¡Oh noor Anathoth! Madmenah está en movimiento (los habitantes de Gebin), etc. "Aquí se mencionan más de diez lugares. El pasaje, Deja que tu voz resuene, etc., fue dicho por el profeta a la Congregación de Israel. Deja que tu voz resuene, oh hija de Galim, hija de Abraham, Isaac y Jacob, que cumplió mandamientos divinos tan numerosos como las olas del mar. Escucha a Layshah, es decir, no le temas a él (Senaquerib), pero debes tenerle miedo a Nabucodonosor, que es igual a un leon,Jer. 4, 7) El león ha subido de su matorral. (Fol. 95) ¡Oh pobre Anathoth! es decir, llegará el tiempo en que Jeremías, el profeta, que viene de Anatot, profetizará la destrucción de Jerusalén, como está escrito (Jer. 1, 1) Estas son las palabras, etc. ¿Qué significa Aún permanecerá en Nob? R. Huna dijo: "Quedaba un día [dentro del tiempo establecido] para el castigo de la iniquidad de Nob". Y los astrólogos le dijeron a Senaquerib: "Si puedes llegar a Jerusalén ese día, saldrás victorioso, pero si no, fracasarás". Por tanto, apresuró su marcha e hizo un viaje de diez días en un día. Y cuando llegó a Jerusalén, le arrojaron un receptáculo de lana trenzada, sobre el cual ascendió la muralla de la fortificación desde donde podía ver toda la ciudad. Al mirarla, le pareció muy pequeña y exclamó: "¿Es esta la ciudad de Jerusalén por la que puse todo mi campamento en movimiento y por la que he reunido todas mis fuerzas? ¡Mirad! Es más pequeña y más débil que todas las grandes ciudades y países que conquisté con mi poderoso brazo ". Se quedó de pie asintiendo con la cabeza e hizo un gesto con las manos sobre el Santuario en Sion y sobre el Patio del Templo en Jerusalén. Sus asesores dijeron:" Pongamos nuestras manos sobre él inmediatamente ", pero él les dijo:" Están demasiado cansados del viaje; mañana, todos ustedes deben traer consigo un pedazo de la pared que lo rodea ". Inmediatamente (II Reyes, 19, 35) Y sucedió, esa misma noche, que un ángel del Señor ... hirió ... de los asirios ciento ochenta y cinco mil hombres ... y cuando los hombres (de Jerusalén) se levantaron temprano en la mañana , he aquí que todos eran cadáveres. R. Papa dijo: "Esto es lo que dice la gente:" Si un juicio se pospone de la noche a la mañana, puede perderse por completo ".

(II Sam. 21, 16) Y Yishbi en Nob, que era de los hijos de Raphah, el peso de cuya lanza era de trescientos siclos de cobre, estaba ceñido con una armadura nueva, pensó en matar a David. ¿Qué significa Yishbi en Nob? R. Juda, en el nombre de Rab, dijo: "Un hombre [que vino] debido a lo que se hizo a [los habitantes de] Nob". ¡El Santo, alabado sea! dijo a David: "¿Hasta cuándo tendrás en tu mano esta iniquidad? Por ti vino la destrucción de Nob, la ciudad del sacerdote. Por ti vino la angustia sobre Doeg el edomita, y por ti Saúl y sus tres hijos murieron. . ¿Ahora quieres que yo destruya a tus hijos o que seas entregado a tus enemigos? " Y él respondió: "¡Soberano del Universo! Así que la persiguió hasta que pasó la frontera de los filisteos. Y cuando Yishbi de Nob lo vio, dijo: "Este es el que mató a mi hermano Goliat". Entonces el primero lo agarró, lo ató y lo puso debajo del bloque de un lagar. Sin embargo, ocurrió un milagro en el que la tierra debajo de él se ablandó y no murió. Concerniente a esto está escrito (Así que la persiguió hasta que pasó la frontera de los filisteos. Y cuando Yishbi de Nob lo vio, dijo: "Este es el que mató a mi hermano Goliat". Entonces el primero lo agarró, lo ató y lo puso debajo del bloque de un lagar. Sin embargo, ocurrió un milagro en el que la tierra debajo de él se ablandó y no murió. Concerniente a esto está escrito (PD. 18, 37) Ensanchas mis pasos debajo de mí, para que no resbalen mis articulaciones. Ese día fue la víspera del sábado. Y Abisai b. Zeruyah solía lavarse la cabeza con cuatro cántaros de agua, cuando notó en ella lo que parecían manchas de sangre; según otros, una paloma descendió y rodó ante él con espasmos. Dijo que la asamblea de Israel se asemeja a una paloma, como se dice (Sal.68,

14) Las alas de la paloma cubiertas de plata. Por lo tanto, debe ser que David, el rey de Israel, estaba en problemas. Fue a la casa de David pero no lo encontró allí. Envió a la casa de estudio y no fue encontrado allí también. Luego dijo: "Se nos enseña: uno no debe montar en el caballo de un rey, no debe sentarse en su silla, etc. Pero, ¿cómo es en el momento del peligro?" Fue a la universidad y preguntó al respecto. En respuesta, se le dijo que en el momento del peligro estaba permitido. Luego montó en la mula del rey y milagrosamente la tierra (el camino) disminuyó (de repente fue trasladado a un lugar distante). Y mientras cabalgaba vio a Arpa, la madre de Yishbi, que se sentaba y giraba. En cuanto lo vio rompió el hilo [de su huso] y se lo tiró [con la intención de matarlo]. Extrañándolo, ella dijo: " Joven, dame mi huso ". Él tomó el huso, se lo tiró a la cabeza y la mató. Cuando Yishbi de Nob vio a Abisai, dijo:" Ahora hay dos, y podrán matarme ". Agarró a David y lo arrojó en alto, colocando la punta de su lanza para que David cayera sobre ella y lo mataran. Pero Abisai pronunció el Tetragrámaton, haciendo que David permaneciera suspendido entre el cielo y la tierra. (Pero, ¿por qué no lo hizo? ¿El mismo David lo dijo? Porque un prisionero no puede liberarse de la prisión sin ayuda.) Entonces Abisai le preguntó a David qué estaba haciendo allí. Y él le explicó lo que el Omnipotente le había dicho y cuál fue su respuesta. le dijo: "Cambia tu oración. Deja que tu nieto venda cera (sea pobre) para que te ahorres el sufrimiento (es decir, sus fuerzas empezaron a fallar, por lo que lo mataron. Y esto se refiere al pasaje (Ib. 17). Entonces los hombres de David le juraron, diciendo: No saldrás más con nosotros a la batalla, para que no apagues la lámpara de Israel.

A nuestros rabinos se les enseñó: Por tres personas se encogió la tierra (el camino) (fueron trasladados milagrosamente a su destino): Para Eliezer, el siervo de Abraham; por Jacob, nuestro padre, y por Abisai b. Zeruyah; para Abisai b. Zeruyah, como se indicó anteriormente; para Eliezer, siervo de Abraham, como está escrito (Gen.24, 42) Y vine este día al pozo. Este día significa que se fue el mismo día; para Jacob, nuestro padre, (Ib. b), como está escrito (Ib. 28, 10-11) Y Jacob salió de Beerseba y fue hacia Harán. Y se posó (vayiphga) en cierto lugar y se quedó allí toda la noche, porque el sol se había puesto, etc. Cuando llegó a Harán, dijo: "¿Es correcto por mi parte no rezar cuando pasé por el lugar por donde pasaron mis padres? ? Resolvió regresar, y poco después de su resolución, la tierra se encogió y llegó a Betel. ¿Y de dónde sabemos que los hijos de David fueron destruidos? Está escrito (II Reyes 11, 1) Y cuando Atalía, la madre de Acabías, vio que su hijo estaba muerto, ella se levantó y destruyó toda la descendencia real. ¿Pero no quedó Joás? Allí en el caso de Nob también permaneció Abiatar, como está escrito (Yo Sam. 22, 20) Y escapó uno de los hijos de Ahimelec, hijo de Ahitob, que se llamaba Abiatar. R. Juda, en nombre de Rab, dijo: "Si no hubiera quedado Abiatar de la familia de Ahimelec, nada habría quedado de la familia de David".

Se nos enseña en un Baraitha: La primera parte del ejército de Senaquerib cruzó el Jordán nadando, como se dice (Is.8 , 8) Penetrará en Judá, se desbordará, etc .; la división media se acercó, como se dice (Ib.). Hasta el cuello llegará. [El agua disminuyó con el nado de la primera parte.] Y cuando la última parte cruzó [el Jordán estaba tan seco] que el polvo se arremolinó con el pisoteo de sus pies. Y no encontraron agua para beber, y tuvieron que traerla de otro lugar; como se dice (Ib. 37, 25), he cavado y bebido agua. (Ib. 37, 36) Entonces un ángel del Señor salió e hirió a ciento ochenta y cinco mil, y cuando se levantaron por la mañana, ¿he aquí que todos eran cadáveres? R. Abahu dijo: "Esto enumera sólo a los oficiales del ejército". Rabina dijo: "Esto se puede deducir de (II Crónicas 32, 21) Y el Señor envió un ángel, que mató a todo hombre valiente, líder y capitán en el campamento del rey de Asiria, y cuando regresó con rostro avergonzado a su propia tierra, entró en la casa de su dios. , y [los] que salieron de sus propias entrañas lo derribaron allí con la espada. "La deducción finalmente es aceptada.

¿Con qué los hirió el ángel? R. Eliezer dijo: "Con su mano, como está dicho (Ex. 14, 31) E Israel vio esa gran mano que el Señor había mostrado, es decir, la que se vengará de Senaquerib". R. Joshua dijo: "Él los golpeó con su dedo, se dice (Ib. 8, 15). Entonces dijeron los magos a Faraón, Este es un dedo de Dios; es decir, este es el dedo que se vengará de Senaquerib. . " Y R. Eliezer b. R. José, el galileo dijo: "¡Alabado sea el Santo! Dijo a Gabriel: '¿Está pulida tu hoz [de la muerte]?' Y él respondió: 'Soberano del Universo, está pulido y listo desde los seis días de la creación', como se dice (Is. 21, 15).) De la espada desenvainada, del arco doblado. "R. Simon b. Jochai dijo:" ¡Ese fue el momento en que la fruta madura, y el Santo, alabado sea! dijo a Gabriel: "Cuando vayas a hacer madurar la fruta, por cierto, atenderás a ellos", como está dicho (Ib. 28, 19). de noche, y la mera comprensión del informe causará terror ". R. Papa dijo: "Esto es lo que dice la gente: 'Cuando pases por la puerta de tu enemigo, hazte ver'". Según otros, el ángel les sopló en la nariz hasta que murieron, como se dice (Ib. 40, 24). Cuando sopló sobre ellos, se secaron. R. Jeremías b. Abah dijo: "Murieron por el aplauso de sus manos, como se dice (Ezequiel 21, 22) Golpearé mis manos juntas, y haré que mi furor se apague ". Y R. Isaac de Nafha dijo:" Les destapó los oídos para que oyeran los cánticos del ángel y murieran a causa de él, como se dice (Ib. 33, 3) Cuando te elevabas, las naciones se dispersaban ".

¿Y cuántos quedaron de ellos? Rab dijo: "Diez, como se dice (Ib. 10, 19) Y el resto de los árboles de su bosque serán pocos en número, para que un niño pueda escribirlos, es decir, ¿qué [letra] puede un niño escribir, una yud cuyo valor numérico es diez ". Y Samuel dijo: "Nueve, como se dice (Ib. 17, 6) Y quedarán sobre él rebuscos, dos o tres bayas en la copa de la rama superior, de cuatro a cinco en las ramas exteriores de un árbol fructífero. . " R. Joshua b. Levi dijo: "Catorce, como el versículo recién citado dice dos, tres ... cuatro, cinco". R. Jochanan, sin embargo, dijo: "Sólo cinco, y eran Senaquerib, sus dos hijos y Nabucodonosor y Nebusaradán; este último es conocido por tradición; con respecto a Nabucodonosor, está escrito (Dan. 3, 25) Y la apariencia del cuarto es como un hijo de los dioses; si no hubiera visto [un ángel antes] ¿cómo sabría yo [para describirlo así]? "Y acerca de Senaquerib y sus dos hijos, como está escrito (II Rey. 19, 37) Y sucedió, como estaba postrado en la casa de Nisroch su dios, que Adrammelech y Sharezer, sus hijos, lo hirieron ". R. Abahu dijo: "Si no fuera por el siguiente verso, sería imposible creer [que el Señor mismo lo hizo] porque está escrito (Is. 7, 20).) En el mismo día, el Señor se afeitará con la navaja que es alquilada, (es decir) por ellos más allá del río, por el rey de Asiria, la cabeza y el cabello de los pies, y también la barba se eliminará por completo. "¡Alabado sea el Santo! Se presentó ante Senaquerib como un anciano, y le preguntó:" Cuando regreses a los reyes de Oriente y Occidente, ¿qué excusa puedes darles por sus hijos a quienes trajiste? contigo y quiénes fueron asesinados? "Y él respondió:" Yo mismo estoy temblando por esto. ¿Me puedes aconsejar qué hacer? "Y él se regocijó:"

Ve (Fol. 96) y cámbiate para que no te reconozcan "." ¿Cómo puedo hacerlo? "El anciano dijo:" Tráeme un par de tijeras y te cortaré el pelo. '"' ¿Dónde conseguiré las tijeras? "El anciano dijo: "Entra en esa casa y lo conseguirás". Fue allí y encontró ángeles que se habían presentado ante él como hombres, ocupados en moler los granos de dátiles. Y les pidió las tijeras. A lo que ellos respondieron: "Muele un grano y lo obtendrás". Así lo hizo, tras lo cual le entregaron las tijeras. Pero cuando regresó, oscureció y el anciano le dijo que trajera una luz. Fue y trajo una luz; y mientras llevaba la luz, el viento sopló y el fuego le atrapó la barba, por lo que tuvo que cortarse tanto el cabello como la barba. Y esto es lo que significa el pasaje (Ib.) Y también la barba se eliminará por completo. R. Papa dijo: "Esto es lo que dice la gente: 'Cuando le cortas el pelo a un arameo, y le gusta, chamusca su barba y te divertirás mucho'". Cuando se fue, encontró una tabla del arca de Noé. Y exclamó: "Este es el gran Dios, que salvó a Noé del diluvio. Prometo que si tengo éxito en el futuro, sacrificaré a mis dos hijos por él". Esto sus hijos oyeron, y por lo tanto lo mataron, y esto es lo que significa el pasaje (Kin.19, 37) Y sucedió que mientras él se postraba en la casa de Nisroch su dios, Adramelech y Sharezer. , sus hijos, lo golpearon.

(Génesis 14, 15) Y se dividió contra ellos, él y sus siervos de noche (Lyelah) y los hirió. R. Jochanan dijo: "El nombre del ángel que vino a ayudar a Abraham fue Lyelah (noche) como se dice (Job 3, 3) Y la noche en que se dijo: Ha sido concebido un hijo varón, etc." R. Isaac de Nafha dijo: "Esto significa que se le hizo algo concerniente a la noche, como se dice (Jue. 5, 20) Desde el cielo lucharon - las estrellas en sus cursos lucharon contra Sissera ". Resh Lakish comentó:" La explicación de Nafcha es mejor que la de bar Nafcha's "(Jochanan, que se llamaba bar Nafcha). R. Jochanan dijo:" Cuando que el justo (Abraham) llegó a la ciudad de Dan, sus fuerzas comenzaron a fallar, porque [vio que] en el futuro sus hijos adorarían ídolos en Dan, se dice (I Rey. 12, 29) Y el otro puso a Dan. Y también este malvado Senaquerib no se sintió fuerte hasta que llegó a Dan, como se dice (Jer. 8, 16) Desde Dan se escuchó el bufido de sus caballos ".

¿Cómo, pues, vas a contender con los caballos? Y si en la tierra de paz, en la que confiaste, [te fatigaron], ¿cómo harás en la crecida del Jordán? Esto podría compararse con alguien que proclama que puede correr tres parsas entre los diques antes que los caballos. Un corredor lo encontró, y corrió delante de él tres millas y se cansó. El corredor le dijo entonces: "Si te cansaste corriendo delante de mí, ¿cuánto más delante de los caballos? Si te cansaste corriendo solo tres millas, ¿cuánto más corriendo tres parsas? cansado en tierra firme, ¡cuánto más te cansarías entre los diques! " Similar a esto se le dijo a Jeremías: Te estás maravillando de que haya recompensado a ese maligno por los cuatro pasos que estaba corriendo por el bien de mi gloria; ¡Cuánto más te preguntarás cuándo vendré a pagar la recompensa de Abraham, Isaac y Jacob, que solían correr por mí como caballos! Y a esto se refiere el pasaje (Ib. 23, 9) A los profetas - Quebrado está mi corazón dentro de mí; todos mis huesos tiemblan; Soy como un borracho por el Señor y por sus santas palabras. ¿Qué son, los cuatro pasos? Como está escrito (Es un. 39, 1) En ese momento envió a Merodash-baladón, el hijo de Baladón, el rey de Babilonia, cartas y regalos a Ezequías, porque había oído que había estado enfermo y que se estaba fortaleciendo de nuevo. ¿Es razonable suponer que el pasaje significa que porque Ezequías se recuperó le envió cartas y regalos? Sí, como encontramos (II Crón. 32, 31)... Quien envió a él para preguntar acerca de la maravilla que había sucedido en la tierra; porque R. Jochanan dijo que el día en que murió Achaz tenía sólo dos horas. Y cuando Ezequías se enfermó y luego se recuperó, el Santo, ¡alabado sea! devolvió las diez horas al día, como está escrito (Isa.38, 8) He aquí, haré que la sombra de los grados, que el sol ha bajado en la esfera de Achaz, retroceda diez grados. Así que el sol volvió diez grados, por los grados que había bajado. Merodach-baladon luego preguntó por qué ese día es tan largo. Y se le informó, porque Ezequías estaba enfermo y se recuperó. Luego dijo: "Si existe un hombre así, ¿no debe ser saludado? Escríbale una carta de saludo". Y escribieron: "Paz al rey Ezequías, paz a la ciudad de Jerusalén y paz al gran Dios". En ese momento, Nabucodonosor era el secretario de Merodac. Pero esta carta fue escrita en su ausencia. Cuando regresó y se enteró, les preguntó qué habían escrito. Y le dijeron en consecuencia. Y exclamó: "¡Le pusisteis el nombre de gran Dios, y sin embargo lo saludaron al final!" Debería haber sido escrito: "Paz al gran Dios, paz a la ciudad de Jerusalén y paz a Ezequías". Y dijeron: "Que el que dicta la carta sea el portador (es decir, que ejecute su propio plan)". Comenzó a correr tras el mensajero y lo hizo regresar. Pero después de haber corrido cuatro pasos, llegó Gabriel y lo detuvo. Y R. Jochanan dijo: "Si Gabriel no lo hubiera detenido, no habría habido remedio para el pueblo de Israel".

¿Qué significa el término ben Baladan? Se dijo que el padre de Merodach era un rey cuya apariencia fue cambiada a la de un perro. Y su hijo Beladan se sentó en el trono. Y cuando solía firmar con su nombre, lo hacía junto con el de su padre por el bien de su honor. Y a esto se refiere el pasaje (Mal.1 , 6) Un hijo honra a su padre, y un siervo a su amo, es decir, un hijo honra a su padre, como se acaba de mencionar, y un siervo a su amo, como en (Jer. 52, 12-13) Y en el quinto mes, a los diez días del mes, que era el año diecinueve del rey Nabucodonosor, rey de Babilonia, vino Nabusaradán, capitán de la guardia, (quien) servía al rey de Babilonia, a Jerusalén. Y quemó la casa del Señor, etc. (Ib., B) ¿Estaba entonces Nabucodonosor en Jerusalén? He aquí que está escrito (II Reyes 25, 20Y Nebusaradán, capitán de la guardia, los tomó y los condujo al rey de Babilonia a Ribla. ¿Y R. Abahu dijo que Riblah es idéntico a Antukhia? R. Chisda y R. Isaac b. Abdimi [difirió en cuanto a la explicación del pasaje]; uno dijo que la imagen de Nabucodonosor estaba grabada en su carruaje (de Nebusaradán), y el otro dijo que el temor de Nabucodonosor descansaba sobre él, de modo que siempre le parecía que estaba a su lado. Raba dijo: "Trescientas mulas cargadas con hachas de hierro que podían cortar hierro (acero) fueron entregadas a Nebusaradán por Nabucodonosor mientras iba a atacar Jerusalén. Y todas fueron tragadas (rotas) en una puerta de Jerusalén, como se dice (Sal. 74, 6) Y ahora cortan en pedazos todo su trabajo tallado con hachas y martillos ". Al ver esto, pensó en regresar, diciendo:" Temo que pueda correr el mismo destino que Senaquerib ". Pero se escuchó una voz celestial:" Vagabundo , hijo de un vagabundo, Nebusaradán, salta ahora [a Jerusalén] porque ha llegado el momento de que el Santuario sea destruido y el Templo sea quemado. "En ese momento un hacha quedó con él [de todo lo que tenía] y con ella golpeó la puerta, y se abrió, como se dice (Ib. ib. 5) [El enemigo] es conocido como uno que levanta hachas altas contra la espesura de un bosque. Luego mató a todos los que venían bajo su mano hasta que llegó el Temlpe y luego lo encendió. Sin embargo, el Templo se elevó hacia el cielo, pero fue presionado por el Cielo, como se dice (Lam. 1, 15Como en un lagar ha hollado Jehová a la virgen, hija de Judá. Nebusaradán se enorgulleció de todo esto, tras lo cual se escuchó una Bath Kol (voz celestial) que decía: "Mataste a una nación vencida, quemaste un templo, quemaste harina molida", como está dicho (Isa. 47, 2).) Coge el molino y muele la harina; Descubre tus cabellos, quita la cola, descubre el muslo, pasa los ríos. No se dice, Y moler trigo, sino Moler harina.

A nuestros rabinos se les enseñó: Naamán era un Ger Toshab. Sin embargo, Nebusaradán fue un verdadero prosélito; de los descendientes de Sissera fueron los que estudiaron la ley en Jerusalén, y de los descendientes de Senaquerib fueron los que enseñaron la Torá entre las multitudes de Israel, y son Shmayah y Abtalion. De los descendientes de Amán fueron los que aprendieron la Torá en la ciudad de Bnei-Brack, y este es R. Samuel b. Shiloth. E incluso los descendientes de Nabucodonosor, era la intención del Santo, ¡alabado sea! para tomar bajo la protección Divina. Pero los ángeles dijeron ante Él: "Soberano del Universo, el que ha destruido tu casa, quemado tu Templo, ¿deberías tomarlo bajo la protección de la Shejiná?" Esto se entiende por el pasaje (Jer.51, 9) Habríamos sanado a Babilonia, pero ella no fue sanada. Ula dijo: "Esto se refiere a Nabucodonosor". Samuel b. Najman, sin embargo, dijo: "Esto se refiere a los ríos babilónicos". Y se le explicó que se refería a las palmas de Babilonia.

Ula dijo: "Amón y Moab eran los dos malos vecinos de Jerusalén, y cuando oyeron a los profetas que profetizaban la destrucción de Jerusalén, enviaron a Nabucodonosor:" Sube ", y él respondió:" Tengo miedo de que no hagan nada ". a mí como lo han hecho con sus antiguos enemigos. Le enviaron (Prov.7, 19) Porque el hombre no está en su casa; ish (hombre) se refiere al Santo, ¡alabado sea! Como se dice (Ex.15, 3) Lo eterno es ish (el Señor) de la guerra. Luego les envió: "Está cerca de ellos y volverá". Le enviaron de nuevo: "Se ha ido de viaje muy lejos". Nabucodonosor, sin embargo, les envió: 'Soy consciente de que entre ellos hay justos, que le orarán y Él regresará', y ellos respondieron: '(Pr.) El saco de dinero se ha llevado consigo, 'y por saco de dinero, se entiende a los justos, como se dice (Oseas 3, 2). Así que me compré uno así por quince piezas de plata, etc. Él envió de nuevo: 'Los malvados de ellos se arrepentirán, orarán y serán escuchados'. Y ellos respondieron: 'Él ya ha fijado un tiempo [cuánto tiempo no escuchará su arrepentimiento], como está dicho (Prov. 7, 19) Solo para el día de' kesa 'volverá, y el término kesa significa un tiempo señalado, como se dice (Sal. 81, 4) Soplar en la luna nueva, la corneta a la hora señalada (kesa) en el día de nuestra fiesta. ' Sin embargo, les dijo: "Es invierno y no puedo subir a causa de la nieve y la lluvia". Y le enviaron: 'Los montes te protegerán,) Envíen los corderos de los dominados de la tierra desde Sela, a través del desierto hasta el monte de la hija de Sion. "Él les envió: 'Cuando llegue allí, no tendré lugar para vivir'. Y ellos respondieron: Mejor son sus sepulcros que vuestros palacios, como está escrito (Jer.8, 1-2) En el tiempo, dice Jehová, sacarán los huesos de los reyes de Judá, y los huesos de los príncipes, los huesos de los sacerdotes, los huesos de los profetas y los huesos de los habitantes de Jerusalén de sus sepulcros, y los extenderán delante del sol y de la luna y de todas las huestes de los cielos, que han amado, y han servido, y han andado ».

R. Nachman le dijo a R. Isaac: "¿Has oído cuándo vendrá el hijo caído?" Se le preguntó: "¿Quién es el hijo caído?" "Meshiah", respondió R. Nachman. "¿Y al Mesías, llamas hijo caído?" Y él respondió: "Sí, porque está escrito (Amós 9,

11) En ese día levantaré (Fol. 97) el tabernáculo de David, que ha caído". R. Isaac respondió: "Así dijo R. Jochanan: 'En la generación en la que vendrá el hijo de David, los eruditos engañarán, y los ojos del resto sobresaldrán del suspiro y la tristeza; muchos castigos y muchos decretos malignos serán renovado; uno no habrá cesado, cuando otro haya llegado '". A nuestros rabinos se les enseñó:) E hice llover sobre una ciudad, y sobre otra ciudad hice que no lloviera. En el segundo año, se enviará una ligera hambruna. En el tercero, una gran hambruna de la cual morirán hombres, mujeres y niños, hombres piadosos y santos, y los eruditos olvidarán la Torá. En el cuarto, habrá en parte abundancia y en parte escasez. En el quinto habrá gran abundancia, y la gente comerá, beberá y se divertirá, y la Torá volverá a sus eruditos. En el sexto, se escucharán rumores que dicen que el Mesías está cerca. En el séptimo, habrá guerra, y al final del séptimo, vendrá ben David. "¿No hubo muchos períodos sabáticos", comentó R. Joseph, "que fueron así, y aún así no vino?" Abaye dijo: "¿Fue entonces como se mencionó que se escucharon rumores en el sexto, y guerra en el séptimo? Y en segundo lugar, ¿ha sucedido entonces en el mismo orden en que se dijo anteriormente? "Se ha enseñado en un Baraitha que R. Juda dijo:" En la generación en la que vendrá Ben David, las casas de la escuela se convertirán en libertinaje. Galilea será destruida. El lugar llamado Gablan será demolido. Los galileos viajarán de una ciudad a otra, pero no encontrarán gracia. La sabiduría de los escribas se corromperá. Los hombres que temen el pecado serán odiados. Los líderes de esa generación tendrán la naturaleza de los perros. Y faltará la verdad como se dice (Galilea será destruida. El lugar llamado Gablan será demolido. Los galileos viajarán de una ciudad a otra, pero no encontrarán gracia. La sabiduría de los escribas se corromperá. Los hombres que temen el pecado serán odiados. Los líderes de esa generación tendrán la naturaleza de los perros. Y faltará la verdad como se dice (Galilea será destruida. El lugar llamado Gablan será demolido. Los galileos viajarán de una ciudad a otra, pero no encontrarán gracia. La sabiduría de los escribas se corromperá. Los hombres que temen el pecado serán odiados. Los líderes de esa generación tendrán la naturaleza de los perros. Y faltará la verdad como se dice (Es. 59, 15) Y por eso falta la verdad. "¿Qué significa la expresión 'Ne'edereth? Se dijo en el colegio, se formarán en varios grupos y desaparecerán (Ib.) Y el que se aparta del mal es considerado como En la escuela de Shilah se explicó así: "El que se aparta del mal es considerado necio a los ojos del pueblo".

Raba dijo: "Anteriormente pensé que no hay verdad en todo el mundo. Sin embargo, en consecuencia, conocí a un cierto rabino llamado Tabuth, según otros, R. Tibumi, y si se le diera el mundo entero lleno de oro, él no cambiará su palabra ". Sucedió una vez, que llegó a una ciudad llamada Kushta (verdad). Los habitantes de esa ciudad no cambiarían su palabra, y nunca sucedió que uno muriera prematuramente. Y se casó con uno de sus habitantes, y ella le dio dos hijos. Sucedió una vez que su esposa se lavó la cabeza y una vecina vino a preguntar por ella, y él pensó que no era correcto decir que se estaba lavando la cabeza, por lo que dijo que estaba fuera. Y los dos niños murieron. Los habitantes vinieron y le preguntaron: "¿Qué significa esto?" Les dijo la verdad, entonces ellos le dijeron:

R. Nehorai enseñó: "La generación en la que vendrá el hijo de David, los jóvenes expondrán a los viejos a la vergüenza pública, y los viejos se levantarán [en señal de respeto] ante los jóvenes; una hija se rebelará contra su madre, una nuera contra su suegra, los líderes de la generación tendrán la naturaleza de los perros, y un hijo no se avergonzará cuando su padre lo reproche. " Se nos enseña en un Baraitha: R. Nehemías dice: "La generación en la que vendrá ben David, aumentará la insolencia, faltará el respeto, la vid dará su fruto en abundancia; sin embargo, el vino será caro, y todos los gobiernos se volverá al Minuth, y ninguna amonestación servirá ". Esto está de acuerdo con R. Isaac, quien dijo que ben David no vendrá a menos que todos los gobiernos sean entregados a Minuth. Raba dijo: "¿Dónde está el pasaje?" (Lev. 13, 13) Todo se ha vuelto blanco, él está limpio. A nuestros rabinos se les enseñó: (Deut.32, 36-37) Porque el Señor se adherirá a la causa de su pueblo, y pensará en sus siervos: cuando vea que su poder se ha ido, y los vigilados y fortificados ya no existen, es decir, Ben David no vendrá hasta que aumenten los informantes. Según otros, hasta que los bolsillos estén vacíos de un perutah. Y algunos otros también dicen que a menos que renuncien a su esperanza de ser redimidos, como se dice, Y los custodiados y fortificados ya no existen. Esto está de acuerdo con R. Zera quien encontró a los rabinos ocupados con la cuestión del Mesías, y les dijo: "Les ruego, no hagan que el evento se elimine más de lo que está, ya que hay un Baraitha que los siguientes tres llegan inesperadamente: Mesías, un descubrimiento y una mordedura de serpiente.

R. Ktina dijo: Seis mil años durará el mundo, y mil será desolado, como se dice (Isa. 2, 11) Y exaltado será el Señor solo, en ese día. "Abaye dijo:" Dos mil será un desperdicio, como se dice (Oseas 6, 2). Él nos revivirá después de dos días. "Se nos enseña en un Baraitha de acuerdo con R. Ktina:" Así como el año sabático causa el descanso [de todos trabajo de campo] una vez cada siete años, así el mundo descansará (será un desperdicio) un milenio en cada siete milenios, como se dice (Is. 2,11) Y exaltado será el Señor solo, en ese día, y hay también un verso (Sal.92, 11) Un salmo o una canción para el día de reposo, es decir, el día que será todo el día de reposo, y hay otro pasaje (Ib. 90, 4) Porque mil años están en Tus ojos pero como ayer cuando pasó. En el colegio de Elías se enseñó: "El mundo durará seis mil años, dos mil de los cuales fueron un caos (Tohu), dos mil fueron de Torá y los dos mil restantes son los días del Mesías (Ib. b) y debido al aumento de nuestros pecados, ya han transcurrido muchos años de estos, y todavía no ha venido ". Elijah le dijo a R. Juda, el hermano de R. Sala el Piadoso: "El mundo continuará por no menos de ochenta y cinco períodos jubilares, y en el último período jubilar vendrá ben David". Este último preguntó: "¿Vendrá al principio o al final?" Él respondió: "No lo sé". " ¿Ha pasado esto ya, o vendrá? ". Él también respondió:" No sé ". R. Ashi, sin embargo, dijo:" Elías le dijo así: "Hasta que ese tiempo [pase] no lo esperes. Pero después de ese tiempo, puedes esperar "'. R. Chana b. Tahlipha envió un mensaje a R. Joseph:" Conocí a un hombre que poseía pergaminos escritos en caracteres asirios y en el idioma sagrado. Y a mi pregunta de dónde lo obtuvo, respondió: 'Me vendí al ejército romano, y entre los tesoros persas, lo encontré'. Y en él está escrito que cuatro mil doscientos noventa y un años después de la creación, el mundo quedará [como] huérfano, muchos años en los que habrá guerra de ballenas, y muchos otros años en los que habrá la guerra de Gog y Magog, y el resto serán los días del Mesías. ¡Pero el Santo, alabado sea! no renovará el mundo antes de que hayan transcurrido siete mil años ". Y R. Acha, el hijo de Raba dijo:" Se dijo después de cinco mil años ".

Se nos enseña en un Baraitha que R. Nathan dijo: "Los siguientes pasajes perforan y penetran hasta la profundidad (es decir, nadie puede sondear su significado exacto) a saber, (Habak. 2, 3) Porque todavía hay una visión para el tiempo señalado, y habla del fin, y no engañará: aunque se demore, espéralo; porque ciertamente vendrá, no se demorará ". No está de acuerdo con nuestros rabinos que disertaron sobre esto en (Dan. 7, 25) Y serán entregados en su mano hasta un tiempo, y tiempos y medio tiempo, ni con R. Simlai, quien disertó sobre este tema. de (Sal. 80, 6) Los alimentas con pan de lágrimas, y les das a beber lágrimas en abundancia; y tampoco de acuerdo con R. Akiba, quien solía dar una conferencia sobre esto en (Hag.2, 6) Porque así dijo el Señor ... Aún una cosa más [haré], es poco, cuando haré temblar los cielos y la tierra y el mar y la tierra seca. Pero observamos que el primer reino duró setenta años, el segundo cincuenta y dos, y el reino de Bar Cojba, dos años y medio. ¿Qué significa Habla del fin? R. Samuel b. Nachmeni dijo en el nombre de R. Jonathan: "Que la desesperación venga sobre aquellos que se sientan y calculan el tiempo para la llegada del Mesías [porque por lo general se equivocan] y cuando llega el tiempo señalado y el Mesías no aparece, dicen que ya no vendrá. Pero cada uno tiene que esperarle, como está dicho (Ib. ib). Espérelo, porque seguro que vendrá. Y no sea que se diga: 'Estamos esperando, pero Él no espera, por eso se dice (Is.30, 18Por tanto, el Señor esperará para tener piedad de vosotros, y por tanto se exaltará a sí mismo para tener misericordia de vosotros. Pero si Él y nosotros estamos esperando, ¿quién le impide venir? El atributo divino de la justicia lo impide. Pero si el Atributo Divino de la Justicia lo impide, entonces, ¿de qué sirve nuestra espera? Recibir recompensa por la espera, como se dice (Ib. Ib) Felices los que le esperan. Abaye dijo: "Hay no menos de treinta y seis hombres justos en cada generación que reciben la apariencia de la Shekhina, como se dice (Ib.) Felices los que lo esperan (Lo); la palabra Lo en valor numérico asciende a treinta y seis ". ¿Es esto así? ¿No dijo Raba que la primera fila [de hombres justos] en frente del Omnipotente, contiene dieciocho mil parsas, como se dice (Ezequiel 48, 35) ¿Todo alrededor será de dieciocho mil varas? Esto no presenta ninguna dificultad. El primero habla de aquellos que contemplaron [Deidad] a través de un espéculo lúcido, y el segundo habla de aquellos que contemplaron [Deidad] a través de un espéculo oscuro. Pero, ¿hay realmente tantos [justos]? ¿No R. Simon b. Jochai dice: "Veo que los que disfrutan de la presencia Divina en el mundo futuro son muy pocos. Si son mil, yo y mi hijo estamos incluidos, etc., y si son solo dos, somos yo y mi hijo". ? " Esto no presenta ninguna dificultad. El primero habla de los que entran después de obtener el permiso, y el segundo habla de los que entran sin permiso.

Rab dijo: "Todas las fechas de redención [calculadas a partir de las Escrituras] ya han pasado, y depende solo del arrepentimiento y las buenas obras". Samuel, sin embargo, dijo: "Basta que el doliente permanezca con su propio dolor" (es decir, el sufrimiento de Israel durante tanto tiempo es suficiente para que sean redimidos incluso sin arrepentimiento). Y en este punto los siguientes Tannaim difieren. R. Eliezer dice: "Si el pueblo de Israel se arrepiente, será redimido, pero no de otra manera". R. Joshua luego le dijo: "Según usted, si no se arrepienten, ¿no serán redimidos en absoluto?" "Entonces [respondió R. Eliezer], el Santo, ¡alabado sea! Hará que se nombre a un rey cuyos decretos [concernientes a Israel] serán tan severos como los de Amán,Jer. 3, 14) Vuélvanse, hijos rebeldes, yo sanaré sus rebeliones ". R. Joshua le dijo:" ¿No se dice (Is. 52, 3)? Porque así ha dicho el Señor, porque nada fuiste vendido, y sin plata seréis redimidos; es decir, porque en nada fuiste vendido a los idólatras, y no por el arrepentimiento y las buenas obras serás redimido? "Con lo cual R. Eliezer dijo:" Pero, ¿no lee (Mal. 3, 7) Vuelve a mí, y yo volverá a ti, dijo el Señor? "R. Joshua replicó:" ¿No dice (Jer. 3, 14) Porque me he convertido en tu marido, y te tomaré uno de una ciudad y dos de una familia y traeré a Sion? "R. Eliezer respondió de nuevo:" También se dice (Is. 30, 15) En reposo y descanso seréis ayudados ". R. Joshua dijo de nuevo:" Pero está dicho (Ib. 49, 7) Así ha dicho el Señor, el Redentor de Israel, Su Santo, al que es despreciado por hombres, al que es aborrecido por las naciones, a los siervos de los gobernantes, los reyes lo verán y se levantarán, príncipes, y se postrarán por amor del Señor que es fiel ". (Fol. 98)" Pero También hay otro verso ", respondió R. Eliezer". (Jer. 4, 1) Si quieres volver, oh Israel, "dice Jehová, a mí debes volver". R. Joshua le dijo: "Pero hay otro pasaje (Dan. 12, 7) Entonces oí al hombre vestido de lino, que estaba sobre las aguas del arroyo; y alzó su mano derecha y su mano izquierda a los cielos, y juró por el Eterno que después de un tiempo, tiempos y medio, y cuando se acabe el aplastamiento del poder del espíritu santo, todas estas cosas se acabarán ". Entonces R. Eliezer permaneció en silencio. Dijo R. Abba:" El tiempo señalado para el Mesías no puede ser mejor revelado en ningún otro pasaje ", como se dice (Ez. 36, 8). , Oh montes de Israel, enviaréis vuestras ramas, y daréis vuestros frutos para mi pueblo, Israel. R. Eliezer dijo: "También del siguiente versículo (Zacarías 8, 10).) Porque antes de esos días, no había recompensa para los hombres, ni recompensa para las bestias; y para el que salía o entraba, no había paz a causa del opresor. ¿Qué significan las palabras, Y para el que salía y entraba, no había paz? Rab dijo: "Esto significa que incluso los eruditos entre los cuales hay paz, como está escrito (Sal. 119, 165) Paz abundante tienen los que aman tu ley, tampoco tendrán paz del opresor". Samuel, sin embargo, dijo: "El versículo citado significa que el Mesías no vendrá hasta que prevalezcan altos precios para todos los artículos [de la vida]".

R. Chanina dijo: "Ben David no vendrá hasta el momento en que se busque un trozo de pescado para un enfermo, y no se encontrará, como se dice (Ez. 32, 14). Entonces haré limpiar sus aguas, y hacer que sus ríos fluyan como aceite. Y también hay otro versículo (Ib. 29, 21) En ese día haré crecer un cuerno para la casa de Israel, y a ti abriré la boca en medio de ellos ". R. Chama b. Chanina dijo: "Ben David no aparecerá hasta que se elimine el más mínimo rastro de tiranía contra Israel, como se dice (Is. 18, 5).) Cortará los zarcillos con podaderas, y quitará las ramitas y las cortará. "Y de allí en adelante, está escrito: En ese tiempo será traído como presente al Señor de los Ejércitos un pueblo arrancado y desgarrado . " Y Zera, en nombre de R. Chanina, dijo: "Ben David no vendrá hasta que los presuntuosos hombres de Isarel dejen de existir, como se dice (Sof. 3, 11). a ti, los que se regocijan en tu orgullo, y nunca más volverás a ser altivo en mi monte. Y después está escrito: Dejaré, permaneciendo en medio de ti, un pueblo humilde y pobre, y confiarán en el nombre del Señor ". R. Simlai dijo, en nombre de R. Elazar b. Simón: "Ben David no vendrá a menos que deje de haber jueces y oficiales de Israel,Es. 1, 25) Y volveré mi mano contra ti, y limpiaré como con lejía tu escoria, y quitaré todo tu estaño. Y restauraré a tus jueces como al principio, ya tus consejeros como al principio, etc. "

Ula dijo: "Jerusalén no será redimida sino mediante la caridad", como se dice (Isaías 1, 27). Sion será redimida mediante la justicia, y sus conversos mediante la Tzedaká (justicia o caridad) ". R. Papa dijo: "Cuando los altivos cesen de existir en Israel, entonces los magos [entre los persas] cesarán, como está dicho, (Ib. Ib. 25) Y limpiarán como con lejía tu escoria, y quitarán todo tu estaño. Cuando los jueces [de Israel] dejen de existir, cesarán las ejecuciones brutales de los servidores de la corte persas, como se dice (Sof. 3, 15). El Señor ha quitado a Mishpatecha (tus jueces); Él ha eliminado al enemigo ". R. Jochanan dijo:" Cuando veas una generación en la que la sabiduría disminuye continuamente, puedes esperar al Mesías, como se dice (II Sam. 22,) Y salvarás al pueblo afligido ". R. Jochanan volvió a decir:" Si ves una generación en la que los castigos y los males aumentan como aumentan las aguas del océano, espera al Mesías, como se dice (Isa. 59, 19).) Porque vendrá angustia como un arroyo. "Y de ahí en adelante está escrito," Pero a Sion vendrá el redentor ". R. Jochanan dijo además:" Ben David aparecerá en una generación en la que todos serán justos, o en uno en el que todos serán malvados. Todos justos, como se dice, (Ib. 60, 21) Y tu pueblo, todos serán justos, poseerán la tierra para siempre. O todo malvado, como se dice (Ib. 59, 16) "Y vio que no había hombre, y se maravilló de que no hubiera intercesor". Y también está escrito (Ib.48, 11) Por mi propio bien,

R. Alexandri dijo: "R. Joshua b. Levi planteó la siguiente contradicción: Está escrito: (Ib. 60, 22)" Yo, el Señor, lo apresuraré en su tiempo ". Apresúrate y en su tiempo se contradicen entre sí. es decir, si son dignos, lo apresuraré, y si no, deberán esperar hasta que llegue el tiempo señalado ". R. Alexandri dijo de nuevo: "R. Joshua b. Levi planteó la siguiente contradicción: Está escrito (Dan. 7, 13) He aquí, con las nubes del cielo vino uno como un hijo de hombre, ... y también está escrito: (Zacarías 9, 9) ¿Humilde y cabalgando sobre un asno [de ahí que sea pobre]? "Es decir, si son dignos, vendrá con las nubes del cielo, y si no, vendrá sobre un asno". El rey Sabur le dijo a Samuel: "Dices que tu Mesías vendrá sobre un asno; déjame enviarle el mejor caballo de mi establo". Y él respondió: "¿Posees un caballo de cien colores como el asno del Mesías?" R. Joshua b. Levi se encontró con Elijah de pie a la entrada de la cueva de R. Simon b. Jochai y le preguntó: "¿Tendré una participación en el mundo por venir?" Y él respondió: "Si es la voluntad de este Señor". R. Joshua b. Levi dijo: "He visto a dos personas y he oído la voz del tercero". Entonces les pregunté: '¿Cuándo aparecerá el Mesías?' Y ellos respondieron: 'Ve y pregúntale al mismo Mesías'. ' Pero, ¿dónde se le puede encontrar? A las puertas de Roma. '¿Y cuál es la señal [para reconocerlo]?' Va entre los pobres afligidos por las heridas. Todos los pobres afligidos abren las vendas de todas sus heridas, las curan y luego las vendan. Y abre una venda, arregla la herida y la venda, y luego pasa a la siguiente, por la razón de que cuando pueda ser llamado, no debería haber demora [hasta que todas las heridas estén curadas]. Me acerqué a él y le dije: 'La paz sea contigo, mi amo y maestro'. Y él respondió: 'La paz sea contigo, bar Leví'. Le pregunté: '¿Cuándo aparecerá el maestro?' Él respondió: 'Este día'. Luego volví a ver a Elías, y él me preguntó qué me había dicho el Mesías, y le dije que había dicho: 'La paz sea contigo, salvo Leví'. Elijah luego dijo: ' Puedo asegurarte [ahora] una parte para ti y para tu padre en el mundo venidero '. "Pero él se burló de mí", le dije a Elías, "porque dijo que vendría hoy". Y Elías respondió: 'La expresión, este día, significa como en (PD. 95) Sí, este día, si escuchas su voz. ' "

Los discípulos de R. Jose b. Kisma le preguntó: "¿Cuándo aparecerá Ben David?" Y él respondió: "Me temo que me pedirán una señal". Le aseguraron que no lo harían. Luego les dijo: "Cuando esta puerta caiga, será reconstruida y volverá a caer, será reconstruida de nuevo y volverá a caer. Y antes de que sea reconstruida por tercera vez, aparecerá el Mesías". Entonces los discípulos dijeron: "Maestro nuestro, danos una señal". "¿No has prometido que no me pedirás ninguna señal?" Dijeron: "Sin embargo, nos gustaría tenerlo". Y dijo: "Si es como digo, el manantial de la cueva de Paneas se convertirá en sangre". Y el agua se convirtió. Al morir les dijo a sus discípulos: "Echen mi ataúd muy hondo en la tierra (Ib. B), porque no habrá árbol en Babilonia al que no esté atado un caballo de los persas. Y no quedará ni un ataúd en la tierra de Israel del que los caballos de Modoítas no coman paja ".

Rab dijo: "Ben David no llegará hasta que Roma haya dominado a Israel durante nueve meses, como se dice (Micha 5, 2) Por lo tanto, Él los entregará hasta el momento en que la que da a luz haya dado a luz, entonces el resto de sus hermanos regresará con los hijos de Israel ". Ula dijo:" Que venga pronto, pero no deseo verlo [cuando venga]. "R. Joseph, sin embargo, dijo:" Rezo por su venida en mis días, y que tendré el honor de sentarme a la sombra de su asno ". Abaye le dijo a Raba:" ¿Por qué el maestro no desea ver al Mesías? ¿Es por el sufrimiento que precederá al advenimiento del Mesías? ¿No hay un Baraitha que los discípulos de R. Elazar le preguntaron: '¿Qué puede uno hacer para ser salvo del sufrimiento que precederá a la venida del Mesías?', Y él respondió: 'Se ocupará del estudio de la Torá y con bondad amorosa '; y usted, maestro, está haciendo ambas cosas; estudias la Torá y practicas la bondad amorosa; ¿Por qué entonces tienes miedo? "Y él respondió:" Quizás el pecado [me hará sufrir con la suerte] ". Como dijo R. Jacob b. Idi, porque R. Jacob b. Idi planteó la siguiente contradicción: Está escrito (Gen.28, 15) Y he aquí, yo estoy contigo, y te guardaré dondequiera que vayas. Y está escrito (Ib. 32, 8). Entonces Jacob tuvo mucho miedo y se sintió angustiado. [¿Por qué tuvo miedo después de que le fue prometido por el Señor?] Él (Jacob) tuvo miedo porque quizás había un pecado que serviría [para evitar su cumplimiento]; como se nos enseña en un Baraitha con respecto al versículo: (Éxodo 15, 16) Hasta que tu pueblo pase, se refiere a la primera entrada [de Palestina]; hasta que este pueblo pase, se refiere a la segunda entrada [de Palestina]. Deduzca de esto que se había tenido la intención de que se realizara un milagro para Israel en la segunda entrada como lo había sido en la primera entrada [de Palestina], pero el pecado fue la causa [que no se realizó]. R. Jochanan también dijo: "Que venga pronto, pero no lo veré". Resh Lakish le dijo: "¿Cuál es tu razón?" ¿Es por (Amós 5, 19) Como si un hombre fuera a huir de un león y un oso lo encontrara; ¿E iba a entrar en la casa y apoyar la mano contra la pared, y lo mordía una serpiente? Ven, y te mostraré una similitud con esto en el mundo en este momento, por ejemplo, cuando uno va a su campo y se encuentra con un alguacil [que intenta disputar el título del campo]; ¿No es esto igual a su encuentro con un león? Y cuando entra a la ciudad se encuentra con un recaudador del gobierno; ¿No es esto igual a su encuentro con un oso? Y cuando entra en su casa y encuentra a sus hijos e hijas hambrientos; ¿No es esto igual a que lo muerda una serpiente? Entonces debe ser debido al siguiente versículo (Jer.30, 6) Preguntad ahora, y ved si un varón da a luz un hijo. ¿Por qué veo a todo hombre (gever) con las manos en los lomos como una mujer da a luz? ¿Y por qué se ponen pálidos todos los rostros? ¿Qué significa veo cada hombre (gever)? Rabá b. Isaac, en el nombre de Rab, dijo: "Aquel (Dios) a quien pertenece toda la fuerza". ¿Y qué significan todas las caras que se ponen pálidas? R. Jochanan dijo: "La casa celestial y la casa aquí abajo, porque en ese momento el Santo, ¡alabado sea!

Dice: 'Tanto Israel como las naciones son mis criaturas, ¿por qué, entonces, debería destruir al otro? '"R. Papá dijo:" Esto es lo que dice la gente:' Si el buey [que es del agrado del dueño] se cae mientras sigue su camino, se coloca un caballo en su cuna (es decir, Israel es desplazado y otras naciones se alimentan de su suelo) '".

R. Giddel dijo en nombre de Rab: "En el futuro, Israel disfrutará de la abundancia que traerá el período mesiánico". R. Joseph le dijo: "¿No es esto evidente? ¿Quién más debería disfrutarlo, Hilek y Bilek?" Con esto pretendía refutar la teoría de R. Hillel, quien dijo [más tarde] "Israel no tiene un Mesías que esperar, porque ya lo han disfrutado [a través de la gloria] en los días de Ezequías". Rab dijo: "El mundo fue creado sólo para hombres [grandes] como David". Y Samuel dijo: "Para hombres como Moisés [con el propósito de dar una Torá]". Y R. Jochanan dijo: "Para hombres como el Mesías". Pero, ¿cuál es su verdadero nombre (el del Mesías)? En el colegio de R. Shila, se dijo: "Shila es su verdadero nombre, como se dice (Gen.49, 10) "Hasta que venga Shilah". En el colegio de R. Janai se decía: "Yinon es su nombre real, como se dice (Salmos 72, 17)" En presencia del sol, Yinon es su nombre ". Y en el colegio de R. Chanina, se dijo: "Chanina es su nombre, como se dice (Jer. 16, 13) para que no te conceda Chanina (favor)". Según otros, Menachem b. Ezequías es su nombre, ya que se dice (Lam. 1, 16). Lejos de mí está Menachem, (consolador) que debe refrescar mi alma ". R. Juda, en nombre de Rab, dijo: "En el futuro, el Santo, ¡alabado sea! Creará para ellos (Israel) otro David, como se dice (Jer 30, 9).) Y a David, su rey, a quien les levantaré. No dice, levanté [en el pasado], pero levantaré ". R. Papa le dijo a Abaye:" ¿No está escrito (Ezequiel 37, 25) David, mi siervo, será príncipe para ellos para siempre? Esto es lo que es ahora [la costumbre], un César y un príncipe ".

R. Simlai dio una conferencia: "¿Qué significa el pasaje (Am. 5, 18) Ay de ustedes que anhelan el día del Señor? Porque ¿qué desean el día del Señor? Es [uno de] tinieblas y no de luz. Esto podría compararse a un gallo y un murciélago, que estaban esperando el amanecer. El gallo le dijo al murciélago: 'Yo busco la luz, porque la luz es mía (la veo), pero para qué ¿Con qué propósito lo esperas? '"Ib. 33) Y esto es lo que un saduceo le dijo a R. Abahu: "¿Cuándo aparecerá tu Mesías?" Y él respondió: "Cuando tu pueblo esté rodeado de tinieblas". "¿Estás tratando de maldecirme?" preguntó el saduceo. Él respondió: "No, así está escrito (Isa. 60, 2) Porque he aquí, tinieblas cubrirán la tierra, y tinieblas densamente a los pueblos; pero sobre ti brillará el Señor, y su gloria será vista sobre ti? "Se nos enseña en un Baraitha que R. Elazar dice:" Cuarenta años será el período mesiánico, como se dice (Sal. 95, 10).) Cuarenta años sentí repugnancia por esta generación. "R. Elazar b. Azaryah dice:" Setenta años, como se dice (Is. 23, 15) Y sucederá en ese día que Tiro será olvidado por setenta años, como los días de un rey; es decir, ¿a quién se refiere el rey? El Mesías significa ". El rabino, sin embargo, dice:" Continuará durante tres generaciones ", como se dice (Sal. 72, 5).) Te temerán, mientras el sol brille, y en presencia de la luna por todas las generaciones. "R. Hillel, sin embargo, dice:" Israel no tiene más Mesías que esperar, porque ya lo han disfrutado en el días de Ezequías ". R. Joseph dijo:" Que el Señor perdone a R. Hillel [por su declaración] porque Ezequías estaba allí en el momento del primer templo, y Zacarías, que profetizó en el momento del segundo templo, dijo (Zacarías 9, 9) Alégrate mucho, hija de Sion; da voces de júbilo, hija de Jerusalén. He aquí, tu rey vendrá a ti, justo y victorioso, humilde, y montado sobre un asno, y al hijo de una asna.

Se nos enseña en otro Baraitha que R. Eliezer dice: "El período mesiánico será de cuarenta años", como está escrito aquí (Deut. 8, 3). Y te afligió, y te hizo pasar hambre, y está escrito allí (Sal. 90, 15) Haznos regocijar tantos días como aquellos en que nos afligiste. "[Así como su viaje por el desierto fue cuarenta años, así serán los días del Mesías.] R. Dosa, sin embargo, dice: "Cuatrocientos años, como está dicho. Haznos regocijar tantos días como nos afligiste, y también está escrito (Génesis 15, 13) Y ellos los afligirán cuatrocientos años". Rabí dijo : "Trescientos sesenta y cinco años, según los días del año solar, como se dice (Isa. 63, 4) Porque los días de la venganza estaban en mi corazón, y el año de mi redentor había llegado. "¿Qué significa el día de la venganza en Mi corazón? R. Jochanan dijo:" Lo revelé a Mi corazón, pero no a nadie. otro miembro de Mi cuerpo ". Y R. Simon b. Lakish dijo:" Lo revelé a Mi corazón, pero no a los ángeles ministradores ". Abimi b. Obahu enseñó:" Siete mil años serán el período mesiánico para Israel, como se dice (Ib. 62, 5) Y como el esposo se alegra por la esposa, así tu Dios se alegrará por ti ". R. Juda dijo en el nombre de Samuel:" El período mesiánico será tan largo como es desde el día de la creación hasta ahora, "como está dicho (Deut. 11, 21) como los días del cielo sobre la tierra". R. Nachman b. Isaac dijo: "Desde el día de Noé hasta ahora",) ¡Porque como las aguas de Noé le son esto! como he jurado, etc. "

R. Chiya b. Aba, en el nombre de R. Jochanan dijo: "Todos los profetas han profetizado sólo para el período mesiánico, pero en cuanto al mundo venidero, leemos (Ib. 63, 3)" Ningún ojo ha visto, oh Dios, fuera de ti . "Y él difiere de Samuel, quien dice que no hay diferencia entre este mundo y los días del Mesías excepto la liberación de las naciones de la servidumbre. R. Chiya dijo además en el nombre de R. Jochanan:" Los profetas profetizaron sólo con respecto a los pecadores arrepentidos, pero con respecto a los perfectos justos, el pasaje dice que ningún ojo ha visto, oh Señor, fuera de ti ". estar de pie, porque se dice (Is. 57, 19) "Paz, paz al que está lejos, y al que está cerca; es decir, primero, lejos, luego, que está cerca. ¿Y qué significa lejos? ¿Quién antes estaba lejos y ahora está cerca?". ¿Y qué significa cerca? El que estuvo cerca desde el principio hasta el fin ". R. Jochanan, sin embargo, dijo que lejos significa alguien que siempre estuvo lejos del pecado, y cerca significa alguien que estuvo cerca del pecado, pero ahora está lejos. R. Chiya dijo de nuevo en nombre de R. Jochanan: "Los profetas profetizaron sólo al que casaba a su hija con un erudito, al que tenía negocios con un erudito y al que beneficiaba a un erudito con su herencia, pero En cuanto a los sabios mismos, nadie ha visto, oh Dios, fuera de ti ". ¿Qué significa Ningún ojo ha visto? R. Joshua b. Levi dijo: "Esto se refiere al vino que se conserva en sus uvas desde los días de la creación. "Y Resh Laksh dijo:" Esto se refiere al Edén que ningún ojo ha visto. Y para que no se pregunte dónde habitó Adán el Primero, Adán solo habitaba en el jardín. Y para que no se diga que ambos son uno y lo mismo, por eso se dice (Gen.2, 10.) Y un río salía del Edén para regar el jardín ".

Y el que dice que la Torá no fue dada por el cielo, etc. A nuestros rabinos se les enseñó: Con respecto al versículo (Núm. 15, 31) "Porque la palabra del Señor ha despreciado y su mandamiento ha quebrantado. Esto se refiere a quien dice que la Torá no fue dada por el Cielo. Según otros, la palabra del Señor ha despreciado", se refiere a un epicúreo . Otra explicación más es que la palabra del Señor ha despreciado, se refiere a quien interpreta la Torá en oposición al sentido adoptado ". Su mandamiento ha quebrantado; esto se refiere a la circuncisión, Hikareth Tikareth; es decir, Hikareth (será cortado), de este mundo. Tikaret, del mundo venidero. "Infiere de esto", dijo R. Elazar el Modite, "el que profana el santuario, el que desprecia las fiestas, el que rompe el pacto de Abraham, nuestro padre (la circuncisión), el que explica la Torá en oposición al adoptado sentido, el que expone a su prójimo a la vergüenza en público, aunque posee sabiduría y buenas obras, no tendrá participación en el mundo venidero ". Se nos enseña en otro Baraitha:" Ha despreciado la palabra de Dios, se refiere a él quien dice que la Torá no fue dada por el Cielo, e incluso si él dice que toda la Torá fue dada por el Cielo, excepto este versículo, que no fue del Santo, ialabado sea Él! pero por el mismo Moisés, tal hombre está incluido en el versículo que ha despreciado. Y además, incluso si él dice que toda la Torá fue dada por el Cielo excepto tal o cual explicación, tal conclusión a fortiori, tal analogía de expresión, tal hombre es considerado como si hubiera despreciado la palabra del Señor. "Nos enseñan en otro Baraitha: R. Mair dice:" ¿Cómo concluye esto? Como se enseñó en el colegio de R. Ismael: "Ha despreciado la palabra del señor". Esto se refiere a aquel que ha despreciado las palabras que se dijeron a Moisés en el Sinaí (¿Cómo concluye esto? Como se enseñó en el colegio de R. Ismael: "Ha despreciado la palabra del señor". Esto se refiere a aquel que ha despreciado las palabras que se dijeron a Moisés en el Sinaí (Ex. 20, 2) "Yo soy el Señor, tu Dios, no habrá ningún otro dios delante de ti". R. Joshua b. Karcha dice: "El que aprende la Torá y no la repite, es como el que siembra pero no cosecha". R. Joshua dice: "El que aprendió la Torá y hace olvidarla, es comparado con una mujer que da a luz y los entierra". R. Akiba dijo: "Canta todos los días, (Ib. B) canta todos los días". R. Isaac b. Abudimi dijo: "¿Dónde está el pasaje que da una pista de esto? Se dice (Prov. 15, 26) El deseo del obrero trabaja para él; porque su boca se lo impone, es decir, él está trabajando aquí y el La Torá trabaja para él en otro lugar ". R. Elazar dijo: "Todo hombre fue creado para trabajar", como se dice: (Job. 5, 7) "Pero el hombre nace para el trabajo. De esto, sin embargo, no sabemos si significa trabajo mental o físico; cuando el versículo dice (Pr. 16, 26)" Porque su boca se lo impone, por lo tanto se refiere a trabajo mental. ¿Pero todavía no sé si se refiere al trabajo de la Torá o al chisme? Cuando el pasaje dice: (Jos. 1, 8) "Este libro de la ley no se apartará de tu boca, por eso se refiere al trabajo de la Torá". Y a esto se refirió Raba cuando dijo: "Todos los cuerpos humanos son bolsas de correo (que llevan decretos celestiales), felices son aquellos que se encuentran dignos de ser receptáculos de la Torá". (Pr. 6, 32) Pero quien se compromete con una mujer, carece de sentido ", es decir, Resh Lakish dijo:" Esto se refiere a alguien que estudia la Torá de vez en cuando, como se dice (Ib. 22, 18). dentro de tu seno, si están todos firmemente asentados sobre tus labios ".

A nuestros rabinos se les enseñó: (Números 15, 30) "Pero la persona que hace algo con mano alta; esto se refiere a Menasseh b. Ezequías, quien se sentó y dio una conferencia sobre temas con el objeto de encontrar fallas, Moisés no ha encontrado algo mejor que (Génesis 36, 22) "Y la hermana de Lotán era Thimna, o (Ib.) era una concubina de Elifaz b. Esaú, "o la de (Ib. 13, 14)" Y Rubén fue en los días de la cosecha del trigo y encontró mandrágoras en el campo. "Entonces se escuchó una voz celestial que decía (Sal. 50, 20)" Tú te sientas y hablas contra tu hermano, contra los hijos de tu propia madre profieres calumnias, etc. "Y a él también se aplican las palabras de la tradición: (Is. 5, 18) A los que arrastran la iniquidad con cuerdas de falsedad, y como con la cuerda de un carro, pecaminosidad. "¿Qué significa una cuerda de carro? A. Assi dijo:" Al principio, la inclinación al mal parece tan delgada como la hilo de telaraña; y finalmente se vuelve tan grueso como la cuerda de un carro. "Ya que ya hemos llegado a él, veamos qué significa realmente Y la hermana de Lotan era Thimna. Thimna era una princesa, como está escrito (Gn. 36, 40).) Duque Thimna, y ducado significa un reino sin corona. Ella deseaba convertirse en prosélita, pero Abraham, Isaac y Jacob no la aceptaron. Y ella fue y se convirtió en la concubina de Elifaz b. Esaú, diciendo que es mejor ser siervo en esta nación que ser princesa de otra. Y su descendencia fue Amalec, quien turbó a Israel como castigo a sus padres, que no debió haberla echado.

Rubén fue en los días de la cosecha, etc. Raba b. Isaac dijo en nombre de Rab: "Infiere de esto que los justos no extienden sus manos para robar". ¿Cuáles fueron los dudaim que encontró Rubén? Rab dijo: "Eran mandrágoras", y Samuel dijo: "Flores violetas". R. Alexandri dijo: "Aquellos que se ocupan de la Torá por sí misma [sin fines egoístas] hacen que la paz reine en la casa celestial y en la casa aquí abajo", como se dice (Is. 27, 15) "Si él pudiera tomar mis fuerzas, haz las paces conmigo, haz las paces conmigo". Y Rab dijo: "Se le considera como si hubiera construido palacios del cielo y de la tierra", como está dicho: (Ib. 51, 16) "Y he puesto Mis palabras en tu boca, y con la sombra de Mi mano te cubrí: para plantar los cielos y poner los cimientos de la tierra ". R. Jochanan dijo: "Él también protege al mundo, como se dice (Ib.)" Con la sombra de Mi mano te he cubierto ". Y Levi dijo:" Él acerca la redención, como se dice (Ib .) Para decirle a Sion: Tú eres mi pueblo ". Resh Lakish dijo:" El que enseña la Torá al hijo de su vecino, es considerado por las Escrituras como si lo hubiera creado ", como se dice: (Gen. 12, 5) "Y las personas que habían obtenido Charan". R. Elazar dijo: "Él es considerado como el creador de la ley, como se dice: (Deut. 29, 8) Guarda, por tanto, las palabras del pacto, y ponlas en práctica". Y Raba dijo: "Él es considerado como el creador de sí mismo", como está dicho, "Y hazlos; no lean otham (ellos), sino atem, (ustedes mismos)". R. Abahu dijo: "El que hace que su prójimo haga un acto meritorio, es considerado por la Escritura como si él mismo lo hubiera hecho, porque está dicho: (Ex. 17, 5)" Y toma en tu mano tu cayado con que golpeas el río, y vete. "¿Entonces él, golpear el río? ¿No hizo Aarón esto? Pero esto es para enseñarte que cualquiera que haga que su prójimo haga un acto meritorio es considerado por la Escritura como si él mismo lo hubiera hecho ".

Epicúreo, etc. Tanto Rab como R. Chanina dijeron: "Esto se refiere al que deshonra a un erudito". Pero R. Jochanan y R. Joshua b. Levi dijo: "Esto se refiere al que deshonra a su negihbor en presencia de un erudito". Según ellos, es correcto decir que un epicúreo es aquel que deshonra a su vecino en presencia de un erudito, ya que aquel que deshonra a un erudito mismo es considerado como alguien que explica la Torá en oposición al sentido aceptado. Pero según los que dicen que quien deshonra a un erudito es considerado sólo un epicúreo, ¿qué se considera entonces quien explica la Torá en oposición al sentido aceptado? Por ejemplo, Menasseh b. Ezequías. Hubo otros que enseñaron lo mismo, con respecto a la última parte de la Mishná, que explican la Torá en oposición al sentido aceptado. Y a este Rab y

R. Chanina dijo: "Esto se refiere a alguien que deshonra a un erudito. Y Jochanan y Joshua b. Levi dijeron:" Esto se refiere a uno que deshonra a su prójimo en presencia de un erudito ". Deshonra al erudito se le considera como aquel que explica la Torá en oposición al sentido aceptado, luego al que deshonra a su vecino en presencia de un erudito, se le considera epicúreo, pero según los que decían que el que deshonra a su colega en la presencia de un erudito se considera como alguien que explica la Torá en oposición al sentido aceptado, entonces, ¿quién debe ser considerado un epicúreo? R. Joseph dijo: "E. p. ej., los que dicen: ¿Qué bien nos hacen los rabinos? Ellos leen y estudian la Torá por su propio bien. "Abaye le dijo:"Jer. 33, 25) Así dijo el Señor: Si Mi pacto no fuera de día y de noche, no habría establecido las ordenanzas del cielo y la tierra ". R. Nachman b. Isaac dijo:" Esto también se infiere de (Gen. 18, 26) Entonces reservaré todos los lugares para su venta. "Por lo tanto, debemos decir que se considera un epicúreo, por ejemplo, si uno se sienta ante su maestro y recuerda una Halajá declarada en otro lugar y dice, tal y tal lo hemos aprendido allí, pero no dice, Y el maestro lo dijo. Raba, sin embargo, dijo: "Un epicúreo es considerado - por ejemplo, los discípulos del médico Benjamín, que solía decir, '¿Qué bien han hecho los rabinos por nosotros? "(Fol. 100) ¿Nunca nos han permitido comer un cuervo, y no nos han prohibido comer una paloma [de ahí que todo quede como está en las Escrituras]?" Rab, cuando sucedía que de la casa de Benjamín, el médico, le presentaban una pregunta relacionada con la carne, y veía una razón para permitir su uso, les decía: "Miren, les he permitido un cuervo";

R. Papa dijo: "Aquellos que hablan de los rabinos en un lenguaje despreciable diciendo, 'esos rabinos'". Sin embargo, él mismo olvidó su declaración y usó el mismo lenguaje mientras hablaba de los rabinos, y luego, cuando lo recordó, ayunó. Levi b. Samuel y R. Hune b. Chiya solía preparar envoltorios para los rollos sagrados en el colegio de R. Juda. Cuando llegaron al Libro de Ester, dijeron: "Para esto ciertamente no se necesita ningún envoltorio". R. Juda les dijo: "Incluso ese lenguaje es el que usan los seguidores de Epicuro". R. Nachman dijo: "El que llama a su maestro por su nombre sin agregar mi maestro", porque R. Jochanan dijo: '¿Por qué fue castigado Gechazi? Porque llamó a su amo por su nombre (II Reyes 8, 5) Este es su hijo, a quien Eliseo le devolvió la vida ". R. Jeremiah se sentó en presencia de R. Zera y dijo:" ¡En el futuro, el Santo, alabado sea! creará un río, que brotará de la cámara santísima, y en sus orillas se cultivará el mejor fruto ", como se dice: (Ez. 47, 12) "Y junto al río, a sus orillas, de este lado y de aquel lado, crecerá todo árbol para comer, cuyas hojas no se marchitarán, ni faltará su fruto; dará frutos nuevos y maduros todos los meses; porque sus aguas brotan del santuario, y el fruto será para comer, y su hoja para curación ". Un anciano lo comentó y dijo: "Bien, así también dijo R. Jochanan". Con lo cual R. Jeremiah le dijo a R. Zera: "¿Los epicúreos tampoco usan ese lenguaje?" Y él respondió: "No, él sólo te está apoyando, y si has escuchado que ese lenguaje no debe usarse, es en relación con lo que R. Jochanan disertó:" ¡En el futuro el Santo, alabado sea! traerá joyas y perlas del tamaño de treinta codos cuadrados, veinte codos de alto y diez de ancho, y los pondré a las puertas de Jerusalén. Y un discípulo se burló de él: "¿Ni siquiera encontramos una joya tan grande como el huevo de una tórtola y [dices] encontraremos joyas de esos tamaños?" A partir de entonces sucedió que el mismo discípulo estaba en un barco en alta mar, y vio ángeles que aserraban joyas y perlas del tamaño de treinta anchos cuadrados, haciéndoles agujeros de veinte anchos de alto y diez de ancho. Él les preguntó: '¿Para quién es este?' y ellos respondieron: "¡El

Santo, alabado sea! Los pondrá a las puertas de Jerusalén". Y cuando regresó le dijo a R. Jochanan: 'Lección Rabí, porque todo lo que dijiste es verdad, como yo mismo lo he visto'. Y R. Jochanan le dijo: 'Ignoramus, si no lo hubieras visto, no lo hubieras creído? ¿Te burlas de las palabras de los sabios? Le echó un vistazo y se convirtió en un montón de huesos. "¿Qué significa la hoja para curar? R. Isaac B. Abdimi y R. Chisda [difieren en cuanto a su significado]. Uno dijo, un remedio para hacer el hablar mudo. Y el otro dijo, abrir el útero cuando hay una dificultad para tener un hijo. Y así también fue enseñado por Hezekia; a abrir la boca del mudo, y por Bar Khapara, a abrir el útero. R Jochanan, sin embargo, dijo: "Debe explicarse literalmente, la curación de todo." R. Samuel B. Nachmeni dijo: "Significa un remedio para la apariencia de aquellos que han estudiado con la boca". Isaac B. Abdimi y R. Chisda [difieren en cuanto a su significado]. Uno dijo, un remedio para hacer hablar a los mudos. Y el otro dijo, abrir el útero cuando hay dificultad para dar a luz. Y así también lo enseñó Hezekia; para abrir la boca del mudo, y por Bar Khapara, para abrir el útero. R. Jochanan, sin embargo, dijo: "Debe explicarse literalmente, la curación de todo". R. Samuel b. Nachmeni dijo: "Significa un remedio para la apariencia de aquellos que han estudiado con la boca". Isaac B. Abdimi y R. Chisda [difieren en cuanto a su significado]. Uno dijo, un remedio para hacer hablar a los mudos. Y el otro dijo, abrir el útero cuando hay dificultad para dar a luz. Y así también lo enseñó Hezekia; para abrir la boca del mudo, y por Bar Khapara, para abrir el útero. R. Jochanan, sin embargo, dijo: "Debe explicarse literalmente, la curación de todo". R. Samuel b. Nachmeni dijo: "Significa un remedio para la apariencia de aquellos que han estudiado con la boca".

R. Juda b. Simón dio una conferencia: "El que ennegrece su rostro (se ve mal), mediante el estudio de la Torá en este mundo, el Santo, ¡alabado sea! Iluminará su apariencia en el mundo venidero, como se dice (Hijo 5, 15).) Su aspecto es como el Líbano, excelente como los cedros ". R. Tanchun b. Chanilai dijo: "El que sufre privaciones por causa de las palabras de la Torá en este mundo, el Santo, ¡alabado sea! Lo saciará en el mundo venidero, como se dice (Sal. 36, 9).Se sacian en abundancia de la grosura de tu casa; y les haces beber del río de tus placeres. "Cuando Abdimi llegó de Palestina, dijo:" ¡En el futuro, el Santo, alabado sea! dará a todo justo su recompensa completa, como está dicho (Ib. 68, 20). Bendito sea el Señor, día a día lleva nuestra carga, el Dios que es nuestra salvación, Selah ". Abaye le dijo : "¿Cómo es posible decirlo? ¿No se dice (Is. 40, 12) ¿Quién midió las aguas en el hueco de Su mano, y midió los cielos con el palmo? "Y él respondió:" ¿Por qué no estás acostumbrado a estudiar la Hagadá? Porque se dijo en Occidente en nombre de Raba b. Mari: '¡El Santo, alabado sea!Prov. 8, 21) Para hacer que los que me aman hereden Yesh (sustancia). El valor numérico de Yesh asciende a trescientos diez '".

Se nos enseña en un Baraitha: R. Mair dijo: "La misma medida con la que uno mide a otros se le medirá a él (es decir, a medida que el hombre trata, se le tratará), porque está escrito (Is. 27). , 8) En toda medida, cuando la envías, contiendes con ella ". R. Joshua le dijo:" ¿Cómo es posible hacer esta afirmación? "¿Quieres decir que si uno le da a un pobre un puñado de caridad , ¿entonces el Santo, ¡alabado sea! ¿Dará su puñado al donante? He aquí, está escrito (Ib. 40, 12) ¿Y repartió los cielos con el palmo? " "¿Y no lo dices tú?" preguntó R. Mair. "Veamos. ¿Qué medida es mayor? ¿No es la medida de la bondad divina mayor que la de la mala dispensación? (Ib. B.) Ciertamente la medida de la bondad divina es mayor que la de la mala dispensación, porque en cuanto a la bondad divina, es está escrito (Sal.78, 23) Y mandó a los cielos arriba, y abrió la puerta del cielo; e hizo llover sobre ellos maná para comer, y les dio trigo del cielo; en cuanto a la mala dispensación se dice (Génesis 7, 11) Se abrieron las ventanas de los cielos. Concerniente a la mala dispensación está escrito (Is. 66, 24) ¡Y saldrán y verán los cadáveres de los hombres que se rebelaron contra Mí! porque su gusano no morirá, ni su fuego se apagará; y aborrecerán a toda carne. ¿Y cómo se debe entender esto? Sabemos que en este mundo, si un hombre pone su dedo en el fuego, inmediatamente se quema. Entonces debes decir, que así como el Santo, ¡alabado sea! dará fuerza a los impíos para recibir su castigo, así también el Santo, ¡alabado sea! da fuerza al justo, para que pueda aceptar su recompensa ".

R. Akiba dice también el que lee en los libros de los Chitzonim (libros profanos). Se nos enseña en un Baraitha: esto se refiere a los libros de los ateos. R. Joseph dijo: "Uno no debe leer ni siquiera en el libro de Ben Sirra". "¿Porque?" preguntó Abaye de él: "¿Asumiremos porque está escrito allí, 'No quitarás la piel del pescado, ni siquiera la de la oreja, ya que la piel se dañará, sino que la asarás al fuego y comerás con ella' '. ¿dos tostadas? ¿No es su sentido más claro similar al siguiente pasaje? (Deut.20, 19) ¿No destruirás sus árboles, etc.? Y si porque contiene, 'Una hija para un padre es un tesoro falso. Debido a la preocupación que ella le causa, él no duerme por la noche. Cuando sea menor de edad [tiene miedo] quizás se deje seducir. Cuando sea mayor de edad, tal vez pecará; cuando se convierta en vigaros, tal vez no se case. Después de casarse, tal vez no tenga hijos. Y cuando envejezca, tal vez se convierta en bruja. Similar a esto, nuestros rabinos también dijeron: 'El mundo no puede estar sin hombres y mujeres, por más felices que sean los que tienen hijos varones', etc. Y es porque está escrito, 'No traerás preocupación en tu corazón, porque eso ha matado a hombres fuertes. Esto también lo dijo Salomón (Pr. 12, 25) ¿El cuidado en el corazón de un hombre lo inclina? Con lo cual R. Ami y Assi dieron su interpretación; de acuerdo con uno, "que lo elimine de su mente"; y según el otro, "que lo diga a los demás". Y si porque allí está escrito: "Evita que mucha gente entre en tu casa, ya que no todos son aptos para entrar"; Esto también lo dijo el rabino, porque se nos enseña en un Baraitha que el rabino dice: 'Nunca un hombre tratará de tener demasiados amigos dentro de su casa, porque se dice (Pr. 18, 24) Hay amigos que uno tiene para su propio daño. ' Por lo tanto, debemos decir, porque allí se lee: 'Una persona de barba delgada es astuta. Y una persona de barba espesa es un tonto. El que sopla la espuma, muestra una señal de que no tiene sed. Y el que diga con qué voy a comer el pan, quítele el pan. Y aquel cuya barba está dividida en dos, el mundo entero no lo dominará '". Dijo R. Joseph:' Sin embargo, las siguientes buenas enseñanzas que se encuentran en este libro pueden proclamarse: 'Una buena esposa es un buen regalo; ella debe darse al que teme a Dios. Una mala esposa es para su marido como la lepra, y ¿cuál es su remedio? Que se divorcie de ella y se cure de esta lepra. Una mujer hermosa, feliz es su marido, el número de sus días se duplican: aparta tus ojos de la coqueta, no sea que caigas en su red; absténgase de beber vino o cerveza incluso con su esposo, porque a través de la hermosa apariencia de una mujer hermosa muchos fueron destruidos, y numerosos son los que fueron asesinados por ella. Numerosas son las heridas del buhonero [infligidas por los maridos] cuando se encuentra comerciando con sus mujeres, porque como una chispa enciende un carbón, o como un gallinero está lleno de pájaros, así están sus casas llenas de engaño. Evita muchos visitantes en tu casa; ni invitarás a nadie a tu casa. Aunque muchos pueden ser los que te deseen paz, sin embargo, revela tus secretos solo a uno entre mil. Ten cuidado con las palabras incluso con la que está en tu pecho. No te preocupes por los problemas de mañana, porque no sabes lo que puede engendrar el día. Quizás cuando llegue el mañana, tú no existas, y así te habrías preocupado por un mundo que no es el tuyo ". Todos los días de los pobres son malos. Ben Sira dijo: "También las noches, porque su techo suele ser más bajo que otros, y su viñedo suele estar en la cima de la montaña, por lo que la lluvia de otros cae sobre él y el estiércol [que él trae] es volado a los otros viñedos que son más bajos ".

(Fol. 101) A nuestros rabinos se les enseñó: Si uno lee un verso de los Cantares de Salomón y lo trata como una canción [secular], o si uno lee cualquier otro verso en los bebederos [no en su tiempo apropiado], causa maldad al mundo, porque la Torá, se viste de saco y se presenta ante el Santo, ¡alabado sea! diciendo: "Soberano del Universo, Tus hijos han hecho de mí un violín en el que juegan frívolos". Y él le dice: "Hija mía, ¿en qué más, entonces, se ocuparán mientras comen y beben?" Y ella dice ante Él: "Soberano del Universo, si son maestros en las Escrituras, entonces que se ocupen del Pentateuco, Profetas y Hagiographa; si entienden la Mishná, que estudien la Mishná, la Halajá y la Hagadá, y si son talmudistas, que estudien Halajot en tiempo de la Pascua en Pesaj. De Pentecostés en ese momento. Y las Halajás de la Fiesta del Tabernáculo en ese momento ". R. Simeon b. Elazar en el nombre de R. Simon b. Chanania testificó:" Si uno lee un versículo en su momento apropiado, beneficia al mundo, como se dice (Pr. 15, 23) Y una palabra a su debido tiempo, ¡qué bueno! "

El que susurra sobre una herida, etc. R. Jochanan dijo: "Siempre que él también escupe, ya que el nombre divino no debe mencionarse escupiendo". Se enseñó: Rab dijo: "Incluso un verso que no contiene el nombre del cielo, por ejemplo, una plaga, si será en un hombre". Y R. Chanina dijo: "Incluso las palabras, Y ha llamado a Moisés".

Rabba bb Chana dijo: "Cuando R. Eliezer se enfermó, sus discípulos vinieron a llamarlo por enfermedad, y él les dijo: 'Gran ira prevalece en el mundo' (es decir, refiriéndose a sí mismo) y comenzaron a llorar. R. Akiba, sin embargo, sonrió. Y a la pregunta: "¿Por qué estás sonriendo?" les dijo: "¿Por qué lloran?" Ellos respondieron: '¿Es posible no llorar cuando vemos que el Rollo Sagrado está en una angustia tan dolorosa?' Con lo cual comentó: 'Y por eso sonrío, desde que he visto que el vino de nuestro amo no se vuelve amargo, sus rebaños intactos, su aceite intacto y su miel sin fermentar, temí que tal vez recibiera toda su recompensa en este mundo; ahora que lo veo en el dolor, me regocijo. ' 'Akiba', le dijo R. Eliezer, '¿he fallado entonces en cumplir, o he transgredido, algo de lo que dice la Torá? Y él respondió: 'Tú, maestro, tú mismo nos enseñaste (Ecc. 7, 20) Porque no hay justo en la tierra que haga el bien y no peque nunca ".

A nuestros rabinos se les enseñó: Cuando R. Eliezer se enfermó, cuatro ancianos entraron para hacerle una visita por enfermedad: R. Tarphon, R. Joshua, R. Elazar b. Azaryah y R. Akiba. "Eres mejor para Israel que las gotas de lluvia", exclamó R. Tarphon, "porque estos últimos sólo están en este mundo, tú, nuestro maestro, estás en ambos, en este y en el mundo venidero". A lo que R. Joshua respondió: "Tú eres mejor para Israel que el planeta del sol, que está solo en este mundo, mientras que tú, nuestro maestro, estás en ambos, en este mundo y en el venidero". Y R. Elazar b. Azaryah agregó, diciendo: "Eres mejor para Israel que un padre y una madre, que están solo en este mundo, mientras que tú, nuestro maestro, estás en ambos, en este mundo y en el venidero". R. Akiba luego exclamó: "¡Queridos son los sufrimientos [como una prueba divina]!" Con lo cual R. Eliezer dijo: "Apóyame, y soportaré la declaración de Akiba, mi discípulo, que dice: 'Queridos son los sufrimientos'. "" Akiba ", dijo," ¿de dónde sabes esto? " Y él respondió: "Interpreto el siguiente pasaje (II Reyes, 21, 1) Menasés tenía doce años cuando comenzó a reinar, y reinó cincuenta y cinco años en Jerusalén... e hizo lo malo ante los ojos del Señor. (Ib. B) También está escrito (Prov. 25, 1) "Estos también son los proverbios de Salomón, que los hombres de Ezequías, el rey de Judá, copiaron. ¿Cómo es posible que Ezequías enseñó la ley a los Todo el mundo, ¿pero no a su hijo Manasés? Debe decirse entonces que de todos los problemas que Ezequías se ha turbado a sí mismo, no logró llevarlo de regreso al camino correcto, pero el sufrimiento lo hizo, como se dice (II Crónicas 33, 10-14) Y el Señor habló a Manasés ya su pueblo; pero no hicieron caso. Por tanto, el Señor trajo sobre ellos a los capitanes del ejército del rey de Asiria, que tomó a Manasés con garfios, lo ató con grilletes y lo llevó a Babilonia. Y además está escrito: Y cuando estaba angustiado, suplicó al Señor su Dios, y se humilló en gran manera ante el Dios de sus padres. Y le oró; y fue suplicado por él, y escuchó su súplica, y lo trajo de regreso a Jerusalén a su reino. Entonces Manasés supo que el Señor era Dios. De esto puedes aprender que los sufrimientos son preciosos ".

A nuestros rabinos se les enseñó: Tres hombres vinieron evasivamente (en lugar de orar de manera directa), y eran Caín, Esaú y Manasés. Caín, como está escrito (Génesis 4, 13) Mi pecado es mayor de lo que puedo soportar; es decir, dijo ante Él: "Soberano del Universo, ¿es entonces mi pecado mayor que el de los seiscientos mil israelitas que pecarán ante Ti en el futuro, y Tú los perdonarás?" Esaú, acerca de quien está escrito: (Ex. 27, 38) "¿Tienes, pues, una sola bendición, padre mío?" Y Manasés, quien al principio llamó a muchos dioses, y sólo [después de que no le hubieran respondido] finalmente llamó al Dios de sus padres.

"Tres reyes", etc. A nuestros rabinos se les enseñó: Jereboam, es decir, quien hizo que Israel se peleara entre ellos. Según otros, el que provocó una controversia entre ellos y su Padre Celestial. Ben Nabat, es decir, el hijo de aquel que tuvo una visión, pero no vio [correctamente]. Se nos enseña en un Baraitha: Nebat es idéntico a Michah y a Sheba ben Bichri; Nabat, porque tuvo una visión, pero no vio [correctamente]; Michah, porque se hizo pobre mientras se dedicaba a construir Egipto. Y su verdadero nombre era Sheba ben Bichri. A nuestros rabinos se les enseñó: Hubo tres que tuvieron una visión, pero no la vieron correctamente. Nabat, Achitophel y los astrólogos del faraón. Nebat observó una chispa de luz que salió de él. Pensó que él mismo se convertiría en rey, y se equivocó, porque se refería a su hijo Jeroboam. Lo mismo sucedió con Achitophel. Pensó que él mismo se convertiría en rey, pero se equivocó, ya que se refería a su hija, Betsabé, de quien Salomón era descendiente. Y los astrólogos del faraón, como dijo R. Chama: "¿Cuál es el significado del pasaje (Num. 20, 13) Estas son las aguas de Meriba, es decir, esto es lo que los astrólogos de Faraón vieron que el redentor de Israel sería golpeado con agua, y por lo tanto aconsejaron a Faraón que ordenara: (Ex.1, 22) Todo hijo que sea naceréis arrojados al río. Y se equivocaron, porque se refería a que Moisés sería castigado a causa del agua. "Pero, ¿de dónde sabemos que Jeroboam no tiene participación en el mundo venidero? Del siguiente pasaje (I Reyes, 13, 34).) Y por esto hubo pecado en la casa de Jeroboam, cortarla y destruirla de sobre la faz de la tierra. Cortarlo de este mundo y destruirlo del mundo venidero. R. Jochanan dijo: ¿Qué hizo que Jeroboam se convirtiera en rey? Porque reprendió a Salomón. ¿Y por qué fue castigado? Porque lo reprendió en público, como se dice (Ib. 11, 27) Y esta fue la causa por la que alzó su mano contra el rey: Salomón edificó a Milo y reparó la brecha de la ciudad de David su padre. Él le dijo: "David, tu padre ha roto agujeros en el muro circundante de Jerusalén, con el propósito de que sea más fácil para Israel entrar en la ciudad. Y tú la has cercado con el propósito de hacer una angaria para La hija del faraón ". ¿Qué significa y levanta las manos? R. Nachman dijo: "

R. Najman dijo: "La arrogancia de Jeroboam lo había echado del mundo, como se dice (Ib. 12, 26-28) Y Jeroboam dijo en su corazón: 'Ahora el reino volverá a la casa de David. Si Este pueblo subirá a ofrecer sacrificios en la casa del Señor en Jerusalén, entonces el corazón de este pueblo se volverá a su señor, a Roboam, rey de Judá, y me matarán, y volverán a Roboam, rey de Judá. Judá." Dijo: 'Tenemos una tradición de que a nadie se le permite sentarse en el templo excepto a los reyes de la casa de David. Si ven que Roboam, el rey, está sentado y yo estoy de pie, dirán que él es el rey y yo su siervo. Y si me siento, el pueblo de Roboam dirá que soy un rebelde, y me matarán, y por tanto (Ib., Ib. 28) Entonces el rey consultó: e hizo dos becerros de oro, y les dijo: Ya habéis subido bastante a Jerusalén; he aquí tus dioses, oh Israel, que te sacaron de la tierra de Egipto. "¿Qué quiere decir el rey tomando consejo? R. Juda dijo:" Él arregló que un justo debería estar junto con un inicuo, y les dijo: '¿Firmarán su nombre en todo lo que yo mande? Y ellos dijeron: 'Sí'. —¿Incluso para adorar a un ídolo? El justo respondió: 'Dios no lo quiera'. Entonces los malvados dijeron a los justos: '¿Crees que un hombre como Jeroboam adorará ídolos? Él sólo quiere probarnos. '"(Fol. 102) Y en esto incluso Aciyah, el silonita, se equivocó y firmó su nombre. Para Jehú, que era sumamente justo, de quien se dice (he aquí tus dioses, oh Israel, que te sacaron de la tierra de Egipto. "¿Qué quiere decir el rey tomando consejo? R. Juda dijo:" Él arregló que un justo debería estar junto con un inicuo, y les dijo: '¿Firmarán su nombre en todo lo que yo mande? Y ellos dijeron: 'Sí'. —¿Incluso para adorar a un ídolo? El justo respondió: 'Dios no lo quiera'. Entonces los malvados dijeron a los justos: '¿Crees que un hombre como Jeroboam adorará ídolos? Él sólo quiere probarnos. '"(Fol. 102) Y en esto incluso Aciyah, el silonita, se equivocó y firmó su nombre. Para Jehú, que era sumamente justo, de quien se dice (he aquí tus dioses, oh Israel, que te sacaron de la tierra de Egipto. "¿Qué quiere decir el rey tomando consejo? R. Juda dijo:" Él arregló que un justo debería estar junto con un inicuo, y les dijo: '¿Firmarán su nombre en todo lo que yo mande? Y ellos dijeron: 'Sí'. —¿Incluso para adorar a un ídolo? El justo respondió: 'Dios no lo quiera'. Entonces los malvados dijeron a los justos: '¿Crees que un hombre como Jeroboam adorará ídolos? Él sólo quiere probarnos. '"(Fol. 102) Y en esto incluso Aciyah, el silonita, se equivocó y firmó su nombre. Para Jehú, que era sumamente justo, de quien se dice (Él dispuso que un justo debería estar junto con un inicuo, y les dijo:

'¿Quieres firmar tu nombre en todo lo que yo mande? Y ellos dijeron: 'Sí'. —¿Incluso para adorar a un ídolo? El justo respondió: 'Dios no lo quiera'. Entonces los malvados dijeron a los justos: '¿Crees que un hombre como Jeroboam adorará ídolos? Él sólo quiere probarnos. '"(Fol. 102) Y en esto incluso Aciyah, el silonita, se equivocó y firmó su nombre. Para Jehú, que era sumamente justo, de quien se dice (Él dispuso que un justo debería estar junto con un inicuo, y les dijo: '¿Quieres firmar tu nombre en todo lo que yo mande? Y ellos dijeron: 'Sí'. —¿Incluso para adorar a un ídolo? El justo respondió: 'Dios no lo quiera'. Entonces los malvados dijeron a los justos: '¿Crees que un hombre como Jeroboam adorará ídolos? Él sólo quiere probarnos. '"(Fol. 102) Y en esto incluso Aciyah, el silonita, se equivocó y firmó su nombre. Para Jehú, que era sumamente justo, de quien se dice (¿Crees que un hombre como Jeroboam adorará ídolos? Él sólo quiere probarnos. '"(Fol. 102) Y en esto incluso Aciyah, el silonita, se equivocó y firmó su nombre. Para Jehú, que era sumamente justo, de quien se dice (¿Crees que un hombre como Jeroboam adorará ídolos? Él sólo quiere probarnos. '"(Fol. 102) Y en esto incluso Aciyah, el silonita, se equivocó y firmó su nombre. Para Jehú, que era sumamente justo, de quien se dice (II Reyes, 10, 30) Y el Señor dijo a Jehú: Porque has hecho bien en hacer lo recto ante mis ojos, y has hecho a la casa de Acab conforme a todo lo que había en mi corazón, etc .; sin embargo, a partir de entonces dice: Pero Jehú no se preocupó de andar en la ley del Señor, Dios de Israel, con todo su corazón; no se apartó de los pecados de Jeroboam, donde hizo pecar a Israel; ¿Qué le hizo pecar? Abaye dijo: "Se hace una ley para los labios (es decir, las palabras son ominosas), como se dice (Ib., Ib. 18) Ajab sirvió un poco a Baal, pero Jehú le servirá mucho"; y Raba dijo: "Vio la firma de Achiyah el silonita y se equivocó, como está escrito (Oseas 5, 2) Y por asesinar a los que se habían rebelado [contra Dios] se escondieron en lugares profundos; pero infligiré corrección sobre todos ellos ". Entonces R. Jochanan explicó que el Santo, ¡alabado sea! dijo: 'Ellos trazaron planes más profundos que el mío; dije: El que no asciende a Jerusalén para las fiestas transgrede sólo un mandamiento positivo, y dicen que el que suba a Jerusalén será muerto a espada. "

(I Kin. 11, 29) Y sucedió en ese momento, cuando Jeroboam salió de Jerusalén, etc. Se enseñó en el nombre de R. José: En ese momento, se refiere al tiempo designado para la dispensación del mal (Gén. 38, 1) En ese tiempo cuando Judá cayó; R. José dice: "Un tiempo designado para el mal". (Jer. 51, 18.) En el tiempo de su visitación, perecerán. Fue enseñado en el nombre de R. José: Un tiempo designado para la dispensación del mal. (Isa. 49, 8) En el tiempo de gracia te he respondido. Fue enseñado en nombre de R. José: Un tiempo designado para la bondad divina. (Éxodo 32, 34) Sin embargo, el día que los visite, visitaré sus pecados sobre ellos. Fue enseñado en el nombre de R. José: Un tiempo designado para la dispensación del mal. (I Rey. 12, 1) Y Roboam fue a Siquem; porque todo Israel vino a Siquem para hacerlo rey. Fue enseñado en nombre de R. José: Ese lugar fue designado para problemas. En Siquem, Dina fue atacada; en el mismo lugar José fue vendido por sus hermanos, y en el mismo lugar se dividió el reino de David. Y (Ib. 11, 29) Y sucedió en ese tiempo cuando Jeroboam salió de Jerusalén. R. Chana b. Papá dijo: "Significa que se salió del destino de Jerusalén (es decir, no tenía participación en el bienestar de Jerusalén)". (Ib., Ib. 7) Que el silonita, el profeta Achiyah, lo encontró en el camino; cómo Achiyah se había vestido con una nueva prenda, ¿qué significa? R. Nachman dijo: "Como un vestido nuevo no tiene manchas, así también fue limpia la enseñanza de

Jeroboam, sin ningún error". Según otros: "Renovaron cosas de las que ningún oído había oído jamás". ¿Y qué significa "Y ellos dos estaban solos en el campo?" R. Juda dijo en nombre de Rab: "Todos los demás eruditos eran como las plantas del campo en comparación con ellos". Según otros: "Todas las razones del mandamiento de la Torá les fueron reveladas como un campo". (Mic. 1, 14) Por tanto, darás una ofrenda de despedida a Moreshethgath; Las casas de Aczib serán en engaño a los reyes de Israel. R. Chanina b. Papá dijo: "Se oyó una voz celestial que decía: 'Al que mató a Goliat, el filisteo, y te heredo la ciudad de Gat, ¿enviarías a su descendencia? Por tanto, la casa de Achzib será cosa engañosa para el reyes de Israel '".

(II Rey. 17, 21) Y Jeroboam apartó a Israel de seguir al Señor, y los hizo pecar en un gran pecado. R. Chanina dijo: "Como uno lanza un palo por medio de otro palo (es decir, hizo que Israel pecara contra su voluntad)". R. Chinna b. Papá dijo: "El que disfruta (de cualquier cosa) en este mundo sin decir una bendición es considerado como si hubiera robado al Santo, ¡alabado sea Él! Y la Congregación de Israel, porque se dice (Pr. 28, 24). roba a su padre oa su madre y dice que no es transgresión, él es el compañero de un destructor. Su padre, se refiere al Santo, ¡alabado sea! como se dice (Deu.32, 6) ¿No es él tu padre? quien te compró; O su madre, no se refiere a nada más que a la Congregación de Israel, como está dicho: (Pr.1, 8) Escucha, hijo mío, las instrucciones de tu padre y no deseches las enseñanzas de tu madre. "¿Qué se quiere decir con Él es un compañero de un destructor? R. Chanin b. Papa dijo:" Es un compañero de Jeroboam, el hijo de Nabat, que corrompió a Israel en su relación con su Padre Celestial ".

R. Oshiyah dijo: "Hasta que llegó Jeroboam, Israel tuvo que cargar con la iniquidad de un becerro de oro, y desde ese momento en adelante por dos y tres". R. Isaac dijo: "Toda mala dispensación que sobreviene a Israel, una vigésima cuarta parte de su castigo es por el becerro de oro, como está dicho (Ex. 32, 34). Sin embargo, el día que visite, visitaré sus pecados sobre ellos ". R. Chanina dijo: "Después de veinticuatro generaciones se cumplió este versículo, como se dice (Ez. 9, 1) Entonces llamó a mis oídos a gran voz, diciendo: 'Se acercaban las pkudas (visitaciones) de la ciudad' "(IK 13, 33) Después de esto, Jeroboam no volvió de su mal camino. ¿Después de qué? R. Abba dijo: "¡Después del Santo, alabado sea! sostuvo a Jeroboam por su manto, diciendo: 'Arrepentíos, y yo, David, hijo de Isaí, y tú andarás en el jardín del Edén'. Jeroboam preguntó: "¿Quién dirigirá?" Dijo: 'El hijo de Isaí'. Y replicó: "Si es así, no lo quiero". "

R. Abahu solía dar una conferencia sobre los tres reyes. Enfermándose, decidió no dar más sermones sobre ellos. Pero después de que fue curado (Ib. B.) Dio conferencias sobre ellos como antes, y a la pregunta de sus discípulos: "¿No habéis decidido no dar más conferencias sobre ellos?" él respondió: "¿Entonces se arrepintieron de que yo lo hiciera?" R. Ashi fijó un tiempo para dar una conferencia sobre los tres reyes y dijo: "Mañana comenzaremos nuestra conferencia sobre nuestro colega Manasés". Este se le apareció entonces en un sueño y le dijo: "¿Me llamas colega y colega de tu padre? Contéstame la pregunta:" ¿Por dónde se debe empezar a cortar el pan con la bendición del hamotzi? " Y él dijo: "No lo sé". Entonces Manasés se reincorporó: " Si ni siquiera sabe la respuesta a lo que le pregunto, ¿cómo puede llamarme colega? R. Ashi le dijo: "Enséñeme esto, y mañana lo proclamaré en su nombre en el colegio. "Y él dijo:" De esa parte donde comienza a hornearse cuando está en el horno ". Dijo R. Ashi nuevamente:" Si eres tan sabio, ¿por qué adoraste a los ídolos? "Y Manasés respondió:" Si hubieras sido viviendo en ese momento, habrías levantado los bordes de tu vestido [para que no te impidan] correr detrás de ellos para adorarlos ". Al día siguiente, R. Ashi dijo a los rabinos:" Déjanos sermonear sobre los grandes hombres . Ajab - significa Ach, una causa de dolor para el Cielo, y ab, un padre (amigo) de la idolatría (I Rey.16, 31) Y sucedió, como si hubiera sido una cosa ligera para él caminar en el pecados de Jeroboam. "R. Jochanan dijo: "Los pecados menores cometidos por Achab fueron mayores que los pecados graves que cometió Jeroboam, y ¿por qué entonces la Escritura hace que Achab dependa de Jeroboam? Porque él inició la corrupción". (Hos. 12, 12) También sus altares son como montones de piedras. R. Jochanan dijo: "No había un solo montón en la tierra de Israel en el que Ajab no hubiera colocado un ídolo y se hubiera postrado ante él".

¿Y de dónde sabemos que no tiene participación en el mundo venidero? Del siguiente pasaje (I Reyes, 21, 21) He aquí, traeré el mal sobre ti, y te barreré por completo, y cortaré de Acab a todo hijo varón, y al que está encerrado y al que queda suelto en Israel. Cállate, se refiere a este mundo; y eso se deja suelto, se refiere al mundo venidero. R. Jochanan dijo: "¿Cuáles son los hechos que hicieron que Omri (el padre de Ajab) obtuviera el reino? Porque agregó una gran ciudad a la tierra de Israel, como se dice (Ib. 16, 24) Y compró el monte Samaria de Semer por dos talentos de plata, y edificada sobre el monte, y llamó el nombre de la ciudad que él había edificado, Samaria, por el nombre de Semer, señor del monte. " R. Jochanan dijo de nuevo: " ¿Por qué Achab fue recompensado con la prolongación de su reino durante veintidós años? Porque respetó la Torá que está escrita con las veintidós letras del alfabeto, como está dicho (Ib.20, 2-9) Y envió mensajeros a Ajab, el rey de Israel, a la ciudad, y dijo a él: "Así dijo Ben-adad: Míos son tu plata y tu oro; también tus mujeres y tus hijos, incluso los mejores, son míos. Y el rey de Israel respondió y dijo: Como tú dices, rey señor mío, tuyo soy yo, y todo lo que tengo. Y volvieron los mensajeros y dijeron: Así habla Ben-adad, diciendo: Ciertamente envié a ti, diciendo: Me entregarás tu plata y tu oro, y tus mujeres y tus hijos. Pero te enviaré mis siervos mañana a esta hora, y registrarán tu casa y las casas de tus siervos; y sucederá que todo lo que agrada a tus ojos, lo pondrán en su mano y se lo quitarán. Entonces el rey de Israel llamó a todos los ancianos de la tierra y dijo: 'Te ruego que observen y vean cómo este hombre busca el mal; porque me ha enviado por mis mujeres, mis hijos, mi plata y mi oro; y no le negué. Por tanto, dijo a los mensajeros de Ben-adad: 'Dile a mi señor el rey: todo lo que enviaste a tus siervos al principio, lo haré; pero esta cosa no puedo hacer '. ¿Qué significa agradable a tus ojos? Debemos decir que esto significa los sagrados rollos. "Pero quizás significa un ídolo. Esto es imposible de considerar, porque está escrito más allá, Y todos los ancianos y todo el pueblo le dijeron: No debes escuchar ni consentir [que es una advertencia demasiado suave contra los ídolos.II Sam. 17, 4) Que también son nombres de los ancianos de Israel, y R. Joseph lo explicó en el sentido de los ancianos de la desgracia. Allí no lee a toda la gente, pero aquí lo hace; y es imposible que entre ellos no haya justo, puesto que está escrito (I Reyes 19, 18) Y dejaré en Israel siete mil, todas las rodillas que no se doblaron ante Baal y toda boca que no lo besó.

R. Nachman dijo: "Los pecados y las buenas obras de Achab eran iguales, como se dice (Ib. 22, 20). ¿Quién persuadirá a Achab, por lo tanto, es difícil castigarlo, ya que sus pecados no superan sus buenas obras". R. Joseph contradijo esto y dijo que él, acerca de quien se lee (Ib.21, 25) Pero de hecho no había ninguno como Achab, etc., y se nos enseña que solía dar una asignación diaria de dólares de oro por el ídolos. ¿Cómo puedes decir que sus pecados y sus buenas obras fueron iguales? Sin embargo, la razón por la que fue necesario persuadirlo es porque fue generoso con su dinero y ayudó a muchos eruditos de su propiedad, y por lo tanto la mitad de sus pecados fueron expiados. (Ib. 22, 21) Y salió el espíritu, y se puso delante del Señor, y dijo: Lo induciré. Y el Señor le dijo: ¿Con qué? Y él dijo: Saldré y seré espíritu de mentira en boca de todos sus profetas. Y él dijo: Lo inducirás, y también prevalecerás; adelante, y hazlo. ¿De quién era el espíritu? Dijo R. Jochannan: "El espíritu de Nabot el israelita". ¿Y qué se entiende por Adelante? Dijo R. Juda: "Sal de Mi compartimiento, porque está escrito (Sal. 191, 7) El que habla falsedad no será establecido ante mis ojos". Dijo R. Papa: "Esto se refiere a lo que dice la gente: 'El que se venga destruye su propia casa'".

Manasés, significa que se ha olvidado del Señor. Según otros, significa que hizo que Israel se olvidara de su Padre Celestial. ¿Y de dónde sabemos que no tiene participación en el mundo venidero? Del siguiente pasaje (II Reyes 21, 3) Y reconstruyó los lugares altos que Ezequías había destruido, levantó altares para Baal e hizo una arboleda como lo hizo Ajab el rey de Israel. Como Ajab no tiene participación en el mundo venidero, así es el caso de Manasés. R. Juda dijo: "Manasés tiene una participación, etc." R. Jochanan dijo: "Ambos infieren su teoría de un mismo pasaje, porque se dice (Jer. 15, 4) Y haré que se conviertan en horror para todos los reinos de la tierra a causa de Manasés, hijo de Ezequías. Según uno: Porque Manasés se había arrepentido y los otros reyes no. Y según otros: (Fol. 103) Porque él mismo no se había arrepentido. "R. Jochanan dijo:" El que dijo que Manasés no tiene participación en el mundo venidero relaja las manos de los que [desean] arrepentirse, porque discípulo enseñado antes de R. Jochanan: Manasés se arrepintió treinta y tres años, como está escrito (II Reyes 21, 1-3) Y reinó cincuenta y cinco años en Jerusalén... e hizo una Asera, como lo hizo Acab. ¿Cuánto tiempo gobernó Achab? Veintidós años; Deduzca los veintidós de los cincuenta y cinco años que reinó Manasés, quedan treinta y tres años ". R. Jochanan dijo en el nombre de R. Simon b. Jochai:" ¿Cuál es el significado del pasaje (II Cr. 33, 13) Y le oró, y le suplicó (vayechtar). ¿Debería haber sido vayethar, en lugar de vayechtar? Deduzca de esto que el Señor le abrió una abertura en el cielo para recibirlo; debido a la [oposición] del Atributo Divino de la Justicia ".

R. Jochanan dijo de nuevo en nombre de R. Simon b. Jochai: "¿Cuál es el significado del pasaje (Jer. 27, 1) En el comienzo del reinado de Joacim ... El comienzo del reinado de Sedequías. ¿No hubo gobernantes antes de ellos? Esto significa que el Santo, alabado sea Estaba a punto de devolver el mundo a la vanidad y al caos a causa de Joacim. Pero cuando miró a su generación que era justa, el Señor lo reconsideró. Y lo contrario fue el caso de Sedequías. Él quería destruir el mundo debido a su generación, pero cuando lo miró, lo reconsideró. Pero, ¿no está escrito acerca de Sedequías (II Reyes 24, 19) ¿E hizo lo malo ante los ojos del Señor? [Por lo tanto, era inicuo.] Esto se debe a que debería haber protestado contra su acto, pero no lo hizo ".

R. Jochanan dijo de nuevo en nombre de R. Simon b. Jojai: "¿Cuál es el significado del pasaje (Prov. 29, 9) Si un hombre sabio contiende con un hombre necio, ya sea que esté enojado o riendo, no habrá descanso? Esto significa que el Santo, alabado sea ! dijo: "Me enojé con Acaz y lo entregué al rey de Damasco. ¿Qué había hecho? Sacrificó y fumó incienso a sus dioses, como se dice (II Crónicas 28, 23) Porque ofreció sacrificios a los dioses de Damasco, que lo hirieron; y él dijo: 'Porque los dioses de los reyes de Aram los ayudaron, por tanto, les ofreceré sacrificios para que me ayuden. Por lo tanto, resultó simplemente una piedra de tropiezo para él y para todo Israel. Sonreí a Amazia y entregué a los reyes de Edom en sus manos. ¿Y qué había hecho? Trajo a sus dioses y se inclinó ante ellos, como se dice (II Crónicas 25, 14) Y sucedió que, después de que Amasia vino de la matanza de los edomitas, trajo los dioses de los hijos de Seir, los estableció como sus dioses, se postró ante ellos y se ofreció a ellos '. R. Papa dijo: "Por eso la gente dice: 'No se puede hacer nada con un ignorante; llora delante de él o ríe con él, no le importa. "¡Ay del que no entiende la diferencia entre el bien y el mal!". (Jer. 39, 3) En la puerta del medio. R. Jochannon dijo en nombre de R. Simon b. Jochai: "Este fue el lugar donde el Sanedrín decidió sobre las Halajás". R. Papa dijo: "Por eso la gente dice: 'Donde el dueño de la casa cuelga su armadura, el pastor cuelga su cántaro (un sucesor indigno)'".

R. Chisda dijo en nombre de R. Jeremia b. Aba: "¿Cuál es el significado del pasaje (Prov. 24, 30-31) Pasé por el campo de un perezoso, y por la viña del hombre falto de entendimiento; y, he aquí, todo estaba cubierto de cardos , su rostro estaba cubierto de ortigas, y su muro de piedra estaba derribado, es decir, el campo de un perezoso, etc., se refiere a Acaz; vacío de entendimiento, se refiere a Manasés; con cardos, se refiere a Amón; estaba cubierto con ortigas, etc., se refiere a Joacim; destrozado, se refiere a Sedequías, en cuyos días fue destruido el templo ". R. Chisda dijo de nuevo en nombre de R. Jeremia b. Aba: "Cuatro tipos no recibirán la gloria de la Shejiná, a saber, los burladores, los mentirosos, los hipócritas y los calumniadores; los burladores, como está escrito (Oseas 7, 5) Extiende su mano con los escarnecedores; Mentirosos, como está escrito (Sal. 101, 7) El que habla falsedad, no será confirmado ante mis ojos; hipócritas, como está escrito (Job 13, 16) Que un hipócrita no puede venir delante de él, y calumniadores como está escrito (Sal. 5, 5) Porque tú no eres un Dios que se complace en la maldad; el mal no morará contigo, es decir, tú eres justo y, por tanto, el mal no puede permanecer contigo ".

(Ib. B) A nuestros rabinos se les enseñó: Manasés solía interpretar el libro de Levítico de cincuenta y cinco formas, correspondientes al número de años que reinó. Ajab, ochenta y cinco, y Jeroboam, ciento tres. Se nos enseña en un Baraitha que R. Mair solía decir: "Absalón no tiene participación en el mundo venidero, como se dice (II Sam. 18, 15). Hirió a Absalón y lo mató, es decir, hirió a Absalón - en este mundo, y lo mató, en el mundo venidero ". R. Simon b. Elazar dijo en el nombre de R. Mair: "Achaz, Achazyah y todos los reyes de Israel acerca de los cuales está escrito, E hizo lo malo a los ojos del Señor, 'no gozarán de la resurrección, pero tampoco serán sentenciados a Gehena . " (II Reyes 21, 16Además, Manasés derramó mucha sangre inocente hasta que llenó con ella Jerusalén de un extremo a otro; además de su pecado con que indujo a Judá a pecar, haciendo lo malo ante los ojos del Señor. Aquí (en Babilonia) se explicó que el pasaje que había llenado Jerusalén de un extremo a otro, se refiere a la matanza de Isaías. En Occidente (Palestina) se explicó que se refiere a una imagen que hizo de mil personas de peso. Y los que se dedicaban a llevarlo de un lugar a otro morirían [a causa de los grandes esfuerzos]. ¿Los principios de quién sigue Rabba bb Chana cuando dijo: "El alma de un solo hombre justo es igual al mundo entero"? Concuerda con el que dice que Manasés ha matado a Isaías. [Como el pasaje lo llama, había matado a Jerusalén].

Se nos enseña en un Baraitha: R. Nathan dijo: "Desde la ciudad de Garab hasta la ciudad de Silah, hay una distancia de tres millas, y el humo del altar en Silah solía mezclarse con el humo de los altares que estaban hecho para la imagen de Micha. Y los ángeles ministradores querían arrojar a Michah a un lado, pero el Santo, ¡alabado sea! les dijo: "Déjenlo, porque su pan es accesible a los viajeros". Y por esto fueron castigados los hombres que se vengaron en el caso de la concubina de Gibah, por el Santo, ¡alabado sea! Les dijo: 'Cuando se trataba de Mi honor, no interfirieron, y cuando el honor de un el hombre frágil está en juego, tú te entrometes '".

R. Jochanan dijo en nombre de R. Jose b. Kisma: "Un pequeño refrigerio a menudo juega un papel importante, porque su rechazo alejó a dos tribus de Israel, como se dice (Deut. 23, 5) Porque no te encontraron con pan y agua, en el camino". Y el mismo R. Jochanan dijo: "Su [negativa] aleja a los parientes y su [participación] acerca a los extraños; cierra los ojos a los malvados, hace que la Shejiná descanse sobre los profetas de Baal e incluso una ofensa no intencional se considera como si fue hecho intencionalmente ". Aleja a los parientes. Esto se refiere a (Fol. 105) Ammón y Moab [que eran parientes de Israel]. Acerca a extraños - esto se refiere a Jethro, porque R. Jochanan dijo: "Como recompensa por lo que Jethro dijo (Ex. 2, 20).) Llámalo para que coma pan; sus descendientes merecían sentarse entre el Sanedrín en las cámaras del templo, como se dice (I. Crónicas 2, 55) y las familias de los escribas que habitaban en Jabes: los tiratitas, los simeatitas, los sucáitas. Estos son los ceneos que vinieron de Hamot, el padre de la casa de Recab, y (Jueces 1, 16) Y los hijos del ceneo, suegro de Moisés, subieron de la ciudad de Palma. árboles con los hijos de Judá hasta el desierto de Judá, que está al sur de Arad, y fueron y habitaron con el pueblo. "Cierra los ojos de la mala acción de los impíos, - esto se refiere a Micha, [como dijo arriba]. Causa que la Shejiná descanse sobre los profetas de Baal, - como (I Reyes 13, 20) Y sucedió que mientras estaban sentados a la mesa, vino la palabra del Señor a los profetas y lo trajeron de regreso. - E incluso una ofensa involuntaria se considera como si se hubiera cometido intencionalmente, - porque R. Juda en el nombre de Rab dijo: "Si Jonatán hubiera provisto a David con algunas hogazas de pan, los sacerdotes de la ciudad de Nob no habrían sido asesinados, Doeg, el edomita, no se habría perdido, y Saúl y sus tres hijos no habrían muerto ".

¿Por qué la Mishná no cuenta a Achaz entre los que no tienen participación en el mundo venidero? R. Jeremia b. Aba dijo: "Porque fue puesto entre dos hombres justos (Jotam, su padre, y Ezequías, su hijo)". Y R. Joseph dijo: "Porque fue golpeado delante del profeta Isaías, como está dicho (Isa. 7, 3) Entonces dijo el Señor a Isaías: Ve ahora a encontrarte con Ajaz, tú y ShearJashub tu hijo, al final del conducto del estanque superior, en el camino del campo del lavador. ¿Por qué se menciona el campo de las lavadoras? Porque Ajaz estaba avergonzado de mirar a Isaías, y según algunos escondió su rostro al pasar a Isaías, y según otros más, invirtió un canasto de lavadero sobre su cabeza cuando pasó a Isaías [para no ser reconocido]. "Y ¿Por qué no se reconoció a Amón? Por el honor de su hijo, Yeshiyahu. Si es así, ¿no incluyan a Manasés, por el honor de Ezequías? Hay una tradición de que un hijo puede salvar a su padre, pero no un padre a su hijo , como se nos enseña (Deut.32, 39) Y nadie puede librarse de Mis manos, lo que significa que Abraham no puede salvar a Ismael, ni a Isaac, a Esaú. Ahora, cuando llegamos a esta teoría, se puede decir que Ajaz no fue contado por el honor de Ezequías. Pero, la pregunta anterior, ¿por qué no se contó a Joacim, sigue sin respuesta? Es por lo que dijo Chiya b. Abuya, que en la cabeza de Joacim estaba escrito: Esto y algo más, es decir, una venganza más se le quitará. El abuelo de R. Preida encontró una calavera en las puertas de Jerusalén en la que estaba grabado: Esto y algo más. Lo enterró una y dos veces, pero volvió a salir. Luego dijo que debía ser el cráneo de Joacim, de quien está escrito (Jer.22, 19) Será enterrado con el entierro de un asno. Lo arrastró y lo arrojó más allá de las puertas de Jersualem. Luego se dijo a sí mismo: "Es el cráneo de un rey, y debe ser tratado adecuadamente". Lo envolvió en una prenda de seda y lo puso en un cofre. Cuando su esposa vio esto, se lo contó a sus vecinos, y ellos le dijeron: "Este debe ser el cráneo de su primera esposa, a quien no quiere olvidar". Y calentó el horno y lo quemó. Cuando llegó a casa y se enteró de lo sucedido, dijo: "Esto debe haber sido significado por las palabras que estaban grabadas en él: Esto y algo más".

En un Baraitha se nos enseña que R. Simon b. Elazar dijo: "Porque [Ezequías dijo] (II Reyes, 20, 3) Y he hecho lo que es bueno ante Tus ojos, esto lo llevó a decir (Ib. Ib. 8) ¿Qué señal, etc .; y esto provocó que los idólatras fueron invitados a su mesa. (Ib. ib. 13) Y debido a que invitó a los idólatras a su mesa y sirvió en ellos, llevó el exilio a sus descendientes (Ib. ib. 17). Esto es un apoyo para Ezequías que dijo que el que invita a un idólatra a su casa y le sirve, hace que sus hijos sean desterrados, como se dice (Is. 39, 18) Y de tus hijos ... serán servidores de la corte en el palacio, etc. (Es. 39, 2) Y Ezequías se regocijó por su cuenta y les mostró su Nechotha, etc., Rab dijo: "La casa de Nechotha, se refiere a su esposa [que estaba presente], y Samuel dijo:" Significa que les mostró todos sus tesoros ". R. Jochanan dijo:" Les mostró un tipo de hierro que rompe el hierro (acero) ".

A nuestros rabinos se les enseñó: Sucedió con dos hombres que fueron capturados en la montaña del Carmelo. Sus captores caminaban detrás de ellos. (Ib. B) Dijo uno de los capturados a su colega: "El camello que camina frente a nosotros es ciego de un ojo y lleva dos bolsas una de vino y la otra de aceite. Y los hombres que lo encabezan, una de ellos es un israelita, y el otro es un pagano ". Los captores les dijeron: "Gente de cuello rígido, ¿de dónde saben esto?" Y ellos respondieron: "De la hierba que está delante del camello que mordió sólo de un lado, por lo tanto, del lado por el que ve que mordió, y del otro lado por el que está ciego se va. Lleva dos bolsas de vino y aceite, porque las gotas de vino se hunden y las gotas de aceite flotan. "Y los líderes, uno de ellos es un israelita y el otro un pagano;

(Lam. 1, 2) Llorando, ¿están llorando? ¿Por qué dos llantos? Rabba dijo en nombre de R. Jochanan: "Uno para el primer templo y el otro para el segundo templo". En la noche; es decir, por lo que sucedió en una [anterior] noche, como se dice (Núm. 14, 1) Y la gente lloró esa noche, y Rabba en el nombre de R. Jochanan, dijo: "Este era el noveno de Ab, y el Santo, ¡alabado sea! Dijo: 'Habéis clamado en esta noche en vano, y Decretaré que vuestras próximas generaciones se lamentarán en esta noche para siempre ". Según otros, de noche, porque de noche se escucha mejor una voz. Según otros, en la noche, porque para el que llora en la noche, parece que las estrellas y los planetas lloran con él. Otros vuelven a decir, porque el que oye a uno llorar en la noche, llora con él, como sucedió con una mujer, vecina de Rabán Gamaliel, que lloró porque su hijo murió, y lloró con ella hasta que se le cayeron los párpados. Al día siguiente, sus discípulos lo descubrieron y la obligaron a mudarse de su vecindario. (Ib.) Y sus lágrimas están en sus mejillas. Rabba, en nombre de R. Jochanan, dijo: "Como una mujer llora por el marido de su juventud, como se dice (Joel 1, 8) Lamento como una virgen vestida de cilicio por el prometido de su juventud. "(Lam.) Sus adversarios se han convertido en jefes. Rabba dijo en el nombre de R. Jochanan:" Todo el que oprime a Israel se convierte en jefe, como está dicho (Isa. 8, 3) Porque no le sobreviene fatiga al que los oprime ". Rabba dijo además en el nombre de R. Jochanan:" Todo el que oprime a Israel nunca se cansa ".

(Lam.) No para vosotros, viajeros, mirad y ved. Rabba dijo en nombre de R. Jochanan: "Aquí tenemos un apoyo bíblico de que un hombre en problemas debe darlo a conocer a sus amigos y apelar a su simpatía". (Ib.) Todo lo que pasa por aquí. R. Amram dijo en el nombre de Rab: [Esto dijo Israel] "Ellos (las naciones) me han hecho los perpetradores de tal crimen similar al de Sodoma sobre quien está escrito (Génesis 19, 24) Y el Señor llovió sobre Sodoma; y acerca de Jerusalén está escrito (Lam.) Desde lo alto envió fuego a mis huesos, y también está escrito (Ib.4, 6) Porque mayor es la iniquidad de la hija de mi pueblo que el pecado de Sodoma ". Rabá dijo en nombre de R. Jochanan: "Jerusalén fue castigada mucho más severamente que Sodoma, porque con respecto a Sodoma, está escrito (Ez.) He aquí, esta fue la iniquidad de tu hermana Sodoma: soberbia, abundancia de alimento... pero la mano del pobre y del menesteroso no fortaleció. Y refiriéndose a Jerusalén, está escrito (Lam. 4, 10) Las manos de la mujer misericordiosa ahogaron a sus propios hijos. "(Ib. 1, 15) El Señor ha hollado en medio de mí a todos mis valientes, como uno dice a su vecino: "Esta moneda no vale nada".

(Ib. 2, 16) Todos tus enemigos abren la boca contra ti. Rabba dijo en nombre de R. Jochanan: "¿Por qué se coloca la letra Peh antes de la letra Ayen? Por los espías, que decían con la boca lo que no habían visto con los ojos". No invocan al Señor. Rab dijo: "Esto se refiere a los jueces". Y Samuel dijo: "Esto se refiere a los maestros de niños que están haciendo su trabajo sin fe".

R. Juda dijo en nombre de Rab: "Querían contar un rey más; y la apariencia del rostro de su padre vino y se extendió ante ellos, pero no les importó. Y entonces vino un fuego del cielo y carbonizó los bancos. en el que estaban sentados, todavía no les importaba. Entonces una voz celestial les dijo (Prov. 22, 29) "¿Ves un hombre que es diligente en su obra. Él estará delante de los reyes, pero no estará delante de hombres malos. Primero construyó Mi casa y luego su casa; pero no solo esto, él ha construido Mi casa durante siete años y su casa durante trece años. ¿Debería tener tan [mala] suerte? ' Y aun así no les importó. Luego vino otra voz celestial (Job 34, 33) ¿Será su recompensa como tú quieres? Porque lo aborreces; de modo que tú debes elegir, y no yo ". Sin embargo, aquellos que interpretan la Torá metafóricamente, dicen que todos ellos tienen una participación en el mundo venidero, como se dice (Sal. 60, 9).) Galaad es mío, y Manasés es mío; Efraín es también la defensa de mi cabeza, Judá es mi cetro, Moab es mi vasija; sobre Edom arrojaré mi zapato; es decir, Galaad es mía, se refiere a Ajab, quien cayó en Ramot de Galaad. Manasés: literalmente, Efraín, la fortaleza de mi cabeza, se refiere a Jeroboam, que era descendiente de la tribu de Efraín; Judá son mis jefes, se refiere a Achitophel (Fol. 105) que era de la tribu de Judá. Moab mi olla, se refiere a Gechazi, quien fue golpeado por el negocio de lavar. Sobre Edom arrojo mi zapato, se refiere a Doeg, el edomita. Filistea, clama por mí. Los ángeles ministrantes dijeron ante el Santo: ¡Alabado sea Él !: "Soberano del Universo, si David, que ha matado a los filisteos, viniera ante ti y se quejara de lo que Doeg y Achitophel compartían en el mundo venidero,

(Jer. 8, 5) Por un retroceso perpetuo. Rab dijo: "Una respuesta triunfal ha dado la Asamblea de Israel a los profetas. El profeta dijo a Israel: 'Arrepiéntanse de sus pecados, como pueden mirar a sus padres que han pecado, ¿dónde están?' Y ellos respondieron: 'Y tus profetas que no han pecado, ¿dónde están?' Como se dice (Zac. 1,5) Tus padres, ¿dónde están? Y los profetas, ¿viven para siempre? Entonces les dijo: 'Pero tus padres se han arrepentido y han confesado', como está dicho (Ib. Ib. 6). Pero mis palabras y mis estatutos, que mandé a mis siervos los profetas, ¿no alcanzaron a tus padres? de modo que se volvieron y dijeron: Como el Señor de los ejércitos se propuso hacernos, según nuestros caminos y según nuestras obras, así nos ha tratado ". Samuel dijo:" La respuesta triunfante fue así: Diez hombres vino al profeta y se sentó. Y el profeta les dijo: 'Arrepentíos de vuestros pecados'. Y ellos respondieron: "Un esclavo vendido por su amo, y una mujer de la que su marido se ha divorciado, ¿tiene esto algo que ver el uno con el otro?" ¡El Santo, alabado sea! luego dijo al profeta: 'Ve y diles (Isa.) ¿Dónde está la factura del divorcio de su madre, con la que la he despedido? ¿O cuál de Mis acreedores es a quien te he vendido? He aquí, por vuestras iniquidades fuisteis vendidos, y por vuestras rebeliones fue repudiada vuestra madre? '"Y esto es lo que dijo Resh Lakish:" ¿Cuál es el significado del pasaje (Jer. 47, 10) Nabucodonosor, mi esclavo? Se supo antes de Aquel que dijo, y el mundo llegó a existir para que Israel pudiera reclamarlo en el futuro, y por lo tanto, dijo, avanza, Nabucodonosor, esclavo mío; pues, ¿a quién pertenece entonces la propiedad de un esclavo? ¿Seguramente a su señor? "[Por lo tanto, todo lo que tomó Nabucodonosor, pertenece al Señor.] (Ezequiel 20, 32-35) Y lo que te viene a la mente no será en absoluto; en lo que decís: Seremos como las naciones, como las familias de los otros países para servir a la madera y la piedra. Vivo yo, dice el Señor Dios, que ciertamente con mano poderosa y brazo extendido y con furor derramado seré Rey sobre ti. R. Nachman dijo: "Que el Misericordioso tenga toda la ira, si tan sólo nos redime". (Isa. 28, 26) Porque su Dios le había instruido correctamente, le había enseñado (que hiciera). Dijo Rabba bb Chana. "El profeta dijo a Israel:" Arrepiéntete ". Y ellos respondieron:" No podemos, ya que la inclinación al mal nos domina. Y él les dijo: "Dejadle". A lo que respondieron: "Esto sólo lo puede hacer su Dios".

R. Jochanan dijo: "Bil'am era cojo de un pie y ciego de un ojo, como se dice (Núm. 24, 15) cuyo ojo está abierto".

(Ib. B) (Núm. 22, 21) Y Balaam se levantó por la mañana y ensilló su asno. "Se nos enseña en un Baraitha en el nombre de R. Simon b. Elazar:" El amor ignora la regla de la conducta digna. y hace que los hombres hagan cosas que normalmente se les deja a los siervos, como hemos visto por Abraham, acerca de quien está escrito (Génesis 22, 3) Y Abraham se levantó temprano en la mañana y ensilló su asno [debido a su amor por el Creador] ; del mismo modo, el odio ignora la regla de la conducta digna. Lo aprendemos de Bil'am acerca de quien dice el pasaje Y Bil'am se levantó por la mañana y ensilló su asno [debido a su animosidad por Israel] ".

R. Juda dijo en el nombre de Rab: "Uno siempre se ocupará de la Torá y de los mandamientos divinos, incluso no por el bien del Cielo, ya que finalmente lo hará por su bien, en recompensa de los cuarenta años. Dos sacrificios, que Balak ofreció fue recompensado que Rut salió de él, como R. Jose b. Huna dijo: 'Rut era la hija de Eglon, el nieto de Balak, rey de Moab'. "

Raba le dijo a Rabba b. Mari: "Está escrito (I Reyes 1, 47) Que Dios haga el nombre de Salomón más famoso que tu nombre, y haga su trono más grande que tu trono. "¿Es esta la forma habitual de hablar con un rey? Y él respondió:" No debe tomarse literalmente; querían decir algo similar a tu nombre, porque si tú no lo dijiste, ¿cómo se debe entender? ¿se bendecido? ¿A quién se refieren las mujeres en la tienda, si no Sara, Rebeca, Raquel y Lea? Ahora, ¿significa esta oración que Joel será más bendecido que ellos? Pero significa, similar a ellos; así también aquí significa similar a ellos ". Esto, sin embargo, no está de acuerdo con la opinión de R. José b. Choni; porque R. José b. Choni dijo que de todos un hombre es celoso excepto de su propio hijo y discípulo. De su hijo, como vemos en el versículo citado anteriormente sobre Salomón. Y de su discípulo, si lo desea, puede inferirlo de (II Reyes 2, 9) Y Eliseo dijo: Te ruego que haya sobre mí una doble porción de tu espíritu, y si lo deseas, puedes inferirlo de (Núm.27, 23) Y él impuso sus manos (ambos) sobre él, aunque se le ordenó (Ib. ib. 18) Pondrás tu mano (una) sobre él.

(Ib. 23, 16) Y pon una palabra en su boca. R. Jochanan dijo: De las bendiciones de ese malvado puedes aprender lo que pretendía decir, [si no se lo hubiera impedido]. Quería decir: Que Israel no poseerá casas de oración y de aprendizaje, [pero se vio obligado a decir] (Ib. 24, 5) ¡Qué bonitas son tus tiendas, oh Jacob! Tenía la intención de decir que la Shejiná no reposará sobre ellos, [y dijo] Tus moradas, oh Israel. [Tenía la intención de decir] que sus reinos no se prolongarán, y dijo: Como corrientes se extienden. [Tenía la intención de decir] que no poseerán olivos ni viñedos, [y dijo:] Como huertos junto al río. Tendrán mal olor y dijeron: Como áloes que plantó Jehová. No tendrán reyes de hermosa apariencia, y dijeron: Y cedros junto al agua. Sus reyes no serán descendientes de reyes, y dijeron: De sus cubos corre agua. Su reino no dominará a otras naciones, y dijo: Para que su simiente sea humedecida por la abundancia de aguas. Su reino no será suficientemente fuerte, y dijo: Y su rey será más alto que Agag. Y su reino no será temido, y dijo: Y elevado en las alturas será su reino. "R. Abba b. Chana dijo:" Todas las bendiciones de Bil'am eran maldiciones, excepto las relativas a las casas de oración y de aprendizaje, como se dice (Deut. 23, 6) Y el Señor tu Dios te ha cambiado la maldición en bendición, porque el Señor tu Dios te ama. Se lee maldición, singular, pero no maldiciones, plural ".

R. Samuel b. Nachmeni en el nombre de R. Jonathan dijo: "¿Cuál es el significado de (Prov. 27, 6) Fieles son las heridas de un amigo; pero los besos de un enemigo son importunos, es decir, la advertencia que Achiyah el silonita advirtió a Israel es mejor para ellos que las bendiciones que Bil'am los bendijo. El primero advirtió a Israel dando como un símil la caña, como se dice (I Reyes 14, 15) Como la caña se agita en el agua. Como esta caña se encuentra en lugares de agua, las ramas (Fol.106) de ella cambian, pero sus raíces son muchas, e incluso todos los vientos del mundo cuando soplan sobre ella no pueden arrancarla, pero se dobla en cada dirección del viento. Sin embargo, cuando el viento cesa, permanece recto en su lugar. Pero Bil'am, el malvado, bendijo a Israel comparándolos con un cedro, que no se para en lugares de agua, no cambia sus ramas, y sus raíces son pocas, y aunque ningún viento puede afectarlo, sin embargo, tan pronto como un sur viene el viento, lo arranca y le da la vuelta. Además, una pluma para escribir los Rollos Sagrados, los Profetas y el Hagiographa está hecha de una caña ".

(Núm. 24, 21) Y miró a los ceneos... Aunque firme sea tu morada, etc. Bil'am le dijo a Jetro: "Quenita, ¿no estabas con nosotros en el momento en que consultamos para destruir a Israel? ¿Cómo? entonces, ¿es que ahora estás entre los más fuertes del mundo? " Y esto es lo que R. Chiya b. Aba, en el nombre de R. Jochanan, dijo: "Los tres siguientes: Bil'am, Job y Jethro, fueron los consejeros del Faraón, en cuanto a su mandato de arrojar al río a los hijos de Israel. Bil'am, quien dio Este consejo fue asesinado; Job, que guardó silencio, fue castigado con el castigo; y Jetro, que se escapó, fue recompensado con colocar a sus descendientes entre el Sanedrín, en la cámara del Templo, como se dice (I Crón. 2, 55) Y las familias de los escribas que habitaban en Jobetz, los tirotitas, etc. Estos son los ceneos que vienen de Chamoth - (Núm.22 , 23) Y él tomó su parábola, y dijo: ¡Ay, quién vivirá después de Dios! lo ha designado? R. Jochanan dijo: "¡Ay de esa nación que tratará de evitar la redención de Israel, cuando el Santo, alabado sea! Lo haga con Sus hijos. ¿Quién puede evitar que un león se una a su leona en el tiempo que ambos son libres? "

(Núm. 25, 1) E Israel se quedó en Sitim. R. Jochanan dijo: "Dondequiera que se encuentre tal expresión, trae consigo inflicción. E Israel habitó en Sitim y el pueblo comenzó a cometer incesto; (Génesis 37, 1) Y Jacob habitó en la tierra de las peregrinaciones de sus padres, y José trajo malas noticias de ellos a su padre. (Ib. 47, 27) Y habitó Israel en la tierra de Egipto, en la tierra de Gosén; y (Ib. 29) Y se acercaron los días de Israel en que iba a morir. (I Reyes 4, 5) Y todo hombre habitaba en seguridad, y (Ib. 11, 14) Y el Señor incitó a un adversario a Salomón, Hadad el edomita ".

(Núm. 31, 8) Y mataron a los reyes de Madián, además del resto de sus hombres que fueron muertos... ya Bil'am, el hijo de Boer, lo mataron a espada. ¿Qué tiene que hacer Bil'am allí? R. Jochanan dijo: "Fue a tomar la recompensa por los veinticuatro mil israelitas que fueron asesinados por su consejo". Mar Zutra b. Tubia dijo en nombre de Rab: "Esto es lo que dice la gente: un camello quería tener cuernos, y por eso le cortaron las orejas". (Jos. 13, 22) Y Bil'am, hijo de Beor, el adivino. ¡El adivino! ¿No era profeta? R. Jochanan dijo: "Al principio era profeta, pero después se convirtió en adivino".

(Ib. B) R. Isaac dijo de nuevo: "¿Cuál es el significado del pasaje (Isa. 33, 18) ¿Dónde está el que anotó? ¿Dónde está el que pesó? ¿Dónde está el que contó las torres? es decir, ¿dónde está el que contó las letras de la Torá? ¿Dónde está el que pesa las cosas indulgentes y rigurosas que allí se mencionan? ¿Dónde está el que contó trescientas Halajás decididas [acerca de la limpieza levítica] con respecto a una torreta volando en el aire? "R. Ami dijo:" Cuatrocientas preguntas habían planteado Doeg y Achitophel acerca de las torretas volando en el aire, y ninguna de ellas pudo "¿Es entonces una gran cosa hacer preguntas?", remarcó Raba. "En los años de R. Juda todos sus estudios se limitaban a la Sección de Daños, etc. Por lo tanto, debemos decir que el Santo, elogiado ¡Sea Él! desea un corazón [puro] de uno [pero no su boca], como está escrito (I Sam. 16,

R. Ami dijo: "Doeg no murió antes de haber olvidado todos sus estudios, como se dice (Pr. 5, 23). Él ciertamente morirá por falta de corrección; y por la abundancia de su locura se hundirá en el error. . " R. Jochanan dijo: "Tres ángeles de la destrucción acompañaron a Doeg; uno que le hizo olvidar su estudio, otro que quemó su alma y el tercero que esparció sus cenizas en las casas de oración y estudio". R. Jochanan dijo además: "Doeg y Achitophel no se veían, como Doeg en los días de Saúl y Achitophel en los días de David". R. Jochanan dijo además: "Tanto Doeg como Achitophel no han vivido la mitad de sus días". También se nos enseña así en la siguiente Baraitha: Todos los años de Doeg fueron sólo treinta y cuatro, y los de Achitophel, treinta y tres.

R. Jochanan dijo además: "Al principio David llamó a Achitophel maestro, luego lo llamó asociado y finalmente lo llamó discípulo. Al principio lo llamó maestro, (Sal. 55, 14) Pero eras tú, un hombre mío igual, mi compañero y mi amigo familiar; luego lo llamó asociado, (Ib.) Tomamos buenos consejos juntos, etc .; y finalmente lo llamó discípulo (Ib.41, 10) Sí, mi propio amigo familiar, en quien confiaba , que comió de mi pan, etc.

Raba dio una conferencia: "¿Qué significa el pasaje (Sal. 11, 1) En el Señor he puesto mi confianza? ¿Cómo puedes decir a mi alma, huye a tu montaña como significa un pájaro? Es decir, David dijo ante el Santo: ¡Alabado sea! '¡Soberano del Universo! Perdóname este pecado para que la gente no diga que tu montaña se perdió por un pájaro' ". (Fol. 107) Raba dio una conferencia: "¿Cuál es el significado del siguiente pasaje (Sal. 51, 6) Contra ti, solo contra ti, he pecado, y he hecho lo que es malo ante tus ojos; para que seas justificado cuando hables, y tengas razón cuando juzgues, es decir, dijo David ante el Santo, ¡alabado sea! 'Soberano del Universo, se sabe y se revela ante Ti, que si hubiera deseado frenar mi pasión, lo habría logrado, pero no lo hice, para que la gente no diga que el sirviente conquistó a su amo' ". Raba volvió a sermonear: "¿Cuál es el significado del pasaje (Ib. 38, 18)? Porque estoy listo para detenerme, y mi dolor está continuamente ante mí. Bath Sheba estaba destinada a David desde los seis días de la creación; sin embargo, ella vino a él sólo por imposición. "Y así también se enseñó en el colegio de R. Ismael: Bath Sheba, la hija de Eliam, estaba destinada a David, pero la disfrutó como una fruta verde. Raba dio una conferencia: "¿Cuál es el significado del pasaje (PD. 35, 15) Pero cuando me detengo, se regocijan y se reúnen; ... Me desgarran y no cesan. Así dijo David ante el Santo, ¡alabado sea! "Soberano del Universo, es conocido y revelado ante Ti que si desgarraran mi carne la sangre no correría. Incluso cuando están ocupados en el estudio de Negaim y Ahaloth me dicen: 'David, que es un adúltero , ¿con qué tipo de muerte debe ser castigado? Y les respondí: 'Ha de ser colgado; sin embargo, él tiene parte en el mundo venidero, pero el que expone a sus semejantes a la vergüenza en público no tiene participación en el mundo venidero' ".

R. Dusthai, de la ciudad de Biri, pronunció una conferencia: "¿A qué se puede comparar el sistema de la oración de David?" A un vendedor ambulante que quería vender sus acciones poco a poco. Dijo ante el Santo, ¡alabado sea! (Sal. 19,13-15) 'Soberano del Universo, ¿quién puede protegerse contra los errores?' Y se le respondió: 'Serán perdonados'. (Ib.) 'De secretos (faltas) Tú me limpias.' Serán perdonados. (Ib.) 'También de los pecados presuntuosos reprime a Tus siervos'. "Esto [también] será perdonado". (Ib.) 'Que no se enseñoreen de mí', es decir, los rabinos no hablarán de mí. "Esto [también] se te permitirá". (Ib.) 'Entonces seré irreprensible', es decir, mis pecados no serán escritos. Y se le respondió: 'Esto es imposible, porque, si el Yud que quité del nombre de Sarai se quejó ante mí durante varios años, hasta que llegó Josué y lo agregué a su nombre, como está dicho (Núm. 13, 16. Y Moisés llamó a Oseas; el hijo de Nun, Joshua, ¿Cuánto más [habrá quejas] si omito una porción completa de la Torá? ' (PD. 19) Claro de cualquier gran transgresión, es decir, dijo ante él: 'Soberano del Universo, perdóname todo el pecado'. Y se le respondió: 'Se me ha revelado lo que Salomón, tu hijo, dirá en su sabiduría en el futuro (Pr.6, 27-30) ¿Puede un hombre tomar fuego en su seno sin que se le queme la ropa? ¿O se andará sobre brasas y no se le quemarán los pies? Así que el que entra con la mujer de su prójimo; Quien la toque no quedará sin castigo. Luego exclamó: "Si es así, entonces estoy perdido". Y se le respondió: "Acepta la aflicción sobre ti mismo". Inmediatamente David aceptó la aflicción sobre sí mismo ". R. Juda dijo en el nombre de Rab:" Seis meses estuvo David afligido de lepra; la Shejiná lo dejó, y el Sanedrín se separó de él. Fue infligido con lepra, como está escrito (Sal.51, 9) Purifícame [del pecado] con hisopo, etc. La Shejiná lo dejó, como está escrito (Ib., Ib., 14) Devuélveme el gozo de Tu salvación. El Sanedrín se separó de él, como está escrito (Ib. 119, 79). Que vuelvan a mí los que te temen y los que conocen tus testimonios. Que todo esto duró seis meses completos, ¿cuándo lo aprendemos? Del siguiente pasaje (I Reyes, 2, 11) Y los días que reinó David sobre Israel fueron cuarenta años; (Ib. B) En Hebrón reinó treinta y tres años sobre todo Israel y Judá. Por lo tanto, vemos que los seis meses más [que se cuentan en II Samuel] no se cuentan [en I Reyes], y esto se debe a que los seis meses en los que fue infligido con lepra no se contaron "(Sal. 86, 17).) Muéstrame una señal para bien, etc. Así dijo David ante el Santo, ¡alabado sea! "Soberano del universo, perdóname este pecado [de Betsabé]". "Eres perdonado", respondió el Señor. Entonces David le dijo al Señor: "Muéstrame una señal mientras viva". A lo que respondió: "Durante tu vida no lo daré a conocer, pero durante la vida de Salomón, tu hijo, lo daré a conocer". Cuando Salomón construyó el templo, quiso colocar el arca en el lugar santísimo, pero las puertas se habían unido entre sí [y no se podían abrir]. Luego, Salomón ofreció veinticuatro canciones de oración, pero no recibió respuesta. Luego dijo la oración (Sal.24, 9Levantad, oh puertas, vuestras cabezas, y alzaos vosotros, puertas eternas, y dejad entrar al Rey de gloria. Quien es el Rey de gloria, el Señor de los ejércitos, Él es el Rey de gloria, Selah (II Crónicas 6 , 12). Sin embargo, no recibió respuesta; pero tan pronto como dijo Oh Señor Dios, no apartes el rostro de tu ungido, recuerda las obras piadosas de David tu siervo, él fue inmediatamente respondido. En ese momento los rostros de los enemigos de

David se tornaron negros como el fondo de una olla y entonces todos supieron que el Santo, ¡alabado sea! había perdonado a David ese pecado.

Ahora sobre Gechazi. Está escrito (II Reyes 8, 7) Y Eliseo llegó a Damasco. ¿Por qué fue allí? R. Jochanan dijo: "Fue a hacer que Gechazi se arrepintiera de sus pecados. Trató de hacerlo, pero no quiso, diciendo: 'Tengo una tradición tuya, que el que peca y hace pecar a otros, no se le dará la oportunidad de arrepentirse ". Pero, ¿qué ha hecho él para que otros pecan? Según algunos, puso un imán sobre los becerros de oro hechos por Jeroboam, y quedaron suspendidos en el aire. Y según otros, grabó un santo nombre en su boca, y anunciaba: "Yo soy el Dios", etc. Y de acuerdo con otros, ahuyentó a los discípulos de la universidad de Eliseo, como se dice (Ib. 6, 1) Mira, ahora, el lugar donde moramos delante de ti es demasiado estrecho para nosotros. Y esto fue después de la partida de Gechazi, por lo tanto, no fue estrecho hasta ahora [cuando Gechazi estaba allí,

A nuestros rabinos se les enseñó: Siempre que la mano izquierda rechace (a los que lo merecen), y la mano derecha invitará. Y no como Eliseo hizo con Giezi, a quien rechazó con ambas manos, como está escrito (II Reyes, 5, 23-27) Y Naamán dijo: Da tu asentimiento, toma dos talentos. Y le instó a.... ¿De dónde vienes, Gechazi? Y él respondió: Tu siervo no fue de acá ni de allá. Y él le dijo: Mi mente no se había desvanecido cuando el hombre se volvió de su carro para encontrarte. ¿Es hora de tomar dinero, y tomar vestidos, y olivares, viñedos, ovejas, bueyes, siervos y siervas? ¿Entonces Gechazi se ha llevado todo esto? ¿He aquí que sólo tomó plata y vestidos? R. Isaac dijo: En ese momento Eliseo estaba ocupado con el estudio del capítulo de los ocho reptiles (de Tract Sabbath). Naamán, el capitán del rey de Siria, estaba enfermo de lepra, y su criada, que fue capturada de Israel, le dijo que si iba a ver a Eliseo, se curaría. Y cuando llegó a él y le dijeron que se sumergiera en el Jordán, dijo: " Se burlan de mí ". Pero los hombres que estaban con él dijeron:" Ve y pruébalo, que no te puede hacer daño ". Entonces él fue y se bañó en el Jordán y se curó. Y trajo todo lo que tenía consigo. a Eliseo, pero Eliseo no quiso aceptarlo. Sin embargo, Gechazi se apartó de Eliseo y escondió lo que había tomado, y cuando volvió ante Eliseo, vio que la lepra brotaba sobre su cabeza. : Deseaste que hubiera llegado el momento de ser recompensado por [mi estudio del capítulo] ocho reptiles, [ya que le quitaste el valor de las ocho cosas mencionadas en este pasaje] Que allí la lepra de Na'amán se adhiera a tú, y tu descendencia para siempre, y salió de su presencia leproso (blanco) como la nieve ". Dice (ib. 7, 3) Y había cuatro hombres leprosos a la entrada de la puerta. R. Jochanan dijo: "Estos eran Gechazi y sus tres hijos". Hay un Baraitha: R. Simon b. Elazar dijo: "El impulso del hombre, un niño y una mujer, siempre debe repeler la mano izquierda y la mano derecha invitar".

A nuestros rabinos se les enseñó: "Eliseo estuvo enfermo tres veces; primero cuando dio de alta a Gechazi de su servicio, en segundo lugar cuando puso los osos sobre los niños, y la tercera vez cuando murió".

Hasta el tiempo de Abraham no había señales de vejez, y cualquiera que quisiera hablar con Abraham hablaba con Isaac, o viceversa, [ya que su apariencia era la misma]. Entonces Abraham oró, y la marca de la vejez fue visible, como está dicho (Génesis 24). Y Abraham era anciano. Hasta el tiempo de Jacob no hubo enfermedad [la muerte ocurrió repentinamente]. Entonces Jacob oró para que la enfermedad viniera antes de la muerte; como se dice (Ib. 48, 1) He aquí, tu padre está enfermo. Hasta la época del profeta Eliseo no hubo nadie que se curara de una enfermedad. Pero Eliseo oró y se curó; como se dice (II Reyes 13) Eliseo estaba enfermo de la enfermedad donde tuvo que morir, lo que significa que anteriormente estuvo enfermo y fue curado.

MISHNA: La generación del diluvio no tiene participación en el mundo venidero, y tampoco son juzgados, como se dice (Génesis 6, 3) Lo yadon ruchi b'adam para siempre, es decir, sin juicio ni espíritu. La generación de la dispersión (Ib. 11) tampoco tiene participación en el mundo venidero, como se dice (Ib. 8) Y el Señor los esparció por todas partes. Los hombres de Sodoma tampoco tienen participación en el mundo venidero, como se dice (Ib. Ib. 13) Porque los hombres de Sodoma eran impíos, y pecadores ante el Señor en gran manera, es decir, impíos en este mundo, y pecadores en el mundo por venir. Sin embargo, deben comparecer antes del juicio. R. Nechemiah dice: "Ninguno de los anteriores debe comparecer ante el juicio, como se dice (Sal. 1, 5) Por tanto, los impíos no podrán comparecer (Fol. 108) en el juicio, y los pecadores en la congregación de los rectos; es decir, por tanto, los impíos no podrán comparecer en el juicio, se refiere a la generación del diluvio; y pecadores en la congregación de los rectos, se refiere a los hombres de Sodoma ". Los sabios, sin embargo, le dijeron:" El pasaje significa que entre la congregación de los rectos, estos últimos no pueden estar de pie, pero sí entre la congregación de los impíos [de ahí que se enfrenten al juicio] ".

Los espías no tienen participación en el mundo venidero, como se dice (Núm. 14, 37) Murieron por la plaga ante el Señor; es decir, murió - en este mundo; plaga - en el mundo venidero. La generación del desierto no tiene participación en el mundo venidero, como se dice (Ib. Ib. 35) En este desierto morirán, y allí serán consumidos; etc., es decir, en el desierto morirán, en este mundo; y en él se gastarán en el mundo venidero. Eso dice R. Akiba. R. Eliezer, sin embargo, sostiene: "Respecto a ellos, la Escritura dice: (Sal. 1, 5) Reúname a Mis siervos piadosos, que hacen un pacto conmigo mediante sacrificio. La congregación de Coré no será restaurada [en el tiempo de la resurrección], como se dice (Núm. 16, 33) Y la tierra se cerró sobre ellos, es decir, en este mundo; y desaparecieron de en medio de la congregación - en el mundo por venir ". Eso dice R. Akiba. R. Eliezer, sin embargo, dice:" Respecto a ellos, la Escritura dice: (I Sam. 2, 6) El Señor mata y da vida; él baja al sepulcro, y él levanta. "

GEMARA: A nuestros rabinos se les enseñó: La generación del diluvio no tiene participación en el mundo venidero, como se dice (Génesis 7, 23) Y barrió toda sustancia viviente, y fueron barridos de la tierra, es decir, y barrió toda sustancia viviente, - en este mundo; y fueron barridos de la tierra, - en el mundo venidero. Eso dice R. Akiba. R. Juda b. Bathyra dijo: "No serán restaurados ni juzgados, como se dice (Génesis 6, 3) Lo yadon ruchi b'adam para siempre, es decir, sin juicio ni espíritu". De otra forma se interpreta lo anterior, Sus espíritus no volverán a sus líderes. R. Menachem b. José dijo: "Incluso en el momento en que el Santo, ¡alabado sea! Regrese las almas a los cadáveres, esas almas aún serán juzgadas duramente en el Gehena, como se dice (Es. 33, 11) Concebiréis paja, daréis rastrojo; tu aliento es un fuego que te devorará ".

A nuestros rabinos se les enseñó: ¡La generación del diluvio se volvió dominante solo a causa de la riqueza que el Santo, alabado sea! otorgados sobre ellos. ¿Y qué está escrito sobre ellos? (Trabajo 21, 9-14) Sus casas están seguras, sin temor, ni la vara de Dios sobre ellos, y nuevamente el pasaje dice: Su toro engendra y no deja de ser; su vaca da a luz, y no echa a su ternero. Envían a sus pequeños como a un rebaño, y sus hijos bailan. Cantan con pandero y arpa, y se regocijan con el sonido de la flauta. Pasan sus días en prosperidad. El verso continúa, Y en paz descienden a la tumba. Esto fue causado por lo que dijeron: Apartaos de nosotros y el conocimiento de Tus caminos que no deseamos, etc., es decir, dijeron: "Lo único para lo que necesitamos al Todopoderoso son las gotas de lluvia, con las que Él provee. nosotros; sin embargo, poseemos manantiales y ríos, de los cuales podemos hacer uso ". El Santo, alabado sea; luego dijo: "Con la misma bendición que les concedí, me provocan a ira;Génesis 6) Traeré un diluvio de agua, etc. R. José dice: "La generación del diluvio fue exaltada sólo por [la codicia de] el globo ocular, que [en la inquietud] se asemeja al agua, como se dice (Ib. Ib. 2) Y se tomaron esposas de todas las que eligieron, y por lo tanto fueron castigadas con agua, que se asemeja al globo ocular, como se dice (Ib. 7, 11) El mismo día, fueron todas las fuentes del gran abismo se rompieron, y las ventanas de los cielos fueron abiertas ". R. Jochanan dijo: "La generación del diluvio se corrompió con la palabra rabba, y con la palabra rabba fueron castigados; es decir, con la palabra rabba se corrompieron como está escrito (Ib. 6, 5). Dios vio que fue grande (rabá) la maldad de los hombres, y fueron castigados con la palabra rabba, como está escrito (Ib.7,

(Ib. 6, 12) Porque toda carne ha corrompido su camino sobre la tierra. R. Jochanan dijo: "Deduzca de esto que el ganado, las bestias y los hombres tenían relaciones sexuales entre sí". R. Aba b. Cahana dijo: "Todos volvieron a su especie, excepto el pájaro Thushl'imi". (Ib ib. 13) El fin de toda la carne ha llegado ante Mí. R. Jochanan dijo: "Ven y mira cuán severa es la fuerza del robo, porque aunque la generación del diluvio había cometido todo tipo de crímenes, sin embargo, su malvado decreto no fue sellado hasta que extendieron su mano para cometer robo, ya que Se dice (Ib.) Porque toda la tierra está llena de violencia a través de ellos, y los destruiré con la tierra, y también está escrito (Eze. 7, 11) La violencia se ha levantado como vara de maldad; nada viene de ellos, ni de su confusión, ni hay entonces eminencia;Génesis 6, 7) Porque me arrepiento de haberlos hecho. Pero Noé halló gracia ante los ojos del Señor. "(Ib. Ib. 6) Y el Señor se arrepiente de haber hecho al hombre en la tierra. Cuando R. Dimi vino de Palestina, dijo:" El Santo, alabado ¡Sea Él! dijo: 'Hice bien en prepararles tumbas en la tierra'. "¿Dónde está la inferencia? Está escrito aquí, Vayinachem (y el Señor pensó a sí mismo), y también está escrito (Ib. 50) Vayinochem (Y los consoló.) Según otros, dijo: "No hice bien en prepararles sepulturas en la tierra, [porque podrían haberse arrepentido]. Está escrito aquí Vayinachem, y está escrito allí (Ex. 32, 14) Vayinachem (Y el Señor se arrepintió) del mal que Él dijo que haría a Su pueblo.

(Gén. 6, 9) Noé era un hombre justo y perfecto en su generación; según R. Jochanan en su generación, pero no en otras [entre los más justos]. Y según

Resh Lakish: En su generación [entre los malvados], mucho más en otras generaciones. "La teoría de R. Jochanan", remarcó R. Chanina, "debe compararse con la siguiente parábola: Si se coloca un barril de vino entre barriles de vinagre, en ese lugar, se marca el buen olor del vino, que no sería el caso si se coloca entre otros toneles de vino ". R. Oshia dijo: "La teoría de Resh Lakish puede compararse con la siguiente parábola: si se coloca un vaso de perfume en un lugar sucio y se marca su olor, ¿cuánto más se marcaría si se colocara entre especias?" (Génesis 7, 23) Y barrió, etc. Si el hombre pecó, ¿cuáles fueron los pecados de los animales? Se nos enseña en el nombre de R. Joshua b. Karcha: "Esto es similar a uno que hizo un dosel para su hijo y preparó todo tipo de manjares para la comida de la boda, pero su hijo murió antes de la boda y destruyó todo lo que preparó, comentando: 'Todo esto se hizo sólo por mi hijo; ahora que está muerto, ¿para qué necesito el dosel y todo lo que preparé? De modo que el Santo, ¡alabado sea! Dijo: '¿Con qué propósito he creado ganado y bestias, solo por el bien del hombre? Ahora, cuando el hombre ha pecado y ha de ser destruido, ¿con qué propósito necesito a todas las demás criaturas? '? " (Génesis 6, 22) Todos los que estaban en tierra firme murieron, pero no los peces del mar. R. José de Cesareau disertó: "Job 24, 18.) Rápidos son tales hombres (para huir) sobre la faz del agua; Maldito sea su campo en la tierra, es decir, inferir de esto que Noé, el recto, les advirtió, diciendo: 'Arrepentíos y orad a Dios, porque si no, el Santo, ¡alabado sea! traerá la inundación sobre ti y hará que tus cadáveres naden sobre el agua como bolsas de cuero [llenas de aire]; y no solo esto, sino que seréis malditos para las generaciones futuras. Y ellos respondieron: '¿Quién se lo impide?' Y él dijo: 'Hay una paloma (Methushalech) entre ustedes que debe ser quitada' [antes de que ocurra el mal]. Y ellos respondieron: (Ib. B) 'Si es así, seguiremos nuestro camino y no nos esconderemos en las viñas' ".

(Génesis 7, 10) Y sucedió que después de los siete días las aguas del diluvio estuvieron sobre la tierra. ¿Cuál es la naturaleza de estos siete días? Rab dijo: "Los siete días de luto por Methushelach. De esto puedes aprender que el lamento [sobre la muerte] de los justos retrasa la venida de la dispensación del mal". Se da otra explicación: Atter el Santo, ¡alabado sea! causó que todo el orden de la creación cambiara de modo que el sol [en lugar de salir por el Este y ponerse por el Oeste], saldrá por el Oeste y se pondrá en el Este. Una vez más, otra explicación es: El Señor les asignó al principio un largo tiempo para que se arrepintieran, y luego un corto tiempo. Y otra explicación más es: los siete días en los que se les dio una muestra del mundo venidero, con el propósito de que sepan el bien que están perdiendo. (Ib. Ib. 2) De todo animal limpio tomarás siete parejas de cada uno, macho y hembra. ¿Tienen esposas estos animales? R. Samuel b. Nachmeni dijo en nombre de R. Jonathan: "Significa de aquellos con quienes no se cometió un crimen". ¿Pero cómo supo esto? R. Chisda dijo: "Pasó junto al arca, y aquellos a quienes el arca admitió, estaba seguro de que no se había cometido ningún crimen, y aquellos a quienes el arca no admitió, sabía que se debía haber cometido un crimen". R. Abahu dijo: "Significa de aquellos animales que vinieron por sí mismos".

(Ib. 6, 14) Un arca de madera de gofer. ¿Qué significa gopher? R. Adda, en nombre de la escuela de Shila, dijo: "Significa un roble" y, según otros, un cedro. (Ib., Ib. 16) Harás una ventana. R. Jonathan dijo: "¡Alabado sea el Santo! Dijo a Noé:" Engastelo con diamantes y perlas, para que te alumbre como a la mitad del día ". (Ib.) Con segundo inferior y lo harás en un tercer piso. El más bajo para estiércol, el segundo para animales y el tercero para el hombre. (Ib. 8, 7) Envió un cuervo. Resh Lakish dijo: "El cuervo le dio a Noé una respuesta victoriosa. Tu Maestro me odia y tú haces lo mismo. Tu Maestro me odia, porque dijo: De las aves limpias tomarás siete, y de las inmundas sólo dos; y me odias como dejas sola la especie de la que tienes siete, y envías de una especie de la que solo tienes dos. Si me matara el ángel del calor o el ángel del frío, ¿no faltaría al mundo una criatura de mi especie? "(Ib., Ib. 8). Entonces envió una paloma. R. Jeremías dijo: "Infiere de esto que las aves limpias se pueden mantener en la residencia de los rectos." (Ib., Ib. 11) Y la paloma entró a él a la hora de la tarde. R. Elazar dijo: "La paloma dijo ante el Santo, ¡alabado sea! 'Soberano del Universo, Que mi comida sea amarga como una hoja de olivo, pero dada de Tu mano, en lugar de dulce como la miel y dada por un hombre frágil'. "Y de dónde sabemos que tereph (arrancado) se refiere a comida? Del siguiente pasaje (y envías de una especie de la que solo tienes dos. Si me matara el ángel del calor o el ángel del frío, ¿no faltaría al mundo una criatura de mi especie? "(Ib., Ib. 8). Entonces envió una paloma. R. Jeremías dijo: "Infiere de esto que las aves limpias se pueden mantener en la residencia de los rectos." (Ib., Ib. 11) Y la paloma entró a él a la hora de la tarde. R. Elazar dijo: "La paloma dijo ante el Santo, ¡alabado sea! 'Soberano del Universo, Que mi comida sea amarga como una hoja de olivo, pero dada de Tu mano, en lugar de dulce como la miel y dada por un hombre frágil'. "Y de dónde sabemos que tereph (arrancado) se refiere a comida? Del siguiente pasaje (y envías de una especie de la que solo tienes dos. Si me matara el ángel del calor o el ángel del frío, ¿no faltaría al mundo una criatura de mi especie? "(Ib., Ib. 8). Entonces envió una paloma. R. Jeremías dijo: "Infiere de esto que las aves limpias se pueden mantener en la residencia de los rectos." (Ib., Ib. 11) Y la paloma entró a él a la hora de la tarde. R. Elazar dijo: "La paloma dijo ante el Santo, ¡alabado sea! 'Soberano del Universo, Que mi comida sea amarga como una hoja de olivo, pero dada de Tu mano, en lugar de dulce como la miel y dada por un hombre frágil'. "Y de dónde sabemos que tereph (arrancado) se refiere a comida? Del siguiente pasaje (¿No le faltaría al mundo una criatura de mi especie? "(Ib., ib. 8) Luego envió una paloma de él. R. Jeremiah dijo:" Infiere de esto que las aves limpias pueden mantenerse en la residencia de los rectos. "(Ib., ib. 11) Y la paloma entró a él a la hora de la tarde. R. Elazar dijo:" La paloma dijo ante el Santo, ¡alabado sea! 'Soberano del Universo, Que mi comida sea amarga como una hoja de olivo, pero dada de Tu mano, en lugar de dulce como la miel y dada por un hombre frágil'. "Y de dónde sabemos que tereph (arrancado) se refiere a comida? Del siguiente pasaje (¿No le faltaría al mundo una criatura de mi especie? "(Ib., ib. 8) Luego envió una paloma de él. R. Jeremiah dijo:" Infiere de esto que las aves limpias pueden mantenerse en la residencia de los rectos. "(Ib., ib. 11) Y la paloma entró a él a la hora de la tarde. R. Elazar dijo:" La paloma dijo ante el Santo, ¡alabado sea! 'Soberano del Universo, Que mi comida sea amarga como una hoja de olivo, pero dada de Tu mano, en lugar de dulce como la miel y dada por un hombre frágil'. "Y de dónde sabemos que tereph (arrancado) se refiere a comida? Del siguiente pasaje (11. Y la paloma se le acercó a la hora de la tarde. R. Elazar dijo: "La paloma dijo ante el Santo, ¡alabado sea! 'Soberano del Universo, Que mi comida sea amarga como una hoja de olivo, pero dada de Tu mano, en lugar de dulce como la miel y dada por hombre frágil ". ¿Y de dónde sabemos que tereph (arrancado) se refiere a la comida? Del siguiente pasaje (11. Y la paloma se le acercó a la hora de la tarde. R. Elazar dijo: "La paloma dijo ante el Santo, ¡alabado sea! 'Soberano del

Universo, Que mi comida sea amarga como una hoja de olivo, pero dada de Tu mano, en lugar de dulce como la miel y dada por hombre frágil ". ¿Y de dónde sabemos que tereph (arrancado) se refiere a la comida? Del siguiente pasaje (Pr. 30, 8) Déjame comer el pan (hatripheni).

(Génesis 8, 19) Después de sus familias. R. Jochanan dijo: "Deduzca de esto que cada familia fue colocada por separado". R. Chana b. Bizna dijo: "Eliezer, el sirviente de Abraham, interrogó a Sem el mayor (hijo de Noé). 'Como todos los animales fueron colocados por separado, ¿dónde fue colocada tu familia?' Y él respondió: 'Tuvimos grandes problemas en el arca para alimentar a todos los animales. La criatura cuyo hábito es comer durante el día teníamos que alimentar durante el día, y aquellos cuyo hábito es comer durante la noche, teníamos para alimentarse de noche. Un camoleón, mi padre no sabía cuál era su comida. Sucedió un día que cortó una granada y se le cayó un gusano, y el camoleón la comió, y desde ese momento preparó su comida de salvado que se había vuelto lombriz. La fiebre del león alimentaba sus energías vitales, como dijo Rab: No menos de seis y no más de doce días se puede vivir con fiebre sin ingerir ningún alimento. El fénix que mi padre encontró dormía en un rincón del arca, y a su pregunta, '¿Necesitas algo de comida?', Respondió: 'Vi que estabas muy ocupado y pensé que no te molestaría'. Y él la bendijo para que nunca muriera, y sobre él dice el pasaje (Job 29, 18) Como chaul (fénix) tendré muchos días ".

R. Chana b. Levi dijo: "Sem el Mayor interrogó a Eliezer, el sirviente de Abraham:" Cuando los reyes de Oriente y Occidente vinieron a luchar contra ti, ¿qué hiciste? " Y él respondió: `` ¡Alabado sea el Santo! Tomó a Abraham, lo sentó a su derecha, y nosotros, sin embargo, tomamos tierra, la arrojamos y se convirtió en espadas; paja y se convirtieron en flechas; como se dice (Sal.110, 1) Siéntate a mi diestra, hasta que ponga a tus enemigos por estrado de tus pies, y está escrito (Isaías 41, 2) ¿Quién levantó al oriente, a cuyos pasos está la victoria? delante de él, y lo hace gobernar reyes; su espada los hace como polvo, su arco como rastrojo escarbado ".

(Fol. 109) La generación de dispersión no tiene participación, etc. ¿Qué habían hecho? En el colegio de R. Shila, se dijo: Querían construir una torre para ascender al cielo y partirla con hachas, para que el agua contenida en ella cayera. Esta leyenda fue ridiculizada en Occidente, porque si tenían la intención de ascender al cielo, deberían haber construido la torre en una montaña [y no en un valle]. Por eso dijo R. Jeremia b. Elazar: "Se dividieron en tres grupos. Uno de ellos dijo: 'Subamos y habitámos allí'; el segundo dijo: 'Subamos y adoremos allí ídolos', y el tercero dijo: 'Subamos y luchemos allí'. El grupo que decía: 'Ascendamos y moremos allí', se dispersó por todo el mundo, y el grupo que dijo: 'Ascendamos y luchemos allí', se convirtió en demonios, diablos, etc.Gen.11, 9) Por eso es el nombre Babel, porque allí el Señor confundió el idioma. Se nos enseña en un Baraitha que R. Nathan dice: "Todas las partes tenían la intención de adorar ídolos, porque está escrito aquí (Ib. Ib) Déjenos un nombre, y está escrito en otra parte (Ex. 23, 13). Y no menciones el nombre de otros dioses. Así como en el último caso la palabra Sem (nombre) se refiere a la idolatría, la palabra Sem (nombre) en el primer caso se refiere a la idolatría ". "De la torre se quemó un tercio, se tragó el segundo tercio y todavía existe un tercio".

Hombres de Sodoma, etc. A nuestros rabinos se les enseñó: Los hombres de Sodoma no tienen participación en el mundo venidero, como se dice (Génesis 13, 13) Pero la gente de Sodoma era malvada y pecadora, es decir, malvada en este mundo. y pecadores en el mundo venidero. R. Juda dijo: "Eran malvados con sus cuerpos y pecadores con su dinero. Con sus cuerpos, como está escrito (Ib. 39, 9) ¿Cómo entonces puedo hacer este gran mal y pecar contra Dios? Y los pecadores con sus dinero, como está escrito (Deut. 15, 9). Será pecado en ti. Ante el Señor, se refiere a la blasfemia. En gran manera, todos sus pecados fueron intencionales ". En un Baraitha se enseñó lo contrario: malvados, con su dinero, como está escrito (Ib., Ib. 9) Y así tus ojos sean malvados contra tu hermano necesitado, y contra los pecadores, con sus cuerpos, como está escrito (Gen.39, 9) y pecar contra Dios. Ante el Señor, se refiere a la blasfemia, y excesivamente, significa derramamiento de sangre, como se dice (II Reyes, 21, 16) Y también Menasés derramó sangre inocente en gran manera. A nuestros rabinos se les enseñó: ¡Los hombres de Sodoma se volvieron dominantes solo a causa de la riqueza que el Santo, alabado sea! otorgados sobre ellos. Y lo que está escrito acerca de ellos; (Trabajo 28, 58) La tierra de la que sale el pan, debajo de su superficie está como al fuego. Sus piedras son el lugar de donde viene el zafiro; y también hay polvo de oro. Por el camino que ningún ave de rapiña conoce, y que el ojo del buitre no ha contemplado, etc. Y dijeron: "Ya que nuestra tierra nos abastece de pan suficiente, ¿por qué permitir que los viajeros que vienen sólo para disminuir nuestro dinero? hagamos olvidado en nuestra tierra la ley del libre comercio ", como se dice (Ib. ib. 4) Rompe un cauce lejos del lugar habitado, los de pie inestable, etc.

Raba expuso de nuevo: "¿Cuál es el significado del pasaje (Sal. 62, 4) ¿Cuánto tiempo pondrás sobre un hombre? ¿Para matarlo, todos ustedes, como un muro inclinado, una cerca que se tambalea? que solían colocar a un hombre rico debajo de un muro que se tambaleaba, empujaron el muro sobre él y le robaron su dinero ". Raba expuso de nuevo: "¿Cuál es el significado del pasaje (Job 24, 16) En la oscuridad cavan a través de las casas, se encierran; no conocen la luz. Infiere de esto que cuando veían a un hombre rico solían depositaron bálsamo con él, que generalmente los depositarios colocaban en su cofre del tesoro, y en la noche olían bálsamo y le robaban, como se dice (Sal. 59, 15).) Y regresan al anochecer, aúllan como un perro; luego irrumpieron en el lugar y robaron el dinero, como dice el pasaje (Job 24, 7) Y no tienen cobertura, etc .; y otra vez (Ib. ib) Ahuyentan el asno, etc. (Ib. 21, 32) Porque ha nacido de la tumba, etc., R. José impartió lo mismo en Sepforias. Y la noche siguiente a esa conferencia, se cometieron trescientos robos con olor a bálsamo; los habitantes del pueblo lo aniquilaron, diciendo: "Has mostrado el camino a los ladrones". Y él les respondió: "¿Cómo voy a saber que todos [los que vendrán a escucharme] son ladrones?" Se dijo que cuando murió R. José, la sangre brotó de los caños de los techos de Sepforias. Lo siguiente fue promulgado en Sodoma. El que poseía un buey tenía que apacentar todo el ganado de la ciudad un día, pero el que no poseía ninguno tenía que apacentarlo dos días. Había un huérfano, el hijo de una viuda, a quien dieron sus bueyes a pastar, y los mató, diciendo: (Ib. B) " El que tiene un buey, tomará un cuero, y el que no tiene ninguno, tomará dos cueros. "Y a la pregunta:" ¿Qué es esto? ", Les dijo:" La prueba final debe ser como al principio. . Decidiste que el que tiene un buey los pastoreará un día, y el que no tiene ninguno los pastoreará dos días. Lo mismo ocurre con las pieles. "El que pasaba el río en una barca tenía que pagar un zuz. Y el que pasaba el río a pie tenía que pagar dos. Si uno tenía una hilera de ladrillos, todos venían". y tomó uno, diciendo: No te hago daño con tomar uno, lo mismo que solían hacer cuando uno esparcía ajos o cebollas para que se secasen. La prueba final debe ser como al principio de la misma. Decidiste que el que tiene un buey los pastoreará un día, y el que no tiene ninguno los pastoreará dos días. Lo mismo ocurre con las pieles. "El que pasaba el río en una barca tenía que pagar un zuz. Y el que pasaba el río a pie tenía que pagar dos. Si uno tenía una hilera de ladrillos, todos venían". y tomó uno, diciendo: No te hago daño con tomar uno, lo mismo que solían hacer cuando uno esparcía ajos o cebollas para que se secasen. La prueba final debe ser como al principio de la misma. Decidiste que el que tiene un buey los pastoreará un día, y el que no tiene ninguno los pastoreará dos días. Lo mismo ocurre con las pieles. "El que pasaba el río en una barca tenía que pagar un zuz. Y el que pasaba el río a pie tenía que pagar dos. Si uno tenía una hilera de ladrillos, todos venían". y tomó uno, diciendo: No te hago daño con tomar uno, lo mismo que solían hacer cuando uno esparcía ajos o cebollas para que se secasen. No te estoy causando ningún daño por tomar uno. Lo mismo que solían hacer cuando se esparcían ajos o cebollas para que se secasen. No te estoy causando ningún daño por tomar uno. Lo mismo que solían hacer cuando se esparcían ajos o cebollas para que se secasen.

Había cuatro jueces en Sodoma. Cada uno de ellos tenía un nombre que significaba falso, mentira, etc. Si una persona golpeaba a la esposa de su vecino y ella abortaba, solían decidir que la mujer debía ser entregada al huelguista, y él debía devolverla cuando fuera necesario. embarazada de nuevo. Si sucedía que uno le cortaba la oreja al culo de su vecino, solían decidir que el asno debía ser entregado al delantero, hasta que se curara. Si uno hirió a su vecino, decidieron que se le pagara al delantero por desangrarlo. El que pasaba el río por un puente tenía que pagar cuatro zuz. Y el que lo pasaba a pie tenía que pagar ocho zuz. Sucedió una vez que llegó una lavandera y le exigieron cuatro zuz. Y cuando dijo que había pasado el agua a pie, requerían ocho. Y como no pagó, lo hirieron, y cuando llegó al juez, éste decidió que debía pagar por sangrar y ocho zuz por pasar el agua. Eliezer, el siervo de Abraham, estaba allí, y resultó herido y cuando llegó al juez para quejarse, éste le dijo: "Debes pagar por la hemorragia". Entonces tomó una piedra e hirió al juez, diciendo: "El pago por sangrado que me debes, págales y mi dinero quedará conmigo". Hicieron una estipulación de que si un invitado a una boda traía uno con él, que el invitado fuera despojado de sus ropas. Hubo una boda en el momento en que Eliezer estaba en la ciudad, y ninguno de ellos quería venderle pan para comer. Luego fue a la boda y tomó un lugar al final de la mesa. Y cuando le preguntaron quién lo había invitado, señaló al que estaba sentado a su lado, 'Tú me has invitado'. Y temiendo que creyeran que lo había invitado y que lo despojarían de sus vestiduras, el hombre se apresuró a tomar su manto y huir. Y lo mismo hizo con el resto de la gente, y todos huyeron y él se comió toda la comida. Tenían una cama para extraños. Si era demasiado largo para la cama, acortaban al extraño, y si era demasiado corto, lo estiraban. Cuando Eliezer estuvo allí, le dijeron que durmiera en la cama; a lo que respondió: "Dado que mi madre está muerta, juré no dormir en una cama". Cuando un pobre estaba allí, todos le daban un dinar, en el que estaba grabado su nombre, pero no le vendían pan hasta que murió. Y luego cada uno recuperó su dinar. Había una niña que le daba pan a un pobre, que escondía en un cántaro mientras iba a buscar agua, y cuando se enteraron le untaron el cuerpo con miel y la pusieron en el techo del muro circundante. y vinieron abejas y la mataron; y esto es lo que se diceGén.18, 20) Porque el pecado contra Sodoma y Gomorra es grande, etc.

Espías ... y la congregación de Coré, etc. (Fol. 109, b) A nuestros rabinos se les enseñó: La congregación de Coré no tiene participación en el mundo venidero, como se dice (Núm. 16) Y la tierra los cubrió - en este mundo, y desaparecieron de en medio de la congregación, - en el mundo venidero. Eso dice R. Akiba. R. Juda b. Bathyra dice: "Son como cosa perdida que el perdedor pregunta, como se dice (Sal. 119, 176). Me he descarriado como una oveja descarriada; busca a tu siervo, porque no me he olvidado de tus mandamientos. " (Números 16, 1) Y Coré tomó (vayikach). Resh Lakish dijo: "Se compró una compra muy mala". Coré, es decir, ha dejado calvo a Israel; ben Yizhar, es decir, el que calentó el mundo como en medio del día. Ben Kehath, es decir, el que hizo desafilar los dientes a sus padres; ben Levi, es decir, el que se convirtió en compañero del Gehena. Pero, ¿por qué no se escribe también ben Jacob? R. Samuel b. Isaac dijo: "La oración de Jacob (Génesis 49, 6) A su secreto no vendrá mi alma, se refiere a los espías; a su asamblea mi gloria no se unirá, se refiere a la cougregación de Coré. "Datán y Abiram; es decir, Datán significa quien hizo caso omiso de la ley de Dios; Abiram, quien endureció su corazón para no arrepentirse. [se arrepintió de su pecado y se apartó de Coré]. Peleth, para quien se hicieron maravillas; ben Reuben, quien [cuidadosamente] lo observó y comprendió [que estaba mal]. Rab dijo: "On ben Peleth fue salvado por su esposa [de estar entre la congregación de Coré]. Ella le dijo: '¿Cuál es la diferencia para ti? Si Moisés será el maestro, tú eres solo un discípulo, y estarás en la misma posición si Coré será el maestro '. Y a su respuesta: "¿Qué debo hacer? Estuve con ellos en consulta y juré participar con ellos". ella dijo,Num. 16, 3) Porque toda la congregación es santa, permanece en tu casa y yo te salvaré '. Ella lo hizo beber vino hasta la embriaguez, y lo hizo dormir en la casa, y ella misma se sentó afuera a la entrada de la casa, (Fol.110) se descubrió la cabeza, se soltó el cabello, y el que venía a su casa, a Llame a On, cuando vio la cabeza descubierta de la mujer, regresó. Mientras tanto, la congregación fue devorada. Por otro lado, la esposa de Coré le dijo: 'Mira lo que hizo Moisés. Se proclamó rey, a su hermano lo nombró sumo sacerdote, a los hijos de su hermano como adjuntos de los sumos sacerdotes. Él mandó dar ofrenda del cielo a los sacerdotes, y aun de los diezmos, que son para los levitas, manda dar otra décima parte al sacerdote. Y no solo esto, los hizo tontos al ordenar a todos los levitas que se afeitaran todo el cabello, para que parecieran prisioneros ”. Y a su respuesta: 'Él mismo también lo hizo', dijo ella, 'Ya que toda la gloria le pertenece a él, no le importa, etc.' Y esto se entiende por el pasaje (Pr. 14, 1) La mujer sabia edifica su casa, - refiriéndose a la esposa de On ben Peleth. Pero la insensata lo derriba con sus propias manos, refiriéndose a la esposa de Coré ".

(Núm. 1, 2) De modo que se levantaron delante de Moisés, con algunos hombres de los hijos de Israel en número doscientos cincuenta, es decir, los distinguidos de la congregación. Llamado a la asamblea; es decir, que gracias a su sabiduría fueron capaces de intercalar meses y establecer años bisiestos. Hombres de renombre; es decir, cuyo nombre era conocido en todo el mundo. Y al oírlo Moisés, se postró sobre su rostro. ¿Qué había escuchado? Samuel b. Nachmeni dijo en nombre de R. Jonathan: "Que sospechan de él por adulterio, como se dice (Sal. 106, 16). Además, envidiaban a Hoses". (Núm. 16) Y

Moisés fue a Datán y Abiram. Resh Lakish dijo: "De esto se deduce que uno debe hacer todo lo posible para no fortalecer una disputa (ya que él mismo, que era un rey, fue a Datán y Abiram); porque Rab dijo: 'El que fortalece una disputa transgrede un mandamiento negativo '. " (Ib. 17, 5) Que no llegue a ser como Coré ni como su compañía. R. Ashi dijo: "Esto es digno de ser castigado con lepra; porque aquí (Ib.) Está escrito, por la mano de Moisés, y está escrito allí (Ex. 4, 6) Y él puso su mano en su pecho, etc. " R. José dijo: "El que lucha contra el reino de David merece ser mordido por una serpiente, porque aquí está escrito (I Reyes, 1, 9) ... por la piedra Zohelet, y está escrito allí (Deut. 32 ,

R. Chisda dijo: "El que pelea con su amo es considerado como si peleara con la Shejiná, como se dice (Núm. 26, 9) En el momento en que se pelearon contra el Señor". R. Chama b. Chanina dijo: "El que murmura contra su amo es considerado como si murmurara contra la Shejiná, como se dice (Ib. 20, 13). Estas son las aguas de Meriba, donde los hijos de Israel se pelearon con el Señor". Y R. Chanina b. Papá dijo: "El que murmura contra su amo es considerado como si lo hiciera contra la Shejiná, como está escrito (Ex. 16, 8). No son tus murmuraciones contra nosotros, sino contra el Señor". R. Abahu dijo: "Incluso quien medita el mal contra su maestro es considerado como si meditara el mal contra la Shejiná,) Y el pueblo habló contra Dios y contra Moisés. "(Ecl. 5, 12) Las riquezas reservadas para su dueño para su propio daño. Resh Lakish dijo:" Esto se refiere a las riquezas de Coré "(Deut. 11, 6). Y todos ... de pie. R. Elazar dijo: "Esto se refiere a su dinero, que hace que uno esté de pie". Y R. Levi agregó: "Las llaves del tesoro de Coré eran de tal peso que trescientas mulas blancas tenían que llevar ellos. Todas sus llaves y cerraduras [generalmente de metal] eran de cuero [para facilitar su transporte] ".

R. Chama b. Chanina dijo: "José ocultó tres tesoros en Egipto, uno fue encontrado por Coré y el segundo por ben Severo, y el tercero todavía está escondido para los justos en el futuro". R. Jochanan dijo: "Coré no era de los que fueron tragados ni de los quemados. Neit de los que fueron tragados, como está escrito (Núm. 16, 32).) Y todos los hombres que pertenecían a Coré, pero no a Coré mismo; ni de los que fueron quemados, como está escrito (Ib. 26, 10). El fuego devoró a los doscientos cincuenta hombres, pero no a Coré. "Sin embargo, en un Baraitha se dijo que Coré estaba entre los dos y los tragados. Entre los tragados, como está escrito (Ib.) Y los tragó junto con Coré; y los quemó, como está escrito (Ib. 16, 35) Y salió un fuego ... y consumió los doscientos y cincuenta, y Coré estaba entre ellos.

Raba dijo: "¿Cuál es el significado del pasaje (Haba. 3, 11) A la luz de Tus flechas caminaron? Deduzca de esto que el sol y la luna ascendieron a Zebul, y dijo: Soberano del Universo, si Mientras haces justicia a Ben Amram, saldremos [y brillaremos] pero si no, no saldremos '. Entonces ellos permanecieron [sin brillar] hasta que Él les disparó flechas, diciendo: "En lo que respecta a Mi honor, no interfirieron, pero cuando el honor de un hombre frágil está en juego, ¿protestan?" Y desde entonces no salen [a brillar] hasta que son heridos. Raba sermoneó: "¿Cuál es el significado del pasaje? (Núm. 16, 30).) Pero si el Señor crea algo nuevo y la tierra abre su boca, es decir, dijo Moisés ante el Santo, ¡alabado sea! 'Si tal ya ha sido creado, bien y bien, pero si no, el Señor creará'. "¿Asumiremos que eso significa que él realmente debería crear? He aquí, (Ecl. 1, 9) Y no hay nada nuevo bajo el Por lo tanto, debemos decir que tenía la intención de acercarles la abertura (Núm. 26, 11). Pero los hijos de Coré no murieron. En el nombre de Rabí se enseñó: "Se preparó un lugar para en Gehena, en la que se sentaron y cantaron una canción. Rabba bb Chana dijo: "Una vez estaba caminando por los desiertos cuando un comerciante árabe me dijo: 'Ven y te mostraré el lugar donde se tragó Coré, etc. (como se explica en el Vol. 4, Libro:

La generación del desierto no tiene participación, etc. A nuestros rabinos se les enseñó: La generación del desierto no tuvo participación en el mundo venidero, como está escrito (Núm. 14) En el desierto serán consumidos, etc. es decir, en el desierto, se refiere a este mundo; y en él morirán, se refiere al mundo venidero, y también está escrito (Sal. 95, 11) De modo que juré en mi ira que no entrarían en mi reposo. Así dice R. Akiba. R. Eliezer, sin embargo, dice: "Ellos tienen parte en el mundo venidero, como se dice (Ib. 50, 5). Reúname Mis piadosos siervos. Pero, ¿cómo se explicará el versículo que juré en Mi ira? Me retracto porque lo juré mientras estaba enfadado ". R. Joshua b. Karcha dice: "El versículo citado por R. Eliezer se dijo sólo con respecto a las generaciones futuras. Reúnanse para mí Mis piadosos siervos, se refiere a los justos que se encuentran en cada generación. Quienes hacen un pacto, se refiere a Chananías, Misael , y Azarías, que se entregaron para [ser arrojados al] horno. Sacrificio, se refiere a R. Akiba y sus colegas, que se habían entregado para ser asesinados a causa de las palabras de la Torá ". R. Simon b. Menasia dice: "Es un. 35, 10) Y venid a Sion con cánticos ". Rabba bb Chana dijo en nombre de R. Jochanan:" R. Akiba se ha apartado de su bondad [habitual] (es decir, su dura opinión no está de acuerdo con la alta moralidad mostrada en otra parte), porque se dice (Jer. 2, 2) Te recuerdo la bondad de tu juventud, el amor de tus desposorios , tú vas en pos de mí por el desierto, por tierra no sembrada. Ahora que vemos que incluso sus descendientes se beneficiarán de su recompensa, ¡cuánto más ellos mismos! "

MISHNA: Las diez tribus que fueron exiliadas no serán devueltas, como dice (Deut. 29, 27) Y las arrojó a otra tierra, como este día; es decir, así como eso no volverá, tampoco volverán. Así dice R. Akiba. R. Eliezer dice: "Como significa este día, así como el día a veces se vuelve oscuro y luego se vuelve claro de nuevo, el futuro iluminará a diez tribus, que ahora están en tinieblas".

GEMARA: A nuestros rabinos se les enseñó: Las diez tribus no tendrán participación en el mundo futuro, como se dice (Ib.) Y el Señor los sacó de su tierra, se refiere a este mundo. Los arrojó a otra tierra, se refiere al mundo venidero. Eso dice R. Akiba. R. Simon b. Juda, el hombre de la aldea de Aku, dijo en nombre de R. Simon: "Si sus actos serán como ese día, no volverán, pero si se arrepienten, volverán". El rabino, sin embargo, dice: "Tendrán una parte en el mundo venidero, y volverán, como se dice (Isa. 27, 13) Y luego vendrán los que se perdieron en la tierra de Asur, etc." " Rabba bb Chana dijo en nombre de R. Jochanan: "R. Akiba se ha apartado de su bondad [habitual], porque se dice (Jer. 3, 12Ve y proclama estas palabras hacia el norte, y di: Vuélvete, rebelde Israel, dice Jehová; No te miraré con el ceño fruncido; porque misericordioso soy, dice el Señor, no guardaré rencor para siempre. ¿Cuál es su amabilidad [habitual]? Como se nos enseña en un Baraitha: Los hijos menores de los impíos de Israel, no tendrán participación en el mundo venidero, como se dice (Mal. 3, 19) Porque he aquí, el día viene, arde como un horno y todos los soberbios y todos los que hacen maldad serán como rastrojo; y el día que vendrá les prenderá fuego, dijo el SEÑOR de los ejércitos, que no les dejará ni raíz ni rama. Raíz, se refiere a este mundo, y rama, al mundo venidero. Eso dice Rabban Gamaliel. R. Akiba, sin embargo, dice: "Tendrán una participación en el mundo venidero, como se dice (Sal. 116, 6).) El Señor preserva p'thayim (necios). Y en las ciudades de la costa (Arabia), un niño se llama patia. Y hay otro pasaje (Dan.4, 11-12) Cortar el árbol, cortar sus ramas, sacudir sus hojas y esparcir su fruto; que la bestia se aleje de debajo de él, y las aves de entre sus ramas. "Sin embargo, deja el cuerpo de su raíz en la tierra. Pero, ¿qué significa el versículo anterior, y no les dejará raíz ni rama? que no dejará un mandamiento o una parte de él que observarán sin recompensa en este mundo, a fin de que no tengan participación en el mundo venidero. Otra explicación, raíz significa la tierra, y rama el cuerpo. Sin embargo, en cuanto a los menores, hijos de idólatras, todos están de acuerdo en que no tendrán participación en el mundo venidero ". Y Rabban Gamaliel infiere lo anterior de (Is. 26, 14)... e hizo perecer toda su memoria.

Se enseñó: ¿A partir de qué edad tiene una participación menor en el mundo venidero? R. Chiya y R. Simon b. Rabino difiere. Según uno, inmediatamente después del nacimiento, y según el otro, desde que comienza a hablar. El primero lo infiere de (Sal. 22, 32) Dirá su justicia a un pueblo recién nacido, y el segundo lo infiere del pasaje anterior, Zera (hijos) le servirán; habrá parientes del Señor para las generaciones futuras. Se enseñó: Rabina dijo: "Desde que se formó"; y R. Nachman b. Isaac dijo: "Desde el momento en que es circuncidado, como está escrito (Sal. 88, 16), soy infligido y perezco desde mi juventud". Hay un Baraitha en el nombre de R. Mair: "Desde el momento en que él puede responder Amén, como se dice (Is. 26, 2) Abrid las puertas, para que entre la nación justa que guarda fidelidad (Shomer Emunim). "No leáis Emunim (fidelidad), sino léelo Amén. (Fol. 111) ¿Qué significa Amén? Es una abreviatura de El melech N'eman, Dios, Rey de la Verdad.

(Is. 5, 14) Por tanto, el abismo ensanchó su deseo, y abrió su boca sin medida (chok). Resh Lakish dijo: "Esto se refiere a aquel que no cumplió ni una sola ley de la Torá". R. Jochanan le dijo: "Tu explicación no es satisfactoria para su Maestro. Di lo contrario, incluso el que ha estudiado una sola ley no pertenece al Gehena". (Zac. 13, 8) Y sucederá que en toda la tierra, dice Jehová, dos partes perecerán, pero la tercera parte quedará en ella. Resh Lakish dijo: "Esto se refiere a un tercio de los descendientes de Sem". Y R. Jochanan le dijo: "Tu explicación no es satisfactoria para su Maestro, pero se refiere a un tercio de los hijos de Noah". (Jeremías 3, 14) Tomaré uno de una ciudad y dos de una familia, y los llevaré a Sion. Resh Lakish dijo: "Debe tomarse literalmente". Y R. Jochanan le dijo de nuevo: "Su Maestro no está complacido con tal interpretación, pero significa que un justo en una ciudad salva a toda la ciudad, y dos de una familia salva a toda la familia". R. Cahana estaba sentado ante Rab interpretando literalmente el versículo recién recitado, y él le dijo exactamente lo mismo. Rab vio a R. Cahana peinándose y luego vino y ocupó su asiento en la universidad de Rab. Le leyó (Job 28, 3) Y ella no se encuentra en la tierra de los vivientes. R. Cahana le preguntó: "¿Me adviertes?" Él respondió: "Sólo les digo la interpretación de este pasaje. La Torá no se puede encontrar con el que se mantiene a sí mismo estudiando". Fue enseñado en un Baraitha: R. Simai dijo: "El pasaje dice (Ex. 6, 7) Te llevaré a mí como pueblo, y (Ib. 8) te llevaré a la tierra. La Escritura compara su éxodo de Egipto con la entrada en su tierra. Así como a la entrada de la tierra, fueron solo dos de seiscientos mil que hicieron su éxodo de Egipto (Josué y Caleb), así también fue su éxodo de Egipto solo dos de seiscientos mil ". Raba dijo: "Y así también será en el tiempo del Mesías, como se dice (Oseas 2, 17) Y ella responderá allí, como en los días de su juventud, y como el día en que subió de la tierra de Egipto ".

Se nos enseña en un Baraitha: R. Elazar b. José dice: "Sucedió una vez que estaba en Alejandría de Egipto, y encontré a cierto anciano que me dijo: 'Ven, y te mostraré lo que mis bisabuelos le han hecho al tuyo. Una parte de ellos arrojaron al mar, una parte mataron a espada y una parte aplastaron en los edificios ". Y por este mal Moisés, nuestro amo, fue castigado, como está (Ex.5, 23) Desde que vine a Faraón, etc., ha hecho más maldad a este pueblo. A lo cual el Santo, ¡alabado sea! respondió: "¡Ay de aquellos (Patriarcas) que están perdidos, ya que no se encuentran ahora. Varias veces me he revelado a Abraham, Isaac y Jacob por el nombre de Dios Todopoderoso, y nunca han meditado contra Mis retribuciones, ni me preguntaron por mi nombre. Le dije a Abraham (Gn. 13, 17Levántate, camina por la tierra a lo largo y a lo ancho de ella, porque a ti te la daré. Y luego, cuando estaba buscando una tumba para su esposa Sara, no pudo conseguirla hasta que compró una por cuatrocientos siclos de plata, pero sin embargo, no meditó en contra de mis retribuciones. Le dije a Isaac (Ib.26, 3) Reside en esta tierra, y estaré contigo y te bendeciré, 'y luego, cuando sus sirvientes quisieron beber agua, no pudieron obtenerla sin una pelea, como se dice (Ib. Ib. 20) Y los pastores de Gerar riñeron con los pastores de Isaac, diciendo: El agua es nuestra, y él tampoco meditó contra Mis retribuciones. Le dije a Jacob (Ib.28, 13) La tierra en la que estás acostado, te la daré, y luego, cuando él quiso desplegar una tienda para él, no pudo hacerlo hasta que hubo pagado cien kessitah, y no meditó en contra de Mis retribuciones, y no preguntaron por Mi nombre propio. Sin embargo, primero has pedido mi nombre propio, y ahora me dices (Ex. 5, 23) De ninguna manera has salvado a tu pueblo. Y por tanto (Ib. 6, 1) Ahora verás [sólo] lo que le haré a Faraón, pero no vivirás para ver la guerra con los treinta y un reyes en el tiempo de Josué ".

(Ib. 34, 8) Y Moisés se apresuró a inclinar la cabeza. ¿Qué había visto [que se inclinó]? R. Chanina b. Gamla dijo: "Vio el atributo de gran paciencia". Y los rabinos dijeron: "Vio el atributo Emeth (verdad)". Se nos enseña en un Baraitha de acuerdo con él que dijo que había visto el atributo longanimidad, a saber: Cuando Moisés ascendió al cielo, descubrió que el Santo, ¡alabado sea! estaba sentado y escribiendo las palabras longanimidad. Y dijo delante de Él: "¡Soberano del Universo! ¿Significa esto gran paciencia para los justos?" Y se le respondió: "Incluso para los malvados". "Los impíos", comentó Moisés, "¡deben perecer!" El Señor le respondió: "En el futuro verás que Mis palabras anteriores te serán necesarias". A partir de entonces, cuando Israel pecó, el Señor le dijo a Moisés: "¿No dijiste paciencia [sólo] para los justos?" Y Moisés dijo delante de Él: "Soberano del Universo, pero ¿no me has dicho: 'También a los impíos'?" Y acerca de esto está escrito (Num. 14, 17) (Ib. B) Y ahora, te suplico, que la grandeza del poder del Señor se manifieste como Tú has hablado. "R. Chaggi, subiendo los escalones del colegio de Rabba b. Shila, Oyó a un niño recitar (Sal. 93, 5) Tus testimonios son sumamente firmes. En tu casa, oh Señor, mora la santidad hasta la máxima extensión de los días.

Inmediatamente comenzó (Ib. 90, 1) una oración de Moisés. luego dijo: "Deduzca de esto que Moisés vio el atributo de paciencia".

MISHNA: Los hombres de una ciudad corrupta no tienen participación en el mundo venidero, como se dice (Deut.13, 14) Han salido hombres, Beliyaal, de en medio de ti, y han engañado a los habitantes de su ciudad. (Fol. 112) A nuestros rabinos se les enseñó acerca del versículo: Dedicándolo por completo; esto significa excluir la propiedad de los justos que se encuentra fuera de la ciudad, y todo lo que hay en ella, significa incluir la propiedad de los justos que se encuentra dentro de la ciudad. Todo el botín, etc., incluye la propiedad del culpable, que está [incluso] fuera de la ciudad. R. Simon dice: "¿Por qué dice la Torá que la propiedad de los justos, que está dentro de la ciudad, debe ser destruida? ¿Porque qué los hizo vivir en una ciudad así? ¿No era su propiedad? Por lo tanto, debe ser destruida. "

(Fol.113) (Josué 6, 26) Y Josué encargó al pueblo un juramento en ese momento, diciendo: 'Maldito sea el hombre delante de Jehová, que se levanta y edifica esta ciudad, Jericó; con la pérdida de su primogénito echará sus cimientos, y con la pérdida de su hijo menor alzará las puertas. Se nos enseña en un Baraitha: Ninguna otra ciudad debe ser edificada bajo el nombre de Jericó, y tampoco Jericó será reconstruida bajo otro nombre, como se dice (I Rey.16, 34) En sus días, Chiel el betelita construye Jericó; con Abiram, su primogénito, puso los cimientos de la misma, y con su hijo menor, Segub, levantó las puertas. Se nos enseña en un Baraitha: de Abiram, su primogénito, el malvado, no debería haber aprendido, pero de Segub, el más joven, debería haber aprendido. ¿Qué tienen que hacer Abiram y Segub aquí? El Baraitha significa esto: ¿Por qué está escrito que Abiram fue su primogénito y Segub su hijo menor? Para saber que enterró a todos sus hijos desde Abiram, el mayor, hasta Segub, su hijo menor. Y este malvado debería haber aprendido a no continuar la construcción después de enterrar a Abiram. Achab era su amigo, y tanto él como Elijah vinieron a consolar a Chiel. Este último le dijo a Elías: "¿Es un hecho que la advertencia de Josué fue para aquellos que reconstruirán Jericó incluso bajo otro nombre, o cualquier otra ciudad bajo el nombre de Jericó?" Y Elías respondió: "Sí". Ajab dijo: "¿Cómo se puede suponer que los problemas de Chiel se debieron a la precaución de Josué, ya que ni siquiera la precaución de Moisés, su maestro, afecta, porque está escrito (¿Por qué está escrito que Abiram fue su primogénito y Segub su hijo menor? Para saber que enterró a todos sus hijos desde Abiram, el mayor, hasta Segub, su hijo menor. Y este malvado debería haber aprendido a no continuar la construcción después de enterrar a Abiram. Achab era su amigo, y tanto él como Elijah vinieron a consolar a Chiel. Este último le dijo a Elías: "¿Es un hecho que la advertencia de Josué fue para aquellos que reconstruirán Jericó incluso bajo otro nombre, o cualquier otra ciudad bajo el nombre de Jericó?" Y Elías respondió: "Sí". Ajab dijo: "¿Cómo se puede suponer que los problemas de Chiel se debieron a la precaución de Josué, ya que ni siquiera la precaución de Moisés, su maestro, afecta, porque está escrito (¿Por qué está escrito que Abiram fue su primogénito y Segub su hijo menor? Para saber que enterró a todos sus hijos desde Abiram, el mayor, hasta Segub, su hijo menor. Y este malvado debería haber aprendido a no continuar la construcción después de enterrar a Abiram. Achab era su amigo, y tanto él como Elijah vinieron a consolar a Chiel. Este último le dijo a Elías: "¿Es un hecho que la advertencia de Josué fue para aquellos que reconstruirán Jericó incluso bajo otro nombre, o cualquier otra ciudad bajo el nombre de Jericó?" Y Elías respondió: "Sí". Ajab dijo: "¿Cómo se puede suponer que los problemas de Chiel se debieron a la precaución de Josué, ya que ni siquiera la precaución de Moisés, su maestro, afecta, porque está escrito (Y este malvado debería haber aprendido a no continuar la construcción después de enterrar a Abiram. Achab era su amigo, y tanto él como Elijah vinieron a consolar a Chiel. Este último le dijo a Elías: "¿Es un hecho que la advertencia de Josué fue para aquellos que reconstruirán Jericó incluso bajo otro nombre, o cualquier otra ciudad bajo el nombre de Jericó?" Y Elías respondió: "Sí". Ajab dijo: "¿Cómo se puede suponer que los problemas de Chiel se debieron a la precaución de Josué, ya que ni siquiera la precaución de Moisés, su maestro, afecta, porque está escrito (Y este malvado debería haber aprendido a no continuar la construcción después de enterrar a Abiram. Achab era su amigo, y tanto él como Elijah vinieron a consolar a Chiel. Este último le dijo a Elías: "¿Es un hecho que la advertencia de Josué fue para aquellos que reconstruirán Jericó incluso bajo otro nombre, o cualquier otra ciudad bajo el nombre de Jericó?" Y Elías respondió: "Sí". Ajab dijo: "¿Cómo se puede suponer que los problemas de Chiel se debieron a la precaución de Josué, ya que ni siquiera la precaución de Moisés, su maestro, afecta, porque está escrito (Deut. 11, 16) Cuídense a ustedes mismos, etc.... y servir a otros dioses ... que no llueva, etc. Y aunque estoy adorando ídolos en cada parterre de flores, y sin embargo, la lluvia llega a tal punto que me impide a menudo ir y adorar a los ídolos, ¿cómo entonces es posible que ¿La advertencia de Josué, su discípulo, debe permanecer? "Inmediatamente después de esto (I Rey. 17, 1) Y Elías el tisbita, que era de los pobladores de Galaad, dijo a Acab: 'Vive el Señor, Dios de Israel, ante quien estoy, no habrá rocío ni lluvia estos años, sino según mi palabra. Él oró y la llave de la lluvia le fue transferida. Se lee más adelante (3) y (6) Vete de aquí ... y los cuervos le trajeron pan y carne por la mañana. ¿De dónde los consiguieron? R. Juda dijo en nombre de Rab: "De la cocina de Ajab" (Ib.) Y sucedió ... que el arroyo se secó, tc. Cuando vio que el mundo entero estaba en problemas, fue a Sarepta de acuerdo con el mandato celestial, y sucedió (17) que el hijo ... se enfermó, etc. Y Elías oró de nuevo para que le dieran la llave de la resurrección. Y se le respondió: "Tú sabes que hay tres llaves en el cielo que no están confiadas a ninguna autoridad, a saber, la llave del nacimiento, de la lluvia y de la resurrección. Ahora cuando la llave de la resurrección también te será dada a ti , tendrás dos llaves y el cielo solo una. Trae, por tanto, la llave de la lluvia, y entonces recibirás la llave de la resurrección ". E inmediatamente después de esto está escrito (Ib. 18, 1) Ve, muéstrate a Ajab, y daré lluvia. Cuando vio que el mundo entero estaba en problemas, fue a Sarepta de acuerdo con el mandato celestial, y sucedió (17) que el hijo ... se enfermó, etc. Y Elías oró de nuevo para que le dieran la llave de la resurrección. Y se le respondió: "Tú sabes que hay tres llaves en el cielo que no están confiadas a ninguna autoridad, a saber, la llave del nacimiento, de la lluvia y de la resurrección. Ahora cuando la llave de la resurrección también te será dada a ti , tendrás dos llaves y el cielo solo una. Trae, por tanto, la llave de la lluvia, y entonces recibirás la llave de la resurrección ". E inmediatamente después de esto está escrito (Ib. 18, 1) Ve, muéstrate a Ajab, y daré lluvia. Cuando vio que el mundo entero estaba en problemas, fue a Sarepta de acuerdo con el mandato celestial, y sucedió (17) que el hijo ... se enfermó, etc. Y Elías oró de nuevo para que le dieran la llave de la resurrección. Y se le respondió: "Tú sabes que hay tres llaves en el cielo que no están confiadas a ninguna autoridad, a saber, la llave del nacimiento, de la lluvia y de la resurrección. Ahora cuando la llave de la resurrección también te será dada a ti , tendrás dos llaves y el cielo solo una. Trae, por tanto, la llave de la lluvia, y entonces recibirás la llave de la resurrección ". E inmediatamente después de esto está escrito (Ib. 18, 1) Ve, muéstrate a Ajab, y daré lluvia. Y Elías oró de nuevo para que le fuera dada la llave de la resurrección. Y se le respondió: "Tú sabes que hay tres llaves en el cielo que no están confiadas a ninguna autoridad, a saber, la llave del nacimiento, de la lluvia y de la resurrección. Ahora cuando la llave de la resurrección también te será dada a ti , tendrás dos llaves y el cielo solo una. Trae, por tanto, la llave de la lluvia, y entonces recibirás la llave de la resurrección ". E inmediatamente después de esto está escrito (Ib. 18, 1) Ve, muéstrate a Ajab, y daré lluvia. Y Elías oró de nuevo para que le fuera dada la llave de la resurrección. Y se le respondió: "Tú sabes que hay tres llaves en el cielo que no están confiadas a ninguna autoridad, a saber, la llave del nacimiento, de la lluvia y de la resurrección. Ahora cuando la llave de la resurrección también te será dada a ti , tendrás dos llaves y el cielo solo una. Trae, por tanto, la llave de la lluvia, y entonces recibirás la llave de la resurrección ". E inmediatamente después de esto está escrito (Ib. 18, 1) Ve, muéstrate a Ajab, y daré lluvia.

Cierto galileo dio una conferencia en presencia de R. Chisda: "La parábola de Elías, ¿a qué se parece? A uno que cerró la puerta y perdió la llave. [Entonces Elías cerró la puerta de la lluvia y tuvo que depender". sobre el cielo.] "R. José dio una conferencia en Sepforias:" El padre Elijah es irascible [trata con Achab demasiado severamente] ". (Ib. B) Hasta ese momento, Elijah solía visitar a R. José todos los días; luego desapareció durante tres días. Y luego cuando apareció y fue interrogado por R. José: "¿Por qué no he visto al maestro tres días?" él respondió: "Porque me llamaste irascible". R. José le dijo: "¿No es verdad? ¿No te has enojado, maestro, por mi expresión?"

Mientras existan los malvados, etc. ¿A quién se refiere? R. Joseph dijo: "Se refiere a los ladrones". A nuestros rabinos se les enseñó: Con la apariencia de un malvado viene la ira al mundo, como está dicho (Pr. 18, 3) Cuando viene el malvado, también viene el desprecio, y con los actos deshonrosos la desgracia. Y cuando perecen los impíos, el bien llega al mundo, como está dicho (Ib. 11, 10). Y cuando perecen los impíos, hay gritos de júbilo. Cuando un hombre recto sale de este mundo, el mal viene al mundo, como está dicho (Is. 57, 1). Perece el justo, y nadie lo ataca; y los hombres piadosos son quitados, ninguno considerando que el justo es quitado antes que el mal. Y cuando un justo viene al mundo, el bien viene con él, como está dicho (Génesis 5, 29) Esto mismo nos consolará en nuestro trabajo y en el trabajo de nuestras manos.

FIN DE SANEDRIN

Makkot, Capítulo 1

MACCOTH (Fol. 3b) Samuel le dijo a R. Mathna: "No te sentarás hasta que me hayas explicado las fuentes en las que se basa la Halajá de los rabinos, que dice que si uno presta dinero a su vecino, no exigirá el préstamo antes del vencimiento de los treinta días, sin importar si fue un préstamo verbal o escrito ". A lo que respondió: "Del siguiente pasaje (Deut. 15, 9) El séptimo año, el año de la liberación, etc. ¿No es evidente que el séptimo año es el año de la liberación? ¿Por qué entonces la aposición? Para mostrar que hay otra liberación similar a esta, y que es un préstamo sin plazo que no se puede exigir antes de treinta días, pues el maestro dijo que treinta días de un año cuentan para un año entero ".

(Fol.5b) MISHNAH: (Deut. 17, 6) Sobre la evidencia de dos o de tres testigos, ¿el que ha de morir, etc. Si la evidencia de dos personas es suficiente, por qué la Escritura menciona a tres? Comparar la evidencia de dos con la de tres. Así como tres son capaces de hacer que los [primeros] dos testigos sean culpables de colusión, así también dos pueden hacer que los [primeros] tres testigos sean culpables de colusión. ¿Y de dónde sabemos que, incluso si (la primera) fueran cien personas, la evidencia de dos personas es suficiente? El pasaje dice: Testigos [sin número]. R. Simon, agrega y dice que así como en el caso de dos [testigos], no pueden ser ejecutados hasta que ambos sean declarados culpables de colusión, así también se aplica en el caso de tres, que no pueden ser condenado a muerte hasta que los tres sean declarados culpables de colusión. Y de dónde inferimos que tal es la ley, incluso si su número llega a cien. El pasaje dice Testigos [sin número]. R. Akiba, sin embargo, sostiene que el tercer testigo mencionado en las Escrituras no fue con el propósito de hacer el castigo más indulgente para él, sino, por el contrario, con el propósito de hacerlo más riguroso - [es decir, no sea que uno Digamos que, dado que basta el testimonio de dos testigos, el testimonio del tercero es superfluo y, por tanto, no debe ser castigado en absoluto. La Escritura menciona al tercero para] igualarlo con los dos anteriores. Si el versículo castiga a quien se une a los transgresores, como si él mismo fuera cómplice, ¿cuánto más se aplicará al que se une a los que cometen actos meritorios?

(Fol. 7) El Sanedrín que ejecuta a una persona una vez cada siete años se considera pernicioso. R. Elazar b. Azaria dijo: "Incluso uno que lo hace una vez cada setenta años [se considera tal]". Tanto R. Tarphon como R. Akiba dicen: "Si estuviéramos entre el Sanedrín, nunca se produciría una sentencia de muerte". A lo que R. Simon b. Gamaliel dijo: "Tales eruditos solo aumentarían el derramamiento de sangre en Israel".

Makkot, Capítulo 2

(Fol.9b) A nuestros rabinos se les enseñó: Tres ciudades separó Moisés a este lado del Jordán, y correspondiendo a ellas, Josué se separó en la tierra de Canaán, y estaban justo enfrente una contra la otra, al igual que dos filas en un viñedo. A saber (Jos. 20, 7) Hebrón en Judá, opuesto (Deut. 4, 43) Bezer en el desierto; Siquem en el monte de Efraín, frente a Ramot en Galaad; Cedes en Galilea en la montaña de Neftalí, frente a Golán en Basán. (Josué 20, 7) Y los tres, es decir, debería dividirse en tres para que haya la misma distancia de Palestina del Sur a Hebrón que de Hebrón a Siquem; y de Hebrón a Siquem como de esta última a Cedes, y de Siquem a Cedes como de esta última a Palestina del norte. ¿Cómo es que se necesitaban tres al otro lado del Jordán, y solo tres para toda la tierra de Israel? Dijo Abaye: "En Galaad hubo muchos asesinos, (Fol. 10), como está escrito (Oseas 6, 8).) Galaad es una ciudad de los que obran iniquidad, está cubierta de huellas de sangre ". Y R. Elazar explicó el versículo:" Ellos siguieron [a sus víctimas] para cometer asesinatos ". ¿Por qué estaban las ciudades a ambos lados del ¿Jordán lejos del límite, y el del medio cerca? Dijo Abaye: "Porque Siquem también estaba lleno de asesinos: como se dice (Ib., Ib. 9) Y como tropas de ladrones esperan a un hombre, así la compañía de sacerdotes, asesinan en el camino hacia Siquem. "¿Qué se entiende por compañía de sacerdotes? Dijo R. Elazar:" Se juntaron para matar como los sacerdotes que se ordenaban a sí mismos recibir las ofrendas elevadas de los graneros ". Pero, ¿no había más ciudades de refugio? He aquí (Núm.35, 6) ¿Y además de ellos daréis cuarenta y dos ciudades? Dijo Abaye: "El primero protege al refugiado en cualquier caso, ya sea que sepa que esa ciudad es un lugar de refugio o no; mientras que los segundos lo aceptan sólo cuando es consciente [de su poder protector]". ¿Era entonces la ciudad de Hebrón una ciudad de refugio? ¿No dice el pasaje (Jueces 1, 20) Y le dieron Hebrón a Kaleb como ordenó Moisés? Abaye dijo: "Era sólo el suburbio de ella, como está escrito (Jos. 21, 12). Pero los campos de la ciudad y sus aldeas se los dieron a Caleb, hijo de Jefone".

En un Baraitha se nos enseña que si un discípulo es exiliado, su maestro está exiliado con él; porque está escrito (Deut. 4, 42) "Y que, huyendo a una de estas ciudades, viva", lo que significa que le proporcionarás las fuentes de la vida moral. Y R. Zera dijo: "De esto inferimos, que uno no debe enseñar a un discípulo de mal carácter". R. Jochanan dijo: "Si el director de un colegio debe ser exiliado, entonces todo el colegio debe ser exiliado con él". ¿Es así? ¿No dijo R. Jochanan: ¿De dónde inferimos que el estudio de la Torá es? un protectorado [para alguien que merece el exilio]? Del siguiente verso (Ib., ib) Y Bezer en el desierto, e inmediatamente después de esto está escrito, Y esta es la ley [por lo tanto, un erudito no puede ser exiliado?] Este no presenta ninguna dificultad. Alivia solo en el momento en que está ocupado con el estudio, pero no de otro modo. Y si lo desea, Digo que el relieve anterior se refiere al recibido del Ángel de la Muerte; como sucedió con R. Chisda, que estudiaba continuamente, que el Ángel de la Muerte no podía acercarse a él porque no dejaba de estudiar, hasta que el Ángel se subió a un cedro en el patio del colegio, cuando el árbol se rompió. , el ruido detuvo su estudio, y el Ángel de la Muerte se apoderó de él.

R. Tanchum b. Chanilai dijo: "¿Por qué la tribu de Rubén se menciona primero entre las ciudades seguras? Porque él fue el primero en salvar a José de sus hermanos, como está escrito (Génesis 37, 21). Y cuando Rubén lo escuchó, lo libró fuera de su mano ". R. Simlai dio una conferencia: "Está escrito (Deut. 4, 41) Entonces Moisés separó tres ciudades más allá del Jordán, hacia la salida del sol. ¡El Santo, alabado sea! Le dijo a Moisés: 'Tú has hecho que el sol brille hacia los asesinos (para salvarlos de la muerte) '. " R. Simlai dio una conferencia: "¿Cuál es el significado del verso (Ec. 5, 9) El que ama la plata, no se saciará de plata; ni el que ama la abundancia, ¿tendrá finalmente ingresos? El que ama la plata se refiere a Moisés, nuestro amo, quien, [aunque] sabía que las tres ciudades al otro lado del Jordán no podían proteger [al asesino inocente] hasta que las otras tres ciudades fueran seleccionadas; sin embargo, los seleccionó, diciendo: "Un acto meritorio que ha llegado a mi mano, lo cumpliré"; ni el que ama la abundancia, es decir, ¿quién es apto para sermonear ante una multitud? El que posee todo el grano [del conocimiento] como la Biblia, Mishná, Halajá y Hagada ". Y esto es lo que dijo R. Elazar: "¿Cuál es el significado del pasaje (Sal. 106, 2) ¿Quién puede expresar los poderosos hechos del Señor? ¿O hacer oír toda su alabanza? Esto significa, ¿quién es apto para expresar los poderosos actos del Señor? El que puede hacer que se escuchen todas sus alabanzas ". Los rabinos, y según otros, Rabba b. Mari explicaron este pasaje así:" El que ama la abundancia [de los eruditos], posee el fruto del conocimiento "; con lo cual los rabinos fijó sus ojos en Raba b. Rabba que poseía tal cualidad. R. Ashi dijo: "Aquel que le gusta aprender entre una multitud de eruditos posee el fruto de su conocimiento." Y esto es lo que R. Jose b. Chanina dijo: "¿Cuál es el significado del pasaje (Jer. 50, 36) ¿La espada está sobre los jactanciosos (badim) y se volverán necios? Esto significa que la espada puede cortar el cuello de los eruditos que estudian por separado [sin intercambio de ideas] y no solo esto, sino que también se vuelven tontos; porque aquí está escrito, V'no-alu, (y se vuelven tontos) y hay otro pasaje (Núm. 12, 11) Porque lo que hemos hecho tontamente, y no solo esto, sino que también cometen un crimen, ya que está escrito (Ib.) Y en lo que hemos pecado. Rabina dijo: "El que ama estudiar entre una multitud [de estudiantes], poseerá el grano de conocimiento". Y esto es lo que dijo el rabino: "Aprendí mucho de mis maestros, más, sin embargo, de mis colegas, pero de mis discípulos, aprendí más".

R. Joshua b. Levì dijo: "¿Cuál es el significado del pasaje (Sal. 122, 2) Nuestros pies están dentro de tus puertas, oh Jerusalén. ¿Quién hizo que nuestros pies vencieran al enemigo y estuvieran dentro de las puertas de Jerusalén? Sólo las puertas de Jerusalén en las que se estudió la Torá ". R. Joshua b. Levi dijo además:" ¿Cuál es el significado del pasaje (Ib. Ib. 1) Me regocijé cuando me dijeron: 'Vayamos a la casa del Señor '. David dijo ante el Santo, ¡alabado sea! 'Soberano del Universo, he escuchado a la gente decir, ¿cuándo morirá este hombre, para que Salomón, su hijo, construya el Templo Sagrado y nos regocijemos?' ¡El Santo, alabado sea! respondió: (Ib. 84, 11) Porque mejor es un día en tus atrios que mil; es decir, 'Me gusta un día en el que estás ocupado con el estudio de la Ley más que los mil holocaustos que Salomón, tu hijo,

Se nos enseña en un Baraitha que R. Eliezer b. Jacob dijo: (Ib. B) La palabra refugio fue escrita en cada cruce para que el asesino pudiera reconocer el camino a seguir ". Dijo R. Cahana:" ¿Dónde está el pasaje para probar esto? (Deut. 19, 3) Te prepararás el camino, es decir, establecerás todos los preparativos necesarios en este camino. "R. Chamma b. Chanina, cuando quería dar una conferencia sobre este caso, solía comenzar con (Sal. 25, 8) Bueno y recto es el Señor: por eso instruye a los pecadores en el camino [recto]. Ahora bien, si pone a los pecadores en el camino correcto, cuánto más a los rectos. Resh Lakish solía comenzar su conferencia sobre este caso. con (Ex.21, 13) Y si un hombre no acecha, pero Dios hizo que llegara a la mano; y (1 Sam.24, 14) Como dice el proverbio de los antiguos: De los impíos sale la maldad. ¿De qué caso habla el pasaje? En cuanto a dos hombres, cada uno de los cuales mató a una persona; uno de ellos involuntariamente [cuyo castigo es el exilio] y el otro intencionalmente [cuyo castigo es la muerte], pero no hubo testigos en ninguno de los casos. ¡El Santo, alabado sea! hace que se reúnan en la misma posada, y el que había matado intencionalmente [culpable de pena capital] se coloca debajo de una escalera, mientras que el otro, que mató sin querer [y culpable de ser exiliado] desciende los escalones, cae y mata al otro [debajo de la escalera]. Por tanto, el resultado es: el que ha matado intencionadamente, fue asesinado; y el asesino involuntario fue desterrado.

Rabá b. R. Huna en el nombre de su padre, y según otros, R. Huna en el nombre de R. Elazar, dijo: "Del Pentateuco, Prohpets y Hagiographa se infiere que el Cielo conduce al hombre por el camino que desea. Desde el Pentateuco (Núm. 22, 12) No irás con ellos, y (Ib., ib. 20) Levántate, sube, ve con ellos; de los Profetas (Is. 48, 17) Quien te enseña para tu provecho, quien te guía por el camino que debes ir; y de Hagiographa (Pr. 3, 34) Si se trata de los escarnecedores, Él los desprecia, pero a los humildes, da gracia.

(Fol. 11) "Por tanto, las madres de los sacerdotes", etc., "no orarán", pero ¿y si lo hicieran, se produciría entonces que él muriera? ¿No lee el pasaje (Pr. 26, 2) Como el gorrión errante, como la golondrina que vuela, ¿así no volverá a casa la maldición sin causa? A lo que un erudito superior respondió: "Entiendo por la conferencia de Raba [la razón de nuestro caso] porque el sacerdote debería haber rezado pidiendo misericordia para que no ocurriera ningún accidente en su generación, y no lo hizo [de ahí la responsabilidad]. " Según otros [la Mishná] dice: "Ellos [los homicidas] deberían orar por sus hijos para que no mueran". ¿Depende realmente de su oración [de los homicidas]? pero si no rezan, sus hijos morirían. ¿Qué podrían haber hecho [para prevenir el crimen]? En Babilonia se dijo [sobre este asunto]: "Tobías pecó y Ziggud fue castigado". En Palestina se dijo: "Siquem quiere casarse [Dinah],

Dijo R. Juda en nombre de Rab: "La maldición de un erudito, incluso si no tiene causa, se realiza; y vemos que este fue el caso de Achithophel. Cuando David estaba cavando el Shittin (cimiento) de la altar [para alcanzar la profundidad acuosa de la tierra] las aguas del abismo subieron y amenazaron con inundar el mundo; a lo que David dijo: '¿Hay alguien que sepa si está permitido inscribir el Santo Nombre en un trozo de arcilla quebrada? y tirarlo al agua? Nadie respondió. Él exclamó: "Quien de ustedes sepa y se abstenga de responder, será ahogado". Entonces Achitofel concluyó a fortiori, diciendo: 'Si por el bien de traer nueces entre marido y mujer, el Señor ha permitido que Su nombre [que está escrito con toda santidad] sea borrado por el agua, ¡tanto más cuando la paz del mundo entero se ve amenazada! En consecuencia, decidió que está permitido. David luego [siguiendo esta decisión] dejó caer al agua un poco de arcilla sobre la cual estaba escrito el Santo Nombre y el abismo volvió a su lugar original. Sin embargo, con respecto a Achitophel está escrito (II Sam. 17, 23) Y cuando Achitophel vio que su consejo no fue seguido, etc., y se estranguló a sí mismo ". R. Abahu dijo:" La maldición de un erudito, incluso si es con condición, se realiza sin embargo. ¿De dónde lo inferimos? De Elí, porque Elí dijo a Samuel (I Sam. 3, 17) Así te haga Dios, y más también, si me escondes algo. Y aunque Samuel le reveló todo, como está escrito (Ib.) Y Samuel le contó todas las palabras, y no le ocultó nada, sin embargo está escrito [acerca de Samuel] (Ib. 8, 3) Y sus hijos caminaron no en sus caminos, etc. "

(Ib. B) R. Juda en el nombre de Rab dijo: "Si un sabio ha puesto a alguien bajo la prohibición, incluso condicionalmente, no obstante, se debe aplicar una liberación. Y esto se infiere del caso de Juda, sobre quien escrito (Génesis 43, 9). Si no te lo traigo y lo pongo delante de ti, déjame cargar con la culpa para siempre ". Y R. Samuel b. Nachmeni en el nombre de Jonatán dijo: "¿Cuál es el significado del pasaje (Deut. 33, 6-7) Que Reuben viva ... esta es la bendición de Judá. [Por qué, entonces, se menciona a Judá justo después de Rubén, y también por qué se distingue su bendición con esta expresión]. Porque durante los cuarenta años que Israel estuvo en el desierto, los restos de Judá fueron desmembrados en su ataúd hasta que Moisés se levantó y oró por él, diciendo: '¡Soberano del Universo! ¿Quién hizo que Rubén confesara sino Judá? ¡Escucha, Señor, la voz de Judá! Inmediatamente, entonces, los miembros de su cuerpo fueron colocados en su orden. Sin embargo, no se le permitió entrar al colegio celestial hasta que Moisés oró (Ib.) Y lo trajo a su pueblo. Sin embargo, no pudo discutir con los rabinos hasta que Moisés dijo (Ib.): ¡Que el poder de su mano compita por él! Aún así, no pudo responder a las preguntas. Finalmente Moisés dijo (Ib.): Y sé tú en ayuda para él de sus adversarios ".

(Fol. 12) R. Juda dijo en el nombre de Rab: "En dos cosas erró Joab a esa hora, porque se dice (I Rey. 2, 28) Y Joab huyó al tabernáculo, y se apoderó del En primer lugar, se equivocó cuando pensó que los cuernos del altar protegen, mientras que en realidad solo el techo [del altar] protege; y en segundo lugar, se equivocó cuando se agarró al altar de Shila pensando que protege; en realidad , sin embargo, el altar del Templo solo protege ". Dijo Abaye: "También se equivocó en esto: pensó que protege a todos, mientras que en realidad protege sólo a un sacerdote de turno, y él no era un sacerdote". Resh Lakish dijo: "El ángel de Roma se equivocará tres veces en el futuro, como se dice (Isa. 63, 1) ¿Quién es este que viene de Edom, teñido de rojo en sus vestiduras de Bosra? En primer lugar, pensará que Bosra protege; mientras que solo Bezer lo hace; en segundo lugar, que protege solo a un hombre, pero no a un ángel como él lo era, y en tercer lugar, que protege incluso a un delincuente intencional, mientras que en realidad lo hace solo a un delincuente involuntario ".

Makkot, Capítulo 3

(Fol. 22 b) Dijo Raba: "Cuán necios son los que se levantan ante los Santos Rollos, pero no se levantan ante un gran hombre. Encontramos que en los Santos Rollos dice cuarenta [latigazos] y los Rabinos, sin embargo, redujeron es uno ". [Por lo tanto, su autoridad es incluso mayor que la de la Torá misma.]

(Fol. 23) R. Shesheth dijo en nombre de R. Elazar b. Azaria: "¿De dónde sabemos que la correa [con la que se dan los latigazos] debe ser de piel de becerro? Del siguiente pasaje (Deut. 25, 3) Cuarenta azotes le puede dar, no excederá, e inmediatamente después, dice: No pondrás bozal al buey ". R. Shesheth, a nombre de R. Elazar b. Azaria, dijo de nuevo: "Quien haga caso omiso de las semanas festivas [tratándolas como días ordinarios], es considerado como si estuviera sirviendo a ídolos; porque el versículo dice (Ex. 34, 17).) No te harás Dios de fundición, e inmediatamente sigue el pasaje, La fiesta de los panes sin levadura celebrarás ". R. Shesheth, en el nombre de R. Elazar b. Azaria, dijo de nuevo:" Quien habla chismes, o escucha para chismorrear, y quien testifica como falso testigo merece ser arrojado delante de los perros, porque el pasaje dice (Ib. 22, 30) A los perros lo arrojarás, e inmediatamente sigue: No recibirás un informe falso; no pongas tu mano con el impío para ser testigo injusto. Léelo Tashi, "(para soportar o recibir informes falsos).

"Dos pequeños azotes", etc. En un Baraitha se enseña a partir del cuero de asno, como un cierto galileo predicó en presencia de R. Chisda: (Is. 1, 3) El buey conoce a su dueño y el asno el pesebre de su amo; Israel no. ¡El Santo, alabado sea! dijo: "Que venga el que conoce el pesebre del maestro y se vengue del que no quiere conocerlo".

MISHNA: Todos los que están sujetos a Kareth si son golpeados, están exentos de ella (Kareth), como se dice (Ib., Ib. 3). Tu hermano se volvió vil, es decir, tan pronto como se volvió vil, él es tu hermano. . Esta es la opinión de R. Chanania b. Gamaliel. R. Chanania b. Gamaliel comentó: "Si la comisión de un crimen priva a uno de su alma, ¡cuánto más debe salvar el alma un acto meritorio!" R. Ismael dijo: "Esto puede inferirse del mismo lugar que trata de Kareth (Lev. 18, 29). Incluso las almas que las cometan serán cortadas, y (Ib., Ib. 5) [Ordenanzas, que, si un hombre lo hace] vivirá en ellos. De esto, se infiere que si uno sólo se abstiene de cometer un crimen, es recompensado como si hubiera actuado meritoriamente ". R. Simon b. Rabí dijo: "Respecto al pasaje (Deut. 12,) Sea firme para no comerse la sangre; porque la sangre es la vida. Ahora bien, si una persona rechaza la sangre que le resulta repugnante, y se abstiene de ella, es recompensada; cuánto más hay que recompensar uno por abstenerse del robo y el adulterio hacia los que se inclina la naturaleza del hombre; y no solo él, sino también todos sus descendientes hasta el final de las generaciones, pueden ser recompensados ". R. Chanania b. Akashya dijo:" ¡El Santo, alabado sea! quería hacer a Israel bienaventurado y, por lo tanto, les multiplicó sus mandamientos en la Torá, como dice (Isaías 42, 21). enseñanza grande y gloriosa ".

Dijo R. Joshua b. Leví: "Tres cosas fueron hechas por la corte mundana, y la corte celestial estuvo de acuerdo con ellas. Son: La lectura del Libro de Ester en Purim (Fiesta de Ester); saludar con el Santo Nombre y colocar el diezmo que pertenece a los levitas en el tesoro del santuario. En cuanto al primero, inferimos de (Ester 9, 27) Los judíos ordenaron y tomaron sobre ellos, es decir, ordenaron arriba, lo que tomaron abajo sobre ellos. Saludo, de (Rut, 2, 4) Y dijo a los segadores: El Señor sea con vosotros, y también hay un versículo (Jueces 6, 12) El Señor es contigo, valiente valiente. ¿Para qué sirve la segunda cita? Para que no se diga que Boas lo hizo según su propia opinión y sin el consentimiento del cielo. ¡Ven, escucha! El Señor es contigo, valiente valiente. Y en cuanto al diezmo, como está escrito (Malaquías 3, 10) Traed todos los diezmos al alfolí, para que haya alimento en mi casa, y pruébame ahora con esto, dice el Señor de los ejércitos, si quiero. no os abra las ventanas de los cielos y os derrame una bendición, que habrá más que suficiente.

R. Elazar dijo: "En tres lugares apareció el Espíritu Santo: en la corte de Sem, en la corte del profeta Samuel y en la corte del rey Salomón. En la corte de Sem, como está escrito (Gn. 38). 26) Y Judá los reconoció y dijo: Ella ha sido más justa que yo ¿Y de dónde él sabía? Tal vez así como él estaba con ella, así era otro. Por eso se oyó una voz celestial: He decidido que así será. En la corte de Samuel, como está escrito (I. Sam. 12, 5) Y él respondió: Él es testigo. ¿Por qué él? ¡Deberían ser ellos! Por eso se escuchó una voz celestial, yo soy testigo de que así es. Y en la corte del rey Salomón, como está escrito (I. Rey. 3, 17) Entonces el rey respondió y dijo: Dale el niño vivo y no lo mates; Ella es su madre. ¿Y de dónde sabemos que realmente fue así, quizás ella lo engañó?

Por lo tanto, las últimas palabras, ella es su madre, fueron dichas por una voz celestial ". Dijo Raba:" Si se basara meramente en las Escrituras, todas ellas podrían ser objetadas, pero esto lo demuestra la tradición ".

R. Simlai disertó: "A Moisés se le dijeron seiscientos trece mandamientos; trescientos sesenta y cinco de ellos negativos, correspondientes al número de días del año contando según el sistema solar, y doscientos cuarenta y ocho positivos , correspondiente a los miembros de un cuerpo humano ". Dijo R. Hamnuna: "¿Dónde está el pasaje para probar esto? (Deut. 33, 4) La Torá que Moisés nos ordenó. El valor numérico de la palabra Torá asciende a seiscientos once. (Fol. 24) Yo soy; y, No tendrás [de los dos primeros mandamientos], oímos del Todopoderoso mismo. Sin embargo, David vino y redujo su número a once, como está escrito (Sal. 15, 2-5) Salmo de David, Señor, ¿moraremos en tu tabernáculo? ¿Quién habitará en tu santo monte? El que anda en rectitud y hace justicia, y en su corazón habla verdad, etc., es decir, el que anda en rectitud, se refiere a Abraham, concerniente a quien está escrita tal expresión (Génesis 17, 1) Camina delante de mí y sé vertical. Trabaja con rectitud, se refiere a un hombre como Aba Chelkia. Y dice la verdad se refiere al hombre como Rabí Saphra. Tampoco hace mal a sus semejantes, es decir, quien se cuida de no competir con los negocios de su vecino. Que no tiene calumnias en su lengua, se refiere a nuestro padre Jacob, acerca de quien está escrito (Génesis 27, 12) My father peradventure will feel me. Nor taketh up a reproach against his neighbor, refers to one who befriends his relatives. In whose eyes a vile person is despised, refers to Hezekiah, King of Judea, who caused his father's bones to be carried on a bed of ropes. But he honoreth them that fear the Lord, refers to Jehoshaphath, King of Judea, who upon seeing a scholar, would rise from his throne, kiss him, and call him, my father, my master, my teacher, my master, my master. But that sweareth to his own hurt, and changeth not; this refers to R. Jochanan, who said: 'If one says I will fast until I will come home.' He that putteth not out his money on interest, i.e., not even from an idolater. Nor taketh no bribe, refers to men like R. Ismael b. Jose. He that doeth these things shall never be moved. When R. Gamaliel would come to this passage, he used to weep, saying: "Only one who performed all these shall not be moved, but [if he performs merely] one of them, he might be moved;" whereupon R. Akiba said to him: "According to your opinion then how would you explain the passage (Lev. 18, 24) No se contaminen ustedes mismos en todas esas cosas. ¿Quiere decir que sólo si en todas estas cosas, pero no en una? "Por lo tanto, debe decir que significa para cualquiera de estas cosas. Lo mismo podría explicarse también. Entonces Isaías vino y los redujo (los seiscientos trece mandatos) a seis, como se dice (33, 15) El que camina con rectitud y habla con rectitud; el que menosprecia la ganancia de opresiones, que sacude sus manos para no aceptar sobornos; que tapa sus oídos para no oír sangre, y cierra sus ojos para no mirar el mal. El que camina con rectitud, se refiere a Abraham, de quien está escrito (Gn. 18, 19) For I have known him, to do righteousness and justice, etc. Speaketh uprightly, refers to him who does not anger his colleague in public. And he despiseth the gain of oppressions, refers to R. Ismael b. Elisha. That shaketh his hands from holding of bribes, refers to R. Ishmael b. Jose. That stoppeth his ears from hearing of blood, refers to R. Elazar b. Simon. And shutteth his eyes from looking on evil, as R. Chiya b. Aba explained this to refer to one "who does not look upon women washing near the bank of the river." When Michah [the prophet] came he reduced them to three (6, 8) It hath been told thee, o man, what is good;

and what the Lord doth require of thee: (only) to do justly, and to love mercy, and to walk humbly with thy God. To do justly, refers to the law; love mercy, refers to loving kindness; and walk humbly, providing for the marriage of poor maidens and the burial of the dead. Is this not an a fortiori conclusion! If concerning matters which are not to be performed in secrecy, the Torah says to walk humbly, how much more so should this be applied to matters which are accustomed to be done in secrecy! Isaiah finally reduced them to two, as it is said (56, 1) Thus saith the Lord, Keep ye justice, and do righteousness. Amos then came and reduced them to one, as it is said (Amós 5, 4) Porque así ha dicho Jehová a la casa de Israel: Búscame y vive. R. Nachman b. Isaac planteó la siguiente objeción: ¿Quizás quiere decir con Búscame, realizar toda la Torá? Por lo tanto, debemos decir que fue Habacuc [el profeta] quien vino y los redujo a uno (2, 4). Pero el justo vivirá por su fe.

Dijo R. José b. Chanina: "Cuatro decretos dictó Moisés sobre Israel, y cuatro profetas vinieron y los abolieron. Moisés dijo (Deut. 33, 28) E Israel habitó en seguridad, la fuente de Jacob sola. Amós, sin embargo, la abolió, ya que es dijo (7, 5) Te suplico: ¿Cómo debería estar Jacob? Porque es pequeño. Entonces inmediatamente en (Ib. 6) El Señor pensó ... esto tampoco será. Moisés dijo (Deut. 28, 65) Y entre estos naciones no tendrás reposo. Jeremías vino y lo abolió, como está escrito (31, 2) Incluso Israel, cuando yo vaya a hacerle descansar. Moisés dijo (Ex. 34, 7) Visitando la iniquidad de los padres sobre Ezequiel, sin embargo, vino y lo abolió, diciendo (18, 4) El alma que pecare, esa morirá. Moisés dijo (Lev. 26, 38) Y moriréis entre las naciones. Isaías vino y lo abolió diciendo (27, 13) Y sucederá en ese día, que se tocará un gran cuerno; y vendrán los que se perdieron en la tierra de Asiria, etc. "Rab dijo:" Tengo [sin embargo] miedo del pasaje, estaréis perdidos entre las naciones ", con lo cual R. Papa comentó:" Quizás esto significa como un objeto perdido, que es cuidado por el dueño, como dice el pasaje (Sal. 119, 176). Me he descarriado como una oveja descarriada; busca a tu siervo ". Debemos decir que se refiere al final de la misma, La tierra de tus enemigos te consumirá. Mar Zutra, y según otros, R. Ashi, se opuso a esto, argumentando que puede referirse a la consumación de calabazas y pepinos [que solo se comen en parte].

Sucedió con Rabban Gamaliel, R. Elazar b. Azariah, R. Joshua y R. Akiba, que estaban en el camino, y escucharon el ruido de la vía babilónica a una distancia de ciento veinte millas. Todos empezaron a llorar, pero R. Akiba sonrió. Y a la pregunta, "¿Por qué estás sonriendo?" devolvió la pregunta, "¿Por qué lloras?" "Aquellos idólatras", respondieron ellos, "que se postran ante imágenes y fuman incienso puro a los ídolos descansan en paz; lo contrario es con nosotros, que incluso nuestro santo templo es quemado por el fuego (Ib. B.) no llorar? A lo que respondió: "Por la misma razón estoy sonriendo. Si esta es la recompensa de quienes actúan en contra de su voluntad, tanto mayor será la recompensa en el futuro de quienes actúen de acuerdo con su voluntad". Volvió a suceder que iban a Jerusalén; cuando llegaron al monte Zophim (Scopes), rasgaron sus vestidos; y cuando llegaron al Templo del Monte Zophim y vieron a un zorro que salía del lugar donde se encontraba el Lugar Santísimo, comenzaron a llorar; pero R. Akiba [de nuevo] empezó a sonreír. A su pregunta, "¿Por qué sonríes?" devolvió la pregunta, "¿Por qué lloras?" Ellos respondieron: "La profecía sobre el lugar que dice el versículo (Num. 1, 51) Y el hombre común que se acerca será ejecutado, ahora se cumple que (Lam. 5, 18) Por la montaña de Sion, que está desolada, las zorras caminan sobre ella ". R. Akiba respondió: "Me regocijo por el pasaje (Isa. 8, 2) Y tomaré para mí, testigo fiel para testimonio, al sacerdote Urías, y Zacarías, etc. ¿Por qué se une Urías con Zacarías? He aquí, el primero estaba en el primer templo y el segundo en el segundo. Por lo tanto, debemos decir que fue porque el pasaje hace que la profecía de Zacarías dependa de la profecía de Urías. Urías dijo (Micha 3, 12Por tanto, Sión será arada por vosotros como un campo, y Jerusalén se convertirá en montones. Zacarías dijo (8, 4) Todavía se sentarán ancianos y ancianas en las plazas amplias de Jerusalén. Si bien la profecía de Urías no se cumplió, temí que la profecía de Zacarías se cumpliera, pero ahora que veo que la profecía de Urías se cumple, estoy seguro de que la profecía de Zacarías también se cumplirá en el futuro cercano. Con esta versión dijeron. a él: "¡Akiba, nos has consolado, nos has consolado!"

FIN DE MACCOTH

Shevuot, Capítulo 2

SHEBUOTH (Fol. 14) MISHNA: No se pueden agregar extensiones tanto a la ciudad como al patio [del Templo] excepto con el consentimiento del rey, profeta, Urim y Tumim, y del gran Sanedrín que consta de setenta y uno, y el de dos ofrendas de agradecimiento con el coro. Todo el tribunal de justicia se adelanta, seguido de las dos ofrendas de agradecimiento y luego todo Israel procede.

(Fol. 15) Se nos enseña en un Baraitha: Con respecto a un holocausto de ganado, el pasaje dice (Lev.1, 13) Olor dulce al Señor, que tiene la intención de enseñar que ante el cielo todas las ofrendas, tanto generosas como pobres. , son iguales, siempre que estén destinadas a complacer al Padre celestial.

(Ib. B.) A nuestros rabinos se les enseñó: La orquesta de la ofrenda de gracias consistía en violines, pífanos, trompetas en cada esquina, así como en cada piedra elevada en Jerusalén y solía tocar (Sal.) Te ensalzaré, oh Señor, porque me has levantado, etc., y también (Ib. 91). Algunos llaman a esta canción posterior Pegaim (destructores) y algunos lo llaman Negaim (plagas), debido al verso (Ib. 10) en el que se lee, Ni plaga, etc .; otros lo llaman Pegaim, por el verso (Ib. 1). Caerán a tu lado mil. Solían cantar esta canción desde el versículo uno hasta el diez inclusive, y también todo el tercer capítulo de los Salmos. R. Joshua b. Levi decía todos los versículos antes mencionados antes de acostarse. ¿Cómo pudo haberlo hecho? ¿No tiene R. Joshua b. Levi dijo que está prohibido curarse a uno mismo con [citando] versículos de la Torá. Proteger es diferente. Ya que prohibió debemos asumir que fue en un caso de herida, si es así entonces hay más que una ley prohibitiva; porque se nos enseña que si uno cura una herida susurrando, no tiene participación en el mundo futuro. Dijo R. Jochanan: "Este último se refiere a alguien que escupe y luego susurra, porque el nombre celestial no debe mencionarse en tal ocasión". Se nos enseña: Un versículo dice (Num. 9, 13) Ha profanado el tabernáculo del Señor, y nuevamente dice más (20) Porque ha profanado el santuario del Señor, etc. (Fol. 16b) R. Elazar dice: Ya que el versículo menciona el santuario, ¿Por qué debería mencionar el tabernáculo, y si el versículo menciona el tabernáculo, por qué mencionar el santuario? La respuesta es: si solo se mencionara el tabernáculo, podría explicarse por el hecho de que está ungido con el aceite santo, lo que no era el caso del templo, y por lo tanto no se atribuye responsabilidad alguna a la profanación de este último; por otro lado, si solo se mencionara el templo, se podría dar la razón de que fue santificado una vez y para siempre, por lo tanto, el mandato que no fue el caso del tabernáculo; de ahí la necesidad de mencionar tanto el tabernáculo como el santuario ".

(Fol.18b) A nuestros rabinos se les enseñó: (Lev.15, 31Así apartaréis a los hijos de Israel de su inmundicia. R. Joshua dijo: "De esto se puede derivar una advertencia de que los hijos de Israel deben separarse de sus esposas cerca del período de la menstruación". ¿Y por cuánto tiempo? Dijo Raba: "Durante doce horas" [antes del período abierto]. R. Jochanan dijo en nombre de R. Simon b. Jojai: "El que no se separe de su esposa en dicho período, aunque sus hijos sean iguales a los hijos de Aarón, morirán, porque está escrito (Ib.) Entonces separaréis a los hijos de Israel de su inmundicia, ... y de la que está enferma por su impureza, e inmediatamente sigue a la mención de la muerte de los hijos de Aarón ". R. Chiya b. Acha dijo en nombre de R. Jochanan "

Shevuot, Capítulo 3

(Fol. 20b) Se nos enseña en un Baraitha: Las palabras Zachor (recordaréis) [en los primeros diez mandamientos] y Shamor (observaréis) [en los segundos diez mandamientos] fueron pronunciadas por el Señor en una sola palabra, que trasciende el poder de la boca y el oído humanos.

Shevuot, Capítulo 4

(Fol. 30) A nuestros rabinos se les enseñó: Concerniente al pasaje (Lev. 19, 15) Con justicia juzgarás a tu prójimo. Esto significa que el tribunal no debe permitir que un litigante se siente mientras el otro está de pie; un litigante no debería tener el privilegio de hablar mientras que al otro se le niega ese privilegio. Puede darse otra explicación; Trate siempre de juzgar a cada uno según sus actos virtuosos. R. Joseph enseñó: "Este versículo significa que a quien sea tu igual en sabiduría y obras, tratarás de juzgar con imparcialidad".

(Ib. B) La esposa de R. Huna tuvo una vez un caso ante R. Nachman, y este último deliberó consigo mismo sobre cómo proceder: "¿Debo levantarme para honrarla, entonces su oponente permanecerá estupefacto, y debería si no se levanta, hay una regla que establece que la esposa de un erudito debe ser tratada de la misma manera que el propio erudito [y para un erudito uno está obligado a levantarse] ". Luego se ayudó a sí mismo a superar la dificultad instruyendo a su sirviente, así: "Tírame un patito en la cabeza tan pronto como entre la esposa de R. Huna, así tendré que levantarme de todos modos".

A nuestros rabinos se les enseñó: ¿De dónde inferimos que el juez no debe favorecer a ninguna de las partes con su discurso? Se dice (Ex.23, 7) Mantente alejado de un asunto falso; además, ¿de dónde inferimos que no entrará en discusión con un discípulo ignorante en un caso [para que no sea engañado por este último]? Se dice de nuevo: Mantente alejado de un asunto falso. ¿De dónde inferimos que el juez, sabiendo que la parte es un ladrón y que sólo hay un testigo, o un testigo simple, sabiendo que la parte es un ladrón, no debe unirse con este último? Por tanto, se dice: Guárdate lejos de un asunto falso. ¿De dónde inferimos que si el juez advierte que los testigos declaran falsamente, no se dirá a sí mismo: Yo resolveré el caso de acuerdo con sus pruebas de acuerdo con la ley y el collar quedará en el cuello de los testigos? (Fol. 31) Se dice que te mantengas alejado de un asunto falso. ¿De dónde inferimos que si un discípulo se sienta ante su maestro y observa un trato diferente a los pobres, o una acusación a los ricos de que no debe callar? Se dice: Guárdate lejos de un asunto falso. De dónde inferimos que si un discípulo ve a su maestro error en su juicio, no debe decir, esperaré hasta que emita su veredicto y luego revelaré el error, provocando así la emisión de otro veredicto, que deberá ser hecho con el reconocimiento de mi autoridad? Por eso se dice: Guárdate lejos de la falsedad. De donde inferimos que el maestro no le dirá a su discípulo: "Tú sabes que no mentiría aunque me ofrecieran cien manas, pero hay uno que me debe un maná, y solo tengo un testigo, es justo que comparezca ante el tribunal, para que el acusado pueda pensar que usted también

(Ez. 18, 18) E hizo lo malo en medio de su pueblo; Rab dijo: "Esto se refiere a alguien que acude a la corte con poder", y según Samuel, se refiere a alguien que compra un campo en el que hay varios reclamos.

(Fol.35b) Todos los nombres divinos que se encuentran en la Torá en relación con Abraham, son santos, excepto el de (Génesis 18, 3) Y él dijo: Señor mío, si ahora he hallado gracia en Tus ojos, [que estaba dirigida a un ángel]. Chanina, el sobrino de R. Joshua y R. Elazar b. Azaria en el nombre de Elazar el Modite, di que incluso este nombre también es santo. De acuerdo con la opinión de quién será la que se dijo en nombre de R. Juda b. Rab que la hospitalidad se considera más grande que la recepción de la gloria de la Shejiná? Está de acuerdo con estos dos. Además, todos los nombres que se encuentran en conexión con Lot, son comunes, excepto (Ib. 19, 18-19). Oh, no es así, mi Señor; Tu siervo ha hallado gracia en tus ojos, y has magnificado tu bondad, etc., ¿y quién sino Dios puede salvar? Nuevamente, todos los nombres relacionados con Nabot son santos; aquellos en conexión con Micha (Jue. 17) son comunes. R. Elazar, sin embargo, dijo que los nombres con Nab'oth son santos, pero aquellos con Micha son en parte santos y en parte comunes, a saber, de Aleph, Lamed (Señor) es un común y de Yud, Hay (Dios) es santo, excepto (Ib. 18, 31) que, aunque comienza con Aleph-Lamed, es sin embargo santo. Todos los nombres relacionados con el Valle de Benjamín (Ib. 20) son, según R. Eliezer, comunes, y según R. Joshua, son santos. R. Eliezer le dijo. El pasaje que Él promete y no cumple [¿Cómo puede ser santo cuando Él no ha cumplido Su promesa?] Dijo R. Joshua: "Él ha cumplido Su promesa, pero la gente no entendió lo que se les dijo"; una prueba de esto se encuentra en el hecho de que después de haberlo comprendido, conquistaron, como dice (Ib. 20, 28) Y Phineas, el hijo de Elazar, ... el hijo de Aarón, se puso de pie, etc. El nombre Shlomah dondequiera que se mencione en los Cantares de Salomón es santo (Hijo. 1, 1) Un cántico a quien pertenece la paz; excepto (Ib. 8, 12) Mi viña, que es mía, está delante de mí; Tú, oh Salomón, tendrás miles. Según otros, lo siguiente (Ib. 3, 7) He aquí, es la litera de Salomón, también es común. Dondequiera que en Daniel se mencione la palabra rey, es común excepto (Dan. 2, 37) Tú, oh rey, eres rey de reyes, a quien el Dios del cielo ha dado el reino, el poder, la fuerza y la gloria. Según otros también (Ib. 4, 16) Mi Señor.... para los que te odian; porque, ¿a quién dirigió Daniel esto? Seguramente no a Nabucodonosor, porque al hacerlo maldeciría a Israel que lo odiaba; por lo tanto, debe haberlo dirigido a Dios. El primer Tanna, sin embargo, sostiene que los enemigos existen solo para Israel, pero otras naciones no tienen enemigos.

Shevuot, Capítulo 6

(Fol.38b) A nuestros rabinos se les enseñó: También un juramento hecho por alguien ante el tribunal debe ser pronunciado en un idioma que comprenda, y el tribunal debe decirle la siguiente introducción al juramento: Tenga en cuenta (Fol.39) que el mundo entero tembló cuando el Santo, ¡alabado sea! habló en el monte Sinaí: (Ex. 20, 7) No tomarás el nombre del Señor tu Dios en vano; de la misma manera, con respecto a todas las transgresiones en la Torá, se lee: Venakkei (Él perdonará), y con respecto a un juramento falso, se lee además, Lo Yenakke (Él no perdonará); nuevamente, para todas las demás transgresiones, solo el pecador mismo es castigado, mientras que aquí (en el caso de un juramento) el castigo se extiende también a su familia, como se dice (Ec. 5, 5).) No permitas que tu boca lleve tu carne a la culpa; y por la expresión carne se entiende la familia de uno, como se dice (Is. 58, 7) De tu propia carne. Además, por todas las demás transgresiones, el mismo pecador es solo castigado, mientras que en este caso todo el mundo es castigado, como está escrito (Oseas 4, 2-3). Hay juramentos en falso, etc.... por tanto, la tierra se enlutará. ¿Pero quizás significa eso solo cuando el pecador cometió todas las transgresiones mencionadas aquí en Oseas? Esto no se puede querer decir, porque está escrito (Jer.23, 10) Porque a causa de juramentos falsos está de luto la tierra. Una vez más, el castigo por todas las demás transgresiones es, por los méritos de los antepasados del pecador, pospuesto por unas dos o tres generaciones, pero en este caso es castigado inmediatamente, como se dice (Zacarías 5, 4).Yo la haré salir, dice Jehová de los ejércitos, y entrará en la casa del ladrón y en la casa del que jura falsamente en mi nombre; y habitará en medio de su casa, y la consumirá con sus maderas y sus piedras. Lo traigo, significa inmediatamente; entrará en la casa del ladrón, se refiere a uno que roba la mente de la gente, por ejemplo, el que no tiene dinero con su vecino, sostiene que tiene y hace jurar a este último; en la casa del que jura en falso, debe ser tomado literalmente; permanecerá en medio de su casa, etc., de esto se puede aprender que las cosas indestructibles por fuego o agua son destruidas por juramentos falsos. Si después de haber escuchado toda esta introducción, dice: No prestaré juramento, el tribunal lo despide inmediatamente [para que no reconsidere su última decisión]; pero si dice: No obstante, juraré, la gente presente dice (Num. 16, 16) Apartaos, os ruego, de las tiendas de estos malvados. Una vez más, cuando está listo para prestar juramento, el tribunal le dice una vez más: "¡Sé consciente de que el juramento que haces no es de acuerdo con tu propia mente, sino con la mente del Santo, alabado sea Él! Y el de la corte ", como encontramos en el caso de Moisés, nuestro maestro, quien, cuando hizo jurar a los israelitas, dijo:" Sabrás que tu juramento no es de tu propia mente, sino por la del Santo Uno, se dice (Deut.29, 13-14) Y no contigo solo, etc.... pero con el que está parado aquí, etc. [No se refiere a los que estaban solo en el Monte Sinaí, sino a todas las generaciones futuras]. ¿De dónde sabemos que incluso todos los prosélitos que abrazarán el judaísmo en el futuro? Se dice (Ib.) Y también con el que no está aquí con nosotros. De esto inferimos sólo con respecto a los mandamientos dados en ese monte, pero ¿de dónde sabemos de todos los mandamientos que se establecerán en el futuro, como la lectura del Libro de Ester? Se dice (Est.9, 27) Los judíos lo confirmaron como un deber, etc. Esto significa que confirmaron un deber que se les impuso en el pasado. El maestro dijo: "El mundo entero tembló, cuando el Santo ..." ¿Pero por qué? ¿Fue porque fue ordenado en el Sinaí? Entonces, todos los diez mandamientos fueron dados allí; y si por ser más riguroso, ¿es así? ¿No hay una Mishna? Los siguientes se clasifican como indulgentes positivos y negativos, excepto que no llevarás el santo nombre, etc .; rigurosos son los que están bajo la categoría de pena capital y Karath, y el mandamiento No llevarás, etc., pertenece a estos [de ahí que haya muchos como jurar]. Por lo tanto, debemos decir que con respecto a todas las demás transgresiones, la Torá dice Venakkei, mientras que con respecto a no soportarás, se aplica Lo Yenakke. Pero, ¿no encontramos el mismo Lo Yenakke en relación con todas las leyes? He aquí que está escrito (Ib. 34) Venakkei lo Yenakke? Así lo explica R. Elazar, quien dijo: "Es imposible decir Venakkei (perdonará) ya que le sigue Lo Yenakke (no perdonará), ni es posible decir que no perdonará después de que se lee perdonará, por lo tanto, debe significar que perdonará a los arrepentidos, pero no a los que no se arrepientan ".

El maestro dijo anteriormente: "Además: Por todas las transgresiones, etc., mientras que aquí (en el caso del juramento) el castigo se extiende también a su familia". ¿Y por todas las transgresiones, dices, el castigo no se extiende a la familia? He aquí que está escrito (Levítico 20, 5) Entonces pondré Mi rostro contra este hombre y contra su familia. Y hay un Baraitha: R. Simon dice: "Si ha pecado, ¿qué ha hecho su familia?"; para enseñarte que en una familia, donde hay un ladrón, toda la familia es considerada ladrones, porque lo esconde? Allí es castigado con el castigo asociado a su transgresión, pero la familia con indulgencia; mientras que aquí la familia sufre el mismo castigo que el propio perjurio. Como hemos aprendido en el siguiente Baraitha: Rabí dijo: "¿Con qué propósito está escrito en el versículo citado anteriormente, lo cortaré, después de que se lea, pondré mi rostro, etc.?" Para enseñar que solo a él le cortaré, pero no a toda la familia. Sobre el castigo del mundo entero, etc. ¿No dice (Ib. 26, 37) Y se tropezarán unos con otros, del cual se puede insinuar que todos los israelitas son responsables unos de otros? (Ib. B) La razón es porque pudieron haber prevenido el pecado protestando, lo cual no hicieron [de ahí la responsabilidad]. Pero, ¿no está la familia de uno incluida en todo el mundo? Hay una diferencia en la naturaleza del castigo, es decir, su familia es castigada con más rigor que el resto del mundo. El maestro dijo arriba: "Si él dice, lo juro, la gente dice: Vete", etc. ¿Por qué se les llama malvados a ambas partes? Que sólo el que jura tenga su nombre. Está de acuerdo con la opinión de R. Simon b. Tarfon, quien dice en el siguiente Baraitha (lo que no hicieron [de ahí la responsabilidad]. Pero, ¿no está la familia de uno incluida en todo el mundo? Hay una diferencia en la naturaleza del castigo, es decir, su familia es castigada con más rigor que el resto del mundo. El maestro dijo arriba: "Si él dice, lo juro, la gente dice: Vete", etc. ¿Por qué se les llama malvados a ambas partes? Que sólo el que jura tenga su nombre. Está de acuerdo con la opinión de R. Simon b. Tarfon, quien dice en el siguiente Baraitha (lo que no hicieron [de ahí la responsabilidad]. Pero, ¿no está la familia de uno incluida en todo el mundo? Hay una diferencia en la naturaleza del castigo, es decir, su familia es castigada con más rigor que el resto del mundo. El maestro dijo arriba: "Si él dice, lo juro, la gente dice: Vete", etc. ¿Por qué se les llama malvados a ambas partes? Que sólo el que jura tenga su nombre. Está de acuerdo con la opinión de R. Simon b. Tarfon, quien dice en el siguiente Baraitha (¿Por qué se les llama malvados a ambas partes? Que sólo el que jura tenga su nombre. Está de acuerdo con la opinión de R. Simon b. Tarfon, quien dice en el siguiente Baraitha (¿Por qué se les llama malvados a ambas partes? Que sólo el que jura tenga su nombre. Está de acuerdo con la opinión de R. Simon b. Tarfon, quien dice en el siguiente Baraitha (Ex. 22, 10) Entonces se hará un juramento del Señor entre ambos. Deduzca de esto que el juramento recae sobre ambos.

FIN DE SHEBUOTH

Eduyot, Capítulo 1

EDIYOTH (Fol. B) MISHNA IV: ¿Por qué, entonces, las opiniones de Shammai y Hillel se expresan en absoluto, si es que no sirven [cuando la ley prevalece de acuerdo con ninguna de las dos]? Enseñar a la posteridad que no se debe insistir en las propias declaraciones, ya que los distinguidos maestros del mundo no persistieron en sus puntos de vista.

MISHNA V: ¿Y por qué se menciona la opinión de una sola persona en relación con la de muchos, cuando la decisión final es invariablemente de la mayoría? A fin de que cuando un tribunal apruebe la opinión de alguien, pueda basar su decisión en ella, pues ningún tribunal puede anular la decisión de otro tribunal, a menos que sea superior a este último tanto en erudición como en número. Sin embargo, si es superior sólo en un aspecto, ya sea en erudición o en número, no puede anular; debe ser superior en ambos.

MISHNA VI: Dijo R. Juda: "Si este es el caso, ¿por qué se menciona sin ningún propósito la opinión de un individuo en relación con la de la mayoría? Para que si uno dice, 'Yo también tengo una tradición, "Se le debe decir que esto está de acuerdo con la opinión de este y este individuo".

Eduyot, Capítulo 2

(Fol. 4b) MISHNA IX: Él (R. Akiba) solía decir: "El padre influye en su hijo en belleza, fuerza, riqueza, sabiduría, longevidad y la recompensa que se otorgará a [su] posteridad; y aquí yace el fin del destino, como se dice (Is.41, 4) Él predetermina desde el principio del destino de las generaciones venideras, (Fol.5) y aunque se dice (Gen.16, 13) esclavizarán y torturarlos durante cuatrocientos años, sin embargo, hay otro pasaje (Ib. 16) La cuarta generación volverá de nuevo a aquí ".

MISHNA X: Además, solía decir: "Hay cinco cosas de una duración de doce meses - a saber ... el castigo de la generación del diluvio, el de Job, de los egipcios, de Gog y Magog en el tiempo futuro (Ez.35, 2) y de los impíos en las regiones infernales, como se dice (Is. 66, 6) Y sucederá que de un mes a otro, es decir, desde el mes en que murió el año siguiente, el mismo mes renovado. R. Jochanan b. Nuri dice que [los malvados en el infernum] dura sólo desde la Pascua hasta Pentecostés, porque dice (Ib.) Y de un sábado a otro ".

Eduyot, Capítulo 5

(Fol. 8b) MISHNA III: R. Ismael dice: "El Libro Ecclesiastaces, según Beth Shamai, no hace las manos impuras, mientras que según Beth Hillel, sí lo hace".

MISHNA VI: Akabia b. Malhallalel testificó [sobre] cuatro cosas. Entonces los sabios le pidieron que se retractara, prometiéndole por tanto la cátedra de justicia que preside en Israel, (Fol. 9) a lo que él respondió: "Preferiría oír el nombre de tonto toda mi vida que convertirme en un malvado incluso por una hora antes del Omnipotente, para que la gente no diga: "¡Se retractó por el bien de un cargo!" "Aquí están sus reglas: Declaró inmundo el cabello blanco [dejado de un caso anterior de lepra], así como la sangre amarilla [de una mujer], los cuales los sabios declaran limpios; permitió el uso del cabello descolorido de un ganado primogénito con imperfecciones sacrificado inmediatamente después de que el cabello se hubiera colocado en un nicho [de la pared], mientras que los sabios lo prohibieron. También dice que una mujer prosélita y una sirvienta liberada no reciben el agua amarga mientras los sabios dicen que sí. Los sabios le dijeron: "¿No le sucedió una vez a cierto Karkmith, una sirvienta liberada en Jerusalén, a quien Shmaya y Abtalyon hicieron beber [el agua antes mencionada]?" Cuando él respondió: "Fue para mostrar que la hicieron beber [ellos, siendo ellos mismos prosélitos, lo hicieron]". Entonces lo pusieron bajo proscripción, y cuando murió, el tribunal apedreó su ataúd. R. Juda dijo: "Dios no permita que Akabia b. Malhallalel, quien entre los israelitas, cuando las puertas del patio del templo estaban cerradas, era inigualable en erudición, pureza y piedad, debería haber sido excomulgado. Pero, ¿a quién se le hizo entonces?" Fue Eliezer b. Chanoch, quien fue excomulgado por impugnar la regla de lavarse las manos [antes de las comidas]; y cuando murió, el tribunal envió una piedra para que se pusiera en su ataúd; de donde nos enteramos de que el ataúd del que muera bajo la proscripción será apedreado ".

MISHNA VII: Mientras estaba en su lecho de muerte (Akabia b. Melhellalel) le habló así a su hijo: "Rechaza las cuatro reglas que he estado enseñando; me adhiero a ellas porque las había recibido de una mayoría, y los demás también las tenían de similar fuente, ambos, por tanto, nos mantuvimos fieles a nuestras tradiciones; pero las has aprendido de un individuo y no de una mayoría, ahora es más recomendable abandonar la opinión del individuo y seguir la de la mayoría. " "Padre", apeló su hijo, "ordena a tus amigos que nos mantengan honorables", cuando se negó, diciendo: "No puedo mandarles". "¿Has encontrado entonces algún mal dentro de mí?" le preguntó, a lo que él respondió: "¡No! Porque tu propia conducta te mandará y tu propia conducta te alejará".

Eduyot, Capítulo 8

(Fol. 11) MISHNA VII: R. Joshua dijo: "Tengo por tradición de R. Jochanan b. Zakkai, quien lo escuchó directamente de su maestro, ser una Halajá del Sinaí a Moisés que Elías no vendrá en el futuro para declarar limpias o inmundas a ciertas familias, para separarlas o reconciliarlas, pero para sacar a los que fueron reconciliados por la fuerza, y para reunir a los que fueron separados por la fuerza. Una familia llamada Beth Zrepha estaba al otro lado del Jordan. Fueron excluidos por ciertos B'nei Sion mediante el uso de la fuerza; otra familia [de sangre impura] fue aceptada por la fuerza por el mismo B'nei Sion. Es para declarar casos de este tipo limpios o inmundos, para eliminar o aceptar que Elías viene ". R. Juda dice: "Sólo para aceptar, pero no para quitar". R. Simon dice: "Su misión es sólo resolver ciertas disputas".

FIN DE EDIYOTH.

Avodah Zarah, Capítulo 1

ABODA ZARA (Fol. 2) R. Chanina b. Papá, según otros, R. Simlai, sermoneó: "En el futuro, el Santo, ¡alabado sea! Traerá el Rollo Sagrado en Su brazo, diciendo: 'Quienquiera que estuviera ocupado con la Torá aparecerá y recibirá su recompensa. ' Entonces las naciones se reunirán enseguida y vendrán abigarradas, como se dice (Isaías 43, 9). Todas las naciones están reunidas, etc. El Santo, alabado sea, sin embargo, les dirá: 'No entrar en tal confusión, pero que cada nación (Ib. b) con sus escribas entren por separado, "como se dice (Ib. ib. ib.) Y los pueblos (I'umim) están reunidos". Y l'umim (pueblo) se refiere a reinos, como se dice (Gen.25, 23) Y un pueblo será más fuerte que el otro pueblo (Ul'om milom ye'ematz). ¿Puede haber confusión ante el Santo, alabado sea? Significa que ellos mismos no se confundirán, de modo que comprenderán lo que se les dirá. Inmediatamente después, el reino de Roma entrará primero a causa de su grandeza. ¿Y de dónde sabemos que es genial? El pasaje dice, (Dan. 7, 23) Y devorará toda la tierra, la hollará y la despedazará. Y R. Jochanan dijo: "Esto se refiere a Roma, cuyo gobierno es reconocido en todo el mundo". Pero, ¿de dónde sabemos que los más distinguidos son los primeros en juzgar? Es como dijo R. Chisda: "Cuando un rey y el pueblo comparecen ante la justicia, el rey debe ser considerado primero; como se diceI Reyes 8, 59) Para mantener la causa de su siervo (el rey David)); [y después de esto dice] Y la causa de Su pueblo. ¿Porque? Si lo desea, puede decir que no sería una buena ética que el rey se sentara fuera de la corte durante el juicio del pueblo. y si lo desea, puede decir que él (el rey) debe ser juzgado antes de que la corte se excite de ira '. ¡El Santo, alabado sea! le preguntará (Roma): '¿Cuál era su ocupación en el mundo?' A lo que ella responderá: '¡Soberano del Universo! Hemos establecido muchos mercados, hemos construido muchas casas de baños, hemos multiplicado en gran masa oro y plata y todo esto se hizo por el bien de Israel, para que pudieran estudiar la Torá '. A lo cual el Santo, ¡alabado sea! comentará: ' Es una tontería de su parte afirmar que todo lo que han hecho fue por el bien de Israel, mientras que en realidad fue solo por ustedes. La construcción de mercados tenía como finalidad la prostitución. El establecimiento de baños fue para su propio placer, y en cuanto al oro y la plata, es mío, como dice el pasaje (Bruja. 2, 8) Mía es la plata y Mía el oro. Pero, ¿hay, entonces, entre vosotros los que han estudiado la Ley? ' Saldrán desesperados. Después de que Roma haya partido, entrará Persia, porque se la considera segunda después de Roma. ¿De dónde sabemos esto? Del siguiente pasaje (Dan.7, 5) Y he aquí otra bestia, una segunda, semejante a un oso. A lo que R. Joseph enseñó: "Con esto se refiere a los persas, la gente que come y bebe como osos, está cubierta de pelo y es carnosa como los osos, y no descansa como los osos". ¡El Santo, alabado sea! les preguntará: '¿Cuál era su ocupación?' A lo que responderán: '¡Soberano del Universo! hemos construido y construido muchos puentes, conquistado muchas grandes ciudades, participamos en muchas guerras, todo por el bien de Israel para permitirles estudiar la Torá '. Entonces el Santo, ¡alabado sea! les dirá: 'Gente insensata, todo lo que hicieron fue hecho por ustedes mismos. Puentes, para el cobro de deberes. Grandes ciudades, para establecer trabajo forzoso. Y en cuanto a las guerras, las he conducido, como se dice (Ex.15, 3) El Señor es un hombre de guerra. Pero, ¿hay entre vosotros aquellos que han estudiado esta (la Torá)? ' Inmediatamente después ellos también se irán desesperados. "Pero ¿por qué entró Persia después de ver que Roma estaba decepcionada? Pensaron:" Tenemos más posibilidades que Roma, ya que esta última ha destruido el Templo sagrado, mientras nosotros lo hemos reconstruido ".

"Lo mismo sucederá con todas las demás naciones". ¿Por qué enumeró a los dos y no al resto de las naciones? Porque el reinado de estos dos duró hasta la era mesiánica. Pero, ¿por qué deberían entrar las otras naciones después de ver la decepción de las dos primeras? Porque pensarán: "Los dos primeros esclavizaron a Israel, pero nosotros no los esclavizamos". "Finalmente dirán ante Él: '¡Soberano del Universo! ¿Nos diste la Torá y nosotros no la aceptamos?' Pero, ¿cómo podrían decirlo? ¿No está escrito (Deut.33, 2) El Señor vino del Sinaí, y se levantó de Sair a ellos: Él resplandeció desde el Monte Parán. Y nuevamente hay un pasaje (Habak. 3, 3) Dios viene de Temán, y el Santo del Monte Parán. Y a la pregunta: ¿Qué tiene que hacer el Señor en Sair y Paran? R. Jochanan dijo: "De esto se puede inferir que el Santo, ¡alabado sea! Ha presentado Su Torá a todas las naciones, pero no fue aceptada. hasta que vino a Israel [de ahí su reclamo] ". Por lo tanto, debemos decir que le dirán: "¿Entonces hemos aceptado la Torá y no hemos cumplido sus mandamientos?" ¿Pero cuál es esta respuesta? ¿No podrían ser acusados por no aceptar? Por lo tanto, debemos decir que alegarán así: "¡Soberano del Universo! ¿Has arqueado la montaña sobre nosotros como lo hiciste con los hijos de Israel?"Ex. 19, 17) Y se detuvieron al pie de la montaña, sobre la cual R. Dimi b. Chasa de Chihah comentó: "De esto podemos inferir que el Santo, ¡alabado sea! Arqueó la montaña sobre ellos como un tanque y les dijo: 'Si aceptan la Torá, entonces está bien, pero si no, sean vuestras tumbas. Finalmente, la respuesta vendrá, (Is. 43, 9) Y nos anuncia las cosas pasadas, es decir, el Santo, ¡alabado sea! Les dirá: 'Los siete mandamientos que os fueron dados, ¿los habéis observado? ? ' ¿Y de dónde sabemos que no? De lo que enseñó R. Joseph: "¿Cuál es el significado del pasaje (Hab. 3, 6) Él está de pie y sacude la tierra; Él mira y hace temblar a las naciones. ¿Qué contempló? Vio que los siete mandamientos aceptados por los descendientes de Noé, no fueron observados. Y, por lo tanto, absolvió a las naciones de ellos. "¿Deberían entonces haberse beneficiado [de su desobediencia]? Dijo Mar b. Rabbina: (Fol. 3)" Significa que incluso si los cumplen, no serán recompensados ".

¿Es eso así? ¿No dijo R. Mair: "¿De dónde sabemos que incluso un gentil que se ocupa del estudio de la Ley es comparado con un sumo sacerdote? El pasaje dice (Lev. 18, 5).) Que si un hombre lo hace, vivirá por ello. No especifica sacerdote, levita o israelita, pero indica en general si es un hombre, de donde se puede inferir que un gentil, también, que se ocupa del estudio de la Ley es igual a un sumo sacerdote. Por lo tanto, debemos decir que no serán recompensados por la observancia de la misma manera que aquellos que observan de acuerdo con su mandato; como dijo R. Chanina: "La recompensa para quien observa lo que se le ordena, es mayor que para quien observa lo mismo sin recibir ninguna orden". Las naciones entonces alegarán lo siguiente: 'Soberano del Universo, ¿la ha observado entonces Israel, que ha aceptado la Torá?' ¡A lo cual, el Santo, alabado sea! responderá: 'Testifico que Israel sí observó toda la Torá'. 'Soberano del Universo', dirán las naciones, ' ¿Entonces un padre es apto para ser testigo en el caso de su hijo? ¿No se llama Israel hijo del Eterno?Ex. 4, 22) Mi hijo, mi primogénito, es Israel '. Su respuesta será: 'Que el cielo y la tierra testifiquen que Israel observó toda la Torá'. Nuevamente objetarán, diciendo: '¡Soberano del Universo! El cielo y la tierra también están interesados en este caso, y por lo tanto no son aptos para ser testigos, porque se dice (Jer. 33, 25) Si Mi pacto no fuera... la ordenanza señalada del cielo y la tierra, no se establecería. Y Resh Lakish dijo: '¿Cuál es el significado del pasaje (Gen.1, 31Y fue la tarde y la mañana el día sexto. ¿Por qué el artículo Hay en la palabra Hashishi? De esto se puede inferir que el Santo, ¡alabado sea! estipuló con todo lo que había sido creado durante los seis días en el sentido de que si Israel aceptaba la Torá, muy bien, pero si no, Él los devolvería a todos al caos y la ruina '. Entonces el Santo, ¡alabado sea! dirá: 'Hombres de sus naciones pueden venir y testificar que Israel ha observado la Torá. Nimrod puede testificar que Abraham no adoraba ídolos. Labán puede testificar que Jacob no era sospechoso de robo. La esposa de Potifar puede testificar que José no fue culpable de adulterio. Nabucodonosor puede testificar que Jananyah, Misael y Azaryah no se inclinaron ante la imagen; Darío de Daniel, que no abolió la oración; Elifaz el temanita, Bildad el Schuchita y Zofar Naamatita pueden decir de todo Israel que observaron todas las Leyes; como se diceEs. 43, 9) Que traigan a sus testigos para que sean justificados '. Entonces exclamarán: '¡Soberano del Universo! ¡dénoslo ahora y lo cumpliremos! A lo cual el Santo, ¡alabado sea! responderá: 'El que ha preparado en la víspera del sábado [para el sábado] tendrá que comer, pero el que no ha preparado, ¿qué tendrá entonces para comer en sábado? Sin embargo, tengo un acto fácil y meritorio; es la sucá, ve y hazla '. Pero, ¿cómo puedes decir eso [que se les permitirá realizarlo en el mundo venidero]? ¿No tiene R. Joshua b. Levi dijo: '¿Cuál es el significado del pasaje (Deut.6, 6) ¿Qué te mando hoy que hagas? es decir, este día para hacer, pero no mañana para hacer; este día para hacer, pero no este día para ser recompensado (en este mundo) '. Por lo tanto, debemos explicar esto, porque el Santo, ¡alabado sea! no trata despóticamente a sus criaturas. (¿Por qué se llama fácil? Porque no requiere gastos.) Inmediatamente después, todos prepararán una sucá en su techo, y el Santo, ¡alabado sea! hará que el sol lo penetre. Tan pronto como el sol los calienta, pateaban la sucá con los pies y se iban, como se dice (Sal. 2, 3).) Rompamos sus bandas, etc. ¿Por qué hacer que penetre el sol? ¿No hemos dicho anteriormente que el Santo, alabado sea? no trata despóticamente a sus criaturas? Esto se debe a que Israel también tiene que pasar por tal inconveniente del sol cuando el solsticio de verano se pospone hasta el mes de Tishri [toca la fiesta de los Tabernáculos]. (Ib. B) ¿Pero no dijo Raba que el que está afligido por ejecutar el mandato de Succah está exento de esa obligación? Sí, pero no para patearlo. ¡El Santo, alabado sea! luego les sonreirá. Dijo R. Isaac: "No hay sonrisas con el Santo, sino en ese día".

Hay otros que enseñaron el dicho de R. Isaac en la siguiente conexión: Se nos enseña que R. José dijo: "En el futuro, los paganos vendrán a convertirse". Pero, ¿aceptamos prosélitos? ¿No hemos enseñado que no se aceptarán prosélitos en los días del Mesías? Así también sucedió en los días de David y Salomón que no se aceptaron prosélitos. Por lo tanto, debemos decir que los prosélitos, sin embargo, se adhirieron a Israel, aunque no fueron admitidos, como dice R. José que en el futuro vendrán idólatras y abrazarán el judaísmo y pondrán Tefilin en sus cabezas y brazos, flecos en sus vestidos. , m'zuzas en sus puertas. Pero en cuanto verán la guerra de Gog y Magog, y les preguntarán: "¿Con quién quieres pelear?" Donde la respuesta será: "PD. 2, 2) Contra el Señor y su ungido], cada una de las naciones quitará lo de arriba y se irá; y el Santo les sonreirá. Es aquí donde R. Isaac dijo: "No hay sonrisas con el Señor, sino en ese día". Pero, ¿no dijo R. Juda en nombre de Rab: "Hay doce horas en un día, tres de las cuales el Santo, alabado sea, está ocupado con la Torá? Tres horas, Él juzga al mundo entero, y al ver que es susceptible de ser destruido, se levanta de la silla del juicio y se sienta en la silla de la misericordia. Las próximas tres horas, sostiene al mundo entero con comida, desde la criatura más grande hasta la más pequeña. las últimas tres horas, juega con el leviatán, como se lee (Sal.104, 26) Leviatán, a quien has hecho divertirse en él ". Dijo R. Nachman b. Isaac:" Con Sus criaturas Él sonríe, pero sobre ellas Él sonreirá sólo en ese día ".

R. Acha, el galileo, le dijo a R. Nachman b. Isaac: "¡No hay sonrisa del Santo, alabado sea! Desde que el Templo fue destruido, como dice (Ib. 42, 14). He callado mucho tiempo, he estado quieto y refrenado. ¿Qué hace en las últimas tres horas? Enseña la Torá a los escolares. Como dice (Ib. 28, 9) ¿A quién enseñará el conocimiento? Y a quién hará entender el mensaje. la leche, los que se extraen de los senos. ¿Y qué hace Él en la noche? Si lo desea, se puede decir que Él hace lo mismo que en el día. Y si lo desea, puede ser dijo que Él cabalga sobre Su nube de luz y se mueve en todas direcciones en dieciocho mil mundos. Como se dice (Sal. 68, 8).) Los carros de Dios son dos miríadas; miles de ángeles (síganlo). Y si lo desea, se puede decir que se sienta y escucha el canto de los ángeles, como (Ib. 42, 9) Y por la noche su canto estará conmigo. R. Juda dijo en nombre de Samuel: "¿Cuál es el significado del pasaje (Hab. 1, 14) ¿Y haces a los hombres como peces del mar, como reptiles, que no tienen señor? ¿Por qué se compara a los hombres con los peces del mar? Para enseñarles que así como los peces mueren tan pronto como son llevados a la tierra, así mueren los hombres cuando se apartan de la ley y los mandamientos ". Se le puede dar otra explicación: así como los peces mueren tan pronto como el el calor del sol penetra en ellos, también los hombres. Si lo desea puede ser referido a este mundo, y esto estaría de acuerdo con R. Chanina, quien dijo: "Todo está decretado por el cielo, excepto el frío, para el pasaje dice (Pr. 22, 5), Espinas y trampas se interponen en el camino del delantero; el que guarda su alma se mantiene lejos de ellos ". Y si lo desea, puede ser referido al mundo venidero, y esto está de acuerdo con Resh Lakish, quien dijo:" No hay Gehena en el mundo futuro, sino el ¡Santo, alabado sea! sacará el sol de su vaina con el cual los impíos serán castigados y los rectos curados. "Los impíos serán castigados (Fol. 4), como está escrito (Mal. 3, 19).) Porque he aquí, viene el día, arde como un horno; y todos los soberbios y todos los que hacen maldad serán rastrojo; y el día que vendrá les prenderá fuego, ha dicho Jehová de los ejércitos, que no les dejará ni raíz ni rama. Y así los justos serán curados, como está dicho: Mas a vosotros los que teméis mi nombre, se levantará el sol de justicia con curación en sus alas.

Además, este último tendrá placer y engordará con él, como dice el pasaje (Ib.) Y vosotros saldréis y retozaréis como becerros del establo. Hay otra explicación [por qué los hombres son comparados con los peces]: así como el pez más grande en el mar se traga al más pequeño, así también sucede con el hombre; si no fuera por el miedo al gobierno, el más fuerte se habría tragado al más débil. Y esto se entiende por lo que se nos enseña en una Mishná que R. Chanina, el Vice-Sumo Sacerdote,

R. Chanina b. Papá propuso la siguiente contradicción: "Está escrito (Job 37, 23) El Todopoderoso, a quien no podemos encontrar, es excelente en poder. Y nuevamente hay un pasaje (Ex. 15, 6) Tu diestra, oh Señor, glorioso en poder. Y de nuevo hay un pasaje (Sal. 147, 5) Grande es nuestro Señor, y poderoso en poder. Esto no presenta ninguna dificultad: Uno trata con el tiempo del juicio. [Entonces no usa Su fuerza]; pero el otro trata del tiempo de guerra [cuando lo usa] ".

R. Abahu presentó a R. Safra al minim [quien cobraba deberes gubernamentales] como un gran hombre. Lo liberaron del deber durante trece años. Una vez lo conocieron y le pidieron que explicara lo siguiente (Amós 3, 2) A ti, sólo yo te he amado, de todas las familias de la tierra; por tanto, visitaré sobre ti todas tus iniquidades. Si uno está de mal humor, ¿lo dejará salir con su amigo? No pudo explicarles esto. Le ataron un trozo de tela al cuello y lo atormentaron. R. Abahu vino y les preguntó por el motivo [de su tratamiento]. Y ellos respondieron: "Nos lo presentaste como un gran hombre, mientras que ni siquiera conoce la explicación de un pasaje". "Te dije que era un erudito en el Talmud", comentó, "pero, ¿dije que era un maestro en el estudio de la Biblia?" Y a su pregunta: "¿Por qué lo conoce?" él respondió: "Debido a que tenemos que discutir con usted con frecuencia, le damos nuestra atención". "Bueno", dijeron, "entonces explíquenos el pasaje anterior".

(Ib. B) R. Joseph dijo: "Es aconsejable que uno no ore individualmente las bendiciones adicionales (de Mussaph Amida) en las primeras tres horas del día en el primer día del Año Nuevo, porque, el juicio celestial toma lugar en ese momento, y debido a su oración, se puede prestar atención a sus hechos, y puede obtener un decreto desfavorable ". Pero si es así, ¿uno no debería hacerlo ni siquiera junto con la congregación? Con la congregación es diferente, ya que la atención se da a sus actos en promedio. Pero, ¿no se dijo en otra parte que en las primeras tres horas el Señor se ocupa de la Ley? Si lo desea, le digo que no se dijo en el tercero sino en el cuarto, y si lo desea, le digo que no es necesario cambiarlo; sin embargo, por la Torá, en la que se menciona la verdad (Pr.23, 23) Compra la verdad y no la vendas, el Santo, ¡alabado sea! no puede actuar dentro de la línea de equidad. Pero en cuanto al juicio, la verdad no se menciona, y por lo tanto, el Santo, ¡alabado sea! puede actuar dentro de la línea de equidad ".

R. Joshua b. Levi dijo: "¿Cuál es el significado del pasaje (Deut. 7, 11) que te ordeno hoy que los hagas? Que lo hagas hoy, pero no serás recompensado por ello hoy". R. Joshua b. Leví dijo además: "Toda la ejecución de los mandamientos que Israel observó en este mundo, vendrá y testificará por ellos en el mundo venidero, como está dicho (Is. 43, 9). Que traigan a sus testigos, para que puedan sed justificados, y que oigan y digan: "Es la verdad"; es decir, que traigan a sus testigos, se refiere a Israel. Que escuchen y digan: 'Es la verdad', se refiere a todas las demás naciones ".

R. Joshua b. Levi dijo además: "El crimen del becerro de oro se cometió sólo para dar una oportunidad al arrepentido, como se dice (Deut. 5, 26). Oh, que siempre tuvieron un corazón como este, de temerme". Así también dijo R. Jochanan en nombre de R. Simon b. Jojai: "Ni David fue apto para ese crimen con Betsabé, ni Israel para ese crimen [del becerro]". David no estaba capacitado para cometer el crimen, como dice el pasaje (Sal.109, 22) Mi corazón está profundamente herido dentro de mí. Y tampoco Israel era apto para el crimen anterior, como está escrito, Oh, que tuvieran un corazón como este para temerme siempre. ¿Y por qué se cometió? (Fol. 5) Para beneficio de los pecadores. Si resulta ser un individuo, se le puede decir: Arrepiéntete, como lo hizo el individuo David. Y si se trata de una congregación, también se les puede decir que se arrepientan, como lo hizo la congregación del desierto. Y ambos son necesarios para demostrar que no hay diferencia entre un individuo y una congregación para obtener un perdón. Esto es lo que R. Samuel b. Nachmeni, en el nombre de Jonatán dijo: "¿Cuál es el significado del pasaje (II Sam. 23, 1) Y así dice David b. Jessi, y así dijo el hombre que fue levantado (Ol) en lo alto? La palabra Ol significa, el hombre que había levantado el yugo del arrepentimiento ".

R. Samuel b. Nachmeni dijo en el nombre de R. Jonathan: "Un acto meritorio realizado en este mundo, precede a una persona en el mundo venidero, como se dice (Is. 58, 8) Y delante de ti irá tu justicia, la gloria de Jehová será tu recompensa. »Y un crimen cometido en este mundo, se adhiere a la persona y va delante de él en el día del juicio, como está dicho (Job 6, 18) Se le pegarán las veredas de su camino. " R. Elazar dijo: "Se aferra a él como un perro se aferra a su amo, como se dice (Génesis 39, 10) Y él no la escuchó, para acostarse con ella, o para estar con ella, es decir, para mentir junto a ella, en este mundo, o estar con ella, en el mundo futuro ".

A nuestros rabinos se les enseñó: Con respecto al versículo antes citado (Deut. 5, 26) Oh, si tuvieran un corazón como este para siempre temerme, Moisés dijo a Israel: "Sois ingratos, hijos míos; porque en ese momento ¡Alabado sea el Santo! Te dijo: Oh, que tuvieran tal corazón, etc., debiste haber dicho: 'Tú, Señor, concédenoslo'. Tu ingratitud también está marcada por (Núm. 21, 5) Y nuestra alma aborreció (Ib. B) este pan ligero. Tu ingratitud también está marcada por el pasaje (Gén. 3, 12) La mujer que diste por estar conmigo , etc. " Sin embargo, Moisés insinuó esto a Israel solo después de los cuarenta años en que los condujo por el desierto, como se dice (Deut.29, 3) Pero el Señor no les ha dado un corazón para saber. Raba dijo: "De esto se puede inferir que uno no puede encontrar la verdadera mente de su maestro, hasta el lapso de cuarenta años".

R. Jochanan dijo en el nombre de R. B'na'a: "¿Cuál es el significado del pasaje (Is. 32, 20) Bienaventurados los que siembran junto a todas las aguas, que envían libremente los pies del buey y ¿El asno? [Esto significa] ¡Feliz es Israel! Porque cuando están ocupados con el estudio de la Torá y con bondad amorosa, el espíritu maligno es entregado en sus manos, y no al revés; porque se dice: Feliz sois los que sembráis junto a todas las aguas. La palabra, sembrar, se refiere a la caridad, como está dicho (Oseas 10, 12). Siembren para ustedes mismos según la justicia; y el agua se refiere a la Torá, como está dicho (Is. 5 , 1) Todo el que tiene sed, venid por agua. En cuanto a que envía libremente las patas del buey y del asno, se enseñó en el colegio de Elías: Uno siempre debe considerarse a sí mismo en sus relaciones con las leyes de la Torá, como un buey a su yugo, y un asno a su yugo. carga.

(Fol. 8) A nuestros rabinos se les enseñó: Cuando Adán, el primer hombre, vio que cada semana el día se acortaba, se puso a llorar y dijo: "¡Ay de mí, tal vez sea por mi pecado que el mundo se oscurece para mí!". yo, y aún podría volver al caos y la ruina. Y este debe ser el [castigo de] muerte que fue decretado sobre mí por el Cielo ". Se sentó ayunando y orando durante ocho días. A partir de entonces, cuando vivió para ver el solsticio del mes de Tebet, al ver que los días se alargaban, comprendió que tal es el ciclo del mundo. Entonces estableció ocho días festivos. Al año siguiente, añadió los ocho días en los que había ayunado como vacaciones. Pero mientras los estableció para alabar el cielo, sus descendientes, sin embargo, los hicieron fiestas para los ídolos. A nuestros rabinos se les enseñó: Cuando Adán, el primer hombre, vio en el primer día de su creación, la puesta de sol, lloró, diciendo: "Ay de mí, tal vez sea por mi pecado que el mundo debe volver al caos. Y este debe ser el [castigo de] muerte que fue decretada sobre mí por el cielo ". Lloró toda la noche y Eva hizo lo mismo frente a él. Sin embargo, cuando apareció el amanecer, comprendió que ese era el orden del mundo. Se levantó y sacrificó un buey, cuyos cuernos precedieron a sus pezuñas (nació adulto) como se dice (PD. 69, 32) Y agradará al Señor más que un becerro que tiene cuernos y pezuñas. (Fol.9) En el colegio de Elías se enseñó: El mundo continuará durante seis mil años, los primeros dos mil de los cuales fueron un caos (Tohu, sin la Torá), los segundos dos mil fueron de la Torá, y el los terceros dos mil son los días del Mesías, y debido a nuestros pecados han transcurrido muchos años de estos [y todavía no ha venido]. Veamos ¿desde qué momento se cuentan los dos mil de la Torá? ¿Asumiremos que es el momento en que se entregó la Torá a Israel? Aún no han transcurrido dos mil años; porque si repasas cuidadosamente los años de Tohu, encontrarás que fueron más de dos mil. Por lo tanto, debemos decir [que comienza] desde el momento mencionado: (Gen.7 , 5) Y las personas que habían obtenido en Charan. Y se sabe por tradición que Abraham tenía entonces cincuenta y dos años. Y desde su quincuagésimo segundo año hasta que se entregó la Torá, pasaron cuatrocientos cuarenta y ocho años, y estos años completarán el número de dos mil que faltaban en el momento en que el Tanna enseñó acerca de los dos mil años de sabiduría.

(Fol. 10) Antonino (el César de Roma) dijo al rabino: "Me gustaría que Asurio, mi hijo, reinara después de mí, y también que Tiberio estuviera libre de deberes. Sin embargo, soy consciente de que debo preguntar mi pueblo para hacerme un favor, lo harán, pero dos no harán. [¿Qué tengo que hacer?] "Rabí [que no deseaba darle una respuesta directa] trajo un hombre, lo montó sobre el hombro de otro uno, y le dio una paloma. Luego le dijo al de abajo: "Dile al que está montado sobre ti que suelte la paloma". Antonius dijo entonces: "Tengo entendido que el rabino tiene la intención de decirme que primero debería pedir a mi pueblo que proclame rey a mi hijo después de mí, y que luego instruya a mi hijo para que libere a Tiberio". Una vez le dijo al rabino: "Los oficiales de Roma me irritan. [¿Qué debo hacer?]". El rabino lo llevaba al jardín, y cada día arrancaba los rábanos grandes de las camas y en su lugar plantaba otros más pequeños. Antonino dijo entonces: "Tengo entendido que insinúa la necesidad de sacar a los viejos oficiales poco a poco y no todos a la vez, para evitar una rebelión". (Ib. B) ¿Pero por qué el Rabino no le respondió directamente? (Ib. B) Pensó que tal vez los oficiales de Roma se enterarían y le harían daño. ¡Entonces debería habérselo dicho en secreto! Porque el pasaje dice (b) Pensó que tal vez los oficiales de Roma se enterarían y le harían daño. ¡Entonces debería habérselo dicho en secreto! Porque el pasaje dice (b) Pensó que tal vez los oficiales de Roma se enterarían y le harían daño. ¡Entonces debería habérselo dicho en secreto! Porque el pasaje dice (Ecc. 10) Porque un pájaro del cielo llevará la voz. El mismo César tuvo una hija llamada Girah, y sucedió que ella pecó. Antonino luego envió al rabino mostaza blanca, que en arameo se llama gargira (drag) [el rabino entendió que algo había sucedido con Girah]. Le envió en respuesta una semilla con el nombre de khusbratha [cuyo significado en arameo es chus bratha (quitar a la hija)]. Antonino volvió a enviarle ajo, llamado en arameo karthi [de lo que Rabí entendió que lo interrogó: ¿Debo cortar a mi hijo?] Y en respuesta le envió lechuga [que se llama Chassa, que significa ten piedad de ella]. Antonino solía enviar al rabino con frecuencia piezas de oro puro en sacos de cuero cubiertos de trigo. Y a la objeción del rabino: Tengo demasiado mío, explicó: Déjalas a quien te sustituya, que lo gastará para agradar a los que reinarán después de mí. De la casa de Antonino, había una cueva que llegaba a la casa de Rabbi, y cada vez que iba a la casa de Rabbi a través de esta cueva, llevaba consigo dos esclavos. A uno lo mataba en la puerta del rabino y al otro cuando regresaba, en su propia puerta. Sin embargo, le dijo al rabino que en el momento de su visita no debía encontrar a nadie con él. Una vez sucedió que encontró a R. Chanina b. Chama con él, y a su pregunta "¿No dije que nadie debería estar contigo durante mi visita?" El rabino respondió: "Este no es un ser humano". Le dijo Antonino a R. Chanina: "Ve y llama por mí al esclavo que duerme en la puerta". R. Chanina b. Chama fue, y al ver que lo habían matado, deliberó qué hacer: ' ¿Debo ir a decirle que está muerto? "Hay una regla que dice que no es necesario volver [al remitente] para traer malas noticias;" ¿debo dejarlo y marcharme? "Esto sería una vergüenza para el rey. . Entonces oró, y los muertos cobraron vida, y luego lo envió a su maestro. Le dijo Antonino al rabino: "Soy consciente de que incluso el más pequeño de ustedes puede dar vida a los muertos. Sin embargo, desearía que cuando venga aquí, no encuentre un alma viviente contigo ". Solía servir al Rabino en todas sus necesidades, y una vez le preguntó si tendría una participación en el mundo venidero, a lo que El rabino respondió: "Sí". Él le dijo al rabino: "¿No está escrito (Entonces él oró, y los muertos cobraron vida, y luego lo envió a su amo. Antonino le dijo al rabino: "Soy consciente de que incluso el más pequeño de ustedes puede resucitar a los muertos. Sin embargo, deseo que cuando venga aquí, no encuentre un alma viviente con ustedes". Solía servir a Rabbi en todas sus necesidades, y una vez le preguntó si tendría una participación en el mundo venidero, a lo que Rabbi respondió: "Sí". Le dijo al rabino: "¿No está escrito (Entonces él oró, y los muertos cobraron vida, y luego lo envió a su amo. Antonino le dijo al rabino: "Soy consciente de que incluso el más pequeño de ustedes puede resucitar a los muertos. Sin embargo, deseo que cuando venga aquí, no encuentre un alma viviente con ustedes". Solía servir a Rabbi en todas sus necesidades, y una vez le preguntó si tendría una participación en el mundo venidero, a lo que Rabbi respondió: "Sí". Le dijo al rabino: "¿No está escrito (y una vez le preguntó si tendría una participación en el mundo venidero, a lo que el rabino respondió: "Sí". Le dijo al rabino: "¿No está escrito (y una vez le preguntó si tendría una participación en el mundo venidero, a lo que el rabino respondió: "Sí". Le dijo al rabino: "¿No está escrito (Ab. 1, 18) ¿Y no quedará nadie de la casa de Esaú? "" Esto significa ", respondió el rabino," el que actúa como Esaú "." Pero hay otro pasaje (Ez. 32, 29). , sus reyes y todos sus príncipes ". El rabino volvió a responder:" Se lee reyes, pero no todos sus reyes. Príncipes, pero no todos. Así también lo hemos aprendido en el siguiente Baraitha: Sus reyes, pero no todos. Esto excluye a Antoninus b. Asudius y sus asociados. Sus príncipes, pero no todos. Esto excluye a K'tiha b. Salum ".

¿Qué pasó con K'tiha b. Salum? Había un César al que no le agradaban los judíos, y pidió consejo a sus oficiales: ¿El que tiene una fibra en el pie debe cortársela y estar tranquilo, o debe permitir que permanezca y se aflija? Y el consejo de todos ellos fue que se lo cortara y permaneciera en reposo. Sin embargo, K'tiha, que era uno de sus oficiales, se opuso diciendo: "Primero no puedes deshacerte de todos los judíos, como está escrito (Zac. 2, 10).Porque como los cuatro vientos del cielo os he esparcido, dice el Señor. Y en segundo lugar, tu reino será llamado un reino que mata a sus propios súbditos ". El rey dijo entonces:" Tu consejo es bueno, pero hay una ley que dice que quien obstruye el deseo del rey, debe ser arrojado al horno. Cuando lo llevaron para que lo mataran, dijo: "Lego todas mis propiedades a R. Akiba y sus colegas". R. Akiba basó su división en el siguiente pasaje (Lev.24, 9) Y pertenecerá a Aarón ya sus hijos, es decir, la mitad para Aarón y la mitad para sus hijos. Entonces se escuchó una voz celestial: "K'tiha b. Salum tiene una participación en el mundo venidero". El rabino luego lloró y dijo: "Aquí tenemos a un hombre que ha comprado su mundo en un momento, mientras que otro tiene que trabajar por él toda su vida". Antonino sirvió al rabino; Adarchan (un príncipe persa) sirvió a Rab. Cuando Antoninus partió, Rabbi se lamentó: "El vínculo [de amistad] se corta", y cuando Adarchan murió, Rab se lamentó: "El vínculo [de amistad] se rompió".

(Fol. 11) Uunklus b. Klenikuss abrazó el judaísmo y el César envió milicias para tomarlo. Él, sin embargo, los persuadió y también se convirtieron en prosélitos. Luego envió otra milicia, advirtiéndoles que no debían conversar con él. Cuando lo tomaron y se fueron, les dijo: "Les diré algo; generalmente el portador de la antorcha lleva la luz delante de la litera, el principal lecticarius (detrás de la litera, lleva la luz) para el dux, el dux para el hegeman, el hegeman para las venidas; pero ¿las venidas llevan la luz ante la gente? " Y ellos respondieron: "No". Dijo: "¡Alabado sea el Santo! Lleva la luz ante Israel, como está escrito (Ex. 13, 21) Y el Señor iba delante de ellos en una columna de nube, etc. "Y ellos también se convirtieron en prosélitos. El César luego envió a otros tras él, diciéndoles que no le hablaran en absoluto. Pero cuando se lo llevaron, vio un m'zuzah en el dintel de la puerta y les dijo: "¿Saben qué es esto?" Ellos respondieron: "No, pero ustedes pueden decirnos. el palacio sus sirvientes lo guardan desde fuera. ¡Con el Santo, alabado sea! es al contrario. Sus siervos están adentro, y Él los guarda desde afuera, como está dicho (Sal. 121, 8). El Señor guardará tu salida y tu entrada, etc. "Entonces estos también se hicieron prosélitos, y el Cecar no envió más después de él (Génesis 25, 23) Y el Señor le dijo: Dos naciones hay en tu vientre. Dijo R. Juda en nombre de Rab: "Esto se refiere a Antoninus (de Essau) y Rabbi (de Jacob) en cuyas mesas no faltaban lechugas, pepinos y rábanos, ni durante el verano ni durante el invierno; como dijo el maestro. : Los rábanos cortan la comida [en el estómago], las lechugas la vuelcan y los pepinos extienden el intestino. ¿Pero no han enseñado los discípulos de Ismael que los pepinos son tan dañinos para el cuerpo como las espadas? unos, y el otro de los pequeños ".

(Fol. 16b) A nuestros rabinos se les enseñó: Cuando R. Elazar fue capturado por el gobierno, a través de la acusación de los herejes, lo llevaron a la horca, y el general le dijo: "Un sabio como tú debería dedicarse a ¿algo tan sin valor [como la Torá]? '"Y él respondió:" El juez es digno de confianza para mí [juzgar honestamente] ". El general pensó que R. Elazar se refería a él; R. Elazar, sin embargo, se refirió al juez celestial. Y él dijo: "Porque confías en mí, te juro por dinus (su ídolo) que estás libre de esta acusación". Cuando R. Elazar regresó a casa [y sintió pena por haber sido acusado de herejía], sus discípulos lo rodearon para consolarlo, pero él no lo aceptó [por temor a la milagrosa huida]. R. Akiba le dijo: "Rabí, permíteme decirte una de las cosas que me enseñaste". y le permitió. Con lo cual R. Akiba dijo: "Rabino, probablemente le agradaron algunas explicaciones de los herejes (Fol. 17), y las ha aceptado, y por lo tanto fue sospechoso y capturado". A lo que respondió: "Akiba, me lo has recordado; sucedió una vez que caminé en el mercado superior de Sepphoria, y me encontré con uno de los herejes llamado Jacob del pueblo de Sachania y me dijo: 'Está escrito en la ToráDeut. 23, 19) No traerás el salario de una ramera, etc. ¿Puede entonces construirse un retrete para el sumo sacerdote con ese dinero? ' Y guardé silencio. Me dijo: "Así se me ha enseñado (Mi. 1, 7) porque del salario de la ramera los recogió, y por el salario de la ramera volverán a ser usados; por lo tanto, el dinero que proviene de un lugar sucio puede gastarse en un lugar sucio '; cuya explicación me agradó. Por eso me sospecharon y me capturaron. Y confieso que he transgredido el siguiente pasaje (Pr.5, 8Aparta de ella tu camino, y no te acerques a la puerta de su casa. Quitar de ella, significa herejía, y no acercarse, se refiere al gobierno. "Otros, sin embargo, interpretan lo mismo, Quitar lejos, etc., se refiere tanto a la herejía como al gobierno, y no acercarse, a la prostitución, cuyo lugar, según R. Chisda, está prohibido acercarse desde una distancia de cuatro metros.

(Pr. 30, 15) La sanguijuela tiene dos hijas que gritan: Da, da. Dijo R. Chisda en nombre de Mar Ukba: "Esto se refiere a la herejía y al gobierno, que nunca están satisfechos, el primero de atrapar a los hombres a su creencia, y el segundo, los deberes". R. Chisda en nombre de Mar Ukba dijo además: "El Gehena llora, diciendo: 'Tráeme a las dos hijas, que siempre lloran en este mundo, tráeme, tráeme'". Dice (Pr. 2, 19) Todos los que vienen a ella no vuelven, y no alcanzarán los caminos de la vida. Si no regresan de nuevo, ¿seguro que no alcanzarán los caminos de la vida? Significa, por tanto, que aquellos que se arrepienten y regresan de la herejía, mueren para no volver a la herejía otra vez. "¿No se aplica lo mismo a otros pecados? ¿No se nos enseña en un Baraitha: Se dijo de Elazar b. Durdia que no dejó a una prostituta. Una vez le informaron que había una prostituta en uno de los países del mar, que recibió un bolsillo lleno de dinares en recompensa, y él tomó esta cantidad y pasó siete ríos hasta llegar a ella. Ella, sin embargo, hizo que se arrepintiera. Luego se colocó entre dos montañas, diciendo: "Oh montañas, oren por mí", a lo que ellos respondieron: "En lugar de orar por ti, debemos orar por nosotros mismos, porque está dicho (Es. 54, 10diciendo: "R. Elazar b. Durdia está preparado para la vida en el mundo venidero". (Por lo tanto, vemos que el que se ha arrepentido del pecado, ¿también murió? Porque él,

Elazar estuvo involucrado en tal, es similar a la herejía.) Rabí, cuando escuchó esto, lloró, diciendo: "Hay de nuevo uno que compró su mundo en un momento mientras que otro debe trabajar por él toda su vida ". Y nuevamente, no es suficiente para aquellos que se arrepienten, que obtengan una participación en el mundo venidero, sino que también son nombrados rabinos [como dijo la voz celestial, Rabí Elazar].

R. Chanina y R. Jonathan estaban en el camino y llegaron a dos vías, una que conducía a la puerta de un ídolo y la otra a la puerta de las prostitutas. Uno le dijo a su colega: "Vayamos por ese camino que conduce al ídolo (Ib. B) como se mata el espíritu maligno de los idólatras". Ante lo cual su colega comentó: "Al contrario, sigamos por el otro camino que conduce a la prostituta para que podamos vencer nuestro espíritu maligno y ser recompensados". Cuando llegaron a las prostitutas, estas últimas huyeron a sus casas. Y su colega le preguntó: "¿De dónde inferiste [que eso sucedería]?" Y la respuesta fue: "Del siguiente pasaje (Pr. 2, 11) La discreción velará por ti, el discernimiento te guardará".

Our Rabbis were taught: When R. Elazar b. Prata and R. Chanina b. Tradion were captured by the government. Said the former to the latter: "Happy art thou, that hou wast captured because of one thing only, and woe is to me that I am captured for five things." Said the latter: "Happy art thou who art accused of five things and will be saved, and woe is to me who am accused only of one thing and will be sentenced; for thou occupied thyself with both the Torah and with loving kindness, while I was occupied with the Torah only." This is in accordance with R. Huna who said elsewhere: "He who is occupied with the Torah only, is similar to him who denies God, for it is said (II Chr. IS, 3) Now for long seasons Israel was without the true God, and without a teaching priest, and without law. What does the expression, without the true God, mean? Said R. Huna: "He who occupies himself with the Torah [but does not observe loving kindness] is similar to one who denies God." Was indeed R. Chanina b. Tradion not occupied in loving kindness? Have we not been taught in a Baraitha: R. Eliezer b. Jacob says: "One should not contribute towards a charitable fund unless it has a treasurer a man as honest as R. Chanina b. Tradion [hence he did practice loving kindness]." Yea, he was indeed a treasurer, but he did not give from his own. But have we not a Baraitha to the effect that he said: "Purim money was mixed up with other funds of charity and I distributed them among the poor." [Hence he spent of his own?] Indeed he gave but not sufficient.

Elazar b. Prata fue llevado ante los jueces y le preguntaron: "¿Por qué estudias y por qué robas?" Y él respondió: "Si uno es un erudito, no es un guerrero (ladrón) y si un guerrero, no es un erudito, y así como no es cierto que yo sea un guerrero, tampoco es cierto que lo sea". un escolar." "¿Por qué, entonces, te nombran maestro?" Y él respondió: "Soy el maestro del tejido artístico". Le llevaron dos rollos y le dijeron: "¿Qué es la urdimbre y cuál es la trama?" Ocurrió un milagro y una abeja hembra se posó en la urdimbre mientras que un zumbido se posó en la trama y dijo: "Esto es una urdimbre y esto es una trama". "¿Por qué no visitaste el Bee Abidan (la casa de discusión)?" Y él respondió: "Soy demasiado viejo, una carta de uno de los grandes oficiales que iba a ser enviada al César fue entregada a este hombre como mensajero.

Mientras iba, Elías lo agarró y le arrojó cuatrocientas parsas, para que no volviera más.

Chanina b. Luego llevaron a Tradion ante ellos y le preguntaron por qué se ocupaba de la Torá, y él respondió: "Porque así me lo ha ordenado el Señor mi Dios". Luego se dictó el decreto de que lo quemaran, mataran a su esposa y llevaran a su hija a la casa de las prostitutas. Sería quemado, porque (Fol. 18) solía expresar el Tetragrammaton como está escrito [y no como debe leerse en su lugar]. Pero, ¿por qué lo hizo? ¿No dijo Aba Shaul que quien lo hace no tiene participación en el mundo venidero? Lo hizo en el curso del aprendizaje, como se nos enseña en un Baraitha con respecto al pasaje (Deut.18 , 9) No aprenderás a hacer, es decir, pero puedes aprender a comprender y enseñar. Entonces, ¿por qué fue castigado? Por tanto, debemos decir que también lo hizo públicamente. Su esposa fuera asesinada, porque ella no se lo había impedido protestando; de esto se infiere que quien siente que sus protestas surtirían efecto y no protesta, es castigado por ello. Y su hija a la prostitución, porque, según R. Jochanan, sucedió una vez que caminaba en presencia de la gran gente de Roma, y ellos exclamaron: "¡Qué bonitos son los pasos de esta niña!" Y desde ese momento cuidó sus pasos para complacer a los espectadores. Y esto es lo que quiere decir Resh Lakish: "¿Cuál es el significado del pasaje (Sal. 49, 6) ¿Cuando me rodee la iniquidad de mis suplantadores? Esto significa que los pecados que uno comete con los pies en este mundo lo rodearán en el día del juicio. "Cuando los tres salieron del tribunal, justificaron los decretos sobre ellos. Chanina dijo (Deut. 32, 4). la Roca, Su obra es perfecta, etc. Su esposa dijo: El Dios de verdad y sin iniquidad; y su hija dijo (Jer.32, 19) Grande en el consejo y poderoso en la ejecución (Tú) cuyos ojos están abiertos sobre todo los caminos de los hijos del hombre. Dijo el Rabí: "Cuán grandes son estos rectos que para justificar sus decretos, los tres versículos de la justificación llegaron a sus bocas, en el momento de tan grande angustia".

A nuestros rabinos se les enseñó: Cuando R. Jose b. Kisma se enfermó, R. Chanina b. Tradion lo visitó; el primero le dijo: "Chanina, hermano mío, ¿no sabes que esta nación está reinando por decreto celestial [y no obstante] que ha destruido el Templo, quemó los palacios, mató a los piadosos y echó fuera del camino a todos los lo mejor de Isral, ella todavía está en el poder. Y a pesar de esto, escuché que te ocupas públicamente con la Torá, ¡y llevas contigo los Rollos Sagrados en todo momento! " "Desde el cielo tendrán misericordia [para protegerme]", fue la respuesta de R. Chanina. "Te doy razones y tú dices: 'Del cielo tendrán misericordia', exclamó R. José. "Me pregunto si el gobierno no lo quemará con los Rollos Sagrados". R. Chanina luego dijo: "Rabino, ¿Qué será de mí en el mundo venidero? "Y José le preguntó:" ¿No llegaron a tu mano algunos [de los meritorios] actos? "A lo que él respondió:" El dinero que preparé para celebrar Purim, me equivoqué, pensando que era de la tesorería de la caridad; Lo he repartido a los pobres, y no lo he cobrado de la caridad. "" Si es así ", respondió José," deseo que mi parte sea como la tuya, y el destino similar ". Se dijo que unos días después R. José ben Kisma partió, y todos los grandes hombres de Roma fueron tras su ataúd, lamentando mucho. A su regreso, encontraron a R. Chanina b. Tradion estudiando la Torá públicamente con los Rollos Sagrados en su pecho; estaba envuelto en los Rollos Sagrados y rodeado de ramas de árboles, que se encendieron. Y mechones de lana, empapados en agua, se pusieron en su corazón para que su alma no se marchara tan pronto, y cuando su hija le dijo: "Padre, ¿es justo lo que veo que se ha hecho contigo?" Él respondió: "Si me quemaran solo, sería difícil para mí, pero ahora que soy quemado junto con los Rollos Sagrados, estoy seguro de que Aquel que se vengará de los Rollos Sagrados también se vengará de mí. " Sus discípulos le preguntaron: "¿Qué ves ahora?" Y él respondió: "Veo un pergamino ardiendo, cuyas letras están volando". Ellos le dijeron: "Rabí, abre la boca para que te prenda fuego", a lo que él respondió: "Es mejor que mi alma se la lleve Aquel que la dio y no que yo mismo la provoque antes. muerte." Entonces el verdugo le dijo: "Rabí, Inmediatamente el verdugo aumentó el fuego, se quitó los mechones de lana y su alma partió. El propio verdugo saltó al fuego. Entonces se escuchó una voz celestial: "Tanto Chanina como el verdugo están preparados para la vida en el mundo venidero". El rabino luego lloró, diciendo: "Hay uno de nuevo que compra su mundo en un momento, mientras que otro compra su mundo [a través del trabajo] de un período de años". Inmediatamente el verdugo aumentó el fuego, se quitó los mechones de lana y su alma partió. El propio verdugo saltó al fuego. Entonces se escuchó una voz celestial: "Tanto Chanina como el verdugo están preparados para la vida en el mundo venidero". El rabino luego lloró, diciendo: "Hay uno de nuevo que compra su mundo en un momento, mientras que otro compra su mundo [a través del trabajo] de un período de años".

Bruria, la esposa de R. Mair, era la hija de Chanina b. Tradion, y ella le dijo a su esposo: "Es una vergüenza para mí que mi hermana esté en la casa de la prostitución". Luego se llevó consigo un Tarkab lleno de dinares y dijo: "Iré allí, y si ella todavía es pura, ocurrirá un milagro". Se disfrazó de jinete militar, la visitó y le pidió que lo escuchara. Ella, sin embargo, le dio muchas razones, y finalmente le dijo que en este lugar encontrará muchas más hermosas que ella. Luego se convenció de que ella respondía lo mismo a todos, y se dirigió a su tutor pidiéndole que aceptara el dinero que trajo para transferirla, diciendo: "La mitad de los dinares será suficiente para sobornar a los funcionarios del gobierno, y la otra mitad te quedará ". Y a su pregunta: "¿Qué debo hacer cuando se gaste la mitad y todavía me persigan?" él respondió: "Entonces dirás, 'Dios de Mair, ayúdame', y serás salvo". (Ib. B) "¿Y de dónde sé que es así?" R. Mair respondió: "Te convenceré de inmediato". Había perros que devoraban a la gente y el guardia los despertaba contra Mair. Este último pronunció: "Dios de Mair, respóndeme", y se mantuvieron alejados de él. El guardia luego entregó a R. Mair su cuñada. Finalmente, el gobierno se enteró, y el guardián fue llevado a la horca para ser ahorcado, y tan pronto como pronunció: "Dios de Mair, ayúdame", fue arrojado ileso. Y a la pregunta, "¿Qué es?" relató antes de todo lo sucedido. Luego, el gobierno grabó la imagen de R. Mair en la puerta de Roma, ordenando que quien viera tal rostro lo entregara a los oficiales. Sucedió que una vez lo vieron y corrieron tras él; luego se escapó a un lugar de prostitución, y Elías se disfrazó de una de las prostitutas y lo abrazó. Los oficiales luego dijeron: "Este debe ser otra persona, porque Mair no lo haría". A partir de entonces, R. Mair se escapó a Babilonia, según algunos, por este hecho, y según otros, por lo que le había sucedido a Bruria. y Elías se disfrazó como una de las prostitutas y lo abrazó. Los oficiales luego dijeron: "Este debe ser otra persona, porque Mair no lo haría". A partir de entonces, R. Mair se escapó a Babilonia, según algunos, por este hecho, y según otros, por lo que le había sucedido a Bruria. y Elías se disfrazó como una de las prostitutas y lo abrazó. Los oficiales luego dijeron: "Este debe ser otra persona, porque Mair no lo haría". A partir de entonces, R. Mair se escapó a Babilonia, según algunos, por este hecho, y según otros, por lo que le había sucedido a Bruria.

R. Simon b. Pazi dio una conferencia: "¿Cuál es el significado del pasaje (Sal. 1, 1) Feliz el hombre que no anduvo en el consejo de los impíos, ni se interpuso en el camino de los pecadores, ni se sentó en la silla de los burladores. Si no ha caminado, ¿cómo podría estar de pie, y si no está de pie, cómo podría sentarse, y si no se sentó, cómo podría despreciar? Por lo tanto, debemos decir que significa lo siguiente: Si hubiera caminado, lo haría. finalmente se hubiera puesto de pie y si él hubiera estado de pie, finalmente se habría sentado y despreciado, y con respecto al desprecio, dice el pasaje (Pr.9, 12) Si eres sabio, eres sabio por ti mismo; y si desprecias, solo tú soportarlo." R. Elazar dijo: "El que se burla, hace que el castigo recaiga sobre sí mismo, como se dice (Is. 28, 32) Ahora, por lo tanto, no seáis burladores, para que no se hagan fuertes vuestras bandas. "Raba les dijo a los rabinos (sus discípulos):" Os ruego que no os burléis para que no os lleguen castigos ". R. Ktina dijo: "El que menosprecia hasta su comida se debilita, como se dice (Oseas 7, 5[Porque] extendió su mano con escarnecedores ". R. Simon b. Pazi volvió a sermonear:" ¿Cuál es el significado del pasaje, Feliz el hombre que no ha caminado; es decir, feliz es el hombre que no camina a los teatros y circos de los paganos. Tampoco se interpuso en el camino de los pecadores, es decir, quien no se presenta como espectador en los combates bestiales (organizados por los romanos). Ni se sentó en el asiento de los desdeñosos, es decir, que nunca se sentó en mala compañía. Y no sea que uno diga: 'Ya que no he caminado a teatros y circos, ni me he presentado como espectador en concursos bestiales, puedo dedicar mi tiempo a dormir', por eso dice el pasaje, Pero su deleite está en la ley del Señor. . "

R. Samuel b. Nachmeni en el nombre de R. Jonathan dijo: "¿Cuál es el significado del pasaje, Feliz es el hombre que no ha caminado, etc., es decir, feliz es el hombre que no ha caminado en el consejo de los malvados, se refiere a Abraham nuestro padre, que no anduvo con la generación que presenció la separación de razas porque esa generación era inicua, como está dicho (Génesis 11, 3). Venid, hagamos ladrillo, ni se interpuso en el camino de los pecadores, es decir. , que no estaba en el círculo de los sodomitas, acerca de los cuales dice el pasaje (Ib. 13, 13) Ahora bien, los hombres de Sodoma eran impíos y pecadores; ni se sentaron en el asiento de los burladores, es decir, que no se asociaron con los filisteos, porque estos últimos eran burladores, como se dice (Jue. 16, 25). Llamad a Sansón para que nos haga bromas ".

(Sal. 112, 1) Bienaventurado el hombre que teme al Señor. ¿Hombre y no mujer? Dijo R. Amram en nombre de Rab: "Esto significa, Feliz el que se arrepiente cuando todavía es joven (un hombre)". Y R. Joshua b. Levi dijo: "Feliz el que conquista su espíritu maligno, como un hombre heroico". Que se deleita mucho en sus mandamientos. R. Elazar dijo: "Por sus mandamientos, pero no por la recompensa por ellos". Y esto es lo que dice la Mishná: no sean como esclavos que sirven a su amo por recompensa, sino como el que le sirve para no recibir recompensa.

(Ib. 1, 2) Pero su deleite está en la ley del Señor. Rab dijo: [Podemos inferir que] uno siempre debe estudiar la parte de la ley a la que se inclina su corazón, ya que se dice que su deleite será la ley del Señor. "Levi, y R. Simon, el hijo de Rabino, estaban sentados ante Rabbi leyendo un libro de la Biblia, y después de terminar, Levi dijo: "Tráenos Proverbios", mientras que R. Simon dijo: "Tráenos Salmos". Este último anuló a Levi, y se trajeron los Salmos. Llegó al versículo, Pero su deleite está en la ley del Señor, Rabí se detuvo y dijo: "Uno tiene que estudiar sólo lo que su corazón está inclinado a ello". Entonces Levi le dijo: "Rabí, con esto me has dado permiso para dejar de estudiar ". R. Abdimi b. Chana dijo:" El que se ocupa de la Torá, el Santo, ¡alabado sea! concede su deseo, como se dice, Su deleite es - dado si - en la ley del Señor - él estudia. "Raba dijo:" Cuando uno comienza a estudiar, la Torá se llama el Santo, pero después de estudiar, se considera que es suyo (del estudiante); como se dice [primero] la ley del Señor, y después, es su [propia] ley (la del estudiante) ".

Raba dijo además: "Primero se estudiará, y luego se deliberará, como dice el versículo citado anteriormente, la ley del Señor, y luego, y en su ley meditará". Raba dijo además: "Uno estudiará, aunque lo olvide; uno estudiará, aunque no lo entienda bien" (Sal. 1, 3).) Y será como un árbol replantado por corrientes de agua. Dijeron los discípulos de Janai: "Replantado, y no plantado; esto significa que quien recibe su conocimiento de un maestro, nunca verá ninguna bendición [en sus estudios]". R. Chisda dijo a sus discípulos: "Me gustaría decirles algo, pero me temo que me dejen y se vayan. El que estudia siempre de un maestro, nunca verá ninguna bendición". Entonces lo dejaron y fueron al colegio de Raba, quien, cuando escuchó la razón anterior, les dijo: "Es cierto solo en lo que respecta a las razones y al ingenio; pero en cuanto a las tradiciones, es mejor aprenderlas de un maestro, (Ib. B) para evitar diferentes versiones ". R. Tanchum b. Chanilai dijo: "Es aconsejable dividir los años en tres partes: un tercio para el estudio de las Escrituras, el segundo, para la Mishna, y el tercero, para el Talmud. "¿Pero uno sabe cuánto tiempo va a vivir? Se refiere a los días. El fruto en su estación ... no se seca. Dijo Raba:" Esto significa que si el fruto se da en su tiempo, sus hojas no se marchitarán; pero si no, entonces sobre ambos, el maestro y el erudito, se aplicará el versículo siguiente; no así los malvados, etc. "

R. Aba en el nombre de R. Huna, citando a Rab, dijo: "¿Cuál es el significado del verso (Pr. 7, 26) Ha derribado muchos heridos, sí, una hueste poderosa son todos sus muertos, es decir, ha derribado muchos heridos, se refiere a un discípulo inmaduro, que decide las cuestiones; todas las huestes poderosas son asesinadas, se refiere a un erudito maduro, que está en condiciones de hacerlo y no lo hace. "¿Y hasta qué edad [se considera que uno es inmaduro]? Hasta que llega a los cuarenta años. Pero, ¿no decidió Raba las preguntas [aunque sólo vivió cuarenta años]? Fue porque no hubo mayor erudito que él. Y cuyas hojas no se marchitan. R. Acha b. Ada en el nombre de Rab, y según otros, R. Acha b. Abba en el nombre de R. Hamnuna, citando a Rab, decía: "¿De dónde inferimos que incluso los chismes de un erudito deben ser estudiados? El pasaje dice, Y cuya hoja no se seca ".

R. Joshua b. Levi dijo: "Lo siguiente está escrito en el Pentatuch, repetido en los Profetas, y una tercera vez en el Hagiographa: Quien se ocupe del [estudio de la] Torá es próspero en todas sus empresas. En el Pentateuco, como el pasaje dice (Deut.9, 8) Guardad, pues, las palabras de este pacto, y cumplidlas, para que podáis prosperar en todo lo que hagáis; repetido en los Profetas, como dice el pasaje (Josué 1, 8). No se apartará la ley de tu boca, sino que en ella meditarás día y noche, para que guardes y hagas conforme a todo lo que en ella está escrito; porque entonces harás prosperar tu camino, y tendrás éxito. Y una tercera vez en Hagiographa, como dice el pasaje (Sal.1, 2-3) Pero su deleite está en la ley del Señor, y en su ley medita día y noche. Y será como árbol replantado junto a corrientes de agua, que da su fruto en su tiempo, y cuya hoja no se seca; y todo lo que haga prosperará ". R. Alexander anunció:" ¿Quién quiere vivir, quién quiere vivir? "Y una gran multitud lo rodeó. Luego los refirió a (Ib. 34, 14-16). el mal, etc. Se podría decir que, puesto que guardo mi lengua del mal y mis labios de hablar engaños, puedo dedicar mi tiempo a dormir.), se refiere a la Torá, como está dicho (Pr. 4, 2) Porque yo les doy buena doctrina, no abandonen Mi Torá.

(Fol. 20) (Deut. 7, 2) Ni les muestres misericordia, es decir, no les tengas misericordia. Esto apoyará a Rab, quien dijo: "Está prohibido decir: qué linda es esta mujer pagana". Se planteó una objeción. R. Simon b. Gamaliel, estando una vez en los escalones de la montaña del Templo, vio por casualidad a una mujer pagana que era de una gran belleza, y exclamó: (Sal. 104) ¡Cuán grande es tu obra, oh Señor! Lo mismo también le sucedió a R. Akiba que cuando vio a la esposa de Tornus Rupus, se rió y lloró. Se rió, porque vio que ella se convertiría en un prosélito y él se casaría con ella; lloró, que tal belleza debe ser enterrada bajo tierra. [¿Por lo tanto, es contrario a Rab?] Esto no contradice a Rab, porque los rabinos simplemente alabaron a Dios recitando un pasaje, como dijo el maestro: "Quien ve criaturas bonitas o árboles bonitos, debe decir: 'Bendito el que tiene tales cosas en su mundo '. "

Avodah Zarah, Capítulo 2

(Fol. 24b) (I Sam. 6, 12) (Vayisharna) Y las vacas siguieron adelante. ¿Qué significa la expresión Vayisharna? Dijo R. Jochanan en nombre de R. Mair: "Cantaron una canción". Y R. Zutra b. Tubiah, en nombre de Rab, dijo: "Enderezaron sus rostros para mirar el arca y cantaron una canción". ¿Cuál fue su canción? R. Jochanan en el nombre de R. Mair dijo (Ex. 15, 1) Luego cantó Moisés, etc. R. Jochanan mismo, sin embargo, dijo (Is. 12, 4) Y ustedes dirán en ese día: Den gracias a el Señor, invoca su nombre, etc. Y R. Simon b. Lakish dijo: "La canción el capítulo huérfano (un capítulo en el que no se menciona el nombre del autor) (Sal. 98, 1) Canten al Señor un cántico nuevo; porque Él ha hecho cosas maravillosas, etc. "Y R. Elazar dijo (Ib. 99, 1) El Señor reina; que el pueblo tiemble. R. Samuel b. Nachmeni dijo (Ib. 93, 1) El Señor reina; Él está revestido de majestad. R. Isaac Naphcha dijo: Canta, oh arca, en la belleza resplandeciente; Tú adornada con cadenas de oro - siempre cerca de la consagración de la Palabra - brillando con gemas incalculables ". R. Ashi enseñó el dicho de R. Isaac Naphcha en relación con esto (Núm. 10, 55) Y sucedió que cuando el arca se puso en marcha, Moisés dijo, etc. ¿Y qué dijo Israel? Con lo cual R. Isaac dijo: "Canta, oh arca, etc."

(Jos. 10, 13) Y el sol se detuvo .... escrito en el libro de Yashar. ¿Qué es el libro de Yashar? Dijo R. Chiya b. Aba en el nombre de R. Jochanan: "Esto se refiere a (Génesis) el libro en el que el nacimiento de Abraham, Isaac y Jacob, que se llaman Jesharim (el recto), como se dice (Núm. 23, 10) Déjame morir la muerte de los justos Jesharim, etc. ¿Y dónde se insinúa [que tal milagro ocurrirá con Josué]? De (Génesis 48, 19) Y su descendencia se convertirá en una multitud de naciones, es decir, ¿cuándo ¿Su simiente se convirtió en una multitud de naciones? En el momento en que Josué detuvo el sol (Jos. 10, 13).) Y el sol se detuvo en medio de los cielos, y se apresuró a no ponerse como en un día entero. ¿Cuantas horas? Dijo R. Joshua b. Levi: "Veinticuatro horas; fueron seis [horas] y se detuvieron seis, fueron seis y se detuvieron seis, el episodio completo duró un día entero". R. Elazar dijo: "Treinta y seis horas, pasaron seis [horas] y se detuvieron doce, pasaron seis y se detuvieron doce; su tiempo de parada fue igual a un día entero [24 horas]". R. Samuel b. Nachmeni dijo: "Cuarenta y ocho, fueron seis y se detuvieron doce, fueron seis y se detuvieron veinticuatro, porque está dicho, Y se apresuró a no bajar como en un día entero". Según lo anterior, difieren en las horas adicionales de ese día. Se nos enseña en un Baraitha: Así como el sol se detuvo para Josué, también se detuvo para Moisés. Se planteó una objeción de (Ib. Ib. 14) Y no hubo día como ese antes o después de él. Si lo desea, en el tiempo de Moisés se detuvo por menos horas, o si lo desea, se puede decir que en el tiempo de Moisés no se mencionaron piedras de granizo, como dice el pasaje (Ib. Ib. 11). pasa, mientras huían de delante de Israel, etc., que el Señor arrojó grandes piedras, y dijo: Para enseñar a los hijos de Judá el arco, He aquí está escrito en el libro de Yashar. ¿Qué significa Yashar? Dijo R. Chiya b. Aba en el nombre de R. Jochanan: "Esto se refiere a Génesis [como se dijo arriba]. ¿Y dónde se insinúa [que Judá será combatiente]? Está escrito (11. Y sucedió que mientras huían de Israel, etc., el Señor arrojó grandes piedras y dijo: Para enseñar el arco a los hijos de Judá, He aquí está escrito en el libro de Yashar. ¿Qué significa Yashar? Dijo R. Chiya b. Aba en el nombre de R. Jochanan: "Esto se refiere a Génesis [como se dijo arriba]. ¿Y dónde se insinúa [que Judá será combatiente]? Está escrito (11. Y sucedió que mientras huían de Israel, etc., el Señor arrojó grandes piedras y dijo: Para enseñar el arco a los hijos de Judá, He aquí está escrito en el libro de Yashar. ¿Qué significa Yashar? Dijo R. Chiya b. Aba en el nombre de R. Jochanan: "Esto se refiere a Génesis [como se dijo arriba]. ¿Y dónde se insinúa [que Judá será combatiente]? Está escrito (Génesis 49, 8) Tu mano estará sobre el cuello de tus enemigos. ¿Cuál es el arma que necesita la mano contra el cuello? Es el cómo, "R. Elazar, sin embargo, sostiene que el libro de Yashar se refiere a Deuteronomio. ¿Y por qué se llama Yashar? Porque hay un pasaje (6, 18) Y tú harás lo que es correcto (Yashar) y bueno a los ojos del Señor. ¿Y dónde está la insinuación de esto? (33, 7) Deje el poder de sus manos. ¿Y cuál es el arma para la que se necesitan ambas manos? Es el arco ". R. Samuel b. Nachmeni dijo: "Se refiere al libro de los Jueces. ¿Y por qué se llama Yashar? Porque en él está escrito (17, 6) Cada hombre hizo lo que parecía correcto (Yashar) a sus ojos. ¿Y dónde se insinúa [en la Biblia texto]? (3, 2) Para enseñarles la guerra. ¿Y cuál es el arma para la que es necesaria la enseñanza? Este es el arco. ¿Y de dónde sabemos que esto se refiere a Judá? El pasaje dice (Ib. 1, 1) ¿Quién subirá por nosotros primero contra ellos? Y el Señor dijo: 'Judá subirá'. "

(Fol. 27b) (II. Kin., 7, 9) Si decimos: Entraremos en la ciudad, Hay hambre en la ciudad y moriremos. Pero, ¿por qué no tomaron en consideración que si caían en manos del enemigo, serían asesinados inmediatamente? Por lo tanto, debemos decir que para una vida de corta duración a nadie le importa. Se planteó una objeción de lo siguiente: Uno no debe interferir con los Mínimos y no debe curarse a sí mismo con ellos, ni siquiera para retrasar la muerte por unas pocas horas. Como le sucedió a ben Dama, el hijo de la hermana de Ismael, que fue mordido por una serpiente; Jacob de la aldea de Sechania vino a curarlo por medio de la infidelidad, pero R. Ismael no lo permitió. El paciente, sin embargo, le dijo: "Ismael, hermano mío, déjame curarme y te traeré pruebas de las Escrituras de que eso está permitido". Pero antes de terminarEcc. 10, 8) Y al que traspase una defensa, le morderá una serpiente. "Con los medios de la herejía, es diferente, porque es atractivo y puede ser inducido a seguirlos. Se dijo anteriormente, 'Y no has transgredido la decisión de los colegas que dicen (Eclesiastés 10, 8) Y al que traspase una cerca, una serpiente lo morderá. ' ¿Pero él mismo fue mordido por una serpiente? R. Ismael se refirió a las palabras de los rabinos que son como la mordedura de una serpiente. Pero, ¿qué tenía que decir ben Dama [para justificarlo]? Como dijo R. Nachmeni b. Isaac: (Levítico 18, 5) Y vivirá con ellos, pero no morirá con ellos. R. Ismael, sin embargo, sostiene que esto sólo se permite en privado, pero no en público; como se nos enseña en el siguiente Baraitha: R. Ismael solía decir: "¿De dónde sabemos que si a uno se le dice que adore ídolos, bajo la amenaza de ser asesinado, puede adorar y no ser asesinado? versículo citado - Y vivirá con ellos, pero no morirá con ellos. Quizás alguien dirá que esto se puede hacer públicamente, por eso está escrito (Ib. 22, 32) Y no profanaréis mi santo nombre, etc. . "

(Fol. 35) "Le llama la atención sobre otra cosa". ¿Cuál es el significado del pasaje (Hijo 1, 2)? Porque mejores son tus amores que el vino? Cuando vino R. Dimi explicó así: La Congregación de Israel dijo ante el Santo, ¡Alabado sea! 'Soberano del Universo, dulces son para mí las palabras de Tus amigos (los sabios) incluso más que la esencia de la Torá'. "¿Pero cuál fue la razón por la que R. Ismael llamó su atención sobre este pasaje? Dijo R. Simon b. Pazi, y según otros, R. Simon b. Ami:" Llamó su atención sobre el comienzo de este capítulo, Let me besa con los besos de Su boca. "" Hermano mío ", dijo R. Ismael a Dama," esto significa: Aprieta tus labios, uno sobre el otro, y apresúrate a no hacer preguntas ". Pero por qué no dar la razón ? Dijo Ula, y según otros, R. Samuel b. Abba: "Este fue un nuevo decreto, al que no se le pudo dar la razón en ese momento". ¿Y por qué? Esto es como dijo Ula en otra parte. Cuando se promulgó un nuevo decreto en Occidente, no dieron la razón hasta que habían transcurrido doce meses, por temor a que hubiera alguien a quien no le importara tal razón y no aceptara el decreto.

(Ib. B) R. Nachman b. R. Chisda dio una conferencia: "¿Cuál es el significado del pasaje (Hijo 1, 2) Tus ungüentos tienen una fragancia agradable? ¿A qué se equipara un erudito? A un vaso de perfume, que, si se descubre, desprende un buen olor. , pero si se cubre no desprende un buen olor. Y no sólo esto, sino incluso aquellos asuntos cuyas razones fueron selladas de él finalmente se hacen evidentes, como se dice (Ib. ib.) Por lo tanto, las doncellas (Alamoth te amo. No leas alamoth (doncellas), sino alumuth (cosas ocultas). Además, el ángel de la muerte se convierte en su amigo; porque no leas, alomoth, pero léelo al-maveth (inmortal). hereda dos mundos, este mundo y el mundo venidero, ya que la misma palabra puede leerse olamoth '(mundos)'.

Avodah Zarah, Capítulo 3

(Fol. 44) R. Huna señaló las siguientes contradicciones: Está escrito (I Crónicas 14, 12) Y dejaron allí a sus Dioses; y David dio mandamientos, y fueron quemados con fuego. Y de nuevo hay un versículo (II Sam. 5, 21) Y David y su hombre se los llevaron [¿y no los quemaron?]. Esto no es difícil de explicar: el primero habla antes de la llegada de Ithai, la Getita; y este último habla de un tiempo después de la llegada de Ithai, el Getita, ya que está escrito en conexión con algo similar (II Sam. 12, 30) Y se quitó la Corona de Malkam de la cabeza; y su peso era un talento de oro, y en él había piedras preciosas, y estaba incrustado sobre la cabeza de David. Ahora bien, ¿cómo podría hacer uso de la corona de un ídolo? Con lo cual R. Nachman dijo: "Fue Ithai, el Getita, quien provocó por primera vez su valor idólatra". Pero mira, ¿cómo podría la cabeza de David llevar una corona de talento? R. Juda en el nombre de Rab explica que esto significa en sentido figurado: La corona era digna de adornar la cabeza de David. Sin embargo, R. Jose b. Chanina dijo: "La corona se mantuvo en el aire por la fuerza de un imán] y David estaba sentado debajo de ella, por lo que parecía como si la tuviera puesta]. Pero R. Elazar dijo: "David en realidad tenía la corona en la cabeza, pero no era del peso de un talento, sino que consistía solo en piedras preciosas,PD. 119, 56) Esto he tenido, que he guardado tus mandamientos. ¿Qué quiere decir con la palabra esto? David dijo así: "Como recompensa por observar tus preceptos, he recibido este testimonio (la corona)". ¿Qué testimonio? Dijo R. Joshua b. Levi: "Lo colocó en el lugar donde se llevan los Tephilin y le encajó [probando así su título a la corona]. Pero, ¿dónde llevó entonces el Tephilin? Dijo R. Samuel b. Isaac:" Hay suficiente espacio en la cabeza para llevar dos Tefilin [por lo tanto, podía llevar ambos]. "(II Reyes 11, 12) Y dio a luz al hijo del Rey, le puso la corona y le dio el testimonio. La corona es la diadema principesca [pero ¿cuál es el significado del] testimonio? Dijo R. Juda en el nombre de Rab: "Esta corona fue un testimonio en sí mismo de la casa de David; porque se ajustaba sólo a aquel a quien pertenecía el reino, pero no a uno que no era apto para ser rey". (I Reyes 1, 5) Y adonyah, el hijo de Chaggith, se exaltó a sí mismo, diciendo: Yo seré rey. R. Juda dijo en nombre de Rab: "Adonyah imaginó que la corona le quedaría bien, pero no fue así". Y se consiguió un carro y jinetes y cincuenta hombres que corrían delante de él. ¿Qué tipo de signos distintivos tenían los precursores mencionados? En un Baraitha se nos enseña que se les cortó el bazo y se les quitó la carne de las plantas de los pies para que pudieran correr con mayor velocidad.

Avodah Zarah, Capítulo 4

(Fol. 54b) A nuestros rabinos se les enseñó: Los filósofos una vez preguntaron a los ancianos en Roma: "Si tu Dios está disgustado con la adoración de ídolos, ¿por qué no destruye los ídolos?" Y ellos respondieron: "Si los paganos adoraran cosas que no son necesarias para el mundo, seguramente Él las aniquilaría; pero adoran al sol, la luna, las estrellas y los planetas; ¿destruirá Él el mundo entero a causa de los necios? Pero el mundo se permite su curso natural, y en cuanto a estos tontos [que lo estropean] tendrán que dar cuenta de sus actos ". En otras palabras, cuando alguien roba trigo y lo siembra, ¿no debe la semilla dar fruto porque ha sido robada? Pero no, Dios deja que la naturaleza siga su curso, mientras que estos necios tendrán que dar cuenta [de sus actos]. Asimismo, el adulterio no es estéril por sí mismo, pero el culpable no se salva. Y esto lo quiere decir Resh Lakish, quien dijo: "¡El Santo, alabado sea! Dice: 'No sólo los malvados de esta tierra pierden Mi moneda, sino que todavía Me obligan a poner Mi sello en ella'. "

Un filósofo le preguntó una vez a Raban Gamaliel: "Está escrito en tu Torá (Deut. 4, 24) Porque el Señor tu Dios es fuego consumidor, un Dios celoso. ¿Por qué siente celos por los adorados y no por el ídolo mismo? ", Dijo Raban Gamaliel:" Responderé a tu pregunta con una parábola: Esto se puede comparar con un rey frágil que tuvo un hijo y ese hijo crió un perro al que llamó después de su padre, y cada vez que juraba lo hacía por la vida de este perro. Su padre, al ser informado de esto, con quién se enojaría; al hijo o al perro? Naturalmente, en el hijo ". Dijo el filósofo:" Llamas al ídolo perro; pero esto no es factible, ya que el ídolo tiene ciertas cualidades. "" Pero, ¿cuáles son las cualidades que has visto en él ", preguntó Rabban Gamaliel?" Por qué ", respondió él," una vez una conflagración consumió toda nuestra ciudad, y el El templo de los ídolos permaneció intacto ". Luego de lo cual Rabban Gamaliel dijo: "Usaré de nuevo una parábola: esto puede ser comparado con un rey frágil contra quien su provincia una vez se rebeló; ¿contra quién crees que usó sus armas, contra los vivos o contra los muertos? Naturalmente, contra el primero". "Usted califica a nuestros dioses de perros y muertos", exclamó de nuevo el filósofo; "Bueno, entonces, cuando realmente son tan inútiles, ¿por qué Dios no los aniquila por completo?" "Sí, seguramente lo haría", fue la respuesta, "si no fueran de objetos útiles para la preservación del mundo, como el sol, la luna, las estrellas, los planetas, las montañas y los valles. ¿Destruirá el mundo porque ¿De los necios? Pero el mundo sigue su curso natural, y en cuanto a estos necios [que lo estropean] tendrán que dar cuenta de sus hechos. Así también dice el versículo (Fol. 55) (Usaré de nuevo una parábola: Esto puede compararse con un rey frágil contra quien su provincia una vez se rebeló; ¿Contra quién crees que usó sus armas, contra los vivos o contra los muertos? Naturalmente, contra los primeros. "" Usted llama a nuestros dioses perros y muertos ", exclamó de nuevo el filósofo;" bien, entonces, cuando realmente son tan inútiles, ¿por qué Dios no los aniquila por completo? "" Sí, seguramente lo haría. "fue la respuesta" si no se tratara de objetos útiles para la conservación del mundo, como el sol, la luna, las estrellas, los planetas, las montañas y los valles. ¿Destruirá el mundo a causa de los necios? Pero el mundo sigue su curso natural, y en cuanto a estos necios [que lo estropean] tendrán que dar cuenta de sus hechos. Así también dice el versículo (Fol.55) (Usaré de nuevo una parábola: Esto puede compararse con un rey frágil contra quien su provincia una vez se rebeló; ¿Contra quién crees que usó sus armas, contra los vivos o contra los muertos? Naturalmente, contra los primeros. "" Usted llama a nuestros dioses perros y muertos ", exclamó de nuevo el filósofo;" bien, entonces, cuando realmente son tan inútiles, ¿por qué Dios no los aniquila por completo? "" Sí, seguramente lo haría. "fue la respuesta" si no se tratara de objetos útiles para la conservación del mundo, como el sol, la luna, las estrellas, los planetas, las montañas y los valles. ¿Destruirá el mundo a causa de los necios? Pero el mundo sigue su curso natural, y en cuanto a estos necios [que lo estropean] tendrán que dar cuenta de sus hechos. Así también dice el versículo (Fol.55) (Esto puede compararse con un rey frágil contra quien su provincia una vez se rebeló; ¿Contra quién crees que usó sus armas, contra los vivos o contra los muertos? Naturalmente, contra los primeros. "" Usted llama a nuestros dioses perros y muertos ", exclamó de nuevo el filósofo;" bien, entonces, cuando realmente son tan inútiles, ¿por qué Dios no los aniquila por completo? "" Sí, seguramente lo haría. "fue la respuesta" si no se tratara de objetos útiles para la conservación del mundo, como el sol, la luna, las estrellas, los planetas, las montañas y los valles. ¿Destruirá el mundo a causa de los necios? Pero el mundo sigue su curso natural, y en cuanto a estos necios [que lo estropean] tendrán que dar cuenta de sus hechos. Así también dice el versículo (Fol.55) (Esto puede compararse con un rey frágil contra quien su provincia una vez se rebeló; ¿Contra quién crees que usó sus armas, contra los vivos o contra los muertos? Naturalmente, contra los primeros. "" Usted llama a nuestros dioses perros y muertos ", exclamó de nuevo el filósofo;" bien, entonces, cuando realmente son tan inútiles, ¿por qué Dios no los aniquila por completo? "" Sí, seguramente lo haría. "fue la respuesta" si no se tratara de objetos útiles para la conservación del mundo, como el sol, la luna, las estrellas, los planetas, las montañas y los valles. ¿Destruirá el mundo a causa de los necios? Pero el mundo sigue su curso natural, y en cuanto a estos necios [que lo estropean] tendrán que dar cuenta de sus hechos. Así también dice el versículo (Fol.55) (contra los vivos o contra los muertos? Naturalmente, contra los primeros. "" Usted llama a nuestros dioses perros y muertos ", exclamó de nuevo el filósofo;" bien, entonces, cuando realmente son tan inútiles, ¿por qué Dios no los aniquila por completo? "" Sí, seguramente lo haría. "fue la respuesta" si no se tratara de objetos útiles para la conservación del mundo, como el sol, la luna, las estrellas, los planetas, las montañas y los valles. ¿Destruirá el mundo a causa de los necios? Pero el mundo sigue su curso natural, y en cuanto a estos necios [que lo estropean] tendrán que dar cuenta de sus hechos. Así también dice el versículo (Fol.55) (contra los vivos o contra los muertos? Naturalmente, contra los primeros. "" Usted llama a nuestros dioses perros y muertos ", exclamó de nuevo el filósofo;" bien, entonces, cuando realmente son tan inútiles, ¿por qué Dios no los aniquila por completo? "" Sí, seguramente lo haría. "fue la respuesta" si no se tratara de objetos útiles para la conservación del mundo, como el sol, la luna, las estrellas, los planetas, las montañas y los valles. ¿Destruirá el mundo a causa de los necios? Pero el mundo sigue su curso natural, y en cuanto a estos necios [que lo estropean] tendrán que dar cuenta de sus hechos. Así también dice el versículo (Fol.55) (cuando realmente son tan inútiles, ¿por qué Dios no los aniquila por completo? "" Sí, seguramente lo haría ", fue la respuesta," si no fueran de objetos útiles para la preservación del mundo, como el sol, la luna , estrellas, planetas, montañas y valles. ¿Destruirá el mundo a causa de los necios? Pero el mundo sigue su curso natural, y en cuanto a estos necios [que lo estropean] tendrán que dar cuenta de sus hechos. Así también dice el versículo (Fol.55) (cuando realmente son tan inútiles, ¿por qué Dios no los aniquila por completo? "" Sí, seguramente lo haría ", fue la respuesta," si no fueran de objetos útiles para la preservación del mundo, como el sol, la luna , estrellas, planetas, montañas y valles. ¿Destruirá el mundo a causa de los necios? Pero el mundo sigue su curso natural, y en cuanto a estos necios [que lo estropean] tendrán que dar cuenta de sus hechos. Así también dice el versículo (Fol.55) (y en cuanto a estos necios [que lo estropeen] tendrán que dar cuenta de sus hechos. Así también dice el versículo (Fol.55) (y en cuanto a estos necios [que lo estropeen] tendrán que dar cuenta de sus hechos. Así también dice el versículo (Fol.55) (Zeph. 1, 2-3) Por completo consumiré todas las cosas de la faz de la tierra, dice el Señor. ¡Consumiré hombres y bestias! Devoraré las aves del cielo, los peces del mar y los tropiezos de los impíos. Esto significa: [El Señor se pregunta] ¿Debo consumir al hombre porque los paganos también adoran al hombre? ¡Entonces debería tener que consumir todo el universo! "

Agrippas, el general de Roma, le dijo a Rabban Gamaliel: "Está escrito en tu Torá, Tu Dios es un fuego devorador, un Dios celoso. En nuestra vida cotidiana encontramos que es la regla que un potentado está celoso de su igual, un sabio de otro sabio, un héroe de otro héroe, un hombre rico de otro hombre rico; ahora, entonces, si Dios está celoso de un ídolo, ¡el ídolo debe tener algún poder! " R. Gamaliel se lo explicó con el siguiente razonamiento: "Si uno que tiene esposa toma otra, el primero no se pondrá celoso si la nueva es superior a ella, pero si es superior a la nueva esposa, ella estará celoso ". Un israelita llamado Zunin le dijo a R. Akiba: "Sé tan bien como tú que los ídolos no son nada, pero me gustaría saber, ¿cómo es que los ídolos curan a tantos lisiados en sus templos?" Respondió R. Akiba: "Escuche la siguiente parábola: Una vez vivía en un pueblo un hombre piadoso que disfrutaba de la confianza ilimitada de sus conciudadanos para que depositaran dinero con él sin testigos, con la excepción, sin embargo, de uno que se marcharía. nada con él sin testimonio. Sin embargo, una vez sucedió que este hombre dejó algo en manos del hombre piadoso sin ninguna seguridad; entonces dijo la esposa de este último: 'Ahora vamos a vengarnos de su desconfianza de nosotros, vamos a niega que tenga un depósito con nosotros. A lo que su marido respondió: "Debido a las deficiencias de su entendimiento, ¿pondré en juego mi reputado nombre?" Lo mismo ocurre con la incapacidad, la enfermedad y los dolores que sufre el hombre, se les asigna bajo juramento un tiempo, ni más ni menos, durante el cual torturar a un hombre; además, está predestinado por qué hombre o qué medicamento eliminará la enfermedad. Ahora, cuando llega el momento, el afligido va al templo de los ídolos, la enfermedad protesta y dice: "Porque el hombre recurre al ídolo, no debo abandonarlo". Pero de nuevo dicen: "Ya que estamos obligados a partir por juramento, ¿por qué deberíamos romperlo solo por este necio?". Así, la enfermedad deja al enfermo, y él cree que fue obra del ídolo ". Y esto es lo que R. Jochanan dijo:" ¿Cuál es el significado del pasaje (¿Por qué deberíamos romperlo solo por este tonto? Así, la enfermedad deja al enfermo, y él cree que fue obra del ídolo ". Y esto es lo que R. Jochanan dijo:" ¿Cuál es el significado del pasaje (¿Por qué deberíamos romperlo solo por este tonto? Así, la enfermedad deja al enfermo, y él cree que fue obra del ídolo ". Y esto es lo que R. Jochanan dijo:" ¿Cuál es el significado del pasaje (Deut. 28, 59) ¿Entonces el Señor hará tus plagas ... y enfermedades dolorosas y ne'emonim (literalmente confiado)? Dolor, en su visita; y confiados, en su juramento [porque nunca rompe su juramento] "

Raba b. R. Isaac le dijo a R. Juda: "Hay un ídolo en nuestra ciudad, y siempre que hay sequía con nosotros, viene en un trago a los sacerdotes, diciendo: 'Sacrificame un ser humano y tendrás lluvia; ' y cuando sacrifican a un ser humano, en realidad comienza a llover ". Acto seguido R. Juda dijo: "Pueden considerarse afortunados de que todavía esté entre los vivos, porque si estuviera muerto, no estaría en condiciones de comunicarles lo que Rab dijo acerca de eso, a saber: '¿Cuál es el significado de el pasaje (Ib. 4, 19) Y no sea que alces tus ojos al cielo, y cuando veas el sol, la luna y las estrellas, todo el ejército del cielo, te dejes llevar y los adores ... que el El Señor tu Dios repartió a todos los pueblos; de esto se puede inferir que Dios ha dado algún poder a algunos objetos adorados con el propósito de excluir a sus adoradores del mundo venidero. ' "Y esto es lo que Resh Lakish dijo en otra parte:" ¿Cuál es el significado del pasaje (Pr. 3, 34) Si se trata del escarnecedor, Él los desprecia, pero ¿da gracia a los humildes? Esto quiere decir que cuando uno viene a contaminarse, se le abre la puerta, mientras que cuando viene a limpiarse, se le sostiene ".

FIN DE ABODA ZARA.

Horayot, Capítulo 1

HORIOTH (Fol. 3b) Nuestros maestros han confiado en R. Simon b. Gamaliel y R. Elazar b. Zadok, que ha declarado que no se debe promulgar ningún decreto a menos que la mayoría de la congregación pueda cumplirlo; y R. Ada b. Abba dijo: "¿Dónde está el pasaje que prueba esto? (Mal. 3, 9) Con maldición sois maldecidos, y sin embargo a mí me robais, oh nación entera".

(Fol. 5b) Veamos ahora, ¿de dónde deducen tanto R. Juda como R. Simon que una tribu también se llama Kahal (congregación)? Del siguiente pasaje (II Crón. 20, 5) Y Josafat se adelantó en el Kahal de Judá y Jerusalén. R. Acha b. Jacob planteó la siguiente objeción: "¿Quizás allí estaba Kahal, porque la tribu Benjamín también estaba allí, por lo tanto, más de una tribu? Por lo tanto," dijo R. Acha b. Jacob ", se infiere de lo siguiente (Génesis 48, 4) Y haré de ti un Kahal de personas; ahora, en ese momento, Benjamín aún no había nacido, y el Todopoderoso le dijo a Jacob: Un Kahal más te ha nacido [refiriéndose a Benjamín] ". Dijo R. Sheba a R. Cahana:" Quizás el Santo, alabado ¡Sea Él! es decir, ahora que nace Benjamín, y tienes doce tribus, te llamas Kahal? "A lo que R. Cahana respondió:" ¿Quieres decir que solo doce tribus se llaman Kahal, pero once tribus no se llaman Kahal?

R. Acha b. Jacob dijo: "La tribu de Leví no se llama Kahal en absoluto, ya que del verso citado anteriormente (Ib. Ib. 12) debe entenderse que solo aquellos que heredaron la propiedad de la tierra en la tierra de Israel se llaman una tribu, pero no los levitas, que no tenían tal herencia ". Pero si es así, ¿hay menos de doce tribus? Dijo Abaye: "Allí dice (Ib.) Que Efraín y Manasa (los dos hijos de José) se consideran Rubén y Simón; por lo tanto, hay otra tribu que completa el número".

Horayot, Capítulo 2

(Fol.9) R. Jeremías solía decir acerca del pasaje (Lev.5, 5) Y si sus medios no son suficientes, y de nuevo hay un pasaje (Ib. Ib. 7) Si no se lo puede permitir; todo esto habla de personas que podrían llegar a ser pobres o ricas, lo cual no es el caso ni del sumo sacerdote ni del sacerdote ungido como capellán del ejército; porque con respecto a este último, el pasaje dice (Ib. 4, 22) De todas las cosas que el Señor su Dios, que significa aquel que tiene por superior, sólo a su Dios; y en cuanto al Sumo Sacerdote, el pasaje dice (Ib. 21, 10) Y el sacerdote que es más alto entre sus hermanos; es decir, será supremo en belleza, poder, sabiduría y riqueza. Acherim dice: "¿De dónde se infiere que si él (el sacerdote) no es rico, su pueblo debería hacerlo así? El pasaje dice lo más alto entre sus hermanos, es decir, debería ser engrandecido por sus propios hermanos".

Horayot, Capítulo 3

(Fol. 10) A nuestros rabinos se les enseñó acerca del pasaje (Lev. 4, 22) Cuando un gobernante peca. Esto excluye [de ser un gobernante] al que estaba enfermo de lepra, como se dice (II Reyes 15, 5) Y el Señor hirió al Rey de modo que quedó leproso hasta el día de su muerte, y habitó en una casa de libertad. Dado que el pasaje dice en la casa de la libertad, entendemos que hasta entonces (hasta que fue herido) fue un esclavo (un rey); como sucedió cuando Rabban Gamaliel y R. Joshua, quienes estaban en un bote; el primero había tomado pan como alimento, y el segundo había tomado pan y harina fina como alimento. Cuando consumió el pan de Rabban Gamaliel, confió en la fina harina de R. Joshua. Ante la pregunta de R. Gamaliel: "¿Sabías entonces que habrá un retraso en el viaje que hiciste a lo largo de la harina fina en reserva?" R. Joshua respondió: "Hay una estrella que aparece una vez cada setenta años que hace que los capitanes de los barcos se equivoquen, y pensé que tal vez aparecería ahora y nos haría errar [por eso me llevé comida extra] "." ¡Posees tanta sabiduría! ", exclamó Rabban Gamaliel," y sin embargo estás obligado a subirte a un barco para ganarte la vida. "A lo que R. Joshua se reincorporó:" Te estás preguntando acerca de mí; ¿Cómo te sorprendería si supieras acerca de dos discípulos tuyos que están en la tierra, a saber, R. Jochanan b. Gudgada y R. Elazar b. Chasma, que puede calcular cuántas gotas de agua hay en el mar y, sin embargo, no tiene pan para comer ni ropa para ponerse ". Rabban Gamaliel se decidió a nombrarlos oficiales. A su regreso, envió a buscarlos. , pero no aparecieron, volvió a enviar a buscarlos, y cuando llegaron les dijo: "¿Creéis que el nombramiento al que os estoy seleccionando es señorío? (Ib.

R. Nachman b. R. Chisda dio una conferencia: "¿Cuál es el significado del pasaje (Ec. 8, 14) Hay una vanidad que se hace sobre la tierra; ¿Que hay justos a quienes sucede según la obra de los impíos, etc.? Esto significa: "Bienaventurados los justos cuyo destino en este mundo es como el de los impíos en el mundo venidero; y ¡ay de los impíos cuyo destino en este mundo es como el de los justos en el mundo venidero!" Raba planteó la siguiente objeción: "¿Es entonces imposible que los justos sean recompensados tanto en este como en el mundo venidero?" Por eso dijo Raba: "Bienaventurados los justos cuyo castigo por sus maldades en este mundo es como la recompensa que el cielo concede a los malvados por sus buenas obras en este mundo, y ¡ay de los malvados cuyo destino de recompensa en este mundo es como el destino! del castigo de los justos por sus malas obras en este mundo ". R. Papa y R. Huna b. R. Joshua vino a Raba y este último les preguntó: "¿Habéis aprendido a fondo este y aquel tratado del Talmud?" A lo que respondieron: "Sí". "¿Te has vuelto un poco rico [para que tengas tiempo de estudiar sin interrupción]?" Dijeron: "Sí, hemos comprado pequeñas parcelas de tierra". Luego les aplicó lo anterior: Felices los justos cuyo destino en este mundo es como el destino de los malvados en este mundo. Rabba bb Chana dijo en nombre de R. Jochanan: "¿Cuál es el significado del pasaje (Hos. 14, 10) Porque justos son los caminos del Señor, "etc. Esto puede compararse con dos hombres que, etc. [como se explica completamente en el Vol. 3, página 139].

(Fol. 13b) A nuestros rabinos se les enseñó: Si sucedió que él, su maestro y su padre estaban en cautiverio [y solo pudo redimir a uno], él mismo tiene preferencia sobre el maestro, y su maestro tiene preferencia sobre su padre. Su madre, sin embargo, tiene preferencia sobre todos. Un sabio tiene preferencia sobre un rey de Israel, porque si un sabio muere, no tenemos igual a él, pero si un rey muere, todo Israel es apto para el trono. Un rey tiene preferencia sobre un sumo sacerdote, como se dice (I Reyes 1, 33). Lleva contigo a los siervos de tu señor. Un sumo sacerdote tiene preferencia sobre un profeta, como se dice (Ib.) Y que el sacerdote Sadoc con el profeta Natán, por lo tanto, el sacerdote precede al profeta, y hay otro pasaje (Zacarías 3, 8).) Oye ahora, oh Josué el Sumo Sacerdote, tú y tus compañeros, etc. Se podría decir que eran ignorantes, por lo que el sacerdote los precede. Por tanto, el verso dice (Ib.) Porque son hombres que son una señal (Mofeth). La palabra Mofeth se aplica a la profecía, como se dice (Deut. 13, 2) Y te da una señal (Mofeth) o una maravilla.

Un sacerdote precede al levita, como se dice (I Crónicas 23, 13). Los hijos de Amram: Aarón y Moisés; y Aarón fue separado para ser santificado como santísimo. Un levita precede a un israelita, como se dice (Deut.10, 8) En ese momento el Señor separó la tribu de Leví, etc. Un israelita precede a un bastardo, porque el primero es de genealogía rastreable, mientras que el segundo es de genealogía no rastreable. Un bastardo precede a un nathin, porque el primero nació de padres puros, mientras que el segundo nació de padres impuros. Un nathin precede a un prosélito, porque el primero fue criado con nosotros en santidad (en Israel) mientras que el segundo no fue criado en santidad. Un prosélito precede a un esclavo liberado, ya que este último ha sido colocado en la categoría de maldito, mientras que el primero no fue colocado en la categoría de maldito. "La disposición anterior se aplica sólo cuando todos son iguales en erudición". ¿De dónde se infiere esto? Dijo R. Acha b. R. Chanina: "De (Pr. 3, 15) Ella es más preciosa que las perlas; es decir, ella es más preciosa que el Sumo Sacerdote, que entra en la cámara más interior ". Se nos enseña en un Baraitha que R. Simon b. Johcai dice:" Es justo que un esclavo liberado tenga preferencia sobre un prosélito , porque el primero fue criado con nosotros en santidad, mientras que el segundo no fue criado con nosotros en santidad; sin embargo, como esclavo ha sido colocado en la categoría de maldito, mientras que un prosélito no fue colocado en la categoría de maldito, por lo tanto, el prosélito tiene la preferencia. Los discípulos de R. Elazar b. Zadock le preguntó: "¿Por qué todos están más ansiosos por casarse con una prosélita que con una esclava liberada?" "Porque", respondió, "el esclavo está incluido en la categoría de los malditos, mientras que un prosélito está excluido".

Los discípulos de R. Elazar b. Zadock le preguntó: "¿Por qué el perro conoce a su amo y el gato no?" A lo que respondió: "Si quien come de lo que deja un ratón es propenso a tener mala memoria, tanto más el gato que consume al ratón mismo". Le volvieron a preguntar: "¿Por qué todos estos animales reinan sobre los ratones?" Él respondió: "Porque los ratones son instintivamente traviesos". ¿En qué sentido? Raba dijo: "Rasgan hasta las prendas"; (Ib. B.) Y R. Papa dijo: "Roen hasta el mango de un pico". Los siguientes cinco objetos propician el olvido de sus estudios: comer los restos de comida de ratones o gatos; comer corazón de vaca; el consumo frecuente de aceitunas; el beber del agua que quedó de uno ' el propio lavado y, finalmente, el baño de los pies, uno sobre el otro. Según algunas autoridades, también el ponerse la ropa debajo de la cabeza mientras duerme. Los cinco siguientes son aptos para fortalecer la memoria: quien come pan horneado sobre brasas, tanto más el consumo de las mismas brasas; quien come un huevo pasado por agua sin sal; que bebe con frecuencia aceite de oliva; el consumo frecuente de vino aromatizado con especias; el beber el agua que quedaba después del uso para la masa, y según algunas autoridades, el consumo de la sal en la que se sumergía el dedo. Raba dijo: "El vino y el buen olor me ayudaron a ser sabio". Quien bebe frecuentemente aceite de oliva, porque R. Jochanan dijo: "Así como comer una aceituna hace que uno olvide lo que estudia, así, beber aceite de oliva recuerda el estudio de uno de un período de setenta años ". Con respecto al consumo de sal en el dedo, Resh Lakish comentó que debe hacerse con un dedo. Sin embargo, Tannaim difiere en esto Según R. Juda, debe hacerse con un dedo, y no con dos, mientras que según R. Jose, debe hacerse con dos y no con tres, y el signo negativo es Ke mitzah en relación con A nuestros rabinos se les enseñó: "Cuando el príncipe entra, todas las personas presentes en la universidad se ponen de pie y no se sientan hasta que él les diga que lo hagan. Cuando entra el presidente del Tribunal Supremo, las personas que ocupan dos filas de asientos frente a la entrada se levantan y permanecen de pie hasta que él toma asiento. Cuando entra el sabio, los ocupantes de una fila se levantan y permanecen de pie hasta que él toma su lugar. Tanto a los niños como a los discípulos de los sabios, si es necesaria su ayuda en los estudios, se les permite pasar por encima de las cabezas de la gente [sentados en el suelo], pero no cuando no se necesita su ayuda. Los hijos de tales eruditos que supervisan la congregación, si comprenden los temas tratados, pueden entrar, sentarse con el rostro hacia los padres y la espalda hacia el pueblo; pero si no, deben sentarse en el orden opuesto. R. Elazar b. Zadock dice: "También en un banquete estos niños pueden ser invitados por el bien de sus padres". Dijo R. Jochanan: "Esta Mishna se enseñó durante la época de R. Simon b. Gamaliel, cuando era el príncipe, R. Nathan el presidente [del Sanedrín] y R. Mair, el sabio de la universidad. Cuando R . Simón entraba, la gente se levantaba; del mismo modo, cuando R. Mair o R. Nathan entraban, la gente se levantaba; dijo entonces el príncipe: "Si es así, no hay diferencia entre los demás y yo, mientras que me gustaría que se hiciera una diferencia". En consecuencia, promulgó las reglas establecidas en la Mishná anterior. Sin embargo, esto se llevó a cabo en ausencia de R. Mair y R. Nathan, por lo que al día siguiente cuando llegaron y vieron a la gente [detrás de las dos filas] permanecer en sus asientos, preguntaron el motivo, en respuesta a que se les informó de la promulgación de R. Gamaliel. Entonces R. Mair le dijo a R. Nathan: "Yo soy el sabio (Chacham) y tú eres el presidente; promulguemos algo en nuestro nombre. ' "¿Qué podemos hacer", preguntó R. Nathan? «Pidamos a R. Simon que nos enseñe Tract Uktzin;PD. 106, 2) ¿Quién puede pronunciar las maravillas del Señor?) ¡Él, que puede enseñar toda Su alabanza! Entonces lo depondremos y tú ocuparás su lugar y yo el tuyo. R. Jacob b. Kurshi (quien era el maestro del rabino) escuchó este plan y se dijo a sí mismo: 'Dios no permita que R. Simon se avergüence'. Sintiendo que estaría mal revelarlo abiertamente, fue y se sentó en la parte trasera del ático de R. Simon y comenzó a estudiar el Tract Uktzin en voz alta una y otra vez. Rabban Simon, notando una apariencia tan extraña, se dijo a sí mismo: '¿Qué significa esto? Quizás, Dios no lo quiera, algo está pasando en la universidad. Inmediatamente después, tomó ese tratado y lo estudió detenidamente. Al día siguiente, sus discípulos dijeron: "Que el maestro dé una conferencia sobre Uktzin", lo cual abrió y dio una conferencia al respecto. Una vez que hubo terminado, les dijo: ' Si no me hubieran llamado la atención sobre este tratado, tu plan me habría avergonzado públicamente. Acto seguido dio una orden y R. Mair y R. Nathan fueron removidos del colegio. Sin embargo, circularían por escrito preguntas y objeciones y las arrojarían al colegio; a las preguntas que no se pudieron resolver en la universidad, ellos mismos escribirían las respuestas y las enviarían de nuevo a la universidad. R. José luego exclamó: '¿La Torá está afuera y nosotros [sin Torá] deberíamos permanecer adentro?'

Rabban Simon [observando a lo que podría conducir] dijo entonces: '¡Que vuelvan! sin embargo, deben ser castigados para que no se proclame ninguna Halajá en su nombre ". Por lo tanto, R. Mair fue nombrado Acherim (anónimo) y R. Nathan, Yesh Omrim (algunos dicen). Una vez sucedió que ambos tenían sueños que les ordenaban reconciliarse con Rabban Simon; ante lo cual R. Nathan lo hizo, mientras que R. Mair dijo que los sueños no deben ser considerados. Cuando R. Nathan finalmente vino para la reconciliación R. Simon b. Gamaliel le dijo: "Es cierto que el cinturón de tu padre te ayudó a ser presidente de la corte, pero ¿podría entonces ayudarte a convertirte en un Nassi (príncipe)?"

El rabino le enseñó a R. Simon su hijo: Acherim dice: "Si fuera un intercambio (Fol. 14), sería sacrificado". Con lo cual R. Simon lo interrumpió y dijo: "¿Quiénes son aquellos cuya agua (Torá) bebemos y cuyos nombres no mencionamos?" Y él respondió: "Fueron los hombres que conspiraron para destruir tu gloria y la de la casa de tu padre". R. Simon luego citó el pasaje (Eclesiastés 9, 6). También su amor, su odio y su envidia ya están ahora perdidos. Con lo cual su padre citó lo siguiente (Sal.9, 7) El enemigo está perdido, pero sus ruinosas acciones aún existen. R. Simon luego dijo: "Esto sería correcto si las acciones de los rabinos en cuestión siguieran siendo efectivas, pero aquellos a quienes usted tiene en vista solo tuvieran una intención, porque nunca se realizaron". Entonces el rabino le enseñó de nuevo: "Se dijo en nombre de R. Mair que si fuera un intercambio [por el animal de sacrificio original] no se podría ofrecer en el altar. A esto, Raba hizo la siguiente observación:" Rabí , aunque de naturaleza modesta, se abstuvo de decir: 'Fue dicho por R. Mair', pero enseñó que se dijo en el nombre de R. Mair ".

R. Jochanan dijo: "R. Simon b. Gamaliel y los rabinos difieren en cuanto a la siguiente pregunta: según uno, el erudito tiene la preferencia [para convertirse en jefe] mientras que, según el otro, la dialectición tiene la preferencia". R. Joseph era el erudito y Rabba la dialectición. [Y cuando el colegio estaba a punto de nombrar a uno de ellos como jefe] Se envió un mensaje a la tierra de Israel: "Un erudito y una dialectición; ¿cuál es preferible?" La respuesta vino que el erudito es preferible, porque todas las personas dependen de los dueños del trigo (es decir, el conocimiento sólido es el pan, mientras que la dialéctica son las especias del estudio). R. Joseph, sin embargo, no aceptó el puesto. Entonces, Rabba se convirtió en director del colegio durante veintidós años, y [sólo después de su muerte] R. Joseph aceptó el nombramiento. Durante todos los años en los que reinó Rabba, R. Joseph no invitó a su casa ni siquiera a un barbero. Abaye y Raba, R. Zera y Rabba b. Mathna estaban sentados juntos en el momento en que la presidencia de la universidad estaba vacante y decidieron que el que recitaría un punto que no tendría objeciones, debería ser elegido para el cargo. Las recitaciones de todos ellos se encontraron con objeciones, excepto la de Abaye, que no tuvo objeciones. Entonces Raba, notando que Abaye estaba levantando la cabeza, le dijo: "Nachmeni, comienza tu conferencia (eres el director del colegio)". Mathna estaban sentados juntos en el momento en que la presidencia de la universidad estaba vacante y decidieron que el que recitaría un punto que no tendría objeciones, debería ser elegido para el cargo. Las recitaciones de todos ellos se encontraron con objeciones, excepto la de Abaye, que no tuvo objeciones. Entonces Raba, notando que Abaye estaba levantando la cabeza, le dijo: "Nachmeni, comienza tu conferencia (eres el director del colegio)". Mathna estaban sentados juntos en el momento en que la presidencia de la universidad estaba vacante y decidieron que el que recitaría un punto que no tendría objeciones, debería ser elegido para el cargo. Las recitaciones de todos ellos se encontraron con objeciones, excepto la de Abaye, que no tuvo objeciones. Entonces Raba, notando que Abaye estaba levantando la cabeza, le dijo: "Nachmeni, comienza tu conferencia (eres el director del colegio)".

Los eruditos introdujeron la siguiente pregunta: R. Zera y Rabba b. Mathna: cuál es preferible, porque R. Zera es agudo y tiene el hábito de plantear objeciones, mientras que Rabba b. Mathna es lento y reflexivo para sacar conclusiones. Las preguntas quedaron indecisas.

FIN DE HORIOTH

Zevachim, Capítulo 4

ZEBACHIM (**Fol.41b**) En la academia de R. Ismael se enseñó: ¿Por qué menciona el pasaje (Lev.4, 9) el lóbulo con los dos riñones, en relación con el becerro del sacerdote ungido, mientras que con respecto al becerro, ofrecido por la congregación por un pecado inconsciente, no los menciona [lóbulo y riñones]? Esto puede compararse con un rey frágil que se enfureció con su amigo y, sin embargo, minimizó su pecado debido a su amor. En otro Baraitha, se enseñó en la academia de R. Ismael: ¿Por qué el pasaje menciona (Ib.) El velo del santuario, en relación con el becerro del sacerdote ungido, pero no lo menciona en relación con el becerro? ofrecido por la congregación por un pecado inconsciente? Esto puede compararse con un rey frágil contra quien su pueblo se rebela; si sólo una minoría se rebela, el parlamento permanece en su poder, pero si la mayoría se rebela, el parlamento no puede permanecer.

Zevachim, Capítulo 5

(Fol. 53b). La esquina sureste del altar no tenía base. ¿Porque? R. Elazar dijo: "Porque esa esquina no estaba en la posición de Benjamín; porque R. Samuel b. R. Isaac dijo: 'El altar se extendía a la longitud de un codo en la porción de Judá'. "R. Levi b. Chama dijo en nombre de R. Chama b. Chanina: "En la forma de una franja (el altar) salió de la porción de Judá y se extendió a la porción de Benjamín. Benjamín sintió pena constantemente y deseaba retirarse (Fol. 54) como se dice (Deut. 33, 12) Se frotó contra ella todo el día. Por lo tanto, Benjamín el justo fue favorecido de que se convirtiera en rehén de la Shejiná, como se dice (Ib.) Y Él habita entre sus hombros ".

(Ib. B) Raba dio una conferencia: "¿Qué significa el pasaje (I Sam. 19. 19) He aquí, David está en Na'yoth cerca de Ramá? ¿Está entonces Na'yoth situado cerca de Ramá? Por lo tanto, debemos decir que estaban en Ramá ocupados en la construcción del templo. Dijeron: El pasaje dice (Deut. 17, 8Entonces te levantarás y subirás al lugar que el Señor tu Dios escogiere; de esto se puede inferir que el Templo Sagrado debería ser más alto [en elevación] que cualquier otra parte de la tierra de Israel, y que la tierra de Israel es más alta que todas las demás tierras. Ellos (David y sus asociados no pudieron descubrir el lugar exacto [donde la tierra es más alta y por lo tanto adecuada para la construcción del Templo]. Finalmente trajeron el libro de Josué [y encontraron que] con respecto a todas las otras tribus se lee (Josué 15) Subió, pasó y bajó, pero con respecto a la tribu de Benjamín, el pasaje dice (Ib. 18) Subió, pero bajó no se menciona. Luego dijeron que de esto se infiere que allí (la porción de Benjamín) está la vista adecuada. Entonces contemplaron la posibilidad de erigirlo en En Eitam porque esta es la elevación más alta; Sin embargo, se argumentó que debería construirse a una altura moderada, porque está escrito (Deut.33, 12) Y Él habita entre sus hombros [es decir, los hombros son más bajos que la cabeza, por lo tanto el altar debe construirse a una altura moderada] ". Según otros, la decisión vino porque tenemos una tradición de que el Sanedrín debía sentarse en la parte de Judá y la Shejiná debía descansar en la parte de Benjamín, por lo tanto, si el Templo se construyera en la elevación más alta, el Sanedrín se habría separado demasiado del Santuario donde descansa la Shejiná. Por lo tanto, decidieron construirlo. en un sitio más bajo a fin de conformar el pasaje y Él habita entre sus hombros. Y por esto Doeg el edomita envidió a David, como está escrito (Sal. 69, 10).Por cuanto me consumió el celo por tu casa, y sobre mí han caído los reproches de los que te reprochan. Y otro pasaje dice (Ib. 132, 1) Un cántico de ascensos, etc. Cómo juró al Señor y prometió al Fuerte de Jacob. Seguramente vendré, etc. Hasta que encuentre un lugar, etc. Lo oímos que estaba en Efrata; lo hemos encontrado en el campo del bosque, es decir, Efrata se refiere a Josué, que es descendiente de Efraín; en el campo del bosque, se refiere a Benjamín acerca de quien está escrito (Gn. 49, 27) Un lobo que rabia.

Zevachim, Capítulo 9

(Fol. 88b) R. Anani b. Sasson dijo: "¿Por qué la sección de sacrificios se ha unido [en la Escritura] estrechamente a la sección de las vestiduras sacerdotales? Para enseñarte así como los sacrificios hacen expiación, así también las vestiduras sacerdotales hacen expiación. La túnica expía el asesinato, como se dice (Gen.37, 39) Y mataron un macho cabrío y mojaron la túnica en sangre; los calzones expiaron la prostitución, como se dice (Ex.25, 42) Y les harás calzoncillos de lino para cubrir la carne de su desnudez; la mitra expía el orgullo. Esto lo explica R. Chanina: "Que venga la mitra que el sacerdote lleva sobre la cabeza y expía el pecado cometido a través de la cabeza (orgullo)". El cinto expía los malos pensamientos; expía precisamente aquello sobre lo que descansa; el pectoral expía la injusticia, como se dice (Ib. ib. 15) Y tú harás el pectoral del juicio. Y Efod expía la idolatría, como está dicho (Oseas 3, 4) y sin efod ni terafines. La túnica expía la calumnia. ¿De dónde inferimos esto? Dijo R. Chanina: "Que la túnica, que emite una voz [a través de sus campanas] venga y expíe el pecado que viene a través de la voz". La placa de oro expía la insolencia;Ex. 28, 38) Y siempre estará sobre su frente, y acerca de la insolencia está escrito (Jer. 3, 3) Sin embargo, tú tenías la frente de una ramera. "¿Es esto así en verdad? ¿No ha dicho R. Joshua b. Levi:" Por dos cosas, no encontramos expiación en los sacrificios; encontramos, sin embargo, una expiación por ellos en otro lugar, y las dos cosas son: asesinato y calumnia. El asesinato se expía mediante la rotura del cuello de la novilla y la calumnia, mediante el incienso; para R. Chanania se enseñó: ¿De dónde inferimos que el incienso posee la facultad de hacer expiación? Se dice (Números 17, 12) Y puso el incienso, e hizo expiación por la gente, y nuevamente se enseñó en el colegio de R. Ismael: ¿Por qué pecado expía el incienso? Por calumnia; que venga la cosa tranquila (incienso) y expía los pecados cometidos en la quietud. Por lo tanto, hay una contradicción con respecto a la expiación por asesinato y con respecto a la expiación por difamación [porque en el antiguo Baraitha se establece que el incienso y la novilla causaron su expiación]. La contradicción sobre el asesinato no es difícil de explicar, ya que el primero trata de un caso en el que se reconoce el asesinato [de ahí el aumento], pero el segundo trata de un caso en el que no se reconoce al asesino. Si el asesino es reconocido entonces por qué el incienso; ¿Debería ser ejecutado el asesino? Se trata de un caso en el que, a pesar de que el asesino fue cauteloso, no fue advertido legalmente [en contra de su acto]. La contradicción relativa a la calumnia tampoco es difícil de explicar, ya que la última expía la calumnia cometida en secreto, mientras que la primera se ocupa de la calumnia cometida públicamente.

Zevachim, Capítulo 12

(Fol.101 b) R. Elazar dijo en nombre de R. Chanina, que Phineas no fue elevado al sacerdocio hasta que mató a Zimri, como está escrito (Núm.25, 13) Y será para él y para su simiente después de él, el pacto de un sacerdocio eterno. R. Ashi, sin embargo, dijo: "No fue elevado hasta que hizo las paces entre las tribus, como se dice (Jos. 22, 30) y Phineas, el sacerdote, etc." Según R. Ashi, ¿qué hará con el pasaje [mencionado anteriormente] Y el sacerdote Phineas? Esto se mencionó simplemente para la genealogía de sus hijos.

(Fol. 102) R. Janai dijo: "Siempre sentirás el respeto del rey sobre ti, porque está escrito (Ex. 11, 8) Y todos estos tus siervos descenderán a mí". R. Jochanan dijo: "Lo inferimos de lo siguiente (I Reyes 18, 46) Y la mano del Señor estaba sobre Elías, y se ciñó los lomos y corrió ante Ajab".

Zevachim, Capítulo 14

(Fol. 116) Los siguientes Tannaim difieren en este punto: (Ex. 18, 1) Ahora escuchó Jetro, el sacerdote de Madián, el suegro de Moisés. ¿Cuáles fueron las noticias que escuchó que lo llevaron a acudir a Moisés y convertirse en prosélito? R. Joshua dice: "Se enteró de la guerra con Amalec; esto hizo que viniera a Moisés; porque junto a esto está escrito (Ib. 17) Y Josué desconcertó a Amalec ya su pueblo con el filo de su espada". R. Elazar el Modita dijo: "Él oyó hablar de la entrega de la Torá; esto hizo que viniera y visitara a Moisés; porque cuando el Santo, ¡alabado sea! Entregó la Torá a Israel, su voz sonó desde un extremo del globo al otro, y hacían temblar a todos los reyes idólatras en sus palacios y cantaban alabanzas [para él], como se dice (Sal.29, 9) Y en Su templo todos dicen: 'Gloria'. Todos se reunieron alrededor de Bil'am y le dijeron: '¿A qué se refieren estas voces? Quizás está trayendo un diluvio sobre el mundo, como se dice (Ib.) "Sí, el Señor se sienta como Rey para siempre, es decir, desde hace mucho tiempo que ya había jurado no traer un diluvio sobre el mundo". Entonces le dijeron a Bil'am: "Quizás Él no pueda traer un diluvio de agua [a causa de su juramento] pero Él está trayendo ahora un diluvio de fuego, como se dice (Is. 66, 16).) Porque el Señor juzgará con fuego. "A lo que Bil'am respondió:" Hace mucho tiempo que ya había jurado no destruir toda la carne ". '¿Qué significan entonces todas estas voces?' preguntaron ellos nuevamente. A lo que él respondió: 'Un tesoro precioso que el Santo, alabado sea! guardó en Su tesoro, que fue preservado con Él durante novecientas setenta y cuatro generaciones antes de la creación; este tesoro Él quiere dar a Sus hijos, como se dice (Ib.) El Señor dará fuerza a su pueblo '. A lo que todos respondieron: "El Señor bendecirá a su pueblo con paz". "R. Elazar b. Jacob dijo:" Jetro se enteró de la división del Mar Rojo, como se dice (Jos. 5, 1) Y sucedió que cuando todos los reyes de los amorreos oyeron, etc., que el Señor secó las aguas del Jordán desde delante de los hijos de Israel, hasta que pasaron, que sus corazones se derritieron, y no hubo espíritu en ellos más, a causa de los hijos de Israel. "Así también dijo Rajab la ramera a los mensajeros de Josué (Ib. 2, 10) Porque hemos oído cómo el Señor secó las aguas del Mar Rojo delante de ustedes, etc. Y tan pronto como lo oímos, nuestro corazón se derritió, y no quedó más espíritu en ningún hombre por causa de ti ".

(Fol. 118b) Cuando R. Dimi vino, dijo en nombre de Rab que en cuatro lugares descansaba la Shejiná sobre Israel, a saber: Siloh, Nob, Geban y en el Templo; y todos estos lugares estaban situados en el territorio de Benjamín, como se dice (Deut. 33, 12) Él lo cubrió, etc., es decir, toda la cobertura se hará sólo en la parte de Benjamín. Abaye fue y enseñó esto ante R. Joseph, tras lo cual este último comentó: "Kalil (refiriéndose al padre de Abaye) tenía un solo hijo, y no es perfecto". ¿No hay un pasaje (Sal.78, 60) Y abandonó el tabernáculo de Silo, la tienda que había hecho para habitar entre los hombres; y de nuevo allí, Además, aborreció la tienda de José y no eligió la tribu de Efraín. "" ¿Por qué es tan difícil? ", comentó R. Aba b. Ahaba. Benjamín, ¿y la parte de Silo que ocupaba el sanedrín estaba en la parte de José? Similar a esto encontramos también en el Templo que la Shejiná descansaba en esa sección que estaba situada en la porción de Benjamín, y el Sanedrín ocupaba esa parte del Templo que estaba situada en la porción de Judá. "R. Joseph dijo entonces: "Estos no se pueden comparar entre sí; porque es bastante correcto en el templo cuando la porción de ambas tribus estaba estrechamente relacionada entre sí, que una franja de tierra salió de la porción de Judá que se extendía hasta la de Benjamín sobre la cual se construyó el altar, y Benjamín el justo se afligió y quiso anexarlo como suyo; aquí también puede ser que una franja de tierra saliera de la porción de José y se extendiera a la porción de Benjamín; y este es el significado del verso (que una franja de tierra salió de la porción de Judá que se extendía hasta la de Benjamín sobre la cual se construyó el altar, y Benjamín el justo se afligió y quiso anexarlo como suyo; aquí también puede ser que una franja de tierra saliera de la porción de José y se extendiera a la porción de Benjamín; y este es el significado del verso (Josh. 16, 6) Ta'anath Shiloh. Los siguientes Tannaim difieren en lo anterior: R. Mair dice: "(Deut. 33, 12) Él lo cubre. Esto se refiere a este mundo; todo el día, se refiere a los días mesiánicos; y Él mora entre sus hombros, se refiere a la mundo futuro." El rabino dice: "Él lo cubrió, se refiere al primer templo; todo el día, se refiere al segundo templo; y Él habita entre sus hombros, se refiere a los días del Mesías".

A nuestros rabinos se les enseñó: El tabernáculo del desierto duró cuarenta años menos un año. El Tabernáculo de Gilgal duró catorce años, de los cuales siete fueron los años de ocupación y siete de distribución. El Tabernáculo de Nob duró cincuenta y siete años, por lo que la existencia de Shiloh sigue siendo de trescientos setenta años, menos un año. Que el Tabernáculo del desierto duró cuarenta años menos un año, ¿de dónde inferimos esto? Porque el maestro dijo [en otra parte] que el primer año después del éxodo Moisés construyó el santuario, en el segundo año levantó el tabernáculo y luego Moisés envió a los espías. Que el Tabernáculo de Gilgal duró catorce años, los siete de ocupación y los siete de proporción, ¿de dónde inferimos esto? De Kaleb (Josué 14, 7) Cuarenta años fui enviado, etc. Y, he aquí, hoy tengo cuatro puntos y cinco años. ¿Qué edad tenía cuando pasó el Jordán? Setenta y ocho años, y ahora dice que tiene ochenta y cinco, de ahí los siete años de ocupación. ¿Y de dónde sabemos de los siete años de distribución? Por favor les digo que como la ocupación duró siete, se entiende que la división también duró siete años; y si me place, digo [desde aquí] ya que no podemos encontrar otra manera [de justificar el pasaje] (Ez. 40, 1) En el año catorce después de que la ciudad fue golpeada. Que en Nob y Gibe'on duró cincuenta y siete años, ¿de dónde nos enteramos? Está escrito (I Sam. 4, 18) Y sucedió que cuando hizo mención del Arca de Dios, cayó de su asiento hacia atrás al lado de la puerta, se rompió el cuello y murió. Y se nos enseña en un Baraitha que cuando Elí murió, siguió la destrucción de Silo, y el santuario fue llevado a Nob; Cuando Samuel murió, siguió la destrucción de Nob, cuando el Tabernáculo fue traído a Gabaón, y está escrito (Ib. 7, 2). el tiempo fue largo; porque fueron veinte años. ¿A qué años se refieren estos veinte? Diez del mismo Samuel [durante los cuales juzgó a Israel]; un año durante el cual Saúl y Samuel juzgaron juntos a Israel; dos años, durante los cuales Saúl solo gobernó Israel; siete años durante los cuales David gobernó en Hebrón, como se dice (I Reyes 2, 11Y fueron los días que reinó David sobre Israel cuarenta años; Siete años reinó él es Hebrón, etc. Y de nuevo en conexión con Salomón está escrito (II Crónicas 3, 2) Y comenzó a construir en el segundo día del segundo mes, en el cuarto año de su reinado. Por lo tanto, permanecieron para Silo trescientos setenta años menos un año.

A nuestros rabinos se les enseñó acerca del pasaje (Deut. 12, 9) Porque aún no habéis llegado al reposo ya la heredad que el Señor vuestro Dios te da; es decir, al resto, se refiere a Shiloh; y a la herencia, se refiere a Jerusalén, y así dice el versículo (Jer. 12, 8) Mi heredad se ha vuelto para Mí como un león en el bosque, y nuevamente el pasaje dice (Ib.) Es Mi herencia para mí como un ave de presa moteada? Esta es la opinión de R. Juda. R. Simon dice: "El descanso se refiere a Jerusalén y la herencia se refiere a Siloh, por lo que dice el versículo (Sal. 132, 14) Este es Mi lugar de reposo para siempre, y de nuevo dice: Porque el Señor ha escogido a Sion; Él lo ha deseado para Su habitación. "Se entiende fácilmente según el que explica que el descanso se refiere a Siloh que el versículo dice [primero] al resto y luego a la herencia, pero el que explica que el descanso se refiere a Jerusalén y herencia se refiere a Siloh, esta forma invertida debería haber sido usada en el pasaje, ¿primero herencia y luego reposo? Moisés dijo así [a Israel]: "No sólo no habéis llegado todavía al reposo [Jerusalén], sino incluso a la herencia [Shiloh] todavía no habéis venido ".

FIN DE ZEBACHIM

Menachot, Capítulo 3

MENACHOTH (Fol. 28b) Samuel dijo: "La altura del candelabro era de dieciocho palmos; el pie con los ornamentos se extendía hasta tres palmos; dos palmos eran lisos [sin ornamentos], etc." (Fol.29) (II Crónicas 4, 21) Y las flores y las lámparas de oro, de oro y ese oro perfecto; ¿Por qué se usa aquí la palabra Kaloth para 'perfecto'? Rab dijo: "Porque consumieron todo el oro cerrado de Salomón"; porque R. Juda dijo en el nombre de Rab: "Salomón hizo diez candeleros, y cada uno consumió mil talentos de oro. Lo aplicaron mil veces en el horno de fundición hasta que fue refinado y reducido al peso de un talento. " ¿Es posible entonces que el horno de fundición reduzca tal cantidad? He aquí, se nos enseña que R. José b. R. Juda dice: "Sucedió que el candelero del Templo era más pesado que el de Moisés con un dinar de oro; se aplicó ochenta veces en el horno de fundición hasta que se redujo al peso de un talento". [Por lo tanto, el horno de fundición no se reduce a una cantidad como se indicó anteriormente.] Después de haber sido reducido [por Salomón] fue realmente difícil reducirlo mucho más. R. Samuel b. Nachmeni dijo en nombre de R. Jonathan: "¿Cuál es el significado del pasaje (Lev. 24, 4) ¿Sobre el candelero puro? Esto significa que la forma de su ejecución descendió directamente del cielo. (Ib.) Sobre la mesa pura, es decir, inferir de esto que los sacerdotes levantarían el pan de la proposición y se lo mostrarían a los que vinieran a Jerusalén durante las fiestas, diciéndoles: "Mirad cuán amados sois ante el Santo ¡Uno, alabado sea! " ¿En qué era visible ese amor? Como R. Joshua b. Levi dijo, para R. Joshua b. Levi dijo: "Ocurrió un gran milagro en relación con el pan de exhibición que en el momento de su remoción estaban [tan frescos y calientes] como cuando fueron colocados sobre la mesa, porque se dice (I Sam. 21, 7) Para dejar pan caliente el día que se lo quiten. "

Se nos enseña que R. Jose b. R. Juda dice: "Un fuego en la forma de un arca, en la forma de una mesa y en la forma de un candelabro, descendió del cielo, que Moisés vio y hizo como esas formas, porque el pasaje dice (Ej. 25, 40) Y mira que los hagas según su modelo, que se te muestra en el monte. "De acuerdo con esto, entonces el versículo (Ib. 26, 30) Y levantarás el Tabernáculo de acuerdo con sus reglas que se han mostrado tú en el monte, ¿significa también [que se le mostró a Moisés un fuego en la forma del tabernáculo]? Aquí el pasaje dice, de acuerdo con sus reglas, pero allí [con respecto al arca, la mesa y el candelabro] está escrito de acuerdo con su patrón. R. Chiya b. Abba dijo en nombre de R. Jochanan que Gabriel se vistió con un delantal y le mostró a Moisés cómo hacer el candelabro, como está escrito (Núm. 8, 4) Y este fue el trabajo del candelabro. En la academia de R. Ishmael se enseñó que tres cosas eran difíciles de comprender para Moisés, hasta que el Santo, ¡alabado sea! se los mostró. Las tres cosas son: el candelabro, la luna nueva y la [distinción entre los reptiles limpios e inmundos]. Con respecto al candelabro, inferimos del pasaje antes mencionado, Y este fue el trabajo del candelabro; la luna nueva, como está escrito (Ex. 12, 2) Este mes será para vosotros el principio de los meses; reptiles, como está escrito (Lev. 11, 29) Y éstos os serán inmundos. Según algunas autoridades, también las leyes relativas a la matanza eran difíciles de entender para Moisés, como está escrito (Ex.29, 38) Y esto es lo que ofrecerás sobre el altar.

(Ib. B) R. Juda dijo en el nombre de Rab: "En el momento en que Moisés ascendió al cielo, encontró que el Santo, ¡alabado sea! Estaba proporcionando [ciertas] letras con coronas, después de lo cual Moisés le dijo: 'Soberano del

Universo, ¿quién te impidió [de haber arreglado las coronas desde el principio]?' El Santo dijo entonces: "Después de un período de muchas generaciones vivirá un hombre llamado Akiba b. Joseph, que está destinado a interpretar montones de reglas en cada punta [de estas cartas] '. Entonces Moisés le dijo: 'Soberano del Universo, ¿puedo verlo?' «Vuélvete hacia atrás», fue la respuesta. Moisés retrocedió ocho filas, pero no pudo entender lo que ellos (R. Akiba y sus asociados) estaban discutiendo. Moisés se desanimó [por no poder entender], hasta que llegaron a una discusión acerca de la cual los discípulos preguntaron a R. Akiba: 'Rabí, ¿de dónde sabes esto?' 'Esta ley', respondió R. Akiba, 'es una tradición entregada por Moisés en el Sinaí.' Entonces Moisés se sintió aliviado. Luego dijo ante el Santo, ¡alabado sea Él! 'Soberano del Universo, ya que Tú tienes tal hombre ¿Por qué das la Torá a través de mí [y no a través de él]? ' "Cállate", fue la respuesta. Moisés suplicó de nuevo: "Soberano del Universo, Tú me has mostrado su sabiduría, muéstrame su compensación". "Vuélvete hacia atrás", se le ordenó a Moisés. Se volvió hacia atrás y, he aquí, se dio cuenta de que su carne se comercializaba en los mercados de carne. "Soberano del Universo", suplicó Moisés, "¿es esta la compensación por estudiar esta Torá?" «Silencio», fue la respuesta;

(Fol. 33b) R. Chanina dijo: "¡Ven y mira cómo la costumbre del Santo, alabado sea! ¡Difiere de la costumbre del hombre frágil! La costumbre del hombre frágil es que el rey se sienta dentro [del palacio] y sus sirvientes lo guardan desde fuera [del palacio], pero la costumbre del Santo, ¡alabado sea! no es así. Sus sirvientes se sientan dentro y Él los vigila desde fuera, como se dice (Sal. 121, 5). El Señor es tu guardador; el Señor es tu sombra a tu diestra ".

(Fol. 53b) (Deut. 28, 10) Y verán todos los pueblos de la tierra que el nombre del Señor es invocado sobre ti, y te temerán. Se nos enseña que R. Eliezer el grande dice: "Esto se refiere a la Tefilina (filacterias) de la cabeza". Dijo R. Chana b. Bizna en el nombre de R. Simón el piadoso: "¡Infiere de esto que el Santo, alabado sea! Mostró a Moisés el nudo del Tefilin".

Menachot, Capítulo 4

(Fol. 43b) Se nos enseña en un Baraitha acerca del pasaje (Núm. 15, 39) Para que lo vean, es decir, miren este mandamiento y se recuerden acerca de otro mandamiento que depende de él. Esta es la lectura del Sh'ma; porque se nos enseña en una Mishna: ¿A partir de qué hora se puede leer la Sh'ma de la mañana [oración]? Desde el momento en que uno puede distinguir [antes de la luz del día] entre los colores azul y blanco. Se nos enseña en otro Baraitha: para que los miren y recuerden todos los mandamientos del Señor, es decir, miren este mandamiento y se recordarán a ustedes mismos de otro mandamiento que se menciona cerca de él. ¿A qué se refiere? Al siguiente pasaje (Deut.22, 11) No vestirás una mezcla de lana y lino. Harás los flecos. Se nos enseña en otro Baraitha: para que los mire y recuerde todos los mandamientos del Señor, es decir, el mandamiento de las franjas tiene el mismo valor que todos los demás mandamientos. De nuevo se nos enseña en otro Baraitha: para que lo veáis, y os acordéis de todos los mandamientos del Señor, y los cumpláis; es decir, mirarlo hace que uno se recuerde a sí mismo [de sus deberes]; el recordar [una cosa] lleva a uno a la acción de ella. R.

Simon b. Jochai dice: "Quien sea cuidadoso en observar los mandamientos de las franjas será recompensado por saludar la presencia de Shejiná; porque aquí está escrito para que lo veáis (Ur-ithem), y también está escrito (Deut. 6). , 13) Temerás al Señor tu Dios (Tira); ya él servirás ".

Se nos enseña que R. Mair dijo: "¿Por qué se seleccionó el azul púrpura [para las franjas de exhibición] en lugar de cualquier otro color? Porque el azul púrpura se parece al [color del] océano, y el océano se parece al cielo y el cielo se parece el Trono Divino, como se dice (Éxodo 24, 10) Y debajo de Sus pies había una piedra de zafiro como de pavimento, y algo semejante a los mismísimos cielos para claridad, y de nuevo hay un pasaje (Ez.1 , 26) La semejanza de un trono, como la apariencia de una piedra de zafiro ".

R. Eliezer b. Jacob dice: "Quien lleve filacterias en la cabeza, filacterias en la mano, flecos en el manto y una mezuzá en el dintel de la puerta, todo esto lo protegerá del pecado, como está dicho (Ec. 4, 12). una cuerda triple no se rompe rápidamente, y de nuevo hay otro versículo (Sal. 24, 8) El ángel del Señor acampa alrededor de los que temen al Señor ".

R. Mair solía decir que un hombre está obligado a repetir cien bendiciones todos los días, como se dice (Deut. 10, 12) Y ahora, Israel, ¿qué exige el Señor tu Dios de ti? (Fol. 44) R. Shesheth dijo: "El que descuida el uso de Tephilin (filacterias) [todos los días de la semana], transgrede ocho mandamientos positivos; el que no tiene flecos en su vestimenta, transgrede cinco mandamientos positivos. No subir [al estrado] para pronunciar la bendición infringe tres mandamientos positivos. El que no tiene mezuzá en el dintel de su puerta, infringe dos mandamientos positivos, por la palabra repetida y escribirás (Deut. 6,9 ; 11,20). " Resh Lakish dijo: "El que no descuida poner [todos los días] Tephilin vivirá mucho tiempo, como se dice (Is. 38, 16) Oh Señor, por estas cosas viven los hombres, y en ellas está la vida de mi espíritu. Por tanto, recupérame y hazme vivir ".

Menachot, Capítulo 5

(Fol. 53b) R. Isaac dijo: "En el momento de la destrucción del Templo, ¡alabado sea el Santo! Encontró a Abraham de pie en el Templo. Le dijo a Abraham (Jer. 11, 15) ¿Qué tiene que hacer mi amado en mi casa? A lo que Abraham respondió: "Vine a preguntar a mis hijos". 'Tus hijos han pecado y por eso fueron desterrados', remarcó el Señor. Entonces Abraham suplicó ante el Señor: '¿Quizás cometieron el pecado inocentemente?' A lo que el Señor respondió: (Ib.) "Viendo que ha cometido lascivia". "Pero quizás sólo una minoría había pecado", argumentó Abraham. (Ib.) "Con muchos", fue la respuesta. "Aún así, debiste haber recordado el pacto de la circuncisión", suplicó Abraham. Cuando el Señor respondió: '(Ib.) Y la carne santificada ha pasado de ti'. —Pero tal vez si hubieras esperado, ¿se habrían arrepentido? dijo Abraham al Señor. A lo que el Señor respondió: '(Ib.) Cuando haces el mal, entonces te regocijas'. Inmediatamente después, Abraham se llevó la mano a la cabeza y se puso a llorar y a llorar. Dijo: 'Dios no lo quiera, quizás nunca serán perdonados'. Ante lo cual se oyó una voz celestial y dijo: "Un olivo frondoso, hermoso con buen fruto, el Señor llamó tu nombre"; es decir, así como la aceituna da el mejor fruto en su edad más avanzada, así también Israel florecerá en su edad más avanzada ".

Menachot, Capítulo 9

(Fol. 85b) (II Sam. 14) Y Joab envió a Tecoa, y de allí tomó una mujer sabia. ¿Por qué envió a Tekoa? Dijo Jochanan: "Debido a que están acostumbrados a usar aceite de oliva, por lo tanto, allí se puede encontrar sabiduría". A nuestros rabinos se les enseñó acerca del versículo (Deut.33, 24) Y que moje el pie en aceite. Esto se refiere a la porción de Aser, que produce petróleo como un pozo. Una vez, relatan, los laodicenos enviaron un agente a Jerusalén con instrucciones de comprar cien miríadas de aceite. Se dirigió primero a Tiro, y de allí a Gush-Chalab, donde se encontró con el comerciante de aceite que estaba recogiendo sus olivos y le preguntó si podía suministrar cien miríadas de aceite. "Sí, espera a que termine mi trabajo", fue la respuesta. Esperó hasta que terminó su trabajo. Una vez que hubo terminado su trabajo, arrojó sus vasijas sobre su espalda, quitó las piedras y siguió su camino. El agente pensó para sí mismo: "¿Qué? ¿Tiene realmente cien miríadas de petróleo para vender? Seguramente los judíos han tenido la intención de burlarse de mí". Sin embargo, el agente fue a la casa con el petrolero,Deut. 33, 24) Y que moje su pie en aceite. Después de haber comido juntos, el comerciante le midió el valor de cien miríadas de aceite y luego le preguntó si le compraría más. "Sí", dijo el agente, "pero aquí no tengo más dinero". "No importa", dijo el comerciante; Cómpralo y yo iré contigo a tu casa por el dinero. Luego midió dieciocho miríadas de más. Se dice que alquiló todos los caballos, mulas, camellos y asnos que pudo encontrar en todo Israel para llevar el aceite, y que al acercarse a su ciudad, la gente salió a recibirlo y lo felicitó por el servicio que les había prestado. "No me elogie", dijo el agente, "sino a él, mi compañero, a quien le debo dieciocho miríadas". Esto es para ilustrar el pasaje (Pr.) Hay que se hace a sí mismo [parecer ser] rico, pero no tiene nada; Hay quien se empobrece, pero tiene grandes riquezas.

(Fol. 86b) (Lev. 24, 2) Manda a los hijos de Israel que te traigan aceite de oliva puro. R. Samuel b. Nachmeni dijo: "Te dice a ti, pero no a Mí, porque no necesito su luz. La mesa estaba en el lado norte [del Templo] y el candelabro estaba en el lado sur. R. Zerika en el nombre de R Elazar comentó: 'Dijo que no necesito comer ni su luz [del Templo]' ". (I Reyes 6, 4) Y para la casa hizo amplias ventanas por dentro y estrechas por fuera. Se nos enseña en un Baraitha con respecto a este pasaje que se hizo deliberadamente ancho por dentro y estrecho por fuera, porque 'no necesito su luz'. (Levítico 24, 3) Sin el velo del testimonio en la tienda de reunión, es decir, este es un testimonio para el mundo entero de que la Shejiná descansa sobre Israel. Y si pretendes que necesito su luz; ¿como es posible? He aquí, durante todo el período que Israel vagó por los desiertos, ellos fueron tras Mi luz. Por lo tanto, debe admitir que este es un testimonio para el mundo entero de que la Shejiná descansa sobre Israel. ¿Cuál fue la cosa inusual que sirvió de testimonio? Raba dijo: "Esto se refiere a la vela occidental extrema en la que la cantidad de aceite era tanto como en todas las demás velas, sin embargo, fue esta vela de la que se encendieron todas las demás velas y esta también fue la última [en arder hasta el sacerdote lo arregló]. "

(Fol. 87) Está escrito (Is. 62, 6) Yo he puesto centinelas sobre tus muros, oh Jerusalén. Nunca callarán, ni de día ni de noche. Vosotros que hacéis las memorias del Señor, no descanséis. ¿Que dijeron? Dijo Raba b. R. Shila (Sal. 102, 14) Te levantarás y tendrás compasión de Sion; porque es tiempo de tener misericordia de ella, porque el tiempo señalado ha llegado. R. Nachman b. Isaac dijo: (Ib. 147, 2) El Señor edifica a Jerusalén, reúne a los dispersos de Israel. ¿Y qué dijeron antes [de la destrucción del Templo]? Dijo Raba b. R. Shila: (Ib. 132, 13) Porque el Señor ha elegido a Sion; Lo ha deseado para su habitación.

Menachot, Capítulo 12

R. Chanan dijo: (Fol. 103b) "El pasaje (Deut. 28, 66) Y tu vida estará en duda ante ti, se refiere a alguien que tiene que comprar su grano una vez al año [y no posee tierra de su propio.] Y temerás de noche y de día; esto se refiere a alguien que tiene que comprar su grano cada víspera de sábado. Y no tendrás seguridad de tu vida, se refiere a alguien que tiene que depender del panadero ".

(Fol. 104b) R. Isaac dijo: "¿Por qué se ha señalado el sacrificio del Minjá en el pasaje (Lev. 2, 1) con el término Neffesh (alma)? ¡El Santo, alabado sea! Dijo, ¿Quién por lo general trae un Mincha, seguramente el pobre. Por lo tanto, consideraré su sacrificio como si sacrificara su propia alma ante Mí ". R. Isaac dijo además: "¿Por qué el Mincha es diferente de todos los demás sacrificios, que en relación con un Mincha hay cinco tipos de preparaciones? Esto puede compararse con un rey frágil para quien un amigo preparó un banquete. El rey sabiendo que su amigo era pobre y le dijo: 'Hazlo en cinco tipos de preparación, para que yo pueda disfrutar de tu tratamiento' ".

Menachot, Capítulo 13

(Fol. 110b) (Sal, 134, 1) Un canto de ascensos, etc., que están en la casa del Señor en las noches. ¿Qué significa en las noches? Dijo R. Jochanan: "Esto se refiere a los eruditos que estudian la Torá por la noche; la Escritura los considera como si estuvieran ocupados en el trabajo de los sacrificios". (II Crónicas 2, 3) Esta es una ordenanza para siempre para Israel, etc. Dijo R. Gidel en el nombre de Rab: "Esto se refiere a un altar [construido en el cielo] donde [el ángel] Miguel está parado y trae sacrificios . " R. Jochanan, sin embargo, dice que se refiere a los eruditos que se ocupan del estudio de los asuntos de los sacrificios; La Escritura lo considera como si el Templo fuera construido en sus días. Resh Lakish dijo: "¿Cuál es el significado del pasaje (Lev. 7, 37) ¿Esta es la Torá del holocausto, de la ofrenda de comida, etc.? Esto significa que si uno se ocupa en el estudio de la Torá, la Escritura lo considera como si estuviera trayendo un holocausto, una ofrenda de comida, una ofrenda por el pecado y una ofrenda por la culpa ". Dijo Raba:" Si es así, entonces por qué el pasaje usa la preposición de; debería haber sido dicho, ¿un holocausto solo? "Raba, por lo tanto, dijo:" Esto significa que quien estudia la Torá no necesita un holocausto, una ofrenda de comida, una ofrenda por el pecado ni una ofrenda por la culpa . "R. Isaac dijo:" ¿Cuál es el significado del pasaje (Ib. 6, 17) Esta es la ley concerniente a la ofrenda por el pecado; y otra vez (Ib. 7) ¿Esta es la ley concerniente a la ofrenda por la culpa? Cualquiera que estudie las leyes concernientes a una ofrenda por el pecado es considerado como si hubiera traído una ofrenda por el pecado;

MISHNAH: El pasaje dice acerca del holocausto de un ganado (Lev.1, 9) Una ofrenda encendida de olor grato para el Señor, y acerca del holocausto de un ave dice (Ib.) An ofrenda encendida de olor grato para el Señor, y acerca de una ofrenda de harina también dice: Ofrenda encendida de olor grato para el Señor. Esto es para enseñarte que no importa si da mucho o poco, debe dirigir su atención hacia el cielo.

GEMARA: R. Zeira dijo: "¿Dónde está el pasaje bíblico para probar esto? (Ec. 5, 11) Dulce es el sueño de un trabajador, coma mucho o poco". R. Ada b. Ahaba dijo: "De aquí (Ib. Ib. 10) Cuando los buenos crecen, se multiplican los que se los comen; ¿y qué ventaja tiene el dueño de ellos, al salvarlos de contemplarlos con sus ojos?" Se nos enseña que R. Simon b. Azai dijo: "Ven y mira que en todo el capítulo de los sacrificios no se mencionan los atributos divinos Ail (Dios), ni Elohim (Dios), sino el nombre original Jehova (Tetragrammaton) para no permitir que nadie tenga la oportunidad de dudar. [en cuanto a Su monoteísmo]. Se dice acerca de un buey (Lev. 1, 9) Ofrenda encendida de olor grato para el Señor; y acerca de las aves, está escrito (Ib.) Ofrenda encendida de olor grato para el Señor; y en cuanto a la ofrenda de harina, dice: Ofrenda encendida de olor grato a Jehová. De esto se puede inferir que, donen mucho o poco, siempre deben dirigir su atención hacia el Cielo. Quizás dirás que lo necesita como alimento; por eso dice (Sal. 50, 12) Si tuviera hambre, no te lo diría; porque el mundo es mío; ¿como carne de toro? etc. No les pido que traigan sacrificios para que hagan Mi deseo o lo mismo, pero están trayendo los sacrificios por su propia voluntad, como se dice (Lev. 19, 5).) De acuerdo con su libre albedrío se ofrecerá ".

FIN DEL TRACTO MENACHOTH.

Chullin, Capítulo 1

CHULIN (**Fol.5**) (I Reyes 22, 10El rey de Israel y Jehosafat rey de Judá estaban sentados cada uno en su trono, vestidos con sus ropas, en la era a la entrada de la puerta de Samaria. ¿Qué significa "en la era"? ¿Era entonces la puerta de Samaria una era? Por lo tanto, debemos decir que estaban sentados en una posición similar a la forma de una era (en un semicírculo); porque en una Mishna se nos enseña que el Sanedrín se sentó en un semicírculo con la forma de una era para que pudieran verse unos a otros. (Ib. 17, 6) Y los cuervos le traían pan y carne por la mañana, y pan y carne por la tarde. Dijo R. Juda en nombre de Rab: "Lo trajeron de los carniceros del rey Achab por orden divina". ¿Cuál es el significado de 'cuervos'? Rabina dijo: "Cuervos de verdad".

Se nos enseña acerca del pasaje (Lev. 1, 2) Del ganado, esto significa incluir a los hombres que son como ganado. De aquí se infiere que está permitido aceptar sacrificios de judíos apóstatas, para que se arrepientan, pero no de un converso, que practica la libación idólatra y que profana el sábado públicamente. (Ib. B) ¿Es esta una regla general que siempre que se menciona la palabra ganado se refiere a una cosa objetable? He aquí que está escrito (

Sal. 36, 7) Hombre y bestia Tú preservas, oh Señor; y R. Juda dijo en el nombre de Rabbi: "Esto se refiere a hombres que están desprovistos de sabiduría y que se hacen a sí mismos como bestias [¿de ahí que sea una alabanza?]. Allí está escrito 'hombre y bestia', pero aquí está escrito, "bestia" solamente. Y donde está escrito hombre y bestia, ¿dices que significa mejora (perfección)? He aquí, está escrito (Jer. 21, 27) Y sembraré la casa de Israel y la casa de Judá con la simiente del hombre y con la simiente de la bestia. [¿Por lo tanto, bestia se refiere a una desventaja?] Allí es diferente, porque el pasaje hace una separación entre la simiente del hombre y la simiente de la bestia ".

(Fol. 7) ¡Alabado sea el Santo! no causa tropiezo por la bestia de los justos; para R. Phineas b. Jochai iba a rescatar cautivos. Mientras se acercaba al riachuelo Ginnay, le dijo al Ginnay: "Divídeme tus aguas para que pueda cruzar por encima de ti". El Ginnay respondió: "Tú vas a hacer la voluntad de tu Creador y yo voy a hacer la voluntad de mi Creador; en lo que a ti respecta, hay una duda de si lograrás o no cumplirás [el rescate de los cautivos], pero sin duda estoy cumpliendo [la voluntad de mi Creador, por lo que no puedo dejar de cumplir con mi deber por ti] ". R. Phineas dijo entonces al Ginnay: "Si no te divides, entonces emitiré un decreto de que ninguna agua pasará por ti para siempre. "Por consiguiente, el Ginnay dividió el agua. Había con él un hombre que llevaba trigo para la Pascua. Phineas le dijo al Ginnay:" Divídese también por ese hombre que está comprometido en un acto meritorio ". El Ginnay se dividió. Había también un comerciante árabe que se había unido a ellos y R. Phineas dijo al Ginnay: "Divídete también por él, para que no tenga que decir: ¿Es correcto hacer esto con un compañero de viaje?". el Ginnay se dividió [una vez más]. R. Joseph dijo: "He aquí, este hombre era aún más grande que Moisés y las sesenta miríadas [de israelitas]; porque allí (en relación con Moisés e Israel) sucedió solo una vez, mientras que aquí se dividió tres veces ". ¿Pero quizás aquí también se dividió solo una vez y él simplemente oró [al Ginnay para que no devolviera sus aguas hasta que los tres hubieran pasado]? Por lo tanto, debemos decir que quiso decir que era igual a Moisés y sesenta miríadas [de israelitas]. R. Phineas se detuvo en cierta posada donde colocaron cebada delante de su trasero. El burro, sin embargo, se negó a comer. (Ib. B) Lo sacudieron; aun así, el animal no se lo comió. Luego lo limpiaron y aún así el animal no se lo comió. R. Phineas les dijo entonces: "Quizás no fue quitado de la porción Levética del grano, por lo tanto, ¿cómo debe comer?" Luego añadió y dijo: "¿Esta pobre criatura va a realizar la voluntad de su Creador y trataste de alimentarla con Tebel?" Rabí, habiendo sido informado [de su venida] salió a recibirlo. El primero le dijo al segundo: " ¿Podemos obtener su consentimiento para participar de una comida en mi casa. "" Sí ", fue la respuesta. El rostro del rabino comenzó a brillar [debido a la alegría]. R. Phineas luego comentó al rabino:" Me parece que me tomaste como alguien que hizo un voto de no disfrutar nada de Israel [que no me pertenece]. El hecho es que considero a Israel como una nación santa [digna de beneficiar a los demás]; sin embargo, hay algunos que desean [tratar a los demás] pero no pueden pagar, y nuevamente hay otros que podrían pagar [tratar a otros] pero que no tienen ningún deseo y el pasaje dice (Me parece que me tomaste como alguien que hizo un voto de no disfrutar nada de Israel [que no me pertenece]. El hecho es que considero a Israel como una nación santa [digna de beneficiar a los demás]; sin embargo, hay algunos que desean [tratar a los demás] pero no pueden pagar, y nuevamente hay otros que podrían pagar [tratar a otros] pero que no tienen ningún deseo y el pasaje dice (Me parece que me tomaste como alguien que hizo un voto de no disfrutar nada de Israel [que no me pertenece]. El hecho es que considero a Israel como una nación santa [digna de beneficiar a los demás]; sin embargo, hay algunos que desean [tratar a los demás] pero no pueden pagar, y nuevamente hay otros que podrían pagar [tratar a otros] pero que no tienen ningún deseo y el pasaje dice (Pr. 23, 6) Coma aunque no el pan del que tiene mal de ojo; ni desees sus manjares. Porque como quien ha calculado dentro de sí mismo, así es él: come y bebe, te dice; Pero su corazón no está contigo. Usted, sin embargo, está dispuesto a que otros disfruten de su riqueza y también tiene los medios. Sin embargo, ahora tengo prisa por cumplir un acto meritorio, pero a mi regreso te visitaré. En su camino de regreso, cuando vino [a visitar al rabino] sucedió que entró por una puerta desde la cual notó que había mulas blancas [en los establos del rabino]. Luego dijo: "El ángel de la muerte está en la casa de este hombre, ¿y debo participar de una comida con él?" Rabino, habiendo sido informado de que venía R. Phineas, salió a saludarlo [y cuando escuchó la razón de su negativa a entrar Rabbi ' s casa] ofreció vender las mulas. Pero R. Phineas lo rechazó citando (Lev. 19, 14) Ni poner tropiezo delante del ciego. El rabino sugirió que debería renunciar a la propiedad de las mulas, pero nuevamente se negó a dar su consentimiento porque podrían aumentar sus daños [al no tener dueño]. "Les mutilaré los cascos [para hacerlos inofensivos]", suplicó el rabino. "Esto causaría dolor a los animales", fue la objeción. "Entonces los mataré", suplicó el rabino. "Esto está prohibido (Deut. 20, 19) No destruirás ", fue la objeción. Le suplicó muy persistentemente [que aceptara la invitación] cuando una montaña brotó y los separó. Entonces el rabino comenzó a llorar y dijo:" Si los justos son tan grandes en vida, ¿cuánto más grandes son después de su muerte; para R. Chama b. Chanina dijo: 'Los justos son grandes después de su muerte, incluso más que durante su vida, como se dice (II Reyes 13, 21) Y sucedió que mientras estaban enterrando a un hombre, he aquí, vieron a la banda; y arrojaron al hombre al sepulcro de Eliseo; y cuando el hombre se acercó y tocó los huesos de Eliseo, revivió y se puso de pie. "R. Papá entonces le dijo a Abaye:" ¿Quizás esto sucedió para cumplir la bendición de Elías, como está escrito (Ib. 2, 9) Te ruego que una doble porción de tu espíritu sea sobre mí? " él respondió: "Si este es el caso, entonces, ¿cómo explicará la siguiente Mishná que dice que el hombre mencionado anteriormente solo se puso de pie pero no fue a su casa [por lo tanto, fue simplemente para sacarlo del sepulcro de Elíseo]? Pero, ¿en qué sentido se cumplió la bendición de Elías? Esto es como dijo R. Jochanan: "En lo que curó la lepra que es igual a la muerte,Num. 12, 12) No la dejes, te ruego, sea como una muerta ". R. Joshua b. Levi dijo:" ¿Por qué las mulas se llaman Yemim? Porque su terror se derrama sobre el hombre; porque R. Chanina dijo: "Nunca en mi vida un hombre me preguntó acerca de una herida causada por una mula blanca y debería permanecer con vida". "Pero, ¿no vemos que siguen con vida? Por lo tanto, debemos decir que él quiso decir que nunca se pueden curar. Pero, nuevamente, ¿no vemos que los tales se curan? Por lo tanto, debemos decir que se refiere a esas mulas que tienen patas blancas. .

(Deut. 4, 35) No hay menos fuera de Él. R. Chanina dijo: "Ni siquiera la hechicería [puede hacer nada sin la voluntad de Dios]". Hubo una mujer que trató de quitar la tierra de debajo de los pies de R. Chanina. Este le dijo: "Tómalo; esto no te ayudará en nada [a tu hechicería]; porque está dicho: No hay nadie más fuera de Él". ¿No ha dicho R. Jochanan: "¿Por qué la hechicería se llama en hebreo H'shafim? Porque disminuyen el poder de los agentes divinos". [¿Por tanto, es capaz de hacer cosas contra la voluntad de Dios?] Con R. Chanina es diferente, porque sus méritos son excesivamente numerosos. R. Chanina dijo además: "Nadie en la tierra se lastima los dedos, a menos que sea decretado desde arriba, como se dice (Sal. 23). Es del Señor que se establecen los caminos de un hombre.) ¿Cómo, entonces, puede el hombre mirar en su camino? Dijo R. Elazar: "La sangre derramada a través de la magulladura antes mencionada es aceptable (hace una ofrenda) como la sangre de un holocausto". Raba dijo: "Esto, sin embargo, se refiere si el hematoma ocurrió en el pulgar de la mano derecha y el segundo golpe y también si va a cometer un acto meritorio". Se dijo acerca de Phineas b. Jochai que nunca en su vida pronunció una bendición sobre un trozo de pan que no le pertenecía, y que desde el día en que pudo pensar por sí mismo nunca disfrutó de la comida de su padre.

(Fol. 9) R. Juda dijo en nombre de Rab: "Un erudito debe aprender las siguientes tres cosas: escribir, matar y Mila (circuncisión)". Y R. Chanina b. Shelemya en nombre de Rab dijo: "También cómo hacer el nudo de Tephilin, cómo poner los flecos y la bendición pronunciada en una ocasión nupcial".

(Fol. 24) Un pasaje dice (Núm. 8, 24) De veinticinco años en adelante, y de nuevo otro pasaje dice (Ib. 4, 3) De treinta años; ¿Cómo conciliar ambos pasajes? La edad de veinticinco años se refiere al tiempo de estudio y los treinta años se refieren al trabajo real. De esto se puede inferir que un académico que no ve una señal de mejora durante un período de cinco años, nunca verá una mejora. R. José dice: "Si no ve por un período de tres años, como se dice (Dan. 1, 5) Y que deben ser alimentados tres años; y que les enseñase la ciencia y la lengua de los caldeos. "El primer Tanna, sin embargo, sostiene que tres años fueron suficientes para el idioma caldeo, que es fácil de aprender. El segundo Tanna sostiene que sólo con respecto a las reglas del La obra del templo, que fue tan numerosa, fue necesaria durante un período de cinco años.

De R. Chamina se decía que a los ochenta años podía ponerse y quitarse los zapatos apoyándose en una sola pierna. El mismo R. Chanina comentó: "Los [baños] tibios y el aceite que mi madre me aplicó en mi infancia, me protegieron en mi edad avanzada".

Chullin, Capítulo 2

(Fol.37b) Está escrito (Ez.4, 14) Entonces dije: '¡Oh, Señor Dios! He aquí, mi alma no ha sido contaminada; porque desde mi juventud hasta ahora no he comido de lo que muere por sí mismo, o es desgarrado por las bestias; ni entró carne aborrecida en mi boca. es decir, he aquí, mi alma no ha sido contaminada. No permití que durante el día surgieran en mí pensamientos impuros que debieran causarme impureza durante la noche. Porque desde mi juventud no comí cosa que muere por sí misma; esto significa que la carne de un animal de la que se dice cortar, cortar, es decir, la carne de un animal se corta apresuradamente, porque amenaza con morir. Ni entró carne aborrecida en mi boca; esto significa que no he comido de un animal sobre el que se requiera la decisión de un erudito [si se permite comer o no]. R. Nathan dijo: "

Chullin, Capítulo 3

(Fol. 42) En la academia de R. Ishmael se enseñó acerca del pasaje (Lev. 11, 2) Estos son los seres vivos que podéis comer; de esto se puede inferir que el Santo, ¡alabado sea! agarró todo tipo de animal y se lo mostró a Moisés y él le dijo: "De esto coméis".

(Fol. 44b) Se nos enseña en un Baraitha: Si un juez dicta sentencia declarando a un lado inocente y al otro culpable, o declara algo impuro o puro; si declara algo prohibido o permitido; y así también con respecto a los testigos que han testificado acerca de las cosas anteriores, aunque se les permite comprar la misma cosa [después de su decisión o testimonio], sin embargo, los sabios dijeron: "Manténgase alejado de todo lo espantoso y de todo lo que parece espantoso".

R. Chisda dijo: "¿A quién se le puede llamar erudito? Aquel que es capaz de decidir un T'refah por sí mismo". R. Chisda dijo además: "¿Quién puede ser llamado (Pr. 15, 27) Pero el que odia los regalos vivirá? Aquel que es capaz de decidir un T'refah por sí mismo". Mar Zutra dio una conferencia en nombre de R. Chisda: "Quien esté versado en las Escrituras, haya enseñado el Meshna y sea capaz de ver un T'refah por sí mismo y haya esperado a los eruditos [que participan en sus discusiones argumentativas], sobre él dice el pasaje (Sal.128, 2) Cuando comas el trabajo de tus manos, feliz serás, y te irá bien ". R. Zebid dijo:" Tal hombre heredará ambos mundos, este mundo y el mundo venidero; feliz serás, se refiere a este mundo, y te irá bien, se refiere al mundo futuro ". R. Elazar dijo:" Siempre que se le enviaba algo desde la casa del Príncipe del Exilio, no quería acéptelo y si lo invitaban [a alguna fiesta] no iría, diciendo, ¿no quiere el maestro que viva? porque está escrito: Quien odia los regalos vivirá mucho. R. Zeira, por el contrario, si se le mandaba algo, lo aceptaba y si se le extendía una invitación, iba dando la razón de su acción que desean ser honrados por su presencia.

(Fol.49) Se nos enseña en un Baraitha sobre el pasaje (Núm.6 , 23) De esta manera bendeciréis a los hijos de Israel. R. Ismael dice: "Aprendemos de aquí que la bendición sobre Israel viene a través de los sacerdotes, pero no hemos aprendido de dónde vienen las bendiciones sobre los sacerdotes mismos. Ya que el versículo dice (Ib.) Y los bendeciré, es Debe entenderse que los sacerdotes bendecirán a Israel y el Santo, ¡alabado sea! Bendecirá a los sacerdotes ". R. Akiba dice: "Aprendemos del pasaje anterior que la bendición sobre Israel viene solo a través de los sacerdotes, pero no del Todopoderoso. Como, sin embargo, el pasaje dice: Y los bendeciré, se entiende que los sacerdotes bendicen Israel y el Santo, ¡alabado sea! Da su consentimiento ". Pero, ¿de dónde R. Akiba infiere las bendiciones para los sacerdotes mismos? Dijo R. Nachman b. Isaac: "De (Génesis 12,) Y bendeciré a los que te bendigan. "Y tu signo [para no cambiar la opinión de R. Akiba por la de R. Ishmael], es R. Ishmael, que es un sacerdote, apoya al sacerdote [afirmando que la última parte del bendiciones se refiere a los sacerdotes en lugar de a Israel].

(Fol. 56b) Hay un versículo (Deut. 32, 6) ¿No te hizo y te estableció? De esto se puede inferir que el Santo, ¡alabado sea! ha creado cámaras cuidadosamente dispuestas en el hombre, una de las cuales, si se perturba, el hombre no puede vivir. En un Baraitha se nos enseña que R. Mair diría: "¿No te hizo él y te estableció? Esto significa: Una comunidad en la que todo (todas las clases) se puede encontrar; de su propio medio tienen sacerdotes, de su de entre ellos tienen profetas, y de entre ellos tienen príncipes, como se dice (Zacarías 10, 4).De ellos saldrá la piedra angular, de ellos la estaca, etc. Hubo un romano que notó que un hombre se cayó del techo provocando por la caída una ruptura en su vientre por donde le salieron las entrañas. Inmediatamente trajo un hijo de los heridos, al que masacró de forma ficticia (Fol. 57). El padre se desmayó y comenzó a suspirar, lo que le provocó el regreso de sus entrañas. Entonces el romano le cosió el vientre.

(Ib. B) Se dijo acerca de R. Simon b. Chalafta que solía hacer experimentos, etc. ¿Por qué se le llamó experimentador? Dijo R. M'sharshia: "Concerniente al pasaje (Pr. 6, 6) Ve a la hormiga, perezoso, mira sus caminos y sé sabio; la cual, sin jefe, ni capataz ni gobernador, le da pan en el verano y recoge su pan en la mies. Él dijo: 'Iré a ver si es cierto que no tienen rey'. Los visitó durante el solsticio de verano y extendió una capa sobre el hormiguero y cuando salió una hormiga, hizo una marca en ella [para reconocerla]. A su regreso al nido, informó que una sombra cubría el nido. Cuando los demás salieron a observarlo, encontraron que el sol brillaba, ya que R. Simon ya le había quitado el manto. Cayeron sobre la hormiga y la mataron [por dar un informe falso]. R. Simon luego dijo: 'No deben tener un rey, porque si tuvieran uno, entonces no la habrían condenado sin el permiso de su rey'. "R. Acha,Jud. 17, 6) En aquellos días no había rey en Israel; cada uno hacía lo que le parecía bien. "Por lo tanto, debemos depender meramente de la fiel reputación de Salomón".

(Fol. 59) R. Juda dijo: "El que coma tres garrapatas de asafétida antes de una comida estará expuesto a una peligrosa enfermedad de la piel". Dijo R. Abahu: "Sucedió que una vez comí un tikle de asafétida, y si no hubiera saltado inmediatamente al agua, habría estado expuesto a esa enfermedad de la piel. Me he aplicado el pasaje (Ec. 7, 12) La sabiduría preserva la vida del que la tiene. "Al Príncipe del Exilio se le trajo un ciervo, cuyas patas traseras fueron cortadas. Después de que Rab lo examinó en el manojo de tendones convergentes en el muslo, declaró que era Kosher. (apto para ser comido). Tenía la intención de darles permiso para servirlo medio asado, cuando Samuel le dijo: "¿No teme el amo la sospecha de una serpiente [cuya mordedura ha provocado la caída de la cierva? piernas]? "Con lo cual Rab comentó:" ¿Cuál es su prueba [para descubrir su naturaleza exacta]? "La forma de probarlo es colocarlo en una estufa al fuego; luego se descubrirá a sí mismo. Esto se hizo, y la consecuencia Fue que se derrumbó y cayó en pedazos. Samuel luego aplicó el siguiente pasaje a Rab (Pr. 12, 21) No le sobrevendrá daño alguno a los justos. Rab luego aplicó el siguiente pasaje a Samuel (Dan. 4, 6) Ningún secreto te causa problemas.

(Ib. B) El César le dijo a R. Joshua b. Chanania: "Tu Dios es comparado a un león, como dice el pasaje (Amós 3, 8) Ha rugido el León, que no temerá. ¿Qué tiene de notable? ¿No mata un cazador a un león? "" No se le compara con un león corriente ", fue la respuesta de R. Joshua;" sino que se le compara con el león del bosque de Ilai "." Si es así, me gustaría "No puedes verlo", respondió R. Joshua. "Pero debo verlo", insistió el César. Ante lo cual R.

Joshua oró y provocó que el león [de la bosque Ilai] para moverse de su lugar. Cuando alcanzó una distancia de cuatrocientos Parsahs [de Roma] dio un rugido que hizo que el aborto espontáneo de las mujeres embarazadas y la torre de Roma temblara hasta el punto de caer. trescientos paras, dio otro rugido, lo que hizo que se le cayeran los dientes a toda persona, y el mismo César cayó del trono. Entonces el César le dijo a R. Joshua: "Te ruego, ora pidiendo misericordia para que vuelva a su lugar". Entonces R. Joshua oró e hizo que el león regresara a su lugar.

(Fol. 60) R. Juda dijo: "El buey que sacrificó Adán, el primer hombre, tenía un solo cuerno en la frente, como se dice (Sal. 69, 32) Y esto agradará al Señor más que un buey o un becerro con cuernos y pezuñas hendidas. "¡He aquí! ¡La palabra usada es Makrin (cuernos) en plural! [Por lo tanto, tenía dos cuernos.] Dijo R. Nachman:" Aunque leemos Makrin (cuernos) la palabra realmente se escribe Makren (cuerno, el singular) ". R. Juda dijo:" El buey que Adam, el primer hombre, sacrificó, obtuvo sus cuernos antes de tener sus pezuñas hendidas, como se dice, Y esto agradará al Señor más que un buey o un becerro con cuernos y pezuñas hendidas, es decir, primero cuernos y luego pezuñas hendidas. Esto apoyará a R. Joshua b. Levi, quien dijo que todas las obras (animales) de la creación, fueron creadas en su característica adulta, por su pleno consentimiento, por su propia [elección de] forma, como se dice (Gen.2, 1) Y fueron acabados el cielo y la tierra, y todo el ejército de ellos. No lea Tzeba'am (el anfitrión), pero léalo Tzib'yonam (su gusto).

R. Chanina b. Papá dio una conferencia: Concerniente al pasaje (Sal. 104, 31) Que la gloria del Señor dure para siempre. Este pasaje fue recitado por el Ángel que supervisaba el Universo; porque, cuando el Santo, sea alabado! había dicho (Génesis 1, 11) Según su especie, en relación con los árboles, las hierbas infirieron a fortiori con respecto a sí mismas, diciendo: "Si el Santo, ¡alabado sea! Quería un crecimiento abigarrado, ¿por qué dijo según su especie, con respecto a los árboles? Además, ¿no es a fortiori? Si con respecto a los árboles que generalmente no están creciendo un crecimiento abigarrado, sin embargo, el Santo, ¡alabado sea! Dijo según su especie, cuánto más deberíamos nosotros, que generalmente están creciendo un crecimiento abigarrado , ¡salgan según su género! Inmediatamente después, cada uno salió según su género. El ángel que supervisa el Universo [observando esto] dijo el pasaje, Que la gloria del Señor sea para siempre ".

(Ib. B) R. Simon b. Pazi planteó la siguiente contradicción: "El pasaje dice (Génesis 1, 16), E hizo Dios las dos grandes lumbreras; y además dice, la luz mayor y la luz menor. La luna dijo ante el Santo, ¡alabado sea! 'Soberano del Universo, ¿es posible que dos reyes usen la misma corona (para ocupar un rango igual)?' A lo que el Señor respondió: Ve y hazte más pequeño (se reduce). 'Soberano del Universo', suplicó la luna ante el Señor, '¿es porque te dije algo digno de que me hiciera más pequeño?' "Ve y domina el día y la noche", le dijo el Señor. La luna suplicó además: '¿De qué servirá mi luz? para una lámpara al mediodía, ¿de qué serviría? El Señor le dijo: "Ve [y queda satisfecha] porque Israel contará sus días [del mes] y años después de ti (el sistema lunar)". ' Los días son imposibles de contar a menos que sea después del solsticio ", se quejó la luna; 'porque el pasaje dice (Gen.1, 14) Y sean por señales, y para estaciones, y para días y años. ' "Puedes ir [y estar satisfecha]", le dijo el Señor, "porque los justos serán llamados en tu nombre:

Jacob el pequeño (Amós, 7); Samuel el pequeño (I Sam. 17); David el pequeño. El Señor observó que la luna no estaba satisfecha; Por lo tanto, dijo: 'Tráeme una expiación porque yo causé la inferioridad de la luna'. "Esto se refiere a Resh Lakish; porque Resh Lakish dijo:" ¿Qué significa la expresión [extraña] de la Torá en relación con la ofrenda de cabras de la luna nueva? Porque dice (Núm. 28, 15) A Dios. ¡El Santo, alabado sea! dijo: Esta ofrenda de cabra será una expiación para Mí, porque yo causé la inferioridad de la luna '.

(Fol. 63) R. Juda dijo: "El comorante (Lev. 11, 17) es ese pájaro que atrapa peces en el mar; la abubilla (Ib.) Es ese pájaro que tiene una doble cresta". También se nos enseña en un Baraitha el mismo efecto: La abubilla es ese pájaro que tiene una doble cresta, y es el mismo pájaro que trajo el gusano shamir para la [construcción] del Templo. R. Jochanan, al ver a un comorante recitaría el siguiente verso (Sal. 36, 7) Tus juicios son como el gran abismo; y al ver una hormiga, recitaba el comienzo de ese pasaje, Tu justicia es como las montañas poderosas. R. Juda dijo: "El gier-eagle (Lev. 11, 17) se refiere al pájaro que produce el sonido Sh'rakrak, y ¿por qué se llama Racham [que significa misericordia]? "Dijo R. Jochanan:" Porque tan pronto como aparece el Rahcam (gier-eagle), la misericordia viene sobre el mundo . "Dijo R. Bibi b. Abaye:" Esto se refiere solo cuando se para sobre algo y produce el sonido Sh'rakrak, y tenemos una tradición de que cuando ella se sienta en el suelo y pronuncia ese sonido, entonces es un signo para el período mesiánico, como se dice (Zac. 10, 8) silbaré (esh'rka) para ellos, y los reuniré ". R. Ada b. R. Shimi dijo a R. Idai:" ¿No fue ¿Sucederá que uno de ellos estaba sentado en un campo cultivado haciendo el sonido anterior cuando una piedra cayó sobre él y le atravesó el cerebro [por lo tanto, la señal no es positiva]? "

Chullin, Capítulo 6

(Fol. 84) R. Jochanan dijo (Ib. B): "Quien desee hacerse rico debe comerciar con ganado pequeño". Dijo R. Chisda: "¿Cuál es el significado del pasaje (Deut. 7, 13) ¿Y las crías de tu rebaño? es decir, enriquecen a sus dueños ". R. Jochanan dijo además:" Aquel a quien su padre le legó demasiado dinero, y él desea perderlo, se vestirá con ropa de cama, usará utensilios de vidrio y contratará obreros y no estará con él. ellos. Se vestirá con ropa de cama; esto se refiere a las prendas de lino romanas [que son muy caras y se estropean en poco tiempo], y utilizarán utensilios de vidrio, se refiere al vidrio tallado; y contratará obreros y no estará con ellos, se refiere a los labradores con bueyes [que se quedan sin supervisar], que pueden hacer mucho daño [tanto a los bueyes como a los huertos] ". R. Avira dio una conferencia a veces en nombre de R. Ami, y en otras ocasiones, en nombre de R. Assi: "¿Cuál es el significado del pasaje (Sal. 112, 5) ¿Qué le va bien al hombre que trata con bondad y presta, que ordena sus asuntos con justicia? "Esto significa que un hombre siempre gastará en comer y beber menos de lo que tiene y se vestirá de acuerdo con sus medios, pero honrará a su esposa. y niños por encima de sus posibilidades, porque dependen de él mientras él depende de Aquel que ordenó y el Universo llegó a existir ".

(Fol. 88b) Raba dijo: "Como recompensa a Abraham por su charla [humilde] (Génesis 18, 27), que no soy más que polvo y ceniza, sus hijos tuvieron el privilegio de los dos mandamientos: las cenizas de la vaca y la polvo de la Sotah ". ¿Por qué no cuenta también las cenizas utilizadas para cubrir la sangre [de un ave o una bestia sacrificada]? El último es simplemente una preparación para un mandamiento.

(Fol. 89) Raba dijo además: "Como recompensa a Abraham por lo que dijo (Ib. 14, 23) No tomaré un hilo ni una correa de zapato, sus hijos tuvieron el privilegio de dos mandamientos: T'chelet y las correas de las filacterias ". Se entiende muy bien que las correas de las filacterias son un privilegio, porque el pasaje dice (Deut.28, 10) Y todas las naciones de la tierra verán que el nombre del Señor es invocado sobre ti, y en un Baraitha se nos enseña que R. Eliezer el grande dice: "El pasaje anterior se refiere a las filacterias de la cabeza". ; pero ¿en qué consiste el privilegio de los T'chelet? Como se nos enseña en el siguiente Baraitha que R. Mair dice: "¿Por qué se prefirió el color azul a todos los demás colores? Porque el azul se parece al mar, y el mar se parece al cielo, y el cielo se parece a la piedra de zafiro y la piedra de zafiro se asemeja a la Trono divino, como está escrito (Éxodo 24, 10) Y vieron al Dios de Israel, y debajo de Sus pies había una obra empedrada de zafiro. Y también está escrito (Ez. 1, 26).) Como la apariencia de una piedra de zafiro; y sobre la semejanza del trono ". R. Abba dijo:" Es difícil [devolver] el robo que ya está consumido; porque ni siquiera los perfectos justos podrían devolverlo, como se dice (Génesis 14, 24) excepto lo que han comido tus hombres ".

R. Jochanan dijo en nombre de R. Elazar b. R. Simon: "Dondequiera que encuentres algo dicho por R. Eliezer, el hijo de R. José, el galileo, en el camino del homeletics, haz que tu oído sea como el saltador [para recibir sus palabras]". (Deut. 7, 7) El Señor no puso Su amor sobre ti ni te escogió, porque eras más en número que cualquier pueblo, etc. ¡El Santo, alabado sea! dijo a Israel: "Te amo, porque en el momento en que incluso te abrumo con dignidad, te estás menospreciando ante Mí. Porque le di dignidad a Abraham y él [a cambio] dijo (Génesis 18, 27) ¿Quién soy? Yo sólo polvo y ceniza. Hice lo mismo con Moisés y Aarón y ellos [a cambio] dijeron (Ex. 16, 7) ¿Y qué somos nosotros? A David, y él dijo (Sal. 22, 7).) Pero soy un gusano y no un hombre. Las otras naciones, sin embargo, se comportan de manera diferente; porque cuando le di dignidad a Nimrod, él dijo (Gn. 11, 3) Ven, construyamos una ciudad. A Faraón, y él dijo (Ex. 5, 2) ¿Quién es el Señor? A Senaquerib, y dijo (II Reyes 18, 35) ¿Quiénes son entre todos los dioses de los países, etc. A Nabucodonosor, y dijo (Is. 14, 14) Subiré por encima de las alturas de las nubes? A Quiram, rey de Tiro, y dijo (Ez.28, 2) Me siento en el asiento de Dios, en el corazón de los mares. "Raba, y según algunas autoridades, R. Jochanan, dijo:" La posición que el pasaje dice fue tomada por Moisés y Aarón es más [agotador] que el uno tomado por Abraham; porque acerca de Abraham está escrito, ¿Quién soy sino polvo y ceniza, mientras que acerca de Moisés y Aarón, está escrito, y qué somos nosotros? "Raba, y según otros, R. Jochanan, dijo además:" El mundo no tendría existido si no fuera por Moisés y Aarón; porque aquí está escrito y qué somos nosotros, y está escrito en otra parte (Job 26, 7) Cuelga la tierra sobre nada ".

R. Ila'a dijo: "El mundo no habría podido existir si no fuera por el que se refrena a sí mismo en la contienda (guarda silencio); como dice el pasaje (Job 26, 7) Cuelga la tierra [por el por aquellos que se consideran a sí mismos como] nada ". R. Abahu dijo: "Para el que se hace a sí mismo como nada, como está dicho (Deut. 33, 27) Y debajo están los brazos eternos". R. Isaac dijo: "¿Cuál es el significado del pasaje (Sal. 58, 2) ¿Hablas en verdad como una compañía justa? ¿Juzgáis con equidad a los hijos de los hombres? es decir, ¿de qué se ocupará un hombre en este mundo? Debería volverse tonto. Uno podría pensar que incluso para estudiar la Torá, uno puede volverse mudo; por eso dice, hablen como justos. Quizás uno piense que se le permite a uno exaltarse a sí mismo [con la Torá]. Por tanto, el pasaje dice: Juzgad con equidad a los hijos de los hombres ".

Chullin, Capítulo 7

(Fol. 90b) Se nos enseña en una Mishná que había un lugar redondo para recoger las cenizas en el medio del altar, y en ocasiones había en él casi hasta trescientos cuerpos de cenizas. "Esto debe ser una exageración", comentó Raba. R. Ami dijo: "El Pentateuco, los Profetas y los sabios suelen hablar en un lenguaje hiperbólico. Que los sabios hablan en un lenguaje hiperbólico, como se citó anteriormente; que el Pentateuco habla en un lenguaje hiperbólico, lo encontramos en lo siguiente versículos (Deut.1, 28) Ciudades grandes y amuralladas hasta el cielo; que los Profetas hablan en un lenguaje hiperbólico, lo encontramos en el siguiente versículo (I Reyes 1, 40) De modo que la tierra se partió con el sonido de ellos ". R. Isaac dijo:" En tres lugares los rabinos usaron un lenguaje hiperbólico. Son: En relación con el montón de cenizas [en el altar] en relación con la vid, y en relación con el velo [del Templo]. En cuanto al montón de cenizas, se dijo anteriormente; en cuanto a la vid, encontramos en la siguiente Mishná: Había una vid dorada en la entrada del Templo, arrastrada por cristales, sobre la cual la gente, que donaba frutas o racimos de uvas, se suspendía en ella. R. Elazar b. Sadoc dijo: "Sucedió una vez que se convocó a trescientos sacerdotes para limpiar [la vid de tales ofrendas]". El velo se refiere a la siguiente Mishná: Rabban Simon b. Gamaliel dice en nombre de R. Simon, el sustituto del sumo sacerdote: "El espesor del velo [del Templo] era un palmo. Estaba tejido con setenta y dos cuerdas, cada una de las cuales constaba de veinticuatro hebras. Su largo era de cuarenta codos por veinte de ancho. Fue hecho por ochenta y dos miríadas de doncellas, y cada año se hacían dos de esos velos. Se necesitaron trescientos sacerdotes para sumergirlo y limpiarlo [si se vuelve inmundo] ". (Fol. 91) R. Joshua b. Levi dijo:" El pasaje dice (Génesis 32, 26) Y luchó con él. Esto significa que lo hicieron como un hombre que lucha con su amigo, cuando su mano llega al muslo derecho de su amigo ". R. Samuel b. Nachmeni dijo:" El ángel se le apareció con la apariencia de un pagano, como dijo el maestro. [en otro lugar] el de un israelita se une a un pagano en el camino, este último debe unirse al lado derecho del israelita ". R. Samuel b. Acha dijo antes de R. Papa, en el nombre de Raba b. Ulla que el ángel se apareció a Jacob con la apariencia de un erudito, como dijo el maestro [en otro lugar] quienquiera que camine al lado derecho de su maestro debe ser considerado un ignorante [por lo tanto, caminó a la izquierda de Jacob y así alcanzó el muslo derecho de Jacob] . Los rabinos, sin embargo, sostienen que apareció en la espalda de Jacob y lo golpeó en ambos muslos. Pero, ¿cómo explicarán los rabinos el pasaje? mientras luchaba con él [lo que significa que tuvieron un encuentro frontal]? Esto lo explican a la manera de la otra interpretación de R. Joshua b. Levi, quien dijo: "Deduzca del pasaje anterior que el polvo [causado por su lucha] subió hasta alcanzar el trono divino; porque está escrito aquí (be'he'abko) mientras él luchaba con él, y otra vez allí es un pasajeNahum 1, 3) Y las nubes son el polvo (Abak) de Sus pies.

(Gén. 32, 25) Y Jacob se quedó solo. R. Elazar dijo: "Esto significa que se quedó solo a causa de cántaros pequeños [que deseaba llevar]. Deduzca de esto que los justos consideran su riqueza aún más valiosa que sus propios cuerpos, ¿y por qué? Porque lo hacen. no poner sus manos en el robo [de ahí que ganen con trabajos forzados]. (Ib.) Y allí luchó un hombre con él hasta que rayaba el alba. "Infiere de esto", dijo R. Isaac, "que un erudito no debe salir solo de noche ". R. Abba b. Cahana dijo:" De aquí (Ib. b) inferimos lo anterior (Rut 3, 2). He aquí, esta noche aventa la cebada en la era ". R. Abahu dijo:" Desde aquí (Génesis 22, 3) Y Abraham se levantó temprano en la mañana, etc. "Los rabinos dicen:" De aquí (Ib. 37, 13) Ve ahora, mira si está bien con tus hermanos, y bien con el rebaño ". Rab dijo:" De aquí (Ib. 32, 32) Y el sol salió sobre él ".

R. Akiba dijo: "Una vez le pregunté a Rabban Gamaliel y R. Joshua mientras estábamos en el mercado de carne de Imum, cuando fueron a comprar carne para la fiesta del hijo de Rabban Gamaliel, está escrito (Gen. 32, 32) Y le salió el sol al pasar por Penuel; ¿Entonces el sol solo salió para él? ¿He aquí que se elevó a todo el mundo? R. Isaac dijo que el sol que se había puesto por su causa salía ahora para él, porque está escrito (Ib.28, 10) Y Jacob salió de BeerSheba y fue hacia Charan, y además dice: Y se encendió (Vayifga) en cierto lugar y se quedó allí toda la noche, porque el sol se había puesto. Cuando llegó a Charan, dijo: "¿Es correcto de mi parte no haber rezado cuando pasé por el lugar donde pasaron mis padres?" Decidió regresar, y poco después de su resolución, la tierra saltó y conoció a Betel. Quería regresar después de orar, pero el Santo, ¡alabado sea! sin embargo, dijo: "Este recto vino a mi posada y debe irse sin pasar la noche". Inmediatamente después se puso el sol. Está escrito (Ib.28, 2) Y tomó de las piedras del lugar, y de nuevo está escrito (Ib. Ib. 18) Y tomó la piedra (singular). Dijo R. Isaac: "De esto se puede inferir que todas estas piedras se juntaron en un solo lugar, como si cada una estuviera ansiosa de que el santo pusiera la mano sobre ella". Se nos enseña que todas las piedras fueron tragadas unas por otras, y así se fundieron en una sola piedra. (Ib.) Y él dijo: 'Déjame ir, que amanece'. Entonces Jacob le dijo al ángel: "¿Entonces eres tú un ladrón o un asesino que temes el amanecer?" "Soy un ángel", fue la respuesta, "y desde que fui creado, nunca tuve la oportunidad de recitar una canción de alabanza, sino ahora". Esto apoyará a R. Chananel, quien dijo en nombre de Rab, que tres clases de ángeles ministradores recitan una canción de alabanza todos los días. Una clase dice: ¡Santo! El segundo responde: ¡Santo! Y el tercero continúa: ¡Santo es el Señor de los ejércitos! Las siguientes contradicciones fueron introducidas desde un Baraitha: Israel es amado ante el Santo, ¡alabado sea Él! incluso más que los ángeles ministradores; porque Israel repite el cántico cada hora, mientras que los ángeles ministradores lo repiten sólo una vez al día, según algunos una vez a la semana, otros vuelven a decir, una vez al mes, todavía según otros, sólo una vez al año. Hay otros que dicen una vez en siete años, y según otros, una vez en un jubileo, y otras autoridades dicen, solo una vez en la eternidad. Nuevamente, Israel menciona el Tetragrammaton después de dos palabras, como dice el pasaje (Israel es amado ante el Santo, ¡alabado sea! incluso más que los ángeles ministradores; porque Israel repite el cántico cada hora, mientras que los ángeles ministradores lo repiten sólo una vez al día, según algunos una vez a la semana, otros vuelven a decir, una vez al mes, todavía según otros, sólo una vez al año. Hay otros que dicen una vez en siete años, y según otros, una vez en un jubileo, y otras autoridades dicen, solo una vez en la eternidad. Nuevamente, Israel menciona el Tetragrammaton después de dos palabras, como dice el pasaje (Israel es amado ante el Santo, ¡alabado sea! incluso más que los ángeles ministradores; porque Israel repite el cántico cada hora, mientras que los ángeles ministradores lo repiten sólo una vez al día, según algunos una vez a la semana, otros vuelven a decir, una vez al mes, todavía según otros, sólo una vez al año. Hay otros que dicen una vez en siete años, y según otros, una vez en un jubileo, y otras autoridades dicen, solo una vez en la eternidad. Nuevamente, Israel menciona el Tetragrammaton después de dos palabras, como dice el pasaje (Hay otros que dicen una vez en siete años, y según otros, una vez en un jubileo, y otras autoridades dicen, solo una vez en la eternidad. Nuevamente, Israel menciona el Tetragrammaton después de dos palabras, como dice el pasaje (Hay otros que dicen una vez en siete años, y según otros, una vez en un jubileo, y otras autoridades dicen, solo una vez en la eternidad. Nuevamente, Israel menciona el Tetragrammaton después de dos palabras, como dice el pasaje (Deut. 6, 4) Oye, Israel Yehova, pero los ángeles ministradores no mencionan el Tetragrámaton hasta después de tres palabras, como está escrito (Is. 6, 3) ¡Santo, Santo, Santo! Yehova Tzebaoth. Además, los ángeles ministradores no comienzan el cántico arriba hasta que Israel lo ha comenzado abajo; porque se dice (Job 38, 7) Cuando las estrellas de la mañana cantaban juntas, y después dice: Entonces todos los hijos de Dios gritaron de alegría. [Por lo tanto, ¿cómo puede Rab afirmar que los ángeles dicen Santo Tzebaoth y mencionan el Tetragrammaton después de una palabra?] Por lo tanto, debemos explicar que Rab quiso decir así: Una clase dice: ¡Santo! El segundo, ¡Santo! ¡Santo! y el tercero dice: ¡Santo! ¡Santo! ¡Santo! Yehova Tzebaoth. ¿Pero también está la alabanza de Baruc [donde se menciona el Tetragrámaton después de dos palabras]? (Fol. 92) La alabanza Baruc, pertenece a los ángeles Ofan [que son parte del trono divino]. También puede explicar que después del Tetragrammaton se menciona que los ángeles mismos tienen el privilegio de repetirlo a su propia elección.

(Fol. 94) Samul dijo: "Está prohibido engañar a nadie, incluso a un no judío".

Se nos enseña que R. Mair solía decir: "No se debe invitar a un invitado a participar de una comida.

A nuestros rabinos se les enseñó en un Baraitha: un hombre no debe vender a su vecino zapatos hechos con la piel de una bestia que ha muerto de una enfermedad, en lugar de la piel de una bestia que ha sido sacrificada, por dos razones; primero, porque lo engaña [porque la piel de una bestia que muere por sí misma no es tan duradera como la piel de un animal sacrificado]; en segundo lugar, porque existe peligro [porque la bestia que murió por sí misma podría haber sido picada por una serpiente, y el veneno que queda en el cuero podría resultar fatal para el usuario de los zapatos hechos de ese cuero]. Un hombre no debe enviar a su vecino un barril de vino con aceite flotando en su superficie; porque sucedió una vez que un hombre lo hizo, y el recipiente fue e invitó a sus amigos a una fiesta, en la preparación [del cual el aceite sería el ingrediente principal]; pero [cuando los invitados se reunieron] se encontró que el barril contenía vino, y no aceite; y [porque el anfitrión no tenía nada más preparado para los invitados], fue y se suicidó. Los invitados tampoco deben dar nada de lo que se les presente al hijo o la hija de su anfitrión, a menos que el anfitrión mismo les dé permiso para hacerlo; porque sucedió una vez, durante la época de escasez, que un hombre invitó a cenar a tres de sus amigos, y no tenía nada más que tres huevos para poner delante de ellos. Mientras tanto [mientras los invitados estaban sentados a la mesa] el hijo del anfitrión entró en la habitación, y primero uno de los invitados le dio su parte y luego el segundo y el tercero le dio su parte. Poco después entró el propio anfitrión, y al ver que el niño se come a uno y tiene los otros dos en la mano, lo derriba al suelo. de modo que murió instantáneamente. La madre, al ver esto, subió al techo y se tiró al suelo, de modo que murió. El mismo padre también fue y se tiró de cabeza desde el terrado. R. Eliezer b. Entonces Jacob comentó: "En este asunto perecieron tres almas de Israel". ¡De hecho fue así! ¿Qué le añade? Esto significa que la historia completa fue relatada por R. Eliezer b. Jacob.

(Fol. 142) MISHNA: Un hombre no debe tomar la presa con los jóvenes, aunque sea con el propósito [de traer un sacrificio] para limpiar a un leproso. He aquí, si un mandamiento tan fácil que equivale solo a un issar, sin embargo, la Torá dice (Deut.22, 7) Que te vaya bien y que prolongues tus días, cuánto más será para ti. cumpliendo mandamientos difíciles.

GEMARA: Se nos enseña en un Baraitha, R. Jacob dice: "No hay ningún mandamiento para el cual la Torá mencione su recompensa justo al lado, del cual no dependa la resurrección. Con respecto a honrar al padre y a la madre, está escrito (Deuteronomio 5, 16) Para que tus días se prolonguen, y para que te vaya bien; en cuanto a la expulsión de la ave madre [si se quiere quitar el huevo o la cría del resto], está escrito (Ib. 22, 7) para que te vaya bien y puedas vivir muchos dias. Si un padre envió a su hijo a subir a cierto edificio y le hizo bajar las palomas, y él subió al edificio, despidió a la madre, se llevó los pájaros y, a su regreso, se cayó del edificio y murió, ¿cómo puede hacerlo? ¿Se cumplirá la promesa, para que te vaya bien, o para que vivas muchos días? Por lo tanto, debemos decir que el pasaje que te vaya bien, se refiere al mundo que es completamente bueno (mundo futuro), y que puedas vivir muchos días se refiere al mundo que puede durar por la eternidad ". Pero, ¿cómo sabemos que tal cosa como la describe R. Jacob alguna vez sucede? R. Jacob habló de un incidente que él mismo presenció. ¿Quizás el hombre que fue asesinado después de realizar este acto meritorio pensó en algunas iniquidades y por lo tanto fue castigado? ¡Un pensamiento maligno, el Santo, alabado sea! no considera un acto, [en lo que respecta al castigo]. Una vez más, tal vez estaba pensando en la idolatría, acerca de la cual está escrito (Ez. 14, 5) Para que pueda tomar a la casa de Israel por su corazón. El mismo R. Jacob estaba haciendo esa misma pregunta: ¿Debemos asumir que las recompensas por cumplir los mandamientos se obtienen en este mundo? Entonces, ¿por qué no protegió a ese hombre de pecar con el pensamiento de la idolatría? [debemos decir, por tanto, que se refiere al mundo futuro]. De nuevo, ¿cómo es posible un incidente así? ¿No ha dicho R. Elazar que aquellos que van en una misión religiosa no encontrarán el mal ni al ir ni al regresar de su misión? En el incidente de R. Jacob hubo una escalera rota que hizo que el peligro fuera cierto, y donde el peligro es cierto, uno no debe confiar en un milagro, como está escrito (I Sam. 16, 2).) Y Samuel dijo: ¿Cómo voy a ir? Si Saul escuchara, etc. Dijo R. Joseph: "Si Eliseo (Achar) hubiera interpretado este pasaje como lo hizo R. Jacob, el hijo de su hija, nunca habría pecado". ¿Qué vio Achar? Según algunos, vio un incidente como el que presenció R. Jacob. Y según otros fue porque vio la lengua de R. Chutzphith, el intérprete que fue arrastrado por los cerdos. Luego dijo: "¡Oh, que la boca que dio perlas ahora lama el polvo!" Pero no sabía que te puede ir bien, se refiere al mundo que es enteramente bueno (el mundo futuro) y que puedes vivir muchos días, se refiere al mundo que puede durar por la eternidad.

FIN DEL TRACTO CHULINA.

Made in United States
North Haven, CT
17 July 2023

39124633R00440